Eine unendliche Geschichte: Transferregelungen
im lizenzierten Fußballsport

MANNHEIMER BEITRÄGE ZUM ÖFFENTLICHEN RECHT UND STEUERRECHT

Herausgegeben von Hans-Wolfgang Arndt

Band 29

PETER LANG
Frankfurt am Main · Berlin · Bern · Bruxelles · New York · Oxford · Wien

Thomas Groß

Eine unendliche Geschichte: Transferregelungen im lizenzierten Fußballsport

Zugleich ein Plädoyer für einen beitragsfinanzierten Solidarfonds

PETER LANG
Europäischer Verlag der Wissenschaften

Bibliografische Information Der Deutschen Bibliothek
Die Deutsche Bibliothek verzeichnet diese Publikation in der Deutschen Nationalbibliografie; detaillierte bibliografische Daten sind im Internet über <http://dnb.ddb.de> abrufbar.

Zugl.: Mannheim, Univ., Diss., 2003

D 180
ISSN 0944-7659
ISBN 3-631-51949-4

www.peterlang.de

Vorwort

Die vorliegende Arbeit wurde im Wintersemester 2003/04 von der Fakultät für Rechtswissenschaft der Universität Mannheim als Dissertation angenommen. Sie wurde thematisch von Herrn *Prof. Dr. Hans-Wolfgang Arndt* angeregt und entstand während meiner Tätigkeit als wissenschaftlicher Mitarbeiter an dessen Lehrstuhl für Öffentliches Recht und Steuerrecht. Literatur und Rechtsprechung sind bis Anfang August 2003 berücksichtigt; soweit möglich, wurden auch danach veröffentlichte Beiträge noch eingearbeitet.

Mein aufrichtiger und tiefer Dank gilt zunächst meinem hochgeschätzten Doktorvater und akademischen Mentor, Herrn *Prof. Dr. Hans-Wolfgang Arndt*. Er hat mit Bravour die scheinbar unlösbare Aufgabe gemeistert, trotz seiner Doppelbelastung als Rektor der Universität Mannheim und Inhaber eines Lehrstuhls die Entstehung der Dissertation in jeder Phase ihres Werdens mit regem Interesse sowie förderlichem Wohlwollen zu begleiten. Herrn *Prof. Dr. Hans-Joachim Cremer* danke ich sehr herzlich für die spontane Bereitschaft, ungeachtet seiner anderweitigen Verpflichtungen die Anfertigung des Koreferats zu übernehmen. Beides, sowohl die besondere Effizienz von Herrn *Prof. Dr. Hans-Wolfgang Arndt* als auch die sofortige Zustimmung in die Übernahme des Zweitgutachtens von Herrn *Prof. Dr. Hans-Joachim Cremer*, kann schon allein wegen des beachtlichen Umfangs der Arbeit, der den Rahmen des Üblichen bei weitem überschreitet, nicht hoch genug geschätzt werden.

Indessen muß ich mich als Verfasser an dieser Stelle gegen den vorschnellen Schluß, mich treffe die alleinige Verantwortung für den seitenmäßigen Umfang der Monographie, mit Nachdruck erwehren. Bei mir liegt nur der geringste Teil der Schuld! Die Hauptlast haben diesbezüglich vielmehr andere zu tragen: allen voran die Kolleginnen und Kollegen am Lehrstuhl, Herr *Felice Avella*, Frau *Claudia Bourfeindt*, Herr *Dr. Thomas Fetzer*, Herr *PD Dr. Kristian Fischer*, Herr *Dr. Andreas Schirra* und Frau *Sandra Schwarz*. Ihnen allen gebührt ein sehr herzliches Dankeschön dafür, daß sie stets die Bereitschaft und mitunter auch die erforderliche Geduld aufbrachten, in unzähligen konstruktiven Gesprächen wertvolle Anregungen für den Fortgang der Arbeit zu geben. Ohne den hierbei von den Genannten gezeigten bemerkenswerten Einsatz hätte sicherlich nicht eine Dissertation in dieser Tiefe entstehen können. Ebenfalls nicht völlig freigesprochen werden können in dieser Beziehung auch Frau *Manjana Milkoreit*, Frau *Sandra Preißinger*, Herr *Dr. Jürgen Vogt* und Frau *Dr. Heike Weber*, die ihren Teil dazu beigetragen haben, daß am Lehrstuhl durchgehend eine ausgesprochen freundschaftliche Atmosphäre herrschte. Ausdrückliche Wertschätzung zolle ich ferner Frau *Gertrud Bruck*. Sie hat mit der ihr eigenen Akribie sowie schier unermüdlicher Geduld die Dissertation in orthographischer Hinsicht auf Vordermann gebracht.

Ein sehr hohes Maß an Dank schulde ich weiterhin Herrn *Dr. Michael Becker*, der mir aus der Sicht des Praktikers zahlreiche weiterführende Hinweise zu den ökonomischen und rechtlichen Hintergründen des professionellen Fußballgeschäfts vermittelte, die in der Dissertation wertsteigernd verwertet werden konnten. Nicht unerwähnt bleiben darf auch die Leistung von Herrn *Heiko Sander*, der dem Öffentlichrechtler tiefere Einsichten in das Arbeitsrecht gewährte; hierfür möchte ich mich an dieser Stelle ebenso bedanken.

Ohne den familiären Rückhalt indes wäre die Entstehung der Dissertation unmöglich gewesen. Erst meine Eltern haben mir durch ihre stete und vielseitige Unterstützung während meiner gesamten Ausbildung die Basis gegeben, das Erstrebte zu verwirklichen. Dafür gilt ihnen mein ganz besonderer Dank. Ihnen ist diese Arbeit zugeeignet.

Mannheim, im September 2003 *Thomas Groß*

Inhaltsverzeichnis

Abkürzungsverzeichnis

a.A.	anderer Ansicht
Abs.	Absatz
AcP	Archiv für die civilistische Praxis
a.E.	am Ende
a.F.	alte Fassung
AfA	Absetzungen für Abnutzung
AfP	Archiv für Presserecht
AG	Aktiengesellschaft
AG	Amtsgericht
AktG	Aktiengesetz
A.L.R.	Allgemeines Landrecht für die Preußischen Staaten von 1794
Alt.	Alternative
Anm.	Anmerkung
AöR	Archiv des öffentlichen Rechts
AP	Nachschlagewerk des Bundesarbeitsgerichts (Arbeitsgerichtliche Praxis)
Art.	Artikel
AR-Blattei SD	Arbeitsrecht-Blattei. Systematische Darstellungen, herausgegeben von Dietrich
ArbG	Arbeitsgericht
ArbuR	Arbeit und Recht
arg. e	argumentum e contrario
AuA	Arbeit und Arbeitsrecht
Aufl.	Auflage
BAG	Bundesarbeitsgericht
BAGE	Amtliche Sammlung der Entscheidungen des Bundesarbeitsgerichts
BB	Der Betriebs-Berater
BBiG	Berufsbildungsgesetz
BBK	Buchführung, Bilanz, Kostenrechnung, Zeitschrift für das gesamte Rechnungswesen
Bd.	Band
Beschl.	Beschluß
BFH	Bundesfinanzhof
BFuP	Betriebswirtschaftliche Forschung und Praxis
BGB	Bürgerliches Gesetzbuch

BGH	Bundesgerichtshof
BGHZ	Amtliche Sammlung der Entscheidungen des Bundesgerichtshofs in Zivilsachen
BK	Bonner Kommentar
BKartA	Bundeskartellamt
BStBl.	Bundessteuerblatt
BT-Drucks.	Drucksachen des Deutschen Bundestages
BVerfG	Bundesverfassungsgericht
BVerfGE	Amtliche Sammlung der Entscheidungen des Bundesverfassungsgerichts
BVerwG	Bundesverwaltungsgericht
BVerwGE	Amtliche Sammlung der Entscheidungen des Bundesverwaltungsgerichts
bzw.	beziehungsweise
Ch.E.	Herrenchiemseer Entwurf zum Grundgesetz
CMLRev.	Common Market Law Review
CR	Computer und Recht
DB	Der Betrieb
ders.	derselbe
DFB	Deutscher Fußball-Bund
DFL-GmbH	Deutsche Fußball Liga-GmbH
d.h.	das heißt
dies.	dieselben
DM	Deutsche Mark
Dok.-Nr.	Dokument(en)-Nummer
DÖV	Die Öffentliche Verwaltung
DSB	Deutscher Sport-Bund
DStJG	Deutsche Steuerjuristische Gesellschaft e.V.
DStR	Deutsches Steuerrecht
DVBl.	Deutsche Verwaltungsblätter
DVR	Datenverarbeitung im Recht
DZWiR	Deutsche Zeitschrift für Wirtschaftsrecht
€	Euro
EA	Vertrag über die Europäische Atomgemeinschaft
ECLR	European Competition Law Review
ecolex	Fachzeitschrift für Wirtschaftsrecht
EFG	Entscheidungen der Finanzgerichte
eG	eingetragene Genossenschaft
EG	Europäische Gemeinschaft
EG	Vertrag über die Europäische Gemeinschaft
EGV	Vertrag über die Europäische Gemeinschaft

EJLE	European Journal of Law and Economics
EMRK	Europäische Konvention zum Schutze der Menschenrechte und Grundfreiheiten
Entw.	Entwurf
ErfKo	Erfurter Kommentar zum Arbeitsrecht
Erl.	Erlaß
EStG	Einkommensteuergesetz
etc.	et cetera
EU	Europäische Union
EU	Vertrag über die Europäische Union
EuGH	Europäischer Gerichtshof
EuGRZ	Europäische Grundrechte-Zeitschrift
EUR	Euro
EuR	Europarecht
EUV	Vertrag über die Europäische Union
EuZW	Europäische Zeitschrift für Wirtschaftsrecht
e.V.	eingetragener Verein
EWG	Vertrag über die Europäische Wirtschaftsgemeinschaft
EWGV	Vertrag über die Europäische Wirtschaftsgemeinschaft
EWiR	Entscheidungen zum Wirtschaftsrecht. Kurzkommentare
EWR	Vertrag über den Europäischen Wirtschaftsraum
EWS	Europäisches Wirtschafts- und Steuerrecht
EzA	Entscheidungssammlung zum Arbeitsrecht, herausgegeben von Stahlhacke
f.	folgende
FAZ	Frankfurter Allgemeine Zeitung
ff.	fortfolgende
FIFA	Fédération Internationale de Football Association
FiFPro	Fédération internationale des Footballeurs Professionels
FinMin. NRW	Finanzministerium Nordrhein-Westfalen
Fn.	Fußnote
FR	Finanzrundschau
FR	Frankfurter Rundschau
GATS	Allgemeines Übereinkommen über den Handel mit Dienstleistungen (General Agreement on Trade and Services)
GATT	Allgemeines Zoll- und Handelsabkommen (General Agreement on Tariffs and Trade)
GewArch	Gewerbearchiv

GG	Grundgesetz
GK-HGB	Gemeinschaftskommentar zum Handelsgesetzbuch
GmbH	Gesellschaft mit begrenzter Haftung
GmbHG	Gesetz betreffend die Gesellschaften mit beschränkter Haftung
GRUR	Gewerblicher Rechtsschutz und Urheberrecht
GRUR Int.	Gewerblicher Rechtsschutz und Urheberrecht. Internationaler Teil
GWB	Gesetz gegen Wettbewerbsbeschränkungen
h.A.	herrschende Ansicht
HdSpR	Handbuch des Sportrechts
HGB	Handelsgesetzbuch
Hrsg.	Herausgeber
Hs.	Halbsatz
IAS	International Accounting Standards
ifo-Studien	Zeitschrift für empirische Wirtschaftsforschung, herausgegeben vom Institut für Wirtschaftsforschung
IF-R/UIG	Informationsfreiheitsrecht mit Umweltinformations- und Verbraucherinformationsrecht
i.S.d.	im Sinne des
i.S.v.	im Sinne von
i.V.m.	in Verbindung mit
i.w.S.	im weiteren Sinne
JA	Juristische Arbeitsblätter
JBl.	Juristische Blätter
JöR n.F.	Jahrbuch des öffentlichen Rechts (neue Fassung)
JR	Juristische Rundschau
Jura	Juristische Ausbildung
JuS	Juristische Schulung
JW	Juristische Woche
JZ	Juristen-Zeitung
KGaA	Kommanditgesellschaft auf Aktien
KStG	Körperschaftsteuergesetz
krit.	kritisch
KritV	Kritische Vierteljahresschrift für Gesetzgebung und Rechtswissenschaft
LAG	Landesarbeitsgericht
LAGE	Entscheidungen der Landesarbeitsgerichte, herausgegeben von Stahlhacke
LG	Landgericht
lit.	littera

LM	Das Nachschlagewerk des Bundesgerichtshofs in Zivilsachen, herausgegeben von Lindenmaier und Möhring
LO	Lizenzierungsordnung
LOS	Lizenzierungsordnung Spieler
LSW	Lexikon Steuer- und Wirtschaftsrecht
MDR	Monatsschrift für Deutsches Recht
Mio.	Million(en)
MMR	Multi Media & Recht
m.N.	mit Nachweisen
MüKo	Münchener Kommentar
m.w.N.	mit weiteren Nachweisen
n.F.	neue Fassung
NJ	Neue Justiz
NJW	Neue Juristische Wochenschrift
NJW-RR	Neue Juristische Wochenschrift-Rechtsprechungs-Report Zivilrecht
Nr.	Nummer
n.v.	nicht veröffentlicht
NVwZ	Neue Zeitschrift für Verwaltungsrecht
NWVBl.	Nordrhein-Westfälische Verwaltungsblätter
NZA	Neue Zeitschrift für Arbeitsrecht
NZA-RR	Neue Zeitschrift für Arbeitsrecht-Rechtsprechungs-Report Arbeitsrecht
NZG	Neue Zeitschrift für Gesellschaftsrecht
NZZ	Neue Zürcher Zeitung
Österreich. OGH	Österreichischer Oberster Gerichtshof
ÖStZ	Österreichische Steuer-Zeitung
OGH	Oberster Gerichtshof
OLG	Oberlandesgericht
OLGZ	Entscheidungen der Oberlandesgerichte in Zivilsachen
OVR	Ordnung für die Verwertung kommerzieller Rechte
RabelsZ	Zeitschrift für ausländisches und internationales Privatrecht, begründet von Ernst Rabel
RdA	Recht der Arbeit
RdW	Recht der Wirtschaft
RG	Reichsgericht
RGRK	Reichsgerichtsrätekommentar
RGZ	Amtliche Sammlung der Entscheidungen des Reichsgerichts in Zivilsachen
RIW	Recht der Internationalen Wirtschaft

RIW/AWD	Recht der Internationalen Wirtschaft/Außenwirtschaftsdienst
RL	Richtlinie
Rn.	Randnummer
Rs.	Rechtssache
S.	Satz
S.	Seite
Schlußantr.	Schlußanträge
SJZ	Schweizerische Juristen-Zeitung
Slg.	Entscheidungssammlung
s.o.	siehe oben
sog.	sogenannte
SpOL	Spielordnung des Ligaverbandes
SpuRt	Zeitschrift für Sport und Recht
Stbg	Die Steuerberatung
StBJB	Steuerberater-Jahrbuch
StBp	Die Steuerliche Betriebsprüfung
StuB	Steuern und Bilanzen
StuW	Steuern und Wirtschaft
StWa	Die Steuer-Warte
SZ	Süddeutsche Zeitung
TAF	Tribunal arbitral de football
TAZ	Die Tageszeitung
Teilurt.	Teilurteil
Tz.	Textziffer
u.	und
u.a.	und andere
u.a.	unter anderem
UAbs.	Unterabsatz
UEFA	Union des associations européennes de football
UPR	Umwelt- und Planungsrecht
UR	Umsatzsteuer-Rundschau
URBSFA	Union royale belge des sociétés de football association ASBL
UrhG	Gesetz über Urheberrecht und verwandte Schutzrechte (Urheberrechtsgesetz)
Urt.	Urteil
UStG	Umsatzsteuergesetz
usw.	und so weiter
UWG	Gesetz gegen den unlauteren Wettbewerb
v.	vom

v.	von
Var.	Variante
VdV	Vereinigung der Vertragsfußballspieler
VerwArch	Verwaltungsarchiv
VGH BW	Verwaltungsgerichtshof Baden-Württemberg
vgl.	vergleiche
VO	EG-Verordnung
Vor./Vorbem.	Vorbemerkung
Vorentw.	Vorentwurf
vs.	versus
VVDStRL	Veröffentlichungen der Vereinigung der Deutschen Staatsrechtslehrer
WBl.	Wirtschaftsrechtliche Blätter
WiVerw	Wirtschaft und Verwaltung
WiSt	Wirtschaftswissenschaftliches Studium
WISU	Das Wirtschaftsstudium
WM	Zeitschrift für Wirtschafts- und Bankrecht, Wertpapiermitteilungen
WPg	Die Wirtschaftsprüfung
WRP	Wettbewerb in Recht und Praxis
WRV	Weimarer Reichsverfassung
WuW	Wirtschaft und Wettbewerb
z.B.	zum Beispiel
ZEuP	Zeitschrift für Europäisches Privatrecht
ZEuS	Zeitschrift für Europarechtliche Studien
ZfA	Zeitschrift für Arbeitsrecht
ZfB	Zeitschrift für Betriebswirtschaft
ZfgG	Zeitschrift für das gesamte Genossenschaftswesen
ZfRV	Zeitschrift für Rechtsvergleichung, Internationales Privatrecht und Europarecht
ZGR	Zeitschrift für Unternehmens- und Gesellschaftsrecht
ZHR	Zeitschrift für das gesamte Handelsrecht und Wirtschaftsrecht
ZIP	Zeitschrift für Wirtschaftsrecht, bis 1982: Zeitschrift für Wirtschaftsrecht und Insolvenzpraxis
ZPO	Zivilprozeßordnung
ZRP	Zeitschrift für Rechtspolitik
ZUM	Zeitschrift für Urheber- und Medienrecht/Film und Recht

Einleitung

A. Hintergrund: Der Konflikt zwischen (Europa-)recht und Sportautonomie

I. Verrechtlichung des Fußballsports

Noch auf dem Sterbebett schrieb der irische Schriftsteller Oscar Wilde über die von ihm verabscheute Tapete in seinem Hotelzimmer: „Meine Tapete und ich kämpfen ein Duell auf Leben und Tod, und einer von uns beiden muß gehen." Wer am Ende gehen würde, daran konnte freilich kein Zweifel bestehen.

Ein „Duell auf Leben und Tod". Vielleicht genau in dieser Schärfe, vielleicht auch etwas weniger drastisch mag sich in den vergangenen Jahrzehnten aus der Sicht so mancher Sportfunktionäre der Konflikt zwischen der von ihnen verteidigten Sportautonomie und dem auch in diesem Bereich Platz greifenden Geltungsanspruch der Rechtsordnung dargestellt haben. Aber auch hier konnte indessen kein Zweifel bestehen, wer am Ende die Oberhand behalten würde. Dem Irrglauben, der Profi(fußball)sport sei **in Gänze** ein rechtsfreier Raum, wurde schrittweise ein Ende bereitet. Zu Recht: Vernünftigerweise konnte es nur darum gehen, zu klären, **wieviel** rechtliche Einflußnahme von außen her die Sportautonomie verträgt[1].

Verursacht wurde diese Entwicklung durch eine rasante Veränderung der äußeren Rahmenbedingungen des professionellen Sports. Bei der Organisation und Regelung des bezahlten Profifußballs spielten auf nationaler und internationaler Ebene privatrechtlich organisierte Verbände wie der DFB, die UEFA und die FIFA traditionell eine überragende Rolle[2]. Ihre ursprüngliche Funktion bestand dabei darin, im Interesse der Förderung des Sports als Kontrollinstanz in Erscheinung zu treten. Dieses Bild wandelte sich jedoch grundlegend: Professionell ausgeübter Fußballsport diente nicht mehr primär der persönlichen „Identitätsfindung" und der „Begegnung der Menschen", wie dies noch auf der Tagung des Europäischen Rates in Amsterdam am 16. und 17. Juni 1997 in einer von den Staats- und Regierungschefs verabschiedeten, idealistisch anmutenden Erklärung zum Sport zum Ausdruck gebracht worden war[3]. Im Gegenteil hielt in

---

1 Ähnlich *Pfister*, in: *Tokarski*, EU-Recht und Sport, 1998, 151, 152. Eine aktuelle Bestandsaufnahme zu dem Konflikt zwischen Sportautonomie und (Europa-)Recht findet sich bei: *Steiner*, Die Autonomie des Sports, 2003.

2 Siehe *Parensen*, in: *Tokarski*, EU-Recht und Sport, 1998, 70 ff.

3 EU-Nachrichten, Der Vertrag von Amsterdam, herausgegeben von der Europäischen Kommission, Dokumentation Nr. 3 v. 9. Juli 1997, S. 42: „Die Konferenz unterstreicht

diesem Lebensbereich ebenfalls die **Kommerzialisierung** Einzug („Money makes the ball go round!")[4]. Die Sportverbände erkannten den Trend und paßten sich zumindest den veränderten ökonomischen Gegebenheiten erstaunlich rasch an, indem sie fortan ein unternehmerisches Gebaren an den Tag legten[5]. Logische Konsequenz der steigenden wirtschaftlichen Bedeutung des Sports wiederum war, daß nunmehr die anderen Akteure neben den Sportverbänden – vor allem die Vereine in der 1. und 2. Bundesliga sowie die Berufsfußballer – schon aus einem natürlichen Gewinnstreben heraus an den ständig steigenden Einnahmen partizipieren wollten. Wo es aber „um viel Geld geht, liegt Streit nahe und damit auch juristische Auseinandersetzung"[6]. Mit der Kommerzialisierung ging somit zwangsläufig eine immer stärkere **Verrechtlichung des Fußballsports** einher[7].

Besonders anschaulich wurde das Ausmaß des Interessengegensatzes zwischen dem als rechtsfreien Raum begriffenen Sportsektor und der Rechtsordnung von Anfang an am Beispiel der in den Verbandsstatuten niedergelegten **Transfermechanismen**, d.h. den Regelwerken, die beim Wechsel eines Spielers von einem Verein zu einem anderen zu beachten waren. Die Auseinandersetzung beschränkte sich insoweit zunächst auf die **nationale Ebene**. In den zu entscheidenden Fällen bedurfte es dabei stets der Klärung, wie die gegenläufigen Interessen von Verbänden, Vereinen und Spielern zum Ausgleich gebracht werden können. Im Mittelpunkt stand regelmäßig der **Grundkonflikt**, ob und inwieweit sportwohlorientierte Überlegungen, namentlich die Wahrung eines annähernden finanziellen und sportlichen Gleichgewichts zwischen den Lizenzvereinen der beiden Fußballbundesligen sowie die Talentförderung, Eingriffe in die wirtschaftliche Mobilität der Profifußballer rechtfertigen. Entscheidungsparameter

---

die gesellschaftliche Bedeutung des Sports, insbesondere die Rolle, die dem Sport bei der Identitätsfindung und der Begegnung der Menschen zukommt. Die Konferenz appelliert daher an die Gremien der Europäischen Union, bei wichtigen, den Sport betreffenden Fragen die Sportverbände anzuhören."

4 Ausführlich zu den ökonomischen Aspekten *Lehmann/Weigand*, ifo-Studien – Zeitschrift für empirische Wirtschaftsforschung, 1997, 381; *Parensen*, in: *Tokarski*, EU-Recht und Sport, 1998, 70, 76 ff.

5 Besonders anschaulich zeigt sich das bei der zentralen Vermarktung von TV-Übertragungsrechten durch die Fußballverbände. Siehe zu diesem Problemkreis etwa *Scherrer*, SJZ 1998, 289, 292; vgl. zudem *Streinz*, in: *Tokarski*, EU-Recht und Sport, 1998, 14, 58 ff., der auf weitere wirtschaftliche Betätigungsfelder der Sportverbände eingeht.

6 So die treffende Feststellung von *Streinz*, SpuRt 1998, 1.

7 *Streinz*, in: *Tokarski*, EU-Recht und Sport, 1998, 14, 68; *Heß*, in: Aktuelle Rechtsfragen des Sports, 1999, 1, 10 ff.; eingehend *Sengle*, in: *Württembergischer Fußballverband*, Sportrecht damals und heute, 2001, 91.

war in diesem Kontext zunächst vor allem das nationale Recht – insbesondere das Zivilrecht und die verfassungsrechtlich verbürgten Grundrechte[8].

II. Einflüsse des Europarechts – der Fall „Bosman"

An diesem Punkt ist die Entwicklung jedoch nicht stehengeblieben; vielmehr haben sich die **internationalen Sachverhalte stetig gehäuft** – sei es etwa im Hinblick auf **grenzüberschreitende Fußballspielertransfers** oder die Ausrichtung von sportlichen Großveranstaltungen wie europäische Mannschaftswettbewerbe. Auch der Profifußball ist damit in den Sog der **Globalisierung** geraten[9]. Will man transnationale Sachverhalte, die rechtliche Streitigkeiten erzeugen, aber einer sachgerechten Lösung zuführen, benötigt man dazu das passende juristische Instrumentarium, d.h. Normen, die auf derartige Konstellationen zugeschnitten sind. Hier kommt nun das **Europarecht** ins Spiel:

Hauptsächlich das EG-Wettbewerbsrecht und die Grundfreiheiten bieten sich an, um solche grenzübergreifenden Fälle rechtlich zu bewältigen. Paradigmatisch hierfür ist der **Fall „Bosman"**[10]; denn in seinem Urteil befand der Gerichtshof der Europäischen Gemeinschaften lapidar zu den bis dato **nach Vertragsablauf** üblichen Ablösesummen für grenzüberschreitende Spielertransfers[11], daß

> „[...] Art. 48 EWGV der Anwendung von durch Sportverbände aufgestellten Regeln entgegensteht, nach denen ein Berufsfußballspieler, der Staatsangehöriger eines Mitgliedstaats ist, bei Ablauf des Vertrages, der ihn an einen Verein bindet, nur dann von einem Verein eines anderen Mitgliedstaates beschäftigt werden kann, wenn dieser dem bisherigen Verein eine Transfer-, Ausbildungs- oder Förderungsentschädigung gezahlt hat."

Nicht besser erging es den Verbandsregelungen, die den Einsatz von EG-Ausländern bei Spielen begrenzten (Ausländerklauseln), die bereits zuvor Ge-

---

8 Monographisch dazu etwa *Westerkamp*, Ablöseentschädigungen im bezahlten Sport, 1980; *Becker*, Verfassungsrechtliche Schranken für die Regelung des Lizenzfußballsports in der Bundesrepublik Deutschland, 1982; *Füllgraf*, Der Lizenzfußball – Eine vertragliche Dreiecksbeziehung im Arbeitsrecht, 1981; *Schennen*, Die Verfassungsmäßigkeit von Ablösesummen im Berufsfußball, 1984.

9 *Scherrer*, SJZ 1998, 289; *Paefgen*, EWiR 1995, 987.

10 *EuGH*, Urt. v. 15.12.1995 – Rs. C-415/93 – EuZW 1996, 82 – „Bosman" mit Entscheidungsrezensionen u.a. von *Hilf/Pache*, NJW 1996, 1169 und *Hobe/Tietje*, JuS 1996, 486. Ausführlich zum Urteil des EuGH im 2. Teil, 1. Kapitel, B.I.

11 *EuGH*, Urt. v. 15.12.1995 – Rs. C- 415/93 – EuZW 1996, 82, 89 Tz. 114 – „Bosman".

genstand einer kontroversen europarechtlichen Debatte gewesen waren[12]. Auch in dieser Beziehung gelangte der EuGH zu dem Ergebnis[13], daß

> „[...] Art. 48 EWGV der Anwendung von durch Sportverbände aufgestellten Regeln entgegensteht, nach denen die Fußballvereine bei den Spielen der von diesen Verbänden veranstalteten Wettkämpfe nur eine begrenzte Anzahl von Berufsspielern, die Staatsangehörige anderer Mitgliedstaaten sind, aufstellen können."

Damit hatte der EuGH **das überkommene internationale Transfersystem** für Fußballprofis Ende 1995 **unter Verweis auf den Vorrang der Arbeitnehmerfreizügigkeit** mit einem Schlag **beseitigt**. Das gleiche Schicksal ereilte die sog. **Ausländerklauseln**. Wegen der erheblichen Folgen erfuhr die Entscheidung seitens der betroffenen Verbands- und Vereinsfunktionäre, die wohl selbst von der Stringenz der Entscheidung überrascht wurden[14], naturgemäß äußerst heftige Kritik, die teilweise sogar ins Unsachliche abgleitete[15].

---

12 Die europarechtliche Zulässigkeit der Ausländerklauseln war bereits vor dem Urteil des EuGH im Fall „Bosman" heftig umstritten. Für einen Verstoß gegen die Arbeitnehmerfreizügigkeit hatten sich ausgesprochen: *Karpenstein*, in: *Will*, Sportrecht in Europa, 1993, 171, 180 ff., 188 f.; *Steindorff*, RIW/AWD 1975, 253, 255; *Petzold/Safaris*, EUR 1982, 76, 79 f.; *Hilf*, NJW 1984, 517, 522; *Schweitzer/Streinz*, JA 1984, 244, 248; *Palme/Hepp-Schwab/Wilske*, JZ 1994, 343, 346; von der Europarechtskonformität gingen dagegen aus: *Kahlenberg*, EWS 1994, 423, 428 ff.; *Schweitzer*, in: *Reuter*, Einbindung des nationalen Sportrechts in seine internationalen Bezüge, 1987, 71, 87; *Renz*, in: *Will*, Sportrecht in Europa, 1993, 191, 201 ff.; *OLG Frankfurt*, Beschl. v. 26.08.1993 – 10 W 26/93 – MDR 1993, 1250; *LG Frankfurt/Main*, Urt. v. 18.01.1994 – 2/14 O 392/93 – EWS 1994, 405, 406 f.

13 *EuGH*, Urt. v. 15.12.1995 – Rs. C- 415/93 – EuZW 1996, 82, 90 Tz. 137 – „Bosman".

14 *Trommer*, Die Transferregelungen im Profisport im Lichte des „Bosman-Urteils" im Vergleich zu den Mechanismen im bezahlten amerikanischen Sport, 1999, S. 79.

15 Das Erkenntnis des Gerichtshofs wurde als sportwidrig, lebensfremd und ahnungslos eingestuft. Vgl. die Nachweise bei *Streinz*, in: *Tokarski*, EU-Recht und Sport, 1998, 14, 17; *Hilf/Pache*, NJW 1996, 1169, 1170; *Hobe/Tietje*, JuS 1996, 486, 487; *Parensen*, in: *Tokarski*, EU-Recht und Sport, 1998, 70, 116 ff. Zudem setzte in der juristischen Fachwelt eine lebhafte Debatte zu dem Judiz und seinen Auswirkungen ein. Vgl. etwa *Gebhardt*, Modelle für die Reform des Transfersystems für Berufsfußballspieler aus rechtlicher und tatsächlicher Sicht, 2000; *Trommer*, Die Transferregelungen im Profisport im Lichte des „Bosman-Urteils" im Vergleich zu den Mechanismen im bezahlten amerikanischen Sport, 1999; *Plath*, Individualrechtsbeschränkungen im Fußball, 1999; *Dinkelmeier*, Das „Bosman"-Urteil des EuGH und seine Auswirkungen auf den Profifußball in Europa, 1999.

Das Urteil hat sich danach sogar mittelbar auch auf das **nationale Transferrecht** ausgewirkt[16], als das BAG in seinem **„Kienaß"-Erkenntnis**[17] eine Regelung des Deutschen Eishockey-Bundes, wie sie ähnlich in dem Fall „Bosman" zugrunde lag, wegen Verstoßes gegen die guten Sitten gemäß § 138 BGB i.V.m. Art. 12 Abs. 1 GG für nichtig erklärte. Diese Wertung konnte ebenso für die vergleichbaren DFB-Regeln zum innerstaatlichen Fußballtransfer Geltung beanspruchen[18]. Allerdings war der DFB dem BAG zuvorgekommen, da er bereits zuvor eine ersatzlose Streichung der Transfergelder bei reinen Inlandsfällen beschlossen hatte[19].

Diese Entwicklung hatte zur Konsequenz, daß von verschiedenen Seiten Anstrengungen unternommen wurden, den Belangen des (Fußball-)Sports auf der Ebene der EG zukünftig einen größeren Stellenwert einzuräumen[20]. Die diesbezüglichen Bemühungen mündeten letztendlich darin, daß die Staats- und Regierungschefs in den Amsterdamer Vertrag zumindest die eingangs erwähnte Erklärung zum Sport aufnahmen, ohne sich allerdings zu weitergehenden Maßnahmen entschließen zu können[21]. Damit aber wurde der grundsätzliche Konflikt zwischen den EG-Instanzen und den Sportverbänden nicht endgültig beigelegt.

---

16 *Streinz*, SpuRt 2000, 221 f.; siehe auch *Gebhardt*, Modelle für die Reform des Transfersystems für Berufsfußballspieler aus rechtlicher und tatsächlicher Sicht, 2000, S. 28 f.; *Trommer*, Die Transferregelungen im Profisport im Lichte des „Bosman-Urteils" im Vergleich zu den Mechanismen im bezahlten amerikanischen Sport, 1999, S. 24; *Plath*, Individualrechtsbeschränkungen im Fußball, 1999, S. 189.

17 *BAG*, Urt. v. 20.11.1996 – 5 AZR 518/95 – BAGE 84, 344. Eine Übersicht mit weiteren Entscheidungen nationaler Gerichte findet sich im 2.Teil, 1. Kapitel, B.II.2.b)aa).

18 Bemerkenswert ist freilich, daß das LAG Berlin bereits 1979 verfassungsrechtliche Bedenken im Hinblick auf die Vereinbarkeit von Transferregeln mit Art. 12 Abs. 1 GG artikuliert hatte. *LAG Berlin*, Urt. v. 21.06.1979 – 4 Sa 127/98 – NJW 1979, 2582. Das Urteil wurde freilich nicht rechtskräftig, weil das Verfahren durch einen außergerichtlichen Vergleich der streitenden Parteien beendet wurde (vgl. NJW 1980, 1304).

19 *Dinkelmeier*, Das „Bosman"-Urteil des EuGH und seine Auswirkungen auf den Profifußball in Europa, 1999, S. 124 ff.; *Schimke*, Sportrecht, 1996, S. 216.

20 *Streinz*, SpuRt 1998, 1, 2.

21 Manche wollten sogar eine Bereichsausnahme für den Sport im EG-Vertrag installieren. *Plath*, Individualrechtsbeschränkungen im Fußball, 1999, S. 189; *Westermann*, DZWiR 1996, 82; krit. zu einem derartigen Vorhaben *Streinz*, in: *Tokarski*, EU-Recht und Sport, 1998, 14, 18 f. Vgl. zum aktuellen Diskussionsstand *Schneider*, in: *Eimer*, 2. Internationaler Sport-Recht Kongress, 2002, 48.

B. Reformierung des internationalen Transfersystems für Profifußballer

I. Auswirkungen des „Bosman"-Urteils auf die Transferpraktiken

Vielmehr führte der Wegfall der Transfersummen **nach Ablauf der vereinbarten Laufzeit der Verträge** dazu, daß die Spielergehälter ebenso wie die Ablösesummen der Spieler explodierten. Ursache hierfür ist eine **„Umgehungsstrategie"**[22] seitens der am Fußballgeschäft Beteiligten gewesen, die als Reaktion auf das „Bosman"-Urteil nach anfänglichen Beharrungstendenzen[23] eine **neue Transferpraxis** eingeführt haben. Diese wird dadurch charakterisiert, daß vor allem talentierte junge Fußballer, aber auch bereits etablierte Spitzensportler, die diese Profession schon längere Zeit betreiben, möglichst langfristig an einen Arbeitgeber gebunden werden, um im Falle eines vorzeitigen Vereinswechsels, d.h. beim „Herauskaufen" aus einem noch laufenden Vertrag, möglichst hohe Ablösesummen zu erzielen[24]. Begehrte Fußballprofis tendierten schon aus natürlichem Gewinnstreben dahin, sich eine langfristige vertragliche Bindung an einen bestimmten Verein mit einem vermögenswerten Zuschlag zum eigentlichen Gehalt honorieren zu lassen[25]. Die eben umschriebene Verfahrensweise setzte sich in der Folgezeit sowohl bei **innerstaatlichen** als auch bei **grenzüberschreitenden** Vereinswechseln in zunehmendem Maße durch[26].

II. Einschreiten der EG-Kommission wegen „Umgehung" des „Bosman"-Urteils

Die neue Praxis bedingte jedoch vor allem in Spanien, aber auch in Italien, Frankreich und England ungeahnte Auswüchse hinsichtlich der geleisteten Ab-

---

22 *Westermann*, DZWiR 1996, 82; *Scherrer*, SJZ 1998, 289, 290; *Streinz*, in: *Tokarski*, EU-Recht und Sport, 1998, 14, 17. Ein Überblick zu den verschiedenen Ersatzmodellen für das tradierte Transferentschädigungssystem findet sich im 2. Teil, 1. Kapitel, B.IV.1. der Arbeit.

23 Näher *Westermann*, DZWiR 1996, 82, 85; *Parensen*, in: *Tokarski*, EU-Recht und Sport, 1998, 70, 121 ff.

24 *Kelber*, NZA 2001, 11, 12; *Scherrer*, SJZ 1998, 289, 290; ausführlich *Dinkelmeier*, Das „Bosman"-Urteil des EuGH und seine Auswirkungen auf den Profifußball in Europa, 1999, S. 121 ff.

25 *Dinkelmeier*, Das „Bosman"-Urteil des EuGH und seine Auswirkungen auf den Profifußball in Europa, 1999, S. 121 m.w.N. aus der Tagespresse; *Trommer*, Die Transferregelungen im Profisport im Lichte des „Bosman-Urteils" im Vergleich zu den Mechanismen im bezahlten amerikanischen Sport, 1999, S. 90 f.

26 *Gebhardt*, Modelle für die Reform des Transfersystems für Berufsfußballspieler aus rechtlicher und tatsächlicher Sicht, 2000, S. 86.

lösesummen[27]. Vorläufiger Höhepunkt schließlich war die Zahlung von 116.000.000 DM durch den Verein Real Madrid, um den Spieler Luis Figo aus seinem noch nicht beendeten Arbeitsverhältnis beim FC Barcelona vorzeitig auslösen zu können[28]. Vor diesem Hintergrund sah sich die EG-Kommission schließlich veranlaßt, gegen das neue Transfersystem einzuschreiten[29] – zumindest soweit es **grenzüberschreitende Spielerwechsel** betraf. Dies führte zunächst, wohl auch deshalb, weil die sachliche Basis, auf der die EG-Kommission agierte, nicht hinreichend geklärt war, abermals zu heftigen Reaktionen der Verbände und Vereine; insbesondere der Vizepräsident des DFB, Beckenbauer, bezeichnete die Angehörigen der EG-Kommission als „Nieten" und „gescheiterte Existenzen"[30].

Bei der neu aufgeflammten Auseinandersetzung ging es im Kern um die Frage, ob in der herausgebildeten Transferpraxis tatsächlich eine **Umgehung** des im „Bosman"-Urteil postulierten Vorrangs der Arbeitnehmerfreizügigkeit liegt[31]. Ein **Umgehungsverbot** bzw. **Einwand des Rechtsmißbrauchs** ist in der Judikatur der EuGH als allgemeiner Grundsatz des Gemeinschaftsrechts[32] anerkannt[33]: Ausschlaggebend für dessen Vorliegen sollen jeweils die „objektiven

---

27 *Plath*, Individualrechtsbeschränkungen im Fußball, 1999, S. 229. Siehe zudem die Ausführungen zur Finanzlage der Vereine in den europäischen Spitzenligen im 2. Teil, 1. Kapitel, B.V.3.b) der Arbeit.

28 FAZ v. 09.09.2000, S. 37. Vgl. dazu auch den Kommentar von Jean-Marc Bosman, der im Dezember 1995 maßgeblich zur Beseitigung des überkommenen Fußballtransfersystems beigetragen hatte: „Kein Mensch ist diese Millionen wert. Das ist finanzieller Mißbrauch, der [...] keinen Sinn [mehr] macht." SZ v. 19.08.2000, S. 46. Inzwischen ist der französische Fußballer Zinedine Zidane, der 2001 für 146.100.000 DM von Juventus Turin zu Real Madrid wechselte, der weltweit teuerste Spieler. Vgl. http://www.sportgericht.de/Sportarten/Fussball/FussballEingansseite.htm.

29 FAZ v. 21.09.2000, S. 46.

30 Vgl. die Zitate bei *Streinz*, SpuRt 2000, 221 Fn. 4. Siehe zudem SZ v. 31.08.2000, S. 37; SZ v. 01.09.2000, S. 38; TAZ v. 14.09.2000, S. 18. Die EG-Sportkommissarin Reding erwiderte auf die Ausfälle Beckenbauers, diese seien „belanglos und unkontrolliert". SZ v. 04.09.2000, S. 42.

31 Ebenso schon *Wertenbruch*, EuZW 1996, 91, 92.

32 Generalanwalt *La Pergola*, Schlußantr. v. 16.07.1998 – Rs. C-212/97 – Slg. 1999 I, 1459, 1476 f. – „Centros"; *Ebke*, JZ 1999, 656, 659; *Hilf/Pache*, NJW 1996, 1169, 1175; *Brown*, in: Institutional Dynamics of European Integration: Essays in Honour of Henry G. Schermers, 1994, Bd. II, 511 ff.; a.A. *Franzen*, Privatrechtsangleichung durch die Europäische Gemeinschaft, 1999, S. 634.

33 *EuGH*, Urt. v. 09.03.1999 – Rs. C-212/97 – Slg. 1999 I, 1459, 1493 Tz. 22 ff. – „Centros"; *EuGH*, Urt. v. 12.05.1998 – Rs. C-367/96 – EuZW 1999, 56, 58 Tz. 20 ff. – „Kefalas".

Umstände" des konkreten Geschäftes sein[34]. Dabei handelt es sich um einen unbestimmten Rechtsbegriff, der ausfüllungsbedürftig ist. Diese Ergebnisoffenheit ermöglicht es dem Rechtsanwender jedoch, in die jeweilige Begründung bis zu einem gewissen Maße seine eigenen Wertungen mit einfließen zu lassen[35].

Welcher Maßstab daher im Einzelfall anzulegen ist, muß durch wertende Rechtsvergleichung ermittelt werden[36]. Wirft man nun einen Blick auf die drei großen Rechtskreise, zeigt sich, daß man insbesondere in Frankreich großen Wert auf die Einhaltung des materiellen Rechts legt und Gesetzesumgehungen mit dem Einwand des Rechtsmißbrauchs konsequent entgegentritt[37]. In Deutschland – gleiches gilt für England – ist man dagegen traditionell um einiges großzügiger im Hinnehmen von Umgehungshandlungen, wobei es aber auch hierzulande Grenzen gibt[38].

So hat beispielsweise schon das Reichsgericht einem bulgarischen Tabakhändler, der sich gegen einen Schadensersatzanspruch wegen Nichterfüllung eines Vertrags mit dem Argument gewehrt hatte, die Ausführung der Abrede wäre ihm nur möglich gewesen, wenn er dem einheimischen Zollbeamten unter Zuwiderhandlung gegen bulgarische (Straf-)Gesetze ein „landesübliches Trinkgeld" gewährt hätte, Beamtenbestechung abverlangt. Denn der Tabakhändler „könnte nicht mit dem offenbaren Einwand durchgelassen werden, daß er eine

---

34 *EuGH*, Urt. v. 09.03.1999 – Rs. C-212/97 – Slg. 1999 I, 1459, 1493 Tz. 25 – „Centros"; aus der Literatur etwa *Wertenbruch*, EuZW 1996, 91, 92.

35 Auch Generalanwalt *La Pergola*, Schlußantr. v. 16.07.1998 – Rs. C-212/97 – Slg. 1999 I, 1459, 1476 f. – „Centros", verkennt nicht, daß „seine [gemeint ist der Einwand des Rechtsmißbrauchs] konkrete Ausgestaltung [...] keine leichte Aufgabe ist."

36 Zur Ermittlung allgemeiner Rechtsgrundsätze des Gemeinschaftsrechts siehe etwa *Koenig/Haratsch*, Europarecht, 4. Aufl., 2003, Rn. 260 f.; *Oppermann*, Europarecht, 2. Aufl., 1999, Rn. 482 ff.; *Herdegen*, Europarecht, 5. Aufl., 2003, Rn. 169.

37 Dies zeigt sich bereits daran, daß die Figur des Rechtsmißbrauchs in Frankreich am elaboriertesten ist und auf einen objektivierenden Umgehungstatbestand abstellt. *Brown*, in: Institutional Dynamics of European Integration: Essays in Honour of *Henry G. Schermers*, 1994, Bd. II, 511, 513 f.; teilweise a.A. *Franzen*, Privatrechtsangleichung durch die Europäische Gemeinschaft, 1999, S. 634.

38 In Deutschland kennt man zumindest einen objektiven Umgehungstatbestand, auf den jedoch nicht so häufig zurückgegriffen wird. Siehe *Franzen*, Privatrechtsangleichung durch die Europäische Gemeinschaft, 1999, S. 634; *Medicus*, Allgemeiner Teil des BGB, 8. Aufl., 2002, Rn. 660 f. Im englischen Recht ist eine derartige allgemeine Rechtsfigur ungebräuchlich (vgl. *Brown*, in: Institutional Dynamics of European Integration: Essays in Honour of *Henry G. Schermers*, 1994, Bd. II, 511, 514 f.; *Franzen*, Privatrechtsangleichung durch die Europäische Gemeinschaft, 1999, S. 634), was eine gewisse Großzügigkeit impliziert.

Geschäftsmoral habe befolgen wollen, die über den Stand der orientalischen Anschauungen hinausging“[39].

Solche „orientalischen Anschauungen“ sind offenkundig auch der durch die französische Rechtstradition geprägten EG-Kommission zuwidergelaufen, denn sie hat den Standpunkt eingenommen, daß die neuen Praktiken als eine Aushöhlung der Arbeitnehmerfreizügigkeit der Fußballspieler zu bewerten sind; gleichzeitig nahm sie einen Verstoß gegen das EG-Wettbewerbsrecht an[40]. Im Gegensatz dazu sind die ganz herrschende deutsche Lehre[41] und Rechtsprechung[42] der Ansicht, daß in concreto keine Umgehung des Art. 39 EG in der Auslegung, die er durch den EuGH erfahren hat, zu sehen ist. Der Konflikt spiegelt somit letztendlich besonders anschaulich auch die unterschiedlichen Traditionslinien im französischen und deutschen Recht wider.

Für die im deutschen Rechtsraum verbreitete Meinung spricht nun, daß der EuGH seinerzeit ausschließlich über Ablösesummen **nach Ablauf** der regulären Vertragszeit zu urteilen hatte, wogegen die neue Transferpraxis das „Herauskaufen“ von Spielern aus **noch laufenden** Abreden betrifft[43]. Auf der anderen Seite ist jedoch zu berücksichtigen, daß die neu eingerichtete Transferpraxis die alten durch das „Bosman“-Urteil gekippten Bestimmungen faktisch nahezu vollständig ersetzt[44]. Hinzu kommt, daß es die Vereine durch den Abschluß langfristiger

---

39 *RG*, Urt. v. 26.09.1919 – 54/19 II – JW 1920, 138, 139.

40 Siehe *Kelber*, NZA 2001, 11, 12; *Krogmann*, Sport und Europarecht, 2001, S. 30. Vgl. zudem aus der Tagespresse SZ v. 16.08.2000, S. 36; SZ v. 28.09.2000, S. 4; FAZ v. 31.08.2000, S. 47; FAZ v. 01.09.2000, S. 40.

41 *Kelber*, NZA 2001, 11, 15 f.; *Hamm*, AuA 1999, 450, 452; *Klingmüller/Wichert*, SpuRt 2001, 1, 3 f.; *Wertenbruch*, EuZW 1996, 91, 92; *ders.*, FAZ v. 10.10.2000, S. 46; *Arens*, SpuRt 1997, 126, 127; *Westermann*, DZWiR 1996, 82 f.; *Hilpert*, RdA 1997, 92, 99; *Hilf/Pache*, NJW 1996, 1169, 1175; *Reichert*, Handbuch des Vereins- und Verbandsrechts, 9. Aufl., 2003, Rn. 2819b; *Pfister/Steiner*, Sportrecht von A bis Z, 1995, S. 237; *Arndt*, HANDELSBLATT v. 08.11.2000, S. 68 f.; krit. dagegen *Scherrer*, Sportrecht, 2001, S. 185; *Gardiner/Welch*, in: *Caiger/Gardiner*, Professional Sport in the European Union: Regulation and Re-regulation, Den Haag, 2000, 107, 122; *Caiger/O'Leary*, in: *Caiger/Gardiner*, Professional Sport in the European Union: Regulation and Re-regulation, Den Haag, 2000, 197, 198, 209.

42 *OLG Düsseldorf*, Urt. v. 20.02.2001 – 4 U 63/00 – SpuRt 2001, 246; *LAG Köln*, Beschl. v. 13.08.1996 – 11 Ta 173/96 – SpuRt 1999, 77 LS 1; *ArbG Dortmund*, Urt. v. 19.05.1998 – 6 Ca 1111/98 – juris online, sub B.I.2.b).

43 *Kelber*, NZA 2001, 11, 12, 15 f.; *Westermann*, DZWiR 1996, 82 f.; *Wertenbruch*, EuZW 1996, 91, 92.

44 Dies wird auch von denjenigen eingeräumt, die keinen Verstoß gegen die Arbeitnehmerfreizügigkeit annehmen. *Trommer*, Die Transferregelungen im Profisport im Lichte des „Bosman-Urteils“ im Vergleich zu den Mechanismen im bezahlten amerikanischen Sport, 1999, S. 90; *Plath*, Individualrechtsbeschränkungen im Berufsfußball, 1999,

Verträge selbst in der Hand haben, zu welchem Zeitpunkt sie dem Berufsfußballer seine Freizügigkeit zugestehen; dies erscheint angesichts der kurzen „Lebensarbeitszeit" der professionellen Spieler von in der Regel nur etwa 15 Jahren[45] auch nicht unbedenklich. Aus diesem Blickwinkel stellt sich das Einschreiten der EG-Kommission zunächst einmal nicht als völlig unberechtigt dar[46].

III. Der Kompromiß zwischen der EG-Kommission und Fußballsportfunktionären für grenzüberschreitende Spielertransfers

Auf der Basis dieser **unsicheren rechtlichen Lage** führten die Beteiligten – allen voran die FIFA und die Kommission – mehrmonatige Verhandlungen, die schließlich im März 2001 in einen **Kompromiß** mündeten[47], der unter anderem vorsieht, von welchen Voraussetzungen es abhängt, daß ein Profifußballer ein Kündigungsrecht hat. Darüber hinaus soll ein Modus zur Berechnung von Ausbildungsentschädigungen bei Vereinswechseln konzipiert werden. Außerdem wird es zukünftig pro Spielsaison nur noch eine Transferperiode und eine Limitierung der Wechsel von Fußballern zwischen zwei Arbeitgebern geben[48]. Anfang Juli 2001 verabschiedete der Kongreß des Fußball-Weltverbandes FIFA in Buenos Aires schließlich das neue Transfersystem[49], das zum 01.09.2001 dann endgültig in Kraft trat[50].

S. 228; *Wertenbruch*, EuZW 1996, 91, 92; *Parensen*, in: *Tokarski*, EU-Recht und Sport, 1998, 70, 137; in diese Richtung auch *Kelber*, NZA 2001, 11, 15.

45 Siehe dazu *Pfister*, in: *Tokarski*, EU-Recht und Sport, 1998, 151, 169 f.; *Parensen*, in: *Tokarski*, EU-Recht und Sport, 1998, 70, 88 ff.; *Heß*, in: Aktuelle Rechtsfragen des Sports, 1999, 1, 9; *Kelber*, NZA 2001, 11, 13 Fn. 35, der diesen Einwand in einem anderen Zusammenhang jedoch nicht für überzeugend hält.

46 Vgl. auch die Aussage des DFB-Justitiars *Eilers*, in: *Württembergischer Fußballverband*, Sportrecht damals und heute, 2001, 49, 61: „Damit haben sich die Clubs ein Ersatzsystem geschaffen, um die „Bosman"-Entscheidung zu umgehen." Schon *Wertenbruch*, EuZW 1996, 91, 92, erkannte, daß die langfristigen Verträge bereits damals das Potential aufwiesen, „zum Rechtsproblem der Zukunft" zu werden.

47 Am 5. März 2001 verständigten sich die Vertreter der EG-Kommission, der UEFA und der FIFA bei einem Treffen in Brüssel auf einen Kompromiß, der schließlich bei dem Ende März stattfindenden EU-Gipfel in Stockholm ratifiziert wurde. SZ v. 07.03.2001, S. 1, 37; SZ v. 26.03.2001, S. 42; TAZ v. 07.03.2001, S. 17.

48 Ein kurzer Überblick zum Inhalt des ausgehandelten Kompromisses findet sich bei *Roth*, AuA 2001, 217, 219 f.; *Summerer*, in: *Eimer*, 2. Internationaler Sport-Recht Kongress, 2002, 96, 102 f.

49 Vgl. TAZ v. 05.07.2001, S. 19; TAZ v. 09.07.2001, S. 17.

50 SZ v. 01.09.2001, S. 44. Ausführlich zum Regelungsinhalt des neuen FIFA-Transferreglements im 2. Teil, 2. Kapitel, B.I. der Arbeit.

Die getroffene Übereinkunft verbessert die Position der Profifußballer weiter[51], wobei allerdings weder die EG erreicht hat, daß Fußballer wie alle anderen Arbeitnehmer behandelt werden, noch die Verbände durchsetzen konnten, daß alles beim alten bleibt[52]. Jedoch sollen Sportfunktionäre, Vereine und Spieler die Möglichkeit haben, die Details selbst zu regeln, was dem alten System alle Möglichkeiten offenläßt[53]. So haben sich denn auch im Anschluß an das Bekanntwerden des Lösungsmodells die positiven (z.B. seitens der EG-Kommission, der UEFA, der FIFA, des DFB, einiger Fußballclubs und der nationalen Interessenvertretung der Fußballer [VdV]) und die negativen (z.B. seitens der internationalen Spielergewerkschaft FIFPro und einiger großer Fußballvereine) Reaktionen in etwa die Waage gehalten[54].

Anzumerken bleibt noch, daß bei **rein nationalen Transfers**, bezüglich derer die EG-Kommission nicht eingeschritten ist, die neue Praxis weiterhin unangetastet ist[55].

IV. Juristische „Unantastbarkeit" des ausgehandelten Kompromisses?

Bereits kurze Zeit nach der Verabschiedung des neuen Transfersystems für internationale Spielertransaktionen regten sich aus dem Lager der Unzufriedenen – allen voran die FIFPro – erste Stimmen, die das **Regelwerk gerichtlich überprüfen** lassen wollten[56]: So wurden vor belgischen Gerichten inzwischen erste Klagen von Fußballprofis anhängig gemacht[57]. Gerügt wurden insbesondere Verstöße gegen die europarechtliche Arbeitnehmerfreizügigkeit (Art. 39 EG)

---

51 So die Einschätzung von Rummenigge, SZ v. 07.03.2001, S. 1.

52 Der VdV-Präsident Gothe nannte das Ergebnis ein „allseits gerechtes Unentschieden". SZ v. 07.03.2001, S. 37.

53 Vgl. die Aussage vom seinerzeitigen DFB-Ligadirektor Straub: „Der Kompromiß ist ein Rahmen, der vieles offen läßt." SZ v. 08.03.2001, S. 42.

54 Vgl. aus der Tagespresse SZ v. 07.03.2001, S. 37; siehe daneben *Schäfer*, in: *Scherrer/Del Fabro*, Freizügigkeit im europäischen Sport, 2002, 81, 94 f.

55 Zur Vereinbarkeit der neuen Transferpraxis im Falle eines Vereinswechsels im Inland mit nationalem Recht siehe *Kelber*, NZA 2001, 11, 13 ff., der keine Verstöße gegen nationales Zivil- und Verfassungsrecht auszumachen vermag; ebenso *Klingmüller/Wichert*, SpuRt 2001, 1, 2 ff.; differenzierend dagegen *Gebhardt*, Modelle für die Reform des Transfersystems für Berufsfußballspieler aus rechtlicher und tatsächlicher Sicht, 2000, S. 86 ff., der bei einer „vorgetäuschten Verlängerung" einen Verstoß gegen § 117 Abs. 1 und § 138 Abs. 1 BGB annimmt. Aus rechtsvergleichender Sicht siehe *Schamberger*, SpuRt 2001, 134.

56 Vgl. SZ v. 07.03.2001, S. 37; SZ v. 26.03.2001, S. 42. Auch Vereinsvertreter der Bundesliga ziehen die rechtliche Unantastbarkeit des Kompromisses in Zweifel. SZ v. 07.03.2001, S. 37.

57 Vgl. TAZ v. 05.07.2001, S. 19.

sowie gegen das EG-Wettbewerbsrecht (Art. 81 f. EG). Die internationalen Sportverbände reagierten in ersten Stellungnahmen gelassen[58], doch kündigten sie gleichzeitig an, daß sie mit der die klagenden Fußballer unterstützenden internationalen Spielergewerkschaft FIFPro verhandeln wollten, um einen langwierigen juristischen Konflikt zu vermeiden[59]. Die Gespräche führten schließlich zu einem Einlenken der FIFPro, die ihrerseits auf die Spieler einwirkte, die Klagen zurückzunehmen. Als „Gegenleistung" sagte die FIFA der internationalen Spielergewerkschaft zu, sie an dem neu geschaffenen Schiedsgericht, das die Einhaltung des gerade etablierten Transfersystems überwacht, zu beteiligen[60].

Betrachtet man rückblickend nochmals den Gang der Ereignisse, so zeigt insbesondere die überaus zuversichtliche Reaktion der FIFA auf die juristischen Drohgebärden, daß man vor allem bei den internationalen Sportverbänden die Zustimmung der EG-Kommission zu den neuen Transfermechanismen als eine Art „Persilschein" für die Rechtmäßigkeit des Systems wertete. Dennoch scheint Vorsicht geboten, denn es könnte sich im nachhinein herausstellen, daß eine derartige Annahme auf einem Trugschluß basiert. Das folgt bereits aus dem Umstand, daß der EuGH schon einmal in dem bereits an anderer Stelle erwähnten „Bosman"-Urteil eine Klausel kippte, die zuvor von der EG-Kommission gebilligt worden war[61]:

> „Schließlich ist zu dem aus der Beteiligung der Kommission an der Ausarbeitung der ‚3+2'-Klausel hergeleiteten Argument daran zu erinnern, daß die Kommission, abgesehen von den Fällen, in denen ihr solche Befugnisse ausdrücklich eingeräumt werden, nicht berechtigt ist, Garantien hinsichtlich der Vereinbarkeit eines bestimmten Verhaltens mit dem Vertrag zu geben [...]. Keinesfalls hat sie die Befugnis, gegen den Vertrag verstoßende Verhaltensweisen zu genehmigen."

Dieser Aussage läßt sich entnehmen, daß das neue internationale Transfersystem keinesfalls für sich in Anspruch nehmen kann, die Kontrollinstanz des EuGH ohne weiteres zu passieren[62]. Vielmehr ist trotz der „Rückversicherung" der Fußballverbände bei der EG-Kommission der **Ausgang eines Verfahrens vor**

---

58 FIFA-Präsident Blatter meinte: „Die Reform ist ausgearbeitet und wird verabschiedet. Davon gehe ich aus". TAZ v. 05.07.2001, S. 19.

59 Vgl. SZ v. 26.03.2001, S. 42.

60 Vgl. näher SZ v. 01.09.2001, S. 44.

61 *EuGH*, Urt. v. 15.12.1995 – Rs. C-415/93 – EuZW 1996, 82, 90 Tz. 136 – „Bosman".

62 Vgl. allgemein dazu *Streinz*, SpuRt 1998, 45, 46; *Eilers*, in: *Württembergischer Fußballverband*, Sportrecht damals und heute, 2001, 49, 53; siehe zudem *Fischer*, EuZW 2002, 97.

dem Gerichtshof – sofern das Gericht über Art. 234 EG mit den neuen Transferregeln befaßt werden sollte – völlig **offen**[63].

C. Bestimmung des Untersuchungsgegenstandes und Gang der Darstellung

I. Bestimmung des Untersuchungsgegenstandes

Im Hinblick auf das erhebliche Konfliktpotential, die Unkalkulierbarkeit des Ausgangs eines Verfahrens vor dem EuGH und den jetzt erreichten Stand des internationalen und nationalen Fußballtransfersystems bietet es sich nunmehr an, die verbands- und sonstigen rechtlichen Vorgaben einer eingehenden rechtlichen Würdigung zu unterziehen. Dies erfordert eine genauere Bestimmung des zu besprechenden Themenkreises. Dazu sind der **Prüfungsgegenstand** (1.) und –**maßstab** (2.) festzulegen.

1. Prüfungsgegenstand

Zunächst bedarf der **Prüfungsgegenstand** in sachlicher als auch in persönlicher Hinsicht einer näheren Eingrenzung:

Schon wegen der Aktualität liegt es auf der Hand, daß von Berufsfußballern aus laufenden Verträgen **hauptsächlich** die **neuen Bestimmungen der FIFA für transnationale Spieler-"Verkäufe"** einer eingehenden rechtlichen Würdigung zu unterziehen sind. Allerdings ist zusätzlich zu berücksichtigen, daß der Ausgang einer juristischen Untersuchung des internationalen Reglements nahezu zwangsläufig auch Rückwirkungen auf die zur Zeit geltende Transferpraxis für Spielerwechsel innerhalb Deutschlands hat. Um sachlich Zusammenhängendes nicht willkürlich auseinanderzureißen, erscheint es daher angebracht, die **gegenwärtige Transferpraxis, d.h. Ablöseentschädigungen beim Wechsel vom Amateur- ins Profilager innerhalb des Inlands**, ebenfalls in die rechtliche Bewertung einzubeziehen. Die Entscheidung über die Rechtskonformität der gegenwärtig in Kraft befindlichen internationalen wie auch die der nationalen Transfersysteme hängt maßgeblich von der Beantwortung der Frage ab, welche Ersatzmodelle bereitstehen, das System der Ausbildungs- und Förderungsentschädigung zu ersetzen. Als taugliche Substituten kommen vor allem solche Vorschläge in Betracht, die einerseits die der Ablösesumme angedachten Funktionen (Wettbewerbsgleichheit zwischen den Fußballvereinen, Talentförderung) effektiv verwirklichen, ohne gleichzeitig die wirtschaftliche Mobilität der Profi-

---

[63] Ähnlich *Kerr*, in: *Scherrer/Del Fabro*, Freizügigkeit im europäischen Sport, 2002, 31, 36.

fußballspieler zu beeinträchtigen. Besonders geeignet, diesen Anforderungen zu genügen, scheint auf den ersten Blick ein **abgabenfinanzierter Solidaritätsfonds** unter den Fußballclubs der beiden Bundesligen. Deshalb wird dieser Reformvorschlag aus juristischer Sicht näher zu beleuchten sein (**sachlicher Umfang**).

Im Hinblick auf den **persönlichen Umfang** wird die rechtliche Würdigung auf die Situation von **Lizenzfußballern** (Nicht-Amateure mit Lizenz) begrenzt, d.h., Amateurspieler und Vertragsamateure (Nicht-Amateure ohne Lizenz) bleiben im Rahmen der Untersuchung ausgeklammert[64].

2. Prüfungsmaßstab

Nach der Konkretisierung des Untersuchungsgegenstandes ist als nächstes der **Prüfungsmaßstab** zu bestimmen:

Soweit es zunächst um die **Transferentschädigungssysteme** geht, zeichnen sich die in diesem Zusammenhang bisher erschienenen Publikationen dadurch aus, daß die Verfasser nahezu durchgehend **nationales Verfassungsrecht** – insbesondere die Grundrechte – und **Europarecht** – vor allem die Grundfreiheiten und das EG-Wettbewerbsrecht – als Prüfungsmaßstab herangezogen haben[65]. Die geplante Arbeit wird von diesem Prüfungsprogramm **teilweise abweichen**: Auf eine Untersuchung der Einhaltung innerstaatlicher Rechtsstandards, insbesondere des Verfassungsrechts, wird weitgehend verzichtet. Statt dessen liegt der Schwerpunkt auf der Ebene des internationalen Rechts. Im Mittelpunkt steht die Überprüfung der Einhaltung der **EG-Grundfreiheiten**; in einem Exkurs wird schließlich die **grundgesetzliche Berufsfreiheit** kurz angesprochen.

Zu dem zweiten Prüfungsgegenstand, dem **beitragsfinanzierten Solidaritätsfonds**, liegen bisher hauptsächlich ökonomische Untersuchungen vor. Juristisch wurde das Ersatzmodell nur am Maßstab des nationalen und europäischen Kartellrechts überprüft; die übrigen normativen Vorgaben, insbesondere die der nationalen Rechtsordnung (Gesellschaftsrecht, Verfassungsrecht) sind bisher nahezu vollständig unberücksichtigt geblieben. Wenn überhaupt, fand höchstens

---

[64] Vgl. zur Abgrenzung die Begriffserklärungen in Abs. 2 Nr. 1 bis 3 Lizenzierungsordnung Spieler (LOS).

[65] Vgl. etwa *Gebhardt*, Modelle für die Reform des Transfersystems für Berufsfußballspieler aus rechtlicher und tatsächlicher Sicht, 2000; *Trommer*, Die Transferregelungen im Profisport im Lichte des „Bosman-Urteils" im Vergleich zu den Mechanismen im bezahlten amerikanischen Sport, 1999; *Plath*, Individualrechtsbeschränkungen im Fußball, 1999; *Dinkelmeier*, Das „Bosman"-Urteil des EuGH und seine Auswirkungen auf den Profifußball in Europa, 1999.

eine kursorische rechtliche Würdigung statt. Diese Lücke zu schließen ist ein Anliegen der Arbeit. Vor allem wird dabei der Frage nachzugehen sein, ob die **Grundrechte** der Lizenzvereine einem derartigen Vorhaben unverrückbare Grenzen ziehen.

II. Gang der Darstellung

Abschließend ist noch kurz der **Gang der Untersuchung** zu umreißen:

Der **1. Teil** der Arbeit dient als Einführung in den rechtlichen und strukturellen Rahmen des lizenzierten Fußballsports auf nationaler und internationaler Ebene. Zum Verständnis der (gesamten) Problematik der Transferentschädigung erscheinen die Kenntnis der Grundstrukturen des Sportverbandsrechts, ein Überblick über die Organisatoren des Profifußballs sowie eine kurze Beschreibung der zwischen den Beteiligten bestehenden Rechtsbeziehungen unabdingbar.

Im **2. Teil** wird – eingebettet in eine chronologische Darstellung der rechtlichen Entwicklung des nationalen und internationalen Transferrechts – der eingangs bereits angesprochene Grundkonflikt zwischen der wirtschaftlichen Mobilität der Lizenzfußballspieler und den Interessen der Organisatoren des Ligabetriebs an der Aufrechterhaltung einer ungefähren Wettbewerbsgleichheit unter den Lizenzvereinen sowie der Nachwuchsförderung schrittweise herausgearbeitet. In diesem Zusammenhang werden zugleich die grundlegenden Fragen der Ablöseentschädigung erörtert: Dazu werden als erstes die Funktionsweise und die Auswirkungen des Transferentschädigungssystems auf die Rechtsstellung des Lizenzspielers beleuchtet, um im Anschluß die Berechtigung der zu dessen Rechtfertigung vorgetragenen Gründe zu hinterfragen. In einem zweiten Schritt wird die Behandlung der Problematik durch die nationale und europäische Rechtspraxis gewürdigt, wobei hier insbesondere das „Bosman"-Urteil und seine Auswirkungen, d.h. die Beseitigung der althergebrachten Transferpraktiken, im Vordergrund stehen. Nach der Abschaffung der tradierten Ablöseentschädigungssysteme setzte mit der Suche nach adäquaten Ersatzmodellen die nächste Phase in der Entwicklung ein; darauf ist in einem dritten Schritt einzugehen. Dabei wird ein besonderes Augenmerk auf dem bereits von Generalanwalt Lenz im „Bosman"-Verfahren ins Spiel gebrachten Finanzpool liegen. Dieses Modell – namentlich die Variante eines beitragsfinanzierten Fonds – ist neben seiner Praktikabilität im besonderen auf seine Vereinbarkeit mit den Grundrechten der davon betroffenen Lizenzvereine zu untersuchen. Sollte sich der Solidaritätsfonds in tatsächlicher und rechtlicher Hinsicht als tauglich erweisen, stünde ein Ersatzmodell zur Verfügung, das gegenüber dem System der Transferentschädigung den unbestreitbaren Vorzug aufweist, daß es zu keinerlei Einschränkungen der wirtschaftlichen Mobilität der Lizenzspieler führt. Damit wäre ein **durchschlagender Einwand gegen die Zulässigkeit von Transferentschädigungen** überhaupt gewonnen. Aufgrund der eben aufgezeigten zentralen Bedeutung für den weiteren Gang der Arbeit wird die erstmalige umfassende rechtliche Würdigung des abgabenfinanzierten Solidarfonds am Maßstab der Grundrechte den **ersten Schwerpunkt** der Arbeit bilden. Die vierte und letzte Etappe des 2. Teils der Arbeit besteht im wesentlichen in der Darstellung des neuen FIFA-Transferreglements.

Im **3. Teil** der Arbeit werden schließlich – und hier liegt der **zweite Schwerpunkt** der Arbeit – das neue FIFA-Transferreglement sowie die gegenwärtig noch gängigen verbandsrechtlichen Entschädigungspflichten beim Wechsel vom Amateur- in den Profibereich im Inland am Maßstab der EG-Grundfreiheiten - und kursorisch auch mit Blick auf Art. 12 Abs. 1 GG - gewürdigt, wobei der Ausgang der Untersuchung maßgeblich von der Brauchbarkeit des beitragsfinanzierten Solidaritätsfonds als Surrogat für das Instrument der Transferentschädigung abhängen wird.

Im **4. Teil** werden die Ergebnisse der Dissertation in einem eigenen Schlußteil zusammengefaßt.

1. Teil: Organisation des lizenzierten Fußballsports auf nationaler und internationaler Ebene

Im folgenden werden die für das Verständnis der gesamten Arbeit unabdingbaren organisationsrechtlichen Vorgaben des Profifußballs erläutert. Ohne deren Kenntnis ist eine fundierte Beurteilung der verfassungs- und europarechtlichen Fragestellungen nicht möglich. Zunächst ist in diesem Kontext in einem eigenen Kapitel auf die nationalen Verhältnisse einzugehen, wobei hier ein besonderes Augenmerk auf die grundlegende Strukturreform des Deutschen Fußball-Bundes (DFB) zu richten sein wird. Danach werden im folgenden Kapitel schließlich die international bedeutsamen Verbände dargestellt; zur Abrundung ist noch kurz die Verzahnung von nationaler und internationaler Ebene herauszuarbeiten.

1. Kapitel: Organisation des lizenzierten Fußballsports auf nationaler Ebene

A. Allgemeines

I. (Fußball-)Sportrecht – ein eigenständiges Rechtsgebiet?

Zu Beginn der Arbeit wurde bereits auf die zunehmende Regelungsdichte im Bereich des Fußballsportwesens hingewiesen. Diese Verrechtlichung führte in den letzten Jahren zu der Herausbildung einer eigenständigen Rechtsdisziplin: dem **(Fußball-)Sportrecht**[66]. Allerdings darf der Begriff nicht zu der irrigen Annahme verleiten, daß die genannte Materie durch ein in sich abgeschlossenes und kohärentes System mit aufeinander abgestimmten Prinzipien geregelt wird; vielmehr ist gerade das Gegenteil der Fall[67]: Das (Fußball-)Sportrecht im objektiven Sinne umfaßt nach „traditionellem" Verständnis zum einem die von Hoheitsträgern (Staat und supranationale Organisationen) erlassenen Bestimmungen und zum anderen das von den privaten Sportverbänden gesetzte Recht (**Zweispurigkeit des Sportrechts**)[68].

---

66 Vgl. in anderem Zusammenhang ebenso *Fleischer*, WuW 1996, 473; *Westermann*, JA 1984, 394, 395; zu der Frage, ob das Recht des Leistungssports ein Sonderprivatrecht darstellt, ausführlich *ders.*, in: Festschrift für *Rittner*, 1991, 771.

67 Ähnlich *Heiersdorf*, Ausländerklauseln im Profisport, 1998, S. 8.

68 *Kirschenhofer*, Sport als Beruf, 2002, S. 5 f.; *Fritzweiler*, NJW 2000, 997; *Scherrer*, Sportrecht, 2001, S. 153; *Vieweg*, JuS 1983, 825; *Pfister/Steiner*, Sportrecht von A bis Z, 1995, S. 194 ff.; a.A. *Heß*, in: Aktuelle Rechtsfragen des Sports, 1999, 1, 25 Fn. 122.

Das **auf Hoheitsträger zurückzuführende Recht**, das auf den Fußballsport einwirkt, entstammt auf der Ebene der nationalen Rechtsordnung meistens den allgemeinen Bereichen des Öffentlichen Rechts (z.B. Verfassungs-, Polizei-, Bau-, Umweltschutz-, Sozial- und Steuerrecht), des Zivilrechts (z.B. Vertrags-, Delikts-, Wettbewerbs-, Arbeits- und Gesellschaftsrecht) und dem Strafrecht. Daneben nimmt inzwischen das supranationale Europarecht eine wichtige Rolle als Entscheidungsmaßstab für sportspezifische Sachverhalte ein. Ein Blick auf die aufgelisteten Rechtsmaterien zeigt, daß der nationale Gesetzgeber und die EG in aller Regel keine auf den Profisport zugeschnittenen besonderen Bestimmungen verabschiedet haben, sondern daß das Sportrecht eine **Querschnittsmaterie** darstellt[69].

Das zweite Standbein sind **die von den privaten Verbänden**, die in der Regel die Rechtsform eines eingetragenen Vereins i.S.d. §§ 21, 55 ff. BGB haben, **autonom gesetzten Rechtsregeln** in Form von Satzungen und Ordnungen (z.B. DFB-Satzung, Spielordnungen, Lizenzierungsordnungen). Derartige Regelwerke enthalten unter anderem Vorschriften zu den Rechten und Pflichten der Mitglieder und der sonstigen der Verbandsgewalt Unterworfenen. Daneben finden sich in den Regelungssystemen oftmals auch Sanktionsmechanismen zur Durchsetzung der von den Verbänden geschaffenen Ordnungen. Die geschilderten Bestimmungen privaten Ursprungs sind nahezu durchgehend abstrakt-generell formuliert und entfalten aus der Perspektive derjenigen, die von den jeweiligen Tatbeständen erfaßt werden, zumindest normähnliche Wirkungen[70]. Grundfunktion der Verbandsregeln ist die Schaffung – weltweit – uniformer Vorgaben, die für alle Beteiligten eines Wettkampfes bzw. Leistungsvergleichs, der in/von einer Gemeinschaft durchgeführt wird, grundsätzlich gleiche Leistungsbedingungen festlegen[71].

Die eben geschilderte Zweispurigkeit des Sportrechts bedingt in regelmäßigen Abständen komplizierte juristische Auseinandersetzungen, denn beide Normenkomplexe stehen nicht beziehungslos nebeneinander, sondern sie sind eng miteinander verwoben, da das privatautonome Verbandsrecht sich nicht im rechts-

---

69 Ähnlich *Hilpert*, RdA 1997, 92; siehe auch *Grunsky*, in: *Württembergischer Fußballverband*, Sportrecht damals und heute, 2001, 7, 8 f.

70 *Nicklisch*, Inhaltskontrolle von Verbandsnormen, 1982, S. 11; siehe auch *Heß*, in: Aktuelle Rechtsfragen des Sports, 1999, 1, 6; allgemein zum Charakter und Inhalt von Verbandsregeln *Pfister/Steiner*, Sportrecht von A bis Z, 1995, S. 243.

71 *Pfister*, in: Festschrift für *Lorenz*, 1991, 171 ff.; *Schäfer*, in: *Scherrer/Del Fabro*, Freizügigkeit im europäischen Sport, 2002, 81, 90; *Haas/Adolphsen*, NJW 1995, 2146, 2147. Auch der BGH hat mittlerweile den herausragenden Stellenwert dieser Funktion ausdrücklich anerkannt. *BGH*, Urt. v. 28.11.1994 – II ZR 11/94 – JZ 1995, 461, 462.

freien Raum bewegt, sondern mit dem staatlichen Recht konform sein muß[72]. Diese für zahlreiche Sportfunktionäre bis vor wenigen Jahren noch schwer akzeptable Selbstverständlichkeit brachte das LAG Rheinland-Pfalz prägnant zum Ausdruck[73]:

> „Wenn sich der Kläger demgegenüber auf im Fußballsport eigene Gesetzmäßigkeiten beruft, so verkennt er, daß arbeitsrechtswidrige Praktiken keinen Einfluß auf die Beurteilung von Arbeitsrechtsstreitigkeiten haben können. Eine im Laufe der Zeit bei den Fußballvereinen eingerissene Unsitte kann nicht als Maßstab angenommen werden."

Im Falle mangelnder Übereinstimmung kommt es zu Eingriffen seitens der hoheitlichen Rechtsordnung in das private Sportrecht. In einer solchen Situation stellt sich dann die Frage, ob und inwieweit der Staat oder die EG zu einem solchen Übergriff überhaupt berechtigt gewesen sind, – und eben diese Grenzziehung erweist sich mitunter als äußerst diffizil[74]. Standardbeispiel zur Veranschaulichung dieser Problematik – das vermag hier denn auch nicht mehr zu überraschen – waren schon lange vor dem „Bosman"-Urteil gerade auch die bereits angesprochenen Ausländerklauseln im bezahlten Fußball[75].

Mit der Zweispurigkeit des Sportrechts ist daneben gleichzeitig die nächste Quelle – neben den konfligierenden (wirtschaftlichen) Interessen der am Fußballgeschäft beteiligten Verbände, Vereine und Spieler[76] – für die zunehmende Zahl aufsehenerregender rechtlicher Prozesse im Bereich des Profisports ausgemacht. Beide Aspekte beeinflussen sich dabei insofern wechselseitig, daß es gerade die jeweils zu schützenden Interessen der in das Geschehen Involvierten sind, die die Rechtfertigungsgründe für die Eingriffe seitens des Staates und der EG in die Sportautonomie liefern.

Die voranstehenden Ausführungen haben deutlich gemacht, daß das Sportrecht durch vielerlei Eigenarten geprägt ist. Bei der Lösung (fußball-)sportrechtlicher

---

72 *Pfister*, in: Festschrift für *Lorenz*, 1991, 171, 176; *Pfister/Steiner*, Sportrecht von A bis Z, 1995, S. 195; *Heiersdorf*, Ausländerklauseln im Profisport, 1998, S. 9.

73 *LAG Rheinland-Pfalz*, Urt. v. 03.04.1989 – 10 Sa 1061/88 – LAGE § 611 BGB Berufssport Nr. 3, 1, 3 f.

74 *Pfister/Steiner*, Sportrecht von A bis Z, 1995, S. 196; in diese Richtung auch *Nicklisch*, Inhaltskontrolle von Verbandsnormen, 1982, S. 25; siehe zudem *Heß*, in: Aktuelle Rechtsfragen des Sports, 1999, 1, 25, demzufolge dies die „eigentliche Konfliktlage" ist; ebenso *Fritzweiler*, NJW 2000, 997; zum Verhältnis des internationalen Sportrechts zum innerstaatlichen Recht vgl. *Reuter*, DZWiR 1996, 1.

75 *Vieweg*, JuS 1983, 825 a.E.; *Hilf*, NJW 1984, 517; *Schweitzer/Streinz*, JA 1986, 244.

76 Siehe dazu bereits die Ausführungen unter Einleitung, A.I.

Fälle muß man sich diese stets in Erinnerung rufen, um der besonderen Interessenlage in dem Bereich auch tatsächlich gerecht werden zu können. Gerade in dem Umstand dürfte auch die immer wieder festgestellte Komplexität des Sportrechts ihren tieferen Grund haben.

II. Grundstrukturen des Sportverbandsrechts

Im Anschluß an die Herausarbeitung der durch die Zweispurigkeit des Sportrechts bedingten Besonderheiten ist auf dessen essentielle Strukturprinzipien einzugehen.

1. Grundsatz der Vereinsautonomie

Am Anfang steht dabei der Grundsatz der Vereinsautonomie, den es näher auszuleuchten gilt. Dazu sind die rechtlichen Grundlagen und die Herleitung (a), der Umfang (b) und die sich aus der Rechtsordnung ergebenden Grenzen (c) dieses Prinzips näher zu erörtern.

a) Rechtliche Grundlagen und Herleitung

Bei der **„Vereinsautonomie“** handelt es sich um einen Rechtsgrundsatz, der heute allgemein anerkannt ist[77]. Er hat sein rechtliches Fundament auf Verfassungsebene in Art. 9 Abs. 1 GG[78] und im einfachen Gesetz in §§ 21 ff. BGB. Zur Herleitung werden im Zivilrecht allerdings unterschiedliche Ansätze vertreten: Die wohl herrschende Ansicht in Lehre[79] und Rechtsprechung[80] nimmt dabei den Standpunkt ein, daß es sich bei der Vereinsautonomie um ein „gesetzlich zugestanden[es] Recht“ handelt, das „der Staat gelten läßt“[81]. Damit wird zum Ausdruck gebracht, daß die Zulassung auf Gewohnheitsrecht beruht, das sich

---

77 Näher *Steinbeck*, Vereinsautonomie und Dritteinfluß, 1999, § 4 I 2 S. 16.

78 *BGH*, Urt. v. 23.11.1998 – II ZR 54/98 – NJW 1999, 1326; *Steiner*, in: Festschrift für *Stern*, 1997, 509, 513 f.; *ders.*, DÖV 1983, 173, 174 f.; allgemein zu Art. 9 Abs. 1 GG *Pieroth/Schlink*, Grundrechte – Staatsrecht II, 18. Aufl., 2002, Rn. 731 f.

79 *Meyer-Cording*, Die Vereinsstrafe, 1957, § 9 IV S. 49; *Vieweg*, Normsetzung und -anwendung deutscher und internationaler Verbände, 1990, S. 149; *Baecker*, Grenzen der Vereinsautonomie im deutschen Sportverbandswesen, 1985, S. 25 f.; *Malatos*, Berufsfußball im europäischen Rechtsvergleich, 1988, S. 11; *Larenz*, in: Gedächtnisschrift für *Dietz*, 1973, 45, 49; *Schlosser*, MDR 1967, 884, 887.

80 *BGH*, Urt. v. 27.02.1954 – II ZR 17/53 – BGHZ 13, 5, 11; *BGH*, Urt. v. 04.10.1956 – II ZR 121/55 – BGHZ 21, 370, 375; *BGH*, Urt. v. 26.02.1959 – II ZR 137/57 – BGHZ 29, 352, 355; *RG*, Urt. v. 30.10.1901 – IV 218/01 – RGZ 49, 150, 155; *OLG Frankfurt*, Urt. v. 07.02.1985 – 6 U 39/84 – WRP 1985, 564, 566.

81 *BGH*, Urt. v. 26.02.1959 – II ZR 137/57 – BGHZ 29, 352, 355.

auf eine lange, ungebrochene Praxis der Gerichte gründet[82]. Dem steht eine innerhalb der Literatur inzwischen weit verbreitete Auffassung gegenüber, die die Legitimationsquelle der Vereinsautonomie in der betätigten individuellen Privatautonomie sieht[83].

b) Umfang

Als nächstes bedarf das Prinzip der Verbandsautonomie der inhaltlichen Ausgestaltung. Im Bereich des Sports umfaßt sie in sachlicher Hinsicht jedenfalls das **Recht** der Verbände **zur Selbstorganisation der Sportausübung** einschließlich der staatsfreien Setzung bestimmter „sportethischer Werte"[84]. Die Organisation bezweckt in diesem Zusammenhang primär die Ermöglichung der gemeinschaftlichen, dauerhaften und universellen Sportausübung nach einheitlichen Regeln zur Gewährleistung von Wettbewerbsgleichheit zwischen den Athleten[85]. Zur Erreichung ihrer Ziele steht den Verbänden dabei nicht nur – wie es dem Wortlaut des „Autonomie"-Begriffs entspräche[86] – die Befugnis zur Selbstgesetzgebung, sondern nach ständiger Rechtsprechung[87] und ganz herrschender Lehre[88] auch die zur Selbstverwaltung zu.

---

82 Zutreffend *Larenz*, in: Gedächtnisschrift für *Dietz*, 1973, 45, 49; a.A. *BGH*, Urt. v. 26.02.1959 – II ZR 137/57 – BGHZ 29, 352, 355, der davon ausgeht, daß der Staat den Vereinen ihre Autonomie durch die Normierung von § 25 BGB verliehen habe.

83 Staudinger-*Weick*, BGB, 13. Aufl., 1995, Vorbem. zu §§ 21 ff. Rn. 35 ff.; Palandt-*Heinrichs*, BGB, 62. Aufl., 2003, § 25 Rn. 7; Erman-*Westermann*, BGB, Bd. I, 10. Aufl., 2000, § 25 Rn. 2; RGRK-*Steffen*, BGB, Bd. I, 12. Aufl., 1982, Vor § 21 Rn. 32; *Steinbeck*, Vereinsautonomie und Dritteinfluß, 1999, § 4 III 1 a S. 25; wohl auch *Reemann*, Die Verfassung des Vereins, 1988, S. 111 ff.; *Hadding*, in: Festschrift für *Fischer*, 1979, 165, 196.

84 *Pfister/Steiner*, Sportrecht von A bis Z, 1995, S. 17 ff.; *Steiner*, NJW 1991, 2729, 2730; *Kirschenhofer*, Sport als Beruf, 2002, S. 140 ff.; zur Reichweite der Sportautonomie im einzelnen *Zinger*, Diskriminierungsverbote und Sportautonomie, 2002, S. 57.

85 *Pfister*, in: Festschrift für *Lorenz*, 1991, 171, 181 ff.; *Schäfer*, in: *Scherrer/Del Fabro*, Freizügigkeit im europäischen Sport, 2002, 81, 89 ff.; *Heß*, in: Aktuelle Rechtsfragen des Sports, 1999, 1, 15 ff.

86 *Baecker*, Grenzen der Vereinsautonomie im deutschen Sportverbandswesen, 1985, S. 18; *Vieweg*, Normsetzung und –anwendung deutscher und internationaler Verbände, 1990, S. 148; *Meyer-Cording*, Die Vereinsstrafe, 1957, § 9 S. 43.

87 *RG*, Urt. v. 20.12.1923 – IV 836/22 – RGZ 107, 386, 387; *RG*, Urt. v. 01.07.1929 – IV 662/28 – RGZ 125, 338, 340; *BGH*, Urt. v. 04.10.1956 – II ZR 121/55 – BGHZ 21, 37; *BGH*, Urt. v. 18.09.1958 – II ZR 332/56 – BGHZ 28, 131, 133; *BGH*, Urt. v. 06.03.1967 – II ZR 231/64 – BGHZ 47, 172, 174; *BGH*, Urt. v. 28.11.1994 – II ZR 11/94 – JZ 1995, 461, 462; a.A. noch *RG*, Urt. v. 23.03.1910 – IV 694/09 – RGZ 73, 187, 191.

88 *Baecker*, Grenzen der Vereinsautonomie im deutschen Sportverbandswesen, 1985, S. 26; *Vieweg*, Normsetzung und –anwendung deutscher und internationaler Verbände, 1990, S. 148 f.; *Steinbeck*, Vereinsautonomie und Dritteinfluß, 1999, § 4 II 3 S. 20; *Reemann*,

Bei einem derart extensiven Verständnis der Vereinsautonomie sind dieser neben der Ausgestaltung der internen Organisation durch eine Satzung (§ 25 BGB), der Bestellung von Organen (§ 27 Abs. 1 BGB), der Geschäftsführung (§ 27 Abs. 3 BGB), dem Recht zur Auflösung des Vereins (§ 41 BGB) auch das Recht, über die Aufnahme neuer Mitglieder selbst zu entscheiden, und die Möglichkeit, Angehörige der Körperschaft auszuschließen oder „Vereinsstrafen“[89] zu verhängen, zuzuordnen[90]. Schließlich hat jeder Verein grundsätzlich auch die Freiheit, sich einem fremden Willen zu unterwerfen[91].

c) Grenzen

Die Vereinsautonomie gilt allerdings nicht schrankenlos: Eine **erste Grenzziehung** folgt schon aus der **Natur der Vereinsautonomie** selbst, denn die Statuten und sonstigen Maßnahmen eines Verbandes können zunächst nur an die jeweiligen Mitglieder adressiert werden[92]. Dies schließt es jedoch nicht aus, daß sich Nicht-Mitglieder durch einen „Regelanerkennungsvertrag“ auf rechtsgeschäftlicher Basis der Verbandsgewalt unterwerfen[93]. **Darüber hinaus** ist bezüglich der **normativen Grenzen**, die der Verbandsautonomie durch die Rechtsordnung gesetzt werden, zwischen dem Aspekt des Vertragsschlusses (aa) und der inhaltlichen Gestaltung der Verhältnisse der Körperschaft (bb) – insbesondere der Mitgliedschaftsverhältnisse – zu differenzieren. Prägend für die gesamte in diesem Kontext geführte Diskussion ist dabei das **Bestreben, das einzelne Mitglied**[94], **aber auch** die aufgrund des Unterwerfungsvertrages an das

---

Die Verfassung des Vereins, 1988, S. 115; *Lukes*, in: Festschrift für *Westermann*, 1974, 325, 327 ff.; a.A. etwa *Flume*, in: Festschrift für *Bötticher*, 1969, 101, 110.

89 Die Rechtsnatur der „Vereinsstrafe“ ist in der Lehre traditionell umstritten: Die herrschende Ansicht (Palandt-*Heinrichs*, BGB, 62. Aufl., 2003, § 25 Rn. 12; *Larenz*, in: Gedächtnisschrift für *Dietz*, 1973, 45, 49) sieht darin ein eigenständiges verbandsrechtliches Institut, wogegen eine im Vordringen befindliche Mindermeinung (Soergel-*Hadding*, BGB, Bd. I, 13. Aufl., 2000, § 25 Rn. 38; *Bötticher*, ZfA 1970, 1, 44 ff.) eine Einordnung bei §§ 336 ff. BGB vornimmt.

90 Näher Palandt-*Heinrichs*, BGB, 62. Aufl., 2003, § 25 Rn. 7 f.; RGRK-*Steffen*, BGB, Bd. I, 12. Aufl., 1982, Vor § 21 Rn. 31; krit. im Hinblick auf die Einbeziehung der Vereinsstrafgewalt Staudinger-*Weick*, BGB, 13. Aufl., 1995, § 25 Rn. 11.

91 Zutreffend *Steinbeck*, Vereinsautonomie und Dritteinfluß, 1999, § 4 II 3 S. 21 unter Verweis auf *BVerfG*, Beschl. v. 05.02.1991 – 2 BvR 263/86 – NJW 1991, 2623, 2625.

92 MüKo-*Reuter*, BGB, Bd. I, 4. Aufl., 2001, § 25 Rn. 27; Staudinger-*Weick*, BGB, 13. Aufl., 1995, § 25 Rn. 9.

93 *BGH*, Urt. v. 28.11.1994 – II ZR 11/94 – JZ 1995, 461; *Pfister*, in: Festschrift für *Lorenz*, 1991, 171, 181 ff.; *Lukes*, in: Festschrift für *Westermann*, 1974, 325; *Fenn*, SpuRt 1997, 77; *Heermann*, NZG 1999, 325, 326 ff.

94 Palandt-*Heinrichs*, BGB, 62. Aufl., 2003, § 25 Rn. 7; *Nicklisch*, Inhaltskontrolle von Verbandsnormen, 1982, S. 18; *Goette*, DStR 1999, 1784.

Vereinsreglement gebundenen **Sportler**[95] **vor der Übermacht des Verbandes zu schützen.**

aa) Beschränkungen der Vereinsautonomie bei der Aufnahme von Mitgliedern

Eine erste Einschränkung erfährt die Vereinsautonomie in ihrer Ausprägung als Freiheit der Mitgliederauswahl durch die Befürwortung von Aufnahmepflichten, die einen **Kontrahierungszwang** konstituieren. Anspruchsgrundlage hierfür ist das Verbot sittenwidriger Schädigung gemäß §§ 826, 249 S. 1 BGB i.V.m. § 20 Abs. 6 GWB analog i.V.m. Art. 9 Abs. 1 GG[96] [97]. Der BGH macht das Bestehen eines Aufnahmeanspruches davon abhängig, daß der Verein im wirtschaftlichen oder sozialen Bereich eine überragende Machtstellung innehat und ein wesentliches oder grundlegendes Interesse an dem Erwerb der Mitgliedschaft besteht. Im Interesse des Vereins an seinem Bestand und seiner Funktionsfähigkeit ist dieser Aufnahmezwang jedoch dahin einzuschränken, daß er nur durchgreift, wenn die Ablehnung der Aufnahme zu einer – im Verhältnis zu bereits aufgenommenen Mitgliedern – sachlich nicht gerechtfertigten ungleichen Behandlung und unbilligen Benachteiligung des Bewerbers führt[98].

bb) Beschränkungen bei der inhaltlichen Ausgestaltung der vereinsinternen Beziehungen

Was die Schranken der Gestaltungsfreiheit des Vereins betrifft, sind diese vom Gesetzgeber und der Rechtsprechung auf verschiedenen Ebenen angesiedelt worden.

---

95 *Heß*, in: Aktuelle Rechtsfragen des Sports, 1999, 1, 23; *Haas/Adolphsen*, NJW 1995, 2146, 2148; siehe auch *Westermann*, in: Festschrift für *Rittner*, 1991, 771, 776, 778, 787 unten.

96 Zum Aufnahmeanspruch siehe ausführlich Soergel-*Hadding*, BGB, Bd. I, 13. Aufl., 2000, § 38 Rn. 12 f.; *Weisemann/Spieker*, Spiel, Sport und Recht, 2. Aufl., 1997, Rn. 22 ff.; *Nolte/Polzin*, NZG 2001, 838, 840 f.

97 Art. 9 Abs. 1 GG entfaltet über den generalklauselartig formulierten Tatbestand des § 826 BGB („in einer gegen die guten Sitten verstoßenden Weise") insoweit eine mittelbare Drittwirkung. Näher zur Problematik der Drittwirkung der Grundrechte im Privatrecht siehe *Baecker*, Grenzen der Vereinsautonomie im deutschen Sportverbandswesen, 1985, S. 39 ff.; *Pieroth/Schlink*, Grundrechte – Staatsrecht II, 18. Aufl., 2002, Rn. 173 ff.

98 Allgemein *BGH*, Urt. v. 23.11.1998 – II ZR 54/98 – NJW 1999, 1326; Palandt-*Heinrichs*, BGB, 62. Aufl., 2003, § 25 Rn. 10 f. m.w.N. Zur Anwendung des Aufnahmeanspruchs im Bereich der Sportverbände siehe etwa *BGH*, Urt. v. 10.12.1985 – KZR 2/85 – NJW-RR 1986, 583; *OLG Frankfurt/Main*, Urt. v. 07.11.1985 – 6 U 102/84 – WRP 1986, 281; *OLG Düsseldorf*, Urt. v. 27.11.1986 – 10 U 46/86 – NJW-RR 1987, 503.

An erster Stelle ist in diesem Kontext das in §§ 21 ff. BGB untergebrachte **zwingende Vereinsrecht** zu nennen. Zu diesem gehören zunächst Bestimmungen, die das Außenverhältnis des Vereins betreffen, wie zum Beispiel die Vertretungsmacht des Vorstands und die Außenhaftung (vgl. §§ 26, 28 Abs. 2, 29 bis 31 BGB). Daneben enthält das BGB noch ius cogens zur inhaltlichen Ausgestaltung der Satzung wie etwa das Recht zur jederzeitigen Abberufung des Vorstands aus wichtigem Grund, das Austrittsrecht für Vereinsangehörige sowie die Befugnis der Mitgliederversammlung zur Auflösung der Körperschaft (vgl. §§ 27 Abs. 2, 39 und 41 BGB).

Eine herausragende Rolle unter den unabdingbaren Gesetzesbestimmungen spielt § 25 BGB, in dem ein sog. **Satzungsvorbehalt** niedergelegt ist. Danach müssen Regelungen, die materiell die Verfassung des Vereins betreffen, in die Satzung aufgenommen werden: Der verbindliche Mindestinhalt des Statuts ist dabei für den eingetragenen Verein bereits in §§ 57 f. BGB vorgegeben[99]. Darüber hinausgehend erstreckt die überwiegende Ansicht den Satzungsvorbehalt ebenfalls auf alle sonstigen für das Vereinsleben wesentlichen Grundentscheidungen[100]. Beispiele hierfür sind unter anderem das Erfordernis der satzungsmäßigen Festlegung der Möglichkeit von „Vereinsstrafen" oder des Ausschlusses einzelner Mitglieder von bestimmten Veranstaltungen der Körperschaft[101].

Neben dem zwingenden Gesetzesrecht ergeben sich vor allem aus §§ 134, 138 Abs. 1 BGB weitere gesetzliche Restriktionen für die Vereinsautonomie[102]. Die Satzungen und Vereinsordnungen unterliegen insoweit einer **Rechtmäßigkeitskontrolle**[103]. Konkretisiert werden die zunächst abstrakten Vorgaben zum einen durch allgemeine zivilrechtliche Wertungen (z.B. das aus der Satzungsautonomie abgeleitete Verbot der Selbstentmündigung)[104] sowie durch bestimmte ge-

---

[99] Zum Mindestgehalt der Satzung zählen die Festlegung von Vereinszweck, Namen und Sitz der Körperschaft, die Aufnahme von Bestimmungen über den Ein- und Austritt der Mitglieder, die Bildung des Vorstands sowie die Einberufung von Mitgliederversammlungen.

[100] *BGH*, Urt. v. 06.03.1967 – II ZR 231/64 – BGHZ 47, 172, 177; *Jauernig*, BGB, 10. Aufl., 2003, § 25 Rn. 1; *Kohler*, Mitgliedschaftliche Regelungen in Vereinsordnungen, 1992, S. 50 ff., 86 ff.

[101] Näher Soergel-*Hadding*, BGB, Bd. I, 13. Aufl., 2000, § 25 Rn. 1; Palandt-*Heinrichs*, BGB, 62. Aufl., 2003, § 25 Rn. 2.

[102] *Steinbeck*, Vereinsautonomie und Dritteinfluß, 1999, § 11 I 3 a S. 207; *Vieweg*, Normsetzung und –anwendung deutscher und internationaler Verbände, 1990, S. 227 f.

[103] *Nicklisch*, Inhaltskontrolle von Verbandsnormen, 1982, S. 19; *Vieweg*, Normsetzung und –anwendung deutscher und internationaler Verbände, 1990, S. 227.

[104] Siehe *Heß*, in: Aktuelle Rechtsfragen des Sports, 1999, 1, 16.

sellschaftsrechtliche Grundprinzipien (z.B. Minderheitenschutz, Individualschutz der Mitglieder und den Gleichbehandlungsgrundsatz)[105].

Von der im BGB statuierten Rechtmäßigkeitskontrolle ist die durch die höchstrichterliche Rechtsprechung entwickelte sog. **Inhaltskontrolle** der vereinsinternen Regelwerke gemäß § 242 BGB zu unterscheiden[106]. Eine derartige Kontrolle, die von der überwiegenden Ansicht jedenfalls im Bereich von Verbänden mit einer wirtschaftlichen oder sozialen Machtstellung anerkannt wird[107], schließt neben der Überprüfung der jeweiligen Satzungsbestimmung eine Kontrolle der richtigen Einzelfallanwendung (Tatsachen- und Subsumtionskontrolle) mit ein. Kontrollmaßstab ist das Gebot von Treu und Glauben – insbesondere das daraus abgeleitete und einzelfallbezogen anzuwendende Verhältnismäßigkeitsprinzip[108]. Die Inhaltskontrolle gemäß § 242 BGB findet dabei auf sämtliche Vereinsmaßnahmen Anwendung, unabhängig davon, ob sie gegenüber Mitgliedern der Körperschaft oder solchen Personen, die als Nicht-Mitglied durch einen Regelanerkennungsvertrag der Verbandsgewalt unterworfen sind, ergingen[109].

Die zivilrechtlichen Generalklauseln und das Rechtsinstitut der Inhaltskontrolle bilden ebenfalls eine Einbruchstelle für die Grundrechte, die auch in dieser Beziehung wiederum eine mittelbare Drittwirkung entfalten. Das hat unter anderem zur Konsequenz, daß Verbandsregeln zu Transferentschädigungen für Spielerwechsel innerhalb Deutschlands über die Transmissionsriemen der §§ 134, 138 Abs. 1, 242 BGB am Maßstab vor allem der Berufsfreiheit gemäß Art. 12 Abs. 1 GG überprüft werden[110]. Unklar bleibt dabei allerdings, welches der bei-

---

105 Näher *Steinbeck*, Vereinsautonomie und Dritteinfluß, 1999, § 11 II 3 a S. 208 ff.

106 Ausführlich zur Inhaltskontrolle von Verbandsnormen *Vieweg*, in: Festschrift für *Lukes*, 1989, 809; *Nicklisch*, Inhaltskontrolle von Verbandsnormen, 1982.

107 Vgl. *BGH*, Urt. v. 24.10.1988 – II ZR 311/87 – BGHZ 105, 306, 316. Aus der Literatur siehe *Steinbeck*, Vereinsautonomie und Dritteinfluß, 1999, § 11 II 4 S. 217 ff.; *Nicklisch*, Inhaltskontrolle von Verbandsnormen, 1982, S. 45 ff.; *Heß*, in: Aktuelle Rechtsfragen des Sports, 1999, 1, 31; *Wertenbruch*, ZIP 1993, 1292, 1295; weitergehend *Vieweg*, in: Festschrift für *Lukes*, 1989, 809, 816 f.

108 *Vieweg*, in: Festschrift für *Lukes*, 1989, 809, 815; *van Look*, WM 1994, Sonderausgabe, 46, 51; für eine typisierende Fallgruppenbildung dagegen: *Steinbeck*, Vereinsautonomie und Dritteinfluß, 1999, § 11 II 5 S. 224 ff.

109 *BGH*, Urt. v. 28.11.1994 – II ZR 11/94 – JZ 1995, 461, 463 ff.

110 *BGH*, Urt. v. 27.09.1999 – II ZR 305/98 – NJW 1999, 3552; *BGH*, Urt. v. 27.09.1999 – II ZR 377/98 – NJW 2000, 1028; *BAG*, Urt. v. 20.11.1996 – 5 AZR 518/95 – BAGE 84, 344; siehe auch *OLG Oldenburg*, Urt. v. 25.09.1998 – 11 U 18/98 – NJW-RR 1999, 422; *LAG Berlin*, Urt. v. 21.06.1979 – 4 Sa 127/78 – NJW 1979, 2582.

den Instrumente sich die Rechtsprechung im Einzelfall als Kontrollmaßstab bedient[111].

2. Ein-Platz-Prinzip

Ein weiteres Merkmal des Sportverbandswesens ist das sog. **„Ein-Platz-Prinzip“**[112], welches durchgehend in den Satzungen aller nationalen und internationalen Sportverbände enthalten ist: Danach nimmt jeder nationale und internationale Sportfachverband pro Region oder Land jeweils nur einen Regional- oder Landesverband auf[113]. Das Ein-Platz-Prinzip hat den unbestreitbaren Vorzug, daß für jede Sportart national und international einheitliche Regelwerke durchgesetzt und einheitliche Meisterschaften durchgeführt werden können. Erst diese Einheitlichkeit ermöglicht den weltweiten Vergleich sportlicher Leistungen[114]. Auf der anderen Seite bedingt das Ein-Platz-Prinzip eine Monopolisierung im Sport[115]. Dies bedeutet wiederum, daß ein Profisportler seiner Profession nur im Rahmen eines Sportverbandes nachgehen kann, d.h., er ist auf die Mitgliedschaft oder zumindest die Begründung eines mitgliedschaftsähnlichen Verhältnisses zu eben diesem Verband angewiesen[116]. Dieser Umstand führt nahezu zwangsläufig zu einer immensen Machtfülle der entscheidenden Gremien und Funktionäre[117]. Eine solche Kumulation von Macht in den Händen Weniger birgt allerdings – insbesondere auch vor dem Hintergrund der zunehmenden

---

111 Siehe etwa *BGH*, Urt. v. 27.09.1999 – II ZR 305/98 – NJW 1999, 3552; *BGH*, Urt. v. 27.09.1999 – II ZR 377/98 – NJW 2000, 1028.

112 Siehe zum Ein-Platz-Prinzip ausführlich *Vieweg*, Normsetzung und –anwendung deutscher und internationaler Verbände, 1990, S. 61 ff.; *Pfister/Steiner*, Sportrecht von A bis Z, 1995, S. 53 f.; mit dem Ein-Platz-Prinzip hatte sich auch schon die Rechtsprechung verschiedentlich zu befassen. Vgl. *BGH*, Urt. v. 02.12.1974 – II ZR 78/72 – NJW 1975, 774 f.; siehe auch die Erwähnung in *BGH*, Urt. v. 27.09.1999 – II ZR 377/98 – NJW 2000, 1028.

113 *Heß*, in: Aktuelle Rechtsfragen des Sports, 1999, 1, 7; *Vieweg*, JuS 1983, 825, 826.

114 *Pfister*, in: Festschrift für *Lorenz*, 1991, 171; *Heß*, in: Aktuelle Rechtsfragen des Sports, 1999, 1, 6; ausführlich dazu auch *BGH*, Urt. v. 28.11.1994 – II ZR 11/94 – JZ 1995, 461, 462.

115 *Pfister*, in: Festschrift für *Lorenz*, 1991, 171, 172 f.; im Hinblick auf den DFB siehe *Trommer*, Die Transferregelungen im Profisport im Lichte des „Bosman-Urteils“ im Vergleich zu den Mechanismen im bezahlten amerikanischen Sport, 1999, S. 27 f. m.w.N.

116 *Heiersdorf*, Ausländerklauseln im Profisport, 1998, S. 7; siehe in anderem Zusammenhang *BGH*, Urt. v. 24.10.1988 – II ZR 311/87 – NJW 1989, 1724, 1726.

117 *Heß*, in: Aktuelle Rechtsfragen des Sports, 1999, 1, 7.

Kommerzialisierung des Fußballsports[118] – die Gefahr des Machtmißbrauches durch die Verbandsfunktionäre in sich[119].

3. Hierarchieprinzip

Das dritte Strukturmerkmal verkörpert die **hierarchische Organisation** des Sportverbandswesens, was sich in einem pyramidenförmigen Aufbau niederschlägt[120]. Besonders ausgeprägt ist diese Struktur im Bereich des Fußballsports: An der Spitze steht der Deutsche Fußball-Bund, dem als zweite Stufe der Ligaverband sowie die fünf Regionalverbände Nord, West, Süd, Südwest und Nordost folgen. Den Regionalverbänden unterstellt sind nach geographischen Aspekten 21 Landesverbände mit Bezirken und Kreisen, denen wiederum Vereine mit ihren Mitgliedern angeschlossen sind[121]. Der pyramidenförmige Aufbau ermöglicht eine zentrale Rechtsetzung „von oben nach unten"[122]. Auch das Hierarchieprinzip dient – wie bereits der Ein-Platz-Grundsatz – damit dem Ziel, mittels der Durchsetzung einheitlicher Regeln die Organisation des Sports möglichst zu optimieren[123]. Nachteilig wirkt sich der pyramidenförmige Aufbau insofern aus, als daß den Sportlern in derartig gegliederten Sportverbänden regelmäßig kein effektives Mitspracherecht eingeräumt wird[124].

4. Überleitungsbestimmungen

Ein letztes Kennzeichen des Sportverbandswesens sind schließlich die sog. **„Überleitungsbestimmungen"**[125]: Die obersten Fachverbände haben in ihre Satzungen Bestimmungen aufgenommen, in denen vorgeschrieben wird, daß die

---

118 Besonders plastisch zeigt sich dies daran, daß die Vermarktung sportlicher Großveranstaltungen unter dem bestimmenden Einfluß der Sportverbände erfolgt.

119 Ebenso *v. Weizsäcker*, FAZ v. 18.02.1998, S. 17; *Pfister/Steiner*, Sportrecht von A bis Z, 1995, S. 53; *Heiersdorf*, Ausländerklauseln im Profisport, 1998, S. 7.

120 *Nicklisch*, Inhaltskontrolle von Verbandsnormen, 1982, S. 14.

121 Siehe http://www.dfb.de/dfb-info/eigenprofil/index.html.

122 *Heß*, in: Aktuelle Rechtsfragen des Sports, 1999, 1, 6.

123 Eine perfekte Organisation ist unerläßlich, um die zahlreichen Aufgaben wie zum Beispiel die Spielpläne, die Schiedsrichteransetzungen, das Sportgerichtsverfahren, die Lehrgänge, die Trainer-Ausbildung sowie den nationalen und internationalen Spielverkehr sachgerecht zu bewältigen.

124 *Pfister*, in: Festschrift für *Lorenz*, 1991, 171, 176 f.; *Pfister/Steiner*, Sportrecht von A bis Z, 1995, S. 217.

125 *Pfister*, in: Festschrift für *Lorenz*, 1991, 171, 173, spricht von „Übernahmeverpflichtungs-Bestimmungen"; *Westermann*, Die Verbandsstrafgewalt und das allgemeine Recht, 1972, S. 37, bezeichnet die Überleitungsnormen als „Vermittlungsbestimmungen". Standardbeispiel für eine derartige Überleitungsbestimmung ist § 14 Nr. 1 lit. c DFB-Satzung; siehe zudem § 11 Nr. 1 lit. b Ligaverbands-Satzung.

angeschlossenen Unterverbände die Klauseln des Spitzenverbandes wörtlich, sinngemäß oder zumindest aber durch die Statuierung einer allgemeinen Verweisung in ihre eigenen Satzungen zu übernehmen verpflichtet sind und ihrerseits die Übernahme für ihre Angehörigen wiederum selbst vorschreiben müssen[126]. Ein derartiger Mechanismus bedingt, daß der gesamte Lebensbereich des Sports bis in alle Einzelheiten durch ein uniformes Verbandsrecht geordnet wird[127].

B. Überblick über die Organisatoren des lizenzierten Fußballsports auf nationaler Ebene

Nach der Darstellung der wichtigsten disziplinübergreifend geltenden Grundstrukturen des Sportrechts sollen im folgenden die Instanzen, die den Lizenzfußball in Deutschland organisieren, vorgestellt werden: Das sind der Deutsche Fußball-Bund (I.) sowie der Ligaverband einschließlich der Liga-GmbH (II.).

I. Der Deutsche Fußball-Bund (DFB)

1. Die Ausgangssituation des DFB

An erster Stelle ist in diesem Zusammenhang der **Deutsche Fußball-Bund** zu nennen, der auf nationaler Ebene traditionell die **Spitzenorganisation** für den **Bereich des Fußballsports** verkörpert. Auf dieser Basis konnte der DFB den Fußball in Deutschland jahrzehntelang ohne jegliche Wettbewerber veranstalten[128]. Die Gründung einer Konkurrenzliga war vor diesem Hintergrund in der Praxis nicht möglich: Ein solches Vorhaben hätte schon aufgrund der starken Stellung des DFB ohne dessen Einverständnis keine Überlebenschancen gehabt[129]. Der ranghöchste Verband zeigte zudem über die Jahre hinweg auch in tatsächlicher Hinsicht keinerlei Bereitschaft zu irgendwelchen Reformen.

Diese Unbeweglichkeit hatte ihre Ursache vornehmlich in dem Umstand, daß innerhalb des DFB die Verbandsfunktionäre aus dem Amateurbereich gegenüber

---

126 *Heß*, in: Aktuelle Rechtsfragen des Sports, 1999, 1, 7; *Pfister/Steiner*, Sportrecht von A bis Z, 1995, S. 169.

127 *Nicklisch*, Inhaltskontrolle von Verbandsnormen, 1982, S. 13; *Pfister*, in: Festschrift für *Lorenz*, 1991, 171, 173 f.; *Vieweg*, JuS 1983, 825, 826.

128 Vgl. allgemein *Plath*, Individualrechtsbeschränkungen im Fußball, 1999, S. 22 f.

129 *Trommer*, Die Transferregelungen im Profisport im Lichte des „Bosman-Urteils" im Vergleich zu den Mechanismen im bezahlten amerikanischen Sport, 1999, S. 27; *Weiland*, NJW 1978, 737.

den Vertretern aus den Profiligen eine dominierende Machtposition ausübten[130], und erstere nicht von sich aus zu einem zumindest partiellen Verzicht ihres durch die Verbandsorganisation des DFB vermittelten Einflusses auf den wirtschaftlich äußerst lukrativen Profifußballbereich zu bewegen waren[131].

2. DFB-Strukturreform

a) Abschaffung des Rechtsformzwangs für lizenzierte Fußballclubs

Eine Änderung der Ausgangssituation begann sich erst abzuzeichnen, als die großen und finanzstarken Bundesligavereine wie zum Beispiel der FC Bayern München sich zunehmend über die mangelnde Reformbereitschaft des DFB zu beschweren begannen. Die Profifußballclubs forderten mit Blick auf die sich vollziehende Kommerzialisierung und Internationalisierung dieses Sportbereiches vor allem ein größeres Maß an Autonomie in wirtschaftlichen und rechtlichen Angelegenheiten. Man war nicht länger gewillt, den bis dahin bestehenden Alleinvertretungsanspruch des DFB und das wenig effiziente Mitspracherecht der Bundesliga-Vertreter im DFB-Ligaausschuß hinzunehmen[132]. Die Beschwerden der großen Fußballvereine stießen bei den Verbandsfunktionären jedoch zunächst – erwartungsgemäß – auf keinerlei Resonanz. Angesichts der fehlenden Kompromißbereitschaft des DFB erwogen die Fußballvereine in der Bundesliga daher zwischenzeitlich sogar eine völlige Abspaltung des Profifußballs vom Amateurfußball und damit vom DFB[133].

Erst vor diesem Hintergrund entschloß sich der DFB nach langer Diskussion, zaghafte Reformschritte einzuleiten. So wurde es **den Fußballvereinen** durch eine auf dem ordentlichen Bundestag im Oktober 1998 erfolgten Änderung der DFB-Satzung zunächst **ermöglicht, anstatt** als **Idealverein** auch in der **Rechtsform einer Kapitalgesellschaft** am Spielbetrieb der Bundesligen zu partizipieren[134]. Die Lizenzvereine erstrebten jedoch keine formwechselnde Umwand-

---

130 Allgemein dazu *Trommer*, Die Transferregelungen im Profisport im Lichte des „Bosman-Urteils“ im Vergleich zu den Mechanismen im bezahlten amerikanischen Sport, 1999, S. 30 f.

131 Allein der Profifußball setzte in Deutschland in der Spielzeit 2000/2001 umgerechnet über eine Milliarde € um. Vgl. *Hübl/Swieter*, in: *Hübl/Peters/Swieter*, Ligasport aus ökonomischer Sicht, 2002, 13.

132 Zur Funktion des DFB-Ligaausschusses siehe *Trommer*, Die Transferregelungen im Profisport im Lichte des „Bosman-Urteils“ im Vergleich zu den Mechanismen im bezahlten amerikanischen Sport, 1999, S. 32; *Becker*, Verfassungsrechtliche Schranken für die Regelung des Lizenzfußballsports in der Bundesrepublik Deutschland, 1982, S. 16.

133 Vgl. SZ v. 02.10.2000, S. 41; FAZ v. 02.10.2000, S. 44.

134 Siehe *Arnold*, in: Festschrift für *Fenn*, 2000, 9, 11. Zur Ausgliederung der Lizenzspielerabteilungen aus ökonomischer Sicht: *Klimmer*, Profifußballunternehmen an die Börse,

lung, sondern sie wollten nur die Lizenzspielerabteilungen auf eine selbständige Körperschaft übertragen[135].

Hauptursache für die insoweit angestrebte Neuorganisation des Fußballs in Deutschland war ein Trend in anderen europäischen Fußballnationen, daß dort die (renommierten) Profifußballclubs sich bereits seit längerer Zeit als Kapitalgesellschaften etabliert und den Gang an die Börse vollzogen hatten[136], um sich auf diesem Wege neues Kapital zu beschaffen[137]. Die neu erschlossenen Geldmittel dienten neben der Finanzierung von Stadionneubauten vor allem dazu, eine bessere Ausgangssituation bei der Verpflichtung professioneller Fußballspieler zu haben. Denn die nach dem Erlaß des „Bosman"-Urteils stark zunehmende Praxis des „Herauskaufens" von Spielern aus noch laufenden Verträgen sowie die exorbitant angestiegenen Spielergehälter hatten zahlreiche Vereine zuvor bereits an die Grenze ihrer finanziellen Leistungsfähigkeit geführt[138]. Die deutschen Spitzenclubs sahen sich daher zur Wahrung ihrer internationalen Wettbewerbsfähigkeit dazu gezwungen, dem europaweiten Trend zu folgen[139]. Dem standen jedoch bis dato § 7 Nr. 3 DFB-Satzung a.F. und §§ 5c, 7 Nr. 1 lit. a DFB-Lizenzspielerstatut a.F. entgegen[140].

2003; *Schewe*, in: *Schewe/Littkemann*, Sportmanagement, 2002, 163; und aus juristischer Sicht: *Fuhrmann*, Ausgliederung der Berufsfußballabteilungen auf eine AG, GmbH oder eG?, 1999; *Balzer*, ZIP 2001, 175; *Heermann*, ZIP 1998, 1249; *Segna*, ZIP 1997, 1901; *Hopt*, BB 1991, 778; siehe auch schon *Buchner*, RdA 1982, 1, 6. Zum Stand der Ausgliederung der Lizenzfußballspielerabteilungen auf selbständige Rechtsträger siehe zuletzt *Swieter*, Eine ökonomische Analyse der Fußball-Bundesliga, 2002, S. 26 f.

135 *Steinbeck/Menke*, NJW 1998, 2169, 2170.

136 Zur Entwicklung im europäischen Ausland siehe *Fuhrmann*, Ausgliederung der Berufsfußballabteilungen auf eine AG, GmbH oder eG?, 1999, S. 96. ff.; allgemein *Pfister/Steiner*, Sportrecht von A bis Z, 1995, S. 219.

137 Kritisch zu dieser Möglichkeit, den Fußballclubs neue Finanzmittel zuzuführen: *Hopt*, BB 1991, 778, 782 f.; *Steinbeck/Menke*, NJW 1998, 2169, 2170; *Trommer*, Die Transferregelungen im Profisport im Lichte des „Bosman-Urteils" im Vergleich zu den Mechanismen im bezahlten amerikanischen Sport, 1999, S. 210 ff.; siehe auch *Pfister/Steiner*, Sportrecht von A bis Z, 1995, S. 219.

138 Vgl. FAZ v. 20.12.1997, S. 30 ; FAZ v. 25.02.1999, S. 47 ; FAZ v. 11.08.2000, S. 1.

139 Näher zu diesen Zusammenhängen *Segna*, ZIP 1997, 1901 f.; *Balzer*, ZIP 2001, 175 f.; *Steinbeck/Menke*, NJW 1998, 2169, 2170; vgl. auch FAZ v. 01.03.1997, S. 31; FAZ v. 26.11.1998, S. 41; *Lehmann/Weigand*, ZfB-Ergänzungsheft 2/1998, 101, 104 ff.

140 Vgl. *Trommer*, Die Transferregelungen im Profisport im Lichte des „Bosman-Urteils" im Vergleich zu den Mechanismen im bezahlten amerikanischen Sport, 1999, S. 212; *Heermann*, ZIP 1998, 1249 Fn. 4.

b) Neubestimmung des Verhältnisses zwischen dem DFB und den lizenzierten Fußballclubs

aa) Bedeutung der DFB-Strukturreform 2000/2001

An diesem Punkt blieb die Modernisierung des rechtlichen Rahmens für den Fußball jedoch nicht stehen, sondern der einmal in Gang gesetzte Reformprozeß entwickelte eine gewisse Eigendynamik[141] und mündete im Spätjahr 2000 nach mehrmonatigen, mitunter äußerst schwierigen Verhandlungen zwischen dem DFB und den Profivereinen in der **umfassendsten Strukturreform** der Spitzenorganisation des deutschen Fußballs seit 1963[142]: Auf dem außerordentlichen DFB-Bundestag Ende September 2000 wurde einstimmig eine grundlegende Änderung der Organisationsstruktur beschlossen. Die dazu nötigen Änderungen der DFB-Satzung traten bereits zum nächsten in Magdeburg stattfindenden ordentlichen Bundestag des DFB am 27./28. April 2001 in Kraft[143].

Der gefundene Kompromiß trug dabei den Interessen sämtlicher Beteiligter Rechnung[144]: Die Fußballclubs der Bundesligen bekamen eine größere Selbständigkeit in wirtschaftlichen Angelegenheiten zugestanden[145]. Daneben konnte auch der DFB den von ihm verfolgten Belangen Rechnung tragen. Denn auf der einen Seite konnte eine Abspaltung des Profifußballs, der den finanziell lukrativsten Bereich des Fußballsports darstellt, vermieden werden; die Einheit des Fußballs auf nationaler Ebene wurde gewahrt[146]. Zum anderen wurde das Überleben des Amateurfußballs sichergestellt.

bb) Zwei-Säulen-Modell

Der zwischen dem DFB und den Fußballvereinen der ersten beiden Bundesligen gefundene Interessenausgleich beruht dabei im wesentlichen auf **zwei Säulen**:

---

141 Siehe auch *Franck*, BFuP 1999, 183, 187 f., der in der Abschaffung des Rechtsformzwanges nur einen ersten Schritt einer umfassenden Erneuerung der Organisationsstrukturen des lizenzierten Fußballs in Deutschland sah.

142 Vgl. FAZ v. 01.10.2000, S. 26. Siehe in diesem Kontext auch die weitreichenden Reformüberlegungen von *Trommer*, Die Transferregelungen im Profisport im Lichte des „Bosman-Urteils" im Vergleich zu den Mechanismen im bezahlten amerikanischen Sport, 1999, S. 208 ff. Ein kurzer Überblick zur Reform findet sich u.a. bei *Summerer*, SpuRt 2001, 263 und *Heermann*, WRP 2001, 1140, 1144.

143 FAZ v. 02.10.2000, S. 44.

144 Zu den Einzelheiten siehe *Siebold/Wichert*, SPONSORS, Heft 5/2001, S. 53; FAZ v. 02.05.2000, S. 41.

145 Siehe dazu *Brast/Stübinger*, in: *Schewe/Littkemann*, Sportmanagement, 2002, 23, 27.

146 Vgl. die Präambel der DFB-Satzung, wonach der DFB weiterhin die „Gesamtverantwortung für die Einheit des deutschen Fußballs" trägt. Siehe auch SZ v. 02.10.2000, S. 41.

Erstens machte der DFB an die Fußballvereine im Kern das Zugeständnis, sich unter dem Dach des DFB in einem rechtlich selbständigen Ligaverband zu organisieren („Einheit durch Trennung“)[147]. Zweitens wurde ein sog. Grundlagenvertrag abgeschlossen, in dem die gegenseitigen Rechte und Pflichten, auch und besonders im wirtschaftlichen Bereich, zwischen dem DFB und dem sich am 18.12.2000 konstituierten Ligaverband e.V. verankert wurden.

(1) Organisatorische Verselbständigung der lizenzierten Fußballclubs unter dem Dach des DFB

Die **Modernisierung der überkommenen Verbandsstruktur** erfolgte durch eine grundlegende Überarbeitung der DFB-Satzung, wobei in dieser Beziehung in der Hauptsache die neu eingefügten §§ 16 bis 16d DFB-Satzung, die die besonderen Rechte und Pflichten des Ligaverbandes und seiner Mitglieder betreffen, von zentraler Bedeutung sind. Die wichtigsten das Verhältnis zwischen DFB und Ligaverband betreffenden Neuerungen sollen an dieser Stelle kurz dargestellt werden:

Betrachtet man den Regelungsgehalt der einzelnen Bestimmungen, so sticht zunächst § 16 Abs. 3 DFB-Satzung ins Auge, in dem zugunsten des Ligaverbandes, der gleichzeitig ordentliches Mitglied des DFB ist[148], grundsätzlich ein **Recht zur Selbstverwaltung** statuiert wird[149]. Allerdings ist dabei zu berücksichtigen, daß die dem Ligaverband zukommende Autonomie keinesfalls eine Befreiung von der Bindung an die Vorgaben der DFB-Satzung sowie an die von FIFA und UEFA aufgestellten Regelwerke bedingt[150]. Die im Ligaverband zusammengeschlossenen lizenzierten Vereine und Kapitalgesellschaften der Fußball-Bundesligen werden somit zukünftig durch einen eigenständigen „Verband im Verband“ repräsentiert, worin sich ihre – im Gegensatz zu früher – **gesteigerte Machtposition** manifestiert[151].

---

147 Siehe näher SZ v. 02.10.2000, S. 41.

148 Vgl. § 7 Abs. 1 Nr. 2 lit. b DFB-Satzung.

149 Die herausgehobene Bedeutung der dem Ligaverband eingeräumten Autonomie wird zudem daran deutlich, daß den Mitgliedern des DFB bereits durch § 12 Nr. 1 DFB-Satzung das Recht zugestanden wird, „innerhalb ihrer Bereiche alle mit der Pflege des Fußballsports zusammenhängenden Fragen selbständig, soweit nicht diese Fragen der Entscheidung durch den DFB vorbehalten sind“, zu regeln.

150 Vgl. § 16 Abs. 3 DFB-Satzung.

151 Die nunmehr in der DFB-Satzung verankerte Gleichberechtigung von Profi- und Amateurbereich klingt bereits in der Präambel zur DFB-Satzung an: „Im Zuge einer Neuordnung des lizenzierten Fußballs wurde [...] ein Ligaverband gegründet, der künftig *gemeinsam* mit den Landes- und Regionalverbänden als Mitglied dem DFB angehört.“ (Hervorhebung durch den Verfasser). Ebenso *Brast/Stübinger*, in: *Schewe/Littkemann*, Sportmanagement, 2002, 23, 25. Siehe auch FAZ v. 29.09.2000, S. 39.

Aus § 16a DFB-Satzung ergibt sich die Reichweite der dem Ligaverband zustehenden Autonomie: Dieser ist demnach insbesondere exklusiv zuständig für den Spielbetrieb der beiden Bundesligen und die sich daraus ergebenden Vermarktungsrechte[152], die Lizenzierung der Fußballclubs und –spieler[153] sowie – unter Mitwirkung des DFB – für die Aufstellung des saisonalen Spielplans[154]. Im Kompetenzbereich des DFB verbleiben weiterhin die Nationalteams, die Ausrichtung des DFB-Pokals, das Schiedsrichterwesen, die Verbandsgerichtsbarkeit sowie die Talentförderung[155].

Die Autonomie des Ligaverbandes wurde zudem durch weitere Maßnahmen abgesichert: So bekam die Bundesliga das Recht zugesprochen, Vertreter in alle DFB-Kommissionen entsenden zu können[156], wobei aber auch der DFB gleichzeitig Repräsentanten in alle Gremien des Ligaverbandes schicken darf[157]. Die Position der Fußballclubs der beiden höchsten Spielklassen wurde außerdem noch dadurch verstärkt, daß ihre Interessenvertreter im DFB-Bundestag zukünftig 92 von insgesamt 244 Stimmen auf sich vereinen. Da bei Änderungen der DFB-Satzung oder –Ordnungen, die die Interessen des Ligaverbandes betreffen, eine qualifizierte Mehrheit von zwei Dritteln der abgegebenen Stimmen nötig ist[158], verfügen die Fußballvereine somit über eine Sperrminorität, die es ausschließt, daß die Funktionäre der Amateure einseitig entgegen dem Willen der Bundesligavertreter über deren Belange entscheiden können[159].

Dem Ligaverband wurden im Gefolge der Strukturreform jedoch nicht nur Rechte zugestanden, sondern in § 16b DFB-Satzung gleichzeitig auch besondere Pflichten auferlegt, von denen folgende erwähnenswert sind: Erstens muß der Ligaverband gewährleisten, daß zwischen den beiden obersten Spielklassen sowie zwischen der 2. Bundesliga und der höchsten Amateurliga ein ausreichender Auf- und Abstieg stattfindet[160]. Ferner hat er auf Anforderung des DFB zur Bildung einer Nationalmannschaft Spieler abzustellen[161]. Von besonderer Relevanz ist die Obligation, sich an der Jugendtalentförderung zu beteiligen und durch entsprechende Abgaben aus dem Lizenzspielbetrieb die Finanzierungsgrundlage

---

152 Vgl. § 16a Abs. 1 Nr. 1 und 2 DFB-Satzung; § 6 Nr. 2 lit. a Ligaverbands-Satzung.
153 Vgl. § 16a Abs. 1 Nr. 3 DFB-Satzung; § 4 Nr. 1 lit. c Ligaverbands-Satzung.
154 Vgl. § 16a Abs. 1 Nr. 5 DFB-Satzung; § 6 Nr. 2 lit. c Ligaverbands-Satzung.
155 Zu den Zuständigkeiten des DFB siehe im einzelnen §§ 4 und 6 DFB-Satzung.
156 Vgl. § 16a Abs. 1 Nr. 7 DFB-Satzung; § 6 Nr. 2 lit. e Ligaverbands-Satzung.
157 Vgl. § 16b Abs. 1 Nr. 8 DFB-Satzung; § 6 Nr. 3 lit. g Ligaverbands-Satzung.
158 Vgl. § 26 Nr. 2 DFB-Satzung.
159 Siehe FAZ v. 02.10.2000, S. 44. Vgl. zudem *Swieter*, Eine ökonomische Analyse der Fußball-Bundesliga, 2002, S. 25.
160 Vgl. § 16b Abs. 1 Nr. 2 DFB-Satzung; § 6 Nr. 3 lit. b Ligaverbands-Satzung.
161 Vgl. § 16b Abs. 1 Nr. 3 DFB-Satzung; § 6 Nr. 3 lit. c Ligaverbands-Satzung.

des DFB zu garantieren[162]. Schließlich hat der Ligaverband sicherzustellen, daß die weiteren Verpflichtungen, darunter insbesondere auch die vom DFB verabschiedeten allgemeinverbindlichen Bestimmungen sowie die FIFA- und UEFA-Vorschriften, eingehalten werden[163].

(2) Der Grundlagenvertrag zwischen dem DFB und dem Ligaverband

Die in den §§ 16 ff. DFB-Satzung vorgenommene grundsätzliche Abgrenzung der Machtbereiche von DFB und Ligaverband wurde durch den zwischen beiden Seiten abgeschlossenen **Grundlagenvertrag** konkretisiert und näher ausgestaltet[164]. Kernpunkte der Übereinkunft sind ein Finanzausgleich sowie mehrere Klauseln zum Schutz des Amateurfußballs:

Der Finanzausgleich[165] sieht vor, daß der Ligaverband an den DFB pro Spielsaison drei Prozent der Einnahmen aus den Eintrittsgeldern und der Vermarktung der Übertragungsrechte, mindestens aber 25 Millionen DM, abführt. Für die von der Liga erbrachten Leistungen hat der DFB zukünftig pro Saison 25 Prozent seiner Länderspieleinnahmen zu entrichten; der Mindestbetrag beläuft sich auf acht Millionen DM. Darüber hinaus übernimmt der DFB die Abstellungsentschädigungen (1,2 Millionen DM) und die Versicherungsprämien (2,3 Millionen DM) für die von den Fußballvereinen gestellten Nationalspieler.

Bedeutsam sind neben dem Finanzausgleich die Schutzklauseln zugunsten des Amateurfußballs[166]: So ist in dem Vertragswerk eine Regelung zum Auf- und Abstieg zwischen der 2. Bundesliga und der Regionalliga enthalten. Die Verzahnung zwischen Profi- und Amateurbereich setzt sich in der Abrede fort, daß Profi- und Amateurvereine auch zukünftig gemeinsam den DFB-Pokalwettbewerb austragen. Hinzu kommt noch die Verpflichtung einer zeitnahen Berichterstattung der Bundesligaspiele in unverschlüsselten TV-Programmen[167].

---

162 Vgl. § 16b Abs. 1 Nr. 4 DFB-Satzung.

163 Vgl. § 16b Abs. 1 Nr. 10 DFB-Satzung.

164 Vgl. §§ 16a Abs. 2, 16b Abs. 2 und 18 Abs. 3 DFB-Satzung.

165 Zum Inhalt des Finanzausgleichs zwischen dem DFB und dem Ligaverband siehe *Heermann*, RabelsZ 67 (2003), 106, 123; *Siebold/Wichert*, SPONSORS, Heft 5/2001, 52, 53; FAZ v. 01.10.2000, S. 26; FAZ v. 28.11.2000, S. 48.

166 Vgl. zu den Einzelheiten FAZ v. 28.11.2000, S. 48.

167 In diesem Zusammenhang kam es im Jahr 2001 zu rechtlichen Streitigkeiten zwischen der Kirch-Gruppe und dem öffentlich-rechtlichen Fernsehen wegen der Ausstrahlung von Kurzberichten in den Abendnachrichten der Tagesschau. Vgl. dazu näher *Heermann*, SpuRt 2001, 188, 189 f.; *v. Coelln*, SpuRt 2001, 221.

3. Rechtliche Strukturen des DFB

Nach der Darstellung der wesentlichen Aspekte der DFB-Strukturreform ist nunmehr auf die rechtlichen Strukturen des Dachverbands des deutschen Fußballs einzugehen. Der DFB ist Rechtsnachfolger des im Jahre 1900 gegründeten Deutschen Fußball-Bundes und wurde am 10. Juli 1949 ins Leben gerufen[168]. Die Personenvereinigung hat die Rechtsform eines rechtsfähigen, eingetragenen Vereins gemäß §§ 55 ff., 21 BGB mit Sitz in Frankfurt[169]. Zu den ordentlichen Mitgliedern zählen erstens die fünf Regional- und 21 Landesverbände[170], in denen wiederum 26.239 Fußballvereine mit 6.274.021 Mitgliedern zusammengeschlossen sind[171]. Daneben ist auch der neu gegründete Ligaverband, dessen Angehörige sich aus den 36 lizenzierten Vereinen und Kapitalgesellschaften der deutschen Fußball-Lizenzliegen rekrutieren[172], ordentliches Mitglied des DFB[173]. Der Deutsche Fußball-Bund steht somit an der Spitze eines pyramidenförmig gegliederten Sportverbandswesens (Hierarchieprinzip). Für den Bereich des Fußballs besitzt er damit weiterhin – trotz des mit der Neuordnung verbundenen Machtverlusts an den Ligaverband – eine **faktische Monopolstellung**[174], die durch das in den Regularien von FIFA und Deutschem Sport-Bund (DSB) niedergelegte Ein-Platz-Prinzip[175] abgesichert wird[176].

Die Organe des DFB sind der Bundestag, der Vorstand, das Präsidium und der Beirat[177]; daneben existieren verschiedene Rechtsorgane[178] sowie eine Anzahl von Ausschüssen[179], unter denen der Spielausschuß[180] – diesem obliegt die Lei-

---

168 *Plath*, Individualrechtsbeschränkungen im Fußball, 1999, S. 18.

169 Vgl. § 1 DFB-Satzung.

170 Vgl. § 7 Nr. 2 lit. a DFB-Satzung.

171 Die Zahlenangaben beziehen sich auf das Jahr 2003. Näheres hierzu unter http://www.dfb.de/dfb-info/eigenprofil/index.html.

172 Vgl. § 16 S. 1 DFB-Satzung; § 1 Nr. 1 Ligaverband-Satzung.

173 Vgl. § 7 Nr. 2 lit. b DFB-Satzung. Vorher waren die lizenzierten Fußballvereine der 1. und 2. Bundesliga gemäß § 8 Nr. 4 DFB-Satzung a.F. außerordentliche Mitglieder des DFB.

174 Pessimistischer *Brast/Stübinger*, in: *Schewe/Littkemann*, Sportmanagement, 2002, 23, 50, die befürchten, daß der DFB zum Spielball der Profivereine wird.

175 Zum Ein-Platz-Prinzip siehe bereits im 1. Teil, 1. Kapitel, A.II.2.

176 Vgl. Art. 1 Abs. 3 FIFA-Statuten und § 5 Nr. 2 S. 2 DSB-Satzung. In diese Richtung auch im Rahmen seiner Reformvorschläge. *Trommer*, Die Transferregelungen im Profisport im Lichte des „Bosman-Urteils" im Vergleich zu den Mechanismen im bezahlten amerikanischen Sport, 1999, S. 214, Trommer. Näher zum Monopol des DFB vor der Strukturreform *Plath*, Individualrechtsbeschränkungen im Fußball, 1999, S. 23.

177 Vgl. §§ 19 Nr. 1 und 5, 20 bis 37, 57 und 58 DFB-Satzung.

178 Vgl. §§ 19 Nr. 2, 38 bis 43 DFB-Satzung.

179 Vgl. §§ 19 Nr. 4, 47 bis 55 DFB-Satzung.

180 Vgl. näher § 48 DFB-Satzung.

tung der Bundesspiele, soweit dies nicht dem Ligaverband vorbehalten ist – und der Kontrollausschuß[181] – dieser ist für die Überwachung der Einhaltung der DFB-Satzung und der auf dieser Grundlage ergangenen Ordnungen zuständig – eine herausragende Stellung einnehmen. Abgeschafft wurde im Zuge der DFB-Strukturreform die frühere Interessenvertretung der Profivereine und –fußballer, der Ligaausschuß[182], nachdem dessen Funktionen – insbesondere die Lizenzierung der Fußballclubs und –spieler – nunmehr vom Ligaverband in eigener Verantwortung wahrgenommen werden.

Wesentliche originäre Aufgaben des DFB sind – neben den bereits erwähnten[183] – die Organisation der beiden Bundesligen als seine Vereinseinrichtung sowie die Ausübung des Fußballsports in Meisterschaftsspielen und Wettbewerben der Spielklassen der Regional- und Landesverbände und der Lizenzligen[184]. Aus § 6 Nr. 3 DFB-Satzung ergibt sich, daß der DFB die Ausübung seiner Rechte ganz oder teilweise auf einen Mitgliedsverband übertragen kann. Dies geschah durch die große Strukturreform, als der Spitzenverband des deutschen Fußballs die Befugnis zum Betrieb und zur Vermarktung der Bundesligen auf den Ligaverband übertrug[185]. Zur Ausübung der ihm verbliebenen Zuständigkeiten hat der DFB auf der Grundlage von § 6 DFB-Satzung verschiedene Ordnungen[186] wie zum Beispiel die Schiedsrichterordnung, die Rechts- und Verfahrensordnung sowie die Trainerordnung aufgestellt. Besondere Erwähnung verdient in diesem Zusammenhang die vom DFB erlassene Spielordnung, da sie Bestimmungen zum Transferrecht enthält[187].

II. Der Liga-Fußballverband und die Deutsche Fußball Liga-GmbH

1. Der Liga-Fußballverband (Ligaverband)

Der Liga-Fußballverband (Ligaverband) ist ein rechtsfähiger Verein mit Sitz in Frankfurt[188], der am 23.02.2001 durch Eintragung ins Vereinsregister die

---

181 Vgl. näher § 50 DFB-Satzung.

182 Vgl. näher § 47 DFB-Satzung a.F. und § 14 Nr. 1 Lizenzspielerstatut a.F. Zum Ligaausschuß siehe auch *Trommer*, Die Transferregelungen im Profisport im Lichte des „Bosman-Urteils“ im Vergleich zu den Mechanismen im bezahlten amerikanischen Sport, 1999, S. 32.

183 Siehe unter 1. Teil, 1. Kapitel, B.I.2.b)bb)(1).

184 Vgl. § 4 lit. g und h DFB-Satzung.

185 Vgl. *Brast/Stübinger*, in: *Schewe/Littkemann*, Sportmanagement, 2002, 23, 24.

186 Zur rechtlichen Einordnung von Vereinsordnungen siehe ausführlich *Lohbeck*, MDR 1972, 381; *Lukes*, NJW 1972, 121, 127.

187 Vgl. in bezug auf internationale Transfers §§ 20 ff. DFB-Spielordnung und im Hinblick auf nationale Vereinswechsel § 26 ff. DFB-Spielordnung.

188 Vgl. § 1 Ligaverbands-Satzung.

Rechtsfähigkeit erlangt hat[189]. Ordentliche Mitglieder sind die 36 lizenzierten Vereine und Kapitalgesellschaften der Fußball-Lizenzligen Bundesliga und 2. Bundesliga[190]. Die Mitgliedschaft wird mit der Erteilung der Lizenz durch den Ligaverband erworben[191]. Organe des Ligaverbands sind die Mitgliederversammlung und der Vorstand[192].

Vornehmliche Aufgabe des Ligaverbandes ist es, in eigener Verantwortung die ihm zur Nutzung vom DFB überlassenen Vereinseinrichtungen Bundesliga und 2. Bundesliga zu betreiben[193], in Wettbewerben der Lizenzligen den deutschen Fußballmeister des DFB und die Teilnehmer an den internationalen Wettbewerben zu ermitteln[194], die Verträge über die Mediaverwertung abzuschließen[195] sowie die Lizenzen an die Fußballclubs und –spieler zu erteilen[196]. Dabei hat der Ligaverband allerdings die für ihn – wie auch für seine Mitglieder – verbindlichen statutarischen Vorgaben von DFB, FIFA und UEFA zu beachten[197]. Erstmalig hat der Ligaverband den Spielbetrieb in den Bundesligen in der Saison 2001/2002 organisiert. Aufgrund der Tatsache, daß der DFB dem Ligaverband die zuvor genannten Aufgaben zur alleinigen Wahrnehmung übertragen hat[198], besitzt letzterer nunmehr eine **faktische Monopolstellung**. Insoweit hat eine **Funktionsnachfolge** stattgefunden, d.h., der Ligaverband ist an die Stelle des DFB getreten[199]. Allerdings sieht die Ligaverbands-Satzung in § 5 Nr. 6 S. 1 die Möglichkeit vor, daß der Ligaverband der Ligaverbands-GmbH Aufgaben nach § 4 seiner Satzung zur eigenständigen und selbstverantwortlichen Wahrnehmung übertragen kann; davon wurde teilweise Gebrauch gemacht, als man mit der Führung des operativen Geschäfts die ebenfalls neu gegründete Liga-GmbH betraute[200].

---

189 Vgl. die Präambel der DFL-Satzung.
190 Vgl. § 7 Ligaverbands-Satzung.
191 Vgl. § 8 Ligaverbands-Satzung.
192 Vgl. § 15 Nr. 1 Ligaverbands-Satzung.
193 Vgl. § 4 Nr. 1 lit. a Ligaverbands-Satzung
194 Vgl. § 4 Nr. 1 lit. b Ligaverbands-Satzung.
195 Vgl. §§ 4 Nr. 1 lit. e; 19 Nr. 2 4. Spiegelstrich Abs. 2 Ligaverbands-Satzung; siehe auch § 5 Nr. 2 Abs. 3 2. Hs. DFL-Satzung.
196 Vgl. § 4 Nr. 1 lit. c und d Ligaverbands-Satzung.
197 Vgl. § 3 Nr. 2 und 3 Ligaverbands-Satzung.
198 Vgl. § 16a Nr. 1 bis 3 DFB-Satzung; siehe zudem die Präambel der Satzung des Ligaverbandes, in deren zweiten Absatz es heißt: „Wichtigste Aufgabe des Ligaverbandes ist es, die ihm zur Nutzung vom DFB *exklusiv* überlassenen Vereinseinrichtungen Bundesliga und 2. Bundesliga zu betreiben [...]" (Hervorhebung durch den Verfasser).
199 Vgl. *Brast/Stübinger*, in: *Schewe/Littkemann*, Sportmanagement, 2002, 23, 25, 50.
200 Vgl. näher § 19 Ligaverbands-Satzung; § 2 Nr. 1 DFL-Satzung.

Zur Ausübung seiner Rechte existiert zugunsten des Ligaverbands in der Vereinssatzung eine Ermächtigungsgrundlage zum Erlaß entsprechender Verbandsnormen[201]. Jene hat er vor allem zur Setzung eines sog. Ligastatuts genutzt, in dem die auf der Satzung beruhenden Rechte und Pflichten des Ligaverbandes und seiner Mitglieder konkretisiert werden[202]. Das Ligastatut umfaßt eine Lizenzierungsordnung (LO) für die Fußballvereine, eine Lizenzierungsordnung Spieler (LOS), eine Spielordnung des Ligaverbandes (SpOL) und eine Ordnung für die Verwertung kommerzieller Rechte (OVR). Bedeutsam ist die LOS, die insbesondere die Kriterien für die Erteilung von Lizenzen an Spieler von lizenzierten Vereinen und Kapitalgesellschaften, die Beantragung und Erteilung von Spielberechtigungen und die Wechselbestimmungen für Spieler im Zuständigkeitsbereich des Ligaverbands regelt.

2. Die Deutsche Fußball Liga-GmbH (Ligaverbands-GmbH)

Aus § 19 Nr. 1 Ligaverbands-Satzung folgt, daß sich der Ligaverband zur Erfüllung seiner Aufgaben einer Ligaverbands-GmbH bedient. Die im Jahr 2001 gegründete Gesellschaft mit Sitz in Frankfurt ist in der Form einer GmbH organisiert und trägt den Namen „DFL Deutsche Fußball Liga-GmbH“[203]. Einziger Gesellschafter ist der Ligaverband[204]. Organe der Liga-GmbH sind die Geschäftsführer, der Aufsichtsrat und die Gesellschafterversammlung[205]. Gegenstand des Unternehmens ist Führung des operativen Geschäfts des Ligaverbands: Dazu gehören die verantwortliche Leitung des Spielbetriebs der Lizenzligen und die Erfüllung der damit zusammenhängenden Aufgaben[206], die Durchführung der Wettbewerbe der Lizenzligen[207] und die abschließende Verhandlung von Verträgen über die Verwertung von Mediarechten[208].

---

201 Vgl. § 5 Ligaverbands-Satzung.

202 Vgl. § 5 Nr. 1 lit. a Ligaverbands-Satzung.

203 Vgl. § 1 DFL-Satzung.

204 Vgl. Präambel der DFL-Satzung. Zur Verflechtung von Ligaverband und DFL-GmbH siehe *Brast/Stübinger*, in: *Schewe/Littkemann*, Sportmanagement, 2002, 23, 26.

205 Vgl. § 4 Nr. 1 DFL-Satzung. Zur Aufgabenverteilung zwischen den einzelnen Organen siehe §§ 5 bis 8 DFL-Satzung.

206 Vgl. § 19 Nr. 2 1. Spiegelstrich Ligaverbands-Satzung; § 2 Nr. 1.1 DFL-Satzung.

207 Vgl. § 2 Nr. 1.2 DFL-Satzung.

208 Vgl. § 2 Nr. 1.3 DFL-Satzung. Die Vertragsschlußkompetenz liegt dagegen beim Ligaverband.

C. Rechtsbeziehungen im deutschen Lizenzfußball

Vor der DFB-Strukturreform wurden die ohnehin schon komplexen Rechtsverhältnisse im nationalen Lizenzfußball durch ein **Dreiecksverhältnis** bestimmt, das sich aus den bilateralen Beziehungen Lizenzfußballer-DFB, Lizenzfußballer-Lizenzverein und Lizenzverein-DFB zusammensetzte[209], wobei das gesamte System durch das Lizenzspielerstatut des DFB überlagert wurde. Die Schaffung eines eigenständigen Ligaverbandes im Gefolge der Modernisierung des traditionellen DFB-Verbandsgefüges führte jedoch zu einer nochmaligen Komplizierung der Rechtslage, denn **zukünftig** ist zwischen **sechs einzelnen rechtlich relevanten Relationen** zu differenzieren, die sich zudem wechselseitig beeinflussen[210].

I. Rechtsbeziehung zwischen Lizenzspieler und Lizenzverein

Am einfachsten ist noch die Struktur der Rechtsbeziehung zwischen dem Lizenzspieler und seinem Lizenzverein zu charakterisieren: Sie wird bestimmt durch den zwischen Lizenzspieler und Lizenzclub geschlossenen **„Spielervertrag"**[211], wobei die Parteien im Hinblick auf die rechtsgeschäftliche Abrede im Rahmen ihrer Privatautonomie grundsätzlich frei sind, wie sie den Vertrag inhaltlich ausgestalten[212]. Im Spielervertrag werden aber typischerweise folgende Rechte und Pflichten festgelegt: Die Hauptleistungspflicht des Spielers besteht darin, an allen Vereinsspielen und Lehrgängen sowie am Training teilzunehmen[213]. Darüber hinaus ist der Fußballer gehalten, an der Öffentlichkeitsarbeit des Vereins mitzuwirken[214]. Im Hinblick auf Einsatz und Tätigkeit für den Verein unterliegt der Spieler dabei einem Weisungsrecht aller vom Verein dazu ein-

---

209 Siehe zu dem Dreiecksverhältnis ausführlich *Füllgraf*, Eine vertragliche Dreiecksbeziehung im Arbeitsrecht – Der Lizenzfußball, 1980; *Buchner*, RdA 1982, 1; *Meyer-Cording*, RdA 1982, 13.

210 Siehe auch *Brast/Stübinger*, in: *Schewe/Littkemann*, Sportmanagement, 2002, 23 f.: „[Das] unmittelbare Dreiecksverhältnis [ist] durch die zunehmende Professionalisierung des Fußballs in seiner reinen Form abgelöst worden". Zu den organisatorischen Strukturen des Profifußballs in den anderen europäischen Staaten siehe *Malatos*, Berufsfußball im europäischen Rechtsvergleich, 1988, S. 20 ff.; *Galli*, SpuRt 1998, 18.

211 Ausführlich zum „Spielervertrag" *Borchard*, Die Wirksamkeit der im deutschen Lizenzfußball verwendeten Musterverträge, 1999, S. 129 ff. (bezogen auf die Musterverträge Verein-Spieler 1996 und 1998); *Rybak*, Das Rechtsverhältnis zwischen dem Lizenzfußballspieler und seinem Verein, 1999.

212 Vgl. § 6 Nr. 2 Abs. 1 LOS, dem insoweit nur eine deklaratorische Bedeutung zukommt.

213 Ausführlich zu den Pflichten des Fußballers *Gitter*, in: *Richardi/Wlotzke*, Münchener Handbuch zum Arbeitsrecht, Bd. II, 2. Aufl., 2000, § 202 Rn. 45 ff.

214 *Gebhardt*, Modelle für die Reform des Transfersystems für Berufsfußballspieler aus rechtlicher und tatsächlicher Sicht, 2000, S. 4.

gesetzten Personen[215]. Der Lizenzclub seinerseits schuldet erstens die Zahlung der vereinbarten Vergütung und zweitens die Bereitstellung sowie Instandhaltung von Spiel- und Trainingsstätten, auf denen der Spieler unter der Anleitung fachlich qualifizierter Personen trainieren kann[216]. In aller Regel sind die Spielerverträge zeitlich befristet[217].

Allerdings wird die Vertragsfreiheit beider Seiten durch zahlreiche in §§ 4 bis 10 LOS niedergelegte Vorgaben begrenzt: So bestimmt § 5 Nr. 1 Abs. 1 LOS, daß Arbeitsverträge erst abgeschlossen werden dürfen, wenn der Lizenzspieler in die Transferliste des Ligaverbandes aufgenommen worden ist. Zudem dürfen Verträge nur während bestimmter Transferperioden geschlossen werden, wie sich § 5 Nr. 2 Abs. 1 bis 4 LOS entnehmen läßt. In den rechtsgeschäftlichen Absprachen dürfen insbesondere keine Vereinbarungen enthalten sein, die gegen die Statuten von Ligaverband und DFB verstoßen (vgl. § 6 Nr. 2 Abs. 2 LOS). Schließlich müssen die Verträge unter anderem eine Vereinbarung aufweisen, wonach der Spieler seinem Arbeitgeber die Verwertung seiner Persönlichkeitsrechte überträgt, § 6 Nr. 4 LOS. Bereits an dieser Stelle zeigt sich somit, daß der Ligaverband durch die von ihm aufgestellten Verbandsnormen in erheblichem Maße auf das Rechtsverhältnis zwischen Lizenzspieler und Lizenzverein einwirkt.

Stellt man die Frage nach der rechtlichen Einordnung des „Spielervertrages", stößt man bei der ganz herrschenden Ansicht in Lehre[218] und Rechtsprechung[219] auf die Einschätzung, daß der Lizenzspieler als Arbeitnehmer des Fußballclubs,

---

215 *Borchard*, Die Wirksamkeit der im deutschen Lizenzfußball verwendeten Musterverträge, 1999, S. 156 ff., 192 f. (bezogen auf die Musterverträge Verein-Spieler 1996 und 1998); zum Umfang des Direktionsrechts siehe *Pfister/Steiner*, Sportrecht von A bis Z, 1995, S. 265 f.

216 *Borchard*, Die Wirksamkeit der im deutschen Lizenzfußball verwendeten Musterverträge, 1999, S. 154 ff., 192 f. (bezogen auf die Musterverträge Verein-Spieler 1996 und 1998).

217 Zu deren Zulässigkeit in diesem Rahmen siehe *Gitter*, in: *Richardi/Wlotzke*, Münchener Handbuch zum Arbeitsrecht, Bd. II, 2. Aufl., 2000, § 202 Rn. 89 f.; *Hausch*, Langfristige Arbeitsverträge bei Lizenzfußballspielern, 2002; *Oberthür*, Das Transfersystem im Lizenzfußball, 2002, S. 59 ff.

218 *Rybak*, Das Rechtsverhältnis zwischen dem Lizenzfußballspieler und seinem Verein, 1999, S. 49 ff.; *Gitter*, in: *Richardi/Wlotzke*, Münchener Handbuch zum Arbeitsrecht, Bd. II, 2. Aufl., 2000, § 202 Rn. 15; *Schaub*, Arbeitsrechtshandbuch, 10. Aufl., 2002, § 186 IV 3 Rn. 98; *Bepler*, in: Festschrift für *Fenn*, 2000, 43, 44 ff.; *Buchner*, NJW 1976, 2242 f.; *Meyer-Cording*, RdA 1982, 13; *Schmidt*, RdA 1972, 84, 91.

219 *BAG*, Urt. v. 16.01.1971 – 5 AZR 339/70 – AP Nr. 29 zu § 138 BGB; *BAG*, Urt. v. 17.01.1979 – 5 AZR 498/77 – NJW 1980, 470; *BAG*, Urt. v. 29.04.1995 – 9 AZR 856/94 – AP Nr. 40 zu § 11 BUrlG; *ArbG Gelsenkirchen*, Urt. v. 22.06.1976 – 2 Ca 1019/76 – NJW 1977, 598.

bei dem er unter Vertrag steht, einzustufen ist; das Rechtsverhältnis ist daher ein **Arbeitsverhältnis** gemäß §§ 611 ff. BGB. Begründet wird diese Zuordnung mit dem Direktionsrecht des Vereins, in dessen Organisation der professionelle Fußballspieler in zeitlicher und örtlicher Hinsicht sowie in bezug auf die Modalitäten der geschuldeten Arbeit eingegliedert ist[220]. Hintergrund für die rein schuldrechtliche Konstruktion der Relation Lizenzspieler-Lizenzverein ist der Umstand, daß die Lizenzvereine bei einer Aufnahme der Fußballprofis als Vereinsmitglieder ihre Gemeinnützigkeit i.S.d. Steuerrechts einbüßten[221].

Interessant erscheint in diesem Zusammenhang noch, daß der Ligaverband in seinen Statuten eingangs auf eine rechtliche Einordnung der Beziehung Lizenzspieler-Lizenzverein verzichtet und es in der Präambel zur LOS – also an zentraler Stelle – zunächst bei der Aussage beläßt, daß der Lizenzspieler ein „Vertragspartner besonderer Art" eines lizenzierten Fußballclubs ist[222]. Die Zurückhaltung des Ligaverbandes dürfte damit erklärbar sein, daß von manchen einflußreichen Verantwortlichen der Lizenzvereine wegen der geänderten Rahmenbedingungen des Profifußballs bereits seit längerem gefordert wird, Lizenzspieler nicht mehr als Arbeitnehmer, sondern als **Unternehmer** zu qualifizieren[223]. Diese Tendenz dürfte bei der Formulierung der Präambel zur LOS ansatzweise Anklang gefunden haben. Ob die geforderte Neuausrichtung allerdings Zustim-

---

220 Näher *Rybak*, Das Rechtsverhältnis zwischen dem Lizenzfußballspieler und seinem Verein, 1999, S. 56 ff.; *Gebhardt*, Modelle für die Reform des Transfersystems für Berufsfußballspieler aus rechtlicher und tatsächlicher Sicht, 2000, S. 4, 61 ff. m.w.N.; *Eilers*, in: *Reschke*, Sport als Arbeit, 1985, 17, 30; *Hilpert*, RdA 1997, 92, 95 f.; *Buchner*, RdA 1982, 1, 4 ff.

221 Vgl. *Gebhardt*, Modelle für die Reform des Transfersystems für Berufsfußballspieler aus rechtlicher und tatsächlicher Sicht, 2000, S. 5. Ausführlich zu den aus der Gemeinnützigkeit erwachsenden steuerrechtlichen Vorteilen *Weisemann/Spieker*, Spiel, Sport und Recht, 2. Aufl., 1997, Rn. 357 ff.; vgl. zuletzt auch *Littkemann/Engelsing*, StuB 2002, 169, 171 ff.

222 Vgl. Abs. 2 Nr. 3 S. 2 der Präambel zur LOS. In § 10 DFB-Lizenzspielerstatut a.F., an den die Präambel der LOS offenbar anknüpft, wurde der Lizenzspieler dagegen noch als ein „Arbeitnehmer besonderer Art" qualifiziert. Auf der anderen Seite ist jedoch nicht zu verkennen, daß z.B. §§ 9 Nr. 1 S. 1, 10 Nr. 3 LOS noch die Arbeitnehmereigenschaft der Profifußballer voraussetzen.

223 Vgl. die Aussagen von *Niebaum*, dem Präsidenten des Fußballclubs Borussia Dortmund. FAZ v. 20.01.1996, S. 27; FAZ v. 22.09.2000, S. 40. Aus der Rechtslehre siehe etwa *Koenig/Haratsch*, Europarecht, 4. Aufl., 2003, Rn. 594; *Dieckmann*, in: *Württembergischer Fußballverband*, Das Recht des Fußballspielers, 1980, 24, 29 f.; *Fischer*, SpuRt 1997, 181, 182 ff.; *Scholz/Aulehner*, SpuRt 1996, 44, 46 f.; eine Neubewertung für die Zukunft nicht ausschließend *Schimke*, Sportrecht, 1996, S. 20 f.; an der Arbeitnehmer-Eigenschaft der Profifußballer ebenfalls zweifelnd *Grunsky*, in: *Württembergischer Fußballverband*, Sportrecht damals und heute, 2001, 7, 12.

mung verdient, wird noch an anderer Stelle im Rahmen der Prüfung näher zu erörtern sein und soll daher an dieser Stelle nicht weiter vertieft werden.

II. Rechtsbeziehung zwischen Lizenzspieler und Ligaverband

Nach § 1 LOS benötigt der Lizenzspieler zur Teilnahme an den Spielen in den vom Ligaverband betriebenen Spielklassen eine Lizenz, deren Erteilung allerdings von bestimmten, in § 2 LOS normierten Voraussetzungen abhängt[224]. Erfüllt der Spieler die dort aufgestellten Bedingungen, schließt der Ligaverband, vertreten durch die DFL-GmbH[225], mit ihm einen vorformulierten **„Lizenzvertrag"** ab[226]. Der Lizenzvertrag regelt in der Hauptsache die Rechte und Pflichten des Spielers als Lizenzspieler und seine Unterwerfung unter die Satzungen, das Ligastatut[227], die Ordnungen und Durchführungsbestimmungen des Ligaverbandes und des DFB[228]. Zur Ausübung des durch die Einräumung der Lizenz erworbenen Rechts der Teilnahme an den Fußballspielen bedarf es darüber hinaus noch einer gesonderten Spielerlaubnis durch die Liga-GmbH[229]. Zusätzlich zum Lizenzvertrag schließt der Spieler mit dem Ligaverband einen „Schiedsgerichtsvertrag" ab, worin festgelegt ist, daß über sämtliche Streitigkeiten zwischen dem Ligaverband, der Liga-GmbH und/oder dem DFB einerseits und dem Lizenzspieler andererseits das Ständige Schiedsgericht des DFB entscheidet[230].

Der Abschluß des Lizenzvertrages hat zur Konsequenz, daß der Lizenzspieler, obwohl er selbst kein Mitglied des Ligaverbandes ist[231], der Verbandsgewalt des

---

224 Dazu zählen die Vorlage des vom Spieler unterzeichneten Lizenzvertrages, die Vorlage eines Arbeitsvertrages mit einem Fußballclub, die Vollendung des 18. Lebensjahres, der Nachweis der Sporttauglichkeit, die Erfüllung bestehender Verpflichtungen gegenüber dem Ligaverband, dem DFB, seinen Mitgliedsverbänden und Vereinen sowie die Vorlage eines vom Spieler geführten Spielerpasses, der sämtliche bisherigen Vereine des Spielers ausweist (FIFA Player Passport).

225 Vgl. § 26 Nr. 1 S. 2 lit. a 1. Alt. LOS.

226 Vgl. § 1 Abs. 1 S. 1 LOS.

227 Das Ligastatut umfaßt eine Lizenzierungsordnung für die Fußballvereine (LO), eine Lizenzierungsordnung Spieler (LOS), eine Spielordnung des Ligaverbandes (SpOL) und eine Ordnung für die Verwertung kommerzieller Rechte (OVR).

228 Vgl. § 1 Abs. 3 LOS; § 2 Lizenzvertrag Spieler-Ligaverband.

229 Vgl. § 13 LOS; § 1 Abs. 3 Lizenzvertrag Spieler-Ligaverband. Die Spielerlaubnis, die vom arbeitgebenden Verein zu beantragen ist, vermittelt diesem die ausschließliche – tatsächliche – Befugnis, den Spieler bei Bundesligaspielen einsetzen zu dürfen. So *Flory*, Der Fall Bosman – Revolution im Fußball?, 1997, S. 42; *Wertenbruch*, ZIP 1993, 1292, 1294, zur Spielerlaubnis gemäß § 26 DFB-Lizenzspielerstatut a.F.; allgemein zur Spielerlaubnis *Pfister/Steiner*, Sportrecht von A bis Z, 1995, S. 164 f.

230 Vgl. § 25 Nr. 3 S. 2 LOS sowie den Schiedsgerichtsvertrag Spieler-Ligaverband.

231 Ordentliches Mitglied des Ligaverbandes können nur Vereine und Kapitalgesellschaften der Lizenzligen sein, § 7 Nr. 2 Ligaverbands-Satzung.

letzteren unterliegt. Es wird mithin ein **mitgliedschaftsähnliches Verhältnis** zwischen den Beteiligten begründet, das es insbesondere auch ermöglicht, im Wege der Ausübung der Verbandsstrafgewalt dem Spieler im Falle eines Verstoßes gegen die Statuten, zu deren Einhaltung er sich zuvor verpflichtet hat, – neben anderen Sanktionen – die Lizenz wieder zu entziehen[232]; zuständig hierfür ist ebenfalls die Liga-GmbH[233]. Wird dem Fußballprofi die Lizenz entzogen, so kann er vom arbeitgebenden Fußballclub trotz des Fortbestehens des Arbeitsverhältnisses nicht mehr eingesetzt werden. Der Ligaverband hat demnach die Möglichkeit, das Arbeitsverhältnis faktisch zu beenden[234].

Dem Lizenzverein bleibt dann regelmäßig nur noch die Alternative, dem für ihn wirtschaftlich wertlos gewordenen Spieler aus wichtigem Grund gemäß § 626 Abs. 1 BGB fristlos zu kündigen[235]. Zweifelhaft ist dabei freilich im Einzelfall, ob tatsächlich ein wichtiger Grund vorliegt, da man aufgrund der im Rahmen von § 626 Abs. 1 BGB vorzunehmenden umfassenden Interessenabwägung[236] nicht per se von einem Automatismus ausgehen darf, daß der Lizenzentzug zwangsläufig eine fristlose Kündigung erlaubt[237].

Bereits dieses Beispiel zeigt, daß der Ligaverband mittels der von ihm aufgestellten Verbandsnormen letzten Endes darüber entscheidet, ob der Fußballprofi von dem ihn beschäftigenden Club eingesetzt werden kann oder nicht. Jener nimmt damit in dieser Beziehung typische Arbeitgeberbefugnisse wahr[238] [239].

---

232 Vgl. § 3 Abs. 5 S. 1 Lizenzvertrag Spieler-Ligaverband.

233 Vgl. § 26 Nr. 1 S. 2 lit. a 2. Alt. LOS.

234 Vgl. *Schimke*, Sportrecht, 1996, S. 37; *Pfister/Steiner*, Sportrecht von A bis Z, 1995, S. 99; siehe auch *Buchner*, RdA 1982, 1, 11.

235 Dies erklärt sich aus dem Umstand, daß für Fußballspieler regelmäßig befristete Arbeitsverhältnisse vereinbart werden mit der Konsequenz, daß eine ordentliche Kündigung nach §§ 621 f. BGB, 1 KSchG ausgeschlossen ist (arg. e § 620 Abs. 2 BGB, § 15 Abs. 3 TzBfG).

236 Ausführlich dazu *Hromadka/Maschmann*, Arbeitsrecht, Bd. I, 2. Aufl., 2002, § 10 Rn. 114 ff.; siehe auch *Schimke*, Sportrecht, 1996, S. 44 ff.

237 Zwar bedeutet die dauernde oder langfristige Arbeitsunfähigkeit abstrakt einen wichtigen Grund (vgl. *Hromadka/Maschmann*, Arbeitsrecht, Bd. I, 2. Aufl., 2002, § 10 Rn. 106 ff., 110), doch kann die gebotene Interessenabwägung durchaus zu dem Resultat führen, daß im Einzelfall § 626 Abs. 1 BGB nicht durchgreift. Ausführlich dazu *Borchard*, Die Wirksamkeit der im deutschen Lizenzfußball verwendeten Musterverträge, 1999, S. 171 ff.; *Weisemann/Spieker*, Spiel, Sport und Recht, 2. Aufl., 1997, Rn. 44.

238 Vgl. bereits *Eilers*, in: *Reschke*, Sport als Arbeit, 1985, 17, 31; *Westermann*, JA 1984, 394, 397; *Plath*, Individualrechtsbeschränkungen im Fußball, 1999, S. 32 f. zu dem insoweit vergleichbaren Rechtsverhältnis zwischen Lizenzspieler und DFB vor der Reform der Strukturen in der Verbandsorganisation des lizenzierten Fußballs.

239 Ein weiteres Beispiel, das die materielle Einflußnahme des Ligaverbandes in signifikanter Weise aufzeigt, ist der Tatbestand von § 2 Nr. 2 LOS, der besagt, daß die Lizenzerteilung

Durch die dem Ligaverband eingeräumten Möglichkeiten, auf die vertragliche Beziehung zwischen Lizenzspieler und Lizenzverein maßgeblich einzuwirken, entsteht jedoch die **Gefahr**, daß **arbeitsrechtliche Schutzvorschriften** – insbesondere das Kündigungsschutzrecht – **unterlaufen** werden[240].

Betrachtet man nun in einem nächsten Schritt die obenan beschriebene juristische Relation zwischen Lizenzspieler und Ligaverband, wird offenbar, daß sie inhaltlich genau der Beziehung entspricht, die vor der DFB-Strukturreform zwischen dem Fußballer und dem DFB bestand[241]. Aufgrund der Parallelität der Rechtsverhältnisse stellt sich an diesem Punkt wie ehemals in der Beziehung Lizenzspieler-DFB die Frage nach der dogmatisch richtigen Erfassung des Verhältnisses zwischen Ligaverband und Fußballer.

Für die Beziehung des DFB zum professionellen Spieler war man sich inzwischen darüber einig geworden, daß sie keinesfalls vereinsrechtlicher Natur ist[242]. Teilweise wurde dagegen vertreten, die Rechtsbeziehung zwischen dem Fußballer und dem DFB sei eine eigenständige subordinationsrechtliche, die zu einer direkten Anwendung öffentlich-rechtlicher Prüfungsmaßstäbe – insbesondere der Grundrechte – in diesem Bereich führe (Lehre vom gesetzesvertretenden Privatrecht)[243]. Allerdings hatte sich dieser Ansatz bisher nicht durchsetzen können, denn die ganz herrschende Meinung knüpfte weiterhin nicht an den Inhalt,

---

von der Vorlage eines „unter Vorbehalt der Lizenzerteilung abgeschlossenen Vertrages" mit einem Fußballclub abhängt. Demnach steht die Wirksamkeit des Spielervertrages unter der aufschiebenden Bedingung der Lizenzerteilung an den Fußballer. Vgl. *Borchard*, Die Wirksamkeit der im deutschen Lizenzfußball verwendeten Musterverträge, 1999, S. 167, 196 ff. (bezogen auf die Musterverträge Verein-Spieler 1996 und 1998).

240 *Schaub*, Arbeitsrechtshandbuch, 10. Aufl., 2002, § 184 IV 4 Rn. 101; *Westermann*, JA 1984, 394, 397; siehe auch *Pfister/Steiner*, Sportrecht von A bis Z, 1995, S. 103; *Buchner*, RdA 1982, 1, 8; a.A. etwa *Reuter*, in: *Württembergischer Fußballverband*, Rechtsprobleme beim Vereinswechsel eines Fußballspielers, 1983, 50, 56.

241 Ausführlich zur Rechtsbeziehung zwischen dem DFB und dem Lizenzspieler vor der Modernisierung der Organisation des Fußballs in Deutschland *Plath*, Individualrechtsbeschränkungen im Fußball, 1999, S. 26 ff.

242 Die Vereinstheorie wurde früher vertreten von *Baumann*, Die Vereinsstrafgewalt des Deutschen Fußball-Bundes über die Bundesligavereine, Lizenzspieler und Fußball-Lehrer, 1971, S. 28 ff., 40 ff.; *Weisemann*, DB 1979, 259, 260; *Bruder*, MDR 1973, 897, 898. In der neueren Literatur hat sich – soweit ersichtlich – kaum noch jemand dieser Meinung angeschlossen. Vgl. *Gebhardt*, Modelle für die Reform des Transfersystems für Berufsfußballspieler aus rechtlicher und tatsächlicher Sicht, 2000, S. 6; *Mümmler*, Der Spielertransfer im Bundesligafußball, 1982, S. 15; zu den berechtigten Einwänden gegen eine Qualifikation der Beziehung als Vereinsmitgliedschaft siehe *Plath*, Individualrechtsbeschränkungen im Fußball, 1999, S. 28 ff.

243 *Plath*, Individualrechtsbeschränkungen im Fußball, 1999, S. 38 ff.; *Reuter*, NJW 1983, 649, 651 f.

sondern an die Form der Abrede an und gelangte daher zu dem Schluß, es liege eine rechtsgeschäftliche Beziehung vor. Innerhalb der herrschenden Meinung blieb jedoch bis zuletzt umstritten, ob der Lizenzvertrag lediglich als rein schuldrechtlicher Vertrag sui generis gemäß §§ 311 Abs. 1, 241 BGB (Regelanerkennungs- bzw. Unterwerfungsvertrag) zu qualifizieren sei[244], oder ob aber dem DFB eine Teilarbeitgeberfunktion – mit der Folge, daß der Verband unmittelbar dem Arbeitsrecht unterliegt – zukomme[245].

Im Hinblick darauf, daß es für den weiteren Gang der Untersuchung nicht auf eine genaue dogmatische Einordnung der Rechtsbeziehung zwischen Ligaverband und Lizenzspieler ankommt, soll an dieser Stelle der Hinweis genügen, daß im folgenden prinzipiell die herrschende Ansicht, die für eine rechtsgeschäftliche Lösung plädiert, zugrundegelegt wird[246]. Allerdings ist in dieser Beziehung

244 So *Samstag*, Grenzen der Vertragsgewalt des DFB beim Spielerwechsel im bezahlten Fußball, 1995, S. 10 ff.; *Flory*, Der Fall Bosman – Revolution im Fußball?, 1997, S. 42; *Malatos*, Berufsfußball im europäischen Rechtsvergleich, 1988, S. 99 ff.; *Weisemann/Spieker*, Sport, Spiel und Recht, 2. Aufl., 1997, Rn. 43; *Schennen*, Die Verfassungsmäßigkeit von Ablösesummen im Berufsfußball, 1984, S. 14 ff.; *Westerkamp*, Ablöseentschädigungen im bezahlten Sport, 1980, S. 29; *Osthoff*, Rechts- und sittenwidrige Entscheidungsbeschränkungen für Berufssportler, insbesondere für Lizenzfußballer, 1983, S. 110, 132; *Schimke*, Sportrecht, 1996, S. 101 ff., 104; *Pfister/Steiner*, Sportrecht von A bis Z, 1995, S. 101 f.; *Lukes*, in: Festschrift für *Westermann*, 1974, 325, 332 ff.; *Schmidt*, RdA 1972, 84, 92.

245 So *Gebhardt*, Modelle für die Reform des Transfersystems für Berufsfußballspieler aus rechtlicher und tatsächlicher Sicht, 2000, S. 79 ff.; *Trommer*, Die Transferregelungen im Profisport im Lichte des „Bosman-Urteils" im Vergleich zu den Mechanismen im bezahlten amerikanischen Sport, 1999, S. 37; *Borchard*, Die Wirksamkeit der im deutschen Lizenzfußball verwendeten Musterverträge, 1999, S. 25 ff.; *Imping*, Die arbeitsrechtliche Stellung des Fußballspielers zwischen Verein und Verbänden, 1996, S. 205 ff.; *Mümmler*, Der Spielertransfer im Bundesligafußball, 1982, S. 39 ff.; *Füllgraf*, Eine vertragliche Dreierbeziehung im Arbeitsrecht – Der Lizenzfußball, 1980, S. 38 ff.; *Klatt*, Die arbeitsrechtliche Stellung der Lizenzfußballspieler, 1976, S. 137 f.; *Westermann*, in: *Reschke*, Sport als Arbeit, 1985, 35, 41; *Buchner*, RdA 1982, 1, 8 ff.; siehe auch *ArbG Gelsenkirchen*, Urt. v. 22.06.1976 – 2 Ca 1019/76 – NJW 1977, 598; *LAG Düsseldorf*, Urt. v. 29.08.1977 – 19 Sa 532/77 – n.v.; offengelassen wird die Frage von *BAG*, Urt. v. 17.01.1979 – 5 AZR 498/77 – NJW 1980, 470, 471; gegen eine Arbeitgeberstellung des DFB *ArbG Frankfurt/Main*, Beschl. v. 22.07.1986 – 10 Ga 7/86 – HdSpR, Dok.-Nr. 33/16/26.

246 Die Lehre vom gesetzesvertretenden Privatrecht ist abzulehnen, weil es zum einen zur Bestimmung des Inhalts von Rechtsgeschäften ausweislich der §§ 133, 157 BGB auf den Willen der Parteien und nicht auf die Funktion der Unterwerfungserklärung als Mittel zur Schaffung einer gesetzesgleichen Ordnung ankommt (so *Kirschenhofer*, Sport als Beruf, 2002, S. 29). Zum anderen ist die dem Ligaverband zustehende Ordnungsmacht nicht aus dem Grundgesetz (Art. 9 Abs. 1 GG) ableitbar. Die grundrechtlich verbürgte Vereinigungsfreiheit gibt dem DFB das Recht, eine Ordnung zu schaffen, verpflichtet ihn aber

eine Einschränkung dahingehend zu machen, daß entgegen dem Dafürhalten der meisten Autoren in der neueren sportrechtlichen Literatur der Ligaverband keinesfalls die Stellung eines Teilarbeitgebers hat, da es hierfür an einer dogmatisch überzeugenden Herleitung fehlt:

Zum einen ist ein solches Verständnis allein mit einem Verweis auf die soziologischen Gegebenheiten nicht begründbar[247]. Zum anderen gilt: Die bisher in der Lehre angebotenen Erklärungsversuche, die den Lizenzvertrag teilweise als „arbeitsrechtlichen Kontrollvertrag"[248] einstufen, die von einem – bildlich gesprochen – „doppelköpfigen Arbeitgeber" ausgehen[249] oder die die Arbeitgeberstellung des Ligaverbandes gar mit Parallelen zu anderen Dreiecksbeziehungen wie dem finanzierten Abzahlungskauf[250] oder der Einziehungsermächtigung[251] konstruieren, zeugen zwar von einem immensen Einfallsreichtum, verkörpern aber letzten Endes kaum mehr als „mutige Konstruktionen"[252], die erheblichen dogmatischen Einwänden begegnen[253]. Die arbeitsrechtlichen Theorien widersprechen mithin dem Grundsatz der Rechtssicherheit, weshalb der Lizenzvertrag nach zutreffender Ansicht „nur" einen **Regelanerkennungsvertrag** gemäß §§ 311 Abs. 1, 241 BGB darstellt[254].

Mit einer solchen Sichtweise geht zudem keineswegs zwangsläufig eine Unterminierung arbeitsrechtlicher Mindeststandards einher. Denn dem berechtigten Anliegen, einer Aushöhlung der arbeitsrechtlichen Wertungen wirksam zu begegnen, läßt sich dadurch hinreichend Rechnung tragen, daß man im Rahmen der von den ordentlichen Gerichten vorzunehmenden Inhaltskontrolle gemäß

---

nicht dazu (näher *Imping*, Die arbeitsrechtliche Stellung des Fußballspielers zwischen Verein und Verbänden, 1996, S. 206 f.).

247 In diese Richtung *Weiland*, Die Rechtsstellung des Lizenzspielers in der Fußball-Bundesliga, 1980, S. 108; implizit auch *Plath*, Individualrechtsbeschränkungen im Fußball, 1999, S. 33.

248 So *Klatt*, Die arbeitsrechtliche Stellung der Lizenzfußballspieler, 1976, S. 33 ff.

249 *Buchner*, RdA 1982, 1, 9.

250 *Füllgraf*, Eine vertragliche Dreierbeziehung im Arbeitsrecht – Der Lizenzfußball, 1980, S. 38 ff.

251 *Mümmler*, Der Spielertransfer im Bundesligafußball, 1982, S. 39 ff.

252 So ausdrücklich *Westermann*, JA 1984, 394, 397.

253 Siehe die Zusammenstellung der Argumente gegen eine Einordnung des Ligaverbands als Teilarbeitgeber bei *Plath*, Individualrechtsbeschränkungen im Fußball, 1999, S. 32 ff.; *Reuter*, in: *Reuter*, Einbindung des nationalen Sportrechts in internationale Bezüge, 1987, 53, 54 ff.; *Pfister/Steiner*, Sportrecht von A bis Z, 1995, S. 102; *Osthoff*, Rechts- und sittenwidrige Entscheidungsbeschränkungen für Berufssportler, insbesondere für Lizenzfußballer, 1983, S. 125 ff.; *Kirschenhofer*, Sport als Beruf, 2002, S. 132 ff.

254 Auch nach dem Rechtsverständnis des Ligaverbandes liegt kein arbeitsrechtliches Verhältnis vor, wie aus § 1 Abs. 1 S. 2 LOS folgt: „Ein Arbeitsverhältnis zwischen Ligaverband und Spieler wird durch den Abschluß des Lizenzvertrages nicht begründet."

§ 242 BGB, der der Lizenzvertrag wegen der Monopolstellung des Ligaverbandes unterliegt[255], den arbeitsrechtlichen Bestimmungen zumindest eine Leitbildfunktion zuspricht und sie auf diesem Wege zum Prüfungsmaßstab erhebt[256][257].

III. Rechtsbeziehung zwischen Lizenzspieler und DFB

Nach der DFB-Strukturreform hat sich die Beziehung zwischen dem DFB und dem Lizenzspieler grundlegend gewandelt, denn der DFB selbst ist nunmehr nicht mehr für die Lizenzvergabe zuständig[258]. Das heißt allerdings keinesfalls, daß zwischen beiden überhaupt keine rechtlichen Bindungen mehr bestehen; vielmehr enthält der zwischen dem Ligaverband und dem Lizenzspieler abgeschlossene Lizenzvertrag Klauseln, die eine Unterwerfung des Lizenzspielers unter die Vereinsgewalt einschließlich der –strafgewalt des DFB vorsehen[259]. Insbesondere erkennt der Fußballer die Spielordnung sowie die Rechts- und Verfahrensordnung des DFB als für sich verbindlich an. Daneben schließt der Fußballspieler mit dem Deutschen Fußball-Bund noch einen „Schiedsgerichtsvertrag" ab.

---

255 Zur Monopolstellung des Ligaverbandes siehe bereits im 1. Teil, 1. Kapitel, B.II.1. der Arbeit.

256 Im Ergebnis ebenso *Kirschenhofer*, Sport als Beruf, 2002, S. 138. Dogmatisch läßt sich dieser Ansatz damit begründen, daß der Ligaverband über den Lizenzvertrag als „Dritter" i.S.d. § 317 Abs. 1 BGB auf das Arbeitsverhältnis zwischen Fußballspieler und –club durch die Bestimmung von Leistungselementen gestaltend einwirkt (vgl. *BAG*, Urt. v. 17.01.1979 – 5 AZR 498/77 – NJW 1980, 470, 471; *Meyer-Cording*, RdA 1982, 13, 14; allgemein *Pfister*, JZ 1995, 464, 467; *Lukes*, in: Festschrift für *Westermann*, 1974, 325, 335 ff.; krit. *Vieweg*, Normsetzung und –anwendung deutscher und internationaler Verbände, 1990, S. 258 ff.). Bei der Ausübung der ihm eingeräumten Gestaltungsrechte ist der Ligaverband allerdings durch den einer vollen richterlichen Kontrolle unterliegenden Grundsatz der „Billigkeit" beschränkt, § 319 Abs. 1 S. 1 u. 2 1. Hs. BGB. Im Rahmen der Leistungsbestimmung nach billigem Ermessen hat er sich namentlich an den berechtigten Interessen der Parteien des Arbeitsvertrags – unter besonderer Berücksichtigung der Schutzbedürftigkeit des Fußballspielers – zu orientieren (allgemein Palandt-*Heinrichs*, BGB, 62. Aufl., 2003, § 315 Rn. 10). Dieser Rechtsgedanke aus §§ 317 Abs. 1, 319 Abs. 1 BGB beansprucht im Rahmen der Inhaltskontrolle des Lizenzvertrages nach § 242 BGB gleichermaßen Geltung, da es in beiden Konstellationen um den Schutz vor dem Mißbrauch privatautonomer Gestaltungsmacht geht und für eine unterschiedliche Handhabung keinerlei Gründe ersichtlich sind.

257 Die Berücksichtigung arbeitsrechtlicher Normen als Wertungsmaßstab bei der Inhaltskontrolle des Lizenzvertrages zwischen Ligaverband und Fußballspieler führt beispielsweise dazu, daß etwa bei der Beantwortung der Frage, ob eine Klausel zum Lizenzentzug einer Angemessenheitskontrolle standhält, die Wertung des § 626 Abs. 1 BGB einzubeziehen ist.

258 Zur Lizenzvergabe unter der Ägide des DFB vgl. *Plath*, Individualrechtsbeschränkungen im Fußball, 1999, S. 96 ff.

259 Vgl. §§ 2 Abs. 2 u. 3, 3 Abs. 1 Lizenzvertrag Spieler-Ligaverband.

Die im Lizenzvertrag geregelte Vorgabe, daß der einzelne Spieler die Statuten des DFB zu beachten hat, ist eine eigenständige Pflicht[260], die der Ligaverband selbst gar nicht fordern kann. Auch nach der Funktion der Klauseln, den Fußballer an bestimmte Verbandsnormen des DFB zu binden, liegt es nahe, daß der DFB ein eigenes Forderungsrecht erhalten soll, das seine Grundlage in dem Vertrag zwischen Ligaverband und Lizenzspieler hat. Es handelt sich insoweit um einen echten Vertrag zugunsten Dritter, §§ 328, 311 Abs. 1 BGB[261].

IV. Rechtsbeziehung zwischen Lizenzverein und Ligaverband

Die Relation, die zwischen Lizenzverein und Ligaverband existiert, wird inhaltlich vor allem durch den von beiden Seiten geschlossenen **„Lizenzvertrag“** bestimmt, dessen Laufzeit allerdings auf ein Jahr befristet ist[262]. In der Abrede unterwerfen sich die Vereine und Kapitalgesellschaften der Lizenzligen verbindlich der Satzung, den Statuten und Ordnungen des Ligaverbandes sowie den Entscheidungen von dessen Organen[263]. Dafür erhalten sie die Erlaubnis zur Benutzung der Vereinseinrichtungen Bundesliga und 2. Bundesliga (Lizenz)[264].

Mit der Lizenz erwerben die Fußballclubs darüber hinaus die ordentliche Mitgliedschaft im Ligaverband, d.h., zwischen den Beteiligten wird ein **vereinsrechtliches Verhältnis** begründet. Zuvor müssen die Fußballclubs jedoch ein Lizenzierungsverfahren[265] durchlaufen, in dem die Liga-GmbH namentlich die sportliche Qualifikation, die Erfüllung organisatorischer sowie technisch-spieltechnischer Anforderungen und die wirtschaftliche Leistungsfähigkeit der

---

260 Die Unterwerfung unter die Verbandsnormen des DFB begründet eine Rechtspflicht, die vom DFB aufgestellten, in den Statuten normierten sportrechtlichen Vorgaben zu befolgen. Dieser Pflichteninhalt ist als eine Leistung i.S.d. § 241 Abs. 1 BGB zu qualifizieren. Ebenso in anderem Zusammenhang *Westermann*, Die Verbandsstrafgewalt und das allgemeine Recht, 1972, S. 32; *Pfister*, in: Festschrift für *Lorenz*, 1991, 171, 184; a.A. *Baumann*, Die Vereinsstrafgewalt des Deutschen Fußball-Bundes über die Bundesligavereine, Lizenzspieler und Fußball-Lehrer, 1971, S. 36 f.

261 Ebenso für durch Inkorporation satzungsrechtlicher Bestimmungen in den Arbeitsvertrag zwischen Spieler und Verein entstandene Forderungsrechte des DFB gegenüber dem Lizenzspieler *Samstag*, Grenzen der Vertragsgewalt des DFB beim Spielerwechsel im bezahlten Fußball, 1995, S. 15; siehe auch Soergel-*Hadding*, BGB, Bd. I, 13. Aufl., 2000, § 25 Rn. 35; *Pfister*, JZ 1995, 464, 467.

262 Vgl. §§ 1 Nr. 3, 8 Nr. 2 lit. a LO; siehe auch § 8 Nr. 2 lit. a Lizenzvertrag Fußballclub-Ligaverband.

263 Vgl. § 1 Nr. 2 LO; § 2 Abs. 3 S. 2 lit. a u. c Lizenzvertrag Fußballclub-Ligaverband.

264 Vgl. § 1 Abs. 3 Lizenzvertrag Fußballclub-Ligaverband.

265 Vgl. zu den Voraussetzungen der Lizenzerteilung § 2 LO. Zu den Einzelheiten siehe *Straub/Holzhäuser/Gömmel/Galli*, in: *Galli/Gömmel/Holzhäuser/Straub*, Sportmanagement, 2002, 75, 77 ff.

Lizenzbewerber überprüft[266]. Das Lizenzierungsverfahren dient insbesondere dazu, den Liga-Spielbetrieb zu sichern, zuverlässig planen und durchführen zu können und die Stabilität sowie die Leistungs- und Konkurrenzfähigkeit der Fußballclubs der Lizenzligen gewährleisten zu helfen[267]. Neben dem Lizenzvertrag schließen beide Parteien zusätzlich noch einen „Schiedsgerichtsvertrag" ab.

V. Rechtsbeziehung zwischen Ligaverband und DFB

Der Ligaverband ist **ordentliches Mitglied** des Deutschen Fußball-Bundes und repräsentiert innerhalb der Spitzenorganisation des organisierten Fußballs in Deutschland die Interessen der Fußballclubs der Lizenzligen. Bei der Wahrnehmung seiner Belange verfügt der Ligaverband im Verhältnis zum DFB allerdings über ein großes Maß an Entscheidungsfreiheit, so daß es gerechtfertigt erscheint, das Verhältnis beider Verbände zueinander mit dem Schlagwort des „Verbandes im Verband" zu charakterisieren. Die außerordentlich **starke Stellung des Ligaverbandes im Organisationsgefüge des DFB** ist dabei ein Produkt der jüngsten Strukturreform des organisierten Fußballs auf nationaler Ebene, die eine klare Abgrenzung der Kompetenzen von DFB und Ligaverband gebracht hat. Da die DFB-Strukturreform – einschließlich der damit verbundenen Implikationen für die Beziehung zwischen Ligaverband und DFB – bereits an anderer Stelle ausführlich abgehandelt wurde, kann es an dieser Stelle mit einem Verweis auf die vorangegangenen Ausführungen sein Bewenden haben[268].

VI. Rechtsbeziehung zwischen Lizenzverein und DFB

Die ehemals bedeutsame rechtliche Beziehung zwischen Lizenzverein und Deutschem Fußball-Bund hat einen Großteil ihrer Relevanz eingebüßt, seit der DFB keine Kompetenz mehr für die Lizenzvergabe an die Fußballclubs der beiden Lizenzligen hat[269]. Neben den über die Mitgliedschaften im Regionalver-

---

266 Vgl. im einzelnen §§ 3 ff. LO. Zur Überprüfung der wirtschaftlichen Leistungsfähigkeit durch den Ligaverband und die DFL-GmbH siehe *Brast/Stübinger*, in: *Schewe/Littkemann*, Sportmanagement, 2002, 23, 29 ff.; zur rechtlichen Zulässigkeit derartiger Lizenzierungen *Scherrer*, Sportrecht, 2001, S. 104 f.; *Reichert*, SpuRt 2003, 3.

267 Vgl. Abs. 2 der Präambel zur LO. Daneben bezweckt das Zulassungsverfahren die Erhöhung der Integrität des Wettbewerbs, den Ausbau der Verläßlichkeit und Glaubwürdigkeit, die Förderung von Managementstrukturen sowie die Sicherung des öffentlichen Images und der Vermarktung der Liga wie auch der Lizenznehmer.

268 Vgl. ausführlich zum Verhältnis zwischen DFB und Ligaverband bereits unter 1. Teil, 1. Kapitel, B.I.2.b).

269 Zur Lizenzvergabe an die Vereine der Lizenzligen durch den DFB vor der Strukturreform siehe ausführlich *Flory*, Der Fall Bosman – Revolution im Fußball?, 1997, S. 42 ff.

band[270] und im Ligaverband bestehenden mittelbaren verbandsrechtlichen Bindungen ergibt sich eine unmittelbare juristische Relation nunmehr aus dem Lizenzvertrag zwischen dem Fußballverein und dem Ligaverband: In dem Lizenzvertrag unterwirft sich der Lizenzverein nämlich der Vereins(straf)gewalt des DFB, d.h., er erkennt die Statuten des DFB als für sich verbindlich an[271]. Aus dieser Abrede erwächst zugunsten des DFB ein eigenes Forderungsrecht, so daß in dieser Hinsicht ebenfalls ein echter Vertrag zugunsten Dritter vorliegt, §§ 328, 311 Abs. 1 BGB. Darüber hinaus existiert auch zwischen den Lizenzvereinen und dem DFB jeweils ein „Schiedsgerichtsvertrag".

2. Kapitel: Organisation des lizenzierten Fußballsports auf internationaler Ebene

A. Überblick über die Organisatoren des lizenzierten Fußballsports auf internationaler Ebene

Auf internationaler Ebene wird der professionelle Fußballsport ebenfalls von privatrechtlichen Verbänden – der FIFA und der UEFA – organisiert.

I. Die FIFA

Die **„Fédération Internationale de Football Association"** (FIFA)[272] ist ein Verein i.S.d. Art. 60 ff. des Schweizerischen Zivilgesetzbuches[273]. Sitz des privatrechtlich organisierten Verbandes ist Zürich[274]. Mitglieder der FIFA sind unter Anwendung des Ein-Platz-Prinzips[275] die nationalen Spitzenorganisationen, die den Fußballsport in ihren Heimatländern jeweils kontrollieren[276]; gegenwärtig hat jene 203 Mitglieder. Art. 9 FIFA-Statuten ermöglicht auch den Zusammenschluß der Nationalverbände zu Konföderationen, die von der FIFA anerkannt werden; zu den letzteren zählt unter anderem auch die UEFA[277]. Die FIFA

---

270 Siehe näher dazu *Gebhardt*, Modelle für die Reform des Transfersystems für Berufsfußballspieler aus rechtlicher und tatsächlicher Sicht, 2000, S. 7; *Buchner*, RdA 1982, 1, 2.

271 Vgl. § 2 Abs. 3 lit. b u. c Lizenzvertrag Fußballclub-Ligaverband.

272 Allgemein zur FIFA siehe *Scherrer*, Sportrecht, 2001, S. 73 f.

273 Vgl. Art. 1 Abs. 1 FIFA-Statuten.

274 Vgl. Art. 1 Abs. 6 FIFA-Statuten.

275 Vgl. Art. 1 Abs. 3 FIFA-Statuten. Zum Ein-Platz-Prinzip siehe bereits die Ausführungen im 1. Teil, 1. Kapitel, A.II.2.

276 Vgl. Art. 1 Abs. 2 FIFA-Statuten; zu den Einzelheiten der Mitgliedschaft siehe Art. 3 ff. FIFA-Statuten.

277 Vgl. Art. 9 Abs. 1 lit. c FIFA-Statuten; Art. 3 Abs. 1 UEFA-Statuten.

hat es sich zur Aufgabe gemacht, den Fußballsport weltweit zu organisieren, zu fördern und auch zu überwachen[278].

II. Die UEFA

Die **„Union des associations européennes de football“** (UEFA) ist ebenfalls ein Verein Schweizerischen Rechts[279] mit Sitz in Nyon. Angehörige der UEFA sind neben den achtzehn ranghöchsten Organisationen des Fußballsports auf nationaler Ebene aus den Mitgliedstaaten der EG zahlreiche andere Verbände aus europäischen Staaten, so daß sich die Mitgliederzahl gegenwärtig auf 52 beläuft[280]. Zu den Aufgaben der UEFA gehören neben der Organisation der Fußball-Europameisterschaften für Nationalmannschaften und der Pokalwettbewerbe für die Fußballclubs[281] auch die Befassung mit allen Fragen, die den europäischen Fußball betreffen[282].

B. Herstellung der rechtlichen Verbindlichkeit der Statuten von FIFA und UEFA für den DFB, den Ligaverband, die Lizenzvereine und die Lizenzspieler

Bei der Beantwortung der Frage, ob und inwieweit die auf nationaler Ebene am Lizenzfußball Beteiligten an die internationalen verbandsrechtlichen Bestimmungen von UEFA und FIFA gebunden sind, ist wie folgt zu differenzieren: Die Unterwerfung der involvierten Verbände unter die jeweiligen Statuten erfolgt auf satzungsrechtlichem (I.) und bezüglich der Lizenzfußballspieler auf rechtsgeschäftlichem Weg (II.).

I. Satzungslösung für die Verbände

Der **Deutsche Fußball-Bund** ist ordentliches Mitglied sowohl bei der FIFA als auch bei der UEFA[283]. Aufgrund der Mitgliedschaft in den beiden zuvor genann-

---

278 Siehe *Gebhardt*, Modelle für die Reform des Transfersystems für Berufsfußballspieler aus rechtlicher und tatsächlicher Sicht, 2000, S. 8; *Flory*, Der Fall Bosman – Revolution im Fußball?, 1997, S. 13 f. Die einzelnen Aufgaben der FIFA sind in Art. 2 FIFA-Statuten geregelt.

279 Vgl. Art. 1 Abs. 1 UEFA-Statuten.

280 Zu den Rechten und Pflichten der Mitglieder vgl. die Bestimmung des Art. 7 UEFA-Statuten.

281 Vgl. Art. 2 lit. g, 49 ff. UEFA-Statuten. Näher zur Ausrichtung der Pokalwettbewerbe *Flory*, Der Fall Bosman – Revolution im Fußball?, 1997, S. 14 f.

282 Zu den Aufgaben der UEFA siehe ausführlich Art. 2 UEFA-Statuten.

283 Vgl. § 3 Nr. 1 S. 1 u. Nr. 2 S. 1 DFB-Satzung.

ten Verbänden ist der DFB verpflichtet, die von jenen gesetzten Verbandsnormen zu befolgen[284]; die UEFA hat in ihre Statuten zusätzlich sogar eine Überleitungsbestimmung aufgenommen[285]. Vor diesem Hintergrund erklärt sich auch die Regelung des § 3 Nr. 1 und Nr. 2 DFB-Satzung, die eine Unterwerfung des DFB unter die Statuten von FIFA und UEFA vorsieht. Der **Ligaverband** wiederum ist – im Gegensatz zum DFB – weder in der FIFA noch in der UEFA als ordentliches Mitglied vertreten. Da aber die Satzungsgewalt der internationalen Verbände nur für Verbandsangehörige gilt, scheidet mithin eine unmittelbare Bindung des Ligaverbandes an die Statuten von FIFA und UEFA aus[286]. Die Erstreckung der Verbindlichkeit der von den internationalen Verbänden erlassenen Bestimmungen wird jedoch dadurch bewirkt, daß der Ligaverband als ordentliches Mitglied des DFB die Vorgaben von FIFA und UEFA wegen der in der DFB-Satzung auch für die Mitglieder des DFB verankerten Befolgungspflicht zu beachten hat[287]. Dementsprechend hat der Ligaverband in seine Satzung ebenfalls Bestimmungen inkorporiert, wonach die Statuten der FIFA und der UEFA für den Ligaverband und seine Mitglieder – die **Lizenzclubs** der beiden Fußball-Bundesligen – verbindlich sind[288].

---

284 Die FIFA-Statuten enthalten – soweit ersichtlich – keine ausdrückliche satzungsmäßige Befolgungspflicht für die verbandsrechtlichen Bestimmungen der FIFA; jene ergibt sich jedoch aus einer von den nationalen Sportverbänden abzugebenden Unterwerfungserklärung nach Art. 4 Abs. 3 lit. a FIFA-Statuten (vgl. zu dieser Regelungstechnik *Vieweg*, Normsetzung und –anwendung deutscher und internationaler Verbände, 1990, S. 69) sowie einer systematischen Gesamtschau der FIFA-Statuten: So enthält Art. 18 Abs. 1 FIFA-Statuten eine Bestimmung, derzufolge Beschlüsse des FIFA-Kongresses für die Mitglieder drei Monate nach Beendigung des Kongresses bindend werden, und Art. 65 Abs. 1 lit. b FIFA-Statuten läßt einen Ausschluß von Nationalverbänden im Falle eines gravierenden Verstoßes gegen die Statuten und sonstige Regularien der FIFA zu.
Die UEFA hat dagegen in Art. 7 Abs. 3 lit. a UEFA-Statuten eine explizite Befolgungspflicht aufgenommen.

285 Vgl. Art. 7 Abs. 2 S. 2 UEFA-Statuten. Siehe zu den Überleitungsbestimmungen bereits im 1. Teil, 1. Kapitel, A.II.4.

286 Vgl. *Flory*, Der Fall Bosman – Revolution im Fußball?, 1997, S. 14; allgemein *Pfister/Steiner*, Sportrecht von A bis Z, 1995, S. 252; siehe in anderem Zusammenhang implizit auch *Vedder/Tröger*, in: *Reuter*, Einbindung des nationalen Sportrechts in seine internationalen Bezüge, 1987, 1, 18.

287 Vgl. §§ 3 Nr. 1 S. 3 und Nr. 2 S. 3, 16 Abs. 3, 16b Abs. 1 Nr. 10 DFB-Satzung.

288 Vgl. § 3 Nr. 3 und Nr. 4 Ligaverbands-Satzung. Im Hinblick auf § 3 Nr. 3 S. 3 Ligaverbands-Satzung ist anzumerken, daß es sich bei der Bestimmung um eine dynamische Verweisung handelt („in ihrer jeweiligen Fassung"). Nach herrschender Ansicht (vgl. *BGH*, Urt. v. 28.11.1994 – II ZR 11/94 – JZ 1995, 461, 463) sind solche dynamischen Verweisungen jedoch nichtig. Begründet wird dies zum einen unter Verweis darauf, daß auch in den Fällen, wenn außerhalb der Satzung eine Entscheidung mit Verfassungsgehalt getroffen wird, eine Satzungsänderung vorliegt, die ins Vereinsregister eingetragen werden muß, damit sie wirksam wird (vgl. § 71 Abs. 1 S. 1 BGB). Zum anderen müssen die Vereinsmitglieder mit Blick auf den in § 25 BGB normierten Satzungsvorbehalt (vgl.

Kraft dieser **mehrfachen satzungsrechtlichen Verankerung**[289] wird somit erreicht, daß das internationale Verbandsrecht – darunter insbesondere das Reglement der FIFA betreffend den Status und den Transfer von Fußballspielern – nicht nur vom Deutschen Fußball-Bund[290], sondern darüber hinaus auch vom Ligaverband[291] und den Lizenzvereinen[292] eingehalten werden muß.

II. Rechtsgeschäftliche Lösung für die Lizenzspieler

Die Unterwerfung der **Lizenzspieler**, die zu keinem der Verbände in einer mitgliedschaftlichen Beziehung stehen, unter die internationalen Verbandsstatuten wird über drei verschiedene rechtliche Konstruktionen vermittelt:

---

zum Satzungsvorbehalt bereits die Ausführungen im 1. Teil, 1. Kapitel, A.II.1.c)bb)) vor der Beschlußfassung wie bei jeder Satzungsänderung Kenntnis von der neuen Satzungsregelung erlangen, also auch von Verbandsnormen, auf die verwiesen wird. Dies ist bei einer dynamischen Verweisung jedoch nicht gewährleistet, da die Mitglieder den Inhalt der zukünftigen in Bezug genommenen Bestimmung noch gar nicht kennen können (vgl. näher – wenn auch teilweise kritisch – zu den Argumenten der überwiegenden Ansicht *Steinbeck*, Vereinsautonomie und Dritteinfluß, 1999, § 9 II 4 S. 172 ff.; *Kohler*, Mitgliedschaftliche Regelungen in Vereinsordnungen, 1992, S. 146 ff.).
Die vollständige Nichtigkeit der Satzungsbestimmung würde jedoch dazu führen, daß ein Bestandteil der Verbandsnormenkette, die in Kombination mit dem Lizenzvertrag gerade eine möglichst einheitliche Anwendung des internationalen Verbandsrechts gewährleisten soll, teilweise ausgehebelt wird. Um dieses sinnwidrige Resultat zu vermeiden, erscheint es angezeigt, § 3 Nr. 3 S. 3 Ligaverbands-Satzung geltungserhaltend dahin zu reduzieren, daß man die Satzungsnorm zumindest als statische Verweisung auf das im Zeitpunkt der Beschlußfassung geltende und später inkorporierte Regelwerk des Dachverbandes aufrechterhält (allgemein zur Zulässigkeit der geltungserhaltenden Reduktion im Gesellschaftsrecht unter Berufung auf die aus der Treuepflicht der Körperschaftsmitglieder folgende Anpassungspflicht *Westermann*, in: Festschrift für *Stimpel*, 1985, 69; *Schmidt*, Gesellschaftsrecht, 4. Aufl., 2002, § 5 I 4 d S. 93; krit. zu einer Aufweichung der Nichtigkeitsfolge *Kohler*, Mitgliedschaftliche Regelungen in Vereinsordnungen, 1992, S. 154 ff.). § 71 Abs. 1 S. 1 BGB steht dem nicht entgegen, weil sich die Unwirksamkeit lediglich bezüglich zukünftiger Satzungsänderungen ergeben kann, und die aus dem Satzungsvorbehalt des § 25 BGB abgeleiteten Bedenken tragen im Falle einer statischen Verweisung nicht mehr (vgl. *Steinbeck*, Vereinsautonomie und Dritteinfluß, 1999, § 9 II 4 b bb S. 175), so daß die im Sportrecht grundlegenden Interessen an einer möglichst einheitlichen Anwendung des Verbandsrechts (vgl. zur Grundfunktion des Sportverbandsrechts bereits im 1. Teil, 1. Kapitel, A.I.) und dessen effektiver Durchsetzung wieder in den Vordergrund rücken.

289 Siehe dazu *Schimke*, Sportrecht, 1996, S. 100 f.

290 Vgl. § 3 Nr. 1 S. 2 DFB-Satzung.

291 Vgl. § 3 Nr. 1 S. 2 DFB-Satzung und § 3 Nr. 3 S. 4 Ligaverbands-Satzung.

292 Vgl. § 3 Nr. 3 S. 4 Ligaverbands-Satzung.

Erstens beinhaltet § 11 Nr. 1 lit. b 2. Hs. Ligaverbands-Satzung eine Bestimmung, die sicherstellt, daß die professionellen Fußballclubs ihrerseits die bei ihnen angestellten Fußballspieler durch die Aufnahme einer diesbezüglichen Klausel in den Arbeitsvertrag[293] an das (inter-)nationale Verbandsrecht binden[294]. In den vertraglichen Abreden zwischen Lizenzverein und –spieler finden sich demgemäß regelmäßig Vorschriften, daß für den Fußballspieler bei einem Wechsel zu einem ausländischen Verein die Bestimmungen der UEFA bzw. der FIFA – vor allem das Reglement der FIFA betreffend den Status und den Transfer von Fußballspielern – gelten[295].

In bezug auf die Lizenzspieler wird die Verbindlichkeit der internationalen Statuten daneben durch den Lizenzvertrag Spieler-Ligaverband[296] begründet:

In §§ 2 f. Lizenzvertrag Spieler-Ligaverband ist eine Unterwerfung des Fußballers unter die Vereinsgewalt des Ligaverbandes und des DFB, soweit es um die „Benutzung der Vereinseinrichtungen Bundesliga und 2. Bundesliga" geht, vorgesehen[297]. Zu den vom DFB und vom Ligaverband gesetzten, die „Benutzung" der Vereinseinrichtungen regelnden Verbandsnormen, deren Einhaltung der Lizenzfußballer vertragsgemäß schuldet, wird man ebenfalls diejenigen von beiden nationalen Verbänden erlassenen Satzungsbestimmungen zählen müssen, die die Verbindlichkeit der internationalen Verbandsregeln anordnen, d.h. § 3 Nr. 1 und Nr. 2 DFB-Satzung sowie § 3 Nr. 3 und Nr. 4 Ligaverbands-Satzung[298]: Auf diesem Wege wird es mithin ermöglicht, auch den Lizenzfuß-

---

293 Vgl. zum Spielervertrag bereits die Darlegungen im 1. Teil, 1. Kapitel, C.I.

294 § 11 Nr. 1 lit. b 2. Hs. Ligaverbands-Satzung lautet: „Die Mitglieder sind verpflichtet, [...] dafür zu sorgen, daß [...] die Spieler sich den einschlägigen Bestimmungen der Satzungen des Ligaverbandes und des DFB [...] unterwerfen." Vom Tatbestand werden auch § 3 Nr. 1 und Nr. 2 DFB-Satzung sowie § 3 Nr. 3 und Nr. 4 Ligaverbands-Satzung erfaßt, die ihrerseits wiederum auf das internationale Verbandsrecht verweisen.

295 Näher *Borchard*, Die Wirksamkeit der im deutschen Lizenzfußball verwendeten Musterverträge, 1999, S. 176 f., 198 (bezogen auf die Musterverträge Verein-Spieler 1996 und 1998); *Rybak*, Das Rechtsverhältnis zwischen dem Lizenzfußballspieler und seinem Verein, 1999, S. 204 ff.

296 Vgl. zum Lizenzvertrag Spieler-Ligaverband bereits ausführlich im 1. Teil, 1. Kapitel, C.II.

297 Die sachliche Reichweite der „Benutzungs"-Regeln wird in § 2 Abs. 2 S. 1 Lizenzvertrag Spieler-Ligaverband festgelegt: „Die Benutzungsvorschriften regeln insbesondere die Zulassung zur Benutzung der Vereinseinrichtungen, die Betätigung bei der Benutzung einschließlich der Sanktionen bei Verstößen gegen die Benutzungsvorschrift sowie den Ausschluß von der Benutzung."

298 Das bedeutet, daß § 3 Nr. 1 u. Nr. 2 DFB-Satzung sowie § 3 Nr. 3 u. Nr. 4 Ligaverbands-Satzung, welche die Befolgungspflicht für die UEFA- und FIFA-Statuten normieren, aufgrund des Lizenzvertrages Spieler-Ligaverband über ihren eigentlichen, sich aus dem

baller grundsätzlich an die FIFA- und die UEFA-Regelwerke zu binden und damit deren einheitliche Anwendung sicherzustellen. Die Nichterwähnung der internationalen Verbandsregelungen im Vertragstext steht der prinzipiellen Unterwerfung des Lizenzspielers unter diese im Wege der Auslegung des Lizenzvertrages dabei nicht entgegen[299].

Der Grundsatz ist allerdings mit zwei Einschränkungen zu versehen: Erstens müssen die internationalen Verbandsbestimmungen nach ihrer Funktion einen inneren Zusammenhang mit der Benutzung der Vereinseinrichtungen Bundesliga und 2. Bundesliga aufweisen[300]. Zweitens müssen sich die internationalen verbandsrechtlichen Vorgaben darüber hinaus nach Wortlaut sowie Sinn und Zweck auch an die Lizenzspieler richten[301]. §§ 2 f. Lizenzvertrag Spieler-Ligaverband i.V.m. § 3 Nr. 1 und Nr. 2 DFB-Satzung sowie § 3 Nr. 3 und Nr. 4

Wortlaut der Regelungen ergebenden Verpflichtetenkreis hinaus auch für den Fußballspieler gelten.

299 Problematisch erscheint in dieser Hinsicht, daß die internationalen Verbandsstatuten im Lizenzvertrag Spieler-Ligaverband nicht genannt werden. Manche (etwa *Fenn*, SpuRt 1997, 77, 78) ziehen daraus die Schlußfolgerung, daß jene Bestimmungen nicht Vertragsbestandteil geworden seien. Diesem Ansatz ist jedoch zu widersprechen, denn bei der Auslegung ist insbesondere auch die Verkehrssitte (§ 157 BGB) zu berücksichtigen, wobei diese durch die in den betroffenen Verkehrskreisen üblichen Anschauungen konkretisiert wird (vgl. *Pfister*, JZ 1995, 464, 465 f.). Den Lizenzfußballern ist aber unter Berücksichtigung des objektivierten Empfängerhorizontes durchaus bekannt, daß sie ihre Tätigkeit nicht nur auf der Basis der Verbandsbestimmungen des DFB, sondern gerade auch unter Beachtung der von FIFA und UEFA gesetzten Rechtsregeln ausüben (vgl. allgemein dazu *BGH*, Urt. v. 28.11.1994 – II ZR 11/94 – JZ 1995, 461, 462: „In diesem Rahmen berücksichtigen sie *im allgemeinen* auch die weltweit akzeptierten Standards internationaler Spitzenverbände, bei deren Nichtbeachtung die Teilnahme deutscher Sportler am internationalen Sportgeschehen ausgeschlossen wäre." [Hervorhebung durch den Verfasser]; siehe auch *Schimke*, Sportrecht, 1996, S. 102 f.; *Vieweg*, Normsetzung und –anwendung deutscher und internationaler Verbände, 1990, S. 79 f.; *Lukes*, in: Festschrift für *Westermann*, 1974, 325, 331, spricht im Hinblick auf die Anforderungen an die Auslegung von „in den Voraussetzungen minimalisierte[n] Willenserklärung[en]."). Die Nichterwähnung der UEFA- und FIFA-Bestimmungen im Lizenzvertrag Spieler-Ligaverband ist daher im Ergebnis unschädlich, denn deren Einbeziehung ergibt sich über eine Auslegung der abgegebenen Willenserklärungen (im Ergebnis ebenfalls für eine Einbeziehung des internationalen Verbandsrechts *Kirschenhofer*, Sport als Beruf, 2002, S. 36 f.; *Oberthür*, Das Transfersystem im Lizenzfußball, 2002, S. 29 ff.; *Hellenthal*, Zulässigkeit einer supranationalen Fußball-Europaliga nach den Bestimmungen des europäischen Wettbewerbsrechts, 2000, S. 55 f.).

300 Vgl. zu dieser Einschränkung *Lukes*, in: Festschrift für *Westermann*, 1974, 325, 343 f.

301 Vgl. zur Beachtung der vom internationalen Verband jeweils verfolgten Ziele bei der Auslegung der von den nationalen Verbänden vorgenommenen Umsetzungsmaßnahmen *Vieweg*, Normsetzung und –anwendung deutscher und internationaler Verbände, 1990, S. 73 u. 77.

Ligaverbands-Satzung fungieren in dieser Beziehung somit unter den zuvor genannten Voraussetzungen als „Durchsetzungshebel" für das internationale Verbandsrecht einschließlich des neuen FIFA-Transferreglements.

Das FIFA-Transferrecht wird neben dem hier dargestellten schließlich noch auf einem weiteren lizenzvertraglichen Weg für den Profifußballer verpflichtend gemacht: Gemäß § 2 Abs. 2 S. 2 i.V.m. Abs. 1, § 3 Abs. 3 Lizenzvertrag Spieler-Ligaverband ist der Lizenzfußballer zur Befolgung der im Ligastatut niedergelegten Vorgaben verpflichtet. Zum Ligastatut zählt unter anderem auch die Lizenzierungsordnung für Fußballspieler (LOS). In § 15 Nr. 3 LOS ist eine dynamische Verweisung auf das Reglement der FIFA betreffend den Status und den Transfer von Fußballspielern enthalten[302]. Aus dieser Verkettung aus Verbandsnormen und vertraglicher Abrede resultiert hier die Befolgungspflicht des einzelnen Lizenzspielers für das internationale Transferrecht[303].

---

302 Die dynamische Verweisung ist geltungserhaltend als statische Verweisung aufzufassen. Siehe zur Problematik der dynamischen Verweisung in Vereinsstatuten bereits ausführlich im 1. Teil, 2. Kapitel, B.I. Fn. 288.

303 Ebenso *Oberthür*, Das Transfersystem im Lizenzfußball, 2002, S. 31, die freilich die Problematik der dynamischen Verweisung in Vereinssatzungen schlicht übergeht.

2. Teil: Mobilitätshindernisse im Profifußball – die Transferregeln

Traditionell stellen die Transfersysteme für den einzelnen Lizenzfußballer gravierende Freizügigkeitshindernisse auf. Im 2. Teil wird zunächst die historische Entwicklung der individuellen Mobilitätshindernisse erläutert (1. Kapitel). Auf dem rechtsgeschichtlichen Abriß, der das nötige Hintergrundwissen (Funktionsweise und Auswirkungen der Transferentschädigung, Funktionen sowie rechtliche Problematik der Ablösesumme) für die nachfolgenden Entwicklungen beinhaltet, baut im Anschluß die Darstellung der gegenwärtig in Geltung befindlichen Transferregelwerke – unter besonderer Berücksichtigung des neuen Reglements der FIFA betreffend den Status und den Transfer von Fußballspielern – auf (2. Kapitel).

1. Kapitel: Historische Entwicklung der Mobilitätshindernisse im Profifußball

Die nachfolgenden Ausführungen zur Entwicklungsgeschichte des Transferrechts basieren auf der Unterscheidung zwischen inländischen und internationalen Transfers. Von dem Sammelbegriff der inländischen Transfers werden dabei solche Sachverhalte erfaßt, die sich ausschließlich im Einflußbereich des DFB abspielen, wogegen bei internationalen Transfers stets ein ausländischer Fußball-Nationalverband in das Geschehen eingebunden ist.

A. Das Transferrecht vor dem „Bosman"-Urteil des EuGH

I. Inländische Transfers

1. Das Rechtsinstitut der Transferliste

Die für den Spielerwechsel praktisch bedeutsamen Verbandsnormen waren vor der Reform der Organisationsstrukturen des lizenzierten Fußballs im DFB-Lizenzspielerstatut a.F. enthalten. Besondere Relevanz hatte die in § 27 DFB-Lizenzspielerstatut a.F. normierte **Transferliste**[304], in die – auf Antrag des Li-

---

[304] Ausführlich zum Rechtsinstitut der Transferliste vor der DFB-Strukturreform *Eilers*, in: *Eilers*, Transferbestimungen im Fußballsport, 1996, 1, 15 ff.; *Samstag*, Grenzen der Vertragsgewalt des DFB beim Spielerwechsel im bezahlten Fußball, 1995, S. 68 ff.

zenzspielers oder eines der am Spielertransfer beteiligten Vereine[305] – jeder professionelle Fußballspieler, der den arbeitgebenden Fußballclub zu wechseln gedachte, zuvor aufgenommen werden mußte.

Die Aufnahme hing insbesondere davon ab, daß der Spieler mit keinem Fußballverein mehr in einem Dienstverhältnis stand[306]. Die Eintragung und deren Bekanntgabe waren ihrerseits Vorbedingungen für den Abschluß eines wirksamen Spielervertrages[307] – vor diesem Hintergrund wurde die im DFB-Lizenzspielerstatut a.F. aufgestellte Transferliste von der wohl herrschenden Ansicht als Schriftformerfordernis i.S.d. § 125 S. 2 BGB eingeordnet[308] – innerhalb vom DFB vorgegebener Fristen im Rahmen der Transferperioden[309] sowie für die Erteilung einer Spielerlaubnis[310].

Die Transferliste erfüllte somit in der Hauptsache eine **Publizitätsfunktion**, indem sie den am Transfer Beteiligten durch die Offenlegung des Vereinswechsels Klarheit darüber verschaffte, daß der wechselwillige Lizenzspieler keinen anderweitigen rechtlichen Bindungen mehr unterlag[311]. Ferner sollten Transfers zur **Gewährleistung eines geordneten Spielbetriebs** nur zu bestimmten Zeiten wirksam werden[312].

---

305 Vgl. § 27 Nr. 4 DFB-Lizenzspielerstatut a.F.

306 Vgl. § 27 Nr. 6 DFB-Lizenzspielerstatut a.F.

307 Vgl. § 20 Nr. 1 DFB-Lizenzspielerstatut a.F.

308 Siehe *Trommer*, Die Transferregelungen im Profisport im Lichte des „Bosman-Urteils" im Vergleich zu den Mechanismen im bezahlten amerikanischen Sport, 1999, S. 39; *Samstag*, Grenzen der Vertragsgewalt des DFB beim Spielerwechsel im bezahlten Fußball, 1995, S. 68 ff.; *Becker*, Verfassungsrechtliche Schranken für die Regelung des Lizenzfußballsports in der Bundesrepublik Deutschland, 1982, S. 106; krit. *Gebhardt*, Modelle für die Reform des Transfersystems für Berufsfußballspieler aus rechtlicher und tatsächlicher Sicht, 2000, S. 14 ff., der in der Transferliste eine aufschiebende Bedingung für die Wirksamkeit des Spielervertrages sieht; a.A. etwa *Imping*, Die arbeitsrechtliche Stellung des Fußballspielers zwischen Verein und Verbänden, 1995, S. 229; *Füllgraf*, Der Lizenzfußball – Eine vertragliche Dreiecksbeziehung im Arbeitsrecht, 1981, S. 77 f.; *Westermann*, JA 1984, 394, 398 f.

309 Vgl. §§ 20 Nr. 2, 27 Nr. 2 DFB-Lizenzspielerstatut a.F.

310 Vgl. § 26 Nr. 2 lit. c DFB-Lizenzspielerstatut a.F. Zur Spielerlaubnis ausführlich *Becker*, Verfassungsrechtliche Schranken für die Regelung des Lizenzfußballsports in der Bundesrepublik Deutschland, 1982, S. 84 ff.

311 *Eilers*, in: *Eilers*, Transferbestimmungen im Fußballsport, 1996, 1, 15; *Trommer*, Die Transferregelungen im Profisport im Lichte des „Bosman-Urteils" im Vergleich zu den Mechanismen im bezahlten amerikanischen Sport, 1999, S. 39.

312 *Schimke*, Sportrecht, 1996, S. 210; *Osthoff*, Rechts- und sittenwidrige Entscheidungsbeschränkungen für Berufssportler, insbesondere für Lizenzfußballer, 1983, S. 196 f.

2. Das Rechtsinstitut der Transferentschädigung

Ursprünglich bestand nach den einschlägigen verbandsrechtlichen Bestimmungen des Deutschen Fußball-Bundes ein ausdrücklicher Zusammenhang zwischen der Zahlung einer Ablösesumme für einen Lizenzspieler und der Möglichkeit des erwerbenden Fußballvereins, jenen auch tatsächlich bei den Spielen einzusetzen: Die Erteilung der dazu nötigen Spielerlaubnis hing nämlich von der Freigabe durch den bisherigen Lizenzclub ab; die Freigabe aber erfolgte regelmäßig nur im Falle der Zahlung der geschuldeten Transferentschädigung an den abgebenden Verein[313].

Zum 01.09.1980 wurde das DFB-Lizenzspielerstatut jedoch dahingehend abgeändert, daß die Zuteilung einer Spielerlaubnis nicht mehr von der vorherigen Freigabe durch den alten Arbeitgeber abhing[314]. Die **formale Aufgabe** der Verknüpfung zwischen Transfersumme und Spielerlaubnis geschah bewußt, damit der Wechsel des Lizenzspielers von einem zum anderen Lizenzverein nach außen hin losgelöst von der Zahlung einer Ablöseentschädigung war[315]. An die Stelle der bisherigen Regelung trat folgende verbandsrechtliche Vorgabe[316]:

> „Ein Verein der Lizenzligen, der einen Spieler eines anderen Vereins unter Vertrag nimmt, ist zur Zahlung einer Transferentschädigung verpflichtet [...]."

Ausweislich des Wortlauts der Bestimmung bestand für die Zukunft nur zwischen den am Transfergeschehen beteiligten Fußballvereinen eine Rechtspflicht zur Leistung einer Ablösesumme, ohne daß dem abgebenden Club noch ein Druckmittel in Gestalt der Freigabeerklärung zur Verfügung gestanden hätte, die Erbringung der Transfersumme auch tatsächlich durchzusetzen[317]. Manche zogen daraus die voreilige Schlußfolgerung, daß der Lizenzspieler den Arbeitgeber wechseln könne, ohne bis zum Ausgang des Handels unter den Vereinen über

---

313 *Dinkelmeier*, Das „Bosman"-Urteil des EuGH und seine Auswirkungen auf den Profifußball in Europa, 1999, S. 33; *Gebhardt*, Modelle für die Reform des Transfersystems für Berufsfußballspieler aus rechtlicher und tatsächlicher Sicht, 2000, S. 16; siehe auch *BGH*, Urt. v. 13.11.1975 – III ZR 106/72 – NJW 1976, 565, 566.

314 *Reuter*, in: *Württembergischer Fußballverband*, Rechtsprobleme beim Vereinswechsel eines Fußballspielers, 1983, 50 f.

315 *Eilers*, in: *Eilers*, Transferbestimmungen im Fußballsport, 1996, 1, 21; siehe dazu auch *Siegmann*, in: *Württembergischer Fußballverband*, Rechtsprobleme beim Vereinswechsel eines Fußballspielers, 1983, 40, 43.

316 Vgl. § 29 Nr. 1 Abs. 1 DFB-Lizenzspielerstatut a.F.

317 *Gebhardt*, Modelle für die Reform des Transfersystems für Berufsfußballspieler aus rechtlicher und tatsächlicher Sicht, 2000, S. 17.

die Höhe der Transfersumme in Untätigkeit verharren zu müssen[318]. Eine solche Sicht der Dinge ging jedoch an den Realitäten vorbei, wie eine wirtschaftlich-normative Betrachtung zeigt:

In ökonomischer Hinsicht gilt, daß der aufnehmende Verein für den Spieler, den er verpflichten will, ein Wertgrenzprodukt für die kommende Spielsaison bildet, d.h., er bestimmt einen Kapitalwert, der den vom Fußballprofi bei ihm in der Zukunft erwirtschafteten Gewinnen entspricht[319]. Mit dem neuen Spieler wird der aufnahmewillige Verein aber nur einen Kontrakt schließen, wenn die Summe aus zu zahlender Transferentschädigung und Spielergehalt das Wertgrenzprodukt nicht überschreitet[320]. Verlangt der abgebende Fußballverein von dem Interessenten eine überdimensionierte Transfersumme, wird – da gleichzeitig am Spielergehalt keine signifikanten Abstriche vorgenommen werden können, wenn man für den Lizenzspieler nicht den Anreiz, den Verein zu wechseln, kappen will – das Wertgrenzprodukt überschritten. Das Transfergeschäft ist für den neuen Verein nicht mehr lukrativ, so daß er, um sich keiner Entschädigungspflicht nach § 29 DFB-Lizenzspielerstatut a.F. auszusetzen, im Regelfall von einem Vertragsschluß Abstand nehmen wird[321].

Aber nicht nur rein wirtschaftliche Überlegungen implizieren ein derartiges Verständnis, sondern auch die Regelungsstruktur des DFB-Verbandsrechts. Denn man hat zu berücksichtigen, daß ein Lizenzverein im Falle eines Verstoßes gegen die Zahlungsverpflichtung gemäß § 1 Nr. 2 der DFB-Rechts- und Verfahrensordnung a.F. von der DFB-Sportgerichtsbarkeit wegen „unsportlichen Ver-

---

318 *Meyer-Cording*, RdA 1982, 13, 15.

319 Vgl. zu der – durchaus mit Schwierigkeiten behafteten – Ermittlung des Wertgrenzprodukts eines Lizenzspielers *Flory*, Der Fall Bosman – Revolution im Fußball?, 1997, S. 113 f.; *Parlasca*, Kartelle im Profisport, 1993, S. 161 ff.; *Frick/Wagner*, WiSt 1996, 611, 612. Anzumerken ist in diesem Zusammenhang noch, daß empirische Analysen ergeben haben, daß durchaus ein Zusammenhang zwischen der Leistungsfähigkeit und der Entlohnung von Lizenzspielern besteht. *Hübl/Swieter*, in: *Hübl/Peters/Swieter*, Ligasport aus ökonomischer Sicht, 2002, 13, 57.

320 *Büch/Schellhaaß*, Jahrbuch für Sozialwissenschaft, 1978, 255, 261; *Schellhaaß*, RdA 1984, 218, 219.

321 So im Ergebnis auch *Osthoff*, Rechts- und sittenwidrige Entscheidungsbeschränkungen für Berufssportler, insbesondere für Lizenzfußballer, 1983, S. 199; *Buchner*, RdA 1982, 1, 8; *Westermann*, JA 1984, 394, 400; *Pfister*, in: *Tokarski*, EU-Recht und Sport, 1998, 151, 159; *Erning*, Professioneller Fußball in Deutschland, 2000, S. 172; *Flory*, Der Fall Bosman – Revolution im Fußball?, 1997, S. 117; in diese Richtung auch *Franck*, Die ökonomischen Institutionen der Teamsportindustrie, 1995, S. 96 ff.; 202 Fn. 127. Anders *Schellhaaß/May*, in: *Dietl*, Globalisierung des wirtschaftlichen Wettbewerbs im Sport, 2003, 235, 237 ff.; krit. zu der abweichenden Argumentation *Dietl*, in: *Dietl*, Globalisierung des wirtschaftlichen Wettbewerbs im Sport, 2003, 259 f.

haltens“ mit empfindlichen Sanktionen belegt werden konnte[322]; als ultima ratio kam sogar ein Lizenzentzug in Betracht[323]. Der Sinn und Zweck der generalpräventiv wirkenden Sanktionsnorm bestand dabei gerade darin, die überkommene Praxis der Transferzahlungen aufrechtzuerhalten und fortzuführen[324]. Das von der Bestimmung ausgehende Drohpotential erwies sich denn auch verständlicherweise als zusätzlicher Faktor, der die Vereine bewog, von einem Vertragsschluß mit dem Lizenzspieler abzusehen[325].

Unter Einbeziehung der ökonomischen und rechtlichen Gegebenheiten kann man daher nur zu der Schlußfolgerung gelangen, daß im Ergebnis auch nach der Überarbeitung des DFB-Lizenzspielerstatuts a.F. im Jahr 1980 trotz der formalen Entkoppelung des ungehinderten Wechsels des Arbeitsplatzes von der Erbringung einer Ablösesumme **de facto weiterhin ein enger Konnex** zwischen den beiden Sachverhalten existierte, d.h., der ungestörte Vereinswechsel setzte auch fortan die Zahlung einer Transferentschädigung voraus[326].

Die Höhe der Entschädigungszahlung wurde zwischen den involvierten Lizenzvereinen grundsätzlich frei ausgehandelt[327]; ausschlaggebend war mithin der

---

322 Näher *Eilers*, in: *Eilers*, Transferbestimmungen im Fußballsport, 1996, 1, 21 f.

323 *Flory*, Der Fall Bosman – Revolution im Fußball?, 1997, S. 47; *Malatos*, Berufsfußball im europäischen Rechtsvergleich, 1988, S. 123.

324 *Dinkelmeier*, Das „Bosman“-Urteil des EuGH und seine Auswirkungen auf den Profifußball in Europa, 1999, S. 35; *Eilers*, in: *Eilers*, Transferbestimmungen im Fußballsport, 1996, 1, 21.

325 *Osthoff*, Rechts- und sittenwidrige Entscheidungsbeschränkungen für Berufssportler, insbesondere für Lizenzfußballer, 1983, S. 199 f.; siehe auch *ArbG Hanau*, Urt. v. 25.09.1997 – 3 Ga 7/97 – NZA-RR 1998, 108, 109; *EuGH*, Urt. v. 15.12.1995 – Rs. C-415/93 – EuZW 1996, 82, 88 Tz. 101 – „Bosman“.

326 *Dinkelmeier*, Das „Bosman“-Urteil des EuGH und seine Auswirkungen auf den Profifußball in Europa, 1999, S. 35; *Flory*, Der Fall Bosman – Revolution im Fußball?, 1997, S. 47 f.; *Osthoff*, Rechts- und sittenwidrige Entscheidungsbeschränkungen für Berufssportler, insbesondere für Lizenzfußballer, 1983, S. 200; *Mümmler*, Der Spielertransfer im Bundesligafußball, 1982, S. 116; siehe auch *Samstag*, Grenzen der Vertragsgewalt des DFB beim Spielerwechsel im bezahlten Fußball, 1995, S. 106; *Trommer*, Die Transferregelungen im Profisport im Lichte des „Bosman-Urteils“ im Vergleich zu den Mechanismen im bezahlten amerikanischen Sport, 1999, S. 40; a.A. *Brömmekamp*, Die Spielerleihe – tatsächliche und alternative Formen der vorübergehenden Spielerüberlassung im Fußballsport, 1988, S. 22 f.; *Meyer-Cording*, RdA 1982, 13, 15.

327 § 30 Nr. 1 Abs. 2 DFB-Lizenzspielerstatut a.F. sah für den Fall, daß ein Amateurspieler oder Vertragsamateur erstmals beim aufnehmenden Verein Lizenzspieler wurde, für Vereine der Bundesliga eine Ausbildungs- und Förderungsentschädigung in Höhe von 100.000 DM und für Vereine der 2. Bundesliga eine über 45.000 DM vor. Vgl. dazu auch *Eilers*, in: *Eilers*, Transferbestimmungen im Fußballsport, 1996, 1, 10 ff.

Marktwert des Lizenzspielers[328]. Konnten sich beide Seiten nicht auf eine bestimmte Summe einigen, sah das DFB-Lizenzspielerstatut die Möglichkeit vor, die Transferentschädigung nach Anhörung der Lizenzvereine durch einen unabhängigen Schiedsgutachter unter Zugrundelegung bestimmter, vom DFB-Ligaausschuß erarbeiteter Richtlinien verbindlich festlegen zu lassen[329]; dem Lizenzspieler standen dagegen keine Mittel zur Verfügung, die Höhe der Ablösesumme maßgeblich zu beeinflussen[330].

Blieb zwischen den Parteien dennoch streitig, ob oder in welcher Höhe eine Transferentschädigung zu zahlen war, mußte der Lizenzspieler entweder das Vertragsangebot seines bisherigen arbeitgebenden Vereins akzeptieren oder aus dem Profifußball ausscheiden[331], da jedenfalls mit dem aufnehmenden Fußballclub in derartigen Situationen – wie eben bereits herausgearbeitet wurde – regelmäßig kein Spielervertrag zustande kam. Letztlich wurde **dem Lizenzspieler** somit **durch die verbandsrechtlichen Transfernormen das Recht zur freien Wahl des Arbeitsplatzes genommen**[332], – und das selbst für den Fall, daß der **Spielervertrag** bereits ausgelaufen oder sonst **beendet** war[333].

3. Funktionen der Transferentschädigung

Das Rechtsinstitut der Ablösesumme beeinträchtigte den Freiheitsraum des Lizenzfußballers mithin besonders intensiv. Deshalb stellte sich zwangsläufig die Frage, welche berechtigten Interessen sich zur **Rechtfertigung** des Eingriffs in

---

328 *Samstag*, Grenzen der Vertragsgewalt des DFB beim Spielerwechsel im bezahlten Fußball, 1995, S. 105; *Flory*, Der Fall Bosman – Revolution im Fußball?, 1997, S. 51 f.

329 Maßgebliche Kriterien waren unter anderem die Bruttobezüge des Spielers im letzten Vertragsjahr, das neue Angebot des abgebenden Vereins, die vertragliche Zusage des aufnehmenden Vereins, die wirtschaftliche Leistungsfähigkeit des letzteren sowie das Alter des Spielers. Vgl. *Parensen*, in: *Tokarski*, EU-Recht und Sport, 1998, 70, 99 f.; *Schimke*, Sportrecht, 1996, S. 210.

330 Näher *Eilers*, in: *Eilers*, Transferbestimmungen im Fußballsport, 1996, 1, 22 ff.; *Becker*, Verfassungsrechtliche Schranken für die Regelung des Lizenzfußballsports in der Bundesrepublik Deutschland, 1982, S. 110 f.

331 *Trommer*, Die Transferregelungen im Profisport im Lichte des „Bosman-Urteils" im Vergleich zu den Mechanismen im bezahlten amerikanischen Sport, 1999, S. 41; *Flory*, Der Fall Bosman – Revolution im Fußball?, 1997, S. 48.

332 Ebenso *Osthoff*, Rechts- und sittenwidrige Entscheidungsbeschränkungen für Berufssportler, insbesondere für Lizenzfußballer, 1983, S. 199; *Reuter*, in: *Württembergischer Fußballverband*, Rechtsprobleme beim Vereinswechsel eines Fußballspielers, 1983, 50, 64; *Burmeister*, DÖV 1978, 1, 6. *Hobe/Tietje*, JuS 1996, 486, 491, meinen dagegen, dieser Umstand gehöre zu „den hinzunehmenden wirtschaftlichen Risiken des Berufsfußballspielers".

333 Darauf weist auch *Rybak*, Das Rechtsverhältnis zwischen dem Lizenzfußballspieler und seinem Verein, 1999, S. 209, explizit hin.

die individuelle Rechtsstellung des Fußballprofis anführen lassen. Allerdings bestand in der sportrechtlichen Lehre und der einschlägigen Rechtsprechung keinerlei Einigkeit darüber, welche Funktionen der Transferentschädigung zukommen, geschweige denn, welchen Stellenwert sie einnehmen sollten. Folglich wurden zur Einordnung der Ablösesummen die unterschiedlichsten Auffassungen vertreten. Angesichts der elementaren Bedeutung der angeführten Interessen für die im späteren Prüfungsverlauf noch vorzunehmende Interessenabwägung werden die einzelnen Gesichtspunkte bereits an dieser Stelle eingehend auf ihre **grundsätzliche Berechtigung** hin überprüft.

a) Ersatz der Aufwendungen für die Aus- und Fortbildungsmaßnahmen des abgebenden Vereins

Insbesondere die Judikatur[334], aber auch Teile der Lehre[335] sahen in der Ablösesumme eine **Ausbildungsentschädigung**. Den abgebenden Fußballclubs sollte ein Ausgleich dafür verschafft werden, daß sie den Spieler entdeckt, ausgebildet und gefördert hatten; die Transferentschädigung erfüllte hier eine **Aufwendungsersatzfunktion**.

Zwar ist auf der einen Seite zuzugeben, daß dem ehemaligen arbeitgebenden Lizenzverein erhebliche finanzielle Belastungen durch die Nachwuchsförderung und die Fortbildung des einzelnen Profispielers entstanden[336]. Dennoch begegnet eine solche pauschale Überlegung auf der anderen Seite gravierenden Bedenken, die im Ergebnis eine **differenzierte Sichtweise** nahelegen:

Betrachtet man zunächst die Fallkonstellation des **Wechsels eines Profispielers zwischen zwei Lizenzvereinen**, zeigen sich sogleich die Schwächen dieses Ansatzes: Die Höhe der Ablösesumme richtete sich in dieser Situation ausweislich der verbandsrechtlichen Bestimmungen nach Merkmalen, die auf den Marktwert des professionellen Fußballers abstellten, wogegen Kriterien, die eine Zurechnung der in der Vergangenheit für die Förderung der Leistungsfähigkeit des

---

334 *BGH*, Urt. v. 13.11.1975 – III ZR 106/72 – NJW 1976, 565, 566; *OLG Düsseldorf*, Urt. v. 16.08.1995 – 22 U 93/95 – NJW-RR 1996, 558, 559; *OLG Karlsruhe*, Urt. v. 09.11.1977 – 6 U 110/77 – NJW 1978, 324.

335 *Schimke*, Sportrecht, 1996, S. 212; *Buchner*, RdA 1982, 1, 12; *ders.*, EzA § 611 BGB Berufssport Nr. 2, 24, 27; *Malatos*, Berufsfußball im europäischen Rechtsvergleich, 1988, S. 107; im Ergebnis wohl auch *Preis*, Der Lizenzspieler im Bundesligafußball, 1973, S. 59 f.

336 Ebenso *Flory*, Der Fall Bosman – Revolution im Fußball?, 1997, S. 53; *Mümmler*, UR 1984, 132, 133.

Spielers angefallenen Kosten ermöglicht hätten, gänzlich fehlten[337]. Dementsprechend erreichten die geleisteten Transferzahlungen Dimensionen, bei denen evidentermaßen kein Zusammenhang mehr zwischen den tatsächlichen Ausbildungskosten und dem geforderten Ablösebetrag bestand[338]. Beim Spielertransfer im Profibereich paßte diese Überlegung somit – wie auch ihre Befürworter einräumen mußten[339] – schon im Ansatz nicht, weshalb sie von der ganz herrschenden Ansicht in dieser Beziehung auch verworfen wurde[340].

Anders verhält es sich dagegen für den Fall, daß ein **Fußballspieler von einem ausbildenden Fußballclub zu einem Lizenzverein wechselte**, denn die Leistungsfähigkeit des jungen Spielers hängt entscheidend von dem wirtschaftlichen und idealistischen Einsatz des abgebenden Vereins ab[341]. Dieser würde jedoch um die Früchte seiner Aufbauleistungen gebracht werden, wenn er keinen adäquaten finanziellen Ausgleich für die infolge des Weggangs des Spielers entstandene Einbuße an wirtschaftlicher und sportlicher Leistungskraft erlangte[342]. Vor diesem Hintergrund beruht die Einordnung der Transfersumme als geldwertes Äquivalent für die angefallenen Ausbildungskosten auf einem schlüssigen Gedankengang. Diesem Erklärungsansatz ist daher grundsätzlich zu folgen[343], wobei jedoch **zwei Einschränkungen** anzufügen sind, die sich aus dem Charakter der Ablösesumme als Aufwendungsersatz selbst ergeben[344]:

---

337 Ebenso *Mümmler*, UR 1984, 132, 133; Generalanwalt *Lenz*, Schlußantr. v. 20.09.1995 – Rs. C-415/93 – Slg. 1995 I, 4921, 5021 Tz. 237 – „Bosman".

338 *Trommer*, Die Transferregelungen im Profisport im Lichte des „Bosman-Urteils" im Vergleich zu den Mechanismen im bezahlten amerikanischen Sport, 1999, S. 74; *Plath*, Individualrechtsbeschränkungen im Fußball, 1999, S. 175; *Westermann*, JA 1984, 394, 400.

339 *Buchner*, EzA § 611 BGB Berufssport Nr. 2, 24, 27.

340 *Flory*, Der Fall Bosman – Revolution im Fußball?, 1997, S. 53; *Füllgraf*, Der Lizenzfußball – Eine vertragliche Dreiecksbeziehung im Arbeitsrecht, 1981, S. 86 ff.; *Krogmann*, Sport und Europarecht, 2001, S. 27; *BAG*, Urt. v. 20.11.1996 – 5 AZR 518/95 – BAGE 84, 344, 358 f.

341 *OLG Karlsruhe*, Urt. v. 09.11.1977 – 6 U 110/77 – NJW 1978, 324.

342 Generalanwalt *Lenz*, Schlußantr. v. 20.09.1995 – Rs. C-415/93 – Slg. 1995 I, 4921, 5022 Tz. 239 – „Bosman"; *Preis*, Der Lizenzspieler im Bundesligafußball, 1973, S. 60.

343 Ebenso die wohl überwiegende Meinung: *Plath*, Individualrechtsbeschränkungen im Fußball, 1999, S. 175 f.; *Osthoff*, Rechts- und sittenwidrige Entscheidungsbeschränkungen für Berufssportler, insbesondere für Lizenzfußballer, 1983, S. 209; *Flory*, Der Fall Bosman – Revolution im Fußball?, 1997, S. 53; *Becker*, Verfassungsrechtliche Schranken für die Regelung des Lizenzfußballsports in der Bundesrepublik Deutschland, 1982, S. 119 f.; *Westerkamp*, Ablöseentschädigungen im bezahlten Sport, 1980, S. 67 ff.; *Mümmler*, UR 1984, 132, 133; a.A. *Füllgraf*, Der Lizenzfußball – Eine vertragliche Dreiecksbeziehung im Arbeitsrecht, 1981, S. 87.

344 Zu den Einschränkungen siehe Generalanwalt *Lenz*, Schlußantr. v. 20.09.1995 – Rs. C-415/93 – Slg. 1995 I, 4921, 5022 Tz. 239 – „Bosman".

Wenn es nämlich um den einzelfallbezogenen Ausgleich von finanziellen Aufwendungen geht, die nötig waren, einen bestimmten Spieler auszubilden, so liegt es in der Konsequenz dieses Gedankens, daß der abgebende Verein ausschließlich Ersatz für die Vermögensopfer verlangen konnte, die für den konkreten Einzelfall auch tatsächlich angefallen waren[345].

Aus dieser Prämisse ist zu folgern, daß erstens die Ablösesumme auf den Betrag beschränkt sein muß, der vom bisherigen Fußballverein nachweislich für die Steigerung der Leistungsfähigkeit des jungen Sportlers aufgewendet wurde[346], wobei die vom aufnehmenden Lizenzverein erbrachte Leistung auch tatsächlich an die Clubs fließen muß, die die Ausbildung zuvor durchgeführt hatten. Zweitens muß das Transfergeld für jedes Jahr, das der „fertige“ Spieler nach der Ausbildung bei diesem Verein verbrachte, anteilig entsprechend dem Nutzen für diesen reduziert werden[347].

b) Schaffung von Anreizstrukturen für die Nachwuchsförderung

Die Transferentschädigung wurde von juristischer[348], vor allem aber von wirtschaftswissenschaftlicher Seite[349] noch unter einem weiteren Gesichtspunkt mit

---

345 *Becker*, Verfassungsrechtliche Schranken für die Regelung des Lizenzfußballsports in der Bundesrepublik Deutschland, 1982, S. 118; *Schimke*, Sportrecht, 1996, S. 215; siehe dazu in anderem Zusammenhang die vergleichbaren Überlegungen von *Gebhardt*, Modelle für die Reform des Transfersystems für Berufsfußballspieler aus rechtlicher und tatsächlicher Sicht, 2000, S. 49 f.

346 Vgl. Palandt-*Sprau*, BGB, 62. Aufl., 2003, § 670 Rn. 2: „Aufwendungen sind Vermögensopfer, die der Beauftragte zu Zwecken der Ausführung des Auftrags [...] macht [...]. Sie müssen *nachweisbar* für den *konkreten Einzelfall* entstanden sein [...].“ (Hervorhebung durch den Verfasser).

347 Vgl. Generalanwalt *Lenz*, Schlußantr. v. 20.09.1995 – Rs. C-415/93 – Slg. 1995 I, 4921, 5022 Tz. 239 – „Bosman“; *LAG Düsseldorf*, Urt. v. 20.6.1990 – 4 Sa 352/90 – LAGE § 611 BGB Berufssport Nr. 7, 1, 3; in diese Richtung auch *Westerkamp*, Ablöseentschädigungen im bezahlten Sport, 1980, S. 136, und *Osthoff*, Rechts- und sittenwidrige Entscheidungsbeschränkungen für Berufssportler, insbesondere für Lizenzfußballer, 1983, S. 210, der jedoch unterstellt, daß der Nachwuchsspieler die Aufwendungen des ausbildenden Vereins durch die Zurverfügungstellung seiner Leistungskraft während der Vertragslaufzeit bereits vollständig abgegolten habe.

348 *Reuter*, NJW 1983, 649, 654; *Hüttemann*, DStR 1994, 490, 493; *Plath*, Individualrechtsbeschränkungen im Fußball, 1999, S. 171; *Dinkelmeier*, Das „Bosman“-Urteil des EuGH und seine Auswirkungen auf den Profifußball in Europa, 1999, S. 108.

349 *Parensen*, in: *Tokarski*, EU-Recht und Sport, 1998, 70, 105 f.; *Doberenz*, Betriebswirtschaftliche Grundlagen zur Rechtsformgestaltung professioneller Fußballklubs in der Bundesrepublik Deutschland, 1980, S. 90 ff.; *Heinemann*, Einführung in die Ökonomie des Sports, 1995, S. 209 f.; *Schellhaaß*, RdA 1984, 218, 221; *Büch*, Zeitschrift für Wirtschafts- und Sozialwissenschaften, 1979, 447, 460 f.; *Büch/Schellhaaß*, Jahrbuch für So-

dem Gedanken der Ausbildung von Fußballspielern in Zusammenhang gebracht: Sie diene nicht nur als Ausgleich für die entstandenen Ausbildungskosten, sondern darüber hinaus schaffe sie für die (kleinen) Lizenzvereine einen **Anreiz**, möglichst früh nach talentierten Spielern Ausschau zu halten, diese anzuwerben und **auszubilden**, um sie später gegen eine entsprechend hohe Ablösesumme an einen finanzkräftigen Lizenzclub abzugeben. Die Ablösesumme verkörpere gleichzeitig eine **Versicherung gegen Kapitalverluste** beim Weggang eines Spielers. Insgesamt werde damit auch eine qualitativ hochwertige Ausbildung sichergestellt.

Bewertet man die Überzeugungskraft auch dieser Ausführungen, so drängt sich wiederum – wie schon bei dem Argument der Ausbildungsentschädigung – die Erkenntnis auf, daß man um ein **differenziertes Verständnis** nicht umhin kommt:

Völlig unhaltbar ist die Überlegung im **Fall eines Vereinswechsels eines bereits fertig ausgebildeten Lizenzspielers.** Denn aufgrund des Spielervertrages schuldet der Lizenzspieler die regelmäßige Teilnahme an den Trainingseinheiten[350], um sein Leistungsniveau zu optimieren. Das Training ist somit notwendige Voraussetzung für den Arbeitseinsatz[351]. Zudem wird für jeden Lizenzfußballer annähernd der gleiche Trainingsaufwand betrieben, die Ablösesumme als Ausdruck des Marktwertes eines jeden Spielers ist jedoch konsequenterweise individuell verschieden[352].

Umgekehrt könnte sich die Situation jedoch dann darstellen, wenn ein **Fußballspieler von einem ausbildenden Fußballclub zu einem Lizenzverein wechselt.** In dieser Konstellation greift die Überlegung, für den auszubildenden Verein eine Versicherung gegen die mit dem Vereinswechsel einhergehenden Kapitalverluste zu schaffen, prima facie erst einmal durch[353].

---

zialwissenschaft, 1978, 255, 257 ff.; *Büch/Frick*, BFuP 1999, 109, 115 f.; *Franck*, BFuP 1999, 183, 194.

350 Siehe zum Inhalt des Spielervertrages bereits die Ausführungen im 1. Teil, 1. Kapitel, C.I.

351 *Becker*, Verfassungsrechtliche Schranken für die Regelung des Lizenzfußballsports in der Bundesrepublik Deutschland, 1982, S. 117; *Westerkamp*, Ablöseentschädigungen im bezahlten Sport, 1980, S. 68; *Schennen*, Die Verfassungsmäßigkeit von Ablösesummen im Berufsfußball, 1984, S. 194 ff.

352 *Becker*, Verfassungsrechtliche Schranken für die Regelung des Lizenzfußballsports in der Bundesrepublik Deutschland, 1982, S. 118 f.; *Westerkamp*, Ablöseentschädigungen im bezahlten Sport, 1980, S. 69.

353 Im Ergebnis ebenso *Becker*, Verfassungsrechtliche Schranken für die Regelung des Lizenzfußballsports in der Bundesrepublik Deutschland, 1982, S. 119 f.; siehe auch *Doberenz*, Betriebswirtschaftliche Grundlagen zur Rechtsformgestaltung professioneller Fuß-

Dennoch wird dem von vielen entgegengehalten, daß die Aussicht eines Vereins, eine Ablösesumme zu erhalten, nicht mit Sicherheit vorhergesehen werden könne, weil die sportliche Zukunft eines jeden Nachwuchsspielers ungewiß ist. Dem Institut der Transferentschädigung sei daher ein Eventualitäts- und Zufallscharakter immanent, weshalb die Erlangung einer solchen Entschädigung kein ausschlaggebender Faktor sei, junge Spieler auszubilden und demgemäß auch die Kosten vorzustrecken[354].

Zuzustimmen ist den Ausführungen zwar insofern, daß die Ausbildung eines Nachwuchsspielers immer mit dem Risiko verbunden ist, daß sich die sportliche Karriere nicht den Erwartungen entsprechend entwickelt. Dies ist für die Fußballvereine in der Praxis jedoch kein Hinderungsgrund für ein Festhalten an der Talentförderung, weil angesichts der in die Millionenbeträge gehenden Ablösesummen der entgeltliche Transfer einiger weniger Spitzenspieler zu anderen Vereinen ausreicht, die entstandenen finanziellen Auslagen zu kompensieren[355]. Der obenan formulierte Einwand geht somit ins Leere.

Die letzte Erwägung setzt freilich stillschweigend voraus, daß zwischen den geleisteten Aufwendungen und der zu zahlenden Transfersumme kein Äquivalenzverhältnis bestehen muß. Es existieren jedoch gerade in diesem Kontext gewichtige Stimmen, die im vorliegenden Fall ebenfalls eine Beschränkung der ersetzbaren Kosten auf die tatsächlich entstandenen Auslagen fordern[356].

Dem ist aber entgegenzutreten, weil der Transferentschädigung hier keine Aufwendungsersatzfunktion zukommt[357], sondern es losgelöst davon ganz generell um die Schaffung von Anreizstrukturen zur Nachwuchsförderung geht. Ein Verein wird aber nur dann Talentförderung betreiben, wenn ein solches Vorgehen aus seiner Sicht finanziell lukrativ erscheint[358]. Unter Einbeziehung der Er-

---

ballklubs in der Bundesrepublik Deutschland, 1980, S. 93; *EuGH*, Urt. v. 15.12.1995 – Rs. C-415/93 – EuZW 1996, 82, 89 Tz. 108 – „Bosman".

354 So *EuGH*, Urt. v. 15.12.1995 – Rs. C-415/93 – EuZW 1996, 82, 89 Tz. 109 – „Bosman"; *BGH*, Urt. v. 27.09.1999 – II ZR 377/98 – NJW 2000, 1028, 1029; ähnlich bereits *Westerkamp*, Ablöseentschädigungen im bezahlten Sport, 1980, S. 133.

355 Zutreffend insoweit *Plath*, Individualrechtsbeschränkungen im Fußball, 1999, S. 172 f.; *Büch/Schellhaaß*, Jahrbuch für Sozialwissenschaft, 1978, 255, 265.

356 In diese Richtung *EuGH*, Urt. v. 15.12.1995 – Rs. C-415/93 – EuZW 1996, 82, 89 Tz. 109 – „Bosman"; *BGH*, Urt. v. 27.09.1999 – II ZR 377/98 – NJW 2000, 1028, 1029; *Trommer*, Die Transferregelungen im Profisport im Lichte des „Bosman-Urteils" im Vergleich zu den Mechanismen im bezahlten amerikanischen Sport, 1999, S. 73 f.

357 Vgl. die deutliche Aussage von *Schellhaaß*, RdA 1984, 218, 219: „[...] vergangenheitsorientierte Ausbildungs- und Fortbildungskosten spielen keine Rolle". Siehe zudem *Büch/Frick*, BFuP 1999, 109, 115.

358 *Schellhaaß*, RdA 1984, 218, 219; *Büch/Frick*, BFuP 1999, 109, 116.

kenntnis, daß sich nicht jede Investition in einen Nachwuchsspieler amortisiert, muß für den ausbildenden Fußballverein, der die Ausbildungskosten kreditiert, daher sichergestellt sein, daß er sich für die aus den fehlgeschlagenen Investitionen resultierenden Mindereinnahmen innerhalb des bestehenden Systems der Ablöseentschädigung durch Mehreinnahmen bei den Spitzenspielern entschädigen kann[359]. Hierin spiegelt sich die Funktion der Transferentschädigung als Versicherung gegen Kapitalverluste wider: Das Risiko der Fehlinvestitionen wird auf die Spitzenspieler übergewälzt. Das ist gewissermaßen der von ihnen zu zahlende „Preis" dafür, daß sie anschließend im Lizenzfußball einen überdurchschnittlich bezahlten Arbeitsplatz erhalten[360].

Dieser Befund läßt sich auch nicht durch den Einwand widerlegen, daß jeder Unternehmer das wirtschaftliche Risiko der von ihm getätigten Investitionen selbst zu tragen habe, zumal die Ausbildung von Nachwuchskräften in seinem eigenen Interesse liege[361]. Denn ohne ein Vorstrecken der Ausbildungskosten durch den Verein müßten diese von den Nachwuchsspielern trotz der unsicheren Erfolgserwartungen im Regelfall selbst vorfinanziert werden, obwohl sie dazu oftmals außerstande sein werden[362]. Durch die Übernahme der finanziellen Belastungen entlasten die ausbildenden Fußballclubs die Nachwuchsspieler von eben diesem Risiko, so daß sie zunächst zu den Gewinnern des Systems der Ablöseentschädigung zählen[363].

Vor diesem Hintergrund erweist sich die Forderung nach einer Begrenzung der Transfersumme auf die tatsächlichen Ausbildungskosten letzten Endes als systemwidrig und ist daher abzulehnen.

---

359 *Schellhaaß*, in: *Grundmann*, Systembildung und Systemlücken in Kerngebieten des Europäischen Privatrechts, 2000, 401, 415; *Parensen*, in: *Tokarski*, EU-Recht und Sport, 1998, 70, 102; *Parlasca*, Kartelle im Profisport, 1993, S. 188; *Büch/Schellhaaß*, Jahrbuch für Sozialwissenschaft, 1978, 255, 266 f.; *Ross*, in: *Késenne/Jeanrenaud*, Competition Policy in Professional Sports, 1999, 91, 104 f.; krit. hierzu *Schennen*, Die Verfassungsmäßigkeit von Ablösesummen im Berufsfußball, 1984, S. 194.

360 In diese Richtung auch *Buchner*, EzA § 611 BGB Berufssport Nr. 2, 24, 27; *ders.*, RdA 1982, 1, 12; *Büch/Schellhaaß*, Jahrbuch für Sozialwissenschaft, 1978, 255, 267.

361 So aber *Füllgraf*, Der Lizenzfußball – Eine vertragliche Dreiecksbeziehung im Arbeitsrecht, 1981, S. 87; ähnlich *Preis*, Der Lizenzspieler im Bundesligafußball, 1973, S. 61; *LAG Düsseldorf*, Urt. v. 20.6.1990 – 4 Sa 352/90 – LAGE § 611 BGB Berufssport Nr. 7, 1, 3.

362 Vgl. *Schellhaaß*, RdA 1984, 218, 220; *ders.*, in: *Grundmann*, Systembildung und Systemlücken in Kerngebieten des Europäischen Privatrechts, 2000, 401, 415.

363 Zutreffend *Büch/Schellhaaß*, Jahrbuch für Sozialwissenschaft, 1978, 255, 266; *Schellhaaß*, in: *Grundmann*, Systembildung und Systemlücken in Kerngebieten des Europäischen Privatrechts, 2000, 401, 415; *Reuter*, LM § 138 (Aa) BGB Nr. 58, unter 2.a).

Zusammenfassend läßt sich festhalten, daß entgegen der herrschenden Ansicht[364] davon auszugehen ist, daß ein Grund für die Anerkennung der Transferentschädigung darin gesehen werden kann, **zugunsten ausbildender Vereine** – aber auch nur für solche – einen **Anreiz zur Talentförderung** und eine **Absicherung gegen** die mit dem Weggang „fertiger" Spieler verbundenen **Kapitalverluste** zu schaffen. Aus diesen Funktionen folgt gleichzeitig, daß ein **Äquivalenzverhältnis** zwischen den finanziellen Ausgaben des abgebenden Vereins für die Ausbildung und der Ablösesumme **nicht bestehen** muß[365].

c) Aufrechterhaltung des finanziellen und sportlichen Gleichgewichts zwischen den Fußballclubs

Am meisten genannt als innerer Grund für die Transferentschädigung wurde die Aufrechterhaltung des finanziellen und sportlichen Gleichgewichts zwischen den Lizenzvereinen als Funktionsvoraussetzung für den Meisterschaftswettbewerb. Zwar sind beide Aspekte auf den ersten Blick eng aufeinander bezogen – das finanzielle Gleichgewicht ist Voraussetzung für das sportliche zwischen den im Ligawettbewerb konkurrierenden Lizenzclubs[366] –, dennoch erscheint es wegen der Vielschichtigkeit der vorgetragenen Argumente sinnvoll, zunächst näher auf den Gesichtspunkt des Finanzausgleichs (aa) und erst anschließend auf den des sportlichen Gleichgewichts einzugehen (bb).

aa) Aufrechterhaltung des finanziellen Gleichgewichts

Eine weit verbreitete Ansicht verwies zur Begründung der Ablösesummen auf den **Gedanken eines Finanzausgleichs zwischen den Vereinen**[367]: Dabei wird

---

[364] A.A. etwa *Rybak*, Das Rechtsverhältnis zwischen dem Lizenzfußballspieler und seinem Verein, 1999, S. 228; *Trommer*, Die Transferregelungen im Profisport im Lichte des „Bosman-Urteils" im Vergleich zu den Mechanismen im bezahlten amerikanischen Sport, 1999, S. 73; *Krogmann*, Sport und Europarecht, 2001, S. 27; *Hilf/Pache*, NJW 1996, 1169, 1172.

[365] Ebenso *Buchner*, EzA § 611 BGB Berufssport Nr. 2, 24, 27; *Heinemann*, Einführung in die Ökonomie des Sports, 1995, S. 209; *Büch/Frick*, BFuP 1999, 109, 115; ähnlich auch *Streinz*, SpuRt 1998, 89, 90.

[366] *Swieter*, Eine ökonomische Analyse der Fußball-Bundesliga, 2002, S. 52 ff. („Dominanz monetärer Faktoren als Einflußgrößen des sportlichen Erfolgs im deutschen Profifußball"); *Lehmann/Weigand*, ifo-Studien – Zeitschrift für empirische Wirtschaftsforschung, 1997, 381, 384 ff., 402.

[367] *Pfister*, in: *Tokarski*, EU-Recht und Sport, 1998, 151, 157; *Weiland*, Die Rechtsstellung des Lizenzspielers in der Fußball-Bundesliga, 1980, S. 316; *Dinkelmeier*, Das „Bosman"-Urteil des EuGH und seine Auswirkungen auf den Profifußball in Europa, 1999, S. 107; *Becker*, Verfassungsrechtliche Schranken für die Regelung des Lizenzfußballsports in der Bundesrepublik Deutschland, 1982, S. 112 ff.; *Schimke*, Sportrecht, 1996, S. 212;

argumentiert, daß das Oberziel der Bundesligen darin bestehe, den Lizenzvereinen eine gemeinsame Gewinnmaximierung zu ermöglichen[368]. Dieses Ziel wird um so eher erreicht, je mehr alle Spiele der Liga über die Saison hinweg in starkem Umfang besucht werden. Eine anhaltende Nachfrage ist jedoch nur im Falle eines unsicheren und spannenden Wettbewerbs möglichst während der gesamten Spielzeit gewährleistet. Dies setzt wiederum voraus, daß alle Lizenzvereine über eine **annähernd gleiche wirtschaftliche Leistungsfähigkeit** verfügen[369].

Das Transferentschädigungssystem habe nun gerade zur Konsequenz, daß die finanzstarken Vereine oftmals mehr für Spielertransfers ausgeben, als sie gleichzeitig einnehmen, während die kleinen Vereine jeweils einen Transfergewinn erwirtschafteten[370]. Mithin finde ein Finanztransfer von den großen zu den kleinen Vereinen statt[371], der dazu beitrage, der finanziellen Ungleichgewichtslage entgegenzuwirken bzw. diese zumindest in einem erträglichen Rahmen zu halten[372].

Unterzieht man die dargelegte Argumentation einer eingehenden Bewertung, so wird man die **wirtschaftswissenschaftliche Prämisse**, daß zur Gewinnmaximierung in den Lizenzligen ein ungefähres finanzielles Gleichgewicht zwischen den konkurrierenden Fußballvereinen notwendig ist, zwar **kaum anzweifeln** können. Nicht von der Hand zu weisende Bedenken ergeben sich dafür aber bezüglich der These, die Transferentschädigung erweise sich für das finanzielle Gleichgewicht als förderlich und besitze daher in diesem Zusammenhang zentralen Charakter:

Zunächst wird gegen eine solche Schlußfolgerung nämlich zu Recht eingewandt, daß im Falle der Verpflichtung eines ausländischen Spielers die Ablösesumme an den abgebenden Verein des Herkunftsstaates des Spielers fließt und nicht ei-

---

Hilf/Pache, NJW 1996, 1169, 1170; *Buchner*, RdA 1982, 1, 12; *Mümmler*, UR 1984, 132, 134; *Reuter*, NJW 1983, 649, 654; *Wertenbruch*, NJW 1993, 179, 180.

368 *Parensen*, in: *Tokarski*, EU-Recht und Sport, 1998, 70, 80; *Büch*, Zeitschrift für Wirtschafts- und Sozialwissenschaften, 1979, 447, 449; *Flory*, Der Fall Bosman – Revolution im Fußball?, 1997, S. 25.

369 *Parensen*, in: *Tokarski*, EU-Recht und Sport, 1998, 70, 80; *Büch*, Zeitschrift für Wirtschafts- und Sozialwissenschaften, 1979, 447, 449 f.; zur „Unsicherheitshypothese" siehe *Hübl/Swieter*, in: *Hübl/Peters/Swieter*, Ligasport aus ökonomischer Sicht, 2002, 13, 21 ff.

370 Vgl. *Plath*, Individualrechtsbeschränkungen im Fußball, 1999, S. 164 f.; Generalanwalt *Lenz*, Schlußantr. v. 20.09.1995 – Rs. C-415/93 – Slg. 1995 I, 4921, 5022 Tz. 239 – „Bosman"; *Schellhaaß*, RdA 1984, 218, 219.

371 *Parensen*, in: *Tokarski*, EU-Recht und Sport, 1998, 70, 104.

372 *Reuter*, NJW 1983, 649, 654; *Plath*, Individualrechtsbeschränkungen im Fußball, 1999, S. 165.

nem der nationalen Clubs zugute kommt[373]. Das eigentliche Anliegen, die Transfergelder im Kreislauf der (einheimischen) Vereine zu belassen[374], wird damit teilweise konterkariert.

Daneben ist selbst in den Konstellationen eine Transferentschädigung zu leisten, wenn ein Lizenzspieler von einem finanzkräftigen zu einem wirtschaftlich schlechter gestellten Fußballclub transferiert wird. Der „reiche" Verein erhält aus dem Geschäft mit dem „armen" Lizenzverein einen hohen Transfererlös, so daß die „finanzielle Schere" zwischen beiden gerade aufgrund der Entschädigung noch weiter auseinandergeht und das Ziel der Herstellung der finanziellen Wettbewerbsgleichheit somit in sein Gegenteil verkehrt wird[375]. Ähnliches gilt beim Wechsel eines Lizenzspielers zwischen zwei wirtschaftlich in etwa gleich starken Vereinen: Auch hier paßt der Gedanke des Finanzausgleichs schon im Grundsatz nicht[376].

Schließlich fehlt es an einem lückenlosen wirtschaftswissenschaftlichen Nachweis, daß das Transfersystem nachhaltig zur Stabilisierung des ökonomischen Gleichgewichts zwischen den Lizenzvereinen beiträgt[377]. Die bisher vorliegenden fachwissenschaftlichen Untersuchungen tendieren in ihren Einschätzungen im Gegenteil nahezu einhellig dahin, dem Instrument der Ablösesumme zumindest eine zentrale Bedeutung bei der Herstellung einer gleichwertigen wirtschaftlichen Wettbewerbslage unter den Lizenzvereinen abzusprechen[378].

---

373 *Flory*, Der Fall Bosman – Revolution im Fußball?, 1997, S. 55; *Trommer*, Die Transferregelungen im Profisport im Lichte des „Bosman-Urteils" im Vergleich zu den Mechanismen im bezahlten amerikanischen Sport, 1999, S. 73; Generalanwalt *Lenz*, Schlußantr. v. 20.09.1995 – Rs. C-415/93 – Slg. 1995 I, 4921, 5017 Tz. 225 – „Bosman"; nach *Müller*, in: *Dietl*, Globalisierung des wirtschaftlichen Wettbewerbs im Sport, 2003, 191, 202, „ist Deutschland ein Sportlerimportland".

374 Vgl. in einem anderen Zusammenhang *Eilers*, in: *Eilers*, Transferbestimmungen im Fußballsport, 1996, 1, 24.

375 Ähnlich *Parlasca*, Kartelle im Profisport, 1993, S. 190; *Swieter*, Eine ökonomische Analyse der Fußball-Bundesliga, 2002, S. 130.

376 *Gebhardt*, Modelle für die Reform des Transfersystems für Berufsfußballspieler aus rechtlicher und tatsächlicher Sicht, 2000, S. 48; *Osthoff*, Rechts- und sittenwidrige Entscheidungsbeschränkungen für Berufssportler, insbesondere für Lizenzfußballer, 1983, S. 211.

377 Ebenso *Rybak*, Das Rechtsverhältnis zwischen dem Lizenzfußballspieler und seinem Verein, 1999, S. 228; *Gebhardt*, Modelle für die Reform des Transfersystems für Berufsfußballspieler aus rechtlicher und tatsächlicher Sicht, 2000, S. 48.

378 *Swieter*, Eine ökonomische Analyse der Fußball-Bundesliga, 2002, S. 129 ff.; *Büch/Schellhaaß*, Jahrbuch für Sozialwissenschaft, 1978, 255, 270; *Parensen*, in: *Tokarski*, EU-Recht und Sport, 1998, 70, 104; *Franck*, Die ökonomischen Institutionen der Teamsportindustrie, 1995, S. 121 f.; *Parlasca*, Kartelle im Profisport, 1993, S. 190; *Schellhaaß*, RdA 1984, 218, 219. Für den Bereich des englischen Profifußballs siehe:

Mit Blick auf die vorstehenden Erwägungen wäre es daher verfehlt, die Transferentschädigung vorrangig als Mittel zur Gewährleistung des finanziellen Gleichgewichts unter den Fußballclubs zu erklären. Vielmehr erscheint es angezeigt, dem hier zur Diskussion stehenden Rechtfertigungsgrund für die Transferentschädigung lediglich einen **ergänzenden Charakter** beizumessen[379]. Für sich genommen trägt der Gedanke des Finanzausgleichs das Rechtsinstitut der Ablöseentschädigung jedenfalls nicht[380].

bb) Aufrechterhaltung des sportlichen Gleichgewichts

Neben dem finanziellen wird das **sportliche Gleichgewicht** als tragende Säule der Transferentschädigung angeführt[381], wobei man diese Einschätzung mit zwei Argumenten begründet: Zum einen werde durch die mit den Ablösesummen verbundenen finanziellen Belastungen für die wirtschaftlich potenten Clubs einer allzu großen Konzentration von Spitzenspielern bei diesen entgegengewirkt[382]. Weiterhin würden die kleineren Vereine durch den Mittelzufluß in die Lage versetzt, den Stamm der Mannschaft zu finanzieren[383] und die mit dem Weggang eines Spitzenspielers verbundene Einbuße an sportlicher Qualität durch die Verpflichtung von Ersatzspielern mit einer vergleichbaren Spielanlage zu kompensieren[384].

Moorhouse, in: *Késenne/Jeanrenaud*, Competition Policy in Professional Sports, 1999, 161, 163 ff.

379 So in der Sache auch *Plath*, Individualrechtsbeschränkungen im Fußball, 1999, S. 165: „Es kann mithin nicht geleugnet werden, daß die Transferregeln zumindest dazu beitragen, das finanzielle Ungleichgewicht zwischen den Vereinen in einem erträglichen Rahmen zu halten". A.A. etwa *BAG*, Urt. v. 20.11.1996 – 5 AZR 518/95 – BAGE 84, 344, 358, das der Überlegung des Finanzausgleichs jegliche Berechtigung abspricht.

380 Vgl. auch die deutliche Aussage von *Osthoff*, Rechts- und sittenwidrige Entscheidungsbeschränkungen für Berufssportler, insbesondere für Lizenzfußballer, 1983, S. 211: „Damit entpuppen sich diese Transferentschädigungen als ‚wirtschaftlicher Nonsens' und nicht als notwendige Finanzhilfe für die Vereine."

381 Vgl. *Dinkelmeier*, Das „Bosman"-Urteil des EuGH und seine Auswirkungen auf den Profifußball in Europa, 1999, S. 107; *Weiland*, Die Rechtsstellung des Lizenzspielers in der Fußball-Bundesliga, 1980, S. 316 f.; *Siegmann*, in: *Württembergischer Fußballverband*, Rechtsprobleme beim Vereinswechsel eines Fußballspielers, 1983, 40, 42 f.; *Wertenbruch*, NJW 1993, 179, 180; *Reuter*, NJW 1983, 649, 654.

382 *Buchner*, EzA § 611 BGB Berufssport Nr. 2, 24, 28; *Reuter*, NJW 1983, 649, 654; *Mümmler*, UR 1984, 132, 134; *Doberenz*, Betriebswirtschaftliche Grundlagen zur Rechtsformgestaltung professioneller Fußballklubs in der Bundesrepublik Deutschland, 1980, S. 95 ff.

383 *Wertenbruch*, NJW 1993, 179, 180.

384 *Plath*, Individualrechtsbeschränkungen im Fußball, 1999, S. 165; *Reuter*, NJW 1983, 649, 654.

Zwar ist das **Anliegen**, die sportliche Wettbewerbsgleichheit zwischen den Lizenzvereinen zu fördern, **grundsätzlich anzuerkennen**[385], jedoch bestehen erhebliche Bedenken gegenüber der Behauptung, gerade die Ablöseentschädigung leiste einen wichtigen Beitrag zur Wahrung des an sich erwünschten sportlichen Gleichgewichts zwischen den Lizenzvereinen:

Was die Behauptung betrifft, die Transferentschädigung halte eine Konzentration von Spitzenspielern bei finanzkräftigen Vereinen in Grenzen, wird diese bereits durch den tatsächlichen Befund widerlegt, wonach die Regelungen keinesfalls verhinderten, daß die besten Lizenzspieler ganz überwiegend bei den wirtschaftlich größten Vereinen unter Vertrag stehen bzw. diese nahezu jede geforderte Transfersumme aufzubringen in der Lage sind[386].

Die weitere Erwägung, mit den Transfereinnahmen könnten die kleinen Fußballvereine den Verlust an sportlicher Substanz wieder ausgleichen, überzeugt zumindest im Ergebnis ebenfalls nicht:

Zunächst wird dagegen angeführt, daß das System der Ablösesummen die eigentliche Ursache für die finanzielle Schieflage zahlreicher kleinerer Vereine sei: Der Kausalzusammenhang liege darin begründet, daß der immense Anstieg der zu zahlenden Transfergelder die Entscheidungsträger der finanziell schwachen Vereine dazu veranlaßte, die Verpflichtung ihrer Spieler über hoch verzinste Darlehen abzuwickeln, was wiederum einen steigenden „Schuldenberg“ bei den Vereinen nach sich zog, der sie zunehmend in Existenznot brachte[387]. Die wirtschaftlich angeschlagenen Vereine müßten deshalb gezwungenermaßen – um ihre Existenz zu sichern – die besten Spieler abgeben, worunter die sportli-

---

385 Ebenso die ganz herrschende Ansicht: Vgl. etwa *EuGH*, Urt. v. 15.12.1995 – Rs. C-415/93 – EuZW 1996, 82, 88 f. Tz. 106 – „Bosman“; *Reuter*, in: *Württembergischer Fußballverband*, Rechtsprobleme beim Vereinswechsel eines Fußballspielers, 1983, 50, 61; *Lehmann/Weigand*, ifo-Studien – Zeitschrift für empirische Wirtschaftsforschung, 1997, 381, 384.

386 *Swieter*, Eine ökonomische Analyse der Fußball-Bundesliga, 2002, S. 90 ff.; *Rybak*, Das Rechtsverhältnis zwischen dem Lizenzfußballspieler und seinem Verein, 1999, S. 228; *Dinkelmeier*, Das „Bosman“-Urteil des EuGH und seine Auswirkungen auf den Profifußball in Europa, 1999, S. 107; *Flory*, Der Fall Bosman – Revolution im Fußball?, 1997, S. 55 f.; *Füllgraf*, Der Lizenzfußball – Eine vertragliche Dreiecksbeziehung im Arbeitsrecht, 1981, S. 89; *Osthoff*, Rechts- und sittenwidrige Entscheidungsbeschränkungen für Berufssportler, insbesondere für Lizenzfußballer, 1983, S. 213; *Schennen*, Die Verfassungsmäßigkeit von Ablösesummen im Berufsfußball, 1984, S. 199; *Parensen*, in: *Tokarski*, EU-Recht und Sport, 1998, 70, 105.

387 Vgl. *Osthoff*, Rechts- und sittenwidrige Entscheidungsbeschränkungen für Berufssportler, insbesondere für Lizenzfußballer, 1983, S. 210 f.; *Ströfer*, BB 1982, 1087; krit. *Franck*, Die ökonomischen Institutionen der Teamsportindustrie, 1995, S. 203 f.

che Leistungsfähigkeit ihrer Lizenzmannschaften leide[388]. Dieser Einwand – mag der geschilderte Kausalzusammenhang auch wirklich bestehen – läßt sich jedoch zunächst wieder durch den Hinweis entkräften, daß die kleinen Vereine auch ohne Transferregeln ihre Spitzenspieler nicht dauerhaft halten können, da die großen Vereine sie ohnehin durch höhere Entgelte anziehen[389].

Die entscheidende Schwäche jener Überlegung liegt vielmehr in dem nächsten Gedankenschritt, wonach die kleinen Clubs mit der ihnen über die Ablöseentschädigung zugeführten Liquidität die Möglichkeit bekämen, adäquaten Spielerersatz zu besorgen[390]. In der Praxis werden die armen Lizenzclubs nämlich – und dies trotz des erhaltenen finanziellen Ausgleichs – kaum jemals in der Lage sein, den Verlust an sportlicher Qualität durch vergleichbare Spitzenspieler zu kompensieren, da diese für die kleinen Vereine in der Regel ganz einfach unerschwinglich sind[391].

Außerdem ist noch der Aspekt zu berücksichtigen, daß jeder aufsteigende Verein zu Beginn seiner Bundesligazugehörigkeit zur Vermeidung eines schnellen Abstiegs gehalten ist, erfahrene Lizenzspieler in die Mannschaft aufzunehmen. Unter den geltenden Bedingungen ist der aufsteigende Verein somit bereits vor dem Start der neuen Spielzeit mit Blick auf die hohen Ablösesummen zu erheblichen Investitionen in Spieler gezwungen, die seine ohnehin schwache Finanzkraft übersteigen. Da ihm wegen der Ungewißheit des sportlichen und wirtschaftlichen Erfolges gleichzeitig noch nicht das Maß an Krediten gewährt wird wie bereits etablierten Vereinen, wirken sich die Transferentschädigungen im Hinblick auf die erstrebte sportliche Wettbewerbsgleichheit kontraproduktiv aus[392].

Angesichts des Umstandes, daß sich die Überlegungen der Teilmeinung, die den tieferen Sinn der Transferentschädigung in der Gewährleistung der sportlichen

---

[388] Generalanwalt *Lenz*, Schlußantr. v. 20.09.1995 – Rs. C-415/93 – Slg. 1995 I, 4921, 5016 Tz. 224 – „Bosman"; *Flory*, Der Fall Bosman – Revolution im Fußball?, 1997, S. 55.

[389] *Plath*, Individualrechtsbeschränkungen im Fußball, 1999, S. 165.

[390] Vgl. *Plath*, Individualrechtsbeschränkungen im Fußball, 1999, S. 165.

[391] *Osthoff*, Rechts- und sittenwidrige Entscheidungsbeschränkungen für Berufssportler, insbesondere für Lizenzfußballer, 1983, S. 214; *Trommer*, Die Transferregelungen im Profisport im Lichte des „Bosman-Urteils" im Vergleich zu den Mechanismen im bezahlten amerikanischen Sport, 1999, S. 73; Generalanwalt *Lenz*, Schlußantr. v. 20.09.1995 – Rs. C-415/93 – Slg. 1995 I, 4921, 5016 Tz. 224 – „Bosman"; *Weiß*, SpuRt 1998, 97, 100; *Arens*, SpuRt 1996, 39, 40.

[392] Zutreffend *Heinemann*, Einführung in die Ökonomie des Sports, 1995, S. 210; *Büch/Schellhaaß*, Jahrbuch für Sozialwissenschaft, 1978, 255, 271; *Büch*, Zeitschrift für Wirtschafts- und Sozialwissenschaften, 1979, 447, 460; *Parensen*, in: *Tokarski*, EU-Recht und Sport, 1998, 70, 103.

Chancengleichheit sieht, als nicht durchschlagend erwiesen haben, und jene im Fall von Bundesligaaufsteigern sogar den sportlichen Wettbewerb verzerrt, erscheint es **fernliegend, die Rechtsfigur der Ablösesumme mit dem Gedanken des Ausgleichs der Spielstärken zu erklären**[393].

d) Ausgleich für erlangte wirtschaftliche und sportliche Vorteile des aufnehmenden Lizenzvereins

Der Zweck der Transferentschädigung wurde vielfach darin gesehen, dem abgebenden Lizenzverein eine **Entschädigung** dafür zu verschaffen, daß dieser den Lizenzspieler nicht mehr im Spielbetrieb einsetzen kann, und ihm infolgedessen ein sportlicher und wirtschaftlicher Verlust entsteht[394]; die Ablösesumme stellte quasi den vom aufnehmenden Verein zu erbringenden finanziellen Ausgleich für den Verlust der „Einnahmequelle Spieler" auf Seiten des bisher arbeitgebenden Vereins dar[395]. Dabei wurde jedoch durchgehend betont, daß der neue Verein nicht den Spieler als solchen erwarb, sondern lediglich die tatsächliche Möglichkeit, für diesen die Spielerlaubnis zu beantragen[396]. Der Fußballprofi werde daher keinesfalls wie eine „Ware" behandelt. Von einem „Menschenhandel" könne bei einer „emotionslosen" Bewertung der Verhältnisse deshalb keine Rede sein[397].

Begründet wurde diese Ansicht vor allem mit einer **wirtschaftlichen Betrachtungsweise**: Zum einen wurde darauf aufmerksam gemacht[398], daß die Lizenzspieler in der Praxis der Finanzverwaltung als das „Kapital" der Lizenzvereine

---

393 Im Ergebnis ebenso *EuGH*, Urt. v. 15.12.1995 – Rs. C-415/93 – EuZW 1996, 82, 89 Tz. 107 – „Bosman"; *Krogmann*, Sport und Europarecht, 2001, S. 26 f.; aus wirtschaftswissenschaftlicher Sicht *Franck*, Die ökonomischen Institutionen der Teamsportindustrie, 1995, S. 121 f.; *Büch*, Zeitschrift für Wirtschafts- und Sozialwissenschaften, 1979, 447, 462.

394 *Becker*, Verfassungsrechtliche Schranken für die Regelung des Lizenzfußballsports in der Bundesrepublik Deutschland, 1982, S. 120 ff.; *Büch/Schellhaaß*, Jahrbuch für Sozialwissenschaft, 1978, 255, 256; *Westerkamp*, Ablöseentschädigungen im bezahlten Sport, 1980, S. 69 ff.; *Wertenbruch*, NJW 1993, 179, 180; *BGH*, Urt. v. 13.11.1975 – III ZR 106/72 – NJW 1976, 565, 566.

395 So ausdrücklich *Westerkamp*, Ablöseentschädigungen im bezahlten Sport, 1980, S. 75.

396 *Becker*, Verfassungsrechtliche Schranken für die Regelung des Lizenzfußballsports in der Bundesrepublik Deutschland, 1982, S. 123; *Westerkamp*, Ablöseentschädigungen im bezahlten Sport, 1980, S. 73 f.

397 Vgl. *Westerkamp*, Ablöseentschädigungen im bezahlten Sport, 1980, S. 77 f.

398 *Becker*, Verfassungsrechtliche Schranken für die Regelung des Lizenzfußballsports in der Bundesrepublik Deutschland, 1982, S. 122; *Büch/Schellhaaß*, Jahrbuch für Sozialwissenschaft, 1978, 255, 256.

betrachtet werden[399]. Ferner wurde auf die Rechtsprechung des BGH hingewiesen[400], der in einem Fall, in dem der aufnehmende Verein vom abgebenden Fußballclub die gezahlte Transfersumme zurückverlangte, weil der transferierte Spieler sich vor dem Vereinswechsel gegen eine Bestechung zur Verfälschung eines Spielresultates hatte verleiten lassen, der Klage stattgab[401]. Anspruchsgrundlage war das Rechtsinstitut des Wegfalls der Geschäftsgrundlage (§ 242 BGB)[402]: Das höchste deutsche Zivilgericht sah die Voraussetzungen als gegeben an, wozu es in der Entscheidungsbegründung unter anderem darauf abstellte, daß der Lizenzspieler

> „infolge seines Verstricktseins in den Bundesligaskandal mit einem persönlichen Mangel behaftet [ist], der ihn [...] als Spieler schlechthin, für *jeden* Verein, ausschloß. [...] Ein solcher Spieler wird durch eine unsportliche Handlung der hier vorliegenden Art objektiv ‚wertlos'. Wird der dem Spieler anhaftende Mangel erst nach der Ablösevereinbarung aufgedeckt, so wird dadurch nur offengelegt, daß der Spieler die Eigenschaften, die ihn für einen Verein im DFB wertvoll machen, bereits eingebüßt hatte. Ein derartiger Mangel ist grundsätzlich dem Risikobereich des *alten* Vereins zuzurechnen, in dessen Sphäre er entstanden ist."[403]

Die Beispiele zur Behandlung des Spielertransfers in der rechtlichen Praxis offenbarten – so die anzutreffende Schlußfolgerung –, daß der Lizenzspieler bei der gebotenen wirtschaftlichen Betrachtung ein „Investitionsobjekt" sei, für dessen Verlust der abgebende Lizenzverein entschädigt werde[404].

Dieser funktionale Ansatz, der eine schlüssige Erklärung für die Ablöseentschädigung liefern soll, richtet sich aufgrund der zu seinen Gunsten geltend gemachten Gründe jedoch selbst: Greift man nochmals den Auszug der Entscheidungsgründe aus dem Urteil des BGH zur Rückabwicklung des Spielertransfers auf,

---

399 Siehe ausführlich zur steuerrechtlichen Behandlung der „Spielerwerte" sogleich im 2. Teil, 1. Kapitel, A.I.3.e)aa)(1).

400 So zum Beispiel *Becker*, Verfassungsrechtliche Schranken für die Regelung des Lizenzfußballsports in der Bundesrepublik Deutschland, 1982, S. 122.

401 *BGH*, Urt. v. 13.11.1975 – III ZR 106/72 – NJW 1976, 565.

402 Zustimmend *Siegmann*, in: *Württembergischer Fußballverband*, Rechtsprobleme beim Vereinswechsel eines Fußballspielers, 1983, 40, 44 ff.; krit. *Dörner*, JuS 1977, 225, 227 f., der nur eine Anfechtung nach § 123 Abs. 1 u. 2 BGB sowie einen Anspruch aus culpa in contrahendo durchgehen lassen will, einen Rückgriff auf § 242 BGB aber aufgrund einer anderen Risikozuweisung verneint; siehe zudem *Wertenbruch*, NJW 1993, 180, 182 f., der die Leistungskondiktion (§ 812 Abs. 1 S. 1 1. Alt. BGB) anwenden will.

403 *BGH*, Urt. v. 13.11.1975 – III ZR 106/72 – NJW 1976, 565, 567.

404 So etwa *Büch/Schellhaaß*, Jahrbuch für Sozialwissenschaft, 1978, 255, 256.

kann man sich kaum der Erkenntnis verschließen, daß das Gericht – mit Blick auf den Lizenzspieler – „im Gewande des Wegfalls der Geschäftsgrundlage inhaltlich und terminologisch nichts anderes als die Kriterien der Sachmängelhaftung“ des Kaufrechts prüfte[405].

Interessanterweise wurzelte das Sachmängelgewährleistungsrecht des BGB mit seinen verschuldensunabhängigen Ansprüchen auf Wandelung und Minderung historisch im Römischen Recht, – und zwar auf Edikten der kurulischen Ädilen. Die Edikte waren erlassen worden, um dem betrügerischen Vorgehen vieler Vieh- und Sklavenhändler Einhalt zu gebieten. Aus diesem Grund wurden sie verpflichtet, bestimmte Mängel von sich aus offenzulegen. Dabei ging es vor allem um Krankheiten und bei Sklaven auch um Charakterfehler, also um – in aller Regel unabänderbare – negative persönliche Eigenschaften. Ein Erfüllungsanspruch schied deshalb aus, so daß als passende Rechtsfolgen nur die Rückgängigmachung des Kaufs und die Herabsetzung des Kaufpreises übrig blieben[406].

Vergleicht man in einem nächsten Schritt die Ausführungen des BGH zur Rückabwicklung des Transfervertrages mit den historischen Ursprüngen des Gewährleistungsrechts, erschließt sich eine **aussagekräftige Parallele**: Ausschlaggebender Faktor für die Rückgängigmachung der ausgetauschten Leistungen war sowohl nach der dogmatischen Konstruktion des BGH als auch nach dem Römischen Gewährleistungsrecht der Charakterfehler einer Person. Der persönliche Mangel machte den Spieler für den Lizenzverein „objektiv wertlos“[407], ebenso verlor der mit einem Charakterfehler behaftete Sklave für seinen Eigentümer jeden Wert.

Die Gegenüberstellung der vom BGH gewählten juristischen Vorgehensweise mit den entsprechenden römisch-rechtlichen Anspruchsgrundlagen zeigt somit, daß sich das oberste Zivilgericht – wenn auch unbewußt – im Falle der Rückabwicklung von Spielertransfers in der Wertung an, in gewissem Sinne „traditionsreiche“, Institute des Römischen Rechts anlehnte, die ihren Hauptanwendungs-

---

405 Zutreffend *Dörner*, JuS 1977, 225, 226; *Becker*, Verfassungsrechtliche Schranken für die Regelung des Lizenzfußballsports in der Bundesrepublik Deutschland, 1982, S. 122; siehe auch *Malatos*, Berufsfußball im europäischen Rechtsvergleich, 1988, S. 130. *Westerkamp*, Ablöseentschädigungen im bezahlten Sport, 1980, S. 153 ff., befürwortete sogar eine analoge Anwendung der §§ 459, 462, 465, 467, 346 ff. BGB a.F.

406 Vgl. Staudinger-*Honsell*, BGB, 13. Aufl., 1995, Vorbem. zu §§ 459 ff. Rn. 5 f.; *Medicus*, Schuldrecht II – Besonderer Teil, 10. Aufl., 2000, Rn. 41.

407 Siehe *Westerkamp*, Ablöseentschädigungen im bezahlten Sport, 1980, S. 157: „Auf jeden Fall stellt eine Krankheit oder Verletzung des Spielers einen Mangel im Sinne des § 459 BGB dar.“

bereich bei Geschäften mit Sklaven hatten. Mit Blick auf diesen Befund läßt sich – im übrigen völlig emotionslos – konstatieren, daß der Umgang mit den Lizenzspielern in der Rechtspraxis auf der einen Seite zwar nicht den Tatbestand des Sklaven- und Menschenhandels erfüllte[408], auf der anderen Seite jedoch eine **unübersehbare Nähe zu den Praktiken des Sklavenhandels** bestand[409].

Der Sklaven- und Menschenhandel ist aber einer der Tatbestände, die nach einhelliger Auffassung einen Verstoß gegen die in Art. 1 Abs. 1 S. 1 GG verankerte Menschenwürde implizieren[410]. Mag man auch vor dem Hintergrund, daß Art. 1 GG restriktiv auszulegen ist[411], der – allerdings nicht unbestrittenen[412] – Auffassung sein, daß das Transfersystem nicht gegen die Menschenwürde verstößt[413], so besteht dennoch die Gefahr, daß die tatsächliche Praxis zumindest der dem Art. 1 Abs. 1 S. 1 GG zu entnehmenden Wertung des Verbots des Menschenhandels tendenziell zuwiderläuft[414] [415].

---

408 Näher *Schennen*, Die Verfassungsmäßigkeit von Ablösesummen im Berufsfußball, 1984, S. 234 ff., 236; vgl. dazu auch die Ausführungen im 2. Teil, 1. Kapitel, A.I.4.b)bb).

409 Ebenso *Dörner*, JuS 1977, 225, 226; *Westermann*, JA 1984, 394, 398; *Burmeister*, DÖV 1978, 1, 5; *Becker*, Verfassungsrechtliche Schranken für die Regelung des Lizenzfußballsports in der Bundesrepublik Deutschland, 1982, S. 120 ff.; siehe auch die Entschließung des Europäischen Parlaments v. 11.04.1989, erwähnt bei *Flory*, Der Fall Bosman – Revolution im Fußball?, 1997, S. 59 f.

410 Vgl. Schmidt-Bleibtreu/Klein-*Kannengießer*, GG, 9. Aufl., 1999, Art. 1 Rn. 12; *Pieroth/Schlink*, Grundrechte – Staatsrecht II, 18. Aufl., 2002, Rn. 361.

411 Wohin der inflationäre Gebrauch der Menschwürdegarantie führt, zeigt der Fall *BVerwG*, Urt. v. 31.01.1969 – VII C 69.67 – BVerwGE 31, 236, in dem sich ein Bürger unter Berufung auf Art. 1 GG dagegen wehrte, daß in einer mittels einer EDV-Anlage erstellten Telephonrechnung der Umlaut „ö" in seinem Namen mit „oe" wiedergegeben wurde.

412 Für einen Verstoß gegen Art. 1 Abs. 1 S. 1 GG sprechen sich zum Beispiel *Burmeister*, DÖV 1978, 1, 7; *Preis*, Der Lizenzspieler im Bundesligafußball, 1973, S. 62 f., aus.

413 Vgl. etwa *Plath*, Individualrechtsbeschränkungen im Fußball, 1999, S. 194 ff.

414 Ähnlich *Weiland*, Die Rechtsstellung des Lizenzspielers in der Fußball-Bundesliga, 1980, S. 313; vgl. auch *BVerfG*, Beschl. v. 12.11.1997 – 1 BvR 479/92 und 307/94 – BVerfGE 96, 375, 400: „Eine Verletzung des [durch Art. 1 Abs. 1 S. 1 GG] verbürgten Achtungsanspruches kann nicht nur in der Erniedrigung, Brandmarkung, Verfolgung und Ächtung von Personen [...], sondern auch in der *Kommerzialisierung menschlichen Lebens* liegen" (Hervorhebung durch den Verfasser), und *EuGH*, Urt. v. 09.10.2001 – Rs. C-377/98 – EuZW 2001, 691, 696 Tz. 77 – „Biopatentrichtlinie", der im Zusammenhang mit der Überprüfung der Richtlinie über rechtlichen Schutz biotechnologischer Erfindungen ausführte, daß die Wahrung des Gemeinschaftsgrundrechts der Menschenwürde voraussetzt, daß der Mensch „tatsächlich unverfügbar und unveräußerlich" bleiben muß.

415 Siehe zu der Frage, ob das Transfersystem gegen die Menschenwürde verstieß, ausführlich im 2. Teil, 1. Kapitel, A.I.4.b)bb).

Allein schon diese **Kollisionsgefahr** läßt es im Ergebnis geboten erscheinen, der Überlegung, die Transferentschädigung verkörpere eine Entschädigung für die beim abgebenden Verein durch den Transfer des Spielers entstehenden finanziellen Verluste, eine **klare Absage** zu erteilen. Denn mag eine solche Sichtweise durchaus den wirtschaftlichen Gegebenheiten entsprechen, so ist dem entgegenzustellen, daß diese Betrachtungsweise eben „keine rechtliche Grundlage" hat[416].

e) Existenzsicherung der finanzschwachen Vereine

Im Anschluß ist nunmehr zu untersuchen, wie es sich mit der von Teilen der Lehre[417] vorgetragenen Erwägung verhält, die Ablösesummen leisteten einen entscheidenden Beitrag zur **Sicherung der wirtschaftlichen Existenz der zum Teil hoch verschuldeten Fußballvereine**: Diese erhielten zum einen die Möglichkeit, infolge der Aktivierung der „Spielerwerte" in der Vereinsbilanz der Überschuldung zu entgehen. Zum anderen könnten sie durch die Vorausabtretung der Ablöseentschädigungen ihre Kreditgrundlage erweitern.

Die Beantwortung der Frage, ob dieser Rechtfertigungsgrund in sich schlüssig ist, setzt voraus, daß zunächst über die steuerliche und ökonomische Bedeutung der „Spielerwerte" Klarheit herrscht. Aus diesem Grund erscheint es geboten, vorab die wirtschaftlichen Hintergründe zu erläutern (aa). Anschließend wird die Überlegung im Hinblick auf ihre Stichhaltigkeit gewürdigt (bb).

aa) Steuerliche und ökonomische Bedeutung der Ablösesumme

Die Transferentschädigung erlangte in zweierlei Hinsicht praktische Relevanz: Erstens beeinflußte sie durch ihre Aktivierung die Handels- und Steuerbilanzen und damit zwangsläufig auch das Vereinsvermögen der Lizenzclubs (1). Daneben stellten die erwarteten Transfereinkünfte ein überaus bedeutsames Sicherungsmittel für die den Fußballclubs gewährten Kredite dar (2).

---

[416] So Generalanwalt *Lenz*, Schlußantr. v. 20.09.1995 – Rs. C-415/93 – Slg. 1995 I, 4921, 5023 Tz. 243 – „Bosman"; siehe auch *ders.*, FAZ v. 14.02.1996, S. 10.

[417] *Weisemann/Spieker*, Spiel, Sport und Recht, 2. Aufl., 1997, Rn. 39; *Weiland*, Die Rechtsstellung des Lizenzspielers in der Fußball-Bundesliga, 1980, S. 316; *Klatt*, Die arbeitsrechtliche Stellung der Lizenzfußballspieler, 1976, S. 91; *Kirschenhofer*, Sport als Beruf, 2002, S. 167; *Westermann*, DZWiR 1996, 82, 83; *ders.*, in: *Reschke*, Sport als Arbeit, 1985, 35, 48.

(1) Die Ablösesumme als Aktivposten in der Vereinsbilanz

Die Frage, ob Transferentschädigungen, die der aufnehmende Lizenzverein zu entrichten hatte, in der Handels- und Steuerbilanz als Anschaffungskosten eines abnutzbaren immateriellen Wirtschaftsgutes aktiviert werden konnten, war zunächst höchstrichterlich ungeklärt[418]. Vor der Änderung des DFB-Lizenzspielerstatuts vertraten die Finanzverwaltung[419] und das ihr überwiegend folgende ältere Schrifttum[420] den Standpunkt, daß der die Ablösesumme zahlende Verein ein aktivierungsfähiges Recht erwerbe[421]. Im Anschluß an die formale Entkopplung von Spielerlaubnis und Transferentschädigung im Jahr 1980[422] mehrten sich in der steuerrechtlichen Literatur[423] und Rechtsprechung[424] jedoch die kritischen Stimmen, die für eine Behandlung der Ablösesumme als sofort abziehbare Betriebsausgabe nach § 8 Abs. 1 KStG i.V.m. § 4 Abs. 4 EStG plädierten.

Vor dem Hintergrund dieser unsicheren Rechtslage wurde der BFH im Jahr 1992 mit dem Problem der Aktivierung der „Spielerwerte" in den Handels- und Steuerbilanzen der Lizenzvereine befaßt. Das höchste deutsche Finanzgericht entschied den Streit dabei im bejahenden Sinne[425]. Nach Auffassung des BFH

---

418 Im Rückblick auf die alte Rechtslage aber ablehnend *BFH*, Beschl. v. 13.05.1987 – I B 179/86 – BStBl. II 1987, 777, 778.

419 *FinMin. NRW*, Erl. v. 28.07.1974 – S 2170 – 50 – V B 1 – DB 1974, 2085.

420 *Westerkamp*, Ablöseentschädigungen im bezahlten Sport, 1980, S. 171; *Doberenz*, Betriebswirtschaftliche Grundlagen zur Rechtsformgestaltung professioneller Fußballklubs in der Bundesrepublik Deutschland, 1980, S. 81; *Büch/Schellhaaß*, Jahrbuch für Sozialwissenschaft, 1978, 255, 256; *Teß*, StWa 1976, 149, 150; *Köhler*, ZHR 144 (1980), 589, 596; *Ziegler*, StBp 1980, 30, 32 f.; a.A. noch *ders.*, StBp 1974, 81, 84.

421 Das erworbene Recht umfaßte die Befugnis, den neuen Spieler während der Vertragslaufzeit einzusetzen und nach Ablauf der Vertragslaufzeit entweder den Vertrag zu verlängern oder von einem anderen Verein, der mit diesem Spieler einen Vertrag abschließt, eine Ablöseentschädigung zu verlangen.

422 Siehe ausführlich zur Entwicklung des DFB-Transferrechts im 2. Teil, 1. Kapitel, A.I.2.

423 *Ströfer*, BB 1982, 1087; *-fj-*, FR 1984, 475; *Döllerer*, ZGR 1988, 587 f.; *Ziegler*, StBp 1991, 280; *Reuter*, in: *Württembergischer Fußballverband*, Rechtsprobleme beim Vereinswechsel eines Fußballspielers, 1983, 50, 60 f.; *Haaga*, in: *Württembergischer Fußballverband*, Wirtschaftliche und rechtliche Aspekte zu Problemen des Berufsfußballs, 1991, 19, 35.

424 *BFH*, Beschl. v. 13.05.1987 – I B 179/86 – BStBl. II 1987, 777; *FG Düsseldorf*, Urt. v. 28.11.1990 – 6 K 198/86 K – EFG 1991, 521.

425 *BFH*, Urt. v. 26.08.1992 – I R 24/91 – NJW 1993, 222. Zustimmend MüKo-*Ballwieser*, HGB, Bd. IV, 2001, § 248 Rn. 28; Ensthaler-*Marsch-Barner*, GK-HGB, 6. Aufl., 1999, § 248 Rn. 4; *Kebekus*, EWiR 1993, 29, 30; wohl auch *Knobbe-Keuk*, Bilanz- und Unternehmenssteuerrecht, 9. Aufl., 1993, § 4 IV 3 a S. 93 Fn. 156; a.A. *Jansen*, DStR 1992,

stellen die auf der Grundlage von § 29 DFB-Lizenzspielerstatut a.F. vom aufnehmenden Fußballclub zu zahlenden Ablöseentschädigungen Anschaffungskosten für die vom DFB zu erteilende **Spielerlaubnis** dar. Diese sei als konzessionsähnliches Recht ein **immaterieller Vermögensgegenstand des Anlagevermögens**[426] i.S.d. § 266 Abs. 2 lit. A Nr. 1 HGB und damit gleichzeitig ein **immaterielles Wirtschaftsgut**[427]:

Die Einstufung als konzessionsähnliches Recht resultiere aus der befristeten Erteilung und dem Gestattungscharakter der Spielerlaubnis. Weiterhin sei die abstrakte Bilanzierungsfähigkeit gegeben: Die Spielerlaubnis sei zunächst verkehrsfähig, denn insoweit genüge es, daß der Rechtsverkehr Möglichkeiten entwickelt habe, die Spielerlaubnis wirtschaftlich zu übertragen. Auch die selbständige Bewertbarkeit sei gegeben, weil die Möglichkeit bestehe, eine nach den vom DFB aufgestellten Grundsätzen berechnete Transferentschädigung zu verlangen[428].

Zweifel ergaben sich jedoch im Rahmen der konkreten Bilanzierungsfähigkeit. Vielfach wurde nämlich vertreten[429], daß in concreto das Bilanzierungsverbot gemäß § 8 Abs. 1 KStG i.V.m. § 5 Abs. 2 EStG (§ 248 Abs. 2 HGB) eingreife, wonach für immaterielle Wirtschaftsgüter des Anlagevermögens ein Aktivposten nur angesetzt werden darf, wenn sie entgeltlich erworben wurden. Unproblematisch stellte sich im Hinblick auf den geforderten entgeltlichen Erwerb nur der Fall dar, daß ein Lizenzspieler aus einem **noch laufenden Vertrag** „heraus-

---

1785; *Littkemann/Schaarschmidt*, StuB 2002, 372; *Littkemann*, in: *Dietl*, Globalisierung des wirtschaftlichen Wettbewerbs im Sport, 2003, 141.

426 Allgemein zur Bilanzierung immaterieller Vermögensgegenstände *Bauch/Oestreicher*, Handels- und Steuerbilanzen, 5. Aufl., 1993, S. 246 ff.; *Moxter*, BB 1979, 1102.

427 *BFH*, Urt. v. 26.08.1992 – I R 24/91 – NJW 1993, 222; ebenso *Herrmann*, LSW Gruppe 3, 3982 (3/1993); *Moxter*, Bilanzrechtsprechung, 5. Aufl., 1999, § 4 II 1 d) S. 33 f. Anzumerken ist an dieser Stelle, daß die Umschreibung der Finanzverwaltung offenließ, welcher Umstand – der Spielervertrag, das aus der Abrede resultierende Recht auf Dienstleistung oder die Spielerlaubnis – den Anknüpfungspunkt für das Wirtschaftsgut bilden sollte; der BFH konkretisierte den Erlaß durch sein Urteil dahin, daß er allein auf die Spielerlaubnis rekurrierte. Zutreffend *Hüttemann*, DStR 1994, 490, 491.

428 Der Einordnung der Spielerlaubnis als konzessionsähnliches Recht sowie der Bejahung der abstrakten Bilanzierungsfähigkeit zustimmend *Moxter*, Bilanzrechtsprechung, 5. Aufl., 1999, § 3 II 2 i) S. 24; *Hüttemann*, DStR 1994, 490 ff.; *Söffing*, BB 1996, 523 f.; krit. *Jansen*, DStR 1992, 1785 ff.; *ders.*, FR 1995, 461, 464 f.; *Ziegler*, StBp 1991, 280, 283.

429 Vgl. *Marx*, BB 1994, 2379, 2384 f.; *-fj-*, FR 1984, 475; *Döllerer*, ZGR 1988, 587 f.; *Ziegler*, StBp 1991, 280, 281 f.

gekauft" wurde[430]. Unklar war dagegen die Einschlägigkeit der Tatbestandsvoraussetzung in der Situation eines **beendeten Spielervertrages,** da es vordergründig an einem Zusammenhang zwischen der Zahlung der Transfersumme und der Erteilung der Spielerlaubnis seitens des DFB fehlte. Anders entschied jedoch der BFH: Es sei ausreichend, daß die Transferentschädigung zumindest in wirtschaftlicher Hinsicht die Funktion einer Gegenleistung für die Erteilung der Spielerlaubnis durch den DFB habe[431], wobei letzterer gleichzeitig auch eine „Marktgängigkeit" innewohne[432]. Das Aktivierungsverbot i.S.d. § 8 Abs. 1 KStG i.V.m. § 5 Abs. 2 EStG (§ 248 Abs. 2 HGB) kam somit im Ergebnis nicht zum Zuge, d.h., die konkrete Bilanzierungsfähigkeit war ebenso gegeben.

Als der Abnutzung unterliegende Wirtschaftsgüter des Anlagevermögens mußten die Anschaffungskosten der Spielerlaubnis, d.h. die Transferentschädigung, um die Absetzungen für Abnutzung (AfA) vermindert werden. Die AfA bemaßen sich gemäß § 8 Abs. 1 KStG i.V.m. § 7 Abs. 1 S. 2 EStG nach der betriebsgewöhnlichen Nutzungsdauer, in diesem Falle mithin nach der Dauer des Spielervertrages, da die Spielerlaubnis mit dessen Beendigung erlosch. In ertragssteuerlicher Hinsicht[433] wurde der für den Transfer des Spielers aufgewendete Geldbetrag während der Vertragslaufzeit linear abgeschrieben[434].

---

430 Vgl. *BFH*, Urt. v. 26.08.1992 – I R 24/91 – NJW 1993, 222, 223; *Kronner*, DStR 1996, 1185, 1186; *Mümmler*, UR 1984, 132, 134 zu § 1 Abs. 1 UStG a.F.; a.A. *FG Düsseldorf*, Urt. v. 28.11.1990 – 6 K 198/86 K – EFG 1991, 521, 522.

431 Die Qualifizierung der Ablöseentschädigung als wirtschaftliche Gegenleistung ergab sich aus dem Umstand, daß der aufnahmewillige Fußballverein die Verpflichtungsentscheidung gerade auch in Abhängigkeit von der Ablöseforderung des abgebenden Lizenzclubs traf (siehe zu den für diese Entscheidung ausschlaggebenden wirtschaftlichen Gründen bereits im 2. Teil, 1. Kapitel, A.I.2.). Das Vorliegen eines Spielervertrages war aber die entscheidende Voraussetzung für die Ausstellung einer Spielerlaubnis. Funktional wurde die Transferentschädigung deshalb gerade im Hinblick auf den Erhalt der Spielerlaubnis geleistet. Näher *BFH*, Urt. v. 26.08.1992 – I R 24/91 – NJW 1993, 222, 223; beipflichtend *Hüttemann*, DStR 1994, 490, 493 f.; a.A. *Jansen*, DStR 1992, 1785, 1787 f.

432 Die Marktgängigkeit leitete sich daraus ab, daß die Transfersummen entweder frei ausgehandelt oder nach den Richtlinien des DFB, die die Unter- und Obergrenzen für die zu zahlenden Ablösegelder absteckten, durch Schiedsgutachten festgesetzt wurden. Die auf diesem Wege ermittelten Geldbeträge bedeuteten somit gleichzeitig eine Wertbestätigung am Transfermarkt. Näher dazu *BFH*, Urt. v. 26.08.1992 – I R 24/91 – NJW 1993, 222, 223 f.

433 Zur Besteuerung der Lizenzvereine der beiden Bundesligen siehe *Littkemann/Engelsing*, StuB 2001, 169; *Wengel*, StuB 2001, 642; *Madl*, BB 1997, 1126; zur steuerrechtlichen Kontrolle der Spielertransfers siehe *Wakounig/Nemeth*, ÖStZ 2002, 368.

434 *BFH*, Urt. v. 26.08.1992 – I R 24/91 – NJW 1993, 222, 224; a.A. *FinMin. NRW*, Erl. v. 28.07.1974 – S 2170 – 50 – V B 1 – DB 1974, 2085, in dem die betriebsgewöhnliche Nutzungsdauer auch nach dem Lebensalter des Spielers bemessen wurde.

Die Aktivierung der Spielerlaubnis als immaterieller Vermögensgegenstand des Anlagevermögens erwies sich für die finanziell weniger betuchten Fußballvereine von Vorteil. So wurden sie dadurch weithin erst in die Lage versetzt, ihre **wirtschaftliche Situation im DFB-Lizenzierungsverfahren**[435] **als günstig zu präsentieren.** Denn neben der „Aufbesserung" der Aktivseite der Bilanz konnten die innerhalb eines Rechnungsjahres entstandenen Ausgaben für die Verpflichtung eines Lizenzspielers über mehrere Jahre verteilt werden[436].

(2) Die Ablösesumme als Gläubigersicherheit

Neben ihrer steuerlichen hatten die „Spielerwerte" darüber hinaus ebenfalls eine wirtschaftliche Bedeutung: Bestand bei einem Lizenzverein Bedarf an liquiden Mitteln, gab es die Möglichkeit, die im Falle eines Wechsels zu einem anderen Fußballclub fällig werdende Transferentschädigung gemäß § 29 DFB-Lizenzspielerstatut a.F. als Kreditsicherheit einzusetzen[437]. In rechtlicher Hinsicht bewerkstelligten die Beteiligten dies über eine Sicherungszession: Der Lizenzclub als Kreditnehmer trat den künftigen Anspruch im voraus an den Kreditgeber ab[438]. Dem Bestimmtheitsgrundsatz wurde dabei Genüge getan, da die Höhe der zu entrichtenden Ablösesumme anhand der DFB-Richtlinien näherungsweise ermittelt werden konnte[439]. Der Schuldner des künftigen Zahlungsanspruches mußte im Zeitpunkt der Abtretung noch nicht feststehen[440]. Sofern der DFB gemäß §§ 29 Nr. 1 Abs. 3 S. 3, 30 Nr. 1 Abs. 2 DFB-Lizenzspielerstatut a.F. seine Zustimmung erteilte, stand auch das verbandsrechtlich normierte Abtretungsverbot einer Forderungszession nicht mehr im Wege[441].

---

435 Zur Lizenzvergabe an die Bundesliga-Fußballclubs – insbesondere zur Prüfung der wirtschaftlichen Leistungsfähigkeit – durch den DFB siehe ausführlich *Ellrott/Galli*, WPg 2000, 269; *Galli*, WPg 1998, 56.

436 Vgl. *Haaga*, in: *Württembergischer Fußballverband*, Wirtschaftliche und rechtliche Aspekte zu Problemen des Berufsfußballs, 1991, 19, 35; *Littkemann/Schaarschmidt*, StuB 2002, 372, 379; *Ströfer*, BB 1982, 1087, 1092.

437 *Westerkamp*, Ablöseentschädigungen im bezahlten Sport, 1980, S. 159 ff.; *Schennen*, Die Verfassungsmäßigkeit von Ablösesummen im Berufsfußball, 1984, S. 272 ff.; *Wertenbruch*, ZIP 1993, 1292.

438 Zur Zulässigkeit der Vorausabtretung von Forderungen siehe Jauernig-*Stürner*, BGB, 10. Aufl., 2003, § 398 Rn. 9; Palandt-*Heinrichs*, BGB, 62. Aufl., 2003, § 398 Rn. 11; krit. *Reuter*, NJW 1983, 649, 653 f.

439 Ebenso *Westerkamp*, Ablöseentschädigungen im bezahlten Sport, 1980, S. 161.

440 Vgl. allgemein Palandt-*Heinrichs*, BGB, 62. Aufl., 2003, § 398 Rn. 11.

441 Das Zustimmungserfordernis war eine Reaktion des DFB auf die Einrichtung von Fußballspieler-Beteiligungsfonds („Ommer"-Modell). Näher *Eilers*, in: *Württembergischer Fußballverband*, Wirtschaftliche und rechtliche Aspekte zu Problemen des Berufsfußballs, 1991, 48; *Westermann*, ZIP 1991, 705; krit. zu dem Abtretungsverbot *Wertenbruch*, ZIP 1993, 1293, 1295 ff.

Praktische Relevanz als Sicherungsmittel erlangte die potentielle Transferentschädigung vor allem **im Zusammenhang mit dem vom DFB** vor jeder Spielzeit **durchgeführten Lizenzierungsverfahren**: Verfügte ein Verein nicht über genügend liquide Mittel, konnte er sich unter Einsatz der künftigen Forderung als Sicherheit das benötigte Fremdkapital beschaffen, um auf diesem Wege die wirtschaftliche Leistungsfähigkeit nachzuweisen[442]. Gelang dies nicht, verweigerte der DFB die Ausstellung der Lizenz, so daß eine Teilnahme am Spielbetrieb nicht möglich war[443].

bb) Existenzbedrohung durch den Wegfall der Transferentschädigung

Nach Darstellung des steuerrechtlichen und wirtschaftlichen Hintergrundes ist im Anschluß die Erwägung der Existenzsicherung wirtschaftlich notleidender Vereine auf ihre Berechtigung hin zu überprüfen. Dabei ist von Folgendem auszugehen: Die voranstehenden Ausführungen haben verdeutlicht, daß sowohl die Bilanzierungspraxis als auch der Einsatz der zukünftig zu erwartenden Ablöseentschädigung als Sicherungsmittel in **engem Zusammenhang mit dem DFB-Lizenzierungsverfahren** standen. Dieses zur Teilnahme am Ligabetrieb vorher zu durchlaufende Procedere beruhte auf dem Gedanken, die übrigen Lizenzvereine vor Wettbewerbsverzerrungen und Einnahmeausfällen zu schützen[444].

Allerdings waren damals etwa 75 Prozent aller Lizenzvereine hoch verschuldet[445], und die „Spielerwerte" machten gleichzeitig zwischen 50 und 90 Prozent der Bilanzsumme der Fußballclubs aus[446]. Daher lag es auf der Hand, daß zahlreichen Clubs im Falle des ersatzlosen Wegfalls der Ablöseentschädigung wegen der Pflicht zur sofortigen Absetzung der gezahlten Ablösesummen als Be-

---

442 Vgl. *Trommer*, Die Transferregelungen im Profisport im Lichte des „Bosman-Urteils" im Vergleich zu den Mechanismen im bezahlten amerikanischen Sport, 1999, S. 43; *Parensen*, in: *Tokarski*, EU-Recht und Sport, 1998, 70, 103.

443 Zur Funktion des DFB-Lizenzierungsverfahrens aus der Sicht des DFB siehe *Parensen*, in: *Tokarski*, EU-Recht und Sport, 1998, 70, 94; kritisch zu der Handhabung des Lizenzierungsverfahrens durch den DFB dagegen *Heckelmann*, AcP 179 (1979), 1, 5.

444 Vgl. *Parensen*, in: *Tokarski*, EU-Recht und Sport, 1998, 70, 79 f.; *Brast/Stübinger*, in: *Schewe/Littkemann*, Sportmanagement, 2002, 23, 45; *Wertenbruch*, ZIP 1993, 1292 Fn. 7; *Ellrott/Galli*, WPg 2000, 269, 278.

445 *Hopt*, BB 1991, 778, 779; *Wertenbruch*, ZIP 1993, 1292; siehe auch *Westermann*, ZIP 1991, 705; *Franck*, Die ökonomischen Institutionen der Teamsportindustrie, 1995, S. 15.

446 *Littkemann/Sunderdiek*, BBK Fach 19, 1215, 1216 (24/1998), geben den Anteil der „Spielerwerte" am Gesamtvermögen im Durchschnitt mit etwa 50 Prozent an; *Ströfer*, BB 1982, 1087, 1088; *Doberenz*, Betriebswirtschaftliche Grundlagen zur Rechtsformgestaltung professioneller Fußballklubs in der Bundesrepublik Deutschland, 1980, S. 81; und *Büch*, Zeitschrift für Wirtschafts- und Sozialwissenschaften, 1979, 447, 451, gehen dagegen von einem Anteil von 90 Prozent aus.

triebsausgaben eine Überschuldung drohte[447]. Im Falle einer Überschuldung war der Vorstand des Lizenzvereins jedoch verpflichtet, die Eröffnung eines Konkursverfahrens zu beantragen[448]. Dem daraufhin eingesetzten Konkursverwalter blieb in den meisten Fällen keine andere Wahl, als den Spielbetrieb einzustellen[449]. Dies hatte eine Verzerrung im Tabellenbild zur Konsequenz; die Folge davon war eine geringere Attraktivität für die Zuschauer, was bei den Konkurrenzvereinen wiederum zu Einnahmeausfällen führte[450]. In einer solchen Situation wurden somit die Ziele, Wettbewerbsverzerrungen im Tabellenbild und damit einhergehend finanzielle Einbußen bei den anderen Fußballclubs zu vermeiden, in ihr Gegenteil verkehrt.

Die Überlegungen zeigen auf, daß **ohne** Transferentschädigung bei zahlreichen Vereinen eine latente Gefahr der Überschuldung und damit des Unterlaufens der Funktionen des Lizenzierungsverfahrens bestand. Dies sollte durch die Ablöseentschädigung verhindert werden. Dem Instrument der Transferentschädigung lag folglich eine ratio zugrunde, die mit dem Schlagwort der „Existenzsicherung" nur unzureichend umschrieben wird. Denn hierbei bleibt völlig außer acht, daß es nicht nur – wie oftmals vermutet[451] – um unternehmerischen Bestandsschutz für finanzschwache Fußballvereine ging.

Dieser Schutzzweck wurde jedoch von der ganz herrschenden Ansicht für nicht ausreichend erachtet. Ausschlaggebend sei, daß das Transfersystem ein unseriöses Finanzgebaren der Vereinsvorstände geradezu herausfordere: Diese würden dazu verleitet, durch die Aufnahme von Fremdkapital teuere Spieler zu verpflichten, was zu einer permanenten Schuldenkrise der Lizenzvereine führe. Die

---

[447] *Büch/Schellhaaß*, Jahrbuch für Sozialwissenschaft, 1978, 255, 269; *Littkemann/Schaarschmidt*, StuB 2002, 372, 374; *Doberenz*, Betriebswirtschaftliche Grundlagen zur Rechtsformgestaltung professioneller Fußballklubs in der Bundesrepublik Deutschland, 1980, S. 83; *Haaga*, in: *Württembergischer Fußballverband*, Wirtschaftliche und rechtliche Aspekte zu Problemen des Berufsfußballs, 1991, 19, 35.

[448] Näher zu den Rechtsfolgen der Konkurseröffnung, insbesondere auch im Hinblick auf die Rechtsfähigkeit des rechtsfähigen Sportvereins *Uhlenbruck*, in: Festschrift für *Merz*, 1992, 581, 582 ff.; *Reichert*, in: *Grunsky*, Der Sportverein in der wirtschaftlichen Krise, 1990, 1, 6 ff.; zur Rechtslage nach dem neuen Insolvenzrecht siehe allgemein *Müller*, Der Verband in der Insolvenz, 2002.

[449] Vgl. *Uhlenbruck*, in: Festschrift für *Merz*, 1992, 581, 592; *Andres*, in: *Grunsky*, Der Sportverein in der wirtschaftlichen Krise, 1990, 35, 41 f.; a.A. *Wertenbruch*, ZIP 1993, 1292 f.

[450] *Weiland*, NJW 1978, 737, 738; *Parensen*, in: *Tokarski*, EU-Recht und Sport, 1998, 70, 79 f.

[451] Z.B. *Reuter*, in: *Württembergischer Fußballverband*, Rechtsprobleme beim Vereinswechsel eines Fußballspielers, 1983, 50, 59; in diese Richtung auch *Füllgraf*, Der Lizenzfußball – Eine vertragliche Dreiecksbeziehung im Arbeitsrecht, 1981, S. 90.

Aktivierung der Spielerlaubnis als immaterieller Vermögensgegenstand des Anlagevermögens und die Verwendung potentieller Transferentschädigungsansprüche als Kreditsicherheit führten dazu, daß die Eröffnung des Insolvenzverfahrens zu Lasten des Geschäftsverkehrs hinausgeschoben werde[452].

Im Ergebnis ist dieser Vorwurf in seiner Pauschalität jedoch nicht gerechtfertigt: Zwar ist zuzugeben, daß zwischen den hohen Transferentschädigungen und der Schuldenkrise der Fußballclubs ein Ursachenzusammenhang besteht. Daraus die Schlußfolgerung zu ziehen, daß das Transfersystem **hauptverantwortlich** für die wirtschaftliche Misere zahlreicher Vereine sei, greift dennoch zu kurz. Betrachtet man nämlich die dargelegte Kausalkette, fällt auf, daß die Entscheidungsträger darin ein wichtiges Bindeglied darstellen, sind sie es doch, die letzten Endes über die Verpflichtung der „teueren" Spitzenspieler entscheiden. Deshalb empfiehlt es sich, die **Rolle der Vereinsvorstände** in dieser Beziehung genauer zu **hinterfragen**[453].

Die in den Vorstand gewählten Personen leiteten den Verein nahezu ausschließlich ehrenamtlich, d.h., sie übten ihre Tätigkeit freiwillig, unentgeltlich und nebenberuflich aus[454]. Bei der Wahrnehmung ihrer Managementfunktion wirtschafteten die Vorstände dabei ausschließlich mit dem Kapital des Fußballclubs, d.h., es fehlten Anreize für ein wirtschaftlich sinnvolles Handeln[455]. Statt dessen nutzten zahlreiche Entscheidungsträger ihr Amt dazu aus, den Verein zum persönlichen **„Prestigeinstrument umzufunktionieren"**[456], – und zwar bis an die Grenze der Überschuldung[457]. Die vereinsinternen, dem Vorstand auferlegten Kontrollmechanismen[458] erwiesen sich an dieser Stelle nur zu oft als völlig inef-

---

452 *Plath*, Individualrechtsbeschränkungen im Fußball, 1999, S. 168 ff.; *Osthoff*, Rechts- und sittenwidrige Entscheidungsbeschränkungen für Berufssportler, insbesondere für Lizenzfußballer, 1983, S. 210 ff.; *Schennen*, Die Verfassungsmäßigkeit von Ablösesummen im Berufsfußball, 1984, S. 269; *Füllgraf*, Der Lizenzfußball – Eine vertragliche Dreiecksbeziehung im Arbeitsrecht, 1981, S. 90; *Doberenz*, Betriebswirtschaftliche Grundlagen zur Rechtsformgestaltung professioneller Fußballklubs in der Bundesrepublik Deutschland, 1980, S. 83; *LAG Düsseldorf*, Urt. v. 07.09.1988 – 6 Sa 968/88 – LAGE § 611 BGB Berufssport Nr. 2, 1, 2.

453 Ebenso *Schewe/Littkemann*, BFuP 1999, 183, 187.

454 Näher *Michalik*, in: *Schewe/Littkemann*, Sportmanagement, 2002, 99, 101 f.

455 *Franck*, Die ökonomischen Institutionen der Teamsportindustrie, 1995, S. 98; vgl. auch *ders.*, BFuP 1999, 183, 184.

456 *Franck*, Die ökonomischen Institutionen der Teamsportindustrie, 1995, S. 98; siehe zudem *Schewe*, in: *Schewe/Littkemann*, Sportmanagement, 2002, 163, 164; *Erning*, Professioneller Fußball in Deutschland, 2000, S. 198.

457 Ähnlich *Erning*, Professioneller Fußball in Deutschland, 2000, S. 198 f.

458 Die Kontrollmechanismen bestanden in regelmäßigen Berichtspflichten gegenüber dem Aufsichtsrat und einem in gewissen Zeitabständen anzufertigenden Rechenschaftsbericht

fizient[459]. Daneben ist noch ein weiterer Aspekt zu berücksichtigen: Viele ehrenamtliche Entscheidungsträger wurden schlicht den im Zuge der Kommerzialisierung des Profifußballs gewachsenen Anforderungen an das Führungspersonal (z.B. ökonomischer Sachverstand) nicht mehr gerecht[460].

Die **eigentliche Ursache** für die finanzielle Schieflage zahlreicher Vereine waren somit **eklatante Schwächen der damaligen Führungsstrukturen** der Lizenzvereine[461]. Das Transfersystem hatte die hohen Schulden somit nicht erst hervorgerufen, sondern einem unter den Entscheidungsträgern der Fußballvereine verbreiteten Hang zur Mißwirtschaft „lediglich" weiteren Vorschub geleistet. Die Abschaffung der Ablöseentschädigungen hätte vor diesem Hintergrund daher ausschließlich ein **Kurieren an den Symptomen** bedeutet. Sinnvoller als die Beseitigung der äußeren Anreizstrukturen für die Mißwirtschaft war daher die Einführung professioneller Managementstrukturen in den Fußballvereinen[462].

---

für die Mitgliederversammlung zur Entlastung. Vgl. *Flory*, Der Fall Bosman – Revolution im Fußball?, 1997, S. 36.

459 Ausführlich *Schewe*, in: *Schewe/Littkemann*, Sportmanagement, 2002, 163, 164; *Erning*, Professioneller Fußball in Deutschland, 2000, S. 197 ff.; ähnlich, wenn auch in der Formulierung etwas zurückhaltender *Parlasca*, Kartelle im Profisport, 1993, S. 87.

460 Siehe *Michalik*, in: *Schewe/Littkemann*, Sportmanagement, 2002, 99, 110.

461 *Franck*, Die ökonomischen Institutionen der Teamsportindustrie, 1995, S. 98 f., 203 f.; *Lehmann/Weigand*, ifo-Studien – Zeitschrift für empirische Wirtschaftsforschung, 1997, 381, 402 f.; *Reichert*, in: *Grunsky*, Der Sportverein in der wirtschaftlichen Krise, 1990, 1, 5 f.

462 *Lehmann/Weigand*, ifo-Studien – Zeitschrift für empirische Wirtschaftsforschung, 1997, 381, 403; im Grundsatz zustimmend *Dietl/Franck*, ZfB 2000, 1157 ff., die jedoch zutreffend darauf hinweisen, daß die Installation neuer Managementstrukturen kein „Allheilmittel" gegen die eklatanten Finanzprobleme der Lizenzvereine darstellt, sondern es weitergehender Maßnahmen bedarf, um zum Beispiel „Überinvestitionen" in Spieler wirksam zu begegnen. Im übrigen wird die Richtigkeit der hier vertretenen These dadurch belegt, daß die Einführung professioneller Managementstrukturen in den Lizenzclubs als einer der Beweggründe für die Abschaffung des Rechtsformzwangs für die Fußballvereine genannt wurde (vgl. *Hopt*, BB 1991, 778, 779, 783; *Segna*, ZIP 1997, 1901, 1902 f.; zur Aufhebung des Rechtsformzwangs siehe bereits die Ausführungen im 1. Teil, 1. Kapitel, B.I.2.a)). Des weiteren sahen sich selbst die Fußballclubs, die von der Möglichkeit der Ausgliederung der Lizenzspielerabteilung auf eine Körperschaft keinen Gebrauch machten, in der Zwischenzeit dazu veranlaßt, im Rahmen des flexiblen Vereinsrechts die ehrenamtlichen Entscheidungsträger in den Vereinsvorständen zumindest partiell oder sogar vollständig durch professionelle Führungskräfte mit ökonomischen Kenntnissen zu ersetzen (ausführlich zur Professionalisierung und zum Strukturwandel im lizenzierten Fußball *Schewe/Gaede/Küchlin*, in: *Schewe/Littkemann*, Sportmanagement, 2002, 9; siehe zudem die tabellarische Übersicht bei *Michalik*, in: *Schewe/Littkemann*, Sportmanagement, 2002, 99, 111). Zur Professionalisierung in diesem Sektor insgesamt gehören namentlich auch Maßnahmen zur Selbstkontrolle der Fußball-

Die genaue Analyse der tatsächlichen Gegebenheiten kristallisiert somit heraus, daß die finanzielle Mißwirtschaft der Lizenzvereine keinesfalls dazu nötigt, eine Interpretation der Transferentschädigung als Instrument zur Vermeidung von insolvenzbedingten Wettbewerbsverzerrungen und von Einnahmeausfällen vorschnell zu verwerfen.

Gegen ein solches Verständnis wird aber noch ein weiteres Argument ins Feld geführt: So verweist Plath darauf, daß sich die Transfererlöse bei dem wirtschaftlich geschwächten Fußballverein FC St. Pauli in der Spielzeit 1995/96 auf „nur" 1,26 Mio. DM beliefen und damit nicht einmal zehn Prozent des gesamten Jahresbudgets ausmachten. Das Beispiel sei verallgemeinerungsfähig und belege, daß der Anteil der Erlöse aus den Transferentschädigungen am Jahresumsatz zu gering sei, als daß die Vereine darauf angewiesen wären, um ihre Existenz zu sichern[463].

Das Argument stellt sich bei einer näheren Betrachtung der finanziellen Situation zahlreicher Lizenzvereine jedoch als haltlos heraus. So zeigt eine Analyse der ökonomischen Ausgangslage aus dem Jahr 1998, daß zum Beispiel Eintracht Frankfurt bei einem Wegfall der aktivierten Ablösesummen einen noch größeren Fehlbetrag hätte ausweisen müssen als er ohnehin schon bestand. Im Fall des SV Werder Bremen, der eigentlich eine positive Vermögensbilanz vorweisen konnte, hätte als Folge der Streichung der „Spielerwerte" aus dem Anlagevermögen ebenfalls eine bilanzielle Überschuldung vorgelegen[464].

Als Fazit läßt sich damit festhalten, daß das **Institut der Transferentschädigung** – in Abweichung von der ganz herrschenden Ansicht – **durch das Interesse, ein Unterlaufen der Ziele des Lizenzierungsverfahrens als Auswirkung des Konkurses eines Fußballvereins zu verhindern, legitimiert** wird[465].

f) Zusammenfassung

Zieht man ein Resümee der Überlegungen zu Sinn und Zweck der Transferentschädigung, fällt zweierlei auf: Erstens läßt sich mit Blick auf die in die Diskussion eingeführten Argumente konstatieren, daß man bezüglich der Frage nach der Anerkennung der einzelnen Gründe um eine **differenzierte Bewertung**

---

unternehmensführung (vgl. dazu *Dörnemann*, Controlling für Profi-Sport-Organisationen, 2002; *Haas*, Controlling der Fußballunternehmen, 2002).

463 Ausführlich *Plath*, Individualrechtsbeschränkungen im Fußball, 1999, S. 169 f.

464 Vgl. die Analyse der wirtschaftlichen Lage von Vereinen der Fußball-Bundesliga von *Littkemann/Sunderdiek*, BBK Fach 19, 1215, 1222 ff., 1228 (24/1998).

465 In diese Richtung in anderem Zusammenhang auch *Imping*, EWS 1996, 193, 197 f.

nicht umhin kommt. Nicht alle der genannten Interessen können als grundsätzlich taugliche Rechtfertigungsgründe anerkannt werden: Das Interesse an der Aufrechterhaltung des sportlichen Gleichgewichts ist zwar an sich durchaus legitim, taugt aber kaum als Erklärung für die Transferentschädigung. Der Gedanke der Entschädigung des abgebenden Vereins für den Verlust an sportlicher und wirtschaftlicher Kraft findet demgegenüber bereits für sich genommen keine Stütze in der Rechtsordnung. Andere Interessen können dagegen zumindest partiell (Aufwendungsersatzfunktion, Nachwuchsförderung) oder gar vollständig (Existenzsicherungsgedanke) als Erklärung für das Institut der Transferentschädigung anerkannt werden. Zweitens weisen die einzelnen von den Verbänden geltend gemachten Ziele sowohl sportbezogene als auch wirtschaftliche Elemente auf. Es besteht insofern eine Gemengelage, wobei jedoch der **wirtschaftliche Charakter dominiert**[466].

Letztlich ergibt sich somit als Antwort auf die Frage nach den **Funktionen der Rechtsfigur der Ablöseentschädigung** folgendes Bild:

- Die Aufwendungsersatzfunktion paßt ausschließlich in der Konstellation, wenn ein Lizenzspieler vom abgebenden Verein ausgebildet wurde; allerdings muß zwischen der Transferentschädigung und der Höhe der Ausbildungskosten ein Äquivalenzverhältnis bestehen;
- der Gedanke der Schaffung von Anreizstrukturen für die Nachwuchsförderung ist nur für die Situation des Wechsels eines Nachwuchsspielers von einem ausbildenden Verein zu einem Lizenzverein anzuerkennen, wobei in dieser Beziehung kein Äquivalenzverhältnis vorliegen muß;
- dem Aspekt der Aufrechterhaltung des finanziellen Gleichgewichts zwischen den Lizenzvereinen kann nur eine ergänzende Funktion beigemessen werden;
- eine wichtige Funktion der Ablöseentschädigung besteht darin, einen Beitrag zur Existenzsicherung der finanziell angeschlagenen Vereine zu leisten, um ein insolvenzbedingtes Unterlaufen der Ziele des Lizenzierungsverfahrens zu verhindern.

[466] So auch die herrschende Ansicht: *Plath*, Individualrechtsbeschränkungen im Fußball, 1999, S. 163; *Becker*, Verfassungsrechtliche Schranken für die Regelung des Lizenzfußballsports in der Bundesrepublik Deutschland, 1982, S. 135; *Westerkamp*, Ablöseentschädigungen im bezahlten Sport, 1980, S. 133; *Preis*, Der Lizenzspieler im Bundesligafußball, 1973, S. 59; a.A. *Buchner*, RdA 1982, 1, 12.

4. Die Transferentschädigung als verfassungsrechtliches Problem

Bereits zuvor hat sich gezeigt, daß der Lizenzfußballspieler auf der einen Seite durch die Transferentschädigung massiv in seinem Recht zur freien Wahl des Arbeitsplatzes beeinträchtigt wurde. Auf der anderen Seite konnten die Lizenzvereine dem fast ausschließlich wirtschaftliche Interessen entgegensetzen, um das Mobilitätshindernis zu rechtfertigen. Angesichts dieser Sachlage verwundert es nicht, daß **für den Fall des beendeten Spielervertrages** mit der Zeit in zunehmendem Maße **juristische Bedenken gegen das Institut der Transferentschädigung beim Wechsel eines Lizenzspielers zwischen zwei Proficlubs artikuliert** wurden.

a) Einwirkung des Verfassungsrechts auf Privatrechtsbeziehungen

Rechtliche Grundlage für die gegen die Zulässigkeit der Transferentschädigung gerichteten Angriffe waren vor allem die Grundrechte[467] der Profifußballer: namentlich[468] die Berufsfreiheit (Art. 12 Abs. 1 S. 1 GG) und die Menschenwürdegarantie (Art. 1 Abs. 1 S. 1 GG)[469]. Die Grundrechte dienen aber primär dem Schutz des einzelnen vor der staatlichen Hoheitsgewalt (Art. 1 Abs. 3 GG). Die hier zu beurteilende rechtliche Situation wiederum war durch die Besonderheit gekennzeichnet, daß die Anspruchsgrundlage für die Entschädigungszahlung – § 29 DFB-Lizenzspielerstatut a.F. – als vom DFB erlassene Verbandsnorm dem Privatrecht entstammte[470]. Es stellt sich daher die Frage nach der Anwendbarkeit der Freiheitsrechte innerhalb privatrechtlicher Beziehungen (**Drittwirkung der Grundrechte**)[471].

---

467 Zur zivilrechtlichen Überprüfung der Ablöseentschädigung als nachvertragliches Wettbewerbsverbot gemäß §§ 74 ff. HGB analog bzw. eine zwischen den Lizenzvereinen vereinbarte Sperrabrede nach § 75f HGB analog siehe *LAG Berlin*, Urt. v. 21.06.1979 – 4 Sa 127/78 – NJW 1979, 2582, 2583; *Füllgraf*, Der Lizenzfußball – Eine vertragliche Dreiecksbeziehung im Arbeitsrecht, 1981, S. 90 f.; *Malatos*, Berufsfußball im europäischen Rechtsvergleich, 1988, S. 131 f.; *Westerkamp*, Ablöseentschädigungen im bezahlten Sport, 1980, S. 84 ff.; *Reuter*, NJW 1983, 649, 653.

468 Neben Art. 12 Abs. 1 GG und Art. 1 Abs. 1 GG wurden noch die Art. 11 Abs. 1 GG und Art. 2 Abs. 1 GG – letzterer vor allem in bezug auf Lizenzspieler ausländischer Staatsangehörigkeit – geprüft. Vgl. *Westerkamp*, Ablöseentschädigungen im bezahlten Sport, 1980, S. 147 f.; *Plath*, Individualrechtsbeschränkungen im Fußball, 1999, S. 193 f.

469 Siehe etwa *Preis*, Der Lizenzspieler im Bundesligafußball, 1973, S. 60 ff.; *Westerkamp*, Ablöseentschädigungen im bezahlten Sport, 1980, S. 108 ff.

470 Vgl. zur Organisation des DFB ausführlich im 1. Teil, 1. Kapitel, B.I.3.

471 Siehe zu der Problematik ausführlich *Pieroth/Schlink*, Grundrechte – Staatsrecht II, 18. Aufl., 2002, Rn. 173 ff.; *Hesse*, Grundzüge des Verfassungsrechts der Bundesrepublik Deutschland, 20. Aufl., 1995, Rn. 351 ff.

Angesichts des Umstandes, daß die Grundrechte nach dem Normtext des Grundgesetzes nur ausnahmsweise – so in Art. 9 Abs. 3 S. 2, 20 Abs. 4 GG – unmittelbar an Private gerichtet sind, setzte sich im Streit um die Drittwirkung der Grundrechte in Rechtsprechung[472] und Lehre[473] im Laufe der Zeit die Ansicht durch, daß die subjektiv-rechtlichen Bestimmungen in Art. 1 bis 19 GG lediglich mittelbar auf die Privatrechtsbeziehungen einwirken (**Lehre von der mittelbaren Drittwirkung**). Dogmatischer Ansatzpunkt zur Begründung dieser Sichtweise ist die Funktion der Grundrechte als Kanon „objektiver Wertentscheidungen", der in allen Rechtsbereichen Geltung beansprucht. Daraus folgt, daß die grundrechtlichen Wertungen auch im Zivilrecht als Auslegungsmaßstab zu berücksichtigen sind.

Dies gilt hauptsächlich für die generalklauselartig ausgestalteten Institute der Rechtmäßigkeits- (§ 138 Abs. 1 BGB) und der Inhaltskontrolle (§ 242 BGB)[474], denen auch die Statuten der Organisatoren des lizenzierten Fußballs in Deutschland unterliegen[475].

b) Entwicklung des Meinungsstands in Rechtsprechung und Lehre

Unter Berufung auf die These von der mittelbaren Drittwirkung der Grundrechte wurde es für die Gerichte (aa) und die Vertreter der sportrechtlichen Lehre (bb) mithin ermöglicht, das Instrument der Ablöseentschädigung[476] über die Trans-

---

472 *BVerfG*, Urt. v. 15.01.1958 – 1 BvR 400/51 – BVerfGE 7, 198, 204 ff.; *BGH*, Urt. v. 27.09.1999 – II ZR 377/98 – NJW 2000, 1028; *BAG*, Urt. v. 16.03.1994 – 5 AZR 339/92 – NZA 1994, 937, 939 ff., 941; a.A. noch *BAG*, Urt. v. 03.12.1954 – 1 AZR 150/54 – BAGE 1, 185, 192 ff.

473 Maunz/Dürig/Herzog/Scholz-*Dürig*, GG, Bd. I, Art. 1 Abs. 3 Rn. 127 ff.; Schmidt-Bleibtreu/Klein-*Kannengießer*, GG, 9. Aufl., 1999, Vorb. v. Art. 1 Rn. 5 ff.; v. Münch/Kunig-*v. Münch*, GG, Bd. I, 5. Aufl., 2000, Vorb. Art. 1-19 Rn. 28 ff.; *Pieroth/Schlink*, Grundrechte – Staatsrecht II, 18. Aufl., 2002, Rn. 173 ff.; *Ipsen*, Staatsrecht II (Grundrechte), 6. Aufl., 2003, Rn. 57 ff.; a.A. etwa *Plath*, Individualrechtsbeschränkungen im Fußball, 1999, S. 51 ff.; *Nicklisch*, JZ 1976, 105, 108 f.; *Hager*, JZ 1994, 373.

474 Vgl. zur Rechtmäßigkeits- und zur Inhaltskontrolle bereits im 1. Teil, 1. Kapitel, A.II.1.c)bb).

475 Die Unterwerfung der Verbandsstatuten des DFB unter die Inhaltskontrolle ist aufgrund seiner Monopolstellung (vgl. 1. Teil, 1. Kapitel, B.I.3.) heute allgemein anerkannt. Vgl. etwa *BGH*, Urt. v. 27.09.1999 – II ZR 305/98 – NJW 1999, 3552.

476 Prüfungsgegenstand war neben § 29 DFB-Lizenzspielerstatut a.F. vor allem der inhaltsgleiche § 59 DEB-Spielordnung a.F. Die in den Urteilen zu § 59 DEB-Spielordnung a.F. getroffenen Aussagen sind daher auf die für den Bereich des Fußballsports geltenden Transfermechanismen übertragbar. Ebenso *Arens/Scheffer*, AR-Blattei SD, Sport II Fußballsport 1480.2, 1999, Rn. 278.

missionsriemen der §§ 138 Abs. 1, 242 BGB am Maßstab der Berufsfreiheit und der Menschenwürdegarantie zu überprüfen[477].

aa) Entwicklung des Meinungsstands in der Rechtsprechung

Die Rechtsprechung wurde dabei durch die ordentlichen Gerichte und die Arbeitsgerichte geprägt. Auffallend war in diesem Kontext die zum Teil **stark divergierende Entscheidungspraxis** zwischen den beiden Gerichtszweigen:

Die Zivilgerichte attestierten dem Transfersystem für den Profibereich durchweg die Unbedenklichkeit, und dies oftmals, ohne sich näher mit der verfassungsrechtlichen Problematik auseinanderzusetzen[478]. Eine Ausnahme stellte in dieser Beziehung lediglich die Entscheidung des OLG Hamm dar, das nach eingehender Auswertung der bis dato vorliegenden Rechtsprechung einen vermittelnden Standpunkt einnahm: Zwar sei die Ablöseentschädigung grundsätzlich zulässig; diese Annahme gelte jedoch nicht, sofern der Lizenzclub sich im Konkurs befinde und den Spielbetrieb eingestellt habe[479].

Im Gegensatz dazu vertraten die Arbeitsgerichte eine wesentlich restriktivere Linie. Sie akzeptierten das Instrument der Transferentschädigung mehrheitlich von vornherein nur unter der Bedingung, daß der Spielbetrieb nicht eingestellt

---

477 Bei der Überprüfung von privaten Maßnahmen am Maßstab der Grundrechte ist regelmäßig der Frage nachzugehen, ob in dem Abschluß eines Vertrages, in dem sich ein einzelner den Satzungsbestimmungen eines Verbandes unterwirft, nicht zugleich ein Grundrechtsverzicht liegt. Im bejahenden Fall fehlt es an einem Eingriff in die prüfungsgegenständlichen Freiheitsrechte (vgl. näher zum Grundrechtsverzicht *Pieroth/Schlink*, Grundrechte – Staatsrecht II, 18. Aufl., 2002, Rn. 131 ff.). Die nationalen und internationalen Sportverbände im Bereich des lizenzierten Fußballsports verfügen jedoch über eine Monopolstellung, so daß die Privaten faktisch gezwungen sind, sich auch für sie nachteiligen Verbandsbestimmungen zu unterwerfen. In solchen Konstellationen mangelt es jedoch an der Freiwilligkeit des Grundrechtsverzichts, so daß dieser jedenfalls unwirksam ist (vgl. Sachs-*Sachs*, GG, 3. Aufl., 2002, Vor Art. 1 Rn. 56). Auf die Problematik braucht daher bei der Überprüfung der als Satzungsregelungen ausgestalteten Transferbestimmungen nicht weiter eingegangen zu werden.

478 *BGH*, Urt. v. 13.11.1975 – III ZR 106/72 – NJW 1976, 565, 566; *OLG Düsseldorf*, Urt. v. 16.08.1995 – 22 U 93/95 – NJW-RR 1996, 558, 559; *OLG München*, Urt. v. 25.10.1994 – 18 U 2297/94 – NJW-RR 1995, 1394; *LG Traunstein*, Urt. v. 20.04.1993 – 2 O 4542/92 – SpuRt 1995, 75; zum Vereinswechsel im Amateurbereich siehe *OLG Karlsruhe*, Urt. v. 09.11.1977 – 6 U 110/77 – NJW 1978, 324; *OLG Schleswig*, Urt. v. 20.06.1991 – 2 U 81/90 – NJW-RR 1992, 249; *LG Lübeck*, Urt. v. 10.09.1987 – 10 O 423/87 – NJW-RR 1988, 122.

479 *OLG Hamm*, Urt. v. 09.03.1992 – 8 U 128/91 – NJW-RR 1992, 1211, 1212 f.

war[480] und der abgebende Verein dem Lizenzspieler nach Ablauf des alten Spielervertrages ein neues Angebot unterbreitet hatte[481]. Manche Landesarbeitsgerichte gelangten nach eingehender Prüfung sogar zu der Schlußfolgerung, daß das Transfersystem insgesamt mit der Berufsfreiheit der professionellen Spieler unvereinbar sei[482].

Nachdem ein kursorischer Überblick über das innerhalb der Rechtsprechung vorgefundene Meinungsspektrum gegeben wurde, sind nunmehr die wesentlichen Argumentationslinien nachzuzeichnen:

Als Entscheidungsmaßstab stand in der Judikatur von Anfang an die **Berufsfreiheit** der Lizenzspieler im Zentrum. Im Rahmen der Prüfung von Art. 12 Abs. 1 S. 1 GG gingen die Gerichte auf der Schutzbereichsebene ohne nähere Begründung davon aus, daß auf Seiten des Lizenzfußballers das Recht zur freien Wahl des Arbeitsplatzes berührt sei[483]. Infolge des Umstandes, daß der Vereinswechsel von der Zahlung einer Transferentschädigung abhänge, müsse man zudem einen Eingriff in das Freiheitsgrundrecht bejahen[484] [485].

Bei der sich anschließenden Erörterung der Rechtfertigungsgründe bedurfte zunächst der Klärung, wie die Pflicht zur Zahlung einer Transferentschädigung in das System der vom BVerfG entwickelten Drei-Stufen-Theorie einzuordnen ist: Danach können Eingriffe in die Berufsausübung mittels vernünftiger Erwägungen des Gemeinwohls, subjektive Zulassungsschranken durch wichtige Gemeinschaftsgüter und objektive Zulassungsschranken ausschließlich durch überra-

---

480 *BAG*, Urt. v. 15.11.1989 – 5 AZR 590/88 – BAGE 63, 232, 238 ff.; *LAG Düsseldorf*, Urt. v. 07.09.1988 – 6 Sa 968/88 – LAGE § 611 BGB Berufssport Nr. 2; weitergehend *ArbG Wesel*, Urt. v. 25.10.1990 – 2 Ca 1355/90 – HdSpR, Dok.-Nr. 33/11/3, das der Transferentschädigung ihre Vereinbarkeit mit § 138 Abs. 1 i.V.m. Art. 12 Abs. 1 GG bereits dann absprach, wenn der arbeitgebende Verein in finanzielle Schwierigkeiten geraten war, deshalb auf einen Aufstieg in die nächst höhere Spielklasse verzichtet hatte und als Folge in die unterste Spielklasse zurückgestuft wurde.

481 *LAG Düsseldorf*, Urt. v. 20.6.1990 – 4 Sa 352/90 – LAGE § 611 BGB Berufssport Nr. 7.

482 *LAG Berlin*, Urt. v. 21.06.1979 – 4 Sa 127/78 – NJW 1979, 2582; *LAG München*, Urt. v. 20.12.1989 – 8 Sa 568/89 – HdSpR, Dok.-Nr. 33/11/2.

483 *BAG*, Urt. v. 15.11.1989 – 5 AZR 590/88 – BAGE 63, 232, 240; *LAG Berlin*, Urt. v. 21.06.1979 – 4 Sa 127/78 – NJW 1979, 2582.

484 *LAG Düsseldorf*, Urt. v. 07.09.1988 – 6 Sa 968/88 – LAGE § 611 BGB Berufssport Nr. 2, 1; *OLG Hamm*, Urt. v. 09.03.1992 – 8 U 128/91 – NJW-RR 1992, 1211, 1212.

485 Eine Beschränkung liegt unabhängig davon vor, ob man den Vereinswechsel des Lizenzspielers neben der Pflicht des aufnehmenden Vereins zur Zahlung einer Ablöseentschädigung zusätzlich von der Freigabe seitens des abgebenden Fußballclubs abhängig macht. Siehe zum beschränkenden Charakter des Transfersystems bereits ausführlich im 2. Teil, 1. Kapitel, A.I.2.

gend wichtige Gemeinschaftsgüter gerechtfertigt werden[486]. Die vom BVerfG für den Bereich der Berufsfreiheit vorgenommene Konkretisierung des Verhältnismäßigkeitsgrundsatzes ist dabei nicht nur auf das Recht zur freien Berufswahl und –ausübung, sondern darüber hinaus auch auf die Freiheit der Arbeitsplatzwahl anwendbar[487]. Einige Gerichte unterstellten in diesem Zusammenhang nun ohne weiteres, es liege eine bloße Berufsausübungsregelung vor[488]. Diese Ansicht wurde jedoch vom LAG Berlin nicht geteilt; die Richter vertraten vielmehr die Auffassung, bei der Entschädigungszahlung handle es sich um ein objektives Hindernis, indem sie zutreffend darauf abstellten, daß die Transferverhandlungen allein zwischen den Lizenzvereinen stattfänden und der Spieler im Regelfall keine Einflußmöglichkeiten auf das Geschehen habe[489].

Unabhängig von dem Streit um die richtige Subsumtion der Ablöseentschädigung unter die Drei-Stufen-Theorie gab es des weiteren erhebliche Unterschiede zwischen den Arbeitsgerichten und den ordentlichen Gerichten im Hinblick auf die Frage, auf welche Interessen sich der DFB im Rahmen seiner Verbandsautonomie[490] berufen konnte:

Das LAG Berlin[491] sowie das LAG Düsseldorf[492] waren der Ansicht, daß lediglich rein ideelle Belange als taugliche Rechtfertigungsgründe geltend gemacht werden könnten. Auf dieser Grundlage akzeptierten die Gerichte ausschließlich Erwägungen wie zum Beispiel die Wahrung des sportlichen Gleichgewichts und die Vermeidung sportlicher Wettbewerbsverzerrungen als legitime Interessen[493]. Überwiegend wirtschaftlich motivierte Argumente (vgl. Ausbildungskostenersatz, Nachwuchsförderung, Wahrung des finanziellen Gleichgewichts, Ausgleich für erlangte wirtschaftliche und sportliche Vorteile des aufnehmenden Vereins, Existenzsicherung der finanzschwachen Lizenzclubs) blieben dagegen von vornherein ausgeklammert[494]. Die prinzipiell zulässigen Erwägungen reichten – je nach Prüfdichte – gerade einmal hin, das Transfersystem zumindest par-

---

486 Siehe zur Drei-Stufen-Theorie *BVerfG*, Urt. v. 11.06.1958 – 1 BvR 596/56 – BVerfGE 7, 377, 405 ff.; *Arndt/Rudolf*, Öffentliches Recht, 14. Aufl., 2003, S. 132 ff.

487 Vgl. *BVerfG*, Urt. v. 24.04.1991 – 1 BvR 1341/90 – NJW 1991, 1667, 1668.

488 *OLG Hamm*, Urt. v. 09.03.1992 – 8 U 128/91 – NJW-RR 1992, 1211, 1212; *LAG Düsseldorf*, Urt. v. 07.09.1988 – 6 Sa 968/88 – LAGE § 611 BGB Berufssport Nr. 2, 1.

489 *LAG Berlin*, Urt. v. 21.06.1979 – 4 Sa 127/78 – NJW 1979, 2582.

490 Zur Verbandsautonomie siehe bereits im 1. Teil, 1. Kapitel, A.II.1.

491 *LAG Berlin*, Urt. v. 21.06.1979 – 4 Sa 127/78 – NJW 1979, 2582, 2583.

492 *LAG Düsseldorf*, Urt. v. 07.09.1988 – 6 Sa 968/88 – LAGE § 611 BGB Berufssport Nr. 2, 1, 2 ff.

493 *LAG Düsseldorf*, Urt. v. 07.09.1988 – 6 Sa 968/88 – LAGE § 611 BGB Berufssport Nr. 2, 1, 2.

494 *LAG Berlin*, Urt. v. 21.06.1979 – 4 Sa 127/78 – NJW 1979, 2582, 2583.

tiell aufrechtzuerhalten[495]. Einen Schritt weiter ging sogar das LAG München, das der Transferentschädigung die Erforderlichkeit mit der Erwägung absprach, das Ziel der Verhinderung sportlicher Wettbewerbsverzerrungen werde bereits durch das Freigabeerfordernis erreicht[496].

Großzügiger verfuhren demgegenüber die Zivilgerichte, die dem DFB bereits im Ansatz weitergehend die Befugnis zubilligten, neben den ideellen auch Belange wirtschaftlicher Art zu seinen Gunsten als Rechtfertigungsgründe ins Feld zu führen[497]. Pauschal wurde dabei auf den BGH verwiesen[498], der Mitte der 70er Jahre im Zusammenhang mit der Rückabwicklung des Transfers eines in den damaligen Bundesligaskandal verwickelten Spielers dargelegt hatte[499], daß die

> „Entschädigung [...] dem alten Verein einen Ausgleich dafür verschaffen [soll], daß er [...] den Spieler entdeckt, ausgebildet und gefördert hat und durch dessen Weggang sportlich und finanziell betroffen wird. Den Ausgleich soll der übernehmende Verein leisten, weil der Einsatz des Spielers ihm sportliche und wirtschaftliche Vorteile verschafft [...]."

Nähere Ausführungen zur Verhältnismäßigkeit der Ablöseentschädigung finden sich in dem Urteil des OLG Hamm[500]: Nachdem das Gericht die Geeignetheit des Transfersystems bejaht hatte, setzte es sich kritisch mit den Überlegungen des LAG München auseinander. Dabei gelangte es zu dem Resultat, daß die verbandsrechtlichen Bestimmungen zur Gewährleistung der Wettbewerbsgleichheit zwischen den Vereinen grundsätzlich auch notwendig seien.

Neben der Berufsfreiheit i.S.d. Art. 12 Abs. 1 S. 1 GG wurde von einigen Gerichten im Kontext der verfassungsrechtlichen Beurteilung der Transfersummen mitunter noch die aus Art. 1 Abs. 1 S. 1 GG resultierende **Menschenwürdega-**

---

495 Vgl. etwa *BAG*, Urt. v. 15.11.1989 – 5 AZR 590/88 – BAGE 63, 232, 238 ff.

496 *LAG München*, Urt. v. 20.12.1989 – 8 Sa 568/89 – HdSpR, Dok.-Nr. 33/11/2, sub II.1.b). Das LAG Berlin verzichtete konsequenterweise auf die Vornahme einer Erforderlichkeitsprüfung, da aus seiner Sicht keine tauglichen Rechtfertigungsgründe existierten. Vgl. *LAG Berlin*, Urt. v. 21.06.1979 – 4 Sa 127/78 – NJW 1979, 2582, 2583.

497 *OLG Düsseldorf*, Urt. v. 16.08.1995 – 22 U 93/95 – NJW-RR 1996, 558, 559; *OLG Hamm*, Urt. v. 09.03.1992 – 8 U 128/91 – NJW-RR 1992, 1211, 1212 f.; siehe zudem *OLG Karlsruhe*, Urt. v. 09.11.1977 – 6 U 110/77 – NJW 1978, 324; *OLG Schleswig*, Urt. v. 20.06.1991 – 2 U 81/90 – NJW-RR 1992, 249, 251.

498 *OLG Düsseldorf*, Urt. v. 16.08.1995 – 22 U 93/95 – NJW-RR 1996, 558, 559; *OLG Hamm*, Urt. v. 09.03.1992 – 8 U 128/91 – NJW-RR 1992, 1211, 1212; krit. *LAG Berlin*, Urt. v. 21.06.1979 – 4 Sa 127/78 – NJW 1979, 2582, 2583.

499 *BGH*, Urt. v. 13.11.1975 – III ZR 106/72 – NJW 1976, 565, 566. Siehe zu dem Fall bereits im 2. Teil, 1. Kapitel, A.I.3.d).

500 *OLG Hamm*, Urt. v. 09.03.1992 – 8 U 128/91 – NJW-RR 1992, 1211, 1212 f.

rantie thematisiert: Angesichts der Tatsache, daß es nicht möglich ist, den Schutzbereich der Menschenwürde auf eine dem Prinzip der Rechtssicherheit genügende Weise positiv zu definieren, wird sie von der Eingriffsebene her spezifiziert[501]. Die Rechtsprechung[502] bedient sich dazu der von Dürig entwickelten Objektformel, wonach „die Menschenwürde als solche [...] getroffen [ist], wenn der konkrete Mensch zum Objekt, zu einem bloßen Mittel, zur vertretbaren Größe herabgewürdigt wird"[503].

Im Bereich des lizenzierten Fußballs hielt es das LAG Berlin für möglich, daß in den Transferregeln, „die auf einen ‚Verkauf von Arbeitnehmern' hinauslaufen", ein Verstoß gegen Art. 1 Abs. 1 S. 1 GG gesehen werden könne[504]. Anderer Ansicht waren dagegen die ordentlichen Gerichte: Sie negierten entweder schon die These, der Lizenzspieler könne aufgrund des Freigabeerfordernisses oder einer absichtlich zu hoch angesetzten Transfersumme zum Willkürobjekt der Vereinsvorstände degradiert werden[505]. Oder aber sie stellten die Einschlägigkeit der Objektformel nicht in Abrede, argumentierten dafür jedoch auf der Grundlage der zur Konkretisierung der Menschenwürdegarantie vertretenen Leistungstheorie[506], daß der Lizenzspieler beim Übertritt vom Amateur- ins Profilager von seiner Behandlung als reines „Investitionsobjekt" durch die Fußballclubs und der dadurch bedingten Kommerzialisierung wisse und dies in seine freie Willensbestimmung aufnehme[507]. Von einem Verstoß gegen Art. 1 Abs. 1 S. 1 GG könne im Ergebnis daher keine Rede sein.

bb) Entwicklung des Meinungsstands in der sportrechtlichen Literatur

Im Gegensatz zu der in der Rechtsprechung vorherrschenden Tendenz wurde in der einschlägigen Fachliteratur die verfassungsrechtliche Problematik der Transferentschädigung als solche bereits damals erkannt und eingehend diskutiert. Insbesondere im Anschluß an das Urteil des LAG Berlin[508] erschienen zahlrei-

---

501 Vgl. *Pieroth/Schlink*, Grundrechte – Staatsrecht II, 18. Aufl., 2002, Rn. 358; *Vitzthum*, JZ 1985, 201, 202.

502 *LG Lübeck*, Urt. v. 10.09.1987 – 10 O 423/87 – NJW-RR 1988, 122, 123.

503 *Dürig*, AöR 81 (1971), 117, 127.

504 *LAG Berlin*, Urt. v. 21.06.1979 – 4 Sa 127/78 – NJW 1979, 2582.

505 *OLG Schleswig*, Urt. v. 20.06.1991 – 2 U 81/90 – NJW-RR 1992, 249, 251.

506 Die Leistungstheorie besagt, daß die Leistung der Identitätsbildung – der einzelne hat danach seine Würde aufgrund seines eigenen selbstbestimmten Verhaltens – den Kern der Menschenwürde ausmacht, d.h., jedermann bestimmt die Reichweite des ihm zukommenden Achtungsanspruches selbst. Vgl. zur Leistungstheorie *Luhmann*, Grundrechte als Institution, 3. Aufl., 1986, S. 53 ff.; siehe auch *Pieroth/Schlink*, Grundrechte – Staatsrecht II, 18. Aufl., 2002, Rn. 355.

507 *LG Lübeck*, Urt. v. 10.09.1987 – 10 O 423/87 – NJW-RR 1988, 122, 123.

508 *LAG Berlin*, Urt. v. 21.06.1979 – 4 Sa 127/78 – NJW 1979, 2582.

che Publikationen, die sich mit der rechtlichen Zulässigkeit des – nunmehr modifizierten[509] – § 29 DFB-Lizenzspielerstatut a.F. näher auseinandersetzten. Soweit ersichtlich, wurde dabei von niemandem die Ansicht vertreten, die Transferentschädigung sei einschränkungslos hinzunehmen[510]. Vielmehr hielten nur wenige der Autoren das Transfersystem im Grundsatz für unbedenklich, was jedoch nicht mehr zutreffe, sofern der abgebende Verein dem Lizenzspieler nach Vertragsende kein Angebot zum Abschluß eines neuen Spielervertrages unterbreitet habe[511]. Einige der juristischen Untersuchungen schlossen sich einer vermittelnden Sichtweise an und akzeptierten das System der Entschädigungszahlung zumindest für den Fall des Wechsels eines Fußballspielers vom Amateur- ins Profilager[512]. Die ganz überwiegende Meinung stufte die Ablöseentschädigungen dagegen als rechtlich unhaltbar ein[513].

Ansatzpunkte für die an dem damals in Geltung befindlichen Transfersystem geübte juristische Kritik waren innerhalb der sportrechtlichen Lehre ebenfalls die Grundrechte aus Art. 12 Abs. 1 S. 1 GG und Art. 1 Abs. 1 S. 1 GG:

Im Rahmen der **Berufsfreiheit** lag der Schwerpunkt der Diskussion auf der Rechtfertigungsebene[514]. Als klärungsbedürftig erwiesen sich in diesem Kontext

---

509 Zur Entwicklung der Verbandsnormen des DFB-Lizenzspielerstatuts a.F vgl. bereits im 2. Teil, 1. Kapitel, A.I.2.

510 Ähnlich *Malatos*, Berufsfußball im europäischen Rechtsvergleich, 1988, S. 135.

511 *Wertenbruch*, NJW 1993, 179, 180 f.; *Buchner*, RdA 1982, 1, 12; *Däubler*, AP § 611 Berufssport Nr. 6, sub II.4.; *Pfister/Steiner*, Sportrecht von A bis Z, 1995, S. 236 ff.; *Imping*, Die arbeitsrechtliche Stellung des Fußballspielers zwischen Verein und Verbänden, 1995, S. 235 ff.; *Brömmekamp*, Die Spielerleihe – tatsächliche und alternative Formen der vorübergehenden Spielerüberlassung im Fußballsport, 1988, S. 20 ff.

512 *Schennen*, Die Verfassungsmäßigkeit von Ablösesummen im Berufsfußball, 1984, S. 164 ff., 175 f.; *Osthoff*, Rechts- und sittenwidrige Entscheidungsbeschränkungen für Berufssportler, insbesondere für Lizenzfußballer, 1983, S. 209, 214 f.; *Reuter*, NJW 1983, 649, 654 f.; *Westermann*, JA 1984, 394, 400.

513 *Preis*, Der Lizenzspieler im Bundesligafußball, 1973, S. 63; *Füllgraf*, Der Lizenzfußball – Eine vertragliche Dreiecksbeziehung im Arbeitsrecht, 1981, S. 82 ff.; *Westerkamp*, Ablöseentschädigungen im bezahlten Sport, 1980, S. 145 ff.; *Becker*, Verfassungsrechtliche Schranken für die Regelung des Lizenzfußballsports in der Bundesrepublik Deutschland, 1982, S. 142; *Klatt*, Die arbeitsrechtliche Stellung der Lizenzfußballspieler, 1976, S. 90 ff.; *Malatos*, Berufsfußball im europäischen Rechtsvergleich, 1988, S. 134 f.; *Mümmler*, Der Spielertransfer im Bundesligafußball, 1982, S. 115 f.; *Arens/Scheffer*, AR-Blattei SD, Sport II Fußballsport 1480.2, 1999, Rn. 257 ff.

514 Die einhellige Lehre ging von der Eröffnung des Schutzbereichs der Berufsfreiheit und von einem Eingriff darin aus. Vgl. stellvertretend *Trommer*, Die Transferregelungen im Profisport im Lichte des „Bosman-Urteils" im Vergleich zu den Mechanismen im bezahlten amerikanischen Sport, 1999, S. 44 f.; *Schennen*, Die Verfassungsmäßigkeit von Ablö-

drei Fragenkreise, die schon in der Rechtsprechung unterschiedlich beantwortet wurden: Erstens war die Zuordnung der Ablöseentschädigung im Rahmen der Drei-Stufen-Theorie klärungsbedürftig. Zweitens erwies sich als außerordentlich umstritten, welche Belange vom DFB zur Rechtfertigung angeführt werden konnten. Drittens wurde die Verhältnismäßigkeit des Transfersystems kontrovers diskutiert.

Zum ersten Problembereich ist anzumerken, daß – abweichend von der vorherrschenden Linie der Judikatur – die nahezu einhellige Lehransicht dahin ging, die Entschädigungspflicht des aufnehmenden Vereins gemäß § 29 DFB-Lizenzspielerstatut a.F. als objektives Zulassungshindernis anzusehen[515]. Daraus ergab sich, daß nur solche Interessen zur Rechtfertigung der Freiheitsbeschränkung genügten, die als „überragend wichtige Gemeinschaftsgüter“ qualifiziert werden konnten. An diesem Punkt wurde nunmehr – darin lag bereits die Überleitung zum nächsten Diskussionspunkt – die Frage aufgeworfen, ob zugunsten des DFB als Ausfluß der ihm zukommenden Vereinsautonomie[516] neben ideellen auch wirtschaftliche Gesichtspunkte als Rechtfertigungsgründe eingriffen. Die herrschende Ansicht folgte einem extensiven Ansatz und ließ auch wirtschaftliche Gründe genügen, legte diesen aber im Kontext der Interessenabwägung – im Vergleich zu den immateriellen Aspekten – einen geringeren Stellenwert bei[517].

Selbst wenn man in Einklang mit der vorherrschenden Position im Schrifttum prinzipiell sämtliche Gründe unabhängig von ihrem Charakter akzeptierte, müß-

---

sesummen im Berufsfußball, 1984, S. 40 ff., 157 f., 201 ff.; allgemein zur Anwendbarkeit des Art. 12 Abs. 1 GG auf Sportler: *Steiner*, in: Festschrift für *Stern*, 1997, 509, 510 ff.

515 So etwa *Preis*, Der Lizenzspieler im Bundesligafußball, 1973, S. 57; *Füllgraf*, Der Lizenzfußball – Eine vertragliche Dreiecksbeziehung im Arbeitsrecht, 1981, S. 86; *Westerkamp*, Ablöseentschädigungen im bezahlten Sport, 1980, S. 109 f.; *Becker*, Verfassungsrechtliche Schranken für die Regelung des Lizenzfußballsports in der Bundesrepublik Deutschland, 1982, S. 132; a.A. nur *Reuter*, NJW 1983, 649, 654.

516 Zu Art. 9 Abs. 1 GG als dogmatischer Grundlage der vom DFB vorgetragenen Rechtfertigungsgründe *Westerkamp*, Ablöseentschädigungen im bezahlten Sport, 1980, S. 124; *Trommer*, Die Transferregelungen im Profisport im Lichte des „Bosman-Urteils“ im Vergleich zu den Mechanismen im bezahlten amerikanischen Sport, 1999, S. 48. Zur Verbandsautonomie siehe bereits im 1. Teil, 1. Kapitel, A.II.1.

517 *Malatos*, Berufsfußball im europäischen Rechtsvergleich, 1988, S. 134; *Preis*, Der Lizenzspieler im Bundesligafußball, 1973, S. 58; *Westerkamp*, Ablöseentschädigungen im bezahlten Sport, 1980, S. 124; *Becker*, Verfassungsrechtliche Schranken für die Regelung des Lizenzfußballsports in der Bundesrepublik Deutschland, 1982, S. 133 f.; *Reuter*, NJW 1983, 649, 652 f.; a.A. *Füllgraf*, Der Lizenzfußball – Eine vertragliche Dreiecksbeziehung im Arbeitsrecht, 1981, S. 86 f.; *Osthoff*, Rechts- und sittenwidrige Entscheidungsbeschränkungen für Berufssportler, insbesondere für Lizenzfußballer, 1983, S. 211.

ten sie drittens noch einer Verhältnismäßigkeitskontrolle standhalten. Diese Hürde konnte das Instrument nach Auffassung der meisten Autoren jedoch nicht mehr nehmen: Die mit der Talentförderung zusammenhängenden Ziele (vgl. den Ausbildungskostenersatz, die Schaffung von Anreizstrukturen zur Nachwuchsförderung) waren nämlich ebenso effektiv durch den Abschluß langfristiger Spielerverträge erreichbar. Allerdings war mit dieser Vorgehensweise für die Lizenzvereine das Risiko verbunden, daß die Lizenzspieler nach Vertragsschluß einen Leistungsabfall erlitten. Dem konnten die Fußballclubs nur dadurch entgegenwirken, daß sie in die Spielerverträge eine Rückzahlungsklausel aufnahmen[518]. Das Argument der Wahrung der finanziellen und sportlichen Wettbewerbsgleichheit konnte anstatt über das Transfersystem ebenso mittels in den Spielerverträgen niedergelegten Vertragsstrafen verwirklicht werden[519]. Die noch verbleibende Erwägung der Existenzsicherung stellte sich bei näherem Hinsehen ebensowenig als durchschlagend heraus, weil man dem drohenden Konkurs der überschuldeten Fußballvereine mit Hilfe von Übergangsregelungen vorbeugen konnte: So wurde etwa der Alternativvorschlag in die Diskussion eingebracht, die Höhe der Transfersummen über einen Zeitraum von zehn Jahren schrittweise zu reduzieren und danach völlig zu verbieten. Der DFB sollte den finanzschwachen Clubs zinsgünstige Darlehen gewähren und auf diesem Wege zu deren Entschuldung beitragen[520].

Als Befund läßt sich damit festhalten, daß das Institut der Transferentschädigung spätestens mangels Erforderlichkeit am Verhältnismäßigkeitsgrundsatz scheiterte, so daß man mit der überwiegenden Lehrmeinung zu einem Verstoß gegen Art. 12 Abs. 1 S. 1 GG gelangen mußte. Dieses Resultat, das in Widerspruch zu der von den meisten Gerichten vertretenen verbandsfreundlichen Linie stand, hatte seine Ursache vornehmlich in der – wie ein Vergleich der Urteilsbegründungen mit den Ausführungen in den Monographien aufzeigt – geringeren Prüfdichte der Entscheidungen.

---

518 Zu den langfristigen Verträgen als Alternative siehe *Preis*, Der Lizenzspieler im Bundesligafußball, 1973, S. 61; *Füllgraf*, Der Lizenzfußball – Eine vertragliche Dreiecksbeziehung im Arbeitsrecht, 1981, S. 86 f.; *Westerkamp*, Ablöseentschädigungen im bezahlten Sport, 1980, S. 140 f.; zurückhaltend *Becker*, Verfassungsrechtliche Schranken für die Regelung des Lizenzfußballsports in der Bundesrepublik Deutschland, 1982, S. 141 f.; krit. *Malatos*, Berufsfußball im europäischen Rechtsvergleich, 1988, S. 140 f.

519 *Westerkamp*, Ablöseentschädigungen im bezahlten Sport, 1980, S. 142 f.; krit. *Becker*, Verfassungsrechtliche Schranken für die Regelung des Lizenzfußballsports in der Bundesrepublik Deutschland, 1982, S. 139 f.; völlig a.A. *Wertenbruch*, NJW 1993, 179, 180, der explizit von der Erforderlichkeit des Transfersystems ausgeht.

520 *Osthoff*, Rechts- und sittenwidrige Entscheidungsbeschränkungen für Berufssportler, insbesondere für Lizenzfußballer, 1983, S. 217 ff.; siehe zudem *Parlasca*, Kartelle im Profisport, 1993, S. 190.

Neben der Berufsfreiheit wurde außerdem die **Menschenwürdegarantie** aus Art. 1 Abs. 1 S. 1 GG gegen das Transfersystem in Stellung gebracht. Zahlreiche Autoren befürworteten einen Verstoß gegen das Grundrecht. Ein Großteil der Verfasser stellte dazu auf die Dürigsche Objektformel[521] ab: Der Spieler selbst sei bloßer Gegenstand einer wirtschaftlichen Transaktion, auf deren Ablauf er in aller Regel keinerlei Einfluß nehmen könne[522]. Eine andere Teilauffassung rekurrierte demgegenüber in Anlehnung an die von Luhmann entwickelte Leistungstheorie[523] darauf, daß Art. 1 Abs. 1 GG auch dem Schutz der freien Selbstdarstellung diene. Diese werde unterdrückt, wenn der Spieler den von den Fußballclubs ausgehandelten Vereinswechsel unter unfreiwilligem Verzicht der Darstellung seiner individuellen Vorstellungen akzeptieren mußte, wollte er nicht sein berufliches Fortkommen riskieren[524]. Manche schließlich meinten in den Transferregeln moderne Formen des Sklavenhandels oder der Leibeigenschaft zu erkennen[525].

Analysiert man die verschiedenen Erwägungen, kann man sich der Erkenntnis nicht verschließen, daß die Behauptung, die Menschenwürdegarantie sei verletzt, letzten Endes nicht überzeugt[526]:

Wendet man sich zunächst der Objektformel zu, ist zu konstatieren, daß dieser Ansatz für sich genommen nicht weiterführt. Denn „der Mensch ist nicht selten bloßes Objekt [...] der Verhältnisse [...], insofern er ohne Rücksicht auf seine Interessen sich fügen muß“[527]. Dies zeigt sich besonders plastisch im Bereich

---

521 Siehe zur Objektformel bereits im 2. Teil, 1. Kapitel, A.I.4.b)aa).

522 *Osthoff*, Rechts- und sittenwidrige Entscheidungsbeschränkungen für Berufssportler, insbesondere für Lizenzfußballer, 1983, S. 214; *Preis*, Der Lizenzspieler im Bundesligafußball, 1973, S. 62 f.; *Trommer*, Die Transferregelungen im Profisport im Lichte des „Bosman-Urteils“ im Vergleich zu den Mechanismen im bezahlten amerikanischen Sport, 1999, S. 52; *Burmeister*, DÖV 1978, 1, 7.

523 *Luhmann*, Grundrechte als Institution, 3. Aufl., 1986, S. 53 ff.

524 Näher *Schennen*, Die Verfassungsmäßigkeit von Ablösesummen im Berufsfußball, 1984, S. 246 ff.

525 *Burmeister*, DÖV 1978, 1, 5; *Dörner*, JuS 1977, 225, 226; siehe auch *Blanpain*, ArbuR 1996, 161, 167.

526 Gegen eine Verletzung des Grundrechts aus Art. 1 Abs. 1 GG sprachen sich ebenfalls aus: *Becker*, Verfassungsrechtliche Schranken für die Regelung des Lizenzfußballsports in der Bundesrepublik Deutschland, 1982, S. 144 f.; *Weiland*, Die Rechtsstellung des Lizenzspielers in der Fußball-Bundesliga, 1980, S. 313; *Malatos*, Berufsfußball im europäischen Rechtsvergleich, 1988, S. 133 f. unter Verweis auf den Wegfall des Freigabe-Erfordernisses; siehe auch *Plath*, Individualrechtsbeschränkungen im Fußball, 1999, S. 194 ff.

527 Vgl. *BVerfG*, Urt. v. 15.12.1970 – 2 BvF 1/69, 2 BvR 629/68 und 308/69 – BVerfGE 30, 1, 25 f.; ebenso *Hofmann*, AöR 118 (1993), 353, 360.

des Fußballsports: Die Lizenzspieler werden bei den Spielen des arbeitgebenden Vereins regelmäßig „eingesetzt“. Im Zusammenhang mit Änderungen in der Mannschaftsaufstellung ist mitunter davon die Rede, daß ein Spieler „ersetzt“ wird. Erfolglose Trainer schließlich werden auch schon einmal „abgeschossen“[528]. Würde man die Objektformel, die nach Dürig eingreift, sofern ein Mensch total „erfaßt, abgeschossen, registriert [...], ersetzt, eingesetzt und ausgesetzt“ wird[529], unbesehen anwenden, hätte dies eine Ausdehnung des Anwendungsbereichs des Art. 1 Abs. 1 GG ins Uferlose zur Folge. Der ohnehin schon höchst abstrakte Begriff der „Menschenwürde“(-Garantie) würde vollends jegliche Kontur verlieren[530]. Richtiger dürfte daher die Einschätzung sein, daß die Objektformel „lediglich die Richtung andeuten“ kann[531].

Ebensowenig taugt die von Teilen der Lehre herangezogene Leistungstheorie zum Nachweis einer relevanten Beeinträchtigung der Menschenwürde: Diese begegnet bereits einem grundsätzlichen Einwand, weil sie in den Bereichen versagt, wo der einzelne handlungs- oder willensunfähig und damit zur Herausbildung einer eigenen Identität nicht in der Lage ist[532]. Zudem kann man auf der Grundlage der Leistungstheorie gerade auch gegen die Annahme eines Verstoßes gegen die Menschenwürde argumentieren[533]; im Hinblick auf die Selbstverwirklichung gilt nämlich für den einzelnen: „Nur er kann bestimmen, was er ist“[534]. Nimmt man hinzu, daß der Lizenzspieler beim „Einstieg“ in den Profifußball von der Kommerzialisierung weiß und damit im Regelfall einverstanden ist[535], läßt sich schlußfolgern, daß auch die Leistungstheorie kaum die Ansicht von einem Verstoß gegen Art. 1 Abs. 1 S. 1 GG trägt.

---

528 Beispiele nach *Schennen*, Die Verfassungsmäßigkeit von Ablösesummen im Berufsfußball, 1984, S. 245.

529 Siehe *Dürig*, AöR 81 (1971), 117, 127.

530 Die Unbestimmtheit der Objektformel wird auch von *Puhl*, in: *Wolter/Riedel/Taupitz*, Einwirkungen der Grundrechte auf das Zivilrecht, Öffentliche Recht und Strafrecht, 1999, 197, 224; *Pieroth/Schlink*, Grundrechte – Staatsrecht II, 18. Aufl., 2002, Rn. 360; *Hoerster*, JuS 1983, 93, 95; *Hofmann*, AöR 118 (1993), 353, 360, kritisiert.

531 So *BVerfG*, Urt. v. 15.12.1970 – 2 BvF 1/69, 2 BvR 629/68 und 308/69 – BVerfGE 30, 1, 25 f.; zustimmend Sachs-*Höfling*, GG, 3. Aufl., 2002, Art. 1 Rn. 14; *Puhl*, in: *Wolter/Riedel/Taupitz*, Einwirkungen der Grundrechte auf das Zivilrecht, Öffentliche Recht und Strafrecht, 1999, 197, 224 f.; krit. *Geller/v. Schlabrendorff/Rupp*, Sondervotum v. 15.12.1970 – 2 BvF 1/69, 2 BvR 629/68 und 308/69 – BVerfGE 30, 33, 40.

532 Vgl. *Pieroth/Schlink*, Grundrechte – Staatsrecht II, 18. Aufl., 2002, Rn. 356; *Hoffmann*, AöR 118 (1993), 353, 362.

533 Vgl. *LG Lübeck*, Urt. v. 10.09.1987 – 10 O 423/87 – NJW-RR 1988, 122, 123.

534 *Luhmann*, Grundrechte als Institution, 3. Aufl., 1986, S. 75.

535 Zur Beachtlichkeit dieses Umstandes im Kontext mit der Berufsfreiheit *Steiner*, in: Festschrift für *Stern*, 1997, 509, 513.

Somit bleibt als Ausweg zur Eingrenzung des Menschenwürdegehalts noch die typisierende Bildung von Fallgruppen, deren Einschlägigkeit eine Verletzung von Art. 1 Abs. 1 GG indiziert[536]: Zu diesen gehört unter anderem die massive Verletzung der Gleichheit der Menschen[537]. Unterfälle davon sind die Sklaverei und die Leibeigenschaft[538], deren Eingreifen von einigen behauptet wurde. Auch diese Annahme ging jedoch gleichermaßen fehl:

Für den Begriff der Sklaverei charakteristisch war die Behandlung von Menschen als Sachen durch die Rechtsordnung. Beim Spielertransfer erwarb der aufnehmende Verein jedoch keinesfalls den Lizenzspieler als solchen, sondern die tatsächliche Möglichkeit, für diesen die Spielerlaubnis zu beantragen[539]. Der einzelne Profifußballer wurde somit zwar rein wirtschaftlich als „Investitionsobjekt" angesehen, es fehlte aber an einer Einstufung als Sache durch die Verbandsnormen. Der Tatbestand der Sklaverei war somit nicht erfüllt[540].

Daneben kam noch die Leibeigenschaft in Betracht, wobei dieser zur Vermeidung von Schutzlücken solche Konstruktionen gleichzustellen sind, die eine funktionale Äquivalenz aufweisen[541]. Bestimmend für die Leibeigenschaft war der Status der persönlichen Unfreiheit gegenüber dem Leibherrn. Als Auffangtatbestand treten solche Abhängigkeitsverhältnisse hinzu, die sich durch die einseitige Verfügung über fremde höchstpersönliche Rechtspositionen auszeichnen.

---

536 Sachs-*Höfling*, GG, 3. Aufl., 2002, Art. 1 Rn. 19 ff.; *Puhl*, in: *Wolter/Riedel/Taupitz*, Einwirkungen der Grundrechte auf das Zivilrecht, Öffentliche Recht und Strafrecht, 1999, 197, 226; *Pieroth/Schlink*, Grundrechte – Staatsrecht II, 18. Aufl., 2002, Rn. 361; *Hofmann*, AöR 118 (1993), 353, 363.

537 Weitere Fallgruppen sind die massive Verletzung der körperlichen und seelischen Identität und Integrität sowie die massive Vernachlässigung der sozial- und rechtsstaatlichen Verantwortung gegenüber dem einzelnen.

538 Sachs-*Höfling*, GG, 3. Aufl., 2002, Art. 1 Rn. 27; *Pieroth/Schlink*, Grundrechte – Staatsrecht II, 18. Aufl., 2002, Rn. 361.

539 Staudinger-*Köhler*, BGB, 13. Aufl., 1995, § 433 Rn. 52; MüKo-*Westermann*, BGB, Bd. III, 3. Aufl., 1995, § 433 Rn. 20.

540 Näher *Schennen*, Die Verfassungsmäßigkeit von Ablösesummen im Berufsfußball, 1984, S. 234 ff. Bloße Geschmacklosigkeiten aber, zu denen zweifelsohne auch die Behandlung eines Menschen als Gegenstand wirtschaftlicher Transaktionen seitens der beteiligten Verkehrskreise zählt, werden dagegen nicht von Art. 1 Abs. 1 GG erfaßt (ähnlich v. Münch/Kunig-*Kunig*, GG, Bd. I, 5. Aufl., 2000, Art. 1 Rn. 23). Die restriktive Handhabung der Menschenwürdegarantie erklärt sich aus der Entstehungsgeschichte des Art. 1 GG als „Reaktion auf die NS-Diktatur" (vgl. *Doemming/Füsslein/Matz*, JöR 1 [1951], 1, 48). Daraus folgt, daß ausschließlich ein „absoluter Kernbereich menschlicher Existenz" geschützt wird (zutreffend *Puhl*, in: *Wolter/Riedel/Taupitz*, Einwirkungen der Grundrechte auf das Zivilrecht, Öffentliche Recht und Strafrecht, 1999, 197, 224 m.w.N.).

541 Gegen eine allzu statische Interpretation des Menschenwürde-Artikels auch *Vitzthum*, JZ 1985, 201, 202.

Dagegen handelte es sich bei den Ablöseentschädigungen um ein Instrument, das dem Lizenzspieler immerhin die Möglichkeit beließ, sich der Bindung an den neuen Verein durch die Weigerung zum Abschluß eines Spielervertrages zu entziehen. Mithin war weder der persönliche Status des Lizenzspielers betroffen[542], noch konnte er gegen seinen Willen zu einem anderen Lizenzverein „verschoben“ werden[543] [544]. Die Fallgruppe der Leibeigenschaft war deshalb auch nicht erfüllt.

Als Fazit der vorstehenden Ausführungen ergibt sich, daß diejenige Ansicht, die einen Verstoß gegen Art. 1 Abs. 1 S. 1 GG negierte, die besseren Argumente auf ihrer Seite hatte. Allerdings ist gleichzeitig nicht zu verkennen, daß die Behandlung der Spieler als „Investitionsobjekte“ zumindest in der Tendenz der Idee von Art. 1 Abs. 1 GG, eine „Kommerzialisierung menschlichen Lebens“ zu verbieten[545], widerspricht[546].

II. Internationale Transfers

Nicht nur für inlandsbezogene Transfers, sondern auch für sich auf der internationalen Ebene abspielende Vereinswechsel existierten Transfermechanismen[547]. Die einschlägigen Rechtsregeln waren sowohl von der FIFA (1.) als auch von der UEFA (2.) erlassen worden. Darüber hinaus gab es zusätzlich DFB-Bestimmungen zum internationalen Spielertransfer, die von den Beteiligten zu beachten waren (3.).

---

542 *Schennen*, Die Verfassungsmäßigkeit von Ablösesummen im Berufsfußball, 1984, S. 236 f.

543 *Schennen*, Die Verfassungsmäßigkeit von Ablösesummen im Berufsfußball, 1984, S. 238 ff.

544 Dieser Befund ließ sich auch nicht mit dem Einwand entkräften, der Spieler könne nur um den Preis des Ausscheidens aus dem Berufsleben als Lizenzfußballer seine Autonomie wahren, weil dieses Hindernis verfassungssystematisch bei Art. 12 Abs. 1 GG als dem spezielleren Grundrecht und nicht bei Art. 1 Abs. 1 GG zu verorten ist. Siehe *Weiland*, Die Rechtsstellung des Lizenzspielers in der Fußball-Bundesliga, 1980, S. 313.

545 Vgl. *BVerfG*, Beschl. v. 12.11.1997 – 1 BvR 479/92 und 307/94 – BVerfGE 96, 375, 400; siehe auch *Puhl*, in: *Wolter/Riedel/Taupitz*, Einwirkungen der Grundrechte auf das Zivilrecht, Öffentliche Recht und Strafrecht, 1999, 197, 225.

546 Vor diesem Hintergrund erscheint es daher überzogen, die im Zusammenhang mit der Diskussion um die Vereinbarkeit des Transfersystems mit der Menschenwürdegarantie angestellten Überlegungen vorschnell als „Ausdruck einer vergangenen Zeit“ zu verwerfen (so aber v. Münch/Kunig-*Kunig*, GG, Bd. I, 5. Aufl., 2000, Art. 1 Rn. 36).

547 Eingehend zu internationalen Spielertransfers *Eilers*, in: *Eilers*, Transferbestimmungen im Fußballsport, 1996, 1, 31 ff.

1. Transferregelungen der FIFA

Die grundsätzliche Bedeutung des FIFA-Transferreglements für internationale Vereinswechsel kam in den entsprechenden Bestimmungen des DFB zum Ausdruck: Sie verwiesen, unabhängig davon, ob nun ein Ausländer in eine der beiden Lizenzligen wechselte[548], ein deutscher Profifußballer zu einem ausländischen Fußballverein ging[549] oder ein solcher aus einer der ausländischen Fußball-Ligen nach Deutschland zu einem Lizenzverein zurückkehrte[550], auf die FIFA-Statuten.

Das von der FIFA gesetzte Transferrecht sah bereits in seiner ursprünglichen Fassung[551] vor, daß der abgebende Nationalverband bei internationalen Vereinswechseln einen Freigabeschein ausstellen mußte. Ob der bisherige Heimatverband eine solche Bescheinigung erteilte, stand weitgehend in seinem Ermessen[552]: Ein professioneller Fußballspieler konnte seinen Nationalverband daher nicht verlassen, sofern nach dessen Auffassung der Spielervertrag oder Statuten des arbeitgebenden Clubs, der Liga oder des Landesverbandes entgegenstanden. Zu den Hindernissen, die zur Verweigerung der Ausstellung eines Freigabescheins führen konnten, zählten auch Streitigkeiten über die Zahlung von Ablöseentschädigungen[553]. Die FIFA und die anderen Nationalverbände waren auf der anderen Seite an die Entscheidungen des abgebenden Verbandes gebunden. Aus diesem Grund konnte der aufnehmende Landesverband dem wechselwilligen Fußballspieler auch keine Spielberechtigung für seinen Bereich ausstellen, solange es an einer Freigabe-Erklärung fehlte.

Zum 01. Januar 1994 trat jedoch ein neues FIFA-Reglement in Kraft[554]. Dieses enthielt Bestimmungen, die den Status und die Spielberechtigung von Fußballern betrafen, die aufgrund eines Transfers von einem Nationalverband zu einem

---

548 Vgl. § 8 DFB-Spielordnung a.F.

549 Vgl. § 28 Nr. 1 DFB-Lizenzspielerstatut a.F.

550 Vgl. § 9 Nr. 1 S. 2 DFB-Lizenzspielerstatut a.F.

551 Diese Fassung, die aus dem Jahr 1953 stammte und zuletzt 1986 geändert worden war, galt 1990, als sich der später vor den EuGH getragene Fall „Bosman" abspielte. Vgl. Generalanwalt *Lenz*, Schlußantr. v. 20.09.1995 – Rs. C-415/93 – Slg. 1995 I, 4921, 4938 Tz. 20 – „Bosman".

552 Ausführlich zu der internationalen Freigabeerklärung und den damit zusammenhängenden Folgen Generalanwalt *Lenz*, Schlußantr. v. 20.09.1995 – Rs. C-415/93 – Slg. 1995 I, 4921, 4938 Tz. 20 ff. – „Bosman".

553 Mit der Erteilung des internationalen Freigabescheins anerkannte der abgebende Nationalverband, daß alle finanziellen Verpflichtungen einschließlich der Ablöseentschädigungen geregelt waren. Vgl. Art. 12 Abs. 5 FIFA-Reglement a.F.

554 Siehe dazu *Dinkelmeier*, Das „Bosman"-Urteil des EuGH und seine Auswirkungen auf den Profifußball in Europa, 1999, S. 40 f.

anderen wechselten. Diesen Fußballspielern konnte vom aufnehmenden Nationalverband eine Spielberechtigung auch weiterhin nur erteilt werden, wenn der abgebende Verband zuvor einen „internationalen Freigabeschein", der vom aufnehmenden Verband beantragt werden mußte, ausgestellt hatte. Die Erteilung des internationalen Freigabescheins konnte nunmehr allerdings – und darin bestand eine der wesentlichsten Neuerungen – ausschließlich in den Fällen verweigert werden, wenn der zu transferierende Spieler „seine vertraglichen Verpflichtungen gegenüber seinem früheren Verein nicht vollständig erfüllt" hatte oder wenn zwischen den beiden Fußballclubs „im Zusammenhang mit dem Transfer eine Streitigkeit [...] nicht finanzieller Natur" bestand[555]. Unterließ der abgebende Verband die Ausstellung des internationalen Freigabescheins, konnte die FIFA den abgebenden Verband anweisen, die Bescheinigung auszustellen oder einen entsprechenden Beschluß fassen, der den internationalen Freigabeschein ersetzte.

Für den Fall des Wechsels eines Profifußballers („Nicht-Amateur") zwischen zwei Nationalverbänden bestimmte Art. 14 Abs. 1 FIFA-Reglement a.F., daß der bisherige arbeitgebende Verein einen Anspruch auf Zahlung einer Ausbildungs- bzw. Förderungsentschädigung hatte[556]. Der verbandsrechtlich normierte Zahlungsanspruch diente hauptsächlich den gleichen wirtschaftlichen Zwecken wie die Parallelregelung für Inlandstransfers gemäß § 29 DFB-Lizenzspielerstatut a.F.[557], so daß in vollem Umfang auf die zuvor bereits angestellten Überlegungen zu diesem Fragenkreis verwiesen werden kann[558] [559]. Die Höhe der Ablösesumme wurde von den beteiligten Fußballclubs grundsätzlich frei ausgehandelt. Kam es über den zu zahlenden Geldbetrag zwischen beiden zum Streit, wurde der Sachverhalt der FIFA zur Entscheidung unterbreitet. Die FIFA-Statuten bestimmten in diesem Kontext ausdrücklich, daß Konflikte über die Höhe der Transfersumme weder auf die sportliche und berufliche Betätigung

---

555 Vgl. Art. 7 Abs. 2 FIFA-Transferreglement a.F.

556 Siehe Generalanwalt *Lenz*, Schlußantr. v. 20.09.1995 – Rs. C-415/93 – Slg. 1995 I, 4921, 4939 Tz. 24 – „Bosman".

557 Ebenso *Malatos*, Berufsfußball im europäischen Rechtsvergleich, 1988, S. 126: „Die Begründung, Rechtfertigung und Problematik des internationalen Transfers sind mit dem nationalen Transfer vergleichbar". Siehe auch *Trommer*, Die Transferregelungen im Profisport im Lichte des „Bosman-Urteils" im Vergleich zu den Mechanismen im bezahlten amerikanischen Sport, 1999, S. 49.

558 Zur inhaltlichen Berechtigung der den Ablösesummen angedachten Funktionen siehe bereits im 2. Teil, 1. Kapitel, A.I.3.

559 Freilich gilt diese Feststellung ebenso für die im UEFA-Transferregelwerk statuierte Entschädigungspflicht.

des Spielers noch auf die Erteilung des internationalen Freigabescheins irgendwelche negativen Auswirkungen haben durften[560].

2. Transferregelungen der UEFA

Das FIFA-Transferreglement von 1994 beinhaltete zwar grundsätzlich eine abschließende Regelung, erlaubte den Konföderationen innerhalb der FIFA jedoch gleichzeitig die Statuierung eigener Regelwerke zur Beilegung von Transferstreitigkeiten. Von dieser Handlungsoption machte die UEFA durch den Erlaß eines „Reglements der UEFA zur Festsetzung einer Transferentschädigung" Gebrauch[561]. In dem 1993 in Kraft getretenen Statut wurde bezüglich der Entstehung des Entschädigungsanspruches im Falle eines internationalen Vereinswechsels auf Art. 14 Abs. 1 FIFA-Reglement a.F. verwiesen. Im übrigen behandelte das UEFA-Regelwerk das Verfahren und die Art der Berechnung der Ausbildungsentschädigung[562], sofern zwischen den in den Spielertransfer involvierten Vereinen über die Höhe der Ablösesumme Uneinigkeit herrschte[563].

Das UEFA-Reglement aus dem Jahr 1993 hatte zuvor das seit 1990 in Geltung befindliche UEFA-Transfersystem abgelöst, das in den „Grundsätzen einer Zusammenarbeit zwischen Vereinen, die verschiedenen Ländern der Mitgliedstaaten angehören", niedergelegt gewesen war[564]. Die darin enthaltenen Bestimmungen, die später Prüfungsgegenstand in dem vor dem EuGH verhandelten „Bosman"-Fall waren, begründeten schon damals einen Anspruch auf Zahlung einer Transferentschädigung zugunsten den abgebenden Fußballclubs[565]; bei Meinungsverschiedenheiten entschied – wie späterhin beibehalten – eine Kommission der UEFA. Auf die Betätigung des Spielers sollten die Transferverhandlungen ausweislich des Regelwerkes keinen Einfluß haben. In formaler Hinsicht bedeutete dies eine Erleichterung gegenüber den damals geltenden FIFA-Regeln. Bei einer materiellen Betrachtungsweise stellte sich die rechtliche Kon-

---

560 Vgl. Art. 20 Abs. 1 FIFA-Transferreglement a.F.

561 Siehe Generalanwalt *Lenz*, Schlußantr. v. 20.09.1995 – Rs. C-415/93 – Slg. 1995 I, 4921, 4939 Tz. 24 – „Bosman".

562 Bei der Berechnung der Höhe der Ablösesumme wurde das Bruttoeinkommen einschließlich der sonstigen Leistungen an den Spieler mit einem altersabhängigen Faktor multipliziert. Zu den Einzelheiten vgl. *Eilers*, in: *Eilers*, Transferbestimmungen im Fußballsport, 1996, 1, 37.

563 Zum Regelungsinhalt des UEFA-Transferreglements *Trommer*, Die Transferregelungen im Profisport im Lichte des „Bosman-Urteils" im Vergleich zu den Mechanismen im bezahlten amerikanischen Sport, 1999, S. 54.

564 Näher Generalanwalt *Lenz*, Schlußantr. v. 20.09.1995 – Rs. C-415/93 – Slg. 1995 I, 4921, 4936 f. Tz. 12 ff. – „Bosman".

565 Vgl. Art. 1 lit. e des Anhangs zum UEFA-Transferreglement a.F.

struktion jedoch als nur scheinbarer Vorteil heraus[566], denn erfüllte der ablösepflichtige Club den Zahlungsanspruch nicht unverzüglich, drohten ihm seitens der UEFA sowie seines Nationalverbandes Sanktionen[567].

3. Transferregelungen des DFB

Bei einem grenzüberschreitenden Spielertransfer galt es jedoch nicht nur, die von den internationalen Verbänden installierten, sondern darüber hinaus noch die vom DFB erlassenen Regularien zu beachten:

Wechselte ein Berufsspieler aus dem Ausland zu einem deutschen Lizenzverein, bedurfte er der Erteilung einer Spielerlaubnis durch den DFB, damit er in einer der beiden Lizenzligen seiner Profession nachgehen konnte; der DFB wiederum machte die Ausstellung der Spielerlaubnis vom Vorliegen eines internationalen Freigabescheins abhängig[568]. Verließ dagegen ein Lizenzspieler seinen bisherigen im Bereich des DFB angesiedelten Fußballclub in Richtung einer ausländischen Profiliga, war der Deutsche Fußball-Bund für die Ausstellung des internationalen Freigabescheins zuständig[569]. In beiden Wechselkonstellationen war zudem die Aufnahme in die vom DFB verwaltete Transferliste unerläßlich[570].

Komplettiert wurde das Regelwerk durch Verbandsbestimmungen, die dem abgebenden Verein eine Pflicht zur Zahlung einer Ausbildungs- und Förderungsentschädigung auferlegten[571]: Bei einem Wegzug ins Ausland ergab sich der Anspruch des alten Fußballclubs aus § 9 Nr. 1 DFB-Spielordnung a.F.; im Falle eines Zuzugs zu einem deutschen Lizenzverein galten die UEFA-Transferbestimmungen in ihrer jeweils gültigen Fassung[572].

---

566 Generalanwalt *Lenz*, Schlußantr. v. 20.09.1995 – Rs. C-415/93 – Slg. 1995 I, 4921, 4984 f. Tz. 150 – „Bosman".

567 *Dinkelmeier*, Das „Bosman"-Urteil des EuGH und seine Auswirkungen auf den Profifußball in Europa, 1999, S. 39 f.

568 Vgl. § 8 DFB-Spielordnung a.F.; siehe dazu auch *Eilers*, in: *Eilers*, Transferbestimmungen im Fußballsport, 1996, 1, 34 f.

569 Vgl. § 28 DFB-Lizenzspielerstatut a.F.

570 *Eilers*, in: *Eilers*, Transferbestimmungen im Fußballsport, 1996, 1, 35, 41. Zur Transferliste siehe im 2. Teil, 1. Kapitel, A.I.1.

571 *Trommer*, Die Transferregelungen im Profisport im Lichte des „Bosman-Urteils" im Vergleich zu den Mechanismen im bezahlten amerikanischen Sport, 1999, S. 53 f.

572 Vgl. § 28 Nr. 3 DFB-Lizenzspielerstatut a.F.

B. Das Transferrecht nach dem „Bosman"-Urteil des EuGH

Die bis dato bestehenden Transfersysteme wurden durch das Urteil des Europäischen Gerichtshofes in der Rechtssache „Bosman" grundlegend verändert. Im folgenden werden die Entscheidung des EuGH (I.) sowie deren Auswirkungen auf den nationalen (II.) sowie den internationalen (III.) Profifußballsport dargestellt. Daran schließt eine nähere Überprüfung der diskutierten Ersatzmodelle für die entfallene Ablöseentschädigung an (IV.). Abgerundet wird das Bild durch eine Betrachtung der ökonomischen Auswirkungen des EuGH-Urteils auf den professionellen Fußballpsort (V.).

I. Der Fall „Bosman"

1. Ausgangsverfahren und Vorlagefragen

Die Sportverbände zeigten sich von den in der sportrechtlichen Lehre zunehmend geäußerten Zweifeln an der rechtlichen Zulässigkeit sowohl der bei Inlandstransfers zu entrichtenden Ablösesumme[573] als auch der Ausländerklauseln[574] weithin unbeeindruckt. Die Praxis ging vielmehr weiterhin unbeirrt von der Gesetzeskonformität der Transfersysteme aus[575], wozu sie sich grundsätzlich auf die bis dato vorliegende, eher verbandsfreundliche Rechtsprechung stützen konnte[576]. Diese Situation erfuhr jedoch durch das am 15.12.1995 ergangene Urteil des EuGH im Fall „Bosman" schlagartig eine grundlegende Änderung[577].

Wie aber war es dazu gekommen? Auslöser für die Entscheidung des EuGH war der gescheiterte Transfer des Fußballprofis Jean-Marc Bosman von dem in der höchsten belgischen Liga spielenden RC Lüttich (RCL) zu dem französischen Zweitligaverein US Dünkirchen[578]:

---

573 Vgl. zu den in der Lehre erhobenen verfassungsrechtlichen Bedenken im 2. Teil, 1. Kapitel, A.I.4.b)bb).

574 Vgl. dazu die Fundstellennachweise in der Einleitung, A.II. Fn. 15.

575 Siehe die – rückblickende – Einschätzung von *Grunsky*, in: *Württembergischer Fußballverband*, Sportrecht damals und heute, 2001, 7.

576 Siehe zur Transferentschädigung die im 2. Teil, 1. Kapitel, A.I.4.b)aa) angesprochenen richterlichen Entscheidungen; zu den Ausländerklauseln vgl. *OLG Frankfurt*, Beschl. v. 26.08.1993 – 10 W 26/93 – MDR 1993, 1250; *LG Frankfurt/Main*, Urt. v. 18.01.1994 – 2/14 O 392/93 – EWS 1994, 405.

577 *EuGH*, Urt. v. 15.12.1995 – Rs. C-415/93 – EuZW 1996, 82 – „Bosman".

578 Zum Sachverhalt des Ausgangsverfahrens siehe Generalanwalt *Lenz*, Schlußantr. v. 20.09.1995 – Rs. C-415/93 – Slg. 1995 I, 4921, 4945 ff. Tz. 42 ff. – „Bosman"; *Blanpain*, ArbuR 1996, 161, 162 ff.; *Grill*, ZEuS 1999, 519, 520 ff.

Zunächst hatte der RCL Herrn Bosman kurz vor Ablauf von dessen Spielervertrag ein Angebot zur Weiterbeschäftigung für eine zusätzliche Saison unterbreitet. Dieser lehnte die Offerte allerdings ab, da ihm für die Zukunft lediglich ein reduziertes Monatsgehalt gezahlt werden sollte. Daraufhin wurde er auf die Transferliste gesetzt. Herr Bosman nahm in der Zwischenzeit mit dem Fußballclub US Dünkirchen (USD) Kontakt auf; beide Seiten einigten sich auf den Abschluß eines Spielervertrages. Auch mit dem bisher arbeitgebenden Verein konnte sich der USD über den Transfer, der gegen Zahlung von 1,2 Millionen Belgischen Francs erfolgen sollte, zunächst verständigen. Beide Verträge standen jedoch unter der aufschiebenden Bedingung der Erteilung eines internationalen Freigabescheins seitens des belgischen Fußballverbandes vor Beginn der neuen Spielzeit. Dazu kam es in der Folgezeit nicht mehr, weil der RCL inzwischen erhebliche Bedenken an der Zahlungsfähigkeit des USD hegte und daher darauf verzichtete, bei seinem Nationalverband die Übermittlung des internationalen Freigabescheins zu beantragen. Der Vereinswechsel von Jean-Marc Bosman zum USD war damit endgültig hinfällig geworden.

Im Anschluß daran strengte der Fußballprofi, der im übrigen die belgische Staatsangehörigkeit besaß, mehrere Gerichtsverfahren an; so verklagte Bosman neben seinem bisherigen Verein RCL den belgischen Fußballverband „Union royale belge des sociétés de football association ASBL" (URBSFA) und die UEFA. Er begehrte vor allem Ersatz der Vermögensschäden, die ihm dadurch entstanden seien, daß sein Transfer zum USD vom RCL, bei dem er früher gespielt hatte, schuldhaft hintertrieben worden sei. Der mit der Schadensersatzklage als Berufungsinstanz befaßte Cour d'Appel Lüttich gelangte zu der Ansicht, daß die Entscheidung des Begehrs von der europarechtlichen Zulässigkeit der Transferentschädigungsregeln für grenzüberschreitende Vereinswechsel[579] und der Ausländerklauseln, d.h. einer Begrenzung der Anzahl ausländischer Spieler bei Meisterschaftsspielen, abhing. Das Gericht setzte das Verfahren deshalb aus und legte dem EuGH im Wege der Vorabentscheidung gemäß Art. 234 Abs. 1 lit. a EG[580] folgende Fragen vor[581]:

> „Sind die Artikel 48, 85 und 86 des Römischen Vertrages vom 25. März 1957 dahin auszulegen, daß sie es verbieten,

---

579 Siehe zu den einschlägigen Regelwerken von FIFA und UEFA bereits obenan im 2. Teil, 1. Kapitel, A.II.1. u. 2.

580 Zum Vorabentscheidungsverfahren nach Art. 234 EG siehe *Arndt*, Europarecht, 6. Aufl., 2003, S. 71 ff.; *Streinz*, Europarecht, 5. Aufl., 2001, Rn. 556 ff.

581 Vgl. zu den Vorlagefragen Generalanwalt *Lenz*, Schlußantr. v. 20.09.1995 – Rs. C-415/93 – Slg. 1995 I, 4921, 4948 Tz. 53 – „Bosman".

- daß ein Fußballverband bei der Verpflichtung eines seiner Spieler, dessen Vertrag endet, durch einen anderen Verein die Zahlung eines Geldbetrags verlangen kann;
- daß die nationalen und internationalen Sportvereinigungen oder Sportverbände in ihren Regelungen Bestimmungen vorsehen, die den Zugang ausländischer Spieler, die der Europäischen Gemeinschaft angehören, zu den von ihnen veranstalteten Wettbewerben beschränken?“

2. Entscheidung des Europäischen Gerichtshofes

Am 15. Dezember 1995 verkündete der EuGH schließlich sein „epochemachendes“[582] Urteil, in dem er sich den Schlußanträgen des Generalanwaltes Lenz[583] nahezu vollständig anschloß und das damals in Geltung befindliche internationale Transfersystem[584] und die Ausländerklauseln mit dem Gemeinschaftsrecht für unvereinbar hielt. Die materiell-rechtliche Unzulässigkeit[585] insbesondere der Ablöseentschädigungspflicht im Falle internationaler Transfers[586] stützte der Gerichtshof auf die Arbeitnehmerfreizügigkeit (Art. 39 EG); daneben machten die Europarichter noch kurz Ausführungen zum EG-Wettbewerbsrecht (Art. 81 f. EG).

a) Transferentschädigung und Arbeitnehmerfreizügigkeit

Bei der Überprüfung der Entschädigungstatbestände für internationale Transfers am Maßstab des Art. 39 EG ging der Gerichtshof in drei Schritten vor: Eingangs setzte er sich mit der Anwendbarkeit der Grundfreiheit auf den vorliegenden

582 So *Eilers*, in: *Württembergischer Fußballverband*, Sportrecht damals und heute, 2001, 49, 50; *Hilpert*, RdA 1997, 92, 99.

583 Siehe die Schlußanträge von Generalanwalt *Lenz*, Schlußantr. v. 20.09.1995 – Rs. C-415/93 – Slg. 1995 I, 4921 – „Bosman“; eingehend dazu *Pullen*, ECLR 1996, 51.

584 Zwischen den Verfahrensbeteiligten war umstritten, welche Transferregelungen im Fall „Bosman“ zur Anwendung gekommen waren: Die UEFA vertrat den Standpunkt, daß das von ihr erlassene Reglement in concreto einschlägig gewesen sei, wogegen der Cour d'Appel Lüttich von der Anwendung der FIFA-Transferregeln ausging. Näher Generalanwalt *Lenz*, Schlußantr. v. 20.09.1995 – Rs. C-415/93 – Slg. 1995 I, 4921, 4984 Tz. 150 – „Bosman“.

585 Zur Zulässigkeit des Vorabentscheidungsverfahrens gemäß Art. 234 EG im Fall „Bosman“ siehe *Dinkelmeier*, Das „Bosman“-Urteil des EuGH und seine Auswirkungen auf den Profifußball in Europa, 1999, S. 54 ff.; *Hobe/Tietje*, JuS 1996, 486, 487 f.

586 Auf eine Besprechung der Vereinbarkeit der Ausländerklauseln mit dem Gemeinschaftsrecht wird an dieser Stelle verzichtet, da sie nicht zum Prüfungsgegenstand dieser Arbeit zählen. Ausführlich zu sämtlichen mit den Ausländerklauseln zusammenhängenden Fragen *Heiersdorf*, Ausländerklauseln im Profisport, 1998.

Fall auseinander. Danach untersuchte er das Bestehen einer Beschränkung, um sich abschließend den potentiellen Rechtfertigungsgründen zuzuwenden.

aa) Eröffnung des Anwendungsbereichs

Die Einschlägigkeit des Geltungsbereichs der Arbeitnehmerfreizügigkeit setzte die Bejahung des sachlichen, des persönlichen sowie des räumlichen Schutzbereichs voraus.

(1) Sachlicher Anwendungsbereich

In sachlicher Hinsicht erwies sich hauptsächlich die Einschlägigkeit der **Verbandskompetenz der EG** als problematisch, da es für den Bereich des Sports an einer ausdrücklichen Kompetenzzuweisung an die EG fehlt[587]. Damit jene dennoch tatbestandlich eingreift, muß der zu beurteilende Sachverhalt zumindest einen Bezug zum Wirtschaftsleben i.S.d. Art. 2 EG aufweisen. Dazu bedarf es einer tatsächlichen und echten entgeltlichen Arbeits- oder Dienstleistung, die keinen so geringen Umfang hat, daß sie sich als völlig untergeordnet und unwesentlich darstellt[588]. Der EuGH sah die Voraussetzung unter Berufung auf seine bisherige sportrechtliche Rechtsprechung in den Fällen „Walrave“[589] und „Donà“[590] ohne weiteres als gegeben an[591]. In den Urteilsgründen heißt es dazu lapidar, daß[592]

> „[...] nach den Zielen der Gemeinschaft die Ausübung des Sports insoweit unter das Gemeinschaftsrecht fällt, als sie zum Wirtschaftsleben i.S. von Art. 2 EWGV gehört [...]. Dies trifft auf die Tätigkeit von Fußballprofis oder –halbprofis zu, da diese eine unselbständige Tätigkeit ausüben oder entgeltliche Dienstleistungen erbringen [...].“

---

587 Siehe dazu bereits in der Einleitung, A.I.

588 *Arndt*, Europarecht, 6. Aufl., 2003, S. 142; *Trommer*, Die Transferregelungen im Profisport im Lichte des „Bosman-Urteils“ im Vergleich zu den Mechanismen im bezahlten amerikanischen Sport, 1999, S. 57; siehe auch die gründlichen Ausführungen von *Plath*, Individualrechtsbeschränkungen im Fußball, 1999, S. 71 ff., zu der Voraussetzung des „Bezugs zum Wirtschaftsleben“; krit. zu der engen Auslegung der Verbandskompetenz *Klose*, Die Rolle des Sports bei der Europäischen Einigung, 1989, S. 96 ff.

589 *EuGH*, Urt. v. 12.12.1974 – Rs. 36/74 – Slg. 1974, 1405, 1418 Tz. 4 –“Walrave“.

590 *EuGH*, Urt. v. 14.07.1976 – Rs. 13/76 – Slg. 1976, 1333, 1340 Tz. 12 – „Donà“.

591 Vgl. auch die ausführliche Darstellung und Würdigung der diesbezüglichen EuGH-Judikatur bei *Plath*, Individualrechtsbeschränkungen im Fußball, 1999, S. 63 ff.

592 *EuGH*, Urt. v. 15.12.1995 – Rs. C-415/93 – EuZW 1996, 82, 86 Tz. 73 – „Bosman“.

Gleichzeitig hatte der EuGH in der Entscheidung zum Fall „Donà“ jedoch die Existenz einer (partiellen) **Bereichsausnahme** anerkannt[593]: Seiner Auffassung nach tangieren Regelungen oder Praktiken, welche die Sportler von der Mitwirkung bei bestimmten Begegnungen aus nichtwirtschaftlichen Gründen ausschließen, die mit dem besonderen Charakter und Rahmen dieser Begegnungen zusammenhängen und deshalb ausschließlich den Sport als solchen betreffen – wie dies beispielsweise bei Nationalmannschaften zutrifft[594] –, nicht die Kompetenz der EG aus Art. 2 EG[595].

Allerdings war die Reichweite dieser ungeschriebenen Tatbestandsausnahme bis dato nicht hinreichend geklärt[596]. Sie wurde daher von den Verfahrensbeteiligten als Anknüpfungspunkt für die verschiedensten Argumentationsmuster gewählt, mit denen man erreichen wollte, den Sport als autonomes Subsystem zu deklarieren und auf diesem Wege die Anwendbarkeit der Arbeitnehmerfreizügigkeit völlig auszuschließen[597]: Die vorgebrachten Einwände resultierten zum einen aus Zweifeln am Überwiegen der wirtschaftlichen Funktion des Profifußballsports; daneben gab es Versuche, mit Hilfe einer Parallele zur europäischen Kulturpolitik, der Vereinigungsfreiheit der Sportverbände und des Subsidiaritätsprinzips i.S.d. Art. 5 Abs. 2 EG eine Bereichsausnahme zugunsten des Sports zu begründen[598].

Die primär wirtschaftliche Zielsetzung wurde unter Hinweis darauf in Frage gestellt, daß innerhalb der EG ausschließlich die großen europäischen Vereine als Unternehmen angesehen werden könnten. Zusätzlich wurde eingewandt, daß der professionelle Fußball in den meisten Fällen gar nicht den Charakter einer wirtschaftlich relevanten Tätigkeit aufweise. Der EuGH ist diesen Erwägungen je-

---

593 *Schweitzer*, in: *Reuter*, Einbindung des nationalen Sportrechts in seine internationalen Bezüge, 1987, 71, 83; *Trommer*, Die Transferregelungen im Profisport im Lichte des „Bosman-Urteils“ im Vergleich zu den Mechanismen im bezahlten amerikanischen Sport, 1999, S. 59; *Hilf*, NJW 1984, 517, 520 f.; *Palme/Hepp-Schwab/Wilske*, JZ 1994, 343, 345; a.A. *Thöny*, SpuRt 1999, 177, 178 f.

594 Zu dem richterrechtlichen Ausnahmetatbestand der „Nationalmannschaften“ eingehend *Fikentscher*, in: Festschrift für *Fikentscher*, 1998, 635; *Plath*, Individualrechtsbeschränkungen im Fußball, 1999, S. 76 ff.; *Aichinger*, RdW 1998, 147, 148 f.

595 *EuGH*, Urt. v. 14.07.1976 – Rs. 13/76 – Slg. 1976, 1333, 1340 Tz. 14 – „Donà“.

596 *Hilf*, NJW 1984, 517, 520; *Palme/Hepp-Schwab/Wilske*, JZ 1994, 343, 344 f.; *Kahlenberg*, EWS 1994, 423, 426 f.

597 So etwa *Kahlenberg*, EWS 1994, 423, 426 f.

598 Siehe zu den einzelnen gegen die generelle Anwendbarkeit der Arbeitnehmerfreizügigkeit geltend gemachten Erwägungen näher *EuGH*, Urt. v. 15.12.1995 – Rs. C-415/93 – EuZW 1996, 82, 86 Tz. 69 ff. – „Bosman“.

doch völlig zu Recht nicht beigetreten[599]: Denn abgesehen davon, daß die vorgetragenen Überlegungen schlichtweg nicht den Tatsachen entsprachen[600], erwiesen sie sich in diesem Zusammenhang als rechtlich unerheblich; dies folgt bereits aus dem Umstand, daß der „Bezug zum Wirtschaftsleben" anerkanntermaßen lediglich auf das Vorliegen einer entgeltlichen Tätigkeit von nicht unerheblicher Bedeutung abstellt, ohne daß es auf den Unternehmenscharakter des arbeitgebenden Fußballvereins ankäme[601].

Weiterhin wurde der Einwand vorgebracht, daß zwischen dem Sport im allgemeinen und der Kultur (i.w.S.) Parallelen bestünden, und daß die Gemeinschaft gemäß Art. 151 EG die nationale und regionale Vielfalt der mitgliedstaatlichen Kulturen wahren müsse[602]. Aber auch an dieser Stelle vertrat der Gerichtshof zutreffend den gegenteiligen Standpunkt: Die Überprüfung des Instruments der Transferentschädigung betreffe nicht die „Ausübung von Gemeinschaftsbefugnissen", wie sie sich aus Art. 151 EG ergeben. Vielmehr gehe es um die „Tragweite der [...] Freizügigkeit der Arbeitnehmer"[603].

Die auf die Vereinigungsfreiheit und das Subsidiaritätsprinzip gestützten Bedenken ließen die Europarichter letzten Endes ebenfalls nicht gelten: Mit Blick

---

599 Ebenso *Dinkelmeier*, Das „Bosman"-Urteil des EuGH und seine Auswirkungen auf den Profifußball in Europa, 1999, S. 77 ff.

600 Zur Stichhaltigkeit der gegen den wirtschaftlichen Charakter angeführten Argumente ist folgendes zu sagen: Erstens verfügten zum damaligen Zeitpunkt nicht nur die großen europäischen Fußballvereine, sondern auch die kleineren und mittleren Clubs in den meisten Staaten der Gemeinschaft – abgesehen von Deutschland und den Niederlanden – über unternehmerische Strukturen (vgl. *Malatos*, Berufsfußball im europäischen Rechtsvergleich, 1988, S. 65 ff.). Schließlich konnte ebenso der dominierende Charakter der wirtschaftlichen Funktion des Profifußballsports angesichts der fortschreitenden Kommerzialisierung und Professionalisierung durch das Merchandising, die Mediarechte-Verwertung und das Sportsponsoring nicht mehr ernsthaft in Zweifel gezogen werden (vgl. *Trommer*, Die Transferregelungen im Profisport im Lichte des „Bosman-Urteils" im Vergleich zu den Mechanismen im bezahlten amerikanischen Sport, 1999, S. 59 m.w.N.; *Paefgen*, EWiR 1995, 987; aus ökonomischer Sicht *Lehmann/Weigand*, ifo-Studien – Zeitschrift für empirische Wirtschaftsforschung, 1997, 381).

601 Vgl. *EuGH*, Urt. v. 15.12.1995 – Rs. C-415/93 – EuZW 1996, 82, 86 Tz. 74 – „Bosman"; aus der Literatur etwa *Hailbronner*, in: *Dauses*, Handbuch des EU-Wirtschaftsrechts, 2. Aufl., D.I. Rn. 27; *Schrammel*, ecolex 1996, 467, 468.

602 Näher *Palme*, JZ 1996, 238, 239 f.

603 Vgl. *EuGH*, Urt. v. 15.12.1995 – Rs. C-415/93 – EuZW 1996, 82, 87 Tz. 78 – „Bosman"; zustimmend *Trommer*, Die Transferregelungen im Profisport im Lichte des „Bosman-Urteils" im Vergleich zu den Mechanismen im bezahlten amerikanischen Sport, 1999, S. 60; *Dinkelmeier*, Das „Bosman"-Urteil des EuGH und seine Auswirkungen auf den Profifußball in Europa, 1999, S. 83 f.; *Weiß*, SpuRt 1998, 97; *Hilf/Pache*, NJW 1996, 1169, 1177.

auf die eingeforderte Beachtung der Verbandsautonomie gestand der EuGH zwar zu, daß sie als Gemeinschaftsgrundrecht anerkannt sei[604]. Dennoch weigerte er sich, daraus auf die Nichtanwendbarkeit des Art. 39 EG zu schließen[605]:

> [...] Jedoch ist nicht davon auszugehen, daß die von Sportverbänden aufgestellten Regeln, mit denen sich das Gericht beschäftigt, erforderlich sind, um die Ausübung dieser Freiheit durch die genannten Verbände, die Vereine oder die Spieler zu gewährleisten, oder daß sie eine unausweichliche Folge dieser Freiheit darstellen."

Das Subsidiaritätsprinzip griff nach Ansicht des Gerichtshofes im vorliegenden Fall deshalb nicht durch, weil dessen Heranziehung keinesfalls zu einer Einschränkung der dem einzelnen durch Art. 39 EG verliehenen Rechte führen dürfe[606]. Damit hat der EuGH wohl zum Ausdruck gebracht, daß Art. 5 Abs. 2 EG im Bereich der Grundfreiheiten, die zugunsten der EG eine ausschließliche Kompetenz begründen, bereits nach seinem Wortlaut nicht paßt („[...] die nicht in ihre ausschließliche Zuständigkeit fallen [...]")[607].

Aus der Sicht des Europäischen Gerichtshofes hatte sich somit keines der gegen die Anwendbarkeit der Arbeitnehmerfreizügigkeit zielenden Argumente im Ergebnis als durchschlagend erwiesen; die richterrechtliche Reduktion sollte keinesfalls eine generelle Bereichsausnahme darstellen[608]. Die Verbandskompetenz der Gemeinschaft gemäß Art. 2 EG war vielmehr gegeben[609].

---

604 Die Vereinigungsfreiheit ist im Gemeinschaftsrecht als allgemeiner Rechtsgrundsatz anerkannt, der aus Art. 11 EMRK und den gemeinsamen Verfassungsüberlieferungen der Mitgliedstaaten hergeleitet wird. Vgl. *EuGH*, Urt. v. 15.12.1995 – Rs. C-415/93 – EuZW 1996, 82, 87 Tz. 79 – „Bosman".

605 *EuGH*, Urt. v. 15.12.1995 – Rs. C-415/93 – EuZW 1996, 82, 87 Tz. 80 – „Bosman". Beipflichtend *Dinkelmeier*, Das „Bosman"-Urteil des EuGH und seine Auswirkungen auf den Profifußball in Europa, 1999, S. 81 f.; *Plath*, Individualrechtsbeschränkungen im Fußball, 1999, S. 84 f.; *Hilf/Pache*, NJW 1996, 1169, 1171.

606 *EuGH*, Urt. v. 15.12.1995 – Rs. C-415/93 – EuZW 1996, 82, 87 Tz. 81 – „Bosman".

607 Generalanwalt *Lenz*, Schlußantr. v. 20.09.1995 – Rs. C-415/93 – Slg. 1995 I, 4921, 4975 Tz. 130 – „Bosman". Aus der sportrechtlichen Lehre ebenso *Plath*, Individualrechtsbeschränkungen im Fußball, 1999, S. 86 f.; *Dinkelmeier*, Das „Bosman"-Urteil des EuGH und seine Auswirkungen auf den Profifußball in Europa, 1999, S. 79; *Reichold*, ZEuP 1998, 434, 443; *Palme*, JZ 1996, 238, 241; *Hilf/Pache*, NJW 1996, 1169, 1177.

608 *EuGH*, Urt. v. 15.12.1995 – Rs. C-415/93 – EuZW 1996, 82, 86 f. Tz. 76 – „Bosman"; siehe auch *Schweitzer*, in: *Reuter*, Einbindung des nationalen Sportrechts in seine internationalen Bezüge, 1987, 71, 83; *Hobe/Tietje*, JuS 1996, 486, 488; *Reichold*, ZEuP 1998, 434, 442 f.

609 Ebenso z.B. *Flory*, Der Fall Bosman – Revolution im Fußball?, 1997, S. 83 ff.; *Schweitzer/Streinz*, JA 1986, 244, 247; *Weber*, RdA 1996, 107, 108.

Neben der Verbandskompetenz i.S.d. Art. 2 EG müßte zusätzlich der **sachliche Geltungsumfang** der Arbeitnehmerfreizügigkeit berührt sein. Art. 39 Abs. 3 lit. a EG vermittelt dem einzelnen das Recht, sich um tatsächlich angebotene Stellen zu bewerben. Inhaltlich ist der Tatbestand eine Ausprägung eines umfassenden Rechts auf ungehinderten Zugang zu den Arbeitsmärkten der anderen EG-Mitgliedstaaten[610]. Der Fußballprofi Bosman hatte mit dem französischen Club US Dünkirchen einen schwebend unwirksamen Spielervertrag geschlossen und insofern von seiner Befugnis auf Zugang zur Beschäftigung in einem anderen EG-Mitgliedstaat Gebrauch gemacht. Der sachliche Schutzbereich des Art. 39 EG war somit gleichfalls tatbestandlich erfüllt[611].

(2) Persönlicher und räumlicher Anwendungsbereich

Der **persönliche Anwendungsbereich** des Art. 39 EG wird durch den autonom auszulegenden „Arbeitnehmer"-Begriff geprägt. Arbeitnehmer ist jeder, der eine tatsächliche und echte Tätigkeit ausübt, wobei solche Tätigkeiten außer Betracht bleiben, die wegen ihres geringen Umfangs völlig untergeordnet und unwesentlich sind. Das wesentliche Merkmal des Arbeitsverhältnisses besteht darin, daß jemand während einer bestimmten Zeit für einen anderen nach dessen Weisung Leistungen erbringt, für die er als Gegenleistung eine Vergütung erhält[612].

Der Gerichtshof hatte in dem bereits angesprochenen Urteil „Donà" noch offen gelassen, ob er die Profifußballer unter Art. 39 EG oder Art. 49 EG subsumieren würde[613]. In dem Urteil zum Fall „Bosman" prüfte das Gericht die Arbeitnehmereigenschaft nicht ausdrücklich durch, sprach Teilelemente der gängigen Definition aber im Zusammenhang mit der Begründung der EG-Verbandskompetenz an[614] und ging im übrigen stillschweigend vom Vorliegen der übrigen Begriffsmerkmale und damit auch von der Arbeitnehmereigenschaft der Fußballprofis aus[615].

---

610 *Arndt*, Europarecht, 6. Aufl., 2001, S. 173; *Dinkelmeier*, Das „Bosman"-Urteil des EuGH und seine Auswirkungen auf den Profifußball in Europa, 1999, S. 73; *Nettesheim*, NVwZ 1996, 342, 344.

611 Vgl. *EuGH*, Urt. v. 15.12.1995 – Rs. C-415/93 – EuZW 1996, 82, 87 Tz. 90 – „Bosman".

612 *Arndt*, Europarecht, 6. Aufl., 2003, S. 171 f.; *Schrammel*, ecolex 1996, 467 f.

613 *EuGH*, Urt. v. 14.07.1976 – Rs. 13/76 – Slg. 1976, 1333, 1340 Tz. 11 ff. – „Donà". Ebenso das Verständnis des EuGH bei: *Zuleeg*, in: *Will*, Sportrecht in Europa, 1993, 1, 2; *Dinkelmeier*, Das „Bosman"-Urteil des EuGH und seine Auswirkungen auf den Profifußball in Europa, 1999, S. 85; *Kahlenberg*, EWS 1994, 423, 424; insoweit sind die Ausführungen von *Gutzeit/Reimann*, WiSt 1996, 366, unzutreffend.

614 Vgl. *EuGH*, Urt. v. 15.12.1995 – Rs. C-415/93 – EuZW 1996, 82, 86 Tz. 73 – „Bosman".

615 Vgl. *EuGH*, Urt. v. 15.12.1995 – Rs. C-415/93 – EuZW 1996, 82, 86 f. Tz. 69 ff. – „Bosman"; siehe auch *Trommer*, Die Transferregelungen im Profisport im Lichte des

Im Hinblick auf den **räumlichen Anwendungsbereich** der Arbeitnehmerfreizügigkeit hatte sich der EuGH mit der Frage auseinanderzusetzen, ob ein grenzüberschreitender Sachverhalt vorlag. Nach der gängigen Negativdefinition fehlt es daran, wenn keines der relevanten Elemente des dem Ausgangsverfahren zugrundeliegenden Sachverhalts über die Grenzen eines EG-Mitgliedstaates hinausweist[616]. Dies traf – entgegen der Einschätzung der UEFA[617] – jedoch nicht zu, denn Herr Bosman hatte den Kontrakt mit dem in der zweiten französischen Liga spielenden US Dünkirchen geschlossen, so daß ein grenzüberschreitender Bezug nicht in Abrede gestellt werden konnte[618].

bb) Vorliegen einer Beschränkung

(1) Die Arbeitnehmerfreizügigkeit als Beschränkungsverbot

Während sich der EuGH bei der Lösung der im Rahmen der Anwendbarkeit der Arbeitnehmerfreizügigkeit aufgeworfenen Probleme größtenteils auf seine bisherige Rechtsprechung stützen konnte[619], mußte er im folgenden in dogmatischer Hinsicht Neuland betreten. Denn im Entscheidungszeitpunkt war höchstrichterlich noch nicht endgültig geklärt, ob Art. 39 EG über das Diskriminierungsverbot aufgrund der Staatsangehörigkeit hinaus auch ein Beschränkungsverbot umfaßt[620]. Die Aufarbeitung dieser Frage war deshalb von Bedeutung, weil die Pflicht des aufnehmenden Fußballvereins zur Zahlung einer Transferentschädigung nach dem Wortlaut der verbandsrechtlichen Bestimmungen nicht an die Staatsangehörigkeit der Spieler anknüpfte[621].

Damit die Verbandsregelungen dennoch einer Verhältnismäßigkeitskontrolle unterworfen werden konnten, mußte der Gerichtshof den Gewährleistungsum-

---

„Bosman-Urteils“ im Vergleich zu den Mechanismen im bezahlten amerikanischen Sport, 1999, S. 58.

616 *Arndt*, Europarecht, 6. Aufl., 2003, S. 143 f.; *Streinz*, Europarecht, 5. Aufl., 2001, Rn. 666.

617 Zum Vorbringen der UEFA siehe *EuGH*, Urt. v. 15.12.1995 – Rs. C-415/93 – EuZW 1996, 82, 87 Tz. 88 – „Bosman“.

618 *EuGH*, Urt. v. 15.12.1995 – Rs. C-415/93 – EuZW 1996, 82, 87 Tz. 89 ff. – „Bosman“.

619 Vgl. *Hobe/Tietje*, JuS 1996, 486, 488.

620 Siehe zu der Problematik eingehend *Kluth*, AöR 122 (1997), 557, 562 ff.; allgemein zur Entwicklung des grundfreiheitlichen Gewährleistungsumfangs vom Diskriminierungs- hin zum Beschränkungsverbot *Arndt*, Europarecht, 6. Aufl., 2003, S. 144 f.

621 *Krogmann*, Sport und Europarecht, 2001, S. 25; *Palme*, JZ 1996, 238, 240; *Hobe/Tietje*, JuS 1996, 486, 489; *Reichold*, ZEuP 1998, 434, 444; *Trautwein*, JA 1996, 457, 458; a.A. Generalanwalt *Lenz*, Schlußantr. v. 20.09.1995 – Rs. C-415/93 – Slg. 1995 I, 4921, 4985 ff. Tz. 152 ff. – „Bosman“, der mit erheblichem Begründungsaufwand einen Verstoß gegen das Inländergleichbehandlungsgebot konstruierte.

fang der Arbeitnehmerfreizügigkeit daher neu ausrichten. Die bis zu diesem Zeitpunkt zu den Personenverkehrsfreiheiten ergangene Rechtsprechung deutete zwar in Richtung einer Ausdehnung hin zu einem **umfassenden Beschränkungsverbot**, an einer eindeutigen Aussage des EuGH fehlte es dagegen noch[622]. Vor dem Hintergrund aber, daß die Produktverkehrsfreiheiten bereits seit den 70er Jahren von der ganz herrschenden Ansicht als Beschränkungsverbot interpretiert werden[623], konnte das Ergebnis allein schon wegen der gebotenen konvergenten Auslegung der Marktfreiheiten[624] für den Bereich der Arbeitnehmerfreizügigkeit nicht anders lauten[625]. Diesen längst überfälligen Schritt vollzog der Gerichtshof nunmehr in seinem „Bosman"-Urteil, indem er klarstellte, daß das Recht auf Freizügigkeit beeinträchtigt ist, wenn[626]

> „Bestimmungen [...] einen Staatsangehörigen eines Mitgliedstaats daran hindern oder davon abhalten, von seinem Recht [...] Gebrauch zu machen, auch wenn sie unabhängig von der Staatsangehörigkeit der betroffenen Arbeitnehmer Anwendung finden [...]."

Als nächstes überprüften die Richter die Transferregeln auf ihren freizügigkeitshinderlichen Charakter. Den Tatbestand erfüllten sowohl die FIFA- als auch die UEFA-Regeln ohne weiteres[627]:

Nach den FIFA-Statuten konnte ein Profifußballer in einem anderen EG-Mitgliedstaat auch nach dem Auslaufen seines bisherigen Spielervertrages bei einem anderen Fußballverein nur tätig werden, wenn der aufnehmende Verein zuvor die Ablösesumme entrichtet hatte. Ansonsten verweigerte der abgebende

---

[622] Ausführlich zur Rechtsprechungsentwicklung Generalanwalt *Lenz*, Schlußantr. v. 20.09.1995 – Rs. C-415/93 – Slg. 1995 I, 4921, 4991 ff. Tz. 165 ff. – „Bosman"; aus der juristischen Literatur siehe *Stockenhuber*, WBl. 1996, 145, 146; *Hobe/Tietje*, JuS 1996, 486, 489; *Nettesheim*, NVwZ 1996, 342, 343; *Schneider*, NJ 1996, 512, 513.

[623] Vgl. *EuGH*, Urt. v. 11.07.1974 – Rs. 8/74 – Slg. 1974, 837, 852 – „Dassonville"; *EuGH*, Urt. v. 03.12.1974 – Rs. 33/74 – Slg. 1974, 1299, 1309 – „van Binsbergen"; aus der Lehre siehe stellvertretend *Hailbronner/Nachbaur*, EuZW 1992, 105, 109 f.; *Hobe/Tietje*, JuS 1996, 486, 489.

[624] Vgl. zum Topos der „Konvergenz der Grundfreiheiten" *Behrens*, EuR 1992, 145; *Schneider*, NJ 1996, 512; *Eberhartinger*, EWS 1997, 43; *Classen*, EWS 1995, 97.

[625] So auch die herrschende Ansicht: *Reichold*, ZEuP 1998, 434, 444 f.; *Schneider*, NJ 1996, 512, 514; *Hilf/Pache*, NJW 1996, 1169, 1172; *Hobe/Tietje*, JuS 1996, 486, 490; *Paefgen*, EWiR 1995, 987, 988; *Stockenhuber*, WBl. 1996, 145, 146; zur Niederlassungsfreiheit gemäß Art. 43 EG *Knobbe-Keuk*, DB 1990, 2573, 2574 f.; krit. dagegen *Schroeder*, JZ 1996, 254, 255; *Palme*, JZ 1996, 238, 240 f.

[626] *EuGH*, Urt. v. 15.12.1995 – Rs. C-415/93 – EuZW 1996, 82, 88 Tz. 96 – „Bosman".

[627] Vgl. *EuGH*, Urt. v. 15.12.1995 – Rs. C-415/93 – EuZW 1996, 82, 88 Tz. 100 ff. – „Bosman".

Nationalverband nämlich die Ausstellung des internationalen Freigabescheins[628]. Hinzu kam, daß der Fußballprofi im Regelfall keine Einwirkungsmöglichkeiten auf die zwischen den Fußballvereinen stattfindenden Transferverhandlungen hatte[629]. Ohne Zahlung der Transferentschädigung konnte der Profifußballspieler seinen Beruf in einem anderen EG-Staat folglich nicht ausüben[630], d.h., es lag eine unmittelbare Beeinträchtigung des freien Zugangs zum Arbeitsmarkt in den anderen Mitgliedstaaten der Gemeinschaft vor[631].

Zu der gleichen Feststellung mußte man letztlich auch im Hinblick auf das UEFA-Transferreglement gelangen. Daran änderte selbst der Umstand nichts, daß nach dem Wortlaut der einschlägigen Verbandsnormen Streitigkeiten zwischen den in den Spielertransfer involvierten Vereinen keinerlei Einfluß auf die Tätigkeit des Fußballsportlers haben sollten[632]. Denn allein die anläßlich eines grenzüberschreitenden Vereinswechsels fällig werdende Ausbildungs- und Förderungsentschädigung hielt den aufnahmewilligen Fußballclub im Zweifel von der Verpflichtung eines EU-ausländischen Spielers ab[633]. Verstärkt wurde die Risikoaversität der Vereinsleitung durch die nach den UEFA-Statuten möglichen Disziplinarmaßnahmen[634]. Folglich galt: Im Kern wurde die grenzüberschreitende Mobilität des Profifußballers damit durch die bloße Existenz des Transferentschädigungsanspruches ihrer Substanz beraubt, ohne daß es auf eine

628 Siehe zum Transferrecht der FIFA bereits im 2. Teil, 1. Kapitel, A.II.1.

629 *Hobe/Tietje*, JuS 1996, 486, 489.

630 *EuGH*, Urt. v. 15.12.1995 – Rs. C-415/93 – EuZW 1996, 82, 88 Tz. 99 f. – „Bosman".

631 Damit führte selbst die analoge Anwendung der zu Art. 28 EG entwickelten „Keck"-Formel, derzufolge bloße, nicht den Marktzugang berührende (Absatz-) Rahmenvorschriften außerhalb des Geltungsbereichs des Beschränkungsverbots liegen, im vorliegenden Fall nicht zur Negation des Eingriffs. *EuGH*, Urt. v. 15.12.1995 – Rs. C-415/93 – EuZW 1996, 82, 88 Tz. 102 ff. – „Bosman". Näher zur „Keck"-Formel und deren Rolle bei der Diskussion um die Reichweite des Beschränkungsverbotes: *Arndt*, Europarecht, 6. Aufl., 2003, S. 145 f., 158 ff., 178 f.; *Nettesheim*, NVwZ 1996, 342, 343 f.; *Reichold*, ZEuP 1998, 434, 447 f.

632 Siehe dazu auch die Darstellung des damals in Geltung befindlichen DFB-Transferentschädigungssystems für rein inländische Vereinswechsel, das nach seiner Konzeption dem UEFA-Transferreglement vergleichbar war, im 2. Teil, 1. Kapitel, A.I.2. Die Vergleichbarkeit beider Transfersysteme ebenfalls bejahend: *Westermann*, DZWiR 1996, 82, 84.

633 Siehe zu den ökonomischen Erwägungen, die für die Verpflichtungsentscheidung des aufnehmenden Clubs ausschlaggebend sind, bereits im 2. Teil, 1. Kapitel, A.I.2.

634 Darauf weisen zutreffend *Trommer*, Die Transferregelungen im Profisport im Lichte des „Bosman-Urteils" im Vergleich zu den Mechanismen im bezahlten amerikanischen Sport, 1999, S. 66, und *Hilf/Pache*, NJW 1996, 1169, 1172, hin.

ausdrückliche Verknüpfung von internationalem Freigabeschein und Transferentschädigung ankommt[635].

(2) Unmittelbare Drittwirkung der Arbeitnehmerfreizügigkeit

Trotz ihres beschränkenden Charakters konnten die Transferregelwerke nicht ohne weiteres als tatbestandlich relevante Beschränkung der Arbeitnehmerfreizügigkeit aufgefaßt werden. Denn es erschien fraglich, ob und inwieweit die streitgegenständlichen privatrechtlichen Regelwerke überhaupt einen tauglichen Prüfungsgegenstand abgaben. Die Zweifel hängen damit zusammen, daß sich Art. 39 EG nach seiner ursprünglichen Konzeption hauptsächlich an die Mitgliedstaaten der Gemeinschaft als Normadressaten richtet[636]. Bei den internationalen Sportverbänden FIFA und UEFA handelt es sich jedoch um privatrechtliche Vereinigungen[637]. Deshalb erwies sich die Frage als klärungsbedürftig, ob die Arbeitnehmerfreizügigkeit in diesem Bereich im Wege einer **unmittelbaren Drittwirkung** der Marktfreiheiten zum Zuge kommt[638].

Zwar hatte der EuGH bereits in den Fällen „Walrave“[639] und „Donà“[640] den Kreis der Verpflichteten unter Verweis auf die Gedanken des effet utile und der Sicherstellung einer einheitlichen Anwendung des Gemeinschaftsrechts auf privatrechtliche Vereinigungen, die durch Kollektivvereinbarungen Hindernisse aufbauen, erstreckt[641]. Die unbesehene Übertragung dieser Rechtsprechung auf den vorliegenden Fall stieß aber unter zwei Gesichtspunkten auf gewisse Zweifel: Zum einen betrafen die genannten Urteile ausschließlich das Inländergleichbehandlungsgebot[642], wogegen die Transfersysteme eben unterschiedslos wirkten. Zum anderen existierten zahlreiche Stimmen in der Lehre, die die bisherige,

---

635 *EuGH*, Urt. v. 15.12.1995 – Rs. C-415/93 – EuZW 1996, 82, 88 Tz. 101 – „Bosman“. Dem Gerichtshof folgend *Krogmann*, Sport und Europarecht, 2001, S. 25; *Dinkelmeier*, Das „Bosman“-Urteil des EuGH und seine Auswirkungen auf den Profifußball in Europa, 1999, S. 90; *Plath*, Individualrechtsbeschränkungen im Fußball, 1999, S. 159 f.; *Pfister*, in: *Tokarski*, EU-Recht und Sport, 1998, 151, 159; a.A. *Hobe/Tietje*, JuS 1996, 486, 491 f.

636 *Reichold*, ZEuP 1998, 434, 438; *Nettesheim*, NVwZ 1996, 342, 344.

637 Siehe zu den beiden Spitzenorganisationen des Fußballsports bereits im 1. Teil, 2. Kapitel, A.

638 Monographisch zu dem Problemkreis *Jaensch*, Die unmittelbare Drittwirkung der Grundfreiheiten, 1997; *Ganten*, Die Drittwirkung der Grundfreiheiten, 2000.

639 *EuGH*, Urt. v. 12.12.1974 – Rs. 36/74 – Slg. 1974, 1405, 1419 f. Tz. 16 ff. –“Walrave“.

640 *EuGH*, Urt. v. 14.07.1976 – Rs. 13/76 – Slg. 1976, 1333, 1340 f. Tz. 17 f. – „Donà“.

641 Die Rechtsprechung des EuGH zur unmittelbaren Drittwirkung ist in der Literatur überwiegend auf Zustimmung gestoßen. Vgl. *Streinz*, in: *Tokarski*, EU-Recht und Sport, 1998, 14, 31 f.; *Arndt*, Europarecht, 6. Aufl., 2003, S. 153.

642 *Imping*, EWS 1996, 193, 195.

zu den Personenverkehrsfreiheiten ergangene Rechtsprechung als überholt ansahen[643]. Sie begründeten dies unter Verweis auf die damals neueren Entscheidungen des Gerichtshofes zur Warenverkehrsfreiheit, der Art. 28 EG anfänglich ebenfalls auf Maßnahmen privaten Ursprungs anwendete, diese Linie aber späterhin wieder aufgab[644].

Der Gerichtshof überging die genannten Bedenken jedoch stillschweigend und argumentierte an diesem Punkt – aus seiner Sicht konsequent – ein weiteres Mal im Sinne eines extensiven Verständnisses. Er dehnte unter Berufung gerade auf die Fälle „Walrave“ und „Donà“ die Drittwirkungsrechtsprechung auf das Beschränkungsverbot aus[645]. Unabhängig von der dogmatischen Überzeugungskraft einer solchen Vorgehensweise ist in diesem Kontext kritisch anzumerken, daß allein der Hinweis auf die bisherige Judikatur die Rechtsfortbildung jedenfalls nicht trägt, da sie sich eben nur auf das Diskriminierungsverbot bezieht[646]. Dies änderte im praktischen Ergebnis jedoch nichts mehr daran, daß auch die von der FIFA und der UEFA aufgestellten Transferregeln nunmehr der Prüfungskompetenz der EuGH-Richter unterlagen[647].

Als Fazit bleibt damit, daß die von der FIFA und der UEFA errichteten Transferregelwerke den freien Zugang der Profifußballer zu den Arbeitsmärkten der anderen EG-Mitgliedstaaten unterbanden, so daß – obwohl privaten Ursprungs – ein im Grundsatz verbotener Eingriff in den Kernbereich des Art. 39 Abs. 1 EG vorlag.

cc) Rechtfertigung der Beschränkung

Weiterhin war zu untersuchen, ob die Beschränkung der Arbeitnehmerfreizügigkeit nicht ausnahmsweise gerechtfertigt werden konnte.

---

643 *Roth*, in: Festschrift für *Everling*, Bd. II, 1995, 1231, 1239; *Kluth*, AöR 122 (1997), 557, 567.

644 *EuGH*, Urt. v. 01.10.1987 – Rs. 311/85 – Slg. 1987, 3801, 3830 Tz. 30 – „Vlaamse Reisebureaus“; *EuGH*, Urt. v. 05.04.1984 – Rs. 177/82 u. 178/82 – Slg. 1984, 1797, 1812 Tz. 11 ff. – „van de Haar“; für eine unmittelbare Drittwirkung des Art. 28 EG hatte sich der EuGH noch in der Entscheidung *EuGH*, Urt. v. 22.01.1981 – Rs. 58/80 – Slg. 1981, 181, 195 Tz. 17 – „Dansk Supermarked“, ausgesprochen.

645 *EuGH*, Urt. v. 15.12.1995 – Rs. C-415/93 – EuZW 1996, 82, 87 Tz. 82 ff. – „Bosman“.

646 Siehe *Kluth*, AöR 122 (1997), 557, 566; *Arndt/Fischer/Fetzer*, Zur unmittelbaren Drittwirkung der Grundfreiheiten am Beispiel der Arbeitnehmerfreizügigkeit, auf: CD-Rom Europarecht, 2. Aufl., 2003, B.II.2.b).

647 *EuGH*, Urt. v. 15.12.1995 – Rs. C-415/93 – EuZW 1996, 82, 87 Tz. 84 ff. – „Bosman“.

(1) Immanente Schranken

Der Europäische Gerichtshof prüfte auf der Rechtfertigungsstufe sofort die **immanenten Schranken**[648], ohne zuvor näher auf die „ordre public"-Klausel gemäß Art. 39 Abs. 3 EG einzugehen[649]. Der ungeschriebene Freistellungstatbestand setzte nach damals gefestigter Rechtsprechung[650] voraus, daß

- es erstens um den Schutz eines zwingenden Allgemeininteresses nichtwirtschaftlicher Art[651] geht (a),
- die rechtfertigungsbedürftige Maßnahme darüber hinaus unterschiedslos wirkt sowie die Anwendung dieser Regeln verhältnismäßig, d.h. geeignet und erforderlich ist (b).

(a) Bei der Subsumtion des Sachverhaltes unter die genannten Voraussetzungen nahm der EuGH zuerst zum Vorliegen eines zwingenden Erfordernisses Stellung. Dabei konstatierte er, daß die Erwägung der Schaffung von Anreizstrukturen zur Nachwuchsförderung sowie das Interesse an der Gewährleistung des finanziellen und sportlichen Gleichgewichts zwischen den Vereinen wegen der „beträchtlichen sozialen Bedeutung, die der sportlichen Tätigkeit und insbesondere dem Fußball in der Gemeinschaft zukommt", **grundsätzlich anerkennenswerte Belange** seien[652].

Unerwähnt auf der Rechtfertigungsstufe blieben dagegen von vornherein die übrigen der Transferentschädigung angedachten Funktionen (vgl. Ausbildungskostenersatz, Ausgleich für erlangte wirtschaftliche und sportliche Vorteile des aufnehmenden Lizenzvereins, Existenzsicherung der finanzschwachen Verei-

---

648 *EuGH*, Urt. v. 15.12.1995 – Rs. C-415/93 – EuZW 1996, 82, 87 Tz. 104 – „Bosman"; in der Literatur ebenso *Trommer*, Die Transferregelungen im Profisport im Lichte des „Bosman-Urteils" im Vergleich zu den Mechanismen im bezahlten amerikanischen Sport, 1999, S. 66 f.; *Schneider*, NJ 1996, 512, 514; *Schroeder*, JZ 1996, 238, 239; *Streinz*, SpuRt 1998, 89, 90; *Schrammel*, ecolex 1996, 467, 469.

649 Eine näheres Eingehen auf die ordre public-Klausel hätte sich insofern angeboten, als der EuGH Art. 39 Abs. 3 EG ausdrücklich auf private Maßnahmen für anwendbar hält und der Tatbestand bereits seinem Wortlaut nach auch „Beschränkungen" erfaßt. Vgl. *EuGH*, Urt. v. 15.12.1995 – Rs. C-415/93 – EuZW 1996, 82, 87 Tz. 86 – „Bosman".

650 Näher *Arndt*, Europarecht, 6. Aufl., 2003, S. 150 ff.; *Herdegen*, Europarecht, 5. Aufl., 2003, Rn. 282 f.; *Reichold*, ZEuP 1998, 434, 446.

651 *Lecheler*, Europarecht, 2000, § 8 V 5 c) S. 261; *Streinz*, Europarecht, 5. Aufl., 2001, Rn. 702.

652 *EuGH*, Urt. v. 15.12.1995 – Rs. C-415/93 – EuZW 1996, 82, 88 f. Tz. 105 f. – „Bosman". Ebenso: *EG-Kommission*, Helsinki Bericht zum Sport, 1999, S. 9.

ne)[653]. Fraglich ist, welche Schlußfolgerungen aus dem Schweigen des EuGH im Hinblick auf die grundsätzliche Berechtigung der einzelnen von ihm nicht näher erörterten Rechtfertigungsgründe zu ziehen sind.

Bezüglich des Ausbildungskostenersatzes merkte das Gericht im Kontext mit der Talentförderung lediglich an, daß die Ablösesummen „auf jeden Fall unabhängig von den tatsächlichen Kosten", die den Vereinen bei der Ausbildung der Nachwuchsspieler entstehen, seien[654]. Diese Wendung könnte ein Indiz dafür sein, daß der Gerichtshof zumindest die tatsächlich angefallenen Aufwendungen für ersatzfähig hält, zumal auch Generalanwalt Lenz in seinem Schlußantrag, an den sich der EuGH mehrmals ausdrücklich anlehnte[655], dem Argument im Prinzip durchaus positiv gegenüberstand[656]. Das Schweigen des EuGH in den Entscheidungsgründen hingegen als grundsätzliche Ablehnung zu deuten, ginge jedoch zu weit, da der Fall „Bosman" den Wechsel eines „fertig" ausgebildeten Profifußballers und nicht den von einem ausbildenden Club zu einem Profiverein betraf, womit sich die Frage der grundsätzlichen Zulässigkeit dieser Funktion gar nicht stellte[657]. Die Frage harrt damit letztlich noch einer endgültigen Klärung durch die europäische Gerichtsbarkeit[658]. Gleichzeitig existieren aber durchaus Indizien, die in Richtung einer prinzipiellen Legitimität des Ausbildungskostenersatz-Arguments deuten[659].

Das Argument des monetären Ausgleichs für durch den Vereinswechsel erlittene Einbußen an finanzieller und sportlicher Kraft taucht in den Urteilsgründen an keiner Stelle auf. Deutet man die Nichterwähnung wiederum vor dem Hintergrund der Ausführungen des Generalanwaltes, kann man in dieser Beziehung eigentlich nur die Schlußfolgerung ziehen, daß der Gerichtshof der Erwägung bereits ihre Existenzberechtigung abspricht. Denn nach seinen eigenen Worten

---

653 Zum Charakter der zugunsten der Transferentschädigung ins Feld geführten Gründe siehe bereits im 2. Teil, 1. Kapitel, A.I.3.f).

654 *EuGH*, Urt. v. 15.12.1995 – Rs. C-415/93 – EuZW 1996, 82, 89 Tz. 109 – „Bosman".

655 Vgl. *EuGH*, Urt. v. 15.12.1995 – Rs. C-415/93 – EuZW 1996, 82, 88 Tz. 99, 89 Tz. 110 – „Bosman".

656 Generalanwalt *Lenz*, Schlußantr. v. 20.09.1995 – Rs. C-415/93 – Slg. 1995 I, 4921, 5022 Tz. 239 – „Bosman".

657 *Pfister*, in: *Tokarski*, EU-Recht und Sport, 1998, 151, 164; Generalanwalt *Lenz*, Schlußantr. v. 20.09.1995 – Rs. C-415/93 – Slg. 1995 I, 4921, 5022 Tz. 239 – „Bosman".

658 Ebenso *Pfister*, in: *Tokarski*, EU-Recht und Sport, 1998, 151, 164; zurückhaltender, wohl aber auch in diesem Sinne zu verstehen ist: *Stockenhuber*, WBl. 1996, 145, 147 Fn. 13.

659 Weitergehend *Trommer*, Die Transferregelungen im Profisport im Lichte des „Bosman-Urteils" im Vergleich zu den Mechanismen im bezahlten amerikanischen Sport, 1999, S. 83, der meint, der EuGH habe das Ausbildungskostenersatz-Argument ausdrücklich akzeptiert. Zur grundsätzlichen Berechtigung dieses Rechtfertigungsgrundes siehe bereits ausführlich im 2. Teil, 1. Kapitel, A.I.3.a).

hängt die Akzeptanz eines zwingenden Erfordernisses davon ab, daß es einen mit dem EG-Vertrag zu vereinbarenden berechtigten Zweck verfolgt[660]. Daran fehlt es nach dem Verständnis des Generalanwalts bei einer Betrachtung, die den Spieler als „Investitionsobjekt" qualifiziert, jedoch, da sie mit „dem Recht auf Freizügigkeit nicht zu vereinbaren ist"[661]. Für den EuGH erwies es sich deshalb als entbehrlich, auf den Gesichtspunkt näher einzugehen.

Schließlich ist noch der Standpunkt der Europarichter zu der Überlegung der Existenzsicherung der finanzschwachen Fußballclubs auszuleuchten. Das Argument findet in der Entscheidung nur am Rande Erwähnung. Bei den Gründen zur Ablehnung des Antrags der UEFA auf nochmalige Anordnung einer Beweisaufnahme legte der Gerichtshof zur Begründung seiner ablehnenden Haltung unter anderem dar, daß die „Frage, ob das Ziel, das finanzielle und sportliche Gleichgewicht und insbesondere die Finanzierung der kleinen Vereine zu sichern, mit anderen Mitteln wie der Umverteilung eines Teils der Fußballeinnahmen erreicht werden kann, namentlich von Herrn *Bosman* in seinen schriftlichen Erklärungen angeschnitten worden" ist[662].

Gegen eine Heranziehung der Passage zur Gewinnung eines Argumentes im Sinne einer Anerkennung des Rechtfertigungsgrundes als legitimes Ziel könnte auf der einen Seite der Umstand sprechen, daß das Gericht an dieser Stelle ausschließlich über die verfahrensrechtliche Zulässigkeit des Beweisantrags entschied, ohne damit weitergehende Aussagen zur materiell-rechtlichen Problematik verknüpfen zu wollen. Andererseits läßt der EuGH durch die Verwendung der Formulierung „insbesondere" erkennen, daß er die Aspekte des finanziellen und sportlichen Gleichgewichts sowie der Erhaltung der finanziellen Grundlagen der Vereine in einem engen Zusammenhang sieht. Wenn er später in den Urteilsgründen das Bestreben der Wahrung der Wettbewerbsgleichheit zwischen den Fußballclubs als grundsätzlich legitim ansieht[663], gilt dies angesichts der vorgenommenen Gleichstellung erst recht für den Gedanken der Existenzsicherung. Damit enthält das EuGH-Urteil zwar keine direkten Aussagen zu der Funktion der finanziellen Existenzsicherung der Vereine, aus dem Zusammenhang der Entscheidungsgründe läßt sich aber dennoch indirekt ein Indiz dafür entnehmen, daß das Gericht der Überlegung nicht grundsätzlich ablehnend gegenübersteht.

---

660 *EuGH*, Urt. v. 15.12.1995 – Rs. C-415/93 – EuZW 1996, 82, 88 Tz. 104 – „Bosman".

661 Generalanwalt *Lenz*, Schlußantr. v. 20.09.1995 – Rs. C-415/93 – Slg. 1995 I, 4921, 5023 Tz. 243 – „Bosman". Näher zur Behandlung des Spielers als „Investitionsobjekt" schon im 2. Teil, 1. Kapitel, A.I.3.d).

662 *EuGH*, Urt. v. 15.12.1995 – Rs. C-415/93 – EuZW 1996, 82, 85 Tz. 54 – „Bosman".

663 *EuGH*, Urt. v. 15.12.1995 – Rs. C-415/93 – EuZW 1996, 82, 88 f. Tz. 106 – „Bosman".

Untermauert wird diese Annahme durch die Schlußanträge des Generalanwalts Lenz, der im Kontext mit der ratio der Aufrechterhaltung des finanziellen und sportlichen Gleichgewichts zur existenzssichernden Funktion zunächst hypothetisch formulierte[664]:

> „Würde diese Behauptung zutreffen, so wäre [...] in der Tat davon auszugehen, daß die Transferregeln mit Art. 48 vereinbar wären. Der Fußballsport ist in der Gemeinschaft von großer Bedeutung, und dies sowohl in wirtschaftlicher wie in ideeller Hinsicht."

Anschließend wandte sich der Generalanwalt der Beantwortung der Frage zu, ob die Transferklauseln tatsächlich die Bedeutung haben, die ihnen von der Sportverbänden beigelegt wurden. Trotz der Tatsache, daß das zur Unterfütterung der Thesen vorgelegte Zahlenmaterial nur wenig aussagekräftig und konkret sei[665], gelangte er im Hinblick auf den Existenzsicherungszweck zu der Schlußfolgerung, daß[666]

> „die Transfereinnahmen für die Vereine [der] unteren Klassen einen wichtigen Posten in der Vereinsbilanz darstellen. Sollten die Transferregeln als rechtswidrig zu betrachten sein und diese Zahlungen daher entfallen, stünde zu erwarten, daß diese Vereine in große Schwierigkeiten gerieten."

Faßt man die vorstehenden Ausführungen zusammen, ergibt sich, daß der EuGH im Ergebnis wohl davon ausgehen dürfte, daß das Ziel, eine Existenzkrise der kleinen Vereine zu verhindern, im Hinblick auf die Arbeitnehmerfreizügigkeit einen mit dem EG-Vertrag zu vereinbarenden Zweck verkörpert[667], auch wenn er unter Umständen einer Verhältnismäßigkeitskontrolle nicht standhält[668]. Freilich darf dabei nicht verkannt werden, daß eine gewisse Unsicherheit verbleibt, die ausschließlich durch den EuGH ausgeräumt zu werden vermag.

Als Ertrag der vorstehenden Überlegungen läßt sich festhalten, daß bezüglich der unerwähnt gebliebenen Funktionen der Transferentschädigung gilt, daß eine überwiegende Wahrscheinlichkeit dafür spricht, daß zumindest der Ersatz der

---

664 Generalanwalt *Lenz*, Schlußantr. v. 20.09.1995 – Rs. C-415/93 – Slg. 1995 I, 4921, 5014 Tz. 218 f. – „Bosman".

665 Generalanwalt *Lenz*, Schlußantr. v. 20.09.1995 – Rs. C-415/93 – Slg. 1995 I, 4921, 5015 Tz. 222 – „Bosman".

666 Generalanwalt *Lenz*, Schlußantr. v. 20.09.1995 – Rs. C-415/93 – Slg. 1995 I, 4921, 5016 Tz. 222 – „Bosman".

667 Dieser Standpunkt deckt sich mit der in dieser Arbeit bereits im 2. Teil, 1. Kapitel, A.I.3.e) vertretenen Ansicht.

668 So deuten auch *Hilf/Pache*, NJW 1996, 1169, 1172, den Gerichtshof.

tatsächlich entstandenen Ausbildungskosten sowie die Sicherung der finanziellen Existenzgrundlage der wirtschaftlich angeschlagenen Vereine im Rahmen der immanenten Schranken als **legitime Erfordernisse** anerkannt werden, ohne daß damit freilich etwas über die Geeignetheit und Erforderlichkeit der Transferentschädigungspflicht zur Erreichung dieser Zwecke ausgesagt würde.

Unabhängig von der Frage nach der grundsätzlichen Berechtigung der einzelnen zugunsten der Rechtfertigung der Transferentschädigung ins Spiel gebrachten Gründe mußten diese weiterhin einen **nichtwirtschaftlichen Charakter** haben. Überraschenderweise ging der Gerichtshof mit keinem Wort auf die sich bei genauer Beachtung der Tatbestandsvoraussetzungen ergebende Problematik ein, daß die von den Verbänden zu ihren Gunsten angeführten Interessen überwiegend einen wirtschaftlichen Charakter aufwiesen[669]. Offensichtlich sollte es auf den Gehalt der angestellten Rechtfertigungsgründe nicht ankommen. Eine dogmatisch schlüssige Erklärung für diese unterschiedliche Behandlung staatlicher und privater Maßnahmen innerhalb der Rechtfertigungsprüfung blieben die Richter jedoch schuldig.

Allenfalls verständlich wird dieses Vorgehen, wenn man nochmals die Schlußanträge des Generalanwaltes als Interpretationsgrundlage heranzieht. Dieser hatte nämlich unter Berufung auf die EuGH-Urteile in den Fällen „Bachmann"[670] und „Kommission/Belgien"[671] die Ansicht vertreten, daß auch „Erwägungen wirtschaftlicher Natur [...] insoweit relevant sein [können], sofern es sich dabei um zwingende Gründe des Allgemeininteresses handelt"[672]. Danach können also auch wirtschaftliche Erwägungen als Anknüpfungspunkt für eine Rechtfertigung von Eingriffen in die Arbeitnehmerfreizügigkeit dienen. Vordergründig scheint der Generalanwalt mit seinem Verweis auf die zuvor genannten Urteile an dieser Stelle die Kontinuität der EuGH-Rechtsprechung zu wahren. Dieser Eindruck täuscht aber angesichts des Umstandes, daß der Gerichtshof ansonsten regelmäßig nur nichtwirtschaftliche Erfordernisse genügen läßt. Nach Ansatzpunkten für eine juristisch stimmige Erklärung für diesen Bruch in der Rechtsprechung des höchsten europäischen Gerichts sucht man in den Schlußanträgen des Generalanwaltes Lenz mithin ebenso vergeblich.

---

669 Siehe zum überwiegend wirtschaftlichen Charakter der zur Rechtfertigung des Transferentschädigungssystems angeführten Gründe im 2. Teil, 1. Kapitel, A.I.3.f).

670 *EuGH*, Urt. v. 28.01.1992 – Rs. C-204/90 – Slg. 1992 I, 249, 282 f. Tz. 21 ff. – „Bachmann".

671 *EuGH*, Urt. v. 28.01.1992 – Rs. C-300/90 – Slg. 1992 I, 305, 319 f. Tz. 14 ff. – „Kommission/Belgien".

672 Generalanwalt *Lenz*, Schlußantr. v. 20.09.1995 – Rs. C-415/93 – Slg. 1995 I, 4921, 5012 f. Tz. 214 – „Bosman".

(b) Die als legitim eingestuften Interessen vermochten trotz des nichtdiskriminierenden Charakters der Transferregeln die Beeinträchtigung des Schutzbereichs von Art. 39 EG nicht aufzuwiegen, da es sowohl an der **Geeignetheit** als auch an der **Erforderlichkeit** der Transferreglements fehlte[673]:

Im Rahmen der Geeignetheit[674] verwarfen die Richter den Aspekt der Nachwuchsförderung wegen des „Zufallscharakters" der Entschädigung und dem Auseinanderfallen von tatsächlichen Ausbildungskosten und den geleisteten Transfersummen[675]; zur Aufrechterhaltung des sportlichen und finanziellen Gleichgewichts leisteten die Ablöseentschädigungen nach Meinung des EuGH keinen nennenswerten Beitrag[676].

Darüber hinaus gäbe es – so die Ansicht des Gerichtshofes[677] im Anschluß an die Überlegungen des Generalanwaltes Lenz – ebenso wirksame Mittel, die die Freizügigkeit des Berufssportlers weitaus weniger behinderten, z.B. die tarifvertragliche Festsetzung der Lizenzspielerentgelte oder die Schaffung eines über einen Finanzpool, der aus den Einnahmen des Ticketverkaufs und der Mediarechte-Verwertung gespeist werden sollte, abzuwickelnden Umverteilungssystems zwischen den Fußballclubs[678]. Im Ergebnis schieden die immanenten Schranken somit als Freistellungstatbestand aus.

(2) Vereinigungsfreiheit als Rechtfertigungsgrund?

Nachdem der EuGH eine Heranziehung der zwingenden Erfordernisse abgelehnt hatte, wäre es angebracht gewesen, zumindest nochmals das **Gemeinschaftsgrundrecht der Vereinigungsfreiheit**, das die Befugnis zur autonomen Ausarbeitung von Regeln zur Ausübung und Organisation des Fußballsports beinhaltet[679], aufzugreifen und sein Verhältnis zu den Gewährleistungen des Art. 39 EG

673 Siehe zur Prüfung der einzelnen Rechtfertigungsgründe *Dinkelmeier*, Das „Bosman"-Urteil des EuGH und seine Auswirkungen auf den Profifußball in Europa, 1999, S. 107 ff.; ebenso *Trommer*, Die Transferregelungen im Profisport im Lichte des „Bosman-Urteils" im Vergleich zu den Mechanismen im bezahlten amerikanischen Sport, 1999, S. 71 ff.

674 *EuGH*, Urt. v. 15.12.1995 – Rs. C-415/93 – EuZW 1996, 82, 89 Tz. 107 ff. – „Bosman".

675 Zur – fehlenden – Überzeugungskraft dieser Erwägungen siehe bereits die Ausführugen im 2. Teil, 1. Kapitel, A.I.3.b) der Arbeit.

676 Insofern verdient der EuGH durchaus Zustimmung, wie sich aus den im 2. Teil, 1. Kapitel, A.I.3.c) angestellten Überlegungen ergibt.

677 *EuGH*, Urt. v. 15.12.1995 – Rs. C-415/93 – EuZW 1996, 82, 89 Tz. 110 – „Bosman".

678 Näher Generalanwalt *Lenz*, Schlußantr. v. 20.09.1995 – Rs. C-415/93 – Slg. 1995 I, 4921, 5017 ff. Tz. 226 ff. u. 5022 f. Tz. 239 – „Bosman".

679 Der Inhalt des Gemeinschaftsgrundrechts der Vereinigungsfreiheit ist in sachlicher Hinsicht mit der den Verbänden nach nationalem Recht zustehenden Vereinsautonomie ver-

näher auszuloten[680] [681]. Insbesondere die Sportverbände hatten nämlich vorgebracht, daß die beiden kollidierenden subjektiven Rechtspositionen durch eine Güterabwägung im Sinne einer praktischen Konkordanz zum Ausgleich gebracht werden müßten[682]. In den Urteilsgründen fehlten jedoch solche weitergehenden Darlegungen auf der Rechtfertigungsebene gänzlich; an diesem Umstand entzündete sich in zahlreichen Entscheidungsrezensionen heftige Kritik[683].

Zu Recht: Völlig losgelöst von der Streitfrage, ob eine solche der Rechtssicherheit abträgliche pauschale Interessenabwägung, die darüber hinaus die Bedeutung des Art. 39 EG beträchtlich relativiert[684], überzeugt – was angesichts der genannten Einwände durchaus fraglich erscheint –, wären an dieser Stelle wegen der grundsätzlichen Bedeutung der Frage nach der Relation Verbandsautonomie-Arbeitnehmerfreizügigkeit[685] und dem zentralen Charakter der Ablösesummen für den Profisport[686] zusätzliche Ausführungen geboten gewesen. „Nur so hätte", wie Trommer zutreffend feststellt, „die Akzeptanz dieses Urteils erhöht werden können"[687]. Erklärbar dürfte das Schweigen des Gerichtshofes höchstens damit sein, daß der Generalanwalt in seiner Stellungnahme, an die sich die Richter weitgehend anlehnten, dem Ansatz einer umfassenden Güterabwägung eine deutliche Absage erteilt hatte[688].

---

gleichbar (ebenso *Trommer*, Die Transferregelungen im Profisport im Lichte des „Bosman-Urteils" im Vergleich zu den Mechanismen im bezahlten amerikanischen Sport, 1999, S. 69). Zur Reichweite der Sportautonomie nach deutschem Recht siehe bereits im 1. Teil, 1. Kapitel, A.II.1.b). Vgl. zur Vereinigungsfreiheit auf europäischer Ebene auch *Gramlich*, DÖV 1996, 801, 806 ff.

680 Der Gerichtshof war lediglich im Rahmen des Problempunktes „Anwendbarkeit des Gemeinschaftsrechts" kurz auf die Vereinigungsfreiheit eingegangen. Siehe dazu bereits oben im 2. Teil, 1. Kapitel, B.I.2.a)aa)(1).

681 Ebenso z.B. *Hobe/Tietje*, JuS 1996, 486, 490; *Gramlich*, DÖV 1996, 801, 804.

682 Vgl. auch *Imping*, EWS 1996, 193, 197.

683 Siehe *Trommer*, Die Transferregelungen im Profisport im Lichte des „Bosman-Urteils" im Vergleich zu den Mechanismen im bezahlten amerikanischen Sport, 1999, S. 68 m.w.N. aus der einschlägigen Literatur.

684 Zutreffend Generalanwalt *Lenz*, Schlußantr. v. 20.09.1995 – Rs. C-415/93 – Slg. 1995 I, 4921, 5013 Tz. 216 – „Bosman".

685 Generalanwalt *Lenz*, Schlußantr. v. 20.09.1995 – Rs. C-415/93 – Slg. 1995 I, 4921, 5013 Tz. 216 – „Bosman".

686 *Westermann*, DZWiR 1996, 82; *Imping*, EWS 1996, 193.

687 *Trommer*, Die Transferregelungen im Profisport im Lichte des „Bosman-Urteils" im Vergleich zu den Mechanismen im bezahlten amerikanischen Sport, 1999, S. 70; vgl. zudem *Hobe/Tietje*, JuS 1996, 486, 490.

688 Generalanwalt *Lenz*, Schlußantr. v. 20.09.1995 – Rs. C-415/93 – Slg. 1995 I, 4921, 5013 Tz. 216 – „Bosman". Für eine umfassende Interessenabwägung im Sinne praktischer Konkordanz hingegen *Imping*, EWS 1996, 193, 197 f.; *Schroeder*, JZ 1996, 254, 256; *Hobe/Tietje*, JuS 1996, 486, 490; *Gramlich*, DÖV 1996, 801, 810 f.

dd) Zwischenergebnis: Unvereinbarkeit der Transferentschädigung mit der Arbeitnehmerfreizügigkeit

Die vorangehenden Überlegungen haben offenbart, daß die durch das Transferentschädigungssystem hervorgerufene Beschränkung der grenzüberschreitenden Mobilität der Fußballprofis nach Auffassung der EuGH-Richter keiner Rechtfertigung zugänglich ist. Dementsprechend stellten sie abschließend fest[689] [690]:

> „[...] Folglich ist auf die erste Frage zu antworten, daß Art. 48 EWGV [jetzt: Art. 39 EG] der Anwendung von durch Sportverbände aufgestellten Regeln entgegensteht, nach denen ein Berufsfußballspieler, der Staatsangehöriger eines Mitgliedstaats ist, bei Ablauf des Vertrages, der ihn an einen Verein bindet, nur dann von einem Verein eines anderen Mitgliedstaats beschäftigt werden kann, wenn dieser dem bisherigen Verein eine Transfer-, Ausbildungs- oder Förderungsentschädigung gezahlt hat."

b) Transferentschädigung und EG-Wettbewerbsrecht

Nachdem sich der Gerichtshof eingehend mit der Vereinbarkeit von Transferentschädigungspflicht und Arbeitnehmerfreizügigkeit auseinandergesetzt hatte und dabei zu dem Ergebnis gelangt war, daß das System der Ablösesummen gegen Art. 39 Abs. 1 EG verstößt, bestand unter prozeßökonomischen Gesichtspunkten kein Anlaß mehr, sich noch näher mit der Frage nach der Verletzung des EG-Kartellrechts zu beschäftigen. Deshalb befanden die Richter, daß über „die Auslegung der Art. 85 und 86 EWGV nicht entschieden zu werden" brauche[691]. Auf die Stellungnahme des Generalanwaltes Lenz[692], der in seinen Schlußanträgen die Ablöseentschädigung intensiv auf ihre EG-wettbewerbsrechtliche Zulässigkeit hin untersucht und sich schließlich für einen Verstoß ausgesprochen hatte, ging der EuGH insoweit ebenfalls nicht mehr ein. Damit sollte jedoch keinesfalls die Aussage verbunden werden, daß das EG-Wettbewerbsrecht in diesem Zusammenhang völlig irrelevant ist. Vielmehr steht mit Art. 81 f. EG potentiell ein weiteres Instrument zur Verfügung, mit dessen

---

689 *EuGH*, Urt. v. 15.12.1995 – Rs. C-415/93 – EuZW 1996, 82, 89 Tz. 114 – „Bosman".

690 Zu der Frage, ob neben der Unanwendbarkeit als gemeinschaftsrechtlicher Rechtsfolge des Verstoßes der Transfermechanismen gegen Art. 39 Abs. 1 EG auch eine Nichtigkeit der Verbandsnormen über §§ 134, 138 Abs. 1, 242 BGB bejaht werden kann, siehe *Hobe/Tietje*, JuS 1996, 486, 492 f. m.w.N.; Palandt-*Heinrichs*, BGB, 62. Aufl., 2003, § 25 Rn. 9a. Zu den Instituten der Rechtmäßigkeits- und der Inhaltskontrolle siehe schon im 1. Teil, 1. Kapitel, A.II.1.c)bb).

691 *EuGH*, Urt. v. 15.12.1995 – Rs. C-415/93 – EuZW 1996, 82, 90 Tz. 138 – „Bosman".

692 Generalanwalt *Lenz*, Schlußantr. v. 20.09.1995 – Rs. C-415/93 – Slg. 1995 I, 4921, 5026 ff. Tz. 253 ff. – „Bosman".

Hilfe Mobilitätshindernisse in Gestalt von Transfersystemen zurückgedrängt werden können[693].

c) Bewertung der „Bosman"-Entscheidung

Die grundlegende Bedeutung des „Bosman"-Urteils liegt darin begründet, daß es **der Arbeitnehmerfreizügigkeit**, einem zentralen Instrument zur Verwirklichung des Binnenmarktes (vgl. Art. 14 Abs. 2, 3 Abs. 1 lit. c EG), auch **im professionellen Fußballsport zu voller Geltung verholfen** hat[694]. Der EuGH hatte der von vielen Verbandsfunktionären vertretenen Ansicht, der Sport sei ein rechtsfreier Raum bzw. ein autonomes gesellschaftliches Subsystem, endgültig die Grundlage entzogen: Sie mußten wohl oder übel akzeptieren, daß die Sportautonomie nicht uferlos gilt, sondern ihre Grenzen namentlich auch im Gemeinschaftsrecht findet. Dies gilt selbst für das jahrzehntelang praktizierte und als eines der Kernstücke privaten Sportverbandsrechts akzeptierte System der Ablöseentschädigung[695]. Vor dem Hintergrund des Binnenmarktkonzepts kann man das Urteil des Gerichtshofes im Fall „Bosman" daher nur als konsequent bezeichnen[696].

Angesichts ihres fundamentalen Charakters bedurfte die Fallentscheidung einer besonders sorgsamen Begründung. Generalanwalt Lenz hatte dies frühzeitig erkannt und seine in den Schlußanträgen vertretenen Ansichten mit hohem Aufwand argumentativ unterfüttert. Die Gemeinschaftsrichter bemühten sich beim Absetzen der Urteilsgründe ebenfalls um eine – für ihre Verhältnisse – ausführliche und konsistente Begründung, was sich bereits daran zeigt, daß sie auf nahezu alle von den Verfahrensbeteiligten angesprochenen Gesichtspunkte eingingen[697]. Diese durchaus positiv hervorzuhebende Vorgehensweise vermag bei genauerer Untersuchung jedoch nicht darüber hinwegzutäuschen, daß das „Bosman"-Judiz auf der anderen Seite an teilweise **erheblichen Begründungsdefiziten** leidet[698], die besonders bei der Frage der Erstreckung der bis dato vorliegenden Drittwirkungs-Rechtsprechung auf das Beschränkungsverbot, der

---

693 Vgl. die EG-kartellrechtliche Aufarbeitung der Transferregel-Problematik durch *Fleischer*, WuW 1996, 473; siehe auch *Hilf/Pache*, NJW 1996, 1169, 1176.

694 *Flory*, Der Fall Bosman – Revolution im Fußball?, 1997, S. 87; *Hobe/Tietje*, JuS 1996, 486, 490, 493.

695 *Wertenbruch*, EuZW 1996, 91, 92; *Eilers*, in: *Württembergischer Fußballverband*, Sportrecht damals und heute, 2001, 49, 50 f.; *Westermann*, DZWiR 1996, 82.

696 Ähnlich *Flory*, Der Fall Bosman – Revolution im Fußball?, 1997, S. 83 f.; *Hilf/Pache*, NJW 1996, 1169, 1176 f.

697 Auf diesen Aspekt weist in anderem Zusammenhang auch *Trautwein*, JA 1996, 457, 460, hin; vgl. zudem *Schroeder*, JZ 1996, 254.

698 Ebenso *Hilpert*, RdA 1997, 92, 99.

Anwendung der immanenten Schranken auf Maßnahmen privaten Ursprungs und der ungeklärten Relation zwischen Arbeitnehmerfreizügigkeit und dem Gemeinschaftsgrundrecht der Vereinigungsfreiheit offen zutage getreten sind. Dies war sicherlich einer der Punkte, die dazu führten, daß das Urteil zum Teil heftigst attackiert wurde[699]. Mit dieser Bewertung ist freilich – dies soll zur Klarstellung abschließend hinzugefügt werden – (noch) keine kritische Auseinandersetzung mit den dogmatischen Prämissen des EuGH verbunden; diese wird an anderer Stelle erfolgen.

3. Reichweite des „Bosman"-Urteils

Das Urteil des Gerichtshofes besitzt, wie bereits mehrfach betont, eine enorme praktische Relevanz. Deshalb erscheint es geboten, die Wirkung der Entscheidung in zeitlicher, persönlicher und sachlicher Hinsicht näher einzugrenzen.

a) Zeitliche Reichweite

Zu der Frage, welche **temporalen Wirkungen** ein im Vorabentscheidungsverfahren gemäß Art. 234 Abs. 1 lit. a EG ergangenes Urteil des EuGH nach sich zieht, enthält der EG-Vertrag im Gegensatz zum Vertragsverletzungsverfahren (vgl. Art. 228 Abs. 1 EG) und zur Nichtigkeitsklage (vgl. Art. 231 EG) keinerlei Vorschriften. Dennoch folgt aus der Funktion des Vorlageverfahrens, eine einheitliche Anwendung des Gemeinschaftsrechts sicherzustellen, daß derartige Urteile grundsätzlich eine „ex tunc"-Wirkung entfalten. Das bedeutet im einzelnen, daß sie den Inhalt des EG-Rechts mit Wirkung vom Zeitpunkt seines Inkrafttretens an bestimmen[700]. Von diesem Grundsatz wird in Analogie zu Art. 231 Abs. 2 EG in bestimmten Konstellationen eine Ausnahme gemacht, denn aus Gründen der Rechtssicherheit und des daraus abgeleiteten Vertrauensschutzgedankens dürfen „gutgläubig begründete Rechtsverhältnisse" nicht in Frage gestellt werden[701].

Dieses richterrechtlich entwickelte Rückwirkungsverbot wandte der EuGH auch im Fall „Bosman" bezüglich der Transfersysteme an. Er begründete dies mit

---

699 Zu den ersten Reaktionen auf das Urteil siehe die Ausführungen im 2. Teil, 1. Kapitel, B.I.4. Ein anderer oftmals gerügter Aspekt ist das Fehlen von Übergangsfristen, um den Vereinen eine möglichst „schonende" Umsetzung des Urteils zu ermöglichen. Vgl. dazu sogleich im 2. Teil, 1. Kapitel, B.I.3.a).

700 So die herrschende Ansicht: Lenz-*Borchardt*, EGV, 2. Aufl., 1999, Art. 234 Rn. 56; Grabitz/Hilf-*Wohlfahrt*, EUV/EGV (a.F.), Bd. I, Art. 177 Rn. 76.

701 *EuGH*, Urt. v. 15.12.1995 – Rs. C-415/93 – EuZW 1996, 82, 91 Tz. 142 – „Bosman". Ausführlich zu dem Problemkreis der Begrenzung der Rückwirkungen von Vorabentscheidungsurteilen des EuGH: *Weiß*, EuR 1995, 377.

dem Umstand, daß das System der Ablöseentschädigung in den Mitgliedstaaten der EG weit verbreitet und dessen Europarechtswidrigkeit nicht gleichermaßen evident wie im Fall der Ausländerklauseln war[702]. Deshalb schloß der EuGH eine echte Rückwirkung für die Fälle aus, in denen die Transferentschädigung zum Zeitpunkt der Urteilsverkündung bereits gezahlt oder eine vor diesem Zeitpunkt entstandene Verpflichtung noch geschuldet war. Zur Gewährleistung eines effektiven Rechtschutzes galt das Rückwirkungsverbot jedoch nicht zu Lasten von Personen, die rechtzeitig Schritte zur Wahrung ihrer Rechte unternommen hatten (z.B. Klageerhebung nach dem jeweils anwendbaren innerstaatlichen Recht oder sonstige gleichwertige Rechtsbehelfe)[703].

Die vom EuGH vorgenommene Begrenzung der Urteilswirkungen auf zukünftige Lebenssachverhalte („ex nunc"-Wirkung) bildete in den publizierten Rezensionen – neben der unterbliebenen Auseinandersetzung mit dem Verhältnis Arbeitnehmerfreizügigkeit-Vereinigungsfreiheit – einen weiteren zentralen Kritikpunkt: Man hielt dem Gericht vor, es habe unterlassen, in der Entscheidung Übergangsfristen vorzusehen; diese seien notwendig gewesen, um den finanziell notleidenden Fußballvereinen, deren größter Vermögenswert in der Vereinsbilanz eben die „Spielerwerte" darstellten, die Möglichkeit zu eröffnen, gemeinschaftsrechtskonforme Alternativmodelle zur Sicherung ihrer wirtschaftlichen Basis zu entwickeln[704]. Durch das Versäumnis hätten die Richter die Überlebensfähigkeit zahlreicher Clubs in Frage gestellt[705]. Außerdem sei das Urteil mitten in die laufende Spielzeit gefallen[706]. Von anderer Seite erfuhr der Gerichtshof demgegenüber Unterstützung unter Hinweis darauf, daß die betroffe-

---

702 Zu der Frage der Europarechtskonformität der Ausländerklauseln existierte bereits damals eine reichhaltige Literatur; die meisten Stellungnahmen gingen dabei von einem Verstoß gegen Art. 39 Abs. 2 EG aus (vgl. die Fundstellennachweise in der Einleitung, A.I. Fn. 15). Auch wurde bereits im Jahr 1988 eine gerichtliche Auseinandersetzung vor dem Gerichtshof wegen der Ausländerklauseln in juristischen Fachkreisen nicht mehr ausgeschlossen. Siehe *Karpenstein*, in: *Will*, Sportrecht in Europa, 1993, 171 u. 175 f.

703 *EuGH*, Urt. v. 15.12.1995 – Rs. C-415/93 – EuZW 1996, 82, 91 Tz. 143 ff. – „Bosman".

704 *Eilers*, in: *Württembergischer Fußballverband*, Sportrecht damals und heute, 2001, 49, 54; *Flory*, Der Fall Bosman – Revolution im Fußball?, 1997, S. 81; *Hilf/Pache*, NJW 1996, 1169, 1170, 1173 f.; *Hamm*, AuA 1999, 450, 451; *Hilpert*, RdA 1997, 92, 99; *Westermann*, DZWiR 1996, 82, 83.

705 Siehe zur wirtschaftlichen Situation der Fußballvereine bereits die Ausführungen im 2. Teil, 1. Kapitel, A.I.3.e).

706 Darauf weist *Trommer*, Die Transferregelungen im Profisport im Lichte des „Bosman-Urteils" im Vergleich zu den Mechanismen im bezahlten amerikanischen Sport, 1999, S. 76, hin.

nen Verbände trotz der fehlenden Übergangsregelungen äußerst flexibel reagiert hätten[707].

b) Sachliche und persönliche Reichweite

In **sachlicher Hinsicht** gilt, daß das Auslegungsurteil des EuGH das vorlegende Gericht sowie alle mit dem Streitgegenstand zuvor befaßten Instanzgerichte rechtlich bindet. Im übrigen hat das Judiz eine faktische – aber keine rechtliche – „erga omnes"-Wirkung[708]. Daraus folgt, daß die Feststellungen des EuGH im „Bosman"-Urteil auch bei vergleichbaren Sachverhalten zu beachten sind.

Maßgebliches Kriterium zur Bestimmung der Vergleichbarkeit ist in diesem Zusammenhang erstens der Umstand, daß der Gerichtshof ausschließlich über die Europarechtskonformität der Transferentschädigungssysteme im **Bereich des Berufsfußballs** judizierte. Diese Begrenzung ergibt sich bereits aus dem zweiten Leitsatz der Entscheidung[709], folgt aber auch aus der Aussage in den Urteilsgründen, daß die Sportausübung nur insoweit unter das Gemeinschaftsrecht fällt, als sie einen Bezug zum Wirtschaftsleben i.S.v. Art. 2 EG aufweist. Dazu ist jedenfalls die **Tätigkeit von Fußballprofis oder –halbprofis** zu zählen, weil diese eine unselbständige Tätigkeit ausüben oder entgeltliche Dienstleistungen erbringen[710]. Ob aus dieser Aussage gefolgert werden kann, daß der gesamte Amateurbereich aus dem Anwendungsbereich des Gemeinschaftsrechts herausfällt[711], erscheint angesichts des Umstandes, daß der Fall „Bosman" von vornherein nur den Fall des Wechsels eines Profifußballspielers zwischen zwei in den oberen Ligen angesiedelten Vereinen betraf, und der EuGH ansonsten ohne weitere Differenzierung zwischen den verschiedenen Bereichen auf das alleinige Vorliegen einer entgeltlichen Dienstleistung abstellt, zumindest fraglich[712]. Hinzu kommt, daß die Übergänge zwischen dem Profi- und dem Amateurfußball

---

707 *Dinkelmeier*, Das „Bosman"-Urteil des EuGH und seine Auswirkungen auf den Profifußball in Europa, 1999, S. 114, 121 ff.; ähnlich *Wertenbruch*, EuZW 1996, 91, 92; *Hobe/Tietje*, JuS 1996, 486, 492; *Imping*, EWS 1996, 193, 198; siehe auch Generalanwalt *Lenz*, FAZ v. 14.02.1996, S. 10.

708 Ebenso z.B. *Oppermann*, Europarecht, 2. Aufl., 1999, Rn. 771; *Streinz*, Europarecht, 5. Aufl., 2001, Rn. 566.

709 *EuGH*, Urt. v. 15.12.1995 – Rs. C-415/93 – EuZW 1996, 82 LS 2 – „Bosman".

710 Vgl. dazu bereits im 2. Teil, 1. Kapitel, B.I.2.a)aa)(1).

711 So die wohl herrschende Ansicht: *Trommer*, Die Transferregelungen im Profisport im Lichte des „Bosman-Urteils" im Vergleich zu den Mechanismen im bezahlten amerikanischen Sport, 1999, S. 78 m.w.N.; *Zuleeg*, in: *Will*, Sportrecht in Europa, 1993, 1, 4.

712 Kritisch zu der unreflektierten Herausnahme des gesamten Amateurfußballs aus dem Geltungsbereich des EG-Rechts auch *Fritzweiler*, in: *Tokarski*, EU-Recht und Sport, 1998, 172; *Streinz*, SpuRt 1998, 1, 6; vgl. auch *ders.*, in: *Tettinger*, Sport im Schnittfeld von europäischem Gemeinschaftsrecht und nationalem Recht, 2002, 27, 36 ff.

ohnehin fließend sind[713], so daß die vorgeschlagene Abgrenzung kaum praktikabel erscheint.

Zweitens ist zu berücksichtigen, daß lediglich Ablöseentschädigungen bei **grenzüberschreitenden Vereinswechseln** durch das Judiz betroffen sind. Diese Beschränkung resultiert aus dem Umstand, daß sich die Marktfreiheiten nach ihrem Sinn und Zweck gegen spezifisch zwischenstaatliche Hindernisse des freien Personenverkehrs richten, wie bereits ein Blick auf den Wortlaut von Art. 3 Abs. 1 lit. c EG belegt („zwischen den Mitgliedstaaten")[714]. Deshalb griff der EuGH auch den Einwand auf, der Sachverhalt des Ausgangsverfahrens habe einen rein internen Charakter, verwarf ihn allerdings wieder und stellte ausdrücklich das Vorliegen eines grenzüberschreitenden Bezugs fest[715].

Drittens und letztens ist hervorzuheben, daß in dem Auslegungsurteil in der Rechtssache „Bosman" nur die Fallkonstellation Gegenstand der Prüfung war, wenn der abgebende Fußballverein **nach Beendigung des Spielervertrages** eine Ausbildungsentschädigung erhalten sollte[716]. Diese Eingrenzung, die bereits dem ersten Leitsatz der Entscheidung[717] und der Vorlagefrage des Cour d'Appell Lüttich zu entnehmen ist[718], legt bei einem formalen Verständnis zunächst die Schlußfolgerung nahe, daß das „Herauskaufen" eines Fußballspielers aus einem laufenden Vertrag unter dem Blickwinkel der Arbeitnehmerfreizügigkeit unbedenklich ist[719].

Neben den materiellen Beschränkungen sind in bezug auf den von dem Urteil erfaßten **Personenkreis** einige Restriktionen zu beachten. Denn gemäß Art. 7 Abs. 1 UAbs. 2 EG übt der EuGH seine Befugnisse nur nach Maßgabe der ihm eingeräumten Kompetenzen (vgl. dazu Art. 220 EG) aus. Territorial ist seine Hoheitsgewalt auf das Staatsgebiet der EG-Mitgliedstaaten begrenzt (vgl. Art. 299 EG). Seiner Gerichtsbarkeit unterfallen daher im Grundsatz ausschließ-

---

713 *Pfister*, in: *Tokarski*, EU-Recht und Sport, 1998, 151, 166 f.

714 So auch der Standpunkt der ganz überwiegenden Ansicht: vgl. etwa *Streinz*, Europarecht, 5. Aufl., 2001, Rn. 666, 683.

715 Siehe dazu bereits die Ausführungen im 2. Teil, 1. Kapitel, B.I.2.a)aa)(2).

716 *Trommer*, Die Transferregelungen im Profisport im Lichte des „Bosman-Urteils" im Vergleich zu den Mechanismen im bezahlten amerikanischen Sport, 1999, S. 79; *Westermann*, DZWiR 1996, 82 f.

717 *EuGH*, Urt. v. 15.12.1995 – Rs. C-415/93 – EuZW 1996, 82 LS 1 – „Bosman".

718 Siehe zur Vorlage des Cour d'Appell Lüttich bereits im 2. Teil, 1. Kapitel, B.I.1.

719 So die vorherrschende Meinung in der sportrechtlichen Lehre: *Wertenbruch*, EuZW 1996, 91, 92; *Weatherill*, CMLRev. 1996, 1012, 1028 ff.; *Hobe/Tietje*, JuS 1996, 486, 490; *Eilers*, in: *Württembergischer Fußballverband*, Sportrecht damals und heute, 2001, 49, 54 f.; *Pfister*, in: *Tokarski*, EU-Recht und Sport, 1998, 151, 158, 163.

lich die Staatsangehörigen der EG-Staaten, sofern sie durch das Gemeinschaftsrecht berechtigt oder verpflichtet werden. Vom Geltungsbereich ebenso erfaßt sind gemäß Art. 6 und 28 EWR-Abkommen die Angehörigen der zum Europäischen Wirtschaftsraum gehörenden Staaten Island, Liechtenstein und Norwegen[720]. Im Jahr 2003 entschied der EuGH nunmehr, daß die Ausführungen zur Unzulässigkeit von Ausländerklauseln gleichfalls für Profisportler aus Drittstaaten gelten, mit denen die Gemeinschaft Europaabkommen geschlossen hat (z.B. Estland, Lettland, Litauen, Polen, Rumänien, Slowakei, Slowenien, Tschechien und Ungarn)[721].

4. Reaktionen auf das „Bosman"-Urteil des EuGH

Trotz des durch die Schlußanträge des Generalanwaltes vorgezeichneten Urteilsergebnisses in der Rechtssache „Bosman"[722] rief der Richterspruch die unterschiedlichsten Reaktionen hervor, die von – vor allem auf Seiten der Sportverbände und der Vereinsvertreter – kategorischer Ablehnung[723] bis – so im Lager der Lizenzspieler und der Spielervereinigungen – zu uneingeschränkter Zustimmung reichten.

Der **DFB**, der wohl darauf gebaut hatte, der Gerichtshof werde in dem Urteil zugunsten der finanziell angeschlagenen Vereine eine Übergangsfrist vorsehen[724], wurde durch die Stringenz der Entscheidung überrascht[725]. Dementspre-

---

720 *Trommer*, Die Transferregelungen im Profisport im Lichte des „Bosman-Urteils" im Vergleich zu den Mechanismen im bezahlten amerikanischen Sport, 1999, S. 77; *Flory*, Der Fall Bosman – Revolution im Fußball?, 1997, S. 81; *Hobe/Tietje*, JuS 1996, 486, 490.

721 *EuGH*, Urt. v. 08.05.2003 – Rs. C-438/00 – NZA 2003, 845 - „Kolpak" (zu Art. 38 Abs. 1, 1. Spiegelstrich Assoziierungsabkommen Gemeinschaften-Slowakei). So auch schon: *La Cour Administrative d'Appel de Nancy* im Fall „Malaja", zitiert bei: *De Kepper*, in: *Scherrer/Del Fabro*, Freizügigkeit im Europäischen Sport, 2002, 43, 47; siehe dazu auch FAZ v. 21.01.2003, S. 32; vgl. ferner *LG Dortmund*, Urt. v. 15.01.1998 – O 496/97 – SpuRT 1999, 31; *LG Hannover*, Urt. v. 17.10.1997 – 11 O 285/97 – SpuRt 1998, 74; a.A. etwa *LG Frankfurt/Main*, Beschl. v. 28.07.1997 – 2-14 O 305/97 – SpuRt 1997, 170; *LG Frankfurt/Main*, Urt. v. 25.11.1997 – 2-14 O 254/97 – SpuRt 1998, 77. Zu der Problematik der Übertragbarkeit der „Bosman"-Rechtsprechung auf Drittstaaten, mit denen die EG Assoziationsabkommen abgeschlossen hat, siehe *Weatherill*, CMLRev. 1996, 1012, 1027 f.; *Streinz*, SpuRt 1998, 45, 47 ff.; *Gutmann*, SpuRt 1997, 38, 39 f.; *Weber*, RdA 1996, 107, 109 f.; *Wertenbruch*, EuZW 1996, 91.

722 *Flory*, Der Fall Bosman – Revolution im Fußball?, 1997, S. 95; *Scherrer*, SJZ 1998, 289, 290; a.A. *Hilf/Pache*, NJW 1996, 1169, 1170.

723 Manche Kritik freilich war bei weitem überzogen und erwies sich als völlig deplaziert. Ebenso *Hobe/Tietje*, JuS 1996, 486, 487; zu den möglichen Gründen für die Urteilsschelte siehe *Borchardt*, EuZW 1996, 33.

724 Vgl. *Trommer*, Die Transferregelungen im Profisport im Lichte des „Bosman-Urteils" im Vergleich zu den Mechanismen im bezahlten amerikanischen Sport, 1999, S. 79.

chend wurde das Judikat in den Kreisen des deutschen Fußball-Nationalverbandes als „sportwidrig" bezeichnet[726]; der damalige DFB-Präsident Braun äußerte, daß er zwar für Freizügigkeit eintrete, schloß jedoch die kritische Frage an: „Aber was bringt [sie], wenn alles kaputt ist?"[727], und sein Nachfolger in diesem Amt, Mayer-Vorfelder, monierte[728]: „Die Folgen sind katastrophal. Für uns geht es jetzt um Schadensbegrenzung. Ich sehe große finanzielle Probleme auf die Klubs zukommen. Der deutsche Profi-Fußball geht schweren Zeiten entgegen".

Die Verbände auf internationaler Ebene, allen voran die **UEFA**, bei der 21 der ihr damals angehörenden 51 Nationalverbände durch die EuGH-Entscheidung unmittelbar betroffen waren, reagierten im Vergleich zum DFB äußerst harsch. Exemplarisch hierfür stehen die martialischen Kommentare der UEFA-Generalsekretäre[729]: So meinte Johansson, daß „dieses Urteil [...] Chaos schaffen [wird], [...] [und] es eine Attacke auf den Fußball [ist], denn es vernichtet ein System, das jahrelang gut war"; Amtskollege Aigner schließlich attestierte den Richtern sogar das Fehlen von sportlichem Sachverstand: „Die Haltung der EU erstaunt nicht nur die Vertreter des Sports und zeugt von mangelndem Einfühlungsvermögen und fehlender Sachkenntnis. [...] Die uneingeschränkte Anwendung gefährdet die nationale Existenz der Fußballverbände". In der Sache ähnlich drastisch urteilte als Repräsentant der **FIFA** – in deren Reihen das Judikat „lediglich" bei 21 von 193 Nationalverbänden direkt Wirkungen zeitigte – der seinerzeitige Generalsekretär des Weltfußballverbandes Blatter, der davon sprach, daß die „Axt an die Säulen des bezahlten Fußballs" gelegt worden sei[730].

Die **Vereinsfunktionäre** bewerteten das „Bosman"-Urteil des EuGH überwiegend ebenso zurückhaltend wie die Vertreter der nationalen und internationalen Fußballverbände. Im Zentrum ihrer Kritik standen vor allem die wirtschaftlichen Folgen: Manche Vereinsleiter prognostizierten gar, daß bis zu 80 Prozent der Lizenzvereine Konkurs anmelden müßten[731]. Die meisten befanden die Beseitigung des bisher bestehenden Transfersystems für unsinnig und sahen als Profi-

---

725 Allgemein zur Reaktion des DFB auf das „Bosman"-Urteil: *Heinrich*, Der Deutsche Fußballbund: eine politische Geschichte, 2000, S. 200 ff.

726 Vgl. *Parensen*, in: *Tokarski*, EU-Recht und Sport, 1998, 70, 117; *Hobe/Tietje*, JuS 1996, 486, 487.

727 Siehe *Dinkelmeier*, Das „Bosman"-Urteil des EuGH und seine Auswirkungen auf den Profifußball in Europa, 1999, S. 124.

728 Siehe dazu näher *Parensen*, in: *Tokarski*, EU-Recht und Sport, 1998, 70, 117.

729 Vgl. *Parensen*, in: *Tokarski*, EU-Recht und Sport, 1998, 70, 116 f.

730 Vgl. *Parensen*, in: *Tokarski*, EU-Recht und Sport, 1998, 70, 116.

731 Siehe *Eilers*, in: *Württembergischer Fußballverband*, Sportrecht damals und heute, 2001, 49, 54; *Hilf/Pache*, NJW 1996, 1169, 1170 Fn. 19.

teure ausschließlich die reichen Fußballclubs und –profispieler. Von daher verwundert es nicht, daß beispielsweise der Spitzenverein Bayern München dem Urteil zustimmte und darüber hinaus sogar für die Inlandstransfers die völlige Abschaffung der Ablöseentschädigung forderte[732].

Ebenso wie im Falle eines für das Institut der Ablöseentschädigung negativen Richterspruchs seitens der Sportverbände mit einer ablehnenden Haltung gerechnet werden mußte, konnte niemanden die überaus positive Resonanz verwundern, die das Judikat - soweit es die Abschaffung der Transferzahlungen betraf - durch die Vertreter der **Spielervereinigungen** (VdV, FIFPro) und die **Lizenzspieler** erfuhr: Die nationale Spielergewerkschaft redete einer „großartigen Entwicklung für die Spieler" das Wort, die Profikicker selbst erkannten frühzeitig, daß infolge der Abschaffung der Transferentschädigung zukünftig eine enorme Steigerung ihrer Gehälter möglich sein würde[733].

II. Inländische Transfers

1. Inländerdiskriminierung als Folge des „Bosman"-Urteils?

Der Fall „Bosman" betraf, wie zuvor schon herausgearbeitet wurde, ausschließlich grenzüberschreitende Spielertransfers. Daraus ergab sich, daß das Urteil keine direkten Auswirkungen auf die inländischen Transfers hatte. Daraus die Konsequenz zu ziehen, es bestünden überhaupt keine Rückwirkungen, wäre jedoch voreilig gewesen, da zumindest indirekte Einflüsse auf die nationalen Verhältnisse zu verzeichnen waren[734]:

Nach dem Erlaß der EuGH-Entscheidung konnte im Falle internationaler Spielertransfers innerhalb der EG eine Ablöseentschädigung nicht mehr verlangt werden. Für Vereinswechsel, die sich innerhalb Deutschlands abspielten, blieben die entsprechenden Bestimmungen des DFB, die einen Anspruch auf Zahlung einer Transfersumme begründeten, in der Praxis dagegen zunächst weiterhin unangetastet[735]. Lizenzspieler erlitten somit bei der Ausübung ihres Berufes innerhalb des Gebietes des Deutschen Fußball-Bundes gegenüber solchen, die

---

[732] Siehe *Parensen*, in: *Tokarski*, EU-Recht und Sport, 1998, 70, 118.

[733] *Eilers*, in: *Württembergischer Fußballverband*, Sportrecht damals und heute, 2001, 49, 54.

[734] Ebenso *Hobe/Tietje*, JuS 1996, 486, 492; *Hilf/Pache*, NJW 1996, 1169, 1174. Zu den Auswirkungen der „Bosman"-Entscheidung in den anderen EG-Mitgliedstaaten siehe eingehend *Dinkelmeier*, Das „Bosman"-Urteil des EuGH und seine Auswirkungen auf den Profifußball in Europa, 1999, S. 135 ff.

[735] Zum Rechtsinstitut der Transferentschädigung bei Inlandstransfers siehe die Darstellung im 2. Teil, 1. Kapitel, A.I.2.

grenzüberschreitend tätig wurden, einen **Wettbewerbsnachteil**[736]. Dieses Phänomen wird mit dem Begriff der „umgekehrten Diskriminierung" bzw. „Inländerdiskriminierung" umschrieben[737].

Nach der weitaus überwiegenden[738] – allerdings nicht gänzlich unbestrittenen[739] – Ansicht in der europarechtlichen Lehre, der sich auch der EuGH[740] angeschlossen hat, ist diese Ungleichbehandlung zu Lasten der Inländer weder mit Blick auf die grundfreiheitlichen Inländergleichbehandlungsgebote noch das allgemeine Diskriminierungsverbot gemäß Art. 12 Abs. 1 EG untersagt. Zentrales Argument für diese restriktive Haltung ist der Gesichtspunkt, daß sämtliche Tatbestände einen grenzüberschreitenden Bezug voraussetzen, der bei reinen Inlandssachverhalten gerade fehlt[741]. Somit bleibt als herkömmlicher Ausweg zur Beseitigung der sachlich nicht zu rechtfertigenden Benachteiligung der Inländer regelmäßig nur noch das nationale Verfassungsrecht, und hier insbesondere Art. 12 Abs. 1 GG und Art. 3 Abs. 1 GG[742] [743].

---

736 *Trommer*, Die Transferregelungen im Profisport im Lichte des „Bosman-Urteils" im Vergleich zu den Mechanismen im bezahlten amerikanischen Sport, 1999, S. 87 f.; *Hilf/Pache*, NJW 1996, 1169, 1174; *Westermann*, DZWiR 1996, 82, 83.

737 Monographisch zu dem Problemkreis der Inländerdiskriminierung *Epiney*, Umgekehrte Diskriminierungen, 1995.

738 Lenz-*Lenz*, EGV, 2. Aufl., 1999, Art. 12 Rn. 3; *Herdegen*, Europarecht, 5. Aufl., 2003, Rn. 323; *Fischer*, Europarecht, 3. Aufl., 2001, § 12 Rn. 7; *Oppermann*, Europarecht, 2. Aufl., 1999, Rn. 1293; *Ehlers*, Jura 2001, 266, 269; *Eilmansberger*, JBl. 1999, 434, 446; *Kleier*, RIW 1988, 623, 627; *König*, AöR 118 (1993), 591, 594 ff.; *Classen*, EWS 1995, 97, 105.

739 Für ein Verständnis der Arbeitnehmerfreizügigkeit als allgemeine Wirtschaftsfreiheit, die auch ohne grenzüberschreitenden Bezug anwendbar ist, etwa: Groeben/ Thiesing/Ehlermann-*Wölker*, EUV/EGV, Bd. I, 5. Aufl., 1997, Art. 48 Rn. 12; *Bleckmann*, RIW 1985, 917, 919 ff.; *Lackhoff/Raczinski*, EWS 1997, 110, 112; *Eberhartinger*, EWS 1997, 43, 50 f.; *Reich*, EuZW 1991, 203, 204 f.; *Kewenig*, JZ 1990, 20, 23.

740 Vgl. *EuGH*, Urt. v. 27.10.1982 – Rs. 35/82 u. 36/82 – Slg. 1982, 3723, 3736 f. Tz. 15 ff. – „Morson". Diese Linie hat der EuGH auch in der Entscheidung zu dem Fall „Bosman" implizit bestätigt, als er im Rahmen der Prüfung des Anwendungsbereichs der Arbeitnehmerfreizügigkeit das Vorliegen eines grenzüberschreitenden Sachverhalts untersuchte. Siehe dazu schon im 2. Teil, 1. Kapitel, B.I.2.a)aa)(2).

741 Ebenso zum Beispiel *Streinz*, Europarecht, 5. Aufl., 2001, Rn. 683, 685; *Arndt*, Europarecht, 6. Aufl., 2003, S. 143, 146 f.

742 Näher dazu etwa *Streinz*, Europarecht, 5. Aufl., 2001, Rn. 685 m.w.N. aus Rechtsprechung und Lehre.

743 Im Hinblick auf den nationalen verfassungsrechtlichen Gleichheitssatz ist freilich umstritten, ob er überhaupt auf den Fall der „umgekehrten Diskriminierung" anwendbar ist. Näher dazu *Trommer*, Die Transferregelungen im Profisport im Lichte des „Bosman-Urteils" im Vergleich zu den Mechanismen im bezahlten amerikanischen Sport, 1999, S. 89 Fn. 342 m.w.N. zum Meinungsstand.

Bezogen auf die im Falle eines inländischen Vereinswechsels fällig werdende Ablöseentschädigung boten sich unabhängig von der Möglichkeit, diese gerade unter Verweis auf die umgekehrte Diskriminierung für rechtswidrig und damit null und nichtig zu erklären, zwei weitere Lösungsmöglichkeiten zur Beseitigung der Wettbewerbsverzerrung an: Zum einen konnte der DFB durch die Abschaffung von § 29 DFB-Lizenzspielerstatut a.F. diese von sich aus beseitigen (dazu sogleich unter b)) oder man schloß sich der in der Lehre inzwischen vorherrschenden Tendenz[744] an und erklärte das System der Transferentschädigung an sich als mit der Berufsfreiheit der Lizenzspieler für unvereinbar (dazu sogleich unter c)aa)). In der Praxis wurden beide Wege beschritten, so daß sich die anfangs bestehende Inländerdiskriminierung beim Arbeitsplatzwechsel der Fußballspieler letztlich als vorübergehendes Problem erwies, das sich bald erledigte.

2. Umsetzung des EuGH-Urteils durch den DFB und die innerstaatliche Rechtspraxis

a) Umsetzung des EuGH-Urteils durch den DFB

Die als Auswirkung des „Bosman"-Urteils enstandene Inländerdiskriminierung lieferte den Gegnern des Transfersystems auf nationaler Ebene ein weiteres schlagkräftiges Argument zur Begründung ihres ablehnenden Standpunktes[745]. Damit erhöhte sich gleichzeitig der **Rechtfertigungsdruck** auf den Deutschen Fußball-Bund, der bisher beharrlich an dem Status quo festgehalten hatte. Vor dem Hintergrund der Auswirkungen des „Bosman"-Urteils begann man nunmehr aber auch beim DFB, die starre Haltung zu überdenken: Der deutsche Fußball-Nationalverband entschloß sich, das bis dato in Geltung befindliche Transfersystem – abgesehen von der Transferliste – für Inlandstransfers in zwei Etappen durch ein Alternativmodell vollständig zu ersetzen.

In einem ersten Schritt wurde für die Spielzeit 1996/97 das herkömmliche Transferregelwerk für den Wechsel eines Lizenzspielers dahin modifiziert, daß die nach §§ 29, 30 DFB-Lizenzspielerstatut a.F. ermittelten Ausgleichszahlungen fortan nicht mehr in voller Höhe, sondern lediglich hälftig geschuldet wur-

---

744 Siehe zur Einschätzung der damals herrschenden sportrechtlichen Lehre, wonach § 29 DFB-Lizenzspielerstatut a.F. gemäß §§ 242, 138 Abs. 1 BGB i.V.m. Art. 12 Abs. 1 GG nichtig ist, bereits im 2. Teil, 1. Kapitel, A.I.4.b)bb).

745 Vgl. *Dinkelmeier*, Das „Bosman"-Urteil des EuGH und seine Auswirkungen auf den Profifußball in Europa, 1999, S. 129 f.; siehe auch *Westermann*, DZWiR 1996, 82, 84.

den[746]. Erst zu Beginn der Saison 1997/98 sollte die Transferentschädigungspflicht vollständig entfallen[747]; damit kam der DFB jedenfalls einer Kassation des Regelwerks durch die staatlichen Gerichte zuvor[748]. Darüber hinaus berücksichtigte der DFB die infolge des „Bosman"-Urteils bei manchen Fußballvereinen aufgetretenen wirtschaftlichen Schwierigkeiten in dem von ihm vor der Spielzeit 1996/97 durchgeführten Lizenzierungsverfahren[749]. Ziel dieser Übergangslösung war, den wirtschaftlich notleidenden Fußballclubs die Möglichkeit zu eröffnen, ihre schlechte Finanzlage durch die nochmalige Abwicklung von Spielertransfers zumindest in bilanzieller Hinsicht zu verbessern[750].

Die Neustrukturierung des Entschädigungsmechanismus sollte mit der Einführung eines Finanzpools ihren Abschluß finden. Im Falle eines Spielertransfers sollte der abgebende Lizenzverein aus dem „gemeinsamen Geldtopf" eine Ausgleichszahlung erhalten. Der Pool sollte mit 40 bis 50 Millionen DM ausgestattet werden, wobei man den Geldbetrag aus den Erlösen der Mediarechte-Verwertung aufbringen wollte[751]. Allerdings gaben die Verantwortlichen den ursprünglichen Plan bald wieder auf; statt dessen begnügte man sich damit, einen wirtschaftlichen Ausgleich zwischen den finanzstarken und –schwachen Lizenzvereinen zu schaffen, der unabhängig von irgendwelchen Spielertransfers funktioniert[752].

---

[746] Im Falle der Nichterfüllung der Entschädigungspflicht gedachte der DFB zudem keinerlei Sanktionen mehr zu verhängen. *Rybak*, Das Rechtsverhältnis zwischen dem Lizenzfußballspieler und seinem Verein, 1999, S. 222 f.

[747] *Eilers*, in: *Württembergischer Fußballverband*, Sportrecht damals und heute, 2001, 49, 57.

[748] *Dinkelmeier*, Das „Bosman"-Urteil des EuGH und seine Auswirkungen auf den Profifußball in Europa, 1999, S. 128.

[749] *Dinkelmeier*, Das „Bosman"-Urteil des EuGH und seine Auswirkungen auf den Profifußball in Europa, 1999, S. 127.

[750] *Trommer*, Die Transferregelungen im Profisport im Lichte des „Bosman-Urteils" im Vergleich zu den Mechanismen im bezahlten amerikanischen Sport, 1999, S. 80; vgl. dazu auch *Rybak*, Das Rechtsverhältnis zwischen dem Lizenzfußballspieler und seinem Verein, 1999, S. 223 f.

[751] *Trommer*, Die Transferregelungen im Profisport im Lichte des „Bosman-Urteils" im Vergleich zu den Mechanismen im bezahlten amerikanischen Sport, 1999, S. 80, geht von einer jährlichen Summe in Höhe von 50 Mio. DM aus, wogegen *Hilpert*, RdA 1997, 92, 99, und *Singer*, AP § 611 BGB Berufssport Nr. 12, sub III., die Einlage mit 40 Mio. DM veranschlagen.

[752] *Gebhardt*, Modelle für die Reform des Transfersystems für Berufsfußballspieler aus rechtlicher und tatsächlicher Sicht, 2000, S. 32; siehe zudem *Trommer*, Die Transferregelungen im Profisport im Lichte des „Bosman-Urteils" im Vergleich zu den Mechanismen im bezahlten amerikanischen Sport, 1999, S. 80; a.A. *Rybak*, Das Rechtsverhältnis zwischen dem Lizenzfußballspieler und seinem Verein, 1999, S. 223, der in dem Poolsystem einen Ersatz für die entfallenen Transferentschädigungen sieht.

Für den Bereich des lizenzierten Fußballs existierte somit ab dem 01.07.1997 keine verbandsrechtlich normierte Entschädigungspflicht mehr. Damit entstand jedoch keinesfalls ein abruptes Regelungsvakuum, sondern der DFB hatte in gewisser Weise vorgesorgt[753]: Bereits lange Zeit vor dem „Bosman"-Urteil hatte er den Lizenzvereinen nämlich im Jahr 1984 empfohlen, mit den bei ihnen angestellten Lizenzfußballern eine Optionsklausel zu verabreden[754]. Danach wurde sowohl dem Lizenzverein als auch dem –spieler das Gestaltungsrecht eingeräumt, bei einem partiellen oder gar vollständigen Wegfall der Transfermechanismen den Vertrag zu den bisherigen Konditionen um ein weiteres Jahr zu verlängern (vgl. § 11 Abs. 4 a.F. Mustervertrag Verein-Spieler 1996)[755]. Hinter der Vertragsklausel stand – so der DFB-Justitiar Eilers – die Intention, zu verhindern, daß begehrte Fußballspieler sofort nach der Abschaffung der Ablösepflicht von der gewonnenen Freiheit profitieren würden[756].

Bis zum 5. Mai 1999 wurde von dem Recht auf Vertragsverlängerung insgesamt 193 Mal Gebrauch gemacht, wobei in 3/4 aller Fälle die Lizenzclubs ihre Option ausübten[757]. In einigen Fällen, in denen die Lizenzvereine sich auf die vertragliche Absprache berufen hatten, um auslaufende Spielerverträge um ein weiteres Jahr fortzusetzen, leiteten die betroffenen Profifußballer rechtliche Schritte ein. Sie vertraten die Ansicht, § 11 Abs. 4 a.F. des Mustervertrages Verein-Spieler behindere sie – gerade mit Blick auf die im „Bosman"-Entscheid zum Ausdruck gekommene Wertung des Vorrangs der beruflichen Entfaltung der Fußballsportler vor den mit der Transferentschädigung verfolgten Zwecken – in unzulässiger Weise in ihrem beruflichen Fortkommen und sei daher rechtswidrig und insgesamt nichtig[758]. In Rechtsprechung und Lehre flammte daraufhin eine kontrover-

---

[753] *Eilers*, in: *Württembergischer Fußballverband*, Sportrecht damals und heute, 2001, 49, 57 f.; *Dinkelmeier*, Das „Bosman"-Urteil des EuGH und seine Auswirkungen auf den Profifußball in Europa, 1999, S. 130; a.A. *Gebhardt*, Modelle für die Reform des Transfersystems für Berufsfußballspieler aus rechtlicher und tatsächlicher Sicht, 2000, S. 32.

[754] *Trommer*, Die Transferregelungen im Profisport im Lichte des „Bosman-Urteils" im Vergleich zu den Mechanismen im bezahlten amerikanischen Sport, 1999, S. 94.

[755] Näher zu Wortlaut und Regelungsgehalt von § 11 Abs. 4 Mustervertrag Verein-Spieler 1996: *Borchard*, Die Wirksamkeit der im deutschen Lizenzfußball verwendeten Musterverträge, 1999, S. 177 f.

[756] *Eilers*, in: *Württembergischer Fußballverband*, Sportrecht damals und heute, 2001, 49, 57 f.; siehe zudem *Flory*, Der Fall Bosman – Revolution im Fußball?, 1997, S. 96; *Hilf/Pache*, NJW 1996, 1169, 1175.

[757] Vgl. die Zahlenangaben bei *Hamm*, AuA 1999, 450, 452.

[758] Siehe näher zu den einzelnen Fällen *Trommer*, Die Transferregelungen im Profisport im Lichte des „Bosman-Urteils" im Vergleich zu den Mechanismen im bezahlten amerikanischen Sport, 1999, S. 94 f.; *Rybak*, Das Rechtsverhältnis zwischen dem Lizenzfußballspieler und seinem Verein, 1999, S. 234 f.

se Debatte über die Zulässigkeit der Optionsklausel auf[759]. Wohl im Hinblick darauf entschloß sich der DFB, das Recht auf Vertragsverlängerung aus dem Mustervertrag Verein-Spieler 1998 herauszunehmen[760].

Aber nicht nur auf der Ebene des Vereinswechsels innerhalb der beiden Bundesligen entfaltete der DFB Aktivitäten. Auch das Verbandsregelwerk für Spielertransfers in den unteren Spielklassen wurde überarbeitet. Getragen wurde die Reform von der Überlegung, die Trennlinie zwischen dem Profi- und dem Amateurbereich zukünftig nicht mehr unterhalb der beiden Bundesligen, sondern unterhalb der Oberligen zu ziehen[761]. Von der Überarbeitung weitgehend ausgenommen blieb allerdings die Bestimmung des § 30 DFB-Lizenzspielerstatut a.F.: Danach mußte ein Lizenzverein der 2. Bundesliga bei der Neuverpflichtung eines (Vertrags-)Amateurs als Lizenzspieler eine pauschalierte Ablöseentschädigung in Höhe von 45.000 DM, ein Fußballclub der Bundesliga sogar 100.000 DM an den abgebenden Verein entrichten[762]. Der Sinn der Regelung bestand dabei in der Leistung eines Solidarbeitrags zugunsten der Amateurspielklassen seitens der Vereine der beiden Lizenzligen[763].

b) Umsetzung des EuGH-Urteils in der innerstaatlichen Rechtspraxis

aa) Transferentschädigungspflicht

Im Hinblick auf die Transferentschädigungspflicht[764] nach Beendigung des Spielervertrages fehlte es nach dem Erlaß des „Bosman"-Urteils nicht an Stim-

---

759 Zu der juristischen Auseinandersetzung um die Wirksamkeit der Optionsklausel siehe sogleich in diesem Kapitel unter B.II.2.b)bb).

760 *Borchard*, Die Wirksamkeit der im deutschen Lizenzfußball verwendeten Musterverträge, 1999, S. 198; *Trommer*, Die Transferregelungen im Profisport im Lichte des „Bosman-Urteils" im Vergleich zu den Mechanismen im bezahlten amerikanischen Sport, 1999, S. 95 f.

761 Näher zu den Reformen *Eilers*, in: *Württembergischer Fußballverband*, Sportrecht damals und heute, 2001, 49, 58 ff.

762 *Gebhardt*, Modelle für die Reform des Transfersystems für Berufsfußballspieler aus rechtlicher und tatsächlicher Sicht, 2000, S. 29 f.; *Rybak*, Das Rechtsverhältnis zwischen dem Lizenzfußballspieler und seinem Verein, 1999, S. 223.

763 *Eilers*, in: *Württembergischer Fußballverband*, Sportrecht damals und heute, 2001, 49, 58.

764 Mit der Vereinbarkeit der Transferentschädigungspflicht mit Art. 12 Abs. 1 GG beschäftigten sich zahlreiche Gerichte, die allerdings zu unterschiedlichen Regelwerken des DFB und zu solchen aus anderen Sportarten – insbesondere dem Eishockey (vgl. § 59 DEB-Spielordnung a.F.) – judizierten. Jedoch verfügten die entsprechenden verbandsrechtlichen Bestimmungen über eine sehr ähnliche Regelungsstruktur, so daß die in den Entscheidungen getroffenen Aussagen verallgemeinerungsfähig sind und auf den Bereich des

men, die mittelfristig eine Beseitigung des inländischen Transferregelwerks durch die **innerstaatliche Gerichtsbarkeit** prognostizierten[765]; und in der Tat stellte sich diese Einschätzung als zutreffend heraus:

Bevor die Problematik der Ablösezahlungen jedoch höchstrichterlich geklärt werden konnte, waren zuvor mehrere Instanzgerichte mit der Thematik befaßt, wobei es in der Mehrzahl der entschiedenen Fälle um den Wechsel eines Amateurs ins Profilager ging[766]. Die überwiegende Meinung der unteren Gerichte tendierte in ihren Entscheidungen dahin, die Pflicht des abgebenden Vereins zur Zahlung einer Ablösesumme im Falle eines Spielertransfers nach Vertragsende als Verstoß gegen §§ 138 Abs. 1, 242 BGB i.V.m. Art. 12 Abs. 1 GG[767] zu werten[768] [769]. Es bildete sich jedoch keine einheitliche Rechtsprechungslinie heraus, da einige Eingangsinstanzen unverändert an der früheren – aus Sicht der Berufssportler – restriktiven Linie festhielten[770].

Fußballsports übertragen werden können (vgl. zu § 59 DEB-Spielordnung a.F. *Arens/Scheffer*, AR-Blattei SD, Sport II Fußballsport 1480.2, 1999, Rn. 309; *Rybak*, Das Rechtsverhältnis zwischen dem Lizenzfußballspieler und seinem Verein, 1999, S. 224). Aus diesem Grund wird im weiteren auch auf eine nähere Benennung der einzelnen jeweils prüfungsgegenständlichen Verbandsnormen verzichtet.

765 *Plath*, Individualrechtsbeschränkungen im Fußball, 1999, S. 189; *Trommer*, Die Transferregelungen im Profisport im Lichte des „Bosman-Urteils" im Vergleich zu den Mechanismen im bezahlten amerikanischen Sport, 1999, S. 50; Generalanwalt *Lenz*, FAZ v. 13.01.1996, S. 26; a.A. *Wertenbruch*, EuZW 1996, 91.

766 Ebenso *Stopper*, SpuRt 2000, 1; siehe aber andererseits die abweichende Einschätzung von *Westermann*, DZWiR 1997, 485, 491.

767 Sämtliche Urteile und auch juristische Stellungnahmen in der Literatur zogen – soweit ersichtlich – stets das Grundrecht der Berufsfreiheit als Entscheidungsmaßstab heran. Im Gegensatz zu den älteren Äußerungen wurde die Unzulässigkeit der Ablöseentschädigung nirgends mehr auf die Menschenwürdegarantie aus Art. 1 Abs. 1 S. 1 GG gestützt. Siehe dazu auch *Trommer*, Die Transferregelungen im Profisport im Lichte des „Bosman-Urteils" im Vergleich zu den Mechanismen im bezahlten amerikanischen Sport, 1999, S. 53.

768 Vgl. die Rechtsprechungsübersichten von *Stopper*, SpuRt 2000, 1, 2 ff.; *Westermann*, DZWiR 1997, 485, 491; siehe des weiteren *ArbG Frankfurt/Main*, Beschl. v. 27.08.1996 – 5 Ga 163/96 – SpuRt 1997, 64, 65; *ArbG Hanau*, Beschl. v. 25.09.1997 – 3 Ga 7/97 – NZA-RR 1998, 108, 109. Zum Wechsel innerhalb des Amateurlagers siehe *AG Heidelberg*, Urt. v. 28.11.1997 – 21 C 465/97 – SpuRt 1999, 160, und *AG Frankfurt*, Urt. v. 10.11.1997 – 31 C 3138/97-23 – SpuRt 1998, 204, die die in diesem Bereich vorgesehenen Transferentschädigungen unbeanstandet lassen.

769 Generell zur Zulässigkeit der Inhaltskontrolle im Bereich des Fußballsports siehe bereits im 2. Teil, 1. Kapitel, A.I.4.a).

770 So etwa *LG Frankfurt*, Urt. v. 10.12.1996 – 2/14 O 282/96 – n.v.

Die sich abzeichnende Kurskorrektur fand auch bei den oberen Instanzen in zunehmendem Maße Widerhall: Sowohl das OLG Frankfurt[771] als auch das OLG Oldenburg[772], die beide zu Transferentschädigungen beim Wechsel eines Sportlers von einem Amateurverein zu einem Proficlub nach Auslauf von dessen Spielervertrag judizierten, schlossen sich der progressiven Auffassung an und gingen von einem Verstoß gegen die Berufsfreiheit gemäß Art. 12 Abs. 1 GG aus. In den Entscheidungsgründen knüpften beide Gerichte ausdrücklich an die bereits früher bestehende sportlerfreundlichere Judikatur der Arbeitsgerichte an[773]. Zudem verwiesen sie auf die Grundgedanken der „Bosman"-Entscheidung, wonach die Freizügigkeit eines Arbeitnehmers im Berufssport nicht davon abhängig gemacht werde dürfe, daß der aufnehmende Verein an den abgebenden eine Entschädigung zahlt. Diese Wertung stimme mit der ratio des Art. 12 Abs. 1 GG überein[774].

Der die Rechte der Fußballspieler bevorzugende Standpunkt erfuhr jedoch bei den Rechtsmittelinstanzen ebenfalls keinen uneingeschränkten Rückhalt. So urteilte das LAG Berlin[775] noch kurz vor dem Ergehen der „Bosman"-Entscheidung zugunsten der Sportverbände, als es im Hinblick auf die beim Wechsel eines Profispielers zwischen zwei Bundesligaclubs fällig werdende Förderungsentschädigung deren rechtliche Unbedenklichkeit feststellte. Dieses Ergebnis begründete es unter Hinweis auf die Wahrung der Wettbewerbsgleichheit zwischen den Vereinen und die Verbandsstatuten, die ausdrücklich vorschrieben, daß der Wechsel eines Spielers nicht von der Entrichtung einer Ablöseentschädigung abhängig gemacht werden dürfe. Die freie Wahl des Arbeitsplatzes sei daher nicht zu Lasten des Profisportlers eingeschränkt[776]. Das OLG Stuttgart[777] schließlich befand in einem Fall, in dem die Vereinbarkeit einer verbandsrechtlich vorgesehenen Transferentschädigungspflicht beim Wechsel eines Amateurspielers zu einem Bundesligaverein zu klären war, daß eine solche Regelung nicht nichtig sei. Denn es stelle keinen Verstoß gegen die guten Sitten dar, wenn der abgebende Verein für von ihm erbrachte Ausbildungsleistungen

---

771 *OLG Frankfurt*, Urt. v. 05.05.1998 – 4 U 96/97 – NJW 1998, Heft 23, S. XLII.

772 *OLG Oldenburg*, Urt. v. 25.09.1998 – 11 U 18/98 – NZA-RR 1999, 9.

773 Zum Standpunkt der Arbeitsgerichte vor dem Ergehen des „Bosman"-Urteils siehe bereits im 2. Teil, 1. Kapitel, A.I.4.b)aa).

774 *OLG Frankfurt*, Urt. v. 05.05.1998 – 4 U 96/97 – NJW 1998, Heft 23, S. XLII; *OLG Oldenburg*, Urt. v. 25.09.1998 – 11 U 18/98 – NZA-RR 1999, 9, 10.

775 *LAG Berlin*, Urt. v. 26.01.1995 – 7 Sa 33/94 – n.v.

776 *LAG Berlin*, Urt. v. 26.01.1995 – 7 Sa 33/94 – n.v., sub I.2.

777 *OLG Stuttgart*, Urt. v. 12.08.1998 – 3 U 40/98 – n.v.

eine adäquate Entschädigung erhalte, die darüber hinaus einen Beitrag zur Wettbewerbsgleichheit zwischen den Vereinen leiste[778].

Ein grober Überblick über die instanzgerichtlichen Urteile legt damit offen, daß der Europäische Gerichtshof mit seiner Leitentscheidung im Fall „Bosman" innerhalb weiter Teile der nationalen Justizkreise ein Umdenken bewirkt hatte, soweit es die juristische Beurteilung der inländischen Ablösesysteme betraf. Gleichzeitig gab es aber auch weiterhin Stimmen, die von der bisher in der ordentlichen Gerichtsbarkeit geübten Zurückhaltung bei der Belegung des Instituts der Ablöseentschädigung mit dem Verdikt der Sittenwidrigkeit nicht ohne weiteres abzuweichen gedachten[779]. Die somit bestehende **Uneinheitlichkeit in der Judikatur** führte in der Folge bei den betroffenen Sportverbänden – namentlich im Amateurbereich – zu einer **erheblichen Rechtsunsicherheit**[780].

Vor diesem Hintergrund mußten sich im Jahr 1996 das BAG und circa drei Jahre später der BGH mit der Thematik befassen. Beide Gerichte waren ersichtlich darum bemüht, einen Schlußstrich unter den jahrzehntelang schwelenden juristischen Streit über die Vereinbarkeit der in den Statuten der Sportverbände niedergelegten Entschädigungsansprüche zu Lasten der abgebenden Vereine mit Art. 12 Abs. 1 GG zu ziehen und die Einheit in der Rechtsanwendung wiederherzustellen.

Das BAG[781], das über den eben erwähnten Urteilsspruch des LAG Berlin als Revisionsinstanz zu entscheiden hatte (Fall „Kienaß"), stellte in der Begründung zunächst klar, daß es ausschließlich über die Situation des Wechsels eines fertig ausgebildeten Berufssportlers von einem Profiverein zu einem anderen nach Beendigung von dessen Spielervertrag mit dem abgebenden Club judizierte[782].

---

778 Ausdrücklich lehnte das OLG Stuttgart eine Übertragung der Grundsätze des im Entscheidungszeitpunkt schon vorliegenden „Kienaß"-Urteils des BAG (siehe hierzu sogleich in diesem Abschnitt) auf den von ihm zu beurteilenden Sachverhalt ab. *OLG Stuttgart*, Urt. v. 12.08.1998 – 3 U 40/98 – n.v., sub 1.

779 So berief sich beispielsweise das OLG Stuttgart expressis verbis auf die aus dem Jahr 1992 stammende Entscheidung des OLG Hamm zu diesem Themenkreis (vgl. zu dem Urteil bereits im 2. Teil, 1. Kapitel, A.I.4.b)aa)). Vgl. *OLG Stuttgart*, Urt. v. 12.08.1998 – 3 U 40/98 – n.v., sub 1.

780 Näher *Eilers*, in: *Württembergischer Fußballverband*, Sportrecht damals und heute, 2001, 49, 59.

781 *BAG*, Urt. v. 20.11996 – 5 AZR 518/95 – BAGE 84, 344.

782 Explizit verneinte das BAG, daß es Aussagen zu anderen Konstellationen wie dem Wechsel eines Sportlers von einem ausbildenden Verein zu einem Proficlub oder dem „Herauskaufen" eines Spielers aus einem noch laufenden Spielervertrag treffen wollte (vgl. *BAG*, Urt. v. 20.11996 – 5 AZR 518/95 – BAGE 84, 344, 355 f.). Ebenso aus der Literatur *Reichold*, EWiR 1997, 439, 440; a.A. *Arens*, SpuRt 1997, 126, 127, der die

Nachdem die Richter im Rahmen der Sittenwidrigkeitskontrolle ohne nähere Prüfung den Schutzbereich der Berufsfreiheit (Art. 12 Abs. 1 GG) als eröffnet ansahen, ordneten sie die abstrakte Pflicht des aufnehmenden Clubs zur Zahlung einer Transfersumme zutreffend – und in Abweichung zum LAG Berlin – als objektive Zulassungsschranke ein, die nur durch ein überragend wichtiges Gemeinschaftsgut unter Wahrung des Verhältnismäßigkeitsgrundsatzes gerechtfertigt werden könne. Als überragend wichtige Gemeinschaftsgüter akzeptierte das BAG lediglich nichtwirtschaftliche Belange. Aus diesem Grund versagte es dem geltend gemachten Aspekt der finanziellen Wettbewerbsgleichheit bereits die Anerkennung als im Rahmen der Berufsfreiheit grundsätzlich schützenswertes Interesse[783]. Auch die Überlegung des Ausbildungskostenersatzes wurde – aus den bereits hinreichend bekannten Gründen[784] – in diesem Zusammenhang als illegitim verworfen. Damit lag mangels Rechtfertigung eine Verletzung von Art. 12 Abs. 1 GG vor, was dazu führte, daß der Transfermechanismus gemäß § 138 Abs. 1 BGB nichtig war[785], sofern es um den Wechsel eines Berufssportlers zwischen zwei Proficlubs ging. Zur Absicherung des gewonnenen Ergebnisses verwies das BAG abschließend noch in einem obiter dictum auf das „Bosman"-Urteil des EuGH und führte aus, daß sich „insoweit [...] die Rechtslagen nach nationalem Recht und nach EG-Recht gegenseitig wider[spiegeln]"[786].

Der BGH[787] bekam seinerseits im Jahr 1999 aufgrund einer Revision gegen das schon angesprochene Urteil des OLG Stuttgart Gelegenheit, zur Vereinbarkeit der Transferregeln mit §§ 138 Abs. 1, 242 BGB i.V.m. Art. 12 Abs. 1 GG[788] Stellung zu nehmen, wenn ein Amateurspieler durch einen Bundesligaverein verpflichtet wird. Das Urteil ist vor allem deshalb von Interesse, weil es zu Rechtsfragen Position bezieht, die sich späterhin in der Sache vergleichbar stel-

---

These vertritt, das BAG habe in seiner „Kienaß"-Entscheidung angesichts der „allgemein gehaltenen Begründung" gleichzeitig Aussagen zur Vereinbarkeit der Transferentschädigung im Falle des Wechsels eines bisherigen Amateurspielers zu einem Bundesligaverein gemacht.

783 Im übrigen ist es verfehlt, die Ablöseentschädigung in der Hauptsache auf den Aspekt der finanziellen Wettbewerbsgleichheit zwischen den Bundesligavereinen zu stützen. Siehe näher dazu im 2. Teil, 1. Kapitel, A.I.3.c)aa).

784 Siehe zur fehlenden Berechtigung des Ausbildungskostenersatz-Argumentes in diesem Zusammenhang bereits ausführlich im 2. Teil, 1. Kapitel, A.I.3.a).

785 Vgl. ausführlich *BAG*, Urt. v. 20.11996 – 5 AZR 518/95 – BAGE 84, 344, 354 ff.

786 *BAG*, Urt. v. 20.11996 – 5 AZR 518/95 – BAGE 84, 344, 359.

787 *BGH*, Urt. v. 27.09.1999 – II ZR 377/98 – NJW 2000, 1028; siehe auch *BGH*, Urt. v. 27.09.1999 – II ZR 305/98 – NJW 1999, 3552.

788 Der BGH unterscheidet nicht hinreichend genau, ob er in dem Fall eine Rechtmäßigkeits- oder eine Inhaltskontrolle vornimmt. Siehe hierzu bereits die Kritik im 1. Teil, 1. Kapitel, A.II.1.c)bb). Die fehlende Präzision in der Argumentation wird auch von *Reuter*, LM § 138 (Aa) BGB Nr. 58, sub 2.a), bemängelt.

len, wenn es um die Überprüfung des neuen FIFA-Transferreglements, das ebenfalls eine Ausbildungsentschädigung beim – allerdings grenzüberschreitenden – Wechsel eines Fußballspielers von einem ausbildenden Verein zu einem Proficlub vorsieht, am Maßstab der Arbeitnehmerfreizügigkeit gemäß Art. 39 EG geht. Aus diesem Grund ist die Leitenscheidung des BGH an dieser Stelle etwas ausführlicher darzustellen[789]:

Das höchste deutsche Zivilgericht subsumierte das erstmalige Tätigwerden eines bisherigen Amateursportlers bei einem Bundesligaverein als Profispieler unter den Berufsbegriff des Art. 12 Abs. 1 GG[790] und qualifizierte anschließend das Instrument der Transferentschädigung an sich unter Verweis auf die entsprechenden Aussagen des BAG als objektive Zulassungsschranke. Im Anschluß prüfte der BGH im Rahmen der Drei-Stufen-Theorie mögliche Rechtfertigungsgründe an[791]. In diesem Zusammenhang konnten sich die Sportverbände ausschließlich auf die Vereinsautonomie (Art. 9 Abs. 1 GG) berufen, um die von ihnen angeführten Interessen dogmatisch zu unterfüttern. Die Richter gewichteten die Vereinsfreiheit in der Sache jedoch als weniger schutzwürdig, indem sie argumentierten, daß die Talentförderung als solche zwar einerseits ein schützenswerter ideeller Vereinszweck sei; anders verhalte es sich dagegen mit überwiegend wirtschaftlichen Zielen[792].

Von dieser Prämisse ausgehend setzten sich die Richter mit der als Rechtfertigungsgrund für die Ausbildungsentschädigung angeführten Talentförderung (vgl. Aufwendungsersatzfunktion, Schaffung von Anreizstrukturen zur Nachwuchsförderung) auseinander. Dabei konstatierte der BGH, daß einer Akzeptanz dieser Überlegung bereits deren überwiegend wirtschaftlicher Charakter entgegenstehe. Darüber hinaus sei eine Erklärung der Transferentschädigung als An-

---

[789] Zu den Einzelheiten der Begründung siehe *BGH*, Urt. v. 27.09.1999 – II ZR 377/98 – NJW 2000, 1028 f.

[790] Zur Anwendbarkeit des Art. 12 Abs. 1 GG im Amateursportbereich siehe *Krogmann*, Grundrechte im Sport, 1998, S. 38 ff. m.w.N.; *Steiner*, in: *Württembergischer Fußballverband*, Das Recht des Fußballspielers, 1980, 7.

[791] Die Anwendung der Drei-Stufen-Theorie auf die Beziehung zwischen zwei Privatrechtssubjekten wird von *Kirschenhofer*, Sport als Beruf, 2002, S. 166, 169 f., gerügt.

[792] *Reuter*, LM § 138 (Aa) BGB Nr. 58, sub 2.a), wirft in diesem Kontext die Frage auf, ob dem Sportverband im Rahmen seiner Vereinsautonomie nicht ein gewisser Freiraum zusteht bei der Bestimmung „sportethischer Werte". Für ein solches – begrenztes – Definitionsmonopol und damit auch für eine Einbeziehung wirtschaftlicher Ziele in den Vereinszweck spricht sich *Kirschenhofer*, Sport als Beruf, 2002, S. 165, 169 f., aus; siehe zudem *Gramlich*, SpuRt 2000, 89, 93 ff. Gestützt wird diese Sichtweise durch den Umstand, daß bereits die herrschende sportrechtliche Lehre vor dem Ergehen des „Bosman"-Urteils auch wirtschaftliche Erwägungen als potentielle Rechtfertigungsgründe anerkannt hatte (vgl. näher im 2. Teil, 1. Kapitel, A.I.4.b)bb)).

reiz für die Vereine zur Nachwuchsförderung nicht plausibel, weil jener ein Zufalls- und Eventualitätscharakter innewohne[793]. Von einer Aufwendungsersatzfunktion der Ablösesumme könne man deshalb nicht ausgehen, weil sie grundsätzlich pauschal und ohne Anknüpfung an die finanziellen Gegebenheiten und Bedürfnisse der betroffenen Vereine festgelegt werde; sie beziehe sich auch nicht konkret auf die dem betroffenen Spieler zuteil gewordene Ausbildung und Förderung[794].

Der durch die Pflicht des aufnehmenden Vereins zur Zahlung eines Entschädigungsbetrages vermittelte Eingriff in die Freiheit der Arbeitsplatzwahl des Berufssportlers war daher nicht zu rechtfertigen[795], mit der Konsequenz, daß die entsprechende Verbandsnorm nach Auffassung der BGH-Richter gemäß §§ 138 Abs. 1, 242 BGB i.V.m. Art. 12 Abs. 1 GG nichtig war. Zur Abstützung ihrer Ansicht verwiesen sie zudem auf den Gleichlauf mit der Auslegung der Arbeitnehmerfreizügigkeit gemäß Art. 39 Abs. 1 EG durch den EuGH im Fall „Bosman", dessen Urteil auch auf diese Konstellation übertragbar sei[796]. Bemerkenswert und daher in diesem Kontext noch erwähnenswert ist der Umstand, daß der BGH seine alte Rechtsprechung aus dem Jahr 1975, in der er Transferentschädigungen ohne nähere Begründung akzeptiert hatte[797], ausdrücklich aufgab. Bezugnehmend auf die Aussage in dem Urteil *BGH*, Urt. v. 13.11.1975 – III ZR 106/72 – NJW 1976, 565, 566 stellte er selbstkritisch klar, daß sich[798]

[793] Dieser Sichtweise ist nicht zuzustimmen, wie sich aus den schon im 2. Teil, 1. Kapitel, A.I.3.b) dargelegten Gründen ergibt. Kritisch gegenüber dem BGH ebenfalls *Reuter*, LM § 138 (Aa) BGB Nr. 58, sub 2.a); *Kirschenhofer*, Sport als Beruf, 2002, S. 170.

[794] Insoweit beruht das Urteil des BGH auf einer treffenden Argumentation (vgl. die Überlegungen im 2. Teil, 1. Kapitel, A.I.3.a) der Arbeit). Damit widersprach das oberste Zivilgericht dem OLG Stuttgart, das in seiner Eigenschaft als Berufungsinstanz zwar Bedenken an der Bemessung der Höhe der Transferentschädigung nach dem „Marktwert" des Spielers artikuliert, letzten Endes aber wohl eine pauschalierte Entschädigung akzeptiert hatte, da die tatsächlichen Ausbildungskosten für einen bestimmten Jugendspieler nachträglich kaum ermittelt werden könnten. *OLG Stuttgart*, Urt. v. 12.08.1998 – 3 U 40/98 – n.v., sub 2.

[795] Insoweit standen nach Auffassung des BGH auch dem beklagten Verein keine Grundrechte (vgl. Art. 9 Abs. 1, 12 Abs. 1, 2 Abs. 1 GG) zu, die mit der Berufsfreiheit des angehenden Berufssportlers hätten konkurrieren können. Näher *BGH*, Urt. v. 27.09.1999 – II ZR 377/98 – NJW 2000, 1028, 1029 f.; zustimmend *Westermann*, EWiR 2000, 27, 28; abweichend jedoch *Kirschenhofer*, Sport als Beruf, 2002, S. 171 ff.

[796] Beipflichtend *Reuter*, LM § 138 (Aa) BGB Nr. 58, sub 2.a).

[797] Siehe zu dem BGH-Urteil und zu der an dieser Stelle in Bezug genommenen Passage der Entscheidungsgründe schon im 2. Teil, 1. Kapitel, A.I.4.b)aa).

[798] *BGH*, Urt. v. 27.09.1999 – II ZR 377/98 – NJW 2000, 1028, 1030.

„die dortigen Ausführungen zu einer Ablöseentschädigung [...] ohne nähere Auseinandersetzung und insbesondere grundrechtliche Überprüfung auf die [...] nicht mehr aktuellen Anschauungen und Begleitumstände des damaligen Spielertransfers [bezogen]; sie sind bereits deshalb nicht auf die hier zur Entscheidung anstehenden Fragen übertragbar.“

Bringt man die nach dem „Bosman“-Judiz des Europäischen Gerichtshofes ergangene höchstrichterliche Rechtsprechung auf einen kurzen Nenner, so läßt sich festhalten, daß durch die beiden Urteile des BAG und des BGH die Auseinandersetzung über die rechtliche Handhabung der Transferentschädigungen bei inländischen Vereinswechseln nach Ablauf des Spielervertrages zumindest in der Praxis eine endgültige Klärung erfahren hat: Danach sind Ablösesummen sowohl bei einem Wechsel innerhalb der Fußballizenzligen[799] sowie von einem ausbildenden (Amateur-)Verein zu einem Lizenzverein[800] mit § 138 Abs. 1 oder § 242 BGB – jeweils i.V.m. Art. 12 Abs. 1 GG – unvereinbar.

Dieser Befund bedeutete eine Abkehr von der überkommenen verbandsfreundlichen Rechtsprechung insbesondere der ordentlichen Gerichtsbarkeit, die in dieser Beziehung somit einen Gleichlauf mit der Arbeitsgerichtsbarkeit herstellte, die ihrerseits schon seit jeher den Transferentschädigungen kritischer gegenübergestanden hatte. Angestoßen durch die Leitentscheidung des EuGH, vollzog sich – ausgehend von den unteren Gerichtsinstanzen – auch bei inländischen Transfers ein **grundlegender Wertewandel** hin zu einer **Betonung der Rechte der Berufsfußballer**. Mit den beiden höchstrichterlichen Entscheidungen wurde dieser Prozeß bestätigt und letztendlich auch abgeschlossen. Dadurch wurde die zwischenzeitlich anzutreffende Rechtsunsicherheit beseitigt[801] und durch eine ausdrückliche Betonung des Gleichklangs der Wertungen von Art. 39 EG und Art. 12 Abs. 1 GG ebenso das Problem der „Inländerdiskriminierung“ ausgeschaltet[802].

Die in der Rechtsprechung zu verzeichnende Trendwende wurde seitens der **sportrechtlichen Lehre**, die das Institut der Ablöseentschädigung bereits vor

---

[799] Ebenso die Einschätzung bei *Arens*, SpuRt 1997, 126 f.; zur Rechtslage in Österreich vgl. *OGH*, Urt. v. 25.06.1998 – 8 Ob A 268/97p – SpuRt 1999, 62 mit Anm. v. *Reissner*.

[800] Siehe *Reuter*, LM § 138 (Aa) BGB Nr. 58, sub 3.; a.A. in dieser Beziehung *Eilers*, in: *Württembergischer Fußballverband*, Sportrecht damals und heute, 2001, 49, 60, der offensichtlich noch von der Zulässigkeit des § 30 DFB-Lizenzspielerstatut a.F. ausging.

[801] Auf diesen Aspekt weist zutreffend *Westermann*, EWiR 2000, 27, 28, hin.

[802] *OLG Oldenburg*, Urt. v. 25.09.1998 – 11 U 18/98 – NZA-RR 1999, 9, 10; *BGH*, Urt. v. 27.09.1999 – II ZR 377/98 – NJW 2000, 1028, 1030; aus der Literatur ebenso *Reichold*, EWiR 1997, 439, 440; *Singer*, AP § 611 BGB Berufssport Nr. 12, sub II.

dem Fall „Bosman" überwiegend als verfassungsrechtlich bedenklich beurteilt hatte, durchaus **unterschiedlich aufgenommen**:

Der Richterspruch des BAG im Fall „Kienaß" zur Ablösesumme beim Wechsel zwischen zwei Bundesligavereinen, mit dem das Gericht mit der vorherrschenden Meinung im Schrifttum gleichzog[803], wurde in der einschlägigen Literatur nahezu einhellig begrüßt[804]. Lediglich von einigen wenigen wurde an der Begründung ansatzweise Kritik geübt, so vor allem im Hinblick auf den nur knappen Hinweis auf das Instrument der Inhaltskontrolle und die nach Ansicht einiger Autoren unbesehene Übertragung der auf die Kontrolle staatlichen Handelns zugeschnittenen Drei-Stufen-Theorie auf das Verhältnis zwischen zwei Privatrechtssubjekten[805]. Widerspruch bezüglich des Ergebnisses erfuhr das Judiz – soweit ersichtlich – ausschließlich von Westermann, der einwirft, daß das Transfersystem entgegen der Annahme des BAG sehr wohl dem Finanzausgleich zwischen den Ligaclubs diene[806]. Gerade dieses Argument zum damaligen Zeitpunkt noch als tragende Säule der Ablöseentschädigung anzupreisen, dahinter kann sich eigentlich – angesichts der zahlreichen Einwände gegen diese Überlegung[807] – nichts anderes mehr als eine gleichsam naive Intuition verbergen[808]. Somit war – diese Schlußfolgerung läßt sich ohne weiteres ziehen – die Diskussion zu den Transfersummen bei Vereinswechseln im Inland in diesem Teilbereich auch aus Sicht der Literatur abgeschlossen[809].

Einige Stimmen in der Lehre plädierten sogar für eine Übertragung der Urteilsgrundsätze des „Kienaß"-Entscheids auf die Konstellation des Wechsels eines

---

803 Siehe zum Meinungsstand in der Lehre bereits im 2.Teil, 1. Kapitel, A.I.4.b)bb).

804 *Hertel*, Aktivierung der Athletenrechte im Verhältnis zur Verbandsautonomie unter besonderer Berücksichtigung der Berufsfreiheit, 2001, S. 163 ff.; *Dinkelmeier*, Das „Bosman"-Urteil des EuGH und seine Auswirkungen auf den Profifußball in Europa, 1999, S. 128; *Rybak*, Das Rechtsverhältnis zwischen dem Lizenzfußballspieler und seinem Verein, 1999, S. 230 f.; *Tettinger*, JZ 2000, 1069, 1074; *Rüsing/Schmülling*, SpuRt 2001, 52 f.; *Singer*, AP § 611 BGB Berufssport Nr. 12, sub II.2.; *Reichold*, EWiR 1997, 439.

805 Eingehend *Singer*, AP § 611 BGB Berufssport Nr. 12, sub II.1.a) und b).

806 Näher *Westermann*, DZWiR 1997, 485, 490 f.; wesentlich zurückhaltender *ders.*, EWiR 2000, 27.

807 Siehe in diesem Kontext die Ausführungen im 2. Teil, 1. Kapitel, A.I.3.c)aa).

808 So hat bereits *Rottenberg*, The Journal of Political Economy 64 (1956), 242, 252 ff., zu Recht festgestellt, daß die am Spielertransfer beteiligten Clubs den Berufsspieler regelmäßig dort einsetzten, wo sein Tätigwerden die höchste Rendite einbrachte. Die damit verbundene Erhöhung des Marktwertes eines Spielers teilten sich die Clubs mittels einer entsprechenden Ausgestaltung der Entschädigungszahlung untereinander auf, ohne daß sie dabei das Wohl der Gesamtheit der Ligamitglieder im Auge hatten. Siehe zudem *Büch*, Sportwissenschaft 28 (1998), 283, 290.

809 Ebenso *Arens*, SpuRt 1997, 126.

angehenden Berufsspielers von einem ausbildenden Verein zu einem Proficlub[810]. Ihr Ansatz wurde spätestens durch das Urteil des BGH auf voller Linie bestätigt. Dieser Umstand darf jedoch nicht zu der voreiligen Schlußfolgerung führen, die Entscheidung habe – ebenso wie das Judiz des BAG – im weitaus überwiegenden Maße Zustimmung erfahren. Vielmehr zeichneten sich die in der Folgezeit publizierten Besprechungen dadurch aus, daß das Meinungsspektrum sehr viel ausgewogener war: Zahlreiche Autoren folgten dem obersten Zivilgericht ohne Einschränkung[811], andere wiederum hielten eine Transferentschädigung zumindest insoweit für unbedenklich, als sie sich auf die dem ausbildenden Verein tatsächlich entstandenen Ausbildungskosten beschränke[812]. Eine dritte Ansicht schließlich begab sich in Opposition zum BGH und befürwortete auch weiterhin eine angemessene pauschalierte Ablöseentschädigung[813]. Bereits dieses breit gefächerte Meinungsspektrum legt offen, daß trotz des BGH-Urteils die Diskussion über die Zulässigkeit des Transfersystems in dieser Beziehung noch lange nicht beendet ist[814].

bb) Recht auf Vertragsverlängerung gemäß § 11 Abs. 4 Mustervertrag Verein-Spieler 1996

Wie bereits angesprochen, kam es wegen der **Verlängerungsoption des § 11 Abs. 4 Mustervertrag Verein-Spieler** 1996 zu rechtlichen Auseinandersetzungen, weil einige Lizenzspieler in der Klausel eine Umgehung der Grundsätze des „Bosman"-Urteils und der „Kienaß"-Entscheidung sahen. Der Vorwurf resultierte aus dem Umstand, daß die arbeitgebenden Vereine durch die Ausübung des Gestaltungsrechtes kurz vor Auslaufen des Spielervertrages den Berufsfußbal-

---

810 *Trommer*, Die Transferregelungen im Profisport im Lichte des „Bosman-Urteils" im Vergleich zu den Mechanismen im bezahlten amerikanischen Sport, 1999, S. 50 f.; Sachs-*Tettinger*, GG, 3. Aufl., 2002, Art. 12 Rn. 79c; *Pfister*, in: *Tokarski*, EU-Recht und Sport, 1998, 151, 159 f.; *Singer*, AP § 611 BGB Berufssport Nr. 12, sub III.; *Arens*, SpuRt 1997, 126, 127.

811 Palandt-*Heinrichs*, BGB, 62. Aufl., 2003, § 25 Rn. 9a; Soergel-*Hadding*, BGB, Bd. I, 13. Aufl., 2000, § 25 Rn. 25; *Schaub*, Arbeitsrechtshandbuch, 10. Aufl., 2002, § 184 IV 3 Rn. 100a; *Goette*, DStR 1999, 1784; zu den Transferentschädigungen im reinen Amateurbereich siehe *Karakaya/Kartal*, ArbuR 2002, 58.

812 *Stopper*, SpuRt 2000, 1, 4 f.; siehe auch *Pfister*, in: *Tokarski*, EU-Recht und Sport, 1998, 151, 159 f., 164 f.; wohl auch *Fritzweiler*, NJW 2002, 1014, 1016 mit Fn. 44.

813 *Reuter*, LM § 138 (Aa) BGB Nr. 58 sub 2.a); *Kirschenhofer*, Sport als Beruf, 2002, S. 168 ff., 174 ff.; siehe zudem *Plath*, Individualrechtsbeschränkungen im Fußball, 1999, S. 197; *Gebhardt*, Modelle für die Reform des Transfersystems für Berufsfußballspieler aus rechtlicher und tatsächlicher Sicht, 2000, S. 30 f.; *Rybak*, Das Rechtsverhältnis zwischen dem Lizenzfußballspieler und seinem Verein, 1999, S. 231 ff., im Hinblick auf reine Amateure.

814 Anders die Einschätzung bei *Westermann*, EWiR 2000, 27.

lern in zahlreichen Fällen die Möglichkeit verbaut hatten, den Fußballclub im Anschluß ablösefrei zu verlassen und ihrer Tätigkeit bei einem anderen – mitunter ausländischen – Verein gegen ein besseres Gehalt nachzugehen[815]. Erst bei Zahlung einer Ablösesumme erklärten sich viele Lizenzclubs bereit, auf die Wahrnehmung der Verlängerungsoption zu verzichten oder einer vorzeitigen Vertragsaufhebung zuzustimmen[816].

Bei der Beurteilung der Problematik gelangten die Gerichtsinstanzen, die mit § 11 Abs. 4 Mustervertrag Verein-Spieler befaßt wurden, überwiegend zu der Auffassung, daß kein nach § 134 BGB nichtiges Umgehungsgeschäft vorliege[817]. Gegenläufig wurde der Sachverhalt dagegen von der herrschenden Literatur behandelt, die den Tatbestand des Umgehungsgeschäftes als erfüllt ansah[818]. Hinterfragt man, welche der Positionen die besseren Argumente auf ihrer Seite hat, kommt man nicht umhin, dem in der Lehre mehrheitlich vertretenen Ansatz letzten Endes den Vorzug gegenüber der Rechtsauffassung der Judikatur einzuräumen:

Ein nach § 134 BGB nichtiges Umgehungsgeschäft liegt vor, wenn über eine an sich rechtlich zulässige Gestaltungsmöglichkeit ein verbotener Erfolg erstrebt

---

815 *Arens/Jaques*, SpuRt 1997, 41, 42; *Nasse*, SpuRt 1997, 45, 47; *ders.*, SpuRt 1999, 140, 141.

816 *Borchard*, Die Wirksamkeit der im deutschen Lizenzfußball verwendeten Musterverträge, 1999, S. 185; *Trommer*, Die Transferregelungen im Profisport im Lichte des „Bosman-Urteils" im Vergleich zu den Mechanismen im bezahlten amerikanischen Sport, 1999, S. 94; a.A. *Rybak*, Das Rechtsverhältnis zwischen dem Lizenzfußballspieler und seinem Verein, 1999, S. 243.

817 *LAG Köln*, Beschl. v. 13.08.1996 – 11 Ta 173/96 – LAGE Art. 48 EWG-Vertrag Nr. 2; *LAG Köln*, Urt. v. 20.11.1998 – 11 Sa 125/98 – LAGE § 611 BGB Berufssport Nr. 11; *LAG Hamm*, Urt. v. 10.06.1998 – 14 Sa 883/98 – LAGE § 611 BGB Berufssport Nr. 9; *OLG Hamm*, Beschl. v. 29.05.2000 – 12 W 11/00 – NZA-RR 2000, 461, 462; a.A. *ArbG Dortmund*, Urt. v. 19.05.1998 – 6 Ca 1111/98 – juris online.

818 *Kirschenhofer*, Sport als Beruf, 2002, S. 90 ff.; *Scherrer*, Sportrecht, 2001, S. 118; *Borchard*, Die Wirksamkeit der im deutschen Lizenzfußball verwendeten Musterverträge, 1999, S. 177 ff.; *Flory*, Der Fall Bosman – Revolution im Fußball?, 1997, S. 47; *Krogmann*, Grundrechte im Sport, 1998, S. 221 ff.; *Nasse*, SpuRt 1997, 45, 46 ff.; *ders.*, SpuRt 1999, 140; *Arens/Jaques*, SpuRt 1997, 41 ff.; *Scherrer*, SJZ 1998, 289, 291; *Kindler*, NZA 2000, 744, 748; *Singer*, AP § 611 BGB Berufssport Nr. 12, sub III.; *Wertenbruch*, FAZ v. 19.11.1996, S. 38; im Ergebnis auch *Gebhardt*, Modelle für die Reform des Transfersystems für Berufsfußballspieler aus rechtlicher und tatsächlicher Sicht, 2000, S. 87 ff.; a.A. *Gitter*, in: *Richardi/Wlotzke*, Münchener Handbuch zum Arbeitsrecht, Bd. II, 2. Aufl., 2000, § 202 Rn. 41g; *Rybak*, Das Rechtsverhältnis zwischen dem Lizenzfußballspieler und seinem Verein, 1999, S. 242 ff.; *Hamm*, AuA 1999, 450, 452; *Hilpert*, RdA 1997, 92, 99; *Westermann*, DZWiR 1997, 485, 492 f.

wird, wobei es auf eine Umgehungsabsicht nicht ankommt[819]. Nach Meinung der Gerichte fehlte es bereits an einem verbotenen Erfolg, weil sowohl „Bosman" als auch „Kienaß" ausschließlich die Unzulässigkeit von Transfersummen nach Ablauf eines Spielervertrages betreffen. Eine solche Situation sei im Falle der Ausübung des Gestaltungsrechts gerade nicht gegeben, da als Rechtsfolge eine Vertragsverlängerung eintritt[820]. Dabei wird aber verkannt, daß durch § 11 Abs. 4 Mustervertrag Verein-Spieler im wirtschaftlichen Ergebnis die Aufrechterhaltung des alten Systems der Ablöseentschädigung für ein weiteres Jahr erreicht wurde. Eine Übergangszeit hatte namentlich der EuGH aber gerade nicht vorgesehen[821]; in deren Schaffung liegt mithin ein verbotener Erfolg[822]. Dieser läßt sich auch nicht durch die Einräumung einer Optionsmöglichkeit zugunsten des Spielers rechtfertigen: Eine solche Konstruktion bietet kein Äquivalent[823], da die Verlängerungsmöglichkeit nur eine Kompensation für den Abschluß eines befristeten Spielervertrages darstellt[824] und sie in der Praxis nur den weniger begehrten Lizenzspielern – aber nicht den wechselwilligen – von Nutzen sein dürfte[825]. Daraus folgt, daß in der Ausübung der Verlängerungsoption die Erstrebung eines rechtlich verpönten Erfolges mittels einer legalen Gestaltungsmöglichkeit liegt[826], so daß das zu beurteilende Rechtsgeschäft wegen seines Umgehungscharakters nach § 134 BGB nichtig ist.

---

819 *BGH*, Urt. v. 02.12.1958 – VIII ZR 154/57 – NJW 1959, 332, 334; *BGH*, Urt. v. 09.02.1990 – V ZR 274/88 – NJW 1990, 1473, 1474; *LAG Köln*, Beschl. v. 13.08.1996 – 11 Ta 173/96 – LAGE Art. 48 EWG-Vertrag Nr. 2, 1, 5.

820 *LAG Köln*, Beschl. v. 13.08.1996 – 11 Ta 173/96 – LAGE Art. 48 EWG-Vertrag Nr. 2, 1, 4; *LAG Köln*, Urt. v. 20.11.1998 – 11 Sa 125/98 – LAGE § 611 BGB Berufssport Nr. 11, 1, 5 f.; ebenso *Gitter*, in: *Richardi/Wlotzke*, Münchener Handbuch zum Arbeitsrecht, Bd. II, 2. Aufl., 2000, § 202 Rn. 41g; *Rybak*, Das Rechtsverhältnis zwischen dem Lizenzfußballspieler und seinem Verein, 1999, S. 243.

821 Siehe hierzu bereits im 2. Teil, 1. Kapitel, B.I.3.a). Auch das BAG dürfte einen solchen restriktiven Standpunkt eingenommen haben, wie bereits der Wortlaut des Leitsatzes der „Kienaß"-Entscheidung („Die Regelung in Art. 59 [DEB-Spielordnung] [...] ist [...] nichtig [...]") nahelegt. Vgl. *BAG*, Urt. v. 20.11.1996 – 5 AZR 518/95 – BAGE 84, 344.

822 Zutreffend *ArbG Dortmund*, Urt. v. 19.05.1998 – 6 Ca 1111/98 – juris online, sub B.I.2.d); *Wertenbruch*, FAZ v. 19.11.1996, S. 38; *ders.*, FAZ v. 12.02.1998, S. 32.

823 A.A. ausdrücklich *Gitter*, in: *Richardi/Wlotzke*, Münchener Handbuch zum Arbeitsrecht, Bd. II, 2. Aufl., 2000, § 202 Rn. 41g; *Hamm*, AuA 1999, 450, 452.

824 *Arens/Jaques*, SpuRt 1997, 41, 42.

825 *ArbG Dortmund*, Urt. v. 19.05.1998 – 6 Ca 1111/98 – juris online, sub B.I.2.d); *Kirschenhofer*, Sport als Beruf, 2002, S. 92 f.; in diese Richtung auch *Hilf/Pache*, NJW 1996, 1169, 1175.

826 Auch das LAG Hamm räumt bezüglich der möglichen Umgehung der Rechtsprechung zum Verbot der Transferentschädigung nach Ablauf der Spielerverträge ein, daß „§ 11 Abs. 4 des Mustervertrages einen solchen zu mißbilligenden Zweck ermöglicht". Siehe *LAG Hamm*, Urt. v. 10.06.1998 – 14 Sa 883/98 – LAGE § 611 BGB Berufssport Nr. 9,

III. Internationale Transfers

Wie bereits an anderer Stelle angesprochen, hatte das „Bosman"-Urteil bei den internationalen Spitzenverbänden des Fußballsports zunächst vehemente Kritik hervorgerufen. Jedoch bestand aus Sicht der EG-Kommission, die in den Transferentschädigungssystemen gleichzeitig EG-kartellrechtswidrige Absprachen erblickte, die naheliegende Möglichkeit, nach der damals geltenden Fassung der Kartellverordnung (EWG) Nr. 17/62 für den Fall der Nichtumsetzung der Gerichtsentscheidung empfindliche Bußgelder festzusetzen[827]. Dieses Szenario mag ein wesentlicher Grund für die FIFA gewesen sein, die Regeln späterhin an die neue Rechtslage anzupassen[828].

1. Transferregelungen der FIFA und der UEFA

Zunächst aber blieben die vor dem Urteil des EuGH geltenden Transferbestimmungen von FIFA und UEFA im Grundsatz unverändert in Kraft[829]. Lediglich für grenzüberschreitende Vereinswechsel, die unstreitig in den Anwendungsbereich des „Bosman"-Urteils fallen, wurde eine partielle Bereichsausnahme geschaffen. Die Neuerungen fanden ihren Niederschlag in den „Regulations governing the Status and Transfer of Football Players" der FIFA in der Fassung aus dem Jahr 1997. Beim Wechsel eines Profifußballspielers waren nunmehr folgende Verbandsbestimmungen regelmäßig zu berücksichtigen:

Vollzog ein Nicht-Amateur, d.h. ein Spieler, der für die Teilnahme am Verbandsfußball ein Entgelt erhalten hatte, einen internationalen Transfer, benötigte er für die Spielerlaubnis unter der Ägide eines anderen Verbandes ein International Transfer Certificate gemäß Art. 7 FIFA-Reglement a.F. Der Abschluß eines neuen Spielervertrages war dem Lizenzspieler nur erlaubt, sofern seine Abrede mit dem bis dato arbeitgebenden Fußballclub zum damaligen Zeitpunkt bereits beendet war oder innerhalb der kommenden sechs Monate auslief (vgl. Art. 12 Nr. 1 FIFA-Transferreglement a.F.). Während der Laufzeit des Spielervertrages war ein grenzüberschreitender Vereinswechsel nur möglich, sofern sich alle Beteiligten, d.h. der abgebende und der aufnehmende Verein sowie der von dem Transfergeschäft betroffene Fußballspieler, einigen konnten (vgl.

1, 7; vgl. auch *Gitter*, in: *Richardi/Wlotzke*, Münchener Handbuch zum Arbeitsrecht, Bd. II, 2. Aufl., 2000, § 202 Rn. 41g.

[827] Vgl. *Wertenbruch*, EuZW 1996, 91; allgemein zu den Zwangsmitteln im EG-Kartellrechtsverfahren *Commichau/Schwartz*, Grundzüge des Kartellrechts, 2. Aufl., 2002, Rn. 740 ff.

[828] Vgl. auch *Eilers*, in: *Württembergischer Fußballverband*, Sportrecht damals und heute, 2001, 49, 55 f.

[829] Siehe dazu bereits eingehend oben im 2. Teil, 1. Kapitel, A.II.1. und 2.

Art. 12 Nr. 4 FIFA-Transferreglement a.F.). Art. 14 Nr. 1 FIFA-Transferreglement a.F. beinhaltete weiterhin eine Entschädigungspflicht des abgebenden Vereins, wie sie auch bisher schon existiert hatte. Allerdings war in Art. 14 Nr. 8 FIFA-Transferreglement die bereits erwähnte Ausnahme für den Raum der Europäischen Gemeinschaft niedergelegt. Zum 01. April 1999 wurde der Anwendungsbereich der Freistellungsvorschrift nach einigen zeitlichen Verzögerungen auf Lizenzspieler, die nicht Staatsangehörige eines EG-Mitgliedstaates sind, ausgeweitet[830].

Art. 14 Nr. 9 FIFA-Transferreglement a.F. enthielt eine Öffnungsklausel, die die UEFA ermächtigte, Bestimmungen zum internationalen Spielertransfer zu erlassen. Jedoch machte die UEFA von der Ermächtigung keinerlei Gebrauch, sondern beließ es in ihren Statuten bei einem Verweis auf das einschlägige Regelwerk der FIFA.

2. Transferregelungen des DFB

Von den Verbandsnormen des DFB zu internationalen Vereinswechseln blieben die zuvor schon genannten Bestimmungen bestehen, wonach der Erhalt einer Spielerlaubnis von der vorherigen Ausstellung eines internationalen Freigabescheins seitens des abgebenden Nationalverbandes und der Aufnahme in die Transferliste des DFB abhing[831]. Dieser konnte ausschließlich vom aufnehmenden Verein, aber nicht vom Lizenzspieler selbst beantragt werden (vgl. Art. 8 Nr. 1 FIFA-Transferreglement a.F.).

IV. Umgehungsstrategien und Reformvorschläge

Vor dem Hintergrund der enormen ökonomischen Bedeutung der „Spielerwerte" für die Lizenzvereine[832] befürchteten nicht wenige als logische Konsequenz des „Bosman"-Urteils über kurz oder lang den Zusammenbruch des Spielbetriebs in den beiden Lizenzligen. Deshalb entwickelte man in den betroffenen Kreisen – d.h. bei den Sportverbänden und den Lizenzclubs – zunächst die unterschiedlichsten rechtlichen Gestaltungen, um das Judiz des Europäischen Gerichtshofes sowie die von der innerstaatlichen Rechtspraxis aufgestellten Grundsätze zu umgehen. Später trat das Bestreben hinzu, Reformvorschläge zu erarbeiten, mit-

---

830 Näher zu letzterem *Gebhardt*, Modelle für die Reform des Transfersystems für Berufsfußballspieler aus rechtlicher und tatsächlicher Sicht, 2000, S. 34; *Westermann*, DZWiR 1997, 485, 488.

831 Vgl. dazu bereits die Ausführungen im 2. Teil, 1. Kapitel, A.II.3.

832 Zur wirtschaftlichen Bedeutung der Transferentschädigung vgl. schon die Ausführungen im 2. Teil, 1. Kapitel, A.I.3.e)aa).

tels derer die dem althergebrachten Transfersystem angedachten Ziele (vgl. vor allem die Annäherung der wirtschaftlichen und sportlichen Kräfteverhältnisse zwischen den Vereinen sowie die Schaffung von Anreizstrukturen zur Nachwuchsförderung) rechtlich unbeanstandet erreicht werden konnten.

Im folgenden werden die einzelnen Alternativmodelle nunmehr näher beleuchtet. Hinterfragt wird vor allem, ob sie die mit der Transferentschädigung intendierten Ziele ebenso effektiv verwirklichen. Sollte sich einer der unterschiedlichen Vorschläge diesbezüglich sowohl in rechtlicher als auch in tatsächlicher Hinsicht als tauglich erweisen, ohne die freie Arbeitsplatzwahl des Berufsfußballspielers in gleicher Weise wie die Pflicht zur Zahlung einer Ablösesumme nachteilig zu beeinflussen, würde dieser Umstand bei der später noch anzustellenden Beurteilung der Verhältnismäßigkeit der Transferentschädigung auf der Stufe der Erforderlichkeit – die bekanntermaßen fehlt, wenn ein erstrebtes Ziel mit einem relativ milderen Mittel ebenso effektiv realisiert werden kann[833] – juristische Relevanz entfalten: Dann nämlich wäre ein **schlagkräftiges Argument gegen die prinzipielle Zulässigkeit von Transferentschädigungen** überhaupt gewonnen.

Manche der hier darzustellenden Vorschläge erweisen sich aber schon bei einer ersten Betrachtung als evident untauglich (z.B. die Umwidmung der Spielerverträge in Kooperationsverträge; näher dazu unter 1.a)), andere wie die Vereinbarung von vertraglichen Rückzahlungsklauseln begegnen arbeitsrechtlichen Bedenken (dazu näher bei den unter 1.b) und 1.c) besprochenen vertraglichen Alternativmodellen). Ein weiterer Reformvorschlag geht dahin, daß die Fußballclubs mit den Lizenzspielern langfristige Verträge abschließen; dieses System etablierte sich nach dem Erlaß des „Bosman"-Urteils rasch, seine Praxistauglichkeit wurde aber infolge der von Seiten der EG-Kommission dagegen gerichteten europarechtlichen Bedenken in Frage gestellt (näher dazu unter 1.d)). Als einziges Ersatzmodell, das eine echte Alternative zum Instrument der Transferentschädigung darstellt, verbleibt damit noch die Errichtung eines beitragsfinanzierten Finanzpools. Dessen praktische und rechtliche Durchführbarkeit wurde im bisherigen Schrifttum allerdings nur kursorisch behandelt. Beides soll in diesem Zusammenhang, soweit erforderlich, nachgeholt werden. Dabei wird sich zeigen, daß ein abgabenfinanzierter Solidaritätsfonds sich sowohl aus ökonomischer als auch aus juristischer Sicht durchaus als umsetzbar erweist (näher dazu unter 2.).

[833] Zum Verhältnismäßigkeitsgrundsatz – namentlich dem Erforderlichkeitsprinzip – im Gemeinschaftsrecht siehe z.B. *EuGH*, Urt. v. 16.05.1989 – Rs. 382/87 – Slg. 1989, 1235, 1251 Tz. 11 – „Buet"; aus der Lehre vgl. *Pache*, NVwZ 1999, 1033 ff., insb. 1036.

1. Bisherige Reformvorschläge

a) „Auslandsparken" von Lizenzspielern, Umwidmung der Spielerverträge in Kooperationsverträge, Salary Caps und tarifvertragliche Verabredung von Transferentschädigungen als taugliche Umgehungsstrategien?

Im Gefolge des Richterspruches in der Rechtssache „Bosman" kam kurzfristig die Debatte auf, die für inländische Vereinswechsel fällig werdende Ablöseentschädigung dadurch zu umgehen, daß der betreffende Fußballprofi ablösefrei zu einem Club im EU-Ausland wechselt und nach einem mehr oder weniger kurzen Aufenthalt dort anschließend – wiederum ablösefrei – zu dem inländischen Verein kommt, zu welchem er von Anfang an hätte hin transferiert werden sollen (**„Auslandsparken"**)[834]. Derartige Überlegungen erwiesen sich jedoch als hinfällig, nachdem die innerstaatlichen Gerichte die im Falle eines Inlandstransfers anfallende Entschädigungszahlung alsbald ebenfalls für rechtswidrig befunden hatten.

Ein weiterer Vorschlag, wie man den Auswirkungen der Beseitigung der Transfermechanismen ausweichen könne, stammt aus den Reihen der Vereinsleiter. Sie forderten, die Lizenzspieler angesichts deren stark angestiegener Gehälter fortan nicht mehr als Arbeitnehmer, sondern als **selbständige Unternehmer** zu behandeln[835]. Diese „Anregung" erweist sich aber bereits bei einer oberflächlichen Betrachtung als vollkommen ungeeignet, das mit ihr verfolgte Anliegen auch tatsächlich zu erreichen. Denn unabhängig von der durchaus berechtigten Frage, ob Spitzenfußballspieler heutzutage noch durchgehend als schutzbedürftige Arbeitnehmer eingeordnet werden können, führt eine Umwidmung der Spielerverträge in Kooperationsverträge nicht weiter, da es sich angesichts der Konvergenz der Grundfreiheiten von selbst versteht, daß die zur Arbeitnehmerfreizügigkeit entwickelten Schutzstandards grundsätzlich ohne Abstriche auf die Niederlassungs- und die Dienstleistungsfreiheit – die beide die grenzüberschreitende wirtschaftliche Betätigung der Selbständigen schützen – übertragbar sind. Und im Hinblick auf die durch Art. 12 Abs. 1 GG verbürgte Berufsfreiheit zählt es zum Gemeingut, daß das Grundrecht Unselbständige und Selbständige gleichermaßen vor unverhältnismäßigen Beeinträchtigungen der freien Arbeits-

---

[834] Vgl. dazu *Westermann*, DZWiR 1996, 82, 83; *Wertenbruch*, EuZW 1996, 91, 92; *Hilf/Pache*, NJW 1996, 1169, 1175.

[835] Vgl. hierzu bereits die Ausführungen und Fundstellennachweise im 1. Teil, 1. Kapitel, C.I.

platzwahl bewahrt[836]. Deshalb bedarf es zu dieser Überlegung angesichts ihrer offensichtlichen Untauglichkeit keiner vertieften Ausführungen mehr.

Von manchen Autoren wird ferner zur Annäherung der wirtschaftlichen und sportlichen Wettbewerbskräfte unter den Lizenzvereinen die Installation von **Salary Caps** – das sind finanzielle Obergrenzen für die Personalkosten der einzelnen Clubs – präferiert[837]. Indes sind solche Gehaltsobergrenzen nur in der Theorie zur Erreichung der genannten Ziele geeignet. In der Praxis besteht für die Vereine nämlich ein überdurchschnittlicher Anreiz, die Salary Caps durch entsprechende Ausgestaltungen der Spielerverträge zu umgehen. Die Durchsetzung eines derartigen Instruments erfordert deshalb einen überaus großen Kontrollaufwand, dessen Nutzen dabei äußerst fraglich ist[838]. Wie berechtigt solche Zweifel an der Effizienz von Gehaltsobergrenzen sind, zeigt auch ein Blick in die Historie des professionellen Fußballs, denn seit Anbeginn gab es bereits Salary Caps, die jedoch von den Vereinen stets unterlaufen wurden[839]. Daher ist dieser Vorschlag ebenso abzulehnen.

Von der UEFA wurde im „Bosman"-Verfahren vor dem EuGH schließlich noch vorgebracht, daß es bei dem Streit um die Transferentschädigung im Kern um einen „verschleierten Tarifkonflikt" gehe. Das Arbeitsrecht unterliege jedoch nicht dem EG-Kartellrecht[840]. Eine solche Argumentation läuft im Ergebnis „auf eine Flucht in den Tarifvertrag" hinaus[841]: Denn nach dem Dafürhalten zahlreicher Autoren bewirkt die Festschreibung eines Entschädigungsanspruches für den Fall eines Vereinswechsels in einer **tarifvertraglichen Absprache** eine

---

[836] Vgl. *Trommer*, Die Transferregelungen im Profisport im Lichte des „Bosman-Urteils" im Vergleich zu den Mechanismen im bezahlten amerikanischen Sport, 1999, S. 93 f.; *Plath*, Individualrechtsbeschränkungen im Berufsfußball, 1999, S. 231 f.; *Pfister*, in: *Tokarski*, EU-Recht und Sport, 1998, 131, 160.

[837] *Trommer*, Die Transferregelungen im Profisport im Lichte des „Bosman-Urteils" im Vergleich zu den Mechanismen im bezahlten amerikanischen Sport, 1999, S. 221; *Paefgen*, EWiR 1995, 987, 988. Auch der Ligaverband wird höchstwahrscheinlich Gehaltsobergrenzen einführen. Vgl. *Kowalewsky/Schneider*, CAPITAL, Heft 16/2003, S. 38; der Manager Uli Hoeneß vom FC Bayern München steht diesem Vorhaben kritisch gegenüber (vgl. CAPITAL, Heft 16/2003, S. 40).

[838] Übereinstimmend: *Dobson/Goddard*, The Economics of Football, 2001, S. 129 f.; *Drewes*, Wettbewerb und finanzieller Ausgleich in professionellen Sportligen, 2001, S. 11, 87 ff.; *Swieter*, Eine ökonomische Analyse der Fußball-Bundesliga, 2002, S. 168 ff.; *Dietl/Franck*, ZfB 2000, 1157, 1163.

[839] Vgl. *Plath*, Individualrechtsbeschränkungen im Fußball, 1999, S. 19 ff.; *Parensen*, in: *Tokarski*, EU-Recht und Sport, 1998, 70, 128.

[840] Generalanwalt *Lenz*, Schlußantr. v. 20.09.1995 – Rs. C-415/93 – Slg. 1995 I, 4921, 5034 Tz. 271 – „Bosman".

[841] So *Fikentscher*, SpuRt 1995, 149, 151.

Freistellung vom nationalen und europäischen Kartellrecht[842]. Der Umgehungsversuch ist aber schon von vornherein zum Scheitern verurteilt, denn abgesehen davon, daß die eine Reduktion der kartellrechtlichen Verbotstatbestände befürwortende Sichtweise ihrerseits nicht unumstritten ist[843], müssen die Vertreter des tarifvertraglichen Ansatzes zur Kenntnis nehmen, daß solche kollektiven Abreden nach herrschender Rechtspraxis sowohl prinzipiell in dem Grundrecht aus Art. 12 Abs. 1 GG[844] als auch in der Marktfreiheit des Art. 39 Abs. 1 EG[845] ihre Grenzen finden. Daher ändert der Rückgriff auf das Gestaltungsmittel des Tarifvertrages nichts an dem Verdikt der Unvereinbarkeit des althergebrachten Transfersystems mit nationalem Verfassungsrecht und Europarecht[846].

b) Ausbildungsvertrag mit Rückzahlungsklausel

aa) Inhalt des Reformvorschlages

Ein erster ernsthafter Lösungsansatz, der auf Überlegungen der UEFA zurückgeht, sieht vor, daß ein Fußballverein mit einem angehenden Spieler einen **Ausbildungsvertrag** schließt. In den EG-ausländischen Staaten, in denen dieses Modell praktiziert wird, gilt die Ausbildung zum Profifußballer als ordentlicher Lehrberuf[847]. Grundgedanke der Abrede ist, den Nachwuchsspieler anzuhalten, nach Beendigung der Ausbildungsphase die erworbenen Fähigkeiten dem ausbildenden Verein noch für eine gewisse Zeit zur Verfügung zu stellen[848]. Zur Erreichung dieses Zweckes sieht der Mustervertrag ein Modell vor, das sich in zwei Phasen untergliedert: Während des ersten Abschnitts der Vertragslaufzeit soll die eigentliche Grundausbildung des Spielers stattfinden, wobei diese spätestens mit Vollendung des 21. Lebensjahres beendet sein soll. Danach steht jeder der beiden Vertragsparteien die Möglichkeit zu, den Vertrag vorzeitig zu kündi-

---

842 Vgl. *Fikentscher*, Mitbestimmung im Sport, 2002, S. 296 (zu § 1 GWB).

843 *Wertenbruch*, EuZW 1996, 91; *Weiß*, SpuRt 1998, 97, 98; *Schroeder*, JZ 1996, 254, 257; *Fleischer*, WuW 1996, 473, 484 f.; *Streinz*, SpuRt 1998, 89, 92.

844 *BAG*, Urt. v. 13.06.1958 – 1 AZR 491/57 – AP Art. 12 GG Nr. 6; *BAG*, Urt. v. 06.09.1995 – 5 AZR 174/94 – NZA 1996, 437, 439; aus der Lehre siehe: *Fikentscher*, Mitbestimmung im Sport, 2002, S. 288 f.

845 *Arndt*, Europarecht, 6. Aufl., 2003, S. 153; *Jaensch*, Die unmittelbare Drittwirkung der Grundfreiheiten, 1997, S. 286; *Roth*, in: Festschrift für *Everling*, Bd. II, 1995, 1231, 1246 f.

846 Ebenso *Trommer*, Die Transferregelungen im Profisport im Lichte des „Bosman-Urteils" im Vergleich zu den Mechanismen im bezahlten amerikanischen Sport, 1999, S. 225, 229 f.; *Fikentscher*, Mitbestimmung im Sport, 2002, S. 289 mit Fn. 123.

847 Vgl. hierzu *Parensen*, in: *Tokarski*, EU-Recht und Sport, 1998, 70, 129; siehe auch *Krogmann*, Grundrechte im Sport, 1998, S. 42 f.

848 *Trommer*, Die Transferregelungen im Profisport im Lichte des „Bosman-Urteils" im Vergleich zu den Mechanismen im bezahlten amerikanischen Sport, 1999, S. 83.

gen. An diesem Punkt hat der angehende Berufsfußballspieler nunmehr zwei Handlungsoptionen: Entscheidet er sich für eine Kündigung, wird der Ausbildungsvertrag beendigt; dem abgebenden Verein steht aus dem Vertrag jedoch ein **Anspruch auf Zahlung der** bis dato **tatsächlich angefallenen Ausbildungskosten** zu[849]; wobei der aufnehmende Verein die Entschädigung entrichten soll[850]. Setzt der Spieler den Vertrag dagegen fort, beginnt für ihn die erste Tätigkeit als Berufsspieler, d.h., er sammelt durch den Einsatz in der ersten Mannschaft praktische Erfahrungen und bildet gleichzeitig die erworbenen Grundkenntnisse weiter aus. Die zweite Phase soll zwangsläufig mit Vollendung des 24. Lebensjahres abgeschlossen sein; danach kann der Fußballspieler ablösefrei zu einem anderen Club wechseln[851].

bb) Rechtliche Würdigung

Das Vertragsmodell wurde – soweit ersichtlich – als erstes von Trommer[852] einer näheren rechtlichen Überprüfung unterzogen. Er würdigt die Rückzahlungsklausel in dem Mustervertrag hauptsächlich am Maßstab der vom BAG auf der Grundlage von §§ 305 Abs. 1, 310 Abs. 4 S. 2, 307 Abs. 1 BGB i.V.m. Art. 12 Abs. 1 GG (Inhaltskontrolle von Arbeitsverträgen) entwickelten Rechtsprechung zur Zulässigkeit von Rückzahlungsklauseln zum Ersatz von Aus- und Fortbildungskosten. Solche durch die Kündigung des Arbeitnehmers aufschiebend bedingten vertraglichen Aufwendungsersatzansprüche des Arbeitgebers sind grundsätzlich nicht zu beanstanden. Voraussetzung für deren Zulässigkeit ist

---

849 Für die Konstellationen, daß der ausbildende Verein für eine Nichtfortsetzung des Ausbildungsvertrages votiert oder der Kontrakt von beiden Seiten ordnungsgemäß erfüllt wird, entfällt der Aufwendungsersatzanspruch.

850 Zwar liegt hier auf den ersten Blick der Gedanke nahe, daß es sich um einen unzulässigen Vertrag zu Lasten Dritter (arg. e §§ 328 ff. BGB) handelt. Dieser Einwand läßt sich jedoch umgehen, wenn man das Vertragsmodell in die LOS inkorporieren würde. Indem sich die Bundesligavereine nämlich den Statuten des Ligaverbandes durch eine rechtsgeschäftliche Erklärung unterwerfen (vgl. § 1 Nr. 2 LO), verpflichten sie sich gleichzeitig, eine in den Ausbildungsverträgen zu ihren Lasten niedergelegte Zahlungspflicht zu erfüllen.

851 Siehe ausführlich zum Inhalt des Vertragsmodells *Gebhardt*, Modelle für die Reform des Transfersystems für Berufsfußballspieler aus rechtlicher und tatsächlicher Sicht, 2000, S. 95 ff.

852 *Trommer*, Die Transferregelungen im Profisport im Lichte des „Bosman-Urteils" im Vergleich zu den Mechanismen im bezahlten amerikanischen Sport, 1999, S. 226 ff.; siehe auch *Flory*, Der Fall Bosman – Revolution im Fußball?, 1997, S. 160 ff.; früher hatte sich bereits *Poschenrieder*, Sport als Arbeit – Konsequenzen aus arbeitsrechtlicher Sicht unter Einbeziehung der Grundrechte, 1977, S. 265 ff., für die Vereinbarung einer solchen, im wirtschaftlichen Ergebnis den aufnehmenden Verein belastenden Rückzahlungsabrede ausgesprochen.

nach der „Beurteilungsformel" des BAG jedoch, daß die Vereinbarung einer solchen Rückzahlungsabrede einem billigenswerten Interesse des Arbeitgebers entspricht, der Arbeitnehmer eine angemessene Gegenleistung für die Rückzahlungsverpflichtung erhält und die Erstattungspflicht für ihn insgesamt zumutbar ist[853]. Trommer gelangt unter Anwendung dieses flexiblen Prüfungsrasters zu dem Ergebnis, daß die Rückzahlungsklausel einer Inhaltskontrolle standhält, wobei er abschließend ohne weitergehende Ausführungen auch einen Verstoß gegen Art. 39 EG negiert[854]. Daneben hat auch Gebhardt zu der Vereinbarkeit des UEFA-Vertragsentwurfs mit zwingenden arbeitsrechtlichen Vorgaben Stellung bezogen. Er kommt im Gegensatz zu Trommer zu dem Resultat, daß die Rückzahlungsklausel nach § 134 BGB i.V.m. § 28 Abs. 2 BBiG und § 5 Abs. 2 Nr. 1 BBiG unwirksam sei[855].

Wegen der konträren Aussagen in der sportrechtlichen Literatur ist eine nähere Stellungnahme geboten. Vorwegzuschicken ist zunächst, daß unabdingbare Voraussetzung für das Funktionieren des vorgehend dargestellten Vertragsmodells die Anerkennung der Tätigkeit des Profifußballspielers als Ausbildungsberuf durch das zuständige Bundesministerium ist (vgl. näher §§ 25, 28 BBiG). Gegenwärtig ist diese Voraussetzung nicht erfüllt. Ohne diese Problematik indes weiter zu vertiefen, soll der Schwerpunkt im folgenden auf der Prüfung des Klauselverbots gemäß **§ 5 Abs. 2 Nr. 1 BBiG** liegen: Danach ist eine Vereinbarung über die Verpflichtung des Auszubildenden, für die Berufsausbildung eine Entschädigung zu zahlen, nichtig. Im Rahmen der an diesem Punkt vorzunehmenden Prüfung ist als erstes hervorzuheben, daß das gesetzliche Klauselverbot gegenüber den vom BAG aufgestellten allgemeinen Prinzipien zur Zulässigkeit von vertraglichen Rückzahlungsklauseln für Ausbildungs- und Fortbildungskosten aus Gründen der Spezialität vorgeht[856]. Von diesem Blickwinkel aus sieht sich Trommer somit dem Einwand ausgesetzt, bereits im Ansatz einen unzutreffenden Entscheidungsmaßstab gewählt zu haben. Seine Erwägungen sind in diesem Zusammenhang daher für den weiteren Prüfungsverlauf nach der Gesetzessystematik – zunächst – völlig unerheblich.

---

853 *BAG*, Urt. v. 16.03.1994 – 5 AZR 339/92 – NZA 1994, 937; *BAG*, Urt. v. 29.06.1962 – 1 AZR 343/61 – DB 1962, 1309; aus der Lehre siehe hierzu *Preis*, Arbeitsrecht, 2. Aufl., 2003, § 35 S. 416 ff.

854 *Trommer*, Die Transferregelungen im Profisport im Lichte des „Bosman-Urteils" im Vergleich zu den Mechanismen im bezahlten amerikanischen Sport, 1999, S. 228 f., 230.

855 *Gebhardt*, Modelle für die Reform des Transfersystems für Berufsfußballspieler aus rechtlicher und tatsächlicher Sicht, 2000, S. 100 ff.

856 Vgl. *BAG*, Urt. v. 21.11.2001 – 5 AZR 158/00 – NZA 2002, 551, 552; *BAG*, Urt. v. 20.02.1975 – 5 AZR 240/74 – DB 1975, 1659; *Hanau/Stoffels*, Beteiligung von Arbeitnehmern an den Kosten der beruflichen Fortbildung, 1992, S. 12; *Hennige*, NZA-RR 2000, 617, 620.

Zu untersuchen sind demgegenüber vorrangig die Tatbestandsvoraussetzungen von § 5 Abs. 2 Nr. 1 BBiG, dessen Anwendungsbereich als erstes eröffnet sein müßte. Dies setzt das Bestehen eines Berufsausbildungsverhältnisses voraus (vgl. § 1 Abs. 2 BBiG), wovon man im vorliegenden Fall wohl ausgehen kann[857]: Denn daß das Fußballspielen eine berufliche Tätigkeit darstellt, ist heute angesichts der Kommerzialisierung dieses Sportsektors allgemein anerkannt. Weiterhin bekommt ein angehender professioneller Fußballspieler im Alter von 14 bis 18 Jahren durch die regelmäßige Teilnahme am Training sowie durch den Einsatz in der Jugend- und der Amateurmannschaft des Vereins die für die spätere Berufsausübung unabdingbaren Grundkenntnisse sowie die nötige fachliche Qualifikation im taktischen, spielerischen und konditionellen Bereich auf vertraglicher Grundlage in einem Betrieb erstmalig beigebracht. Ebensowenig Probleme bereitet das nächste Merkmal der „Entschädigung für eine Berufsausbildung", denn die in dem UEFA-Vertragsmodell vorgesehene Klausel bezweckt gerade die Schaffung einer Anspruchsgrundlage für den Ersatz der tatsächlich entstandenen Ausbildungskosten.

Zweifelhaft ist jedoch das weitere Kriterium, wonach gerade „eine Verpflichtung des Auszubildenden" bestehen muß. Unter Zugrundelegung des *Wortlauts* von § 5 Abs. 2 Nr. 1 BBiG scheitert die Heranziehung des gesetzlichen Klauselverbots mithin an dieser Stelle, weil nach dem Vertragsentwurf der aufnehmende Fußballclub die Entschädigungszahlung erbringen soll. Ein alleiniges Abstellen auf den Wortsinn der Norm würde jedoch zu kurz greifen; vielmehr kommt in dieser Beziehung der *Funktion* von § 5 Abs. 2 Nr. 1 BBiG entscheidende Bedeutung zu. Der Sinn und Zweck der Norm liegt aber darin, den Auszubildenden vor dem Hintergrund des Art. 12 Abs. 1 GG davor zu schützen, daß sein Recht auf freie Wahl des Arbeitsplatzes durch finanzielle Belastungen eingeschränkt wird[858]. Seine Entschlußfreiheit wird jedoch gleichermaßen im negativen Sinne beeinflußt, wenn er von der Wahl eines bestimmten Berufes deshalb abgeschreckt wird, weil er um die mit an Sicherheit grenzender Wahrscheinlichkeit zu erwartenden Schwierigkeiten weiß, in dem angestrebten Berufszweig einen Arbeitgeber zu finden, der einen Nachwuchsspieler unter Vertrag nimmt und sich damit zur Übernahme der Ausbildungskosten bereit erklärt. Folglich paßt die ratio des Klauselverbotes auch im vorliegenden Fall, daß der aufnehmende

---

857 Vgl. *Gebhardt*, Modelle für die Reform des Transfersystems für Berufsfußballspieler aus rechtlicher und tatsächlicher Sicht, 2000, S. 97 ff.; zum Begriff des Berufsausbildungsverhältnisses siehe *BAG*, Urt. v. 20.02.1975 – 5 AZR 240/74 – DB 1975, 1659.

858 *BAG*, Urt. v. 25.04.2001 – 5 AZR 509/99 – RdA 2002, 184, 185; ErfKo-*Schlachter*, 3. Aufl., 2003, 150 BBiG § 5 Rn. 1; *Becker-Schaffner*, DB 1991, 1016, 1019.

Verein die Ausbildungskosten des angehenden Berufsfußballers tragen soll, so daß eine analoge Anwendung der Nichtigkeitsnorm geboten erscheint[859].

Auf der Basis der bisher vorherrschenden Doktrin wäre die in dem Ausbildungsvertrag der UEFA vorgesehene Rückzahlungsklausel somit nichtig. Allerdings ist dieses Ergebnis nach der neueren Rechtsprechung des BAG zu § 5 BBiG nicht mehr zweifelsfrei. Denn im Jahr 2001 entschieden die höchsten Arbeitsrichter, daß der an sich als absolutes Klauselverbot formulierte § 5 Abs. 1 BBiG[860] im Falle bloß mittelbarer Beschränkungen der späteren beruflichen Tätigkeit nicht mehr automatisch mit seiner Nichtigkeitsfolge eingreift; sondern daß die Rechtsprechungsgrundsätze zur Zulässigkeit der Vereinbarung von Rückzahlungsklauseln bei Fortbildungsmaßnahmen einschließlich der damit einhergehenden umfassenden Interessenabwägung auf § 5 Abs. 1 BBiG zu übertragen sind. Begründet wird die *teleologische Reduktion* des allgemeinen Klauselverbots des BBiG unter Verweis darauf, daß § 5 Abs. 1 BBiG und die erwähnte Rechtsprechung des BAG zu den Rückzahlungsklauseln beide eine Konkretisierung von Art. 12 Abs. 1 GG darstellen[861].

Bezogen auf § 5 Abs. 2 Nr. 1 BBiG bedeutet dies, daß – wenn man die Argumentation des BAG konsequent zu Ende denkt – auch bei dem speziellen Klauselverbot eine teleologische Reduktion in Form eines Verhältnismäßigkeitsvorbehalts zwingend geboten ist[862], denn dieses verkörpert letztendlich ebenso eine Ausprägung der grundrechtlichen Berufsfreiheit. Außerdem läßt sich eine solche Flexibilisierung auf die an sich erwünschte *einheitliche Auslegung* vom § 5 Abs. 1 und Abs. 2 Nr. 1 BBiG stützen. Folgt man den Erwägungen, müßte man an dieser Stelle noch eine Interessenabwägung anhand der „Beurteilungsformel" des BAG zur Zulässigkeit von Rückzahlungsklauseln bei Fortbildungsmaßnahmen vornehmen. Hier kämen dann die Ausführungen Trommers, der bei der Abwägung zu einer Unbedenklichkeit der im Vertragsmodell der UEFA nieder-

---

859 So im Ergebnis auch *Gebhardt*, Modelle für die Reform des Transfersystems für Berufsfußballspieler aus rechtlicher und tatsächlicher Sicht, 2000, S. 103; allgemein *BAG*, Urt. v. 28.07.1982 – 5 AZR 46/81 – DB 1983, 290, 291; *Bengelsdorf*, in: *Leinemann*, Kasseler Handbuch des Arbeitsrechts, Bd. II, 2. Aufl., 2000, 5.2 Rn. 227; a.A. *Leinemann/Taubert*, BBiG, 2002, § 5 Rn. 23 f. (nur „Eltern" und nicht jeder „Dritte").

860 § 5 Abs. 1 S. 1 BBiG lautet: „Eine Vereinbarung, die den Auszubildenden für die Zeit nach Beendigung des Berufsausbildungsverhältnisses in der Ausübung seiner beruflichen Tätigkeit beschränkt, ist nichtig."

861 *BAG*, Urt. v. 25.04.2001 – 5 AZR 509/99 – RdA 2002, 184, 185; zustimmend *Gaul*, Aktuelles Arbeitsrecht, Bd. II, 2001, S. 409 ff.; krit. *Schlachter*, RdA 2002, 186 f.

862 In diese Richtung deutet wohl *Schlachter*, RdA 2002, 186, das BAG; a.A. demgegenüber *Gaul*, Aktuelles Arbeitsrecht, Bd. II, 2001, S. 410, der davon ausgeht, daß die Tatbestände des § 5 Abs. 2 BBiG im Rahmen der bei § 5 Abs. 1 S. 1 BBiG vorzunehmenden Interessenabwägung nach Ansicht des BAG lediglich einen Wertungsmaßstab vorgeben.

gelegten Rückzahlungsverpflichtung gelangt, zum Tragen mit der Folge, daß – sofern man sich seiner Ansicht anschließt – eine Nichtigkeit der rechtsgeschäftlichen Abrede insofern abzulehnen wäre.

Andererseits ist aber fraglich, ob die Ansicht, bei § 5 Abs. 2 Nr. 1 BBiG ebenso wie im Anwendungsbereich des Abs. 1 eine umfassende Interessenabwägung vorzunehmen, vollends überzeugen kann. Dagegen sprechen sowohl *systematische* als auch *teleologische Argumente*: Zum einen ist bereits der Wortlaut von § 5 Abs. 2 Nr. 1 BBiG strikter als das allgemeine Klauselverbot in Abs. 1 formuliert, indem der spezielle Tatbestand an einen konkreten Sachverhalt (Zahlungsverpflichtung für Ausbildungskosten) anknüpft, wogegen Abs. 1 ganz allgemein von „Beschränkungen" spricht und so noch eher einer Interessenabwägung zugänglich ist. Zudem bedeutet die Implementierung einer Interessenabwägung zwangsläufig Abstriche vom bisherigen Schutzstandard, den § 5 Abs. 2 Nr. 1 BBiG verbürgt. Dieser Befund steht in deutlichem Widerspruch zu der von der ganz herrschenden Ansicht befürworteten teleologischen Extension der Vorschrift in den Konstellationen, in denen nicht der Auszubildende, sondern ein Dritter Zahlungsverpflichteter sein soll. Des weiteren beinhaltet § 5 Abs. 2 Nr. 1 BBiG mit dem Verbot von Rückzahlungsklauseln im Rahmen der Berufsausbildung gerade eine gesetzliche Wertenscheidung gegen dieses ansonsten mit Blick auf die Privatautonomie grundsätzlich zulässige rechtliche Gestaltungsmittel[863]. Diese ratio würde durch die Einführung eines ungeschriebenen Abwägungsvorbehalts unterlaufen werden. Schließlich zielt die starre Rechtsfolgenanordnung des Klauselverbots („ist nichtig") auf die Schaffung klarer Rechtsverhältnisse. Läßt man bei § 5 Abs. 2 Nr. 1 BBiG dennoch eine einzelfallbezogene Betrachtung am Maßstab der mit unbestimmten Rechtsbegriffen durchsetzten „Beurteilungsformel" des BAG[864] zu, sind die Entscheidungen der Gerichte nicht mehr vorhersehbar. Dadurch wird der Zweck der Rechtsklarheit verfehlt.

Dogmatische Erwägungen implizieren somit, daß eine denkbare Übertragung der neuen Judikatur des BAG, die eine flexible Handhabung des § 5 Abs. 1 BBiG propagiert, auf § 5 Abs. 2 Nr. 1 BBiG abzulehnen ist. Mit dieser restriktiven Sichtweise korrespondiert auch die Aussage des BAG, daß „die in [§ 5] Abs. 2 [BBiG] benannten Nichtigkeitsgründe [...] eine gesetzliche Wertung wieder[geben], wann und in welchen Fällen eine *unzulässige* Beeinflussung des

---

863 *Hanau/Stoffels*, Beteiligung von Arbeitnehmern an den Kosten der beruflichen Fortbildung, 1992, S. 12; *Lübbersmann*, Zulässigkeit arbeitsvertraglicher und tarifvertraglicher Rückzahlungsklauseln hinsichtlich der Kosten für die berufliche Fortbildung des Arbeitnehmers, 2001, S. 71 f.; *Hennige*, NZA-RR 2000, 617, 619.

864 Vgl. *Bengelsdorf*, in: *Leinemann*, Kasseler Handbuch des Arbeitsrechts, Bd. II, 2. Aufl., 2000, 5.2 Rn. 225; *Hanau/Stoffels*, Beteiligung von Arbeitnehmern an den Kosten der beruflichen Fortbildung, 1992, S. 17.

Auszubildenden anzunehmen ist“[865]. Folglich ist von der Nichtigkeit der im Vertragsmodell der UEFA enthaltenen Rückzahlungsklausel gemäß § 5 Abs. 2 Nr. 1 BBiG auszugehen. Eine nähere Auseinandersetzung mit dem Standpunkt Trommers kann deshalb zumindest in diesem Zusammenhang dahinstehen[866]. Im Ergebnis erweist sich der **Ausbildungsvertrag mit Rückzahlungsklausel** damit aus rechtlichen Gründen als **inadäquat**, das bisherige Transfersystem zu ersetzen.

c) Erstarbeitsvertrag mit Rückzahlungsklausel

aa) Inhalt des Reformvorschlages

Angesichts der durchgreifenden rechtlichen Bedenken, denen der von der UEFA vorgeschlagene Ausbildungsvertrag im Hinblick auf die Klauselverbote des BBiG begegnet, ist unter den Autoren, die ein solches Vertragsmodell grundsätzlich befürworten, die Idee aufgekommen, den Zeitpunkt des Vertragsschlusses auf den Punkt zu legen, an dem die Berufsausbildung des angehenden Lizenzfußballspielers beendet ist. Der Zeitpunkt ist freilich nicht einheitlich bestimmbar, sondern hängt von der Leistungsfähigkeit und den Ausbildungsfortschritten des einzelnen Fußballspielers ab. Als Rahmen wird immerhin die Zeitspanne des Übergangs vom Amateur- zum Lizenzspieler angegeben, da der Nachwuchsspieler während dieser Zeit die erworbenen Grundkenntnisse und spezifischen Fähigkeiten vertieft und in einer Weise fortentwickelt, daß er nach Abschluß der Fortbildungsphase als Lizenzspieler einsetzbar ist[867].

Darauf aufbauend wird ein Vertragsmodell[868] vorgeschlagen, das den Abschluß eines sog. **Erstarbeitsvertrages mit Ausbildungselementen** vorsieht. Die Abrede hat im Regelfall eine Laufzeit von insgesamt vier Jahren. Der Regelungsinhalt des Spielervertrages entspricht im Grundsatz den auch ansonsten in diesem

---

[865] *BAG*, Urt. v. 25.04.2001 – 5 AZR 509/99 – RdA 2002, 184, 185 (Hervorhebung durch den Verfasser).

[866] Aber selbst wenn man entgegen der hier vertretenen Auffassung entweder gleich eine allgemeine arbeitsvertragliche Inhaltskontrolle durchführt oder man eine Interessenabwägung am Maßstab der Rechtsprechung des BAG zur Zulässigkeit von Rückzahlungsklauseln auch im Rahmen von § 5 Abs. 2 Nr. 1 BBiG für zulässig hält, scheitert die rechtliche Zulässigkeit eines Ausildungsvertrags mit Rückzahlungsklausel spätestens an dem Umstand, daß die tatsächlich entstandenen Ausbildungskosten dem einzelnen Fußballspieler nicht individuell zurechenbar sind. Näher dazu später im 2. Teil, 1. Kapitel, B.IV.1.c)bb).

[867] *Gebhardt*, Modelle für die Reform des Transfersystems für Berufsfußballspieler aus rechtlicher und tatsächlicher Sicht, 2000, S. 105.

[868] Zu den Einzelheiten des Vertragsmodells und der Rückzahlungsklausel siehe *Gebhardt*, Modelle für die Reform des Transfersystems für Berufsfußballspieler aus rechtlicher und tatsächlicher Sicht, 2000, S. 105 ff.

Bereich zwischen Verein und Fußballspieler üblichen Vereinbarungen[869]. Zusätzlich wird jedoch zwischen den Parteien eine **Rückzahlungsklausel** für die beim Verein tatsächlich angefallenen Fortbildungskosten verabredet, die nach zweijähriger Vertragslaufzeit praktische Bedeutung erlangt: Nach dieser Zeit nämlich muß sich der Nachwuchsspieler überlegen, ob er bei dem ihn fortbildenden Fußballclub für weitere zwei Jahre verbleibt oder ob er zu einem anderen Verein wechseln will. Entscheidet er sich für eine Fortsetzung des Erstarbeitsvertrages, reduziert sich die Höhe der Rückzahlungssumme über die verbleibende Vertragslaufzeit hinweg jeden Monat um 1/24. Macht der Spieler dagegen von seinem Recht, eine vorzeitige Vertragsaufhebung zu verlangen, Gebrauch, greift grundsätzlich die Rückzahlungsverpflichtung ein, allerdings nur unter der einschränkenden Voraussetzung, daß der abgebende Verein dem Fußballspieler zuvor ein Vertragsangebot zu – im Vergleich zum bisherigen Spielervertrag – wesentlich verbesserten Konditionen unterbreitet, dieser die Offerte aber ausgeschlagen hat. Nach Beendigung des Vier-Jahres-Vertrags steht es dem Fußballspieler frei, zu einem anderen Fußballverein zu gehen, ohne durch eine Rückzahlungsverpflichtung belastet zu sein.

bb) Rechtliche Würdigung

Wie schon im Rahmen des Ausbildungsvertrages, so ist auch in diesem Zusammenhang kein einheitliches Meinungsbild anzutreffen, soweit es um die rechtliche Beurteilung der Rückzahlungsklausel geht. Allerdings hat sich in der sportrechtlichen Literatur eine herrschende Ansicht herausgebildet, die eine derartige vertragliche Gestaltung weder unter arbeitsrechtlichen noch unter europarechtlichen Gesichtspunkten für angreifbar hält[870]. Dieser Standpunkt hat auf der anderen Seite jedoch auch Kritik erfahren[871]: Ansatzpunkt hierfür ist vor allem das Institut der neuerdings im BGB ausdrücklich geregelten arbeitvertraglichen Inhaltskontrolle. Gestritten wird dabei vor allem um die Frage, ob die entsprechenden Klauseln in den Verträgen der – bereits mehrfach erwähnten – „Beur-

---

869 Zum Inhalt des Spielervertrages siehe bereits die Ausführungen im 1. Teil, 1. Kapitel, C.I.

870 So *Gebhardt*, Modelle für die Reform des Transfersystems für Berufsfußballspieler aus rechtlicher und tatsächlicher Sicht, 2000, S. 120 ff.; *Trommer*, Die Transferregelungen im Profisport im Lichte des „Bosman"-Urteils im Vergleich zu den Mechanismen im bezahlten amerikanischen Sport, 1999, S. 228 f., 230; *Preis*, Der Lizenzspieler im Bundesligafußball, 1973, S. 61; *Westerkamp*, Ablöseentschädigungen im bezahlten Sport, 1980, S. 141; *ArbG Wesel*, Urt. v. 25.10.1990 – 2 Ca 1355/90 – HdSpR, Dok.-Nr. 33/11/3, sub II.

871 *Becker*, Verfassungsrechtliche Schranken für die Regelung des Lizenzfußballsports in der Bundesrepublik Deutschland, 1982, S. 140; *Poschenrieder*, Sport als Arbeit – Konsequenzen aus arbeitsrechtlicher Sicht unter Einbeziehung der Grundrechte, 1977, S. 264 f.

teilungsformel" des BAG, die die Grenzen der Zulässigkeit von Rückzahlungsklauseln im Rahmen der beruflichen Aus- und Fortbildung markiert, genügen.

Bei der Stellungnahme zur rechtlichen Vereinbarkeit dieses Vertragsmodells wird auf eine nähere Erörterung der Einhaltung von Art. 39 EG und Art. 81 f. EG verzichtet[872]. Näher auszuführen ist dagegen der Streit, ob die Rückzahlungsklausel einer **arbeitsvertraglichen Inhaltskontrolle**[873] standhält. Nach § 307 Abs. 1 S. 1 BGB sind Bestimmungen in Allgemeinen Geschäftsbedingungen unwirksam, wenn sie den Vertragspartner entgegen den Geboten von Treu und Glauben unangemessen benachteiligen. Diese Formel hat das BAG für die Konstellation der Vereinbarung einer Rückzahlungsklausel zur Erstattung von dem Arbeitgeber entstandenen Aus- und Fortbildungskosten durch eine Zumutbarkeitsformel konkretisiert, die es einzelfallbezogen anwendet[874]. Die Prüfung erfolgt dabei anhand eines dreistufigen Schemas[875], dessen Voraussetzungen im Zeitpunkt des Vertragsschlusses erfüllt sein müssen[876].

---

872 Ausschlaggebend dafür ist der Umstand, daß diese Maßstäbe nach einhelliger Auffassung in der Lehre nicht tangiert sind (vgl. *Gebhardt*, Modelle für die Reform des Transfersystems für Berufsfußballspieler aus rechtlicher und tatsächlicher Sicht, 2000, S. 121 ff.; *Trommer*, Die Transferregelungen im Profisport im Lichte des „Bosman-Urteils" im Vergleich zu den Mechanismen im bezahlten amerikanischen Sport, 1999, S. 230), und sich deshalb hieraus keine Ansatzpunkte herleiten lassen, das Modell des Erstarbeitsvertrages mit Rückzahlungsklausel als „echte" Alternative zu den Transferentschädigungen in Frage zu stellen.

873 Vgl. §§ 305 Abs. 1, 310 Abs. 4 S. 2, 307 Abs. 1 BGB. Näher zur Inhaltskontrolle von Arbeitsverträgen nach der Schuldrechtsmodernisierung: *Reinecke*, BB 2002, 583; *Lingemann*, NZA 2002, 181; *Bartz*, AuA 2002, 62.

874 Danach sind solche Rückzahlungsklauseln auf dem Boden der Privatautonomie grundsätzlich zulässig. Allerdings liegt eine unverhältnismäßige Beeinträchtigung der freien Wahl des Arbeitsplatzes (Art. 12 Abs. 1 S. 1 GG) zu Lasten des Arbeitnehmers vor, wenn die Rückzahlungsverpflichtung bei verständiger Betrachtung nicht einem billigenswerten Interesse des Arbeitgebers entspricht, der Arbeitnehmer keine angemessene Gegenleistung für die Rückzahlungsverpflichtung erhält oder die Erstattungspflicht für ihn insgesamt nicht zumutbar ist. *BAG*, Urt. v. 16.03.1994 – 5 AZR 339/92 – NZA 1994, 937; *BAG*, Urt. v. 29.06.1962 – 1 AZR 343/61 – DB 1962, 1309. Aus der Lehre vgl. dazu etwa *Lübbersmann*, Zulässigkeit arbeitsvertraglicher und tarifvertraglicher Rückzahlungsklauseln hinsichtlich der Kosten für die berufliche Fortbildung des Arbeitnehmers, 2001; *Hoß*, MDR 2000, 1115; *Huber/Blömeke*, BB 1998, 2157; *Hennige*, NZA-RR 2000, 617.

875 *Hanau/Stoffels*, Beteiligung von Arbeitnehmern an den Kosten der beruflichen Fortbildung, 1992, S. 18 ff.; *Bengelsdorf*, in: *Leinemann*, Kasseler Handbuch des Arbeitsrechts, Bd. II, 2. Aufl., 2000, 5.2 Rn. 235; *Lübbersmann*, Zulässigkeit arbeitsvertraglicher und tarifvertraglicher Rückzahlungsklauseln hinsichtlich der Kosten für die berufliche Fortbildung des Arbeitnehmers, 2001, S. 81 ff.; *Meier/Schulz*, NZA 1996, 742, 746.

876 *Hanau/Stoffels*, Beteiligung von Arbeitnehmern an den Kosten der beruflichen Fortbildung, 1992, S. 21; *Meier/Schulz*, NZA 1996, 742, 746; *Hennige*, NZA-RR 2000, 617, 621.

Auf der ersten Stufe ist zu untersuchen, ob die Verbindung der Übernahme der Fortbildungskosten mit einer Rückzahlungsklausel dem Grunde nach zulässig ist (Ebene des „Ob"). Dies setzt zunächst voraus, daß die Rückzahlungsverpflichtung des Arbeitnehmers einem berechtigten und billigenswerten Interesse des Arbeitgebers entspricht[877]. Das Merkmal ist im Hinblick darauf gegeben, daß der Fußballverein die Kosten der Fortbildung des angehenden Lizenzspielers in der Erwartung übernimmt, sich dessen erworbene zusätzliche Qualifikation während der zweiten Hälfte der Vertragslaufzeit zunutze zu machen. Weiterhin muß der Zahlungsverpflichtung des Arbeitnehmers eine angemessene Gegenleistung des Arbeitgebers in Form erheblich verbesserter beruflicher Möglichkeiten des anderen Teils gegenüberstehen[878]. Die im Laufe der Zeit zusätzlich erworbenen Fähigkeiten erhöhen die Chancen des Nachwuchsspielers auf dem Arbeitsmarkt im Ergebnis in der Tat beträchtlich, so daß die Bejahung der Äquivalenz zwischen Leistung und Gegenleistung trotz einiger Zweifel[879] gut vertretbar erscheint[880]. Danach ist die Verabredung einer Rückzahlungsklausel im Erstarbeitsvertrag des Fußballspielers grundsätzlich zulässig.

---

877 *BAG*, Urt. v. 06.05.1998 – 5 AZR 535/97 – NZA 1999, 79; *Huber/Blömeke*, BB 1998, 2157, 2158.

878 *BAG*, Urt. v. 21.11.2001 – 5 AZR 158/00 – NZA 2002, 551, 552 f.; *Lipke*, Gratifikationen, Tantiemen, Sonderzulagen, 1982, S. 180 ff.; *Hoß*, MDR 2000, 1115, 1116 f.

879 Im Hinblick auf die angemessene Gegenleistung für den Nachwuchsspieler läßt sich zum einen anzweifeln, ob die Steigerung der Leistungsfähigkeit tatsächlich auf den Aufbauleistungen des Vereins beruht, denn das BAG (*BAG*, Urt. v. 20.11.1996 – 5 AZR 518/95 – BAGE 84, 344, 359) führte in der „Kienaß"-Entscheidung aus, daß „wenn der ‚Wert' eines Spielers dadurch steigt, daß er sich als besonders qualifiziert erwiesen hat, so beruht dies nicht vorrangig auf Aus- und Weiterbildungsmaßnahmen des Vereins, sondern wesentlich auf Talent, Konstitution sowie persönlichem Einsatz und Erfolgen". Diese Aussage betraf jedoch die Konstellation des Wechsels eines „fertig" ausgebildeten Spielers zwischen zwei Bundesligavereinen, wogegen es hier um die wesentlich davon zu unterscheidende Situation des Übergangs eines Nachwuchsspielers vom Amateur- in den Profibereich geht.
Zum zweiten erscheint die Ungewißheit über den Eintritt des Fortbildungserfolges als Grund, die Zumutbarkeit der Rückzahlungsklausel in Frage zu stellen (vgl. *Gebhardt*, Modelle für die Reform des Transfersystems für Berufsfußballspieler aus rechtlicher und tatsächlicher Sicht, 2000, S. 139 f.). Die Ungewißheit nimmt sich jedoch keinesfalls bedenklich aus, da dem Arbeitgeber an dieser Stelle mit einer Beweiserleichterung geholfen werden kann, indem man es ausreichen läßt, wenn er Umstände darlegt und im Zweifelsfall beweist, aus denen sich ergibt, daß im Zeitpunkt der Vereinbarung der Rückzahlungsklausel ein entsprechender beruflicher Vorteil für den Arbeitnehmer mit überwiegender Wahrscheinlichkeit erwartet werden konnte (vgl. *BAG*, Urt. v. 16.03.1994 – 5 AZR 339/92 – NZA 1994, 937, 942; *Stoffels*, in: *Preis*, Der Arbeitsvertrag, 2002, II A 120 Rn. 31).

880 *Trommer*, Die Transferregelungen im Profisport im Lichte des „Bosman-Urteils" im Vergleich zu den Mechanismen im bezahlten amerikanischen Sport, 1999, S. 228; *Gebhardt*, Modelle für die Reform des Transfersystems für Berufsfußballspieler aus rechtlicher und

Auf der zweiten Stufe wird die inhaltliche Ausgestaltung der Rückzahlungsklausel auf ihre Zulässigkeit hin untersucht (Ebene des „Wie"). In diesem Kontext kommt vor allem der Eingrenzung der Rückzahlungslast entscheidende Bedeutung zu. Erstattungsfähig sind nach einhelliger Ansicht lediglich die im Einzelfall tatsächlich aufgewandten Kosten[881]. Nach herrschender arbeitsrechtlicher Doktrin kann die Höhe des zu erstattenden Betrages von vornherein pauschal festgelegt werden. Dies entbindet den Arbeitgeber, der insoweit die Darlegungs- und Beweislast trägt, aber nicht davon, im Falle des Bestreitens den Nachweis zu führen, daß sich die veranschlagten Kosten dem einzelnen Fortbildungsteilnehmer zumindest nach objektiven Kriterien und auch meßbar zuordnen lassen[882].

Unter Heranziehung dieser Vorgaben scheidet eine individuelle Zurechnung der anteilig zu tragenden Kosten aus: Denn die Aufgabe insbesondere des Fußballtrainings besteht darin, die Spielstärke der Mannschaft insgesamt zu steigern[883]. Dieses Ziel läßt sich nur über die Durchführung eines Mannschaftstrainings erreichen, da lediglich auf diesem Weg ein geschlossenes und effizient agierendes Team entstehen kann. Deshalb werden am Training die Nachwuchs- und Stammspieler stets gemeinsam teilnehmen und dabei durchaus individuell verschieden aus den Übungseinheiten Nutzen ziehen[884]. Hinzu kommt noch, daß sich die zahlenmäßige Größe des Mannschaftskaders öfters verändert. Mithin fehlt es an objektiven Kriterien, die eine individuelle Zuordnung der entstandenen Ausbildungskosten zu jedem einzelnen Spieler ermöglichen[885]; gleichzeitig kommt auch eine anteilige Umlegung nach der Anzahl der Trainingsteilnehmer

---

tatsächlicher Sicht, 2000, S. 139. Dieser Annahme steht auch die Entscheidung *LAG Rheinland-Pfalz*, Urt. v. 03.04.1989 – 10 Sa 1061/88 – LAGE § 611 Berufssport Nr. 3, 1, 5, nicht entgegen, weil es dort um den Sonderfall eines ausländischen Fußballspielers ging, der bereits mehrfach in der Nationalauswahl seines Heimatlandes gespielt hatte.

881 *BAG*, Urt. v. 21.11.2001 – 5 AZR 158/00 – NZA 2002, 551, 553; *OLG Hamm*, Urt. v. 09.03.1992 – 8 U 128/91 – NJW-RR 1992, 1211, 1213; ErfKo-*Schlachter*, 3. Aufl., 2003, 150 BBiG § 5 Rn. 15; *Meier/Schulz*, NZA 1996, 742, 749.

882 *BAG*, Urt. v. 16.03.1994 – 5 AZR 339/92 – NZA 1994, 937, 943; *LAG Köln*, Urt. v. 06.12.1991 – 12 Sa 766/91 – LAGE § 611 Ausbildungsbeihilfe Nr. 6, 1, 4 f.; siehe auch *LAG Düsseldorf*, Urt. v. 07.09.1988 – 6 Sa 968/88 – LAGE § 611 Berufssport Nr. 2, 1, 4; *Gaul*, Aktuelles Arbeitsrecht, Bd. II, 2001, S. 409; *Hoß*, MDR 2000, 1115, 1118; *Huber/Blömeke*, BB 1998, 2157, 2159; *Hennige*, NZA-RR 2000, 617, 623.

883 *Büch/Schellhaaß*, Jahrbuch für Sozialwissenschaft, 1978, 255, 259.

884 *OLG Stuttgart*, Urt. v. 12.08.1998 – 3 U 40/98 – n.v., sub 2.; *Büch/Schellhaaß*, Jahrbuch für Sozialwissenschaft, 1978, 255, 259.

885 *Gebhardt*, Modelle für die Reform des Transfersystems für Berufsfußballspieler aus rechtlicher und tatsächlicher Sicht, 2000, S. 141; *Swieter*, Eine ökonomische Analyse der Fußball-Bundesliga, 2002, S. 95.

nicht in Betracht[886]. Die Zugrundelegung des im Arbeitsrecht überwiegend befürworteten strengen Maßstabes hat deshalb zur Konsequenz, daß mangels Nachweis der für den einzelnen Spieler aufgewandten tatsächlichen Fortbildungskosten im Bereich der Mannschaftssportart Fußball die Vereinbarung von Rückzahlungsklauseln generell unzulässig ist.

Dieses Resultat stößt in weiten Teilen der sportrechtlichen Literatur jedoch auf Ablehnung[887]. Um ein Scheitern der Einführung der Rückzahlungsklausel zu verhindern, wird in Anlehnung an eine in der arbeitsrechtlichen Literatur vertretene Mindermeinung[888] dafür plädiert, einen im Wege der Schätzung ermittelten Pauschalbetrag genügen zu lassen. Infolgedessen gelangen jene Autoren um den Preis der Aufweichung dieser Zulässigkeitsvoraussetzung und nach Bejahung der restlichen vom BAG formulierten Kriterien für den Bereich des professionellen Fußballsports dennoch zu einem positiven Ergebnis.

Beide Ansichten führen mithin zu unterschiedlichen Resultaten, weshalb zu hinterfragen ist, welche von ihnen die besseren Argumente auf ihrer Seite hat. Trägt man zu diesem Zweck zunächst die Erwägungen zugunsten eines extensiven Verständnisses zusammen, ergibt sich ein karger Befund: So wird darauf verwiesen, es sei nicht gerechtfertigt bzw. einsichtig, allein wegen der Unmöglichkeit der individuellen Zurechnung der Ausbildungskosten dem Fußballverein einen finanziellen Ausgleich zu verwehren[889]. Zudem wird geltend gemacht, es sei nicht ganz nachvollziehbar, warum bei einer Ausbildung in einer Mannschaftssportart die Gemeinkosten nicht auf den einzelnen verhältnismäßig umgelegt werden könnten, da es sich hier doch nicht anders als bei einer kollektiven Aus- und Weiterbildung zum Beispiel in einer universitären Einrichtung verhalte. Schließlich profitiere der Nachwuchsspieler von den Ausbildungsleistungen des Vereins erheblich[890]. Überblickt man die einzelnen Begründungen, zeigt sich, daß sie letzten Endes im Kern nur verschiedene Varianten des „da nicht sein kann, was nicht sein darf“ verkörpern. Dabei gilt aber: Eine solche Behaup-

---

[886] *OLG Stuttgart*, Urt. v. 12.08.1998 – 3 U 40/98 – n.v., sub 2.

[887] *Trommer*, Die Transferregelungen im Profisport im Lichte des „Bosman-Urteils“ im Vergleich zu den Mechanismen im bezahlten amerikanischen Sport, 1999, S. 228 f.; *Gebhardt*, Modelle für die Reform des Transfersystems für Berufsfußballspieler aus rechtlicher und tatsächlicher Sicht, 2000, S. 141.

[888] *Hanau/Stoffels*, Beteiligung von Arbeitnehmern an den Kosten der beruflichen Fortbildung, 1992, S. 39; *Bengelsdorf*, in: *Leinemann*, Kasseler Handbuch des Arbeitsrechts, Bd. II, 2. Aufl., 2000, 5.2 Rn. 252.

[889] *Gebhardt*, Modelle für die Reform des Transfersystems für Berufsfußballspieler aus rechtlicher und tatsächlicher Sicht, 2000, S. 142.

[890] *Trommer*, Die Transferregelungen im Profisport im Lichte des „Bosman-Urteils“ im Vergleich zu den Mechanismen im bezahlten amerikanischen Sport, 1999, S. 228.

tung ersetzt keine juristische Argumentation. Und was die Überlegung betrifft, der Fußballspieler profitiere von der Fortbildung, so ist darauf zu erwidern: Daß ein Arbeitnehmer aus jeder Fortbildungsmaßnahme erhebliche berufliche Vorteile ziehen kann, steht außer Frage. Entscheidend ist daher vielmehr, ab welchem Maß der Vorteilsziehung eine Partizipation des Arbeitnehmers an den Ausbildungskosten gerechtfertigt ist[891].

Abgesehen davon, daß die von den Befürwortern einer Rückzahlungsklausel vorgetragenen Argumente alles andere als überzeugend sind, sieht sich der extensive Ansatz zahlreichen *systematischen* und *teleologischen Einwänden* ausgesetzt: So ist nahezu einhellig anerkannt, daß die Rückzahlungsklausel ihrer Rechtsnatur nach einen Aufwendungsersatzanspruch darstellt[892]. Zu § 670 BGB, dem zivilrechtlichen Grundtatbestand für den Ersatz von Aufwendungen, entspricht es jedoch gängiger Auffassung, daß „ohnehin nur die konkret im Einzelfall entstehenden und auch nachweisbaren Kosten“ ersatzfähig sind[893]. Dazu paßt keine wie auch immer geartete Pauschalierung, die sich losgelöst von objektiven Kriterien vollzieht. Darüber hinaus dient die vertragliche Inhaltskontrolle – einschließlich der damit verbundenen Überwälzung der Darlegungs- und Beweislast auf den Arbeitgeber – gerade dem Schutz des strukturell unterlegenen Arbeitnehmers[894]. Mit dieser Schutzrichtung ist eine Herabsetzung der Anforderungen an die Zurechnung der Ausbildungskosten unvereinbar, da der schutzbedürftige Fußballspieler nunmehr überhaupt keine Anhaltspunkte zur Berechnungsgrundlage mehr hat[895]. Der Willkür des Vereins wären Tür und Tor geöffnet.

Schließlich ist – gerade im Bereich des Richterrechts – stets dem Gedanken der Rechtssicherheit Rechnung zu tragen[896]. Vordergründig führt die Anerkennung

---

891 Vgl. *Lipke*, Gratifikationen, Tantiemen, Sonderzulagen, 1982, S. 183; *Becker-Schaffner*, DB 1991, 1016, 1017; *Huber/Blömeke*, BB 1998, 2157, 2160.

892 *Stoffels*, in: *Preis*, Der Arbeitsvertrag, 2002, II A 120 Rn. 7; *Hanau/Stoffels*, Beteiligung von Arbeitnehmern an den Kosten der beruflichen Fortbildung, 1992, S. 8; *Bengelsdorf*, in: *Leinemann*, Kasseler Handbuch des Arbeitsrechts, Bd. II, 2. Aufl., 2000, 5.2 Rn. 224; *Gebhardt*, Modelle für die Reform des Transfersystems für Berufsfußballspieler aus rechtlicher und tatsächlicher Sicht, 2000, S. 108.

893 *BGH*, Beschl. v. 05.07.2000 – XII ZB 58/97 – NJW 2000, 3712, 3714; MüKo-*Seiler*, BGB, Bd. IV, 3. Aufl., 1997, § 670 Rn. 6.

894 *BAG*, Urt. v. 16.03.1994 – 5 AZR 339/92 – NZA 1994, 937, 941; *BAG*, Urt. v. 21.11.2001 – 5 AZR 158/00 – NZA 2002, 551, 552.

895 Zutreffend *Poschenrieder*, Sport als Arbeit – Konsequenzen aus arbeitsrechtlicher Sicht unter Einbeziehung der Grundrechte, 1977, S. 265.

896 Ebenso *Hanau/Stoffels*, Beteiligung von Arbeitnehmern an den Kosten der beruflichen Fortbildung, 1992, S. 19; die Rechtsunsicherheit der Judikatur des BAG in diesem Kontext wird auch von *Hennige*, NZA 2000, 617 f., bemängelt.

der Pauschalierung der Ausbildungskosten in den Fällen, in denen eine individuelle Zurechnung der Ausbildungskosten ausgeschlossen ist, zwar zu einer Vereinfachung. Andererseits täuscht dieser erste und oberflächliche Eindruck. Denn die Abkoppelung der Höhe der erstattungsfähigen Kosten von jeglichen objektivierbaren Merkmalen bedingt gravierende Folgeprobleme: Besonders plastisch zeigt sich dies in einem Fall, den das OLG Stuttgart 1998 entschied. Dort verlangte der abgebende Verein zunächst eine Ausbildungsentschädigung in Höhe von 60.000 DM, einigte sich schließlich jedoch mit der Mutter des Nachwuchsspielers auf die Zahlung eines Betrages in Höhe von 40.000 DM. Die Richter des OLG Stuttgart befanden, die Summe sei rechtlich nicht zu beanstanden[897]. Wie aber hätten sie mangels nachvollziehbarer Berechnungsgrundlage entschieden, wenn der Sportclub einen Betrag über 60.000 DM beansprucht und anschließend eingeklagt hätte? Auch bei diesem Geldbetrag fehlt es nicht evidentermaßen an einem Zusammenhang zwischen den in der Regel beachtlichen für den gesamten Mannschaftskader angefallenen Ausbildungskosten[898] und der im Einzelfall pauschal angesetzten Summe. An dieser Stelle zeigt sich damit, daß es einer nicht mehr rational begründbaren Entscheidung des Rechtsanwenders obliegt, welchen Geldbetrag er noch für angemessen hält. Allein die unbestreitbare Erkenntnis, daß ganz erhebliche Kosten für die Ausbildung angefallen sind, liefert nämlich keinen tauglichen Maßstab. Die ohnehin im Bereich des case law schon strapazierte Rechtssicherheit würde bei der Hinnahme einer solchen von der Mehrheit der sportrechtlichen Autoren befürworteten Pauschalierung daher nur noch mehr leiden.

Mit Blick auf die vorstehenden Erwägungen sowie unter Einbeziehung der bereits im Jahr 1992 vom OLG Hamm geäußerten Einsicht, daß es gerade auch verfassungsrechtliche Gründe gebieten, die Höhe der ersatzfähigen Kosten auf solche Aufwendungen zu beschränken, die „konkret und nachweisbar erbracht" wurden[899], ist die Beibehaltung einer restriktiven Linie, wie sie von der herrschenden Ansicht im Arbeitsrecht bereits vertreten wird, deshalb vorzugswürdig. Dieser Standpunkt liegt im übrigen auch auf der Linie des BAG: In seinem „Kienaß"-Entscheid zur Zulässigkeit von Transferentschädigungen im Profibereich stellte es nämlich klar, daß nach der Rechtsprechung zur

---

[897] *OLG Stuttgart*, Urt. v. 12.08.1998 – 3 U 40/98 – n.v., sub 2.

[898] Man denke nur an die beträchtlichen finanziellen Belastungen, die aus der Unterhaltung einer Profi- und Jugendabteilung mit hauptberuflichen Trainern, der Mannschaftsbetreuung, den Fahrten zu Auswärtsspielen, den Übernachtungen sowie der Stellung von Spielmaterial entstehen.

[899] *OLG Hamm*, Urt. v. 09.03.1992 – 8 U 128/91 – NJW-RR 1992, 1211, 1213.

> „Rückzahlung von Aus- und Weiterbildungsaufwand durch Arbeitnehmer [...] nur solche Aufwendungen [...] erstattungsfähig [sind], die dem einzelnen aus- oder weitergebildeten Arbeitnehmer persönlich zuzuordnen waren [...]. Dies ist auch vorliegend vorauszusetzen. Bei Sportarten, die [...] als Mannschaftssportarten ausgeübt werden, ist eine solche persönliche Zuordnung in der Regel nicht möglich.“[900]

Wenn das BAG diesen engen Beurteilungsmaßstab über seinen originären Anwendungsbereich hinaus auf verbandsrechtliche Entschädigungsansprüche im Profisport anwendet, läßt dies nur den Rückschluß zu, daß das Gericht bei der Überprüfung von individualvertraglich vereinbarten Rückzahlungsklauseln wie im vorliegenden Fall nicht anders verfahren wird[901]. Auf eine nähere Prüfung der übrigen Voraussetzungen zur inhaltlichen Ausgestaltung der Rückzahlungsklausel[902] und ein Eingehen auf die dritte Prüfungsstufe (vgl. den Einwand der unzulässigen Rechtsausübung) kann daher verzichtet werden. Denn jedenfalls bei den Mannschaftssportarten ist die Vereinbarung von Rückzahlungsklauseln nach dem eben Gesagten nicht mit der „allgemeinen Beurteilungsformel“ des BAG in Einklang zu bringen und daher gemäß § 307 Abs. 1 BGB unwirksam. Im Ergebnis stellt deswegen der **Erstarbeitsvertrag mit Rückzahlungsklausel** ebenfalls **kein taugliches Surrogat** für das Instrument der Transferentschädigung dar.

d) Abschluß langfristiger Spielerverträge

aa) Inhalt des Reformvorschlages

Wie bereits dargelegt, betrafen die gerichtlichen Entscheidungen, in denen das Instrument der Ablöseentschädigung zu Fall gebracht worden war, zunächst nur die Situation eines abgelaufenen Spielervertrages. Dagegen blieben die Trans-

---

900 *BAG*, Urt. v. 20.11.1996 – 5 AZR 518/95 – BAGE 84, 344, 358 f.

901 Vgl. auch die den Umschulungsvertrag eines Erziehers betreffende Entscheidung *BAG*, Urt. v. 20.02.1975 – 5 AZR 240/74 – DB 1975, 1659, 1660: „Der zwischen den Parteien geschlossene ‚Dienstvertrag' ist kein reiner Ausbildungsvertrag. Er enthält Elemente eines Arbeitsvertrages und eines Ausbildungsvertrages. Der Beklagte war verpflichtet, in einem Landesjugendheim praktische Arbeit zu leisten. Daneben hatte er sich einer theoretischen und praktischen Ausbildung zu unterziehen. [...] Dabei lassen sich jedoch praktische Berufsausbildung und praktische Arbeit nicht eindeutig voneinander trennen. Für die Zeit, in der der Beklagte in einem Landesjugendheim beschäftigt wurde, kommt deshalb eine Kostenbeteiligung in Form der Rückzahlung der erhaltenen Vergütung nicht in Betracht.“

902 Siehe zu den übrigen Voraussetzungen der inhaltlichen Ausgestaltung der Rückzahlungsklauseln *Lübbersmann*, Zulässigkeit arbeitsvertraglicher und tarifvertraglicher Rückzahlungsklauseln hinsichtlich der Kosten für die berufliche Fortbildung des Arbeitnehmers, 2001, S. 98 ff.

ferzahlungen, die bei einer vorzeitigen Auflösung eines noch laufenden Spielervertrages fällig wurden, bei einer formalen Betrachtungsweise, wie sie von der nahezu einhelligen Ansicht in der nationalen Lehre und Rechtsprechung zugrundegelegt wurde, weiterhin unangetastet[903]. Von daher fehlte es nicht an Stimmen, die – unter (unausgesprochener) Anknüpfung an den alten Diskussionsstand aus der Zeit vor dem „Bosman"-Urteil des EuGH[904] – für den Abschluß langfristiger Spielerverträge mit einer Laufzeit von bis zu fünf Jahren plädierten[905]: Die lange Vertragslaufzeit sollte entweder über den Abschluß unbefristeter Verträge mit sehr langen Kündigungsfristen oder durch befristete Abreden ohne die Möglichkeit einer ordentlichen Kündigung hergestellt werden[906]. Alternativ wurde der Vorschlag in den Raum gestellt, die vom aufnehmenden Fußballclub zu leistende Ablöseentschädigung im Falle eines vorzeitigen Vereinswechsels bereits vorab im Spielervertrag ziffernmäßig festzuschreiben[907].

Gedachte nunmehr ein anderer Lizenzverein einen Lizenzspieler unter Vertrag zu nehmen, konnte dies nur auf dem Wege geschehen, daß der bisher arbeitgebende Fußballclub in eine vorzeitige Aufhebung des Spielervertrages rechtswirksam einwilligte. Diese Zustimmung ließen sich die Vereinsvorstände naturgemäß mit horrenden Geldbeträgen, die in den letzten Jahren kontinuierlich anstiegen, abgelten. In diesem Zusammenhang sprach man auch vom **„Herauskaufen" der Fußballspieler aus laufenden Arbeitsverträgen**[908]. Aufgrund der sich etablierenden Vertragspraxis wurden die abgebenden Fußballvereine in die Lage versetzt, den Wechsel der bei ihnen angestellten Lizenzspieler in ihrem Sinne zu steuern; das zunächst durch die Gerichte beseitigte Transfersystem

---

903 *Plath*, Individualrechtsbeschränkungen im Fußball, 1999, S. 228; *Trommer*, Die Transferregelungen im Profisport im Lichte des „Bosman-Urteils" im Vergleich zu den Mechanismen im bezahlten amerikanischen Sport, 1999, S. 90.

904 Bereits vor dem Urteil des EuGH in der Rechtssache „Bosman" war in der rechtlichen Auseinandersetzung zur Vereinbarkeit des althergebrachten Fußballtransfersystems mit der Berufsfreiheit der Lizenzspieler oftmals der Abschluß langfristiger Spielerverträge als milderes Mittel vorgeschlagen worden. Siehe hierzu bereits die Ausführungen im 2. Teil, 1. Kapitel, A.I.4.b)bb).

905 *Frick/Wagner*, WiSt 1996, 611, 612 f.; *Hilf/Pache*, NJW 1996, 1169, 1175; *Westermann*, DZWiR 1996, 82 f.; *Wertenbruch*, EuZW 1996, 91, 92; *Streinz*, SpuRt 1998, 89, 97; *Antonioni/Cubbin*, EJLE 9/II (2000), 157, 163.

906 *Gebhardt*, Modelle für die Reform des Transfersystems für Berufsfußballspieler aus rechtlicher und tatsächlicher Sicht, 2000, S. 86.

907 *Trommer*, Die Transferregelungen im Profisport im Lichte des „Bosman-Urteils" im Vergleich zu den Mechanismen im bezahlten amerikanischen Sport, 1999, S. 91; an der rechtlichen Zulässigkeit derartiger Klauseln zweifelnd *Hilf/Pache*, NJW 1996, 1169, 1175.

908 Vgl. *Klingmüller/Wichert*, SpuRt 2001, 1; *Hilpert*, RdA 1997, 92, 99; vgl. auch die Fundstellennachweise in der Einleitung, B.II. mit Fn. 30 und 31.

wurde durch die neue rechtliche Gestaltung – wie selbst diejenigen Autoren, die ein solches Vorgehen für juristisch unbedenklich halten, zugeben müssen[909] – nahezu vollständig ersetzt. Besonders prägnant hat der renommierte Sportökonom Büch diese Entwicklung auf den Punkt gebracht[910]:

> „Die durch die Abschaffung der Transferentschädigung vermeintlich gewonnene Freizügigkeit für die Athleten wird durch langfristige Verträge und Ablösesummen eingeschränkt werden. Gerade das Gut ‚Freizügigkeit', dessentwegen der Europäische Gerichtshof tätig wurde, wird den Athleten im bezahlten Mannschaftssport nicht gewährt. [...] Die Freizügigkeit, die das Gericht für die Sportler herstellen wollte, ist zwar de jure hergestellt. *De facto sind die Spieler insofern weniger frei als vorher* [...]."[911]

bb) Praktikabilität des Reformvorschlages

Begnügt man sich im nächsten Schritt mit einem oberflächlichen Blick auf die eben beschriebene Transferpraxis, könnte man angesichts deren weiter Verbreitung schlußfolgern, daß sie durchaus praktikabel sei. Allerdings stellt sich diese Sichtweise bei genauerer Bewertung als voreilig heraus. Denn völlig unabhängig von der rechtlichen Vereinbarkeit des Abschlusses langfristiger Spielverträge mit den Vorgaben der nationalen Rechtsordnung[912] finden sich einleuchtende Gründe, die im Gegenteil lehren, daß der eingeschlagene Weg der falsche ist:

Wenn in diesem Kontext jedoch zunächst als Einwand auf die mit dem Abschluß langfristiger Spielerverträge verbundenen wirtschaftlichen Risiken verwiesen wird, vermag dieses Argument zumindest im Ergebnis nicht völlig zu überzeugen: Zwar liegt für den Lizenzverein die Gefahr auf der Hand, daß der Spieler nicht mehr die erwartete Leistung erbringt („Rentenvertrag") und die Abrede vom arbeitgebenden Fußballclub lediglich unter erschwerten Bedingungen[913] vorzeitig beendet werden kann [914]. Diesen Nachteil können die Vereine

---

909 Siehe dazu die Fundstellennachweise in der Einleitung, B.II. mit Fn. 44.

910 *Büch*, Sportwissenschaft 28 (1998), 283, 292, 294; vgl. auch *Schellhaaß*, in: *Grundmann*, Systembildung und Systemlücken in Kerngebieten des Europäischen Privatrechts, 2000, 401, 417.

911 Hervorhebung durch den Verfasser.

912 Zur Vereinbarkeit langfristiger Spielerverträge mit den Vorgaben des nationalen Zivil- und Arbeitsrechts siehe bereits die Fundstellennachweise in der Einleitung, B.III. mit Fn. 55.

913 So muß an den Lizenzspieler regelmäßig eine Abfindungszahlung geleistet werden und das Zustandekommen eines Transfergeschäftes mit einem anderen Verein, der sich bereit-

jedoch durch die Implementierung erfolgsabhängiger Prämien – unter Beachtung der arbeitsrechtlichen Grenzen[915] – in den Spielerverträgen grundsätzlich ausgleichen; indes greift ein solches System nicht mehr bei den Spitzenspielern, da diese über genügend anderweitige Einnahmequellen verfügen, so daß für sie der monetäre Anreiz verlorengeht[916]. Allerdings dürfte dieser Aspekt angesichts der gegenwärtigen Finanzkrise im professionellen Fußball, die auch die Arbeitsplätze von überdurchschnittlichen Spielern in Gefahr gebracht hat, zu vernachlässigen sein[917]. Daher erscheint das Risikoargument nicht durchschlagend.

Anlaß zu wirtschaftlich motivierten Bedenken bestehen jedoch aus folgenden Erwägungen heraus: Die beiden Systeme, nämlich zum einen die verbandsrechtliche Normierung einer Entschädigungspflicht, wie sie früher existierte, und zum anderen der Abschluß langfristiger Spielerverträge, weisen zwar eine unterschiedliche Regelungsstruktur auf, sichern aber zugleich im wirtschaftlichen Ergebnis dem abgebenden Verein bei jedem einzelnen Vereinswechsel die Leistung einer Entschädigungszahlung durch den aufnehmenden Verein: im ersten Fall aufgrund einer verbandsrechtlichen Zahlungspflicht; und im zweiten infolge des Umstandes, daß der Ausstieg aus einem laufenden Spielervertrag und der Abschluß eines neuen bei einem anderen Fußballverein eben von der Zustimmung des abgebenden Clubs in die vorzeitige Auflösung des noch geltenden Arbeitsvertrages abhängt. Mit Blick auf das wirtschaftliche Resultat sind beide Instrumente deshalb miteinander vergleichbar[918].

Aus dieser Vergleichbarkeit folgt jedoch, daß der Abschluß von langfristigen Verträgen mit der späteren Möglichkeit des „Herauskaufens" des Spielers aus der noch laufenden Abrede durch einen anderen Verein die der Ablöseentschädigung angedachten und für den Betrieb der beiden Bundesligen unabdingbaren

---

findet, einen Spieler, der dem bisherigen Club mehr Kosten als Nutzen verursacht hat, zu verpflichten, stellt sich als ungleich schwerer dar als unter normalen Verhältnissen.

914 *Malatos*, Berufsfußball im europäischen Rechtsvergleich, 1988, S. 140 f.; *Lehmann/Weigand*, ZfB-Ergänzungsheft 2/1998, 101, 105; *Frick/Wagner*, WiSt 1996, 611, 612 f.

915 Vgl. zu den arbeitsrechtlichen Grenzen der Entgeltflexibilisierung: *Rieble*, NZA 2000, Sonderbeilage 3, 34; *Rieble/Gutzeit*, in: *Dietrich*, Jahrbuch des Arbeitsrechts, 37 (2000), 41.

916 Zu finanziellen Leistungsanreizen im Profifußball eingehend *Schewe/Gaede/Haarmann*, in: *Schewe/Littkemann*, Sportmanagement, 2002, S. 115 ff.; vgl. auch *Franck*, Die ökonomischen Institutionen der Teamsportindustrie, 1995, S. 198 ff.; *Frick/Wagner*, WiSt 1996, 611, 613.

917 Vgl. *Franzke*, DM EURO, Heft 8/2003, S. 92 f.; *Kowalewsky/Schneider*, CAPITAL, Heft 16/2003, S. 39; HANDELSBLATT v. 02.07.2003, S. 36.

918 Auch *Riedl/Cachay*, Bosman-Urteil und Nachwuchsförderung, 2002, S. 126, gehen von der funktionalen Äquivalenz beider Entschädigungssysteme aus.

Funktionen der Talentförderung sowie der Herstellung einer annähernden finanziellen und sportlichen Wettbewerbsgleichheit nur genauso gut oder schlecht erfüllen kann wie die verbandsrechtlich normierte Entschädigungspflicht. Denn das Gestaltungsmittel des langfristigen Spielervertrags begegnet aufgrund seiner vergleichbaren Wirkungsweise genau denselben Bedenken wie bereits die althergebrachte Konstruktion der Transferentschädigung[919]. Mit anderen Worten: Die langfristige vertragliche Bindung schafft zwar Anreizstrukturen zur Nachwuchsförderung, ist zugleich aber von vornherein nicht dazu in der Lage, einen wesentlichen Beitrag zur Wettbewerbsgleichheit unter den Lizenzvereinen zu leisten[920].

Als Ertrag der vorstehenden Überlegungen ergibt sich, daß die Verabredung langfristiger Spielerverträge wegen der Unbrauchbarkeit als Mittel zur Annäherung der finanziellen und sportlichen Kräfteverhältnisse unter den Bundesligaclubs als taugliches Ersatzmodell nicht in Betracht kommt[921].

e) Zwischenergebnis

Die eingehende Bewertung der bisher in der Diskussion befindlichen Ersatzmodelle hat aufgezeigt, daß die verschiedenen von weiten Teilen der Lehre präferierten vertraglichen Gestaltungsmittel entweder durchgreifenden arbeitsrechtlichen Bedenken ausgesetzt sind oder sich schlichtweg als in wirtschaftlicher Hinsicht völlig unbrauchbar erwiesen haben. Somit steht insofern zunächst keine taugliche Alternative zur Verfügung, die einen adäquaten Ersatz für das durch die Rechtspraxis abgeschaffte Transferentschädigungsmodell abgeben könnte.

2. Insbesondere: Ligainterner Solidaritätsfonds

a) Inhalt des Reformvorschlages: Vorrang eines abgabenfinanzierten Lösungsansatzes

Im Anschluß an die Analyse der Tauglichkeit der vertraglichen Ersatzmodelle ist nunmehr der eingehend diskutierte **Vorschlag des Finanzpools** zu hinterfragen. Er wurde namentlich von Generalanwalt Lenz in seinen Schlußanträgen im

---

919 Vgl. zur Kritik an den einzelnen der verbandsrechtlich statuierten Transferentschädigungspflicht beigelegten Funktionen bereits ausführlich im 2. Teil, 1. Kapitel, A.3.

920 Kritisch bezüglich der Herstellung von Wettbewerbsgleichheit durch den Abschluß langfristiger Spielerverträge: *Malatos*, Berufsfußball im europäischen Rechtsvergleich, 1988, S. 141.

921 Im Ergebnis auch *Gebhardt*, Modelle für die Reform des Transfersystems für Berufsfußballspieler aus rechtlicher und tatsächlicher Sicht, 2000, S. 94.

Fall „Bosman“[922] als gleichwertiger Ersatz für das bis dato bestehende Transfersystem ins Spiel gebracht und zudem in der Bundesliga in den vergangenen Spielzeiten bereits ansatzweise praktiziert[923]. Im Kern geht es darum, einen Teil der Erträge der Lizenzvereine abzuschöpfen und in einen Finanzpool einfließen zu lassen. Auf der Empfängerseite stehen die wirtschaftlich notleidenden Vereine, die aus den Mitteln des Fonds finanziell unterstützt werden: Unter der Prämisse, daß die Bundesligavereine als Hauptziel nicht die Maximierung des wirtschaftlichen Ertrags, sondern die Maximierung des sportlichen Erfolgs (unter Aufrechterhaltung des finanziellen Gleichgewichts) anstreben[924], gilt, daß über eine Umverteilung der Einnahmen der Bundesligavereine das Ziel der Wahrung der finanziellen und sportlichen Wettbewerbsgleichheit zwischen den Fußballclubs nachweisbar realisiert werden kann[925]. Ein institutioneller Ausgleichsmechanismus ist in dieser Beziehung unentbehrlich, denn die Selbstregulierungskräfte des Marktes versagen an dieser Stelle[926].

---

922 Generalanwalt *Lenz*, Schlußantr. v. 20.09.1995 – Rs. C-415/93 – Slg. 1995 I, 4921, 5017 f. Tz. 226 ff. – „Bosman“; siehe zudem *Weiß*, SpuRt 1998, 97, 100; *Quitzau*, Die Vergabe der Fernsehrechte an der Fußball-Bundesliga, 2003, S. 176 ff.; *Fleischer*, WuW 1996, 473, 480; *Hobe/Tietje*, JuS 1996, 486, 492; *Reichold*, ZEuP 1998, 434, 446; *Weatherill*, CMLRev. 2003, 51, 69 f.; krit. *Gebhardt*, Modelle für die Reform des Transfersystems für Berufsfußballspieler aus rechtlicher und tatsächlicher Sicht, 2000, S. 80 ff.; *Büch*, Sportwissenschaft 28 (1998), 283, 292 f.

923 Vgl. zu dem Solidarfonds bereits im 2. Teil, 1. Kapitel, B.II.2.a).

924 So die herrschende sportökonomische Literatur: *Ziebs*, Ist Erfolg käuflich? – Analysen und Überlegungen zur sozioökonomischen Realität des Berufsfußballs, 2002, S. 33 f.; *Parensen*, in: *Tokarski*, EU-Recht und Sport, 1998, 70, 86; *Hübl/Swieter*, in: *Hübl/Peters/Swieter*, Ligasport aus ökonomischer Sicht, 2002, 13, 32; *Frick*, in: *Horch/Heydel/Sierau*, Professionalisierung im Sportmanagement, 1999, 144, 146; *Franck/Müller*, ZfB-Ergänzungsheft 2/1998, 121, 127; *Büch*, Zeitschrift für Wirtschafts- und Sozialwissenschaften, 1979, 447, 464; wohl auch *Kohl*, Ökonomie des Profifußballs, 2001, S. 32 f. Zu dieser Einschätzung tendiert auch die Mehrzahl der befragten Leiter der Fußballunternehmen (vgl. *Swieter*, Eine ökonomische Analyse der Fußball-Bundesliga, 2002, S. 63). A.A. etwa *Erning*, Professioneller Fußball in Deutschland, 2000, S. 190 ff.; *Enderle*, Vermarktung von Fernsehübertragungsrechten im professionellen Ligasport, 2000, S. 12.

925 *Swieter*, Eine ökonomische Analyse der Fußball-Bundesliga, 2002, S. 160; vgl. daneben *Ross*, in: *Késenne/Jeanrenaud*, Competition Policy in Professional Sports, 1999, 91, 101; *Késenne*, in: *Késenne/Jeanrenaud*, Competition Policy in Professional Sports, 1999, 117, 125; *Franck/Müller*, in: *Hermanns/Riedmüller*, Handbuch Sport-Marketing, 2001, 231, 243; *Hübl/Swieter*, WISU 2000, 305, 306; zweifelnd neuerdings: *Frick/Prinz*, Revenue Sharing Arrangements and the Survival of Promoted Teams, Heft Nr. 106, 2002.

926 Vgl. Generalanwalt *Lenz*, Schlußantr. v. 20.09.1995 – Rs. C-415/93 – Slg. 1995 I, 4921, 5018 Tz. 227 – „Bosman“; *Franck*, Die ökonomischen Institutionen der Teamsportindustrie, 1995, S. 153 f.; auch *Frick*, in: *Horch/Heydel/Sierau*, Professionalisierung im Sportmanagement, 1999, 144, 146, hält externe Eingriffe für „erforderlich“, um die wirtschaftliche Prosperität der Liga zu gewährleisten.

Im einzelnen sind allerdings die unterschiedlichsten Gestaltungsmöglichkeiten denkbar, vor allem im Hinblick auf die Beschaffung der zur Ausstattung des Solidaritätsfonds notwendigen Gelder: Zum einen ist es möglich, daß die Sportverbände den Fonds über eine – verbandsrechtlich abgesicherte – zentrale Vermarktung der TV-Rechte finanzieren; daneben kommt eine vertragliche Vereinbarung zwischen den Lizenzvereinen in Betracht. Beide Modelle erweisen sich bei näherer Betrachtung jedoch – wie im folgenden zu zeigen ist – als ineffizient, so daß lediglich noch die verbandsrechtliche Statuierung eines abgabenfinanzierten Solidaritätsfonds als Ausweg bleibt[927]:

Am einfachsten wäre es in diesem Zusammenhang zunächst, daß die Sportverbände – namentlich die UEFA und der Ligaverband – den Pool im Wege der **zentralen Vermarktung der TV-Rechte** finanzieren[928]. Allerdings sah sich dieses Modell lange Zeit dem Einwand ausgesetzt, daß der Finanzierungsmodus auf einer unsicheren rechtlichen Grundlage steht. Denn in einer richtungweisenden Entscheidung aus dem Jahr 1997 hatte der Kartellsenat des BGH zunächst klargestellt, daß die zentrale Vermarktung der Fernsehübertragungsrechte der Vereine an den Europapokalheimspielen durch den DFB gegen § 1 GWB verstieß[929]. Das Brisante an der ganzen Angelegenheit war dabei der Umstand, daß die vom Bundeskartellamt in der Untersagungsverfügung gegebene und vom BGH gebilligte Begründung im Grundsatz ebenso dazu taugte, die zentrale Vermarktung der TV-Rechte an den Bundesligaspielen gleichfalls als Verstoß gegen das Kartellrecht (§ 1 GWB) zu qualifizieren[930]. Angesichts dieses Szena-

---

927 Für einen solchen: *Hannamann*, Kartellverbot und Verhaltenskoordination im Sport, 2001, S. 400 f., 512 f.; *Parlasca*, in: *Trosien/Dinkel*, Verkaufen Medien die Sportwirklichkeit?, 1999, 83, 100 ff.; *Waldhauser*, ZUM 1998, 129, 132; *Kruse*, in: *Schellhaaß*, Sport und Medien, 1999, 11, 25; *Ross*, FAZ v. 03.01.1998, S. 19; wohl auch *v. Weizsäcker*, FAZ v. 18.02.1998, S. 17.

928 Ebenso: *Stopper*, Ligasport und Kartellrecht, 1997, S. 159 ff., 181 ff.; *Swieter*, Eine ökonomische Analyse der Fußball-Bundesliga, 2002, S. 161 ff. Zu den Mediarechten und deren Vermarktung aus ökonomischer Sicht: *Elter*, in: *Galli/Gömmel/Holzhäuser/Straub*, Sportmanagement, 2002, 253; *dies.*, SPONSORS, Heft 10/2002, 44.

929 *BGH*, Beschl. v. 11.12.1997 – KVR 7/96 – JR 1998, 327; vgl. auch *KG*, Beschl. v. 08.11.1995 – Kart 21/94 – ZIP 1996, 801, 806. Die Entscheidung des BGH wurde in der Literatur im Ergebnis überwiegend positiv aufgenommen: *Hoeren*, JR 1998, 332; *Pichler*, MMR 1998, 309; *Waldhauser*, ZUM 1998, 129; *Heermann*, SpuRt 1999, 11; siehe zudem *Stockmann*, ZIP 1996, 411, 413 ff.; von der Vereinbarkeit mit § 1 GWB geht dagegen *Mestmäcker*, in: *Vieweg*, Vermarktungsrechte im Sport, 2000, 53, 83 ff., aus.

930 Von der Übertragbarkeit der Begründung des BGH-Beschlusses auf den Fall der zentralen TV-Rechte-Vermarktung der Bundesliga und damit/oder von einem Verstoß gegen § 1 GWB gehen aus: *Weng*, Die zentrale Vermarktung von Fernsehübertragungsrechten durch nationale und internationale Fußballverbände im Lichte neuester Rechtsprechung und Gesetzgebung, 2000, S. 52 ff.; *Hannamann*, Kartellverbot und Verhaltenskoordination im Sport, 2001, S. 397 ff.; *Archner*, Die kartellrechtliche Zulässigkeit der zentralen

rios reagierte der Gesetzgeber und fügte kurzfristig eine wettbewerbspolitisch bedenkliche[931] Bereichsausnahme (vgl. § 31) in das GWB ein, die es dem DFB und nunmehr auch dem Ligaverband erlaubt, die TV-Rechte-Vermarktung für die Bundesligaspiele, unbehelligt vom nationalen Kartellrecht, weiterhin zentral zu betreiben[932]. Damit war jedoch keinesfalls Rechtsklarheit in diesem Bereich eingekehrt, denn unabhängig von der nationalen kartellrechtlichen Problematik erschien es daneben durchaus zweifelhaft, ob das Gebaren der Sportverbände überhaupt mit dem europäischen Wettbewerbsrecht (vgl. Art. 81 und 82 EG) in Einklang steht[933]. Jedenfalls sah sich die EG-Kommission im Zuge der Einführung von § 31 GWB zum Tätigwerden veranlaßt, woraufhin der DFB bei der europäischen Wettbewerbsbehörde eine Freistellung nach Art. 81 Abs. 3 EG beantragte[934].

Vermarktung von Fernsehübertragungsrechten an Bundesligaspielen durch den DFB, 2000, S. 134 f., 170, 224 ff.; *Pichler*, MMR 1998, 309, 311. Bezeichnenderweise war auch der Bundesrat, der die Einführung von § 31 GWB vorschlug, der Auffassung, daß „in absehbarer Zeit die Untersagung auch der zentralen Vermarktung durch den DFB im Bereich der Bundesliga nicht auszuschließen" sei (vgl. BT-Drucks., 13/9720, S. 75). Siehe schon vor der BGH-Entscheidung: *Parlasca*, Kartelle im Profisport, 1993, S. 144 ff.; *Hausmann*, BB 1994, 1089, 1092 ff.; *Schmittmann/Lehmann*, AfP 1996, 255, 257 f.; a.A. *Stopper*, Ligasport und Kartellrecht, 1997, S. 95 ff., 117 ff., 144 ff.; *Trommer*, Die Transferregelungen im Profisport im Lichte des „Bosman-Urteils" im Vergleich zu den Mechanismen im bezahlten amerikanischen Sport, 1999, S. 240 f.; *Hellmann*, in: *Schellhaaß*, Sport und Medien, 1999, 95 f.; *Wertenbruch*, ZIP 1996, 1417, 1422 f., 1425; *Jänich*, GRUR 1998, 438, 441 ff.

931 Krit. auch *Heermann*, SpuRt 1999, 11, 14; *Klodt*, Die Weltwirtschaft 1998, 108, 113; *v. Weizsäcker*, FAZ v. 18.02.1998, S. 17; *Kruse*, FAZ v. 07.04.1998, S. 39; für eine Legalausnahme dagegen *Stopper*, FAZ v. 28.02.1998, S. 8; *Schellhaaß/Enderle*, Wirtschaftsdienst 1998, 294, 299.

932 Zum Inhalt der Legalausnahme vgl. Immenga/Mestmäcker-*Mestmäcker*, GWB, 3. Aufl., 2001, § 31 Rn. 3 ff.; gegen eine Einbeziehung der Zentralvermarktung durch den jeweiligen Organisator des Bundesligafußballs Langen/Bunte-*Bunte*, GWB, 9. Aufl., 2001, § 31 Rn. 27 f. Die Zentralvermarktung der TV-Rechte durch die DFL ist in § 1 OVR i.V.m. § 6 Nr. 2 lit. a Ligaverbands-Satzung i.V.m. § 16 DFB-Satzung geregelt.

933 Darauf weisen zutreffend hin: Immenga/Mestmäcker-*Mestmäcker*, GWB, 3. Aufl., 2001, § 31 Rn. 2; Langen/Bunte-*Bunte*, GWB, 9. Aufl., 2001, § 31 Rn. 32. Die Vereinbarkeit der Zentralvermarktung der Bundesliga mit dem EG-Kartellrecht ist in der Literatur heftig umstritten. Von einem Verstoß gehen aus: *Weng*, Die zentrale Vermarktung von Fernsehübertragungsrechten durch nationale und internationale Fußballverbände im Lichte neuester Rechtsprechung und Gesetzgebung, 2000, S. 105 ff.; *Wolf*, in: *Schellhaaß*, Sport und Medien, 1999, 87, 88 ff.; *Heermann*, SpuRt 1999, 11, 15; *Deselaers*, WuW 1998, 946, 950; *Parlasca/Szymanski*, ZfB-Ergänzungsheft 4/2002, 83, 94 ff.; siehe auch *Drewes*, FAZ v. 16.06.2003, S. 41; a.A. *Stopper*, Ligasport und Kartellrecht, 1997, S. 163 ff., 168, 176 f., 181 f.; *Mahler*, SpuRt 2001, 8, 10 f.; *Wertenbruch*, ZIP 1996, 1417, 1425.

934 Näher Langen/Bunte-*Bunte*, GWB, 9. Aufl., 2001, § 31 Rn. 2; siehe daneben *Heermann*, SpuRt 1999, 11, 14 f.

Nach langwierigen Verhandlungen einigten sich der Ligaverband, der sich zuvor dem Freistellungsantrag des DFB angeschlossen hatte, und die EG-Kommission schließlich – entgegen zahlreichen Stimmen, die ein Verbot der Zentralvermarktung prognostiziert hatten[935] – auf ein Kompromißmodell. Danach sollen die Mediarechte fortan nicht mehr in einem Paket an einen einzigen Anbieter verkauft werden. Statt dessen wird es mehrere Angebote geben, die jedes für sich in einem offenen Verfahren zum Verkauf ausgeschrieben werden. Diese Pakete enthalten beispielsweise die Samstagsspiele der 1. Bundesliga und die Sonntagsspiele der 2. Bundesliga oder aber die Partien in den beiden Ligen an den sogenannten Nebenspieltagen. Weitere Offerten enthalten die Erstberichterstattung eines Spitzenspiels plus zwei Live-Übertragungen oder die Verwendung von Zweit- und Drittverwertungsrechten. Das neue System eröffnet zudem den Vereinen mehr Möglichkeiten, bestimmte Übertragungsrechte eigenständig zu vermarkten. So kann jeder Club seine Heimspiele 24 Stunden nach der Begegnung einmal im Free-TV verkaufen. Weiter dürfen die Fußball-Unternehmen aktuelle Clips für den Mobilfunk anbieten, den eigenen Internetauftritt mit umfangreichen Spielszenen gestalten sowie Live-Ausschnitte von Spielen der eigenen Mannschaft in Radio und Mobilfunk vermarkten. Schließlich können sämtliche Rechte, die von der Bundesliga selber nicht mit Erfolg abgesetzt werden, parallel auch vom jeweiligen Heimverein offeriert werden[936] [937].

Mit diesem zukünftigen Regelungsmodell, das ab dem Jahr 2006 zur Anwendung kommt, bleibt das Prinzip der Zentralvermarktung im Grundsatz erhalten.

---

[935] Viele erwarteten, daß die EG-Kommission der Mediarechte-Zentralvermarktung der Bundesliga noch kritischer als der Zentralvermarktung der Champions League gegenübersteht. *De Kepper*, in: *Vieweg*, Das Sportereignis – Ökonomische und rechtliche Fragen der Sportübertragungsrechte, 2000, 9, 16; *Pichler*, MMR 1998, 309, 311; vgl. zudem *Erning*, Professioneller Fußball in Deutschland, 2000, S. 146 f.; *Heermann*, SpuRt 1999, 11, 15; *ders.*, RabelsZ 67 (2003), 106, 125, 128 ff.; a.A. *Hellmann*, in: *Schellhaaß*, Sport und Medien, 1999, 95, 98 f.

[936] Vgl. *EG-Kommission*, Pressemitteilung v. 24.07.2003 – IP/03/1105; *Hagelüken/Ott*, SZ v. 25.07.2003, S. 31; *Friedrich*, FAZ v. 25.07.2003, S. 36; siehe zudem FAZ v. 25.07.2003, S. 29.

[937] Neben der Zentralvermarktung der TV-Rechte an der Bundesliga sind auch die vergleichbaren Praktiken von UEFA – hinsichtlich der Champions League – und englischer Premier League – hier: nationaler Meisterschaftswettbewerb – ins Visier der EG-Kommission geraten. Während mit der UEFA zwischenzeitlich ebenfalls eine Einigung erzielt wurde (vgl. *EG-Kommission*, Pressemitteilung v. 03.06.2002 – IP/02/806; *EG-Kommission*, Pressemitteilung v. 24.07.2003 – IP/03/1106), steht eine solche mit den Veranstaltern der englischen Premier League noch aus (*EG-Kommission*, Pressemitteilung v. 19.12.2002 – IP/02/1951; *Tait*, FINANCIAL TIMES v. 15.07.2003, S. 4; *Jacob*, THE TIMES v. 25.07.2003, S. 43. Zur Verquickung zwischen Medien und professionellem Fußball in England siehe *Spink/Morris*, in: *Caiger/Gardiner*, Professional Sport in the European Union: Regulation and Re-regulation, Den Haag, 2000, 165).

Ein solcher Ansatz hat indes im direkten Vergleich mit einem beitragsfinanzierten Solidarfondsmodell mehrere Nachteile: **Erstens** ist darauf zu verweisen, daß die Einnahmen der Bundesliga aus der Zentralvermarktung der Mediarechte mittlerweile stark rückläufig sind. Für die ohnehin finanzstarken Fußballvereine der Bundesliga sind die daraus resultierenden Erlöseinbußen noch erträglich; völlig anders verhält es sich dagegen bei den finanziell notleidenden Clubs, für die die Erlöse aus der TV-Vermarktung oftmals die Haupteinnahmequelle darstellen[938]. Drastische Erlöseinbußen können deshalb bei diesen zu einer Existenzgefährdung führen[939]. Dies dürfte im übrigen selbst für den Fall gelten, daß sämtliche TV-Einnahmen paritätisch unter den Lizenzvereinen verteilt werden. Ein beitragsfinanzierter Solidarfonds hingegen, der sich aus sämtlichen Einkunftsarten speist, ist im Gegensatz dazu bezüglich des Gesamtaufkommens nicht derart starken Schwankungen unterworfen, weil Einbußen bei einer Beitragsart durch Zuwächse bei einer anderen ausgeglichen werden können[940]. Dadurch wird für die finanzschwachen Vereine das Risiko rückläufiger Zuwendungen und damit auch die Insolvenzgefahr signifikant reduziert. **Zweitens** konzentrieren sich die Erträge bei den Einkunftsarten Merchandising und Sportsponsoring bei den bereits gegenwärtig wirtschaftlich potentesten Clubs und tragen insofern verstärkt zu den Unterschieden in den wirtschaftlichen und sportlichen Kräfteverhältnissen zwischen den Bundesligavereinen bei[941]; dieser Effekt dürfte noch deutlicher zutage treten, wenn die Einnahmeart Mediarechte-Verwertung aufgrund der sinkenden Erlöse an Bedeutung einbüßt und statt dessen das Merchandising und das Sponsoring deutlich an Gewicht gewinnen. Diesen ökonomischen Auswirkungen, die für das Ziel der Schaffung annähernd gleicher wirtschaftlicher und sportlicher Kräfteverhältnisse unter den Fußballclubs der beiden Spitzenligen kontraproduktiv sind, kann man mit einem beitragsfinanzierten Solidarfonds, der alle Einkunftsarten mit einem Sonderbeitrag belegt, besser entgegenwirken als mit einer isolierten Anknüpfung an eine Einkunftsart (vgl. Mediarechte-Verwertung). Diese wirtschaftlichen Erwägungen **sprechen** mithin **gegen die Beibehaltung der Zentralvermarktung der TV-Rechte**.

Alternativ zu der zunächst angedachten Zentralvermarktung bietet sich – bei einer unterstellten dezentralen Vermarktung der Mediarechte – der **Aufbau eines Finanzpools aufgrund einer einvernehmlichen vertraglichen Abrede zwi-**

938 Näher dazu im 2. Teil, 1. Kapitel, B.V.3.a)aa)(1).

939 Vgl. dazu die Ausführungen im 2. Teil, 1. Kapitel, B.V.3.a)aa)(2) sowie B.V.3.a)cc).

940 Der in dieser Arbeit später noch zu modellierende abgabenfinanzierte Solidarfonds wird sämtliche Einkunftsarten der Lizenzvereine mit einem Sonderbeitrag belegen. Vgl. näher im 2. Teil, 1. Kapitel, B.IV.2.d)cc)(1).

941 Vgl. dazu im 2. Teil, 1. Kapitel, B.V.3.a)aa)(1) sowie B.V.3.a)aa)(2) der Arbeit. Siehe zudem *Weilguny*, SPONSORS, Heft 6/2003, S. 22 f.

schen den Lizenzvereinen der beiden Bundesligen an[942]. Eine solche freiwillige Übereinkunft liegt auch schon dem bisherigen Fondsmodell zugrunde, das aus den Einnahmen der TV-Vermarktung seitens der an den internationalen Clubwettbewerben beteiligten Bundesligavereine gespeist wird. Die betuchteren Fußballclubs haben ihre Unterschrift unter den Vertrag allerdings davon abhängig gemacht, daß die Hälfte der eingezahlten Gelder nach dem Gesichtspunkt des sportlichen Erfolgs ausgeschüttet wird[943]. Dadurch erhalten die finanziell ohnehin bessergestellten Vereine – die in der Tabelle regelmäßig die oberen Ränge unter sich ausmachen – im Ergebnis den Großteil der Einnahmen aus der Mediarechte-Verwertung. Die Folge davon ist eine – wenn auch gegenüber einer unreglementierten dezentralen Vermarktung zeitlich verzögerte – Zunahme der Unterschiede in der finanziellen und sportlichen Waffengleichheit unter den einzelnen Fußballclubs[944]. Das Ziel annähernd gleicher Wettbewerbsverhältnisse zwischen den Vereinen läßt sich daher mit dem Instrument des vertraglich vereinbarten Solidaritätsfonds augenscheinlich nicht erreichen[945]. Mithin erweist sich auch diese Variante als unzulänglich und ist aus diesem Grund in Einklang mit der überwiegenden Ansicht abzulehnen[946].

Im Gegensatz zu den beiden zuvor kurz angeschnittenen Alternativen läßt sich das letztere der drei vorgeschlagenen Ersatzmodelle – nämlich ein in den Verbandsstatuten normiertes Abgabensystem bei einer gleichzeitigen dezentralen Verwertung der Mediarechte durch die Lizenzvereine – nicht von vornherein mit wenigen Worten als völlig ungeeignet zurückweisen[947]. Gleichwohl begegnet

---

942 Dafür etwa *Wolf*, in: *Schellhaaß*, Sport und Medien, 1999, 87, 92 f.; *Klodt*, Die Weltwirtschaft 1998, 108, 113 f.

943 *Schewe/Gaede*, in: *Schewe/Littkemann*, Sportmanagement, 2002, 135, 146 ff.; *Swieter*, Eine ökonomische Analyse der Fußball-Bundesliga, 2002, S. 36 f.; zu den Einzelheiten des Finanzausgleichs siehe *Schwendowius*, Finanzierungs- und Organisationskonzepte für den deutschen Profifußball, 2002, S. 139 ff.

944 Vgl. eingehend hierzu im 2. Teil, 1. Kapitel, B.V.3.a)aa)(1) sowie B.V.3.a)cc) der Arbeit.

945 *Schellhaaß*, Die zentrale Vermarktung von Europapokalspielen – Ausbeutung von Marktmacht oder Sicherung des sportlichen Wettbewerbs, 1999, S. 2 ff.; siehe auch *Schellhaaß/Enderle*, Wirtschaftsdienst 1998, 294, 296; allgemein *Swieter*, Eine ökonomische Analyse der Fußball-Bundesliga, 2002, S. 134; vgl. auf der anderen Seite indes die von *Drewes*, Wettbewerb und finanzieller Ausgleich in professionellen Sportligen, 2001, S. 151, an diesem Argument geübte Kritik.

946 Ebenso: *Stopper*, Ligasport und Kartellrecht, 1997, S. 157; *Schwendowius*, Finanzierungs- und Organisationskonzepte für den deutschen Profifußball, 2002, S. 148; *Horch*, in: *Schellhaaß*, Sport und Medien, 1999, 103, 104; *Schellhaaß/Enderle*, Wirtschaftsdienst 1998, 294, 299; siehe auch *Waldhauser*, ZUM 1998, 129, 132; a.A. *Schewe/Gaede*, in: *Schewe/Littkemann*, Sportmanagement, 2002, 135, 159.

947 Die Richtigkeit dieser Annahme wird dadurch bestätigt, daß das Bundesministerium der Wirtschaft im Rahmen der juristischen Auseinandersetzung zwischen dem Bundeskartellamt und dem DFB um die Zulässigkeit der zentralen Vermarktung der TV-Rechte an

auch ein **abgabenfinanzierter Solidarfonds** bei genauerem Hinsehen durchaus bedenkenswerten Einwänden ökonomischer Natur.

b) Praktikabilität des Reformvorschlages

aa) Einwände gegen einen Finanzausgleich zwischen den Lizenzvereinen

Auf die gegen die Praktikabiltiät eines solchen Abgabensystems vorgetragenen wirtschaftlichen Argumente ist nunmehr in einem nächsten Schritt näher einzugehen; in diesem Zusammenhang lassen sich im wesentlichen vier Kritikpunkte ausmachen: Erstens wird geltend gemacht, ein solches Modell sei gegen den Willen der wirtschaftlich potentesten und sportlich regelmäßig erfolgreichsten Fußballvereine[948] **nicht durchsetzbar** (1)[949]. Zweitens wird **angezweifelt, ob** mit einem Solidaritätsfonds namentlich das **Ziel der Nachwuchsförderung tatsächlich effektiv zu verwirklichen** ist (2)[950]. Drittens wird auf die mit der Erhebung von Abgaben typischerweise einhergehende **Manipulationsgefahr** von Seiten der Zahlungspflichtigen verwiesen (3)[951]. Viertens werden die bei Alimentationssystemen regelmäßig zu beobachtenden **negativen Auswirkungen auf das Wettbewerbsverhalten** der Beteiligten (Abkehr von wirtschaftlichem Handeln bei den Zahlungsempfängern, Nichtbeachtung des Verursacherprinzips, „Bestrafung" wirtschaftlich und sportlich erfolgreicher Fußballclubs, Gefahr der Nivellierung und Umkehrung der tatsächlichen Finanzkraftreihenfolge) in Rechnung gestellt (4)[952].

---

den Bundesligaspielen einen abgabenfinanzierten Finanzpool als Kompromißvorschlag unterbreitete. Siehe *Hannamann*, Kartellverbot und Verhaltenskoordination im Sport, 2001, S. 512 m.w.N.

948 Die erfolgreichsten Lizenzvereine auf nationaler Ebene sind gegenwärtig FC Bayern München, Borussia Dortmund, Bayer 04 Leverkusen, Schalke 04 und Hertha BSC Berlin.

949 *Frick/Wagner*, WiSt 1996, 611, 614; *Flory*, Der Fall Bosman – Revolution im Fußball?, 1997, S. 156.

950 Bedenken äußern insoweit: *Hannamann*, Kartellverbot und Verhaltenskoordination im Sport, 2001, S. 424; *Plath*, Individualrechtsbeschränkungen im Fußball, 1999, S. 174 f. mit 167 f.; *Gebhardt*, Modelle für die Reform des Transfersystems für Berufsfußballspieler aus rechtlicher und tatsächlicher Sicht, 2000, S. 85.

951 *Schellhaaß/Enderle*, Wirtschaftsdienst 1998, 294, 297; *Kipker/Parensen*, BFuP 1999, 136, 147 Fn. 45; *Enderle*, Vermarktung von Fernsehübertragungsrechten im professionellen Ligasport, 2000, S. 70 f.; *Erning*, Professioneller Fußball in Deutschland, 2000, S. 156.

952 *Malatos*, Berufsfußball im europäischen Rechtsvergleich, 1988, S. 140; *Enderle*, Vermarktung von Fernsehübertragungsrechten im professionellen Ligasport, 2000, S. 70 f.; *Plath*, Individualrechtsbeschränkungen im Fußball, 1999, S. 174 f.; *Gebhardt*, Modelle für die Reform des Transfersystems für Berufsfußballspieler aus rechtlicher und tatsächlicher Sicht, 2000, S. 85; gegen eine völlige „Gleichschaltung" auch *Schmittmann/Lehmann*, AfP 1996, 255, 258.

bb) Stellungnahme zur Kritik an dem Finanzausgleich zwischen den Lizenzvereinen

(1) Was das erste – insbesondere von den Sportverbänden vorgetragene – Argument angeht, so ist darauf zweierlei zu erwidern: Zum einen sind nach ständiger Rechtsprechung des EuGH **interne Schwierigkeiten kein rechtlich relevanter Grund**, mit dem der Nicht-Vollzug des Gemeinschaftsrechts gerechtfertigt werden könnte[953]. Jedes andere Ergebnis würde auch in Widerspruch zu dem europarechtlichen Auslegungsgrundsatz der praktischen Wirksamkeit stehen. Zum anderen genügt für Satzungsänderungen gemäß § 27 Nr. 3 Ligaverbands-Satzung eine Zweidrittelmehrheit, so daß eine Beschlußfassung entgegen dem Willen der sich in der Minderheit befindlichen vermögenden Fußballvereine durchaus möglich ist[954].

Für diesen Fall ist indes immer noch die Drohgebärde denkbar, daß die unterlegenen finanzstarken Fußballclubs aus der Bundesliga austreten und zusammen mit anderen europäischen Spitzenclubs eine eigene Liga gründen[955]. Dafür spreche – so wird verbreitet geltend gemacht – die Überlegung, daß die zu erwartenden Gewinne der Vereine aus der Teilnahme an einer solchen europäischen Superliga deren finanzielle Einbußen als Folge des Ausstiegs aus der nationalen Fußballbundesliga bei weitem übertreffen würden[956]. Dieses Argument wiederum kann man seiner Überzeugungskraft freilich schon dadurch berauben, daß man sich noch einmal den Ablauf der europaweiten Finanzkrise im Profifußball

---

[953] Siehe die Aussage des *EuGH*, Urt. v. 15.12.1995 – Rs. C-415/93 – EuZW 1996, 82, 87 Tz. 77 – „Bosman": „Was die etwaigen Folgen des vorliegenden Urteils für die Organisation des Fußballs insgesamt angeht, so sind nach ständiger Rechtsprechung zwar die praktischen Folgen jeder gerichtlichen Entscheidung sorgfältig abzuwägen; dies darf aber nicht so weit gehen, daß wegen der Auswirkungen, die eine Gerichtsentscheidung haben kann, die Objektivität des Rechts gebeugt und seine Anwendung beeinträchtigt wird."

[954] So im Ergebnis auch schon *Hannamann*, Kartellverbot und Verhaltenskoordination im Sport, 2001, S. 399, 510 ff., zur Situation vor der DFB-Strukturreform.
Zu der Problematik, ob es sich bei der Einführung eines Finanzpools um eine Vereinszweckänderung handelt, die Einstimmigkeit erfordert, oder ob eine bloße Satzungsänderung vorliegt, für die eine Zweidrittelmehrheit genügt, siehe im 2. Teil, 1. Kapitel, B.IV.2.c)aa).

[955] Zur Konzeption der europäischen Superliga siehe *Hellenthal*, Zulässigkeit einer supranationalen Fußball-Europaliga nach den Bestimmungen des europäischen Wettbewerbsrechts, 2000, S. 129 ff.; *Kipker/Parensen*, BFuP 1999, 136 ff.

[956] *Schwendowius*, Finanzierungs- und Organisationskonzepte für den deutschen Profifußball, 2002, S. 147; *Hübl/Swieter*, WISU 2000, 305, 306; siehe zudem *Parlasca*, Kartelle im Profisport, 1993, S. 220 f.; *Schellhaaß*, Die zentrale Vermarktung von Europapokalspielen – Ausbeutung von Marktmacht oder Sicherung des sportlichen Wettbewerbs, 1999, S. 3 f.

vergegenwärtigt: Als die Medienunternehmen, die mit den Ligaveranstaltern in den letzten Jahren ein enges wirtschaftliches Beziehungsgeflecht aufgebaut und sich infolgedessen als die mit Abstand größten Finanziers des lizenzierten Fußballs etabliert hatten, in wirtschaftliche Schwierigkeiten gerieten, versiegten die bis dato reichlich sprudelnden Geldquellen. Diese Entwicklung führte bei zahlreichen, ohnehin schon unter einer enormen Schuldenlast leidenden Vereinen – insbesondere auch europäischen Spitzenclubs – in den europäischen Fußballprofiligen wegen deren starker Abhängigkeit von der Medienbranche innerhalb kürzester Zeit zu handfesten finanziellen Problemen, – und zwar oftmals mit existenzbedrohendem Ausmaß[957]. Dieser tatsächliche Befund lehrt dreierlei:

Erstens ist es aus Sicht eines risikoneutral agierenden europäischen Spitzenvereins vor diesem Hintergrund geboten, mittelfristig einen wirtschaftlichen Konsolidierungskurs einzuschlagen, um die durch die Finanzkrise erlittenen wirtschaftlichen Verluste aufzuholen sowie die ohnehin im Durchschnitt beachtliche Schuldenlast sukzessive abzutragen. Von daher liegt die Schlußfolgerung nahe, daß sich eine beachtliche Anzahl von Spitzenvereinen dafür entscheidet, zunächst weiterhin – um eine einigermaßen sichere wirtschaftliche Zukunftsplanung zu garantieren – in den bestehenden Strukturen des Fußballgeschäfts zu verbleiben, anstatt sich mit der Teilnahme an einer europäischen Superliga auf ein Geschäft mit mehreren Unbekannten einzulassen. Mit welchen beträchtlichen wirtschaftlichen Risiken die Gründung einer Fußball-Europaliga behaftet ist, zeigt ein Blick in die USA. Dort gab es auf den kommerziell ausgerichteten Teamsportmärkten bislang schon mehrere Versuche, in ein und derselben Sportart neben einer bereits existenten Liga einen neuen Meisterschaftswettbewerb zu etablieren. Die Versuche endeten aber stets damit, daß die neu gegründete Ligaorganisation nach einiger Zeit wieder vom Markt gedrängt oder von der bereits bestehenden Liga im Wege einer Fusion übernommen wurde[958]. Es stünde daher zu befürchten, daß eine neu zu gründende europäische Superliga über kurz oder lang dieses Schicksal teilen würde. Deshalb erscheint es alles andere als sicher, daß man europaweit auf Anhieb die benötigte Mindestzahl an Spitzenvereinen für den Aufbau einer europäischen Superliga aktivieren könnte; zudem ist der dauerhafte wirtschaftliche Erfolg eines solchen europäischen Meisterschaftswettbewerbs sehr fraglich.

---

[957] Zu den Einzelheiten der wirtschaftlichen Krise im europäischen Fußballgeschäft siehe weiter unten im 2. Teil, 1. Kapitel, B.V.3.

[958] *Erning*, Professioneller Fußball in Deutschland, 2000, S. 101; *Noll*, in: *Késenne/Jeanrenaud*, Competition Policy in Professional Sports, 1999, 17, 21 f.; *Hübl/Swieter*, in: *Hübl/Peters/Swieter*, Ligasport aus ökonomischer Sicht, 2002, 13, 20.

Zweitens ist mit an Sicherheit grenzender Wahrscheinlichkeit damit zu rechnen, daß die traditionellen nationalen Ligaveranstalter und die UEFA einem solchen Vorhaben eher kritisch gegenüberstünden, weil sie im Gefolge der Gründung einer europäischen Superliga mit einem erheblichen Machtverlust und auch finanziellen Einbußen rechnen müßten. Von dieser Seite werden die europäischen Spitzenclubs deswegen mit keinerlei Unterstützung rechnen dürfen. Dies wiederum hat zur Folge, daß sie sich auf eine noch engere Kooperation als bisher mit den wirtschaftlichen Promotoren einer solchen europaweiten Liga – dies sind hauptsächlich die global tätigen Medienunternehmen[959] – einlassen werden müßten, wenn sie dieses Vorhaben tatsächlich realisieren möchten. Dieses Angewiesensein kann jedoch fatale Konsequenzen haben. Geraten die Medienunternehmen als Hauptsponsoren einer europäischen Superliga wieder in eine wirtschaftliche Schieflage, werden sie naheliegenderweise – wie bereits in der Vergangenheit – ihre Machtposition gegenüber den europäischen Spitzenvereinen ausnutzen und eine deutliche Absenkung der Entgelte für die Mediarechte-Verwertung durchsetzen[960]. Die damit verbundenen finanziellen Einbußen werden um so stärker auf den von diesen Finanzmitteln abhängigen Veranstalter des europäischen Meisterschaftswettbewerbs und dessen Teilnehmer zurückwirken. Zahlreiche mit einer hohen Fremdkapitalquote ausgestattete Fußballclubs dürfte dies in ungeahnte und bisher nicht gekannte wirtschaftliche Schwierigkeiten bringen.

Drittens sind die großen Medienunternehmen der ertragskräftigsten europäischen Fußballmärkte Deutschland, Italien und Spanien aufgrund der wirtschaftlich angespannten Lage gegenwärtig nicht einmal mehr bereit, die bisher aufgewandten Geldsummen für den Erwerb der medialen Verwertungsrechte an den internationalen Clubwettbewerben – insbesondere der Champions League – zu investieren[961]. Bestätigt wird diese Entwicklung indirekt auch durch die UEFA

---

959 Einer der Hauptförderer aus dem Bereich der Wirtschaft ist die Rechteverwertungsagentur „Media Partners International Limited“ (siehe *Hellenthal*, Zulässigkeit einer supranationalen Fußball-Europaliga nach den Bestimmungen des europäischen Wettbewerbsrechts, 2000, S. 43 f.); allgemein zu der starken Abhängigkeit der Veranstalter von Teamsportwettbewerben von der Medienbranche *Parlasca*, Kartelle im Profisport, 1993, S. 212.

960 Zum Einfluß der Medien auf den professionellen Fußballsport vgl. *Ziebs*, Ist Erfolg käuflich? – Analysen und Überlegungen zur sozioökonomischen Realität des Berufsfußballs, 2002, S. 62 ff.; allg. *Steiner*, Die Autonomie des Sport, 2003, S. 39 ff.

961 Vgl. *Leinemann/Weinzierl*, SPIEGEL, Heft 21/2003, S. 146; *Elter*, HORIZONT, Heft 2/2003, 42, 44; *Johnson*, TAGESSPIEGEL v. 18.04.2002, S. 18; *Ott*, SZ v. 08.04.2003, S. 39; siehe daneben HANDELSBLATT v. 27.08.2003, S. 16; SZ v. 10.05.2003, S. 20. Erst Mitte Juni 2003 erwarb SAT 1 die TV-Verwertungsrechte für 28 Millionen €, wogegen RTL für die vergangene Spielzeit noch 65 Millionen € hatte entrichten müssen

selbst, wenn sie zwischenzeitlich verlautbarte, man habe mehr Champions League-TV-Verträge denn je abgeschlossen, – insbesondere mit so finanzkräftigen Medienveranstaltern wie zum Beispiel „Klan TV (Albanien); Armenia TV (Armenien); Lumiere TV (Zypern); Nelonen/Channel 4 und Viasat (Finnland); [...] PBS (Malta); Teleradio Moldova (Moldawien); [...]“[962]. Hinter diesem unternehmerischen Verhalten der wirtschaftlich stärksten Medienfirmen dürfte indes nicht nur eine kurzfristige Erwägung – hier: die Reaktion auf aktuelle Sparzwänge –, sondern auch eine langfristige ökonomische Überlegung allgemeiner Natur stehen: Ein gravierender Nachteil der internationalen gegenüber den nationalen Meisterschaftswettbewerben besteht nämlich darin, daß bezüglich der Ertragssituation zum Beispiel in den nationalen Ligen ein spannender Abstiegskampf auch den sportlichen Alleingang eines Meisterschaftsfavoriten ausgleichen kann, wogegen die Quoten in der Champions League hauptsächlich vom Abschneiden der nationalen Vereine abhängen; kurz: „Die Champions League ist eine Lotterie, die Bundesliga planbar“[963]. Dieses Argument beansprucht indessen auch bei der Durchführung einer europäischen Superliga Geltung. Sind die nationalen Clubs nicht erfolgreich, schwindet das Zuschauerinteresse in dem jeweiligen Land; damit sinken auch die Vermarktungsfähigkeit des Produkts und schlußendlich die Bereitschaft der TV-Anstalten, zwei- oder dreistellige Millionensummen in Euro in die Superliga zu investieren. An diesem neuerdings zu beobachtenden Trend läßt sich deshalb ablesen, daß mit allzu optimistischen Prognosen zu den Gewinnerwartungen einer europäischen Superliga Zurückhaltung geboten ist[964].

Als **Ertrag** der obigen Überlegungen bleibt daher: Aus allen drei hier näher dargelegten Gründen geht der Einwand, die zu erwartenden hohen Gewinnmargen aus einer Teilnahme an der noch zu gründenden europäischen Superliga stellten einen Anreiz zum Verlassen des Ligaverbandes im Falle der Einführung eines beitragsfinanzierten Finanzpools dar, ins Leere. Die Annahme, ein solches Solidarfondsmodell sei gegen den erklärten Willen der ertragsstarken Vereine nicht realisierbar, verfängt bei genauer Betrachtung nicht[965].

(vgl. *Zorn*, FAZ v. 13.06.2003, S. 38; FAZ v. 12.06.2003, S. 34; siehe auch *Klewenhagen/Weilguny*, SPONSORS, Heft 7/2003, S. 39).

962 UEFA.COM v. 24.04.2003, http://de.uefa.com/uefa/News/Kind=32768/NewsId=66035.html.

963 Siehe näher *Thylmann*, HANDELSBLATT v. 26.02.2003, S. 36; *Leinemann/Weinzierl*, SPIEGEL, Heft 21/2003, S. 138.

964 Auch *Kipker/Parensen*, BFuP 1999, 136, 145, und *Zorn*, FAZ v. 31.10.1998, S. 1, halten eine Übersättigung der Zuschauer und damit einen Rückgang der Einnahmen aus der Mediarechte-Verwertung für nicht ausgeschlossen bzw. wahrscheinlich.

965 A.A. *Quitzau*, Die Vergabe der Fernsehrechte an der Fußball-Bundesliga, 2003, S. 182, 191 f.

(2) Die zweite Überlegung der Kritiker eines Finanzausgleichs läßt vollkommen unberücksichtigt, daß jede Organisation eines Poolsystems die vorherige Festlegung der angestrebten Ziele voraussetzt[966]. Wenn mit dem Solidarfonds aber gleichzeitig ein **wirksamer Beitrag zur Nachwuchsförderung** geleistet werden soll, ist diesem Anliegen selbstverständlich durch entsprechende **institutionelle Vorkehrungen** Rechnung zu tragen, z.B. dadurch, daß ein bestimmter prozentualer Anteil aus dem Etat des Pools von vornherein ausschließlich Vereinen zur Verfügung gestellt wird, die Talentförderung betreiben. Auch der Einwand, daß das Fonds-Modell die Zuwendungen nicht von den tatsächlichen Ausbildungskosten eines jeden Vereins abhängig machen würde, geht ins Leere, da man von den potentiellen Subventionsempfängern einen Nachweis des bei ihnen für die geleistete Nachwuchsarbeit insgesamt entstehenden Geldbedarfs verlangen kann[967]. Eine solche Maßnahme ist auch schon deshalb geboten, um eine zweckwidrige Mittelverwendung durch die ausbildenden Fußballclubs möglichst zu unterbinden. Verstößt ein geförderter Verein gegen die als Obliegenheit auszugestaltende Zweckbindung, führt dies als Sanktion zu einer rechtlich durchsetzbaren Rückzahlungspflicht zu Lasten des zweckwidrig agierenden Fußballclubs.

(3) Im Hinblick auf die bei der Erhebung von Abgaben mit an Sicherheit grenzender Wahrscheinlichkeit zu erwartenden Manipulationsgefahren ist festzuhalten, daß sich diesen durch die Ausgestaltung des Systems entgegenwirken läßt[968]:

So kann man bereits bei der Ermittlung der für die Abgabenerhebung bedeutsamen **wirtschaftlichen Daten** ansetzen, indem man an die Angaben anknüpft, die die Fußballclubs **im Rahmen des Lizenzierungsverfahrens** – bei dem dem Vorliegen der wirtschaftlichen Leistungsfähigkeit eine besondere Bedeutung zukommt – offenlegen. Dazu zählen – teilweise den Besonderheiten des Profifußballs angepaßt – eine nach den Vorschriften des HGB erstellte Bilanz zum 31.12. des vorangegangenen Jahres, eine Gewinn- und Verlustrechnung für das abgelaufene Spieljahr sowie für die erste Hälfte des laufenden Spieljahres, ein

---

966 Diese elementare Voraussetzung wurde in der Vergangenheit bei der Diskussion der verschiedenen Fonds-Modelle nur zu oft vernachlässigt. Vgl. die insofern berechtigte Kritik bei *Frick/Wagner*, WiSt 1996, 611, 615.

967 Vgl. *Drewes*, Wettbewerb und finanzieller Ausgleich in professionellen Sportligen, 2001, S. 150. Diesen Aspekt übersieht *Hannamann*, Kartellverbot und Verhaltenskoordination im Sport, 2001, S. 424.

968 Vgl. *Hannamann*, Kartellverbot und Verhaltenskoordination im Sport, 2001, S. 400; siehe zudem die zutreffende Aussage von *Drewes*, Wettbewerb und finanzieller Ausgleich in professionellen Sportligen, 2001, S. 151: „Diese Problematik rechtfertigt [...] aber noch nicht, auf eine Steuerlösung komplett zu verzichten".

Anhang sowie ein Lagebericht[969]. Die auf diesem Weg ermittelten wirtschaftlichen Verhältnisse sind grundsätzlich auch für die Bemessung der Höhe der zu leistenden Sonderbeiträge maßgeblich. Der Vorzug einer solchen Vorgehensweise besteht darin, daß die Vereine im Lizenzierungsverfahren ihre Vermögenslage im Regelfall möglichst positiv darstellen, um die begehrte Lizenz zu erhalten.

Weiterhin erscheint es ratsam, die Abgabenerhebungsgrundlagen möglichst weit zu fassen, d.h. sowohl die Einnahmen- als auch die Ausgabenseite der Vereine einer Abgabenpflicht zu unterwerfen. Ein solches Vorgehen bewirkt prinzipiell eine Optimierung des Abgabenaufkommens, so daß im Gegenzug niedrigere Abgabensätze gewählt werden könnten. Dadurch würden bei den Fußballvereinen gleichsam die Anreize zur Vornahme von Umgehungshandlungen sinken. Im einzelnen bedeutet dies folgendes:

Auf der Einnahmenseite sind dabei vorzugsweise **alle Erlösquellen** (Spielbetrieb, Werbung, Fernseh- und Hörfunkverwertung, Trainings- und Ausbildungsentschädigungen, Handel, Vermietung und Verpachtung, sonstige betriebliche Erträge) bei der Abgabenerhebung zu berücksichtigen[970]. Durch einen solch umfassenden Ansatz werden die Manipulationsmöglichkeiten an den Abgabenerhebungsgrundlagen durch entsprechende Handlungen in der Dreiecksbeziehung Lizenzvereine – Medienunternehmen – Wirtschaftsunternehmen minimiert, die sich ergäben, wenn man nur eine Einkunftsart einer Abgabenpflicht unterwirft[971]. Die in dieser Beziehung erwünschte Reduzierung der Umgehungsanreize tritt freilich lediglich dann ein, wenn grundsätzlich alle Einkunftsarten gleichmäßig abgeschöpft werden; von diesem Prinzip ist unter Umständen im

---

969 Zur Überprüfung der wirtschaftlichen Verhältnisse der Bundesligavereine durch den Ligaverband bzw. die DFL-GmbH sowie zu den entsprechenden Rechnungslegungsvorschriften vgl. eingehend *Brast/Stübinger*, in: *Schewe/Littkemann*, Sportmanagement, 2002, 23, 29 ff.; *Straub/Holzhäuser/Gömmel/Galli*, in: *Galli/Gömmel/Holzhäuser/Straub*, Sportmanagement, 2002, 75, 77 ff.

970 Ebenso *Erning*, Professioneller Fußball in Deutschland, 2000, S. 155; zu den einzelnen Einnahmemärkten siehe *Swieter*, Eine ökonomische Analyse der Fußball-Bundesliga, 2002, S. 32 ff.; *Schwendowius*, Finanzierungs- und Organisationskonzepte für den deutschen Profifußball, 2002, S. 177 ff.

971 Würde man zum Beispiel ausschließlich die TV-Vermarktung mit einer Abgabe belegen, bestünde die Möglichkeit, daß die Fernsehsender an die Vereine weniger für die Senderechte bezahlen, gleichzeitig dem Hauptsponsor des Vereins kostenlose Werbeblöcke zur Verfügung stellen, welche der Sponsor über höher dotierte Werbeverträge an die Fußballclubs vergütet. Die Folge einer solchen Konstruktion wäre eine Verringerung der auf den Vereinen ruhenden Abgabenlast. Vgl. *Schellhaaß/Enderle*, Wirtschaftsdienst 1998, 294, 297; eine TV-Abgabe dennoch befürwortend *Kruse*, in: *Schellhaaß*, Sport und Medien, 1999, 11, 25; *ders./Quitzau*, ZfB-Ergänzungsheft 4/2002, 63, 74.

Hinblick auf die Prämien zugunsten der Lizenzvereine aus der Teilnahme an den internationalen Clubwettbewerben – insbesondere der Champions League – eine Abweichung in Form eines höheren Abgabensatzes in Betracht zu ziehen, da gerade diese Ausschüttungen an die jeweils für die europäischen Vereinswettbewerbe qualifizierten Fußballclubs zu der Verstärkung der wirtschaftlichen Ungleichgewichtslage zwischen den Bundesligavereinen beigetragen haben[972].

Auf der Ausgabenseite bietet sich insbesondere eine **Belastung der von den Vereinen** an die Lizenzspieler **gezahlten Gehälter** und sonstigen geleisteten finanziellen Zuwendungen an[973]. Dabei ist freilich einer jährlich wiederkehrenden Abgabenpflicht gegenüber einer einmaligen Abgabenerhebung auf das erste Jahresgehalt eines Spielers der Vorzug zu gewähren, denn ansonsten wäre einem opportunistischen Verhalten seitens der Vereine Tür und Tor geöffnet[974]. Die mit einer solchen Abgabe erzielten Einnahmen sollten schließlich ausnahmslos in die Nachwuchsförderung investiert werden. Die Implementierung einer derartigen Regelung führt dazu, daß ein Teil der von den Profifußballern bei den aufnehmenden Vereinen während der Laufzeit der Spielerverträge erwirtschafteten Gewinne abgeschöpft wird und – entsprechend dem Verursacherprinzip – über den Solidarfonds den ausbildenden Fußballclubs zufließt[975]. Mit Letzteren sind auch die Vereine der oberen Spielklassen gemeint, die selbstverständlich im Grundsatz ebenso in den Genuß der Fördermittel gelangen sollen[976]. Freilich darf dadurch nicht das Ziel der Herstellung der finanziellen und wirtschaftlichen Wettbewerbsgleichheit unterlaufen werden. Daher bietet es sich an, den Fußballclubs mit einer überdurchschnittlichen Ertragskraft lediglich einen herabgesetzten Förderbetrag zufließen zu lassen.

Schließlich kann zusätzlich zu der im Falle der statutenwidrigen Abgabenverkürzung bestehenden Nachzahlungspflicht ein **Sanktionsinstrumentarium** eingeführt werden, das der latenten Gefahr zur Manipulation generalpräventiv be-

---

972 Näher dazu *Schellhaaß/Enderle*, Sportwissenschaft 28 (1998), 297, 299 f.; *Lehmann/Weigand*, ZfB-Ergänzungsheft 2/1998, 101, 105; *Drewes*, Wettbewerb und finanzieller Ausgleich in professionellen Sportligen, 2001, S. 91 ff., 122, 140, 143 f., 150 f.

973 Im Grundsatz zutreffend *Büch*, Sportwissenschaft 28 (1998), 283, 293.

974 Angesichts der inzwischen gängigen Praxis, langfristige Spielerverträge abzuschließen, bietet sich für die betroffenen Lizenzclubs die Möglichkeit, die Auszahlung eines Teils des Spielergehalts im Rahmen einer flexiblen Vertragsgestaltung in den Grenzen des arbeitsrechtlich Zulässigen auf einen späteren Zeitpunkt der Vertragslaufzeit zu legen. Auf diesem Weg läßt sich die Abgabenlast durch eine ohne größeren Aufwand zu bewerkstelligende Manipulation wesentlich verringern. Diesen Aspekt übersieht *Büch*, Sportwissenschaft 28 (1998), 283, 293.

975 Ebenso *Büch*, Sportwissenschaft 28 (1998), 283, 293.

976 Dies übersieht *Plath*, Individualrechtsbeschränkungen im Fußball, 1999, S. 174.

gegnet (z.B. Strafgelder, Punktabzüge oder Ausschluß von internationalen Wettbewerben)[977].

(4) Der gewichtigste Einwand freilich besteht in den negativen Auswirkungen, die die Einführung eines Finanzausgleichs mit sich bringen kann. Abweichungen vom „normalen" wirtschaftlichen Handeln, d.h. Wettbewerbsverzerrungen, drohen in diesem Zusammenhang auf mehreren Ebenen: bei den Zahlungsempfängern, den Zahlungsverpflichteten und der Gesamtheit der Lizenzclubs.

Bei den Zahlungsempfängern sind unter zwei Gesichtspunkten Negativwirkungen zu erwarten. Einmal ist die Tatsache zu berücksichtigen, daß in zahlreichen Vereinsleitungen aus den unterschiedlichsten Gründen finanzielle Mißwirtschaft an der Tagesordnung war und ist. Dies trifft insbesondere auf die finanziell notleidenden und hoch verschuldeten Lizenzvereine zu, die gerade zu den Empfängern der aus dem Solidarfonds fließenden Gelder zählen werden[978]. Angesichts dieses Zusammenhangs besteht die nicht zu unterschätzende Gefahr, daß wirtschaftliche Fehlentscheidungen der Vereinsvorstände infolge des Umverteilungsmechanismus sozialisiert und auf die zahlenden Vereine abgewälzt werden. Daneben stellt sich das Problem, daß bei den Zahlungsempfängern mit der Zeit der Anreiz zu ökonomisch sinnvollem Handeln abnimmt. Ausgangspunkt für diese Annahme ist die Erkenntnis, daß bei zahlreichen auf der Empfängerseite des Fonds stehenden Vereinen ein Gewöhnungseffekt eintritt, d.h., sie werden die Zuschüsse als bloße Aufbesserung der klammen Vereinskassen begreifen. Dadurch können die Vereinsvorstände dieser Fußballclubs dazu verleitet werden, in den Positionsrennen während der Spielzeiten Überinvestitionen in die Spielstärken ihrer jeweiligen Mannschaften zu tätigen, bis die Gesamtsumme der Ausgaben aller Vereine in die sportlichen Kräfte die zu erwartenden Gesamteinnahmen der Liga übersteigt („Hyperaktivität")[979]. Verstärkt wird dieser Effekt zusätzlich noch durch die exorbitant gestiegenen Prämien, die die an den internationalen Clubwettbewerben teilnehmenden Fußballclubs erhalten. Dies bietet für die Vorstände finanzschwacher Clubs einen zusätzlichen Anreiz, die Lizenzspielermannschaften in Widerspruch zu ihren finanziellen Möglichkeiten aufzurüsten, um sich einen Tabellenplatz zu sichern, der zur Teilnahme an den finanziell äußerst lukrativen Mannschaftswettbewerben auf europäischer Ebene

---

977 *Erning*, Professioneller Fußball in Deutschland, 2000, S. 156; *Wolf*, in: *Schellhaaß*, Sport und Medien, 1999, 87, 93; teilweise krit. *Enderle*, Vermarktung von Fernsehübertragungsrechten im professionellen Ligasport, 2000, S. 68.

978 Vgl. *Franck/Müller*, ZfB-Ergänzungsheft 2/1998, 121, 124 f.; siehe zudem die Überlegungen und Nachweise im 2. Teil, 1. Kapitel, A.I.3.e)bb).

979 Vgl. eingehend zu dem Phänomen der „Hyperaktivität" *Franck/Müller*, ZfB-Ergänzungsheft 2/1998, 121, 125 ff.; *Frick/Lehmann/Weigand*, in: *Engelhard/Sinz*, Kooperation im Wettbewerb, 1999, 495, 499 ff.

berechtigt[980]. Dies dürfte selbst für den Fall gelten, daß die zusätzlichen Prämien, die durch die Teilnahme an einem Mannschaftswettbewerb auf internationaler Ebene erzielt werden können, durch die Belegung mit einer Abgabe teilweise wieder abgeschöpft werden. Denn der teilweise Wegfall des „Lockrufes der Siegprämie" wird bei den auf der Empfängerseite des Finanzausgleichs stehenden Vereinen eben durch die „Vollkasko"-Mentalität kompensiert.

Diese negativen Effekte können jedoch dadurch weitestgehend ausgeschlossen werden, daß man beispielsweise den Förderbetrag für einen Verein aufsplittet, dabei einen (geringeren) Anteil zur freien Verfügung, den anderen (größeren) aber nur **zweckgebunden** zur Schuldentilgung überläßt; wobei die Zweckbindung auch in diesem Fall als Obliegenheit auszuformen ist. Ist ein Verein schuldenfrei, kann man weiterhin verlangen, daß der subventionierte Verein bei einer neuerlichen Kreditaufnahme eine bestimmte **Fremdkapitalquote** nicht überschreiten darf[981]. Verstößt er jedoch gegen die Zweckbindung oder die Begrenzung bei der Zuführung von Fremdkapital, bedarf es mitunter generalpräventiv wirkender Maßnahmen zur Bekämpfung der finanziellen Mißwirtschaft bei den geförderten Fußballclubs. Denn bei zahlreichen Fußballunternehmensführern fehlt es trotz der an ihrem Führungsstil etwa von Seiten der Sportsponsoren geübten harten Fachkritik nach wie vor an der Einsicht, daß ein solides Finanzgebaren auch in diesem Wirtschaftssektor unabdingbar ist[982]. Gerade diese „Vollkasko"-Mentalität ist aus Sicht der finanzstarken Vereine ein Hauptgrund, jeder Art von Finanzausgleich unter der Bundesligaclubs mit Skepsis zu begegnen[983]. Zur Sicherstellung der Einhaltung der Zweckbindung der gewährten Finanzausgleichsgelder sowie der vorgegebenen Fremdkapitalquote sind daher **neben Standardmaßnahmen** wie der Pflicht zur Rückzahlung erhaltener Fördermittel **weitergehende Sanktionsinstrumente** zu installieren, die von dem Ausschluß von der Teilnahme am Finanzausgleich bis hin zum Lizenzentzug für die 1. und 2. Bundesliga reichen[984]. Die Einführung effektiver Kontroll- und Sanktionsme-

---

980 Vgl. zu dieser sog. „Jackpotmentalität" *Franck/Müller*, ZfB-Ergänzungsheft 2/1998, 121, 128 ff.; *Kipker/Parensen*, BFuP 1999, 136, 147.

981 Für die Installation von Verschuldensgrenzen auch schon *Plath*, Individualrechtsbeschränkungen im Fußball, 1999, S. 135; *Hilf*, NJW 1984, 517, 521.

982 Vgl. eingehend *Sohns/Weilguny*, SPONSORS, Heft 6/2003, S. 17 f.

983 So auch *Uli Hoeneß* im Interview mit CAPITAL, Heft 16/2003, S. 40: „Wenn die [anderen Fußballvereine] sorglos wirtschaften, weil sie Hilfstöpfe anzapfen, wäre das der größte Fehler."

984 Natürlich mögen auch andere Schranken gegen überhöhte Ausgaben denkbar sein. Solche an dieser Stelle zu entwickeln, ist jedoch nicht Gegenstand der Arbeit. Allgemein kann man nur festhalten, daß effektive Regeln zur Ausgabenbegrenzung zwei Bedingungen beinhalten müssen: Die Subventionen müssen zweckgebunden sein, und es bedarf eines Mechanismus, der im Falle einer verfehlten Ausgabenpolitik seitens des Vereins einen

chanismen zum Schutz der Integrität des Wettbewerbs wird zuletzt nicht auch von der DFL-GmbH-Geschäftsführung, namentlich Wilfried Straub, nachhaltig gefordert: „Wir haben erkannt, daß wir über unzureichende Kontrollmechanismen verfügen, wenn wir einem Klub erst einmal eine Lizenz ohne Auflagen erteilt haben. Dies ist sicher eine Schwachstelle im System“[985].

Auf der Stufe der Abgabenpflichtigen wird als gravierender Nachteil vorgebracht, daß diese einen Großteil der Anreize zur Erreichung ehrgeiziger sportlicher Ziele einbüßten. Zudem würden die wirtschaftlich erfolgreichen Fußballclubs quasi „bestraft“ werden. Eine solche Argumentation verkennt jedoch, daß sich trotz des freiwillig vereinbarten Finanzausgleichs **die wirtschaftlichen und sportlichen Kräfteverhältnisse** zwischen den in den letzten Spielzeiten regelmäßig für die internationalen Wettbewerbe qualifizierten Clubs und der „fußballerischen Mittel- und Unterklasse“ **weiter auseinanderentwickelt** haben. Dieser Effekt würde sich bei einer rein dezentralen Vermarktung ohne jeglichen Finanzausgleich noch verstärken. Es liegt jedoch schon im ökonomischen Eigeninteresse der wirtschaftlich potenten Clubs, daß dieser Zustand nicht von Dauer ist[986]: Denn eine solche Situation führt nämlich mittel- und langfristig dazu, daß der Ausgang der Meisterschaftsspiele vorhersehbarer und als Konsequenz davon das Zuschauerinteresse nachlassen wird. Die Folge davon sind Einnahmenausfälle bei sämtlichen Fußballvereinen[987], deren Höhe auf Dauer die durch die Abgabenpflicht erlittenen finanziellen Einbußen übersteigen dürfte. Hinzu tritt der Umstand, daß zumindest die finanzstarken Fußballclubs, deren wirtschaftliche Potenz neben günstigen Standortbedingungen vor allem auf die frühzeitige Einführung professioneller Managementstrukturen zurückzuführen sein dürfte, auf die spezifisch durch die Abgabenerhebung bedingten Einnahmenausfälle mit einer Reduzierung der Investitionen in die Spielstärke ihrer Mannschaft reagieren werden[988]. Dies wiederum – und darin liegt ein weiterer Vorzug – **dämpft**

Entzug der Zuwendungsberechtigung vorsieht. Für eine Zweckbindung der finanziellen Fördermittel spricht sich auch *Waldhauser*, ZUM 1998, 129, 132, aus.

985 So explizit *Wilfried Straub* im Interview mit dem HANDELSBLATT v. 28.02./01.03.2003, S. 48.

986 Ebenso *Parlasca*, in: *Trosien/Dinkel*, Verkaufen Medien die Sportwirklichkeit?, 1999, 83, 103; *Stockmann*, ZIP 1996, 411, 418; *Frick/Wagner*, WiSt 1996, 611, 614; *BKartA*, WuW 1994, 160, 173 f.; vgl. zudem HANDELSBLATT v. 25.03.2003, S. 40.

987 Allgemein Generalanwalt *Lenz*, Schlußantr. v. 20.09.1995 – Rs. C-415/93 – Slg. 1995 I, 4921, 5018 Tz. 227 – „Bosman“; *Hannamann*, Kartellverbot und Verhaltenskoordination im Sport, 2001, S. 101 f.; *Lehmann/Weigand*, ifo-Studien – Zeitschrift für empirische Wirtschaftsforschung, 1997, 381, 385; krit. zu der Argumentationskette *Kruse*, in: *Schellhaaß*, Sport und Medien, 1999, 11, 23 f.; *ders./Quitzau*, ZfB-Ergänzungsheft 4/2002, 63, 70 ff.

988 *Franck*, Die ökonomischen Institutionen der Teamsportindustrie, 1995, S. 157 ff. Der denkbare Einwand, daß Investitionsdämpfungsmaßnahmen ihre Wirkung wegen der feh-

den für die Liga insgesamt **ökonomisch schädlichen Rüstungswettlauf in die Mannschaftsspielstärken** („Hyperaktivität") und fördert zudem das Ziel der Herstellung sportlicher Wettbewerbsgleichheit zwischen den Lizenzclubs[989]. Um den ertragsstarken Vereinen aber zugleich nicht jeglichen Anreiz zum wirtschaftlich und sportlich erfolgreichen Tätigwerden zu nehmen, ist schließlich zu erwägen, daß im Falle der Belastung der Ertragsseite der **Vereine mit einer überdurchschnittlichen Ertragskraft** ein **linearer Satz** gewählt werden sollte[990]; wobei sich die überdurchschnittliche Ertragskraft, die die Sonderbeitragspflicht auslöst, als Durchschnittsbetrag der jährlichen Gesamteinnahmen sämtlicher dem Ligaverband angehörenden Lizenzvereine beider Fußballigen ergibt[991]. Schließlich darf die Gesamtsumme der Sonderbeiträge auf die Vereinsumsatzerlöse maximal etwa fünfzig Prozent der Gesamterträge des Lizenzvereins ausmachen (Höchstgrenze)[992].

Lenkt man das Augenmerk drittens auf die Gesamtheit aller Lizenzvereine, wird an dieser Stelle zutreffend auf die Gefahr hingewiesen, daß ein Finanzausgleich zumindest eine übermäßige Nivellierung oder im schlimmsten Falle – bei einer entsprechenden undurchdachten Ausgestaltung des Finanzausgleichs – sogar eine Umkehrung der Finanzkraftreihenfolge zwischen den Fußballclubs bedingen könnte. Eine solche Fehlentwicklung läßt sich ebenso durch die Implementierung entsprechender Verbandsnormen unterbinden: Zu denken ist hier insbesondere an eine **lineare Abschöpfung der überdurchschnittlichen Ertragskraft** der Vereine, die eine gleichmäßige Verteilung der Lasten auf die ertragsstarken Fußballclubs bewirkt[993]. Zusätzlich besteht die Möglichkeit, den Finanz-

---

lenden professionellen Vereinsführungsstrukturen in den Bundesligen verfehlen könnten, greift im Hinblick auf die Spitzenclubs (das sind: FC Bayern München, Borussia Dortmund, Bayer 04 Leverkusen, Schalke 04 und Hertha BSC Berlin) der letzten Spielzeiten freilich nicht durch.

989 Ebenso *Drewes*, Wettbewerb und finanzieller Ausgleich in professionellen Sportligen, 2001, S. 153; vgl. zudem *Franck/Müller*, in: *Hermanns/Riedmüller*, Handbuch Sport-Marketing, 2001, 231, 243.

990 *Erning*, Professioneller Fußball in Deutschland, 2000, S. 156; siehe darüber hinaus *Enderle*, Vermarktung von Fernsehübertragungsrechten im professionellen Ligasport, 2000, S. 70.

991 Zu den Gründen, die für ein Abstellen auf die Lizenzvereine beider Bundesligen sprechen, um den Durchschnittsbetrag der Jahreseinnahmen zu ermitteln, der eine Sonderbeitragspflicht auslöst, siehe später noch ausführlich im 2. Teil, 1. Kapitel, B.IV.2.d)cc)(1).

992 *Hannamann*, Kartellverbot und Verhaltenskoordination im Sport, 2001, S. 400, hält einen Höchstabgabensatz von 50 % für noch wettbewerbsneutral. A.A. Generalanwalt *Lenz*, Schlußantr. v. 20.09.1995 – Rs. C-415/93 – Slg. 1995 I, 4921, 5018 Tz. 228 mit Fn. 299 – „Bosman".

993 Vgl. für den ähnlich gelagerten Problemkreis des Länderfinanzausgleichs: *Häde*, Finanzausgleich, 1996, S. 281.

ausgleich so auszugestalten, daß die Zahlungsempfänger als maximale Zuwendung einen Geldbetrag erhalten, dessen Höhe sich nach der durchschnittlichen Ertragskraft aller einer der beiden Spielklassen zugehörigen Lizenzclubs abzüglich eines pauschalen Prozentbetrages bemißt.

cc) Zwischenergebnis

Als Ertrag der vorstehenden Überlegungen läßt sich somit festhalten, daß ein abgabenfinanzierter Solidarfonds **in praktischer Hinsicht** eine **taugliche Alternative** zum Instrument der Transferentschädigung darstellt, um die Ziele der annähernden wirtschaftlichen und sportlichen Wettbewerbsgleichheit zwischen den Lizenzvereinen sowie der effizienten Nachwuchsförderung zu erreichen[994]. Dazu muß die Höhe der Abgabensätze jedoch so bestimmt werden, daß das Abgabenaufkommen ein Volumen erreicht, das die **effektive Verwirklichung** der mit dem Solidarfonds verfolgten Ziele garantiert. Zudem ist es erforderlich, die von dem Alimentationssystem ausgehenden **Negativfolgen ernst zu nehmen** und durch die **Ergreifung adäquater Gegenmaßnahmen** – wie sie obenan in Grundzügen beschrieben wurden – auf ein Mindestmaß zu beschränken. Es wäre jedoch voreilig, die angedachten Maßnahmen bereits als in sich abschließendes verbandsinternes Abgabensystem zu begreifen[995]. Denn sowohl bei der näheren Ausgestaltung der materiellen Voraussetzungen als auch der Organisation bieten sich im Detail freilich noch zahlreiche Alternativen an:

So bedarf das materielle Abgabenrecht – namentlich bezüglich der potentiellen Abgabenschuldner, der Vorgänge, an die die Abgaben anknüpfen, der Höhe und der Staffelung der Abgabensätze, der Eingrenzung der Vereine, die finanziell unterstützt werden sowie der Kriterien, nach denen die Ausschüttung der Gelder erfolgt – noch einer näheren Konkretisierung. Darauf wird an anderer Stelle noch näher einzugehen sein[996]. Die Festlegung des organisatorischen Rahmens der Abgabenerhebung schließlich ist ebenso offen: Theoretisch kann der Soli-

---

[994] Daß dies möglich ist, davon gehen offensichtlich auch der EuGH (*EuGH*, Urt. v. 15.12.1995 – Rs. C-415/93 – EuZW 1996, 82, 89 Tz. 110 – „Bosman"), Generalanwalt *Lenz*, Schlußantr. v. 20.09.1995 – Rs. C-415/93 – Slg. 1995 I, 4921, 5020 Tz. 232 – „Bosman", *Streinz*, SpuRt 1998, 89, 90, und *Imping*, EWS 1996, 193, 199, aus; a.A. *Plath*, Individualrechtsbeschränkungen im Fußball, 1999, S. 167. Offengelassen wird die Frage von *Enderle*, Vermarktung von Fernsehübertragungsrechten im professionellen Ligasport, 2000, S. 72.

[995] Auch auf europäischer Ebene erscheinen von Seiten der UEFA flankierende Maßnahmen angezeigt, den sportlichen und wirtschaftlichen Wettbewerb in den nationalen Spitzenligen und den europäischen Vereinswettbewerben dauerhaft zu sichern sowie eine effektive Talentförderung zu gewährleisten.

[996] Siehe zur näheren Ausgestaltung des Finanzpools im 2. Teil, 1. Kapitel, B.IV.2.d).

darfonds grundsätzlich beim DFB, dem Ligaverband bzw. der DFL-GmbH oder bei einer dritten Körperschaft, an der der DFB und der Ligaverband jeweils hälftiger Anteilseigner sind, angesiedelt werden. Vor dem Hintergrund der erst in jüngster Vergangenheit erreichten Autonomie des professionellen Fußballsports und mit Blick auf die Funktion des Fonds als Mittel zur Herstellung von Wettbewerbsgleichheit unter den Lizenzvereinen der beiden Bundesligen erscheint es jedoch am naheliegendsten, den Finanzpool in die **Obhut des Ligaverbandes** bzw. der **DFL-GmbH** zu geben. Gleichzeitig sind **dem DFB** insoweit **Mitwirkungs- und Kontrollrechte** zuzugestehen, als dies zur Absicherung der Nachwuchsförderung unerläßlich ist, denn ein Großteil der Ausbildungsarbeit wird nach wie vor von den Amateurvereinen geleistet. Von daher dürfte es sich darüber hinaus als sinnvoll erweisen, innerhalb der DFL-GmbH ein eigenständiges Organ zu schaffen und mit der Verwaltung des Finanzpools zu betrauen.

Der vorige Überblick über mögliche Problemkreise bei der näheren Umsetzung eines abgabenfinanzierten Solidarfonds erhebt keineswegs den Anspruch auf Vollständigkeit. An dieser Stelle konnten Lösungen zu den dringlichsten und grundlegendsten Fragen, soweit sie zum gegenwärtigen Zeitpunkt bereits ersichtlich sind, jeweils nur angesprochen, aber keinesfalls vertieft werden. Die Klärung sämtlicher Einzelheiten muß einer zukünftigen Diskussion überlassen bleiben.

c) Rechtliche Würdigung

Aufbauend auf den Überlegungen zur Praxistauglichkeit des abgabenfinanzierten Poolsystems ist des weiteren klärungsbedürftig, ob und inwieweit die **Rechtsordnung einem solchen Vorhaben unverrückbare Grenzen setzt**. Nahezu einhellig anerkannt ist in diesem Zusammenhang, daß die durch den Finanzpool hervorgerufenen Wettbewerbsverzerrungen nicht hinreichen, das nationale oder europarechtliche Kartellverbot zu aktivieren; denn daneben sind keine milderen Mittel ersichtlich, die legitimen Ziele der Wettbewerbsgleichheit und Nachwuchsförderung im Profifußball gleichermaßen effektiv zu verwirklichen[997]. Im Zentrum des juristischen Interesses stehen deshalb hauptsächlich die Fragen, welche Anforderungen an die Mehrheitsverhältnisse innerhalb des Ligaverbandes zu stellen sind, damit der Finanzpool eingeführt werden kann (aa),

[997] Zur Vereinbarkeit eines abgabenfinanzierten Solidaritätsfonds mit dem innerstaatlichen und europäischen Kartellrecht siehe: *KG*, Beschl. v. 08.11.1995 – Kart 21/94 – ZIP 1996, 801, 806; *BKartA*, WuW 1994, 160, 173 f.; *Weng*, Die zentrale Vermarktung von Fernsehübertragungsrechten durch nationale und internationale Fußballverbände im Lichte neuester Rechtsprechung und Gesetzgebung, 2000, S. 197 ff.; *Stockmann*, ZIP 1996, 411, 418; *Deselaers*, WuW 1998, 946, 950 f.; *Fleischer*, WuW 1996, 473, 480; *Pichler*, MMR 1998, 309, 311; *Heermann*, SpuRt 1999, 11, 15.

und ob ein derartiges Finanzausgleichssystem einer Inhaltskontrolle am Maßstab des § 242 BGB genügt (bb)[998].

aa) Anforderungen an die Mehrheitsverhältnisse im Ligaverband bei der Einführung des Finanzpools

Von erheblicher praktischer Bedeutung ist zunächst die **Frage, wie groß die Anzahl der zustimmenden Ligaverbandsmitglieder sein muß**, damit der Solidaritätsfonds auf den Weg gebracht werden kann.

Die **weitaus herrschende Ansicht** in Rechtsprechung[999] und Lehre[1000] geht nämlich davon aus, daß die Einrichtung von Sicherungsfonds regelmäßig eine Änderung des Vereinszwecks i.S.d. § 33 Abs. 1 S. 2 BGB bedeutet, weshalb die Beschlußfassung nur **einstimmig** erfolgen kann. Maßgebliches Indiz zur Begründung einer Vereinszweckänderung soll in aller Regel eine Steigerung der Beiträge um das Mehrfache der bisherigen Leistungspflichten sein[1001]. Unter Anwendung dieser Grundsätze hängt die Einführung des abgabenfinanzierten Solidaritätsfonds wegen der erheblichen Umverteilung der Finanzmittel von der Zustimmung sämtlicher Lizenzvereine, also vor allem auch der finanzkräftigen wie zum Beispiel FC Bayern München und Borussia Dortmund, ab. Von deren Seite erhob sich gegen ein solches Vorhaben jedoch von Anfang an Widerspruch, so daß mit der Erfüllung des Einstimmigkeitserfordernisses (§ 27 Nr. 5 Ligaverbands-Satzung) nicht zu rechnen ist.

Eine von **Teilen des Schrifttums** vertretene Meinung legt § 33 Abs. 1 S. 2 BGB dagegen restriktiver aus und sieht in der Einführung eines Finanzpools keine Vereinszweckänderung, sondern lediglich eine Satzungsänderung, sofern ausschließlich eine Präzisierung der einzelnen Mittel der Interessenwahrnehmung anzunehmen ist. Davon ist auszugehen, wenn die Vereinssatzung einen be-

---

998 Daneben ist zudem der aus § 25 BGB resultierende Satzungsvorbehalt zu beachten, der verlangt, daß die grundsätzliche Befugnis zur Erhebung von Beiträgen und die Grundzüge des Abgabensystems in der Satzung des Ligaverbandes ausdrücklich niedergelegt sein müssen. Allg. hierzu Palandt-*Heinrichs*, BGB, 62. Aufl., 2003, § 58 Rn. 5 m.w.N.

999 *OLG Hamm*, Vorlagebeschl. v. 14.04.1980 – 15 W 61/79 – OLGZ 1980, 326, 328; *RG*, Urt. v. 05.12.1930 – 101/29 IV – JW 1931, 1450, 1454 ff.

1000 Soergel-*Hadding*, BGB, Bd. I, 13. Aufl., 2000, § 33 Rn. 10; Erman-*Westermann*, BGB, Bd. I, 10. Aufl., 2000, § 33 Rn. 3; RGRK-*Steffen*, BGB, Bd. I, 12. Aufl., 1982, § 33 Rn. 6; Staudinger-*Weick*, BGB, 13. Aufl., 1995, § 33 Rn. 2; *Nicklisch*, BB 1979, 1153, 1158 f.

1001 *RG*, Urt. v. 05.12.1930 – 101/29 IV – JW 1931, 1450, 1454 f.; *OLG Hamm*, Vorlagebeschl. v. 14.04.1980 – 15 W 61/79 – OLGZ 1980, 326, 328; *Nicklisch*, BB 1979, 1153, 1159.

stimmten Zweck bereits als Leitidee vorsieht und der Verband nur zusätzliche Aufgaben in seine Satzung aufnimmt; in solchen Konstellationen bedarf es nach § 33 Abs. 1 S. 1 BGB zur Beschlußfassung lediglich einer **qualifizierten Mehrheit**[1002]. Bezogen auf den abgabenfinanzierten Solidaritätsfonds ergibt sich dabei folgendes Bild:

Gemäß § 4 Nr. 1 lit. a und b Ligaverbands-Satzung stellen der Betrieb der Vereinseinrichtungen Bundesliga und 2. Bundesliga sowie die Ermittlung des deutschen Fußballmeisters und der Teilnehmer an den internationalen Clubwettbewerben im Rahmen eines Meisterschaftswettbewerbs die wichtigsten Ziele des Ligaverbandes dar. Die Funktionsfähigkeit eines derartigen Wettbewerbs setzt jedoch annähernd gleiche wirtschaftliche und sportliche Kräfteverhältnisse unter den teilnehmenden Lizenzvereinen voraus, damit das Positionsrennen nicht von vornherein de facto entschieden ist[1003]. Gleichzeitig folgt aus § 4 Nr. 1 lit. g in Verbindung mit Abs. 5 der Präambel der Ligaverbands-Satzung, daß ein weiterer Zweck des Ligaverbandes in der materiellen Förderung des Nachwuchses besteht.

Als Ertrag der Auslegung der Ligaverbands-Satzung ergibt sich, daß die mit dem abgabenfinanzierten Solidaritätsfonds angestrebten Ziele bereits in der Vereinsverfassung angelegt sind und die Erweiterung des Wirkungskreises des Ligaverbandes nur dazu dient, jene Zwecke besser und umfassender zu erreichen, als dies bisher mit der verbandsrechtlich normierten Transferentschädigungspflicht möglich war. Der Finanzpool tritt funktional an die Stelle der den Fußballverein, der den Lizenzspieler aufnimmt, treffenden Entschädigungspflicht. Daraus folgt, daß in concreto von einer Präzisierung der Mittel der Interessenwahrnehmung auszugehen ist und folglich gemäß §§ 33 Abs. 1, 40 BGB i.V.m. § 27 Nr. 3 Ligaverbands-Satzung eine Zweidrittelmehrheit genügt, den Finanzausgleich zu institutionalisieren[1004].

Beide dogmatischen Ansätze führen mithin zu **unterschiedlichen Ergebnissen,** so daß im Wege der Auslegung zu klären ist, welche Meinung letzten Endes die besseren Argumente auf ihrer Seite hat:

1002 MüKo-*Reuter*, BGB, Bd. I, 4. Aufl., 2001, § 33 Rn. 5; *Beuthien/Schöpflin*, BB 1997, 361, 362 f.; *Beuthien*, BB 1987, 6, 8 ff.

1003 Siehe dazu schon die Ausführungen im 2. Teil, 1. Kapitel, A.I.3.c); vgl. zudem in anderem Zusammenhang *Hannamann*, Kartellverbot und Verhaltenskoordination im Sport, 2001, S. 100 ff.

1004 So auch *Hannamann*, Kartellverbot und Verhaltenskoordination im Sport, 2001, S. 510 ff., zur Rechtslage vor der DFB-Strukturreform.

Geht man daher als erstes auf den *Wortlaut* von § 33 Abs. 1 S. 2 1. Hs. BGB ein, müßte eine „Änderung des Zweckes des Vereins" vorliegen. Das sprachlich weitläufige Tatbestandsmerkmal ist nach gängiger Auffassung nur erfüllt, wenn der enge Satzungsbestandteil, der den obersten Leitsatz für die Vereinstätigkeit zum Ausdruck bringt, und mit dessen Abänderung schlechterdings kein Mitglied bei seinem Beitritt zum Verein rechnen kann, betroffen ist[1005]. Bei Lichte betrachtet hängt die Entscheidung, ob sich der Charakter des Vereins grundlegend verändert hat, damit auch unter Zugrundelegung der genannten Definition von einer (persönlichen) Wertung des Rechtsanwenders ab, die sich auf die Umstände des Einzelfalls gründet[1006]. Durch die von der herrschenden Meinung vertretene Umschreibung wird mithin letztlich nur ein unbestimmter Rechtsbegriff durch einen anderen substituiert, ohne daß dies einen sichtbaren Gewinn an juristischer Rationalität mit sich brächte[1007]. Die grammatikalische Auslegung ist deshalb ergebnisoffen.

Lenkt man aus diesem Grund den Blick im Anschluß auf den *systematischen Zusammenhang*, in dem das Einstimmigkeitserfordernis im Falle der Vereinszweckänderung steht, fällt auf, daß das BGB für Beschlußfassungen – je nach Bedeutung des Abstimmungsgegenstandes – ein gestuftes Verfahren vorsieht: In § 32 Abs. 1 S. 3 BGB wird als Grundregel statuiert, daß bei der Beschlußfassung die einfache Mehrheit der erschienenen Mitglieder genügt. Geht es jedoch um eine Satzungsänderung, sieht das BGB in § 33 Abs. 1 S. 1 eine qualifizierte Mehrheit vor. Erst im Falle einer Änderung des Vereinszwecks weicht das Majoritätsprinzip nach der Vorgabe des § 33 Abs. 1 S. 2 BGB dem Einstimmigkeitsprinzip. Diese dem Gesetz zu entnehmende Stufenfolge, aber auch der zusätzliche Umstand, daß das Einstimmigkeitsprinzip innerhalb von § 33 Abs. 1 BGB dem qualifizierten Mehrheitserfordernis erst als S. 2 der Bestimmung nachgeordnet ist, zeigen auf, daß im Vereinsrecht das Mehrheitsprinzip ganz im Vordergrund steht und das **Einstimmigkeitserfordernis eine eng begrenzte Ausnahme** verkörpert. Läßt man jedoch eine außergewöhnliche Steigerung der Beitragshöhe prinzipiell als maßgebliches Indiz genügen, um im Regelfall bei der Einrichtung eines Finanzpools argumentativ zu einer Vereinszweckänderung zu gelangen, droht eine Ausuferung des Anwendungsbereichs von § 33 Abs. 1 S. 2 BGB; denn nicht jede spürbare Beitragserhöhung ist zwangsläufig gleichbedeutend mit einer Änderung der „Geschäftsgrundlage" des Vereins[1008]. Der

---

1005 *BGH*, Beschl. v. 11.11.1985 – II ZB 5/85 – NJW 1986, 1033, 1034; Palandt-*Heinrichs*, BGB, 62. Aufl., 2003, § 33 Rn. 3; *Häuser/van Look*, ZIP 1986, 749, 752.

1006 Siehe *Häuser/van Look*, ZIP 1986, 749, 752.

1007 Vgl. *Schmidt*, BB 1987, 556, 558: „Der hiermit bestimmte Vereinszweckbegriff läßt keine präzise Definition zu [...]."

1008 Zutreffend *Beuthien*, BB 1987, 6, 11.

Standpunkt der herrschenden Meinung verkehrt die vom BGB vorgegebene Regelungssystematik folglich gerade in ihr Gegenteil.

Untermauert wird der Befund der systematischen Auslegung durch eine *entstehungsgeschichtliche Betrachtung* von § 33 Abs. 1 BGB: In § 12 Abs. 2 BGB-Vorentw.-II war zunächst vorgesehen, daß neben anderen Beschlußgegenständen sogar „die Änderung oder Ergänzung der Verfassung“ nur „mit Zustimmung sämtlicher Mitglieder gefaßt werden“ konnte[1009]. Grundgedanke der Regelung war, daß die Generalversammlung – abgesehen davon, daß sie nicht über den Korporationszweck per Mehrheitsbeschluß sollte frei bestimmen können – „nicht die Macht [besitzt], die Verfassung, welche die Körperschaft sich gegeben hat, und auf welche sich ihre Vertretungsbefugnis stützt, abzuändern oder zu ergänzen“[1010]. Das Majoritätsprinzip konnte nur über eine abweichende Normierung in der Vereinssatzung installiert werden. Die von dem Redaktor Gebhard entworfene Regelung wurde in den Ersten Entwurf des BGB (§ 48 Abs. 5 BGB-Entw.-I) uneingeschränkt übernommen[1011]. Die Verabsolutierung des Einstimmigkeitsprinzips stieß jedoch namentlich in den Besprechungen von Gierke[1012] und Hölder[1013] zu dem Regelungsvorschlag auf vehemente Kritik; sie monierten, daß die Regel den Schutz der Minderheit innerhalb des Vereins überziehe.

Das Reichsjustizamt registrierte die literarischen Einwände[1014] und reagierte insofern, als es einen Gesetzesvorschlag des Generalreferenten Planck in modifizierter Form übernahm und von diesem als Antrag C[1015] in der Zweiten Kommission einbringen ließ; dieser Entwurf zum Vereinsrecht setzte sich danach bei der Mehrheit der Kommissionsangehörigen durch[1016]: § 28 des Vorschlags von

[1009] Zum Wortlaut von § 12 Abs. 2 BGB-Vorentw.-II siehe *Schubert*, Die Vorlagen der Redaktoren für die erste Kommission zur Ausarbeitung des Entwurfs eines Bürgerlichen Gesetzbuches, 1981, S. 511.

[1010] *Schubert*, Die Vorlagen der Redaktoren für die erste Kommission zur Ausarbeitung des Entwurfs eines Bürgerlichen Gesetzbuches, 1981, S. 638 f.

[1011] *Motive* zu dem Entwurfe eines Bürgerlichen Gesetzbuches für das Deutsche Reich, Bd. I, 1888, S. 108.

[1012] *Gierke*, Der Entwurf eines bürgerlichen Gesetzbuchs und das deutsche Recht, 1889, S. 151.

[1013] *Hölder*, AcP 73 (1888), 1, 47.

[1014] Siehe *Reichsjustizamt*, Zusammenstellung der gutachterlichen Äußerungen zu dem Entwurf eines bürgerlichen Gesetzbuchs, Bd. I, 1890 (Nachdruck 1967), S. 95.

[1015] *Protokolle* der Kommission für die zweite Lesung des Entwurfs des Bürgerlichen Gesetzbuchs, Bd. I, 1897, S. 482 ff.

[1016] Zum Vorgehen des Reichsjustizamtes sowie zur Behandlung des Gesetzentwurfs zum Vereinsrecht eingehend *Kögler*, Arbeiterbewegung und Vereinsrecht, 1974, S. 94 ff.; *Hadding*, in: Festschrift zum 100jährigen Gründungstag des Reichsjustizamtes am 1. Januar 1877, 1977, 263, 284 ff.

Planck, der die Differenzierung zwischen Satzungs- und Vereinszweckänderungen einführte, und für erstere in Abweichung von § 48 Abs. 5 BGB-Entw.-I eine qualifizierte Mehrheit als ausreichend erachtete, fand als § 32 Abs. 1 BGB-Entw.-II prinzipiell in die endgültige Fassung des Kommissionsentwurfs zum BGB Eingang[1017]. Hauptargument für den grundlegenden Richtungswechsel hin zum Grundsatz der Mehrheitsentscheidung war, „eine unnöthige Erschwerung des Vereinslebens" zu verhindern; im übrigen „sei nicht zu befürchten, daß man in jeder Änderung einer Bestimmung, welche die zur Erreichung des allgemeinen Vereinszwecks dienlichen Mittel betreffe, eine Zweckänderung finden werde"[1018]. § 32 Abs. 1 BGB-Entw.-II erfuhr im Verlauf des weiteren Gesetzgebungsverfahrens keine grundlegende Modifikation mehr und wurde schließlich in § 33 Abs. 1 BGB übernommen[1019].

Die dogmengeschichtliche Entwicklung des Vereinsrechts lehrt somit, daß das die Beschlußfassung über Änderungen der Vereinssatzung ursprünglich dominierende **Einstimmigkeitsprinzip** im Verlauf der weiteren Beratungen zur Ausarbeitung des BGB völlig **in den Hintergrund gedrängt** wurde und gleichzeitig das Mehrheitsprinzip in den Vordergrund rückte. Das Einstimmigkeitserfordernis hatte sein Reservat lediglich noch in den Fällen, in denen der ursprüngliche Vereinszweck durch einen anderen ersetzt wird oder neben den ersteren ein weiterer tritt[1020]. Diese Annahme wurde von Planck noch weiter eingeschränkt, indem er heraushob, daß „von dem Zwecke zu unterscheiden sind die Mittel zur Erreichung desselben"[1021]. Ein Austausch der Zweckerreichungsmittel fiel demnach ebenfalls nicht unter § 33 Abs. 1 S. 2 BGB.

Vergleicht man nunmehr den weiten Ansatz, daß in jeder wesentlichen Beitragserhöhung in der Regel gleichzeitig eine Vereinszweckänderung gesehen werden kann, mit der aus der Entstehungsgeschichte folgenden Wertung – hier: die Zurückdrängung des Einstimmigkeitsprinzips –, wird offenbar, daß beides nicht zueinander paßt[1022]. Zudem ist das Instrument des Finanzpools in concreto funk-

---

1017 *Protokolle* der Kommission für die zweite Lesung des Entwurfs des Bürgerlichen Gesetzbuchs, Bd. I, 1897, S. 482 ff., 484, 524.

1018 *Protokolle* der Kommission für die zweite Lesung des Entwurfs des Bürgerlichen Gesetzbuchs, Bd. I, 1897, S. 528.

1019 Näher *Beuthien*, BB 1987, 6, 7.

1020 *Protokolle* der Kommission für die zweite Lesung des Entwurfs des Bürgerlichen Gesetzbuchs, Bd. I, 1897, S. 528.

1021 *Planck*, Bürgerliches Gesetzbuch, Bd. I, 2. Aufl., 1898, § 33 Anm. 1.

1022 Überdeutlich wird die Unhaltbarkeit des von der herrschenden Ansicht vertretenen Ansatzes, wenn man darüber hinaus einen Blick auf die Bestimmungen zum Individualschutz in der privaten Universalgesellschaft des preußischen A.L.R. wirft. Dort galt folgende Unterscheidung: Sollten die Geschäfte der Gesellschaft durch die Beitragserhötionell ein Ersatz für das althergebrachte Transferentschädigungssystem und daher eher als Mittel zur Erreichung der bereits in der Ligaverbands-Satzung angelegten Ziele zu begreifen. Gerade der historische Gesetzgeber hat indes schon sorgfältig zwischen dem Vereinszweck und den Mitteln zu dessen Verwirklichung differenziert.

Das durch eine systematisch-historische Interpretation gewonnene Ergebnis, wonach der Mindermeinung im Schrifttum der Vorzug gebührt, könnte abschließend höchstens noch mit starken teleologischen Gesichtspunkten in Frage gestellt werden. *Sinn und Zweck* des § 33 Abs. 1 S. 2 BGB bestehen darin, die Minderheit gegen nicht vorhersehbare Satzungsänderungen und nicht gewollte Rechtsfolgen zu schützen[1023]. Diese Schutzfunktion wird indes am besten erfüllt, wenn man die Errichtung eines abgabenfinanzierten Solidaritätsfonds wegen der damit verbundenen beträchtlichen Beitragspflichten dem Einstimmigkeitsprinzip unterwirft.

Freilich steht dieser Befund auf der anderen Seite in Widerspruch zu den zuvor angestellten dogmatischen Erwägungen, weshalb sich die Frage anschließt, ob nicht ein anderes rechtliches Instrument zur Verfügung steht, das den Belangen des Minderheitenschutzes ebenso effektiv wie § 33 Abs. 1 S. 2 BGB Rechnung trägt, gleichzeitig aber keinen Bruch mit Kontext und Genese von § 33 Abs. 1 BGB zur Folge hat. Und in der Tat existiert ein solches Institut: der allgemeine gesellschaftsrechtliche, von der Vereinszweckänderung zu unterscheidende Rechtsgrundsatz[1024] des Verbots der wesentlichen Pflichtenmehrung, der im Wege einer Gesamtanalogie zu § 707 BGB, § 53 Abs. 3 GmbHG, § 180 Abs. 1 AktG entwickelt wurde. Dieser besagt, daß sich der wirtschaftliche Aufwand für

---

hung nur erweitert werden, der Gegenstand derselben im übrigen aber unverändert bleiben, so konnten die Mitglieder diese Beiträge nach Gutdünken verstärken (I 17 § 193). Sofern die verstärkten Beiträge aber dazu dienten, den Zweck der Gesellschaft auf einen anderen, bisher nicht betriebenen Gegenstand auszudehnen, so konnte derjenige, der der Beitragserhöhung nicht zustimmte, an dem erweiterten Geschäft nicht teilnehmen (I 17 § 196).

Aus dem *systematischen Aufbau*, wonach die Bestimmung, die die Beitragserhöhung unter bloßer Ergänzung des Gesellschaftszwecks behandelt, regelungstechnisch vor der Norm steht, die die Änderung des Gesellschaftszwecks als Folge einer Beitragserhöhung betrifft, ist zu schlußfolgern, daß das preußische A.L.R. die Ergänzung als den Regelfall und die Änderung des Gesellschaftszwecks als die Ausnahme betrachtete. Mit dieser Aussage harmoniert jedoch nur die von der Mindermeinung vertretene Auffassung.

1023 *Nicklisch*, BB 1979, 1153, 1159; *Häuser/van Look*, ZIP 1986, 749, 752; siehe auch *BGH*, Beschl. v. 11.11.1985 – II ZB 5/85 – NJW 1986, 1033, 1034.

1024 Zutreffend *Beuthien*, BB 1987, 6, 11; *Reuter*, ZGR 1987, 475, 481 f.; dagegen vermengt *Nicklisch*, BB 1979, 1153, 1159, die Vereinszweckänderung und das Belastungsverbot in unzulässiger Weise miteinander.

die Mitgliedschaft grundsätzlich im Rahmen des Vertretbaren halten muß[1025]. Verstößt eine Erhöhung der Mitgliedsbeiträge gegen dieses Rechtsprinzip, ist der diesbezügliche Beschluß nur gegenüber den nicht zustimmenden Vereinsmitgliedern unwirksam[1026].

Ordnet man die Einführung des Finanzpools dem Anwendungsbereich des Verbots der wesentlichen Pflichtenmehrung zu, und ist die Maßnahme mit dem organisationsrechtlichen Rechtsgedanken unvereinbar, wird der Zweck des Minderheitenschutzes ebenso erreicht, ohne den Vorgaben der systematisch-historischen Exegese zuwiderzulaufen. Die normzweckorientierte Interpretation liefert somit letztlich keine stichhaltigen Argumente, die eine Abweichung von dem durch die anderen Auslegungselemente indizierten engen Verständnis des § 33 Abs. 1 S. 2 BGB, wie es von Teilen der Lehre vertreten wird, rechtfertigen könnten.

Als Fazit bleibt damit: Gestützt auf systematische und entstehungsgeschichtliche Gründe verdient diejenige Ansicht den Vorzug, die in der Änderung der Zweckerreichungsmittel regelmäßig keine Vereinszweckänderung erblickt. Aus dem Gesagten folgt, daß die **Installation eines abgabengespeisten Finanzpools** mit einer Zweidrittelmehrheit **auch gegen den Willen der finanzstarken Lizenzvereine möglich** ist.

bb) Inhaltskontrolle gemäß § 242 BGB

Damit rückt als Prüfungsmaßstab das **Rechtsinstitut der Inhaltskontrolle** von Satzungsvorschriften (§ 242 BGB)[1027] in den Mittelpunkt[1028], dem aufgrund seiner Monopolstellung auch die Verbandsnormen des Ligaverbandes unterworfen sind[1029]: Keiner näheren Untersuchung zugeführt ist bisher vor allem die Frage nach der generellen Zulässigkeit eines solchen privatrechtlich organisierten Beitragserhebungsmodells. Bejaht man ersteres grundsätzlich, muß natürlich ebenso

---

[1025] *Reichert*, Handbuch des Vereins- und Verbandsrechts, 9. Aufl., 2003, Rn. 606; siehe zudem *Wiedemann*, Gesellschaftsrecht, Bd. I, 1980, § 7 IV 1 S. 393 ff. Vgl. außerdem bereits folgende Bestimmung im preußischen A.L.R. (I 17 § 190): „Zu mehreren Beiträgen aber, als wozu ein jeder Mitgenosse sich ausdrücklich verbunden hat, kann derselbe, auch unter veränderten Umständen von den übrigen nicht angehalten werden."

[1026] *Beuthien*, BB 1987, 6, 11; *Beuthien/Schöpflin*, BB 1997, 361, 363.

[1027] Zur Inhaltskontrolle von Vereinssatzungen siehe bereits im 1. Teil, 1. Kapitel, A.II.1.c)bb) der Arbeit.

[1028] Siehe *Waldhauser*, ZUM 1998, 129, 132; *Hannamann*, Kartellverbot und Verhaltenskoordination im Sport, 2001, S. 511.

[1029] Zur Monopolstellung des Ligaverbandes vgl. bereits die Ausführungen im 1. Teil, 1. Kapitel, B.II.1.

die Ausgestaltung des Finanzpools (Schutz der fußballunternehmerischen Geheimnissphäre sowie der Wettbewerbsfreiheit und –gleichheit und Grenzen der Verbandsstrafgewalt des Ligaverbandes) mit den (grund-)gesetzlichen Maßgaben korrespondieren.

(1) Die Inhaltskontrolle als Schranke für die Errichtung des Finanzpools

Erläßt der Ligaverband Verbandsnormen, in denen er von seinen Mitgliedern mit einer – im Vergleich zu den übrigen Lizenzvereinen – überdurchschnittlichen Ertragskraft eine Abgabe auf sämtliche Einnahmequellen erhebt und darüber hinaus die vermögenswerten Gegenleistungen der Vereine an die Spieler für die geleisteten Dienste teilweise abschöpft, kommen hierfür als vorrangiger Prüfungsmaßstab die Freiheitsrechte aus Art. 9 Abs. 1, 14 Abs. 1 S. 1 Alt. 1, 12 Abs. 1 S. 1 und 2 Abs. 1 GG in Betracht[1030]; diese entfalten an dieser Stelle wiederum eine mittelbare Drittwirkung (a)[1031]: Auf jene ist in einem ersten Schritt näher einzugehen (aa-dd), bevor im Anschluß der Verhältnismäßigkeitsgrundsatz als zentrale Schranken-Schranke gewürdigt wird (ee). Daneben ist noch der gesellschaftsrechtliche Gleichheitssatz einzuhalten (b).

(a) Die Freiheitsgrundrechte als Schranke für den Finanzpool

(aa) Die Vereinsfreiheit

Erstens könnte in der Statuierung einer Abgabenpflicht ein Verstoß gegen die **Vereinsfreiheit** der Lizenzclubs aus Art. 9 Abs. 1 GG liegen. Das Freiheitsrecht weist jedoch zahlreiche diffizile und die Grundlagen des Verfassungsrechts berührende Zweifelsfragen auf, die eine im Vergleich zu den übrigen in diesem Kontext noch zu prüfenden Grundrechtstatbeständen breiter angelegte Diskussion erforderlich machen:

Damit Art. 9 Abs. 1 GG in concreto eingreift, müßte zunächst der persönliche Schutzbereich des Grundrechts berührt sein. Da es um die Grundrechtsträgerschaft von Körperschaften geht, müssen die Voraussetzungen von Art. 19 Abs. 3 GG erfüllt sein[1032]; davon kann man bei den im Regelfall als Idealverein gemäß

[1030] Die Grundrechte der Lizenzvereine als Schranke für die Errichtung eines Finanzpools werden zumindest angesprochen von: *Waldhauser*, ZUM 1998, 129, 132 (Vereinsfreiheit); *Malatos*, Berufsfußball im europäischen Rechtsvergleich, 1988, S. 140 (Wirtschaftsfreiheit); *Kirschenhofer*, Sport als Beruf, 2002, S. 171 (Eigentumsgarantie).

[1031] Zur dogmatischen Herleitung der mittelbaren Drittwirkung der Grundrechte im Privatrecht vgl. schon die Ausführungen im 2. Teil, 1. Kapitel, A.I.4.a).

[1032] Im einzelnen ungeklärt ist, ob sich die grundsätzliche Anwendbarkeit der Vereinsfreiheit auf die Vereinigung selbst unmittelbar aus Art. 9 Abs. 1 GG ergibt oder ob es eines

§ 21 BGB[1033] organisierten Lizenzclubs ausgehen[1034]. Probleme bezüglich der wesensgemäßen Anwendbarkeit treten allerdings auf, sobald die Fußballclubs – wie dies in der jüngeren Vergangenheit teilweise geschehen ist – die Lizenzspielerabteilungen in **Kapitalgesellschaften** ausgliedern. Derartige rechtliche Gebilde werden nämlich von einer beachtlichen Mindermeinung im verfassungsrechtlichen Schrifttum **vom Anwendungsbereich des Art. 9 Abs. 1 GG i.V.m. Art. 19 Abs. 3 GG ausgeklammert**[1035].

Bei der Auflösung des Meinungsstreits ist davon auszugehen, daß das BVerfG die Anwendbarkeit von Grundrechten auf juristische Personen gemeinhin davon abhängig macht, daß diese ein personales Substrat erkennen lassen, das die Erstreckung des Grundrechtsschutzes auf die juristische Person erforderlich macht[1036]. Eine ähnliche, wenn auch weniger strenge Voraussetzung hat das Schrifttum entwickelt: Danach kommt es entscheidend darauf an, daß sich die juristische Person in einer grundrechtstypischen Gefährdungslage befindet, damit sie sich auf ein Grundrecht berufen kann[1037]. Wendet man die genannten Kriterien auf die Vereinigungsfreiheit an, ergibt sich folgendes Bild:

Zur Begründung der ablehnenden Haltung wird insbesondere auf das „Mitbestimmungs"-Urteil des BVerfG hingewiesen, in dem es heißt, daß bei Kapitalgesellschaften im „Unterschied zu dem Typus der Vereinigungen, den das Grundrecht der Vereinigungsfreiheit seiner Geschichte und seiner heutigen Geltung nach primär schützen will, [...] das personale Element bis zur Bedeutungslosigkeit zurück[tritt]"[1038]. Indes stellen sich die geäußerten Bedenken bei genauerem Hinsehen als unbegründet heraus: Art. 9 Abs. 1 GG beruht auf dem Prinzip der freien sozialen Gruppenbildung, d.h., die Verfassungsnorm bedeutet eine Absage an ein Gemeinwesen, das in ständisch-korporativer Weise oder in planmäßi-

Rückgriffs auf Art. 19 Abs. 3 GG bedarf. Der Streit ist jedoch rein theoretischer Natur und hat keine praktischen Auswirkungen. Näher zu der Problematik *Pieroth/Schlink*, Grundrechte – Staatsrecht II, 18. Aufl., 2002, Rn. 731.

1033 Zu der Frage, ob die Lizenzvereine der beiden Fußball-Bundesligen überhaupt noch als nichtwirtschaftliche Vereine gemäß § 21 BGB behandelt werden können, siehe: Palandt-*Heinrichs*, BGB, 62. Aufl., 2003, § 21 Rn. 5; MüKo-*Reuter*, BGB, Bd. I, 4. Aufl., 2001, §§ 21, 22 Rn. 43.

1034 Zur unbestrittenen Grundrechtsträgerschaft von Idealvereinen im Hinblick auf Art. 9 Abs. 1 GG vgl. Jarass/Pieroth-*Jarass*, GG, 6. Aufl., 2002, Art. 9 Rn. 4.

1035 Schmidt-Bleibtreu/Klein-*Kannengießer*, GG, 9. Aufl., 1999, Art. 9 Rn. 5d; *Stein/Frank*, Staatsrecht, 18. Aufl., 2002, § 40 II 1 a) S. 320.

1036 *BVerfG*, Beschl. v. 02.05.1967 – 1 BvR 578/63 – BVerfGE 21, 362, 369.

1037 BK-*v. Mutius*, GG, Bd. III, Art. 19 Abs. 3 Rn. 114; Jarass/Pieroth-*Jarass*, GG, 6. Aufl., 2002, Art. 19 Rn. 13.

1038 *BVerfG*, Urt. v. 01.03.1979 – 1 BvR 532, 533/77 u.a. – BVerfGE 50, 290, 355 f.; siehe zur personalen Grundrechtsdoktrin *Badura*, DÖV 1990, 353, 359 ff.

ger Formung und Organisation verfaßt ist[1039]. Die ständisch-korporative Gesellschaftsordnung, gegen die sich Art. 9 Abs. 1 GG wendet, bediente sich ihrerseits schon der Rechtsfiguren des Vertrags, des Eigentums, des Gewerbes und der Vereinigungen. Die Rechtsformen hatten aber keine individualschützende Funktion, sondern es handelte sich um normativ vorgegebene Sozialfunktionen zur Sicherung des überkommenen gesellschaftlichen Ordnungsgefüges[1040]. Nichtsdestotrotz zeigt sich bereits daran, daß ein enger historisch gewachsener Zusammenhang zwischen Vertrags-, Vereinigungs-, Gewerbe- und Eigentumsfreiheit besteht[1041]. Diesem Verständnis entsprechend sind auch die Grundrechte, die die genannten Freiheiten in der Verfassung positivrechtlich verbürgen – das sind neben Art. 9 Abs. 1 GG die Art. 2 Abs. 1 GG, Art. 12 Abs. 1 GG und Art. 14 Abs. 1 GG –, einheitlich zu deuten. Für die Vertrags-, die Berufs- und die Eigentumsfreiheit gilt es jedoch heute als gesicherte Erkenntnis, daß über Art. 19 Abs. 3 GG auch Kapitalgesellschaften in den persönlichen Schutzbereich der genannten Freiheitsrechte einbezogen werden[1042]. In ein solches systematisches Umfeld fügt sich indes nur eine Lesart des Art. 9 Abs. 1 GG i.V.m. Art. 19 Abs. 3 GG ein, die eine Erstreckung der Vereinsfreiheit auf Kapitalgesellschaften grundsätzlich befürwortet[1043]. Eine *historisch-systematische Betrachtung* impliziert somit, in Übereinstimmung mit der herrschenden Lehrmeinung die Vereinsfreiheit auf Kapitalgesellschaften anzuwenden[1044].

[1039] v. Münch/Kunig-*Löwer*, GG, Bd. I, 5. Aufl., 2000, Art. 9 Rn. 1 m.w.N.

[1040] Siehe *Kübler*, Gesellschaftsrecht, 5. Aufl., 1999, § 3 I 2 S. 6; vgl. zudem *Hufen*, NJW 1994, 2913, 2914, zu Art. 12 Abs. 1 GG als Gegenstück zur ständisch-korporativen Gesellschaftsordnung; krit. zur historischen Deutung von Art. 9 Abs. 1 GG als Wirtschaftsgrundrecht: *Rübenach*, „Wirtschaftliche Vereinigungsfreiheit“ und Vereinigungsfreiheit, 1984, S. 16 ff.

[1041] Vgl. etwa *Badura*, Staatsrecht, 2. Aufl., 1996, C 80 ff., der in dem Abschnitt über „Die Grundrechte der wirtschaftlichen Freiheit“ gleichermaßen auf die Berufsfreiheit, die Eigentumsgarantie und eben auch die Vereinigungsfreiheit eingeht. Siehe zudem *Stober*, Allgemeines Wirtschaftsverwaltungsrecht, 12. Aufl., 2000, §§ 18 ff., 20 I.

[1042] Siehe z.B. Jarass/Pieroth-*Jarass*, GG, 6. Aufl., 2002, Art. 2 Rn. 9, 4; Art. 12 Rn. 10; Art. 14 Rn. 27 jeweils m.w.N.; *Pieroth/Schlink*, Grundrechte – Staatsrecht II, 18. Aufl., 2002, Rn. 151; *Kerssenbrock/Strunk*, DB 2002, Beilage 9, 1, 17, zu Art. 12 Abs. 1 GG und Art. 14 Abs. 1 GG.

[1043] Dies gilt um so mehr, als das BVerfG in der bereits zitierten Entscheidung zur Mitbestimmung die Auffassung vertritt, daß Art. 12 Abs. 1 GG gerade trotz seines vorwiegend „individualrechtlich-personale[n] Ansatze[s]“ im Ergebnis auf Kapitalgesellschaften anwendbar ist. Vgl. *BVerfG*, Urt. v. 01.03.1979 · 1 BvR 532, 533/77 u.a. – BVerfGE 50, 290, 363.

[1044] So im Ergebnis auch die überwiegende Lehrmeinung: Sachs-*Höfling*, GG, 3. Aufl., 2002, Art. 9 Rn. 33 mit Fn. 81; Maunz/Dürig/Herzog/Scholz-*Scholz*, GG, Bd. I, Art. 9 Rn. 60; v. Münch/Kunig-*Löwer*, GG, Bd. I, 5. Aufl., 2000, Art. 9 Rn. 31; *Arndt/Rudolf*, Öffentliches Recht, 14. Aufl., 2003, S. 142.

Fraglich erscheint darüber hinaus das Eingreifen des sachlichen Geltungsbereichs des Freiheitsrechts: Legt man nämlich ein weites Schutzbereichsverständnis zugrunde und sieht neben der internen ebenfalls die **externe Vereinsfreiheit**, d.h. die allgemeine Betätigung des Vereins zur Erreichung der verfolgten Zwekke, als geschützt an[1045], besteht kein Anlaß, die kommerzielle Verwertungsmöglichkeit des Sportereignisses „Fußballspiel" nicht unter Art. 9 Abs. 1 GG fallen zu lassen. Andererseits ist diese Sichtweise nicht unbestritten, denn das BVerfG und weite Teile des Schrifttums begrenzen die Vereinsfreiheit auf einen Kernbereich des Vereinsbestands und der Vereinstätigkeit[1046]. Dazu zählt die Verfolgung wirtschaftlicher Nebenzwecke als eine Tätigkeit, wie sie jedermann im Geschäftsverkehr ausübt, eben gerade nicht[1047]. Die externe Vereinsfreiheit wird daher nur nach Maßgabe der speziellen Grundrechte geschützt.

Untersucht man beide Ansichten bezüglich ihrer dogmatischen Stimmigkeit, gebührt dem engeren der beiden Ansätze der Vorzug. Diese Sichtweise gründet sich auf folgende *verfassungssystematische Überlegungen*: Die Subsumtion der externen Vereinsfreiheit unter Art. 9 Abs. 1 GG hätte zur Folge, daß Eingriffe in die wirtschaftliche Handlungsfreiheit der Vereinigung prima facie ausschließlich über kollidierendes Verfassungsrecht gerechtfertigt werden könnten, da der Schrankentatbestand des Art. 9 Abs. 2 GG in concreto nicht paßt[1048]. Macht dagegen ein einzelner Bürger von seiner wirtschaftlichen Betätigungsfreiheit Gebrauch, unterliegt er je nach Fallgestaltung den mit einem einfachen Schrankenvorbehalt versehenen Grundrechten der Art. 12 Abs. 1 GG und Art. 2 Abs. 1 GG. Bei einem weiten Verständnis des Art. 9 Abs. 1 GG werden Vereinigungen gegenüber Einzelpersonen folglich privilegiert, ohne daß hierfür ein sachlicher Grund ersichtlich ist. Ein solches Resultat steht in diametralem Widerspruch zum verfassungsrechtlichen Gleichheitssatz, der die willkürliche Ungleichbehandlung von wesentlich Gleichem gerade verbietet[1049]. Zudem würden die kodifizierten Schranken von Art. 12 Abs. 1 S. 2 GG und Art. 2 Abs. 1 2. Hs. GG

1045 *Badura*, Staatsrecht, 2. Aufl., 1996, C 65; *Kirschenhofer*, Sport als Beruf, 2002, S. 147 f.

1046 *BVerfG*, Beschl. v. 15.12.1999 – 1 BvR 2161/93 – NJW 2000, 1251; *Krogmann*, Grundrechte im Sport, 1998, S. 62 ff.; *Pieroth/Schlink*, Grundrechte – Staatsrecht II, 18. Aufl., 2002, Rn. 732; *Nolte/Planker*, Jura 1993, 635, 636 ff.

1047 Ebenso in anderem Zusammenhang *Krogmann*, Grundrechte im Sport, 1998, S. 121.

1048 Näher zur Reichweite des Gesetzesvorbehalts *Pieroth/Schlink*, Grundrechte – Staatsrecht II, 18. Aufl., 2002, Rn. 744; für eine mit dem Ausnahmecharakter des Art. 9 Abs. 2 GG nicht zu vereinbarende entsprechende Anwendung auf die anderen vom Schutzbereich der Vereinsfreiheit erfaßten Sachverhalte: Jarass/Pieroth-*Jarass*, GG, 6. Aufl., 2002, Art. 9 Rn. 20.

1049 Die Vergleichbarkeit von natürlichen Personen und Vereinen i.S.d. Art. 9 Abs. 1 GG resultiert aus dem allgemeinen Zweck der Grundrechte, dem Freiheitsschutz, der prinzipiell auf den einzelnen und das Kollektiv paßt. Bestätigt wird dieser Befund auch durch Art. 19 Abs. 3 GG, der insofern als Vollzug des Gleichheitssatzes zu begreifen ist.

unterlaufen, wenn es der einzelne in der Hand hätte, allein durch die Ausübung der extensiv gedeuteten Vereinsfreiheit die speziellen Gesetzesvorbehalte, die er ansonsten akzeptieren muß, auszuschalten[1050].

Um die aufgezeigten gravierenden dogmatischen Ungereimtheiten zu vermeiden, sehen sich die Befürworter des extensiven Ansatzes dazu gezwungen, die Gesetzesvorbehalte von Art. 12 Abs. 1 S. 2 GG und Art. 2 Abs. 1 2. Hs. GG analog auf Art. 9 Abs. 1 GG anzuwenden („Schrankenleihe")[1051]. Aber ein solches Vorgehen stößt ebenfalls auf erhebliche Einwände: Die im Abschnitt über die „Grundrechte" niedergelegten Tatbestände haben eine übereinstimmende Grundstruktur; danach sind den Schutzbereichsnormen im Regelfall die dazu passenden Schrankentatbestände innerhalb des gleichen Grundrechtsartikels grundsätzlich unmittelbar nachgeordnet[1052]. Diese Regelungsstruktur ist nicht zufällig, sondern ihr liegt eine bewußte Entscheidung des Verfassungsgesetzgebers zugrunde[1053]. Daraus ergibt sich, daß die Väter des Grundgesetzes durch ihr regelungstechnisches Vorgehen für das Verhältnis Bürger-Staat einen klaren und verläßlichen Ordnungsrahmen vorgeben wollten, damit der einzelne seine subjektiven Verfassungsrechte möglichst effektiv wahrnehmen kann und von deren Grenzen Kenntnis hat[1054]. Die offengelegte Grundrechtssystematik sowie der dahinterstehende Rechtsgedanke würden jedoch ausgehebelt, wenn man unbesehen eine analoge Heranziehung von geschriebenen Schranken über ihren originären Anwendungsbereich hinaus auf andere Freiheitsrechte befürwortet. Um ein solches sinnwidriges Ergebnis zu vermeiden, ist davon auszugehen, daß die für die einzelnen Grundrechte jeweils vorgesehenen Gesetzesvorbehalte nur auf die ausdrücklich erfaßten Fallkonstellationen Anwendung finden können (Spe-

---

1050 *Nolte/Planker*, Jura 1993, 631, 637.

1051 BK-*v. Münch*, GG, Bd. II, Art. 9 Rn. 90 ff.; Maunz/Dürig/Herzog/Scholz-*Scholz*, GG, Bd. I, Art. 9 Rn. 39 f., 111, 149.

1052 Vgl. Art. 2 Abs. 1 2. Hs.; 2 Abs. 2 S. 3; 4 Abs. 3 S. 2; 5 Abs. 2; 6 Abs. 2 S. 2; 8 Abs. 2; 9 Abs. 2; 10 Abs. 2; 11 Abs. 2; 12 Abs. 1 S. 2; 14 Abs. 1 S. 2, Abs. 3 GG. Ausnahmen von dieser Regelungstechnik verkörpern lediglich Art. 12a Abs. 2, 15 und 17a GG; jedoch sind auch diese Schrankentatbestände zumindest innerhalb des Abschnitts über die „Grundrechte" angesiedelt.

1053 Vgl. *Doemming/Füsslein/Matz*, JöR 1 (1951), 1, 47: „Diese Grundrechte wurden im Gegensatz zur Weimarer Verfassung an den Anfang des Ganzen gestellt, weil klar zum Ausdruck kommen sollte, daß die Rechte, deren der Einzelmensch bedarf, wenn anders er in Würde und Selbstachtung soll leben können, die *Verfassungswirklichkeit bestimmen müssen*. Letztlich ist der Staat dazu da, die äußere Ordnung zu schaffen, deren die Menschen zu einem auf der Freiheit des Einzelnen beruhenden Zusammenleben bedürfen" (Hervorhebung durch den Verfasser).

1054 Zum Verhältnis von Grundrechten und Rechtsstaatsprinzip siehe v. Münch/Kunig-*v. Münch*, GG, Bd. I, 5. Aufl., 2000, Vorb. Art. 1-19 Rn. 3 f.

zialitätsprinzip)[1055]. Die Kehrseite eines solchen Spezialitätsgrundsatzes ist ein Analogieverbot für die kodifizierten Schranken[1056]. Daraus wiederum leitet sich ab, daß eine entsprechende Heranziehung des Regelungsvorbehalts i.S.d. Art. 12 Abs. 1 S. 2 GG sowie der Schrankentrias des Art. 2 Abs. 1 2. Hs. GG zur Eingrenzung von Art. 9 Abs. 1 GG ausgeschlossen ist. Die dogmatischen Ungereimtheiten, zu denen eine weite Auslegung des Schutzbereichs von Art. 9 Abs. 1 GG führt, bleiben mithin bestehen.

Negiert man daher die Zuordnung der wirtschaftlichen Verwertung des Produkts „Fußball" zum Schutzbereich der in Art. 9 Abs. 1 GG garantierten Vereinsfreiheit, ist weiter zu fragen, ob durch die Auferlegung einer Abgabenpflicht nicht doch gleichzeitig die **interne Vereinsfreiheit** berührt wird. Die negative Seite des Grundrechts umfaßt nämlich auch das Recht des einzelnen, sich von einer zunächst (freiwillig) eingegangenen Bindung und den damit verbundenen Beitragspflichten zu einem späteren Zeitpunkt wieder zu lösen[1057]. Für die der Abgaben- bzw. Beitragspflicht unterliegenden Fußballvereine geht es darum, sich im Falle der Errichtung eines Solidaritätsfonds der Zahlungspflicht durch einen eventuellen Austritt aus dem Ligaverband entziehen zu können, so daß der sachliche Schutzbereich tangiert ist.

Darin müßte durch die verbandsrechtliche Normierung eines Abgabensystems zur Finanzierung des Solidaritätsfonds eingegriffen worden sein. Von einem Eingriff ist auszugehen, wenn dem einzelnen die Ausübung des Freiheitsrechtes ganz oder teilweise unmöglich gemacht wird. Im Fall der Fußballvereine ist zu berücksichtigten, daß die Lizenzvereine der beiden Bundesligen aufgrund der faktischen Monopolstellung des Ligaverbandes auf die Mitgliedschaft in der Vereinigung angewiesen sind, damit sie überhaupt am Meisterschaftswettbewerb teilnehmen zu können. Einer Abschöpfung eines nicht unerheblichen Teils ihrer Finanzmittel zum Aufbau eines Finanzpools aufgrund einer Satzungsregelung können sich die beitragspflichtigen Fußballclubs somit nicht einfach durch Austritt aus dem Ligaverband entziehen, ohne gleichzeitig ihre wirtschaftliche Existenzgrundlage in Frage zu stellen. Ein **Eingriff in Art. 9 Abs. 1 GG** ist daher wegen des faktischen Zwangs zur Leistung der Beitragszahlungen vorliegend gegeben.

1055 Vgl. zum Spezialitätsprinzip v. Mangoldt/Klein/Starck-*Starck*, GG, Bd. I, 4. Aufl., 1999, Art. 1 Abs. 3 Rn. 233 ff.

1056 Vgl. Jarass/Pieroth-*Jarass*, GG, 6. Aufl., 2002, vor Art. 1 Rn. 40; *Pieroth/Schlink*, Grundrechte – Staatsrecht II, 18. Aufl., 2002, Rn. 315 ff.

1057 *BGH*, Urt. v. 10.07.1995 – II ZR 102/94 – NJW 1995, 2981, 2983; Jarass/Pieroth-*Jarass*, GG, 6. Aufl., 2002, Art. 9 Rn. 7; *Badura*, Staatsrecht, 2. Aufl., 1996, C 65; *Sachs*, JuS 1996, 354, 355.

Eingriffe von privater Seite in die Vereinsfreiheit gemäß Art. 9 Abs. 1 GG können lediglich über verfassungsimmanente Schranken gerechtfertigt werden. Das Rechtsinstitut erlangt seine innere Rechtfertigung aus dem Auslegungsprinzip der Einheit der Verfassung, das besagt, daß alle Verfassungsnormen in ihrem Gesamtzusammenhang zu deuten sind, um Widersprüche zu vermeiden. Daraus folgt zugleich, daß als kollidierende Schranken ausschließlich solche Rechtsgüter in Betracht kommen, die ihrerseits mit Verfassungsrang ausgestattet sind. Zwischen den gegenläufigen Interessen ist im Wege einer Abwägung ein möglichst schonender Ausgleich herbeizuführen, so daß beide Rechtspositionen noch eine möglichst optimale Wirkung entfalten (**praktische Konkordanz**)[1058]. Der hier beschriebene Abwägungsprozeß läuft dabei im Ergebnis auf eine Verhältnismäßigkeitsprüfung hinaus[1059].

(bb) Die Eigentumsfreiheit

Weiterhin könnte die **Eigentumsgarantie** des Art. 14 Abs. 1 S. 1 Alt. 1 GG verletzt sein. Eingetragene Vereine sind gemäß Art. 19 Abs. 3 GG Träger der Eigentumsfreiheit[1060]. Allerdings gehen die Meinungen darüber, ob das Freiheitsrecht überhaupt als sachlicher Prüfungsmaßstab für Abgaben taugt, auseinander. Manche bejahen dies, indem sie den verfassungsrechtlichen Eigentumsbegriff in fragwürdiger Weise ausdehnen und das **Vermögen** an sich als Schutzgut betrachten[1061]; andere halten demgegenüber an dem klassischen Verständnis, wonach unter das Eigentum im Prinzip nur konkrete vermögenswerte Rechte subsumiert werden können, fest[1062]. Zu folgen ist der zweiten Meinung, die den – angesichts der sich widersprechenden systematischen und teleologischen Erwägungen – in den Vordergrund rückenden *genetischen Befund* auf ihrer Seite hat[1063]: Denn im Parlamentarischen Rat war vorgeschlagen worden, im Grundge-

---

[1058] Vgl. *BVerfG*, Beschl. v. 19.10.1993 – 1 BvR 567, 1044/89 – BVerfGE 89, 214, 231 f. (zu Art. 2 Abs. 1 GG).

[1059] Siehe zu dem Rechtsinstitut der verfassungsimmanenten Schranken Jarass/Pieroth-*Jarass*, GG, 6. Aufl., 2002, Vorb. vor Art. 1 Rn. 45 ff.

[1060] Allg. zur Anwendbarkeit des Art. 14 Abs. 1 S. 1 GG auf juristische Personen gemäß Art. 19 Abs. 3 GG: Jarass/Pieroth-*Jarass*, GG, 6. Aufl., 2002, Art. 14 Rn. 27.

[1061] So *Beil*, Der Belastungsgrund des steuerrechtlichen Synallagmas, 2001, S. 84 ff., 90 ff.; *Jenzen*, Energiesteuern im nationalen und internationalen Recht, 1998, S. 203 ff.; *Krapf*, Verkehrslenkung durch Abgaben: Möglichkeiten und Grenzen einer Umsetzung des Road Pricing-Konzepts nach deutschem und europäischem Recht, 2001, S. 143 ff.; *Arndt/Schumacher*, NJW 1995, 2603, 2604. *Fischer*, Strategien im Kreislaufwirtschafts- und Abfallrecht, 2001, S. 623 ff., will die Streitfrage letztlich offenlassen, läßt aber gleichwohl eine gewisse Sympathie für den extensiven Ansatz anklingen.

[1062] So *Schirra*, Die Indienstnahme Privater im Lichte des Steuerstaatsprinzips, 2002, S. 99 ff.

[1063] Auf die Entstehungsgeschichte verweisen auch *Pieroth/Schlink*, Grundrechte – Staatsrecht II, 18. Aufl., 2002, Rn. 907.

setz den engeren Eigentums-Begriff durch die weitläufigere und damit auch einer extensiven Interpretation zugängliche Formulierung der „Privatvermögensrechte“[1064] zu ersetzen; allerdings fand der Vorschlag unter den Angehörigen des Konvents nicht die erforderliche Mehrheit[1065]. Wenn sich der historische Verfassungsgesetzgeber aber schon kategorisch weigerte, anstelle des klassischen Eigentumsbegriffs den damals anerkannten Topos der Privatvermögensrechte zu verwenden, läßt dies nur den Rückschluß zu, daß man in bezug auf Art. 14 Abs. 1 GG grundsätzlich keine weitere Ausdehnung des Schutzbereichs wünschte[1066]. Zu dieser Wertung stünde es jedoch in einem unüberbrückbaren Gegensatz, das Vermögen mit dem Eigentumsbegriff i.S.d. Art. 14 Abs. 1 S. 1 GG unbesehen gleichzusetzen[1067].

Bleibt es mithin im Grundsatz dabei, daß die grundgesetzliche Eigentumsgarantie nur konkrete vermögenswerte Rechte schützt, muß in einem weiteren Schritt die Zuordnung der dem Veranstalter eines Sportereignisses – das sind regelmä-

---

1064 Die Formulierung knüpfte sprachlich an die zu Art. 153 WRV gängige Definition des Eigentums als „jedes private Vermögensrecht“ an (vgl. *Anschütz*, Die Verfassung des Deutschen Reichs, 14. Aufl., 1933 [Nachdruck 1968], Art. 153 Anm. 2).

1065 *Doemming/Füsslein/Matz*, JöR 1 (1951), 1, 147.

1066 Zumindest bestätigt wird diese Schlußfolgerung durch die Aussage des Abgeordneten Dr. Schmid, der zu Art. 14 Abs. 1 S. 2 GG ausführte, daß der Gesetzesvorbehalt „von dem Gedanken eingegeben worden [ist], ‚daß das Eigentum, nämlich das Ausmaß, in dem ein Individuum über *Sachen* verfügen kann, notwendig vom Gesetzgeber her zu bestimmen’ sei“ (Hervorhebung durch den Verfasser). Vgl. *Doemming/Füsslein/Matz*, JöR 1 (1951), 1, 146. Aus der Bezugnahme auf den Begriff „Sachen“ ergibt sich, daß man im Parlamentarischen Rat von der Vorstellung ausging, das Eigentum umfasse im Kern ausschließlich konkrete vermögenswerte Rechte.

1067 Gegen eine Einbeziehung des Vermögens in den Schutzbereich des Art. 14 Abs. 1 S. 1 GG sprach sich zunächst auch das BVerfG in ständiger Judikatur aus (z.B. *BVerfG*, Beschl. v. 31.05.1988 – 1 BvL 22/85 – BVerfGE 78, 232, 243). In der Vermögensteuer-Entscheidung des Zweiten Senats am BVerfG (*BVerfG*, Beschl. v. 22.06.1995 – 2 BvL 37/91 – BVerfGE 93, 121, 137) schien sich zwischenzeitlich eine grundsätzliche Abkehr von dieser Linie anzudeuten; dieser Umstand rief in der Lehre sowohl positive (*Tipke/Lang*, Steuerrecht, 17. Aufl., 2002, § 4 Rn. 217; *Leisner*, NJW 1995, 2591, 2594; *Vogel*, NJW 1996, 1257, 1258) als auch negative (*Böckenförde*, Sondervotum v. 22.06.1995 – 2 BvL 37/91 – BVerfGE 93, 149, 153 f.; *Bull*, NJW 1996, 281, 283) Kritik hervor. Mittlerweile haben sich der Erste Senat des BVerfG und der BFH aber dadurch vom Standpunkt des Zweiten Senats des BVerfG distanziert, indem sie den Vermögensteuer-Beschluß als Bestätigung der tradierten Rechtsprechungslinie werteten (vgl. *BVerfG*, Urt. v. 08.04.1997 – 1 BvR 48/94 – BVerfGE 95, 267, 300; *BFH*, Urt. v. 11.08.1999 – XI R 77/97 – NJW 1999, 3798 f.). Deshalb liegt die Vermutung nahe, daß der Vermögensteuer-Beschluß ein Ausreißer war und die Richter des Zweiten Senats zukünftig – so bleibt zu hoffen – nicht mehr als „Wiederholungstäter“ in Erscheinung treten werden. Zu den Divergenzen zwischen den beiden Senaten des BVerfG vgl. *Seer*, DStJG 23 (2000), 87, 97 f.

ßig die gastgebenden Fußballvereine – zustehenden **Vermarktungsmöglichkeiten** zum Schutzbereich des Art. 14 Abs. 1 S. 1 GG geklärt werden. Anerkannt ist in diesem Zusammenhang zwar zum einen der Schutz von Urheberrechten[1068]; die ganz herrschende Ansicht lehnt jedoch eine analoge Anwendung von § 81 UrhG[1069] auf die kommerziellen Verwertungsmöglichkeiten des Sportveranstalters ab[1070], so daß der Verweis auf den verfassungsrechtlichen Schutz von Urheberrechten nicht weiterführt[1071].

Daneben wird aber noch vertreten, daß die Vermarktungs"rechte", die rechtstechnisch Abwehransprüche des Veranstalters aus §§ 1 UWG, 823 Abs. 1 BGB verkörpern[1072] und ihm die Rechtsmacht einräumen, Dritte von der kommerziellen Verwertung des Fußballspiels auszuschließen, für sich genommen bereits als vermögenswerte Rechtspositionen anzuerkennen seien[1073]. Einem solchen Ansatz ist jedoch zu widersprechen, denn Art. 14 Abs. 1 S. 1 GG schützt das Erworbene, wogegen Art. 12 Abs. 1 S. 1 GG auf den Schutz des Erwerbs zielt[1074]; mit anderen Worten: Die Eigentumsgarantie ist vergangenheitsbezogen und die Berufsfreiheit zukunftsgerichtet[1075]. Die Vermarktung des Produkts „Fußballspiel" betrifft aber die wirtschaftliche Ausbeutung eines in der Zukunft liegenden Ereignisses. Anknüpfungspunkt für die Abwehransprüche ist zudem die individuelle Erwerbs- und Leistungstätigkeit und nicht so sehr die Innehabung und Verwendung eines vorhandenen Vermögensgutes[1076]. Die durch §§ 1 UWG, 823 Abs. 1 BGB vermittelte Rechtsmacht ist daher aufgrund der vorstehenden *funk-*

1068 Jarass/Pieroth-*Jarass*, GG, 6. Aufl., 2002, Art. 14 Rn. 9.

1069 § 81 UrhG lautet: „*Schutz des Veranstalters.* Wird die Darbietung des ausübenden Künstlers von einem Unternehmen veranstaltet, so bedarf es in den Fällen der §§ 74, 75 Abs. 1 und 2 und 76 Abs. 1 neben der Einwilligung des ausübenden Künstlers auch der Einwilligung des Inhabers des Unternehmens."

1070 Näher *BGH*, Beschl. v. 14.03.1990 – KVR 4/88 – NJW 1990, 2815, 2817; *Hannamann*, Kartellverbot und Verhaltenskoordination im Sport, 2001, S. 169 f. m.w.N.; *Horn*, Jura 1989, 17, 18; *Haas/Prokop*, SpuRt 1999, 182.

1071 Im Ergebnis ebenso *Stettner*, JZ 1993, 1125, 1130; *Jarass*, AfP 1993, 455, 459.

1072 *BGH*, Beschl. v. 14.03.1990 – KVR 4/88 – NJW 1990, 2815, 2817; *Mestmäcker*, in: Festschrift für *Sandrock*, 2000, 689, 692 ff.

1073 In diese Richtung *Selmer*, in: *Schellhaaß*, Sport und Medien, 1999, 49, 53; siehe auch *Lenz*, NJW 1999, 757, 759.

1074 *BVerfG*, Beschl. v. 25.05.1993 – 1 BvR 345/83 – BVerfGE 88, 366, 377; *Arndt/Rudolf*, Öffentliches Recht, 14. Aufl., 2003, S. 131; *Pieroth/Schlink*, Grundrechte – Staatsrecht II, 18. Aufl., 2002, Rn. 912.

1075 *BVerfG*, Urt. v. 16.03.1971 – 1 BvR 52, 665, 667, 754/66 – BVerfGE 30, 292, 334 f.; v. Münch/Kunig-*Gubelt*, GG, Bd. I, 5. Aufl., 2000, Art. 12 Rn. 98; krit. Sachs-*Tettinger*, GG, 3. Aufl., 2002, Art. 12 Rn. 164 f.; *Seer*, DStJG 23 (2000), 87, 95 f.

1076 Siehe auch v. Mangoldt/Klein/Starck-*Depenheuer*, GG, Bd. I, 4. Aufl., 1999, Art. 14 Rn. 142, und *Papier*, in: Festschrift für *Lerche*, 1993, 675, 678.

tionalen Betrachtung nicht als vermögenswertes Recht im Sinne der Eigentumsgarantie anzuerkennen[1077].

Wenn einige Autoren abschließend die Vermarktungspotentiale an einem Sportereignis über das in § 823 Abs. 1 BGB wurzelnde Rahmenrecht des „eingerichteten und ausgeübten Gewerbebetriebs" als geschützt ansehen[1078], bedeutet dies nicht zwangsläufig, daß der ebenfalls durch Art. 14 Abs. 1 S. 1 Alt. 1 GG geschützte **eingerichtete und ausgeübte Gewerbebetrieb**[1079] ebenso extensiv wie im Rahmen des einfachen Rechts ausgelegt werden muß[1080]: Denn § 823 Abs. 1 BGB verfolgt den *Zweck*, das individuelle Integritätsinteresse zu wahren[1081]; das grundgesetzliche Eigentumsrecht soll dagegen dem einzelnen einen Freiraum im vermögensrechtlichen Bereich verschaffen, um ihm eine eigenverantwortliche Ausgestaltung seines Lebens zu ermöglichen[1082]. Darüber hinaus weist die Vermarktung des Produkts Fußballspiel eben einen äußerst engen Bezug zum Erwerb auf. Aus den genannten Gründen ist auch der eingerichtete und ausgeübte Gewerbebetrieb in concreto nicht einschlägig[1083].

Nach der hier vertretenen Auffassung lassen sich die Vermarktungs"rechte" des Veranstalters eines Sportgroßereignisses nicht unter den Eigentumsbegriff des Grundgesetzes subsumieren. Aber selbst wenn man dieser restriktiven Sichtweise nicht folgt und den Schutzbereich als eröffnet ansieht, wird es unter Zugrundelegung der Maßgaben des BVerfG[1084] regelmäßig an einem Eingriff in Art. 14 Abs. 1 S. 1 GG fehlen, da die verbandsrechtliche Statuierung einer Abgabenpflicht auf sämtliche Einnahmequellen sowie für die auszuzahlenden Jahresge-

---

1077 So auch *Stettner*, JZ 1993, 1125, 1130; *Jarass*, AfP 1993, 455, 459; a.A. *Papier*, in: Festschrift für *Lerche*, 1993, 675, 679.

1078 Vgl. *Hannamann*, Kartellverbot und Verhaltenskoordination im Sport, 2001, S. 178 f. m.w.N.; *Mestmäcker*, in: Festschrift für *Sandrock*, 2000, 689, 694; a.A. *Stettner*, JZ 1993, 1125, 1133.

1079 So die Auffassung der herrschenden Ansicht: *Pieroth/Schlink*, Grundrechte – Staatsrecht II, 18. Aufl., 2002, Rn. 905; Maunz/Dürig/Herzog/Scholz-*Papier*, GG, Bd. II, Art. 14 Rn. 95 ff.; offengelassen wird die Frage vom *BVerfG*, Beschl. v. 31.10.1984 – 1 BvR 35, 356, 794/82 – BVerfGE 68, 193, 222 f.

1080 Gegen einen zwangsläufigen Gleichlauf in der Auslegung von § 823 Abs. 1 BGB und Art. 14 Abs. 1 S. 1 GG auch *Jarass*, AfP 1993, 455, 458 f.

1081 Vgl. in anderem Zusammenhang *BGH*, Urt. v. 21.11.1989 – VI ZR 350/88 – NJW 1990, 908, 909.

1082 *BVerfG*, Beschl. v. 16.02.2000 – 1 BvR 242/91, 315/99 – BVerfGE 102, 1, 15.

1083 *Jarass*, AfP 1993, 455, 459; *Tietje*, JuS 1999, 644, 647; a.A. *Papier*, in: Festschrift für *Lerche*, 1993, 675, 677; *Selmer*, in: *Schellhaaß*, Sport und Medien, 1999, 49, 53 f.; *Horn*, Jura 1989, 17, 19.

1084 *BVerfG*, Urt. v. 08.04.1997 – 1 BvR 48/94 – BVerfGE 95, 267, 300; *BVerfG*, Beschl. v. 12.11.1997 – 1 BvR 479/92 und 307/94 – BVerfGE 96, 375, 397.

hälter kein konkretes Eigentumsobjekt belastet, sondern eine reine Geldschuld darstellt; eine Ausnahme von diesem Grundsatz gilt nur im Falle einer „konfiskatorischen“ Abgabenlast, wovon hier aber nicht auszugehen ist. Auch wenn man in Übereinstimmung mit der herrschenden Lehre weitergehend eine Anknüpfung der Abgabenpflicht an die Nutzung einer Eigentumsposition genügen läßt[1085], um einen Eingriff zu konstruieren, gelangt man im vorliegenden Fall zu keinem anderen Resultat, denn die Verbandsnormen setzen nicht unmittelbar bei der Vermarktungsmöglichkeit als solcher – die hier einzig als Schutzgegenstand des Art. 14 Abs. 1 S. 1 GG in Betracht kommt[1086] –, sondern erst bei dem von der Verwertungsmöglichkeit zu unterscheidenden Ergebnis des Verwertungsvorgangs[1087], nämlich den erzielten Einkünften, an. **Art. 14 Abs. 1 S. 1 GG** dürfte sich **in der Praxis** deshalb prinzipiell **kaum** als **Hindernis für einen abgabenfinanzierten Solidaritätsfonds** erweisen.

(cc) Die Berufsfreiheit

Denkbar ist darüber hinaus eine Beeinträchtigung der in Art. 12 Abs. 1 S. 1 GG verankerten **Berufsfreiheit**. Dazu müßte erstens der persönliche Schutzbereich des Grundrechts eingreifen, wozu im vorliegenden Fall die Tatbestandsvoraussetzungen von Art. 19 Abs. 3 GG erfüllt sein müssen. Als in dieser Beziehung problematisch stellt sich vor allem der Begriff der wesensgemäßen Anwendbarkeit dar[1088]. Denn die Profifußballclubs sind in der Regel als nichtwirtschaftlicher Verein gemäß § 21 BGB organisiert. Vor diesem Hintergrund wird die

---

1085 Dafür etwa Jarass/Pieroth-*Jarass*, GG, 6. Aufl., 2002, Art. 14 Rn. 16; Maunz/Dürig/Herzog/Scholz-*Papier*, GG, Bd. II, Art. 14 Rn. 170 ff.; *Jachmann*, StuW 1996, 97, 100.

1086 Siehe z.B. v. Mangoldt/Klein/Starck-*Depenheuer*, GG, Bd. I, 4. Aufl., 1999, Art. 14 Rn. 142. Soweit in dieser Beziehung von den Befürwortern einer eigentumsfähigen Rechtsposition mit einer Parallele zum verfassungsrechtlichen Schutz der vermögenswerten Seite des Urheberrechts argumentiert wird (näher *Papier*, in: Festschrift für *Lerche*, 1993, 675, 678), ist zu berücksichtigen, daß das BVerfG lediglich die „Verwertungsmöglichkeit“ des Urhebers an seinem Werk dem Schutz des Art. 14 Abs. 1 GG unterstellt (vgl. *BVerfG*, Beschl. v. 07.07.1971 – 1 BvR 765/66 – BVerfGE 31, 229 LS 2, 239).

1087 Der kommerzielle Vermarktungsvorgang als solcher kann sicherlich nur noch der den Erwerb schützenden Berufsfreiheit und nicht mehr dem den Bestand eines vermögenswerten Rechts erhaltenden Eigentumsgrundrecht unterfallen, will man nicht zahlreiche und unlösbare Abgrenzungsschwierigkeiten zwischen Art. 12 Abs. 1 und Art. 14 Abs. 1 GG heraufbeschwören, die der Rechtssicherheit äußerst abträglich sind. A.A. Maunz/Dürig/Herzog/Scholz-*Papier*, GG, Bd. II, Art. 14 Rn. 98; *Arndt/Schumacher*, AöR 113 (1993), 513, 583.

1088 Zur Auslegung dieses Rechtsbegriffs siehe bereits die Darstellung bei der Erörterung der Frage, ob sich Kapitalgesellschaften auf die Vereinsfreiheit gemäß Art. 9 Abs. 1 GG berufen können.

These vertreten, daß ein gemeinnütziger Verein schon definitionsgemäß als Hauptzweck keine erwerbswirtschaftliche Tätigkeit ausübe und daher die Funktion von Art. 12 Abs. 1 S. 1 GG nicht passe[1089]. Die Gegenauffassung befürwortet dagegen zumindest insoweit eine Heranziehung der Berufsfreiheit, als ein Idealverein sich im Nebenzweck erwerbswirtschaftlich betätigt[1090]. Vorzugswürdig erscheint jedenfalls die letztgenannte Ansicht, weil sich schon dem *Wortlaut* von Art. 19 Abs. 3 GG keine Anhaltspunkte für ein enges Verständnis entnehmen lassen: Der Wortsinn von Art. 19 Abs. 3 GG würde nämlich nur für ein restriktives Verständnis sprechen, wenn der Tatbestand wie folgt formuliert wäre: „Die Grundrechte gelten auch für inländische juristische Personen, soweit sie ihrem Wesen nach *bereits im Grundsatz* auf diese anwendbar sind". Ausweislich des Normtextes fehlt es aber an einer solchen Restriktion, so daß dieser ein weites Verständnis impliziert. Untermauert wird die grammatikalische Auslegung zudem durch eine *teleologische Betrachtung*: Art. 19 Abs. 3 GG beruht auf dem Gedanken, daß auch Verbandsbildungen schutzbedürftig sind[1091]. In der Konsequenz der Schutzfunktion liegt es, Art. 19 Abs. 3 GG extensiv auszulegen. Dieser Vorgabe wird jedoch ausschließlich die Einbeziehung von Idealvereinen in den persönlichen Schutzbereich von Art. 12 Abs. 1 GG gerecht, soweit sie einer erwerbswirtschaftlichen Tätigkeit nachgehen. Für letzteres spricht abschließend noch die Interpretationsmaxime, daß die Grundrechte möglichst so zu deuten sind, daß ihr Schutzzweck am besten verwirklicht wird[1092].

Folgt man daher dem grundrechtsfreundlichen Ansatz, ist in einem weiteren Schritt der sachliche Schutzbereich der Berufsfreiheit zu untersuchen. Unter einem Beruf versteht man dabei jede auf Dauer angelegte, nicht verbotene und der Existenzsicherung dienende Tätigkeit[1093]. Die Durchführung der Sportveranstaltung „Fußballspiel" erfolgt in den beiden Bundesligen regelmäßig zum Zwecke des Erwerbs. Wegen der **existenzsichernden Funktion** des Berufs umfaßt der Schutz des Art. 12 Abs. 1 S. 1 GG zudem die kommerzielle Verwertung des Er-

---

[1089] *BGH*, Urt. v. 27.09.1999 – II ZR 377/98 – NJW 2000, 1028, 1030; *Oberthür*, Das Transfersystem im Lizenzfußball, 2002, S. 11 f.; v. Mangoldt/Klein/Starck-*Manssen*, GG, Bd. I, 4. Aufl., 1999, Art. 12 Rn. 37; Sachs-*Tettinger*, GG, 3. Aufl., 2002, Art. 12 Rn. 22; *Wieland*, JZ 1995, 96, 97.

[1090] *BVerfG*, Urt. v. 17.02.1998 – 1 BvF 1/91 – NJW 1998, 1627, 1628; *BVerwG*, Urt. v. 22.12.1993 – 11 C 46.92 – BVerwGE 95, 15, 20; *Kirschenhofer*, Sport als Beruf, 2002, S. 172; Jarass/Pieroth-*Jarass*, GG, 6. Aufl., 2002, Art. 12 Rn. 10; *Papier*, in: Festschrift für *Lerche*, 1993, 675, 689; *Jarass*, DÖV 2000, 753, 754 f.; *Stettner*, JZ 1993, 1125, 1131; wohl auch *Tietje*, JuS 1999, 644, 647.

[1091] Dreier-*Dreier*, GG, Bd. I, 1996, Art. 19 III Rn. 17; v. Münch/Kunig-*Krebs*, GG, Bd. I, 5. Aufl., 2000, Art. 19 Rn. 27 f.

[1092] Siehe zu diesem Auslegungsgrundsatz *v. Münch*, Staatsrecht II, 5. Aufl., 2002, Rn. 236.

[1093] *Pieroth/Schlink*, Grundrechte – Staatsrecht II, 18. Aufl., 2002, Rn. 810 m.w.N.

eignisses (z.B. Mediarechte-Verwertung, Sportsponsoring, Merchandising, Eintrittskartenverkauf)[1094]. Weiterhin gehören neben der unternehmerischen Investitionsfreiheit[1095] vor allem noch die Beschäftigung und berufliche Werbung von Personen zu den geschützten Verhaltensweisen[1096]; die Anstellung von Lizenzfußballern als Arbeitnehmer zur Verbesserung der Mannschaftsspielstärke ist folglich ebenso erfaßt.

Die verbandsrechtliche Statuierung von Abgabenlasten auf sämtliche Einnahmequellen der Lizenzvereine sowie auf an die Profifußballspieler ausgezahlte Jahresgehälter müßte zudem einen Eingriff in die Berufsfreiheit darstellen. Im Bereich der Auferlegung von Zahlungspflichten ist das BVerfG bisher jedoch eher zurückhaltend mit der Bejahung eines Eingriffs; erst in Entscheidungen jüngeren Datums scheint sich eine gewisse Lockerung anzudeuten[1097]: Aber auch nach diesen ist es notwendig, daß die prüfungsgegenständliche Abgabe „in einem engen Zusammenhang mit der Ausübung des Berufs steht und – objektiv – eine **berufsregelnde Tendenz**[1098] erkennen läßt“; entscheidend kommt es darauf an, daß sie „Einfluß [nimmt] auf die Art und Weise der Berufsausübung“[1099].

Die auf den Einnahmequellen liegenden Zahlungslasten knüpfen nicht unmittelbar an den Vermarktungsvorgang als solchen, sondern nur an den Ertrag an, so daß es an einer unmittelbaren berufsregelnden Tendenz mangelt[1100]. Allerdings

---

1094 *BVerfG*, Urt. v. 17.02.1998 – 1 BvF 1/91 – NJW 1998, 1627, 1628; siehe zudem *Tettinger*, ZUM 1986, 497, 505.

1095 Sachs-*Tettinger*, GG, 3. Aufl., 2002, Art. 12 Rn. 57.

1096 Jarass/Pieroth-*Jarass*, GG, 6. Aufl., 2002, Art. 12 Rn. 8.

1097 Zur Berufsfreiheit als verfassungsrechtlichem Prüfungsmaßstab von Abgabentatbeständen in der Rechtsprechung des BVerfG: *Hohmann*, DÖV 2000, 406; *Krapf*, Verkehrslenkung durch Abgaben: Möglichkeiten und Grenzen einer Umsetzung des Road Pricing-Konzepts nach deutschem und europäischem Recht, 2001, S. 137 ff., am Beispiel von Road Pricing-Abgaben.

1098 Hervorhebung durch den Verfasser.

1099 *BVerfG*, Urt. v. 07.05.1998 – 2 BvR 1991/95 u. 2004/95 – NJW 1998, 2341; *BVerfG*, Urt. v. 07.05.1998 – 2 BvR 1876/91, 2 BvR 1083/92 u.a. – NJW 1998, 2346, 2347. Auch außerhalb des Bereichs der Abgabenerhebung neigt das BVerfG neuerdings dazu, den Begriff der „objektiv berufsregelnden Tendenz“ weiter als früher auszulegen, wenn es ausreichen soll, daß eine staatliche Maßnahme „nach Entstehungsgeschichte und Inhalt im Schwerpunkt Tätigkeiten [betrifft], die typischerweise beruflich ausgeübt werden“. *BVerfG*, Urt. v. 17.02.1998 – 1 BvF 1/91 – NJW 1998, 1627, 1628; vgl. dazu auch *Holznagel*, MMR 1998, 211, 212. Für einen völligen Verzicht auf die Voraussetzung der berufsregelnden Tendenz etwa *Breuer*, in: *Isensee/Kirchhof*, Handbuch des Staatsrechts, Bd. VI, 2. Aufl., 2001, § 148 Rn. 30 ff.; *Seer*, DStJG 23 (2000), 87, 93 f.

1100 So für die Besteuerung nach dem EStG: *BVerfG*, Beschl. v. 11.10.1977 – 1 BvR 343/73, 83/74, 183 und 428/75 – BVerfGE 47, 1, 21; krit. Maunz/Dürig/Herzog/ Scholz-*Scholz*, GG, Bd. II, Art. 12 Rn. 415; *Arndt/Schumacher*, AöR 113 (1993), 513, 582.

hat die Abgabenpflicht neben ihrer Finanzierungsfunktion im Hinblick auf den Solidarfonds noch das Ziel, auf Seiten der wirtschaftlich erfolgreichsten Fußballvereine einen Abbau der Investitionen in die Mannschaftsspielstärken zu bewirken. Damit nimmt die verbandsrechtliche Regelung Einfluß auf die Investitionsfreiheit der Proficlubs und die Beschäftigung der Lizenzspieler. Zusätzlich wird der Wettbewerbsvorsprung der großen Vereine durch die teilweise Abschöpfung der Finanzmittel gezielt abgebaut. Der berufsregelnde Charakter der an die Einnahmenseite der Bundesligavereine anknüpfenden Abgabenpflichten tritt im Ergebnis folglich deutlich zutage. Gleiches gilt im übrigen auch für die die Ausgabenseite der Vereine belastende Abgabe auf die an die Lizenzspieler zu entrichtenden Gehälter und sonstigen vermögenswerten Gegenleistungen für die geleisteten Spieleinsätze; denn durch die finanzielle Belastung der Spielergehälter sollen die Vereine gleichermaßen angehalten werden, das Maß ihrer Investitionen in die Teamstärke teilweise zurückzunehmen. Auch die Ausgabenabgabe wirkt sich mithin lenkend auf die unternehmerische Investitionsfreiheit und somit objektiv berufsregelnd aus. Insgesamt ist ein **Eingriff in den Schutzbereich** der grundrechtlichen Berufsfreiheit der Lizenzvereine zu bejahen.

Solche durch die Beitragspflichten begründete Beschränkungen der Berufsfreiheit stellen sich in aller Regel als **Berufsausübungsregeln** dar, die sich über vernünftige Erwägungen des Gemeinwohls rechtfertigen lassen. Anders verhält es sich nur, wenn die Abgabenlast eine erdrosselnde Wirkung entfaltet und auf diesem Wege auf die Berufswahl zurückwirkt: In einer solchen Konstellation bedarf es zur Legitimierung von Eingriffen schon des Schutzes eines wichtigen Gemeinschaftsgutes[1101]. Die konkurrierenden Rechtsgüter sind jedenfalls – gestützt auf die Rechtsfigur der immanenten Schranken – im Wege praktischer Konkordanz gegeneinander zum Ausgleich zu bringen, wobei in diesem Kontext ebenfalls das Verhältnismäßigkeitsprinzip ausschlaggebende Bedeutung besitzt.

(dd) Die allgemeine Handlungsfreiheit

Das Grundrecht der **allgemeinen Handlungsfreiheit** (vgl. Art. 2 Abs. 1 GG) in seiner Ausprägung als wirtschaftliche Betätigungsfreiheit[1102] tritt aufgrund seiner Funktion als Auffangtatbestand im Wege der Spezialität hinter Art. 9 Abs. 1 GG und Art. 12 Abs. 1 S. 1 GG zurück. Nur für den Fall, daß man den privaten Abgabenerhebungstatbeständen entgegen der oben vertretenen Auffassung keine berufsregelnde Tendenz einräumt, ist Art. 2 Abs. 1 GG anstelle von Art. 12

[1101] Zur Einordnung von Zahlungspflichten innerhalb der Drei-Stufen-Theorie siehe Schmidt-Bleibtreu/Klein-*Schmidt-Bleibtreu*, GG, 9. Aufl., 1999, Art. 12 Rn. 23.

[1102] Zur Reichweite der allgemeinen Handlungsfreiheit im Bereich der wirtschaftlichen Betätigungsfreiheit siehe Jarass/Pieroth-*Jarass*, GG, 6. Aufl., 2002, Art. 2 Rn. 3 ff.

Abs. 1 S. 1 GG neben Art. 9 Abs. 1 GG als Prüfungsmaßstab heranzuziehen[1103]. Aber auch für diesen Fall gilt im Ergebnis, daß der Eingriff in das Freiheitsrecht nur gerechtfertigt werden kann, wenn er verhältnismäßig ist.

(ee) Verhältnismäßigkeitsprüfung

Faßt man die vorstehenden Ausführungen zu der Frage, welche Grundrechte durch die Errichtung eines derartigen abgabenfinanzierten Solidaritätsfonds zu Lasten der einzelnen verkürzt werden, zusammen, ergibt sich, daß bei allen einschlägigen Freiheitsrechten auf der Stufe der Rechtfertigung, die über kollidierendes Verfassungsrecht erfolgt, eindeutig die **Frage nach der Verhältnismäßigkeit eines solchen Systems im Vordergrund steht**. Daraus leitet sich ein klar strukturiertes Prüfungsraster ab: Als immanente Schranke der von den Beitragspflichten betroffenen Grundrechte der Lizenzvereine ist hauptsächlich an die Vereinsfreiheit des Ligaverbandes zu denken, wobei in dieser Beziehung fraglich erscheint, in welchem Umfang sich der Organisator des lizenzierten Fußballs auf Vereinszwecke als vernünftige sportwohlorientierte Erwägungen berufen kann (aaa). Zudem muß die ergriffene Maßnahme geeignet (bbb), erforderlich (ccc) und angemessen (ddd) zur Verwirklichung der anerkennenswerten Ziele sein.

(aaa) Ein **konkurrierendes Verfassungsgut**, das Eingriffe in die Grundrechte der Lizenzvereine (Art. 9 Abs. 1 GG, Art. 12 Abs. 1 S. 1 GG) prinzipiell rechtfertigen kann, ist die dem Ligaverband ebenso zukommende **Vereinsfreiheit** gemäß Art. 9 Abs. 1 GG. Das Grundrecht beinhaltet das Recht einer jeden natürlichen oder juristischen Person, sich mit anderen für längere Zeit auf freiwilliger Basis zur Verfolgung eines gemeinsamen Zweckes zusammenzuschließen und einer organisierten Willensbildung zu unterwerfen[1104]. **Fraglich** erscheint hierbei aber, **welche Zwecke** in diesem Kontext als **schützenswert** anerkannt werden können:

In ihrer neueren Judikatur zur Vereinbarkeit der Transferentschädigungspflicht mit Art. 12 Abs. 1 GG haben das BAG und der BGH nämlich in stillschweigender Abkehr von der früher vorherrschenden Rechtsprechungslinie den Standpunkt eingenommen, daß im Kern lediglich **nichtwirtschaftliche Belange** genügen, Einschränkungen namentlich der Berufsfreiheit zu rechtfertigen. Auf dieser Basis liefern Gesichtspunkte wie die Wahrung des finanziellen und sportli-

[1103] Zum Konkurrenzverhältnis von Art. 2 Abs. 1 GG zu den speziellen Grundrechten, insbesondere den Wirtschaftsgrundrechten, siehe v. Münch/Kunig-*Kunig*, GG, Bd. I, 5. Aufl., 2000, Art. 2 Rn. 88 ff.; *Badura*, Staatsrecht, 2. Aufl., 1996, C 83.

[1104] *Pieroth/Schlink*, Grundrechte – Staatsrecht II, 18. Aufl., 2002, Rn. 720 ff.

chen Gleichgewichts sowie die Schaffung von Anreizstrukturen für die Nachwuchsförderung keine tauglichen Argumente zur Legitimierung von Verkürzungen der Berufsfreiheit[1105]. Gleiches müßte konsequenterweise auch zugunsten der Lizenzvereine gelten, denn deren Berufsfreiheit ist gegenüber der Verbandsautonomie des Ligaorganisators nicht minder schützenswürdig als die der Lizenzspieler. Folgt man diesem Gedankengang, muß man auch im Hinblick auf den Solidarfonds bereits das Fehlen vernünftiger Erwägungen des Sportwohls konstatieren; mit der Folge, daß ein abgabenfinanzierter Finanzpool mangels Rechtfertigungsfähigkeit der Eingriffe in Art. 9 Abs. 1 GG und Art. 12 Abs. 1 GG die genannten Grundrechte verletzt und deswegen nach § 242 BGB unzulässig ist.

Auf der anderen Seite erscheint es freilich überaus zweifelhaft, ob einer solch einseitigen Betrachtungsweise uneingeschränkt gefolgt werden kann. Denn bereits vor dem Ergehen des „Bosman"-Urteils neigte das überwiegende Schrifttum, das dem Transferentschädigungssystem gerade äußerst kritisch gegenüberstand, der Ansicht zu, daß im Prinzip auch **wirtschaftliche Verbandsziele** im Rahmen des Art. 9 Abs. 1 GG dazu taugen, Beeinträchtigungen insbesondere der Berufsfreiheit der Profisportler zu rechtfertigen, – allerdings mit der Einschränkung, daß jene im Vergleich zu ideellen Belangen im Rahmen der Interessenabwägung nicht das gleiche Gewicht haben[1106]. Überträgt man diesen Maßstab auf den vorliegenden Fall, stehen die Erwägungen der Wahrung der Wettbewerbsgleichheit und Nachwuchsförderung folglich als Rechtfertigungsgründe für die Errichtung eines beitragsfinanzierten Solidarfonds zur Verfügung[1107]; so daß man nicht ohne weiteres zur Unvereinbarkeit des Solidarfonds mit § 242 BGB i.V.m. Art. 9 Abs. 1 GG, Art. 12 Abs. 1 S. 1 GG gelangt.

Bei der Auflösung der Streitfrage ist zunächst davon auszugehen, daß die Vereinsfreiheit prinzipiell auch die kollektive Verfolgung wirtschaftlicher Interessen schützt. Diese Sichtweise wird bereits durch den *Wortlaut* von Art. 9 Abs. 1 GG gestützt, der im Hinblick auf die Schutzwürdigkeit der verfolgten Zwecke keine Unterscheidung zwischen ideellen und wirtschaftlichen Belangen vor-

1105 Vgl. zu der stillschweigenden Kehrtwende der neueren Rechtsprechung bereits eingehend im 2. Teil, 1. Kapitel, B.II.2.b)aa). Zustimmend *Oberthür*, Das Transfersystem im Lizenzfußball, 2002, S. 183 f.; *Hertel*, Aktivierung der Athletenrechte im Verhältnis zur Verbandsautonomie unter besonderer Berücksichtigung der Berufsfreiheit, 2001, S. 164.

1106 Siehe dazu schon die Darstellung im 2. Teil, 1. Kapitel, A.I.4.b)bb). Im Ergebnis für eine Berücksichtigung wirtschaftlicher Belange als Rechtfertigungsgrund auch *Kirschenhofer*, Sport als Beruf, 2002, S. 169 ff.

1107 Die Errichtung eines Finanzpools unterfällt unstreitig der Vereinsfreiheit des Ligaverbandes. Vgl. allgemein *Schäfer*, in: *Scherrer/Del Fabro*, Freizügigkeit im europäischen Sport, 2002, 81, 92 („Finanzausgleich").

nimmt. Aufschlußreich ist ebenfalls die *Entstehungsgeschichte* des Grundrechts: Die Vereinsfreiheit wurde im Parlamentarischen Rat ganz allgemein als „das Recht zur dauernden freiwilligen Verbindung bestimmter Personen oder Personengruppen zu freiwilligen Zwecken" umschrieben[1108].

Sieht man deshalb in Einklang mit Normtext und Genese auch die Verfolgung wirtschaftlicher Ziele gleichermaßen als durch Art. 9 Abs. 1 GG verbürgt an[1109], ist bei der Beantwortung der Frage nach der Berücksichtigung ökonomischer Aspekte zur Begrenzung von Art. 12 Abs. 1 S. 1 GG zunächst dem Umstand Rechnung zu tragen, daß die Berufsfreiheit aufgrund ihres engen Persönlichkeitsbezugs im Gefüge der Verfassung eine herausgehobene Stellung einnimmt[1110]. Mit dieser Wertung nicht zu vereinbaren wäre ein Verständnis, wonach jedwede wirtschaftliche Zielsetzung Eingriffe in die Berufsfreiheit trägt. Auf der anderen Seite ist es jedoch unzulässig, aus der überragenden Bedeutung des Art. 12 Abs. 1 S. 1 GG auf die absolute Irrelevanz wirtschaftlicher Erwägungen bei der Beschränkung der Freiheitsrechte zu schließen. Ansonsten würde Art. 9 Abs. 1 GG in dieser Beziehung zumindest partiell völlig ins Leere laufen. Dieses Resultat kollidiert indes mit dem „vornehmsten Interpretationsprinzip"[1111], der Einheit der Verfassung, die einen Ausgleich zwischen den gegenläufigen Verfassungsnormen in dem Sinne verlangt, daß beide noch eine möglichst optimale Wirkung entfalten. Die Verwirklichung eines Schutzgutes auf Kosten eines anderen ist danach gerade untersagt[1112]. Weiterhin gilt, daß die Berufsfreiheit und die Vereinsfreiheit wegen ihrer gemeinsamen wirtschaftshistorischen Herkunft einheitlich auszulegen sind[1113]. Zu dem Postulat einer einheitlichen Interpretation beider Wirtschaftsgrundrechte paßt es jedoch nicht, Art. 9 Abs. 1 GG gegenüber Art. 12 Abs. 1 GG als weniger schützenswert einzustufen. Ferner ist darauf zu verweisen, daß die Vereinsfreiheit lediglich über einen sehr begrenzten Gesetzesvorbehalt verfügt und im übrigen nur noch über kollidierendes Verfassungsrecht eingeschränkt werden kann, wogegen die Berufsfreiheit einem einfachen Schrankentatbestand unterliegt. Der systematische Vergleich zeigt somit, daß Art. 9 Abs. 1 GG im Gegensatz zu Art. 12 Abs. 1 GG lediglich unter

---

1108 Vgl. *Doemming/Füsslein/Matz*, JöR 1 (1951), 1, 117.

1109 So auch die herrschende Lehre: *Badura*, Staatsrecht, 2. Aufl., 1996, C 89; Jarass/Pieroth-*Jarass*, GG, 6. Aufl., 2002, Art. 9 Rn. 3; v. Münch/Kunig-*Löwer*, GG, Bd. I, 5. Aufl., 2000, Art. 9 Rn. 2, 31.

1110 Näher Jarass/Pieroth-*Jarass*, GG, 6. Aufl., 2002, Art. 12 Rn. 2; *Hufen*, NJW 1994, 2913, 2914.

1111 *BVerfG*, Urt. v. 14.12.1965 – 1 BvR 413, 416/60 – BVerfGE 19, 206, 220.

1112 *Hesse*, Grundzüge des Verfassungsrechts der Bundesrepublik Deutschland, 20. Aufl., 1995, Rn. 71.

1113 Siehe zum Postulat der einheitlichen Deutung von Art. 12 Abs. 1 GG und Art. 9 Abs. 1 GG schon im 2. Teil, 1. Kapitel, B.IV.2.c)bb)(1)(a)(aa).

erschwerten Voraussetzungen begrenzt zu werden vermag[1114]. Darin spiegelt sich ein im Vergleich zu Art. 12 Abs. 1 GG erhöhter Freiheitsgehalt der grundgesetzlichen Vereinsfreiheit wider, die deshalb nach dem Kontext des Grundgesetzes sogar eine größere Bedeutung als die Berufsfreiheit genießt[1115]. Mit diesem Befund verträgt sich die pauschale Aussage, rein wirtschaftliche Ziele könnten Eingriffe in die Berufsfreiheit nicht rechtfertigen, kaum. Die *Systematik der Verfassung* impliziert daher, daß der im überkommenen Schrifttum vertretene Ansatz letztendlich den Vorzug verdient. Damit stellen die Ziele der Annäherung der wirtschaftlichen und sportlichen Kräfteverhältnisse zwischen den Lizenzvereinen sowie die Schaffung von Anreizstrukturen zur Nachwuchsförderung durchaus **legitime Belange** dar.

Die zur Verwirklichung der genannten Zwecke ergriffene Maßnahme, nämlich der Aufbau eines abgabenfinanzierten Solidaritätsfonds einschließlich der damit einhergehenden erhöhten Beitragspflichten, müßte außerdem dem Verhältnismäßigkeitsgrundsatz genügen.

(bbb) Dies setzt zunächst die **Geeignetheit** des Finanzpools voraus, d.h., mit dem Mittel muß der gewünschte Erfolg gefördert werden, wobei ein wesentlicher Beitrag zur Realisierung des Ziels ausreicht[1116]. Wie bereits ausführlich erörtert, werden die Ziele der Wettbewerbsgleichheit und Nachwuchsförderung durch die Etablierung des Solidaritätsfonds in der oben beschriebenen Ausgestaltung spürbar gefördert[1117], so daß man von der Geeignetheit der Maßnahmen ausgehen kann.

(ccc) Daneben müßte das **Erforderlichkeitsprinzip** eingehalten worden sein. Dies hängt davon ab, ob es neben dem Solidaritätsfonds keine relativ milderen Mittel gibt, mit denen sich die angestrebten Ziele ebenso effektiv umsetzen las-

---

1114 Vgl. hierzu auch *BVerfG*, Urt. v. 16.01.1957 – 1 BvR 253/56 – BVerfGE 6, 32, 37: „Neben der allgemeinen Handlungsfreiheit, die Art. 2 Abs. 1 GG gewährleistet, hat das Grundgesetz die Freiheit menschlicher Betätigung für bestimmte Lebensbereiche, die nach den geschichtlichen Erfahrungen dem Zugriff der öffentlichen Gewalt besonders ausgesetzt sind, durch besondere Grundrechtsbestimmungen geschützt; bei ihnen hat die Verfassung durch abgestufte Gesetzesvorbehalte abgegrenzt, in welchem Umfang in den jeweiligen Grundrechtsbereich eingegriffen werden kann."

1115 Ähnlich Maunz/Dürig/Herzog/Scholz-*Scholz*, GG, Bd. I, Art. 9 Rn. 153. Diesen Umstand übersieht der BGH, wenn er die These aufstellt, daß „der Vereinsautonomie nicht derselbe Stellenwert zu[komme] wie der Berufsfreiheit" (vgl. *BGH*, Urt. v. 27.09.1999 – II ZR 377/98 – NJW 2000, 1028, 1030).

1116 Jarass/Pieroth-*Jarass*, GG, 6. Aufl., 2002, Art. 20 Rn. 84.

1117 Zur Praktikabilität des abgabenfinanzierten Solidarfonds siehe bereits eingehend im 2. Teil, 1. Kapitel, B.IV.2)b).

sen[1118]. Wie die bisherige Diskussion zu den verschiedenen Reformvorschlägen offengelegt hat, erfüllen die meisten nicht die notwendigen tatsächlichen oder rechtlichen Anforderungen und scheiden deshalb von vornherein als Alternativen zu dem Finanzpool aus. Einzig der Abschluß langfristiger Spielerverträge könnte als Ersatzmodell in Frage kommen, zumal sich diese Vorgehensweise in der täglichen Vereinspraxis in den Jahren nach dem „Bosman"-Urteil durchgesetzt hat. Allerdings vermag diese Sichtweise nicht zu überzeugen, denn – abgesehen von den ohnehin bestehenden Einwänden gegen diese Praxis[1119] – sprechen zahlreiche weitere Überlegungen gegen die Annahme, der Abschluß langfristiger Verträge sei ein relativ milderes Mittel:

Zum einen garantiert der Solidaritätsfonds den wirtschaftlich notleidenden Vereinen regelmäßige finanzielle Zuwendungen. Schließen die (ausbildenden) Fußballclubs mit ihren Spielern dagegen langfristige Verträge in der Erwartung ab, daß ein aufnehmender Verein für die Einwilligung des abgebenden Clubs in eine vorzeitige Aufhebung des Spielervertrages einen finanziellen Ausgleich zahlt, läßt sich nicht mit an Sicherheit grenzender Wahrscheinlichkeit sagen, ob das erhoffte Transfergeschäft überhaupt stattfindet, d.h., der abgebende Fußballclub kann nicht zuverlässig mit Einnahmen rechnen. Das „Herauskaufen" von Profifußballspielern aus einem laufenden Vertrag hat somit gegenüber dem Finanzpool den Nachteil, daß die Lizenzvereine keine solide Finanzpolitik betreiben können, da es an der Berechenbarkeit der Einnahmen fehlt. Ergänzend kommt insofern noch hinzu, daß das Risiko von insolvenzbedingten Ausfällen von Vereinen während der laufenden Spielzeit einschließlich der darauf folgenden Wettbewerbsverzerrungen im Tabellenbild durch ein verbandsrechtlich normiertes Finanzausgleichssystem verläßlicher minimiert wird.

Zum anderen hat der abgabenfinanzierte Solidaritätsfonds den Vorzug, daß die Lizenzspieler von vornherein nicht in das Umverteilungssystem zwischen den Lizenzvereinen involviert sind. Dadurch ist es ausgeschlossen, daß ihre wirtschaftliche Betätigungsfreiheit infolge eines Transferkonflikts zwischen den beteiligten Fußballclubs in irgendeiner Weise beeinträchtigt wird. Mithin werden auf diesem Wege potentielle juristische Auseinandersetzungen vermieden. Der Finanzpool schont somit die Rechtsstellung der Lizenzspieler und bringt zusätzlich einen nicht zu unterschätzenden Gewinn an Rechtsfrieden.

Zusammenfassend ist deshalb festzuhalten, daß es an adäquaten Surrogaten mangelt, die in gleicher Weise wie ein abgabenfinanzierter Solidaritätsfonds ge-

---

[1118] *Pieroth/Schlink*, Grundrechte – Staatsrecht II, 18. Aufl., 2002, Rn. 285.

[1119] Zu dem Abschluß langfristiger Spielerverträge als Ersatzmodell für die entfallenen Transferentschädigungen siehe die Überlegungen im 2. Teil, 1. Kapitel, B.IV.1.d)bb).

eignet wären, die Ziele der Wettbewerbsgleichheit und Nachwuchsförderung zu realisieren. Folglich verkörpert der Finanzpool das relativ mildeste Mittel, womit das Erforderlichkeitsprinzip gewahrt ist.

(ddd) Ferner müßte das Mittel des verbandsinternen Finanzausgleichs noch **angemessen** sein, d.h., die mit dem Eingriff verfolgten Ziele und die dadurch herbeigeführten Freiheitsbeeinträchtigungen müssen in einem ausgewogenen Verhältnis zueinander stehen. (Mit-)Entscheidendes Gewicht haben in diesem Kontext die in dem betroffenen Rechtsbereich geltenden einfachgesetzlichen Wertungen; ihnen eignet gewissermaßen eine Leitbildfunktion[1120].

Man könnte zunächst das **Äquivalenzprinzip**, das im Verhältnismäßigkeitsgrundsatz wurzelt, als Grenze für die Beitragserhebung heranziehen[1121]. In seiner älteren Rechtsprechung zum Verbandsrecht machte der BGH diesen ungeschriebenen Grundsatz in der Tat fruchtbar und judizierte, daß durch eine Satzung keine Leistungspflichten begründet werden können, um die laufenden Betriebskosten der Körperschaft zu decken[1122]. Aus dieser Aussage läßt sich im Umkehrschluß folgern, daß der Beitragszahlung stets ein konkreter Nutzen korrespondieren muß. Daran fehlt es aber im Fall der Lizenzvereine, die in den Finanzpool einzahlen, da sie keinen konkret faßbaren Vorteil davon haben. Im Lichte der älteren Rechtsprechung wäre der abgabenfinanzierte Solidaritätsfonds daher wegen der Nichteinhaltung des Äquivalenzprinzips unzumutbar.

Allerdings stieß die restriktive Haltung des BGH im Schrifttum teilweise auf heftige Kritik. Gerügt wurde – und dies zu Recht – vor allem, daß vom Grundsatz der Vereinsautonomie auch eine signifikante Beitragserhebung bis zu den Grenzen der §§ 134, 138 Abs. 1 BGB gedeckt ist, sofern zwingendes Gesetzesrecht nicht etwas anderes ergibt. An einer solchen Rechtsvorschrift, die die Geltung des Äquivalenzprinzips positivrechtlich festschreibt und der vereinsinter-

---

1120 Jarass/Pieroth-*Jarass*, GG, 6. Aufl., 2002, Art. 20 Rn. 86 m.w.N. Das Abstellen auf die vom einfachen Gesetzgeber getroffenen Wertungen erlangt seine innere Rechtfertigung daraus, daß auf der Stufe der Zumutbarkeitsprüfung stets die erhöhte Gefahr gegeben ist, daß subjektive Einschätzungen – insbesondere die von Richtern – den Ausgang der Verhältnismäßigkeitsprüfung maßgeblich bestimmen. Bei einem solchen Vorgehen setzen sich die Gerichte jedoch an die Stelle der Gesetzgebung (näher *Schlink*, in: Festschrift 50 Jahre Bundesverfassungsgericht, Bd. II, 2001, 445, 460 ff.). Dem entgegenzuwirken gebieten bereits das aus Art. 20 Abs. 2 S. 1 GG abgeleitete Prinzip der parlamentarischen Demokratie sowie der verfassungsrechtliche Grundsatz der Gewaltenteilung gemäß Art. 20 Abs. 2 S. 2 GG. Überdies hat der Rückgriff auf die von der Legislative zum Ausdruck gebrachten Grundgedanken für den Bereich der Zumutbarkeitsprüfung den Vorzug eines beträchtlichen Zugewinns an Rechtsklarheit.

1121 Jarass/Pieroth-*Jarass*, GG, 6. Aufl., 2002, Art. 2 Rn. 25a.

1122 *BGH*, Urt. v. 18.12.1978 – II ZR 189/77 – NJW 1979, 2248.

nen Abgabenerhebung dadurch unüberwindbare Grenzen setzt, fehlt es aber gerade[1123]. Der vom BGH angelegte Maßstab vermag daher nicht zu überzeugen.

Die herrschende Lehrmeinung versuchte der Kritik Rechnung zu tragen und nahm zwischen den beiden Extrempositionen einen vermittelnden Standpunkt ein: Das Schrifttum erblickte – unter grundsätzlicher Anerkennung der Geltung des Äquivalenzgrundsatzes – schon in dem bloßen Bereithalten der Sicherungseinrichtung für die mögliche Nutzung durch die Mitglieder eine Leistung, für die ein Beitrag zu entrichten ist[1124]. Auf diese Linie ist inzwischen auch die neuere Rechtsprechung eingeschwenkt, ohne die ältere Entscheidung allerdings ausdrücklich aufzugeben[1125]. Wendet man die Maßgaben auf den Finanzpool an, ist die Angemessenheit gegeben, denn auch die Lizenzvereine, die zunächst aufgrund ihrer Ertragslage abgabenpflichtig sind, haben potentiell Anspruch auf finanzielle Unterstützung, sobald ihre Einnahmen unter das durchschnittliche Einkommen der Lizenzvereine fallen. Für sie steht die Sicherungseinrichtung des Solidaritätsfonds insofern ebenso bereit. Im Lichte der inzwischen überwiegenden Ansicht in Lehre und Judikatur liegt somit **kein Verstoß gegen das Äquivalenzprinzip** vor.

Neben dem Äquivalenzgrundsatz ist schließlich das korporationsrechtliche **Rechtsprinzip des Verbots der wesentlichen Pflichtenmehrung** einzuhalten. Dieser in §§ 707 BGB, 53 Abs. 3 GmbHG, 180 Abs. 1 AktG zum Ausdruck kommende allgemeine Rechtsgedanke besagt, daß sich der wirtschaftliche Aufwand eines Vereinsmitglieds prinzipiell in dem Rahmen halten muß, der im Zeitpunkt des Beitritts vorhersehbar war[1126]. Das Verbot der wesentlichen Pflichtenmehrung fußt somit auf der Überlegung, die Minderheit vor unvorhersehbaren Satzungsänderungen zu schützen (Vertrauensschutzgedanke)[1127]. Nur ausnahmsweise läßt sich über die Begründung einer gesellschaftsrechtlichen Förderpflicht eine beachtliche Beitragserhöhung rechtfertigen[1128].

Wendet man den vorgegebenen Maßstab auf den abgabenfinanzierten Fonds an, legt der Umstand, daß mit Hilfe des oben dargestellten Instrumentariums Eurobeträge in Millionenhöhe zwischen den zahlungspflichtigen und den auf der

---

1123 Zutreffend daher die Kritik bei *Schultz*, ZfgG 30 (1980), 191, 192 f.

1124 Siehe *Roth*, ZfgG 42 (1992), 367 m.w.N.

1125 *BGH*, Urt. v. 08.02.1988 – II ZR 228/87 – NJW 1988, 1729 f.; *BGH*, Beschl. v. 30.07.1990 – NotZ 2/90 – NJW 1991, 2290, 2291; *OLG Frankfurt*, Urt. v. 28.09.1989 – 6 U (Kart) 37/89 – GRUR 1990, 146, 148.

1126 *Schmidt*, Gesellschaftsrecht, 4. Aufl., 2002, § 16 III 3 b) cc) S. 473 f.; *Beuthien/Schöpflin*, BB 1997, 361, 363; *Beuthien*, BB 1987, 6, 10 f.

1127 *Nicklisch*, BB 1979, 1153, 1159.

1128 Näher *Beuthien/Schöpflin*, BB 1997, 361, 365 f.

Empfängerseite stehenden Lizenzvereinen umverteilt werden, den Schluß nahe, daß die Einführung des Finanzpools prima facie mit dem Verbot der wesentlichen Pflichtenmehrung kollidiert.

Andererseits darf der Aspekt nicht vernachlässigt werden, daß der organisationsrechtliche Grundsatz als Ausprägung des Vertrauensschutzprinzips außer Anwendung bleibt, wenn die Mitglieder im Zeitpunkt ihres Eintritts mit einer solchen Mehrung ihrer Pflichten rechnen konnten und mußten[1129]. Der Ligaverband wurde im Zuge der Organisationsreform des lizenzierten Fußballs in Deutschland im Jahr 2001 gegründet. Aber schon seit Mitte der 90er Jahre wurde in der ökonomischen und juristischen Fachliteratur eine eingehende Diskussion darüber geführt, ob das abgabenfinanzierte Poolsystem ein relativ milderes Mittel als das Transferentschädigungssystem und die Zentralvermarktung der Mediarechte durch die Organisatoren des Profifußballs darstellt[1130]. Die überwiegende Ansicht bejaht dies – entgegen der Rechtsauffassung der EG-Kommission – für beide Fälle[1131] und begreift die Forderung nach der Einführung eines durch eine Ligaabgabe gespeisten Solidaritätsfonds als Ausfluß einer Rechtspflicht der Organisatoren des Lizenzfußballs zu EG-(kartell-)rechtskonformem Verhalten.

Als die damaligen Profifußballvereine der beiden Bundesligen den Ligaverband ins Leben riefen, war – dies darf man wohl unterstellen – sämtlichen Beteiligten diese überaus praxisrelevante Debatte bekannt, so daß sie beim Eintritt in die Körperschaft mit der Möglichkeit rechnen mußten, daß es in naher Zukunft dazu kommen kann, daß der Zusammenschluß der Lizenzvereine durch eine entsprechende Entscheidung der europäischen Gerichtsbarkeit von Rechts wegen dazu verpflichtet wird, ein solches abgabenfinanziertes Ausgleichsmodell per Statut einzuführen. Folgt man dieser Argumentation, bestand von vornherein kein schutzwürdiges Vertrauen der Lizenzvereine darauf, von einer spürbaren Beitragserhöhung als Folge der Einführung eines solchen Fonds verschont zu bleiben.

Die Stichhaltigkeit der vorangehenden Argumentationskette könnte aber wiederum mit der Erwägung in Zweifel gezogen werden, ob es sich hierbei überhaupt um Wissen handelt, das sich die Lizenzvereine zurechnen lassen müssen.

[1129] *Nicklisch*, BB 1979, 1153, 1159.

[1130] Ausgelöst wurde die Debatte durch einen entsprechenden Vorstoß von Generalanwalt Lenz in seinen Schlußanträgen im „Bosman"-Verfahren und die juristische Auseinandersetzung über die Vereinbarkeit der zentralen Vermarktung der Europapokalheim- sowie der Bundesligaspiele der Lizenzvereine mit § 1 GWB und Art. 81 EG.

[1131] Zur zentralen Vermarktung der TV-Rechte siehe die Fundstellennachweise im 2. Teil, 1. Kapitel, B.IV.2.a); zur Transferentschädigung siehe im 2.Teil, 1. Kapitel, B.I.2.a)cc)(1).

Immerhin geht es dabei um Vorgänge, die sich außerhalb des vereinsinternen Bereichs abspielen (cf. Außenverhältnis der Gesellschaft). Es erscheint nämlich fraglich, ob solche externen Umstände uneingeschränkt dazu herangezogen werden können, den Vertrauensschutz zu negieren. Die Problematik ist mit Blick auf die *Funktion* des Verbots der wesentlichen Pflichtenmehrung zu entscheiden. Wie bereits ausgeführt, schützt die Rechtsfigur vor einer ungewollten Pflichtenmehrung durch eine Änderung der Vereinssatzung. Letzteres setzt jedoch stets ein Tätigwerden der Vereinsorgane, namentlich der Mitgliederversammlung, voraus. Geschützt wird demnach ausschließlich vor Maßnahmen der Vereinsorgane gegenüber den in der Minderheit befindlichen Körperschaftsmitgliedern. Im Gegenschluß leitet sich daraus ab, daß lediglich Handlungen von Vereinsorganen das Vertrauen zerstören können. Bestätigt wird der teleologische Befund schließlich durch eine *genetische Auslegung*, denn in den Motiven zum BGB wird klar zum Ausdruck gebracht, daß § 707 BGB „selbstverständlich nur das Verhältnis unter den Gesellschaftern, nicht dasjenige zu den Gläubigern der Gesellschafter im Auge hat [...]“[1132].

Die angestellten Überlegungen verdeutlichen, daß Vorgänge außerhalb des Vereins grundsätzlich nicht dazu fruchtbar gemacht werden können, das Vertrauen des dem Verein beitretenden Mitglieds in die Beibehaltung der bestehenden Beitragspflichten zu zerstören[1133]. Jedes andere Verständnis setzt sich in Widerspruch zu Zweck und Historie des Verbots der wesentlichen Pflichtenmehrung. Diese Erkenntnis steht der Berücksichtigung der in der ökonomischen und juristischen Fachliteratur geführten Diskussion zu der Frage nach der Einrichtung eines (abgabenfinanzierten) Solidaritätsfonds auf den ersten Blick entgegen.

Bei genauerem Hinsehen stellt sich freilich heraus, daß die im Außenverhältnis des Vereins angesiedelte Diskussion auch unmittelbare Rückwirkungen auf den Ligaverband haben kann. Sollte nämlich ein europäisches Gericht in einer Entscheidung zur Vereinbarkeit der zentralen Vermarktung der TV-Rechte an der Bundesliga mit Art. 81 EG zu dem Schluß kommen, daß die bisherige Praxis des Ligaverbandes gegen das EG-Kartellrecht verstößt, müßte sich die Vereinigung der Lizenzvereine mangels anderer Alternativen zwangsläufig auf den abgabenfinanzierten Solidaritätsfonds als Mittel zur Gewährleistung einer ungefähren Wettbewerbsgleichheit zwischen den Fußballclubs besinnen, um den normativen Vorgaben des europäischen Kartellrechts Rechnung zu tragen. Ebenso müßte ein beitragsfinanzierter Geldpool installiert werden, wenn ein Gericht darin ein die

[1132] *Motive* zu dem Entwurfe eines Bürgerlichen Gesetzbuches für das Deutsche Reich, Bd. II, 1888, S. 597.

[1133] Auch Palandt-*Sprau*, BGB, 62. Aufl., 2003, § 707 Rn. 1, begrenzt den Anwendungsbereich von § 707 BGB auf das Innenverhältnis der Gesellschafter.

Arbeitnehmerfreizügigkeit der Berufsfußballer weniger beschneidendes Mittel als die Transferentschädigung erblickt. Leitet der Ligaverband daraufhin entsprechende Umsetzungsschritte in die Wege, bedeutet dies für die Lizenzclubs, daß sie ihrerseits in Form einer Beitragserhöhung zur Finanzierung des Solidaritätsfonds herangezogen werden. Zwischen dem externen Vorgang und der die bisherige Rechtsstellung beeinträchtigenden verbandsinternen Maßnahme besteht mithin ein **untrennbarer innerer Zusammenhang**.

In einer solchen Konstellation greift die *ratio* des Verbots der wesentlichen Pflichtenmehrung wieder durch, denn die äußeren Vorgänge steuern hier maßgeblich das Verhalten der Vereinsorgane, und der Gedanke, die Mitglieder vor nicht gewollten Handlungen der Vereinsführung zu schützen, paßt auf beide Situationen, nämlich einmal, daß der Verein von sich aus eine neue Leistungspflicht einführt, und zum andern, daß er von außen her von Rechts wegen dazu veranlaßt wird, entsprechende Maßnahmen zu ergreifen. Deswegen ist im vorliegenden Fall ausnahmsweise ein externer Umstand dazu geeignet, die Schutzwürdigkeit der Mitglieder des Ligaverbandes zu verneinen. Nach der **Wertung des einfachen Gesetzes** kommt das Verbot der wesentlichen Pflichtenmehrung danach nicht zum Zuge.

Fraglich bleibt jedoch, ob das Ergebnis nicht aus spezifisch verfassungsrechtlichen Gründen der Korrektur bedarf und an dieser Stelle eine dem Stellenwert von Art. 9 Abs. 1 GG Rechnung tragende **grundrechtskonforme Auslegung**[1134] des gesellschaftsrechtlichen Organisationsprinzips dahin vorzunehmen ist, daß man den Zurechnungszusammenhang als unterbrochen ansieht und vom Fortbestehen des Vertrauens in die Nichtvornahme einer pflichtenmehrenden Satzungsänderung ausgeht: Denn man muß sich vergegenwärtigen, daß der Ligaverband als Organisator der beiden Fußballbundesligen über eine faktische Monopolstellung verfügt. Aus diesem Grund ist es den zahlungsunwilligen Fußballvereinen wegen ihrer Angewiesenheit auf die Mitgliedschaft im Ligaverband zur Erhaltung der wirtschaftlichen Existenzgrundlage schlicht unmöglich, sich der erhöhten Beitragspflicht einfach durch einen Austritt aus dem Verband zu entziehen. Damit ist der Kern der negativen Vereinsfreiheit betroffen. Würde man den Lizenzclubs den Schutz, welchen der einfachgesetzliche Grundsatz des Verbots der wesentlichen Pflichtenmehrung gewährt, durch eine aus ihrer Sicht restriktive Interpretation versagen, liefe die negative Vereinsfreiheit insofern völlig ins Leere. Aus dem Blickwinkel des Auslegungsgrundsatzes der Einheit der Verfassung ist dieses Resultat unzulässig. Folglich ist das Verbot der wesentlichen Pflichtenmehrung verfassungskonform in die Richtung zu deuten, daß

[1134] Zur verfassungskonformen Auslegung vgl. *Hesse*, Grundzüge des Verfassungsrechts der Bundesrepublik Deutschland, 20. Aufl., 1995, Rn. 79 ff.

die Zurechnung externer Umstände zur Beseitigung der Schutzwürdigkeit der Vereinsmitglieder unterbleiben muß, um die Rechte der Lizenzclubs aus Art. 9 Abs. 1 GG nicht völlig auszuhöhlen. Daraus ergibt sich gleichzeitig, daß im Grundsatz das gesellschaftsrechtliche Belastungsverbot im Fall des abgabenfinanzierten Solidarfonds einschlägig ist.

Von dem Grundsatz wird indes eine **Ausnahme** anerkannt, sofern aus der gesellschaftsrechtlichen Treuepflicht (§ 242 BGB) zu Lasten des einzelnen Verbandsmitglieds eine Förderpflicht dergestalt erwächst, eine erhöhte Beitragslast mitzutragen. Derartige Förderpflichten sind heute für Personengesellschaften und Körperschaften gleichermaßen anerkannt[1135]. Deshalb steht die Rechtsform des Ligaverbandes als eingetragener Verein der Bejahung von Förderpflichten in diesem Zusammenhang nicht entgegen. Ferner wird vertreten, daß auch die Rechtsform der Vereinsmitglieder – hier: die entweder als eingetragene Vereine oder Kapitalgesellschaften organisierten Lizenzvereine – keinen Grund liefert, aktive Förderpflichten zwischen den Ligaverbandsangehörigen untereinander oder im Verhältnis von Körperschaftsmitglied zum Ligaverband auszuschließen[1136]. Allerdings ist diese Sichtweise in der Literatur nicht unumstritten: So spricht sich Heermann dafür aus, daß Ligaverbandsmitglieder, die als Kapitalgesellschaft organisiert sind, keiner aktiven Förderpflicht unterliegen. Er wendet hauptsächlich ein, daß die Rechtsformen des Idealvereins und der Kapitalgesellschaft unterschiedliche Finanzverfassungen aufweisen. Vereinsangehörige seien in Gegensatz zu Kapitalgesellschaftern nicht am unternehmerischen Risiko beteiligt[1137].

Die von Heermann vorgebrachte Kritik vermag indessen kaum zu überzeugen. Läßt man die Einwände nämlich durchgreifen, unterlägen – einmal unterstellt, die Voraussetzungen für eine erhöhte Beitragspflicht zur Finanzierung des Geldfonds sind erfüllt – die als Kapitalgesellschaft am Ligabetrieb teilnehmenden Clubs anders als die als eingetragener Verein auftretenden Einheiten keiner aktiven Förderpflicht. Die Profifußballclubs wären imstande, sich durch eine bloße Rechtsformumwandlung der Zahlungspflicht zu entziehen. Vor diesem Hintergrund drängen sich jedoch mehrere Fragen geradezu auf: Kann es erstens sein, daß ein Mitglied des Ligaverbandes von seinen Förderpflichten allein deshalb freigestellt wird, weil es „flugs den Anzug“ wechselt? Weiter gedacht: Kann es

---

1135 *BGH*, Urt. v. 20.03.1995 – II ZR 205/94 – NJW 1995, 1739, 1741; *Lutter/Hommelhoff*, GmbHG, 15. Aufl., 2000, § 14 Rn. 18 ff.; *Wiedemann*, Gesellschaftsrecht, Bd. I, 1980, § 8 II 3 a) S. 432 ff.; siehe zudem *Schmidt*, Gesellschaftsrecht, 4. Aufl., 2002, § 20 IV 2 d) und IV 3 S. 592 ff.

1136 So *Hannamann*, Kartellverbot und Verhaltenskoordination im Sport, 2001, S. 92 f.

1137 *Heermann*, WRP 2001, 1140, 1142 f.

sein, daß, sobald sich sämtliche Mitglieder des Ligaverbandes die Rechtsform einer Kapitalgesellschaft gegeben haben, für sie alle die Pflicht zur Zahlung von Abgaben zur Speisung des Finanzpools auf Dauer entfällt und nunmehr auf einmal keine Möglichkeit mehr besteht, Maßnahmen zur Wahrung der Wettbewerbsgleichheit zwischen den Fußballvereinen und zur Nachwuchsförderung (in größerem Ausmaß) zu finanzieren, obwohl sich diese Vereinszwecke der Ligaverbands-Satzung entnehmen lassen[1138]? Diese Fragen zu stellen, heißt, sie auch gleich wieder zu verneinen: Denn die gesellschaftsrechtliche Treuepflicht basiert auf dem Grundgedanken, daß eine Korrelation zwischen Rechtsmacht und Verantwortung des einzelnen Körperschaftsmitglieds besteht[1139]. Diese Überlegung ist jedoch solch allgemeiner Natur, daß sie völlig losgelöst von der Rechtsform auf jede Art von Personenvereinigung paßt. Hinzu kommt noch ein verfassungsrechtliches Argument: Art. 9 Abs. 1 GG sichert das Recht, nach Belieben eine der durch die Rechtsordnung zur Verfügung gestellten Gesellschaftsformen für eine Vereinigung zu wählen. Daraus folgt zugleich, daß allein die Wahl einer bestimmten Rechtsform für sich genommen kein Anknüpfungspunkt für die Auferlegung von belastenden Maßnahmen sein kann[1140]. Begrenzt man mit Heermann jedoch den Anwendungsbereich der Förderpflichten auf Vereine, werden die Profifußballclubs geradezu in die Kapitalgesellschaftsrechtsformen gedrängt, da sie nur auf diesem Weg der finanziellen Sonderbelastung durch die Errichtung des Solidarfonds entgehen können. Dies läuft darauf hinaus, daß allein die Wahl der Organisationsform zu erheblichen Belastungsunterschieden führt. Ein solcher Befund indes läßt sich kaum mit dem sich aus Art. 9 Abs. 1 GG ergebenden speziellen Gleichheitssatz in Einklang bringen. Aus diesen Gründen ist die von Heermann vertretene Mindermeinung abzulehnen.

Die Rechtsprechung verfährt bei der Annahme einer Förderpflicht im Einzelfall allerdings äußerst zurückhaltend. Eine Pflicht zur Tragung einer signifikanten Beitragserhöhung wird vor allem in Erwägung gezogen, wenn eine solche im Hinblick auf die Rechtsbeziehungen der Gesellschafter zueinander, z.B. zum Erhalt wesentlicher Werte, die die Gesellschafter in Kooperation geschaffen haben, oder zur Vermeidung erheblicher Verluste, die die Gesellschaft oder einer des Gesellschafter erleiden könnte, erforderlich ist[1141]. Wie bereits herausgestellt,

---

[1138] Siehe zu den Vereinszwecken des Ligaverbandes bereits die Ausführungen im 2. Teil, 1. Kapitel, B.IV.2.c)aa).

[1139] *BGH*, Urt. v. 20.03.1995 – II ZR 205/94 – NJW 1995, 1739, 1741; *Schmidt*, Gesellschaftsrecht, 4. Aufl., 2002, § 20 IV 2 b) S. 588.

[1140] Vgl. *Vogt*, Neutralität und Leistungsfähigkeit, 2003, S. 50 ff.; *Kirchhof*, AöR 128 (2003), 1, 27 f.; *ders.*, StuW 2000, 316, 319; *ders.*, Stbg 2000, 552, 556; a.A. *Pelka*, StuW 2000, 389, 393, der allein auf Art. 3 Abs. 1 GG abstellt.

[1141] *BGH*, Urt. v. 20.10.1986 – II ZR 86/85 – NJW 1986, 952, 953; siehe auch *Wiedemann*, Gesellschaftsrecht, Bd. I, 1980, § 7 IV 1 b) S. 395.

würden im Falle einer dezentralen Vermarktung des Produkts „Fußballspiel" durch die einzelnen Lizenzvereine die finanziellen und sportlichen Ungleichgewichte zwischen den Bundesligafußballclubs auf Dauer in einem Ausmaß zunehmen, daß die für die Funktionsfähigkeit des Meisterschaftswettbewerbs nötige Wettbewerbsgleichheit nicht mehr gegeben wäre: Der Ausgang des Meisterschaftswettbewerbs ließe sich mit einer sehr hohen Wahrscheinlichkeit prognostizieren, so daß der Spannungsgrad des Wettbewerbs, eine wichtige Determinante für die Zuschauernachfrage, erheblich nachlassen würde. Der Rückgang des Zuschauerinteresses bedingt seinerseits wiederum bei sämtlichen Fußballvereinen erhebliche Einnahmenausfälle. Zur Vermeidung der drohenden beträchtlichen Schäden für die Profivereine sowie zur Aufrechterhaltung der Nachwuchsförderung erweist sich die Einführung eines abgabenfinanzierten Solidaritätsfonds im Interesse der Funktionsfähigkeit des Ligaspielbetriebs mangels anderer Alternativen somit als unerläßlich. Die von der Judikatur geforderten Voraussetzungen für das Bestehen einer vereinsrechtlichen Förderpflicht liegen mithin eigentlich vor[1142].

Andererseits könnte gegen eine Förderpflicht eine **verfassungskonforme Interpretation** sprechen, daß die Berufsausübungsfreiheit der Lizenzvereine einen hohen Stellenwert hat, der Anlaß gibt, wirtschaftliche Belange gegenüber ideellen Zielsetzungen als weniger gewichtig einzustufen. Nimmt man hinzu, daß die Pflichtenmehrung zur Finanzierung des Ausgleichsfonds letztlich dazu dient, Zwecke mit einem überwiegend wirtschaftlichen Charakter durchzusetzen, liegt die Schlußfolgerung nahe, daß Aspekte wie Wettbewerbsgleichheit und Nachwuchsförderung jedenfalls für sich genommen nicht hinreichen, ausnahmsweise eine Zustimmungspflicht der ablehnenden Vereine zur Tragung einer erhöhten Abgabenlast zu konstruieren.

Der Verweis auf Art. 12 Abs. 1 GG greift in concreto aber zumindest im Ergebnis nicht durch. Denn die Berufsfreiheit schützt nach ihrer *Funktion* die Freiheit zum Wettbewerb[1143]. Jede Form von Wettbewerb ist jedoch auf einen verläßlichen Ordnungsrahmen angewiesen. Fehlt es hieran, entstehen nämlich durch Unsicherheit bedingte zusätzliche Transaktionskosten für die Teilnehmer am Wirtschaftsverkehr, die die Erzielung optimaler wirtschaftlicher Ergebnisse vereiteln. Ein auf Optimierung der Wohlfahrtsgewinne bedachtes Wirtschaftssystem, wie es die beiden Bundesligen an sich darstellen, ist deshalb stets auf einen verläßlichen Ordnungsrahmen angewiesen. Die erforderliche Ordnungs-

---

[1142] Ebenso *Hannamann*, Kartellverbot und Verhaltenskoordination im Sport, 2001, S. 99 ff., 512 mit 511.

[1143] Sachs-*Tettinger*, GG, 3. Aufl., 2002, Art. 12 Rn. 14a; Jarass/Pieroth-*Jarass*, GG, 6. Aufl., 2002, Art. 12 Rn. 2.

funktion kann freilich nur das Recht erfüllen, dessen wesentlicher Zweck die Gewährleistung von Rechtssicherheit ist, um Risiken berechenbar zu machen. Zu den Bestimmungen, die den Wettbewerb erst ermöglichen, sind namentlich auch solche regulatorischen Eingriffe zu rechnen, die ein Marktversagen korrigieren (z.B. Bestimmungen zur Verhinderung des Mißbrauchs einer wirtschaftlichen Machtstellung). Die Reichweite des Freiheitsschutzes aus Art. 12 Abs. 1 S. 1 GG wird demnach auch durch die Regelungen mitbestimmt, die den Wettbewerb ermöglichen und begrenzen. Das Grundrecht sichert in diesem Rahmen die Teilhabe am Wettbewerb nur nach Maßgabe seiner Funktionsbedingungen[1144].

Setzt man die abstrakte Aussage in einem weiteren Schritt in Relation zu dem Instrument des Finanzausgleichs zwischen den Fußballvereinen, ergibt sich folgendes: Oben wurde bereits herausgestellt, daß sich im Bereich des Profifußballs ein institutioneller Ausgleichmechanismus zur Gewährleistung ungefährer Wettbewerbsgleichheit zwischen den Lizenzvereinen und zur Nachwuchsförderung wegen eines diesbezüglich vorliegenden Marktversagens als unabdingbar erweist. Mangels anderer erkennbarer Alternativen steht hierzu eben lediglich der abgabenfinanzierte Solidaritätsfonds zur Verfügung. Ein dauerhaft funktionierender Ligabetrieb mit verbindlichen Standards läßt sich indessen nur unter der Voraussetzung praktizieren, daß sich alle beteiligten Lizenzvereine auf gewisse Mindestbedingungen – eingeschlossen Maßnahmen zur Kompensation von Marktversagen – einigen, die eine Optimierung der wirtschaftlichen Resultate gewährleisten. Damit wird im Grunde nichts anderes ausgesagt, als daß ein reibungsloser Ablauf der Meisterschaftswettbewerbe in besonderem Maße die Notwendigkeit einer Kooperation zwischen sämtlichen Fußballclubs voraussetzt[1145].

1144 Vgl. in anderem Zusammenhang zu der Interdependenz zwischen der Berufsfreiheit und dem auf die Bedürfnisse des jeweiligen Marktes zugeschnittenen normativen Ordnungsrahmen für die Wettbewerbsteilnehmer *BVerfG*, Beschl. v. 26.06.2002 – 1 BvR 558/91 u.a. – NJW 2002, 2621, 2622 mit Besprechungsaufsatz von *Lindner*, DÖV 2003, 185; siehe auch *Ossenbühl*, AöR 115 (1990), 1, 22 f. Dies bedeutet freilich keineswegs, daß derartige Ordnungsrahmenvorschriften überhaupt nicht am Maßstab von Art. 12 Abs. 1 GG überprüft werden könnten. Vgl. etwa *BVerfG*, Beschl. v. 08.02.1972 – 1 BvR 170/71 – BVerfGE 32, 311, 316 ff., zu § 1 UWG.

1145 Im Ergebnis gleichfalls *Lehmann/Weigand*, ZfB-Ergänzungsheft 2/1998, 101, 102 f. („Kooperation der Vereine zur Organisation und Durchführung eines Ligawettbewerbs"); *Frick/Wagner*, Sportwissenschaft 28 (1998), 328, 331; siehe zudem *Frick/Lehmann/Weigand*, in: *Engelhard/Sinz*, Kooperation im Wettbewerb, 1999, 495, 497 f.

Daß die These vom uniformen Handeln aller Lizenzvereine beim Aufbau eines Finanzpools als unabdingbare Voraussetzung zur Ermöglichung eines funktionierenden Wettbewerbs sich keinesfalls in einer bloßen Behauptung erschöpft, wird anhand weiterer Überlegungen belegt: Das verstärkte Bedürfnis nach einer intensiveren Kooperation unter den Lizenzvereinen entspringt nicht nur aus der Notwendigkeit der Schaffung eines verläßlichen Ordnungsrahmens, sondern folgt daneben aus den besonderen Produktionsbedingungen des Produkts „Bundesligafußball". Denn im Gegensatz zum herkömmlichen Szenario, daß die Marktteilnehmer eine Verdrängung ihrer Konkurrenten vom Markt anstreben, müssen die Fußballvereine trotz des Konkurrenzkampfes untereinander um die besten Plazierungen in der Tabelle kooperieren, da die Qualität des feilgebotenen Produkts maßgeblich von der den Konsumentenerwartungen entsprechenden Darbietung des Meisterschaftswettbewerbs in seiner Gesamtheit bestimmt wird (**assoziative Konkurrenz**)[1146]. Diese sog. assoziative Konkurrenz führt wiederum dazu, daß zwischen dem wirtschaftlichen Handeln der einzelnen Vereine eine enge Wechselwirkung besteht. Besonders plastisch zeigt sich das an dem negativen ökonomischen Phänomen der Hyperaktivität[1147]. Zur wirksamen Unterbindung derartiger Verzerrungen des Wettbewerbs bedarf es ebenso eines einvernehmlichen Zusammenwirkens aller Mitglieder des Ligaverbandes.

Festzuhalten ist damit im Ergebnis, daß Rechtssicherheitsaspekte und die ökonomischen Besonderheiten des lizenzierten Fußballs in Deutschland implizieren, daß ein einheitliches Agieren aller im Ligaverband organisierten Fußballvereine zum Aufbau eines abgabenfinanzierten Solidaritätsfonds zu den Funktionsbedingungen des wirtschaftlichen Subsystems „Fußballbundesliga" gehört. Gegen solche wettbewerbsbestimmenden Faktoren richtet sich Art. 12 Abs. 1 S. 1 GG ausweislich des zuvor herausgearbeiteten funktionalen Maßstabs jedoch gerade nicht. Die Berufsfreiheit liefert daher keinen Ansatzpunkt, das Vorliegen einer gesellschaftsrechtlichen Förderpflicht aus verfassungsrechtlichen Gründen abzulehnen.

Gleiches gilt schließlich auch im Hinblick auf die Vereinsfreiheit der Lizenzvereine: Art. 9 Abs. 1 GG bezweckt nämlich den Schutz des Rechts zur dauernden freiwilligen Verbindung bestimmter Personen oder Personengruppen zu freiwilligen Zwecken. Tritt also ein Fußballverein in Ausübung seiner Vereinsfreiheit dem Ligaverband bei, geschieht dies aus dem Grund, die Ziele der Vereinigung mit zu verwirklichen. Zu den satzungsmäßigen Vereinszwecken gehören vor

---

[1146] *Swieter*, Eine ökonomische Analyse der Fußball-Bundesliga, 2002, S. 60 f.; *Hübl/Swieter*, in: *Hübl/Peters/Swieter*, Ligasport aus ökonomischer Sicht, 2002, 13, 24; *Büch/Frick*, BFuP 1999, 109, 121.

[1147] Vgl. zur Hyperaktivität bereits eingehend im 2. Teil, 1. Kapitel, B.IV.2.b)bb).

allem der Betrieb der Vereinseinrichtungen Bundesliga und 2. Bundesliga sowie die Ermittlung des deutschen Fußballmeisters und der Teilnehmer an den internationalen Clubwettbewerben im Rahmen eines Meisterschaftswettbewerbs und die Nachwuchsförderung. Lehnt man nunmehr unter Verweis auf die Vereinsfreiheit eine Förderpflicht aller Lizenzvereine aus § 242 BGB zur Finanzierung des Solidarfonds ab, würde die Verwirklichung der genannten Ziele des Ligaverbandes, die die betroffenen Clubs gerade fördern wollen, wegen des Charakters des Finanzpools als deren Funktionsbedingung auf Dauer unmöglich werden. Art. 9 Abs. 1 GG wirkte im vorliegenden Fall völlig dysfunktional.

Als Fazit bleibt deshalb: Da im vorliegenden Fall eine aktive Förderpflicht sämtlicher Lizenzvereine zugunsten des Finanzpools besteht, liegt **kein Verstoß gegen das gesellschaftsrechtliche Verbot der wesentlichen Pflichtenmehrung** vor.

Insgesamt ist die Errichtung eines abgabenfinanzierten Solidaritätsfonds für die von den erhöhten Beitragspflichten betroffenen Lizenzvereine damit ebenfalls zumutbar. An der Zumutbarkeit würde es nur noch fehlen, wenn die beitragsmäßige Belastung für einen einzelnen Lizenzverein eine erdrosselnde Wirkung hat, wenn also die unternehmerische Betätigung wirtschaftlich sinnlos wird[1148]. Dafür fehlen vorliegend indes jegliche Anhaltspunkte. Der Verhältnismäßigkeitsgrundsatz wurde folglich gewahrt, so daß insofern **keine Verletzung der Vereins- und der Berufsfreiheit der Fußballclubs** festgestellt werden kann[1149].

(b) Der gesellschaftsrechtliche Gleichheitssatz als Schranke für den Finanzpool

Der Errichtung des Finanzpools könnte schließlich der **gesellschaftsrechtliche Gleichheitssatz** entgegenstehen, denn von der zusätzlichen, an die Erlösquellen anknüpfenden Sonderbeitragspflicht werden ausschließlich Lizenzvereine mit einer überdurchschnittlichen Ertragskraft erfaßt. Nach dem Prinzip der Gleichbehandlung aller Körperschaftsmitglieder, das ebenfalls einen allgemeinen Grundsatz des Gesellschaftsrechts[1150] verkörpert (vgl. §§ 706 Abs. 1 BGB, 53a AktG analog)[1151], ist es untersagt, im wesentlichen vergleichbare Mitglieder-

---

[1148] *Tipke/Lang*, Steuerrecht, 17. Aufl., 2002, § 4 Rn. 213; *Jachmann*, StuW 1996, 97, 100 ff.

[1149] A.A. *Malatos*, Berufsfußball im europäischen Rechtsvergleich, 1988, S. 140.

[1150] Ebenso Baumbach/Hueck-*Hueck/Fastrich*, GmbHG, 17. Aufl., 2000, § 13 Rn. 35; *Lutter/Hommelhoff*, GmbHG, 15. Aufl., 2000, § 53 Rn. 22 (str.). Zum Streitstand bezüglich des Geltungsgrundes des Diskriminierungsverbotes siehe *Wiedemann*, Gesellschaftsrecht, Bd. I, 1980, § 8 II 2 a) S. 428 f. m.w.N.

[1151] Der gesellschaftsrechtliche Gleichheitssatz war bereits im preußischen A.L.R. positiviert (vgl. I 17 § 175): „Die Pflichten der Verbundenen zur Erreichung des gemeinschaftlichen

gruppen ungleich oder im wesentlichen ungleiche Mitgliedergruppen gleich zu behandeln, sofern der Vereinszweck die Differenzierung als sachlich nicht gerechtfertigt erscheinen läßt[1152]. Das Gleichheitsgebot ist auch bei der Festlegung von Beitragspflichten zur Finanzierung von (Solidaritäts-)Fonds zu beachten[1153]. Konsequenz davon ist, daß auch in diesem Kontext das Prinzip der wirtschaftlichen Leistungsfähigkeit zu beachten ist[1154].

Die beiden Vergleichsgruppen bestehen aus den Lizenzvereinen, die verbandsrechtlich zur Entrichtung eines Sonderbeitrages auf der Grundlage ihrer Erlöse verpflichtet und denen, die hiervon befreit sind. Die Vergleichbarkeit beider Gruppen resultiert aus der Mitgliedschaft im Ligaverband, denn eine wesentliche Rechtsfolge der Zugehörigkeit zu einem Verein ist die Obligation zur Leistung von Mitgliedsbeiträgen[1155]. Infolge der Koppelung der Sonderbeitragspflicht an einen im Vergleich zur Gesamtheit der Ligaverbandsmitglieder überdurchschnittlichen Ertrag sind nicht alle Lizenzvereine zahlungspflichtig, so daß eine Ungleichbehandlung vorliegt.

Die Ungleichbehandlung müßte gerechtfertigt sein, wozu es erforderlich ist, daß das Differenzierungskriterium durch einen sachlichen Grund getragen wird und dem Verhältnismäßigkeitsgrundsatz genügt[1156].

Das Differenzierungskriterium besteht im vorliegenden Fall in der überdurchschnittlichen Ertragskraft der Lizenzvereine, d.h., die Pflicht zur Leistung von Sonderbeiträgen hängt davon ab, daß die Einnahmen eines Fußballclubs größer sind als der Mittelwert der Gesamteinkünfte sämtlicher Lizenzvereine. Das Differenzierungskriterium erscheint nicht willkürlich, weil der Finanzpool spezifisch dazu dient, die für den Ligabetrieb unentbehrliche ungefähre finanzielle und sportliche Wettbewerbsgleichheit zwischen den Fußballclubs zu gewährlei-

---

Endzwecks, sowie die Rechte derselben in Ansehung des dadurch zu erwerbenden Vortheils, werden im zweifelhaften Falle für gleich erachtet." Speziell zur Beitragspflicht siehe auch preußisches A.L.R. I 17 § 189.

1152 *Kübler*, Gesellschaftsrecht, 5. Aufl., 1999, § 10 IV 3 S. 125; *Schmidt*, Gesellschaftsrecht, 4. Aufl., 2002, § 16 II 4 b) S. 462 ff.

1153 *LG Bonn*, Urt. v. 20.01.1992 – 9 O 117/90 – DB 1992, 879, 881; *OLG Köln*, Teilurt. v. 29.10.1992 – 18 U 35/92 – ZIP 1992, 1617, 1620 f.; *Hunecke*, EWiR 1993, 343, 344; *Dreher*, ZIP 1992, 1597, 1608 f.

1154 Ebenso *Pfister*, in: *Tokarski*, EU-Recht und Sport, 1998, 151, 171; vgl. zudem *Büch*, Sportwissenschaft 28 (1998), 283, 293. Allgemein zum Leistungsfähigkeitsprinzip *Birk*, Steuerrecht, 5. Aufl., 2002, Rn.153 ff.

1155 Vgl. zu dem funktionalen Zusammenhang zwischen Mitgliedschaft und Beitragspflicht etwa Palandt-*Heinrichs*, BGB, 62. Aufl., 2003, § 38 Rn. 1 und 1b.

1156 *BGH*, Urt. v. 13.03.1978 – II ZR 142/76 – NJW 1978, 1316, 1317; *Hüffer*, AktG, 4. Aufl., 1999, § 53a Rn. 10.

sten. In der Konsequenz dieser Zielsetzung des Ligaverbands liegt es jedoch, grundsätzlich nur die Vereine mit einer zusätzlichen Abgabenpflicht zu belasten, die über eine überdurchschnittliche Ertragskraft verfügen.

Ferner müßte der Verhältnismäßigkeitsgrundsatz gewahrt sein. Das gewählte Differenzierungskriterium ist geeignet, den Vereinszweck der Wettbewerbsgleichheit unter den Lizenzvereinen annähernd sicherzustellen. Mangels anderer ersichtlicher Alternativen, die das erstrebte Ziel gleichermaßen effektiv verwirklichen könnten, ist das Erforderlichkeitsprinzip ebenfalls gewahrt. Schließlich müssen die Ungleichbehandlung und das verfolgte Ziel in einem ausgewogenen Verhältnis zueinander stehen. Dafür sprechen mehrere Gesichtspunkte: Zum einen garantiert ein linearer Beitragssatz in besonderem Maße eine gleichmäßige Lastenverteilung nach Leistungsfähigkeitsaspekten. Weiterhin führt die Implementierung einer Beitragshöchstgrenze dazu, daß eine unwirtschaftliche Finanzpolitik des Ligaverbandes nicht ohne weiteres durch eine Erhöhung der Sonderbeiträge kompensiert werden kann[1157]. Auf diese Weise wird dem Minderheitenschutz Rechnung getragen. Beide Maßnahmen zusammen – d.h. die Wahl eines linearen Abgabensatzes und die Einführung eines Sonderbeitragshöchstsatzes – sowie die zusätzliche Installation einer Obergrenze für das Maß an finanzieller Förderung haben darüber hinaus den Effekt, daß eine völlige Nivellierung der Finanzkraft der Fußballclubs oder gar deren Umkehrung verhindert werden. Die ertragsstarken Lizenzvereine verfügen daher auch weiterhin über genügend Anreize zu einem wirtschaftlich und sportlich erfolgreichen Verhalten. Der Verhältnismäßigkeitsgrundsatz ist mithin gewahrt, die Ungleichbehandlung gerechtfertigt, so daß kein Verstoß gegen das gesellschaftsrechtliche Gleichbehandlungsgebot konstatiert werden kann.

(c) Zwischenergebnis

Als Zwischenergebnis der Inhaltskontrolle anhand der Freiheitsrechte der Lizenzvereine und des körperschaftsrechtlichen Gleichheitssatzes ergibt sich, daß beide Prüfungsmaßstäbe der Errichtung eines beitragsfinanzierten Solidaritätsfonds **keine Hindernisse** bereiten.

[1157] Zur Notwendigkeit einer Beitraghöchstgrenze zum Ausschluß von Willkür siehe in anderem Zusammenhang auch *LG Bonn*, Urt. v. 26.01.1987 – 9 O 101/86 – WM 1987, 1074, 1077; Soergel-*Hadding*, BGB, Bd. I, 13. Aufl., 2000, § 38 Rn. 21.

(2) Die Inhaltskontrolle als Schranke für die Ausgestaltung des Finanzpools

Weiterhin ist zu prüfen, ob die **Ausgestaltung des abgabenfinanzierten Solidaritätsfonds** einer Inhaltskontrolle gemäß § 242 BGB standhält. Dabei ist zwischen verschiedenen Gefährdungslagen zu differenzieren, in denen die Lizenzvereine schutzbedürftig sind: dem Schutz wirtschaftlicher Daten (a), dem Schutz vor einer ungleichmäßigen und damit wettbewerbsverzerrenden Ausgestaltung des Beitrags- und Fördersystems (b) und dem Schutz vor verbandsrechtlichen Sanktionen (c).

(a) Schutz wirtschaftlicher Daten

Die Notwendigkeit der Offenbarung wirtschaftlicher Daten stellt sich in drei Situationen: **Zunächst** werden die im Rahmen des Lizenzierungsverfahrens offengelegten wirtschaftlichen Daten (eine nach den Vorschriften des HGB erstellte Bilanz zum 31.12. des vorangegangenen Jahres, eine Gewinn- und Verlustrechnung für das abgelaufene Spieljahr sowie für die erste Hälfte des laufenden Spieljahres, ein Anhang sowie ein Lagebericht) von der DFL-GmbH auf der Grundlage entsprechender Verbandsnormen weiterverwertet, um die zahlungspflichtigen Fußballclubs sowie die Höhe der zu leistenden Sonderbeiträge zu ermitteln. **Zweitens** ist bei der Verteilung der Einnahmen aus dem Finanzpool zum Zwecke des Finanzausgleichs zu prüfen, worauf die finanziellen Schwierigkeiten der begünstigten Vereine beruhen und wie sie am effektivsten beseitigt werden können. Ferner muß die Möglichkeit bestehen, die tatsächliche Mittelverwendung durch die Empfänger zu kontrollieren, um im Fall des Zuwiderhandelns sofort reagieren zu können. Eine **dritte Konstellation** ergibt sich auf der Zuwendungsseite im Rahmen der Nachwuchsförderung. Auch hier setzt die Auszahlung der Fördergelder selbstverständlich die Prüfung voraus, welche Maßnahmen zur Nachwuchsförderung seitens der einzelnen Vereine konkret geplant sind. Denn hier gibt es gleichfalls einen nicht von der Hand zu weisenden Kontrollbedarf, daß die Finanzmittel ordnungsgemäß eingesetzt wurden. Als Instrument zur Ermittlung der benötigten Informationen kommen einheitlich sowohl in der zweiten als auch in der dritten Sachverhaltskonstellation satzungsrechtlich verankerte Auskunftsrechte der DFL-GmbH bzw. Berichtspflichten der auf der Empfängerseite stehenden Fußballclubs in Betracht. In der sich anschließenden Prüfung werden sie daher – soweit sich dies anbietet – zusammen abgehandelt.

Als Grenze für Informationseingriffe von Seiten des Ligaverbandes bzw. der DFL-GmbH zu Lasten der Lizenzvereine läßt sich an verschiedene Grundrechte anknüpfen: das Recht auf informationelle Selbstbestimmung, die Eigentumsgarantie, die Berufsfreiheit, die Vereinsfreiheit, die Meinungsfreiheit sowie die allgemeine Handlungsfreiheit. Ob und inwieweit die Freiheitsrechte im vorliegenden Fall zum Tragen kommen, wird in einem ersten Schritt erörtert (aa-ff). Daran schließt sich eine Prüfung möglicher Rechtfertigungsgründe an; auf dieser Stufe wird es hauptsächlich um die Beantwortung der Frage gehen, ob der Verhältnismäßigkeitsgrundsatz gewahrt ist (gg).

(aa) Das Recht auf informationelle Selbstbestimmung

Als Kontrollmaßstab für die Zulässigkeit von Informationseingriffen ist zunächst an das **Recht auf informationelle Selbstbestimmung** zu denken[1158], das seine verfassungsrechtliche Grundlage in Art. 2 Abs. 1 GG i.V.m. Art. 1 Abs. 1 S. 1 GG hat[1159]. Die Heranziehung des Grundrechts auf Sachverhalte der vorliegenden Art wirft indes in mehrfacher Hinsicht dogmatische Zweifelsfragen auf, die eine tiefergehende Diskussion erfordern:

So ist eingangs bereits die Reichweite des persönlichen Schutzbereichs äußerst umstritten, insbesondere die **Anwendbarkeit des Freiheitsrechts auf juristische Personen,** zu denen die Fußballclubs zählen. Die Streitfrage wurde vom BVerfG bisher noch nicht in die eine oder andere Richtung entschieden[1160]. Vor diesem Hintergrund haben sich zahlreiche Stimmen im Schrifttum gegen eine Ausdehnung von Art. 2 Abs. 1 GG i.V.m. Art. 1 Abs. 1 S. 1 GG auf Gesell-

---

[1158] Art. 2 Abs. 1 GG i.V.m. Art. 1 Abs. 1 S. 1 GG ist auch im Privatrecht über § 242 BGB mittelbar anzuwenden. *BVerfG*, Beschl. v. 11.06.1991 – 1 BvR 239/90 – BVerfGE 84, 192, 194 f.; *BGH*, Urt. v. 13.11.1990 – VI ZR 104/90 – NJW 1991, 1532, 1533; Schmidt-Bleibtreu/Klein-*Kannengießer*, GG, 9. Aufl., 1999, Art. 2 Rn. 3a; weitergehend *Linnenkohl/Rauschenberg*, BB 1988, 57, 59 f., 61 ff., die eine unmittelbare Drittwirkung befürworten; zurückhaltend dagegen *Stettner*, in: Festschrift für *Knöpfle*, 1996, 351, 363 ff. Weiterhin ist zu beachten, daß das durch die Verfassung abgesicherte Recht auf informationelle Selbstbestimmung vom privatrechtlichen Persönlichkeitsrecht zu unterscheiden ist. Ebenso *Jarass*, NJW 1989, 857, 858; Sachs-*Murswiek*, GG, 3. Aufl., 2002, Art. 2 Rn. 67.

[1159] Vgl. zum Recht auf informationelle Selbstbestimmung *BVerfG*, Urt. v. 15.12.1983 – 1 BvR 209/83 u.a. – BVerfGE 65, 1, 41 ff.; aus der Kommentarliteratur siehe etwa Sachs-*Murswiek*, GG, 3. Aufl., 2002, Art. 2 Rn. 72 f.

[1160] *BVerfG*, Beschl. v. 13.12.1994 – 2 BvR 894/94 – NJW 1995, 2839, 2840. Vgl. aber die Aussage in *BVerfG*, Urt. v. 17.07.1984 – 2 BvE 11, 15/83 – BVerfGE 67, 100, 142: „Die Geheimhaltung bestimmter steuerlicher Angaben und Verhältnisse, deren Weitergabe einen Bezug auf den Steuerpflichtigen oder private Dritte erkennbar werden läßt, kann indessen durch eine Reihe grundrechtlicher Verbürgungen, insbesondere durch Art. 2 Abs. 1 in Verbindung mit Art. 1 Abs. 1 und Art. 14 GG, gegebenenfalls in Verbindung mit Art. 19 Abs. 3 GG geboten sein.“

schaften ausgesprochen, da es an der wesensgemäßen Anwendbarkeit i.S.d. Art. 19 Abs. 3 GG fehle[1161]. Dieser Standpunkt ist jedoch nicht unbestritten, denn sowohl der BGH[1162] als auch Teile der Lehre[1163] gehen davon aus, daß das Recht auf informationelle Selbstbestimmung sehr wohl auf juristische Personen paßt, sofern sie in ihrem sozialen Geltungsanspruch betroffen werden.

Im Rahmen der Stellungnahmen zu dem Rechtsproblem trifft man bei den Befürwortern einer restriktiven Auslegung stets auf den Hinweis, das Freiheitsrecht stehe in einem besonders engen Zusammenhang mit der Menschenwürdegarantie, die sich schon begrifflich nicht auf juristische Personen ausdehnen lasse. Zur Vermeidung von Widersprüchen müsse juristischen Personen daher der Schutz aus Art. 2 Abs. 1 GG i.V.m. Art. 1 Abs. 1 S. 1 GG versagt werden[1164]. Ein solches Grundrechtsverständnis führt indessen gerade zum Gegenteil von dem, was durch die restriktive Handhabung bezweckt wird, nämlich zu unübersehbaren Brüchen in der *Grundrechtssystematik*: Wie verfehlt die Überbetonung der Verbindungslinie zu Art. 1 Abs. 1 GG ist, zeigt sich bereits daran, daß namentlich die selben Autoren, die sich vehement gegen eine Einbeziehung von juristischen Personen in den Schutzbereich des Rechts auf informationelle Selbstbestimmung aussprechen, im gleichen Atemzug nicht müde werden darauf hinzuweisen, daß Grundlage des Freiheitsrechtes primär Art. 2 Abs. 1 GG ist[1165]. Nur aus diesem Blickwinkel wird auch verständlich, daß die ganz herrschende Ansicht Art. 13 Abs. 1 GG und Art. 10 Abs. 1 GG – beides Spezialvorschriften zu Art. 2 Abs. 1 GG i.V.m. Art. 1 Abs. 1 S. 1 GG[1166]– über Art. 19 Abs. 3 GG uneinge-

---

1161 *Schmitt Glaeser*, in: *Isensee/Kirchhof*, Handbuch des Staatsrechts, Bd. VI, 2. Aufl., 2001, § 129 Rn. 88; *Kloepfer*, Informationsrecht, 2002, § 3 Rn. 56; Jarass/Pieroth-*Jarass*, GG, 6. Aufl., 2002, Art. 2 Rn. 39; v. Münch/Kunig-*Kunig*, GG, Bd. I, 5. Aufl., 2000, Art. 2 Rn. 39; *Hirte*, NJW 1988, 1698, 1704; *Krause*, JuS 1984, 268, 269; *Berg*, GewArch 1996, 177, 178; *Taeger*, CR 1991, 681, 685; *Roßnagel/Bizer*, GewArch 1992, 121, 123.

1162 *BGH*, Urt. v. 03.06.1986 – VI ZR 102/85 – NJW 1986, 2951 f.; *BGH*, Urt. v. 03.06.1975 – VI ZR 123/74 – NJW 1975, 1882, 1884.

1163 *Fischer*, Die Zweit- und Parallelanmeldung im Chemikalienrecht, 2003, S. 59 ff.; *Krapf*, Verkehrslenkung durch Abgaben: Möglichkeiten und Grenzen einer Umsetzung des Road Pricing-Konzepts nach deutschem und europäischem Recht, 2001, S. 136; *Leist*, Verfassungsrechtliche Schranken des steuerlichen Auskunfts- und Informationsverkehrs, 2000, S. 63 ff. m.w.N. zum Meinungsstand; Sachs-*Murswiek*, GG, 3. Aufl., 2002, Art. 2 Rn. 76 ff.; Maunz/Dürig/Herzog/Scholz-*Di Fabio*, GG, Bd. I, Art. 2 Abs. 1 Rn. 224; Fluck/Theuer-*Fluck/Theuer*, IF-R/UIG, Bd. I, § 8 Rn. 187 ff.; *Kerssenbrock/Strunk*, DB 2002, Beilage 9, 1, 8.

1164 So v. Münch/Kunig-*Kunig*, GG, Bd. I, 5. Aufl., 2000, Art. 2 Rn. 39; *Jarass*, NJW 1989, 857, 860.

1165 Jarass/Pieroth-*Jarass*, GG, 6. Aufl., 2002, Art. 2 Rn. 28; v. Münch/Kunig-*Kunig*, GG, Bd. I, 5. Aufl., 2000, Art. 2 Rn. 30.

1166 *Schmitt Glaeser*, in: *Isensee/Kirchhof*, Handbuch des Staatsrechts, Bd. VI, 2. Aufl., 2001, § 129 Rn. 3 f.

schränkt auf juristische Personen anwendet[1167]. In diesen Kontext fügt sich jedoch lediglich ein weites Verständnis des persönlichen Schutzbereichs des Grundrechts auf informationelle Selbstbestimmung nahtlos ein.

Abgesehen von den dogmatischen Schwächen bedingt der enge Standpunkt darüber hinaus erhebliche Wertungsinkonsistenzen[1168]: Unterstellt man hypothetisch die Richtigkeit dieser Auffassung, hätte dies zur Konsequenz, daß zum Beispiel die Unterlagen, die ein Fußballverein auf dem Postweg bei der DFL-GmbH einreicht, um die Lizenz zur Teilnahme am Meisterschaftswettbewerb erteilt zu bekommen, von Verfassungs wegen einen umfassenden Datenschutz genießen, solange sie sich in den Geschäftsräumen[1169] des Fußballclubs[1170] oder auf dem Versandweg zur DFL-GmbH befinden. Kaum im Machtbereich der DFL-GmbH angelangt, reduzierte sich der verfassungsrechtliche Schutz der betrieblichen Informationssphäre, nunmehr hauptsächlich vermittelt über Art. 14 Abs. 1 GG und Art. 12 Abs. 1 GG, in wundersamer Weise auf die Bewahrung von „Be-

---

1167 Vgl. etwa Jarass/Pieroth-*Jarass*, GG, 6. Aufl., 2002, Art. 13 Rn. 1, 3; Sachs-*Krüger/Pagenkopf*, GG, 3. Aufl., 2002, Art. 10 Rn. 6 ff., 11 m.w.N. Auf die Parallele von Art. 2 Abs. 1 GG i.V.m. Art. 1 Abs. 1 GG mit Art. 10 Abs. 1 GG und Art. 13 Abs. 1 GG stellt auch *Fetzer*, Die Besteuerung des Electronic Commerce im Internet, 2000, S. 231 ff., ab.

1168 Die folgenden Ausführungen setzen freilich voraus, daß vom sachlichen Schutzbereich des Rechts auf informationelle Selbstbestimmung auch wirtschaftliche Daten erfaßt werden, und das Grundrecht zu Art. 12 Abs. 1 GG, 14 Abs. 1 GG in Idealkonkurrenz steht. Siehe zu diesen Fragenkreisen und zu den Gründen, die jeweils für ein derart extensives Verständnis sprechen, sogleich unter den nächsten Prüfungsgesichtspunkten.

1169 Zur Frage nach der Einbeziehung von Geschäftsräumen in den Schutzbereich von Art. 13 Abs. 1 GG siehe *Pieroth/Schlink*, Grundrechte – Staatsrecht II, 18. Aufl., 2002, Rn. 876. Die ganz herrschende Ansicht (vgl. etwa *BVerfG*, Beschl. v. 13.10.1971 – 1 BvR 280/66 – BVerfGE 32, 54, 69 ff.; *Ipsen*, Staatsrecht II (Grundrechte), 6. Aufl., 2003, Rn. 264) folgt einem weiten Ansatz und erstreckt Art. 13 Abs. 1 GG auf Geschäftsräume. Jedoch gibt es auch kritische Stimmen (vgl. *Battis*, JuS 1973, 25, 29 f.; *Hund*, ZRP 1995, 334, 336): Gerügt wird insbesondere eine angebliche Überdehnung des *Wortlauts* von Art. 13 Abs. 1 GG („Wohnung"). Gegen eine solche Argumentation und für den Standpunkt namentlich des BVerfG spricht indessen entscheidend der *genetische Befund*, denn zu Art. 13 Abs. 1 GG findet sich bei *Doemming/Füsslein/Matz*, JöR 1 (1951), 1, 139, folgende aufschlußreiche Textpassage: „Abg. *Zinn* (SPD) führte [...] als Berichterstatter aus: Die Regelung gleiche im wesentlichen Artikel 115 WRV und Art. 5 CH.E. Unter ‚Wohnung' sei im Sinne der bisherigen Interpretation nicht nur die eigentliche Wohnung zu verstehen, sondern dazu gehörten auch die Geschäftsräume." Mit dieser Aussage läßt sich eine schutzbereichsverengende Interpretation keinesfalls in Einklang bringen.

1170 Art. 13 GG gewährt insofern „Datenschutz", als daß die im Rahmen einer rechtswidrigen Durchsuchung erlangten Informationen einem Verwertungsverbot unterliegen. Vgl. v. Münch/Kunig-*Kunig*, GG, Bd. I, 5. Aufl., 2000, Art. 13 Rn. 35 m.w.N.

triebs- und Geschäftsgeheimnissen“[1171], – und das in einem Bereich, in dem die Informationen nicht mehr grundsätzlich gegenüber dem Zugriff seitens privater Dritter abgeschirmt sind. Aber gerade Private sind, wie schon Hassemer zutreffend festgestellt hat, „schlauer, schneller und billiger als der Staat, und es besteht kein Grund zu der Annahme, bei der Informationsverarbeitung sei dies anders. Hier nämlich läßt sich besonders gut Einfluß verdichten, Macht ausüben und Geld verdienen“[1172]. Die Schutzintensität wird also wider jeden juristischen Schutzinstinkt gerade in dem Bereich minimiert, in dem das Schutzbedürfnis am größten ist.

Aus den genannten Gründen kann es nicht angehen, juristische Personen des Privatrechts vom Schutzbereich des Freiheitsrechts auf informationelle Selbstbestimmung auszunehmen, vielmehr ist der entgegengesetzte Weg einzuschlagen.

Jedoch bereitet nicht nur der persönliche Schutzbereich des Rechts auf informationelle Selbstbestimmung Probleme, solche ergeben sich auch im Hinblick auf den sachlichen Schutzumfang des Grundrechts. Dieser umfaßt den Schutz des einzelnen gegen eine unbegrenzte Erhebung, Speicherung und Weitergabe seiner persönlichen Daten[1173]. Kontrovers diskutiert wird auf der Grundlage der genannten Definition nunmehr die Frage, ob und inwieweit neben spezifisch personenbezogenen Daten[1174] auch **bloße Angaben zu persönlichen oder sachlichen Verhältnissen**, die einer Person zurechenbar sind, in den Schutzbereich einbezogen werden können[1175]. Legt man den sachlichen Anwendungsbereich

---

[1171] Zum Schutz von Betriebs- und Geschäftsgeheimnissen durch die beiden Wirtschaftsgrundrechte siehe Jarass/Pieroth-*Jarass*, GG, 6. Aufl., 2002, Art. 12 Rn. 11 und Art. 14 Rn. 19; vgl. zudem *Roßnagel/Bizer*, GewArch 1992, 121, 123, zu Art. 14 Abs. 1 GG. Unter Betriebs- und Geschäftsgeheimnissen versteht man „mit einem Geschäftsbetrieb zusammenhängende Tatsachen, die nur einem beschränkten Personenkreis bekannt sind und an deren Geheimhaltung der Geschäftsinhaber ein berechtigtes Interesse hat“. Vgl. *Leist*, Verfassungsrechtliche Schranken des steuerlichen Auskunfts- und Informationsverkehrs, 2000, S. 75.

[1172] Vgl. *Hassemer*, FR v. 19.04.1999, S. 11, dessen Beitrag den bezeichnenden Titel trägt: „Private sind schneller, schlauer und billiger als der Staat/Der Datenschutz braucht deshalb ein neues Konzept“.

[1173] *BVerfG*, Urt. v. 15.12.1983 – 1 BvR 209/83 u.a. – BVerfGE 65, 1, 43.

[1174] Für eine Begrenzung des sachlichen Schutzbereichs auf personenbezogene Informationen ausdrücklich *Jarass*, NJW 1989, 857, 860; *Denninger*, GRUR 1984, 627, 631; *Krause*, JuS 1984, 268, 270.

[1175] Dafür etwa Dreier-*Dreier*, GG, Bd. I, 1996, Art. 2 I Rn. 52; *Arndt*, in: Festschrift für *Rudolf*, 2001, 393, 395; *Fischer*, Die Zweit- und Parallelanmeldung im Chemikalienrecht, 2003, S. 58 f.; *Stettner*, in: Festschrift für *Knöpfle*, 1996, 351, 361; *Friauf*, StBJB

des Freiheitsrechtes eng aus und sieht nur spezifisch persönliche Lebenssachverhalte als erfaßt an, bedeutet dies folgendes:

In den oben skizzierten drei Fallgestaltungen werden Informationen offenbart, die sich vorwiegend aus Angaben über die Herkunft und Verwendung der finanziellen Mittel der Lizenzvereine zusammensetzen. Auch solche Informationen vermitteln, wie schon das BVerfG – und zwar zu Offenbarungspflichten der Steuerzahler – ausgeführt hat, „weitreichende Einblicke [...] in die beruflichen, betrieblichen, unternehmerischen oder sonstigen wirtschaftlichen Verhältnisse. Über ihre zeitlich kontinuierliche Erfassung, Speicherung und ständige Abrufbarkeit ermöglichen sie demjenigen, der über diese Daten verfügt, ein Wissen außerordentlichen Ausmaßes über die Betroffenen, das unter den gegenwärtigen Lebensverhältnissen in entsprechende Macht über die Betroffenen umschlagen kann"[1176]. Dennoch müßte man die Subsumtion der bezeichneten Informationen unter die Schutzbereichsdefinition ablehnen, weil es sich eben lediglich um wirtschaftliche und keine spezifisch personenbezogenen Daten handelt[1177].

Freilich muß angezweifelt werden, ob einem derart restriktiven Schutzbereichsverständnis gefolgt werden kann. Dagegen lassen sich *systematische* und *funktionale Überlegungen* ins Feld führen: Zum einen entspricht es zu Art. 10 Abs. 1 GG durchgängig der Ansicht, daß der Grundrechtstatbestand jeden Kommunikationsinhalt schützt; mit anderen Worten: die Unterscheidung, ob es sich um personenbezogene oder rein wirtschaftliche Daten handelt, spielt keinerlei Rolle[1178]. Dazu paßt nur, auch beim Recht auf informationelle Selbstbestimmung auf eine solche Differenzierung zu verzichten und den sachlichen Schutzbereich extensiv zu deuten. Zudem hat Art. 2 Abs. 1 GG den Charakter eines Auffangtatbestandes[1179]. Zur Erfüllung dieser ratio ist jedoch eine weite Auslegung geboten. Zu dieser Erkenntnis steht ein enges Verständnis jedoch in diametralem Widerspruch. Schließlich trägt die Ansicht, wonach auch wirtschaftliche Daten dem Grundrecht auf informationelle Selbstbestimmung unterfallen, am besten dem

---

1984/85, 317, 331; *Benda*, DStR 1984, 351, 354; *Eilers/Schröer*, BB 1993, 1025, 1027; *Cosack/Tomerius*, NVwZ 1993, 841, 843.

1176 Siehe *BVerfG*, Urt. v. 17.07.1984 – 2 BvE 11, 15/83 – BVerfGE 67, 100, 142 f.

1177 Vgl. zu Betriebs- und Geschäftsgeheimnissen ebenso *Kugelmann*, Die informatorische Rechtsstellung des Bürgers, 2001, S. 71; *Breuer*, NVwZ 1986, 171, 174; *Schröder*, UPR 1985, 394, 397; *Scholz*, GewArch 1982, 345, 348.

1178 *Schmitt Glaeser*, in: *Isensee/Kirchhof*, Handbuch des Staatsrechts, Bd. VI, 2. Aufl., 2001, § 129 Rn. 61 m.w.N.; *v. Hammerstein*, Der verfassungsrechtliche Schutz der Privatsphäre im Steuerrecht, 1993, S. 35.

1179 Zur Funktion von Art. 2 Abs. 1 GG als Auffangtatbestand siehe Dreier-*Dreier*, GG, Bd. I, 1996, Art. 2 I Rn. 22; mit dem „Wert der Auffangfunktion" der allgemeinen Handlungsfreiheit setzt sich *Pieroth*, AöR 115 (1990), 33, auseinander.

Auslegungsgrundsatz Rechnung, daß die Freiheitsrechte möglichst so zu interpretieren sind, daß ihr Schutzziel am effektivsten realisiert wird.

Geht man daher von der Einschlägigkeit des Schutzbereichs von Art. 2 Abs. 1 GG i.V.m. Art. 1 Abs. 1 GG aus, stellt sich weiterhin die Frage, ob ein **Eingriff** darin anzunehmen ist. Dabei ist hinsichtlich der verschiedenen Sachverhaltslagen zu unterscheiden. Soweit es um die Weiterverwertung der im Rahmen des Lizenzierungsverfahrens offengelegten wirtschaftlichen Informationen zur Ermittlung der Bemessungsgrundlagen für die Sonderbeitragserhebung geht, ergibt sich folgendes Bild: Nach der weitesten Auffassung stellt jeder Informationsakt – unabhängig von einem Bagatellcharakter – einen Eingriff dar[1180]. Danach ist die Weitergabe bzw. Weiterverwertung der wirtschaftlichen Daten innerhalb der DFL-GmbH auf jeden Fall als Eingriff zu werten. Nichts anderes gilt jedoch auch für den Fall, daß man höhere Anforderungen an die Beeinträchtigung stellt: So will eine Teilauffassung im Schrifttum nur bei einer zweckentfremdenden Weitergabe von einem Eingriff ausgehen[1181]. Die Informationen zur wirtschaftlichen Lage der Lizenzvereine werden zunächst dazu verwendet, deren wirtschaftliche Leistungsfähigkeit im Rahmen des Lizenzierungsverfahrens zu beurteilen. Anschließend dienen die Daten der Ermittlung der Höhe der zu entrichtenden Sonderbeiträge, d.h., eine Zweckentfremdung bei der Weiterverwertung der wirtschaftlichen Daten ist gegeben. Eine zweite restriktive Mindermeinung macht den Eingriff bei der Weitergabe bereits erhobener Daten davon abhängig, daß eine unaufgeforderte Übermittlung an eine andere Stelle vorliegt[1182]. Auch davon wird man nach der hier befürworteten Konstruktion, wonach innerhalb der DFL-GmbH ein eigenständiges Organ für die Erhebung der Sonderbeiträge zuständig sein soll, ausgehen können. Die Informationserhebung zur Kontrolle der zweckmäßigen Verwendung der den Lizenzvereinen bereitgestellten Finanzmittel (etwa als Finanzausgleich und zur Talentförderung) wird dagegen einhellig als Eingriff qualifiziert[1183].

Eingriffe in das Recht auf informationelle Selbstbestimmung der Lizenzvereine seitens des Ligaverbandes können wiederum ausschließlich über das Rechtsinstitut der verfassungsimmanenten Schranken gerechtfertigt werden (praktische Konkordanz)[1184]. Dabei darf die Verbürgung nur im überwiegenden Interesse des

---

1180 Z.B. Sachs-*Murswiek*, GG, 3. Aufl., 2002, Art. 2 Rn. 84; *Rosenbaum*, Jura 1988, 178, 180.

1181 *Podlech*, DVR 1972, 149, 156, 158.

1182 Siehe dazu *Duhnbrack*, Grenzüberschreitender Datenschutz: Reichweite und Grenzen der internationalen Auskunftserteilung durch deutsche Finanzbehörden, 1989, S. 80.

1183 Allgemein Jarass/Pieroth-*Jarass*, GG. 6. Aufl., 2002, Art. 2 Rn. 40.

1184 *Schmitt Glaeser*, in: *Isensee/Kirchhof*, Handbuch des Staatsrechts, Bd. VI, 2. Aufl., 2001, § 129 Rn. 91 f.

Sportwohls und unter Beachtung des Grundsatzes der Verhältnismäßigkeit eingeschränkt werden; die Einschränkung darf nicht weitergehen, als es zum Schutze der berechtigten Interessen des Ligaverbandes unerläßlich ist[1185].

Bevor eine nähere Prüfung der übrigen Freiheitsgrundrechte (insbesondere Art. 14 Abs. 1 GG und Art. 12 Abs. 1 GG) bezüglich ihrer thematischen Einschlägigkeit stattfindet, ist zuvor noch deren Verhältnis zum Grundtatbestand der informationellen Selbstbestimmung zu klären (**Grundrechtskonkurrenzen**). Das BVerfG hat zu der Frage bisher noch nicht ausdrücklich Stellung genommen, scheint aber in Richtung einer parallelen Anwendung zu tendieren (Idealkonkurrenz)[1186]. Diese vermittelnde These findet auch in der verfassungsrechtlichen Lehre Gefolgschaft, die – mit Ausnahme von Art. 13 GG und Art. 10 GG – ebenso eine Idealkonkurrenz befürwortet[1187]. Allerdings ist die Zustimmung in der Literatur nicht rückhaltlos, sondern es gibt auch Extremauffassungen, die sich für eine Spezialität der anderen Freiheitsgrundrechte gegenüber dem Recht auf informationelle Selbstbestimmung aussprechen[1188]. Ebenso wird vertreten, daß Art. 2 Abs. 1 GG i.V.m. Art. 1 Abs. 1 GG die anderen Grundrechte im Wege der Spezialität verdrängt[1189].

Ausgangspunkt zur Auflösung der Problematik ist zunächst der *Gedanke*, daß der Grundrechtskatalog dem einzelnen Bürger zu seinem Schutz einen klaren Ordnungsrahmen an die Hand gibt, um dem Grundrechtsträger seine Rechte und deren Grenzen klar und bestimmt vor Augen zu führen[1190]. Ist thematisch eines der auf einen bestimmten Lebenssachverhalt zugeschnittenen Grundrechte (z.B. die Eigentumsgarantie) berührt, entspricht es dem Interesse der Rechtsklarheit am besten, daß sich Freiheitsumfang und Grenzen vorrangig nach dem jeweiligen Grundrecht richten, unter das sich der Sachverhalt zunächst subsumieren

---

1185 Vgl. allg. *BVerfG*, Beschl. v. 14.12.2000 – 2 BvR 1741/99 – NJW 2001, 879, 880; *BVerfG*, Urt. v. 17.07.1984 – 2 BvE 11, 15/83 – BVerfGE 67, 100, 143.

1186 Vgl. *BVerfG*, Urt. v. 17.07.1984 – 2 BvE 11, 15/83 – BVerfGE 67, 100, 142; *BVerfG*, Urt. v. 19.03.1991 – 2 BvR 1493/89 – BVerfGE 84, 239, 279. Ähnlich die Einschätzung bei *Fischer*, Die Zweit- und Parallelanmeldung im Chemikalienrecht, 2003, S. 61.

1187 Jarass/Pieroth-*Jarass*, GG, 6. Aufl., 2002, Art. 2 Rn. 29; *Eilers*, Das Steuergeheimnis als Grenze des internationalen Auskunftsverkehrs, 1987, S. 41 f.; *Cosack/Tomerius*, NVwZ 1993, 841, 843.

1188 So *Funk*, Datenschutz in Mitgliedschaftsverhältnissen privatrechtlicher Verbände, 2000, S. 22 f.; *Scholz*, GewArch 1982, 345, 348; *Knemeyer*, DB 1993, 721, 724; *Arndt*, in: Festschrift für *Rudolf*, 2001, 393, 394; vgl. auch *Denninger*, GRUR 1984, 627, 631; *Aulehner*, CR 1993, 446, 454 f.

1189 So *Schmitt Glaeser*, in: *Isensee/Kirchhof*, Handbuch des Staatsrechts, Bd. VI, 2. Aufl., 2001, § 129 Rn. 81 ff.

1190 Siehe zu dieser Funktion bereits im 2. Teil, 1. Kapitel, B.IV.2.c)bb)(1)(a)(aa).

läßt. Abzulehnen ist deshalb die Meinung, die für eine alleinige Anwendung von Art. 2 Abs. 1 GG i.V.m. Art. 1 Abs. 1 GG plädiert.

Somit verbleiben noch der vermittelnde Ansatz und die Ansicht von der Spezialität der anderen Freiheitsgrundrechte. Welcher von den beiden Meinungen der Vorzug gebührt, richtet sich nach *Sinn und Zweck* des Rechts auf informationelle Selbstbestimmung. Das Freiheitsrecht beruht auf dem Gedanken, daß die freie Entfaltung der Persönlichkeit unter den modernen Bedingungen der Datenverarbeitung den Schutz des einzelnen gegen unbegrenzte Erhebung, Speicherung, Verwendung und Weitergabe seiner persönlichen Daten voraussetzt[1191]. Thematisch eng umrissenene Grundrechte wie die Vereins-, die Eigentums- und die Berufsfreiheit stehen in einem engen Zusammenhang mit der ungestörten Entfaltung der individuellen Persönlichkeit. Die freie Entfaltung der Persönlichkeit kann jedoch durch staatliche Informationseingriffe schon im Vorfeld der Ausübung der speziellen Grundrechte manipuliert werden mit der Folge, daß der einzelne darauf verzichtet, von ihnen Gebrauch zu machen. Ihr Schutzgehalt würde damit de facto ins Leere laufen[1192]. Dies zu verhindern setzt jedoch voraus, daß das Grundrecht auf informationelle Selbstbestimmung prinzipiell neben den speziellen Freiheitsrechten zur Anwendung gelangt. Effektivitätsgesichtspunkte implizieren daher, daß der vermittelnden Meinung zu folgen ist, d.h., es ist von einer **Idealkonkurrenz** auszugehen[1193].

(bb) Die Eigentumsfreiheit

Weitaus weniger rechtliche Probleme bereitet dagegen zunächst der **eigentumsrechtliche Tatbestand** gemäß Art. 14 Abs. 1 S. 1 GG in diesem Zusammenhang. Das Grundrecht greift, wie bereits an anderer Stelle dargelegt, zugunsten der Fußballclubs ein (vgl. Art. 19 Abs. 3 GG). Ferner bedarf es einer subjektiven vermögenswerten Rechtsposition. Die ganz herrschende Literatur[1194] ist sich darin einig, daß hierzu **Betriebs- und Geschäftsgeheimnisse** – das sind sämtliche mit einem Geschäftsbetrieb zusammenhängende Tatsachen, die nur einem beschränkten Personenkreis bekannt sind und an deren Geheimhaltung der Geschäftsinhaber ein berechtigtes Interesse hat[1195] – zählen, soweit sie bereits zu einem Vermögenswert geworden sind. Unterschiedlich sind nur die rechtlichen Konstruktionen, mittels derer die Zuordnung der Betriebs- und Geschäftsgeheimnisse zu Art. 14 Abs. 1 S. 1 GG begründet wird: Die überwiegende Leh-

---

[1191] Näher *BVerfG*, Urt. v. 15.12.1983 – 1 BvR 209/83 u.a. – BVerfGE 65, 1, 42 f.

[1192] *Simitis*, NJW 1986, 2795, 2796; *Rosenbaum*, Jura 1988, 178, 180; *Gusy*, KritV 2000, 52, 55.

[1193] Ebenso *Leist*, Verfassungsrechtliche Schranken des steuerlichen Auskunfts- und Informationsverkehrs, 2000, S. 71 f.

re[1196] geht davon aus, daß das Recht am eingerichteten und ausgeübten Gewerbebetrieb einschlägig ist, wogegen eine Mindermeinung[1197] eine eigenständige Rechtsposition annimmt. Der Streit über die genaue dogmatische Verortung kann jedoch dahinstehen, da er sich im Ergebnis als nicht entscheidungserheblich erweist[1198].

Von entscheidender Bedeutung sind aber folgende Gesichtspunkte: Ausgehend von der Erkenntnis, daß es den Vereinsvorständen der Fußballclubs im Hinblick auf bestimmte Informationen nicht primär um deren Geheimhaltung, sondern zuvörderst um den **Schutz der Verwertungsmöglichkeit** an den Daten, mithin das „geistige Eigentum", geht[1199], stellen sich mehrere Fragen. Zum einen: Welche Informationen über die Fußballvereine können als Betriebs- und Geschäftsgeheimnisse qualifiziert werden? Und zum anderen: Verfügen die entsprechenden Daten als solche über einen Vermögenswert?

Zur Beantwortung der ersten Frage muß man sich vorab vergegenwärtigen, daß die Fußballclubs der beiden Bundesligen heutzutage das von ihnen hergestellte Produkt „Fußballspiel" umfassend vermarkten und zum Teil über das eigentliche Kerngeschäft hinaus auch andere Geschäftsfelder erschließen. Dementsprechend breit gefächert ist auch das Spektrum der Einnahmenquellen (Spielbetrieb, Werbung, Fernseh- und Hörfunkverwertung, Trainings- und Ausbildungsentschädigungen, Handel, Vermietung und Verpachtung). Die Fußballclubs haben – gemessen an den jährlichen Umsatzzahlen – inzwischen den Umfang von kleineren und mittleren Wirtschaftsunternehmen erreicht[1200]. In Anpassung an

---

1194 Grundlegend *Pfister*, Das technische Geheimnis „Know How" als Vermögensrecht, 1974, S. 42 ff.; *Berg*, WiVerw 1996, 171, 173; *Erichsen*, NVwZ 1992, 409, 416; *Eilers/Schröer*, BB 1993, 1025, 1027; *Schröder*, UPR 1985, 394, 396 f.; *Bullinger*, NJW 1978, 2173, 2178; *Ossenbühl*, AöR 115 (1990), 1, 29 f.; *Cosack/Tomerius*, NVwZ 1993, 841, 843; a.A. *Wolff*, NJW 1997, 98, 99 ff.; offengelassen vom *BVerfG*, Beschl. v. 10.06.1964 – 1 BvR 37/63 – BVerfGE 18, 85, 90, 93.

1195 *Leist*, Verfassungsrechtliche Schranken des steuerlichen Auskunfts- und Informationsverkehrs, 2000, S. 75.

1196 v. Mangoldt/Klein/Starck-*Depenheuer*, GG, Bd. I, 4. Aufl., 1999, Art. 14 Rn. 137; Maunz/Dürig/Herzog/Scholz-*Papier*, GG, Bd. II, Art. 14 Rn. 99; *ders.*, NJW 1985, 12, 13; *Scholz*, GewArch 1982, 345, 346; *Eilers/Schröer*, BB 1993, 1025, 1027; *Höppner*, DVBl. 1969, 723, 725, *Friauf*, StBJB 1984/85, 317, 352.

1197 *Kugelmann*, Die informatorische Rechtsstellung des Bürgers, 2001, S. 71; *Denninger*, GRUR 1984, 627, 631; *Erichsen*, NVwZ 1992, 409, 416; *Breuer*, NVwZ 1986, 171, 174.

1198 Ebenso Fluck/Theuer-*Fluck/Theuer*, IF-R/UIG, Bd. I, § 8 Rn. 182/184.

1199 *Schröder*, UPR 1985, 394, 397; *Denninger*, GRUR 1984, 627, 631.

1200 *Hopt*, BB 1991, 778, 779; *Heermann*, ZIP 1998, 1249; *Heckelmann*, AcP 179 (1979), 1, 2; *Parensen*, in: *Tokarski*, EU-Recht und Sport, 1998, 70, 82, spricht sogar von „überwiegend mittelgroßen" Unternehmen.

die zunehmende Professionalisierung und Kommerzialisierung des lizenzierten Fußballsports dürften zahlreiche Fußballclubs inzwischen dazu übergangen sein, (kostensparende) spezifisch auf die Bedürfnisse der Lizenzclubs zugeschnittene Unternehmensstrategien zu entwickeln; jedenfalls sofern diese unmittelbar dem Unternehmenszweck zu dienen bestimmt sind, liegt es nahe, sie als Betriebs- und Geschäftsgeheimnisse einzustufen[1201]. Gleiches dürfte im Ergebnis auch für die Geschäftsbilanz gelten[1202]. Weiterhin kommen zum Beispiel spezielle Förderprogramme für die Nachwuchsspieler oder innovative Trainingsmethoden in Betracht.

Weitere Voraussetzung für die Anerkennung von Betriebs- oder Geschäftsgeheimnissen als Bestandteil des Rechts am eingerichteten und ausgeübten Gewerbebetrieb ist ein **vermögenswerter Gehalt**. Bezüglich der direkt dem Unternehmenszweck dienenden Geschäftsführungskonzepte läßt sich konstatieren, daß eine Wirtschaftseinheit durch den Einsatz von exklusivem organisatorischen und kalkulatorischen Sonderwissen gegenüber der Konkurrenz einen – wenn auch zeitlich begrenzten – Wettbewerbsvorsprung erwirtschaften kann[1203]. Der wirtschaftliche Erfolg läßt sich durch eine Reinvestition der Überschüsse in die Mannschaftsspielstärke bis zu einem gewissen Grad in einen gesteigerten sportlichen Erfolg im Meisterschaftswettbewerb umsetzen. Die Erlangung eines derartigen Sonderwissens ist zudem mit einem erheblichen Kostenaufwand verbunden, wenn man sich vor Augen führt, welche Beträge Unternehmensberater als Vergütung für die Inanspruchnahme ihrer Dienste berechnen[1204]. Dies gilt auch für leistungssteigernde Trainings- oder innovative Nachwuchsförderprogramme, weil deren Entwicklung ebenso auf dem Einsatz eines besonderen sportwissenschaftlichen Know-Hows beruht, dessen Heranziehung mit beträchtlichen finanziellen Aufwendungen verbunden ist. Die in den speziellen Unternehmensstrategien und den die Leistungsfähigkeit der (angehenden) Fußballprofispieler steigernden Methoden verkörperten Informationen sind schließlich solche, für deren Erlangung Dritte im Geschäftsverkehr ein Entgelt zu entrichten haben[1205], wozu sie sich im Regelfall auch bereitfinden werden, da sie hierdurch selbst enorme Kosteneinsparungen zu erzielen in der Lage sind.

[1201] So auch *Leist*, Verfassungsrechtliche Schranken des steuerlichen Auskunfts- und Informationsverkehrs, 2000, S. 76 f.; *Schröder*, UPR 1985, 394, 396; *Friauf*, StBJB 1984/85, 317, 332 („betriebswirtschaftliche Daten").

[1202] *Scherzberg*, Die Öffentlichkeit der Verwaltung, 2000, S. 373; *Roßnagel/Bizer*, GewArch 1992, 121, 124.

[1203] Siehe *Denninger*, GRUR 1984, 627, 632; *Papier*, NJW 1985, 12, 13.

[1204] *Leist*, Verfassungsrechtliche Schranken des steuerlichen Auskunfts- und Informationsverkehrs, 2000, S. 77 f.

[1205] Vgl. zu diesem Kriterium *Stettner*, in: Festschrift für *Knöpfle*, 1996, 351, 359 f.

Im Ergebnis lassen sich somit gute Gründe dafür geltend machen, daß auch im Bereich des professionellen Fußballsports Betriebs- und Geschäftsgeheimnisse gedacht werden können, denen ein Vermögenswert innewohnt, so daß der sachliche Schutzbereich des Art. 14 Abs. 1 GG berührt ist.

In den Schutzbereich der Eigentumsfreiheit müßte ferner **eingegriffen** worden sein. Unter einem Eingriff ist nach gefestigter Ansicht jede Maßnahme zu verstehen, durch welche die Ausübung einer vom Anwendungsbereich des Freiheitsrechtes erfaßten Tätigkeit teilweise oder vollständig unmöglich gemacht wird. Unter welchen Voraussetzungen bei Offenlegungspflichten von Betriebs- und Geschäftsgeheimnissen gegenüber Dritten bzw. deren Weiterverwertung durch Dritte, zu denen der Verpflichtete in keinem Wettbewerbsverhältnis steht, ein Eingriff anzunehmen ist, darüber gehen die Meinungen jedoch auseinander.

Zahlreiche Stimmen erblicken schon in der Offenlegung bzw. der Weiterverwertung eine Beeinträchtigung des eigentumsrechtlichen Schutzbereichs[1206]. Unter Zugrundelegung dieser Auffassung stellt die Bejahung eines Eingriffs durch die Offenbarungspflichten der Lizenzvereine hinsichtlich ihrer Talentfördermaßnahmen sowie der Weiterverwertung der wirtschaftlichen Daten zur Ermittlung der Sonderbeitragshöhe den Rechtsanwender vor keine Herausforderung. Anders liegen die Dinge, wenn man mit einer Gegenauffassung zusätzlich verlangt, daß der Grundrechtsträger den spezifischen Vermögenswert – d.h. das Wissensmonopol – gegenüber den Konkurrenten eingebüßt hat[1207]. Hieran wird es bei einer bloßen Offenbarung der wirtschaftlichen Verhältnisse gegenüber dem Ligaverband bzw. der DFL-GmbH regelmäßig fehlen, denn die Tatsache, daß die Mitarbeiter nunmehr über bestimmte Betriebs- und Geschäftsgeheimnisse Kenntnis erlangen, wenn sie etwa die Höhe der Sonderbeiträge ermitteln oder es um die Einholung von Informationen zur Talentförderung geht, hat nicht zur Folge, daß dadurch die Konkurrenzvereine einen eventuellen Wissensvorsprung des Auskunftspflichtigen unmittelbar aufholen. Auch der Umstand, daß der Kreis der Wissenden größer wird und dadurch die Gefahr der unerlaubten Weitergabe von Betriebs- und Geschäftsgeheimnissen an konkurrierende Fußballvereine zunimmt[1208], läßt keinen anderen Schluß zu, denn es fehlt gleichermaßen an einer aktuellen Minderung des geschützten Bestands an Freiheit. Demnach muß man vorliegend einen Eingriff verneinen.

1206 *BVerfG*, Urt. v. 17.07.1984 – 2 BvE 11, 15/83 – BVerfGE 67, 100, 142 f.; *Bullinger*, NJW 1978, 2173, 2178; *Breuer*, NVwZ 1986, 171, 172; *Papier*, NJW 1985, 12, 13; *Cosack/Tomerius*, NVwZ 1993, 841, 843.

1207 *Leist*, Verfassungsrechtliche Schranken des steuerlichen Auskunfts- und Informationsverkehrs, 2000, S. 79.

1208 Vgl. in anderem Zusammenhang *Erichsen*, NVwZ 1992, 409, 416; *Cosack/Tomerius*, NVwZ 1993, 841, 843.

Die Streitfrage ist nunmehr mit Blick auf Wortlaut sowie Sinn und Zweck des Eigentumsgrundrechts zu entscheiden. Jedoch deutet schon der *Normtext* von Art. 14 Abs. 1 GG an, daß ein enges Verständnis vorzugswürdig erscheint: Der Grundrechtstatbestand ist nämlich objektbezogen formuliert; geschützt wird gerade „das Eigentum“. Im Mittelpunkt des Schutzinteresses steht mithin das konkrete vermögenswerte Recht als solches. Das Betriebs- und Geschäftsgeheimnis wird aber allein durch den Umstand, daß sich die Zahl derjenigen vergrößert, die über die geheimen Informationen Bescheid wissen, nicht entwertet, denn der zeitweilige Wissensvorsprung gegenüber den Konkurrenzvereinen – der die Grundlage dafür bildet, den Informationen einen Vermögenswert beizulegen – besteht ohne jede aktuelle Minderung fort. Weiter gilt es zu bedenken, daß die primäre *ratio* von Art. 14 Abs. 1 GG darin besteht, als Instrument zur Sicherung des Eigentumsbestandes zu dienen[1209]. Folgt man jedoch der herrschenden Meinung, bedeutet dies im Ergebnis nichts anderes, als daß dem Inhaber eines Unternehmens über die Eigentumsfreiheit vorwiegend Geheimnisschutz gewährt wird[1210]. Darin liegt jedoch eine Überdehnung des Schutzzwecks von Art. 14 Abs. 1 GG[1211]. Eine **Beeinträchtigung** kann nach dem Gesagten jedenfalls nicht angenommen werden.

Dieser Befund führt jedoch nicht zwangsläufig zu dem Ergebnis, einen Eingriff gänzlich zu verneinen. Denn in der Rechtsprechung des BVerfG[1212] und in der herrschenden Lehre[1213] ist anerkannt, daß **Grundrechtsgefährdungen** mit einer Grundrechtsbeeinträchtigung **ausnahmsweise** gleichgestellt werden können[1214].

1209 Maunz/Dürig/Herzog/Scholz-*Papier*, GG, Bd. I, Art. 14 Rn. 9; *Pieroth/Schlink*, Grundrechte – Staatsrecht II, 18. Aufl., 2002, Rn. 897.

1210 Vgl. besonders deutlich *Bullinger*, NJW 1978, 2173, 2178: „[...] denn schon durch diese Offenlegung werden die Entwicklungsgeheimnisse dem Herrschaftsbereich des Unternehmens entzogen und einer gesteigerten Gefährdung ihres *Geheimnischarakters* ausgesetzt“ (Hervorhebung durch den Verfasser). Siehe auch *Kugelmann*, Die informatorische Rechtsstellung des Bürgers, 2001, S. 72; *Berg*, VerwArch 1996, 177, 179.

1211 Daran wird einmal mehr besonders deutlich, daß es durchaus Sinn macht, die betriebliche Informationssphäre juristischer Personen des Privatrechts über das Recht auf informationelle Selbstbestimmung zu schützen: Denn ein solches Vorgehen hat den Vorzug, daß man nicht genötigt ist, die dogmatischen Prämissen der Eigentumsgarantie über Gebühr zu strapazieren, wenn dabei im Ergebnis sowieso nur ein auf „Betriebs- und Geschäftsgeheimnisse“ begrenzter Schutz erreicht wird.

1212 *BVerfG*, Beschl. v. 30.04.1979 – 1 BvR 614/79 – BVerfGE 52, 214, 220.

1213 *Bethge*, VVDStRL 57 (1998), 7, 43; Sachs-*Sachs*, GG, 3. Aufl., 2002, Vor Art. 1 Rn. 94 f.; Jarass/Pieroth-*Jarass*, GG, 6. Aufl., 2002, Vorb. vor Art. 1 Rn. 26; siehe auch *Roth*, Faktische Eingriffe in Freiheit und Eigentum, 1994, S. 212 ff., insb. S. 217 ff.

1214 Das Grundgesetz geht davon aus, daß die Freiheitsrechte im Grundsatz ausschließlich vor aktuellen Minderungen des jeweils geschützten Bestands an Freiheit schützen. Dies zeigt sich bereits an der Wortwahl des Verfassungsgesetzgebers, der bei zahlreichen Tatbeständen (vgl. Art. 2 Abs. 2 S. 2 GG, Art. 4 Abs. 1 GG, Art. 10 Abs. 1 GG, Art. 13 Abs. 1

Welche Voraussetzungen dazu erfüllt sein müssen, ist allerdings bisher noch nicht hinreichend geklärt. Im Einzelfall sollen Aspekte wie die Schwere der drohenden Beeinträchtigung, der Stellenwert des bedrohten Schutzgutes, die räumliche und zeitliche Nähe des Erfolgseintritts eine Rolle spielen. Trotz aller Unterschiede im Detail dürfte es aber entscheidend darauf ankommen, daß das prüfungsgegenständliche **Freiheitsrecht nach seiner Schutzrichtung darauf zielt, bereits Gefährdungen des Schutzgutes auszuschließen**. Ob und inwieweit dies zutrifft, ist für jedes einzelne Grundrecht durch Auslegung zu ermitteln[1215]:

Die These, daß Art. 14 Abs. 1 S. 1 GG neben Beeinträchtigungen auch Grundrechtsgefährdungen abwehrt, hat bereits im *Wortlaut* des Grundrechts eine Stütze. Dort wird nämlich darauf abgestellt, daß das Eigentum gewährleistet wird („werden gewährleistet"). Die Textpassage enthält in gedrängter Form die Aussage, daß der Staat als primärer Adressat der Grundrechte (Art. 1 Abs. 3 GG) eine besondere Gewähr bzw. Garantie für den Schutz des Eigentums übernimmt. Sachlich weist der Normtext damit auf eine staatliche Schutzpflicht des Eigentums hin[1216]. Derartige Schutzpflichten greifen namentlich ein, sofern es um die vorbeugende Abwehr von Grundrechtsverletzungen geht[1217]. Diesem Rechtsgedanken entspricht es, die Eigentumsfreiheit bereits im Falle von Grundrechtsgefährdungen zum Zuge kommen zu lassen.

Der aus dem Gesetzestext hergeleiteten Überlegung lassen sich *systematische Argumente* an die Seite stellen: Art. 19 Abs. 4 GG zielt auf die Gewährleistung eines effektiven Rechtsschutzes[1218]. Ein tatsächlich wirksamer Schutz subjektiver Rechte setzt indes voraus, daß bei Rechtsgütern, denen eine irreversible Beeinträchtigung droht, schon im Vorfeld des Erfolgseintritts rechtliche Abwehransprüche aktiviert werden. Besonders plastisch zeigt sich die Problematik auch im vorliegenden Fall, denn der dem Betriebs- und Geschäftsgeheimnis immanente Vermögenswert ist unwiederbringlich verloren, sobald konkurrierende

GG, Art. 19 Abs. 4 GG) an einen Verletzungsvorgang anknüpfte, der begrifflich eine aktuelle Minderung des verbürgten Freiheitsumfangs voraussetzt („ist unverletzlich"). Zudem belegt Art. 21 Abs. 2 S. 1 GG, daß dem Grundgesetz der Unterschied zwischen Beeinträchtigung und Gefährdung geläufig ist.

[1215] *BVerwG*, Urt. v. 18.04.1985 – 3 C 34.84 – BVerwGE 71, 183, 192; Jarass/Pieroth-*Jarass*, GG, 6. Aufl., 2002, Vorb. vor Art. 1 Rn. 27; *Ramsauer*, AöR 111 (1986), 501, 515 ff.; *Ossenbühl*, in: Festschrift für *Kriele*, 1997, 147, 161; a.A. etwa *Eckhoff*, Der Grundrechtseingriff, 1992, S. 265 ff.

[1216] Vgl. zu Art. 4 Abs. 2 GG *Pagels*, Schutz- und förderrechtliche Aspekte der Religionsfreiheit, 1999, S. 170 f.; a.A. etwa *Unruh*, Zur Dogmatik der grundrechtlichen Schutzpflichten, 1996, S. 28 m.w.N.

[1217] Allg. *Pieroth/Schlink*, Grundrechte – Staatsrecht II, 18. Aufl., 2002, Rn. 92.

[1218] Vgl. ausführlich zum Gebot des effektiven Rechtsschutzes Sachs-*Krüger/Sachs*, GG, 3. Aufl., 2002, Art. 19 Rn. 143 ff.

Fußballclubs von jenem Kenntnis erlangen. Wie jedoch schon herausgearbeitet, ist diese Gefahr bei der Erweiterung des Personenkreises, der infolge von Auskunftspflichten von den geschützten Informationen erfährt, besonders virulent. Der Gedanke des effektiven Rechtschutzes gemäß Art. 19 Abs. 4 GG gebietet daher ebenfalls eine Gleichstellung von Beeinträchtigung und Gefährdung[1219]. Für ein solches Verständnis spricht abschließend noch die Erwägung, daß Art. 14 Abs. 1 GG und Art. 12 Abs. 1 GG aufgrund ihrer grundlegenden Bedeutung für die individuelle wirtschaftliche Freiheit thematisch in einem engen Zusammenhang stehen[1220]. In seinem „Transparenzlisten"-Urteil hat das BVerwG[1221] eine staatliche Informationsmaßnahme als Eingriff in die Berufsfreiheit gewertet, obwohl in der Sache lediglich eine Grundrechtsgefährdung vorlag[1222]. Zur Wahrung einer einheitlichen Auslegung der beiden Wirtschaftsgrundrechte ist die Eigentumsgarantie in gleicher Weise zu deuten.

In Anbetracht der herausgearbeiteten Begründung ist davon auszugehen, daß Art. 14 Abs. 1 GG vor Grundrechtsgefährdungen schützt. Aus dieser dogmatischen Maßgabe ist die Schlußfolgerung zu ziehen, daß die Offenbarungspflichten von Betriebs- und Geschäftsgeheimnissen als Eingriff in die Eigentumsfreiheit eingestuft werden müssen[1223]. Dessen Rechtfertigung hängt nunmehr davon ab, ob sich ein kollidierendes Verfassungsgut anbietet, das den Eingriff in die Eigentumsfreiheit überwiegt. Dabei kommt dem Verhältnismäßigkeitsgrundsatz eine besondere Bedeutung zu.

(cc) Die Berufsfreiheit

Daneben ist die in Art. 12 Abs. 1 GG verankerte **Berufsfreiheit** als Kontrollmaßstab für die Weiterverwertung der wirtschaftlichen Daten und die mit den Förderzahlungen im Zusammenhang stehenden Auskunftspflichten der Fußballvereine heranzuziehen. Auf das Grundrecht können sich auch juristische Personen nach Art. 19 Abs. 3 GG berufen, woraus folgt, daß der persönliche Schutzbereich im Hinblick auf die Lizenzclubs einschlägig ist.

1219 Siehe in anderem Zusammenhang *Arndt*, Rechtsfragen einer deutschen CO_2-/Energiesteuer entwickelt am Beispiel des DIW-Vorschlages, 1995, S. 134; *Friauf*, StBJB 1984/85, 317, 345 f.

1220 Art. 12 Abs. 1 GG schützt den Erwerb und Art. 14 Abs. 1 GG das Erworbene. Vgl. *BVerfG*, Beschl. v. 25.05.1993 – 1 BvR 345/83 – BVerfGE 88, 366, 377.

1221 *BVerwG*, Urt. v. 18.04.1985 – 3 C 34.84 – BVerwGE 71, 183, 193 ff.

1222 Auf diesen Umstand weist zutreffend *Ossenbühl*, in: Festschrift für *Kriele*, 1997, 147, 154, hin.

1223 Im Ergebnis gleichfalls *Leist*, Verfassungsrechtliche Schranken des steuerlichen Auskunfts- und Informationsverkehrs, 2000, S. 80, der allerdings eine dogmatische Begründung schuldig bleibt.

Darüber hinaus müßte der **sachliche Schutzbereich** auf die zu prüfenden Sachverhaltskonstellationen passen: Der Berufsbegriff des Grundgesetzes, unter den die Durchführung der Sportveranstaltung „Fußballspiel", deren umfassende Vermarktung sowie – als Bestandteil der Personalpolitik – die Ausbildung von Nachwuchsspielern zu subsumieren sind, erfaßt mit der unternehmerischen Dispositionsfreiheit zunächst auch die **freie Verfügung über die Produktionsmittel**[1224]. Es bietet sich nunmehr an, die Betriebs- und Geschäftsgeheimnisse zu den Produktionsmitteln zu zählen, über die der Geschäftsinhaber disponieren kann. Auskunftspflichten gegenüber der DFL-GmbH, die zu einer Offenbarung von Betriebs- und Geschäftsgeheimnissen führen, beschneiden die unternehmerische Dispositionsfreiheit und lassen sich demgemäß als rechtfertigungsbedürftige Berufsausübungsregelung qualifizieren[1225]. Da die ungehinderte Nutzung der betriebsbezogenen Daten zur Bestimmung der Abgabenhöhe wegen der damit verbundenen Erweiterung der Zahl der Wissensträger ebenfalls beschränkt werden kann, wäre auch insofern von einer Beeinträchtigung des Art. 12 Abs. 1 GG auszugehen.

Ein solches Vorgehen fordert jedoch Kritik heraus, weil hierbei völlig außer acht bleibt, daß die Berufs- von der Eigentumsfreiheit abzugrenzen ist: Denn Art. 12 Abs. 1 GG dient dem Schutz des Erwerbs, wogegen Art. 14 Abs. 1 GG das Erworbene vor Beeinträchtigungen bewahrt. Den unterschiedlichen Stoßrichtungen beider Freiheitsrechte trägt jedoch nur eine Auslegung Rechnung, die beide Tatbestände auf der Schutzbereichsebene voneinander absetzt[1226]. Die vorhergehenden rechtlichen Überlegungen haben aber bereits zu dem Resultat geführt, daß Betriebs- und Geschäftsgeheimnisse von Art. 14 Abs. 1 GG erfaßt werden, da insoweit der Schutz des Innehabens des vorhandenen Vermögensgutes im Vordergrund steht. Dieser Umstand spricht entscheidend dagegen, die Betriebs- und Geschäftsgeheimnisse den Produktionsmitteln zuzuordnen, über die der Unternehmer prinzipiell ungehindert verfügen kann. Von daher erscheint es vor-

---

1224 Dazu *Ossenbühl*, AöR 115 (1990), 1, 18 ff.; siehe ferner *BVerfG*, Beschl. v. 03.12.1997 – 2 BvR 882/97 – BVerfGE 97, 67, 83.

1225 So *Breuer*, in: *Isensee/Kirchhof*, Handbuch des Staatsrechts, Bd. VI, 2. Aufl., 2001, § 148 Rn. 26; Jarass/Pieroth-*Jarass*, GG, 6. Aufl., 2002, Art. 12 Rn. 11; Sachs-*Tettinger*, GG, 3. Aufl., Art. 12 Rn. 57 mit Fn. 250; *Wolff*, NJW 1997, 98, 101; *OVG NRW*, Beschl. v. 07.02.2000 – 13 A 180/99 – NWVBl. 2000, 254, 259.

1226 Für ein Exklusivitätsverhältnis zwischen den beiden Wirtschaftsgrundrechten beispielsweise Jarass/Pieroth-*Jarass*, GG, 6. Aufl., 2002, Art. 12 Rn. 3; a.A. *Ossenbühl*, AöR 115 (1990), 1, 25.

zugswürdig, die Berufsfreiheit nicht unter dem Blickwinkel der unternehmerischen Dispositionsfreiheit tangiert zu sehen[1227].

Dieser Zwischenbefund bedeutet aber keinesfalls, daß die Berufsfreiheit völlig ausgeblendet werden kann. Denn anerkanntermaßen wird durch Art. 12 Abs. 1 GG i.V.m. Art. 3 Abs. 1 GG die **Wettbewerbsfreiheit** garantiert, d.h., jeder Unternehmer hat das Recht, im Wettbewerb mit anderen Wirtschaftssubjekten ohne von außen bewirkte Wettbewerbsverzerrungen tätig zu werden[1228]. Gelangen jedoch betriebsbezogene Daten, die die Lizenzvereine entweder aufgrund von Auskunftspflichten gegenüber der DFL-GmbH haben offenlegen müssen oder deshalb, weil durch die Weitergabe bzw. –nutzung der Kreis der Geheimnisträger ausgeweitet wurde, an die Konkurrenzvereine, werden die Betriebs- und Geschäftsgeheimnisse entwertet und der Wettbewerbsvorsprung geht verloren. Folglich ist durch die Informationsbeschaffung und die –verwendung der Schutzbereich der Berufsfreiheit in ihrer Ausprägung als Wettbewerbsgleichheit berührt. Insoweit ist Art. 12 Abs. 1 GG nicht unter dem Gesichtspunkt des Innehabens und der Verwendung bestimmter Güter einschlägig, so daß sich keine Konkurrenzprobleme im Verhältnis zu Art. 14 Abs. 1 GG ergeben[1229].

Weiterhin müßte eine Beeinträchtigung des Schutzbereichs von Art. 12 Abs. 1 GG gegeben sein. Davon ist auszugehen, sofern die Weiterverwertung der Daten zu den wirtschaftlichen Verhältnissen im Rahmen der Ermittlung der Sonderbeiträge zur Finanzierung des Solidaritätsfonds und/oder die Auskunftspflichten im Hinblick auf die Verwendung der Fördergelder eine **objektiv berufsregelnde Tendenz** aufweisen. Eine solche ist anzunehmen, sofern die prüfungsgegenständlichen Bestimmungen nach ihrem Sinn und Zweck gerade auf die Regelung eines Berufs zielen oder sich unmittelbar auf die berufliche Tätigkeit auswirken oder in ihren mittelbaren Auswirkungen von einigem Gewicht sind[1230]. Die Voraussetzungen sind in allen Sachverhaltsvarianten ohne Unterschied gegeben: Wie bereits dargestellt, geht der infolge der Geheimhaltung bestimmter betrieblicher Informationen bestehende Wettbewerbsvorsprung eines Fußballvereins

---

[1227] Siehe auch *Fischer*, Die Zweit- und Parallelanmeldung im Chemikalienrecht, 2003, S. 62 f.; *Schröder*, UPR 1985, 394, 397; *Berg*, GewArch 1996, 177, 178; offengelassen von *Breuer*, NVwZ 1986, 171, 174.

[1228] Herrschende Ansicht: *BVerfG*, Beschl. v. 08.02.1972 – 1 BvR 170/71 – BVerfGE 32, 311, 317; *BVerfG*, Beschl. v. 12.10.1977 – 1 BvR 217, 216/75 – BVerfGE 46, 120, 137; *Ossenbühl*, AöR 115 (1990), 1, 22 ff.; *Henseler*, VerwArch 77 (1986), 249, 252; differenzierend neuerdings *Lindner*, DÖV 2003, 185, 189 ff.

[1229] Im Ergebnis ebenso *Eilers*, Das Steuergeheimnis als Grenze des internationalen Auskunftsverkehrs, 1987, S. 34 f.; *Scherzberg*, Die Öffentlichkeit der Verwaltung, 2000, S. 375; *Erichsen*, NVwZ 1986, 409, 416.

[1230] *Pieroth/Schlink*, Grundrechte – Staatsrecht II, 18. Aufl., 2002, Rn. 823.

unmittelbar und irreversibel verloren, sobald die Konkurrenzvereine von den relevanten Daten Kenntnis erlangen. Die entsprechenden Verbandsregelungen des Ligaverbandes zum Umgang mit den Betriebs- und Geschäftsgeheimnissen der Fußballclubs begünstigen somit in erheblichem Ausmaß den Eintritt von Wettbewerbsverzerrungen, so daß der Nachweis einer berufsregelnden Tendenz nicht schwerfällt[1231]. Freilich handelt es sich bei dem beschriebenen Szenario noch nicht um eine aktuelle Minderung des durch die Berufsfreiheit geschützten Bestands an Freiheit, d.h., eine konkrete Verkürzung des Schutzbereichs besteht nicht. Auf der anderen Seite steht die ganz herrschende Meinung mit Blick auf den Gedanken der Effektivität des Grundrechtsschutzes auf dem Standpunkt, daß Art. 12 Abs. 1 GG bereits gegen Grundrechtsgefährdungen gerichtet ist[1232]. Solche können jedoch aufgrund der Irreversibilität der drohenden Wettbewerbsnachteile nicht in Zweifel gezogen werden. Folglich muß man von einem Eingriff in das Grundrecht der Berufsfreiheit ausgehen[1233].

Sieht man in Übereinstimmung mit den zuvor angestellten Überlegungen eine Gefährdung der Wettbewerbsgleichheit als ausreichend an, einen Eingriff zu bejahen, ist schließlich noch darauf hinzuweisen, daß es sich sowohl bei der Weiterverwertung der betriebsbezogenen Daten zur Festsetzung der Abgabenhöhe als auch bei den Auskunftspflichten zur Verwendung der Fördergelder aus dem Finanzpool um Regelungen handelt, die die **Berufsausübung** regeln[1234]. Deshalb genügen, da die Drei-Stufen-Theorie auf der untersten Ebene betroffen ist, im Zusammenhang mit der vorzunehmenden Interessenabwägung auf der Grundlage verfassungsimmanenter Schranken – insbesondere Art. 9 Abs. 1 GG – vernünftige Erwägungen des Sportwohls als legitime Interessen. Ferner muß das Verhältnismäßigkeitsprinzip eingehalten werden.

[1231] Ähnlich die überwiegende Meinung im Schrifttum: *Scherzberg*, Die Öffentlichkeit der Verwaltung, 2000, S. 376; *Fischer*, Die Zweit- und Parallelanmeldung im Chemikalienrecht, 2003, S. 64 ff.; *Papier*, NJW 1985, 12, 13; *Scholz*, GewArch 1982, 345, 349; *Denninger*, GRUR 1984, 627, 636; *Bullinger*, NJW 1978, 2173, 2177; a.A. *Roßnagel/Bizer*, GewArch 1992, 121, 129 f.; *Berg*, GewArch 1996, 177, 178.

[1232] *Breuer*, in: *Isensee/Kirchhof*, Handbuch des Staatsrechts, Bd. VI, 2. Aufl., 2001, § 148 Rn. 26; *Eilers*, Das Steuergeheimnis als Grenze des internationalen Auskunftsverkehrs, 1987, S. 35 ff.; *Kerssenbrock/Strunk*, BB 2002, Beilage 9, 1, 17; *Cosack/Tomerius*, NVwZ 1993, 841, 843; *Erichsen*, NVwZ 1992, 409, 416.

[1233] Allgemein zum Eingriffscharakter von Auskunftspflichten v. Mangoldt/Klein/ Starck-*Manssen*, GG, Bd. I, 4. Aufl., 1999, Art. 12 Rn. 284; Jarass/Pieroth-*Jarass*, GG, 6. Aufl., 2002, Art. 12 Rn. 11; *Berg*, WiVerw 1996, 171, 173.

[1234] *Leist*, Verfassungsrechtliche Schranken des steuerlichen Auskunfts- und Informationsverkehrs, 2000, S. 84; *Friauf*, StBJB 1984/85, 317, 332.

(dd) Die Vereinsfreiheit

In der Diskussion über den Schutz der betrieblichen Informationssphäre wird gelegentlich auch Art. 9 Abs. 1 GG zitiert, ohne daß die Einschlägigkeit des Freiheitsrechts näher erörtert wird[1235]. Daher ist das Eingreifen der **Vereinsfreiheit** genauer zu untersuchen: Daß das Grundrecht auf sämtliche juristische Personen gemäß Art. 19 Abs. 3 GG, also auch auf Fußballclubs, paßt, wurde bereits an anderer Stelle herausgearbeitet. Der persönliche Schutzbereich wirft insofern keine Probleme auf. Anders könnte es sich dagegen bezüglich des sachlichen Geltungsumfangs von Art. 9 Abs. 1 GG verhalten: Die Freiheit umfaßt neben der positiven Vereinsfreiheit auch das Recht, einem Verein fernzubleiben oder aus ihm auszutreten (**negative Vereinsfreiheit**)[1236]. Fraglich erscheint nun, ob sich daraus auch ein Recht entnehmen läßt, daß den Fußballclub betreffende wirtschaftliche Informationen nicht offenbart werden müssen und weiterhin, daß der Fußballclub selbst über die Weiterverwertung bereits offengelegter Daten zu einem anderen Zweck entscheiden können muß. Zum besseren Verständnis erscheint es sinnvoll, im Hinblick auf die beiden Sachverhaltskonstellationen zu differenzieren.

Zu den **unmittelbaren Auskunftspflichten zur Verwendung der erhaltenen Finanzmittel** läßt sich in diesem Kontext folgendes festhalten: Ausgangspunkt bei der Konkretisierung des Schutzbereichs von Art. 9 Abs. 1 GG sind der *Sinn und Zweck* des Grundrechts. Aus der systematischen Stellung von Art. 9 Abs. 1 GG nach Art. 8 Abs. 1 GG, aber auch aus dem Nebeneinander beider Freiheiten in Art. 74 Abs. 1 Nr. 3 GG, folgt, daß die Vereinsfreiheit einen engen Bezug zu den Kommunikationsgrundrechten des Grundgesetzes aufweist. Daraus leitet sich ab, daß Art. 9 Abs. 1 GG primär dem Schutz der freien Wahl der Kommunikationspartner dient[1237]. Das Regelungsziel wird jedoch verfehlt, wenn ein Verein einer Auskunftspflicht unterliegt und ihm auf diesem Weg ein Kommunikationspartner aufgedrängt wird. Deshalb ist davon auszugehen, daß die negative Vereinsfreiheit grundsätzlich vor Zugriffen auf vereinsinterne Daten schützt[1238].

[1235] *Stettner*, in: Festschrift für *Knöpfle*, 1996, 351, 359; *Stern*, AöR 109 (1984), 199, 284, 287; *Friauf*, StBJB 1984/85, 317, 332.

[1236] Ganz herrschende Ansicht: Sachs-*Höfling*, GG, 3. Aufl., 2002, Art. 9 Rn. 21; *Pieroth/Schlink*, Grundrechte – Staatsrecht II, 18. Aufl., 2002, Rn. 727.

[1237] *Rohlf*, Der grundrechtliche Schutz der Privatsphäre, 1980, S. 180; *Luhmann*, Grundrechte als Institution, 3. Aufl., 1986, S. 98 f.; Maunz/Dürig/Herzog/Scholz-*Herzog*, GG, Bd. I, Art. 5 Rn. 58.

[1238] Im Ergebnis ebenso *Merten*, in: *Isensee/Kirchhof*, Handbuch des Staatsrechts, 2. Aufl., 2001, § 144 Rn. 51; *Rohlf*, Der grundrechtliche Schutz der Privatsphäre, 1980, S. 185;

Der enge Bezug zu den Kommunikationsfreiheiten könnte auf der anderen Seite jedoch darauf hindeuten, daß nicht sämtliche Vereinsdaten vor einer Kenntnisnahme durch Dritte geschützt werden, sondern lediglich solche **Tatsachen, die mit einer Meinungsbildung im Zusammenhang stehen**. Dann würden wirtschaftliche Daten, die regelmäßig keinerlei Beziehung zu einem subjektiven Werturteil aufweisen – was auf die Daten der Fußballvereine, um deren Weiterverwertung und Einholung durch die DFL-GmbH es hier geht, zutrifft –, aus dem Schutzbereich von Art. 9 Abs. 1 GG herausfallen. Ausschließlich bei einem extensiven, alle Informationen erfassenden Verständnis der Vereinsfreiheit wäre der Schutzbereich im vorliegenden Fall daher anwendbar. Gegen eine solche Annahme und für eine restriktive Sichtweise läßt sich aber insbesondere eine Parallele zu Art. 5 Abs. 1 S. 1 Alt. 1 GG anführen, denn die ganz überwiegende Ansicht versteht die negative Meinungsfreiheit ebenfalls restriktiv und subsumiert bloße Daten nicht darunter[1239]. Des weiteren beschränkt das BVerfG in seiner neuesten Rechtsprechung den Anwendungsbereich der positiven Versammlungsfreiheit auf die Teilhabe an der öffentlichen Meinungsbildung[1240]. Dementsprechend ist das Komplementärrecht, d.h. die negative Versammlungsfreiheit, ebenso eng zu verstehen. In dieses *systematische Umfeld* scheint sich bei vordergründiger Betrachtung nur ein enges Verständnis des Geltungsbereichs von Art. 9 Abs. 1 GG einzufügen.

Einem solchen Ansatz ist jedoch nicht zu folgen, weil ein derartiges Vorgehen zum einen der bereits zuvor aufgezeigten dogmatischen Erkenntnis widerspricht, daß die Vereinsfreiheit nach Wortlaut und Genese die Verfolgung eines jeden Zweckes absichert (Zielindifferenz)[1241]. Darüber hinaus ist Art. 9 Abs. 1 GG aufgrund gemeinsamer historischer Wurzeln stets auch im Lichte der Wirtschaftsgrundrechte zu interpretieren[1242]. Schließlich zeigt Art. 9 Abs. 3 S. 1 GG, daß der Vereinsfreiheit in Abs. 1 im wirtschaftlichen Bereich nicht jegliche Bedeutung abgesprochen werden kann. Aus den genannten Gründen verbietet sich eine einseitige Ausrichtung der Vereinsfreiheit am Maßstab von Art. 5 Abs. 1

---

v. Hammerstein, Der verfassungsrechtliche Schutz der Privatsphäre im Steuerrecht, 1993, S. 43.

1239 *BVerfG*, Urt. v. 15.12.1983 – 1 BvR 209/83 u.a. – BVerfGE 65, 1, 40; *Pieroth/Schlink*, Grundrechte – Staatsrecht II, 18. Aufl., 2002, Rn. 559; a.A. etwa *Stettner*, in: Festschrift für *Knöpfle*, 1996, 351, 356 f.; zur Auslegung des „Meinungs“-Begriffs i.S.v. Art. 5 Abs. 1 S. 1 GG siehe sogleich im 2. Teil, 1. Kapitel, B.IV.2.c)bb)(2)(a)(ee).

1240 *BVerfG*, Beschl. v. 12.07.2001 – 1 BvR 30/01 – NJW 2001, 2459, 2460; *BVerfG*, Beschl. v. 24.10.2001 – 1 BvR 1190/90 u.a. – NJW 2002, 1031, 1032; krit. dazu *Tschentscher*, NVwZ 2001, 1243, 1245 f.

1241 Siehe dazu bereits die Ausführungen im 2. Teil, 1. Kapitel, B.IV.2.c)bb)(1)(a)(ee) der Arbeit.

1242 Vgl. dazu bereits im 2. Teil, 1. Kapitel, B.IV.2.c)bb)(1)(a)(aa).

GG und Art. 8 Abs. 1 GG[1243]. Geht man deshalb von einem weiten Schutzbereichsverständnis aus, fallen alle Daten, unabhängig von ihrem Charakter, unter die negative Vereinsfreiheit[1244]. Die die Fußballvereine treffende Pflicht zur Offenlegung wirtschaftlicher Informationen berührt daher den Schutzbereich von Art. 9 Abs. 1 GG.

Daneben erscheint klärungsbedürftig, ob die **Weiterverwertung der betriebsbezogenen Daten zur Ermittlung der von den Fußballclubs jeweils zu entrichtenden Sonderbeiträge** die negative Vereinsfreiheit tangiert. Zur Beantwortung der Frage ist auf die *Funktion* von Art. 9 Abs. 1 GG abzustellen. Das Grundrecht bezweckt die Sicherstellung der freien Wahl der Kommunikationspartner. Ist eine Information jedoch bereits erhoben und wird sie nun weiterverwertet, ist die freie Wahl des Kommunikationspartners nicht betroffen, vielmehr steht in dieser Situation der Geheimnisschutz im Vordergrund. Dieser ist indessen verfassungssystematisch beim Recht auf informationelle Selbstbestimmung gemäß Art. 2 Abs. 1 GG i.V.m. Art. 1 Abs. 1 S. 1 GG zu verorten. Die negative Vereinsfreiheit ist insoweit nicht einschlägig.

Nach der Bejahung des Schutzbereichs ist als nächstes zu klären, ob eine **Beeinträchtigung** angenommen werden kann. Sofern der Eingriffscharakter der Auskunftspflichten bezüglich der Verwendung der Fördergelder durch die Empfängervereine in Frage steht, wird den Fußballvereinen ein Gebrauch der negativen Vereinsfreiheit infolge der Offenlegungspflicht unmöglich gemacht, so daß sich in dieser Beziehung keine weiteren Probleme ergeben[1245]. Die Verkürzung des Schutzbereichs von Art. 9 Abs. 1 GG läßt sich nur über kollidierendes Verfassungsrecht rechtfertigen, wobei auch hier dem Verhältnismäßigkeitsgrundsatz Rechnung zu tragen ist.

(ee) Die Meinungsfreiheit

Von Teilen der verfassungsrechtlichen Lehre wird auch die **Meinungsfreiheit** gemäß Art. 5 Abs. 1 S. 1 Alt. 1 GG als Schutzinstrument herangezogen, den einzelnen vor Informationseingriffen zu bewahren. Dazu wird argumentiert, daß sich der sachliche Schutzbereich des Grundrechts in seiner negativen Komponente auch auf bloße Tatsachenmitteilungen beziehe. Deshalb seien auch Auskunftspflichten zu wirtschaftlichen Daten am Maßstab von Art. 5 Abs. 1 S. 1

[1243] Zutreffend Maunz/Dürig/Herzog/Scholz-*Scholz*, GG, Bd. I, Art. 9 Rn. 8.

[1244] Ebenso *Rohlf*, Der grundrechtliche Schutz der Privatsphäre, 1980, S. 181 ff.

[1245] Zu den Voraussetzungen, die an den Eingriff in die Vereinsfreiheit zu stellen sind, sofern es um den Schutz der Informationssphäre geht: *Rohlf*, Der grundrechtliche Schutz der Privatsphäre, 1980, S. 188.

Alt. 1 GG zu überprüfen[1246]. Der extensive Ansatz hat sich allerdings nicht durchgesetzt, denn nach herrschender Meinung in Rechtsprechung[1247] und Lehre[1248] vermögen Tatsachenmitteilungen lediglich insoweit dem Anwendungsbereich der Meinungsfreiheit zugeordnet zu werden, als sie Voraussetzung für die Bildung eines subjektiven Werturteils sind. Daran fehlt es bezüglich wirtschaftlicher Daten jedoch regelmäßig.

Betrachtet man die verschiedenen Auslegungselemente, sprechen gute Gründe für ein enges Verständnis: Denn eine ausdehnende Interpretation verträgt sich bereits kaum mit dem *Wortlaut* des Grundrechts, der ausdrücklich an „Meinungen" – und das sind nach dem natürlichen Sprachgebrauch nun einmal zuvörderst von reinen Tatsachen abzugrenzende subjektive Werturteile – anknüpft. Die grammatikalische Interpretation wird durch *systematische Erwägungen* unterstützt: So rekurriert das GG in Art. 5 Abs. 1 S. 2 GG auf die „Freiheit der Berichterstattung", eine Formulierung, die nach nahezu allgemeiner Ansicht neben Tatsachenmitteilungen Meinungsäußerungen erfaßt[1249]. Ebenso umschließt die Lehrfreiheit in Art. 5 Abs. 3 Alt. 3 GG, die mit der Meinungsfreiheit in engem Zusammenhang steht[1250], nach gängiger Auffassung jede Form pädagogischer Vermittlung oder eigenverantwortlicher Publikation innerhalb und außerhalb der Hochschule[1251], unabhängig davon, ob es sich um eine Tatsachenmitteilung oder Meinungsäußerung handelt. Aus den genannten Grundrechten folgt im Umkehrschluß, daß der engere Begriff der Meinungsfreiheit grundsätzlich nicht auf bloße Tatsachen erstreckt werden kann. Selbst unter der Geltung der Weimarer Reichsverfassung entsprach es zu Art. 118 Abs. 1 WRV herrschender Ansicht, daß Tatsachen nur insoweit verfassungsrechtlichen Schutz genossen, als sie „unter Berücksichtigung aller Umstände als meinungsbildender Wirkung anzusehen waren"[1252]. Die *Entstehungsgeschichte* bestätigt somit, daß sich die Meinungsfreiheit keinesfalls auf sämtliche Tatsachenmitteilungen erstreckt. Folglich

---

1246 So v. Münch/Kunig-*Wendt*, GG, Bd. I, 5. Aufl., 2000, Art. 5 Rn. 9; Maunz/Dürig/Herzog/Scholz-*Herzog*, GG, Bd. I, Art. 5 Abs. I, II Rn. 51 ff.; *Eberle*, DÖV 1977, 306, 308.

1247 *BVerfG*, Beschl. v. 18.02.1991 – 1 BvR 547, 574/89 – NJW 1991, 3023, 3024.

1248 Sachs-*Bethge*, GG, 3. Aufl., 2002, Art. 5 Rn. 27 ff.; Jarass/Pieroth-*Jarass*, GG, 6. Aufl., 2002, Art. 5 Rn. 2 m.w.N.; *v. Hammerstein*, Der verfassungsrechtliche Schutz der Privatsphäre im Steuerrecht, 1993, S. 39 ff.

1249 Vgl. etwa *BVerfG*, Beschl. v. 01.10.1987 – 2 BvR 1434/86 – BVerfGE 77, 65, 74.

1250 So bereits die Ansicht des historischen Verfassungsgesetzgebers. Vgl. *Doemming/Füsslein/Matz*, JöR 1 (1951), 1, 47.

1251 Vgl. *BVerfG*, Urt. v. 29.05.1973 – 1 BvR 424/71 und 325/72 – BVerfGE 35, 79, 113.

1252 *Häntzschel*, in: *Anschütz/Thoma*, Handbuch des Deutschen Staatsrechts, Bd. II, 1932 (Nachdruck 1998), S. 656.

scheidet Art. 5 Abs. 1 S. 1 Alt. 1 GG als Prüfungsmaßstab für die Auskunftsrechte des Ligaverbandes aus.

(ff) Die allgemeine Handlungsfreiheit

Abschließend ist die **allgemeine Handlungsfreiheit** gemäß Art. 2 Abs. 1 GG noch anzusprechen. Allerdings muß man sich stets vergegenwärtigen, daß das Grundrecht einen Auffangtatbestand darstellt. Für das Verhältnis zu den speziellen Grundrechten (Art. 14 Abs. 1 S. 1 GG, Art. 12 Abs. 1 S. 1 GG, Art. 9 Abs. 1 GG) resultiert aus der genannten ratio, daß Art. 2 Abs. 1 GG hinter den anderen Freiheitsrechten zurücktritt. Ein abweichender Befund könnte sich an diesem Punkt höchstens noch im Hinblick auf die Berufsfreiheit ergeben, denn insbesondere das BVerwG geht davon aus, daß Art. 12 Abs. 1 GG die wirtschaftliche Betätigungsfreiheit nicht umfassend absichert. Vor allem die unternehmerische Wettbewerbsfreiheit soll statt dessen durch Art. 2 Abs. 1 GG gewährleistet sein[1253]. Unter Zugrundelegung dieser Judikatur gelangt die allgemeine Handlungsfreiheit als Prüfungsmaßstab zur Anwendung. Der juristische Meinungsstreit, bei welchem Grundrecht die Wettbewerbsfreiheit überhaupt anzusiedeln ist, kann im vorliegenden Fall jedoch offenbleiben, denn auch für den Fall, daß man anstatt der Berufs- die allgemeine Handlungsfreiheit heranzieht, ist der Eingriff in die Wettbewerbsfreiheit ausschließlich über kollidierende Grundrechte Dritter zu rechtfertigen, wobei der Schwerpunkt auf der Verhältnismäßigkeitsprüfung liegt[1254].

(gg) Verhältnismäßigkeitsprüfung

Auf der **Rechtfertigungsebene** ist nunmehr zu prüfen, ob und inwieweit die Eingriffe in Art. 2 Abs. 1 GG i.V.m. Art. 1 Abs. 1 S. 1 GG, Art. 14 Abs. 1 GG, Art. 12 Abs. 1 GG und Art. 9 Abs. 1 GG, die die betriebliche Informationssphäre schützen, einer Rechtfertigung zugänglich sind. Als Grundlage hierfür bietet sich ausschließlich der ungeschriebene Freistellungstatbestand der verfassungsimmanenten Schranken an. Dessen Eingreifen erfordert als erstes, daß der Ligaverband als Organisator des Finanzpools seinerseits mit Verfassungsrang ausgestattete Rechtsgüter ins Feld führen kann (aaa). Zwischen den kollidierenden Rechtspositionen ist im Anschluß unter Beachtung des Verhältnismäßigkeitsgrundsatzes ein möglichst schonender Ausgleich herbeizuführen (bbb).

[1253] *BVerwG*, Urt. v. 30.08.1968 – VII C 122.66 – BVerwGE 30, 191, 198 f.; *BVerwG*, Urt. v. 17.05.1988 – 1 A 42.84 – BVerwGE 79, 326, 330.

[1254] Mangels Einfluß auf die verfassungsrechtliche Bewertung wird der Streit ebenfalls offengelassen von *Fischer*, Die Zweit- und Parallelanmeldung im Chemikalienrecht, 2003, S. 66 f.; *Breuer*, NVwZ 1986, 171, 174.

(aaa) In einem ersten Schritt sind die **kollidierenden Grundrechtsnormen** zu untersuchen, die Beeinträchtigungen in die Freiheitsrechte der Fußballvereine grundsätzlich legitimieren können: nämlich die Vereinsfreiheit (Art. 9 Abs. 1 GG) sowie die Informationsfreiheit (Art. 5 Abs. 1 S. 1 Alt. 2 GG).

Als verfassungsimmanente Schranke kommt zunächst die in Art. 9 Abs. 1 GG niedergelegte **Vereinsfreiheit** in Betracht: Unstreitig ist zunächst, daß die Verbandsautonomie des Ligaverbandes in sachlicher Hinsicht die Schaffung eines abgabenfinanzierten Solidarfonds zur Wahrung der finanziellen und sportlichen Wettbewerbsgleichheit unter den Lizenzvereinen sowie zur Nachwuchsförderung deckt. Trifft diese Annahme aber zu, dann fordert die effektive Umsetzung eines solchen Vorhabens darüber hinaus in einem zweiten Schritt zwingend die Einräumung der dazu unerläßlichen Informationserhebungs- und –weiterverwertungsrechte[1255]. Die Vereinsfreiheit aus Art. 9 Abs. 1 GG kann mithin vom Ligaverband als kollidierendes Grundrecht geltend gemacht werden.

Daneben könnte die in Art. 5 Abs. 1 S. 1 Alt. 2 GG normierte **Informationsfreiheit** zugunsten des Ligaverbandes als kollidierendes Grundrecht einschlägig sein. Der persönliche Schutzbereich bereitet in dieser Beziehung keine weiteren Probleme, denn nach einhelliger Auffassung können sich neben den natürlichen die juristischen Personen i.S.v. Art. 19 Abs. 3 GG, zu denen der Ligaverband zu rechnen ist, ebenfalls auf das Freiheitsrecht berufen[1256]. Ungeachtet dessen müßte der sachliche Geltungsbereich der Informationsfreiheit durch die Erhebung von Informationen zur Verwendung der aus dem Finanzpool an die einzelnen Vereine ausgezahlten Geldmittel sowie durch die Weiterverwertung bereits erlangter wirtschaftlicher Daten zur Berechnung der Abgabenhöhe tangiert sein. Die Fußballvereine als Inhaber der betriebsbezogenen Daten sind Träger von Informationen, denn nach dem Normtext von Art. 5 Abs. 1 S. 1 Alt. 1 GG spielt die Unterscheidung zwischen Meinungen und Tatsachen keinerlei Rolle[1257]. Ferner gehören zu den über die Informationsfreiheit geschützten Tätigkeiten („sich unterrichten") die Erhebung, Speicherung und Verwertung von Daten[1258].

[1255] Vgl. *Funk*, Datenschutz in Mitgliedschaftsverhältnissen privatrechtlicher Verbände, 2000, S. 20 f., 54 f.; allgemein zur Reichweite der Vereinsautonomie bereits im 1. Teil, 1. Kapitel, A.II.1.a) und b).

[1256] Allgemein Sachs-*Bethge*, GG, 3. Aufl., 2002, Art. 5 Rn. 58; Jarass/Pieroth-*Jarass*, GG, 6. Aufl., 2002, Art. 5 Rn. 18.

[1257] Ganz herrschende Auffassung: *BVerfG*, Beschl. v. 03.10.1969 – 1 BvR 46/65 – BVerfGE 27, 71, 81 ff.; Maunz/Dürig/Herzog/Scholz-*Herzog*, GG, Bd. I, Art. 5 Abs. I, II Rn. 87; Dreier-*Schulze-Fielitz*, GG, Bd. I, 1996, Art. 5 I, II Rn. 57.

[1258] *Langer*, Informationsfreiheit als Grenze informationeller Selbstbestimmung, 1992, S. 121 ff.; krit. Dreier-*Schulze-Fielitz*, GG, Bd. I, 1996, Art. 5 I, II Rn. 62, der die Weitergabe von Informationen als Anwendungsfall der Meinungsfreiheit betrachtet. Im Hin-

Als weitaus problematischer, und daher eine differenzierende Betrachtung erfordernd, stellt sich indes die Voraussetzung der **„Zugänglichkeit" i.S.v. Art. 5 Abs. 1 S. 1 Alt. 2 GG** dar. Diese ist gegeben, wenn eine Informationsquelle technisch geeignet und bestimmt ist, Informationen zu verschaffen[1259]. *Sinn und Zweck* des Merkmals bestehen darin, dem Informationsurheber die Entscheidung darüber zu belassen, welche Daten er als vertraulich behandelt und welche er offenbart[1260]. Die Erhebung von Informationen durch die Statuierung von Auskunftspflichten der Fußballvereine bezüglich der Mittelverwendung betrifft regelmäßig solche Daten, die aufgrund ihrer Qualität als Betriebs- und Geschäftsgeheimnisse nicht dazu bestimmt sind, gegenüber dem Ligaverband bzw. der DFL-GmbH offengelegt zu werden. Bezüglich der Erhebung der betriebsbezogenen Informationen zur zweckgemäßen Verwendung der Finanzhilfen durch die Lizenzclubs ist der sachliche Geltungsbereich der Informationsfreiheit daher nicht berührt.

Anders könnte es sich hingegen verhalten, soweit es um die Weiterverwertung der bereits im Rahmen des Lizenzierungsverfahrens seitens der DFL-GmbH in Erfahrung gebrachten wirtschaftlichen Daten der Fußballclubs geht, die nunmehr zur Festsetzung der zu leistenden Sonderbeitragszahlungen herangezogen werden. Gegen die Eröffnung des Schutzbereichs könnte jedoch sprechen, daß es sich auch hierbei oftmals um Betriebs- und Geschäftsgeheimnisse handeln wird, die der DFL-GmbH nur aufgrund einer Auskunftspflicht der Vereine offenbar wurden. Diese Überlegung erweist sich jedoch nicht als ausschlaggebend. Denn stellt man zunächst auf den *Regelungszweck* der „Zugänglichkeit" ab, geht es im Kern um das Anliegen, den vom Urheber bestimmten Informationen beigelegten Geheimnischarakter nicht durch die Informationsfreiheit zu unterlaufen. Im vorliegenden Fall sind die betrieblichen Daten eines Vereins jedoch außenstehenden Dritten bekannt geworden, so daß der Inhaber der Geschäftsinformationen seine Monopolstellung als Wissensträger eingebüßt und dementsprechend die Dispositionsbefugnis über die Offenlegung ihren Sinn verloren hat. Gleichzeitig ist zur Meinungs- und zur Pressefreiheit anerkannt, daß sogar die Verwendung rechtswidrig erlangter Informationen grundsätzlich dem Schutzbereich beider Freiheitsrechte zuzuordnen ist[1261]. Dazu paßt im *systemati-*

---

blick auf die hier zur Debatte stehenden betriebsbezogenen Informationen sind angesichts der in bezug auf bloße Tatsachenmitteilungen gebotenen engen Auslegung von Art. 5 Abs. 1 S. 1 Alt. 1 GG jedoch keine Überschneidungen mit der Informationsfreiheit zu befürchten, so daß sich der Einwand in concreto keinesfalls als tragfähig erweist.

1259 Vgl. Jarass/Pieroth-*Jarass*, GG, 6. Aufl., 2002, Art. 5 Rn. 16 m.w.N.

1260 *Schmidt-Jortzig*, in: *Isensee/Kirchhof*, Handbuch des Staatsrechts, Bd. VI, 2. Aufl., 2001, § 141 Rn. 31.

1261 *BVerfG*, Beschl. v. 25.01.1984 – 1 BvR 272/81 – BVerfGE 66, 116, 137; Sachs-*Bethge*, GG, 3. Aufl., 2002, Art. 5 Rn. 86.

schen Kontext nur, erst recht den Fall, daß die durch ein Auskunftsrecht erlangten Daten für einen anderen Zweck verwertet werden, unter die Informationsfreiheit zu subsumieren. Zumindest in dieser Beziehung läßt sich die Voraussetzung der „Zugänglichkeit" somit bejahen.

Das Eingreifen der Informationsfreiheit setzt schließlich voraus, daß die Quelle **„allgemein"** zugänglich ist. Wie dieses Tatbestandsmerkmal aufzufassen ist, darüber gehen die Ansichten jedoch auseinander: Das BVerfG[1262] und ihm folgend das überwiegende Schrifttum[1263] verstehen darunter jede Informationsquelle, die geeignet und dazu bestimmt ist, einem individuell nicht bestimmten Personenkreis Informationen zu verschaffen. Die Wirtschaftsdaten der Fußballvereine, die weiterverwertet werden, sind jedoch Informationen, die nur einem eng begrenzten Personenkreis zugänglich sind, so daß von einem Zugriffsrecht der Allgemeinheit gerade nicht die Rede sein kann. Auf der Grundlage der erstgenannten Lehre kommt man nicht umhin, die Anwendung von Art. 5 Abs. 1 S. 1 Alt. 2 GG abzulehnen. Für eine Neuakzentuierung hat sich vor einiger Zeit Schoch ausgesprochen; nach seinem Dafürhalten kann man lediglich bei einer reinen Individualkommunikation das Vorliegen der Allgemeinzugänglichkeit verneinen[1264]. Weil die Weiterverwertung der Wirtschaftsdaten sich ausschließlich im Zusammenhang mit einem vollständig individualisierten Kommunikationsvorgang zwischen dem jeweiligen Fußballclub und der DFL-GmbH abspielt, fehlt es danach ebenfalls an der Allgemeinheit i.S.d. Art. 5 Abs. 1 S. 1 Alt. 2 GG. Noch weitergehend ist eine Literaturauffassung, die sich für eine völlige Neubestimmung des Tatbestandsmerkmals einsetzt und unter die „allgemein" zugänglichen Quellen auch Dritte, bei denen man sich für private Zwecke informiert, subsumiert[1265]. Unter Zugrundelegung dieses Ansatzes ist das Kriterium der Allgemeinheit vorliegend ohne weiteres einschlägig.

Überprüft man die einzelnen Ansichten im Anschluß auf ihre dogmatische Stichhaltigkeit, hat eine möglichst weite Interpretation zwar den unbestreitbaren Vorzug, daß sie ein Höchstmaß an Grundrechtsschutz gewährleistet. Auf der

---

1262 Vgl. *BVerfG*, Beschl. v. 25.01.1984 – 1 BvR 272/81 – BVerfGE 66, 116, 137.

1263 *Pieroth/Schlink*, Grundrechte – Staatsrecht II, 18. Aufl., 2002, Rn. 564 f.; BK-*Degenhart*, GG, Bd. I, Art. 5 Abs. 1 u. 2 Rn. 253; v. Münch/Kunig-*Wendt*, GG, Bd. I, 5. Aufl., 2000, Art. 5 Rn. 23 ff.; *Schmidt-Jortzig*, in: *Isensee/Kirchhof*, Handbuch des Staatsrechts, Bd. VI, 2. Aufl., 2001, § 141 Rn. 32.

1264 *Schoch*, VVDStRL 57 (1998), 158, 189 f.

1265 *Langer*, Informationsfreiheit als Grenze informationeller Selbstbestimmung, 1992, S. 134 ff.; *Brosette*, Der Wert der Wahrheit im Schatten des Rechts auf informationelle Selbstbestimmung, 1991, S. 196; *Hoffmann-Riem*, in: *Benda/Maihofer/Vogel*, Handbuch des Verfassungsrechts, 2. Aufl., 1994, § 7 Rn. 23; *Bleckmann*, Staatsrecht II – Die Grundrechte, Bd. II, 4. Aufl., 1997, § 26 IV Rn. 37 ff.

anderen Seite steht ein solches extensives Verständnis jedoch in Widerspruch zum *Wortlaut* von Art. 5 Abs. 1 S. 1 Alt. 2 GG. Das Attribut „allgemein zugänglich" bezieht sich nämlich auf den Kreis der geschützten Informationsträger. Als Umschreibung des Rechtsbegriffs der Quelle läßt sich die Formulierung nach dem natürlichen Sprachgebrauch aber nur dahin verstehen, daß gerade die Öffentlichkeit, d.h. eine unbestimmte Anzahl von Personen, zu dem Informationsträger Zugang haben muß[1266].

Die einseitige Betonung des Verfassungstextes vermag aber nicht darüber hinwegzutäuschen, daß Art. 5 Abs. 1 S. 1 Alt. 2 GG im Hinblick auf das Kriterium der Allgemeinzugänglichkeit sprachlich mißglückt ist[1267]. Denn seine Funktionen werden mit einer solchen Formulierung nur unvollkommen zum Ausdruck gebracht[1268]. Dieser Befund entbindet den Rechtsanwender freilich nicht davon, den Wortlaut des Grundgesetzes ernst zu nehmen. Muß man daher trotz der Unschärfen in der Wortwahl des Verfassungsgebers anerkennen, daß von der Allgemeinzugänglichkeit keine individuellen Kommunikationsvorgänge erfaßt sind, dreht sich die Argumentationslast um. Eine Auslegung entgegen dem Wortlaut von Art. 5 Abs. 1 Abs. 1 S. 1 Alt. 2 GG ist nur dann vertretbar, wenn Gründe gefunden werden, die eine *teleologische Reduktion* des schutzbereichsverengenden Tatbestandsmerkmals rechtfertigen. Die in Frage stehende Voraussetzung wäre in einem solchen Fall nur insoweit anzuwenden, als es die ihr immanente Teleologie gebietet. Bei näherem Hinsehen existieren indes gewichtige funktionale Gesichtspunkte, die eine flexible Handhabung des den Schutzbereich begrenzenden Merkmals fordern:

So hat schon das BVerfG frühzeitig erkannt, daß die Informationsfreiheit neben ihrer demokratieschützenden ebenso eine persönlichkeitsschützende Funktion erfüllt[1269]. Vor diesem Hintergrund führte das Verfassungsgericht zutreffend aus, daß „es [...] zu den elementaren Bedürfnissen des Menschen [gehört], sich aus möglichst vielen Quellen zu unterrichten, das eigene Wissen zu erweitern und

---

1266 Siehe statt vieler *Funk*, Datenschutz in Mitgliedschaftsverhältnissen privatrechtlicher Verbände, 2000, S. 14 f.

1267 Auch *Maunz/Zippelius*, Deutsches Staatsrecht, 30. Aufl., 1998, § 24 IV 2 d) S. 193, und *v. Mangoldt/Klein*, GG, 2. Aufl., 1966, Art. 5 Anm. V 2, beanstanden die sprachliche Unschärfe der Voraussetzung.

1268 Zu dem Doppelzweck der Beschränkung „allgemein zugängliche Quellen", nämlich erstens den Ausschluß eines allgemeinen Informationsbeschaffungsanspruchs gegen den Staat und zweitens den Schutz von Informationsurhebern, siehe: *Schmidt-Jortzig*, in: *Isensee/Kirchhof*, Handbuch des Staatsrechts, Bd. VI, 2. Aufl., 2001, § 141 Rn. 31; *v. Mangoldt/Klein*, GG, 2. Aufl., 1966, Art. 5 Anm. V 2.

1269 Beide Zielsetzungen stehen gleichwertig nebeneinander. Vgl. Maunz/Dürig/Herzog/Scholz-*Herzog*, GG, Bd. I, Art. 5 Rn. 2 ff.

sich so als Persönlichkeit zu entfalten. Zudem ist in der modernen Gesellschaft der Besitz von Informationen von wesentlicher Bedeutung für die soziale Stellung des Einzelnen“[1270]. Mit Blick auf die fortschreitende Aufhebung der traditionellen Trennung zwischen Individual- und Massenkommunikation seit der Einführung der „Neuen Medien“ und die gleichzeitige Zunahme von Informationsmonopolen in der Hand einzelner Privatrechtssubjekte[1271] gebietet jedoch gerade der Gedanke der freien Persönlichkeitsentfaltung eine Einbeziehung individueller Kommunikationsvorgänge in den Schutzbereich der Informationsfreiheit[1272].

Auch die beiden Grundgedanken der Beschränkung der geschützten Informationsträger stehen einem derartigen extensiven Verständnis nicht entgegen. Der durch die Einfügung der Allgemeinzugänglichkeits-Klausel zum einen intendierte Schutz des Informationsurhebers, der autonom darüber entscheiden können soll, ob und wem gegenüber er eine Information preisgibt, paßt jedenfalls dann nicht mehr, wenn er etwas freiwillig offenbart hat. Völlig irrelevant ist in diesem Zusammenhang, ob dies gegenüber der Allgemeinheit oder einer einzelnen Person geschieht[1273]. Ebenso liefert die andere ratio, einen allgemeinen Informationsanspruch des einzelnen Bürgers gegenüber dem Staat auszuschließen, keinen triftigen Grund, individuelle Kommunikationsvorgänge aus dem Schutzbereich der Informationsfreiheit auszuschließen.

Lediglich aus der *Entstehungsgeschichte* von Art. 5 Abs. 1 S. 1 Alt. 2 GG, welcher in diesem Kontext wegen der Neuartigkeit des Freiheitsrechts besondere Bedeutung zukommt[1274], könnte sich noch Gegenteiliges ergeben. Denn Art. 7 Abs. 1 Ch.E. enthielt zunächst die weitläufige Fassung, derzufolge jeder das Recht haben sollte, „sich über die Meinung anderer zu unterrichten“. Im Verlauf der weiteren Beratungen wurde der ursprüngliche Entwurf im Grundsatzausschuß indes durch eine Fassung ersetzt, die den einschränkenden Ausdruck „allgemein zugängliche Quellen“ enthielt. Diese Entwicklung könnte nunmehr die Schlußfolgerung nahelegen, daß die Zuordnung individueller Kommunikationsvorgänge zum Schutzbereich der Informationsfreiheit dem Willen des historischen Verfassungsgebers widerspricht. Eine solche Deduktion begegnet aber erheblichen Zweifeln, weil der damalige Berichterstatter Heuß ausführte, daß

1270 *BVerfG*, Beschl. v. 03.10.1969 – 1 BvR 46/65 – BVerfGE 27, 71, 81.

1271 Eingehend *Schoch*, VVDStRL 57 (1998), 158, 189.

1272 Eingehend *Langer*, Informationsfreiheit als Grenze informationeller Selbstbestimmung, 1992, S. 141 ff.; *Brosette*, Der Wert der Wahrheit im Schatten des Rechts auf informationelle Selbstbestimmung, 1991, S. 193 f.

1273 Ebenso *Bleckmann*, Staatsrecht II – Die Grundrechte, Bd. II, 4. Aufl., 1997, § 26 IV Rn. 38.

1274 Siehe *BVerfG*, Beschl. v. 03.10.1969 – 1 BvR 46/65 – BVerfGE 27, 71, 84.

der abgeänderte Entwurf lediglich die bereits im Herrenchiemseer Entwurf enthaltene Wertung, daß jede Behinderung der Unterrichtung unstatthaft sein sollte, weiterführte und die Allgemeinzugänglichkeitsklausel daher in einem umfassenden Sinne zu verstehen sei[1275]. Angesichts dieser Äußerungen wäre es mehr als fragwürdig, die Entstehungsgeschichte zugunsten einer restriktiven Auslegung fruchtbar machen zu wollen.

Geht man daher mit der Mindermeinung im verfassungsrechtlichen Schrifttum von einem extensiven Verständnis aus, ist als Zwischenfazit festzuhalten, daß der Ligaverband zusätzlich die Informationsfreiheit zu seinen Gunsten als kollidierendes Verfassungsgut anführen kann, um zumindest die Weiterverwertung der betriebsbezogenen Daten der Fußballvereine zur Ermittlung der Höhe der Sonderbeiträge zu rechtfertigen[1276].

(bbb) Nachdem die Grundrechte ermittelt sind, die der Ligaverband als kollidierendes Verfassungsrecht zu seinen Gunsten ins Feld führen kann, ist im Anschluß die **Einhaltung des Verhältnismäßigkeitsgrundsatzes** zu untersuchen, – und zwar im Hinblick auf die Weiterverwertung der wirtschaftlichen Daten einerseits und die Kontrolle der Verwendung der im Rahmen des Finanzausgleichs zugewiesenen Geldmittel sowie die Überwachung der im Rahmen der Nachwuchsförderung zugewiesenen Finanzmittel andererseits.

Bezüglich der **Weiterverwertung der vereinsinternen wirtschaftlichen Daten zur Ermittlung der von den Lizenzvereinen zu entrichtenden Sonderbeiträge** durch ein eigenständiges Organ innerhalb der DFL-GmbH ist ein Ausgleich zwischen den kollidierenden Grundrechten der Fußballvereine (Art. 2 Abs. 1 GG i.V.m. Art. 1 Abs.1 GG, Art. 14 Abs. 1 GG und Art. 12 Abs. 1 GG) auf der einen und denen des Ligaverbandes (Art. 9 Abs. 1 GG, Art. 5 Abs. 1 S. 1 Alt. 2 GG) auf der anderen Seite herbeizuführen.

Als legitimes (sportwohlorientiertes) Interesse fungiert in concreto der allgemeine gesellschaftsrechtliche Gleichheitssatz, der eine gleichmäßige finanzielle Belastung sämtlicher Körperschaftsmitglieder bei der Beitragserhebung gebietet[1277].

1275 Näher zur Entstehungsgeschichte der Informationsfreiheit *Doemming/Füsslein/Matz*, JöR 1 (1951), 1, 79 f.

1276 Diesem subjektiven Recht aus Art. 5 Abs. 1 S. 1 Alt. 2 GG korrespondiert keine Pflicht des Verbandsmitglieds, Zugang zu Informationen zu gewähren, da eine unmittelbare Drittwirkung der Grundrechte ausscheidet (vgl. zur Ablehnung einer unmittelbaren Drittwirkung der Freiheitsrechte bereits im 2. Teil, 1. Kapitel, A.I.4.a)). Von einem Grundrecht zu Lasten Dritter (so aber: *Funk*, Datenschutz in Mitgliedschaftsverhältnissen privatrechtlicher Verbände, 2000, S. 15) kann daher keine Rede sein.

1277 Vgl. hierzu bereits im 2. Teil, 1. Kapitel, B.IV.2.c)bb)(1)(b).

Zur Gewährleistung der Belastungsgleichheit bei der Beitragserhebung muß die innerhalb der DFL-GmbH mit der Verwaltung des Solidarfonds betraute Stelle jedoch über ausreichend Informationsmaterial verfügen. Dies wiederum setzt auf Seiten der beitragspflichtigen Körperschaftsmitglieder das Bestehen entsprechender Duldungspflichten bezüglich der Weiterverwertung der von ihnen bereits zuvor bereitgestellten Angaben voraus. Die prinzipielle Legitimität des Eingriffs in die Informationssphäre der Lizenzvereine ist damit schon in dem auf Vollzug angewiesenen Sonderbeitragsanspruch angelegt[1278].

Daß die Weiterverwertung der betriebsbezogenen Daten geeignet ist, eine verhältnismäßige Belastungsgleichheit zu garantieren, daran dürften keinerlei Zweifel bestehen. Durchaus problembehaftet ist dagegen die Frage, ob solche Weiterverwertungsrechte dem Prinzip des geringstmöglichen Eingriffs genügen. So ist nämlich anerkannt, daß für die Erhebung von Informationen das Prinzip der Zweckbindung gilt; d.h., sowohl das Verarbeitungsziel als auch der Verwendungsumfang sind im voraus festzulegen[1279]. Dem widerspricht es indes, wenn die ursprünglich zur Beurteilung der wirtschaftlichen Leistungsfähigkeit einzelner Fußballclubs eingeholten Unternehmensdaten im Gefolge der Weiterreichung an ein anderes Verwaltungsorgan der DFL-GmbH nunmehr zur Ermittlung der von den Lizenzvereinen zu entrichtenden Sonderbeiträge herangezogen werden. Dieser Einwand verfängt im vorliegenden Fall jedoch nicht, denn die Weitergabe der Daten hat den Vorzug, daß es nicht zu einem neuerlichen Informationserhebungseingriff zu Lasten der Lizenzvereine kommt, der weitaus intensiver als die Beeinträchtigung der Freiheitssphäre infolge der Weitergabe wäre. Ungeachtet dessen ist davon auszugehen, daß auch bei einer bloßen, von den Lizenzvereinen hinzunehmenden Weitergabe betriebsbezogener Daten wegen der bestehenden Gefährdungslagen strenge Anforderungen an das Erforderlichkeitsgebot zu stellen sind. Diesem Umstand Rechnung tragend ist der Ligaverband gehalten, organisatorische und verfahrensrechtliche Maßnahmen zu ergreifen, die eine weitestgehende Risikominimierung ermöglichen. Welche Instrumente sich hierzu im einzelnen anbieten, kann nicht pauschal gesagt werden, sondern hängt von der Nutzbarkeit und den Verwendungsmöglichkeiten der erlangten Daten ab[1280]. Gleichwohl läßt sich das entsprechende Arsenal an Schutzvorkehrungen zumindest in Grundzügen skizzieren: Unerläßlich sind wirksame Abschottungsregelungen, solange ein konkreter Personenbezug herstellbar ist

---

[1278] Ähnlich im Zusammenhang mit dem staatlichen Steueranspruch *BVerfG*, Urt. v. 17.07.1984 – 2 BvE 11, 15/83 – BVerfGE 67, 100, 143; ausführlich *Eilers*, Das Steuergeheimnis als Grenze des internationalen Auskunftsverkehrs, 1987, S. 43 ff.; zur Gleichheitseffizienz siehe *Tipke/Lang*, Steuerrecht, 17. Aufl., 2002, § 4 Rn. 71.

[1279] Vgl. *Kloepfer*, Informationsrecht, 2002, § 3 Rn. 51.

[1280] Ebenso in allgemeiner Hinsicht *BVerfG*, Urt. v. 15.12.1983 – 1 BvR 209/83 u.a. – BVerfGE 65, 1, 45.

(z.B. eine besondere Verschwiegenheitspflicht für die Mitarbeiter der DFL-GmbH), eine strikte Zweckbindung, der Erlaß bereichsspezifischer Regeln sowie flankierende verfahrensrechtliche Maßnahmen (z.B. Aufklärungs-, Kennzeichnungs-, Auskunfts- und Löschungspflichten seitens der DFL-GmbH). Daneben erscheint es geboten, zur Entindividualisierung auch bei der Ausgestaltung der Verbandsnormen anzusetzen, die das materielle Beitragsrecht festlegen, – beispielsweise durch die Einführung von Pauschalierungen und Wahlrechten[1281]. Bei Beachtung dieser Spielregeln dürfte das Erforderlichkeitsprinzip gewahrt sein. Im Rahmen der Angemessenheitsprüfung, die letzten Endes hauptsächlich eine Stimmigkeitskontrolle fordert[1282], ist zu beachten, daß im Falle einer Existenzgefährdung die Zumutbarkeitsgrenze überschritten ist[1283].

Die des weiteren zu beurteilenden **Auskunftspflichten der Fußballvereine, soweit diese dazu dienen, die ordnungsgemäße Verwendung der im Rahmen des Finanzausgleichs sowie der Talentförderung zugewandten Gelder zu kontrollieren,** sind geeignet, das mit ihnen verfolgte Ziel zu erreichen. Dies bedarf keiner weiteren Diskussion. Von zentraler Bedeutung ist vielmehr auch in diesem Zusammenhang das Erforderlichkeitsgebot. Hier ist gleichfalls – um noch eine möglichst optimale Entfaltung der Fußballclubgrundrechte aus Art. 2 Abs. 1 i.V.m. Art. 1 Abs. 1, 14 Abs. 1, 12 Abs. 1 und 9 Abs. 1 GG sicherzustellen – ein strenger Maßstab anzulegen: Informationseingriffe zur Überprüfung, ob die begünstigten Lizenzvereine die zur Verfügung gestellten Gelder tatsächlich zur Schuldentilgung einsetzen oder ob die Fußballclubs der beiden Bundesligen die verbandsrechtlich vorgegebene Fremdkapitalquote einhalten, sind nur zulässig, sofern ein entsprechendes Instrumentarium bereitsteht, das das Risiko des Bekanntwerdens der erhobenen Daten gegenüber unbefugten Dritten möglichst ausschließt. Dazu zählen neben einer besonderen Verschwiegenheitspflicht für die Angestellten der DFL-GmbH ebenso eine strenge Zweckbindung und die bereits obenan aufgelisteten verfahrensrechtlichen Mittel. Hinzu kommt, daß der Ligaverband die Gewährung von Finanzmitteln an einzelne Lizenzvereine und damit einhergehend die Offenlegung deren unternehmerischer Daten von ihrem Willen abhängig machen sollte. Dazu müssen die Statuten des Ligaverbandes entsprechende Antragserfordernisse vorsehen, deren Ausübung seitens der Fußballclubs das freiwillige Verlassen der betriebsinternen Sphäre einschließlich der Bereitschaft zur Auskunftserteilung nach außen hin dokumen-

[1281] Siehe zu diesen Gestaltungsmöglichkeiten im Bereich des Steuerrechts *Kirchhof*, in: Festschrift für *Tipke*, 1995, 27, 37 ff.; *v. Hammerstein*, Der verfassungsrechtliche Schutz der Privatsphäre im Steuerrecht, 1993, S. 115.

[1282] Vgl. *Pieroth/Schlink*, Grundrechte – Staatsrecht II, 18. Aufl., 2002, Rn. 294.

[1283] So in anderem Zusammenhang auch *Cosack/Tomerius*, NVwZ 1993, 843, 845; *Eilers*, Das Steuergeheimnis als Grenze des internationalen Auskunftsverkehrs, 1987, S. 32 f.

tiert[1284]. Eine absolute, aus Art. 14 Abs. 1 GG und Art. 12 Abs. 1 GG herzuleitende Grenze ist freilich in den Fällen der Existenzgefährdung einzelner Fußballvereine erreicht. Hier tritt die Vereinsfreiheit des Ligaverbandes aus Art. 9 Abs. 1 GG namentlich hinter den genannten Wirtschaftsgrundrechten zurück. In diesem Bereich jedenfalls fehlt es somit an der Zumutbarkeit der im übrigen verfassungsrechtlich unbedenklichen Informationserhebungseingriffe.

(b) Schutz unternehmerischer Wettbewerbsfreiheit und –gleichheit

Die Errichtung eines beitragsfinanzierten Fonds birgt nicht nur einen Konflikt zwischen dem sportwohlorientierten Interesse an der Funktionsfähigkeit eines solchen Ersatzmodells und dem Interesse der Fußballvereine an der Integrität ihrer Informationssphäre in sich; darüber hinaus führt ein solches Abgabenmodell aufgrund seiner Ausgestaltung mitunter zu erheblichen Wettbewerbsverzerrungen sowie zu Eingriffen in die wirtschaftliche und finanzielle Autonomie vor allem der auf der Empfängerseite des Pools stehenden Fußballvereine. Derart relevante Beeinträchtigungen ergeben sich in **dreierlei Hinsicht**; und zwar sowohl bei den Einzahlerclubs als auch den Empfängervereinen: Auf der Ebene der in den Finanzpool einzahlenden Fußballvereine muß die **Belastung der Einkunftsart „Prämien aus der Teilnahme an den internationalen Clubwettbewerben“** mit einem im Vergleich zu den übrigen Einkunftsarten höheren Sonderbeitragssatz einer Inhaltskontrolle standhalten. Auf der Ebene derjenigen Lizenzvereine, die auf der Empfängerseite angesiedelt sind, bedürfen zunächst die **Zweckbindung der ausgezahlten Mittel** – hier: Schuldentilgung und Talentförderung – **sowie das absichernde Sanktionsinstrumentarium** (Rückforderung zweckwidrig eingesetzter Gelder, Ausschluß vom Finanzausgleich, Lizenzentzug) näherer Überprüfung. Ferner kommt es infolge der Ausschüttung von Fördergeldern unter Umständen zu **Wettbewerbsnachteilen** zu Lasten der Bundesligavereine, die selbst keine Nachwuchsförderung betreiben; in diesen Zusammenhang gehört schließlich noch die Frage, ob eine Abstufung in der Höhe der zugewandten Fördermittel bei den Vereinen, die über eine überdurchschnittliche Ertragskraft verfügen, rechtlich zulässig ist[1285].

Als nächstes sind die dargestellten problematischen Fallgruppen anhand des folgenden Prüfungsmodells zu würdigen: In einem ersten Schritt werden die zu-

---

[1284] Vgl. *Kirchhof*, in: Festschrift für *Tipke*, 1995, 27, 38.

[1285] Solche Wettbewerbsverzerrungen setzen freilich das Bestehen einer Wettbewerbssituation zwischen den begünstigten Vereinen auf der einen und den benachteiligten auf der anderen Seite voraus, d.h., nur solche Wettbewerbsnachteile können verfassungsrechtlich relevant werden, die zwischen Lizenzclubs auftreten, die zusammen in einer Liga am Meisterschaftswettbewerb teilnehmen.

gunsten der Lizenzvereine in Betracht zu ziehenden Freiheitsgrundrechte angesprochen (aa-dd), die mit der Vereinsfreiheit des Ligaverbandes im Wege einer Güterabwägung auszutarieren sind (ee). Daran schließt eine Beurteilung der problematischen Sachverhalte am Maßstab des Gleichbehandlungsgrundsatzes an (ff).

(aa) Die Vereinsfreiheit

Die Aktivierung der **Vereinsfreiheit** gemäß Art. 9 Abs. 1 GG setzt voraus, daß neben dem persönlichen Schutzbereich[1286] bezüglich der einzelnen Fallkonstellationen der sachliche berührt ist und weiterhin ein Eingriff darin vorliegt. Der Übersichtlichkeit wegen sind die einzelnen Sachverhaltsgruppen dabei im folgenden jeweils für sich zu betrachten:

In dieser Beziehung müßte sich als erstes der **überdurchschnittliche Beitragssatz auf die Prämien aus der Teilnahme an internationalen Clubwettbewerben** dem Geltungsbereich des Freiheitsrechts zuordnen lassen. Bejahen läßt sich dies jedenfalls nicht schon unter Verweis auf die für die Fußballvereine mit einer solchen verbandsrechtlichen Beitragsnorm einhergehenden Wettbewerbsverzerrungen. Denn die wirtschaftliche Betätigungsfreiheit eines Fußballclubs zählt zum Bereich der externen Vereinsfreiheit, die nach zutreffender Ansicht gerade nicht den Schutz von Art. 9 Abs. 1 GG genießt. Gleichwohl greift das Grundrecht in concreto ein, weil die negative Vereinsfreiheit das Recht zum Austritt aus einer Vereinigung und damit auch eine Entledigung von bestehenden Beitragspflichten gewährleistet. Die von der fraglichen Leistungspflicht erfaßten Vereine können ein Interesse daran haben, sich dieser durch den Austritt aus dem Ligaverband zu entziehen. Letzteres ist freilich aufgrund der faktischen Monopolstellung des Ligaverbandes nicht möglich, so daß gleichzeitig ein Eingriff vorliegt[1287].

Das zweite Maßnahmenbündel betrifft die **Zweckbindung der ausgezahlten Fördermittel und ein dazugehöriges Sanktionsinstrumentarium**, das im Fall des nicht zweckgerechten Einsatzes der Finanzhilfen eine Rückforderung der gewährten Gelder, einen Ausschluß vom Finanzausgleich oder gar einen Li-

---

1286 Zur Reichweite des persönlichen Schutzbereichs der Vereinsfreiheit vgl. schon die Ausführungen im 2. Teil, 1. Kapitel, B.IV.2.c)bb)(1)(a)(aa).

1287 Siehe zur Ausklammerung der externen Vereinsfreiheit aus dem Schutzbereich von Art. 9 Abs. 1 GG sowie zu dem Problemkreis der Beeinträchtigung der negativen Komponente des Grundrechts bereits eingehend im 2. Teil, 1. Kapitel, B.IV.2.c)bb)(1)(a)(aa).

zenzentzug vorsieht. Das Selbstbestimmungsrecht der Vereinigung[1288] umfaßt namentlich auch die Dispositionsfreiheit in finanziellen Angelegenheiten[1289], da das Prinzip der freien sozialen Gruppenbildung leerzulaufen droht, wenn man die Entscheidungsfreiheit in vermögensrechtlichen Angelegenheiten aus dem Schutzbereich des Art. 9 Abs. 1 GG herausnehmen und es dadurch ermöglicht würde, mittels einer externen Einflußnahme auf die Finanzangelegenheiten der Vereinigung deren Geschicke zu lenken. Die Vereinsautonomie könnte auf diesem Weg durch eine finanzielle Fremdbestimmung derogiert werden. Wenn aber zur Verhinderung einer solchen Umgehung des Schutzgutes von Art. 9 Abs. 1 GG der Gewährleistungsumfang weit zu ziehen ist, berühren Verbandsregelungen, die festhalten, zu welchen Zwecken die bereitgestellten Gelder verwendet werden dürfen, und die für den Fall der Zuwiderhandlung die Rückzahlung sowie gegebenenfalls weitergehende Sanktionen anordnen, den Geltungsbereich des Freiheitsrechts. Denn die Bestimmungen nehmen durch das ihnen immanente Drohpotential verhaltensbestimmenden Einfluß auf die finanzielle Dispositionsfreiheit der Fußballvereine.

Damit hat es freilich noch nicht sein Bewenden; erforderlich ist ferner nämlich, daß die einzelnen Regelungen als Eingriff in den Schutzbereich der Vereinsfreiheit qualifiziert werden können. Im Hinblick auf die möglichen Rückforderungsansprüche des Geldgebers bei Zweckverfehlung, den drohenden Ausschluß vom Finanzausgleich sowie den Lizenzentzug liegen die verhaltenssteuernden Effekte auf die Finanzpolitik der betroffenen Lizenzvereine auf der Hand, womit insoweit eine Freiheitsbeeinträchtigung zu konstatieren ist. Weitaus diffiziler stellt sich die Situation hingegen bei der als Obliegenheit ausgestalteten Zweckbindung dar. Manche Autoren vertreten hier – auf der Grundlage einer ausschließlich diese Maßnahme in den Blick nehmenden Betrachtung –, daß derartige Verhaltensdirektiven mangels einer rechtlich durchsetzbaren Verpflichtung die Entscheidungsfreiheit des Vereins in Vermögensangelegenheiten nicht verkürzen[1290]. Indes wird auch der entgegengesetzte Standpunkt eingenommen[1291];

1288 Allgemein zur Reichweite der kollektiven Vereinsfreiheit: v. Mangoldt/Klein/ Starck-*Kemper*, GG, Bd. I, 4. Aufl., 1999, Art. 9 Rn. 96 ff.; Umbach/Clemens-*Steinmeyer*, GG, Bd. I, 2002, Art. 9 I, II Rn. 55 f.

1289 Ähnlich *Wiedemann*, Gesellschaftsrecht, Bd. I, 1980, § 12 I 3 b) S. 677; *Badura*, Staatsrecht, 2. Aufl., 1996, C 89; *ders.*, DÖV 1990, 353, 355; ebenso zur einfachgesetzlichen Vereinsautonomie, die mit der verfassungsrechtlichen Vereinsfreiheit deckungsgleich ist: Soergel-*Hadding*, BGB, Bd. I, 13. Aufl., 2000, Vor § 21 Rn. 79; allgemein zur Vereinsautonomie siehe im 1. Teil, 1. Kapitel, A.II.1.a) und b) der Arbeit.

1290 So in anderem Zusammenhang zur Unternehmerfreiheit: *Henseler*, VerwArch 77 (1986), 249, 277.

dieser läßt sich wie folgt begründen: Die Zweckbindung verkörpert im Zusammenspiel mit dem Sanktionsinstrumentarium einen wesentlichen Bestandteil eines ausdifferenzierten Regelmechanismus und ist daher im Wege einer Gesamtschau durchaus als verhaltenslenkende Maßnahme zu verstehen, die die Ausübung der Vereinsfreiheit nachhaltig erschwert.

Einem solchen grundrechtsfreundlichen Ansatz widerspricht freilich auf den ersten Blick die *dogmengeschichtliche Entwicklung* des Grundrechtsschutzes, der traditionell auf die Abwehr unverhältnismäßiger Einzelmaßnahmen ausgerichtet ist. Daran hält auch die moderne Lehre vom faktischen Eingriffsbegriff – trotz aller Weiterungen – ganz überwiegend fest[1292]. Diese konservative Sichtweise vermag jedoch keinesfalls zu überzeugen. Ausschlaggebend ist die *Funktion* der Vereinsfreiheit, eine freie soziale Gruppenbildung ungestört von Einflüssen Dritter zu ermöglichen. Mit Blick auf diese ratio macht es nun wirklich keinerlei Unterschied, ob die Freiheitsverkürzung aus einer einzelnen Maßnahme resultiert oder ob jene das Produkt des Zusammenwirkens einer Mehrzahl von für sich genommen nicht zu beanstandenden Einzelhandlungen ist. Schon um der Effektivität des Grundrechtsschutzes willen ist daher einem ganzheitlichen Verständnis zu folgen[1293]; mit der Konsequenz, daß auch die Zweckbindung trotz ihres bloßen Obliegenheitscharakters einen Eingriff verkörpert.

Schließlich sind noch die **Talentförderung als solche und die Staffelung der in diesem Kontext ausbezahlten Zuwendungen nach der Finanzkraft der ausbildenden Fußballvereine** zu berücksichtigten. Aber weder das Instrument als solches noch seine konkrete Ausgestaltung berühren den Schutzbereich der Vereinsfreiheit. Dieser Befund folgt daraus, daß eine Fördermaßnahme an sich inhaltlich nicht das Recht zur eigenverantwortlichen Handhabung der der Körperschaft zur Verfügung stehenden Finanzmittel betrifft; ferner berühren die durch die Talentförderung an sich bedingten Wettbewerbsnachteile der nichtgeförderten Fußballvereine und die infolge der Unterschiede in der vermögenswerten Unterstützung der Clubs hervorgerufenen Wettbewerbsverzerrungen lediglich die nicht von Art. 9 Abs. 1 GG erfaßte externe Vereinsfreiheit.

1291 So implizit *Breuer*, in: *Isensee/Kirchhof*, Handbuch des Staatsrechts, Bd. VI, 2. Aufl., 2001, § 148 Rn. 73, der Obliegenheiten einer Verhältnismäßigkeitskontrolle unterwirft und damit denklogisch das Vorliegen eines Eingriffs voraussetzt.

1292 Z.B. *Pieroth/Schlink*, Grundrechte – Staatsrecht II, 18. Aufl., 2002, Rn. 238 ff., insb. 246.

1293 Ebenso für die Berufsfreiheit *Weber/Crezelius*, in: Gedächtnisschrift für *Klein*, 1977, 542, 552; *Hohmann*, DÖV 2000, 406, 409; *Hufen*, NJW 1994, 2913, 2916.

(bb) Die Eigentumsfreiheit

Neben der Vereinsfreiheit ist an dieser Stelle wiederum die **Eigentumsgarantie** aus Art. 14 Abs. 1 S. 1 GG als normative Grenze zugunsten der über Art. 19 Abs. 3 GG erfaßten Fußballvereine in Betracht zu ziehen.

Als erstes ist in diesem Kontext auf den **überdurchschnittlichen Beitragssatz auf die Prämien aus der Teilnahme an internationalen Clubwettbewerben** einzugehen, der den teilweisen Abbau des von sportlich und wirtschaftlich erfolgreichen Vereinen erarbeiteten Wettbewerbsvorsprungs bedingt. Unter diesem Gesichtspunkt könnte das Recht am eingerichteten und ausgeübten Gewerbebetrieb inhaltlich betroffen sein[1294]. Denn nach einer in der verfassungsrechtlichen Lehre vertretenen Auffassung umfaßt dieses Recht die „gewinnbringende Nutzung von Gewerbebetrieben ohne Beschränkungen, sei es direkter, sei es indirekter, über den Markt und den Wettbewerbsprozeß erfolgender Art“[1295]. Daß der Abbau von Wettbewerbsvorteilen eine solche Beschränkung im zuvor genannten Sinne darstellt, ist evident.

Folgt man diesem Ansatz, ist Art. 14 Abs. 1 GG bereits insofern tatbestandlich aktiviert. Gegen ein derartiges Vorgehen bestehen im Ergebnis freilich durchgreifende Bedenken: Zwar spricht auf den ersten Blick für die vorgenommene Ausdehnung des Eigentumsbegriffs der *Wortlaut* von Art. 14 Abs. 2 S. 2 GG („Gebrauch“). Denn im Einsatz der sächlichen und personellen Mittel eines Gewerbebetriebs zur Gewinnerzielung liegt nach dem natürlichen Sprachverständnis nun einmal eine Nutzung und damit ein „Gebrauch“machen von einer vermögenswerten Rechtsposition. Jedoch führt das starre Festhalten an solchen Begrifflichkeiten zu dem merkwürdigen Resultat, daß in der Zukunft liegende Erwerbsvorgänge dem Schutzbereich der Eigentumsgarantie unterfallen. Merkwürdig ist dies vor allem deshalb, weil Art. 14 Abs. 1 GG nach seiner Primärfunktion Bestandsschutz gewährleistet und somit vergangenheitsbezogen ist. Zu einer solchen *ratio* paßt die Verbürgung von Erwerbsschutz über das Eigentumsgrundrecht aber bereits im Ansatz nicht. Ansonsten hätte es in *systematischer Hinsicht* auch nicht der Aufnahme der Berufsfreiheit in den Grundrechtekatalog des Grundgesetzes bedurft. Nach zutreffender Ansicht ist mithin schon der Schutzbereich von Art. 14 Abs. 1 GG nicht einschlägig[1296].

1294 Zur grundsätzlichen Einbeziehung des eingerichteten und ausgeübten Gewerbebetriebs in den Schutzbereich von Art. 14 Abs. 1 GG (einschließlich der Fundstellennachweise) siehe bereits im 2. Teil, 1. Kapitel, B.IV.2.c)bb)(1)(a)(bb) mit Fn. 1077.

1295 So ausdrücklich Maunz/Dürig/Herzog/Scholz-*Papier*, GG, Bd. II, Art. 14 Rn. 230 m.w.N. aus der Literatur.

1296 Ebenso im Ergebnis Umbach/Clemens-*Berkemann*, GG, Bd. I, 2002, Art. 14 Rn. 476 f.; Jarass/Pieroth-*Jarass*, GG, 6. Aufl., 2002, Art. 14 Rn. 10; a.A. Sachs-*Wendt*, GG,

Bezüglich des folgenden Prüfungsgegenstands, der **Zweckbindung der ausgezahlten Fördermittel und des dazugehörigen Sanktionsinstrumentariums**, das im Fall des nicht zweckgerechten Einsatzes der Finanzhilfen eine Rückforderung der gewährten Gelder sowie einen Ausschluß vom Finanzausgleich vorsieht, erscheint bei der näheren Bestimmung des Schutzbereichs von Art. 14 Abs. 1 GG eine **differenzierende Vorgehensweise** angezeigt. Zuerst ist die Teilnahme der Fußballvereine am Finanzausgleich und danach die Zuwendung von Finanzmitteln zur Talentförderung an ausbildende Clubs im Hinblick auf ihre Eigentumsrelevanz zu untersuchen:

Unter der Prämisse, daß jeder Fußballverein, solange er Mitglied des Ligaverbandes ist, einen satzungsrechtlichen **Anspruch auf Zahlung von Hilfsgeldern aus dem Finanzpool für den Fall** hat, **daß er die durchschnittliche Ertragskraft der Fußballclubs unterschreitet**[1297], ist das Eingreifen des Eigentumstatbestands zu prüfen. Der Eigentumsbegriff des Grundgesetzes umschließt dabei nicht nur das Eigentum i.S.d. § 903 BGB, sondern sehr viel weitergehend alle vermögenswerten subjektiven Privatrechte, die ihrem Inhaber – der das vermögenswerte Recht nach einer Teilauffassung in der Lehre zudem durch eigene Leistung erworben haben muß – von der Rechtsordnung in der Weise zugeordnet sind, daß er die damit verbundenen Befugnisse nach eigenverantwortlicher Entscheidung zu seinem privaten Nutzen ausüben darf[1298]. Der in der Verbandssatzung niedergelegte Zahlungsanspruch der Fußballvereine entsteht automatisch, sobald die entsprechenden Voraussetzungen erfüllt sind. Diese Forderung, die einen erheblichen geldwerten Vorteil mit sich bringt, ist damit hinreichend konkretisiert, so daß sich die Rechtsposition zu einem konkreten vermögenswerten Recht verdichtet hat und nicht nur eine bloße tatsächliche Gegebenheit vorliegt. Unerheblich ist hierbei, daß es sich lediglich um eine zivilrechtliche Forderung und kein absolutes Recht handelt, denn nach gefestigter Rechtsprechung

---

3. Aufl., 2002, Art. 14 Rn. 44. An der Irrelevanz der Eigentumsgarantie in diesem Zusammenhang ändert sich im übrigen auch dadurch nichts mehr, daß man den Geltungsbereich in Widerspruch zu der hier eingenommenen Position weit faßt. Denn es würde jedenfalls an einem Eingriff in das Freiheitsrecht fehlen, weil der prüfungsgegenständliche Sonderbeitragstatbestand an das Ergebnis des Erwerbsvorgangs und nicht an die Erwerbsmöglichkeit anknüpft.

1297 Zumindest unter dem Aspekt des Finanzausgleichs zwischen den Lizenzvereinen sollte der Zugang zu der Vereinseinrichtung des Finanzpools als rechtlich durchsetzbarer Anspruch ausgestaltet werden, um sich nicht dem Vorwurf der zivilrechtlichen Unwirksamkeit auszusetzen. Vgl. näher zu der Problematik der juristischen Konstruktion: Soergel-*Hadding*, BGB, Bd. I, 13. Aufl., 2000, § 38 Rn. 18a; *Dreher*, ZIP 1992, 1597, 1610 f.

1298 *BVerfG*, Beschl. v. 26.05.1993 – 1 BvR 208/93 – BVerfGE 89, 1, 6; *BVerfG*, Beschl. v. 09.01.1991 – 1 BvR 929/89 – BVerfGE 83, 201, 208 f.

des BVerfG genießen auch rein schuldrechtliche Ansprüche verfassungsrechtlichen Eigentumsschutz[1299].

Als problematisch stellt sich indes der Umstand dar, daß keine Einigkeit darüber herrscht, ob und inwiefern die Bejahung eines Eigentumstitels im Sinne von Art. 14 Abs. 1 GG von einer eigenen Leistung des potentiellen Berechtigten abhängt. Eine gewichtige Lehrmeinung erachtet eine solche als Wesensmerkmal des verfassungsrechtlichen Eigentumsbegriffs[1300]. Sie kann sich dabei auf eine ständige Rechtsprechung des BVerfG stützen, das die eigene Leistung des Berechtigten namentlich bei der Einbeziehung sozialversicherungsrechtlicher Positionen in den Geltungsbereich der Eigentumsgarantie als Abgrenzungskriterium aufgreift[1301]; aber auch die Subsumtion z.B. des privatrechtlichen Urheberschutzes unter Art. 14 Abs. 1 GG begründete das Verfassungsgericht damit, „daß es um das Ergebnis der geistigen und persönlichen Leistung des Urhebers geht, nicht etwa um einen unverdienten Vermögenszuwachs"[1302]. Legt man diese Auffassung nunmehr zugrunde, könnte man bei einem extensiven Verständnis des Leistungsbegriffs ein taugliches Äquivalent zumindest darin erblicken, daß die zunächst auf der Einzahlerseite des Finanzpools stehenden Vereine ihre Sonderbeiträge auch im Hinblick darauf leisten, daß sie zukünftig selbst einmal zu den auf der Empfängerseite des Finanzausgleichs stehenden Nutznießern zählen könnten[1303]. Freilich greift dieser Gedanke schon bei den Lizenzvereinen nicht mehr, die von Anfang aufgrund einer strukturellen Finanznot zu den Dauerempfängern der Zahlungen aus dem Finanzpool zählen. Daran zeigt sich, daß das Beharren auf einer eigenen Leistung des Berechtigten bereits an diesem Punkt zum Nachteil einiger Fußballvereine zur Verneinung des Schutzbereichs von Art. 14 Abs. 1 GG führt, – und zwar gerade zu Lasten solcher, die von eventuellen Rückforderungsansprüchen oder gar einem Ausschluß vom Finanzausgleich als Empfänger besonders betroffen wären.

[1299] *BVerfG*, Beschl. v. 08.06.1977 – 2 BvR 499/74 und 1042/75 – BVerfGE 45, 142, 179; *BVerfG*, Beschl. v. 31.10.1984 – 1 BvR 35, 356, 794/82 – BVerfGE 68, 193, 222 f.

[1300] Umbach/Clemens-*Berkemann*, GG, Bd. I, 2002, Art. 14 Rn. 124; *Brammen*, Die Ausdehnung der verfassungsrechtlichen Eigentumsgarantie auf Rechte des öffentlichen Rechts, 1968, S. 91 ff.; *Kirchhof*, AöR 128 (2003), 1, 14; *Dürig*, in: Festschrift für *Apelt*, 1958, 13, 24 ff., insb. 31 f.; siehe zudem *Leisner*, in: *Isensee/Kirchhof*, Handbuch des Staatsrechts, Bd. VI, 2. Aufl., 2001, § 149 Rn. 85; v. Münch/Kunig-*Bryde*, GG, Bd. I, 5. Aufl., 2000, Art. 14 Rn. 3.

[1301] *BVerfG*, Beschl. v. 18.02.1998 – 1 BvR 1318, 1484/86 – BVerfGE 97, 271, 284 m.w.N.

[1302] *BVerfG*, Beschl. v. 07.07.1971 – 1 BvR 765/66 – BVerfGE 31, 229, 243.

[1303] Auch bei der Leistung von Sozialbeiträgen an öffentliche Kassen, denen gegenüber man einen Unterstützungsanspruch hat, kommt es nicht auf ein synallagmatisches Austauschverhältnis von Leistung und Gegenleistung an. Maunz/Dürig/Herzog/ Scholz-*Papier*, GG, Bd. II, Art. 14 Rn. 133.

Ein derartiger Befund provoziert jedoch berechtigte Kritik. Diese wird dabei sowohl durch Bedenken an dem gewählten Abgrenzungskriterium der eigenen Leistung als auch durch verfassungsdogmatische Überlegungen genährt: Fragwürdig ist der Leistungsbegriff bereits deshalb, weil er sich bei näherer Betrachtung als hochgradig unbestimmt und für den Rechtsanwender kaum praktikabel erweist[1304]. Diese Erkenntnis kollidiert indes mit dem Prinzip der Rechtssicherheit, das gerade eine Berechenbarkeit staatlichen Handelns einfordert. Verstärkt werden die terminologischen Einwände durch dogmatische Erwägungen. Zum einen ist aus systematischen[1305] wie entstehungsgeschichtlichen[1306] Gründen davon auszugehen, daß die in Art. 15 S. 1 GG abschließend genannten vermögenswerten Rechte („Grund und Boden, Naturschätze und Produktionsmittel") einen Ausschnitt des sehr viel weiteren Eigentumsbegriffs i.S.v. Art. 14 Abs. 1

1304 Die Aufwertung der eigenen Leistung zum Definitionsmerkmal der Eigentumsgarantie hat zur Konsequenz, daß alle durch Glück, Zufall oder Schenkung erworbenen Vermögenswerte nicht den Schutz von Art. 14 Abs. 1 GG genießen, außer wenn man den Leistungsbegriff bis zur Konturenlosigkeit ausdehnt (vgl. hierzu die besonders plastische Kritik bei: *Wendt*, Eigentum und Gesetzgebung, 1985, S. 119 f.; *Meyer-Abich*, Der Schutzzweck der Eigentumsgarantie, 1980, S. 35 ff.; *Depenheuer*, AöR 120 [1995], 417, 427). Daran schließt sich zudem die Frage an, ab welchem Grad an eigenverantwortlicher Leistung oder Schwere des zu erbringenden besonderen Opfers eine ausreichende Vorleistung des Berechtigten angenommen werden kann (siehe auch *Leisner*, in: *Isensee/Kirchhof*, Handbuch des Staatsrechts, Bd. VI, 2. Aufl., 2001, § 149 Rn. 87); die vom BVerfG immer wieder gebrauchte Formel der „nicht unerheblichen Eigenleistungen" (z.B. *BVerfG*, Beschl. v. 18.02.1998 – 1 BvR 1318, 1484/86 – BVerfGE 97, 271, 284) bringt hier sicherlich keinen Gewinn an juristischer Rationalität.

1305 Art. 15 GG ist verfassungssystematisch unmittelbar nach Art. 14 GG angesiedelt und verweist in S. 2 auf Art. 14 Abs. 3 S. 3 und 4 GG. Aus diesem Aufbau folgt, daß Art. 14 Abs. 1 S. 1 GG die Regel- und Art. 15 GG die Ausnahmebestimmung verkörpert (so Maunz/Dürig/Herzog/Scholz-*Maunz*, GG, Bd. II, Art. 15 Rn. 7). Naheliegend ist es daher, Art. 15 GG – neben Art. 14 Abs. 1 S. 2 GG und Art. 14 Abs. 3 GG – als dritten Gesetzesvorbehalt der Eigentumsgarantie zu begreifen (h.A.: Dreier-*Wieland*, GG, Bd. I, 1996, Art. 15 Rn. 29; Sachs-*Wendt*, GG, 3. Aufl., 2002, Art. 15 Rn. 1; wohl auch Umbach/Clemens-*Berkemann*, GG, Bd. I, 2002, Art. 15 Rn. 56). Als Schrankentatbestand kann Art. 15 GG aber – schon wegen des Prinzips der Schrankenspezialität (siehe dazu im 2. Teil, 1. Kapitel, B.IV.2.c)bb)(1)(a)(aa)) – begrifflich keinen größeren Anwendungsbereich als das eigentliche Grundrecht des Art. 14 Abs. 1 GG haben.

1306 Zur Bedeutung von Art. 15 GG heißt es bei *Doemming/Füsslein/Matz*, JöR 1 (1951), 1, 156: „Im Falle der Sozialisierung [tritt] nicht etwa ein Sonderfall der Individualenteignung, sondern eine strukturelle Änderung der Wirtschaftsverfassung ein [...]. Wenn ein solcher Akt das Eigentum betreffe, könne er nur im Wege eines Gesetzes erfolgen; hier eine klare Rechtsgrundlage für den Einzelfall zu schaffen, sei der Sinn des Artikels." Die Bezugnahme auf den Rechtsbegriff des „Eigentums" verdeutlicht, daß auch der historische Verfassungsgesetzgeber davon ausging, daß der sachliche Geltungsbereich von Art. 15 GG nicht größer als der von Art. 14 Abs. 1 S. 1 GG sein kann.

GG beschreiben, ohne aber über den letzteren inhaltlich hinauszugehen[1307]. Für die Subsumtion beispielsweise von Grundstücken unter die Tatbestandsalternative des „Grund und Bodens" spielt es jedoch sowohl nach dem insoweit nicht weiter differenzierenden Normtext als auch nach der ratio von Art. 15 S. 1 GG – eine Änderung in den Strukturen der Wirtschaftsverfassung herbeizuführen[1308] – keinerlei Rolle, aufgrund welcher causa – Kauf oder Schenkung – der bisherige Eigentümer die Rechtsposition zuvor erworben hatte[1309]. Leistungsgesichtspunkte sind im Rahmen der Auslegung von Art. 15 S. 1 Var. 1 GG mithin völlig unerheblich. Wenn dem aber so ist, kann die entsprechende Schlußfolgerung für den Eigentumsbegriff aus Art. 14 Abs. 1 GG, in dessen Rahmen dem Sacheigentum für die Auslegung eine Leitbildfunktion zukommt, aus logischen Gründen nicht anders lauten. Andernfalls würde man sich nämlich über die anerkannte Ausgangsprämisse hinwegsetzen, daß die in Art. 15 S. 1 GG erwähnten Eigentumstitel in ihrer inhaltlichen Tragweite nicht über den durch Art. 14 Abs. 1 GG verbürgten Schutzumfang hinausreichen. Zum anderen dient die Eigentumsgarantie dazu, dem einzelnen einen Freiraum im vermögensrechtlichen Bereich zu verschaffen, um ihm eine eigenverantwortliche Ausgestaltung seines Lebens zu ermöglichen[1310]. Daraus folgt zugleich, daß der Eigentumserwerb in besonderem Maße eine individuelle Risikovorsorge ermöglicht[1311]. Zur Erreichung dieses Ziels ist es freilich irrelevant, ob der Erwerb einer vermögenswerten Position auf eigener Leistung des Berechtigten beruht. Aus diesen *systematischen-teleologischen Erwägungen* heraus verdient auf jeden Fall eine Sichtweise den Vorzug, die die Erbringung einer eigenen Leistung nicht zu einer Essentialie des verfassungsrechtlichen Eigentumsbegriffs erhebt[1312].

1307 Siehe Jarass/Pieroth-*Jarass*, GG, 6. Aufl., 2002, Art. 15 Rn. 1; Sachs-*Wendt*, GG, 3. Aufl., 2002, Art. 15 Rn. 3; v. Münch/Kunig-*Bryde*, GG, Bd. I, 5. Aufl., 2000, Art. 15 Rn. 6; *Pieroth/Schlink*, Grundrechte – Staatsrecht II, 18. Aufl., 2002, Rn. 954.

1308 Zum Regelungsinhalt der Sozialisierungsermächtigung: Schmidt-Bleibtreu/Klein-*Schmidt-Bleibtreu*, GG, 9. Aufl., 1999, Art. 15 Rn. 3 ff.; *Pieroth/Schlink*, Grundrechte – Staatsrecht II, 18. Aufl., 2002, Rn. 954 f.

1309 Zur Reichweite von Art. 15 S. 1 Var. 1 GG vgl. Umbach/Clemens-*Berkemann*, GG, Bd. I, 2002, Art. 15 Rn. 63; BK-*Kimminich*, GG, Bd. III, Art. 15 Rn. 26. Den Kommentierungen läßt sich keinerlei Hinweis darauf entnehmen, daß ein ohne eigene Leistung erworbener Eigentumstitel an einem Grundstück nicht einer Vergesellschaftung zugänglich sein könnte.

1310 *BVerfG*, Beschl. v. 16.02.2000 – 1 BvR 242/91, 315/99 – BVerfGE 102, 1, 15.

1311 Näher v. Mangoldt/Klein/Starck-*Depenheuer*, GG, Bd. I, 4. Aufl., 1999, Art. 14 Rn. 14; *Dürig*, in: Festschrift für *Apelt*, 1958, 13, 56.

1312 *BVerfG*, Beschl. v. 15.10.1996 – 1 BvL 44, 48/92 – BVerfGE 95, 64, 82; Maunz/Dürig/Herzog/Scholz-*Papier*, GG, Bd. II, Art. 14 Rn. 131; Dreier-*Wieland*, GG, Bd. I, 1996, Art. 14 Rn. 55; *Wendt*, Eigentum und Gesetzgebung, 1985, S. 113 ff.; *Ossenbühl*, AöR 115 (1990), 1, 27; krit. auch *Meyer-Abich*, Der Schutzzweck der Eigentumsgarantie, 1980, S. 25 ff.; *Depenheuer*, AöR 120 (1995), 417, 423 ff. Der Umstand,

Gewisse Schwierigkeiten bereitet ferner das Definitionsmerkmal, wonach der Anspruch dem Inhaber durch die Rechtsordnung zugeordnet sein muß. So sind die in der bisherigen Rechtsprechung des BVerfG als schützenswert anerkannten obligatorischen Rechte wie etwa der Kaufpreiszahlungsanspruch[1313] in § 433 Abs. 2 BGB oder das in § 488 Abs. 1 S. 2 BGB genannte Recht des Darlehensgebers, bei Fälligkeit das zur Verfügung gestellte Darlehen zurückerstattet zu bekommen[1314], ausdrücklich im BGB kodifiziert. Der Anspruch auf Teilnahme am Finanzausgleich ist dagegen nirgends im BGB explizit erwähnt, sondern folgt lediglich aus einer Satzungsbestimmung, die der Ligaverband auf der Grundlage seiner unter anderem in § 25 BGB zum Ausdruck kommenden Satzungsautonomie erlassen hat[1315]. Fraglich erscheint nun, ob dieser Umstand sich als ausreichend erweist, eine Zuordnung durch die Rechtsordnung zu bejahen. Gemessen an den bislang vom BVerfG entschiedenen, obenan auch teilweise angeführten Fällen ist die Frage eher zu verneinen.

Allerdings vermag allein der zuvor aufgezeigte Unterschied ein abschlägiges Ergebnis nicht zu rechtfertigen. Denn bei den zitierten Bestimmungen des BGB, die die Zahlungsansprüche ausdrücklich benennen, handelt es sich um sog. dispositives Gesetzesrecht. Solche nachgiebige einfachgesetzlichen Rechtsnormen, die an die Stelle fehlender vertraglicher Abreden treten, beinhalten jedoch ausschließlich Regeln, die die Parteien bei vernünftiger Abwägung der Interessen selbst durch den Abschluß eines Rechtsgeschäftes getroffen hätten; d.h., derartige Bestimmungen haben lediglich eine Entlastungsfunktion zugunsten der Beteiligten[1316]. Im Bereich des zivilrechtlichen Vereinsrechts hat der Gesetzgeber jedoch auf eine solche Vorgehensweise verzichtet und sich statt dessen mit der Implementierung einer Generalklausel wie der des § 25 BGB begnügt, die klarstellt, daß die Ausgestaltung der internen Vereinsverhältnisse weitestgehend der Körperschaft selbst obliegt. Mit Blick auf die freiheitssichernde *Funktion* der Eigentumsgarantie macht es für die Bejahung des in Frage stehenden Defini-

daß eine vermögenswerte Rechtsposition aufgrund einer eigenen Leistung erworben wurde, verleiht dieser indes im Rahmen der Verhältnismäßigkeitsprüfung einen höheren Stellenwert. Dreier-*Wieland*, GG, Bd. I, 1996, Art. 14 Rn. 25.

1313 Vgl. *BVerfG*, Beschl. v. 08.06.1977 – 2 BvR 499/74 und 1042/75 – BVerfGE 45, 142, 179.

1314 Zum Darlehenserstattungsanspruch als durch Art. 14 Abs. 1 GG geschütztes Recht siehe *BVerfG*, Beschl. v. 26.04.1995 – 1 BvL 19/94 und 1 BvR 1454/94 – BVerfGE 92, 262, 271.

1315 Zur Satzungsautonomie sowie zum Aussagegehalt von § 25 BGB siehe ausführlich im 1. Teil, 1. Kapitel, A.II.1.b) und c)bb) der Arbeit.

1316 Siehe *Larenz/Wolf*, Allgemeiner Teil des Bürgerlichen Rechts, 8. Aufl., 1997, § 33 II 3 Rn. 19 ff.; ähnlich in anderem Zusammenhang auch *Medicus*, Allgemeiner Teil des BGB, 8. Aufl., 2002, Rn. 340.

tionsmerkmals der Zuordnung der Rechtsposition durch die Rechtsordnung indes keinerlei Unterschied, ob der Gesetzgeber die obligatorische Forderung selbst unmittelbar im BGB verankert hat oder sich der Zurechnungszusammenhang allein daraus ergibt, daß die Legislative nur eine Generalklausel kodifiziert hat, die ihrerseits die Basis für eine entsprechende verbandsrechtliche Anspruchsgrundlage bildet[1317]. Daher ist auch die Voraussetzung der Zuordnung des vermögenswerten Rechts durch die Rechtsordnung gegeben[1318].

Schließlich muß der Inhaber die mit der vermögenswerten Rechtsposition verbundenen Befugnisse nach eigenverantwortlicher Entscheidung zu seinem privaten Nutzen ausüben dürfen[1319]. Daran bestehen bezüglich des Finanzausgleichsanspruchs höchstens aus dem Grund Zweifel, weil die im Rahmen des Finanzausgleichs fließenden Gelder zum Teil zur Schuldentilgung verwendet werden sollen und damit einer Zweckbindung unterliegen. Allerdings ist die Zweckbindung nur als Obliegenheit konstruiert. Die begünstigten Fußballvereine dürfen über die Vermögenszuwendung grundsätzlich nach Belieben disponieren. Zudem ist darauf hinzuweisen, daß es sich bei dem satzungsrechtlichen Anspruch eines Lizenzvereins auf Gewährung von finanziellen Ausgleichszahlungen um ein mitgliedschaftliches Wertrecht handelt[1320]. Diese sind grundsätzlich nicht von dem für die Gesamtheit der Mitgliedschaftsrechte geltenden Abspaltungsverbot erfaßt (vgl. § 717 S. 2 BGB analog) und damit auch im Wege der Zession gemäß §§ 413, 398 BGB übertragbar[1321] [1322].

1317 Bei jedem anderen Verständnis hätte die rechtsetzende Gewalt die Möglichkeit, den verfassungsrechtlichen Eigentumsschutz durch eine entsprechende Zurückhaltung beim Tätigwerden auszuhöhlen.

1318 Dieses Verständnis ist durch die das in der Aktie verkörperte Anteilseigentum betreffenden Aussagen in der Entscheidung des *BVerfG*, Beschl. v. 27.04.1999 – 1 BvR 1613/94 – BVerfGE 100, 289, 301 f., abgedeckt: „Der Schutz erstreckt sich auf die mitgliedschaftliche Stellung in einer Aktiengesellschaft, die das Aktieneigentum vermittelt. Aus der mitgliedschaftlichen Stellung erwachsen dem Aktionär im Rahmen der gesetzlichen Vorschriften und der Gesellschaftssatzung sowohl Leitungsbefugnisse als auch vermögensrechtliche Ansprüche“. Aus dem Gesagten folgt, daß ebenso in einer Körperschaftssatzung niedergelegte vermögenswerte Ansprüche verfassungsrechtlichen Eigentumsschutz genießen. Die für das Verhältnis zwischen Aktionär und Aktiengesellschaft getroffene Feststellung läßt sich ohne weiteres auf die Relation Vereinsmitglied–Verein übertragen.

1319 *BVerfG*, Urt. v. 01.03.1979 – 1 BvR 532, 533/77 u.a. – BVerfGE 50, 290, 339.

1320 Siehe zu der Einordnung von Unterstützungsgeldern in den Kanon der Mitgliedschaftsrechte Soergel-*Hadding*, BGB, Bd. I, 13. Aufl., 2000, § 38 Rn. 18a. Zur Dogmatik des Mitgliedschaftsrechts ausführlich *Schmidt*, Gesellschaftsrecht, 4. Aufl., 2002, § 19 S. 547 ff., § 24 IV S. 702 ff.

1321 Palandt-*Heinrichs*, BGB, 62. Aufl., 2003, § 38 Rn. 3; Soergel-*Hadding*, BGB, Bd. I, 13. Aufl., 2000, § 38 Rn. 29; krit. MüKo-*Reuter*, BGB, Bd. I, 4. Aufl., 2001, § 38 Rn. 64. Allgemein zum mitgliedschaftsrechtlichen Abspaltungsverbot: *Schmidt*, Gesellschaftsrecht, 4. Aufl., 2002, § 19 III 4 S. 560 ff.

Als Zwischenbefund ist darum festzuhalten, daß der verbandsrechtliche Anspruch der Lizenzvereine auf Teilnahme am Finanzausgleich – der eine im Mitgliedschaftsverhältnis zum Ligaverband wurzelnde Forderung darstellt – eine vermögenswerte Rechtsposition verkörpert, die den Schutz des Eigentumsgrundrechts aus Art. 14 Abs. 1 GG genießt[1323]. Der Anspruch auf Zugang zum Finanzausgleich wird dem Lizenzverein jedoch im wirtschaftlichen Ergebnis mit „ex tunc"-Wirkung vollständig entzogen, wenn er die zugewandten Gelder nicht zur Schuldentilgung einsetzt oder eine bestimmte Fremdkapitalquote überschreitet und aus einem dieser Gründe die im Rahmen des Finanzausgleichs bereits gewährte Vermögenszuwendung vom Ligaverband bzw. von der DFL-GmbH zurückgefordert wird. Insofern ist der Eingriffscharakter der entsprechenden Verbandsbestimmungen nicht von der Hand zu weisen. Die Sanktionsmaßnahme, daß ein Fußballverein im Falle der Nichteinhaltung der als Obliegenheit ausgestalteten Handlungsdirektive, einen Großteil der bereitgestellten Finanzhilfe zur Schuldentilgung einzusetzen, vom zukünftigen Finanzausgleich ausgeschlossen wird, weist ein beträchtliches Drohpotential für die wirtschaftlich notleidenden Fußballvereine auf; denn sie sind auf regelmäßige Zuschüsse existentiell angewiesen. Schon um das eigene „Überleben" zu sichern, werden sie daher de facto die aufgrund des Finanzausgleichsanspruchs erfolgte Vermögenszuwendung regelmäßig nur nach Maßgabe der Zweckbindung verwenden. Schon die Nutzungsmöglichkeiten der vermögenswerten Position reduzieren sich insofern fak-

---

[1322] Diesen Befund könnte man höchstens noch mit folgenden Erwägungen in Zweifel ziehen: Der verbandsrechtliche Anspruch auf Gewährung einer finanziellen Ausgleichszahlung dient spezifisch dazu, unter den am Meisterschaftswettbewerb teilnehmenden Lizenzvereinen eine annähernde wirtschaftliche und sportliche Wettbewerbsgleichheit sicherzustellen. Diese Funktion paßt jedoch nicht mehr, sobald ein Fußballverein kein Mitglied des Ligaverbandes mehr ist. Von daher könnte man erwägen, daß sämtliche Ansprüche – auch noch nicht erfüllte – entweder nach § 275 Abs. 1 BGB oder § 313 BGB im Falle des Ausscheidens eines Fußballvereins aus dem Ligaverband entfallen. Daraus ergäbe sich zugleich, daß der Finanzausgleichsanspruch mit der Mitgliedschaft in einem untrennbaren Zusammenhang steht und deshalb das Abspaltungsverbot i.S.d. § 717 S. 1 BGB analog ausnahmsweise durchgreift; mit der Konsequenz, daß der Zahlungsanspruch nicht abtretbar wäre (vgl. § 399 Alt. 1 BGB). Aber selbst wenn man diesem Gedankengang folgte, ließe sich aus der in dieser Beziehung eingeschränkten Verfügungsbefugnis kein stichhaltiger Einwand herleiten. Denn eine eingeschränkte Verfügungsbefugnis – hier: die fehlende Übertragbarkeit der Inhaberposition des Rechtsinhabers – hindert die Bejahung des Schutzbereichs der Eigentumsgarantie nicht (vgl. *BVerfG*, Beschl. v. 09.01.1991 – 1 BvR 929/89 – BVerfGE 83, 201, 209; *BVerfG*, Beschl. v. 26.05.1993 – 1 BvR 208/93 – BVerfGE 89, 1, 7).

[1323] Allgemein Sachs-*Wendt*, GG, 3. Aufl., 2002, Art. 14 Rn. 24 („gesellschaftsrechtliche Mitgliedschaftsrechte"); BK-*Kimminich*, GG, Bd. II, Art. 14 Rn. 32 („Aktien und andere Gesellschafterrechte"); *Arndt/Rudolf*, Öffentliches Recht, 14. Aufl., 2003, S. 120 („Mitgliedschaftsrechte"); *Badura*, Staatsrecht, 2. Aufl., 1996, C 84 („gesellschaftsrechtliche Mitgliedschaftsrechte").

tisch auf ein Minimum, so daß auch hier ein Eingriff festgestellt werden kann. Gleiches gilt im Ergebnis auch für die Zweckbindung als solche: Sie ist zwar nicht als Rechtspflicht konzipiert und daher für sich genommen nicht freiheitsmindernd. Die Beeinträchtigung läßt sich dennoch wiederum – wie schon im Kontext mit der Prüfung der Vereinsfreiheit – unter dem Gesichtspunkt eines effektiven Grundrechtsschutzes mit einer Gesamtbetrachtung begründen: Entscheidend ist abermals der Aspekt, daß die Obliegenheit zusammen mit dem ausdifferenzierten Sanktionsinstrumentarium Bestandteil eines ausgefeilten Maßnahmenkatalogs ist, der in Gänze die Freiheit des Gebrauch des Anspruchs bzw. der Vermögenszuwendung nachhaltig verkürzt[1324].

Ausgangspunkt für die eigentumsrechtliche **Würdigung der Bestimmungen, die für die im Rahmen der Talentförderung bereitgestellten Gelder im Fall der zweckwidrigen Verwendung seitens der begünstigten Fußballvereine die Rückzahlung der Finanzmittel an den Ligaverband bzw. die DFL-GmbH anordnen**, ist der Umstand, daß die Clubs – anders als beim Finanzausgleich – insoweit **keinen verbandsrechtlich abgesicherten Anspruch** auf die Zurverfügungstellung entsprechender Gelder haben. Leitend für diese Abweichung ist der Gedanke, daß die über die Vergabe der Fördermittel befindende Stelle im Sinne einer möglichst effizienten Nachwuchsförderung eines Höchstmaßes an Flexibilität bedarf. Legt man dies zugrunde, fehlt es an einer konkreten vermögenswerten Position, die sich zu einem Recht verdichtet hat. Denn mangels Anspruchs auf Erhalt einer Subvention kann von der Einräumung eines Rechts durch die Rechtsordnung und damit der Schaffung eines Vertrauenstatbestandes keine Rede sein. Vielmehr handelt es sich um eine bloße tatsächliche Gegebenheit. Solche tatsächlichen Umstände genießen indessen nach ganz herrschender Auffassung keinesfalls den Schutz von Art. 14 Abs. 1 GG[1325]. Folglich ist der Schutzbereich der Eigentumsfreiheit hier nicht betroffen.

Als dritte Fallgruppe sind letztendlich die **Talentförderung als solche und die Staffelung der in diesem Kontext ausbezahlten Zuwendungen nach der Finanzkraft der ausbildenden Fußballvereine** zu berücksichtigen. Jedoch berühren weder das Instrument an sich noch seine konkrete Ausgestaltung den Schutzbereich der Eigentumsgarantie gemäß Art. 14 Abs. 1 GG. Dies ergibt sich daraus, daß die durch die Talentförderung an sich bedingten Wettbewerbs-

---

[1324] Vgl. zu der bei der Beurteilung des Eingriffscharakters eines bestimmten Aktes anzustellenden Gesamtschau der insgesamt ergriffenen Maßnahmen bereits die Überlegungen im 2. Teil, 1. Kapitel, B.IV.2.c)bb)(2)(b)(aa).

[1325] Siehe stellvertretend: BK-*Kimminich*, GG, Bd. II, Art. 14 Rn. 86; Jarass/Pieroth-*Jarass*, GG, 6. Aufl., 2002, Art. 14 Rn. 22; *Badura*, Staatsrecht, 2. Aufl., 1996, C 84; *Pieroth/Schlink*, Grundrechte – Staatsrecht II, 18. Aufl., 2002, Rn. 905; a.A. für staatliche Subventionen *Zacher*, VVDStRL 25 (1967), 308, 366 ff.

nachteile der nicht-geförderten Fußballvereine und die infolge der Unterschiede in der vermögenswerten Unterstützung der Clubs hervorgerufenen Wettbewerbsverzerrungen eigentumsrechtlich höchstens unter dem Gesichtspunkt des Rechts einer gewinnbringenden Nutzung von Gewerbebetrieben frei von jeglichen Beschränkungen relevant werden könnten. Ein solches Recht läßt sich dem Freiheitsrecht des Art. 14 Abs. 1 GG indessen nach zutreffender Ansicht gerade nicht entnehmen (s.o.).

(cc) Die Berufsfreiheit

Eine weitere bei der Ausgestaltung des Finanzpools zu berücksichtigende rechtliche Barriere ist das in Art. 12 Abs. 1 GG verankerte Freiheitsrecht der Fußballvereine, ihre **berufliche Tätigkeit ungehindert** durch beschränkende Rechtsakte **auszuüben**. Im folgenden ist zu hinterfragen, ob und inwieweit dieses Grundrecht vorliegend zum Zuge kommt.

Wendet man sich zuerst dem **überdurchschnittlichen Beitragssatz auf die Prämien aus der Teilnahme an internationalen Clubwettbewerben** zu, ist der sachliche Geltungsbereich von Art. 12 Abs. 1 GG zumindest unter dem Aspekt der Wettbewerbsfreiheit einschlägig[1326]. Die Bundesligaclubs haben das Recht, den Meisterschaftswettbewerb ohne vom Ligaverband verursachte Wettbewerbsverzerrungen durchzuführen. Werden aber zu Lasten der an den internationalen Clubwettbewerben teilnehmenden Fußballvereine auf die von ihnen in diesem Zusammenhang erwirtschafteten Gewinnprämien erhöhte Sonderbeiträge erhoben, um ihren Wettbewerbsvorsprung gegenüber den Konkurrenzclubs abzubauen, liegt darin die Herbeiführung eines Wettbewerbsnachteils, der wegen seiner Zielgerichtetheit auch eine subjektiv-berufsregelnde Tendenz aufweist. Insoweit ist das Vorliegen einer rechtfertigungsbedürftigen Berufsausübungsregelung zu konstatieren[1327].

Im Hinblick auf die **Zweckbindung der ausgezahlten Fördermittel und des dazugehörigen Sanktionsinstrumentariums**, das im Fall des nicht zweckgerechten Einsatzes der Finanzhilfen eine Rückforderung der gewährten Gelder sowie einen Ausschluß vom Finanzausgleich anordnet, ergibt sich folgende Beurteilung der Rechtslage:

[1326] Zum Schutz der Wettbewerbsfreiheit durch das Grundrecht der Berufsfreiheit vgl. die Ausführungen im 2. Teil, 1. Kapitel, B.IV.2.c)bb)(1)(a)(cc).

[1327] Zur Problematik der berufsregelnden Tendenz von Abgabenerhebungstatbeständen siehe bereits eingehend im 2. Teil, 1. Kapitel, B.IV.2.c)bb)(1)(a)(cc).

Als erstes ist festzuhalten, daß man die wirtschaftliche Dispositionsbefugnis der Clubs über die **im Rahmen des Finanzausgleichs bestehenden Zahlungsansprüche** an sich durchaus unter den Schutzbereich von Art. 12 Abs. 1 GG fassen kann[1328]. Die hier zu beurteilende Situation ist jedoch durch die Besonderheit gekennzeichnet, daß die entsprechenden Forderungen der Fußballvereine gegenüber dem Ligaverband bzw. der DFL-GmbH gleichzeitig eine eigentumsrechtlich verfestigte Position darstellen. Dieses vermögenswerte Recht wird indes durch die bei zweckwidrigem Einsatz der bereitgestellten Geldmittel erfolgende Rückabwicklung vollständig entzogen, so daß das Maßnahmenbündel im Schwerpunkt bereits das Erworbene und gerade nicht den Erwerb betrifft. Von der – in dieser rechtlichen Untersuchung durchgehend zugrundegelegten[1329] – Prämisse ausgehend, wonach Art. 14 Abs. 1 GG und Art. 12 Abs. 1 GG in einem strikten Exklusivitätsverhältnis zueinander stehen, ist daher zu schlußfolgern, daß die Berufsfreiheit nicht bezüglich der unternehmerischen Dispositionsfreiheit berührt ist.

Gleichwohl ist Art. 12 Abs. 1 GG unter dem Gesichtspunkt der **Wettbewerbsgleichheit** heranzuziehen: Sowohl die Rückforderung von im Rahmen des Finanzausgleichs geflossenen Geldern, der Ausschluß vom Finanzausgleich sowie ein Lizenzentzug bedingen zum Nachteil der diesen Sanktionen ausgesetzten Lizenzvereine gegenüber den übrigen Empfängerclubs, die die Zuschüsse behalten dürfen und unter Umständen auch fortan in deren Genuß kommen, erhebliche Wettbewerbsnachteile. Diese ergeben sich schon daraus, daß die letzteren Vereine über ein Mehr an finanzieller Liquidität verfügen, die sie in die Mannschaftsspielstärke investieren können. Unter Hinzunahme des Umstandes, daß es hier gerade auch um Vereine geht, die oftmals unter einer extrem hohen Schuldenlast leiden, ergibt sich gleichzeitig, daß solche Maßnahmen deren ökonomische Bewegungsfreiheit massiv beschneiden können, so daß sich die berufsregelnde Tendenz und damit das Überschreiten der Eingriffsschwelle zumindest mit mittelbaren Auswirkungen von einigem Gewicht auf die von Art. 12 Abs. 1 GG verbürgte Wettbewerbsfreiheit begründen lassen[1330] [1331].

1328 Allg. *Henseler*, VerwArch 77 (1986), 249, 253 f., 267; *Breuer*, in: *Isensee/Kirchhof*, Handbuch des Staatsrechts, Bd. VI, 2. Aufl., 2001, § 148 Rn. 71.

1329 Siehe im 2. Teil, 1. Kapitel, B.IV.2.c)bb)(1)(a)(bb), (2)(a)(cc) sowie (2)(b)(bb) der Arbeit.

1330 Siehe zu den Anforderungen für die Bejahung einer berufsregelnden Tendenz belastender Maßnahmen etwa *Pieroth/Schlink*, Grundrechte – Staatsrecht II, 18. Aufl., 2002, Rn. 823 m.w.N.

1331 Art. 14 Abs. 1 GG führt insofern nicht zu einem Ausschluß der Berufsfreiheit, da das letztere der beiden Freiheitsrechte insofern unter einem anderen Aspekt als der Nutzung des Eigentums eingreift.

Die an dieser Stelle ferner noch zu erwähnende Frage, ob auch der als Obliegenheit konstruierten Zweckbindung trotz der deutlich erhöhten Anforderungen an die Bejahung einer Beeinträchtigung der Berufsfreiheit (vgl. berufsregelnde Tendenz) dennoch ein Eingriffscharakter beigelegt werden kann – dies würde wiederum voraussetzen, daß man auch im Rahmen der Berufsfreiheit auf der Eingriffsebene auf eine umfassende Gesamtbetrachtung des zu würdigenden Sanktionsinstrumentariums abstellt[1332]–, braucht nicht abschließend entschieden zu werden. Denn selbst im verneinenden Falle ist jedenfalls die allgemeine Handlungsfreiheit i.S.d. Art. 2 Abs. 1 GG als Auffangtatbestand für die wirtschaftliche Betätigungsfreiheit zu aktivieren[1333]. Und hier ist eine Gesamtschau – wie sie schon bei der Vereins- und der Eigentumsfreiheit angestellt wurde – mangels qualifizierter Eingriffsvoraussetzungen (i.e. die berufsregelnde Tendenz) wieder zulässig; mit der Folge, daß eine Beeinträchtigung gegeben ist. Beide Grundrechte – sowohl Art. 12 Abs. 1 GG als auch Art. 2 Abs. 1 GG – münden indes auf der Rechtfertigungsebene in eine umfassende Verhältnismäßigkeitskontrolle ein; wobei es hierbei zu keinerlei abweichendem Ausgang in der Interessenabwägung kommen wird. Deshalb kann die Problematik letztlich offenbleiben[1334].

Auch betreffend die **Zweckbindung der den Fußballvereinen auf Antrag zur Nachwuchsförderung gewährten liquiden Mittel sowie deren Rückzahlung wegen Verstoßes gegen die Zweckbindungsobliegenheit** gelangt man zu dem Befund, daß die Berufsfreiheit aus Art. 12 Abs. 1 GG aktiviert wird. Allerdings benötigt man hierzu nicht den dogmatischen Umweg über den Begründungsansatz der Wettbewerbsgleichheit. Statt dessen kann man unmittelbar auf die wirtschaftliche Dispositionsfreiheit rekurrieren, da es vorliegend – anders als beim Anspruch auf Teilnahme am Finanzausgleich – an einem Eigentumsrecht gemäß Art. 14 Abs. 1 GG fehlt. Die drohende Rückforderung von zunächst zur Verfügung gestellten Fördermitteln zur Unterstützung der Vereinsnachwuchsarbeit zielt darauf, die Investitionstätigkeit der begünstigten Fußballclubs in die erwünschte Richtung zu lenken. Die zu prüfenden Verbandsregelungen besitzen somit gleichfalls eine subjektiv-berufsregelnde Tendenz und verkörpern daher ebenso einem Rechtfertigungszwang unterliegende Berufsausübungsregeln. Die

---

1332 Zur Gesamtbetrachtung als maßgeblicher Topos zur Festellung des Eingriffscharakters von Maßnahmenbündeln siehe die Ausführungen im 2. Teil, 1. Kapitel, B.IV.2.c)bb)(2)(b)(aa).

1333 Allg. Maunz/Dürig/Herzog/Scholz-*Di Fabio*, GG, Bd. I, Art. 2 Abs. 1 Rn. 116, 126; Jarass/Pieroth-*Jarass*, GG, 6. Aufl., 2002, Art. 12 Rn. 15.

1334 Gegen die Vornahme einer solchen Gesamtbetrachtung zur Beurteilung der Frage, ob eine rechtfertigungsbedürftige Beeinträchtigung von Art. 12 Abs. 1 GG anzunehmen ist, spricht freilich der Aspekt, daß ein solches Vorgehen in Widerspruch zu der dem Kriterium der berufsregelnden Tendenz immanenten Begrenzungsfunktion steht.

sich hier nochmals stellende Zweifelsfrage nach dem Eingriffscharakter der Obliegenheit ist auch in dieser Beziehung im obigen Sinne zu beantworten.

Schlußendlich sind noch die **Talentförderung als solche und die Staffelung der in diesem Kontext ausbezahlten Zuwendungen nach der Finanzkraft der ausbildenden Fußballvereine** einer Bewertung zu unterziehen. Dabei stellt sich heraus, daß zum einen die durch die Talentförderung an sich verursachten Wettbewerbsnachteile der nicht-geförderten Fußballvereine und zum zweiten die infolge der Unterschiede in der vermögenswerten Unterstützung der Clubs evozierten Wettbewerbsverzerrungen unter dem Gesichtspunkt der Wettbewerbsgleichheit berufsrechtliche Relevanz entfalten[1335]. Eine andere Frage ist indes, ob die beschriebenen Wettbewerbsverzerrungen stets derart beschaffen sind, daß sie die Mindestbedingung für die Annahme einer berufsregelnden Tendenz erfüllen und in ihren mittelbaren Auswirkungen von einigem Gewicht sind. Diese Fragestellung ist nicht mit einer pauschalen Antwort zu versehen; entscheidend sind vielmehr die Auswirkungen im Einzelfall. Ist die Wettbewerbsverzerrung jedoch von solch hinreichender Intensität, die genügt, eine die Berufsfreiheit beeinträchtigende Maßnahme zu begründen, wird sie regelmäßig als Berufsausübungsregelung einzustufen sein. Fehlt es dagegen an der berufsregelnden Tendenz, ist die allgemeine Handlungsfreiheit als Prüfungsmaßstab fruchtbar zu machen[1336].

(dd) Die allgemeine Handlungsfreiheit

Die vorstehenden Erwägungen zur Berufsfreiheit haben offengelegt, daß nicht in allen Fallkonstellationen eine zweifelsfreie Zuordnung der zu beurteilenden Sachverhalte zu dem speziellen Grundrecht möglich ist. Entweder erscheint bereits der Schutzbereich problematisch oder aber – und dies dürfte ein häufiger zu beobachtendes Phänomen sein – weisen die einzelnen verbandsrechtlichen Bestimmungen kein genügendes Maß an berufsregelnder Tendenz auf, so daß es an einem Eingriff fehlt. Wie dem im einzelnen auch sein mag, jedenfalls ist davon auszugehen, daß bei Nichteinschlägigkeit der Berufsfreiheit in eine der hier untersuchten Fallkonstellationen der Auffangtatbestand der **allgemeinen Handlungsfreiheit** (Art. 2 Abs. 1 GG) als Entscheidungsmaßstab Platz greift[1337]. Dies

---

[1335] Vgl. *Breuer*, in: *Isensee/Kirchhof*, Handbuch des Staatsrechts, Bd. VI, 2. Aufl., 2001, § 148 Rn. 77.

[1336] Siehe näher Maunz/Dürig/Herzog/Scholz-*Di Fabio*, GG, Bd. I, Art. 2 Abs. 1 Rn. 118, 126 m.w.N.

[1337] Ein Eingriff in die allgemeine wirtschaftliche Betätigungsfreiheit setzt im Interesse eines effektiven Grundrechtsschutzes lediglich eine „greifbare Beeinträchtigung" voraus (zutreffend *Badura*, Staatsrecht, 2. Aufl., 1996, C 83). Die herrschende Meinung (vgl. etwa *BVerwG*, Urt. v. 18.04.1985 – 3 C 34.84 – BVerwGE 71, 183, 191 f.; ablehnend *Breuer*,

hat zur Konsequenz, daß im Ergebnis alle Maßnahmen zumindest auf diesem dogmatischen Weg einer Verhältnismäßigkeitsprüfung unterworfen sind.

(ee) Verhältnismäßigkeitsprüfung

Auf der **Rechtfertigungsebene** ist auch hier wie schon zuvor eine Legitimierung der aufgezeigten Beeinträchtigungen über verfassungsimmanente Schranken der einzig gangbare Weg. Diesen Gedanken fortführend sind die betroffenen Freiheitsrechte der Fußballvereine mit der kollidierenden **Vereinsfreiheit des Ligaverbandes** – die in Art. 9 Abs. 1 GG angelegte Vereinsautonomie als Recht zur selbstbestimmten Organisation der vereinsinternen Verhältnisse gibt dem Ligaverband nicht nur die Befugnis, überhaupt einen Finanzpool einzurichten, sondern diesen auch näher auszugestalten[1338] – im Sinne einer praktischen Konkordanz zum Ausgleich zu bringen. Dabei kommt dem Übermaßverbot eine besondere Bedeutung zu.

(aaa) Die erste einer Verhältnismäßigkeitskontrolle zu unterwerfende Fallgruppe hat den **überdurchschnittlichen Beitragssatz auf die Prämien aus der Teilnahme an internationalen Clubwettbewerben** zum Inhalt. An dieser Stelle sind nunmehr die Grundrechte der Fußballclubs aus Art. 9 Abs. 1 GG, 12 Abs. 1 GG mit der Vereinigungsfreiheit des Ligaverbands abzuwägen. Tragender Grund für die erhöhte finanzielle Belastung jener Einnahmequelle ist das sportwohlorientierte Ziel, die finanzielle wie sportliche Wettbewerbsgleichheit unter den Lizenzvereinen zu wahren. In der Vergangenheit hatten aber gerade die immensen Einnahmen aus der Partizipation an den europäischen Fußballclubwettbewerben seitens einiger weniger Vereine in erheblichem Ausmaß zu den wachsenden Unterschieden in der Wettbewerbsstärke beigetragen[1339]. Der vor diesem Hintergrund vorgesehene überdurchschnittliche Sonderbeitragssatz führt zu einem gezielten Abbau des für die Ligagesamtheit auf längere Dauer schädlichen Wettbewerbsvorsprungs einzelner Clubs und ist von daher geeignet, das mit ihm avisierte Ziel zu verwirklichen. Zudem stehen im Grundsatz – soweit ersichtlich – keine anderweitigen gleichermaßen effektiven Mittel zur Verfügung. Folglich kann die Erforderlichkeit ebenso festgestellt werden; wobei einzig eine Einschränkung dahin zu machen ist, daß der Ligaverband gehalten ist, die fragliche Bestimmung in gewissen regelmäßigen zeitlichen Abständen

in: *Isensee/Kirchhof*, Handbuch des Staatsrechts, Bd. VI, 2. Aufl., 2001, § 148 Rn. 75), die weitergehend eine wirtschaftliche Benachteiligung des nicht begünstigten Unternehmers „in unerträglichem Maße“ fordert, operiert mit kaum praktikablen Formeln, verfehlt damit den Gedanken der Rechtsklarheit und ist deshalb abzulehnen (krit. unter dem Aspekt der Rechtssicherheit auch *Lindner*, DÖV 2003, 185, 186).

[1338] Allg. zur Vereinsautonomie vgl. im 1. Teil, 1. Kapitel, A.II.1.a) und b).

[1339] Siehe hierzu schon im 2. Teil, 1. Kapitel, B.IV.2.b)bb) der Arbeit.

auf ihre fortdauernde sachliche Berechtigung hin zu überprüfen, – und sie gegebenenfalls, sobald nämlich der Rechtsgrund der Verbandsbestimmung entfallen ist, abzuschaffen. Ausschlaggebend hierfür ist die Intensität des Eingriffs in die negative Vereinsfreiheit der beitragspflichtigen Vereine sowie die auf lange Sicht mit der erhöhten Zahlungspflicht einhergehende beachtliche Umverteilungswirkung der Finanzmittel zu Lasten einiger weniger besonders erfolgreicher Clubs. Bei der Bestimmung der konkreten Angemessenheit ist gerade im Hinblick auf die Berufsfreiheit darauf zu achten, daß der überdurchschnittliche Sonderbeitrag auf die Prämien aus der Teilnahme an einem der auf internationaler Ebene ausgetragenen Vereinswettbewerbe zusammen mit den anderen Sonderbeitragslasten in der Summe für einen Verein nicht eine erdrosselnde bzw. existenzgefährdende Wirkung entfaltet[1340].

(bbb) Bezogen auf das zweite Maßnahmenbündel, welches die **Zweckbindung der ausgezahlten Fördermittel und ein dazugehöriges Sanktionsinstrumentarium** – letzteres sieht für den Fall des nicht zweckgerechten Einsatzes der Finanzhilfen eine Rückforderung der gewährten Gelder, einen Ausschluß vom Finanzausgleich sowie einen Lizenzentzug vor – beinhaltet, kommen zugunsten der Vereine prinzipiell folgende Rechte zum Ansatz: Art. 9 Abs. 1 GG, Art. 12 Abs. 1 GG und Art. 2 Abs. 1 GG; im Kontext des Anspruchs auf Teilnahme am Finanzausgleich wird der Grundrechtsschutz zusätzlich noch durch Art. 14 Abs. 1 GG verstärkt. Diesen Rechtspositionen steht das berechtigte Anliegen des Ligaverbandes bzw. der DFL-GmbH gegenüber, die in den Solidarfonds einfließenden Gelder möglichst sparsam und wirtschaftlich sinnvoll einzusetzen. In dieser Verantwortung stehen die Genannten besonders gegenüber den Lizenzvereinen, die den Finanzpool mit den von ihnen erarbeiteten Einnahmen im Wege der Entrichtung von zwangsweise erhobenen Sonderbeiträgen unterstützen. Bereits aus diesem Grund, darüber hinaus aber auch vor dem Hintergrund des gesellschaftsrechtlichen Gleichheitsgebots, haben die einzahlenden Clubs ein Anrecht darauf, daß die mit der Verwaltung des Solidarfonds betraute Stelle auf einen möglichst betriebswirtschaftlich effizienten Einsatz der Gelder achtet[1341]. Ein weiterer Grund ergibt sich daraus, daß die finanzstarken Vereine mit der Ligaabgabe mittelbar die Herstellung annähernd gleicher wirtschaftlicher und sportlicher Kräfteverhältnisse fördern; dies liegt nicht zuletzt in ihrem ureigen-

---

1340 Vgl. allg. *Tipke/Lang*, Steuerrecht, 17. Aufl., 2002, § 4 Rn. 213; *Jachmann*, StuW 1996, 97, 100 ff.

1341 Vgl. zur Vermögensverwaltung *Reichert*, Handbuch des Vereins- und Verbandsrechts, 9. Aufl., 2003, Rn. 1508: „[Der Vorstand] muß darauf Bedacht nehmen, dass das von ihm treuhänderisch verwaltete Vermögen dem Verein auch erhalten bleibt [...] und nach Möglichkeit vermehrt wird". Siehe außerdem die zumindest in der Sache vergleichbaren Wertungszusammenhänge bei der Zurverfügungstellung von Subventionen durch die öffentliche Hand und der Erhebung von Steuern: *Henseler*, VerwArch 77 (1986), 249, 262.

sten Interesse, um auf Dauer gravierenden Einnahmeausfällen auch bei sich selbst schon von vornherein zu begegnen. Diesem Interesse haben die Organisatoren des Fonds durch die sachgerechte Verwendung der Fondsgelder Rechnung zu tragen.

Wenn die gewählten Mittel zur Erreichung dieser Ziele auch allemal geeignet sind, erscheint jedoch im Hinblick auf das Prinzip des geringstmöglichen Eingriffs bzw. die Zumutbarkeit eine differenzierte Betrachtung angezeigt: Soweit es hier um die Zweckbindung als solche und die Rückforderung mißbräuchlich eingesetzter Fördergelder geht, ergeben sich in aller Regel keine gravierenden Probleme. Denn die Zweckbindung ist als bloße Obliegenheit ausgestaltet und schont somit die wirtschaftliche und finanzielle Entscheidungsfreiheit der Lizenzvereine in besonderem Maße[1342]. Zudem beruhen die an die Fußballclubs geleiteten Vermögenszuwendungen nicht auf einer Leistung von deren Seite. Daraus folgt, daß diese geldwerten Positionen nicht in gleicher Weise schutzwürdig sind wie durch eigene Arbeit erworbene Vermögensvorteile[1343]. Aus diesen Erwägungen sind die Zweckbindung sowie die Rückforderung der unter Verstoß gegen diese Handlungsdirektive eingesetzten Gelder – solange diese Steuerungsmittel nicht dazu führen, daß das Letztentscheidungsrecht der Fußballvereine in wirtschaftlichen Angelegenheiten leerläuft[1344] – verfassungsrechtlich nicht zu beanstanden[1345]. Im Gegensatz dazu kritischer zu sehen sind hingegen die Sanktionen des Ausschlusses vom Finanzausgleich und des Lizenzentzuges: Denn wird einem der Lizenzclubs für eine oder mehrere Spielzeiten die Teilnahme am Finanzausgleich verwehrt oder gar die Lizenz für eine der beiden Bundesligen verweigert – oftmals wird es sich dabei um einen solchen handeln, der sich ohnehin schon in einer finanziellen Schieflage befindet –, kann dies den betroffenen Club in eine existentielle Krise bringen. Dieser Befund bedeutet indes eine – unter Umständen weitgehende – Entwertung von Art. 14 Abs. 1 GG und Art. 12 Abs. 1 GG.

Deswegen sind Sanktionsmaßnahmen wie der dauerhafte Ausschluß vom Finanzausgleich und der Lizenzentzug besonderer Begründung bedürftig. Eine solche liefert die Überlegung, daß bei zahlreichen Bundesligavereinen – trotz der teilweise eingeleiteten Reformmaßnahmen (z.B. die Anstellung betriebswirtschaftlich geschulter Führungskräfte und weitergehend die Etablierung profes-

---

[1342] Vgl. in anderem Zusammenhang ebenso *Henseler*, VerwArch 77 (1986), 249, 278.

[1343] v. Mangoldt/Klein/Starck-*Depenheuer*, GG, Bd. I, 4. Aufl., 1999, Art. 14 Rn. 15; Jarass/Pieroth-*Jarass*, GG, 6. Aufl., 2002, Art. 14 Rn. 44.

[1344] Allg. *Badura*, Staatsrecht, 2. Aufl., 1996, C 81; *Henseler*, VerwArch 77 (1986), 249, 282.

[1345] Ebenso für staatliche Subventionen *Breuer*, in: *Isensee/Kirchhof*, Handbuch des Staatsrechts, Bd. VI, 2. Aufl., 2001, § 148 Rn. 72 f.

sioneller Managementstrukturen auf der Vorstandsebene) – finanzielle Mißwirtschaft stattfindet[1346]. Vor diesem Hintergrund besteht die erhöhte Gefahr, daß die Vereinsvorstände die Finanzhilfen als Mittel zur Aufbesserung der klammen Vereinskassen begreifen und über den Finanzausgleich das Ergebnis ihrer wirtschaftlichen Fehlentscheidungen, nämlich eine stetig wachsende Schuldenlast, im Widerspruch zum Verursacherprinzip auf die Gesamtheit der Ligaverbandsmitglieder abwälzen. Mithin ergibt sich – gerade auch wegen der erheblichen finanziellen Umverteilung – von Seiten des Ligaverbands bzw. der DFL-GmbH ein spezifisches Bedürfnis, die beschriebenen Risiken durch – mitunter generalpräventiv wirkendes – Mittel wie die Aberkennung des Anspruchs auf Teilnahme am Finanzausgleich oder den Lizenzentzug möglichst zu minimieren[1347].

Aber selbst unter Anerkennung der in dieser Beziehung existierenden erhöhten Gefahr des Mißbrauchs können der Ausschluß vom Finanzausgleich für längere Zeit und der Lizenzentzug stets nur ultima ratio sein und erst am Ende der Stufenfolge denkbarer Sanktionen (z.B. Punktabzüge, Strafgelder etc.) stehen. Weiterhin dürfte das Instrument des Ausschlusses vom Finanzausgleich nur hinnehmbar sein, wenn er von vornherein zeitlich befristet ist und der Verhängung dieser Sanktionsmaßnahme mehrere erhebliche Verstöße gegen die Zweckbindung vorangegangen sind. Erst wenn diese Maßnahme nicht zum gewünschten Erfolg führt, ist der Entzug der Ligaverbandslizenz zulässig und geboten. Schließlich erscheint es angezeigt, den Ligaverband dazu zu verpflichten, kontinuierlich die fortschreitende Modernisierung der vereinsinternen Führungsstrukturen beobachtend und beratend zu begleiten; und die in Frage stehende Sanktionsmaßnahme bei einer Reduktion der gegenwärtig bestehenden obenan skizzierten wirtschaftlichen Mißbrauchsrisiken auf ein vertretbares Mindestmaß abzuschaffen. Ausschließlich unter solch engen Voraussetzungen dürfte das Erforderlichkeitsgebot noch gewahrt sein. Jedoch gilt selbst bei Beachtung aller hier dargelegten Restriktionen, daß die nachhaltige Existenzgefährdung eines Fußballvereins eine absolute Grenze für die Zulässigkeit der Sanktionsmaßnahmen darstellt.

(ccc) Die **Talentförderung als solche und die Staffelung der in diesem Kontext ausbezahlten Zuwendungen nach der Finanzkraft der ausbildenden Fußballvereine** stützen sich ebenso auf legitime Belange wie die Nachwuchs-

---

[1346] *Müller*, in: *Horch*, Finanzierung des Sports, 2002, 147 („chronisch defizitäres Wirtschaften der Clubs").

[1347] Das Ziel der finanziellen Risikobegrenzung ist auch bei staatlichen Sanierungshilfen als Rechtfertigungsgrund für intensive Beschneidungen der Berufsfreiheit des unterstützten Unternehmers anerkannt. *Breuer*, in: *Isensee/Kirchhof*, Handbuch des Staatsrechts, Bd. VI, 2. Aufl., 2001, § 148 Rn. 74; siehe zudem *Henseler*, VerwArch 77 (1986), 249, 263, 278, 281.

förderung und die Gewährleistung von Wettbewerbsgleichheit unter den konkurrierenden Lizenzvereinen[1348]. Die prüfungsgegenständlichen Maßnahmen sind zudem trotz der durch sie hervorgerufenen Wettbewerbsnachteile der untereinander konkurrierenden Clubs unter Geeignetheits- und Erforderlichkeitsgesichtspunkten rechtlich unbedenklich. Im Rahmen der Zumutbarkeitsprüfung kann eine Verletzung dieses Gebots erst angenommen werden, sofern die Wettbewerbsverzerrung einen erdrosselnden Charakter hat. Davon ist freilich nicht schon auszugehen, wenn einer der nachteilig betroffenen Vereine zeitweilig in wirtschaftliche Bedrängnis gerät. Eine erdrosselnde Fördermaßnahme wird man erst annehmen können, sofern regelmäßig ein ruinöser Wettbewerb eintritt und die nichtbegünstigten Clubs faktisch zur Aufgabe ihrer unternehmerischen Tätigkeit gezwungen sind[1349]. Ansonsten werden sich die anzutreffenden Wettbewerbsverzerrungen im Rahmen des grundgesetzlich Zulässigen halten.

(ff) Das Gleichbehandlungsgebot

Wie schon die Errichtung des beitragsfinanzierten Solidarfonds, so ist auch dessen Ausgestaltung am Gleichbehandlungsgrundsatz zu messen. Dabei ist zunächst der gesellschaftsrechtliche Gleichheitssatz als Entscheidungsmaßstab fruchtbar zu machen (aaa), und subsidiär das allgemeine Gleichbehandlungsgebot aus Art. 3 Abs. 1 GG im Wege einer mittelbaren Drittwirkung als Kontrollinstrument in Stellung zu bringen, um noch verbleibende Schutzlücken zu schließen (bbb).

(aaa) Das **gesellschaftsrechtliche Gleichheitsgebot**, das seinen Ursprung nicht in Art. 3 Abs. 1 GG hat[1350], verbietet, im wesentlichen vergleichbare Mitgliedergruppen ungleich oder im wesentlichen ungleiche Mitgliedergruppen gleich zu behandeln, sofern der Vereinszweck die Differenzierung als sachlich nicht gerechtfertigt erscheinen läßt[1351]. Erfaßt vom gesellschaftsrechtlichen Gleichbehandlungsgrundsatz sind in **personaler Hinsicht** allerdings nur die Mitglieder der jeweiligen Recht setzenden Körperschaft[1352]. Bezogen auf die vorliegend zu

---

1348 Im Hinblick auf den Zusammenhang von Wettbewerbsgleichheit und Staffelung der ausbezahlten Fördergelder siehe im 2. Teil, 1. Kapitel, B.IV.2.b)bb)).

1349 Zu den Einzelheiten vgl. *Breuer*, in: *Isensee/Kirchhof*, Handbuch des Staatsrechts, Bd. VI, 2. Aufl., 2001, § 148 Rn. 77.

1350 *Kübler*, Gesellschaftsrecht, 5. Aufl., 1999, § 10 IV 3 S. 125.

1351 Vgl. schon die Ausführungen im 2. Teil, 1. Kapitel, B.IV.2.c)bb)(1)(b).

1352 Herrschende Ansicht: Baumbach/Hueck-*Hueck/Fastrich*, GmbHG, 17. Aufl., 2000, § 13 Rn. 35 ff.; *Schmidt*, Gesellschaftsrecht, 4. Aufl., 2002 § 16 II 4 b) S. 462; *Raiser*, Kapitalgesellschaftsrecht, 3. Aufl., 2001, § 12 Rn. 55; *Wiedemann*, Gesellschaftsrecht, Bd. I, 1980, § 8 II 2 a) S. 427; weitergehend neuerdings *Zinger*, Diskriminerungsverbote und Sportautonomie, 2002, S. 118, die sich für eine Erstreckung des verbandsrechtlichen

prüfenden Fallkonstellationen folgt daraus, daß – da der Ligaverband für den Erlaß der Bestimmungen zuständig ist, auf deren Grundlage der Finanzpool errichtet wird – ausschließlich diejenigen Fußballvereine, die gleichzeitig ordentliches Mitglied des Ligaverbandes sind, sich zu ihren Gunsten auf das Diskriminierungsverbot berufen dürfen. Alle anderen Vereine, die diese Bedingung nicht erfüllen, sind hingegen vom personalen Geltungsbereich des gesellschaftsrechtlichen Gleichbehandlungsgrundsatzes ausgeschlossen.

Die erste an dieser Stelle näher zu prüfende Maßnahme des Ligaverbandes stellt der **überdurchschnittliche Beitragssatz auf die Prämien aus der Teilnahme an internationalen Clubwettbewerben** dar. Die Lizenzvereine, die an internationalen Clubwettbewerben partizipieren, werden im Vergleich zu den Lizenzclubs, die sich nicht für einen solchen qualifiziert haben, unterschiedlich behandelt, da sie auf die Einnahmequelle der Prämien aus der Teilnahme an einem internationalen Wettbewerb einen höheren Sonderbeitrag zu leisten haben. Die unterschiedliche Festlegung der Beitragssätze auf die verschiedenen Erlösquellen ist jedoch gerechtfertigt. Der sachliche Grund hierfür liegt in dem Umstand begründet, daß es gerade die überdurchschnittlichen Einnahmen aus der Teilnahme an den internationalen Clubmeisterschaften sind, die die wachsenden Unterschiede in der finanziellen und sportlichen Wettbewerbsstärke unter den Lizenzvereinen fördern. Mit dem erhöhten Beitragssatz auf eben diese Einnahmequelle wird dieser negativen Entwicklung im Sinne des vom Ligaverband verfolgten Satzungszwecks, die Wettbewerbsgleichheit zwischen seinen Mitgliedern zu gewährleisten, Einhalt geboten. Die Ungleichbehandlung ist mithin gerade eine folgerichtige Umsetzung eines vom Ligaverband intendierten Vereinsziels und damit – zumal sie gleichzeitig auch den Anforderungen an das Verhältnismäßigkeitsprinzip genügt[1353] – gerechtfertigt.

Die zweite relevante Ungleichbehandlung folgt aus der **Rückforderung bereits gezahlter Finanzausgleichsgelder** von Lizenzvereinen, die gegen die Zweckbindungsobliegenheit verstoßen haben, sowie deren eventuellem zeitweiligen **Ausschluß vom ligainternen Finanzausgleich**. Die von einer dieser Sanktionen betroffenen Lizenzclubs werden im Vergleich zu den übrigen dem Ligaverband angehörenden Vereinen, die gleichzeitig ihre Ausgleichsgelder behalten und weiterhin am Finanzausgleich partizipieren, ungleich behandelt. Indessen führen auch diese Diskriminierungen nicht zu einer Verletzung des Gleichbehandlungsgebots: Denn die durch die Rückzahlung der Finanzausgleichsgelder

---

Gleichbehandlungsgrundsatzes auf Sportler, die in einem mitgliedschaftsähnlichen Verhältnis zu einem Sportverband stehen, ausspricht; siehe zudem *Reichert*, Handbuch des Vereins- und Verbandsrechts, 9. Aufl., 2003, Rn. 543.

1353 Siehe dazu bereits im 2. Teil, 1. Kapitel, B. IV.2.c)bb)(2)(cc).

ausgelöste Ungleichbehandlung beruht auf einem sachlichen Grund; und zwar dem, daß der Ligaverband gegenüber seinen Mitgliedern, die den Solidarfonds mit ihren Sonderbeiträgen finanzieren, eine Rechtspflicht hat, die eingenommenen Gelder einerseits möglichst sparsam und wirtschaftlich einzusetzen, andererseits aber auch dafür Sorge zu tragen, daß die zugewandten Gelder von den Empfängerclubs auch wirklich in einer Weise verwendet werden, die zur Annäherung der unterschiedlichen Kräfteverhältnisse beiträgt. Die mit dem Ausschluß vom Finanzausgleich als Sanktion für den wiederholten zweckwidrigen Einsatz von Ausgleichszuwendungen verbundene Diskriminierung erlangt ihre innere Rechtfertigung daraus, daß es angesichts der weit verbreiteten finanziellen Mißwirtschaft eines effektiven Sanktionsmechanismus bedarf. Dieser trägt dem vor diesem Hintergrund gesteigerten und auch spezifischen Bedürfnis nach einer nachhaltigen Minimierung des Risikos eines Verwendungsmißbrauchs der Finanzausgleichsgelder Rechnung. Bezüglich der Ausführungen zur Einhaltung der Verhältnismäßigkeit kann sinngemäß auf die obigen Ausführungen verwiesen werden[1354]. Folglich sind auch diese Ungleichbehandlungen im Ergebnis als gerechtfertigt hinzunehmen.

Eine dritte Ungleichbehandlung resultiert aus der **Rückzahlungspflicht im Fall des zweckwidrigen Einsatzes von Geldern, die eigentlich der Nachwuchsförderung dienen**. Die zur Rückabwicklung verpflichteten Fußballvereine werden im Vergleich zu den konkurrierenden Clubs, die gleichfalls in den Genuß der Talentfördermittel kommen und diese behalten dürfen, benachteiligt. Diese Benachteilung gilt wegen der begrenzten personalen Reichweite des gesellschaftsrechtlichen Gleichbehandlungssatzes aber nur im Verhältnis zwischen Vereinen, die beide Mitglieder des Ligaverbandes sind. Die Benachteiligung von Fußballclubs, die diese Voraussetzung nicht erfüllen, unterfällt somit nicht jenem einfachgesetzlichen Diskriminierungsverbot. Sofern dieses allerdings einschlägig ist, ist die Ungleichbehandlung jedenfalls gerechtfertigt; weil als tauglicher Differenzierungsgrund wiederum die Überlegung bereitsteht, daß der Ligaverband gegenüber seinen Mitgliedern, die den Solidarfonds mit ihren Sonderbeiträgen finanzieren, eine Rechtspflicht hat, die eingenommenen Gelder seinerseits möglichst sparsam und wirtschaftlich einzusetzen. Konsequenz dieses Anliegens ist die Schaffung eines Instrumentariums, das im Falle einer zweckwidrigen Verwendung der gewährten Fördermittel die Rückforderung sicherstellt.

Viertens ist kurz auf die im Bereich des Möglichen liegenden Diskriminierungen bei der **Vergabe von Talentfördergeldern** hinzuweisen. Angesichts der Tatsache, daß kein verbandsrechtlich abgesicherter Anspruch auf die Zurverfügungstellung entsprechender Finanzmittel besteht, verfügt die DFL-GmbH bei der

---

[1354] Siehe dazu bereits im 2. Teil, 1. Kapitel, B. IV.2.c)bb)(2)(b)(ee).

Beurteilung der Förderwürdigkeit auf der Grundlage der Verbandsautonomie über einen Beurteilungsspielraum, der freilich seine Grenze im gesellschaftsrechtlichen Willkürverbot findet. Danach ist es der über die Vergabe von Nachwuchsfördergeldern entscheidenden Stelle untersagt, einen bisher nichtgeförderten Fußballclub, der sich in einer vergleichbaren Lage mit einem insoweit finanziell unterstützten Konkurrenzverein befindet, ohne sachlichen Grund vom Kreis der Begünstigten auszuschließen. Zu beachten ist an diesem Punkt freilich abermals, daß lediglich die Lizenzvereine der beiden Bundesligen einen Anspruch auf Gleichbehandlung beim Zugang zu den der Talentförderung dienenden Finanzmitteln aus dem Solidarfonds haben. Clubs der unteren Spielklassen scheiden mangels Mitgliedschaft im Ligaverband als Anspruchsberechtigte aus.

Als fünfte Diskriminierung ist schließlich auf die **Staffelung der in diesem Kontext ausbezahlten Zuwendungen nach der Finanzkraft der ausbildenden Fußballvereine** einzugehen. Als Folge einer solchen Staffelung erhalten diejenigen Fußballvereine, die erhöhte oder über der durchschnittlichen Ertragskraft sämtlicher Lizenzvereine liegende Einnahmen haben[1355], lediglich einen herabgesetzten Förderbetrag und werden insofern gegenüber den Konkurrenzclubs, die aufgrund einer weniger günstigen Ertragslage den vollen Förderbetrag ausgezahlt bekommen, benachteiligt. Auch diese Differenzierung läßt sich durch einen objektiven Grund rechtfertigen: Denn einerseits wäre es eine nur schwer hinzunehmende Diskriminierung, finanziell betuchte Vereine völlig von der Talentförderung auszunehmen; andererseits darf durch die materielle Nachwuchsförderung jedoch nicht das weitere Ziel des Finanzpools – hier: die Herstellung der finanziellen und wirtschaftlichen Wettbewerbsgleichheit – unterlaufen werden. Daher ist es nur folgerichtig und daneben auch unerläßlich, den Fußballclubs mit einer überdurchschnittlichen Ertragskraft lediglich einen herabgesetzten Förderbetrag zufließen zu lassen. Somit gilt auch hier: Die Ungleichbehandlung ist auf jeden Fall gerechtfertigt und damit unbedenklich.

(bbb) Die vorstehenden Ausführungen haben aufgezeigt, daß das gesellschaftsrechtliche Gleichbehandlungsgebot nur zugunsten der Angehörigen des Ligaverbandes Schutzwirkung entfaltet. Dies hat für Nicht-Mitglieder des Ligaverbandes den Nachteil, daß sie im Fall der Rückforderung von zweckwidrig verwendeten Nachwuchsfördergeldern sowie bei der Vergabe von Talentfördergeldern prima facie keinen Diskriminierungsschutz genießen. Die bestehende

---

[1355] Über eine überdurchschnittliche Ertragskraft werden in aller Regel freilich nur Fußballvereine der ersten beiden Bundesligen verfügen; diese können sich unstreitig auf den gesellschaftsrechtlichen Gleichheitssatz berufen, so daß in dieser Beziehung im Hinblick auf den personalen Anwendungsbereich keine Probleme auftreten.

Schutzlücke könnte indessen durch eine **Heranziehung des verfassungsrechtlichen Gleichheitssatzes** gemäß Art. 3 Abs. 1 GG geschlossen werden, indem das grundgesetzliche Willkürverbot im Wege einer mittelbaren Drittwirkung über die Generalklausel des § 242 BGB (vgl. Inhaltskontrolle) auf die genannten privatrechtlichen Beziehungen einwirkt. Dies setzt allerdings voraus, daß Art. 3 Abs.1 GG zumindest einer mittelbaren Drittwirkung zugänglich ist. Ob dies bejaht werden kann, darüber gehen die Meinungen im verfassungsrechtlichen Schrifttum auseinander: Während die herrschende Ansicht zumindest bei einer Machtstellung eines Privaten im sozialen oder wirtschaftlichen Bereich – diese Voraussetzung erfüllt der Ligaverband zweifelsohne[1356] – eine mittelbare Drittwirkung befürwortet[1357], lehnt eine beachtliche Gegenauffassung ein solches Vorgehen durchweg ab; d.h., der verfassungsrechtliche Gleichheitssatz soll im Privatrecht keinerlei praktische Bedeutung haben[1358]. Für den ablehnenden Standpunkt wird in der Hauptsache angeführt, daß bei einer Ausdehnung von Art. 3 Abs. 1 GG in den Privatrechtsbereich die in Art. 2 Abs. 1 GG verankerte Privatautonomie über Gebühr zurückgedrängt wird. Durchschlagend ist dieses Argument freilich nicht: Denn gerade für den Auffangtatbestand der allgemeinen Handlungsfreiheit nimmt die überwiegende Auffassung eine mittelbare Drittwirkung an, sofern durch einen Vertrag einer der beiden Vertragspartner ungewöhnlich stark belastet wird und jener das Produkt einer strukturell ungleichen Verhandlungsstärke ist[1359]. Folgt man diesem Ansatz, wäre es indes höchst inkonsequent, für den unmittelbar nach Art. 2 Abs. 1 GG angesiedelten Art. 3 Abs. 1 GG anders zu entscheiden. Deshalb ist zumindest von einer mittelbaren Drittwirkung des grundgesetzlichen Gleichheitssatzes auszugehen, wobei allerdings der Vereinsautonomie dadurch zur Geltung zu verhelfen ist, daß man dem Ligaverband einen ausreichenden Beurteilungsspielraum bei der Festlegung von Differenzierungskriterien beläßt. Unter Zugrundelegung dieses Maßstabes erlangen auch die Fußballvereine, die selbst nicht dem Ligaverband angehören, Diskriminierungsschutz bei der Rückforderung von zweckwidrig verwendeten

---

[1356] Zur Monopolstellung des Ligaverbands siehe schon die Ausführungen im 1. Teil, 1. Kapitel, B.II.1.

[1357] Jarass/Pieroth-*Jarass*, GG, 6. Aufl., 2002, Art. 3 Rn. 13; v. Münch/Kunig-*Gubelt*, GG, Bd. I, 5. Aufl., 2000, Art. 3 Rn. 2; Dreier-*Heun*, GG, Bd. I, 1996, Art. 3 Rn. 61 f.; Maunz/Dürig/Herzog/Scholz-*Dürig*, GG, Bd. I, Art. 3 Rn. 505 ff.; *Zippelius*, VVDStRL 47 (1989), 7, 12 f.; *Zinger*, Diskriminerungsverbote und Sportautonomie, 2002, S. 113 f.

[1358] So *Schwabe*, Die sogenannte Drittwirkung der Grundrechte, 1971, S. 149 ff.

[1359] *BVerfG*, Urt. v. 06.02.2001 – 1 BvR 12/92 – NJW 2001, 957, 958 m.w.N.; Jarass/Pieroth-*Jarass*, GG, 6. Aufl., 2002, Art. 2 Rn. 16; Schmidt-Bleibtreu/Klein-*Kannengießer*, GG, 9. Aufl., 1999, Art. 2 Rn. 14; a.A. Umbach/Clemens-*Hillgruber*, GG, Bd. I, 2002, Art. 2 Rn. 111 ff.; siehe auch die pointierte Kritik von *Isensee*, JZ 1996, 1085, 1090: „Auf Dauer führt die bundesverfassungsgerichtlich vermittelte Ausstrahlung der Grundrechte auf das einfache Recht zu Strahlenschäden. Die Fachgerichte spüren das Bedürfnis nach Strahlenschutz."

Nachwuchsfördergeldern sowie bei der Vergabe von Talentfördergeldern. Freilich ist gleichzeitig festzuhalten, daß ein Verstoß gegen § 242 i.V.m. Art. 3 Abs. 1 GG nicht zu konstatieren ist, solange die im Rahmen des gesellschaftsrechtlichen Gleichheitssatzes getroffenen Vorgaben auch in dieser Beziehung eingehalten werden.

(c) Schutz vor vereinsrechtlichen Sanktionen

Die Einführung vereinsrechtlicher Sanktionen ist im Zusammenhang mit dem Solidarfonds namentlich zur Sicherstellung einer ordnungsgemäßen Datenerhebung, zur Vermeidung von Beitragshinterziehungen sowie zur Gewährleistung einer zweckgemäßen Verwendung der den Fußballvereinen zugeflossenen Fördergelder geboten. Als Sanktionen kommen im einzelnen Geldbußen, der Entzug oder die Einschränkung von Mitgliedschaftsbefugnissen, Ehrenstrafen, Punktabzüge oder – als ultima ratio – der Entzug der Lizenz und damit der Mitgliedschaft im Ligaverband in Betracht. Bei diesen sog. „Vereinsstrafen" handelt es sich um ein eigenständiges verbandsrechtliches Institut, das seine Grundlage in der Verbandsautonomie hat[1360].

Die Zulässigkeit derartiger vereinsrechtlicher Sanktionen hängt vom Vorliegen bestimmter Voraussetzungen ab[1361]: Jedwede Vereinsstrafe muß danach eine Grundlage in der Vereinssatzung haben und setzt in aller Regel ein Verschulden des Handelnden voraus. Die Verhängung einer Vereinsstrafe ist grundsätzlich nur gegenüber den Mitgliedern des Ligaverbandes erlaubt. Die Nicht-Mitglieder des Ligaverbandes, die im Rahmen der materiellen Nachwuchsförderung ebenfalls in den Genuß geldwerter Zuwendungen kommen, können durch eine entsprechende rechtsgeschäftliche Abrede der Verbandsstrafgewalt unterworfen werden. In verfahrensrechtlicher Hinsicht zuständig ist für die Verhängung einer Vereinsstrafe das dazu berufene Organ – anbieten würde sich hier die DFB-Gerichtsbarkeit – oder mangels ausdrücklicher Regelung die Mitgliederversammlung (vgl. § 32 Abs. 1 BGB). Der Strafbeschluß muß die gegenüber einem Fußballclub erhobenen Vorwürfe so hinreichend bezeichnen, daß sich der betroffene Fußballverein in zumutbarer Weise verteidigen kann; ihm ist rechtliches Gehör zu gewähren. Bezüglich der gerichtlichen Nachprüfung verhängter Strafen ist anzumerken, daß die staatlichen Gerichte nach Ausschöpfung aller ver-

---

[1360] Siehe zum Ganzen bereits die Erläuterungen im 1. Teil, 1. Kapitel, A.II.1.b).

[1361] Näher zu den einzelnen Voraussetzungen einer Vereinsstrafe sowie deren gerichtlicher Überprüfung: MüKo-*Reuter*, BGB, Bd. I, 4. Aufl., 2001, § 25 Rn. 33 ff.; Erman-*Westermann*, BGB, Bd. I, 10. Aufl., 2000, § 25 Rn. 5 ff.; Palandt-*Heinrichs*, BGB, 62. Aufl., 2003, § 25 Rn. 12 ff.; *Schmidt*, Gesellschaftsrecht, 4. Aufl., 2002, § 24 V 3 S. 712 ff.

einsinternen Instanzen um Rechtsschutz ersucht werden können; außer wenn die Nachprüfung einem Schiedsgericht i.S.d. §§ 1025 ff. ZPO übertragen ist. Genügt die Schiedsstelle aber nicht den in der ZPO niedergelegten Anforderungen, ist das Gremium trotz seiner Bezeichnung als „Schiedsgericht" bei materieller Betrachtung lediglich als Vereinsgericht zu qualifizieren, gegen dessen Beschlußfassung der Rechtsweg zu den ordentlichen Gerichten offensteht. Ist der Zugang zu einem staatlichen Zivilgericht gegeben, überprüft dieses neben den bereits obenan erwähnten Zulässigkeitsvoraussetzungen für den Erlaß einer Vereinsstrafe die verhängte Sanktion daraufhin, ob sie nicht gesetzes- oder sittenwidrig ist, ob die der Sanktion zugrundeliegenden Tatsachen fehlerfrei ermittelt wurden und schließlich, ob die Maßnahme nicht willkürlich oder grob unbillig ist.

(d) Zwischenergebnis

Zusammenfassend läßt sich festhalten, daß die Überprüfung der Ausgestaltung des Finanzpools im Wege einer Inhaltskontrolle am Maßstab von § 242 BGB i.V.m. Art. 9 Abs. 1, Art. 14 Abs. 1, Art. 12 Abs. 1, Art. 2 Abs. 1 (i.V.m. Art. 1 Abs. 1) sowie Art. 3 Abs. 1 GG einerseits und dem gesellschaftsrechtlichen Gleichheitsgebot andererseits in keiner der rechtlich gewürdigten Konstellationen (vgl. den Schutz wirtschaftlicher Daten sowie der unternehmerischen Wettbewerbsfreiheit und –gleichheit, den Schutz vor vereinsrechtlichen Sanktionen) Anlaß zu Beanstandungen gegeben hat.

d) Grundzüge eines beitragsfinanzierten Solidarfondsmodells

Die zuvor angestellte Untersuchung des Finanzpools auf seine wirtschaftliche und juristische Praktikabilität hat aufgezeigt, daß sich keinerlei Ansatzpunkte finden, aus denen sich im Ergebnis durchgreifende Bedenken gegen ein solches Alternativmodell für das überkommene Transferentschädigungssystem herleiten lassen. Auf der Grundlage der aus den vorstehenden Ausführungen gewonnenen Erkenntnisse ist in einem nächsten und abschließenden Schritt nunmehr das Poolsystem zu modellieren. Dazu sind die organisatorischen Rahmenbedingungen (aa), das Verfahrensrecht (bb), die materiellen Beitragstatbestände (cc) und die rechtlichen Ausschüttungsmodalitäten der Poolgelder (dd) herauszuschälen.

aa) Organisationsrechtliche Rahmenbedingungen

Bezüglich des Solidarfonds erscheinen erstens die Kompetenz zur satzungsrechtlichen Errichtung einer solchen Vereinseinrichtung, zweitens die Befugnis zur Verwaltung des Pools und drittens die Ertragskompetenz klärungsbedürftig.

Die **kompetenzielle Berechtigung zum Erlaß der entsprechenden verbandsrechtlichen Bestimmungen** zum Aufbau des Pools liegt aus Gründen der Sachnähe beim Ligaverband als rechtlich verselbständigtem Zusammenschluß der Lizenzvereine beider Fußballbundesligen. Die Organzuständigkeit hierfür ist bei der Mitgliederversammlung der Körperschaft angesiedelt; wobei zur Institutionalisierung der Einrichtung gemäß §§ 33 Abs. 1, 40 BGB i.V.m. § 27 Nr. 3 Ligaverbands-Satzung eine Zweidrittelmehrheit genügt. Mit der **Verwaltung**, d.h. der Festsetzung, Erhebung und Eintreibung der Beiträge ist generell der Ligaverband bzw. die DFL-GmbH zu betrauen, die auch im übrigen die operativen Geschäfte des Ligaverbandes führt. Zu diesem Zweck sollte die Kapitalgesellschaft mit einem eigenen von den übrigen Stellen unabhängigen Organ ausgestattet werden. Ein solches Verwaltungsorgan sollte neben Angehörigen des Ligaverbandes auch mit Vertretern des DFB besetzt sein. Diesen sind bei der Betreuung des Fonds – aber auch nur in diesem speziellen Kontext – eventuell schon zu Kontrollzwecken im Rahmen der Sonderbeitragserhebung bei den einzelnen Lizenzvereinen, jedenfalls aber im Zusammenhang mit der Vergabe der Nachwuchsfördermittel die zur Verwirklichung des Talentförderziels unerläßlichen Mitwirkungs- und Kontrollrechte einzuräumen. Der **Ertrag** aus den von den Fußballclubs entrichteten Abgaben steht als logische Konsequenz aus dem eben Gesagten ebenfalls dem Ligaverband bzw. der DFL-GmbH zu.

bb) Verfahrensrechtliche Verbandsbestimmungen

Im Zentrum des Beitragsverfahrensrechts stehen zum einen die zur **Ermittlung des für die Beitragserhebung notwendigen Sachverhalts** unerläßlich Verbandsnormen. Sie legen fest, welche Vereinsdaten erhoben werden dürfen, um die tatsächlichen Grundlagen der Beitragsfestsetzung zu ermitteln. Die Erlangung der dazu benötigten Informationen vollzieht sich durch eine Weiterverwertung der wirtschaftlichen Daten, die die Fußballclubs zuvor bereits im Rahmen des Lizenzierungsverfahrens offengelegt haben. Dazu zählen – teilweise den Besonderheiten des Profifußballs angepaßt – eine nach den Vorschriften des HGB erstellte Bilanz zum 31.12. des vergangenen Jahres, eine Gewinn- und Verlustrechnung für das abgelaufene Spieljahr sowie für die erste Hälfte des laufenden Spieljahres, ein Anhang sowie ein Lagebericht[1362]. Die auf diesem Weg ermittelten wirtschaftlichen Verhältnisse sind grundsätzlich auch für die Bemessung der Höhe der zu leistenden Sonderbeiträge maßgeblich. Die Weiterverwertungsbefugnis ist durch die Aufnahme einer Satzungsnorm abzusichern, die bestimmt, daß die erforderlichen Unterlagen von der Lizenzierungsstelle auf Anforderung durch das Finanzpool-Verwaltungsorgan an letzteres weiterzuleiten sind. Sofern

---

1362 Eine detaillierte Beschreibung der im einzelnen anzugebenden Posten findet sich bei *Brast/Stübinger*, in: *Schewe/Littkemann*, Sportmanagement, 2002, 23, 29 ff.

die auf diesem Weg erlangten betriebsbezogenen Daten ausnahmsweise keine hinreichende Grundlage zur Feststellung der wirtschaftlichen Situation des jeweiligen Fußballvereins bieten, können die fehlenden Informationen durch die Einholung weiterer Auskünfte auf der Grundlage eines verbandsrechtlich normierten Auskunftsrechts bei dem betroffenen Club vervollständigt werden. Die Richtigkeit der von Fußballvereinsseite gemachten Angaben kann durch die Androhung von Vereinsstrafen abgesichert werden.

Zweitens ist bei der **Verteilung der Einnahmen aus dem Finanzpool** zum Zwecke des Finanzausgleichs zu prüfen, worauf die finanziellen Schwierigkeiten der begünstigten Vereine beruhen und wie sie am effektivsten beseitigt werden können. Ferner muß die Möglichkeit bestehen, die tatsächliche Mittelverwendung durch die Empfänger zu kontrollieren, um im Fall des Zuwiderhandelns sofort reagieren zu können. Eine weitere Konstellation ergibt sich auf der Zuwendungsseite im Rahmen der Nachwuchsförderung. Auch hier setzt die Auszahlung der Fördergelder selbstverständlich die Prüfung voraus, welche Maßnahmen zur Nachwuchsförderung seitens der einzelnen Vereine konkret geplant sind. Denn hier gibt es gleichfalls einen nicht von der Hand zu weisenden Kontrollbedarf, daß die Finanzmittel ordnungsgemäß eingesetzt wurden. Als Instrument zur Ermittlung der benötigten Informationen kommen einheitlich in beiden Sachverhaltskonstellationen satzungsrechtlich verankerte Auskunftsrechte der DFL-GmbH bzw. Berichtspflichten der auf der Empfängerseite stehenden Fußballclubs in Betracht. Auch hier ist eine Absicherung der Richtigkeitsgewähr der gemachten Angaben durch die Statuierung von Vereinsstrafen in Erwägung zu ziehen.

Im Gegenzug zu den weitgehenden Offenlegungspflichten der Lizenzvereine sind diesen im Gegenzug allgemein Anhörungs- und Akteneinsichtsrechte einzuräumen. Darüber hinaus hat der Ligaverband besondere organisatorische und verfahrensrechtliche Vorkehrungen zu treffen, um zu verhindern, daß außer den Angehörigen der Fonds-Verwaltungsstelle externe Dritte von den erlangten unternehmerischen Daten, insbesondere den Betriebs- und Geschäftsgeheimnissen, Kenntnis erlangen (**Geheimnisschutz für die betriebliche Informationssphäre**). Welche Instrumente sich hierzu im einzelnen anbieten, kann nicht pauschal gesagt werden, sondern hängt von der Nutzbarkeit und den Verwendungsmöglichkeiten der erlangten Daten ab. Gleichwohl läßt sich das entsprechende Arsenal an Schutzvorkehrungen zumindest in Grundzügen skizzieren: Unerläßlich sind wirksame Abschottungsregelungen, solange ein konkreter Personenbezug herstellbar ist (z.B. eine besondere Verschwiegenheitspflicht für die Mitarbeiter der DFL-GmbH), eine strikte Zweckbindung, der Erlaß bereichsspezifischer Regeln sowie flankierende verfahrensrechtliche Maßnahmen (z.B. Aufklärungs-,

Kennzeichnungs-, Auskunfts- und Löschungspflichten seitens der DFL-GmbH). Die Einhaltung der Geheimnisschutzvorschriften durch die Mitarbeiter der DFL-GmbH kann mittels Vertragsstrafenabreden effektuiert werden.

cc) Materielles Beitragsrecht

Das materielle Beitragsrecht kann für die am Leistungsfähigkeitsprinzip orientierte Erhebung von Sonderbeiträgen zur Finanzierung des Solidarfonds theoretisch an das Einkommen, das Vermögen oder die Vermögensverwendung anknüpfen. In den bislang erschienenen sportrechtlichen und sportökonomischen Publikationen werden dabei sowohl an der Einnahmenseite[1363] als auch an der Ausgabenseite[1364] der Lizenzvereine ansetzende Beitragsmodelle diskutiert. Der entscheidende Nachteil dieser Vorschläge jedoch liegt in ihrer Einseitigkeit, in dem starren Entweder-Oder. Denn schon für das Steuerrecht entspricht es heute nahezu allgemeiner Ansicht, daß die Idee, das gesamte Steueraufkommen sei mit einer „Alleinsteuer" zu finanzieren, eine bloße Fiktion ist[1365]. Nichts anderes gilt aber für den insoweit vergleichbaren Bereich der verbandsinternen Erhebung von Sonderbeiträgen. Von daher wird hier ein **Kombinationsmodell** gewählt, das mit der Beitragserhebung gleichzeitig auf das Einkommen **und** die Vermögensverwendung der Fußballvereine einwirkt. Dieser Ansatz hat vor allem den Vorzug, daß er mit am besten eine gleichmäßige Lastenverteilung zwischen den Fußballvereinen gewährleistet. Denn diejenigen Vereine, die die Bemessungsgrundlage des Sonderbeitrags auf das Einkommen manipulieren, tragen immerhin noch durch die Zahlung von Abgaben auf die Lizenzspielergehälter zum Beitragsaufkommen bei. Zudem sind zur Sicherstellung eines effektiven Vollzugs der Beitragserhebung für beide Erhebungsformen Vereinsstrafen für den Fall der Abgabenhinterziehung vorzusehen.

(1) Sonderbeitrag auf das Einkommen

Bezüglich des Sonderbeitrags auf das Einkommen der Lizenzclubs sind das Beitragssubjekt (a), das Beitragsobjekt (b) sowie der Beitragstarif (c) festzulegen.

1363 Für eine Belastung der Einnahmenseite: *Hannamann*, Kartellverbot und Verhaltenskoordination im Sport, 2001, S. 400; *Erning*, Professioneller Fußball in Deutschland, 2000, S. 155; *Kruse*, in: *Schellhaaß*, Sport und Medien, 1999, 11, 25; *Imping*, EWS 1996, 193, 199; *Waldhauser*, ZUM 1998, 129, 132; *Schmittmann/Lehmann*, AfP 1996, 255, 258.

1364 Für eine Beitragsbelastung der Vermögensverwendung: *Drewes*, Wettbewerb und finanzieller Ausgleich in professionellen Sportligen, 2001, S. 143 ff., insb. 151 f.; *Büch*, Sportwissenschaft 28 (1998), 283, 293.

1365 *Tipke/Lang*, Steuerrecht, 17. Aufl., 2002, § 4 Rn. 93 f. m.w.N.

(a) **Beitragssubjekte** sind der Ligaverband bzw. die DFL-GmbH als Beitragsgläubiger und die ordentlichen Mitglieder des Ligaverbandes – das sind die Vereine und Kapitalgesellschaften der Lizenzligen – als Beitragsschuldner. Ob ein Fußballverein Angehöriger des Ligaverbandes ist, bestimmt sich nach §§ 7, 8 Ligaverbands-Satzung sowie der entsprechenden Lizenzierungsordnung (LO)[1366].

(b) Gegenstand der Beitragserhebung ist das Einkommen der Lizenzclubs (abstraktes Beitragsobjekt). Aus diesem ist die **Bemessungsgrundlage** – das sind die im einzelnen beitragspflichtigen Umsatzerlöse – abzuleiten (konkretes Beitragsobjekt). Keiner weiteren Erörterung bedarf dabei, daß sich der Veranlagungszeitraum nach dem Kalenderjahr (01.01. bis zum 31.12.) bemißt. Näherer Spezifizierung bedürfen indes das Berechnungsmodell (aa) sowie die beitragsfreien Einnahmen (bb).

(aa) Aus dem Prinzip der wirtschaftlichen Leistungsfähigkeit folgt hierbei, daß die Beitragserhebung nicht ausschließlich nach den erzielten Bruttoumsatzerlösen bemessen sein darf. Vielmehr gebietet eine Abgabenerhebung nach der tatsächlichen Leistungsfähigkeit den Abzug der Aufwendungen, die zum Erhalt der Einkunftsquelle erforderlich sind[1367]. Konkretes Beitragsobjekt ist deshalb nur der Überschuß der Bruttoumsatzerlöse über die betrieblich veranlaßten Aufwendungen (**Nettoumsatzerlöse**). Daraus leitet sich ein **zweistufiges Verfahren** zur Berechnung der beitragspflichtigen Umsatzerlöse ab:

Zunächst sind in einem **ersten Schritt** die Einkünfte innerhalb der verschiedenen Einkunftsarten zu berechnen. Zu den abgabenpflichtigen Einkunftsarten zählen hierbei die Umsatzerlöse aus dem Spielbetrieb (Meisterschaftsspiele, Pokalspiele, internationale Wettbewerbe, sonstiger Spielbetrieb), der Werbung (Hauptsponsor, Bandenwerbung, Ausstatter/Ausrüstung, Co-Sponsoren, sonstige Werbung), der Mediarechte-Verwertung (Meisterschaft, Pokal, internationale Wettbewerbe, Sonstiges), dem Transfer (Ausbildungsentschädigungen, Transferentschädigungen, Ausleihentschädigungen), dem Handel (Warenwirtschaft/Merchandising, Überlassung von Nutzungsrechten, Catering, Sonstiges) sowie der Vermietung und Verpachtung.

Von der auf diesem Weg ermittelten Gesamtsumme der Umsatzerlöse sind in einem **zweiten Schritt** die zur unternehmerischen Gewinnerzielung notwendi-

---

[1366] Zur Rechtsbeziehung zwischen Lizenzverein und Ligaverband siehe bereits im 1.Teil, 1. Kapitel, C.IV. der Arbeit.

[1367] Zum objektiven Nettoprinzip im Einkommensteuerrecht siehe *BVerfG*, Urt. v. 07.12.1998 – 2 BvR 301/98 – BVerfGE 101, 297, 310.

gen Aufwendungen – d.h. der Geldbetrag, der zur Erhaltung und Sicherung der Erwerbsquelle unerläßlich ist – abzuziehen. Dazu gehören jedenfalls der Materialaufwand (gesundheitliche Betreuung, Kleidung und Sportmaterialien, sonstiger Materialaufwand), der Personalaufwand für den Spielbetrieb (Löhne und Gehälter, soziale Abgaben), der Personalaufwand für die anderen Abteilungen (z.B. Handel und Verwaltung, Amateur- und Jugendfußball), Abschreibungen (Spielerwerte, Sach- und Finanzanlagen) sowie die sonstigen betrieblichen Aufwendungen (z.B. Spielbetrieb, Werbung, Mediarechte-Verwertung, Transfer, Handel, Verwaltung, Amateur- und Jugendfußball).

Indes darf die normative Umsetzung des Leistungsfähigkeitsprinzips nicht dazu führen, daß das Ziel des Finanzpools, wirtschaftliche und sportliche Wettbewerbsgleichheit zu gewährleisten, seinerseits verfehlt wird. Aus diesem Grund muß das materielle Beitragsrecht mit **Abzugsverboten** für bestimmte betrieblich veranlaßte Aufwendungen ausgestattet werden. Diese Durchbrechung des Leistungsfähigkeitsgedankens darf allerdings nur so weit gehen, als es unbedingt erforderlich ist[1368]. Als Beispiel für in diesem Kontext sachlich gebotene Abzugsverbote ist zum einen eine Obergrenze für den Personalaufwand im Rahmen des Spielbetriebs zu nennen, damit die beitragspflichtigen Lizenzvereine die Bemessungsgrundlage nicht durch den Abschluß von überdimensionierten Gehaltsvereinbarungen manipulieren. Wegen der hier auftretenden Schwierigkeiten in der individuellen Berechnung dürfte die Implementierung einer pauschalen prozentualen Obergrenze geboten sein; etwa daß der jeweilige Verein nur einen bestimmten Prozentsatz seiner individuellen Bruttoumsatzerlöse in die Mannschaftsspielstärke investieren darf[1369]. Zudem sind namentlich Abzugsverbote für eine unangemessene betriebliche Repräsentation (z.B. zu hohe Reisekosten, unübliche Bewirtungskosten) sowie für unübliche Abschreibungen (insbesondere auf „Spielerwerte") vorzusehen. Wie weit solche Abzugsverbote freilich im einzelnen installiert werden müssen, bedarf einer weiteren Prüfung, die an dieser Stelle nicht geleistet werden kann, weil dies ansonsten den Rahmen der Arbeit sprengen würde. Hier konnten nur die evidentesten Fallgruppen beispielhaft angesprochen werden[1370].

(bb) Wurden mittels der vorstehenden Einnahmen-Überschuß-Rechnung die sonderbeitragspflichtigen Umsatzerlöse ermittelt, muß vor dem Hintergrund des

---

[1368] Zur Zulässigkeit derartiger Durchbrechungen des Leistungsfähigkeitsprinzips im Steuerrecht: *Birk*, Steuerrecht, 5. Aufl., 2002, Rn. 176 ff.

[1369] Bei der Ausgestaltung von Abzugsverboten ist es dem Normgeber durchaus erlaubt, Pauschalierungen und Typisierungen zu verwenden. Siehe am Beispiel des Einkommensteuerrechts: *BVerfG*, Beschl. v. 10.04.1997 – 2 BvL 77/92 – BVerfGE 96, 1, 9.

[1370] Näher zu den einzelnen Aufwendungsposten *Brast/Stübinger*, in: *Schewe/Littkemann*, Sportmanagement, 2002, 23, 35 ff.

Ziels, eine Annäherung der wirtschaftlichen wie sportlichen Kräfteverhältnisse unter den Lizenzvereinen zu ermöglichen, weiterhin bedacht werden, daß konsequenterweise nur solche Clubs einer Sonderbeitragspflicht unterliegen können, deren Umsatzerlöse die **durchschnittliche Finanzkraft der Lizenzvereine übersteigen**. Wie diese Grenze der Abgabenpflicht zu konkretisieren ist, bedarf weiterer Überlegungen. Zum einen stellt sich die Frage, ob zur Ermittlung der mittleren Finanzkraft die Umsatzerlöse aller 36 Bundesligavereine zu addieren sind und anschließend der Durchschnittswert zu bestimmen ist; oder ob man die durchschnittlichen Umsatzerlöse für die erste und die zweite Fußballbundesliga jeweils getrennt berechnet. Zum zweiten bedarf der Begriff der Finanzkraft näherer Präzisierung; hier bietet sich ein Abstellen auf die Brutto- oder die Nettoumsatzerlöse der Lizenzvereine an.

Die erste Frage ist dabei in dem Sinne zu beantworten, daß es für die **Berechnung der durchschnittlichen Finanzkraft**, die ein Verein mit seinen Umsatzerlösen übersteigen muß, damit er abgabenpflichtig ist, auf den **mittleren Umsatzerlös aller 36 Lizenzvereine** beider Bundesligen ankommt. Für ein solches Vorgehen lassen sich mehrere Gründe anführen:

Unter der Prämisse, daß die erste Bundesliga weitaus finanzkräftiger als die zweite Bundesliga ist, läßt sich als erstes schlußfolgern, daß bei einer Einbeziehung sämtlicher Lizenzvereine der durchschnittliche Umsatzerlös nach unten abgesenkt wird; und zwar genau bis zu dem Wert, der sich ergibt, wenn man den durchschnittlichen Umsatzerlös der beiden Bundesligen zunächst für sich getrennt ermittelt und aus dem Gesamtbetrag beider Umsatzerlösgrößen den Mittelwert berechnet. Legt man diesen Durchschnittswert zugrunde, dürften in aller Regel alle achtzehn Lizenzvereine der ersten Bundesliga sowie die Spitze der umsatzstärksten Vereine der zweiten Spielklasse grundsätzlich sonderbeitragspflichtig sein. Ein derartiges Vorgehen führt mithin dazu, daß – im Gegensatz zu einem isolierten Finanzausgleich innerhalb der ersten Bundesliga mit weniger einzahlenden Vereinen – der Kreis der Beitragspflichtigen merklich erweitert wird. Dieser Umstand wiederum bedingt, daß das Beitragsaufkommen mit an Sicherheit grenzender Wahrscheinlichkeit insgesamt deutlich höher als bei einer anderen Verfahrensweise ausfallen dürfte. Dadurch wird es ermöglicht, niedrigere Abgabensätze zu wählen. Dies hat für die finanzkräftigsten Fußballvereine der ersten Liga den Vorteil, daß für sie ein größeres Maß an Leistungsanreizen für ein wirtschaftlich und sportlich erfolgreiches Tätigwerden verbleibt; ferner müssen jene im Ergebnis weniger zur Finanzierung des Solidarfonds beitragen, wodurch ihre internationale Wettbewerbsfähigkeit eher gewahrt wird.

Diesen Vorzügen steht auf den ersten Blick der scheinbare Nachteil gegenüber, daß diejenigen Fußballvereine der höchsten deutschen Spielklasse, die im Vergleich zu den Spitzenverdienern in der ersten Liga nur über mittlere oder geringe Umsatzerlöse verfügen, zunächst auch zu den Zahlungsverpflichteten des Finanzpools zählen. Von einer Schaffung nahezu völlig gleicher Wettbewerbsverhältnisse zwischen den Lizenzvereinen der ersten Bundesliga kann daher keine Rede sein. Dies gilt selbst für den hier anzunehmenden Fall, daß die Fußballclubs der ersten Liga mit kleineren und mittleren Einkommen später bei der Verteilung der Fondsgelder aufgrund der Ausgestaltung der Verteilungsmodalitäten in den Genuß von Finanzausgleichsgeldern kommen; und zwar in einem Ausmaß, das die vorher erlittenen Einbußen bei den Umsatzerlösen infolge der Sonderbeitragspflicht zumindest ausgleicht oder gar noch übersteigt[1371]. Die Annäherung der Wettbewerbsstärken innerhalb der ersten Bundesliga besteht mithin in der Hauptsache darin, daß der wirtschaftliche Wettbewerbsvorsprung der finanzstärksten Lizenzvereine abgebaut, gleichzeitig auf eine signifikante Aufstockung der vor der Durchführung des Finanzausgleichs vorhandenen Finanzkraft der restlichen Vereine der ersten Liga aber weitgehend verzichtet wird. Die Wettbewerbsverhältnisse innerhalb der ersten Liga werden folglich nicht in dem Maße angenähert, wie dies eigentlich möglich wäre; mit der Konsequenz, daß das Zuschauerinteresse zwar grundsätzlich ebenso gefördert wird, aber die insofern gegebenen Steigerungspotentiale nicht voll ausgeschöpft werden.

Dieser Nachteil ist aber nur vordergründig als solcher auszumachen: Denn man kann die partiellen Abstriche bei der Angleichung der Wettbewerbsverhältnisse ebenso als weiteren bzw. zusätzlichen Anreiz für die finanzstärksten Vereine begreifen, daß sich ökonomischer und sportlicher Erfolg auch zukünftig lohnt[1372]. Gleichzeitig darf nicht verkannt werden, daß durch das Einschlagen eines derartigen Mittelwegs – was die Annäherung der Wettbewerbsstärken zwischen den Erstligavereinen betrifft – trotz allem der Konkurrenzdruck immerhin noch in einem spürbaren Ausmaß erhöht wird. Weiterhin ist zu bedenken, daß der teilweise Verzicht auf eine Optimierung der Wettbewerbsgleichheit in der ersten Liga zum Freiwerden finanzieller Mittel führt, die in die zweite Fußballbundesliga umgeleitet werden können. Infolge dieser Begünstigung der zweiten Liga sowie der Ausgestaltung der Finanzausgleichs (vgl. Zweckbindung des Mitteleinsatzes; Obliegenheit, eine bestimmte Fremdkapitalquote nicht zu überschreiten) dürfte die Wettbewerbskraft der Zweitligaclubs im Vergleich zur bis-

---

1371 Zur Ausgestaltung des Finanzausgleichs unter den Lizenzvereinen siehe sogleich im 2. Teil, 1. Kapitel, B.IV.2.d)dd)(1).

1372 Darauf weist auch *Weng*, Die zentrale Vermarktung von Fernsehübertragungsrechten durch nationale und internationale Fußballverbände im Lichte neuester Rechtsprechung und Gesetzgebung, 2000, S. 190 f., hin.

herigen Situation auf Dauer zunehmen. Die Steigerung der wirtschaftlichen und folglich auch der sportlichen Wettbewerbskraft der Zweitligavereine bewirkt, daß diese im Falle ihres Aufstiegs in die erste Bundesliga mit den dort etablierten Vereinen mit einer für Erstligaverhältnisse geringen oder mittleren Finanzkraft eher konkurrieren können; die genannten Erstligavereine werden sich auf Dauer eines zunehmenden Konkurrenzdrucks „von unten" ausgesetzt sehen. Infolgedessen wird auf lange Sicht die Durchlässigkeit zwischen erster und zweiter Liga erhöht[1373]. Die Abstiegskämpfe dürften an Spannung deutlich zunehmen, wodurch ebenso zusätzliches Zuschauerinteresse geweckt wird und in der Konsequenz zusätzliche finanzielle Erlöspotentiale für die Fußballvereine generiert werden[1374]. Insgesamt gesehen dürfte der Nachteil aus dem Verzicht auf eine Optimierung der Zuschauernachfrage im Hinblick auf den Konkurrenzkampf zwischen den finanzstärksten Vereinen der ersten Liga mit dem dortigen fußballerischen „Mittelbau" durch den mit der Steigerung der Zuschauernachfrage im Rahmen des alljährlichen Abstiegskampfes der Vereine verbundenen Vorteil mehr als aufgewogen werden.

Folgt man diesem Erklärungsansatz, ist – wie oben bereits angedeutet – in einem weiteren Schritt noch zu hinterfragen, welches die zutreffende **Bezugsgröße bei der Festlegung der durchschnittlichen Finanzkraft der Lizenzvereine** ist: deren Brutto- oder schließlich doch deren Nettoumsatzerlöse. Die Heranziehung der Bruttoumsatzerlöse zur Berechnung des Durchschnittswertes an Vereinseinnahmen, die die Sonderbeitragspflicht auslösen, erscheint indes inkonsequent; dies vor allem, wenn man bedenkt, daß zuvor bereits die Nettoumsatzerlöse als Richtwert für die Sonderbeitragserhebung als ausschlaggebend angesehen wurden. Daher erscheint es geboten, die durchschnittliche Finanzkraft aller 36 Lizenzvereine ebenso unter Bezugnahme auf die jeweiligen **Nettoumsatzerlöse** der einzelnen Clubs zu ermitteln. Dieses Vorgehen hat gegenüber dem Abstellen auf die Bruttoumsatzerlöse zudem den unbestreitbaren Vorzug, daß die Finanzkraftreihenfolge der Bundesligavereine entsprechend ihrer tatsächlichen Leistungsfähigkeit abgebildet wird. Für die Abgabenerhebung ist aus den zuvor an-

---

[1373] Eine Erhöhung der Wettbewerbsintensität nimmt in diesem Zusammenhang auch *Erning*, Professioneller Fußball in Deutschland, 2000, S. 1107 ff., an; gleichfalls zustimmend *Drewes*, Wettbewerb und finanzieller Ausgleich in professionellen Sportligen, 2001, S. 69, 149; wobei dieser das Ziel freilich durch direkte Sonderzahlungen an aufgestiegene Lizenzvereine erreichen will. Kritisch zu einer Erhöhung der Wettbewerbsdichte in diesem Bereich dagegen *Franck*, Die ökonomischen Institutionen der Teamsportindustrie, 1995, S. 150 ff., unter Verweis auf eine drohende Hyperaktivität der Vereine. Dieser Einwand verfängt indessen nicht, weil die Mittelverwendung strikt kontrolliert wird (vgl. Zweckbindung, Einhaltung einer bestimmten Fremdkapitalquote; effektives Sanktionsinstrumentarium).

[1374] Vgl. näher dazu *Leinemann/Weinzierl*, SPIEGEL, Heft 21/2003, S. 138.

gestellten Überlegungen zu schlußfolgern, daß all **diejenigen Einnahmen beitragsfrei** sind, die **unterhalb des durchschnittlichen Nettoumsatzerlöses aller 36 Lizenzvereine der beiden Bundesligen** liegen.

(c) Der abschließend für den Sonderbeitrag auf die Nettoumsatzerlöse der Lizenzvereine noch zu bestimmende **Beitragssatz** – dessen Höhe so zu bemessen ist, daß das Ziel der Annäherung der wirtschaftlichen und sportlichen Wettbewerbsverhältnisse erreicht werden kann – stellt sich wie folgt dar:

In einem **ersten Bereich** sind die Nettoumsatzerlöse eines Lizenzvereins, die unterhalb des durchschnittlichen Nettoumsatzerlöses aller 36 Bundesligavereine verbleiben, beitragsfrei (Grundfreibetrag).

In einem **zweiten Bereich** gilt: Übersteigen die Nettoumsatzerlöse eines Fußballclubs den durchschnittlichen Nettoumsatzerlös aller 36 Bundesligavereine, sind sie sonderbeitragspflichtig. Die Bemessungsgrundlage ist indessen dahingehend aufzusplitten, daß zuerst der prozentuale Anteil der Erlöse aus der Teilnahme an internationalen Clubwettbewerben und danach der prozentuale Anteil der Einkünfte aus den übrigen Erlösquellen an der Gesamtsumme der Nettoumsatzerlöse bestimmt werden.

Auf den dadurch ermittelten prozentualen Anteil der Einnahmen aus der Teilnahme an den internationalen Clubwettbewerben, der wiederum als Geldbetrag auszudrücken ist, ist der – im Vergleich zum Beitragssatz für die sonstigen Nettoumsatzerlöse – erhöhte Beitragssatz anzuwenden; dieser beginnt bei einem Prozentsatz x und verläuft linear ansteigend bis zu der Umsatzerlössumme A, ab der einheitlich ein Grenzbeitragssatz von 50 Prozent gilt.

Auf den prozentualen Anteil der sonstigen Nettoumsatzerlöse, der ebenfalls wieder als Geldbetrag auszudrücken ist, wird ein Beitragssatz angewendet, der folgende Rahmenbedingungen erfüllen muß: Der Beitragssatz beginnt bei einem Prozentsatz y, der kleiner als der Prozentsatz x ist; er verläuft linear ansteigend bis zu der Umsatzerlössumme B, ab der einheitlich ein Grenzbeitragssatz z erhoben wird, der seinerseits jedenfalls kleiner als 50 Prozent ist.

Führt die kumulierte Anwendung der Beitragssätze allerdings zu dem Resultat, daß der Gesamtbetrag der zu entrichtenden Abgaben auf das Einkommen größer als die Hälfte der errechneten Nettoumsatzerlöse des jeweiligen Vereins ist, muß die Beitragsforderung auf den letztgenannten Geldbetrag herabgesetzt werden (**Höchstbetragsgrenze der Beitragserhebung**).

(2) Sonderbeitrag auf die von den Lizenzvereinen geleisteten Lizenzspielerentgelte

Wie bei dem Sonderbeitrag auf das Einkommen der Vereine ist auch im Fall des Sonderbeitrags auf die von den Lizenzvereinen geleisteten Lizenzspielerentgelte der Beitragstatbestand (Beitragssubjekte, Beitragsobjekt, Beitragstarif) näher zu bestimmen. **Beitragssubjekte** sind der Ligaverband bzw. die DFL-GmbH als Beitragsgläubiger und die Lizenzvereine beider Bundesligen als Beitragsschuldner. Als **Beitragsobjekt** ist auf das Lizenzspielerentgelt abzustellen. Ausgehend von der Zielsetzung dieses Abgabentatbestands, einen Teil der von dem Fußballspieler während seiner Vertragslaufzeit für den Verein erwirtschafteten Gewinne abzuschöpfen, sind unter den Rechtsbegriff des Lizenzspielerentgelts alle Aufwendungen des anstellenden Fußballclubs zu fassen, die dieser tätigt, um die Leistung des Lizenzspielers zu erhalten. Die Aufwendung muß dabei um der Gegenleistung willen erbracht werden (Finalität); wobei nicht nur ein rechtliches Synallagma, sondern auch ein rein wirtschaftliches genügt. Auf der Grundlage eines derart weiten Tatbestandsverständnisses sind nicht nur die Gehaltszahlungen an sich, sondern auch alle sonstigen vermögenswerten Leistungen an den Fußballspieler (z.B. Handgelder, Sachwerte etc.) – daneben mitunter sogar solche an Dritte wie zum Beispiel Familienangehörige des Lizenzspielers – erfaßt, sofern sich der Finalitätscharakter bejahen läßt. Veranlagungszeitraum für den Sonderbeitrag ist wiederum das Kalenderjahr. Der **Beitragssatz**, der auf die Bemessungsgrundlage – hier: das Lizenzspielerentgelt – Anwendung findet, ist linear ansteigend ausgestaltet und der Mindest- wie auch der Höchstbeitragssatz sollten so gefaßt sein, daß die Zielsetzung des Sonderbeitragstatbestands effektiv umgesetzt wird.

dd) Rechtliche Festlegungen bei der Verteilung der Fondsgelder

Die Darstellung des Finanzpools ist nur vollständig, wenn abschließend noch die rechtlichen Rahmenbedingungen für die Verteilung des Beitragsaufkommens beschrieben werden. Maßgebend für die Konzeption des Solidarfonds sind dabei seine beiden Funktionen: eine wesentliche Annäherung der wirtschaftlichen und sportlichen Wettbewerbsverhältnisse unter den Lizenzvereinen sowie die Schaffung von Anreizstrukturen zur Nachwuchsförderung.

(1) Ausgestaltung des Finanzausgleichs unter den Lizenzvereinen der Bundesligen

Vordringlichste Aufgabe des Finanzpools ist der Finanzausgleich zwischen denjenigen Fußballclubs, die Mitglieder des Ligaverbandes sind. Dem entsprechend erscheint es gerechtfertigt, etwa $^{2}/_{3}$ des Beitragsaufkommens in den Finanzausgleich fließen zu lassen. Diese Gelder werden ihrerseits wiederum zu $^{2}/_{3}$ zugunsten der Erstligaclubs und zu $^{1}/_{3}$ zugunsten der Zweitligaclubs eingesetzt. Der Finanzausgleich findet dabei jeweils für jede der beiden Lizenzligen getrennt statt, folgt aber im Prinzip den gleichen Regeln; diese stellen sich im einzelnen wie folgt dar:

Das verbandsrechtliche Normengerüst, das den Finanzausgleich ausgestaltet, muß zunächst eine Bestimmung aufnehmen, die das **Bestehen eines Anspruchs** der Lizenzvereine **auf Teilnahme an den Finanzausgleichszahlungen** festlegt, sofern diese bestimmte Voraussetzungen erfüllen. In persönlicher Hinsicht kommen dabei lediglich Lizenzvereine, die **ordentliches Mitglied des Ligaverbandes** sind, als Anspruchsteller in Betracht. Sachlich setzt der Zahlungsanspruch neben einer **Antragstellung** durch den betreffenden Club zudem voraus, daß seine **Nettoumsatzerlöse unter dem durchschnittlichen Nettoumsatzvolumen aller 18 Lizenzvereine derjenigen Spielklasse** liegen, der er angehört; im Gegensatz zur Berechnung der durchschnittlichen Finanzkraft im Rahmen der Beitragserhebung kommt es an dieser Stelle für die Verteilung mithin gerade **nicht** auf die durchschnittlichen Nettoeinkünfte aller 36 Lizenzvereine beider Bundesligen an. Ursächlich für das abweichende Regelungsmuster ist der Umstand, daß der Finanzausgleich als Instrument zur Förderung von Wettbewerbsgleichheit das Konsumenteninteresse steigern soll. Aus Sicht des Zuschauers ist aber jeweils allein das Meisterschaftsrennen innerhalb einer Liga von Belang. Daher kann der Finanzausgleich zwangsläufig ausschließlich die Angleichung der Wettbewerbskräfte innerhalb einer Liga zum Gegenstand haben. Klarzustellen ist in diesem Zusammenhang freilich noch, daß die Lizenzvereine, die die genannten Kriterien erfüllen, keinen Anspruch auf die Bereitstellung eines Geldbetrags in beliebiger Höhe haben. Die maximale **Anspruchshöhe** richtet sich vielmehr nach dem durchschnittlichen Nettoumsatzerlös sämtlicher 18 Lizenzvereine einer Liga abzüglich eines prozentualen Pauschbetrages. Für die regelmäßige Höhe der Zuteilung der Ausgleichsgelder gilt indes die Formel, daß die Ausschüttung an einen Verein um so höher ist, je geringer sich seine eigene Finanzkraft darstellt.

Bei der **Verwendung** der bereitgestellten Finanzausgleichsgelder für einen Verein sind die Finanzmittel aufzuspalten. Dabei ist dem Verein ein (geringerer) Anteil zur freien Verfügung zu belassen, der andere (größere) aber nur **zweckgebunden** zur Schuldentilgung einsetzbar; wobei die Zweckbindung als Obliegenheit auszuformen ist. Ist ein Verein schuldenfrei, kann man weiterhin verlangen, daß der subventionierte Verein bei einer neuerlichen Kreditaufnahme eine bestimmte Fremdkapitalquote nicht überschreiten darf. Verstößt er gegen eine dieser Vorgaben, ist er **zur Rückzahlung** der erhaltenen Fördermittel **verpflichtet** und kann darüber hinaus für einen bestimmten Zeitraum **von der Teilnahme am Finanzausgleich ausgeschlossen werden**. Allerdings kann der Ausschluß vom Finanzausgleich für längere Zeit stets nur ultima ratio sein und erst am Ende der Stufenfolge denkbarer Sanktionen (z.B. Punktabzüge, Strafgelder etc.) stehen. Weiterhin dürfte dieses Instrument nur hinnehmbar sein, wenn es von vornherein zeitlich befristet ist und der Verhängung dieser Sanktionsmaßnahme mehrere erhebliche Verstöße gegen die Zweckbindung vorangegangen sind. Wenn diese Sanktion nicht dazu führt, daß der hiervon betroffene Empfängerclub fortan zu ökonomisch solide agiert, greift die **Rechtsfolge des Lizenzentzuges**.

(2) Ausgestaltung der Talentförderung

Zur Verbesserung der Talentförderung steht der zweite große Budgetposten innerhalb des Finanzpools bereit, der immerhin $^1/_3$ des gesamten Beitragsaufkommens ausmacht. Mit den Finanzmitteln kann insbesondere die Errichtung von Sportschulen und Fußballinternaten gefördert werden. Denkbar ist sogar, daß in derartigen Einrichtungen neben der eigentlichen Ausbildung der Nachwuchsfußballspieler überschüssige Kapazitäten dazu genutzt werden können, neue Geschäftsfelder zu erschließen (z.B. Fitness-Center)[1375]. Freilich besteht – anders als im Rahmen des Finanzausgleichs – **keinerlei rechtlich durchsetzbarer Anspruch** auf die Zurverfügungstellung von Talentfördergeldern; gesichert ist lediglich die Gleichbehandlung von Antragstellern durch die Vergabestelle. Zum **Begünstigtenkreis** zählen die Mitglieder des Ligaverbandes sowie die Fußballvereine, die in den fünf Regional- und 21 Landesverbänden – die ihrerseits Angehörige des DFB sind – zusammengefaßt sind. Die Subventionierung von Fußballvereinsmaßnahmen zur Verbesserung der Ausbildungsstrukturen für die Nachwuchsspieler setzt indes die **Stellung eines** entsprechenden **Antrags** beim Ligaverband bzw. der DFL-GmbH voraus. Werden Finanzmittel gewährt, ist bei der **Förderhöhe** zu unterscheiden: Zwar wird grundsätzlich allen Fußballvereinen, die sich anschicken, eine Ausbildungsinfrastruktur zu schaffen, nach vorangegangener Bewilligung durch den Ligaverband bzw. die DFL-GmbH der dazu objektiv erforderliche Förderbetrag zur Verfügung gestellt; liegen die Nettoumsatzerlöse eines unterstützten Clubs allerdings über den durchschnittlichen Nettoumsatzerlösen der Erstligavereine, werden die Fördermittel partiell gekürzt. Zudem unterliegt die Verwendung der Talentfördergelder einer Zweckbindungsobliegenheit. Halten die begünstigten Vereine diese nicht ein, hat der

---

[1375] So auch *Drewes*, Wettbewerb und finanzieller Ausgleich in professionellen Sportligen, 2001, S. 148.

Subventionsgeber einen verbandsrechtlich normierten Anspruch auf Rückzahlung der ursprünglich bereitgestellten Geldbeträge.

V. Wirtschaftliche Auswirkungen des „Bosman"-Urteils auf den professionellen Fußballsport am Beispiel der deutschen Lizenzvereine

In ersten kurzfristigen Reaktionen hatten zahlreiche Experten den wirtschaftlichen Untergang so mancher Fußballvereine als unmittelbare Folge des „Bosman"-Urteils vorhergesagt[1376]. Bereits ein gutes Jahr später indes kamen auch diejenigen, die zunächst einen bedeutenden Ausfall auf den Aktivseiten der Vereinsbilanzen befürchtet hatten[1377], nicht umhin, die sachliche Berechtigung der anfänglich mitunter auch harschen Urteilsschelte anzuzweifeln; insbesondere, da „die Vereine den Rückgang der Transfererlöse einigermaßen bewältigt zu haben" schienen[1378]. Angesichts der offensichtlichen Diskrepanz zwischen den teilweise äußerst pessimistischen Prognosen und der tatsächlichen Entwicklung erscheint es angezeigt, den genauen Umfang der wirtschaftlichen Auswirkungen der „Bosman"-Rechtsprechung und der innerstaatlichen Nachfolge-Judikatur auf die steuerliche wie ökonomische Bedeutung der Ablösesumme[1379] (1.), den hauptsächlich betroffenen Arbeitsmarkt für Profifußballer (2.) sowie die sich daraus wiederum ergebenden ökonomischen Konsequenzen für die Bundesligavereine zu beleuchten; wobei in diesem Zusammenhang auch die Wirtschaftslage der Clubs in den anderen europäischen Spitzenligen in den Blick genommen wird (3.). Die aus der Betrachtung gewonnenen Erkenntnisse lassen später bei der Beurteilung der europarechtlichen Fragen wichtige Rückschlüsse zu.

1. Auswirkungen auf die steuerliche und ökonomische Bedeutung der Ablösesumme

In **bilanzrechtlicher Hinsicht** wurde verbreitet die Auffassung vertreten, daß nach dem Ergehen der Urteile von EuGH, BAG und BGH der einen Lizenzspieler aufnehmende Verein keine Transferentschädigungen mehr zu zahlen brauche; deshalb entstünden insofern keine Anschaffungskosten eines immateriellen Vermögensgegenstandes – hier: der Spielerlaubnis –, die in der Vereinsbilanz aktiviert werden könnten. Daneben sei bezüglich noch aktivierter Spielerlaub-

---

[1376] Siehe zu den Reaktionen auf das „Bosman"-Urteil eingehend im 2. Teil, 1. Kapitel, B.I.3.a) und B.I.4.

[1377] Neben anderen z.B. *Westermann*, DZWiR 1996, 82, 83.

[1378] So ausdrücklich *Westermann*, DZWiR 1997, 485; *ders.*, EWiR 2000, 27, 28; vgl. auch *Antonioni/Cubbin*, EJLE 9/II (2000), 157, 168.

[1379] Ausführlich zur Bedeutung der Ablösesumme für die Vereinsbilanz und als Kreditsicherheit vor dem „Bosman"-Urteil des Gerichtshofs siehe im 2. Teil, 1. Kapitel, A.I.3.e)aa).

nisse aus der Zeit vor dem höchstinstanzlich eingeleiteten Wandel der Rechtsverhältnisse eine außerordentliche Abschreibung (§ 253 Abs. 2 S. 3 HGB) bzw. eine Teilwertabschreibung (§ 8 Abs. 1 KStG i.V.m. § 6 Abs. 1 Nr. 1 S. 2 und 3 EStG) geboten. Der Wegfall der „Spielerwerte" als Posten auf der Aktivseite der Bilanz führe in der Konsequenz bei Lizenzvereinen mit einer hohen Fremdkapitalquote über kurz oder lang zu einer bilanziellen Überschuldung[1380].

Berücksichtigt man als Hintergrund die damalige wirtschaftliche Ausgangslage der Mehrheit der Bundesligavereine[1381], hatten solche Befürchtungen prima facie durchaus ihre Berechtigung. Dennoch wurden die pessimistischen Prognosen nicht bestätigt: Zwar hatten die Bundesligavereine mitunter mit einigen finanziellen Engpässen zu kämpfen[1382]; im großen und ganzen gelang es ihnen aber durch die Ausübung der Verlängerungsoption aus § 11 Mustervertrag Verein-Spieler[1383] sowie den verstärkten Abschluß langfristiger Spielerverträge[1384], größere Ausfälle zu vermeiden[1385]. Nimmt man hinzu, daß die herrschende innerstaatliche Rechtspraxis dieses Vorgehen billigte[1386], konnte die Schlußfolgerung

---

1380 *Söffing*, BB 1996, 523, 524 ff.; *Littkemann/Sunderdiek*, BBK Fach 19, 1215, 1216 f. (24/1998); *Trommer*, Die Transferregelungen im Profisport im Lichte des „Bosman-Urteils" im Vergleich zu den Mechanismen im bezahlten amerikanischen Sport, 1999, S. 96 ff.; *Büch/Schellhaaß*, Jahrbuch für Sozialwissenschaft, 1978, 255, 269; *Gutzeit/Reimann*, WiSt 1996, 366, 367.

1381 Zur Finanzsituation der Fußballvereine seinerzeit siehe im 2. Teil, 1. Kapitel, A.I.3.e)bb) der Arbeit.

1382 Siehe dazu beispielsweise *Parensen*, in: *Tokarski*, EU-Recht und Sport, 1998, 70, 135; *Dinkelmeier*, Das „Bosman"-Urteil des EuGH und seine Auswirkungen auf den Profifußball in Europa, 1999, S. 127.

1383 Zur Verlängerungsoption des § 11a Vertrag Verein-Spieler siehe schon im 2. Teil, 1. Kapitel, B. II.2.a).

1384 Zum Abschluß langfristiger Spielerverträge vgl. die Ausführungen im 2. Teil, 1. Kapitel, B.IV.1.d).

1385 Siehe *Parensen*, in: *Tokarski*, EU-Recht und Sport, 1998, 70, 136 f.; *Swieter*, Eine ökonomische Analyse der Fußball-Bundesliga, 2002, S. 85; *Dinkelmeier*, Das „Bosman"-Urteil des EuGH und seine Auswirkungen auf den Profifußball in Europa, 1999, S. 130 f.

1386 Die Verlängerungsoption wurde zwar von der (zutreffenden) herrschenden Lehre als unwirksam eingestuft; die überwiegende Zahl der Gerichtsinstanzen indes hielt die Klausel für rechtlich unbedenklich (zur juristischen Bewertung von § 11 Mustervertrag Verein-Spieler siehe bereits eingehend im 2. Teil, 1. Kapitel, B.II.2.b)bb)). An dieser Vorgabe der Rechtsprechung – und nicht am Standpunkt des Schrifttums – orientierten sich auch die Lizenzvereine in der täglichen Praxis. Dies hat auch seinen guten Grund: Denn es gilt – man mag es durchaus bedauern –, daß „Rechtsprechung und Rechtswissenschaft [...] nicht mehr auf gleicher Stufe [stehen]. Anders als im 18. und 19. Jahrhundert gibt nicht mehr die Lehre, sondern die Rechtsprechung den Ton an. [...] Und die Praxis hält sich daran" (so *Schellhammer*, Zivilrecht nach Anspruchsgrundlagen, 1994, S. VI). Langfristige Spielerverträge sind nach ganz überwiegender Lehrmeinung juristisch regelmäßig

entgegen der beiden obigen Annahmen nur noch dahin lauten, daß prinzipiell alles bleibt beim alten bleibt. Im einzelnen bedeutet(e) dies:

Zu der Frage der **Aktivierbarkeit zukünftiger Spielerlaubnisse** als immaterieller Vermögensgegenstand bzw. immaterielles Wirtschaftsgut ist festzuhalten, daß der EuGH und die ihm folgenden innerstaatlichen Rechtsprechungsinstanzen sachlich ausschließlich Transferentschädigungen nach Ablauf eines Spielervertrages für rechtlich unzulässig befanden. Das „Herauskaufen" von Spielern aus noch laufenden langfristigen Verträgen war und ist danach weiterhin möglich[1387]. Für diese Fallkonstellation hatte der BFH in seiner Grundsatzentscheidung aus dem Jahr 1992 zur bilanzrechtlichen Behandlung der „Spielerwerte" aber schon ausdrücklich entschieden, daß die Spielerlaubnis in der Vereinsbilanz auf der Aktivseite aktiviert werden darf[1388] [1389]. Dem kann man auch nicht entgegenhalten, daß der DFB und der Ligaverband die verbandsrechtliche Entschädigungspflicht nicht mehr vorschreiben[1390]. Denn Anspruchsgrundlage für die Ablösesumme beim „Herauskaufen" eines Spielers aus einem noch laufenden Spielervertrag ist ein Rechtsgeschäft zwischen den beteiligten Fußballvereinen. Dessen Regelungsinhalt setzt sich aus der Erklärung des abgebenden Vereins, er werde einer vorzeitigen Auflösung des Spielervertrages zustimmen, und der rechtlich verbindlichen Zusage des aufnehmenden Clubs, im Hinblick darauf eine Entschädigungszahlung zu leisten, zusammen[1391]. Die vorherige einvernehmliche Aufhebung des Spielervertrages zwischen dem Altarbeitgeber und dem Lizenzspieler[1392] ist jedoch unabdingbare Voraussetzung für die Erteilung einer neuerlichen Spielerlaubnis, die es ermöglicht, daß der Lizenzspieler für

---

nicht angreifbar (vgl. dazu die Ausführungen in der Einleitung, B.II., und im 2. Teil, 1.Kapitel, B.I.3.b)).

1387 Siehe dazu bereits die Ausführungen im 2. Teil, 1. Kapitel, B.I.3.b), B.II.2.b)aa) mit Fn. 787 und B.IV.1.d)aa).

1388 Zur BFH-Judiaktur betreffend die bilanzielle Behandlung von „Spielerwerten" siehe eingehend im 2. Teil, 1. Kapitel, A.I.3.e)aa)(1).

1389 Zur zukünftigen bilanzrechtlichen Behandlung von „Spielerwerten" nach den International Accounting Standards (IAS) vgl. *Parensen*, in: *Dietl*, Globalisierung des wirtschaftlichen Wettbewerbs im Sport, 2003, 173, 183 ff.; *Burkart*, Bilanzielle Behandlung von Spielern – ein Vergleich von HGB und IAS, 2003, S. 12 ff.

1390 So aber *Littkemann*, in: *Dietl*, Globalisierung des wirtschaftlichen Wettbewerbs im Sport, 2003, 141, 143; *Littkemann/Schaarschmidt*, StuB 2002, 372, 373.

1391 Vgl. die Aussage des *BFH*, Urt. v. 26.08.1992 – I R 24/91 – NJW 1993, 222, 223, wonach „der abgebende Verein einer entsprechenden Auflösung nur zustimmen wird, wenn ihm eine entsprechende Transferentschädigung als Gegenleistung [...] vertraglich versprochen [...] ist". Siehe gleichfalls *Wassmer*, Die Auswirkungen der Grundfreiheiten des Vertrages zur Gründung der Europäischen Gemeinschaften auf den Berufssport, 2002, S. 124: *Pfister*, in: *Tokarski*, EU-Recht und Sport, 1998, 151, 158, 163.

1392 Dies hat zur Folge, daß die bisherige Spielerlaubnis erlischt (vgl. § 8 Nr. 1 S. 2 LOS).

seinen neuen Verein aktiv tätig wird; zwischen der Zahlung der Transfersumme und der Erteilung der Spielerlaubnis besteht mithin ein funktionaler Zusammenhang[1393]. Auch die Erwägung, der Abschluß langfristiger Verträge könne den Wegfall der Transferentschädigung nur kurz- oder mittelfristig kompensieren[1394], stellte sich als Fehleinschätzung heraus. Denn in der tatsächlichen Praxis zeigt sich, daß zunächst der DFB[1395] und nunmehr auch der Ligaverband[1396] unter Verweis auf die allseits bekannte BFH-Rechtsprechung eine Aktivierung der „Spielerwerte" ausdrücklich billigen; die Finanzverwaltung tendiert ebenso in diese Richtung[1397]. Deshalb entspricht es auch nach wie vor gängiger Übung, daß die Lizenzvereine die Transferausgaben aktivieren und über die Vertragslaufzeit abschreiben[1398]. Somit erfüllt die Transferentschädigung **weiterhin** ihre Funktion, die wirtschaftliche Situation der Lizenzvereine im Lizenzierungsverfahren zu verbessern[1399].

Betreffend die vierlerorts – als Folge der richterrechtlichen Abschaffung der Transferentschädigung nach Beendigung des Spielervertrages – für unerläßlich

---

1393 § 13 Nr. 2 lit. b S. 1 LOS lautet: „Dem Antrag [auf Erteilung der Spielerlaubnis] ist unverzüglich stattzugeben, wenn für den gleichen Zeitraum keine anderweitigen rechtlichen Bindungen als Spieler an einen anderen Verein bzw. eine andere Kapitalgesellschaft mehr bestehen".
Daraus folgt im Umkehrschluß, daß die Erteilung einer Spielerlaubnis zugunsten des neuen Vereins verweigert wird, solange ein rechtlich wirksamer Spielervertrag zwischen dem Altarbeitgeber und dem Lizenzspieler besteht. De facto wird die vertraglich vereinbarte Ablösesumme vom aufnehmenden Verein daher gerade im Hinblick darauf geleistet, daß der alte Verein an der Auflösung des bisherigen Spielervertrages mitwirkt und auf diese Weise die Erteilung einer Spielerlaubnis seitens der DFL-GmbH zugunsten des aufnehmenden Vereins erst ermöglicht wird. Ebenso auch *Balzer*, ZIP 2001, 175, 178; *Habersack*, in: *Scherrer*, Sportkapitalgesellschaften, 1998, 45, 57.

1394 So *Trommer*, Die Transferregelungen im Profisport im Lichte des „Bosman-Urteils" im Vergleich zu den Mechanismen im bezahlten amerikanischen Sport, 1999, S. 98.

1395 *Galli*, WPg 1998, 56, 58; *Ellrott/Galli*, WPg 2000, 269, 272.

1396 *Brast/Stübinger*, in: *Schewe/Littkemann*, Sportmanagement, 2002, 23, 31.

1397 Vgl. *FinMin. Sachsen*, Erl. v. 17.12.1998, 35 – S 7062 – 4/3 – 71573 – DStR 1999, 853.

1398 Zum Umfang der Aktivierung von „Spielerwerten" durch die Lizenzvereine siehe *Müller*, in: *Dietl*, Globalisierung des wirtschaftlichen Wettbewerbs im Sport, 2003, 191, 197 ff.; vgl. daneben *Kern*, Die Bank 2002, 694, 695 f.; *Borussia Dortmund*, Geschäftsbericht Juli 2001 – Juni 2002, S. 67.

1399 Vgl. *Kowalewsky/Schneider*, CAPITAL, Heft 16/2003, S. 39. Die Aktivierungsfähigkeit der „Spielerwerte" auch nach dem Ergehen des „Bosman"-Urteils befürworten: *Habersack*, in: *Scherrer*, Sportkapitalgesellschaften, 1998, 45, 56 f.; *Parensen*, in: *Tokarski*, EU-Recht und Sport, 1998, 70, 137; *Wertenbruch*, EuZW 1996, 91, 92; *Kronner*, DStR 1996, 1185, 1186; *Balzer*, ZIP 2001, 175, 178 f.; *Heermann*, ZIP 1998, 1249, 1251. Zum Umfang der Abschreibungen auf die „Spielerwerte" vgl. *Kern*, Die Bank 2002, 694, 695 f.

erachteten **außerplanmäßigen Abschreibungen** bzw. **Teilwertabschreibungen**[1400] der bereits aktivierten „Spielerwerte" ist zu konstatieren, daß eine solche Forderung zumindest in ihrer Pauschalität Bedenken begegnete. Das hierfür angeführte zentrale Argument, daß ein gedachter Betriebserwerber nicht mehr bereit wäre, für die Möglichkeit zur Erlangung einer Spielerlaubnis einen entsprechenden Betrag aufzuwenden, sofern er einen vergleichbaren Spieler ohne Zahlung einer Transferentschädigung namentlich aus einem anderen Mitgliedstaat verpflichten könnte[1401], ist bei genauer Betrachtung nur bedingt tragfähig. Die Bedenken resultieren dabei aus dem Umstand, daß es in der Realität äußerst schwer fallen dürfte und daher nur ausnahmsweise möglich ist, zum Bilanzstichtag einen „vergleichbaren" Spieler vorzuweisen, dessen Spielervertrag darüber hinaus noch abgelaufen ist und der deswegen den Verein ablösefrei wechseln kann[1402]. Es erschien somit durchaus vertretbar, regelmäßig von einer außerplanmäßigen Abschreibung bzw. Teilwertabschreibung abzusehen; ausschlaggebend waren indes die Umstände des Einzelfalles.

Neben der bilanzrechtlichen Bewertung der „Spielerwerte" war gleichfalls deren **Funktion als Gläubigersicherheit** fraglich geworden. Vielfach wurde damit gerechnet, daß den Banken die von Vereinsseite im voraus abgetretenen Sicherungsforderungen an zukünftigen Transferentschädigungen mangels Realisierungsmöglichkeit nicht mehr als adäquate Sicherheit genügen würden; und die Kreditinstitute infolgedessen bereits gewährte Darlehen vorzeitig zurückforderten. Die Folge davon wären erhebliche Liquiditätsschwierigkeiten zahlreicher Fußballclubs gewesen[1403]. Aber auch diese Befürchtungen erwiesen sich alsbald als unbegründet. Denn wie schon im Zusammenhang mit der Aktivierung der „Spielerwerte" in der Vereinsbilanz wies auch hier das Instrument des Abschlusses langfristiger Spielerverträge einen gangbaren Ausweg. Die bei der frühzeitigen Auflösung der Abrede von dem aufnehmenden Lizenzverein an den abgebenden Fußballclub zu entrichtende Ablösesumme bot für die Kreditgeber eine angemessene Sicherheit; wobei die Dauer der Spielerverträge den entscheidenden Maßstab für das Darlehensvolumen und die Laufzeit der Kreditverträge

---

1400 Zur Teilwertabschreibung von „Spielerwerten" siehe *Littkemann/Schaarschmidt*, StuB 2002, 372, 378.

1401 Vgl. näher *Söffing*, BB 1996, 523, 525 ff.

1402 Siehe die ausführliche Argumentation bei: *Kessler*, BB 1996, 947 ff.; vgl. zudem *Flory*, Der Fall Bosman – Revolution im Fußball?, 1997, S. 133 mit Fn. 490.

1403 *Trommer*, Die Transferregelungen im Profisport im Lichte des „Bosman-Urteils" im Vergleich zu den Mechanismen im bezahlten amerikanischen Sport, 1999, S. 997 f.; *Gebhardt*, Modelle für die Reform des Transfersystems für Berufsfußballspieler aus rechtlicher und tatsächlicher Sicht, 2000, S. 28; *Parensen*, in: *Tokarski*, EU-Recht und Sport, 1998, 70, 135; *Flory*, Der Fall Bosman – Revolution im Fußball?, 1997, S. 134 f.; *Hilf/Pache*, NJW 1996, 1169, 1174; siehe auch *Westermann*, DZWiR 1996, 82, 83.

bildete[1404]. Die Transferentschädigung behielt mithin grundsätzlich ebenso ihren Zweck als Gläubigersicherheit bei. Zumindest konnte ein Kredit mit mehreren Vorausabtretungen von zukünftigen Transferentschädigungsforderungen abgesichert werden[1405].

2. Auswirkungen auf den Arbeitsmarkt für Profifußballer

Aus ökonomischer Sicht wurden in mehrfacher Hinsicht Veränderungen im institutionellen Gefüge des Arbeitsmarktes für Profifußballspieler als Folge des Rechtsprechungswandels erwartet und dementsprechend diskutiert.

a) Auswirkungen auf die Vertragslaufzeiten der Spielerverträge

Die erste vorhergesagte Änderung betraf die zunehmenden Laufzeiten der Spielerverträge. Die **Verlängerung der Dauer der Arbeitsverträge der Fußballspieler** stellte sich aus wirtschaftlicher Sicht deshalb als logische Konsequenz des „Bosman"-Urteils dar[1406], weil die **Fußballvereine** dieses Gestaltungsmittel ohne größeren organisatorischen Aufwand – wie ihn im Gegensatz dazu zum Beispiel der Aufbau eines Solidarfonds mit sich bringen würde – einsetzen konnten, um schnell und flexibel auf die sich ändernden Rahmenbedingungen zu reagieren[1407]. Es versetzte sie in die Lage, sich die Dienste der Spieler auf längere Dauer zu erhalten, um Verlusten bei Humankapitalinvestitionen vorzubeugen. Gleichzeitig eröffnete sich ihnen die Möglichkeit, auf diesem Weg auch zukünftig den Erhalt einer Ablösesumme zu sichern, die ein anderer Verein zu entrichten hatte, wenn er einen Lizenzspieler dem bisher arbeitgebenden Club abwerben wollte; und daher dessen Zustimmung in eine vorzeitige Auflösung des noch laufenden Spielervertrages bedurfte. Diesen Vorteilen standen auf der anderen Seite freilich auch Nachteile gegenüber: So erhöhte sich die Gefahr, daß ein Lizenzspieler mit einem langen Arbeitsvertrag und garantiertem Arbeitseinkommen nach einiger Zeit nicht mehr die von ihm erwartete Leistung erbringen würde, – sei es aus verletzungsbedingten Gründen oder überhaupt wegen des Absinkens seiner Motivation[1408]. Aus Sicht der **Lizenzspieler** ist im Hinblick auf

---

[1404] Entgegen der herrschenden Ansicht zutreffend *Wertenbruch*, EuZW 1996, 91, 92.

[1405] Vgl. *Schwendowius*, Finanzierungs- und Organisationskonzepte für den deutschen Profifußball, 2002, S. 211 ff.

[1406] *Büch*, Sportwissenschaft 28 (1998), 283, 291; *Hübl/Swieter*, WISU 2000, 305, 307. Nach *Swieter*, Eine ökonomische Analyse der Fußball-Bundesliga, 2002, S. 105, beträgt die Zunahme der Vertragslaufzeiten als Folge des „Bosman"-Urteils 33,8 Prozent.

[1407] Siehe zum Gestaltungsmittel des langfristigen Vertrages bereits im 2. Teil, 1. Kapitel, B.IV.1.d).

[1408] *Parensen*, in: *Tokarski*, EU-Recht und Sport, 1998, 70, 137 f.; *Kohl*, Ökonomie des Profifußballs, 2001, S. 198.

die nutzenstiftende Wirkung, die langfristige vertragliche Bindungen mit sich bringen, zwischen Nachwuchs- bzw. durchschnittlichen Fußballspielern und Top-Berufsfußballspielern zu differenzieren[1409]: Junge Nachwuchsspieler, denen noch die nötige Leistungsfähigkeit fehlte, sowie fertig ausgebildete Durchschnittsspieler, die mit zahlreichen Profifußballern aus Osteuropa zu konkurrieren hatten[1410], hatten vom Abschluß solcher langfristigen Spielerverträge einen höheren Nutzen als von Abreden mit kurzen Laufzeiten und höherem Gehalt[1411]. Spitzenfußballer dagegen, die einigermaßen sicher sein konnten, daß für ihre spielerischen Fähigkeiten wegen der entsprechenden Knappheit an verfügbaren Spitzenprofifußballern stets eine entsprechende Nachfrage besteht, hatten dagegen prima facie einen eher geringen Anreiz, sich längerfristig zu binden; schließlich konnten sie kein Interesse daran haben, ihre eigenen Einnahmepotentiale von vornherein zu beschneiden[1412]. Der Trend zum Abschluß langfristiger Spielerverträge setzte sich in der Folgezeit im professionellen Fußballsport wie in sonst keiner anderen Sportart durch[1413].

b) Auswirkungen auf die Spielergehälter

Außerdem ging die Erwartung dahin, daß die infolge des Wegfalls der Ablösesummen nach Ende des Spielervertrages freiwerdenden Gelder vermehrt in **höhere Spielergehälter** flössen[1414]; zumal es von der Warte des aufnehmenden Vereins aus gleichgültig ist, bei wem – dem abgebenden Verein oder dem Spieler – er investiert; solange die insgesamt erbrachten finanziellen Aufwendungen

---

1409 Vgl. zu der Einteilung von (angehenden) Profifußballern in die Qualitätsklassen „Durchschnittsspieler“ und „Starspieler“ näher *Schwendowius*, Finanzierungs- und Organisationskonzepte für den deutschen Profifußball, 2002, S. 71 f.

1410 Nach Aufhebung der Ausländerklauseln (siehe zur Abschaffung der Ausländerklauseln durch den Gerichtshof für das Gemeinschaftsgebiet bereits in der Einleitung, A.II. mit Fn. 13) nahm die Zahl der ausländischen Spieler namentlich aus Osteuropa in der Bundesliga rapide zu, da die einheimischen Vereine für diese zunächst geringere Spielergehälter aufbringen mußten. Vgl. *Dinkelmeier*, Das „Bosman“-Urteil des EuGH und seine Auswirkungen auf den Profifußball in Europa, 1999, S. 131.

1411 *Frick*, in: *Hübl/Peters/Swieter*, Ligasport aus ökonomischer Sicht, 2002, 211, 221; *Schwendowius*, Finanzierungs- und Organisationskonzepte für den deutschen Profifußball, 2002, S. 91 f.

1412 *Parensen*, in: *Tokarski*, EU-Recht und Sport, 1998, 70, 138; siehe auch *Frick/Wagner*, WiSt 1996, 611, 613, die davon ausgehen, daß Top-Lizenzspieler mit zunehmender Berufserfahrung eher kurzfristige Spielerverträge abschließen.

1413 Näher *Riedl/Cachay*, Bosman-Urteil und Nachwuchsförderung, 2002, S. 126 f.

1414 *Riedl/Cachay*, Bosman-Urteil und Nachwuchsförderung, 2002, S. 118. Daneben verlangten die professionellen Fußballspieler regelmäßig beim Wechsel zu einem anderen Lizenzverein von diesem ein sog. „Handgeld“, das bis zu 50 Prozent der Transfersumme betragen konnte. *Erning*, Professioneller Fußball in Deutschland, 2000, S. 179; siehe zudem *WGZ-Bank/Deloitte & Touche*, FC Euro AG, 2. Aufl., 2001, S. 83.

gleich oder geringer als die zukünftig zu erwartenden Erträge des Spielers für den Verein (Wertgrenzprodukt)[1415] abzüglich des Geldbetrags, der das vom Verein zu tragende Leistungsfähigkeitsrisiko abgilt, sind[1416]. Bei Nachwuchs- sowie Durchschnittspielern bedeutete dies auch fortan eine Entlohnung unterhalb ihres Wertgrenzprodukts, da sie – neben ihrem eigenen Ausfallrisiko – zum Teil auch die Beschäftigung von Spitzenspielern mitfinanzieren würden. Um Letztere nämlich, die mit Blick auf die Option eines ablösefreien Vereinswechsels eine gestärkte Verhandlungsposition innehatten, würde ein Bieterwettbewerb einsetzen; dieser Bieterwettbewerb führte dazu, daß sie jedenfalls knapp unterhalb oder sogar oberhalb ihres Wertgrenzprodukts entlohnt würden[1417]. Für sämtliche Gruppen von Lizenzspielern würden die arbeitgebenden Vereine in diesem Zusammenhang das Risiko des Leistungsabfalls durch die Installation von leistungsbezogenen Entgeltformen zu minimieren suchen[1418].

Der eben beschriebene ökonomische Mechanismus wurde in einem ersten Schritt mit Beginn der Spielzeit 1996/97 prinzipiell wirksam[1419]. Denn ab diesem Zeitpunkt erfuhren sowohl die durchschnittlichen Lizenzspielergehälter als auch der prozentuale Anteil des Personalaufwandes am Gesamtumsatz der Fußballclubs deutliche Zunahmen. Dieser Zeitpunkt erklärt sich daraus, daß die FIFA bzw. die UEFA (1997) sowie der DFB (Spielzeit 1996/97) damals die althergebrachten Transferentschädigungssysteme abschafften[1420] und die Vereine seitdem von dem Instrument des langfristigen Spielervertrages Gebrauch machten. Dies schlug sich in **erhöhten Personalkosten** nieder, weil zum einen die Finanzströme nunmehr vermehrt von den Transfersummen in die erhöhten Spielergehälter umgelenkt wurden und zum anderen die Spieler sich den Verzicht auf ihre neu gewonnene Mobilität durch einen Aufschlag auf ihr Gehalt vergüten ließen[1421]. Die Erhöhung der vermögenswerten Leistungen an die Spitzespie-

---

1415 Zur inhaltlichen Bedeutung des Wertgrenzprodukts des einzelnen Profifußballspielers siehe bereits im 2. Teil, 1. Kapitel, A.I.2.

1416 *Büch*, Sportwissenschaft 28 (1998), 283, 290; *Büch/Frick*, BFuP 1999, 109, 116.

1417 *Hübl/Swieter*, in: *Hübl/Peters/Swieter*, Ligasport aus ökonomischer Sicht, 2002, 13, 58; *Flory*, Der Fall Bosman – Revolution im Fußball?, 1997, S. 122.

1418 *Hübl/Swieter*, in: *Hübl/Peters/Swieter*, Ligasport aus ökonomischer Sicht, 2002, 13, 56, geben den durchschnittlichen Anteil von leistungsbezogenen Elementen am Gesamtspielergehalt mit 47 Prozent an. Siehe zur Vereinbarung leistungsabhängiger Gehaltsmodelle in den Spielerverträgen schon im 2. Teil, 1. Kapitel, B.IV.1.d)bb).

1419 *Swieter*, Eine ökonomische Analyse der Fußball-Bundesliga, 2002, S. 101 f.

1420 Vgl. zur Abschaffung der bis dato in Kraft befindlichen verbandsrechtlichen Ablöseentschädigungssysteme durch die FIFA bzw. die UEFA und den DFB ausführlich im 2. Teil, 1. Kapitel, B.II.2.a) und B.III.1.

1421 *Dinkelmeier*, Das „Bosman"-Urteil des EuGH und seine Auswirkungen auf den Profifußball in Europa, 1999, S. 132 ff.; *Lehmann/Weigand*, ZfB-Ergänzungsheft 2/1998, 101, 105.

ler war dabei größer als die Zunahme bei den Nachwuchs- und Durchschnittsspielern[1422].

Daneben fällt gleichzeitig aber auch das **Ausmaß des Anstiegs** der Spielergehälter insgesamt auf: Die Durchschnittsgehälter für die Lizenzspieler stiegen in den Jahren von 1992 bis 2000 um etwa 280 Prozent an, wogegen sich die Umsätze der Vereine im Vergleichszeitraum lediglich um ca. 240 Prozent erhöhten[1423]. Ferner läßt sich nachweisen, daß die Spielergehälter gerade im professionellen Fußballsport – im Gegensatz zu anderen ebenso von der „Bosman"-Rechtsprechung betroffenen Sportarten (z.B. Basketball, Eishockey, Handball) – überproportional zugenommen haben[1424]. Diese außerordentlich hohen Steigerungsraten bei den Gehaltssummen der Spitzenfußballspieler, aber auch bei denen der Nachwuchs- und Durchschnittsspieler lassen sich nicht allein mit den Auswirkungen des „Bosman"-Urteils erklären; wobei gerade die Zunahme der Durchschnittslöhne der Durchschnittsspieler in Widerspruch zu der erwarteten Fortentwicklung der ökonomischen Verhältnisse steht (s.o.).

Eine plausible Erklärung für diese Abweichung ergibt sich indes, wenn man die Gründe für die kontinuierliche Steigerung der Gesamtumsatzerlöse der Lizenzvereine hinterfragt. Ursächlich hierfür war die Deregulierung auf dem Fernsehmarkt, die mit dem Aufkommen der privaten Medienanstalten einsetzte. Dies führte bezüglich der Mediaverwertungs-Rechte an den nationalen und internationalen Clubwettbewerben, die vom DFB und der UEFA als Monopolisten auf dem Markt feilgeboten werden, zu einem erbitterten Bieterwettbewerb zwischen den öffentlich-rechtlichen und den privatrechtlichen Fernsehanstalten; bei dem sich letztere schließlich weitgehend durchsetzten. Der Konkurrenzkampf um das Erstverwertungsrecht an den Fußballspielen zog einen exorbitanten Anstieg der Preise für die Übertragungsrechte nach sich. Die wachsenden Geldströme flossen zum Großteil über die Sportverbände in die Kassen der Lizenzvereine[1425]. Aufgrund der zunehmenden medialen Präsenz von Fußballspielen zogen gleichzeitig die Clubeinnahmen aus dem Merchandising und dem Sportsponsoring merklich an[1426].

1422 *Swieter*, Eine ökonomische Analyse der Fußball-Bundesliga, 2002, S. 101 f.; *Riedl/Cachay*, Bosman-Urteil und Nachwuchsförderung, 2002, S. 122 m.w.N.

1423 *Swieter*, Eine ökonomische Analyse der Fußball-Bundesliga, 2002, S. 103.

1424 *Riedl/Cachay*, Bosman-Urteil und Nachwuchsförderung, 2002, S. 122 f.

1425 *Lehmann/Weigand*, BFuP 1999, 124 f.; *Franck/Müller*, ZfB-Ergänzungsheft 2/1998, 121, 129 f.; *Antonioni/Cubbin*, EJLE 9/II (2000), 157, 169.

1426 *Hübl/Swieter*, in: *Hübl/Peters/Swieter*, Ligasport aus ökonomischer Sicht, 2002, 13, 43 ff.; *Schellhaaß*, Die zentrale Vermarktung von Europapokalspielen – Ausbeutung von Marktmacht oder Sicherung des sportlichen Wettbewerbs?, 1999, S. 2.

Die begehrten Spitzenspieler ihrerseits nutzten die durch das „Bosman"-Urteil hinzugewonnene Verhandlungsmacht, indem sie sich den Abschluß langfristiger Spielerverträge mit kräftigen Zuschlägen auf ihr Spielergehalt honorieren ließen[1427]. Auf diese Weise partizipierten zunächst gerade sie an den vereinsseitigen Umsatzerlössteigerungen. Darüber hinaus mußten die Fußballvereine aber erkennen, daß die Unterschiede im Gehaltsniveau zwischen Topspielern und den übrigen Fußballprofis innerhalb ihrer Ligamannschaften nicht zu groß ausfallen durften. Ansonsten hätte die naheliegende Gefahr bestanden, daß für die Fußballspieler mit einer durchschnittlichen Spielanlage die Anreize zur Erbringung ihrer vollen Leistung abnehmen. Dadurch wäre der sportliche Erfolg des einzelnen Lizenzvereins gefährdet worden. Dies zu verhindern ist das Motiv der Vereinsvorstände gewesen, auch die Durchschnittsgehälter der restlichen Fußballmannschaftsmitglieder deutlich anzuheben[1428]. Insoweit setzte sich eine **Preisspirale** bei den Spielergehältern in Gang, die nur sehr schwer zu stoppen war[1429]; und die in eine „Hyperaktivität" der Lizenzvereine einzumünden drohte[1430].

Zieht man in dieser Beziehung ein **Zwischenresümee**, erscheint im Hinblick auf die Einflüsse der „Bosman"-Rechtsprechung bei der Entwicklung der Spielergehälter daher ein differenziertes Fazit geboten: In einer ersten Phase wirkte sich die Rechtsprechung – was nach der Abschaffung des Transferentschädigungssystems auch zu erwarten war – sicherlich als zentraler Faktor beim Anstieg der Spielergehälter aus. Daneben trat in einer zweiten Phase indes als weiterer bedeutender Preistreiber bei den Spielergehältern die enorme Zunahme der Vereinseinnahmen aus der Mediarechte-Verwertung hinzu; wobei das Ingangsetzen der Preisspirale wiederum maßgeblich durch die infolge des „Bosman"-Judikats verbesserte Verhandlungsposition der Spitzenspieler forciert wurde, d.h., hier ist eine wechselseitige Beeinflussung zu beobachten[1431].

[1427] *Swieter*, Eine ökonomische Analyse der Fußball-Bundesliga, 2002, S. 116; *Riedl/Cachay*, Bosman-Urteil und Nachwuchsförderung, 2002, S. 119 f.

[1428] Näher *Büch/Frick*, BFuP 1999, 109, 118 f.; *Lehmann/Weigand*, BFuP 1999, 124, 125; krit. *Ziebs*, Ist Erfolg käuflich? – Analysen und Überlegungen zur sozioökonomischen Realität des Berufsfußballs, 2002, S. 173 ff., 207 f.

[1429] Ebenso *Riedl/Cachay*, Bosman-Urteil und Nachwuchsförderung, 2002, S. 119; *WGZ-Bank/Deloitte & Touche*, FC Euro AG, 2. Aufl., 2001, S. 84.

[1430] Vgl. zu dem Phänomen der „Hyperaktivität" schon im 2. Teil, 1. Kapitel, B.IV.2.b)bb).

[1431] Zu einseitig daher *Franck*, BFuP 1999, 183, 193 ff., der allein auf die exorbitanten Umsatzsteigerungen der Spitzenvereine, die vornehmlich aus deren Teilnahme an den internationalen Clubmeisterschaften resultierten, als Ursache der Hyperaktivität der Vereine verweist.

c) Auswirkungen auf die Transferentschädigungen und die Freizügigkeit der Lizenzspieler

Teilweise erwartete man nach dem Urteil des EuGH ferner den völligen **Wegfall der Transferentschädigungen** oder zumindest einen signifikanten Rückgang der Ablösesummen. Denn die aufnehmenden Fußballvereine hätten fortan die Möglichkeit, Lizenzspieler nach Ablauf ihrer bisherigen Spielerverträge ablösefrei zu verpflichten; zudem bekämen die abgebenden Vereine nach der Abschaffung der Ausländerklauseln Konkurrenz durch EG-ausländische Profifußballer, die ihre Dienste den Lizenzvereinen anböten[1432].

Die Hoffnung auf sinkende Entschädigungszahlungen wurde jedoch durch die tatsächliche Entwicklung widerlegt: Entgegen der Annahmen stiegen die durchschnittlichen Ablösesummen allein innerhalb Deutschlands von der Spielzeit 1996/97 bis zur Saison 2000/01 um **350 Prozent**[1433]. Daß die Transfersummen entgegen der gestellten Prognosen nicht völlig entfielen, kann dabei zumindest noch damit begründet werden, daß die Lizenzvereine zügig dazu übergingen, mit ihren Fußballspielern langfristige Spielerverträge abzuschließen; diese boten in wirtschaftlicher Hinsicht ein genügendes Äquivalent für die entfallene verbandsrechtliche Entschädigungspflicht nach Ablauf des Spielervertrages[1434].

Dann aber liegt gleichzeitig die (vordergründige) Schlußfolgerung nahe, daß nicht die erwartete Umverteilung der investierten Gelder von den Ablöseentschädigungen in höhere Spielergehälter stattgefunden haben konnte. Diese Aussage indes bedeutet auf den ersten Blick einen Widerspruch zu dem Umstand, daß bereits die Spielergehälter signifikant angestiegen waren[1435]. Der scheinbare Gegensatz zwischen den getroffenen wirtschaftlichen Vorhersagen und der exorbitanten Steigerung der Transfergelder läßt sich jedoch ökonomisch durchaus erklären: Entscheidend ist dabei der Umstand, daß mit der allgemeinen Steigerung der Fußballclubeinnahmen eine Erhöhung des Wertgrenzprodukts der einzelnen Lizenzspieler einherging. Infolgedessen wuchs die insgesamt unter den am Spielertransfer Beteiligten zu verteilende Geldsumme, so daß sowohl die

---

1432 Vgl. *Swieter*, Eine ökonomische Analyse der Fußball-Bundesliga, 2002, S. 122; *Késenne*, in: *Késenne/Jeanrenaud*, Competition Policy in Professional Sports, 1999, 117, 127.

1433 *Swieter*, Eine ökonomische Analyse der Fußball-Bundesliga, 2002, S. 125.

1434 Zur funktionalen Äquivalenz beider Instrumente siehe bereits die Ausführungen im 2. Teil, 1. Kapitel, B.IV.1.d)bb).

1435 Wobei dies nämlich gerade auf den Wegfall der verbandsrechtlich vorgesehenen Entschädigungspflicht nach Ablauf des Spielervertrages zurückgeführt worden war.

Spielergehälter als auch die Transfersummen ansteigen konnten; und zwar auch und gerade in dem Umfang, der sich in der Praxis abzeichnete[1436].

Die vorstehende Überlegung offenbart zugleich noch – dies darf nicht unerwähnt bleiben –, daß die EuGH-Entscheidung im Fall „Bosman" zu den Ablöseentschädigungen zwar für die grundsätzliche Beibehaltung, nicht aber für deren übermäßigen Anstieg verantwortlich gemacht werden kann[1437]. Denn der Rückgriff auf das Gestaltungsmittel des langfristigen Vertrages als unmittelbare Konsequenz des Gerichtshofurteils trägt ausschließlich die Schlußfolgerung, daß die Transferentschädigung im wirtschaftlichen Ergebnis nicht völlig entfiel[1438]. Hauptursache für die enorme Zunahme der Transfersummen ist hingegen der verschärfte Bieterwettbewerb der Lizenzvereine um Spitzenspieler, die sie benötigten, um sportlich wettbewerbsfähig zu bleiben, – vor allem auch auf internationaler Ebene. Finanziell ermöglicht wurde die Intensivierung des Nachfragewettbewerbs nach Profifußballern hierbei erst durch die gestiegenen Vereinsumsätze. Welche rechtliche Konstruktion dabei dem abgebenden Verein den Zahlungsanspruch vermittelt – hier: eine verbandsrechtliche Entschädigungspflicht oder ein Transfervertrag zwischen den involvierten Fußballvereinen –, ist dann jedoch unerheblich.

Bezogen auf die zunächst durch das „Bosman"-Urteil sowie die nachfolgenden Entscheidungen des BAG und des BGH **rechtlich hergestellte Freizügigkeit der Profifußballspieler** ist zu konstatieren, daß die Lizenzvereine diese Rechtsprechungsentwicklung einfach umgingen, indem sie den Abschluß langfristiger Spielerverträge zur Regel machten. Dies lief daraus hinaus, daß lediglich Spitzenspieler aufgrund ihrer gestärkten Verhandlungsposition und der nach ihren Diensten bestehenden Nachfrage in den Genuß der erhöhten Mobilität kamen; womit sie in aller Regel selbst bei langfristigen Arbeitsverträgen eine erhöhte Wahrscheinlichkeit hatten, vorzeitig aus dem bestehenden Dienstverhältnis in ein anderes wechseln zu können[1439]. Die große Masse der Nachwuchs- und Durchschnittsspieler dagegen mußte sich aufgrund es Konkurrenzdrucks durch osteuropäische Fußballspieler regelmäßig auf langfristige Spielerverträge einlas-

---

1436 *Hübl/Swieter*, in: *Hübl/Peters/Swieter*, Ligasport aus ökonomischer Sicht, 2002, 13, 61; *Kohl*, Ökonomie des Profifußballs, 2001, S. 107; *Swieter*, Eine ökonomische Analyse der Fußball-Bundesliga, 2002, S. 125 f.

1437 Ebenso im Ergebnis *Schewe/Littkemann*, BFuP 1999, 183, 196; a.A. etwa *Dinkelmeier*, Das „Bosman"-Urteil des EuGH und seine Auswirkungen auf den Profifußball in Europa, 1999, S. 133; *WGZ-Bank/Deloitte & Touche*, FC Euro AG, 2. Aufl., 2001, S. 7; vermittelnd *Schwendowius*, Finanzierungs- und Organisationskonzepte für den deutschen Profifußball, 2002, S. 62.

1438 Vgl. hierzu etwa *Büch*, Sportwissenschaft 28 (1998), 283, 292.

1439 *Swieter*, Eine ökonomische Analyse der Fußball-Bundesliga, 2002, S. 128.

sen, ohne über vergleichbare Wechseloptionen zu verfügen wie die Spitzenfußballer. De facto war die ihnen rechtlich zugestandene Freizügigkeit wertlos[1440].

d) Auswirkungen auf die finanzielle wie wirtschaftliche Wettbewerbsgleichheit unter den Lizenzvereinen sowie die Nachwuchsförderung

Von Interesse ist schließlich, welche Auswirkungen die neue Rechtsprechungslinie von EuGH, BAG und BGH zu den Ablösesummen nach Ende der Vertragslaufzeit auf das finanzielle wie sportliche Gleichgewicht zwischen den Bundesligavereinen sowie die Talentförderung hatte.

Manche Stimmen nahmen den Standpunkt ein, daß die genannte Judikatur zu einer **Verschärfung der Unterschiede in den wirtschaftlichen und sportlichen Kräfteverhältnissen unter den Fußballclubs** führen würde. Denn die gestiegenen Spielergehälter könnten zukünftig nur noch von den reichsten Vereine bezahlt werden, so daß sich die besten Spieler bei diesen konzentrieren würden[1441]. Für diese Annahme scheint auch der tatsächliche Befund zu sprechen: In Deutschland ist nämlich seit der Bundesligasaison 1999/2000 eine Auseinanderentwicklung der wirtschaftlichen und sportlichen Wettbewerbsstärke zwischen den einzelnen Vereinen zu beobachten[1442].

Diesem Argumentationsgang ist indessen entschieden zu widersprechen. Unterstellt man nämlich hypothetisch das Weitergelten des tradierten verbandsrechtlichen Entschädigungssystems, hätten sich – infolge der sich ohnehin vollziehenden Deregulierung des Fernsehmarktes – die Vereinseinnahmen gleichermaßen exorbitant gesteigert. Als Konsequenz daraus hätte sich das Wertgrenzprodukt der jeweiligen Fußballspieler ebenso überproportional erhöht. Dies wiederum hätte dazu geführt, daß im Fall eines Spielertransfers die unter den Beteiligten zu verteilende Geldsumme genauso angewachsen wäre. Aufgrund seiner eher schwachen Verhandlungsposition hätte der Spieler freilich nicht von diesen Wertzuwächsen profitiert wie nach dem Ergehen des EuGH-Urteils; statt dessen wäre sein Spielergehalt geringer ausgefallen und der an dieser Stelle eingesparte Geldbetrag in die Transferentschädigung geflossen, – und hätte diese somit erhöht. Aber auch hier hätte gegolten: Der Gesamtbetrag aus Spielerentgelt und Ablösesumme wäre kleiner als das oder zumindest gleich mit dem vom Profifußballer beim neuen Verein erzielten gesteigerten Wertgrenzprodukt gewesen.

[1440] Vgl. insoweit auch die Ausführungen im 2. Teil, 1. Kapitel, B.IV.1.d)bb) der Arbeit.

[1441] So *Riedl/Cachay*, Bosman-Urteil und Nachwuchsförderung, 2002, S. 127 f.; *Parensen*, in: *Tokarski*, EU-Recht und Sport, 1998, 70, 127.

[1442] Siehe *Franck/Müller*, ZfB-Ergänzungsheft 2/1998, 121, 129 f.; *Swieter*, Eine ökonomische Analyse der Fußball-Bundesliga, 2002, S. 132.

Diese triviale Überlegung belegt, daß sich ohne „Bosman"-Urteil die Gesamtinvestitionssumme des aufnehmenden Vereins ebenso allein wegen des überproportional gestiegenen Wertgrenzprodukts des Spielers in dem gleichen Maße erhöht hätte, wie man es auch unter den veränderten Rahmenbedingungen – d.h. nach Abschaffung der verbandsrechtlichgen Entschädigungspflicht – beobachten konnte. Die „Bosman"-Entscheidung sorgte lediglich für eine Umverteilung bei den zugunsten der einzelnen Beteiligten aufzubringenden Geldsummen; der insgesamt vom aufnehmenden Verein aufzubringende Betrag blieb dabei stets gleich. Die **Abschaffung des althergebrachten Ablöseentschädigungssystems kann daher nicht als Begründung für die** zunehmende **Ungleichverteilung der sportlichen Kräfte unter den Fußballclubs herhalten**[1443]. Die Richtigkeit dieser Ansicht wird im übrigen auch durch den empirischen Befund belegt, daß in den 90er Jahren in keiner der europäischen Spitzenligen (Deutschland, England, Frankreich, Italien und Spanien) unter Anwendung ökonometrischer Meßverfahren ein Rückgang der Ausgeglichenheit als spezifische Ursache des Rechtsprechungswandels zur Rechtswidrigkeit der Transfersummen nach Vertragsende nachgewiesen wurde[1444].

Der ab der Spielzeit 1999/2000 zu verzeichnende (deutliche) Verlust an wirtschaftlicher wie sportlicher Wettbewerbsgleichheit zwischen den Ligaclubs ist im wesentlichen vielmehr auf andere Umstände zurückzuführen: die neuerdings vorwiegend leistungsorientierte Verteilung der TV-Vermarktungseinnahmen aus dem Bundesligaspielbetrieb unter den Lizenzvereinen sowie den Zufluß millionenfacher Beträge aus der Teilnahme an den internationalen Clubmeisterschaften (z.B. Champions League) an eine im wesentlichen gleichbleibende Gruppe von Lizenzvereinen. Konnte man während der 90er Jahre nämlich noch eine Intensivierung des Wettbewerbs zwischen den Beteiligen am Meisterschaftsrennen aufgrund der solidarischen und nahezu paritätischen Verteilung der Fernsehgelder verzeichnen[1445], erfuhr das Verteilungssystem zur Spielzeit 2000/01 eine grundlegende Veränderung; die Implementierung leistungsbezogener Zuteilungskriterien bedeutete eine **Abkehr von der weitgehend gleichmäßigen Verteilung der TV-Gelder aus der Vermarktung der Bundesliga**; dies wiederum führte zu einem Rückgang der Wettbewerbsdichte zwischen den Bundesligaver-

---

1443 Im Ergebnis gleichfalls *Flory*, Der Fall Bosman – Revolution im Fußball?, 1997, S. 123; *Büch*, Sportwissenschaft 28 (1998), 283, 291.

1444 *Swieter*, Eine ökonomische Analyse der Fußball-Bundesliga, 2002, S. 131 ff.; *Erning*, Professioneller Fußball in Deutschland, 2000, S. 177.

1445 *Ziebs*, Ist Erfolg käuflich? – Analysen und Überlegungen zur sozioökonomischen Realität des Berufsfußballs, 2002, S. 232; *Parensen*, in: *Tokarski*, EU-Recht und Sport, 1998, 70, 80; *Frick/Wagner*, Sportwissenschaft 28 (1998), 328, 337. Zur Messung der Wettbewerbsdichte der Fußball-Bundesliga seit ihrer Gründung siehe *Erning*, Professioneller Fußball in Deutschland, 2000, S. 116 ff.

einen[1446]. Eine Erlösquelle von eminenter Bedeutung sind zudem die **Prämien aus der Partizipation an den europäischen Clubwettbewerben**; so erhielten in der Saison 1999/00 die vier qualifizierten Lizenzvereine zusammen insgesamt etwa 131.000.000 DM an Ausschüttungen[1447]. In diesen Entwicklungstendenzen – und nicht in dem starken Anstieg der Spielergehälter als Folge des „Bosman"-Urteils – dürften die **Hauptursachen** für die Auseinanderentwicklung der wirtschaftlichen und sportlichen Kräfteverhältnisse zwischen den Bundesligaclubs liegen[1448].

Neben der Wettbewerbsgleichheit ist das Institut der Transferentschädigung in Zusammenhang mit dem Gedanken der **Schaffung von Anreizstrukturen zur Nachwuchsförderung** zu sehen[1449]. Daher wurde vielfach argumentiert, die justitielle Abschaffung der Transferentschädigungen nach Beendigung des Spielervertrages kappe für die ausbildenden Vereine jeglichen Anreiz zur Talentförderung[1450]. Diese durchaus naheliegende Gefahr mußte sich jedoch nicht zwingend realisieren, denn die Verabredung langfristiger Spielerverträge gab ausbildenden Fußballvereinen die Möglichkeit an die Hand, weiterhin nach dem bisherigen Muster Nachwuchsausbildung zu betreiben[1451]. Ausschlaggebend für den deutlichen Rückgang des Anteils an Nachwuchsspielern in den Lizenzspielermannschaften der deutschen Fußballclubs dürfte dagegen die Abschaffung der Ausländerklauseln durch den EuGH im „Bosman"-Urteil sein, denn seitdem ist der Anteil ausländischer Spieler in den Profimannschaften deutlich angestiegen[1452]. Einheimischen Nachwuchsspielern wurden auf diesem Weg zunehmend

---

1446 Vgl. zur Geeignetheit des vertraglichen Finanzpools mit seinen leistungsabhängigen Verteilungsmechanismen als Instrument zur Wahrung der Wettbewerbsgleichheit zwischen den Lizenzvereinen bereits im 2. Teil, 1. Kapitel, B.IV.2.a) m.w.N.

1447 Davon entfielen auf Bayern München ca. 57 Millionen DM, auf Hertha BSC Berlin ca. 30 Millionen DM, auf Bayer 04 Leverkusen ca. 25 Millionen DM und auf Borussia Dortmund ca. 19 Millionen DM (vgl. *Swieter*, Eine ökonomische Analyse der Fußball-Bundesliga, 2002, S. 37). Zur ständig wachsenden wirtschaftlichen Bedeutung der europäischen Clubmeisterschaften ausführlich *Drewes*, Wettbewerb und finanzieller Ausgleich in professionellen Sportligen, 2001, S. 19 ff.

1448 Ebenso *Müller*, in: *Horch/Heydel/Sierau*, Professionalisierung im Sportmanagement, 1999, 122, 134; *Biermann*, SZ v. 22.08.2002, S. 31.

1449 Zur Bedeutung des Instituts der Transferentschädigung für die Schaffung von Anreizstrukturen zur Nachwuchsförderung vgl. bereits eingehend im 2. Teil, 1. Kapitel, A.I.3.b) der Arbeit.

1450 *Büch*, Sportwissenschaft 28 (1998), 283, 291 ff.; *Büch/Frick*, BFuP 1999, 109, 116.

1451 *Swieter*, Eine ökonomische Analyse der Fußball-Bundesliga, 2002, S. 134 ff.; *Frick/Wagner*, WiSt 1996, 611, 612.

1452 *Erning*, Professioneller Fußball in Deutschland, 2000, S. 184 f.; a.A. *Frick/Wagner*, WiSt 1996, 611, 613 f.

die Möglichkeiten verbaut, ihre spielerischen Fähigkeiten in den Lizenzspielermannschaften vollends heranzubilden.

e) Zwischenfazit

Zusammenfassend lassen sich die Einflüsse der „Bosman"-Rechtsprechung auf den Arbeitsmarkt für Berufsfußballer in **drei Kategorien** einteilen: Zu der **ersten** zählen die Verlängerung der Laufzeiten der Spielerverträge, das Fortdauern der Mobilitätseinschränkungen bei der Mehrzahl der Lizenzspieler sowie der Abbau der Nachwuchsförderinfrastruktur durch die Vereine; für diese Entwicklung sind allein die EuGH-Judikatur und die nachfolgenden Entscheidungen der innerstaatlichen Gerichte verantwortlich. In einer **zweiten** ist die exorbitante Steigerung der Spielergehälter unterzubringen; dafür trifft den Gerichtshof zumindest eine Mitverantwortung, gleichermaßen ausschlaggebend war freilich auch die Zunahme der Vereinsumsatzerlöse infolge der gestiegenen Preise für die Media-Verwertungsrechte. Zu einer **dritten** gehören schließlich die überproportionalen Steigerungen der Transferentschädigungen und die Verwässerung der wirtschaftlichen wie sportlichen Wettbewerbsgleichheit unter den Lizenzvereinen. Für diese negativen Entwicklungen zeichnet die „Bosman"-Judikatur nicht verantwortlich; verantwortlich sind insofern allein die oben herausgearbeiteten externen Effekte.

3. Aktuelle Finanzlage der europäischen Profifußballclubs

An dieser Stelle ist nunmehr auf die wirtschaftliche Lage namentlich der deutschen Lizenzvereine einzugehen, wozu deren Finanzierungs- und Ausgabenstrukturen dargestellt werden (a). Daran schließt eine kurze Übersicht zur Finanzkraft der Profivereine der übrigen europäischen Spitzenligen in England, Spanien, Italien und Frankreich an (b).

a) Wirtschaftliche Situation der deutschen Lizenzvereine

aa) Finanzierung der Lizenzvereine

Die (Eigen-)Finanzierung der deutschen Lizenzvereine ruht im wesentlichen auf **vier Säulen**: den Einnahmen aus der Mediarechte-Verwertung, dem Kartenverkauf, dem Sponsoring und dem Merchandising[1453]. Auf sie entfielen in der Bundesligasaison 1999/2000 etwa **88 Prozent** aller von einem Lizenzverein durch-

[1453] *Hübl/Swieter*, in: *Hübl/Peters/Swieter*, Ligasport aus ökonomischer Sicht, 2002, 13, 18.

schnittlich erwirtschafteten Umsatzerlöse[1454]. Daneben spielt die (Fremd-)Finanzierung über die Aufnahme von Krediten eine nicht unerhebliche Rolle. Bei der folgenden Darstellung der genannten Finanzierungsformen wird ein besonderes Augenmerk darauf zu richten sein, wie sie sich auf das **wirtschaftliche Gleichgewicht innerhalb der Liga** auswirken. Die einzelnen Erlösquellen sind dabei entweder dem Bereich der Innen- oder dem der Außenfinanzierung zuzuordnen.

(1) Innenfinanzierung

Zur Innenfinanzierung zählen sämtliche Erträge[1455], die ein Fußballverein selbst erwirtschaftet. Hierher gehören namentlich die Umsatzerlöse aus der Verwertung der Mediarechte (a), dem Merchandising (b) und dem Kartenverkauf (c).

(a) Die Einnahmen der Lizenzvereine aus der **Mediarechte-Verwertung** haben in den letzten Jahren einen immer größeren Stellenwert gewonnen und machten in der Spielzeit 1999/2000 mit durchschnittlich 31,5 Prozent der Umsatzerlöse eines Bundesligavereins **den größten Einnahmeposten** aus[1456]; in der darauffolgenden Saison steigerte sich der Anteil sogar auf **45 Prozent** der Gesamteinnahmen eines Vereins[1457]. Gespeist wurde diese Einkunftsquelle dabei hauptsächlich durch Gelder aus der Vermarktung der Bundesliga und der europäischen Vereinsmeisterschaften (z.B. Champions League):

Die Gesamteinnahmen der beiden Bundesligen allein aus der TV-Vermarktung vervierzehnfachten sich im Zeitraum von 1990/91 bis 2000/01 nahezu[1458]. So sah der letzte **Vertrag über die TV-Vermarktung der Fußball-Bundesliga**, der noch zwischen der Kirch-Gruppe und dem DFB ausgehandelt worden war, für die vier Spielzeiten 2000/01 bis 2003/04 einen Kaufpreis in Höhe von insgesamt 1,53 Milliarden € vor; wobei die einzelnen Spielzeiten mit 355, 358, 360 und 460 Millionen € angesetzt waren. Im Jahr 2002 mußte KirchMedia jedoch Insolvenz anmelden; mit der Folge, daß der damals bestehende Vertrag neu auszuhandeln war. Ein Tochterunternehmen der Kirch-Gruppe erhielt dabei durch den Ligaverband den Zuschlag. Der neue Kontrakt erstreckt sich auf die Bundesliga-

---

[1454] Vgl. zur Bedeutung der einzelnen Einnahmekategorien: *Swieter*, Eine ökonomische Analyse der Fußball-Bundesliga, 2002, S. 44.

[1455] Neben den gleich zu nennenden gibt es ferner noch Erlöse aus der Vermietung und Verpachtung, aus Abschreibungen (z.B. „Spielerwerte") und aus der Freisetzung von Finanzmitteln der Fußballclubs (z.B. „Spielerverkauf").

[1456] *Swieter*, Eine ökonomische Analyse der Fußball-Bundesliga, 2002, S. 44.

[1457] Vgl. *Kern*, Die Bank 2002, 694, 696; *WGZ-Bank*, FC Euro AG, 3. Aufl., 2002, S. 44.

[1458] Vgl. *Ziebs*, Ist Erfolg käuflich? – Analysen und Überlegungen zur sozioökonomischen Realität des Berufsfußballs, 2002, S. 42.

Saisons 2002/03 und 2003/04; für jede Laufzeit zahlt die Rechtevermarktungs-Gesellschaft 290 Millionen €, hinzu kommt eine sog. „Signing Fee“ in Höhe von 50 Millionen €. Letztere soll wahrscheinlich die von KirchMedia für die Spielzeit 2001/02 noch nicht geleistete letzte Geldrate über 80 Millionen € quasi „ausgleichen“[1459]. Den Fußballclubs sind damit zusammengerechnet durch die Insolvenz von KirchMedia **Erlöseinbußen von mindestens 270 Millionen €** entstanden[1460] [1461]. Die Entwicklung der TV-Vermarktung ist somit – dies läßt sich als Zwischenfazit festhalten – in den Jahren 2002 und 2003 durch einen (beachtlichen) Rückgang bei den zu erzielenden Erlösen gekennzeichnet. Dennoch dürfte die TV-Rechte-Vermarktung auch fortan eine Haupteinnahmequelle für die Lizenzvereine bleiben.

Die – trotz der eben geschilderten Krise immer noch erklecklichen – Einnahmen aus der Zentralvermarktung der Bundesliga-Übertragungsrechte werden über den ab der Spielzeit 2000/01 geltenden freiwillig vereinbarten Ausgleichsfonds nach einem Verteilungsschlüssel an die Lizenzvereine ausgeschüttet, der bewirkt, daß die Lizenzvereine mit besser werdendem Tabellenplatz höhere Zu-

---

1459 Vgl. zur Entwicklung der Vereinseinnahmen aus der TV-Rechte-Vermarktung *WGZ-Bank*, FC Euro AG, 3. Aufl., 2002, S. 83 f.

1460 Aus der Insolvenzmasse von KirchMedia fordert die DFL-GmbH weitergehend sogar 375 Millionen €. Vgl. HANDELSBLATT v. 17./18.01.2003, S. 40.

1461 Mittlerweile scheint sogar zweifelhaft, ob das Kirch-Tochterunternehmen finanziell in der Lage ist, die vertraglich zugesagten 290 Millionen € für die Spielzeit 2003/04 aufzubringen. Denn der bisherige Hauptabnehmer der Erstverwertungsrechte für das Free-TV, SAT 1, war aufgrund drastisch gesunkener Werbeeinnahmen (vgl. hierzu *Hübl/Swieter*, in: *Hübl/Peters/Swieter*, Ligasport aus ökonomischer Sicht, 2002, 13, 42) nicht mehr bereit, wie bisher 80 Millionen € zu investieren, sondern nur noch die Hälfte des genannten Geldbetrages. Nach längeren Verhandlungen erwarb schließlich der öffentlich-rechtliche Fernsehveranstalter ARD die Erstverwertungsrechte (vgl. hierzu *Klewenhagen*, SPONSORS, Heft 7/2003, S. 40); wobei der „Kaufpreis“ zwischen 65 (so *Hanfeld*, FAZ v. 28.06.2003, S. 44) und 78 Millionen € (so *Franzke*, DM EURO, Heft 8/2003, S. 95) veranschlagt wird. Aber auch die Weiterveräußerung der Mediarechte an die übrigen Abnehmer verlief weniger günstig als prognostiziert, so daß für das Kirch-Tochterunternehmen für die Saison 2003/04 insgesamt eine Refinanzierungslücke in Höhe von bis zu 36 Millionen € bleibt (vgl. *Franzke*, DM EURO, Heft 8/2003, S. 95). Diese neuerliche Einbuße wird womöglich von dem Nachfolgeunternehmen der KirchMedia an den Ligaverband in Form entsprechend herabgesetzter Lizenzgelder weitergereicht werden; der Bundesliga droht somit ein weiterer Millionenverlust aus dem TV-Geschäft. Losgelöst davon, wie sich die Lage kurz- und mittelfristig auch weiterentwickeln mag, sicher ist jedenfalls, daß bei weiter rückläufigen Free-TV-Einnahmen zahlreichen finanzschwachen Lizenzvereinen eine Insolvenz droht (vgl. *Wulzinger*, SPIEGEL 1/2003, S. 96).

wendungen erhalten[1462]. So bekamen beispielsweise während der Saison 2000/01 die fünf besten Mannschaften zusammen 105,25 Millionen €, wogegen sich die fünf schlechtesten Teams mit insgesamt 47,93 Millionen € begnügen mußten[1463]. Dieser zum großen Teil leistungsorientiert konzipierte Verteilungsmechanismus führt somit zu einer ersten Spreizung in den wirtschaftlichen Kräfteverhältnissen zwischen den Lizenzvereinen[1464]. Berücksichtigt man ferner, daß die TV-Einnahmen bei den finanzschwächeren Lizenzvereinen zur mit Abstand größten Erlösquelle werden, folgt daraus deren **besondere Abhängigkeit von eben dieser einen Einkunftsart**. Das Wegbrechen der Einnahmen aus der TV-Rechte-Verwertung hat deshalb zwar auch die wirtschaftlich potenten Vereine getroffen; die eigentlich Leidtragenden sind jedoch vor allem die ohnehin finanziell notleidenden Clubs, die auf diese Einkünfte gerade in hohem Maße angewiesen sind[1465]. Die Insolvenz von KirchMedia hat daher die bereits bestehenden Divergenzen in der Finanzkraft der Lizenzvereine signifikant verstärkt.

Daneben sind an dieser Stelle indes nicht nur die Einnahmen aus der Vermarktung der Bundesliga zu berücksichtigen, sondern darüber hinaus brachten **die internationalen Clubwettbewerbe** auf europäischer Ebene im ganzen **zweistellige Millionenbeträge in Euro** aus der Mediarechte-Verwertung in die Kassen der teilnehmenden Lizenzvereine. So erhielten allein die drei deutschen Champions-League-Teilnehmer während der Saison 2000/01 zusammen 75,43 Millionen € an TV-Geldern; davon entfielen 41,45 Millionen € auf Bayern München, 18,92 Millionen € auf Bayer 04 Leverkusen und 15,06 Millionen € auf den Hamburger SV[1466]. Da sich nur die drei besten Mannschaften des nationalen Meisterschaftsrennens für die Champions League qualifizieren, wird auch daran deutlich, daß die Fußballclubs, die regelmäßig oder zumindest des öfteren an den internationalen Clubwettbewerben partizipieren, auf diesem Weg zusätzliche Millionen-Eurobeträge generieren können. Diese Finanzquellen bleiben den finanzschwachen Vereinen, die regelmäßig um den Klassenerhalt kämpfen müssen, verschlossen; so daß sich hier ein zusätzlicher Faktor ergibt, der erheblich

---

1462 Siehe zu dem vertraglich vereinbarten Finanzpool bereits im 2. Teil, 1. Kapitel, B.IV.2.a) (dort auch mit weiterführenden Literaturhinweisen zum Verteilungsschlüssel).

1463 Vgl. *WGZ-Bank*, FC Euro AG, 3. Aufl., 2002, S. 53.

1464 *Hübl/Swieter*, in: *Hübl/Peters/Swieter*, Ligasport aus ökonomischer Sicht, 2002, 13, 39; *Ashelm*, FAZ v.10.07.2002, S. 33; vgl. zudem SZ v. 22.08.2002, S. 31; a.A. *Ziebs*, Ist Erfolg käuflich? – Analysen und Überlegungen zur sozioökonomischen Realität des Berufsfußballs, 2002, S. 234.

1465 Ebenso *Kern*, Die Bank 2002, 694, 695; *WGZ-Bank*, FC Euro AG, 3. Aufl., 2002, S. 54; *Haegele*, NZZ v. 09.08.2002, S. 51; *Ashelm*, FAZ v. 10.07.2002, S. 33; *Peitsmeier*, FAZ v. 07.08.2002, S. 18; *Kowalewsky/Schneider*, CAPITAL, Heft 16/2003, S. 39; vgl. auch HANDELSBLATT v. 20.11.2002, S. 32.

1466 Vgl. *WGZ-Bank*, FC Euro AG, 3. Aufl., 2002, S. 64.

zur weiteren Verwässerung der wirtschaftlichen Kräfteverhältnisse zwischen den Lizenzvereinen beiträgt.

(b) Neben den Erträgen aus der TV-Rechte-Vermarktung stellt das **Merchandising** (Verkauf von Fanartikeln) eine weitere Einnahmequelle dar, dessen Anteil am Gesamtumsatz eines Vereins in der Saison 1999/00 immerhin noch sieben Prozent betragen hat[1467]. Der Erfolg dieser Finanzierungsform hängt maßgeblich von der Popularität und dem sportlichen Abschneiden des jeweiligen Vereins ab. Je umfassender die Medienpräsenz eines Fußballvereins ist und je weiter oben er in der Tabelle steht, desto größer sind daher die in dieser Beziehung fließenden Einnahmen: So erwirtschafteten in der Spielzeit 2000/01 Bayern München 20,5 Millionen €, Borussia Dortmund 17,5 Millionen € und Schalke 04 immerhin noch 5,6 Millionen €. Alle anderen Vereine – zum Teil auch Spitzenclubs wie Hertha BSC Berlin, Bayer 04 Leverkusen und der Hamburger SV – kamen dagegen lediglich auf Erlöse zwischen 0,4 und 3 Millionen €[1468]. Diese Zahlen belegen, daß sich der Verkauf von Fanartikeln insbesondere für die Spitzenvereine der Bundesliga lohnt[1469]. Auf der anderen Seite zeigt der durchschnittlich geringe Umsatzanteil von sieben Prozent, daß die meisten Vereine die insoweit bestehenden Erlöspotentiale, wie sie bereits von anderen europäischen Vereinen ausgeschöpft werden[1470], noch nicht vollständig erkannt haben[1471]. Dies mag auch ein Grund dafür sein, daß das Merchandising gleichfalls einen nicht zu unterschätzenden Beitrag zu der Auseinanderentwicklung der wirtschaftlichen Stärkeverhältnisse leistet[1472].

1467 *Swieter*, Eine ökonomische Analyse der Fußball-Bundesliga, 2002, S. 44.

1468 *WGZ-Bank*, FC Euro AG, 3. Aufl., 2002, S. 61. Insgesamt erwirtschafteten die Lizenzvereine der Bundesliga 2000/01 ca. 51 Millionen € aus dem Vertrieb von Fanartikeln.

1469 Siehe dazu auch die Umsatzzahlen, die *Swieter*, Eine ökonomische Analyse der Fußball-Bundesliga, 2002, S. 42, für Borussia Dortmund und Schalke 04 für die Spielzeiten 1997/98 bis 1999/00 präsentiert.

1470 Vgl. *WGZ-Bank*, FC Euro AG, 3. Aufl., 2002, S. 61. So weisen andere europäische (Spitzen-)Clubs wie zum Beispiel Manchester United (17 Prozent), Chelsea Village (12 Prozent), AS Rom (11 Prozent) zweistellige prozentuale Anteilsraten an den jeweiligen Umsatzerlösen auf (vgl. *WGZ-Bank*, FC Euro AG, 3. Aufl., 2002, S. 14, 23, 27; *Johnson*, TAGESSPIEGEL v. 18.04.2002, S. 18).

1471 *Franzke*, DM EURO, Heft 8/2003, S. 94 f.; *Swieter*, Eine ökonomische Analyse der Fußball-Bundesliga, 2002, S. 41 f., der festhält, daß die Mehrzahl der Vereinsvorstände dem Merchandising einen eher geringen Stellenwert einräumt. Dagegen empfiehlt die WGZ-Bank in ihrer Branchenanalyse gerade den Aufbau eines erlösträchtigen Markennamens (*WGZ-Bank*, FC Euro AG, 3. Aufl., 2002, S. 73).

1472 *Kern/Haas/Dworak*, in: *Galli/Gömmel/Holzhäuser/Straub*, Sportmanagement, 2002, 395, 429.

(c) Der **Kartenverkauf** (Ticketing)[1473] stellte in den vergangenen Jahrzehnten regelmäßig im Mittel die größte Einnahmequelle der Lizenzvereine dar, bevor er in dieser Beziehung durch die Einkünfte aus der TV-Vermarktung abgelöst wurde. Dennoch betrug der durchschnittliche Anteil dieser Einkunftsart an den gesamten Vereinserträgen in der Saison 1999/2000 rund 25 Prozent[1474]. Daß die Umsätze trotz der in den letzten Spielzeiten stagnierenden Zuschauerzahlen[1475] auf diesem hohen Niveau verharren, dürfte nicht zuletzt damit zusammenhängen, daß die Fußballclubs dazu übergegangen sind, die Stadien grundlegend zu modernisieren[1476].

(2) Außenfinanzierung

Die **Außenfinanzierung** umschließt die finanziellen Mittel, die einem Lizenzverein von einem Mitglied (Eigenfinanzierung) oder von einem Dritten (Fremdfinanzierung) von außen zugeführt werden.

(a) Die **Eigenfinanzierung** umfaßt neben den traditionellen Mitgliedsbeiträgen[1477] und dem kaum verbreiteten Instrument der Beteiligungsfinanzierung[1478] hauptsächlich die Erlöse aus dem sog. **Sportsponsoring**. Derartige monetäre oder materielle Zuwendungen haben auf der Einnahmenseite der Fußballclubs nahezu den gleichen Stellenwert wie das Ticketing; sie machten – bezogen auf die Spielzeit 1999/00 – im Mittel ca. 24 Prozent der Umsatzerlöse eines Fußballclubs aus[1479]. Die Unternehmen investieren dabei vor allem in den Bereichen Trikotwerbung, Bandenwerbung und Ausrüsterverträge[1480]. Am lukrativsten sind

---

[1473] Allgemein zum Ticketing *Kern/Haas/Dworak*, in: *Galli/Gömmel/Holzhäuser/ Straub*, Sportmanagement, 2002, 395, 424 ff.

[1474] *Swieter*, Eine ökonomische Analyse der Fußball-Bundesliga, 2002, S. 44.

[1475] *Swieter*, Eine ökonomische Analyse der Fußball-Bundesliga, 2002, S. 32 ff. Für die Spielzeit 2003/2004 wird indes ein neuer Dauerkarten-Rekord vermeldet. HANDELSBLATT v. 25./26.07.2003, S. 40.

[1476] *WGZ-Bank*, FC Euro AG, 3. Aufl., 2002, S. 58 f.

[1477] Die Mitgliedsbeiträge trugen in der Spielzeit 1999/00 nur im Schnitt etwa zwei Prozent zu den gesamten Umsatzerlösen der einzelnen Lizenzvereine bei (*Swieter*, Eine ökonomische Analyse der Fußball-Bundesliga, 2002, S. 44).

[1478] Die Veräußerung von Geschäftsanteilen an einem Fußballunternehmen ist in den beiden Bundesligen bislang nur ausnahmsweise anzutreffen; z.B. hat die Adidas Salomon AG zehn Prozent des Grundkapitals der Bayern München AG erworben (näher *Kern*, Die Bank, 2002, 694, 696; *WGZ-Bank*, FC Euro AG, 3. Aufl., 2002, S. 50). Dieses Finanzierungsinstrument könnte zukünftig eine größere Bedeutung erlangen, wenn sich mehr Bundesligavereine dazu entschließen sollten, ihre Lizenzspielermannschaften als Kapitalgesellschaften auszugliedern.

[1479] *Swieter*, Eine ökonomische Analyse der Fußball-Bundesliga, 2002, S. 44.

[1480] *Swieter*, Eine ökonomische Analyse der Fußball-Bundesliga, 2002, S. 40.

für die Fußballvereine – wie die jeweiligen Gesamtumsatzzahlen aus der Spielzeit 2000/01 offenlegen – in diesem Kontext die Trikotwerbung (95,8 Millionen €) sowie der Abschluß von Ausrüsterverträgen (22,2 Millionen €). Unterscheidet man zudem danach, wie sich die in diesem Bereich erzielten Umsätze verteilen, ist abermals – wie schon bei den Erlösen aus der TV-Rechte-Vermarktung – eine Konzentration auf den oberen Tabellenrängen der Bundesliga festzustellen. So erwirtschafteten die besten fünf Vereine der Saison 2000/01 **deutlich über die Hälfte** aller jeweils in einer dieser Einnahmekategorien insgesamt erzielten Erlöse (Trikotwerbung: 54,2 Millionen € [56,6 Prozent]; Ausrüsterverträge: 14,3 Millionen € [64,1 Prozent])[1481]. Entscheidend für diese Ungleichverteilung ist, daß die Sponsoren Wert darauf legen, daß der unterstützte Verein gleichermaßen eine große Medienpräsenz und sportlichen Erfolg vorweist[1482]. Daher haben Fußballclubs wie z.B. Bayern München, Borussia Dortmund oder Schalke 04 in der Regel keinerlei Probleme, einen Sponsor zu finden, der auch bereit ist, entsprechend hohe Beträge zu investieren. Dagegen haben die in sportlicher Hinsicht „grauen Mäuse“ der Liga wie etwa Werder Bremen, VfL Bochum oder Hansa Rostock oftmals erhebliche Schwierigkeiten, überhaupt einen Trikotsponsor zu gewinnen[1483]. Auch am Beispiel der Sportsponsoring-Erlöse läßt sich damit eine zunehmende Auflösung des wirtschaftlichen Gleichgewichts unter den einzelnen Lizenzvereinen ablesen[1484].

(b) Im Mittelpunkt der **Fremdfinanzierung** des Fußballvereins steht die Beschaffung liquider Mittel durch die **Aufnahme von Krediten**. Diese Form der Geldbeschaffung war bei den ehrenamtlichen Vereinsvorständen der Bundesligaclubs derart ausgeprägt, daß sie bereits bis zum Jahr 1998 nach Schätzung mancher Branchenkenner – bezogen auf die Gesamtheit der Lizenzvereine – einen Schuldenberg in Höhe von 600 Millionen DM angehäuft hatten[1485]. Dieser wuchs bis zum Ende der Spielzeit 1999/00 auf etwa 731 Millionen DM oder umgerechnet auf 374,2 Millionen € an. Lenkt man das Augenmerk auf die einzelnen Bundesligavereine und hinterfragt, wie sich die Nettoverschuldung auf die einzelnen Clubs verteilte, erhält man folgenden Befund: Die durchschnittliche Nettoverschuldung der Clubs lag bei 13,9 Millionen €; wobei der „Spitzenreiter“ bei den Verbindlichkeiten immerhin 49,2 Millionen € vorweisen konn-

---

1481 Vgl. *WGZ-Bank*, FC Euro AG, 3. Aufl., 2002, S. 57.

1482 *Swieter*, Eine ökonomische Analyse der Fußball-Bundesliga, 2002, S. 40.

1483 Vgl. *Biermann*, SZ v. 06.08.2002, S. 31; *WGZ-Bank*, FC Euro AG, 3. Aufl., 2002, S. 49, 57.

1484 Dieser Trend setzte sich auch die der Spielzeit 2003/04 fort. Vgl. im einzelnen *Thylmann*, HANDELSBLATT v. 01./02.08.2003, S. 40.

1485 Vgl. *Parensen*, in: *Tokarski*, EU-Recht und Sport, 1998, 70, 127. Dieser DM-Betrag entspricht umgerechnet ungefähr 306,85 Millionen €.

te[1486]. Lenkt man den Fokus weiterhin auf die Eigenkapitalstruktur der Lizenzvereine, stellt man fest, daß die meisten der Clubs nur über außerordentlich wenig Eigenkapital verfügten, – und zwar durchschnittlich über gerade einmal 2,5 Millionen €[1487]. Aus diesem Grund hingen die Lizenzvereine schon damals besonders stark von Fremdkapitalgebern ab.

Dieser Zustand liefert auch die Erklärung dafür, daß zahlreiche Fußballclubs im Gefolge der Insolvenz von KirchMedia, obwohl diese ihnen im ganzen etwa „nur“ zehn Prozent weniger an Gesamteinkünften bescherte[1488], in arge finanzielle Bedrängnis gerieten. Insbesondere die von der wirtschaftlichen Krise besonders hart getroffenen „kleineren“ Fußballclubs mußten daher weiteres Fremdkapital zuführen, um wirtschaftlich überleben zu können. Vor allem wegen der Kirch-Krise nahmen die Nettoschulden sämtlicher Lizenzvereine deshalb bis Anfang 2003 auf rund 600 Millionen € zu[1489]; zieht man einen Vergleich zu dem Jahr 1998, könnte man ebenso formulieren: Innerhalb von knapp fünf Jahren haben die Lizenzvereine die Einführung der Gemeinschaftswährung dazu genutzt, bei dem Gesamtbetrag ihrer Kreditverbindlichkeiten das DM- durch das €-Zeichen zu ersetzen. Mitte 2003 belief sich die **Gesamtverschuldung** der Bundesligavereine gar auf mittlerweile **682 Millionen €**[1490].

Damit steigt gleichzeitig natürlich – dies läßt sich zusammenfassend schlußfolgern – abermals die Gefahr, daß einige Lizenzvereine bei einer weiteren Verschlechterung der Ertragslage aufgrund einer bilanziellen Überschuldung oder

---

1486 Vgl. *Kern*, Die Bank, 2002, 694, 696. Nach *Hübl/Swieter*, in: *Hübl/Peters/Swieter*, Ligasport aus ökonomischer Sicht, 2002, 13, 62, betrug die Nettoverschuldung der Bundesligavereine 2001 rund 700 Millionen DM.

1487 *Kern*, Die Bank, 2002, 694, 696: „Zehn Vereine bilanzierten zwischen 0,07 und 7,88 Mill. EUR Eigenkapital [...]. Die gesamte Bandbreite reichte von einer bilanziellen Überschuldung (negativem Eigenkapital) in Höhe von 24,5 Mill. EUR bis zu einem Vereinsvermögen von 49,4 Mill. EUR. [...] Insgesamt finanzierte sich die Bundesliga zum Ende der Saison 1999/2000 zu 113,9 Mill. EUR aus Eigenkapital, fünf Vereine waren jedoch mit insgesamt 53,9 Mill. EUR bilanziell überschuldet (nicht gedeckter Fehlbetrag).“ Siehe zudem HANDELSBLATT v. 28.10.2002, S. 44.

1488 Darauf weist zutreffend *Kern*, Die Bank, 2002, 694 f., hin.

1489 Vgl. *Wulzinger*, SPIEGEL, Heft 1/2003, S. 97; *Pontzen*, HANDELSBLATT v. 15.01.2003, S. 36. Inzwischen gehen die Fußballclubs angesichts der hohen Verschuldung dazu über, die laufenden Betriebsausgaben über alternative Finanzierungsformen abzudecken. So brachte Schalke 04 als erster Bundesligaverein eine festverzinsliche, strukturierte Anleihe auf den Markt; wobei der Schuldendienst aus den Zuschauereinnahmen geleistet werden soll (Asset Backed Securitization). Näher dazu *Buchenau/Hintermeier/Rettberg/Thylmann*, HANDELSBLATT v. 28.02./01.03.2003, S. 48; *WGZ-Bank*, FC Euro AG, 3. Aufl., 2002, S. 11).

1490 So die Angaben von *Franzke*, DM EURO, Heft 8/2003, S. 93.

wegen Zahlungsunfähigkeit Insolvenz beantragen müssen[1491]. **Gründe** für diese Entwicklung dürfte es im wesentlichen zwei geben: Zum ersten wirkte sich die **substantielle Abhängigkeit** zahlreicher ohnehin finanzschwacher Fußballbundesligavereine **von den Einkünften aus der TV-Rechte-Vermarktung** dahin aus, daß sie große Probleme hatten, die entstehenden Finanzierungslücken bei den laufenden Betriebskosten – zu denen vor allem die extrem hohen Spielergehälter zählen – auf Anhieb zu schließen[1492]. In dieser Aussage liegt zugleich die Überleitung zu der zweiten Ursache: Die exorbitanten Lizenzspielerentgelte sind nämlich – wie bereits aufgezeigt – das Resultat der verbreiteten Unsitte, zukünftige spekulative Mehreinnahmen sofort wieder in die Verpflichtung von Lizenzspielern zu investieren; wobei diese Art wirtschaftlichen Handelns nichts anderes als das Produkt von **Mißmanagement der Fußballunternehmensführer** darstellt[1493].

bb) Ausgaben der Lizenzvereine

Unter verschiedenen Ausgabenposten der Lizenzvereine weisen die Spielergehälter und die Ablösesummen den weitaus größten Anteil an den Gesamtaufwendungen auf; während der Spielzeit 2000/01 betrug der diesbezügliche Anteil **über zwei Drittel** am Vereinsumsatz[1494]. Von daher liegt der Schwerpunkt der folgenden Ausführungen auf den genannten Ausgabenfeldern, wogegen auf eine nähere Darstellung der sonstigen Posten verzichtet wird[1495].

Die **Spielergehälter** hatten in den Jahren nach dem Ergehen des „Bosman"-Urteils überproportional zugenommen. In der Spielzeit 2000/01 mußten die Lizenzvereine durchschnittlich **50 Prozent** ihrer Umsätze in die Lizenzspielerentgelte investieren[1496]. Schaut man des weiteren, wie sich die Gehälter auf die einzelnen Vereine der Bundesliga verteilten, fällt wiederum eine Konzentration an

---

1491 So die Einschätzung des Sportjuristen Rauball. Vgl. SPIEGEL ONLINE v. 15.12.2002, http://www.spiegel.de/sport/fussball/0,1518,227280,00.html.

1492 Vgl. *Riedl/Cachay*, Bosman-Urteil und Nachwuchsförderung, 2002, S. 129 f., die allerdings mit einem rapiden Rückgang bei den Sponsoring-Erträgen rechneten. Siehe zudem *Wulzinger*, SPIEGEL, Heft 1/2003, S. 98: „Und so sehen sich die Clubs machtlos einem Fernsehmarkt ausgesetzt, der von gnadenlosem Preis-Dumping gekennzeichnet ist." Kritisch zu der ausgeprägten Abhängigkeit des Profifußballs von den Geldern der Medienwirtschaft auch *Horeni*, FAZ v. 10.08.2002, S. 1.

1493 Ebenso *Kern*, Die Bank 2002, 694 f.; *Voelker*, TAZ v. 10.08.2002, S. 4; *Sohns/Weilguny*, SPONSORS, Heft 6/2003, S. 17 f.

1494 *Swieter*, Eine ökonomische Analyse der Fußball-Bundesliga, 2002, S. 123.

1495 Zu den sonstigen Aufwendungsposten der Lizenzvereine siehe den Überblick bei: *WGZ-Bank*, FC Euro AG, 3. Aufl., 2002, S. 71 f.

1496 *WGZ-Bank*, FC Euro AG, 3. Aufl., 2002, S. 34; *Swieter*, Eine ökonomische Analyse der Fußball-Bundesliga, 2002, S. 102.

der Spitze der Tabelle auf: So gaben die fünf Bestplatzierten der Liga 2001/02 zusammen 206,2 Millionen € an Spielergehältern aus; was einer Quote von etwa 49 Prozent aller während dieser Spielzeit von Seiten der Vereine geleisteten Lizenzspielerentgelte entspricht[1497]. Daraus läßt sich auf eine Allokation der spielstärksten Fußballspieler bei den wirtschaftlich erfolgreichsten Lizenzclubs schließen. Die Preisspirale beim Personalaufwand wurde jedoch mit dem Ausbleiben der TV-Gelder abrupt gestoppt; denn zahlreiche in Finanznöte geratene Fußballclubs nahmen **bei den Gehaltszahlungen** der Spieler teilweise **erhebliche Kürzungen** vor[1498]; so daß der Anteil der Lizenzspielergehälter Anfang 2003 auf 44 Prozent an den Vereinsumsätzen abgesunken war[1499]. Nach Ansicht des Ligaverbandes dürften sich diese Maßnahmen indes als nicht ausreichend erweisen; denn nach Berechnungen der DFL-GmbH läßt sich eine weitere Verschuldung der Lizenzvereine nur stoppen, wenn die Spieler durchschnittlich auf 18 Prozent ihres Gehalts verzichten[1500].

Im Hinblick auf die **Transferentschädigungen** bei der Verpflichtung von Lizenzspielern war in den letzten Jahren wie schon bei den Spielergehältern eine enorme Zuwachsrate zu verzeichnen; in der Saison 2000/01 beispielsweise investierten die Lizenzvereine der Bundesliga allein ca. 146,5 Millionen € in Ablösesummen, um Spieler vorzeitig aus noch laufenden Verträgen herauskaufen zu können. Aber auch an dieser Stelle brachte die durch die Kirch-Insolvenz ausgelöste Finanzkrise des bezahlten Fußballs eine gewisse Dämpfung der Hyperaktivität der Fußballclubs. So gaben die Bundesligaclubs in der Saison 2002/03 insgesamt „lediglich" noch 111 Millionen € für Ablöseentschädigungen aus, d.h., es kam im Vergleich zur Vorspielzeit zu einem **Rückgang um etwa 30 Prozent**. Auffällig hierbei ist wiederum, daß über drei Viertel aller überhaupt auf dem Transfermarkt getätigten Investitionen auf die seinerzeitigen Spitzenvereine Borussia Dortmund, Bayern München, Hertha BSC Berlin, Schalke 04 und Bayer 04 Leverkusen entfielen. Aus dieser Entwicklung lassen sich zwei Konsequenzen ableiten: Zum einen spiegelt sich darin ebenso die Auseinanderentwicklung der wirtschaftlichen wie sportlichen Kräfteverhältnisse unter den Clubs wider[1501]; zweitens zeigt sich, daß die Transfersummen für durchschnittli-

---

[1497] Zu den Spielergehältern in der Saison 2001/02 siehe *WGZ-Bank*, FC Euro AG, 3. Aufl., 2002, S. 71.

[1498] Näher *Wulzinger*, SPIEGEL, Heft 1/2003, S. 97; *Hermann/Pontzen*, HANDELSBLATT v. 15.01.2003, S. 36; *Thylmann/Specht*, HANDELSBLATT v. 08.04.2002, S. 36; vgl. auch FAZ v. 09.07.2003, S. 30.

[1499] *Pontzen*, HANDELSBLATT v. 15.01.2003, S. 36.

[1500] *Pontzen*, HANDELSBLATT v. 15.01.2003, S. 36; SPIEGEL ONLINE v. 18.11.2002, http://www.spiegel.de/sport/fussball/0,1518,223238,00.html.

[1501] *WGZ-Bank*, FC Euro AG, 3. Aufl., 2002, S. 68; *Horeni*, FAZ v. 10.08.2002, S. 1.

che Spieler mittelfristig zurückgehen werden[1502]. Neben diesen Veränderungen brachte die Krise des Profifußballs eine weitere bisher nicht gekannte Neuerung mit sich: Zahlreiche Profivereine verkleinerten die in den letzten Spielzeiten stark angewachsenen Spielerkader, indem sie des öfteren auslaufende Spielerverträge nicht mehr verlängerten[1503]. Dies hatte zur Folge, daß zu Beginn der Spielzeit 2002/03 noch zahlreiche **Profifußballspieler** auf dem Transfermarkt waren und vergeblich einen neuen Arbeitgeber suchten; sie waren schlicht bloße „Ladenhüter"[1504] und damit **arbeitslos** geworden[1505]. Schließlich erwägen die Lizenzvereine, aus Gründen der Kostenersparnis fortan wieder verstärkt Nachwuchsspieler in den Profimannschaften einzusetzen[1506].

cc) Zwischenfazit

Als Folge der Insolvenz von KirchMedia hielten Vertreter der DFL-GmbH die Insolvenz von bis zu drei Bundesligavereinen noch während des Meisterschaftswettbewerbs 2002/03 für wahrscheinlich[1507]. Nach Ablauf dieser Spielzeit scheint sich die angespannte Finanzsituation der Vereine nach außen hin etwas entspannt zu haben; die befürchteten Insolvenzen in den beiden höchsten deutschen Spielklassen blieben zumindest aus[1508]. Ein maßgeblicher Grund hierfür dürfte das relativ strenge Lizenzierungsverfahren des Ligaverbands bzw. der DFL-GmbH sein; wobei auch dieses freilich seine Schwachstellen hat, wie die in der Saison 2002/03 beim 1. FC Kaiserslautern und beim FC Bayern München

---

1502 *WGZ-Bank*, FC Euro AG, 3. Aufl., 2002, S. 70; *Ahlers/Buchenau*, HANDELSBLATT v. 17.04.2003, S. 48.

1503 Vgl. *Ashelm*, FAZ v. 16.07.2002, S. 31; *Ahlers/Buchenau*, HANDELSBLATT v. 17.04.2003, S. 48; *Franzke*, DM EURO, Heft 8/2003, S. 93 f.; siehe darüber hinaus HANDELSBLATT v. 20.11.2002, S. 32.

1504 *Kramer*, SPIEGEL, Heft 32/2002, S. 116; *Ashelm*, FAZ v. 16.07.2002, S. 31.

1505 Siehe *Ahlers*, HANDELSBLATT v. 09./10.08.2002, S. 44. *Horeni*, FAZ v. 10.08.2002, S. 1, gab zu Beginn der Spielzeit 2002/03 die Arbeitslosenquote unter den Profifußballern mit über zehn Prozent an. Kurz vor Beginn der Saison 2003/04 waren sogar 200 Berufsfußballer ohne Lohn und Brot. Vgl. *Franzke*, DM EURO, Heft 8/2003, S. 92 f.

1506 Vgl. *Ahlers/Buchenau*, HANDELSBLATT v. 17.04.2003, S. 48; *Ashelm*, FAZ v. 14.07.2002, S. 10; *Johnson*, TAGESSPIEGEL v. 18.04.2002, S. 18; siehe zudem HANDELSBLATT v. 08.04.2002, S. 36.

1507 Vgl. SPIEGEL ONLINE v. 18.11.2002, http://www.spiegel.de/sport/fussball/ 0,1518, 223238,00.html.

1508 In der letzten Zeit kam es jedoch in den Spielklassen unterhalb der beiden Bundesligen zu zahlreichen Insolvenzen bei Fußballclubs. Siehe dazu den Überblick bei *Englisch*, in: *Württembergischer Fußballverband*, Wirtschaftliche Kontrollmaßnahmen und verbandsrechtliche Sanktionen zur Sicherung des sportlichen Wettbewerbs im Fußball, 2003, 25 ff.

aufgetretenen Unregelmäßigkeiten zeigten[1509]. Daß die **Finanzkrise des professionellen Fußballsports** dennoch **nicht** völlig **überstanden** ist, wird dadurch belegt, daß von 36 Vereinen für die Spielzeit 2003/04 lediglich ein Drittel die Lizenz ohne Einschränkungen erhielten. Zwölf Fußballclubs bekamen die Lizenz unter Auflagen erteilt; sie sind fortan verpflichtet, monatliche Soll-Ist-Bilanzen vorzulegen[1510]. Die restlichen dreizehn Clubs bekamen noch keine endgültige Lizenz erteilt; sie mußten bis zum 11.06.2003 weitere finanzwirksame Maßnahmen ergreifen, um die wirtschaftliche Leistungsfähigkeit für die Saison 2003/04 nachzuweisen. Indes ging die DFL davon aus, daß im Ergebnis alle Vereine die gestellten Bedingungen erfüllen können und ihnen die begehrte Lizenz noch zugeteilt würde[1511]. Mit dieser Einschätzung lag man richtig, denn zum genannten Stichtag konnte allen verbliebenen Clubs im zweiten Durchgang des Lizenzierungsverfahrens die Spiellizenz für die Saison 2003/04 erteilt werden[1512].

Angesichts der finanziellen Ausfälle in Millionenhöhe bei den Umsätzen der Vereine dürfte es verfrüht sein, für den deutschen Fußballmarkt eine Erholung zu behaupten[1513]. Vielmehr erscheint allein wegen der Ungewißheit über die zukünftige Entwicklung der Erlöse aus der TV-Rechte-Vermarktung eine vorsichtigere Einschätzung geboten[1514]. Wie dem im einzelnen indessen auch sein mag, sicher benennen lassen sich im Gegensatz dazu jedenfalls die **ökonomischen Folgekonsequenzen** der letzten Entwicklungen; dies sind erstens eine Konzentration der Umsatzerlöse bei den sportlich erfolgreichsten Clubs und zweitens der extreme Anstieg der finanziellen Verschuldung der Fußballvereine: Wie gezeigt, fließen die Einnahmen aus der Mediarechte-Verwertung (einschließlich der Erlöse aus der Teilnahme an den europäischen Clubmeisterschaften), dem

---

1509 Vgl. zu den Affären beim 1. FC Kaiserslautern (Steuerschulden) und FC Bayern München (Geheimvertrag mit KirchMedia): *Belac*, Prüfung der wirtschaftlichen Leistungsfähigkeit im Rahmen des Lizenzierungsverfahrens der DFL, 2003, S. 10 ff. Als Schwachstelle im Kontrollsystem bezeichnete der Geschäftsführer der DFL-GmbH, Straub, daß nur unzureichende Kontrollmechanismen bereitstehen, wenn einem Fußballclub erst einmal eine Lizenz ohne Auflagen erteilt wurde (vgl. HANDELSBLATT v. 28.02/01.03.2003, S. 48). Allgemeine Kritik am Lizenzierungsverfahren üben beispielsweise *Brast/Stübinger*, in: *Schewe/Littkemann*, Sportmanagement, 2002, 23, 49 ff.

1510 SPIEGEL ONLINE v. 22.04.2003, http://www.spiegel.de/sport/fussball/0,1518,245686,00.html. Ausführlich zur aktuellen Finanzlage der Bundesligavereine *Leinemann/Weinzierl*, SPIEGEL, Heft 21/2003, S. 138 ff.

1511 HANDELSBLATT v. 17.04.2003, S. 48; *Leinemann/Weinzierl*, SPIEGEL, Heft 21/2003, S. 139, sprechen in diesem Kontext von „politisch motivierter Nachsicht".

1512 Siehe HANDELSBLATT v. 17.06.2003, S. 44.

1513 So aber *WGZ-Bank*, FC Euro AG, 3. Aufl., 2002, S. 73.

1514 Ähnlich *Kern*, Die Bank 2002, 694, 698 f.; vgl. auch SPIEGEL ONLINE v. 22.04.2003, http://www.spiegel.de/sport/fussball/0,1518,245686,00.htm.

Merchandising und dem Sponsoring hauptsächlich in die Kassen der Clubs, die in der Bundesliga nahezu regelmäßig die oberen Tabellenränge belegen. So betrugen schon in der Spielzeit 2000/01 die Umsätze der Lizenzvereine zwischen 15,6 Millionen € (Energie Cottbus) und 172,8 Millionen € (FC Bayern München). Deutlicher läßt sich die **extreme Auseinanderentwicklung in den wirtschaftlichen (und damit auch in den sportlichen) Wettbewerbsverhältnissen unter den Vereinen**, die ohne korrigierende Eingriffe von außen mit an Sicherheit grenzender Wahrscheinlichkeit weiter zunehmen wird, nicht illustrieren („Zwei-Klassen-Gesellschaft")[1515]; wobei diese Zweiteilung die verstärkte Gefahr einer Hyperaktivität der in der unteren Tabellenhälfte der Bundesliga angesiedelten Vereine in sich birgt[1516]. Daneben verfügen immer mehr Lizenzvereine – namentlich die aus der 2. Bundesliga – über einen hohen Schuldenstand und ein negatives Eigenkapital, so daß sie zusehends auf Fremdkapitalgeber angewiesen sind[1517]; zudem bleibt bei zahlreichen Clubs die Abhängigkeit von einer einzigen Haupteinnahmequelle, – seien es ein Sportsponsor oder die Erlöse aus der TV-Rechte-Vermarktung. Diese Faktoren tragen maßgeblich dazu bei, daß für die Lizenzvereine, zumal wenn sie unter Mißmanagement leiden, ein **Insolvenzrisiko in bisher nicht gekanntem Ausmaß** besteht[1518]. Wirtschaftlich überlebensfähig werden auf Dauer nur die Fußballclubs sein, die ihre finanziellen und personellen Mittel effizient einsetzen.

b) Blick nach Europa: Wirtschaftliche Situation der Profifußballclubs in den europäischen Spitzenligen

Im Anschluß an die Analyse der gegenwärtigen ökonomischen Ausgangslage der Bundesligavereine ist nunmehr auf die Finanzlage der Profifußballclubs in den übrigen europäischen Spitzenligen einzugehen; dazu gehören England, Frankreich, Italien und Spanien (aa bis dd). Danach ist die Wirtschaftslage der deutschen Bundesliga mit der der anderen Ligen noch kurz zu vergleichen (ee).

[1515] Ebenso *Kern*, Die Bank 2002, 694, 695; *WGZ-Bank*, FC Euro AG, 3. Aufl., 2002, S. 34 f., 68; *Weilguny*, SPONSORS, Heft 6/2003, S. 22 f.; siehe auch *Mayer-Vorfelder*, HANDELSBLATT v. 27./28.07.2001, S. 44.

[1516] Zu dem ökonomischen Phänomen der Hyperaktivität siehe schon im 2. Teil, 1. Kapitel, B.IV.2.b)bb).

[1517] HANDELSBLATT v. 17.04.2003, S. 48.

[1518] Zur Insolvenz von Sportvereinen siehe *Wellensiek*, in: *Württembergischer Fußballverband*, Wirtschaftliche Kontrollmaßnahmen und verbandsrechtliche Sanktionen zur Sicherung des sportlichen Wettbewerbs im Fußball, 2003, 18, und *Walker*, in: *Württembergischer Fußballverband*, Wirtschaftliche Kontrollmaßnahmen und verbandsrechtliche Sanktionen zur Sicherung des sportlichen Wettbewerbs im Fußball, 2003, 45.

aa) **Englands Premier League**[1519], die umsatzstärkste Liga Europas, weist einen überaus großen Anteil an börsennotierten Fußballvereinen auf. Wirft man einen Blick auf die Umsatzstruktur der Fußballunternehmen, so ist diese – bezogen auf die Saison 2000/01 – recht homogen: Die Erlöse aus dem Kartenverkauf (31 Prozent) und dem Sponsoring (30 Prozent) trugen auf hohem Niveau nahezu gleichwertig zu den Gesamtumsätzen bei. **Größte Einnahmequelle** war indes die **TV-Rechte-Vermarktung** mit einem Umsatzanteil von 39 Prozent[1520]. Auf der Ausgabenseite machten die Spielergehälter mit ca. 60 Prozent den größten Posten aus; dies ist dadurch erklärbar, daß Spielergehälter in den Jahren von 1996 bis 2001 um das Dreifache, die Umsätze dagegen lediglich um das Doppelte zugenommen hatten[1521]. Nahezu zeitgleich mit dem wirtschaftlichen Zusammenbruch von KirchMedia in Deutschland mußte indessen auch in England der Pay-TV-Sender ITV Digital Insolvenz anmelden. Die Clubs der Premier League hatten deshalb zwar ebenso aufgrund sinkender TV-Einnahmen Umsatzeinbußen hinnehmen; jedoch kam es nicht zu finanziellen Turbulenzen, was letztlich vor dem Hindergrund der einigermaßen ausgeglichenen Umsatzstruktur der Profivereine einsichtig wird. Die Gesamtverschuldung der englischen Profiliga scheint mit einem Stand von umgerechnet etwa 284,5 Millionen €[1522] europaweit noch relativ moderat. Freilich führte die Pleite des privaten Fernsehsenders auf der anderen Seite zu einer Reduktion der Personalaufwandsquote; so gaben die Fußballclubs im Jahr 2002 lediglich noch 110 Millionen englische Pfund an Transfergeldern aus, immerhin 170 Millionen Pfund weniger als noch im Jahr zuvor[1523]. Anders als in der Premier League wirkte sich die Insolvenz von ITV Digital in den Spielklassen darunter dagegen verheerend aus: Für zahlreiche Clubs in der ersten bis dritten Division stellten die TV-Einnahmen die Hauptertragsquelle dar. Deren nahezu vollständiger Wegfall führte dazu, daß Mitte 2002 von den 72 Fußballclubs sechs zahlungsunfähig waren und 25 weitere kurz vor der Insolvenz standen. Die Clubs reagierten in der Regel mit radikalen Gehaltskürzungen bei den Spielern; manche kamen jedoch nicht umhin, zahlreiche Fußballprofis zu entlassen[1524]. Der Premier League **droht(e) somit der spielorganistorische „Unterbau"**, aus dem ansonsten von den Fußballun-

---

[1519] Zur den wirtschaftlichen Strukturen des englischen Profifußballs: *Kern/Haas/Dworak*, in: *Galli/Gömmel/Holzhäuser/Straub*, Sportmanagement, 2002, 395, 407 ff.

[1520] *WGZ-Bank*, FC Euro AG, 3. Aufl., 2002, S. 12.

[1521] *WGZ-Bank*, FC Euro AG, 3. Aufl., 2002, S. 12.

[1522] Vgl. *Kern*, Die Bank 2002, 694, 696: „In der Summe finanzierte sich die Premier League zu zwei Dritteln aus Eigenkapital (569 Mill. EUR) und zu einem Drittel aus Verbindlichkeiten."

[1523] *WGZ-Bank*, FC Euro AG, 3. Aufl., 2002, S. 12; vgl. auch *Buehler*, TAGES-ANZEIGER v. 06.02.2003, S. 43.

[1524] Umfassend zur Situation in den unteren englischen Spielklassen *Großkathhöfer*, SPIEGEL, Heft 30/2002, S. 124 ff.

ternehmen zahlreiche Spieler rekrutiert werden, **wegzubrechen**[1525]. Die Folgen eines solchen Szenarios wären unabsehbar.

bb) In **Frankreichs Profifußballiga**[1526] LPF ist es bislang zu keiner akuten Finanzkrise der Fußballunternehmen als Folge des wirtschaftlichen Zusammenbruchs eines Medienunternehmens gekommen. Im Gegenteil hat der Pay-TV-Sender Canal Plus die Senderechte der höchsten Spielklasse für den Zeitraum von 2004 bis 2008 für einen Geldbetrag in Höhe von 480 Millionen € erworben; was einer Steigerung um 20 Prozent gegenüber dem letzten TV-Vertrag entspricht[1527]. Diese entgegen dem europäischen Trend zu verzeichnende Steigerung der Preise für die TV-Übertragungsrechte hat zur Folge, daß die Erlöse aus der Mediarechte-Verwertung nun endgültig zur mit Abstand größten Einkunftsart der französischen Profifußballclubs werden; zumal die sonstigen Erlösquellen wie der Kartenverkauf und das Merchandising wegen der traditionell geringen Anziehungskraft der Vereine auf die einheimischen Zuschauer prinzipiell eine relativ untergeordnete Rolle spielen[1528]. Diese Umsatzstruktur spiegelt sich auch in den Zahlen für die Saison 1999/00 wider: Damals erwirtschafteten die Profivereine bereits 56 Prozent ihrer Gesamteinnahmen aus der Verwertung der TV-Rechte; die Umsatzanteile aus dem Spielbetrieb (i.e. Kartenverkauf) mit 16 Prozent sowie aus dem Sponsoring und Merchandising mit 28 Prozent blieben dagegen hinter den TV-Einnahmen weit zurück[1529]. Diese **ausgeprägte Abhängigkeit des französischen Profifußballs von einer einzigen Einnahmeart** bringt eine erhebliche Gefährdung mit sich, wie die Entwicklungen in Deutschland bei den finanziell schwächeren Fußballunternehmen und in England bei den Clubs unterhalb der Premier League eindrucksvoll aufgezeigt haben. Sollte das Medienunternehmen Canal Plus zukünftig in wirtschaftliche Schwierigkeiten geraten, bedeutete dies für zahlreiche französische Erstliga-Fußballclubs, deren Schuldenlast von 170 Millionen € im Jahr 2001 allein innerhalb eines Jahres auf 290 Millionen € in 2002 anwuchs[1530], womöglich den finanziellen Bankrott[1531]. Daß es sich hierbei nicht nur um eine theoretische Möglichkeit handelt, wird daran deutlich, daß der über Abo-Gebühren finanzierte Sender Canal Plus nach

---

[1525] Ebenso die Befürchtung von *Dahlhaus*, FAZ v. 16.08.2002, S. 30.

[1526] Zu den Strukturen des französischen Profifußballs: *Dobson/Goddard*, The Economics of Football, 2001, S. 102 ff.

[1527] Zu dem Abschluß des neuen TV-Vertrags siehe *Nesshöver*, HANDELSBLATT v. 10./11.01.2003, S. 40; *ders.*, HANDELSBLATT v. 23.07.2002, S. 32.

[1528] Näher dazu *Nesshöver*, HANDELSBLATT v. 23.07.2002, S. 32.

[1529] *Kern*, Die Bank 2002, 694, 696.

[1530] *Nesshöver*, HANDELSBLATT v. 23.07.2002, S. 32.

[1531] So mußte der Traditionsclub AS Monaco nach Ende der Spielzeit 2002/03 wegen Verbindlichkeiten von 50 Millionen € zwangsweise in die zweite Liga absteigen. Vgl. SPORTGERICHT vom 30.05.2003, http://www.sportgericht.de/News/Eing-News.htm.

Expertenschätzungen in den nächsten Jahren mindestens drei Millionen neue zu den bereits vorhandenen 4,8 Millionen Abonnenten hinzugewinnen muß, um die Auslagen für den Erwerb der TV-Rechte überhaupt refinanzieren zu können. Dabei hatte der Pay-TV-Sender in den beiden Jahren vor dem Kauf der TV-Rechte schon 140 Tausend Kunden verloren[1532]. Es ist daher überwiegend **wahrscheinlich**, daß **der französische Profifußball mittel- oder langfristig in eine große Finanzkrise** mit den bereits abzusehenden Folgen **geraten wird**, wenn sich die Ertragslage bei Canal Plus nicht wie geplant entwickelt.

cc) Betrachtet man den **italienischen Profifußball** in der „Serie A", bietet sich ein Bild der Extreme: Auf der einen Seite ist die Serie A nach Englands Premier League die umsatzstärkste Liga Europas[1533], auf der anderen haben die achtzehn Fußballclubs der höchsten italienischen Spielklasse gegenüber Dritten mittlerweile Verbindlichkeiten von insgesamt rund 700 Millionen €[1534]. Wie auch in Frankreichs Profiliga ist die Umsatzstruktur der Profifußballclubs recht einseitig: In der Spielzeit 1999/2000 verteilten sich die Einnahmen zu 19 Prozent auf den Spielbetrieb (Kartenverkauf), zu 25 Prozent auf das Sponsoring/Merchandising, aber allein zu 56 Prozent auf die TV-Rechte-Vermarktung[1535]. Die Ausgaben der Vereine für Spielerentgelte betrugen durchschnittlich 75 Prozent[1536], die diesbezüglichen Gesamtausgaben stiegen zwischen 1998 und 2002 von 417 Millionen € auf 868 Millionen € an[1537]. Das italienische System funktionierte, solange reiche Großindustrielle mit finanziellen Zuschüssen[1538] und die Erträge aus der TV-Rechte-Vermarktung die Profifußballiga speisten. Beide Geldquellen sprudelten jedoch nicht unaufhörlich weiter. Die Zuwendungen der Mäzene aus der Industrie blieben in 2002 teilweise aus und die privaten wie öffentlichen Fernsehsender waren oftmals nicht mehr bereit, die geforderten Beträge für den Erwerb der TV-Rechte hinzugeben. Dies bekamen insbesondere die sportlich weniger erfolgreichen Clubs zu spüren, die für ihre TV-Rechte, die in Italien partiell dezentral vermarktet werden, zunächst keine

---

1532 *Nesshöver*, HANDELSBLATT v. 10./11.01.2003, S. 40; siehe auch *Kern/Haas/Dworak*, in: *Galli/Gömmel/Holzhäuser/Straub*, Sportmanagement, 2002, 395, 424.

1533 *WGZ-Bank*, FC Euro AG, 3. Aufl., 2002, S. 24.

1534 SPIEGEL ONLINE v. 24.07.2002, http://www.spiegel.de/sport/fussball/0,1518,206524,00.html.

1535 *Kern*, Die Bank 2002, 694, 696.

1536 *WGZ-Bank*, FC Euro AG, 3. Aufl., 2002, S. 24.

1537 *WGZ-Bank*, FC Euro AG, 3. Aufl., 2002, S. 70; *Kramer*, SPIEGEL, Heft 32/2002, S. 119.

1538 Zur Verflechtung zwischen dem italienischen Profifußball und der Großindustrie *Berni*, HANDELSBLATT v. 16.01.2003, S. 36; zum teilweise unlauteren Geschäftsgebaren der Großindustriellen im Fußballgeschäft anschaulich *Hartmann*, NZZ v. 08.11.2002, S. 51; *ders.*, NZZ v. 03.09.2002, S. 51. Ein positives Ausnahmebeispiel der Verbindung zwischen Wirtschaft und Fußballgeschäft stellt das „Duo" Agnelli und Juventus Turin dar (vgl. HANDELSBLATT v. 15.08.2002, S. 58).

Abnehmer fanden; lediglich die großen Clubs wie Juventus Turin oder der AC Mailand waren beim Absatz ihrer Mediarechte auf Anhieb erfolgreich. Aufgrund der **extrem hohen Abhängigkeit der Fußballunternehmen von den TV-Einnahmen** wurde die italienische Liga wie keine andere in Europa von einer Finanzkrise getroffen: Der Traditionsverein AC Florenz konnte seine Verbindlichkeiten nicht mehr begleichen und mußte deshalb zwangsweise in die vierte Spielklasse absteigen; andere renommierte Clubs wie AS Rom und Lazio Rom bekamen erst nach langem Zögern noch eine Spiellizenz für die Saison 2002/03 ausgestellt[1539]. Ermöglicht wurde dies nur durch spürbare Einschnitte in die Gehaltsstrukturen, die Transfersummen sowie eine Verkleinerung der Spielkader[1540]. Dennoch wird prognostiziert, daß die **Serie A** beim Ausbleiben grundlegender Restrukturierungsmaßnahmen sich wirtschaftlich **„kurz vor dem Kollaps"** befindet[1541].

dd) Als letzte der führenden europäischen Fußballigen ist an dieser Stelle die **spanische Primera Division** zu nennen. Die Umsatzstruktur der Profifußballclubs ähnelt sehr den in den anderen europäischen Ligen zu beobachtenden Tendenzen: Die TV-Rechte bringen die meisten Umsätze (51 Prozent), danach folgen mit einigem Abstand der Spielbetrieb (24 Prozent) und das Sponsoring/Merchandising (25 Prozent)[1542]. Auch in Spanien ist die Personalaufwandsquote sehr hoch, wie am Beispiel Real Madrids deutlich wird: Danach hat das Fußballunternehmen 2000/01 zwar 179 Millionen € umgesetzt[1543], davon sollen aber rund 130 Millionen € allein für die Abdeckung der laufenden Personalkosten nötig gewesen sein[1544]; was einem Anteil von 72,6 Prozent entspricht. Von daher kann es auch nicht verwundern, daß die spanischen Profivereine traditionell hoch verschuldet sind; Ende Juni 2002 sollen sich die **Verbindlichkeiten** sämtlicher Erst- und Zweitligavereine auf insgesamt **über 1,6 Milliarden €** be-

---

1539 Näher zur Krise der italienischen Medienunternehmen sowie zu den finanziellen Auswirkungen auf den professionellen Fußball *WGZ-Bank*, FC Euro AG, 3. Aufl., 2002, S. 24 f.; *Berni*, HANDELSBLATT v. 31.07.2002, S. 44. Näher zur Wirtschaftslage namentlich von AS Rom und Lazio Rom *WGZ-Bank*, FC Euro AG, 3. Aufl., 2002, S. 26 ff. Auch für die Spielzeit 2003/04 hatte AS Rom abermals mit Lizenzierungsschwierigkeiten zu kämpfen. Vgl. SPORTGERICHT v. 23.07.2003, http://www.sportgericht.de/News/EingNews.htm; *Delle Donne*, HANDELSBLATT v. 07.08.2003, S. 32.

1540 *Buehler*, TAGES-ANZEIGER v. 06.02.2003, S. 43; *WGZ-Bank*, FC Euro AG, 3. Aufl., 2002, S. 24.

1541 *WGZ-Bank*, FC Euro AG, 3. Aufl., 2002, S. 24.

1542 *Kern*, Die Bank 2002, 694, 696.

1543 *WGZ-Bank*, FC Euro AG, 3. Aufl., 2002, S. 13.

1544 SZ v. 17.05.2003, S. 41.

laufen haben[1545]. Im Jahr 2003 wurde zudem publik, daß der spanische Staat von den Vereinen der Primera Division für die Zeit zwischen 1996 bis 1999 fast 290 Millionen € an Steuernachzahlungen fordert[1546]. Angesichts der prekären Finanzlage wurden inzwischen weitaus weniger Gelder in Ablöseentschädigungen und Spielerentgelte als bisher investiert[1547]. Außerdem forderten die Fußballclubs, vertreten durch den Ligaverband LFP, von den Medienanstalten für die TV-Übertragungsrechte zukünftig 350 Millionen € anstatt der bisherigen 215 Millionen € pro Spielzeit. Die TV-Anstalten waren indes sehr zurückhaltend mit Angeboten. Angesichts dessen drohten zahlreiche Clubs zwischenzeitlich mit einem Spielboykott, der erst kurz vor Saisonbeginn durch eine Einigung unter den Beteiligten abgewendet werden konnte[1548]. Auch hier läßt sich somit eine nachlassende Bereitschaft der Medienunternehmen erkennen, fortan stetig steigende Geldsummen für die Mediarechte auszugeben.

ee) Abschließend sind die **europäischen Spitzenligen** im Hinblick auf ihre ökonomische Situation miteinander **zu vergleichen**. Als Parameter dienen hierbei der Schuldenstand, die Homogenität der Umsatzstruktur sowie der durchschnittliche Anteil der Spielergehälter an den Gesamtumsatzerlösen: Nimmt man als erstes die **Höhe der Gesamtverbindlichkeiten** der einzelnen Ligen in den Blick, weisen England und Frankreich jeweils den geringsten Verschuldungsgrad auf; Deutschland und Italien nehmen eine Mittelposition ein. Negativer Spitzenreiter im Vergleich der absoluten Nettoverschuldung ist hingegen Spanien. Betrachtet man des weiteren die **Umsatzstrukturen der Vereine** in den europäischen Spitzenligen, ergibt sich als Gemeinsamkeit, daß überall die **Erlöse aus der TV-Rechte-Vermarktung** die **Haupteinnahmequelle** verkörpern[1549]; unterschiedlich ist nur das Maß der Abhängigkeit. In England fällt der Umsatzanteil mit Abstand am geringsten aus; Deutschland erreicht wiederum einen Mittelwert, wogegen Frankreich, Italien und Spanien in dieser Beziehung mit jeweils über 50 Prozent Umsatzanteil an der Spitze liegen. Vergleicht man

[1545] SZ v. 15.03.2003, S. 33; zur Finanzlage der sportlich erfolgreichsten spanischen Clubs Real Madrid und FC Barcelona siehe: *Thylmann*, HANDELSBLATT v. 25.02.2003, S. 40 (Real Madrid), und *Müller*, HANDELSBLATT v. 08.04.2003, S. 36 (FC Barcelona).

[1546] Vgl. SZ v. 19.03.2003, S. 35.

[1547] Vgl. *Buehler*, TAGES-ANZEIGER v. 06.02.2003, S. 43; zu Beginn der Saison 2002/03 waren in der spanischen Profiliga rund 60 Berufsfußballspieler ohne Beschäftigung (*Kramer*, SPIEGEL, Heft 32/2002, S. 119).

[1548] Vgl. SPORTGERICHT v. 15.05.2003, http://www.sportgericht.de/Sportarten/Fussball/FussballEinganseite.htm; SPORTGERICHT v. 30.05.2003, http://www.sportgericht.de/News/Eing-News.htm.; HANDELSBLATT v. 27.08.2003, S. 16.

[1549] *WGZ-Bank*, FC Euro AG, 3. Aufl., 2002, S. 44, 75 ff.; *Kern/Haas/Dworak*, in: *Galli/Gömmel/Holzhäuser/Straub*, Sportmanagement, 2002, 395, 406.

diese Rangfolge mit dem Ausmaß der Auswirkungen der europaweiten Finanzkrise der Medienunternehmen auf die jeweiligen nationalen Ligen, zeigt sich ein bemerkenswerter **Gleichlauf**: In England waren die Einflüsse auf die Premier League am wenigsten zu spüren, in Deutschland konnte man – vor allem mit Blick auf den rapiden Anstieg der Gesamtnettoverschuldung der Bundesliga – immerhin nachteilige Folgen mittleren Ausmaßes feststellen, wogegen die Serie A in Italien an den Rande des finanziellen Zusammenbruchs geriet. Frankreich und Spanien blieben von der Finanzkrise der Medienanstalten im Jahr 2002 dabei zunächst zwar scheinbar weitestgehend verschont. Doch zeigen sich in Spanien im Jahr 2003 die ersten spürbaren Folgen. In Frankreich dürfte dem professionellen Fußball mittel- oder langfristig eine signifikante Finanzkrise drohen. Nimmt man abschließend noch den **Anteil der Spielergehälter an den Gesamtumsätzen der Vereine** hinzu, weist die Bundesliga die beste Relation auf; England kommt an dieser Stelle auf einen mittleren Wert. Dagegen haben Italiens und Spaniens Fußballvereine ihre Personalkosten bislang ersichtlich nicht in den Griff bekommen. Als **Fazit** der Auswertung bleibt damit: Die wirtschaftliche Situation ist – jeweils mit gewissen Abstrichen aufgrund der dargelegten spezifischen Risikofaktoren – in der englischen und der französischen Profiliga insgesamt gesehen einigermaßen „beruhigend", in der deutschen Bundesliga wegen der relativ hohen Verschuldung der Vereine tendenziell „alarmierend" und sowohl in der italienischen als auch in der spanischen Spitzenliga durchweg „beängstigend"[1550]. Vor dem Hintergrund dieser zunehmenden wirtschaftlichen Risiken entschloß sich die UEFA, für ihre internationalen Vereinswettbewerbe ein supranationales Lizenzierungsverfahren einzuführen[1551].

2. Kapitel: Das aktuelle Transferrecht

Im 2. Kapitel sind nunmehr das derzeit gültige und praktizierte Transferrecht bei inländischen Transfers (A.) sowie das bei internationalen Transfers anwendbare neue FIFA-Transferreglement (B.) darzustellen.

[1550] Ebenso im Grundsatz: *WGZ-Bank*, FC Euro AG, 3. Aufl., 2002, S. 44 (für England, Deutschland und Italien). Positiv ist zugunsten der deutschen Bundesliga noch anzumerken, daß sie neben der englischen Premier League die einzige europäische Spitzenliga ist, die seit 1995/96 einen finanziellen Gewinn erwirtschaftet. *Kern*, Die Bank 2002, 694, 698.

[1551] Vgl. hierzu eingehend: *Ebel/Klimmer*, in: *Sigloch/Klimmer*, Unternehmen Profifußball, 2001, 177; *Galli*, in: *Galli/Gömmel/Holzhäuser/Straub*, Sportmanagement, 2002, 97, 100 ff.

A. Inländische Transfers

Nach der DFB-Strukturreform ist für den Erlaß der Verbandsstatuten für den Wechsel eines Lizenzspielers zwischen zwei Fußballclubs im Inland grundsätzlich nicht mehr der DFB, sondern der Ligaverband zuständig[1552]. Daher wurde das alte DFB-Lizenzspielerstatut aufgehoben und durch die Lizenzordnung Spieler (LOS) ersetzt. In letzterer sind nunmehr in der Hauptsache die maßgeblichen Verbandsbestimmungen für inländische Spielertransfers enthalten. Dazu gehören namentlich Regelungen über den Ablauf des Vereinswechsels (I.) und den Anspruch des abgebenden Vereins auf Zahlung einer Ausbildungs- und Förderungsentschädigung beim Wechsel vom Amateur- ins Profilager (II.).

I. Ablauf des Spielertransfers

Durch die Einführung der LOS haben sich hinsichtlich der zu erfüllenden Voraussetzungen für einen zulässigen Spielertransfer gegenüber früher keinen wesentlichen inhaltlichen Änderungen ergeben[1553]: Erforderlich ist zunächst die Aufnahme des wechselwilligen Spielers in die **Transferliste** (§ 4 LOS). Ein Wechsel ist dabei ausschließlich innerhalb bestimmter Fristen möglich: Die Wechselperiode I läuft vom Ende eines Spieljahres bis zum 31.08., die Wechselperiode II vom 01.01. bis zum 31.01.[1554]. Die Aufnahme in die Transferliste ist schriftlich zu beantragen; wobei lediglich Nicht-Amateure mit Lizenz sowie Vereine bzw. Kapitalgesellschaften des Ligaverbandes antragsberechtigt sind[1555]. Materielle Voraussetzung für die Aufnahme in die Transferliste ist, daß der zu transferierende Spieler zu dem bisherigen arbeitgebenden Lizenzverein in keinerlei vertraglicher Beziehung mehr steht[1556]. Sind alle Voraussetzungen erfüllt, wird der Berufsfußballspieler in die Transferliste aufgenommen. Dies ist unter anderem die Voraussetzung für die wirksame Erteilung einer Spielerlaubnis, die es dem arbeitgebenden Fußballclub erlaubt, den Fußballspieler im Meisterschaftsrennen einzusetzen[1557]. Aufgrund der Parallelität zwischen alter und neuer Verbandsregelung ist davon auszugehen, daß die Transferliste nach wie vor eine

---

1552 Zur DFB-Strukturreform und der organisatorischen Verselbständigung der Profifußballclubs im Ligaverband siehe bereits ausführlich im 1. Teil, 1.Kapitel, B.I.2.b) und B.II. Vgl. zudem § 8 Nr. 3 DFB-Spielordnung.

1553 Zum Rechtsinstitut der Transferliste unter der Ägide des DFB-Lizenzspielerstatuts vgl. die Ausführungen im 2. Teil, 1. Kapitel, A.I.1.

1554 Vgl. § 4 Nr. 2 LOS.

1555 Vgl. § 4 Nr. 2 Abs. 4, Nr. 4 lit. a und d LOS.

1556 Vgl. näher § 4 Nr. 6 LOS.

1557 Vgl. § 4 Nr. 1 Abs. 2 LOS. Die Einzelheiten der Spielerlaubnis sind in §§ 13 f. LOS normiert.

Publizitätsfunktion erfüllt und einen geordneten Spielbetrieb gewährleisten soll[1558].

II. Transferentschädigung

Die infolge der Abschaffung der verbandsrechtlichen Entschädigungspflicht beim Transfer eines fertig ausgebildeten Profifußballspielers entstandene Lücke schlossen die Beteiligten seither – wie bereits hinreichend erörtert[1559] – durch den **Abschluß langfristiger Spielerverträge**. Ein anderes Gestaltungsmittel als dieses bot sich auch nicht an, um das tradierte Transfersystem wenigstens im wirtschaftlichen Ergebnis ohne größeren Aufwand beizubehalten. Von Seiten der Organisatoren des lizenzierten Fußballsports unangetastet blieb jedoch die **in den Statuten verankerte „Ausbildungs- und Förderungsentschädigung"** für die Fälle des Wechsels eines Fußballspielers, der bisher Amateur oder Nicht-Amateur ohne Lizenz war, und nunmehr zu einem Lizenzverein wechselt, bei dem er zukünftig als Nicht-Amateur mit Lizenz spielen wird[1560]. Die Verbandsregelwerke von DFB und Ligaverband beinhalten in diesem Zusammenhang unterschiedlich ausgestaltete Bestimmungen, deren Eingreifen jeweils von dem **Lebensalter** abhängt, in dem der angehende Berufsfußballspieler zum ersten Mal als Lizenzspieler von einem Verein verpflichtet wird:

Nimmt ein Verein bzw. eine Kapitalgesellschaft einen Amateur oder Nicht-Amateur ohne Lizenz **bis zur Vollendung dessen 23. Lebensjahres** erstmalig als Nicht- Amateur mit Lizenz unter Vertrag, ist er bzw. sie gemäß **§ 27 DFB-Spielordnung i.V.m. § 16 LOS** grundsätzlich zur Zahlung einer Ausbildungsentschädigung verpflichtet. Die Wirksamkeit des Vertrages darf nicht von einer bestimmten Höhe der Ausbildungsentschädigung abhängig gemacht werden. Die Ausbildungsentschädigung beträgt für Vereine der Bundesliga 50.000 € und für Vereine der 2. Bundesliga 22.500 €. Zehn Prozent der Ausbildungs- und Förderungsentschädigung stehen dem Verein zu, für den der Spieler erstmals im Bereich des DFB und nachweisbar drei Jahre ununterbrochen spielberechtigt war (Vaterverein). Der Anspruch für die übrige Ausbildungsentschädigung steht jedem Verein, für den der Spieler innerhalb der letzten fünf Jahre vor seiner Verpflichtung spielberechtigt war, zeitanteilig – jeweils 20 Prozent der zu zahlenden Ausbildungsentschädigung pro Jahr – zu. Läßt sich eine Anspruchsberechtigung für den Vaterverein nicht feststellen, wird die gesamte Ausbildungsentschädigung verteilt. Bei einem Vertragsabschluß mit einem Spieler, der für den ver-

[1558] Zu den Funktionen der Transferliste siehe im 2. Teil, 1. Kapitel, A.I.1.

[1559] Zum Abschluß langfristiger Spielerverträge siehe im 2. Teil, 1. Kapitel, B.IV.1.d).

[1560] Zu den verschiedenen statusrechtlichen Einordnungen der Fußballspieler ausführlich in § 8 DFB-Spielordnung und in Abs. 2 der Präambel zur LOS.

tragschließenden Verein bereits spielberechtigt ist, vermindert sich die Ausbildungsentschädigung entsprechend seiner Spielberechtigungszeit bei diesem Verein. Die Ausbildungsentschädigung wird um eine vom Lizenzverein für denselben Spieler bereits früher an einen entschädigungsberechtigten Verein gezahlte Ausbildungsentschädigung gekürzt.

Ein Verein der Lizenzligen, der einen Amateur oder Nicht-Amateur ohne Lizenz im Anschluß an einen Vereinswechsel **zwischen dessen vollendetem 23. und 28. Lebensjahr** erstmalig als Nicht-Amateur mit Lizenz unter Vertrag nimmt, ist nach **§ 28 DFB-Spielordnung i.V.m. § 17 LOS** grundsätzlich zur Zahlung einer Entschädigung verpflichtet. Die Wirksamkeit des Vertrages darf nicht von einer bestimmten Höhe der Entschädigung abhängig gemacht werden. Die Entschädigung beträgt für Vereine der Bundesliga 25.000 € und für Vereine der 2. Bundesliga 11.250 €. Ansonsten gelten die verbandsrechtlichen Vorgaben von § 27 DFB-Spielordnung i.V.m. § 16 LOS entsprechend.

Der hier vorgesehene verbandsrechtliche Ablöseentschädigungsanspruch entsteht bereits mit Abschluß eines Spielervertrages; unerheblich ist dabei, ob der Fußballspieler beim abgebenden Club noch unter Vertrag steht. Die Zahlungspflicht tritt mithin auch bei einem bereits abgelaufenen Spielervertrag ein. Diese gegenwärtig in Kraft befindliche abstrakte Entschädigungspflicht weist somit eine der ehemals im DFB-Lizenzspielerstatut enthaltenen Transferentschädigungspflicht vergleichbare Regelungsstruktur auf. Daher kann bezüglich der ökonomischen Funktionsweise sowie der Ziele der Transferentschädigung auf die zuvor gemachten Aussagen verwiesen werden[1561]. **Juristisch bedenklich** an diesen durch den DFB wie auch den Ligaverband vorgeschriebenen Transferentschädigungspflichten ist indessen – unabhängig von deren Vereinbarkeit mit den EG-Grundfreiheiten – allein schon der Umstand, daß der BGH eine vergleichbare Regelung bereits als mit Art. 12 Abs. 1 GG für unvereinbar befand, aber sich genau solche Bestimmungen immer noch in den Statuten der Organisatoren des lizenzierten Fußballs in Deutschland wiederfinden[1562].

[1561] Im Hinblick auf Funktionsweise und Ziele der Transferentschädigung siehe im 2. Teil, 1. Kapitel, A.I.2. und A.I.3.

[1562] Zur entsprechenden BGH-Rechtsprechung, derzufolge auch Transferentschädigungspflichten beim Wechsel eines Amateurs ins Profilager gegen die Berufsfreiheit (Art. 12 Abs. 1 GG) des transferierten Sportlers verstoßen, siehe im 2. Teil, 1. Kapitel, B.II.2.b)aa).

B. Internationale Transfers

Bei internationalen Spielertransfers gibt die FIFA hauptsächlich in dem Reglement bezüglich Status und Transfer von Spielern weltweit einheitlich geltende Regelungen vor, die von den Beteiligten beachtet werden müssen (I.)[1563]. Daneben sind gleichzeitig die verbandsrechtlichen Vorgaben von DFB und Ligaverband einzuhalten (II.).

I. Regelungen der FIFA

Das Regelwerk der FIFA für internationale Spielertransfers setzt sich aus drei Komponenten zusammen: dem FIFA-Reglement bezüglich Status und Transfer von Spielern, den Ausführungsbestimmungen zum FIFA-Reglement sowie einem an die Nationalverbände gerichteten „Zirkular" Nr. 769, das eine knappe Kommentierung der wichtigsten Verbandsbestimmungen beinhaltet; die folgende Darstellung wird sich auf das FIFA-Transferreglement als solches konzentrieren (2. bis 7.). Bevor jedoch näher auf den Regelungsgehalt des internationalen Verbandsrechts eingegangen wird, ist zuvor der entstehungsgeschichtliche Hintergrund in aller Kürze zu ergänzen (1.)[1564].

1. Entstehungsgeschichtlicher Hintergrund

Die bereits zuvor eingehend geschilderte Entwicklung der Arbeitsmarktsituation für Profifußballspieler in der Zeit nach dem Richterspruch im Fall „Bosman"[1565] – namentlich der Abschluß langfristiger Spielerverträge sowie die horrenden Transfersummen – rief im Jahr 2000 die EG-Kommission auf den Plan: Der zuständige Wettbewerbskommissar Monti ging zunächst zielgerichtet gegen die neue Praxis bei internationalen Transfers vor; er forderte mit klaren Worten[1566],

> „[that] international transfer systems bases on arbitrarily calculated fees that bear no relation to training costs should be prohibited, regardless of the nationality of the player and whether the transfer takes place during or at the end of the contractual period."

[1563] Zur Herstellung der Verbindlichkeit der von der FIFA erlassenen Regelwerke siehe eingehend im 1. Teil, 2. Kapitel, B.

[1564] Zur Entstehung des Kompromisses zwischen EG-Kommission und den internationalen Fußballsportverbänden siehe schon in der Einleitung, B.III.

[1565] Zur Entwicklung des bezahlten Fußballsports in der Post-Bosman-Ära vgl. in der Einleitung, B.I. und B.II. sowie im 2.Teil, 1. Kapitel, B.V.2., B.V.3.a)bb) und B.V.3.b).

[1566] *Monti*, Sport and Competition, 2000, S. 4.

Das Verbot für jegliche Art von Ablösesummen einschließlich solcher, die beim Herauskaufen eines Fußballspielers aus einem noch laufenden Spielervertrag fällig wurden, leiteten die europäischen Wettbewerbshüter aus Art. 81 EG (Verbot wettbewerbsbeschränkender Vereinbarungen und Verhaltensweisen) und Art. 39 Abs. 1 EG (Arbeitnehmerfreizügigkeit) her[1567]. In den darauffolgenden Monaten entwickelten sich zwischen den Vertretern der EG-Kommission auf der einen und den Repräsentanten insbesondere der internationalen Sportverbände (FIFA, UEFA) auf der anderen Seite langwierige Verhandlungen[1568], die schließlich am 05. März 2001 in einen schriftlich fixierten Kompromiß mündeten[1569]; kurz vor der Einigung zwischen der EG-Kommission und den internationalen Fußballverbänden hatte Wettbewerbskommissar Monti bereits seinen strikten Kurs gegen jegliche Form von Ablösesummen aufgegeben[1570]:

> „The Commission considers that it is possible to have a transfer system that meets the needs of football while respecting the basic principle of free movement of workers and the competition rules. Abolishing the present system in its entirety would not be the best solution."

Auf der Grundlage des mit der EG-Kommission ausgehandelten Kompromisses wiederum verabschiedete die FIFA auf ihrem Kongreß in Buenos Aires am 07.07.2001 das neue Transferreglement. Ungefähr einen Monat zuvor hatte die EG-Kommission das Verfahren wegen der FIFA-Transferbestimmungen eingestellt[1571]. Das neue FIFA-Transferreglement soll von der FIFA am Ende der

---

[1567] Vgl. *Pons*, Sport and European Competition Policy, 1999, S. 11 ff.; *ders.*, Sport et politique europeenne de la concurrence: „Regles du jeu" et exemples recents d'application, 2001, S. 5 ff.

[1568] Zur Gestaltung des Verhandlungsverlaufs zwischen den Beteiligten siehe die ausführliche Dokumentation bei SPORTGERICHT, http://www.sportgericht.de/Sportarten/Fussball/FussballEinganseite.htm; *De Kepper*, SpuRt 2001, 11 f.; *ders.*, SpuRt 2001, 98 f.; *ders.*, SpuRt 2001, 191 f.

[1569] Näher *EG-Kommission*, Pressemitteilung v. 05.03.2001 – IP/01/314. Der schriftliche Kompromiß trägt den Titel „Grundsätze für die Änderung des FIFA-Reglements betreffend internationale Transfers".

[1570] *Monti*, Competition and Sport – the Rules of the game, 2001, S. 5. Daß der EG-Wettbewerbskommissar Monti zunächst unverhohlene Kritik an der sich europaweit etablierenden Transferpraxis, langfristige Spielerverträge abzuschließen, geübt hatte, verdient durchaus Zustimmung. Denn hier verhielt es sich in der Sache wie mit der der griechischen Mythologie entsprungenen Medusa. Ihre Blicke ließen den Betrachter versteinern; hielt man ihr aber einen Spiegel vor, erstarrte sie selbst zu Stein. Mit dem Vorhalten des Spiegels hatte Monti zumindest begonnen. Bedauerlich ist freilich nur, daß er ihn vorzeitig wieder wegzog, als er mit den Fußballfunktionären die Kernpunkte des neuen FIFA-Transferreglements aushandelte.

[1571] Siehe *EG-Kommission*, Pressemitteilung v. 05.06.2002 – IP/02/824.

Spielzeit 2003/04 auf seine Praktikabilität überprüft und gegebenenfalls modifiziert werden[1572].

2. Allgemeine Strukturprinzipien des FIFA-Transferreglements

Das in Buenos Aires aus der Taufe gehobene neue FIFA-Transfersystem verkörpert ein überaus kompliziertes und teilweise auch unübersichtliches Regelungsgeflecht[1573]. Dennoch lassen sich dem Reglement im wesentlichen **vier prägende Strukturprinzipien** entnehmen, deren Kenntnis für das Verständnis des komplexen Verbandsregelwerks unabdingbar ist: erstens der Schutz minderjähriger Spieler, zweitens ein Entschädigungsanspruch für ausbildende Fußballclubs, drittens das Prinzip stabiler Spielerverträge und viertens ein Streitschlichtungssystem.

Der erste Grundsatz des FIFA-Transferreglements lautet, daß **minderjährige Spieler besonders schutzwürdig** sind. Ausweislich der „Grundsätze für die Änderung des FIFA-Reglements betreffend internationale Transfers“ vom 06. März 2001 zielt der Minderjährigenschutz auf die „Schaffung eines stabilen Umfelds für das Training und die Ausbildung von Spielern“[1574]. Daher sind internationale Transfers oder Erst-Registrierungen von Spielern unter 18 Jahren grundsätzlich unzulässig; damit soll zukünftig eine Ausbeutung Minderjähriger verhindert werden[1575]. Zentrale Bestimmungen, die dieser Wertung Rechnung tragen, finden sich etwa in Art. 12, 25, 34 und 35 FIFA-Transferreglement sowie in Art. 3 f. und 10 f. Ausführungsbestimmungen zum FIFA-Transferreglement.

Ein weiteres elementares Prinzip des neuen Regelungssystems besteht in der Statuierung einer verbandsrechtlichen **Ausbildungsentschädigung für junge Spieler**. Die Vereine sollen „im Sinne der Talentförderung und des allgemeinen Wettbewerbs im Fußball [...] einen **finanziellen und sportlichen Anreiz erhalten, in die Ausbildung junger Spieler zu investieren**. Alle Vereine sollten für ihren geleisteten Beitrag nach [festgelegten] [...] Grundsätzen entschädigt werden“[1576]. Auf diesem Weg sollen auf der Basis klarer Berechnungsgrundlagen

---

1572 Vgl. *FIFA*, Zirkular Nr. 826, 2002, S. 1 und 3.

1573 Eingehend *Neuß*, RdA 2003, 161, 163 ff. Ähnlich *Del Fabro/Scherrer*, in: *Scherrer/Del Fabro*, Freizügigkeit im europäischen Sport, 2002, 141, 159.

1574 Grundsätze für die Änderung des FIFA-Reglements betreffend internationale Transfers, 2001, S. 1 (sub 1.).

1575 *FIFA*, Zirkular Nr. 769, 2001, S. 1 (sub 1.). Zu den diesbezüglichen rechtstatsächlichen Hintergründen siehe *Gardiner/Welch*, in: *Caiger/Gardiner*, Professional Sport in the European Union: Regulation and Re-regulation, Den Haag, 2000, 107, 115 f.

1576 Grundsätze für die Änderung des FIFA-Reglements betreffend internationale Transfers, 2001, S. 1 (sub 2.). Zur Funktion der Transferentschädigung als Instrument zur Schaffung

die Ausbildung junger Spieler verbessert und intensiviert sowie die Solidarität unter den Clubs gefördert werden. An die Vereine, die in die Ausbildung der jungen Spieler investiert haben, soll eine finanzielle Entschädigung entrichtet werden. Gleichzeitig wurden Vorkehrungen getroffen, daß die Förderungsentschädigungen verhältnismäßig sind und für einen jungen Spieler nicht zur Hypothek werden[1577]. Rechtstechnisch umgesetzt ist dieses Regelungsziel namentlich in Art. 13 bis 20 FIFA-Transferreglement sowie in Art. 5 bis 9 Ausführungsbestimmungen zum FIFA-Transferreglement. Das Ziel der Nachwuchsförderung wird darüber hinaus auch mit der Bestimmung des Art. 25 FIFA-Transferreglement angestrebt.

Dritter Grundpfeiler des neuen Transfersystems ist die Überlegung, daß das „Einhalten von Verträgen aus Sicht der Vereine, der Spieler und der Zuschauer von entscheidender Bedeutung ist. Die vertraglichen Beziehungen zwischen Spieler und Verein müssen nach einem Regelwerk geordnet sein, welches sich an den besonderen Anforderungen des Fußballs ausrichtet, ein Gleichgewicht zwischen den Interessen des Spielers und denen des Vereins herstellt und die Regelmäßigkeit und das ordentliche Funktionieren des sportlichen Wettbewerbs erhält“[1578]. Das neue FIFA-Transferrecht dient nach Ansicht der FIFA mithin dazu, die **Einhaltung geschlossener Spielerverträge durch beide Vertragsparteien sicherzustellen**: Einseitige Vertragsauflösungen, insbesondere während der ersten zwei oder drei Jahre, sollen möglichst unterbunden werden. Das Reglement soll aber ebenso dem Umstand Rechnung tragen, daß Spieler für eine einseitige Auflösung eines langjährigen Vertrags eine sportspezifische Begründung vorbringen können[1579]. Verstößt ein Verein, ein Spieler oder ein Spielervermittler gegen eine der Normen, die der Umsetzung der genannten Funktionen dienen, wird dies mit einer finanziellen Entschädigungspflicht und/oder sportlichen Sanktionen geahndet[1580]. Realisiert wird dieses Konzept in Art. 21 bis 24

---

von Anreizstrukturen für die Nachwuchsförderung siehe bereits im 2. Teil, 1. Kapitel, A.I.3.b). Anders neuerdings *Schellhaaß/May*, in: *Dietl*, Globalisierung des wirtschaftlichen Wettbewerbs im Sport, 2003, 235, 244 ff.; vgl. hierzu die berechtigte Kritik von *Dietl*, in: *Dietl*, Globalisierung des wirtschaftlichen Wettbewerbs im Sport, 2003, 259, 262 ff.

1577 So explizit *FIFA*, Zirkular Nr. 769, 2001, S. 3 (sub 2.).

1578 Grundsätze für die Änderung des FIFA-Reglements betreffend internationale Transfers, 2001, S. 2 (sub 3.).

1579 *FIFA*, Zirkular Nr. 769, 2001, S. 11 (sub 3.). Den verstärkten Schutz des Prinzips „pacta sunt servanda“ begrüßend: *Streinz*, in: *Scherrer/Del Fabro*, Freizügigkeit im europäischen Sport, 2002, 99, 114; *Del Fabro/Scherrer*, in: *Scherrer/Del Fabro*, Freizügigkeit im europäischen Sport, 2002, 141, 159.

1580 Ausführlich dazu *FIFA*, Zirkular Nr. 769, 2001, S. 11 ff. (sub 3.a)).

FIFA-Transferreglement und in Art. 12 und 13 Ausführungsbestimmungen zum FIFA-Transferreglement.

Die vierte Maxime des neuen Transfersystems resultiert aus der Überlegung, ein **System zur Schlichtung und zur Beilegung von Streitigkeiten** einzurichten; wobei der Zugang zu staatlichen Gerichten hierdurch nicht in Frage gestellt werden soll. Das verbandsinterne Streitbeilegungssystem stellt „eine kostengünstige, rasche, vertrauliche und informelle Möglichkeit" dar, „eine Streitigkeit durch einen unabhängigen Schlichter beizulegen"[1581]. Sinn und Zweck der Regelung bestehen somit letztlich darin, Rechtsfrieden zu gewährleisten. Geregelt sind die Beilegung und Schlichtung von Streitigkeiten sowie die Disziplinar- und Schiedsverfahren in Art. 42 bis 44 FIFA-Transferreglement und in Art. 15 bis 17 Ausführungsbestimmungen zum FIFA-Transferreglement.

3. Anwendungsbereich des FIFA-Transferreglements

Nach Darstellung der tragenden Rechtsprinzipien des geltenden FIFA-Transferreglements ist in einem weiteren Schritt der **Anwendungsbereich des Verbandsregelwerks** zu umreißen. Dabei sind der zeitliche, räumliche, persönliche und sachliche Geltungsbereich des Reglements zu unterscheiden. Der **zeitliche Anwendungsbereich** läßt sich dabei wie folgt skizzieren[1582]: Das Regelement ist am 01. September 2001 in Kraft getreten. Verträge zwischen Spielern und Vereinen, die vor dem 01. September 2001 abgeschlossen wurden, unterliegen weiterhin dem alten Reglement, das am 01. Oktober 1997 in Kraft trat, außer wenn sich die Spieler und Vereine ausdrücklich darauf einigten, Verträge, die nach dem 5. Juli 2001, aber vor Inkrafttreten des neuen Reglements abgeschlossen wurden, dem vorliegenden Reglement zu unterstellen. Der **räumliche Anwendungsbereich** umfaßt alle Nationalverbände[1583], die der FIFA angeschlossen sind[1584]. Darüber hinaus setzt das Eingreifen des FIFA-Transferreglements einen grenzüberschreitenden Bezug voraus; d.h., es enthält nur Bestimmungen zum Transfer von Spielern zwischen Vereinen unterschiedlicher Nationalverbände[1585]. In **persönlicher Hinsicht** unterfallen dem Transferrecht der FIFA ausschließlich sog. „Spieler", wobei in dieser Beziehung zwischen Amateuren und Nicht-Amateuren differenziert wird[1586]. Als **Amateure** gelten

---

1581 Grundsätze für die Änderung des FIFA-Reglements betreffend internationale Transfers, 2001, S. 4 (sub 6., 1. Spiegelstrich).

1582 Vgl. Art. 46 FIFA-Transferreglement.

1583 Vgl. Abs. 1 der Präambel des FIFA-Transferreglements.

1584 Zur FIFA selbst siehe bereits im 1. Teil, 2. Kapitel, A.I. der Arbeit.

1585 Vgl. Abs. 1 der Präambel zum FIFA-Transferreglement.

1586 Vgl. näher Art. 2 FIFA-Transferreglement. Siehe zu den Spielerkategorien *Neuß*, RdA 2003, 161, 163.

jene Spieler, die für ihre Teilnahme am „Association Football" oder für Tätigkeiten im Zusammenhang mit dieser Sportart nie höhere Entschädigungen erhalten haben als den Betrag der tatsächlichen Kosten, die ihnen bei der Ausübung dieser Tätigkeiten entstanden sind[1587]. Jeder Spieler, der für eine Teilnahme am „Association Football" oder für Tätigkeiten im Zusammenhang mit dieser Sportart eine Entschädigung erhalten hat, welche den in Absatz 2 erwähnten Betrag überschreitet, gilt grundsätzlich als **Nicht-Amateur**[1588]. Das FIFA-Transferreglement entfaltet prinzipiell für Amateure und Nicht-Amateure Geltung; einige der zentralen Regelungsbestandteile (z.B. vertragliche Schriftform[1589], Solidaritätsmechanismus[1590]) indes beziehen sich nur auf Nicht-Amateure. Der **sachliche Geltungsumfang** erstreckt sich neben dem Transfer im herkömmlichen Sinne – das ist der Vereinswechsel eines Spielers vor oder nach Ablauf seines Spielervertrages – auf das Ausleihen eines Spielers durch einen Verein an einen anderen; dieser Vorgang gilt im Sinne dieses Reglements administrativ als Transfer[1591].

4. Ablauf des Spielertransfers

Teilnahmeberechtigt an den von einem Verband organisierten Wettbewerben sind nur diejenigen Spieler, die bei diesem Verband für einen seiner angeschlossenen Vereine registriert sind[1592]. Die ordnungsgemäße Registrierung setzt im Hinblick auf internationale Transfers insbesondere[1593] die Einhaltung zweier Be-

---

1587 Die Rückerstattung der Auslagen für Reise, Unterkunft und Verpflegung im Zusammenhang mit einem Spiel sowie der Kosten für Ausrüstung, Vorbereitung und Versicherungen ist zulässig und hat keinerlei Auswirkungen auf den Amateurstatus eines Spielers. Vgl. Art. 2 Abs. 1 und 2 FIFA-Transferreglement.

1588 Art. 2 Abs. 3 FIFA-Transferreglement.

1589 Art. 4 FIFA-Transferreglement.

1590 Art. 25 FIFA-Transferreglement.

1591 Vgl. zu letzterem Art. 10 Abs. 1 S. 1 FIFA-Transferreglement.

1592 Vgl. Art. 5 Abs. 1 FIFA-Transferreglement.

1593 Neben diesen Voraussetzungen müssen weitere Kriterien kumulativ erfüllt sein, damit ein Verband die Spielberechtigung erteilen darf: Der transferierte Fußballspieler wurde nicht für schuldig befunden, den Spielervertrag mit dem Fußballclub, bei dem er bisher beschäftigt war, ohne triftigen oder ohne sportlich triftigen Grund gebrochen zu haben. Der Spieler darf keinerlei sportlichen Sanktionen unterliegen, die durch die Kammer zur Beilegung von Streitigkeiten gemäß Art. 42 FIFA-Transferreglement auferlegt wurden. Schließlich kommt es darauf an, daß der Spieler für die Saison, in der er für den Verein spielte, den er zu verlassen wünscht, keinerlei disziplinarischen Maßnahmen unterliegt (vgl. Art. 11 Abs. 2 lit. c FIFA-Transferreglement). Die Versagung der Spielberechtigung ist die Folge davon, daß ein Nationalverband, der auf Gesuch eines anderen Verbands einen internationalen Freigabeschein ausstellt, den letzteren darüber informiert, ob der transferwillige Spieler bei Eingang des Gesuchs disziplinarisch gesperrt ist. Der übernehmende Nationalverband, der den internationalen Freigabeschein erhält, sorgt für die

dingungen voraus: Zum einen bedarf es eines sog. internationalen Freigabescheins (a); zum andern kann ein Vereinswechsel, an dem zwei Nationalverbände beteiligt sind, nur zu bestimmten Transferperioden stattfinden (b)[1594].

a) Internationaler Freigabeschein

Damit ein Spieler für einen neuen Verein, der einem anderen Nationalverband angehört als der Fußballclub, für den der Berufsfußballspieler zuvor tätig war, spielberechtigt ist, muß ein **internationaler Freigabeschein** vorliegen: Ein Nicht-Amateur darf die Spielberechtigung für einen Verein eines anderen Verbandes nur dann erhalten, wenn der neue Verband im Besitz eines internationalen Freigabescheins ist, der durch den abtretenden Verband ausgestellt wurde[1595]. Nur der Verband des Vereins, bei welchem sich der Spieler registrieren lassen möchte, kann die Ausstellung eines internationalen Freigabescheins beantragen[1596]. Fordert ein Verband von einem anderen den internationalen Freigabeschein für einen Spieler an, so stellt der abtretende Verband diesen – so lautet der **Grundsatz** – automatisch binnen sieben Tagen aus[1597].

Von diesem Prinzip der automatischen Erteilung eines internationalen Freigabescheins gibt es **aus zwei Überlegungen Ausnahmen**. Zum einen gilt: Falls durch den Vereinswechsel des Spielers eine **Vertragsstreitigkeit** entstanden ist (d.h. wenn der Vertrag nicht ausgelaufen ist und kein gegenseitiges Einverständnis über eine frühzeitige Vertragsauflösung besteht), darf der Nationalverband keinen internationalen Freigabeschein ausstellen[1598]. Die Erteilung ist vielmehr erst dann erlaubt, wenn er über das im Falle eines ungerechtfertigten Vertragsbruchs gefällte Urteil bezüglich der getroffenen Sanktionen informiert wurde. Daneben sieht das FIFA-Transferreglement aus einem weiteren Grund – nämlich dem **Minderjährigenschutz** – Einschränkungen für die Ausstellung eines internationalen Freigabescheins vor[1599]: Für Spieler unter zwölf Jahren

---

vollständige Durchsetzung der disziplinarischen Maßnahmen gegen den Spieler (vgl. Art. 9 Abs.1 und 2 FIFA-Transferreglement).

1594 Allgemein zum Ablauf internationaler Transfers: *FIFA*, Zirkular, Nr. 769, 2001, S. 16 f. (sub 5.).

1595 Vgl. Art. 6 Abs. 1 FIFA-Transferreglement.

1596 Vgl. Art. 7 Abs. 1 FIFA-Transferreglement.

1597 Vgl. Art. 6 Abs. 4 FIFA-Transferreglement. Wird der Nationalverband des abtretenden Vereins über ein solches Gesuch informiert, ersucht er den Verein und den Spieler umgehend um Bestätigung, ob der Vertrag ausgelaufen ist, ob der Vertrag in gegenseitigem Einverständnis vorzeitig aufgelöst wurde oder ob eine Streitigkeit zum Vertrag vorliegt (vgl. Art. 6 Abs. 2 FIFA-Transferreglement).

1598 Vgl. Art. 6 Abs. 5 FIFA-Transferreglement.

1599 Vgl. Art. 12 Abs. 1 FIFA-Transferreglement.

braucht überhaupt kein internationaler Freigabeschein ausgestellt zu werden[1600]. Internationale Transfers von Spielern unter achtzehn Jahren sind nur erlaubt, sofern die folgenden Bedingungen erfüllt sind: Im Grundsatz, wenn die Familie des Spielers aus Gründen, die nichts mit dem Fußballsport zu tun haben, umzieht, oder der Wechsel innerhalb der EU bzw. des EWR stattfindet und das Alter des Spielers zwischen dem im Land des neuen Vereins gültigen Mindest-Arbeitsalter und achtzehn Jahren liegt. In diesem Fall müssen beim neuen Verein entsprechende Vorkehrungen für die Fortführung der sportlichen und schulischen Ausbildung getroffen werden[1601]. Schließlich ist es einem minderjährigen Spieler erlaubt, der im Gebiet eines Nationalverbandes wohnt, bei einem Verein, der zu einem anderen Nationalverband gehört, zu trainieren, wenn sowohl der Spieler als auch der Verein beide jeweils nicht weiter als 50 Kilometer von der Staatsgrenze entfernt ansässig sind; Voraussetzung hierfür ist indes eine vorherigere ausdrückliche Zustimmung der betroffenen Nationalverbände.

b) Transferfristen

Ein Verband darf den internationalen Freigabeschein von dem Verband, den der Spieler verlassen will, nur dann anfordern, wenn der Verein, zu dem der Spieler wechseln möchte, rechtzeitig um die Spielberechtigung ersucht hat, d.h. während der **Registrierungsperiode**, welche der abgebende Nationalverband für Gesuche um Spielberechtigung festgelegt hat[1602]. Im Jahr 2001 einigten sich die elf größten europäischen Nationalverbände auf zwei einheitliche Transferperioden. Ein grenzüberschreitender Vereinswechsel ist danach vom 01.01. bis zum 31.01. sowie vom Ende der Spielzeit bis zum 31.08. eines Jahres möglich[1603]. Eine weitere Einschränkung ergibt sich für die Spieler daraus, daß sie pro Jahr nur während einer von diesen zwei vom abgebenden Nationalverband festgelegten Perioden registriert werden können. Ein Spieler kann sich innerhalb einer Spielzeit von zwölf Monaten maximal einmal neu registrieren lassen[1604].

1600 Vgl. Art. 34 FIFA-Transferreglement.

1601 Zu diesem Zweck wird von den zuständigen Fußballbehörden ein entsprechender Ehrenkodex eingeführt und umgesetzt (vgl. Art. 3 Ausführungsbestimmungen zum FIFA-Transferreglement). Siehe zum Minderjährigenschutz im FIFA-Transferreglement auch *Fritz/Düll*, SpuRt 2002, 144, 145; *FIFA*, Zirkular Nr. 769, 2001, S. 1 f. (sub 1.).

1602 Vgl. Art. 6 Abs. 2 FIFA-Transferreglement, Art. 2 Ausführungsbestimmungen zum FIFA-Transferreglement.

1603 Vgl. *Fritz/Düll*, SpuRt 2002, 144, 145.

1604 Vgl. Art. 5 Abs. 2 FIFA-Transferreglement. Die zeitlich eng gefaßten Transferperioden haben vermehrt zu Härten bei arbeitslosen Berufsfußballern geführt; deshalb hat die FIFA mittlerweile eine flexible Handhabung durch die Nationalverbände erlaubt, um Spielertransfers unter Umständen auch außerhalb der Registrierungsperioden zu ermöglichen. Vgl. *FIFA*, Zirkular Nr. 818, 2002.

5. Ausbildungsentschädigung für junge Spieler

Training und Ausbildung eines Spielers finden im Alter zwischen 12 und 23 Jahren statt[1605]. Grundsätzlich gilt, daß eine **Ausbildungsentschädigung bis zum Alter von 23 Jahren** für die bis zum Alter von 21 Jahren geleistete Ausbildung **fällig** ist; außer es ist offensichtlich, daß ein Spieler seine Ausbildungszeit vor dem 21. Lebensjahr beendet hat. Im letzteren Fall wird die Entschädigung ebenso geschuldet, bis der Spieler das Alter von 23 Jahren erreicht hat; die Berechnung der Entschädigungssumme bezieht sich jedoch auf die Zeit zwischen zwölf Jahren und dem Alter, in welchem der Spieler seine Ausbildung tatsächlich abgeschlossen hat (**Ausbildungszeitraum**)[1606]. Unterzeichnet ein Spieler seinen **ersten Nicht-Amateur-Vertrag**, erhalten die **Vereine** (bzw. erhält der Verein), **die** (der) **zu seinem Training und seiner Ausbildung beigetragen haben** (hat), erstmalig eine Entschädigung[1607]. Eine weitere Entschädigung wird **bei jedem Vereinswechsel** fällig, und zwar bis zum Abschluß der Ausbildung des Spielers[1608]; wobei der transferierte Spieler seinen Nicht-Amateur-Status beibehalten muß[1609]. Die Ausbildungs- und Förderungsentschädigung ist zudem selbst nach Ablauf des Spielervertrages zu zahlen[1610]. Weigert sich der aufnehmende Verein, die Entschädigung zu zahlen, können gegen ihn von der FIFA Disziplinarmaßnahmen ausgesprochen werden[1611]. Eine Ausbildungsentschädigung kann von dem abgebenden Verein nicht verlangt werden, der einen Spielervertrag ohne triftigen Grund gekündigt hat[1612]. Der Zeitpunkt des Abschlusses der Ausbildung ist generell erreicht, wenn der Spieler 23 Jahre alt wird. Wechselt ein Spieler im Alter von 23 Jahren oder älter den Verein, so wird keine Ausbildungsentschädigung geschuldet[1613].

[1605] So explizit: Grundsätze für die Änderung des FIFA-Reglements betreffend internationale Transfers, 2001, S. 1 (sub 2.1.).

[1606] Vgl. Art. 13 FIFA-Transferreglement.

[1607] Dieses sog. „Kaskadensystem" soll höchstwahrscheinlich bei der Überarbeitung des FIFA-Transferreglements nach der Spielzeit 2003/04 aufgegeben werden. Näher *FIFA*, Zirkular Nr. 826, 2002, S. 3.

[1608] Vgl. Art. 14 f. FIFA-Transferreglement.

[1609] Vgl. Art. 5 Nr. 2 lit. b Ausführungsbestimmungen zum FIFA-Transferreglement.

[1610] Vgl. *Del Fabro/Scherrer*, in: *Scherrer/Del Fabro*, Freizügigkeit im europäischen Sport, 2002, 141, 142.

[1611] Vgl. Art. 9 Nr. 3 Ausführungsbestimmungen zum FIFA-Transferreglement.

[1612] Art. 5 Nr. 3 lit. b) Ausführungsbestimmungen zum FIFA-Transferreglement.

[1613] Allgemein zu den Voraussetzungen der Entschädigungspflicht *FIFA*, Zirkular Nr. 769, 2001, S. 3 ff. (sub 2 und 2.a)). *Streinz*, in: *Scherrer/Del Fabro*, Freizügigkeit im europäischen Sport, 2002, 99, 113, begrüßt die Festlegung des entschädigungspflichtigen Ausbildungszeitraums bis zum 23.Lebensjahr grundsätzlich, beanstandet zugleich aber, daß infolgedessen gerade die großen Vereine, die von der Ausbildungsarbeit der kleinen Clubs profitieren, in aller Regel keine Transferentschädigungen mehr zu zahlen bräuch-

Die **genauen Beträge** für Training und Ausbildung errechnen sich gemäß den Parametern, die in den Ausführungsbestimmungen festgelegt sind[1614]. Grundsätzlich hat der zu leistende Betrag die Kosten widerzuspiegeln, die für die Ausbildung des Spielers aufgewendet wurden[1615]. Weil es gleichzeitig jedoch „unmöglich ist, die tatsächlichen Ausbildungskosten für jeden einzelnen Spieler zu berechnen", sind pauschale Ausbildungstarife installiert worden; und die Vereine werden nach ihren finanziellen Gesamtinvestitionen in die Ausbildung von Spielern eingeteilt[1616]. Diese Festlegung, wonach ausschließlich die in der Vergangenheit angefallenen Ausbildungskosten ersatzfähig sein sollen, paßt freilich – wie schon zuvor herausgearbeitet wurde[1617] – in überhaupt keiner Weise zu dem von den Beteiligten ausdrücklich dargelegten Anliegen, zugunsten der Vereine generell finanzielle Anreizstrukturen für die Nachwuchsförderung etablieren zu wollen. Darin liegt ein **gravierender struktureller Mangel** des Ausbildungsentschädigungsanspruchs begründet[1618].

In den Ausführungsbestimmungen zu dem FIFA-Transferreglement wird zudem festgehalten, wie die Entschädigungssumme zwischen den Vereinen aufgeteilt wird, die zum Training und zur Ausbildung des Spielers beigetragen haben[1619]. Unterzeichnet ein Spieler seinen ersten Nicht-Amateur-Vertrag oder wechselt ein noch nicht 23-jähriger Spieler als Nicht-Amateur während der Laufzeit seines Vertrages[1620] oder nach Vertragsende den Verein, so beschränkt sich die Entschädigung auf die Kosten für Training und Ausbildung, die gemäß den in den Ausführungsbestimmungen festgelegten Parametern berechnet werden. Ist es

---

ten. Zumindest teilweise geschlossen wird diese „Lücke" freilich durch den in Art. 25 FIFA-Transferreglement normierten Solidaritätsmechanismus.

1614 Vgl. Art. 16 FIFA-Transferreglement i.V.m. Art. 5 Nr. 4, Art. 6 f. Ausführungsbestimmungen zum FIFA-Transferreglement. Zu den Einzelheiten der Berechnung siehe im einzelnen *FIFA*, Zirkular Nr. 769, 2001, S. 5 ff. (sub 2.b)); *FIFA*, Zirkular Nr. 799, 2002; *FIFA*, Zirkular Nr. 826, 2002, S. 2 ff.

1615 Vgl. Art. 5 Nr. 4 lit. a Ausführungsbestimmungen zum FIFA-Transferreglement.

1616 Siehe Grundsätze für die Änderung des FIFA-Reglements betreffend internationale Transfers, 2001, S. 6 (sub Anhang I, B.1.).

1617 Vgl. zur Begrenzung der ersatzfähigen Kosten auf die tatsächlichen Aufwendungen und der Vereinbarkeit dieser immanenten Schranke mit dem Gedanken der Schaffung von geeigneten Anreizstrukturen zur Talentförderung im 2. Teil, 1. Kapitel, A.I.3.b).

1618 Anders *Streinz*, in: *Scherrer/Del Fabro*, Freizügigkeit im europäischen Sport, 2002, 99, 112 f., der sich auch hinsichtlich der Ausgestaltung der Anspruchshöhe grundsätzlich positiv äußert.

1619 Vgl. Art. 5 Nr. 4 lit. b bis f, Art. 8 Ausführungsbestimmungen zum FIFA-Transferreglement. Eingehend zur Verteilung der Transfererlöse unter den ausbildenden Vereinen siehe: *FIFA*, Zirkular Nr. 769, 2001, S. 9 ff. (sub 2.b)).

1620 Im Fall eines einseitigen Vertragsbruchs gilt diese Bestimmung jedoch nur unter Vorbehalt von Art. 22 FIFA-Transferreglement.

nicht möglich, eine Verbindung zwischen dem Spieler und seinem ehemaligen Verein herzustellen, oder meldet sich der betreffende Verein nicht innerhalb von zwei Jahren, nachdem der Spieler seinen ersten Nicht-Amateur-Vertrag unterzeichnet hat, so wird die Ausbildungsentschädigung an den Nationalverband des Landes ausgezahlt, in dem der Spieler ausgebildet wurde. Die Gelder sind für das in dem jeweiligen Land laufende Jugend-Förderungsprogramm zweckbestimmt.

6. Vertragsrestriktionen im FIFA-Transferreglement

Das 2001 in Kraft gesetzte FIFA-Transferreglement kennt zahlreiche Bestimmungen, die der Privatautonomie der vertragschließenden Parteien Grenzen setzen. Sie betreffen Abschluß und Laufzeit der Spielerverträge (a), die Wahrung der Vertragsstabilität (b) und das Herauskaufen von Spielern aus laufenden Verträgen (c).

a) Abschluß und Laufzeit des Spielervertrages

Jeder Spieler, der bei seinem Verband als Nicht-Amateur gemeldet ist, muß einen **schriftlichen Vertrag** mit dem ihn beschäftigenden Verein besitzen[1621]. Der Spielervertrag muß eine **Mindestvertragslaufzeit von einem Jahr** und eine **Höchstlaufzeit von fünf Jahren** haben[1622]. Spieler, die ihr 18. Lebensjahr noch nicht vollendet haben, dürfen nur Nicht-Amateur-Verträge unterschreiben, wenn deren Dauer nicht mehr als drei Jahre beträgt. Klauseln, die eine längere Dauer vorsehen, werden weder von der FIFA noch von nationalen Schiedsgerichten für Sport anerkannt[1623].

b) Wahrung der Vertragsstabilität

Dem Ziel der Wahrung stabiler Vertragsverhältnisse dienen die Bestimmungen in Art. 21 ff. FIFA-Transferreglement. Die Verbandsnormen beinhalten Vorgaben zur Erhaltung der Vertragsstabilität und Sanktionsnormen, die im Fall eines Verstoßes hiergegen zum Zuge kommen.

[1621] Vgl. Art. 4 Abs. 1 FIFA-Transferreglement.

[1622] Vgl. Art. 4 Abs. 2 FIFA-Transferreglement. Zur Zulässigkeit von befristeten Spielerverträgen vgl. bereits im 1. Teil, 1. Kapitel, C.I. Zu den Vertragslaufzeiten nach dem FIFA-Transferreglement siehe *Del Fabro/Scherrer*, in: *Scherrer/Del Fabro*, Freizügigkeit im europäischen Sport, 2002, 141, 148 ff.

[1623] Vgl. Art. 35 FIFA-Transferreglement.

aa) Das Verbandsregelwerk zur **Aufrechterhaltung bestehender Spielerverträge** weist folgende Regelungsstruktur auf: Für alle **Verträge, die bis zum 28. Geburtstag des Spielers** unterzeichnet wurden, gilt, daß im Falle eines während der **ersten drei Jahre** erfolgenden einseitigen Vertragsbruchs[1624] ohne Vorliegen eines triftigen Grundes oder eines sportlich triftigen Grundes sportliche Sanktionen verhängt werden und eine Entschädigung fällig wird. Im Falle von Verträgen, die **nach dem 28. Geburtstag** abgeschlossen werden, gelten dieselben Bestimmungen wie oben, jedoch nur während der **ersten zwei Jahre**. Für beide zuvor definierten Verträge ist zugleich bestimmt, daß ein einseitiger Vertragsbruch ohne Vorliegen eines triftigen Grundes bei laufender Saison nicht erlaubt ist (**bestandsgeschützter Vertragszeitraum**)[1625].

Ein einseitiger Vertragsbruch ohne triftigen Grund oder ohne sportlich triftigen Grund **nach den ersten drei bzw. zwei Jahren** zieht keine sportlichen Sanktionen nach sich, mit der Ausnahme möglicher sportlicher Sanktionen gegen einen Verein und/oder einen Spieleragenten, auf dessen Anstiftung es zum Vertragsbruch kam. Eine Entschädigung wird fällig. Auch in dieser Beziehung ist ein Vertragsbruch während der laufenden Saison nicht erlaubt. Wird der Vertrag nicht binnen fünfzehn Tagen nach dem letzten offiziellen Spiel der Landesmeisterschaft des Clubs, bei dem der Spieler zugelassen ist, gekündigt, können durch die Kammer zur Beilegung von Streitigkeiten disziplinarische Maßnahmen verhängt werden[1626].

Aus dem zuvor Gesagten leitet sich ab, daß während eines „geschützten Vertragszeitraums" die einseitige Beendigung eines Spielervertrages **grundsätzlich unzulässig** ist. Der Bestandsschutz gilt jedoch nicht absolut, sondern im FIFA-Transferreglement sind zugleich **Ausnahmen** angelegt[1627]. So können sowohl der arbeitgebende Verein als auch der bei diesem angestellte Spieler den laufenden Spielervertrag aus einem **„triftigen Grund"** auflösen[1628]. Zusätzlich zu ei-

---

[1624] Zum Rechtsbegriff des Vertragsbruchs siehe *Oberthür*, Das Transfersystem im Lizenzfußball, 2002, S. 91 f., die darunter die Ausübung eines Gestaltungsrechts im Sinne einer Rechtsmacht, durch eine einseitige rechtsgeschäftliche Erklärung den Spielervertrag zu beenden, versteht.

[1625] Vgl. dazu näher Art. 21 Nr. 1 FIFA-Transferreglement.

[1626] Vgl. Art. 21 Nr. 2 FIFA-Transferreglement.

[1627] Zur gerechtfertigten Vertragsauflösung siehe *FIFA*, Zirkular Nr. 769, 2001, S. 14 f. (sub 3.b)).

[1628] Der Begriff des triftigen Grundes ist gleichbedeutend mit „wichtigen Gründen", die eine außerordentliche Kündigung rechtfertigen. *Oberthür*, Das Transfersystem im Lizenzfußball, 2002, S. 93 ff.; *dies.*, NZA 2003, 462, 463; *Del Fabro/Scherrer*, in: *Scherrer/Del Fabro*, Freizügigkeit im europäischen Sport, 2002, 141, 152 f.; *Schäfer*, in: *Scherrer/Del Fabro*, Freizügigkeit im europäischen Sport, 2002, 81, 94.

ner Kündigungsmöglichkeit bei Vorliegen triftiger Gründe kann ein Spieler seinen Vertrag auch bei Vorliegen von **triftigen sportlichen Gründen** („sportlich triftiger Grund“) kündigen[1629]. Die sportlich triftigen Gründe sind gemäß dem in Art. 42 FIFA-Transferreglement vorgesehenen Verfahren von Fall zu Fall einzeln festzulegen. Jeder Fall wird aufgrund seiner Besonderheiten geprüft, wobei alle relevanten Umstände einzubeziehen sind (Verletzungen, Spielsperren, Position des Spielers, Alter des Spielers usw.)[1630] [1631]. Ob ein Spieler einen sportlich triftigen Grund hat, wird nur nach Abschluß der Saison und vor Ablaufen der entsprechenden Registrierungsperiode im Land des abtretenden Vereins untersucht[1632].

bb) Findet sich **weder ein triftiger Grund noch ein sportlich triftiger Grund** zur Rechtfertigung einer vorzeitigen Vertragsauflösung, greift ein **ausdifferenzierter Sanktionskatalog**. Dieser sieht neben der Pflicht zur Zahlung einer monetären Entschädigung (1) die Verhängung sportlicher Sanktionen (2) vor:

(1) Im Hinblick auf die **Entschädigungspflicht für einen Spielervertragsbruch**[1633] ist festzuhalten, daß diese – sofern nicht im Spielervertrag vorgesehen und unter Vorbehalt der Bestimmungen betreffend die Ausbildungsentschädigung von Art. 13 ff. FIFA-Transferreglement – unter gebührender Beachtung des nationalen Rechts, der Besonderheit des Sports sowie aller weiteren objektiven Kriterien, die für den Fall relevant sind, berechnet wird. Zu besagten Krite-

---

1629 Vgl. Art. 24 Abs. 1 FIFA-Transferreglement.

1630 Vgl. Art. 24 Abs. 2 FIFA-Transferreglement. Art. 12 Ausführungsbestimmungen zum FIFA-Transferreglement bestimmt, daß ein sportlich triftiger Grund für eine Beendigung des Spielervertrages vorliegen soll, wenn ein Spieler in weniger als zehn Prozent aller von dem arbeitgebenden Verein während einer Saison absolvierten offiziellen Spiele aufgestellt wurde.

1631 Zur Reichweite des Kündigungsgrundes des „sportlich triftigen Grundes“ *Oberthür*, Das Transfersystem im Lizenzfußball, 2002, S. 100 ff. Problematisch an der verbandsrechtlichen Bestimmung ist insbesondere, daß sie zu einer Erweiterung der Gründe führt, die nach zwingendem nationalen Zivilrecht eine fristlose Kündigung des Arbeitsverhältnisses (§ 626 Abs. 1 BGB) Lizenzspieler-Verein erlauben. Um die Rechtsfolge der Nichtigkeit (§ 134 BGB i.V.m. § 626 Abs. 1 BGB) zu vermeiden, werden verschiedene Konstruktionen vorgeschlagen: Eine Ansicht (*Oberthür*, Das Transfersystem im Lizenzfußball, 2002, S. 102 ff.) deutet das außerordentliche in ein ordentliches Kündigungsrecht um; eine andere Lehrmeinung (*Del Fabro/Scherrer*, in: *Scherrer/Del Fabro*, Freizügigkeit im europäischen Sport, 2002, 141, 153 f.) legt die Verbandsnorm teleologisch restriktiv aus und verlangt, daß die Umstände, die als sportlich triftige Gründe angeführt werden, im Einzelfall das Vertrauensverhältnis zwischen Lizenzspieler und arbeitgebendem Verein objektiv und subjektiv zerstört haben müssen.

1632 Vgl. hierzu *Oberthür*, Das Transfersystem im Lizenzfußball, 2002, S. 101.

1633 Zur Entschädigungspflicht siehe: *FIFA*, Zirkular Nr. 769, 2001, S. 13 f. (sub 3.a)(ii))).

rien gehören insbesondere das Gehalt und weitere dem Spieler gewährte Leistungen gemäß dem bestehenden und/oder dem neuen Vertrag; die verbleibende Vertragslaufzeit (bis max. fünf Jahre); die Höhe jedweder, vom alten Verein gezahlten oder diesem entstandenen Gebühren und Auslagen, amortisiert über die Vertragslaufzeit; die Frage, ob der Vertragsbruch in den bestandsgeschützten Vertragszeitraum fällt[1634].

Entschädigungspflichtig und damit **Anspruchsgegner** ist grundsätzlich diejenige Partei, die die Verantwortung für den Vertragsbruch trägt[1635]. Trifft den für einen Vertragsbruch verantwortlichen Spieler die Zahlungspflicht und wird dieser bei einem neuen Verein registriert, versäumt es indes aber, innerhalb eines Monats die Forderung zu erfüllen, so trägt der neue Verein eine Mithaftung für die Entschädigungszahlung[1636]. Weigert sich der aufnehmende Verein, die Entschädigung zu zahlen, können gegen ihn von der FIFA Disziplinarmaßnahmen ausgesprochen werden[1637].

(2) Bezüglich der **sportlichen Sanktionen** knüpft das FIFA-Transferreglement an die Beteiligten des ungerechtfertigten Vertragsbruchs an[1638]. Unter Vorbehalt außerordentlicher Umstände bedeuten sportliche Sanktionen, die für einen einseitigen Vertragsbruch ohne triftigen Grund oder ohne sportlich triftigen Grund angewandt werden, im einzelnen folgendes:

Im **Fall des Spielers**[1639], wenn der Vertragsbruch **am Ende des ersten oder zweiten Vertragsjahres** erfolgt, zieht dies eine Einschränkung seiner Spielberechtigung für offizielle Spiele, mit Ausnahme des Vereins, bei dem er unter Vertrag stand, für einen Zeitraum von vier Monaten, gerechnet ab dem Beginn der nationalen Meisterschaft des neuen Vereins, nach sich. Bei erschwerenden Umständen, z. B. dem Versäumen der Kündigungserklärung oder wiederholtem Vertragsbruch, können sportliche Sanktionen in Form einer Sperre von höchstens sechs Monaten ausgesprochen werden. Für einseitige Vertragsbrüche **nach**

1634 Vgl. Art. 22 FIFA-Transferreglement. Überaus fraglich ist, ob die Entschädigungspflicht mit den zivilrechtlichen Vorgaben zur Zulässigkeit von Vertragsstrafen übereinstimmt. Vgl. zu diesem Problemkreis *Oberthür*, Das Transfersystem im Lizenzfußball, 2002, S. 238 ff.; *Del Fabro/Scherrer*, in: *Scherrer/Del Fabro*, Freizügigkeit im europäischen Sport, 2002, 141, 156.

1635 Vgl. Art. 14 Nr. 1 Ausführungsbestimmungen zum FIFA-Transferreglement.

1636 Vgl. Art. 14 Nr. 3 Ausführungsbestimmungen zum FIFA-Transferreglement.

1637 Vgl. Art. 14 Nr. 4 Ausführungsbestimmungen zum FIFA-Transferreglement.

1638 Zur Auslegung der sportlichen Sanktionen: *FIFA*, Zirkular Nr. 769, 2001, S. 11 ff. (sub 3.a)(i)); *Del Fabro/Scherrer*, in: *Scherrer/Del Fabro*, Freizügigkeit im europäischen Sport, 2002, 141, 156 ff.

1639 Vgl. Art. 23 Nr. 1 FIFA-Transferreglement.

Ende des dritten Vertragsjahres (bzw. nach Ende des zweiten Vertragsjahres für Verträge, die von einem Spieler nach seinem 28. Lebensjahr abgeschlossen wurden) wird grundsätzlich keine sportliche Sanktion verhängt[1640].

Für den **Verein**[1641], der einen Vertrag bricht oder einen Vertragsbruch bewirkt, stellt sich das Sanktionsinstrumentarium wie folgt dar[1642]: Für Vertragsbrüche des zunächst arbeitgebenden Vereins **am Ende des ersten oder zweiten Vertragsjahres** darf kein neuer Spieler, sei es im nationalen oder internationalen Bereich, unter Vertrag genommen werden, bis zum Ablauf der zweiten Transferperiode, die auf das Datum, an dem der Vertragsbruch wirksam wurde, folgt. Ein solches Verbot darf in keinem Fall eine Dauer von zwölf Monaten ab Vertragsbruch oder Anstiftung zum Vertragsbruch übersteigen. Für Vertragsbrüche **am Ende des dritten Vertragsjahres** (bzw. am Ende des zweiten Vertragsjahres für Verträge, die von einem Spieler nach seinem 28. Lebensjahr abgeschlossen wurden) wird prinzipiell keine sportliche Sanktion verhängt[1643]. Versucht ein dritter Verein, einen Spieler zu registrieren, der sich während des bestandsgeschützten Vertragszeitraums eines einseitigen Vertragsbruchs schuldig gemacht hat, so wird angenommen, der Verein habe den Spieler zum Vertragsbruch angestiftet. Ohne Einschränkung der obigen allgemeinen Grundsätze können von der FIFA-Disziplinarkommission auch andere Sanktionen sportlicher Natur gegen Vereine verhängt werden (z.B. Geldstrafen, Punktabzüge, Wettbewerbsausschlüsse).

cc) Auch wenn ein **Beendigungstatbestand im Sinne des FIFA-Transferreglements einschlägig** ist, können die Beteiligten **unter Umständen ausnahmsweise** dennoch **zur Zahlung einer Entschädigung verpflichtet** sein. Wen die finanzielle Entschädigungspflicht letzten Endes trifft, hängt davon ab, ob die vorzeitige Vertragsbeendigung auf einen „sportlich triftigen Grund" oder einen „triftigen Grund" i.S.d. Reglements zurückzuführen ist: Liegt ein **sport-**

[1640] Es sei denn, es wurde versäumt, nach dem letzten Spiel der Saison die Kündigung termingerecht einzureichen. In einem solchen Fall ist die Verhältnismäßigkeit der Sanktion zu beachten.

[1641] Vgl. Art. 23 Nr. 2 FIFA-Transferreglement.

[1642] Zusätzlich ist hervorzuheben, daß ein Verein, der einen Spieler, der bei einem anderen Fußballclub noch einen Spielervertrag hat, seinerseits unter Vertrag zu nehmen gedenkt, beide vor Aufnahme der Vertragsverhandlungen über die bevorstehende Offerte in Kenntnis setzen muß. Bei Verstößen gegen die Informationspflicht wird eine Vereinsstrafe in Höhe von mindestens 50.000 Schweizer Franken fällig. Vgl. Art. 13 Nr. 1 und 2 Ausführungsbestimmungen zum FIFA-Transferreglement.

[1643] Es sei denn, es wurde versäumt, nach dem letzten Spiel der Saison die Kündigung termingerecht einzureichen. In einem solchen Fall ist die Verhältnismäßigkeit der Sanktion zu beachten.

lich triftiger Grund vor, muß festgelegt werden, ob vom **Spieler** eine Entschädigung geschuldet wird und wie hoch diese allenfalls ausfällt[1644] [1645]. Im Falle des Bestehens eines **triftigen Grundes** trifft den Spieler keinerlei Entschädigungspflicht. Indes ist es durchaus möglich, daß der **ehemalige Fußballclub des Spielers** seinerseits zur Entrichtung einer Entschädigung verpflichtet wird, wenn er durch sein Verhalten den Spielervertrag ungerechtfertigt gebrochen hat[1646]. Hinsichtlich der Durchsetzung der Entschädigungszahlungen gelten die obenan zum tauglichen Anspruchsgegner gemachten Ausführungen.

c) Herauskaufen von Spielern aus laufenden Verträgen

Nach der Systematik des FIFA-Transferreglements sind mit Ausnahme der Ausbildungs- und Förderungsentschädigung (auch nach Ablauf des Spielervertrages) keinerlei Ablöseentschädigungen in dem Regelwerk vorgesehen. Daraus könnte man die Schlußfolgerung ziehen, daß das Herauskaufen von Berufsfußballspielern in allen anderen Fällen zukünftig nicht mehr erlaubt ist; zumal die EG-Kommission gerade in dem Herauskaufen von Spielern aus den langfristigen Spielerverträgen zunächst eine Umgehung der Arbeitnehmerfreizügigkeit gemäß Art. 39 Abs. 1 EG in der Auslegung, die die Marktfreiheit durch den EuGH im Fall „Bosman" erfahren hatte, erblickte. Eine solche Sichtweise ist freilich allzu vordergründig, denn der zuständige EG-Wettbewerbskommissar Monti gab – wie bereits aufgezeigt – seinen restriktiven Standpunkt späterhin wieder auf. Außerdem zeigen Wortlaut[1647] und Entstehungsgeschichte[1648] von

---

1644 Vgl. Art. 24 Abs. 3 FIFA-Transferreglement. Wird auf Zahlung einer Entschädigung entschieden, muß die Entschädigungssumme unter dem Betrag liegen, der bei einem mißbräuchlichen Vertragsbruch fällig wäre, da der Verein zumindest teilweise für den Vertragsbruch verantwortlich ist. Zudem darf die Entschädigung betragsmäßig nicht über den Gehaltszahlungen liegen, die dem Spieler noch zustehen (vgl. *FIFA*, Zirkular Nr. 769, 2001, S. 15 [sub 3.b)]).

1645 *Streinz*, in: *Scherrer/Del Fabro*, Freizügigkeit im europäischen Sport, 2002, 99, 115, rügt in diesem Kontext, die Einschränkung der Sanktionen höhle das Prinzip „pacta sunt servanda" aus.

1646 Vgl. *FIFA*, Zirkular Nr. 769, 2001, S. 15 (sub 3.b)); *Fritz/Düll*, SpuRt 2002, 144, 146.

1647 Art. 25 Abs. 1 FIFA-Transferreglement lautet: „Wechselt ein Nicht-Amateur während der Laufzeit seines Vertrages den Verein, so erhalten die Vereine (bzw. der Verein), die zu seinem Training und seiner Ausbildung beigetragen haben, einen Anteil (5 %) der an den alten Verein bezahlten Entschädigung. Dies geschieht im Verhältnis zu der Anzahl von Jahren, die der Spieler bei den jeweiligen Vereinen während des 13. und 24. Lebensjahres verbracht hat.

1648 Im *FIFA*-Zirkular Nr. 769, 2001, S. 15 (sub 4.) heißt es: „Wechselt ein Nicht-Amateur während der Laufzeit seines Vertrages zu einem ausländischen Verein, kann sein alter Verein dafür eine finanzielle Entschädigung erhalten, falls der Abgang des Spielers als Vertragsbruch taxiert wird oder eine Einigung zwischen dem alten und neuen Verein sowie dem betroffenen Spieler erzielt wurde."

Art. 25 Abs. 1 FIFA-Transferreglement, daß auch nach der Wertung des verbandsrechtlichen Regelwerks das **Herauskaufen von Spielern aus langfristigen Verträgen weiterhin zulässig** ist[1649].

Nach der neuen Bestimmung des Art. 25 FIFA-Transferreglement („**Solidaritätsmechanismus**") ist vorgesehen, daß beim Vereinswechsel eines Nicht-Amateurs während der Laufzeit seines Vertrages die Vereine (bzw. der Verein), die zu seinem Training und seiner Ausbildung beigetragen haben (bzw. hat), einen Anteil (fünf Prozent) der an den alten Verein bezahlten Entschädigung erhalten. Dies geschieht im Verhältnis zu der Anzahl von Jahren, die der Spieler bei den jeweiligen Vereinen während des 13. und 24. Lebensjahres verbracht hat[1650]. Einzelheiten zum Verteilschlüssel sind in den Ausführungsbestimmungen zum FIFA-Transferreglement festgelegt[1651]. Weigert sich der aufnehmende Verein, die Entschädigung zu zahlen, können gegen ihn von der FIFA Disziplinarmaßnahmen ausgesprochen werden[1652]. Der Spieler kann zudem für die Berechnung der Summe und die Bestimmung der berechtigten Clubs beigezogen werden. Erfüllt er seine Mitwirkungspflicht nicht, können gegen ihn ebenso Disziplinarmaßnahmen ausgesprochen werden[1653].

7. Streitschlichtungssystem

Unter Vorbehalt der jedem Spieler oder Verein offenstehenden Möglichkeit, bei Streitigkeiten zwischen Vereinen und Spielern ein ziviles Gericht anzurufen, wird durch das FIFA-Transferreglement ein **System zur Schlichtung und Beilegung von Streitigkeiten** eingerichtet[1654]. Kommt es zwischen zwei Parteien (z.B. Verein und Spieler) zu Streitigkeiten, können diese zunächst durch die Einleitung eines Schlichtungsverfahren, das eine kostengünstige, rasche, vertrauliche und informelle Möglichkeit darstellt, versuchen, die Streitigkeit durch einen unabhängigen Schlichter beizulegen[1655].

1649 Im Ergebnis ebenso *Del Fabro/Scherrer*, in: *Scherrer/Del Fabro*, Freizügigkeit im europäischen Sport, 2002, 141, 158 f.; *Oberthür*, Das Transfersystem im Lizenzfußball, 2002, S. 139 mit Fn. 408; zurückhaltend *Fritz/Düll*, SpuRt 2002, 144, 146.

1650 Vgl. dazu *FIFA*, Zirkular Nr. 769, 2001, S. 15 f. (sub 4.); *Del Fabro/Scherrer*, in: *Scherrer/Del Fabro*, Freizügigkeit im europäischen Sport, 2002, 141, 144 f., 159.

1651 Vgl. im einzelnen Art. 10 Ausführungsbestimmungen zum FIFA-Transferreglement.

1652 Vgl. Art. 11 Nr. 3 Ausführungsbestimmungen zum FIFA-Transferreglement.

1653 Vgl. Art. 14 Ausführungsbestimmungen zum FIFA-Transferreglement.

1654 Allgemein zu dem Streitbeilegungsmechanismus *FIFA*, Zirkular Nr. 769, 2001, S. 18 f. (sub 7.); *Fritz/Düll*, SpuRt 2002, 144, 147.

1655 Vgl. Art. 42 Abs. 1 lit. a FIFA-Transferreglement. Die Schlichtungsverfahren werden von der FIFA angeboten (Art. 42 Abs. 2 S. 1 FIFA-Transferreglement).

Dieses Schlichtungsverfahren ist auf der anderen Seite aber weder Bedingung noch Aufschub für die Lösung des Streitfalls gemäß den im FIFA-Transferreglement beschriebenen formellen Verfahren (**Kammer zur Beilegung von Streitigkeiten**)[1656]: Die Gründe für den Streitfall (d.h. ob Vertragsbruch vorliegt, mit oder ohne triftigen oder sportlich triftigen Grund) werden von der Kammer zur Beilegung von Streitigkeiten der FIFA-Spielerstatut-Kommission entschieden, wenn es zwischen den Parteien an einer Schiedsgerichtsvereinbarung fehlt[1657]. Wenn entschieden wird, der Vertrag sei ohne triftigen oder sportlich triftigen Grund gebrochen worden, bestimmt die Kammer zur Beilegung von Streitigkeiten innerhalb von 30 Tagen, ob sportliche Sanktionen oder Disziplinarmaßnahmen, welche sie gemäß Art. 23 FIFA-Transferreglement aussprechen kann, auferlegt werden müssen. Die Kammer zur Beilegung von Streitigkeiten beurteilt grundsätzlich ebenso innerhalb des gleichen Zeitraums alle anderen Punkte in Zusammenhang mit dem Vertragsbruch (insbesondere die Frage der finanziellen Entschädigung). Darüber hinaus ist die Kammer berechtigt, Streitigkeiten betreffend die Zahlung von Ausbildungsentschädigungen zu prüfen[1658]. Wenn sich herausstellt, daß ein Spieler aus dem Vertrag mit seinem Verein mit triftigem oder sportlich triftigem Grund ausgestiegen ist und der Spieler aufgrund der verfahrenstechnischen Bestimmungen dieses Reglements für Spiele in der nationalen Meisterschaft seines Vereins gesperrt wurde, kann die

---

1656 Vgl. Art. 42 Abs. 1 lit. b FIFA-Transferreglement, Art. 17 Ausführungsbestimmungen zum FIFA-Transferreglement. Die Kammer zur Beilegung von Streitigkeiten ist innerhalb der FIFA-Spielerstatut-Kommission angesiedelt. Das FIFA-Schiedsgericht muß zu gleichen Teilen aus Spielern und Vereinsvertretern zusammengesetzt sein und unter einem unabhängigen Vorsitz stehen. Die Verfahrensregeln der Kammer zur Beilegung der Streitigkeiten sind in den Ausführungsbestimmungen festgelegt (Art. 42 Abs. 2 S. 2 und 3 FIFA-Transferreglement, Art. 15 f. Ausführungsbestimmungen zum FIFA-Transferreglement).

1657 Dieser Teil des Streitfalls muß innerhalb von 30 Tagen nach Unterbreitung des Falles an das von den Parteien bestimmte Entscheidungsgremium entschieden werden (Art. 42 Abs. 1 lit. b (i) S. 3 FIFA-Transferreglement).

1658 In diesem Zusammenhang ist die Kammer befugt, deutlich unverhältnismäßige Beträge nach oben oder nach unten zu korrigieren. Zudem kann sie zur Beilegung von Streitigkeiten in Fällen, in denen dies im vorliegenden Reglement oder in den Ausführungsbestimmungen so vorgesehen ist, oder gemäß einem schriftlichen Auftrag durch die FIFA-Spielerstatut-Kommission Disziplinarmaßnahmen gemäß Art. 34 Abs. 4 der FIFA-Statuten auferlegen. Die Kammer zur Beilegung von Streitigkeiten fällt innerhalb von 60 Tagen nach dem Datum, an welchem der Fall durch eine der Streitparteien eingereicht wurde, ein Urteil, mit Ausnahme derjenigen Disziplinarmaßnahmen, auf die in Art. 23 FIFA-Transferreglement Bezug genommen wird (Art. 42 Abs. 1 lit. b (iv) FIFA-Transferreglement).

Kammer zur Beilegung von Streitigkeiten finanzielle Entschädigungen zusprechen und/oder dem betreffenden Verein Disziplinarmaßnahmen auferlegen[1659].

Gegen die Entscheidungen der Kammer zur Beilegung von Streitigkeiten kann jeweils ein **Berufungsverfahren** gemäß Art. 63 der FIFA-Statuten einer Kammer des Schiedsgerichts des Fußballs (TAF = Tribunal arbitral de Football) eingeleitet werden[1660], unabhängig von der Schwere der Sanktion oder der Höhe der Geldsumme. Dieses Gericht fällt innerhalb von 60 Tagen, bei besonders komplizierten Fällen innerhalb von 90 Tagen nach dem Datum, an welchem der von der Kammer zur Beilegung von Streitigkeiten entschiedene Fall eingereicht wurde, ein Urteil. Die Berufung hat keine aufschiebende Wirkung[1661].

II. Regelungen des DFB und des Ligaverbandes

In enger Verzahnung mit den Transferregeln der FIFA stehen die Vorschriften von DFB und Ligaverband für internationale Transfers. Die **Statuten des DFB** schreiben dabei in Anknüpfung an das FIFA-Transferreglement vor, daß jeder Berufsfußballspieler eines Vereins der Mitgliedsverbände des DFB, namentlich des Ligaverbandes, der zu einem Verein eines anderen Nationalverbandes der FIFA wechseln möchte, der Freigabe durch den DFB bedarf[1662]. Im übrigen ergibt sich aus §§ 20, 21 Nr. 3 S. 2 DFB-Spielordnung, daß das FIFA-Transferreglement im Bereich des DFB uneingeschränkt Anwendung findet. Daneben folgt aus der **vom Ligaverband aufgestellten LOS**, daß die Freigabe von Spielern zu einem anderen Nationalverband der FIFA durch den DFB im Einvernehmen mit dem Ligaverband vonstatten geht[1663]. Voraussetzung für die Erteilung der Freigabe ist, daß der abgebende Lizenzclub keine berechtigten Einwendungen gegen die Freigabe des Spielers durch den DFB im Einvernehmen mit dem Ligaverband erhebt und keine Einwendungen gegen die Aufnahme in die Transferliste vorliegen[1664]. Ansonsten gelten – auch nach der LOS – die Regelungen des FIFA-Transferreglements[1665]. Wie sich dem zuvor Gesagten schon implizit entnehmen läßt, ist bei internationalen Transfers von Lizenzfußballern von Deutschland zu einem Verein eines anderen FIFANationalverbandes

---

[1659] Die Kammer zur Beilegung von Streitigkeiten fällt innerhalb von 60 Tagen nach dem Datum, an welchem der Fall durch den betreffenden Spieler eingereicht wurde, ein Urteil (Art. 42 Abs. 1 lit. b (v) FIFA-Transferreglement).

[1660] Die Kammer des TAF muß zu gleichen Teilen aus Spielern und Vereinsvertretern zusammengesetzt sein und unter einem unabhängigen Vorsitz stehen.

[1661] Vgl. Art. 42 Abs. 1 lit. c FIFA-Transferreglement.

[1662] Vgl. § 21 Nr. 3 S. 1 DFB-Spielordnung.

[1663] Vgl. § 15 Nr. 1 LOS.

[1664] Vgl. § 15 Nr. 2 LOS.

[1665] Vgl. § 15 Nr. 3 LOS.

die vorherige Aufnahme des Spielers in die Transferliste vorgeschrieben[1666]. Antragsberechtigt sind in dieser Beziehung der wechselwillige Nicht-Amateur sowie der bisher arbeitgebende Lizenzverein[1667]. Die Aufnahme in die Transferliste ist aber nicht nur beim Wechsel eines Spielers ins Ausland, sondern ebenso bei einem Spielertransfer von einem ausländischen Fußballclub zu einem deutschen Lizenzverein notwendig. Die Antragsbefugnis zur Aufnahme des nach Deutschland wechselnden Spielers in die Transferliste liegt bei dem Spieler aus dem Ausland und dem Verein des Ligaverbandes, der jenen unter Vertrag zu nehmen beabsichtigt[1668]. Damit ein Spieler aus dem Ausland in die Transferliste aufgenommen werden kann, ist entweder die Vorlage eines gemeinsamen Antrags von Verein und Spieler oder für den Fall der Nichtvorlage der Zustimmung oder bei Zweifel an der Zustimmung des Vereins die Einwilligung des zuständigen Mitgliedsverbandes der FIFA, erforderlich[1669].

[1666] Vgl. § 4 Nr. 1 LOS.

[1667] Vgl. § 4 Nr. 4 lit. a und d LOS.

[1668] Vgl. § 4 Nr. 4 lit. b und e LOS.

[1669] Vgl. § 4 Nr. 7 LOS.

3. Teil: Vereinbarkeit des neuen FIFA-Transferreglements und der Transferpraxis bei inländischen Transfers mit europäischem Gemeinschaftsrecht

Im 3. Teil der Arbeit werden die gegenwärtig geltenden verbandsrechtlichen Regularien für internationale (2. Kapitel) wie nationale (3. Kapitel) Spielertransfers am Maßstab der EG-Grundfreiheiten gewürdigt. Der Untersuchung der genannten Regelwerke ist indes noch die Klärung der Frage vorzuschalten, ob die Fußballsportverbände überhaupt den Grundfreiheiten des EG-Vertrags unmittelbar unterworfen sind (1. Kapitel).

1. Kapitel: Anwendbarkeit der Grundfreiheiten auf Maßnahmen privaten Ursprungs

Einhellig anerkannt ist zunächst, daß die Grundfreiheiten die einzelnen EG-Mitgliedstaaten und die Europäische Gemeinschaft als solche verpflichten. Die Bestimmungen des Transferreglements sind aber von der FIFA, einem privatrechtlich organisierten Verein schweizerischen Rechts[1670], erlassen; ebenso verkörpern die Verbandsnormen der DFB-Spielordnung und der LOS Regelungen privaten Ursprungs[1671]. Damit handelt es sich bei den Verbandsnormen zum Transfer von Spielern in allen hier zu untersuchenden Fallkonstellationen um **privatautonome Bestimmungen**. Bislang entspricht es jedoch gefestigter Rechtsprechung des EuGH und auch ganz herrschender Lehrmeinung, daß zumindest solche abstrakt-generellen Regelwerke privater Verbände an den Personenverkehrsfreiheiten und der Dienstleistungsfreiheit überprüft werden können. Gegen diese traditionelle – die Einbeziehung Privater in den Verpflichtetenkreis der Grundfreiheiten befürwortende – Sichtweise werden im neueren europarechtlichen Schrifttum indessen vermehrt Bedenken geäußert. Vor diesem Hintergrund erscheint nach Darstellung der von Rechtsprechung und Lehre vertretenen Ansätze (A.) darauf aufbauend eine Untersuchung des Streitstandes (B.) angezeigt.

1670 Vgl. zur FIFA schon im 1. Teil, 2. Kapitel, A.I.

1671 DFB und Ligaverband sind beide als eingetragene Vereine organisiert und damit ihrer Rechtsnatur nach privatrechtliche Körperschaften. Näher zu den Organisatoren des lizenzierten Fußballsports in Deutschland siehe bereits im 1. Teil, 1. Kapitel, B.

A. Meinungsspektrum in Rechtsprechung und Lehre

Die **Judikatur des Gerichtshofes** zur Erstreckung des Adressatenkreises der Personenverkehrsfreiheiten und der Dienstleistungsfreiheit auf privatrechtliche Einheiten verlief in mehreren Etappen[1672]. Die in diesem Zusammenhang ergangenen richtungsweisenden Urteile leiden dabei zwar teilweise unter erheblichen Begründungsdefiziten[1673]; dennoch läßt sich der Rechtsprechung die Grundaussage entnehmen, daß der Gewährleistungsumfang von Art. 39 ff., 43 ff. und 49 ff. EG zumindest von im Allgemeininteresse tätigen privaten Rechtsnormschöpfern, denen der einzelne unentrinnbar unterworfen ist (sog. „intermediäre Gewalten"), beachtet werden muß; und die Marktfreiheiten insofern eine **unmittelbare Drittwirkung** entfalten[1674]. Diese Voraussetzungen erfüllen die abstrakt-generell formulierten Regelwerke der FIFA auf der einen und die des DFB und des Ligaverbandes auf der anderen Seite aufgrund der maßgeblichen Organisationsstrukturen im professionellen Fußball (Ein-Platz-Prinzip, Hierarchieprinzip, Überleitungsbestimmungen)[1675] ohne weiteres[1676]. Deshalb sind das FIFA-Transferreglement, die DFB-Spielordnung sowie die LOS unter Zugrundelegung der EuGH-Rechtsprechung trotz ihres Charakters als privatrechtliche Maßnahmen im Rahmen der Art. 39, 43 und 49 EG durchaus taugliche Prüfungsgegenstände.

Zu keinem anderen Befund gelangt man im Hinblick auf die von den Organisatoren des Fußballsports gesetzten Verbandsregeln, wenn man sich auf die in der Lehre vorherrschende Meinung bezieht, die die Rechtsprechung des EuGH oftmals weitgehend kritiklos übernimmt (**Lehre von den „intermediären Gewal-**

1672 Vgl. *EuGH,* Urt v. 19.02.2002 – Rs. C-309/99 – EuZW 2002, 172, 179 Tz. 120 – „Wouters"; *EuGH,* Urt. v. 11.04.2000 – Rs. C-51/96 u. C-191/97 – EuZW 2000, 371, 374 Tz. 47 f. – „Deliège"; *EuGH,* Urt. v. 13.04.2000 – Rs. C-176/97 – EuZW 2000, 375, 377 f. Tz. 35 f. – „Lehtonen"; *EuGH,* Urt. v. 06.06.2000 – Rs. C-281/98 – EuZW 2000, 468, 469 Tz. 30 ff. – „Angonese"; siehe zur älteren EuGH-Judikatur die Zusammenfassung etwa bei: *Jaensch,* Die unmittelbare Drittwirkung der Grundfreiheiten, 1997, S. 33 ff.

1673 Näher dazu *Arndt/Fischer/Fetzer,* Zur unmittelbaren Drittwirkung der Grundfreiheiten am Beispiel der Arbeitnehmerfreizügigkeit, auf: CD-ROM Europarecht, 2. Aufl., 2003, B.II.

1674 Näher zu dieser Formel *Jaensch,* Die unmittelbare Drittwirkung der Grundfreiheiten, 1997, 263 ff.; vgl. zudem *Roth,* in: Festschrift für *Everling,* Bd. II, 1995, 1231, 1246 f.

1675 Vgl. zu den Organisationsprinzipien des professionellen Fußballsports im 1. Teil, 1. Kapitel, A.II.2. bis 4.

1676 Vgl. zu Regelwerken von internationalen wie nationalen Fußballsportverbänden: *EuGH,* Urt. v. 15.12.1995 – Rs. C-415/93 – EuZW 1996, 82, 87 Tz. 82 ff. – „Bosman"; *Trommer,* Die Transferregelungen im Profisport im Lichte des „Bosman-Urteils" im Vergleich zu den Mechanismen im bezahlten amerikanischen Sport, 1999, S. 60 ff.

ten")[1677]. Eine radikale Abkehr von der überwiegenden Ansicht im Schrifttum vollzieht dagegen eine im Vordringen befindliche Mindermeinung – zu der namhafte Autoren wie z.B. Canaris[1678], Streinz/Leible[1679] und Ehlers[1680] zählen – , indem sie eine unmittelbare Drittwirkung der Marktfreiheiten im Privatrechtsbereich durchweg ablehnt. Statt dessen wird – in Anlehnung an das EuGH-Urteil im Fall „Agrarblockade"[1681] – dafür plädiert, daß die Mitgliedstaaten gegenüber den Begünstigten aus der einschlägigen Grundfreiheit i.V.m. Art. 10 EG eine normative Schutzpflicht haben, Beeinträchtigungen des innergemeinschaftlichen Austauschs der Wirtschaftsgüter durch Private zu unterbinden. Den EG-Mitgliedstaaten soll dabei aber ein Ermessen zustehen, welche Maßnahmen sie als geeignet ansehen, um die Hindernisse zu beseitigen. Die Grundfreiheitsträger haben gegenüber dem Mitgliedstaat lediglich einen Anspruch auf Einschreiten (**Lehre von der „mittelbaren Drittwirkung"**)[1682]. Gemessen daran scheidet eine unmittelbare Bindung der FIFA, des DFB und des Ligaverbandes an Art. 39 ff. EG aus.

1677 Vgl. Grabitz/Hilf-*Randelzhofer/Forsthoff*, EUV/EGV, Bd. I, vor Art. 39 bis 55 Rn. 65 ff., 73 f.; Hailbronner/Klein/Magiera/Müller-Graff-*Hailbronner*, EUV/EGV, Bd. I, Art. 52 Rn. 15; *Arndt*, Europarecht, 6. Aufl., 2003, S. 153; *Koenig/Haratsch*, Europarecht, 4. Aufl., 2003, Rn. 539; *Hobe*, Europarecht, 2002, Rn. 238; *Huber*, Recht der Europäischen Integration, 2. Aufl., 2002, § 17 Rn. 41 ff.; *Roth*, in: Festschrift für *Everling*, Bd. II, 1995, 1231, 1246 f.; *Vieweg/Röthel*, ZHR 166 (2002), 6, 17 ff.; *Röthel*, EuZW 2000, 379 f.; *Lengauer*, ZfRV 2001, 57, 64; *Hirsch*, ZEuS 1999, 503, 508; *Jarass*, EuR 2000, 705, 715 f.; weitergehend *Hintersteininger*, Binnenmarkt und Diskriminierungsverbot, 1999, S. 193, und *Möllers*, EuR 1998, 20, 34 ff., die beide „spürbare" Eingriffe unabhängig von ihrem Ursprung ausreichen lassen wollen.

1678 *Canaris*, in: *Bauer*, Umwelt, Wirtschaft und Recht, 2002, 29, 40 ff., 49 ff.

1679 *Streinz/Leible*, EuZW 2000, 459, 464 ff.

1680 *Ehlers*, Jura 2001, 266, 274.

1681 *EuGH*, Urt. v. 09.12.1997 – Rs. C-265/95 – EuZW 1998, 84 – „Agrarblockade" mit Rezensionen u.a. von: *Szczekalla*, DVBl. 1998, 219; *Kadelbach/Peteresen*, EuGRZ 2002, 213.

1682 Siehe neben den bereits Genannten: Calliess/Ruffert-*Kluth*, EUV/EGV, 2. Aufl., 2002, Art. 50 Rn. 49; *Mojzesowicz*, Möglichkeiten und Grenzen einer einheitlichen Dogmatik der Grundfreiheiten, 2000, S. 143 ff.; *Habersack*, Europäisches Gesellschaftsrecht, 2. Aufl., 2003, Rn. 28a; *Kingreen*, Die Struktur der Grundfreiheiten des Europäischen Gemeinschaftsrechts, 1999, S. 193 ff.; *Remmert*, Jura 2003, 13, 14 ff.; *Burgi*, EWS 1999, 327, 328 ff.; *Körber*, EuR 2000, 932, 951 f.; *Giegerich*, JuS 1997, 522, 528. Siehe auch *Hanau*, in: *Hanau/Steinmeyer/Wank*, Handbuch des europäischen Arbeits- und Sozialrechts, 2002, § 15 Rn. 253; *Gebhardt*, Modelle für die Reform des Transfersystems für Berufsfußballspieler aus rechtlicher und tatsächlicher Sicht, 2000, S. 124 f., die eine mittelbare Drittwirkung befürworten und die Grundfreiheiten über die Transmissionsriemen der §§ 138 Abs. 1 BGB, 242 BGB als Prüfungsmaßstab für privatautonomes Handeln heranziehen.

B. Auseinandersetzung mit dem Streitstand: Zwischen Utilitarismus und Prinzipiendenken im Europarecht

Der vorstehend skizzierte Streitstand zur Einbeziehung Privater in den Adressatenkreis insbesondere der Personenverkehrsfreiheiten hat gezeigt, daß die verschiedenen Ansichten zu voneinander abweichenden Resultaten führen. Deshalb ist unter Heranziehung der üblichen Auslegungsmethoden zu entscheiden, welche der gegenläufigen Meinungen den Vorzug verdient. Ausgangspunkt ist der Wortsinn der Marktfreiheiten, der indes nur über eine geringe Aussagekraft verfügt (I.). Im Zentrum der juristischen Auseinandersetzung stehen sich – auf Seiten der Befürworter einer unmittelbaren Drittwirkung – teleologische (II.) und – auf Seiten der Promotoren einer mittelbaren Drittwirkung – systematische Erwägungen (III.) gegenüber.

I. Text der Grundfreiheiten: Entscheidungsoffenheit in der Drittwirkungsproblematik

Lenkt man den Blick zuerst auf den *Normtext* der Freiheiten des Personenverkehrs und der Freiheit des Dienstleistungsverkehrs, fällt auf, daß die Tatbestände der Art. 39 Abs. 1, 43 Abs. 1 und 49 Abs. 1 EG keine näheren Aussagen über den Kreis der Verpflichteten treffen[1683]. Die in den einzelnen Tatbeständen enthaltenen Zwischenstaatlichkeitsklauseln („zwischen den Mitgliedstaaten", „innerhalb der Gemeinschaft") bringen lediglich zum Ausdruck, daß die Marktfreiheiten einen grenzüberschreitenden Bezug voraussetzen[1684]. Aus dem Gesagten läßt sich daher zumindest die Schlußfolgerung ziehen, daß der **Wortsinn** der Personenfreiheiten und der Dienstleistungsfreiheit **einer unmittelbaren Drittwirkung nicht entgegensteht**[1685].

[1683] *EuGH*, Urt. v. 06.06.2000 – Rs. C-281/98 – EuZW 2000, 468, 469 Tz. 29 – „Angonese"; *Jaensch*, Die unmittelbare Drittwirkung der Grundfreiheiten, 1997, S. 86.

[1684] Vgl. *Streinz*, Europarecht, 5. Aufl., 2001, Rn. 666, 683; siehe zudem *Arndt*, Europarecht, 6. Aufl., 2003, S. 143. Unzutreffend daher *Steindorff*, EG-Vertrag und Privatrecht, 1996, S. 285, und *Ehlers*, Jura 2001, 266, 274, die aus den Zwischenstaatlichkeitsklauseln folgern, daß die Grundfreiheiten an die Mitgliedstaaten adressiert seien.

[1685] Ebenso *Roth*, in: Festschrift für *Everling*, Bd. II, 1995, 1231, 1241; *Remmert*, Jura 2003, 13, 14; *Körber*, EuR 2000, 932, 947; *Streinz/Leible*, EuZW 2000, 459, 461; weitergehend z.B. *Ganten*, Die Drittwirkung der Grundfreiheiten, 2000, S. 83 f.; siehe auch *Obwexer*, EWS, Heft 8/2000, Die erste Seite, der aus dem weiten Normtext ableitet, die Marktfreiheiten würden eine unmittelbare Drittwirkung entfalten.

II. Utilitaristischer Begründungsansatz: Wegbereiter einer unmittelbaren Drittwirkung

Wendet man sich anschließend dem *teleologischen Auslegungselement* zu, lassen sich daraus gewichtige Gründe für eine unmittelbare Drittwirkung herleiten. So zielen die Grundfreiheiten nach ihren ökonomischen Funktionen auf die Freiheit des Marktzugangs und die Gewährleistung gleicher Wettbewerbsverhältnisse für EG-Wirtschaftsgüter auf den Märkten der EG-Mitgliedstaaten[1686]. Mit Blick auf beide Überlegungen ist es jedoch völlig unerheblich, von welcher Seite – hier: den EG-Mitgliedstaaten oder Privaten – entweder der Marktzugang oder die Wettbewerbsgleichheit beeinträchtigt wird, damit der jeweilige Schutzzweck durchgreift[1687]. Dem kann man auch nicht entgegenhalten, eine solche Argumentation laufe auf einen Zirkelschluß hinaus, weil die Grundfreiheiten ebenso von vornherein ausschließlich auf mitgliedstaatliche Maßnahmen zugeschnitten sein könnten[1688]. Denn die Zielbestimmung des Art. 3 Abs. 1 lit. c EG intendiert ganz allgemein die „Beseitigung der Hindernisse für den freien Waren-, Personen-, Dienstleistungs- und Kapitalverkehr zwischen den Mitgliedstaaten"; der Wortlaut trifft keinerlei Unterscheidung nach dem Ursprung der Beeinträchtigung, zumal die Formulierung „zwischen den Mitgliedstaaten" - wie z.B. auch bei Art. 28 und 29 EG - nur das Erfordernis des grenzüberschreitenden Bezugs zum Ausdruck bringt[1689]. Unterfüttert wird das weite Verständnis von Art. 3 Abs. 1 lit. c EG, wenn man zusätzlich Art. 10 Abs. 1 EG in die Betrachtung einbezieht. Der darin normierte Grundsatz der Gemeinschaftstreue ist schon nach dem textlichen Befund - im Gegensatz zu Art. 3 Abs. 1 lit. c EG – lediglich an die EG-Mitgliedstaaten adressiert („Die Mitgliedstaaten"). Des weiteren ist der Binnenmarkt i.S.d. Art. 14 Abs. 2 EG als Institution konzipiert und „umfaßt einen Raum ohne Binnengrenzen, in dem der freie Verkehr von Waren, Personen,

---

[1686] Zu den (ökonomischen) Funktionen der EG-Grundfreiheiten vgl. Grabitz/Hilf-*Randelzhofer/Forsthoff*, EUV/EGV, Bd. I, vor Art. 39 bis 55 Rn. 2 ff.; *Arndt*, Europarecht, 6. Aufl., 2003, S. 139; *Roth*, in: Gedächtnisschrift für *Knobbe-Keuk*, 1997, 729, 737 f. Für ein solches Verständnis der Marktfreiheiten spricht neben dem Wortlaut von Art. 3 Abs. 1 lit. c EG („zwischen den Mitgliedstaaten") vor allem der Umstand, daß auch die klassischen zwischenstaatlichen Handelsabkommen wie z.B. das GATT für ausländische Wirtschaftsgüter lediglich den freien Zugang zu den Märkten der anderen Staaten und eine Gleichbehandlung mit den jeweils gleichartigen einheimischen Produkten sicherstellen (vgl. im einzelnen: *Arndt/Rudolf*, Öffentliches Recht, 14. Aufl., 2003, S. 226 ff.).

[1687] Ähnlich *EuGH*, Urt. v. 11.04.2000 – Rs. C-51/96 u. C-191/97 – EuZW 2000, 371, 374 Tz. 47 – „Deliège" ; Hailbronner/Klein/Magiera/Müller-Graff-*Hailbronner*, EUV/EGV, Bd. I, Art. 52 Rn. 15.

[1688] So *Körber*, EuR 2000, 932, 948 f.

[1689] Vgl. *Arndt*, Europarecht, 6. Aufl., 2003, S. 143. Siehe zudem die Ausführungen im 3. Teil, 3. Kapitel, A.II.2.a) der Arbeit.

Dienstleistungen und Kapital" gewährleistet ist[1690]. Zur Verwirklichung dieser Zielsetzung kommt es indessen nur darauf an, *daß* die Hemmnisse für den freien Verkehr der Wirtschaftsgüter beseitigt werden. Ohne jegliche Relevanz ist hierbei, ob sie von einem Hoheitsträger oder einer Privatperson errichtet wurden. Daneben dienen spezifisch die Personenverkehrsfreiheiten dazu, die Marktbürger möglichst auf Dauer in eine andere mitgliedstaatliche Rechtsordnung zu integrieren, ohne sie dabei freilich gegenüber den Angehörigen des Aufnahmemitgliedstaates zu privilegieren[1691]. Vor diesem Hintergrund macht es gleichfalls keinerlei Unterschied, ob ein EG-Mitgliedstaat oder eine private Einheit durch eine Maßnahme die Förderung der wirtschaftlichen und sozialen Verflechtung zwischen den EG-Mitgliedstaaten aushöhlt; in beiden Situationen ist die Integrationsfunktion gleichermaßen berührt. Ferner ist der Gedanke einer einheitlichen Anwendung des Gemeinschaftsrechts zu beachten. Da nun die Arbeitsbedingungen in den verschiedenen Mitgliedstaaten teilweise durch Gesetze und Verordnungen und teilweise durch von Privatpersonen geschlossene Verträge oder sonstige Akte geregelt sind, würden sich bei einer Begrenzung des Adressatenkreises von Art. 39 Abs. 1 EG auf die Mitgliedstaaten Ungleichheiten bei der Anwendung der Personenverkehrsfreiheiten und der Dienstleistungsfreiheit ergeben. Dies widerspricht jedoch dem Grundsatz einer einheitlichen Anwendung des Gemeinschaftsrechts[1692]. **Sinn und Zweck** der Grundfreiheiten **liefern** somit **starke Argumente, die für eine Erstreckung des Adressatenkreises auf sog. intermediäre Gewalten sprechen**[1693].

III. Prinzipiendenken im Europarecht: Das System des EG-Vertrages als Hindernis für eine unmittelbare Drittwirkung?

Was der Text der Marktfreiheiten – bei entsprechendem Verständnis des Betrachters – bereits andeutet und maßgeblich durch eine teleologische Exegese eingefordert wird, nämlich die unmittelbare Drittwirkung der Art. 39 Abs. 1, 43 Abs. 1 und 49 Abs. 1 EG, läßt sich höchstens noch mit aussagekräftigen *systematischen Erwägungen* in Frage stellen. An diesem Punkt setzen die Kritiker einer unmittelbaren Drittwirkung daher an. Mit einem ganzen Arsenal an dogmatischen Überlegungen soll die Unzulässigkeit einer jeden unmittelbaren

---

1690 Zum Binnenmarktziel vgl. Grabitz/Hilf-*v. Bogdandy*, EUV/EGV, Bd. I, Art. 14 Rn. 6 ff.

1691 *Arndt*, Europarecht, 6. Aufl., 2003, S. 168 f.; *Streinz*, Europarecht, 5. Aufl., 2001, Rn. 672a.

1692 *EuGH*, Urt. v. 15.12.1995 – Rs. C-415/93 – EuZW 1996, 82, 87 Tz. 84 – „Bosman" m.w.N.

1693 Vgl. statt vieler *Wassmer*, Die Auswirkungen der Grundfreiheiten des Vertrages zur Gründung der Europäischen Gemeinschaften auf den Berufssport, 2002, S. 87 f.; *Plath*, Individualrechtsbeschränkungen im Fußball, 1999; S. 82 f.; *Arndt/Fischer*, Europarecht – 20 Fälle mit Lösungen, 3. Aufl., 2003, S. 65; a.A. *Kluth*, AöR 122 (1997), 557, 574 ff.

Drittwirkung nachgewiesen werden: so unter Verweis auf die einheitliche Auslegung von Art. 28, 29 EG mit Art. 39 ff. EG (1.); mit einem Umkehrschluß aus Art. 86 Abs. 2 S. 1 EG (2.); dem Vergleich von EG-Grundfreiheiten und EG-Wettbewerbsrecht (3.) sowie der Problematik der fehlenden Rechtfertigungsgründe für Private (4.). Bei genauer Auswertung der vorgebrachten Argumente zeigt sich indes, daß keines über die Durchschlagskraft verfügt, das Ergebnis der normzweckorientierten Auslegung des EG-Vertrags noch ernsthaft in Zweifel zu ziehen.

1. Konvergenz der Grundfreiheiten: Einheitliche Auslegung von Art. 28 EG und Art. 39 Abs. 1, 43 Abs. 1 und 49 Abs. 1 EG?

Unter dem **Postulat der konvergenten Auslegung**[1694] der Markfreiheiten wird geltend gemacht, daß der EuGH[1695] nach inzwischen gefestigter Rechtsprechung und ihm folgend die herrschende Lehre[1696] im Rahmen der Warenverkehrsfreiheit jedwede unmittelbare Drittwirkung ablehnen. Aufgrund des Umstandes, daß Art. 28 EG für die Auslegung der übrigen Grundfreiheiten Modellcharakter habe, müsse deren Verpflichtetenkreis zur Wahrung einer einheitlichen Auslegung ebenso auf die EG-Mitgliedstaaten und die Europäische Gemeinschaft begrenzt werden[1697].

Dieser auf den ersten Blick bestechende Gedankengang verkennt jedoch grundlegende systematische Zusammenhänge: So ist Art. 28 EG in engem Zusammenhang mit dem Verbot von Zöllen sowie Abgaben gleicher Wirkung gemäß Art. 25 EG zu lesen[1698]. Demgemäß wird Art. 28 EG dahin gedeutet, daß er das Verbot tarifärer Handelshindernisse **ergänzt**[1699]. Für Art. 25 EG ist jedoch nahezu allgemein anerkannt, daß sich der Verbotstatbestand ausschließlich an die

---

1694 Zum Begriff der Konvergenz der Grundfreiheiten siehe: *Streinz*, in: Festschrift für *Rudolf*, 2001, 199.

1695 Zur Drittwirkungs-Rechtsprechung des EuGH im Bereich der Warenverkehrsfreiheit ausführlich: *Ganten*, Die Drittwirkung der Grundfreiheiten, 2000, S. 34 ff.

1696 Z.B. Schwarze-*Becker*, EUV, 2000, Art. 28 Rn. 88; *Fikentscher*, Wirtschaftsrecht, Bd. I, 1983, § 16 II 2 a) S. 681; *Streinz*, SpuRt 2000, 221, 225; *Jarass*, EuR 2000, 705, 715; *Schödermeier*, GRUR Int. 1987, 85, 87; a.A. etwa Groeben/Thiesing/Ehlermann-*Müller-Graff*, EUV/EGV, Bd. I, 5. Aufl., 1997, Art. 30 Rn. 301 ff.

1697 Ähnlich Calliess/Ruffert-*Kluth*, EUV/EGV, 2. Aufl., 2002, Art. 50 Rn. 46; *Kluth*, AöR 122 (1997), 557, 567.

1698 Die enge Verzahnung beider Verbotstatbestände zeigt sich schon an der gemeinsamen Auflistung in Art. 3 lit. a EG. Daneben sind das Verbot tarifärer Handelshemmnisse (Kapitel 1) und das Verbot nicht-tarifärer Handelshemmnisse (Kapitel 2) gemeinsam im Titel I („Der freie Warenverkehr“) des Dritten Teils des EG-Vertrages untergebracht.

1699 Lenz-*Lux*, EGV, 2. Aufl., 1999, Art. 28 Rn. 1; Calliess/Ruffert-*Epiney*, EUV/EGV, 2. Aufl., 2002, Art. 28 Rn. 1.

EG-Mitgliedstaaten richtet[1700]. Zu dieser Systematik paßt indessen nur ein Verständnis, das bei Art. 28 EG Private ebenso umfassend vom Kreis der Verpflichteten ausnimmt. Aus dem Gesagten ergibt sich somit, daß die Begrenzung des Adressatenkreises des Verbots nicht-tarifärer Handelshemmnisse eine spezifische Folge der inneren Systematik der Warenverkehrsfreiheit darstellt[1701]. Bei den übrigen Grundfreiheiten fehlt es jedoch an einem vergleichbaren Aufbau. Daher **lassen sich die zum Adressatenkreis der Warenverkehrsfreiheit getroffenen Aussagen nicht auf die anderen Grundfreiheiten übertragen**[1702].

2. Art. 86 Abs. 2 EG als Wertentscheidung gegen eine unmittelbare Drittwirkung?

Ein zweites Argument geht dahin, daß **Art. 86 Abs. 2 S. 1 EG** für Unternehmen, die mit Dienstleistungen von allgemeinem wirtschaftlichen Interesse betraut sind oder den Charakter eines Finanzmonopols haben, die Geltung der Vorschriften des EG-Vertrages – und damit auch der Grundfreiheiten – anordnet. Daraus folge im **Umkehrschluß**, daß in sämtlichen anderen Fällen eine Bindung privater Einheiten an die Grundfreiheiten gerade nicht gewollt sei[1703].

Konnte man der postulierten einheitlichen Auslegung von Art. 28 EG und den anderen Grundfreiheiten bei oberflächlicher Betrachtung noch eine gewisse Plausibilität abgewinnen, mangelt es hinsichtlich des Gegenschlusses aus Art. 86 Abs. 2 S. 1 EG bereits daran: Art. 86 Abs. 2 EG verkörpert eine Konfliktbewältigungsvorschrift für die Kollision zwischen den wettbewerbsrechtlichen Prinzipien des EG-Vertrags und der wirtschaftspolitischen Gestaltungskompetenz der EG-Mitgliedstaaten namentlich auf dem Gebiet der Daseinsvor-

---

[1700] Calliess/Ruffert-*Waldhoff*, EUV/EGV, 2. Aufl., 2002, Art. 25 Rn. 2; Grabitz/Hilf-*Voß*, EUV/EGV, Bd. I, Art. 25 Rn. 6.

[1701] Untermauert wird dieses Verständnis ebenso noch durch Art. 90 EG, der ein spezielles steuerrechtliches Diskriminierungsverbot für EG-ausländische Waren enthält, das bereits nach dem Normtext ausschließlich an die Mitgliedstaaten gerichtet ist.

[1702] Vielmehr ist den voneinander abweichenden Regelungszusammenhängen durch eine differenzierte Bestimmung des Adressatenkreises von Art. 39, 43 und 49 EG Rechnung zu tragen. A.A. etwa *Hintersteininger*, Binnenmarkt und Diskriminierungsverbot, 1999, S. 141 f., und *Vieweg/Röthel*, ZHR 166 (2002), 6, 21 f., die systemwidrig auch eine unmittelbare Drittwirkung von Art. 28 EG befürworten.

[1703] So *Jaensch*, Die unmittelbare Drittwirkung der Grundfreiheiten, 1997, S. 227 ff.; *Roth*, in: Festschrift für *Everling*, Bd. II, 1995, 1231, 1243 ff.; *Canaris*, in: *Bauer*, Umwelt, Wirtschaft und Recht, 2002, 29, 42 f.; *Habersack*, Europäisches Gesellschaftsrecht, 2. Aufl., 2003, Rn. 28a ; *Michaelis*, NJW 2001, 1841, 1842 ; *Remmert*, Jura 2003, 13, 15; *Streinz/Leible*, EuZW 2000, 459, 464.

sorge[1704]. Der Tatbestand trägt somit einer besonderen Interessenlage Rechnung. Die hier zu entscheidende Streitfrage ist jedoch von völlig anderer Qualität: Zu beurteilen ist, ob auch intermediäre Gewalten an die Grundfreiheiten gebunden werden müssen, um von diesen ausgehende Hemmnisse für die grenzüberschreitende Mobilität der Produktionsfaktoren zu beseitigen. Ein teleologischer Vergleich offenbart somit, daß **Art. 86 Abs. 2 S. 1 EG** aufgrund der divergierenden Interessenlagen **keinerlei Rückschlüsse** auf die Behandlung der Fallkonstellation der Bindung intermediärer Gewalten an die Marktfreiheiten **zuläßt**[1705].

3. Das Verhältnis von Grundfreiheiten und EG-Wettbewerbsrecht

Daneben wird verbreitet mit den **Wertungen des EG-Wettbewerbsrechts** gegen eine Erstreckung des Beschränkungsverbots der Grundfreiheiten auf sozialmächtige Privatrechtsverbände argumentiert. Art. 81 f. EG verböten nicht alle privaten Verhaltensweisen, die sich wettbewerbsverzerrend auf den Binnenmarkt auswirken. Das EG-Kartellrecht greife erst beim Vorliegen qualifizierter Voraussetzungen (z.B. unternehmerisches und nicht rein privates Handeln, marktbeherrschende Stellung, Spürbarkeit der Wettbewerbsverfälschung) ein. Zudem könnten wettbewerbsbeschränkende Verhaltensweisen i.S.d. Art. 81 Abs. 1 EG unter bestimmten Voraussetzungen vom Kartellverbot gemäß Art. 81 Abs. 3 EG freigestellt werden (Verbesserung der Warenerzeugung und –verteilung oder aber Förderung des technischen oder wirtschaftlichen Fortschritts; angemessene Beteiligung der Verbraucher an den entstehenden Gewinnen; Unerläßlichkeit der Wettbewerbsbeschränkung; keine Eröffnung von Möglichkeiten, für einen wesentlichen Teil der betreffenden Waren den Wettbewerb auszuschalten). Diese Wertungen dürften nicht durch die unreflektierte Anwendung der Grundfreiheiten auf privates Handeln unterlaufen werden[1706].

Zutreffend an dieser Argumentation ist, daß durch eine Ausdehnung des Gewährleistungsumfangs der Marktfreiheiten auf **alle beschränkenden Maßnah-**

[1704] Allgemein Calliess/Ruffert-*Jung*, EUV/EGV, 2. Aufl., 2002, Art. 86 Rn. 34; *Dohms*, in: *Wiedemann*, Handbuch des Kartellrechts, 1999, § 35 Rn. 273; *Arndt*, Europarecht, 6. Aufl., 2003, S. 226 f.

[1705] Nach *Ganten*, Die Drittwirkung der Grundfreiheiten, 2000, S. 81 ff., und *Steindorff*, in: Festschrift für *Lerche*, 1993, 575, 587 ff., spricht Art. 86 Abs. 2 EG sogar für eine unmittelbare Drittwirkung der Grundfreiheiten.

[1706] *Jaensch*, Die unmittelbare Drittwirkung der Grundfreiheiten, 1997, S. 140 ff.; *Roth*, in: Festschrift für *Everling*, Bd. II, 1995, 1231, 1242 f.; *Canaris*, in: *Bauer*, Umwelt, Wirtschaft und Recht, 2002, 29, 43; *Streinz/Leible*, EuZW 2000, 459, 464; *Kluth*, AöR 122 (1997), 557, 572 f.; *Weber*, RdA 1996, 107, 108; *Quinn/MacGowan*, ELRev. 12 (1987), 163, 167 ff.; Generalanwalt *Capotorti*, Schlußantr. v. 13.12.1977 – Rs. 82/77 – Slg. 1978, 25, 47 – „van Tiggele" (zu Art. 28 EG).

men privaten Ursprungs die Wertentscheidungen des EG-Kartellrechts weitgehend nivelliert würden[1707]. Ihre Überzeugungskraft büßt diese Erwägung freilich im **Bereich der intermediären Gewalten** ein. Dieser Befund resultiert aus einer funktionalen Betrachtung: Der EG-Vertrag hält mit dem Beschränkungsverbot der Grundfreiheiten auf der einen und dem EG-Wettbewerbsrecht auf der anderen Seite unterschiedliche Prüfungsraster für unterschiedslos wirkende staatliche und private Maßnahmen bereit. Die beiden Normenkomplexe beschreiben eine Trennlinie, die nicht unterlaufen werden darf[1708]. Der hinter diesen unterschiedlichen Verhaltensmaßstäben – die durch eine weniger strikte Reglementierung privatautonomer Verhaltensweisen geprägt sind – stehende Rechtsgedanke geht dahin, daß sich privates im Vergleich zu staatlichem Handeln in aller Regel nicht mit derselben Intensität negativ auf den Wettbewerb innerhalb des Binnenmarktes auswirkt[1709]. Diese Überlegung paßt indes nicht mehr bei intermediären Gewalten, die aus der Sicht des Marktbürgers diesem gegenüber Rechtsakte setzen, denen er nicht zu entrinnen vermag. Solche auf der Ausübung privater Verbandsmacht beruhende Handlungen sind insofern bezüglich ihrer freiheitsmindernden Wirkung für den einzelnen Marktbürger mit staatlichen Rechtsakten, die sich durch hoheitlichen Zwang auszeichnen, ohne weiteres vergleichbar[1710]. Der Rechtsgrund für die Normierung unterschiedlicher Verhaltensmaßstäbe für staatliches und privates Handeln entfällt somit. **EG-Wettbewerbsrecht nötigt** deshalb **nicht dazu, einer unmittelbaren Drittwirkung der Grundfreiheiten im Bereich intermediärer Gewalten** von vornherein eine **Absage zu erteilen**[1711].

1707 Dem kann man auch nicht entgegenhalten, daß das Beschränkungsverbot i.S.d. Art. 39 Abs. 1, 43 Abs. 1 und 49 Abs. 1 EG, das gemäß Art. 3 Abs. 1 lit. c) EG die Hindernisse für den freien Personen- und Dienstleistungsverkehr „zwischen den Mitgliedstaaten" beseitigen soll, eine andere Funktion als die Wettbewerbsregeln, die Wettbewerbsverfälschungen „innerhalb des Binnenmarkts" (vgl. Art. 3 Abs. 1 lit. g EG) unterbinden, hat. Denn bei der Auflösung der hier diskutierten Problematik der unmittelbaren Drittwirkung der Art. 39 Abs. 1, 43 Abs. 1 und 49 Abs. 1 EG spielt der „räumliche Aspekt", der den entscheidenden Unterschied in den Schutzrichtungen beider Verhaltensmaßstäbe markiert, keinerlei Rolle. Folglich wird der Umkehrschluß zu Art. 81 f. EG durch die divergierenden Funktionen nicht relativiert. Diesen Aspekt übersieht *Ganten*, Die Drittwirkung der Grundfreiheiten, 2000, S. 77 ff., schlichtweg.

1708 *Roth*, in: Festschrift für *Everling*, Bd. II, 1995, 1231, 1245.

1709 *Quinn/MacGowan*, ELRev. 12 (1987), 163, 168; *Keßler*, Das System der Warenverkehrsfreiheit im Gemeinschaftsrecht: zwischen Produktbezug und Verkaufsmodalitäten, 1997, S. 189 m.w.N.

1710 Vgl. zur freiheitsmindernden Qualität von Rechtsakten intermediärer Gewalten: *Streinz/Leible*, EuZW 2000, 459, 464 f.; *Roth*, in: Festschrift für *Everling*, Bd. II, 1995, 1231, 1247; *Forsthoff*, EWS 2000, 389, 393, *Röthel*, ZEuP 2002, 58, 73 f. mit Fn. 92.

1711 Im Ergebnis ebenso: *EuGH*, Urt v. 19.02.2002 – Rs. C-309/99 – EuZW 2002, 172, 176 Tz. 71 und 179 Tz. 119 ff. – „Wouters"; *Steindorff*, EG-Vertrag und Privatrecht, 1996, S. 291 ff.; *ders.*, in: Festschrift für *Lerche*, 1993, 575, 586 ff.; *Forsthoff*, EWS 2000, 389,

Damit hat es aber noch nicht sein Bewenden. Denn es läßt sich weitergehend zeigen, daß das EG-Wettbewerbsrecht – was allgemein verkannt wird – sogar einen **triftigen Grund für eine partielle Extension des Adressatenkreises der Marktfreiheiten** liefert. Art. 81 f. EG bezwecken, die Wirtschaftsteilnehmer mit Blick auf die Wertung von Art. 14 Abs. 2 EG möglichst umfassend vor Beeinträchtigungen der individuellen Wettbewerbsfreiheit durch den Einsatz privater Marktmacht, die auf einer beherrschenden Stellung auf dem Gemeinsamen Markt beruht, zu schützen[1712]. Diese ratio legt zunächst die Schlußfolgerung nahe, im EG-Wettbewerbsrecht eine abschließende Regelung zu erblicken[1713]. Je-

---

392; Generalanwalt *Lenz*, Schlußantr. v. 20.09.1995 – Rs. C-415/93 – Slg. 1995 I, 4921, 5026 Tz. 253 – „Bosman"; *Schaefer*, Die unmittelbare Wirkung des Verbots der nichttarifären Handelshemmnisse (Art. 30 EWGV) in den Rechtsbeziehungen zwischen Privaten, 1987, S. 112 ff., der zwar eine unmittelbare Drittwirkung bejaht, allerdings von einer Spezialität der Wettbewerbsregeln ausgeht; siehe auch *Burgi*, EWS 1999, 327, 329.

1712 Vgl. die zutreffende Herleitung bei *Arndt/Fischer/Fetzer*, Zur unmittelbaren Drittwirkung der Grundfreiheiten am Beispiel der Arbeitnehmerfreizügigkeit, auf: CD-ROM Europarecht, 2. Aufl., 2003, C.II.2.b) m.w.N.: „Der Binnenmarkt [...] ist geprägt durch die Grundsätze der offenen Marktwirtschaft und des freien Wettbewerbs [...]. Voraussetzung für diese Wettbewerbsordnung ist die individuelle Handlungs- und Entscheidungsfreiheit der Marktteilnehmer. Allerdings gilt die Privatautonomie nicht uferlos, sondern der EG-Vertrag selbst enthält systemimmanente Schranken [...]. Eine derartige Schranke läßt sich bereits dem vierten Absatz der Präambel des Vertragswerkes entnehmen, wonach ausschließlich der redliche Wettbewerb für schutzwürdig befunden wird. Den Gegensatz dazu bildet der unredliche bzw. unlautere Wettbewerb, der entsprechend verpönt ist. Eine weitere [...] Grenze ergibt sich aus der Zielbestimmung des Art. 3 Abs. 1 lit. g) EG, wonach es „den Wettbewerb innerhalb der Gemeinschaft vor Verfälschungen" zu schützen gilt [...]. Aus dem eben Gesagten folgt nun, daß auch die wirtschaftlich tätige private Einheit, die ihre Handlungsfreiheit in einer Weise einsetzt, die zu Wettbewerbsverfälschungen innerhalb der Gemeinschaft führt, [...] nicht mehr schutzwürdig ist. Zu solchen Wettbewerbsverzerrungen kommt es namentlich in den Fällen, in denen ein Marktteilnehmer derart auf eine andere private Einheit einwirkt, so daß diese in ihrer eigenen wirtschaftlichen Handlungsfreiheit – die gerade den Wesensgehalt der EG-Wirtschaftsverfassung ausmacht – eingeschränkt wird. Dies setzt jedoch wiederum voraus, daß der Einwirkende in Abweichung von der im Regelfall bei gleichen Wettbewerbsbedingungen bestehenden Verhandlungsparität eine überlegene Machtposition innehat [...]. An diesen Grundgedanken knüpfen auch die im EG-Vertrag enthaltenen Wettbewerbsregeln [...] an: So verhindert Art. 81 EG das Entstehen von marktbeherrschenden Positionen, wogegen Art. 82 EG eine solche voraussetzt, allerdings deren mißbräuchliche Ausnutzung sanktioniert. Die Bestimmungen zielen dabei nach der weiten sprachlichen Fassung der Tatbestände („aufeinander abgestimmte Verhaltensweisen" in Art. 81 Abs. 1 EG; „mißbräuchliche Ausnutzung" i.S.d. Art. 82 Abs. 1 EG) und der Zielbestimmung des Art. 2 EGV – Gewährleistung einer harmonischen, ausgewogenen und nachhaltigen Entwicklung des Wirtschaftslebens – darauf ab, möglichst umfassend vor Beeinträchtigungen der individuellen Wettbewerbsfreiheit durch den Einsatz privater Marktmacht zu schützen."

1713 *Jaensch*, Die unmittelbare Drittwirkung der Grundfreiheiten, 1997, S. 143; *Roth*, in: Festschrift für *Everling*, Bd. II, 1995, 1231, 1242; *Kluth*, AöR 122 (1997), 557, 572.

doch stellte sich in den Jahren nach dem Inkrafttreten des EG-Vertrages heraus, daß Art. 81 f. EG nicht in allen Fallsituationen zur effektiven Verwirklichung dieses Ziels beizutragen in der Lage sind[1714]. Vor diesem Hintergrund am abschließenden Charakter des Normenkomplexes festzuhalten, verkehrte die dargestellte Schutzfunktion vollends in ihr Gegenteil. Deshalb ist umgekehrt – in **Verwirklichung der umfassenden Schutzfunktion des EG-Wettbewerbsrechts** – die **Ausdehnung des Verpflichtetenkreises der Marktfreiheiten auf intermediäre Gewalten** nicht nur wünschenswert, sondern geradezu zwingend geboten[1715]. Dies gilt um so mehr, wenn man einen engen Zusammenhang zwischen den Marktfreiheiten und dem EG-Wettbewerbsrecht darin erblickt, daß die Handelsschranken zwischen den Mitgliedstaaten, die über die Grundfreiheiten abgebaut werden, nicht wieder im Wege wettbewerbsbeschränkender Verhaltensweisen privater Einheiten gleichsam erneut errichtet werden dürfen[1716]. Das EG-Wettbewerbsrecht erfüllt insofern eine ergänzende Schutzfunktion. Diesen Gedanken fortführend erscheint es in einem nächsten Schritt nur folgerichtig, bei Maßnahmen intermediärer Gewalten, auf die das Instrumentarium des EG-Wettbewerbsrechts funktional nicht zugeschnitten ist, die Marktfreiheiten schutzverstärkend heranzuziehen[1717].

Dem wird von manchen entgegengesetzt, das EG-Wettbewerbsrecht richte sich an Unternehmen, die zueinander im Wettbewerb stehen, die Freizügigkeit i.S.v. Art. 39 EG dagegen an Arbeitnehmer. Dieser Kritikpunkt bezieht sich sicherlich nicht auf den Aspekt, daß die herrschende Ansicht im Rahmen von Tarifverhandlungen geschlossene Verträge zwischen Gewerkschaften und Arbeitgeberverbänden im Wege einer teleologischen Reduktion vom Untersagungstatbe-

---

1714 *Rolshoven*, „Beschränkungen" des freien Dienstleistungsverkehrs, 2002, S. 298; *Arndt/FischerFetzer*, Zur unmittelbaren Drittwirkung der Grundfreiheiten am Beispiel der Arbeitnehmerfreizügigkeit, auf: CD-ROM Europarecht, 2. Aufl., 2003, C.II.2.b); *Körber*, EuR 2000, 932, 951; *Steindorff*, EG-Vertrag und Privatrecht, 1996, S. 291 f.; *ders.*, in: Festschrift für *Lerche*, 1993, 575, 580; *Schaefer*, Die unmittelbare Wirkung des Verbots der nichttarifären Handelshemmnisse (Art. 30 EWGV) in den Rechtsbeziehungen zwischen Privaten, 1987, S. 54 ff.

1715 Zurückhaltender noch *Arndt/Fischer/Fetzer*, Zur unmittelbaren Drittwirkung der Grundfreiheiten am Beispiel der Arbeitnehmerfreizügigkeit, auf: CD-ROM Europarecht, 2. Aufl., 2003, C.II.2.b): „Die Schutzfunktion des Wettbewerbsrechts deutet somit darauf hin, daß Art. 81 f. EGV zumindest einer beschränkten unmittelbaren Drittwirkung des Art. 39 Abs. 1 EG nicht entgegenstehen."

1716 Vgl. Lenz-*Grill*, EGV, 2. Aufl., 1999, Vorbem. Art. 81-86 Rn. 4; *Hefermehl/Fezer*, in: *Hefermehl/Ipsen/Schluep/Sieben*, Nationaler Markenschutz und freier Warenverkehr in der Europäischen Gemeinschaft, 1979, S. 25; *Fezer*, JZ 1994, 317, 318 f.

1717 Im Ergebnis so auch schon *Ganten*, Die Drittwirkung der Grundfreiheiten, 2000, S. 81, 93 f.

stand des Art. 81 Abs. 1 EG ausnimmt[1718]. Denn bei den in den Verbandsregelwerken enthaltenen Transfervorschriften handelt es sich um von den Sportverbänden einseitig erlassene Bestimmungen und damit horizontale Absprachen, aber nicht um ausgehandelte Tarifverträge[1719]. Gleichwohl ist der **Einwand mehrdeutig**, wobei er jedoch in keiner seiner Verständnismöglichkeiten zu überzeugen vermag:

Erstens kann man die Aussage, Art. 81 EG sei an Unternehmen adressiert, in dem Sinne verstehen, daß der Verpflichtetenkreis des EG-Kartellverbots angesprochen wird. Dann aber wird im Rahmen von Art. 81 EG auf den Verpflichteten und bei Art. 39 EG auf den Begünstigten abgestellt, um einen Einwand zu gewinnen. Abgesehen davon, daß eine solche Argumentation verschiedene, sachlich nicht miteinander zusammenhängende Gesichtspunkte vermengt und damit keinen überzeugenden Gegensatz konstruiert, wird verkannt, daß sowohl Art. 39 EG als auch Art. 81 EG gleichermaßen der Durchsetzung der institutionellen Binnenmarktgewährleistung des Art. 14 Abs. 2 EG dienen[1720]. Auf diesem gemeinsamen Grundgedanken beruht die obige Gedankenführung. Wenn es aber entscheidend auf die Verwirklichung dieser identischen ratio beider Normenkomplexe ankommt, macht es bei der Auslegung der Verbotstatbestände nun wirklich keinerlei Unterschied, daß Art. 81 EG vom Verpflichteten und Art. 39 EG vom Begünstigten her formuliert ist.

Mehr Sinn bekommt die dem hier vertretenen Ansatz entgegengehaltene Kritik freilich, wenn man die Bezugnahme auf die Unternehmen **zweitens** so auffaßt, daß damit der Kreis der Berechtigen aus Art. 81 EG gekennzeichnet wird. Von dieser Prämisse ausgehend läßt sich argumentieren, daß man unter einem Unternehmen jede wirtschaftliche Einheit, die eine wirtschaftliche Tätigkeit ausübt, versteht[1721]. Die ganz überwiegende Lehrmeinung geht jedoch davon aus, daß Arbeitnehmer gerade nicht dem Unternehmerbegriff unterfallen[1722]. Folglich stünden das EG-Kartellrecht und die Arbeitnehmerfreizügigkeit nach diesem Ansatz in einem Exklusivitätsverhältnis zueinander. An dieser Überlegung ist indessen bereits der Ausgangspunkt unzutreffend. Denn nach dem allgemein gehaltenen Normtext von Art. 81 Abs. 2 EG ist jede dem Verbotsprinzip des Art. 81 Abs. 1 EG zuzuordnende und nicht über Abs. 3 freistellungsfähige Ver-

---

[1718] *Fikentscher*, Mitbestimmung im Sport, 2002, S. 292 ff.; *Arndt*, Europarecht, 6. Aufl., 2003, S. 222.

[1719] Vgl. Generalanwalt *Lenz*, Schlußantr. v. 20.09.1995 – Rs. C-415/93 – Slg. 1995 I, 4921, 5035 Tz. 275 – „Bosman“.

[1720] Vgl. zur gemeinsamen Zielsetzung von EG-Grundfreiheiten und EG-Wettbewerbsrecht statt vieler *Streinz*, Europarecht, 5. Aufl., 2001, Rn. 652, 800.

[1721] *Arndt*, Europarecht, 6. Aufl., 2003, S. 221.

[1722] Siehe Grabitz/Hilf-*Stockenhuber*, EUV/EGV, Bd. II, Art. 81 Rn. 60.

haltensweise von Unternehmen nichtig. Nur diese umfassende Rechtsfolgenanordnung wird auch dem Prinzip der praktischen Wirksamkeit gerecht. Dem entspricht es, wenn die ganz überwiegende Meinung neben geschädigten Wettbewerbern ebenso Verbraucher zu den Begünstigten zählt[1723]. Liest man Art. 81 EG zudem vor dem Hintergrund von Art. 14 Abs. 2 EG, der ohne Differenzierung den „freien Verkehr von Personen" als Bestandteil des Binnenmarktes schützt, sind vom persönlichen Schutzbereich des EG-Kartellrechts konsequenterweise Unselbständige und Selbständige gleichmäßig erfaßt.

4. Problematik der Rechtfertigungsgründe für Private

a) Das Fehlen von geschriebenen Öffnungsklauseln für privates Handeln – Argument gegen eine unmittelbare Drittwirkung?

Schließlich wird gegen eine unmittelbare Drittwirkung geltend gemacht, daß die in den **„ordre public"-Klauseln** (vgl. Art. 30 S. 1, Art. 39 Abs. 3, [Art. 55 i.V.m.] Art. 46 Abs. 1 EG) aufgelisteten Rechtfertigungsgründe der *„öffentlichen* Ordnung, Sicherheit und Gesundheit" hauptsächlich auf staatliches Handeln zugeschnitten sind. Zudem enthalten die **Bereichsausnahmen** in Art. 39 Abs. 4 (*„öffentliche* Verwaltung") und Art. 45 Abs. 1 EG („Ausübung *öffentlicher* Gewalt") nur für staatliches Handeln Freistellungsgründe. Wenn aber der EG-Vertrag lediglich Öffnungsklauseln für mitgliedstaatliches Tätigwerden zur Verfügung stellt[1724], könne man – so die anzutreffende Schlußfolgerung – schwerlich davon ausgehen, daß auch eine Bindung Privater gewollt sei[1725].

[1723] Vgl. *EuGH*, Urt. v. 20.09.2001 – Rs. C-453/99 – EuZW 2001, 715, 716 Tz. 22 – „Crehan" („Diese Nichtigkeit, die von jedem geltend gemacht werden kann [...]").

[1724] Der EuGH hält dem zwar entgegen, daß nichts dagegen spreche, die „ordre public"-Klauseln auch für Private zu öffnen (*EuGH*, Urt. v. 15.12.1995 – Rs. C-415/93 – EuZW 1996, 82, 87 Tz. 86 – „Bosman"; zustimmend *Koenig/Haratsch*, Europarecht, 4. Aufl., 2003, Rn. 602; in diese Richtung auch *Palme*, JZ 1996, 238, 239). Dies ändert jedoch nichts an dem Umstand, daß die in Art. 30 S. 1, 39 Abs. 3 und (55 i.V.m.) 46 Abs. 1 EG aufgelisteten Gründe klassische Staatsaufgaben nichtwirtschaftlicher Art sind (vgl. Groeben/Thiesing/Ehlermann-*Müller-Graff*, EUV/EGV, Bd. I, 5. Aufl., 1997, Art. 36 Rn. 33 ff.) und im Grundsatz wohl kaum jemals von Privaten geltend gemacht werden, weil diese nun einmal typischerweise wirtschaftliche Interessen verfolgen (richtig: *Streinz/Leible*, EuZW 2000, 459, 461; *Körber*, EuR 2000, 932, 946 f.; krit. *Ganten*, Die Drittwirkung der Grundfreiheiten, 2000, S. 166 ff.). Höchstens bei Privatrechtsvereinigungen, die Kollektivregelungen erlassen, erscheint eine Anwendung der „ordre public"-Klauseln („öffentliche Ordnung") in bestimmten Konstellationen theoretisch denkbar. Eine solche Weiterung des Begriffs der „öffentlichen Ordnung" steht allerdings in Widerspruch zur *Systematik* der Freistellungstatbestände: So bezieht sich die Sicherheit i.S.d. der „ordre public"-Klauseln anerkanntermaßen auf die innere wie äußere Sicherheit der EG-Mitgliedstaaten (Lenz-*Lux*, EGV, 2. Aufl., 1999, Art. 30 Rn. 30); die „öffentliche

Zu diesen Ausführungen ist zweierlei anzumerken. Erstens: Keiner weiteren Erörterung bedarf, daß die vom EG-Vertrag ausdrücklich vorgesehenen Freistellungstatbestände nicht auf privatautonomes Handeln intermediärer Gewalten passen. Zweitens: Die aus diesem Befund gezogenen **Schlußfolgerungen** indes sind so **nicht haltbar**. Letzteres ergibt sich aus folgenden Erwägungen heraus: Die **kodifizierten Rechtfertigungsgründe** beruhen auf der Überlegung, daß direkte Diskriminierungen aufgrund der Staatsangehörigkeit nur unter erschwerten Voraussetzungen einer Rechtfertigung zugänglich sein sollen[1726]. Die „ordre public"-Vorbehalte erfüllen daher vor allem auch eine **Schutzfunktion zugunsten des Grundfreiheitsträgers**. Diese Schutzrichtung wird aber gerade in ihr Gegenteil verkehrt, wenn man die geschriebenen Rechtfertigungsnormen heranzieht, um eine unmittelbare Drittwirkung abzulehnen[1727]. Die im EG-Vertrag

---

Gesundheit" umfaßt den Schutz vor Krankheiten, die die Gesamtheit der Einwohner eines Mitgliedstaates gefährden können (vgl. Art. 4 Abs. 1 RL 64/221/EWG mit Anhang). Dazu paßt kaum, die öffentliche Ordnung als „die nichtwirtschaftlichen Grundregeln, die die wesentlichen Aspekte der jeweiligen Sportart berühren", zu definieren (so aber *Schweitzer*, in: *Reuter*, Einbindung des nationalen Sportrechts in seine internationalen Bezüge, 1987, 71, 85; zu Recht a.A. *Krogmann*, Sport und Europarecht, 2001, S. 15; *Heiersdorf*, Ausländerklauseln im Profisport, 1998, S. 50 ff.). Die Schrankentrias der „öffentlichen Ordnung, Sicherheit und Gesundheit" findet sich zudem regelmäßig in anderen völkerrechtlichen Verträgen wie z.B. in Art. 96 Abs. 1 2. Hs. EA; Art. 8 Abs. 2, 9 Abs. 2, 10 Abs. 2 und 11 Abs. 2 EMRK; Art. XIV lit. a und b GATS. Daraus erschließt sich, daß der kodifizierte „ordre public"-Vorbehalt traditionell eine besondere Ausprägung des völkerrechtlichen Souveränitätsprinzips der Staaten verkörpert (vgl. Groeben/Thiesing/Ehlermann-*Wölker*, EUV/EGV, Bd. I, 5. Aufl., 1997, Art. 48 Rn. 91; *Kingreen*, Die Struktur der Grundfreiheiten des Europäischen Gemeinschaftsrechts, 1999, S. 157; allgemein zum Souveränitätsprinzip der Staaten: *Arndt/Rudolf*, Öffentliches Recht, 14. Aufl., 2003, S. 219 f.). Aus der engen Verflechtung zwischen dem ordre public und dem Souveränitätsprinzip der Staaten folgt, daß Art. 30 S. 1, 39 Abs. 3 und (55 i.V.m.) 46 Abs. 1 EG insofern ausschließlich an die EG-Mitgliedstaaten, aber nicht an intermediäre Gewalten adressiert sind.

1725 *Jaensch*, Die unmittelbare Drittwirkung der Grundfreiheiten, 1997, S. 123 ff., 130; *Kingreen*, Die Struktur der Grundfreiheiten des Europäischen Gemeinschaftsrechts, 1999, S. 194 f.; *Roth*, in: Festschrift für *Everling*, Bd. II, 1995, 1231, 1241 f.; *Canaris*, in: *Bauer*, Umwelt, Wirtschaft und Recht, 2002, 29, 40, 43 f.; *Ehlers*, Jura 2001, 266, 274; *Burgi*, EWS 1999, 329, 331; *Weber*, RdA 1996, 107, 108; *Körber*, EuR 2000, 932, 947; *Michaelis*, NJW 2001, 1841, 1842.

1726 Vgl. *EuGH*, Urt. v. 16.01.2003 – Rs. C-388/01 – EuZW 2003, 186, 187 Tz. 19 – „Italienische Museen"; *Arndt*, Europarecht, 6. Aufl., 2003, S. 129, 152 m.w.N.; *Gundel*, Jura 2001, 79, 85.

1727 Nur am Rande sei hier vermerkt, daß es auch nach den vorherrschenden Auslegungsgrundsätzen im innerstaatlichen Verfassungsrecht mit Blick auf die freiheitssichernde Funktion der Grundrechte und deren Schranken nicht angeht, entgegen einer vom Wortlaut des Schutzbereichstatbestands gedeckten Interpretation aus den Schrankentatbeständen der Freiheitsrechte auf die Vorzugswürdigkeit eines schutzbereichs*verengenden*

normierten **Bereichsausnahmen für die öffentliche Verwaltung** tragen einer speziellen Interessenlage Rechnung. Sie gründen nämlich in der Überlegung, daß die Ausübung von staatlicher Hoheitsgewalt, die auf die Wahrung von Allgemeinbelangen gerichtet ist, eine besondere Verbundenheit des Amtswalters mit dem Hoheitsträger, für den er tätig wird, voraussetzt; eine solches Verhältnis besonderer Verbundenheit wird regelmäßig nur über das Staatsangehörigkeitsband vermittelt[1728]. Eine solche Interessenlage ist kraft Natur der Sache nur bei Trägern von Hoheitsgewalt anzutreffen; intermediäre Gewalten wie die FIFA, der DFB oder der Ligaverband üben jedoch typischerweise keine originären staatlichen Hoheitsbefugnisse aus. Aufgrund der Verschiedenheit der beiden Sachverhalte **verbietet es sich, aus Art. 39 Abs. 4, 45 Abs. 1 EG Rückschlüsse auf die Zulässigkeit einer unmittelbaren Drittwirkung der Grundfreiheiten zu ziehen.**

b) Immanente Schranken als taugliche Rechtfertigungsgründe für privates Handeln

Auch wenn eine teleologische Kontrolle der systematischen Argumente aus den Freistellungstatbeständen deren mangelnde Tragfähigkeit enthüllt hat, kann dies nicht darüber hinwegtäuschen, daß es bisher an einer dogmatisch überzeugenden Ableitung von Rechtfertigungsgründen für Private fehlt[1729]:

aa) Zwar wird vielerorts eine **Heranziehung der europäischen Grundrechte** zugunsten der privaten Verpflichtungsadressaten von Art. 39 ff. EG vorgeschlagen; wobei die kollidierenden Rechtspositionen im Wege einer Interessenabwägung im Sinne praktischer Konkordanz miteinander zum Ausgleich gebracht

---

Grundrechtsverständnisses zu schließen (vgl. am Beispiel von Art. 13 GG: *BVerfG*, Beschl. v. 13.10.1971 – 1 BvR 280/66 – BVerfGE 32, 54, 72; *Voßkuhle*, DVBl. 1994, 611, 612). Nur die umgekehrte Vorgehensweise – d.h. aus den Grundrechtsschranken ein weites Schutzbereichsverständnis zu folgern – ist unter methodologischen Gesichtspunkten zulässig, weil im Fall einer schutzbereichs*erweiternden* Auslegung die freiheitssichernde Funktion nicht tangiert wird (vgl. *BVerfG*, Urt. v. 16.01.1957 – 1 BvR 253/56 – BVerfGE 6, 32, 36).

1728 Hailbronner/Klein/Magiera/Müller-Graff-*Hailbronner*, EUV/EGV, Bd. I, Art. 48 Rn. 94; *Arndt*, Europarecht, 6. Aufl., 2003, S. 149 m.N. aus der Rechtsprechung des EuGH; *Herdegen*, Europarecht, 5. Aufl., 2003, Rn. 313.

1729 Zutreffend bemerkt *Röthel*, EuZW 2000, 379, daß das „Kernproblem der Drittwirkung“ nach wie vor das Fehlen adäquater Rechtfertigungsgründe für Private ist; vgl. auch *Fritzweiler*, in: *Eimer*, 2. Internationaler Sport-Recht Kongress, 2002, 40, 42; *Lengauer*, ZfRV 2001, 57, 64; *Streinz*, SpuRt 2000, 221, 227.

werden sollen[1730]. Dieser Ansatz, allein aus den europäischen Grundrechten für alle privaten Verhaltensweisen Rechtfertigungsgründe herzuleiten, fordert indessen berechtigte Kritik heraus; namentlich folgende Aspekte seien hier kurz erwähnt[1731]: Zum einen führt eine solche umfassende Interessenabwägung ohne Umwege in eine schwer steuerbare Abwägungsdogmatik und bricht somit mit dem gerade im Bereich des case law nicht gering zu schätzenden Gedanken der Rechtssicherheit. Zudem birgt die uneingeschränkte Berufung namentlich auf die europäische Vereinigungsfreiheit die Gefahr einer Negation der praktischen Wirksamkeit der EG-Grundfreiheiten. Einer Herleitung von Rechtfertigungsgründen **lediglich** aus den europäischen Grundrechten ist daher nicht zu folgen[1732].

bb) Sehr viel naheliegender erscheint es vor diesem Hintergrund, auf das **Rechtsinstitut der immanenten Schranken** Bezug zu nehmen, um daraus Rechtfertigungsgründe für privates Handeln zu entwickeln[1733]; zumal auch der EuGH bei der Rechtfertigung privater Maßnahmen auf den Freistellungstatbestand zurückgreift[1734]. Dieses Vorgehen zieht jedoch ebenso Kritik auf sich: Bemängelt wird vor allem, daß im Rahmen der immanenten Schranken ausschließlich Erfordernisse nichtwirtschaftlicher Art geltend gemacht werden könnten; Private verfolgten aber typischerweise wirtschaftliche Ziele[1735]. Daneben könnten – wegen der Begrenzung der immanenten Schranken auf unterschiedslos wirkende Maßnahmen – im Ergebnis nur die Mitgliedstaaten, die sich auf die „ordre public"-Klauseln berufen dürften, aber keinesfalls Private

---

1730 *Ganten*, Die Drittwirkung der Grundfreiheiten, 2000, S. 174 ff.; Grabitz/Hilf-*Randelzhofer/Forsthoff*, EUV/EGV, Bd. I, vor Art. 39 bis 55 Rn. 81 ff.; *Forsthoff*, EWS 2000, 393, 395.

1731 Die einzelnen Kritikpunkte werden später in anderem Zusammenhang im 3. Teil, 2. Kapitel, A.III.1., noch näher ausgeführt.

1732 Zutreffend *Jaensch*, Die unmittelbare Drittwirkung der Grundfreiheiten, 1997, S. 134 ff. Um Mißverständnissen vorzubeugen, ist an dieser Stelle freilich noch klarzustellen, daß den europäischen Grundrechten damit nicht von vornherein die grundsätzliche Qualität als Begründungsansatz für Freistellungsmöglichkeiten privatautonomen Handelns abgesprochen werden soll; nur die Pauschalität des vertretenen Ansatzes, der die konkreten Wertungen des EG-Vertrags außer acht läßt, stößt auf Bedenken.

1733 *Ganten*, Die Drittwirkung der Grundfreiheiten, 2000, S. 170 ff.; *Arndt/Fischer/ Fetzer*, Zur unmittelbaren Drittwirkung der Grundfreiheiten am Beispiel der Arbeitnehmerfreizügigkeit, auf: CD-ROM Europarecht, 2. Aufl., 2003, C.II.2.b)aa)(1)(b); *Forsthoff*, EWS 2000, 389, 392; *Oberthür*, NZA 2003, 462, 467; *Vieweg/Röthel*, ZHR 166 (2002), 6, 24 f., 30 ff.; vgl. zudem *Palme*, JZ 1996, 238, 239; krit. etwa *Jaensch*, Die unmittelbare Drittwirkung der Grundfreiheiten, 1997, S. 130 ff.

1734 *EuGH*, Urt. v. 15.12.1995 – Rs. C-415/93 – EuZW 1996, 82, 88 Tz. 104 – „Bosman"; *EuGH*, Urt. v. 13.04.2000 – Rs. C-176/97 – EuZW 2000, 375, 378 Tz. 51 ff. – „Lehtonen".

1735 *Streinz/Leible*, EuZW 2000, 459, 461; *Körber*, EuR 2000, 932, 946 f.

Diskriminierungen rechtfertigen. Für eine solche unterschiedliche Behandlung fehle es an einem sachlichen Grund[1736]. Eine Übertragung der immanenten Schranken auf privates Handeln biete sich daher nicht an.

cc) Zuzugeben ist, daß man die aufgezeigten Kritikpunkte nicht einfach außer acht lassen kann; sie stellen jedoch keine unüberwindbaren Hindernisse dar, die einer Anwendung der immanenten Schranken auf private Maßnahmen im Ergebnis entgegenstehen könnten. Vielmehr **sind die einzelnen Voraussetzungen**, soweit dies dogmatisch begründet zu werden vermag, **fortzuschreiben**. Dies ist im folgenden näher auszuführen:

(1) Bezüglich der **Eingrenzung der tauglichen Erfordernisse auf solche nichtwirtschaftlicher Art**[1737] ist in einem **ersten Schritt** zu untersuchen, ob bei intermediären Gewalten auf dieses Kriterium verzichtet werden kann. Entscheidend für die Beantwortung der Frage ist die Funktion der Voraussetzung; das begrenzende Merkmal verhindert, daß die Adressaten der Marktfreiheiten unter dem Deckmantel der Verfolgung von zwingenden Erfordernissen protektionistische Wirtschaftspolitik betreiben[1738]. Dieser telos paßt freilich auch auf private Verbände mit einer sozialen Machtstellung, so daß grundsätzlich ein Festhalten an der Voraussetzung geboten erscheint[1739].

In einem **zweiten Schritt** ist daher zu hinterfragen, ob primär wirtschaftliche Erwägungen ausnahmsweise als Rechtfertigungsgründe anerkannt werden können, sofern sie zugleich noch einen hinreichenden Gemeinwohlbezug aufweisen. Insoweit finden sich mehrere dogmatisch tragfähige Gründe, die – in engen Grenzen – eine Anerkennung vorwiegend wirtschaftlicher (Allgemein-) Interessen als geboten erscheinen lassen:

Ausgangspunkt der Argumentation ist die Erkenntnis, daß die **umfassende Schutzfunktion des EG-Wettbewerbsrechts** eine Ausdehnung des Adressa-

---

[1736] *Arndt/Fischer/Fetzer*, Zur unmittelbaren Drittwirkung der Grundfreiheiten am Beispiel der Arbeitnehmerfreizügigkeit, auf: CD-ROM Europarecht, 2. Aufl., 2003, C.II.2.b)aa)(1)(b); *Streinz/Leible*, EuZW 2000, 459, 461.

[1737] Allgemein Groeben/Thiesing/Ehlermann-*Müller-Graff*, EUV/EGV, Bd. I, 5. Aufl., 1997, Art. 30 Rn. 204.

[1738] *Jaensch*, Die unmittelbare Drittwirkung der Grundfreiheiten, 1997, S. 127; Groeben/Thiesing/Ehlermann-*Müller-Graff*, EUV/EGV, Bd. I, 5. Aufl., 1997, Art. 30 Rn. 226.

[1739] Zutreffend: *Arndt/Fischer/Fetzer*, Zur unmittelbaren Drittwirkung der Grundfreiheiten am Beispiel der Arbeitnehmerfreizügigkeit, auf: CD-ROM Europarecht, 2. Aufl., 2003, C.II.2.b)aa)(1)(c); dogmatisch verfehlt hingegen Grabitz/Hilf-*Randelzhofer/Forsthoff*, EUV/EGV, Bd. I, vor Art. 39 bis 55 Rn. 82; *Novak*, DB 1997, 2589, 2592.

tenkreises der Grundfreiheiten auf intermediäre Gewalten fordert. Folgt man diesem Gedanken, ist es unter systematischen Gesichtspunkten nur konsequent, auch die Wertungen der EG-wettbewerbsrechtlichen Freistellungsnormen – hier: Art. 81 Abs. 3 1. Hs. EG – im Rahmen der Marktfreiheiten auf der Rechtfertigungsebene entsprechend zur Anwendung zu bringen[1740]; wobei ein solches Vorgehen selbstverständlich nicht zu einer völligen Negation der Funktion des Kriteriums des nichtwirtschaftlichen Interesses führen darf. Bezogen auf die Voraussetzung des zwingenden Erfordernisses folgt aus dem Gesagten, daß sich **intermediäre Gewalten** auf der Stufe der Rechtfertigung **neben den zwingenden Erfordernissen nichtwirtschaftlicher Art** fortan **auch auf solche wirtschaftlichen Erwägungen berufen dürfen, die unter angemessener Beteiligung der Verbraucher an dem entstehenden Gewinn zur Verbesserung der Warenerzeugung oder –verteilung oder zur Förderung des technischen oder wirtschaftlichen Fortschritts beitragen (Art. 81 Abs. 3 1. Hs. EG analog)**[1741]. Der Freistellungstatbestand ist dabei als Legalausnahme zu handhaben. Zur inhaltlichen Konkretisierung der einzelnen Tatbestandsmerkmale ist – unter Beachtung der ökonomischen Funktionen der Marktfreiheiten[1742] – grundsätzlich auf die Auslegungsmaßstäbe zurückzugreifen, die bereits im originären Anwendungsbereich von Art. 81 Abs. 3 EG gelten[1743]. Eine einschränkende Vorgabe ergibt sich lediglich dahingehend, daß den Belangen, die unter Art. 81 Abs. 3 EG analog subsumiert werden, **nicht jedweder ideelle Charakter fehlen darf**. Indes trägt bereits der Tatbestand von Art. 81 Abs. 3 EG diesem Anliegen Rechnung (vgl. „angemessene Beteiligung der Verbraucher am entstehenden Gewinn"). In der Konsequenz des eben Gesagten liegt es damit letztlich auch,

---

1740 Vor diesem Hintergrund wird dann auch der denkbare Einwand, eine Übertragung von Art. 81 Abs. 3 EG scheitere an dem systematischen Aufbau des EG-Vertrags, der klar zwischen den Grundfreiheiten auf der einen und dem EG-Wettbewerbsrecht auf der anderen Seite trenne, hinfällig.

1741 Ähnlich *Ganten*, Die Drittwirkung der Grundfreiheiten, 2000, S. 156 ff., der auch für eine Übertragung von Art. 81 Abs. 3 EG auf den Bereich der Marktfreiheiten plädiert, – allerdings mit der wenig überzeugenden Folgerung, daß beim Vorliegen der Merkmale des Art. 81 Abs. 3 EG die Beschränkungsverbote der Art. 39 ff. EG teleologisch reduziert werden sollen. Bereits früher haben sich manche Autoren für eine Parallelwertung zwischen der Warenverkehrsfreiheit und dem EG-Kartellrecht ausgesprochen. Vgl. Hailbronner/Klein/Magiera/Müller-Graff-*Hailbronner*, EUV/ EGV, Bd. I, Art. 30 Rn. 3a; *VerLoren van Themaat*, in: Festschrift für *Günther*, 1976, 373, 385 f.; *Fezer*, JZ 1994, 317, 318 f.; *Schödermeier*, GRUR Int. 1987, 85, 88 f.; siehe zudem *Keßler*, Das System der Warenverkehrsfreiheit im Gemeinschaftsrecht: zwischen Produktbezug und Verkaufsmodalitäten, 1997, S. 187 f.; *Röthel*, EuR 2001, 908, 912.

1742 Vgl. zu den Zielsetzungen der Grundfreiheiten bereits im 3. Teil, 1. Kapitel, B.II.

1743 Vgl. dazu *Jaensch*, Die unmittelbare Drittwirkung der Grundfreiheiten, 1997, S. 157 ff.; *Commichau/Schwartz*, Grundzüge des Kartellrechts, 2. Aufl., 2002, Rn. 630 ff.

daß im Falle doppeltfunktionaler Maßnahmen der Schwerpunkt des rechtfertigenden Grundes nicht auf dem ideellen Ziel zu liegen braucht.

Für ein solches Vorgehen sprechen – neben der umfassenden Schutzfunktion des EG-Wettbewerbsrechts – weitere Aspekte: Zunächst wird durch eine entsprechende Anwendung von Art. 81 Abs. 3 EG innerhalb der Grundfreiheiten eventuell noch bestehenden **Bedenken**, daß die Wertungen des EG-wettbewerbsrechtlichen Freistellungstatbestandes durch eine Ausdehnung des Verpflichtetenkreises von Art. 39 ff. EG auf intermediäre Gewalten ausgehöhlt würden, **die letzte Grundlage entzogen**[1744]. Außerdem bringt eine solche Vorgehensweise einen beachtlichen juristischen Rationalitätsgewinn. Denn man ist nicht gezwungen, für den Bereich der Grundfreiheiten völlig neue Rechtfertigungsgründe für privatautonomes Handeln zu entwerfen, da man prinzipiell auf die durch die Kommissionspraxis und die Rechtsprechung im Laufe der Jahre konkretisierten Tatbestandsmerkmale des Art. 81 Abs. 3 EG rekurrieren kann. Außerdem vermeidet man dogmatische Friktionen, wie sie sich beispielsweise ergeben hatten, als der EuGH im Fall „Bosman" die von den Sportverbänden zugunsten der Transferentschädigung nach Ablauf des Spielervertrags angeführten überwiegend wirtschaftlichen Gründe als zwingende Erfordernisse nichtwirtschaftlichen Charakters passieren ließ[1745]. Schließlich entfällt die – bei unterstelltem ausnahmslosen Festhalten an der Voraussetzung des (überwiegend) nichtwirtschaftlichen Charakters – notwendigerweise vorzunehmende Abwägung zur Ermittlung des Interessenschwerpunktes der prüfungsgegenständlichen Maß-

---

[1744] Denkbar wäre höchstens noch die Kritik, daß bei einer unmittelbaren Drittwirkung der Markfreiheiten der Beurteilungsspielraum der EG-Kommission, der ihr bei der Erteilung von Freistellungen i.S.d. Art. 81 Abs. 3 EG i.V.m. Art. 6, Art. 9 Abs. 1 VO 17/62 zusteht, unterlaufen würde (vgl. eingehend *Jaensch*, Die unmittelbare Drittwirkung der Grundfreiheiten, 1997, S. 163 ff.). Dieser Einwand – soweit man ihn für beachtlich hält – wird sich jedoch spätestens mit Inkrafttreten der VO 1/2003 zum 01.05.2004 von selbst erledigen. Denn nach Art. 1 Abs. 2 VO 1/2003 sind wettbewerbsbeschränkende Verhaltensweisen, die zugleich die Voraussetzungen von Art. 81 Abs. 3 EG erfüllen, auch ohne Freistellung durch die EG-Kommission erlaubt. Art. 81 Abs. 3 EG i.V.m. Art. 1 Abs. 2 VO 1/2003 ist mithin als unmittelbar anwendbares Legalausnahmesystem konzipiert (vgl. *Arndt*, Europarecht, 6. Aufl., 2003, S. 225). Daraus erschließt sich, daß der EG-Kommission fortan kein Beurteilungsspielraum mehr zukommt und alle Tatbestandsmerkmale von Art. 81 EG voll justitiabel sind (zutreffend: *Weitbrecht*, EuZW 2003, 69, 70).

[1745] Die primär wirtschaftliche Zielsetzungen der Transferentschädigung versuchte der Gerichtshof wenig überzeugend mit der „beträchtlichen sozialen Bedeutung", die der sportlichen Tätigkeit in der Gemeinschaft zukommt, zu überbrücken. Vgl. dazu schon eingehend im 2. Teil, 1. Kapitel, B.I.2.a)cc)(1) der Arbeit. Vgl. in diesem Kontext auch *Plath*, Individualrechtsbeschränkungen im Fußball, 1999; S. 160 ff.

nahme[1746]. Auf einen kurzen Nenner gebracht läßt sich daher sagen: Die **Rechtssicherheit profitiert** zweifelsohne, wenn man Art. 81 Abs. 3 EG – wie hier vertreten – im Geltungsbereich der Marktfreiheiten analog auf intermediäre Gewalten anwendet[1747]. Ferner ist anerkannt, daß die Grundfreiheiten den **Zielen** dienen, in der Gemeinschaft eine **harmonische, ausgewogene und nachhaltige Entwicklung des Wirtschaftslebens** und die Hebung der Lebenshaltung **zu fördern** (vgl. Art. 2 EG)[1748]. Art. 81 Abs. 3 EG stellt seinerseits gerade eine besondere Ausprägung der genannten Vertragsziele aus Art. 2 EG dar[1749]: Der EG-wettbewerbsrechtliche Freistellungstatbestand ist Ausdruck der Überlegung, daß bestimmte private Verhaltensweisen trotz ihres wettbewerbsbeschränkenden Charakters in der Summe überwiegend volkswirtschaftliche Wohlfahrtsgewinne mit sich bringen. Es ist folglich teleologisch geboten, solche Maßnahmen nicht mit dem Verdikt der europarechtlichen Unzulässigkeit zu belegen. Dieser Gesichtspunkt spricht ebenfalls dafür, Art. 81 Abs. 3 EG im Rahmen der Marktfreiheiten grundsätzlich entsprechend in Stellung zu bringen. Ein solcher Ansatz wird schlußendlich auch durch das **europäische Grundrecht der Vereinsfreiheit** gestützt, das – parallel zu dem Grundrecht aus Art. 9 Abs. 1 GG – die kollektive Verfolgung wirtschaftlicher Zwecke ermöglicht[1750]. Auf der Linie der europäischen Vereinsfreiheit liegt es daher, neben ideellen ebenso wirtschaftliche Ziele – wenn auch nur unter engen Voraussetzungen – grundsätzlich als taugliche Rechtfertigungsgründe im Rahmen der immanenten Schranken anzuerkennen. Schließt man sich der vorstehend vertretenen Ausdehnung der zulässigen Rechtfertigungsgründe i.S.d. immanenten Schranken als Folge der analogen Anwendung von Art. 81 Abs. 3 EG an, verliert der erste Einwand seine Berechtigung.

(2) Im Anschluß bleibt indessen noch das Problem, daß – unter Zugrundelegung eines Verständnisses der geschriebenen wie ungeschriebenen Freistellungstatbestände der Grundfreiheiten, wie es die herrschende europarechtliche

---

[1746] Vgl. *Kahlenberg*, EWS 1994, 423, 427; *Hilf*, NJW 1984, 517, 518; *Steindorff*, RIW/AWD 1975, 253, 255; zur Behandlung solcher janusköpfigen Maßnahmen *Epiney*, in: *Ehlers*, Europäische Grundrechte und Grundfreiheiten, 2003, § 8 Rn. 60; *Streinz*, Europarecht, 5. Aufl., 2001, Rn. 702.

[1747] Gerade das Fehlen von Rechtssicherheit wird in diesem Zusammenhang auch von *Körber*, EuR 2000, 932, 946 f., zu Recht bemängelt.

[1748] *Arndt*, Europarecht, 6. Aufl., 2003, S. 139, 171 f. m.N. aus der EuGH-Judikatur. Vgl. zu Art. 2 EG als Auslegungsmaxime *EuGH*, Urt. v. 21.02.1973 – Rs. 6/72 – NJW 1973, 966, 967 – „Continental Can".

[1749] *Jaensch*, Die unmittelbare Drittwirkung der Grundfreiheiten, 1997, S. 158 m.w.N.

[1750] Vgl. zur Reichweite des europäischen Grundrechts auf Vereinsfreiheit *Gramlich*, DÖV 1996, 801, 806 ff.; *Krogmann*, Sport und Europarecht, 2001, S. 15; *ders.*, in: *Vieweg*, Spektrum des Sportrechts, 2003, 35, 47 f.; *Röthel*, ZEuP 2002, 58, 74 f.

Lehre vertritt[1751] – **Private keinerlei Diskriminierungen aufgrund der Staatsangehörigkeit rechtfertigen könnten.** Im Hinblick auf die wichtigste Fallgruppe, die sog. **faktische Ungleichbehandlung von Inländern und EG-Ausländern**[1752], ist diese Kritik freilich allzu vordergründig. Denn inzwischen ist der Gerichtshof dazu übergegangen, neben unterschiedslos wirkenden Maßnahmen prinzipiell auch faktische Diskriminierungen aufgrund der Staatsangehörigkeit mittels immanenter Schranken zu rechtfertigen[1753].

Größeren argumentativen Aufwand erfordert es dagegen, auch bezüglich der von intermediären Gewalten herrührenden **direkten Diskriminierungen aufgrund der Staatsangehörigkeit** deren prinzipielle Rechtfertigungsfähigkeit über das Institut der immanenten Schranken zu begründen. Aber in dieser Beziehung finden sich ebenso einleuchtende Gründe, die eine partielle Extension des Anwendungsbereichs der immanenten Schranken erlauben:

Ausschlaggebend ist wiederum der Rückgriff auf die Aussagen des EG-Wettbewerbsrechts: Wenn man schon die unmittelbare Drittwirkung der Grundfreiheiten für intermediäre Gewalten auf den umfassenden Schutz der individuellen wirtschaftlichen Betätigungsfreiheit vor Beeinträchtigungen durch andere private Einheiten mit einer beherrschenden Stellung auf dem Gemeinsamen Markt stützt, sind als logische Folge davon die **Wertungen des Art. 81 EG** gleichfalls zur Lösung des vorliegenden Problems fruchtbar zu machen. Konkret bedeutet dies: Nach Art. 81 Abs. 1 lit. d EG sind wettbewerbsverzerrende Ungleichbehandlungen von Handelspartnern grundsätzlich untersagt; unter dieses

---

1751 Nach h.A. greifen die immanenten Schranken nur bei unterschiedslos wirkenden Maßnahmen ein: Lenz-*Lux*, EGV, 2. Aufl., 1999, Art. 28 Rn. 30; *Geiger*, EUV/EGV, 3. Aufl., 2000, Art. 28 Rn. 19; Groeben/Thiesing/Ehlermann-*Müller-Graff*, EUV/EGV, Bd. I, 5. Aufl., 1997, Art. 30 Rn. 193; *Borchardt*, Die rechtlichen Grundlagen der Europäischen Union, 2. Aufl., 2002, Rn. 683 f.; *Busch*, ZEuS 2001, 349, 361; a.A. *Hakenberg*, Grundzüge des Europäischen Gemeinschaftsrechts, 3. Aufl., 2003, S. 99 f.; *Jarass*, EuR 2000, 705, 719; *Gellermann*, DVBl. 2000, 509, 515 f.; *Weiß*, EuZW 1999, 493, 496 ff.; *Novak*, DB 1997, 2589, 2590.

1752 Zum Begriff der faktischen Diskriminierung aufgrund der Staatsangehörigkeit siehe *Arndt*, Europarecht, 6. Aufl., 2003, S. 129, 144.

1753 Vgl. *EuGH*, Urt. v. 16.01.2003 – Rs. C-388/01 – EuZW 2003, 186, 187 f. Tz. 19 ff. – "Italienische Museen"; siehe zudem die Rechtsprechungsanalyse bei: *Roth*, WRP 2000, 979, 980 ff. Für eine solche Erweiterung des Anwendungsbereichs der immanenten Schranken lassen sich der Aspekt der Rechtssicherheit und das Gleichbehandlungsgebot geltend machen (näher *Arndt*, Europarecht, 6. Aufl., 2003, S. 151 ff.). Für eine solche partielle Erweiterung des Geltungsbereichs der immanenten Schranken auf faktische Ungleichbehandlungen aufgrund der Staatsangehörigkeit ebenfalls: Calliess/Ruffert-*Brechmann*, EUV/EGV, 2. Aufl., 2002, Art. 39 Rn. 47; *Nowak/Schnitzler*, EuZW 2000, 627, 628 ff.; *Gundel*, Jura 2001, 79, 82 ff.

Verbot sind auch direkte Diskriminierungen aufgrund der Staatsangehörigkeit zu subsumieren[1754]. Aber selbst diese intensivste Form der Beeinträchtigung des Binnenmarkts ist über Art. 81 Abs. 3 EG – dessen Normtext sich insoweit keine Einschränkung entnehmen läßt – im Prinzip einer Freistellung zugänglich[1755]. Gleiches hat im systematischen Zusammenhang demnach auch für private direkte Diskriminierungen aufgrund der Staatsangehörigkeit zu gelten, die am Maßstab der Grundfreiheiten überprüft werden. Darüber hinaus ist zu berücksichtigen, daß die unmittelbare Drittwirkung der Grundfreiheiten mit der **Sicherstellung der einheitlichen Anwendung des Gemeinschaftsrechts** legitimiert wird. Daraus folgt zugleich, daß die Bindung Privater an die Grundfreiheiten gegenüber derjenigen der EG-Mitgliedstaaten akzessorisch ist; mit diesem Befund unvereinbar ist eine stärkere Verpflichtung von Privaten als die von EG-Mitgliedstaaten. Erhärtet wird diese Sichtweise noch durch das **europäische Grundrecht der Vereinsfreiheit**, das bei einem absoluten Verbot von auf der Staatsangehörigkeit beruhenden Ungleichbehandlungen weitgehend beschnitten würde. Systematische wie teleologische Gesichtspunkte legen daher den Schluß nahe, daß neben indirekten **gleichfalls direkte Diskriminierungen aufgrund der Staatsangehörigkeit privaten Ursprungs prinzipiell freistellungsfähig** sein müssen[1756]. Die gerügte Ungleichbehandlung von Privaten und Mitgliedstaaten büßt mithin ihre sachliche Grundlage ein.

Teilt man diese Auffassung, stellt sich abschließend noch die Frage, ob die Zahl der Gründe, auf die sich intermediäre Gewalten zur Rechtfertigung direkter Diskriminierungen aufgrund der Staatsangehörigkeit berufen dürfen, zu limitieren sind (**Reichweite der Freistellung**)[1757]. An diesem Punkt bietet sich nunmehr eine Bezugnahme auf die Lehrmeinung an, die bereits eine teleologische Extension des kodifizierten ordre public befürwortet[1758]. Mit anderen Worten: Inter-

---

[1754] Vgl. Groeben/Thiesing/Ehlermann-*Schröter*, EUV/EGV, Bd. II/1, 5. Aufl., 1999, Art. 85 Rn. 160 f.; Grabitz/Hilf-*Stockenhuber*, EUV/EGV, Bd. I, Art. 81 Rn. 194; *Mestmäcker*, Europäisches Wettbewerbsrecht, 1974, S. 70.

[1755] Generalanwalt *Lenz*, Schlußantr. v. 20.09.1995 – Rs. C-415/93 – Slg. 1995 I, 4921, 5036 Tz. 277 f. – „Bosman"; Groeben/Thiesing/Ehlermann-*Schröter*, EUV/EGV, Bd. II/1, 5. Aufl., 1999, Art. 85 Rn. 241; *Karpenstein*, in: *Will*, Sportrecht in Europa, 1993, 171, 188; *Heiersdorf*, Ausländerklauseln im Profisport, 1998, S. 109 f.

[1756] So auch *EuGH*, Urt. v. 15.12.1995 – Rs. C-415/93 – EuZW 1996, 82, 89 Tz. 121 ff. – „Bosman", der indes eine dogmatische Erklärung für sein Vorgehen schuldig bleibt. Eine Ausnahme gilt freilich für die Fälle, in denen der EG-Vertrag ein absolutes Diskriminierungsverbot vorschreibt (z.B. Art. 39 Abs. 2 EG).

[1757] Gegen eine Begrenzung Grabitz/Hilf-*Randelzhofer/Forsthoff*, EUV/EGV, Bd. I, vor Art. 39 bis 55 Rn. 82 f.

[1758] Siehe *Schweitzer*, in: *Reuter*, Einbindung des nationalen Sportrechts in internationale Bezüge, 1987, 71, 85, allerdings auf der Basis einer angreifbaren juristischen Grundlage

mediäre Gewalten können direkte Diskriminierungen aufgrund der Herkunft der Person im Rahmen der immanenten Schranken ausschließlich aus Gründen der „öffentlichen Ordnung" vornehmen. Die **öffentliche Ordnung** umfaßt dabei diejenigen Grundregeln, die die wesentlichen Aspekte der jeweiligen Sportart berühren; und für die eine tatsächliche und hinreichend schwere Gefährdung besteht[1759]. Die Grundregeln müssen grundsätzlich einen nichtwirtschaftlichen Charakter haben; wobei daneben ausnahmsweise solche wirtschaftlichen Gründe, die die Voraussetzungen des Art. 81 Abs. 3 1. Hs. EG erfüllen, genügen[1760].

Gestützt wird ein solches „ordre public"-Konstrukt für Privatrechtsverhältnisse durch folgende Erwägungen: Zunächst beruhen die geschriebenen Rechtfertigungsgründe der Grundfreiheiten hauptsächlich auf dem Gedanken, daß direkte Diskriminierungen wegen der Staatsangehörigkeit nur unter erschwerten Bedingungen freistellungsfähig sind[1761]. Dieser Wertung wird man nur bei einer Eingrenzung der tauglichen Rechtfertigungsgründe auf bestimmte, eng umrissene Gründe gerecht. Von welcher Beschaffenheit solche Freistellungsgründe sein müssen, läßt sich durch den Gedanken der einheitlichen Anwendung des Gemeinschaftsrechts konkretisieren. Danach folgt aus dem Ziel der Vermeidung von Ungleichheiten in der EG-Rechtsanwendung nicht bloß, daß die Marktfreiheiten auf intermediäre Gewalten unmittelbar anwendbar sind, sondern diesen darüber hinaus (ungeschriebene) Rechtfertigungsgründe an die Hand gegeben werden, die mit den kodifizierten „ordre public"-Klauseln i.S.d. Art. 30 S. 1, 39 Abs. 3, (55 i.V.m.) 46 Abs. 1 EG inhaltlich vergleichbar sind. Daraus wiederum leitet sich ab, daß grundsätzlich an den Begriff der „öffentlichen Ordnung" angeknüpft werden muß; wobei der materielle Aussagegehalt insoweit zu modifizieren ist, als es nunmehr um intermediäre Gewalten und nicht die EG-Mitgliedstaaten als Normadressaten geht. Das zu schützende gemeinsame Grundinteresse – für welches eine tatsächliche und hinreichend schwere Gefährdung bestehen muß –, bezieht sich deshalb nicht auf die Gesellschaft des jeweiligen Mitgliedstaates, sondern auf die Gesamtheit der Mitglieder eines sozialmächtigen Verbandes sowie die sonstigen der Verbandsgewalt unterworfenen Nicht-Mitglieder.

(Art. 39 Abs. 3, 46 Abs. 1 EG); vgl. zudem *Vieweg/Röthel*, ZHR 166 (2002), 6, 29 f.; *Röthel*, EuR 2001, 908, 918.

1759 Zur inhaltlich vergleichbaren Auslegung des Begriffs der „öffentlichen Ordnung" i.S.d. ordre public bei staatlichen Maßnahmen siehe *Arndt*, Europarecht, 6. Aufl., 2003, S. 178 ff.; vgl. auch *Streinz/Leible*, EuZW 2000, 459, 464.

1760 Gegen jegliche Öffnung der Rechtfertigungsgründe für wirtschaftliche Belange sprechen sich dagegen aus: *Palme/Hepp-Schwab/Wilske*, JZ 1994, 343, 344; *Kahlenberg*, EWS 1994, 423, 427; *Imping*, EWS 1996, 193, 197.

1761 Vgl. dazu bereits im 3. Teil, 1. Kapitel, B.III.4.a) der Arbeit.

dd) Faßt man die Überlegungen zur Anwendung der immanenten Schranken auf die intermediären Gewalten zusammen, stellt sich die Rechtslage wie folgt dar: Zunächst kann man sich nicht der Erkenntnis verschließen, daß eine unbesehene Heranziehung der immanenten Schranken zur Rechtfertigung privater Maßnahmen zahlreiche dogmatische Probleme aufwirft. Daraus aber die Schlußfolgerung zu ziehen, man müsse eine unmittelbare Drittwirkung durchgehend ablehnen, erscheint überzogen. Denn die Anerkennung der umfassenden Schutzfunktion des EG-Wettbewerbsrechts als weiterer zentraler Grund – neben den bislang angeführten teleologischen Argumenten – für die Bejahung einer unmittelbaren Drittwirkung der Marktfreiheiten im Bereich der intermediären Gewalten **eröffnet völlig neue Begründungsansätze**; diejenigen Tatbestandsvoraussetzungen der immanenten Schranken, die bei der Anwendung auf Private Zweifelsfragen aufwerfen, können dogmatisch konsistent fortentwickelt und der veränderten Interessenlage angepaßt werden. Im Kern geschieht dies durch eine **analoge Anwendung der Kriterien** des EG-kartellrechtlichen Freistellungstatbestands **aus Art. 81 Abs. 3 EG**. Ein solches Vorgehen bringt neben einem Zugewinn an Rechtssicherheit ebenfalls einen angemessenen Ausgleich zwischen den Schutzgütern der Marktfreiheiten und dem europäischen Grundrecht auf Vereinsfreiheit.

Unter Zugrundelegung dieser Überlegungen ist eine **Rechtfertigung privater Eingriffe** in eine der Grundfreiheiten **von folgenden Voraussetzungen abhängig**: **Erstens** bedarf es eines legitimen, von der Verbandsautonomie der rechtsetzenden privaten Einheit[1762] umfaßten **zwingenden Erfordernisses**, das grundsätzlich einen nichtwirtschaftlichen Charakter aufweisen muß; daneben genügen ausnahmsweise solche wirtschaftlichen Erwägungen, die unter angemessener Beteiligung der Verbraucher an dem entstehenden Gewinn zur Verbesserung der Warenerzeugung oder –verteilung oder zur Förderung des technischen oder wirtschaftlichen Fortschritts beitragen (Art. 81 Abs. 3 1. Hs. EG analog); eine **Einschränkung** hinsichtlich der zulässigen Rechtfertigungsgründe ist lediglich **bei direkten Diskriminierungen aufgrund der Staatsangehörigkeit** zu beachten: In dieser Beziehung genügen – neben den bereits genannten Merkmalen – ausschließlich **Gründe der öffentlichen Ordnung**, welche diejenigen Grundregeln umfaßt, die die wesentlichen Aspekte der jeweiligen Sportart berühren; und für die eine tatsächliche und hinreichend schwere Gefährdung bestehen muß. **Zweitens** gilt – dies erschließt sich implizit schon aus dem zuvor Gesagten –, daß intermediäre Gewalten potentiell **sämtliche Diskriminierungen aufgrund der Staatsangehörigkeit** über die immanenten Schranken legi-

---

[1762] Die Verbandsautonomie ist insofern ein Ausfluß des europäischen Grundrechts der Vereinsfreiheit. Vgl. *Vieweg/Röthel*, ZHR 166 (2002), 6, 13 ff.; *Streinz*, JuS 2000, 1015, 1016.

timieren können. **Drittens** und abschließend müssen die privaten Maßnahmen auch dem **Verhältnismäßigkeitsgrundsatz** genügen, zu dessen Konkretisierung auf die Wertungen des Art. 81 Abs. 3 2. Hs. EG rekurriert werden kann[1763].

IV. Zwischenergebnis: Unmittelbare Drittwirkung der Grundfreiheiten im Bereich der „intermediären Gewalten"

Die Auseinandersetzung mit dem Streitstand zur unmittelbaren Drittwirkung der Grundfreiheiten – insbesondere Art. 39 Abs. 1, 43 Abs. 1 und 49 Abs. 1 EG – hat aufgezeigt, daß eine Einbeziehung intermediärer Gewalten in den Kreis der Verpflichtungsadressaten der genannten Rechte ausnahmslos auf teleologischen Gründen beruht. Die hiergegen ins Feld geführten systematischen Erwägungen sind – abgesehen von dem Einwand fehlender Rechtfertigungsgründe für Private – recht schwach, – weil ohne größeren Begründungsaufwand zu widerlegen. Aber auch das Fehlen von Freistellungstatbeständen für privatautonomes Handeln erweist sich letzten Endes als nicht durchschlagend; denn das Instrument der immanenten Schranken kann in modifizierter Form zur Anwendung gebracht werden. Als Ertrag der Auslegung der Markfreiheiten nach Wortlaut, Zweck und System bleibt deshalb: Eine **unmittelbare Drittwirkung** der Personenverkehrsfreiheiten und der Dienstleistungsfreiheit ist – wie vom Gerichtshof und der überwiegenden europarechtlichen Lehre angenommen – zumindest **bei sog. intermediären Gewalten zulässig** und auch geboten.

2. Kapitel: Vereinbarkeit des FIFA-Transferreglements mit europäischem Gemeinschaftsrecht

Nachdem nunmehr geklärt ist, daß die EG-Marktfreiheiten im Bereich intermediärer Gewalten, zu denen auch die FIFA zählt, unmittelbar anwendbar sind, können die einzelnen Regelungen des FIFA-Transferreglements prinzipiell am Maßstab der Personenverkehrsfreiheiten und der Dienstleistungsfreiheit überprüft werden.

[1763] Nach Art. 81 Abs. 3 2. Hs. EG sind wettbewerbsbeschränkende Maßnahmen Privater unzulässig, wenn den beteiligten Unternehmen Beschränkungen auferlegt werden, die für die Verwirklichung der angestrebten Ziele nicht unerläßlich sind, oder Möglichkeiten eröffnet werden, für einen wesentlichen Teil der betreffenden Waren den Wettbewerb auszuschalten (zur Auslegung dieses speziellen Verhältnismäßigkeitsgrundsatzes eingehend: Groeben/Thiesing/Ehlermann-*Schröter*, EUV/EGV, Bd. II/1, 5. Aufl., 1999, Art. 85 Rn. 306 ff.); wobei diese Maßgaben im Rahmen der Marktfreiheiten freilich im Lichte von deren Zielsetzungen auszulegen sind.

A. Arbeitnehmerfreizügigkeit

Als erstes ist in diesem Zusammenhang indes die Arbeitnehmerfreizügigkeit aus Art. 39 EG als Entscheidungsmaßstab heranzuziehen. Wie bei sämtlichen anderen Marktfreiheiten ist auch hier ein **dreistufiges Prüfungsraster** anzulegen: Als erstes ist die Eröffnung des Anwendungsbereichs zu untersuchen (I.), danach das Eingreifen des Beschränkungsverbotes (II.), und drittens schließlich – sofern ein Eingriff bejaht werden kann – unterliegt die jeweilige verbandsrechtliche Bestimmung einer Verhältnismäßigkeitskontrolle (III.).

I. Eröffnung des Anwendungsbereichs

1. Sachlich-räumlicher Anwendungsbereich

a) Verbandskompetenz der EG

Innerhalb des sachlichen Geltungsbereichs der Arbeitnehmerfreizügigkeit ist als erstes die **Verbandskompetenz der Gemeinschaft** gemäß Art. 2 EG zu prüfen[1764]. Zwar ist mittlerweile geklärt, daß für den Sport an sich keine generelle Bereichsausnahme existiert und professionell bzw. berufsmäßig ausgeübter Fußball aufgrund der Kommerzialisierung dieses Sektors grundsätzlich dem EG-Recht unterliegt[1765]. Zweifel ergeben sich allerdings im Hinblick auf **Amateure**, die erstmalig als Lizenzspieler von einem Fußballclub einer der obersten Spielklassen unter Vertrag genommen werden. Denn nach einer weit verbreiteten Auffassung in der europarechtlichen Lehre soll der gesamte Amateurbereich nicht von der Verbandskompetenz des Gemeinschaftsrechts erfaßt sein[1766]. Deutet man die Bereichsausnahme in einem weiten Sinne, legt dies den Schluß nahe,

---

[1764] Die Regelungshoheit der Gemeinschaft wird auch nicht durch den Umstand in Frage gestellt, daß die FIFA als Urheber des Transferreglements ihren Sitz in der Schweiz hat. Denn als legitimierender Anknüpfungspunkt für die gemeinschaftsrechtliche Regelungshoheit ist das Wirkungsprinzip heranzuziehen, das in concreto auch einschlägig ist, weil das FIFA-Transferrecht ebenso für grenzüberschreitende Vereinswechsel in der EG gilt. Näher *Wassmer*, Die Auswirkungen der Grundfreiheiten des Vertrages zur Gründung der Europäischen Gemeinschaften auf den Berufssport, 2002, S. 77 ff.; zur Regelungshoheit der Staaten und zum Wirkungsprinzip im Völkerrecht vgl. *Arndt/Rudolf*, Öffentliches Recht, 14. Aufl., 2003, S. 218 f.

[1765] Eingehend zu dem Ganzen bereits im 2. Teil, 1. Kapitel, B.I.3.b). Lediglich für die Bereiche, in denen der Sport von vornherein einen ausschließlich nicht-wirtschaftlichen Charakter hat, ist Art. 2 EG nicht einschlägig.

[1766] Vgl. *Trommer*, Die Transferregelungen im Profisport im Lichte des „Bosman-Urteils" im Vergleich zu den Mechanismen im bezahlten amerikanischen Sport, 1999, S. 78; *Steindorff*, RIW/AWD 1975, 253, 254 f.; *Hilf/Pache*, NJW 1996, 1169, 1174.

daß auch der Wechsel eines Amateurs zu einem Fußballclub, bei dem er erstmalig als Nicht-Amateur eingesetzt werden soll, der Bereichsausnahme unterfällt.

Eine derart schematische Trennung zwischen dem Amateur- und dem Profibereich provoziert indes erhebliche Einwände. Denn ausschlaggebend sind insoweit allein die Vorgaben des EG-Vertrages. Und bei einer strikt normorientierten Betrachtungsweise kommt es entscheidend darauf an, daß der zu entscheidende Sachverhalt einen **Bezug zum Wirtschaftsleben i. S. von Art. 2 EG** aufweist. Darunter versteht man jede tatsächliche entgeltliche Arbeits- oder Dienstleistung, die keinen so geringen Umfang hat, daß sie sich als völlig unwesentlich darstellt[1767]. Wenn ein Amateurfußballspieler erstmalig als Nicht-Amateur unter Vertrag genommen wird, hat dies zur Folge, daß er auf der Grundlage des Spielervertrages durch die regelmäßige Teilnahme am Training und die Einsätze in der Lizenzspielermannschaft Dienstleistungen erbringt, für die er ein Entgelt bekommt, das sich sicherlich, da es in aller Regel weit über einer bloßen Aufwandsentschädigung liegen dürfte, nicht als völlig unwesentlich darstellt. Der *Wortlaut* von Art. 2 EG impliziert somit, daß sich die Verbandskompetenz der EG auch auf den Wechsel eines Spielers vom Amateur- in den Profibereich bezieht.

Untermauert wird dieses Verständnis gleichfalls durch eine *teleologische Überlegung*: Der EG-Vertrag zielt – wie dem dritten Absatz der Präambel des Abkommens zu entnehmen ist – auf eine stetige Besserung der Lebens- und Beschäftigungsbedingungen der Völker der EG-Mitgliedstaaten. Ökonomisch betrachtet wird auch ein Amateurspieler – angesichts der in diesem Bereich festzustellenden Kommerzialisierung[1768] – in aller Regel erst dann bei einem anderen Verein als Nicht-Amateur beruflich tätig werden, falls er bei dem neuen Fußballclub ein höheres Wertgrenzprodukt und damit zugleich ein höheres Einkommen erzielt. Aufgrund der mit einem solchen Vereinswechsel verbundenen volkswirtschaftlichen Wohlfahrtsgewinne wird das Ziel der Besserung der Lebens- und Beschäftigungsbedingungen mithin gefördert. Deshalb ist in Übereinstimmung mit der neueren Literatur und dem Gerichtshof davon auszugehen, daß **auch Amateur-Spieler, die erstmals als Nicht-Amateure tätig werden, der Verbandskompetenz des EG-Vertrags unterliegen**[1769]. Ergänzend sei an

---

[1767] *Streinz*, Europarecht, 5. Aufl., 2001, Rn. 664; *Arndt*, Europarecht, 6. Aufl., 2003, S. 142.

[1768] Siehe *Krogmann*, Sport und Europarecht, 2001, S. 11; *Streinz*, in: *Scherrer/Del Fabro*, Freizügigkeit im europäischen Sport, 2002, 99, 113.

[1769] Vgl. *Pfister*, in: *Tokarski*, EU-Recht und Sport, 1998, 151, 159 f., 167; *Roth*, AuA 2001, 217, 219; *Krogmann*, Sport und Europarecht, 2001, S. 11; *Zinger*, Diskriminierungsverbote und Sportautonomie, 2003, S. 129 ff.; *Streinz*, SpuRt 2000, 221, 222 f.; siehe auch *EuGH*, Urt. v. 11.04.2000 – Rs. C-51/96 u. C-191/97 – EuZW 2000, 371, 374 Tz. 45 f., 49 ff. – „Deliège“.

dieser Stelle noch angemerkt, daß auch der BGH die Konstellation des Spielertransfers vom Amateur- in den Profibereich im Inland am Maßstab von Art. 12 Abs. 1 GG überprüft hat[1770].

b) Sachlich-räumliche Dimension

In **sachlicher Hinsicht** umfaßt die Arbeitnehmerfreizügigkeit das Recht, sich in einen anderen EG-Mitgliedstaat zu begeben, sich dort um tatsächliche angebotene Arbeitsstellen zu bewerben (Art. 39 Abs. 3 lit. a EG), eine berufliche Tätigkeit gegen Entgelt auszuüben und sich zu diesen Zwecken im Aufnahmemitgliedstaat frei zu bewegen (Art. 39 Abs. 3 lit. b EG) sowie dauerhaft aufzuhalten (Art. 39 Abs. 3 lit. c EG)[1771]. Wenn ein Berufsfußballspieler von seinem bisherigen Club zu einem Verein in einem anderen EG-Mitgliedstaat wechselt, um dort als Nicht-Amateur entgeltlich seiner Tätigkeit nachzugehen, ist der sachliche Geltungsbereich von Art. 39 EG berührt. Der **grenzüberschreitende Bezug** ist in den hier zu prüfenden Konstellationen stets gegeben, weil das FIFA-Transferreglement ausschließlich Vereinswechsel zwischen zwei unterschiedlichen Nationalverbänden betrifft[1772].

2. Persönlicher Anwendungsbereich

a) Fußballspieler als Arbeitnehmer i.S.v. Art. 39 EG

Der persönliche Anwendungsbereich der Arbeitnehmerfreizügigkeit ist durch den **Begriff des Arbeitnehmers** geprägt, der autonom und extensiv zu verstehen ist. Nach gängiger Definition ist Arbeitnehmer i.S.v. Art. 39 EG jeder abhängig Beschäftigte, der ein Entgelt erhält, das als nicht völlig unwesentlich bezeichnet werden kann[1773]. Das wesentliche Merkmal des Arbeitsverhältnisses besteht darin, daß jemand weisungsgebunden Leistungen ausführt[1774]. Betrachtet man nunmehr im nächsten Schritt den typischen Regelungsgehalt eines Spielervertrages[1775], zeigt sich, daß die Hauptleistungspflicht des Fußballspielers darin besteht, an allen Vereinsspielen und Lehrgängen sowie am Training teilzuneh-

---

[1770] Vgl. dazu schon im 2. Teil, 1. Kapitel, B.II.2.b)aa).

[1771] Zum sachlichen Anwendungsbereich der Arbeitnehmerfreizügigkeit siehe schon im 2. Teil, 1. Kapitel, B.I.2.a)aa)(1).

[1772] Zum räumlichen Anwendungsbereich des FIFA-Transferreglements vgl. im 2. Teil, 2. Kapitel, B.I.3.

[1773] *Arndt*, Europarecht, 6. Aufl., 2003, S. 171; *Huber*, Recht der Europäischen Integration, 2. Aufl., 2002, § 17 Rn. 60.

[1774] *EuGH*, Urt. v. 13.04.2000 – Rs. C-176/97 – EuZW 2000, 375, 378 Tz. 45 – „Lehtonen".

[1775] Vgl. zu dem Inhalt des Spielervertrages bereits eingehend im 1. Teil, 1. Kapitel, C.I. der Arbeit.

men. Darüber hinaus ist der Fußballer gehalten, an der Öffentlichkeitsarbeit des Vereins mitzuwirken. Im Hinblick auf Einsatz und Tätigkeit für den Verein unterliegt der Spieler dabei einem Weisungsrecht aller vom Verein dazu eingesetzten Personen. Daran zeigt sich besonders deutlich, daß der professionelle Fußballspieler in zeitlicher und örtlicher Hinsicht sowie in bezug auf die Modalitäten der geschuldeten Arbeit in die Organisation des Vereins eingegliedert ist. Von daher geht der EuGH seit dem „Bosman"-Urteil davon aus, daß **Berufsfußballspieler als Arbeitnehmer einzustufen** sind[1776].

Gegen diese pauschale Zuordnung wurden nach dem Ergehen der „Bosman"-Entscheidung mancherorts **Bedenken erhoben**. Einige Autoren plädieren insoweit für eine differenzierte Behandlung, als zumindest **Spitzenfußballer als Selbständige** einzustufen seien und sich daher auf die Niederlassungs- und die Dienstleistungsfreiheit berufen könnten[1777]. Als Hauptargument wird in diesem Zusammenhang vorgebracht, daß die Topspieler aufgrund der exorbitant gestiegenen Spielergehälter sowie der aus der Selbstvermarktung (z.B. Werbeverträge) resultierenden beachtlichen Zusatzseinnahmen nicht mehr in einem besonderen Maße wirtschaftlich oder sozial von einem Dritten – hier: dem arbeitgebenden Verein – abhängig seien. Diese Sichtweise hat sich jedoch **nicht durchgesetzt**; zu Recht, wie folgende Überlegungen zeigen:

Der maßgebliche Unterschied zwischen der Arbeitnehmerfreizügigkeit auf der einen und der Niederlassungs- sowie der Dienstleistungsfreiheit auf der anderen Seite besteht darin, daß Art. 39 Abs. 2 EG hinsichtlich der Beschäftigung, Entlohnung und sonstigen Arbeitsbedingungen ein absolutes Diskriminierungsverbot für direkte Ungleichbehandlungen aufgrund der Staatsangehörigkeit statuiert[1778]. Bezüglich der Arbeitnehmer genießt das Prinzip der Wettbewerbs-

---

[1776] Siehe zur Arbeitnehmereigenschaft von Berufsfußballspielern schon die Ausführungen im 2. Teil, 1. Kapitel, B.I.2.a)aa)(2). Vgl. daneben z.B. *Palme/Hepp-Schwab/Wilske*, JZ 1994, 343 f.; *Kahlenberg*, EWS 1994, 423, 424; *Streinz*, SpuRt 1998, 1, 7.

[1777] *Koenig/Haratsch*, Europarecht, 4. Aufl., 2003, Rn. 594; *Fischer*, SpuRt 1997, 181; *Renz*, in: *Will*, Sportrecht in Europa, 1993, 191, 201; an der Arbeitnehmer-Eigenschaft von Profifußballspielern zweifelnd *Westermann*, in: *Württembergischer Fußballverband*, Sport, Kommerz und Wettbewerb, 1998, 27, 30.

[1778] Ebenso: Groeben/Thiesing/Ehlermann-*Wölker*, EUV/EGV, Bd. I, 5. Aufl., 1997, Art. 48 Rn. 92; Calliess/Ruffert-*Brechmann*, EUV/EGV, 2. Aufl., 2002, Art. 39 Rn. 89; *Heyer*, Diskriminierungs- und Beschränkungsverbot im Rahmen der gemeinschaftsrechtlichen Arbeitnehmerfreizügigkeit, 1997, S. 57; *Heiersdorf*, Ausländerklauseln im Profisport, 1998, S. 48 f.; *Oppermann*, Europarecht, 2. Aufl., 1999, Rn. 1530; *Palme/Hepp-Schwab/Wilske*, JZ 1994, 343, 344. Für diese Sichtweise sprechen – neben dem *Wortsinn* von Art. 39 Abs. 2 EG („Abschaffung jeder [...] unterschiedlichen Behandlung") – namentlich *systematische Gründe*: So erlangen Art. 39 Abs. 2 und 3 EG, die beide den bereits in Art. 39 Abs. 1 EG angelegten Regelungsgehalt wiederholen, erst dann eine eigengleichheit mithin einen verstärkten Schutz. Maßgeblicher **Rechtsgrund** hierfür ist – dies lehrt eine systematische Interpretation – der Umstand, daß alle Personen, die innerhalb einer abgrenzbaren unternehmerischen Einheit aufgrund ihrer Einordnung in der Personalhierarchie bereits im Grundsatz einer **umfassenden Weisungsbefugnis** durch Leitungs- oder Überwachungsorgane unterliegen, **besonders schutzbedürftig** sind[1779]. Wie aber bereits dargelegt, sind selbst Spit-

---

ständige Bedeutung, wenn man das Inländergleichbehandlungsgebot von Abs. 2 als absolutes begreift und den ordre public in Abs. 3 nicht darauf anwendet. Würde man den Vorbehalt der öffentlichen Ordnung, Sicherheit und Gesundheit in Abs. 3 nämlich unbesehen bei dem speziellen Diskriminierungsverbot der Arbeitnehmerfreizügigkeit zum Ansatz bringen, fehlte Art. 39 Abs. 2 und 3 EG der konstitutive Charakter bzw. sie hätten lediglich eine klarstellende Funktion. Dieser Befund widerspräche indes dem Gedanken der praktischen Wirksamkeit, der fordert, daß alle Bestimmungen des EG-Vertrags so zu deuten sind, daß sie eine möglichst optimale Wirkung entfalten. Des weiteren ist der ordre public der Freizügigkeit der Arbeitnehmer innerhalb des Art. 39 EG, der über vier eigenständige Absätze verfügt, systemtatisch in Abs. 3 untergebracht; dies legt die Schlußfolgerung nahe, daß sich der kodifizierte Freistellungstatbestand ausschließlich auf die dort genannten Arbeitnehmerrechte bezieht. Wollte man den ordre public auch auf den Abs. 2 beziehen, hätte man die Öffnungsklausel – wie dies auch auf die Bereichsausnahme für die öffentliche Verwaltung in Art. 39 Abs. 4 EG zutrifft – systematisch am Ende des Art. 39 EG in einem eigenen Absatz verorten müssen. Bestätigt wird dieser Befund durch die abweichende Regelungsstruktur, in der der ordre public im Rahmen der Warenverkehrs- und der Niederlassungsfreiheit jeweils angesiedelt ist. Bei Art. 28 ff. und Art. 43 ff. EG ist der geschriebene Rechtfertigungsgrund jeweils in einem eigenständigen Artikel (Art. 30 S. 1 EG, Art. 46 Abs. 1 EG) untergebracht und bezieht sich deshalb stets auf den gesamten Verbotstatbestand (Art. 28 f. EG, Art. 43 EG). Dies legt den Umkehrschluß nahe, daß sich der ordre public in Art. 39 Abs. 3 EG gerade nicht auf das Inländergleichbehandlungsgebot in Art. 39 Abs. 2 EG erstreckt. A.A. Grabitz/Hilf-*Randelzhofer/Forsthoff*, EUV/EGV, Bd. I, Art. 39 Rn. 209; *Zuleeg*, in: *Will*, Sportrecht in Europa, 1993, 1, 4; *Schweitzer*, in: *Reuter*, Einbindung des nationalen Sportrechts in internationale Bezüge, 1987, 71, 73.

1779 Dieser Befund leitet sich aus einem *systematischen Vergleich* zwischen Art. 43 EG und Art. 39 EG ab: Beide Marktfreiheiten stehen in einem Exklusivitätsverhältnis zueinander; wobei das Kriterium der Selbständigkeit das entscheidende Abgrenzungsmerkmal verkörpert (ausführlich *Schimming*, Konvergenz der Grundfreiheiten des EGV unter besonderer Berücksichtigung mitgliedstaatlicher Einfuhr- und Einreisebeschränkungen, 2002, S. 31 ff.). Einen wichtigen Anhaltspunkt zur Konkretisierung des Selbständigkeitsbegriffs liefert Art. 44 Abs. 2 lit. f EG. Danach gilt hinsichtlich der Niederlassungsformen i.S.v. Art. 43 Abs. 1 S. 2 EG, daß insofern durch EG-Sekundärrecht der ungehinderte „Eintritt des Personals der Hauptniederlassung" in die „Leitungs- oder Überwachungsorgane" der sekundären Niederlassungen ermöglicht werden soll. Aus der Stellung der Bestimmung im Kapitel über das Niederlassungsrecht ist dabei zu folgern, daß der in der Kompetenzbestimmung angesprochene Personenkreis zu den Berechtigten der Niederlassungsfreiheit gehört. Da nunmehr die unselbständigen Niederlassungsformen, die über keine eigenen Organe verfügen, ebenso in Art. 44 Abs. 2 lit. f EG aufgeführt sind, ergibt sich daraus, daß auch solches Leitungspersonal ohne eigenständige Organstellung zum Kreis der Niezenspieler aufgrund des Spielervertrages einem sehr weitgehenden Direktionsrecht des arbeitgebenden Lizenzvereins unterworfen. Der die besondere Schutzbedürftigkeit des Leistungserbringers auslösende Grund ist folglich auch bei Spitzenfußballern einschlägig; wobei die von den Berufsfußballern insoweit insgesamt erzielten Einkünfte – mögen sie auch noch so überdimensioniert sein – in diesem Kontext keinerlei entscheidende Rolle bei der Zuordnung spielen[1780]. **Im übrigen**, dies sei hier noch angefügt, haben sich mittlerweile auch die **tatsächlichen Prämissen**, vor deren Hintergrund eine Einordnung der Spitzenfußballer als Selbständige befürwortet wird, **grundlegend geändert**: So mußten zahlreiche Fußballspieler, unabhängig von ihrem Status, im Gefolge der Finanzkrise des europäischen Profifußballs mitunter drastische Gehaltskürzungen hinnehmen. Aber diese Fußballspieler, die zukünftig mit einem geringeren Gehalt auskommen müssen, befinden sich immer noch auf der relativ sicheren Seite, da viele andere Nicht-Amateure sogar arbeitslos wurden. Die Post-Bosman-Ära mit ständig steigenden Spielergehältern gehört daher (vorerst) der Vergangenheit an[1781]. Aus den genannten Gründen ist davon auszugehen, daß **neben den**

derlassungsberechtigten zählt (ebenso: Hailbronner/Klein/Magiera/Müller-Graff-*Hailbronner*, EUV/EGV, Bd. I, Art. 52 Rn. 21; Groeben/Thiesing/Ehlermann-*Troberg*, EUV/EGV, Bd. I, 5. Aufl., 1997, Art. 52 Rn. 23; Grabitz/Hilf-*Randelzhofer/Forsthoff*, EUV/EGV, Bd. I, Art. 43 Rn. 13; a.A. *Schnichels*, Reichweite der Niederlassungsfreiheit, 1995, S. 31 f.). Entscheidend ist allein – und an diese Sachverhaltslage knüpft die Formulierung „Leitungs- oder Überwachungsorgane" i.S.d. Art. 44 Abs. 2 lit. f EG an –, daß man innerhalb der Personalhierarchie einer organisatorisch in sich geschlossenen unternehmerischen Einheit zur Leitungsebene gehört; die Zugehörigkeit zu Leitungs- und Überwachungsorganen setzt dabei begrifflich zugleich voraus, daß man durchaus regelmäßig unternehmerische Entscheidungen trifft und dabei intern, d.h. innerhalb der Betriebssphäre, keinem umfassenden Weisungsrecht durch Dritte – abgesehen von gesellschaftsrechtlichen Rechenschaftspflichten – unterliegt. Höchstens Externe (z.B. die Hauptniederlassung) können gegenüber dem Führungspersonal eine grundsätzliche Weisungsbefugnis haben; dieser Umstand steht der Bejahung der Selbständigkeit nach Normtext und systematischem Zusammenhang von Art. 44 Abs. 2 lit. f EG jedoch nicht entgegen. Quintessenz der vorstehenden Überlegungen ist daher, daß derjenige als Selbständiger zu qualifizieren ist, der innerhalb einer organisatorisch in sich geschlossenen wirtschaftlichen Einheit unternehmerische Entscheidungen trifft und dabei intern keinem umfassenden Weisungsrecht durch anderes Personal unterliegt. Daraus folgt weiter – da Art. 39 EG und Art. 43 EG in einem Exklusivitätsverhältnis zueinander stehen – im Umkehrschluß, daß spiegelbildlich alle übrigen Angehörigen der Einheit, die einer umfassenden Weisungsbefugnis durch einen der zuvor genannten internen Entscheidungsträger unterliegen, als Arbeitnehmer zu qualifizieren sind.

1780 *Streinz*, in: *Scherrer/Del Fabro*, Freizügigkeit im europäischen Sport, 2002, 99, 106 f.

1781 Vgl. zur europaweiten Finanzkrise des professionellen Fußballsports ausführlich im 2. Teil, 1. Kapitel, B.V.3. der Arbeit.

durchschnittlichen Berufsfußballern auch sog. Spitzenspieler als Arbeitnehmer zu qualifizieren sind[1782].

b) Fußballvereine als Berechtigte aus Art. 39 EG

Bislang nahezu völlig ausgeblendet wurde die Frage, ob neben den Berufsfußballspielern auch deren **arbeitgebende Fußballclubs** als **Träger der Rechte aus Art. 39 EG** in Betracht kommen. Von Interesse ist diese Fragestellung bereits deshalb, weil im Zuge der Einführung des gegenwärtig geltenden FIFA-Transferreglements zahlreiche deutsche Lizenzvereine rechtliche Schritte gegen das neue Regelwerk nicht von vornherein ausgeschlossen hatten[1783]. Überblickt man vor diesem Hintergrund das zu der Rechtsfrage vertretene Meinungsspektrum, ergibt sich nach übereinstimmender Ansicht von EuGH[1784] und überwiegender europarechtlicher Lehre[1785], daß auch Arbeitgeber und damit zugleich die Fußballvereine Korrelarberechtigte der Arbeitnehmerfreizügigkeit sind. Diese Sichtweise ist indessen nicht unwidersprochen geblieben: Eine beachtliche Auffassung vertritt den Standpunkt, daß sich Personenmehrheiten nicht auf die Arbeitnehmerfreizügigkeit berufen könnten[1786]. Da die arbeitgebenden Fußballclubs durchgehend als Gesellschaften organisiert sind, fielen sie nach dieser Ansicht aus dem persönlichen Geltungsbereich von Art. 39 EG heraus. Abgesehen

---

1782 So auch: *Trommer*, Die Transferregelungen im Profisport im Lichte des „Bosman-Urteils" im Vergleich zu den Mechanismen im bezahlten amerikanischen Sport, 1999, S. 58; *Plath*, Individualrechtsbeschränkungen im Fußball, 1999, S. 81 ff.; *Gebhardt*, Modelle für die Reform des Transfersystems für Berufsfußballspieler aus rechtlicher und tatsächlicher Sicht, 2000, S. 125 f., 59 ff.; *Kirschenhofer*, Sport als Beruf, 2002, S. 192 f.; *Oberthür*, Das Transfersystem im Lizenzfußball, 2002, S. 142 f.; *Heiersdorf*, Ausländerklauseln im Profisport, 1998, S. 37 ff.

1783 Vgl. näher dazu in der Einleitung, B.IV. mit Fn. 56.

1784 *EuGH*, Urt. v. 07.05.1998 – Rs. C-350/96 – EuZW 1998, 601, 602 Tz. 19 ff. – „Clean Car".

1785 Grabitz/Hilf-*Randelzhofer/Forsthoff*, EUV/EGV, Bd. I, vor Art. 39 bis 55 Rn. 39 ff.; *Koenig/Haratsch*, Europarecht, 4. Aufl., 2003, Rn. 601; *Streinz*, Europarecht, 5. Aufl., 2001, Rn. 662a; *Arndt*, Europarecht, 6. Aufl., 2003, S. 142; *Behrens*, EuR 1992, 145, 160; *Palme/Hepp-Schwab/Wilske*, JZ 1994, 343, 346. A.A. *Rieble/Lessner*, ZfA 2002, 29, 46, die davon ausgehen, daß der Arbeitgeber lediglich befugt ist, die Rechte des Arbeitnehmers aus Art. 39 EG im Wege der Prozeßstandschaft vor Gericht geltend zu machen. Gegen ein solches Verständnis spricht freilich, daß für den Bereich der Dienstleistungsfreiheit eine selbständige Rechtsposition von Dienstleistungsempfängern anerkannt ist (vgl. *Arndt*, Europarecht, 6. Aufl., 2003, S. 189; *Jarass*, EuR 2000, 705, 708). In diesen Kontext fügt sich indes – gerade mit Blick auf die anzustrebende Konvergenz der Marktfreiheiten – nur eine Lesart von Art. 39 EG bruchlos ein, die ein eigenes Recht des Arbeitgebers annimmt.

1786 *Kingreen*, Die Struktur der Grundfreiheiten des Europäischen Gemeinschaftsrechts, 1999, S. 81; *Röthel*, ZEuP 2002, 58, 70; *Kahlenberg*, EWS 1994, 423, 425.

davon, daß dieses **ablehnende Resultat** allein schon vom Rechtsgefühl her **nicht einleuchtet**, wird es von allzu vordergründigen Argumenten getragen. Eine an Wortlaut und System von Art. 39 EG orientierte Auslegung streitet vielmehr für das weite Verständnis der herrschenden Meinung:

So berufen sich die Befürworter des restriktiven Ansatzes eingangs auf den ihrer Ansicht nach „eindeutigen Wortlaut" von Art. 39 EG, wonach Personenmehrheiten schon keine Arbeitnehmer seien[1787]. Diese Erwägung ist aber äußerst dürftig, denn es wird nicht hinreichend beachtet, daß im EG-Vertrag die Grundfreiheiten vom Schutzgut her formuliert sind[1788], wogegen (zum Beispiel) das allgemeine Freizügigkeitsrecht i.S.v. Art. 18 Abs. 1 EG vom Rechtsträger her bestimmt wird[1789]. Diese Unterschiede in der Textfassung des EG-Vertrags beruhen zudem nicht auf einem Zufall, sondern damit wird eine rechtliche Wertung zum Ausdruck gebracht: So dienen die Grundfreiheiten primär dem institutionell ausgerichteten Binnenmarktziel (vgl. Art. 3 Abs. 1 lit. c EG i.V.m. Art. 14 Abs. 2 EG)[1790], wogegen Art. 18 Abs. 1 EG entgegengesetzt vorrangig auf den Schutz des einzelnen Unionsbürgers zielt[1791]. Begreift man den Normtext von Art. 39 Abs. 1 EG („ist die Freizügigkeit der Arbeitnehmer [...] gewährleistet") vor diesem Hintergrund nunmehr als objektiv-rechtliche Aussage, bedeutet dies sachlich nichts anderes, als daß durch den Tatbestand das Rechtsgut „Freizügigkeit der Personen" (vgl. Art. 50 Abs. 3 EG) hauptsächlich als Bestandteil der Institution Binnenmarkt geschützt wird. Das institutionelle Binnenmarktziel in seiner Ausprägung als Mobilität der Unselbständigen kann je-

---

[1787] So *Kingreen*, Die Struktur der Grundfreiheiten des Europäischen Gemeinschaftsrechts, 1999, S. 81.

[1788] Vgl. Art. 28 EG: „Mengenmäßige Einfuhrbeschränkungen [...] sind verboten"; Art. 39 Abs. 1 EG: „ist die Freizügigkeit der Arbeitnehmer gewährleistet" (beachte: Erst in Art. 39 Abs. 3 EG ist von Arbeitnehmer*rechten* die Rede!); Art. 43 Abs. 1 EG: „Die Beschränkungen der freien Niederlassung"; Art. 49 Abs. 1 EG: „Die Beschränkungen des freien Dienstleistungsverkehrs"; Art. 56 Abs. 1 EG: „sind [...] alle Beschränkungen des Kapitalverkehrs [...] verboten".

[1789] Vgl. Art. 18 Abs. 1 EG: „Jeder Unionsbürger hat das Recht [...]".

[1790] Wobei die auf der sekundären Schutzebene dem Marktbürger eingeräumten subjektiven Rechte lediglich eine dienende Funktion haben, als sie in Form einklagbarer Positionen eine Effektuierung des Binnenmarktgedankens ermöglichen. So auch die – angesichts des aufgezeigten textlichen Befundes der einzelnen Rechte – überzeugende herrschende Ansicht: *Arndt*, Europarecht, 6. Aufl., 2003, S. 139 f.; *Vieweg/Röthel*, ZHR 166 (2002), 6, 27 f.; *Stüber*, Jura 2001, 798, 799, 803; *Kluth*, AöR 122 (1997), 557, 574 f.; *Everling*, NVwZ 1993, 209, 215; *Pernice*, NVwZ 1990, 414, 426; *Penski/Elsner*, DÖV 2001, 265, 268; *Basedow*, in: Festschrift für *Everling*, Bd. II, 1995, 49, 63; a.A. *Classen*, VerwArch 88 (1997), 645, 671; *Kingreen/Störmer*, EuR 1998, 263, 289.

[1791] Vgl. Art. 2, 3. Spiegelstrich EU: „Stärkung des Schutzes der Rechte und Interessen der Angehörigen [...] [der] Mitgliedstaaten durch Einführung einer Unionsbürgerschaft".

doch gleichermaßen durch an Arbeitnehmer oder Arbeitgeber – bei letzteren gilt dies unabhängig von der Rechtsform – adressierte Bestimmungen vereitelt werden. In beiden Fallkonstellationen ist deshalb die ratio von Art. 39 Abs. 1 EG betroffen. Die schutzgutbezogene Formulierung von Art. 39 Abs. 1 EG, der nicht nach den verschiedenen Rechtsträgern differenziert, sowie das Binnenmarktziel legen daher ein extensives Verständnis nahe. Die *grammatikalische Auslegung* spricht somit – entgegen Kingreen – nicht gegen, sondern gerade für den Standpunkt der herrschenden Auffassung[1792].

Ferner ist zu beachten, daß das allgemeine Inländergleichbehandlungsgebot gemäß Art. 12 Abs. 1 EG gleichermaßen natürliche und juristische Personen schützt (vgl. Art. 183 Nr. 4 EG)[1793]; juristische Personen in diesem Sinne sind alle Personenmehrheiten, die Unternehmereigenschaft haben[1794]. Gleichzeitig gilt, daß namentlich Art. 39 Abs. 2 EG, Art. 43 Abs. 2 EG und Art. 50 Abs. 3 EG eine Konkretisierung des allgemeinen Inländergleichbehandlungsgebots darstellen[1795]. Daraus ist zu schlußfolgern, daß zur Wahrung einer einheitlichen Auslegung zumindest Personenmehrheiten, die Unternehmer sind, im Grundsatz zu den Berechtigten der in den Grundfreiheiten enthaltenen speziellen Inländergleichbehandlungsgebote zählen. Vor diesem Hintergrund und mit Blick auf den Umstand, daß sich die Personenverkehrsfreiheiten und die Dienstleistungsfreiheit hinsichtlich ihres jeweiligen Gewährleistungsumfangs nach ursprünglichem Verständnis hauptsächlich auf ein Inländergleichbehandlungsgebot beschränkten[1796], ist der Sinn von Art. 48 EG (i.V.m. Art. 55 EG) deshalb vor allem darin zu sehen, im Rahmen von Art. 43 Abs. 2 EG und Art. 50 Abs. 3 EG den Kreis der grundfreiheitsberechtigten Gesellschaften zu **konkretisieren**[1797] bzw. zu **begrenzen**[1798]. Bei den genannten Marktfreiheiten (Art. 43 EG, Art. 49 EG) be-

---

1792 Zutreffend daher im Ergebnis: *EuGH*, Urt. v. 07.05.1998 – Rs. C-350/96 – EuZW 1998, 601, 602 Tz. 18 f. – „Clean Car".

1793 *Arndt*, Europarecht, 6. Aufl., 2003, S. 127; *Rossi*, EuR 2000, 197, 200 f.

1794 Im Rahmen von Art. 183 Nr. 4 EG wird der Begriff der juristischen Person nicht streng im rechtstechnischen Sinne gebraucht, sondern erfaßt sind alle Unternehmen. Vgl. Groeben/Thiesing/Ehlermann-*Gilsdorf/Zimmermann*, EUV/EGV, Bd. III, 5. Aufl., 1999, Art. 132 Rn. 4; Calliess/Ruffert-*Schmalenbach*, EUV/EGV, 2. Aufl., 2002, Art. 183 Rn. 5.

1795 *Arndt*, Europarecht, 6. Aufl., 2003, S. 127, 144; *Ehlers*, in: *Ehlers*, Europäische Grundrechte und Grundfreiheiten, 2003, § 7 Rn. 19.

1796 Vgl. hierzu *Behrens*, EuR 1992, 145, 148; *Reichold*, ZEuP 1998, 434, 444; *Streinz*, in: *Scherrer/Del Fabro*, Freizügigkeit im europäischen Sport, 2002, 99, 107.

1797 Vgl. statt aller Grabitz/Hilf-*Randelzhofer/Forsthoff*, EUV/EGV, Bd. I, Art. 48 Rn. 1.

1798 So zeigt auch die Formulierung in Art. 43 Abs. 2 EG („Gründung und Leitung von Unternehmen, insbesondere von Gesellschaften im Sinne des Artikels 48 Absatz 2"), daß Gesellschaften, die die Voraussetzungen von Art. 48 EG erfüllen, zugleich stets Unternehmen sind. Mit der Begrenzungsfunktion läßt sich auch die (Eingangs-)Formulierung

stand hierfür von Anfang an unter Rechtssicherheitsaspekten ein berechtigtes Interesse, weil klar war, daß hauptsächlich auch Gesellschaften zu den typischerweise Berechtigten gehören würden; für die übrigen Freiheiten ergab sich kein spezifisches Bedürfnis, den Kreis der berechtigten Gesellschaften näher zu konturieren[1799]. Folgt man diesem Verständnis, wird eine Erstreckung des persönlichen Geltungsbereichs von Art. 39 Abs. 2 EG auf Personenmehrheiten mit Unternehmensqualität maßgeblich durch eine *systematische Interpretation* eingefordert[1800]; wobei – da die Grundfreiheiten inzwischen entgegen dem historischen Verständnis als Beschränkungsverbote interpretiert werden – die aus der angestellten kontextualen Exegese folgende Wertung ebenso auf den Bereich des Verbots unterschiedslos wirkender Maßnahmen (Art. 39 Abs. 1 und 3 EG) auszudehnen ist[1801]. Dogmatisch verfehlt erscheint hingegen der aus Art. 48 EG

---

von Art. 48 Abs. 1 EG („Für die Anwendung *dieses* Kapitels stehen [...] gleich" [Hervorhebung durch den Verfasser]) erklären: Damit wird betont, daß im Bereich von Art. 43 EG und Art. 49 EG – in Abweichung von den übrigen Grundfreiheiten – eben nur solche Gesellschaften, die bestimmte qualifizierte Voraussetzungen erfüllen, den Staatsangehörigen der EG-Mitgliedstaaten gleichgestellt werden.

1799 Im einzelnen meint dies folgendes: Mit Blick auf das Schutzziel der Produktverkehrsfreiheiten, innerhalb der EG die Zirkulationsfähigkeit von Waren und Kapital zu gewährleisten, paßt die Bestimmung von Art. 48 EG wegen ihrer Begrenzungsfunktion weder auf Art. 28 f. EG noch auf Art. 56 Abs. 1 EG; vielmehr legt der Gedanke der Zirkulationsfähigkeit eine Erstreckung auf sämtliche unternehmerisch tätigen Personenmehrheiten nahe (vgl. *Arndt*, Europarecht, 6. Aufl., 2003, S. 142). Im Rahmen der Arbeitnehmerfreizügigkeit liegt es in der Natur der Sache, daß Gesellschaften von vornherein nur als Korrelarberechtigte (Arbeitgeber) in Betracht kommen. Und in dieser Beziehung impliziert der Gedanke der Sicherstellung der innergemeinschaftlichen Mobilität der Produktionsfaktoren, daß ebenso – wie bei den Produktverkehrsfreiheiten – jede unternehmerisch tätige Personenmehrheit genügt. Vgl. daneben Grabitz/Hilf-*Randelzhofer/Forsthoff*, EUV/EGV, Bd. I, Art. 48 Rn. 27, Art. 55 Rn. 1.

1800 Siehe auch Grabitz/Hilf-*Randelzhofer/Forsthoff*, EUV/EGV, Bd. I, Art. 48 Rn. 27, die für eine analoge Anwendung von Art. 48 EG auf dem Sektor der Arbeitnehmerfreizügigkeit plädieren. Eine Analogie setzt jedoch eine planwidrige Regelungslücke voraus, an der es – wie ein Gegenschluß zu Art. 55 EG zeigt – fehlen dürfte. Für eine solche Analogie besteht indes nach dem im Haupttext entwickelten Verständnis auch gar kein Bedürfnis. Darüber hinaus führte eine solche Analogie entgegen der freiheitssichernden Funktion der Grundfreiheiten sogar zu einer Verkürzung des persönlichen Schutzbereichs von Art. 39 EG. Auch daran wird somit deutlich, daß sich die Annahme einer originären Grundfreiheitsträgerschaft von Gesellschaften letzten Endes besser in den Kontext des EG-Vertrages einfügt.

1801 Hierfür sprechen das gemeinschaftsrechtliche Gleichbehandlungsgebot – für eine unterschiedliche Behandlung des persönlichen Anwendungsbereichs von Diskriminierungs- und Beschränkungsverbot sind keine sachlichen Gründe ersichtlich – und der allgemeine Auslegungsgrundsatz der praktischen Wirksamkeit.

gezogene Umkehrschluß, daß sich ausschließlich natürliche Personen auf Art. 39 EG berufen könnten[1802].

II. Vorliegen einer Beschränkung

Im folgenden ist zu prüfen, ob und inwieweit die einzelnen Bestimmungen des FIFA-Transferreglements als grundsätzlich unzulässige Beschränkungen zu qualifizieren sind (2.). Dazu ist vorab jedoch der Gewährleistungsumfang der Arbeitnehmerfreizügigkeit näher zu konturieren (1.).

1. Gewährleistungsumfang

Der Gewährleistungsumfang von Art. 39 EG umfaßt unstreitig ein **Inländergleichbehandlungsgebot**, das jede direkte oder auch indirekte Diskriminierung aufgrund der Staatsangehörigkeit untersagt[1803]. Darüber hinaus ist entschieden, daß die Arbeitsnehmerfreizügigkeit ein **Beschränkungsverbot** enthält[1804]. **Ungeklärt** ist bislang aber die Frage nach der **Reichweite des Verbots** unterschiedslos wirkender Maßnahmen: Während der EuGH in seiner richtungweisenden „Gebhard"-Entscheidung noch den Standpunkt einnahm, daß alle Maßnahmen, die die Ausübung der Grundfreiheit weniger attraktiv machen können, als Beschränkung anzusehen seien[1805], hat er sich inzwischen darauf zurückgezogen, lediglich solche unterschiedslos wirkenden Maßnahmen unter Art. 39 Abs. 1 EG zu subsumieren, die den **Marktzugang** berühren[1806]. Diese teilweise Reduktion des Anwendungsbereichs des Beschränkungsverbots wird im Schrifttum mehrheitlich begrüßt[1807]. Denn ein solches Vorgehen ist schon im Wortlaut von Art. 3 Abs. 1 lit. c EG („zwischen den Mitgliedstaaten") angelegt, minimiert zudem das Problem der Inländerdiskriminierung[1808], reduziert die Überschneidungen mit den EG-Rechtsangleichungskompetenzen[1809] und schont die Zuständigkeiten der EG-Mitgliedstaaten. **Methodischer Ansatz** für eine solche Be-

---

[1802] So aber *Röthel*, ZEuP 2002, 58, 70.

[1803] Vgl. zum Inländergleichbehandlungsgebot Calliess/Ruffert-*Brechmann*, EUV/ EGV, 2. Aufl., 2002, Art. 39 Rn. 45 f.

[1804] Siehe dazu die Erwägungen im 2. Teil, 1. Kapitel, B.I.2.a)bb)(1).

[1805] Vgl. *EuGH*, Urt. v. 30.11.1995 – Rs. C-55/94 – EuZW 1996, 92, 95 Tz. 37 – „Gebhard".

[1806] Näher zur Rechtsprechungsentwicklung: *Arndt*, Europarecht, 6. Aufl., 2003, S. 178.

[1807] Calliess/Ruffert-*Brechmann*, EUV/EGV, 2. Aufl., 2002, Art. 39 Rn. 49; *Everling*, in: Gedächtnisschrift für *Knobbe-Keuk*, 1997, 607, 619 ff.; *Deckert/Schroeder*, JZ 2001, 88, 89 f.; *Röthel*, EuZW 2000, 379, 380; *Reichold*, ZEuP 1998, 434, 447 ff.; *Ehlers*, Jura 2001, 482, 485; *Streinz*, SpuRt 2000, 221, 224; a.A. Lenz-*Scheuer*, EGV, 2. Aufl., 1999, Art. 43 Rn. 10; *v. Wilmowsky*, EuR 1996, 362, 368 ff.

[1808] Allgemein zum Problem der Inländerdiskriminierung siehe schon die Ausführungen im 2. Teil, 1. Kapitel, B.II.1.

[1809] Vgl. Art. 40 EG, Art. 44 EG, Art. 47 EG und Art. 95 EG.

grenzung des Gewährleistungsumfangs der Arbeitnehmerfreizügigkeit ist eine *teleologische Reduktion* des Beschränkungsverbots: Die Marktfreiheiten bezwecken den Schutz der Freiheit des Marktzugangs[1810] [1811]. Würde man alle unterschiedslos wirkenden Maßnahmen unter Art. 39 EG subsumieren, bedeutete dies grundsätzlich auch ein Verbot von nationalen Rechtsvorschriften, die nur das Marktverhalten regeln bzw. Bestandteil eines offenen wirtschaftlichen Ordnungsrahmens sind[1812]. Darin läge eine erhebliche Überdehnung der ökonomischen Funktion der Marktfreiheiten. Um dieses sinnwidrige Resultat zu vermeiden, ist das Beschränkungsverbot teleologisch restriktiv zu handhaben[1813].

Das Marktzugangskriterium kann zudem noch durch die **Bildung von Fallgruppen** unzulässiger mitgliedstaatlicher Vorschriften näher systematisiert werden: nämlich durch das Verbot von Eingriffen in den Kernbereich einer Grundfreiheit und das Verbot von Doppelbelastungen. Indessen beginnt an diesem Punkt – bei aller Übereinstimmung im Grundsätzlichen – der Dissens, welche Fallgruppen im Rahmen der Arbeitnehmerfreizügigkeit dem reduzierten Beschränkungsverbot unterfallen. Eine Ansicht in der Lehre nimmt in dieser Beziehung den restriktiven Standpunkt ein, daß im Prinzip lediglich Eingriffe in den **Kernbereich der Arbeitnehmerfreizügigkeit** – d.h. Maßnahmen, die geeignet sind, den ungehinderten grenzüberschreitenden Zuzug oder Wegzug eines Unionsbürgers zu vereiteln – untersagt werden[1814]. Die Gegenauffassung wählt statt dessen einen weiten Ansatz und bezieht in den Gewährleistungsumfang der Arbeitnehmerfreizügigkeit im Grundsatz das **Verbot von Doppelbelastungen** ein; dieses besagt, daß der grenzüberschreitend tätig werdende Marktbürger vor potentiell unterschiedlichen Regelungen des Herkunfts- und des Aufnahmestaa-

---

[1810] Vgl. Grabitz/Hilf-*Randelzhofer/Forsthoff*, EUV/EGV, Bd. I, vor Art. 39 bis 55 Rn. 112 ff.; *Arndt*, Europarecht, 6. Aufl., 2003, S. 139; *Roth*, in: Gedächtnisschrift für *Knobbe-Keuk*, 1997, 729, 737 f.; krit. dagegen *Kaltenhäuser*, Möglichkeiten und Perspektiven einer Reform der Organisation der Wirtschaftsverwaltung, 1998, S. 211 ff., und *Eberhartinger*, EWS 1997, 43, 49 f., die alternativ auf das Kriterium der marktzersplitternden Wirkung abstellen.

[1811] Zur Auseinandersetzung mit dem Streitstand, ob die Grundfreiheiten den Abbau spezifisch grenzüberschreitender Handelshemmnisse bezwecken oder darüber hinaus auch den internationalen Freihandel an sich fördern, siehe weiter unten im 3. Teil, 3. Kapitel, A.II.

[1812] Betroffen wären beispielsweise Normen zum Kündigungsschutz, der Urlaubsdauer und zur Arbeitszeit. Vgl. *Arndt*, Europarecht, 6. Aufl., 23, S. 146; *Reichold*, ZEuP 1998, 434, 448.

[1813] Ebenso: *Arndt*, Europarecht, 6. Aufl., 2003, S. 145; *Nettesheim*, NVwZ 1996, 342, 344.

[1814] So z.B. *Hailbronner*, in: *Dauses*, Handbuch des EU-Wirtschaftsrechts, 2. Aufl., D I Rn. 41b ff.; Groeben/Thiesing/Ehlermann-*Troberg*, EUV/EGV, Bd. I, 5. Aufl., 1997, Art. 52 Rn. 46, 59; *Streinz*, Europarecht, 5. Aufl., 2001, Rn. 672a, 678 f.; *Eilmansberger*, JBl. 1999, 345, 351 f.; wohl auch *Everling*, in: Gedächtnisschrift für *Knobbe-Keuk*, 1997, 607, 617 f., 625.

tes, die aufgrund doppelter Anforderungen die Ausübung der Freizügigkeitsrechte vereiteln könnten, geschützt werden muß[1815].

Von den beiden konträren Positionen **verdient** jedenfalls **der grundfreiheitlichsfreundliche Ansatz den uneingeschränkten Vorzug**: Zunächst ist den Befürwortern des engen Ansatzes zwar insoweit darin zuzustimmen, daß die Personenverkehrsfreiheiten – neben den ökonomischen Funktionen der Marktfreiheiten – auf eine Förderung der wirtschaftlichen und sozialen Verflechtung zwischen den EG-Mitgliedstaaten zielen. Dieser Befund resultiert aus einer systematischen Gesamtschau von EU- und EG-Vertrag (vgl. Art. 2 1. Spiegelstrich EU; Abs. 2 der Präambel des EG-Vertrags; Art. 2, 3 Abs. 1 lit. k EG)[1816]. Gerade ein Blick auf diese Zielbestimmungen – namentlich Art. 2, 1. Spiegelstrich EU und Abs. 2 der Präambel zum EG-Vertrag – aber drängt andererseits zu einem extensiven Verständnis des Beschränkungsverbots[1817].

1815 Für eine extensive Lesart des Beschränkungsverbots: Grabitz/Hilf-*Randelzhofer/Forsthoff*, EUV/EGV, Bd. I, Art. 39 Rn. 178; *Roth*, in: Gedächtnisschrift für *Knobbe-Keuk*, 1997, 729, 738; *Arndt*, Europarecht, 6. Aufl., 2003, S. 169 ff. (mit ausführlicher Begründung); *Fischer*, Die Kollision von nationalem Berufsrecht mit der Niederlassungsfreiheit der Europäischen Gemeinschaft, 1993, S. 82 ff.; *Jarass*, EuR 2000, 705, 710; *Nettesheim*, NVwZ 1996, 342, 344; *Classen*, EWS 1995, 97, 104 f.; *Behrens*, EuR 1992, 145, 157 f.

1816 Näher *Arndt*, Europarecht, 6. Aufl., 2003, S. 169.

1817 So besagt Art. 2, 1. Spiegelstrich EU, daß „die Förderung des wirtschaftlichen und sozialen Fortschritts" durch die „Schaffung eines Raumes ohne Binnengrenzen" bewerkstelligt werden soll. Der Normtext dieser Zielbestimmung stellt somit eine unmittelbare Beziehung zu Art. 14 Abs. 2 EG her, der den Binnenmarkt als „Raum ohne Binnengrenzen, in dem der freie Verkehr von Waren, Personen, Dienstleistungen und Kapital" gewährleistet ist, legaldefiniert. Art. 14 Abs. 2 EG nimmt insofern eine Gleichstellung sämtlicher Grundfreiheiten vor. Dieser Wertung entspricht es, den Gewährleistungsumfang der Marktfreiheiten einheitlich zu bestimmen. Daraus folgt wiederum, neben den Freiheiten des Waren-, Dienstleistungs- und Kapitalverkehrs (beachte: Die Produktverkehrsfreiheiten und die Dienstleistungsfreiheit werden von der h.A. als Verbot von Doppelbelastungen interpretiert. *Arndt*, Europarecht, 6. Aufl., 2003, S. 145 f.; *Eilmansberger*, JBl. 1999, 345, 350 f.; *Classen*, EWS 1995, 97, 100 f.) auch die Freiheiten des Personenverkehrs als Verbot von Doppelbelastungen zu deuten. Zudem heißt es in Abs. 2 der Präambel zum EG-Vertrag, daß die Mitgliedstaaten den „wirtschaftlichen und sozialen Fortschritt" sichern wollen, indem sie „die Europa trennenden Schranken beseitigen". Der Wortlaut der Vertragszielnorm differenziert seinerseits nicht danach, ob ein Marktzugangshindernis von einem Eingriff in den Kernbereich der Freizügigkeit oder von einer Doppelbelastung herrührt; intendiert ist ganz allgemein die Beseitigung von „Schranken" der wirtschaftlichen wie sozialen Integration zwischen den Mitgliedstaaten. Eine an den EG-Vertragszielen ausgerichtete Interpretation legt damit offen, daß das Beschränkungsverbot von Art. 39 Abs. 1 EG nicht nur vor Eingriffen in den Kernbereich der Personenfreiheiten schützt, sondern darüber hinaus gleichfalls ein Verbot von Doppelbelastungen beinhaltet. Dem berechtigten Anliegen der Gegenauffassung, eine Privilegierung von EG-

2. Einzelne Fallgruppen

Nach näherer Eingrenzung des Beschränkungsverbotes sind im Anschluß die einzelnen Bestimmungen des FIFA-Transferreglements auf ihren beschränkenden Charakter hin zu würdigen.

a) Internationaler Freigabeschein

Das in Art. 6 ff. FIFA-Transferreglement normierte Erfordernis des internationalen Freigabescheins ist geeignet, die grenzüberschreitende Freizügigkeit von Berufsfußballspielern zwischen zwei EG-Mitgliedstaaten zu verhindern. Denn nach **Art. 6 Abs. 1 FIFA-Transferreglement** darf ein Nicht-Amateur die Spielberechtigung für einen Verein eines anderen Verbandes nur dann erhalten, wenn der neue Verband im Besitz eines internationalen Freigabescheins ist, der durch den abtretenden Verband ausgestellt wurde[1818]. Daraus folgt im Umkehrschluß, daß bis zur Ausstellung eines internationalen Freigabescheins es dem Spieler im Grundsatz auf keinen Fall gestattet ist, offizielle Spiele für seinen neuen Verein zu bestreiten.

Dem könnte man zwar noch entgegenhalten, daß der abtretende Verband den internationalen Freigabeschein prinzipiell automatisch binnen sieben Tagen ausstellen muß. Dieser Einwand verfängt freilich nicht, weil im Falle eines Vertragsstreits (d.h. wenn der Vertrag nicht ausgelaufen ist und kein gegenseitiges Einverständnis über eine frühzeitige Vertragsauflösung besteht) aus Anlaß des Vereinswechsels der abgebende Nationalverband keinen internationalen Freigabeschein ausstellen darf (Art. 6 Abs. 5 FIFA-Transferreglement); die Erteilung ist vielmehr erst dann erlaubt, wenn er über das im Falle eines ungerechtfertigten Vertragsbruchs gefällte Urteil bezüglich der getroffenen Sanktionen informiert wurde. Aufgrund dieses Regelungsmechanismus ist davon auszugehen, daß der Freigabeschein unmittelbar den Zugang des transferierten Spielers zum Arbeitsmarkt im Aufnahmemitgliedstaat beeinflußt. Es liegt mithin ein **Eingriff in den Kernbereich von Art. 39 Abs. 1 EG** vor. Das Erfordernis des internationalen Freigabescheins unterliegt daher einem Rechtfertigungszwang[1819].

Ausländern gegenüber den Staatsangehörigen des Aufnahmestaates zu vermeiden, läßt sich durch eine entsprechende Handhabung des Verhältnismäßigkeitsgrundsatzes Rechnung tragen (zu den Einzelheiten siehe: *Arndt*, Europarecht, 6. Aufl., 2003, S. 170 f.; *Streinz*, Europarecht, 5. Aufl., 2001, Rn. 679, 702; *Roth*, in: Gedächtnisschrift für *Knobbe-Keuk*, 1997, 729, 741).

[1818] Vgl. zudem Art. 5 Abs. 3 FIFA-Transferreglement.

[1819] Vgl. allg. *Wassmer*, Die Auswirkungen der Grundfreiheiten des Vertrages zur Gründung der Europäischen Gemeinschaften auf den Berufssport, 2002, S. 132.

b) Altersgrenzen

Nicht ohne weiteres läßt sich dagegen hinsichtlich der Bestimmungen, wonach für Spieler unter zwölf Jahren überhaupt kein internationaler Freigabeschein ausgestellt zu werden braucht (**Art. 34 FIFA-Transferreglement**), und zudem internationale Transfers von Spielern unter achtzehn Jahren im Grundsatz verboten sind – wobei es hiervon nur unter engen Voraussetzungen Ausnahmen gibt (vgl. **Art. 12 FIFA-Transferreglement**)[1820] –, eine Beschränkung der Arbeitnehmerfreizügigkeit bejahen. Fraglich erscheint nämlich, ob die Mindestaltersgrenze für einen internationalen Transfer den Marktzugang oder das Marktverhalten betrifft. Für eine Zuordnung zum Bereich des Marktverhaltens spricht der Umstand, daß Art. 34 und Art. 12 FIFA-Transferreglement dem Schutz minderjähriger Spieler dienen. Sie erfüllen somit funktional eine den §§ 106 ff. BGB vergleichbare Aufgabe. Die zivilrechtlichen Vorschriften zur beschränkten Geschäftsfähigkeit zählen indessen unstreitig zu dem offenen wirtschaftlichen Ordnungsrahmen, der nicht vom Beschränkungsverbot erfaßt wird. Angesichts der im Grundsatz ähnlichen Schutzrichtungen beider Normenkomplexe könnte man daher argumentieren, daß auch die im FIFA-Transferreglement enthaltenen Minderjährigenschutzvorschriften lediglich das Marktverhalten betreffen.

Dieser Erwägung ist jedoch nicht zu folgen, denn der Marktzugang beinhaltet nicht bloß eine formale, sondern vor allem eine materielle Komponente[1821]. Ökonomisch gesehen sollen die Marktfreiheiten nämlich eine optimale Allokation der Produktionsfaktoren gewährleisten. Dieses Ziel setzt ein materielles Verständnis des Marktzugangskriteriums unabdingbar voraus. Legt man deshalb einen solchen Maßstab an, liegt der beschränkende Charakter der Mindestaltersvorschriften wegen deren Verknüpfung mit dem Instrument des internationalen Freigabescheins auf der Hand. Denn ein solcher wird im Prinzip ohne Beanstandungen eben nur ausgestellt werden, wenn ein Nachwuchsspieler das 18. Lebensjahr vollendet hat. Ohne internationalen Freigabeschein darf ein Fußballspieler aber nicht in den Vereinsspielen eingesetzt werden (s.o.). Ein grenzüberschreitender Wechsel von Fußballspielern unterhalb dieser Altergrenze wird somit weitestgehend unterbunden. Letzteres folgt namentlich daraus, daß aufnehmende Vereine durch die aus Art. 12 Abs. 1 lit. b FIFA-Transferreglement folgenden Investitionserfordernisse (Vorkehrungen für die Fortführung der sportlichen und schulischen Ausbildung des Nachwuchsspielers) von einem Transfergeschäft abgehalten werden können. Insofern liegt ein **Zuzugshinder-**

[1820] Zu den einzelnen Bedingungen, unter denen einem 18jährigen Nachwuchsspieler ein Freigabeschein erteilt werden darf, siehe eingehend im 2. Teil, 2. Kapitel, B.I.4.a) der Arbeit.

[1821] Grabitz/Hilf-*Randelzhofer/Forsthoff*, EUV/EGV, Bd. I, vor Art. 39 bis 55 Rn. 113.

nis vor, so daß von einer unzulässigen Beschränkung der Arbeitnehmerfreizügigkeit auszugehen ist.

c) Transferfristen

Ein Verband darf den internationalen Freigabeschein von dem Verband, den der Spieler verlassen will, nur während der beiden Registrierungsperioden, welche der abgebende Nationalverband für Gesuche um Spielberechtigung festgelegt hat, anfordern (vgl. **Art. 6 Abs. 2 FIFA-Transferreglement**, Art. 2 Ausführungsbestimmungen zum FIFA-Transferreglement). Eine weitere Restriktion ergibt sich für die Spieler daraus, daß sie pro Jahr nur während einer von diesen zwei vom abgebenden Nationalverband festgelegten Perioden registriert werden können (**Art. 5 Abs. 2 FIFA-Transferreglement**). Wechselt ein Fußballspieler außerhalb der Transferperioden zu einem Verein in einem anderen EG-Mitgliedstaat, darf er dort mangels internationalem Freigabeschein nicht als Spieler eingesetzt werden. Darin liegt wegen des durch die Regelung begründeten Zuzugshindernisses eine **Beeinträchtigung des Kernbereichs der Arbeitnehmerfreizügigkeit**[1822].

d) Ausbildungs- und Förderungsentschädigung

Art. 13 bis 20 FIFA-Transferreglement legen fest, daß bei jedem internationalen Transfer eines Spielers bis zur Vollendung des 23. Lebensjahrs eine Ausbildungs- und Förderungsentschädigung geschuldet wird. Die Entschädigungspflicht entsteht mit Abschluß des Spielervertrages. Anspruchsgegner der verbandsrechtlich normierten Zahlungspflicht ist der aufnehmende Fußballverein. Allein diese abstrakte Obligation zur Entrichtung einer Transferentschädigung ist – wie bereit dargelegt – geeignet, die grenzüberschreitende Mobilität des Produktionsfaktors Arbeit zu vereiteln[1823]. Verstärkt wird dieser Effekt durch das in den FIFA-Regularien enthaltene Sanktionsinstrumentarium, das im Falle der Nichterfüllung der Entschädigungsforderung zu Lasten des den Spieler aufnehmenden Fußballclubs greift. Die Beeinträchtigung des ungehinderten Marktzugangs ist dabei unabhängig davon, ob der transferierte Fußballprofi im Zeitpunkt des Vereinswechsels noch beim alten Club unter Vertrag stand oder ob dieser bereits abgelaufen war. Denn ausschlaggebend ist die Verpflichtungsent-

---

[1822] *EuGH*, Urt. v. 13.04.2000 – Rs. C-176/97 – EuZW 2000, 375, 378 Tz. 47 ff. – „Lehtonen"; *Kirschenhofer*, Sport als Beruf, 2002, S. 203 f.; *Wassmer*, Die Auswirkungen der Grundfreiheiten des Vertrages zur Gründung der Europäischen Gemeinschaften auf den Berufssport, 2002, S. 134; a.A. *Canaris*, in: *Bauer*, Umwelt, Wirtschaft und Recht, 2002, 29, 63.

[1823] Siehe dazu bereits im 2. Teil, 1. Kapitel, B.I.2.a)bb)(1).

scheidung des aufnehmenden Fußballvereins, aus dessen Sicht es im Hinblick auf die abschreckende Wirkung der Transferentschädigungspflicht keinerlei Unterschied macht, ob der Spieler noch bei einem anderen Verein beschäftigt ist[1824]. **In beiden Situationen** ist folglich das **Bestehen einer rechtfertigungsbedürftigen Beschränkung i.S.d. Art. 39 EG** zu konstatieren.

e) Abschluß und Laufzeit von Spielerverträgen

Der Spielervertrag muß eine Mindestvertragslaufzeit von einem Jahr und eine Höchstlaufzeit von fünf Jahren haben (**Art. 4 Abs. 2 FIFA-Transferreglement**). Möchte ein Fußballspieler, dessen Spielervertrag noch nicht ausgelaufen ist, vor Vertragsende zu einem anderen Fußballclub im EG-Ausland wechseln, ist er daran durch die noch bestehende Abrede gehindert. Nur in Ausnahmefällen steht ihm bei Vorliegen eines triftigen Grundes oder eines sportlich triftigen Grundes ein Kündigungsrecht zu[1825]. Während der Vertragslaufzeit ist der Profifußballspieler daher im Grundsatz außerstande, sein Freizügigkeitsrecht aus Art. 39 Abs. 1 EG auszuüben.

Manche Stimmen in der sportrechtlichen Literatur lassen solche negativen Auswirkungen auf das Freizügigkeitsrecht des Fußballsportlers genügen, um einen Eingriff zu bejahen[1826]. Dabei wird freilich verkannt, daß Bestimmungen über Vertragslaufzeiten und Kündigungsrechte traditionell integrierender Bestandteil des nationalen Zivilrechts sind (vgl. §§ 620 ff. BGB). Solche Regelungen zählen zum offenen wirtschaftlichen Ordnungsrahmen, denn sie belasten grenzüberschreitende nicht stärker als inländische Vorgänge[1827]. Nichts anderes kann aber prima facie für die inhaltlich vergleichbaren FIFA-Bestimmungen zu den Vertragslaufzeiten sowie Kündigungsmöglichkeiten gelten. Es sprechen somit gute Gründe dafür, insofern zunächst von bloßen **Marktverhaltensregeln** auszugehen, die lediglich dem Kontrollmaßstab des Inländergleichbehandlungsgebots unterliegen.

Die Annahme einer **Beeinträchtigung des Marktzugangs setzt** – unter Zugrundelegung einer materiellen Betrachtungsweise – daher das **Hinzutreten** weiterer **qualifizierender Umstände voraus**. Solche qualifizierenden Umstände können indes nicht allein aus den für den Fall des ungerechtfertigten Vertrags-

---

1824 Vgl. zu den vereinsseitigen ökonomischen Erwägungen bei der Verpflichtung eines Fußballspielers eingehend im 2. Teil, 1. Kapitel, A.I.2.

1825 Näher zu den Beendigungstatbeständen des FIFA-Transferreglements siehe im 2. Teil, 2. Kapitel, B.I.6.b).

1826 So *Klingmüller/Wichert*, SpuRt 2001, 1, 3 f.; *Kelber*, NZA 2001, 11, 15 f.; vgl. auch *Fritz/Düll*, SpuRt 2002, 144, 145.

1827 Zweifelnd *Reichold*, ZEuP 1998, 434, 448 f.; *Streinz*, SpuRt 2000, 221, 224 f.

bruchs drohenden finanziellen und sportlichen Sanktionen hergeleitet werden. Denn das Sanktionsinstrumentarium dient – soweit der Spielervertrag noch nicht abgelaufen ist – der Einhaltung des Rechtsgrundsatzes pacta sunt servanda[1828]. Im Zivilrecht erfüllen Institute wie das der Vertragsstrafe (vgl. §§ 336 ff. BGB) vergleichbare Aufgaben[1829]. Solange derartige „Vertragsstrafen“ wie in Art. 21 ff. FIFA-Transferreglement jedoch ausschließlich die Erfüllung der rechtsgeschäftlichen Abrede sichern sollen, haben sie ausschließlich eine dienende Funktion und sind daher insofern ebenso als Ausübungsmodalität einzustufen[1830].

Entscheidend dürfte vielmehr der Aspekt sein, daß bei einem vorzeitigen Vereinswechsel des Spielers gegen den Willen des arbeitgebenden Clubs eine Vertragsstreitigkeit die logische Folge sein wird. In einer solchen Situation darf der Nationalverband des abgebenden Vereins jedoch nach der ausdrücklichen Vorgabe von Art. 6 Abs. 5 FIFA-Transferreglement keinen internationalen Freigabeschein ausstellen[1831]. Und ohne diesen ist es dem Spieler ohnehin nicht gestattet, für seinen neuen Verein beruflich tätig zu werden (vgl. Art. 6 Abs. 1 FIFA-Transferreglement). Hierin liegt ein Eingriff in das „Ob“ des beruflichen Tätigwerdens in einem anderen EG-Mitgliedstaat und somit in den Kernbereich der Arbeitnehmerfreizügigkeit. Nur unter diesen Bedingungen sind die **Befristungsregeln** in Art. 4 Abs. 2 FIFA-Transferreglement **ausnahmsweise als Marktzugangshindernisse einzuordnen**, die einer Verhältnismäßigkeitskontrolle unterliegen[1832].

f) Finanzielle und sportliche Sanktionen

Im Hinblick auf die finanziellen und sportlichen Sanktionen, die einen Berufsfußballspieler und/oder Fußballverein treffen können (vgl. **Art. 21 ff. FIFA-Transferreglement**), erscheint ein **differenziertes Vorgehen** angezeigt; wobei

---

1828 Vgl. *Klingmüller/Wichert*, SpuRt 2000, 1. 3. Zu den Einzelheiten des in Art. 21 ff. FIFA-Transferreglement niedergelegten Regelungsgehalts die Ausführungen im 2. Teil, 2. Kapitel, B.I.6.b).

1829 Aus diesem Grund wird der Sanktionskatalog in Art. 21 ff. FIFA-Transferreglement – soweit es um einen ungerechtfertigten Vertragsbruch geht – als Vertragsstrafe qualifiziert. Vgl. zutreffend *Oberthür*, NZA 2003, 462, 463.

1830 Gleiches gilt auch für echte Schadensersatzansprüche des Vereins für den Fall des Vertragsbruchs durch den Lizenzspieler (vgl. zu Ansprüchen aus § 628 Abs. 2 BGB *Klingmüller/Wichert*, SpuRt 2001, 1, 3; *Rüsing/Schmülling*, SpuRt 2001, 52). Auch diese sind funktional als Marktverhaltensregeln zu qualifizieren.

1831 Zu den Einzelheiten siehe die Ausführungen im 2.Teil, 2. Kapitel, B.I.4.a).

1832 Vom Vorliegen eines rechtfertigungsbedürftigen Mobilitätshindernisses geht auch *Streinz*, in: *Scherrer/Del Fabro*, Freizügigkeit im europäischen Sport, 2002, 99, 116 ff., aus.

dem Gesichtspunkt des Vorliegens eines Rechtfertigungsgrundes für einen Vertragsbruch entscheidende Bedeutung zukommt[1833]: Sofern zugunsten des Fußballspielers **weder ein triftiger noch ein sportlich triftiger Grund** für eine vorzeitige Beendigung des Spielervertrages vorliegt, haben die finanziellen wie sportlichen Sanktionen, die einem vertragsbrüchigen Nicht-Amateur auferlegt werden, den Charakter einer Vertragsstrafe und sind deshalb im ersten Schritt für sich genommen bloße Marktverhaltensregeln (s.o.)[1834]. Dies ändert sich, wenn man im zweiten Schritt den Umstand hinzunimmt, daß aufgrund der Vertragsstreitigkeit zunächst kein internationaler Freigabeschein erteilt wird. Mit dieser Argumentation gelangt man hier zu einer rechtfertigungsbedürftigen Beschränkung[1835]. Etwas einfacher läßt sich für die Konstellation, daß dem wechselnden Fußballspieler trotz des **Bestehens eines sportlich triftigen Grundes** eine Entschädigungspflicht oktroyiert wird, eine Beeinträchtigung des Kernbereichs der Arbeitnehmerfreizügigkeit argumentativ herleiten. Denn hier dient die finanzielle Sanktion nicht mehr der Absicherung einer vom Spieler zu erfüllenden Vertragspflicht, sondern sie erlangt nunmehr einen selbständigen Charakter[1836]. Die für die Zuordnung der finanziellen Sanktionsnorm zum Marktverhalten maßgebliche Erwägung entfällt somit in dieser Beziehung. Jetzt kann der Sinn der Entschädigungspflicht nur noch darin gesehen werden, den wechselwilligen Spieler – trotz des Vorliegens eines Kündigungsgrundes – zum Verbleiben beim alten Verein anzuhalten. Verstärkt wird dieses Drohpotential noch dadurch, daß – neben dem Fußballprofi als dem eigentlichen Anspruchsgegner – unter gewissen Voraussetzungen gleichzeitig den aufnehmenden Verein eine Mithaftung trifft (vgl. Art. 14 Nr. 3 Ausführungsbestimmungen zum FIFA-Transferreglement). Diese Konstruktion ist wirtschaftlich gesehen mit der vom EuGH im Fall „Bosman" als Eingriff in Art. 39 EG bewerteten Transferentschädigungspflicht vergleichbar, denn in beiden Fällen wirkt sich die drohende Zahlungspflicht maßgeblich auf die Verpflichtungsentscheidung des aufnehmenden Fußballvereins aus: Liegt die Gesamtsumme aus Entschädigungszahlung und Spielergehalt über dem zukünftig erwarteten Wertgrenzprodukt des transferierten Spielers, wird der aufnehmende Verein in aller Regel vom Abschluß eines Spielervertrages Abstand nehmen; mit der Konsequenz, daß der **Zugang des Spielers zum Arbeitsmarkt im EG-Ausland vereitelt** ist[1837].

1833 Zur Ausgestaltung der Sanktionsmaßnahmen siehe im einzelnen im 2. Teil, 2. Kapitel, B.I.6.b).

1834 Anders *Oberthür*, NZA 2003, 462, 466, die bereits in der finanziellen Sanktionsmaßnahme an sich ein Marktzugangshindernis erblickt.

1835 Insoweit ist *Oberthür*, NZA 2003, 462, 463, wieder zuzustimmen.

1836 Richtig *Oberthür*, NZA 2003, 462, 463.

1837 Vgl. bezüglich des im Fall „Bosman" zu beurteilenden Transferreglements ebenso *Plath*, Individualrechtsbeschränkungen im Fußball, 1999, S. 159. Von einem Eingriff gehen im

g) Solidaritätsmechanismus

Der in **Art. 25 FIFA-Transferreglement** normierte Solidaritätsmechanismus legt fest, daß beim Vereinswechsel eines Nicht-Amateurs während der Laufzeit seines Vertrages die Vereine (bzw. der Verein), die zu seinem Training und seiner Ausbildung beigetragen haben (bzw. hat), einen Anteil (fünf Prozent) der an den alten Verein bezahlten Entschädigung erhalten (bzw. erhält). Darunter fallen sowohl die im Fall des „Herauskaufens" eines Spielers aus einem laufenden Arbeitsvertrag vom aufnehmenden Verein sowie die wegen eines ungerechtfertigten Vertragsbruchs seitens des Spielers zu leistenden Entschädigungszahlungen[1838]. Zweifelhaft erscheint indessen, ob und inwieweit die Verbandsnorm als rechtfertigungsbedürftige Beschränkung qualifiziert werden kann. Zur Beantwortung der durchaus problematischen Frage empfiehlt es sich, zwischen den beiden von Art. 25 S. 1 FIFA-Transferreglement erfaßten Sachverhaltskonstellationen zu **differenzieren.**

Sofern der Abgabensatz in Höhe von fünf Prozent auf die **Vertragsauskaufsumme** erhoben wird, ist der transferierte Berufsfußballer von der Zahlungspflicht nicht unmittelbar betroffen; zahlungspflichtig ist allein der aufnehmende Verein (vgl. Art. 11 Nr. 1 Ausführungsbestimmungen zum FIFA-Transferreglement). Ausgangspunkt zur Auflösung der Frage nach dem Vorliegen einer relevanten Beschränkung ist die Definition des Beschränkungsbegriffs. Von diesem sind alle Maßnahmen erfaßt, die geeignet sind, den Zugang zum Arbeitsmarkt eines anderen EG-Mitgliedstaats unmittelbar oder mittelbar, tatsächlich oder potentiell zu behindern[1839]. Nicht mehr vom Beschränkungsverbot umschlossen sind im Gegensatz dazu Maßnahmen, die an ein Ereignis an-

---

Ergebnis auch *Oberthür*, Das Transfersystem im Lizenzfußball, 2002, S. 150 ff., und *Streinz*, in: *Scherrer/Del Fabro*, Freizügigkeit im europäischen Sport, 2002, 99, 116, aus.

1838 An einem solchen weiten Verständnis bestehen Zweifel, weil Art. 11 Nr. 1 Ausführungsbestimmungen zum FIFA-Transferreglement lediglich den neuen Verein als Zahlungsadressaten benennt. Für ein weites Verständnis sprechen indes die überzeugenderen Argumente: So zeigt sich, daß der Wortsinn von Art. 25 S. 1 FIFA-Transferreglement („Entschädigung") keine weitere Differenzierung enthält; zudem ist die systematische Stellung des Solidaritätsmechanismus unmittelbar nach dem Kapitel XIII, das die finanziellen Sanktionsnormen für einen ungerechtfertigten Vertragsbruch seitens des Spielers enthält, zu berücksichtigen; sowie der Zweck der Nachwuchsförderung, der bei einem extensiven Verständnis der Verbandsbestimmung besser erfüllt wird. Im Ergebnis ebenso für eine extensive Lesart von Art. 25 S. 1 FIFA-Transferreglement: *Fritz/Düll*, SpuRt 2002, 144, 146; mißverständlich formuliert und deshalb mehrdeutig: *FIFA*, Zirkular, Nr. 769, 2001, S. 15 (sub 4.).

1839 *Fischer*, Die Kollision von nationalem Berufsrecht mit der Niederlassungsfreiheit der Europäischen Gemeinschaft, 1993, S. 84; *Kaltenhäuser*, Möglichkeiten und Perspektiven einer Reform der Organisation der Wirtschaftsverwaltung, 1998, S. 213 f.

knüpfen, das zu ungewiß und zu indirekt wirkt (**„rule of remoteness“**)[1840]. Diese tatbestandliche Eingrenzung des Verbots unterschiedslos wirkender Maßnahmen ist dabei nicht als Spürbarkeitskriterium zu interpretieren; dagegen spricht schon der Umstand, daß eine „de minimis“-Formel im Rahmen der Grundfreiheiten kaum praktikabel erscheint und deshalb zu erheblicher Rechtsunsicherheit führt[1841]. Vielmehr dürfte es bei der rule of remoteness um ein wertendes Kausalitätskriterium gehen; Ungewißheit wie Indirektheit des zukünftigen Ereignisses beziehen sich dabei auf das bei ungestörter Sachverhaltsentwicklung **wahrscheinliche Entstehen eines Mobilitätshindernisses in naher Zukunft**; abstrakte Gefahren für die Freizügigkeit der Arbeitnehmer sind demgegenüber von vornherein nicht geeignet, das Binnenmarktprinzip zu tangieren[1842].

Wendet man diesen Maßstab auf die prüfungsgegenständliche Bestimmung an, liegt zunächst die Schlußfolgerung nahe, daß es an dem Entstehen eines neuen Mobilitätshemmnisses in naher Zukunft mangelt. Denn beim einvernehmlichen Herauskaufen eines Spielers aus einem laufenden Vertrag besteht situationsbedingt kein Hindernis für die grenzüberschreitende Mobilität des Berufsfußball-

---

1840 Vgl. *EuGH*, Urt. v. 27.01.2000 – Rs. C-190/98 – JZ 2001, 87, 88 Tz. 23 – „Graf“; *Ehlers*, in: *Ehlers*, Europäische Grundrechte und Grundfreiheiten, 2003, § 7 Rn. 66. Eingehend zu dieser Begrenzung des Beschränkungsverbotes *Schimming*, Konvergenz der Grundfreiheiten des EGV unter besonderer Berücksichtigung mitgliedstaatlicher Einfuhr- und Einreisebeschränkungen, 2002, S. 149 ff.

1841 Ganz herrschende Ansicht: *Deckert/Schroeder*, JZ 2001, 88, 90; *Streinz*, JuS 2000, 809, 811; *Oliver*, CMLRev. 36 (1999), 783, 789 ff.; *Eilmansberger*, JBl. 1999, 434, 447; a.A. etwa *Sack*, WRP 1998, 103, 116 f.; *Ranacher*, ZfRV 2001, 95.

1842 Für diese Sichtweise spricht vor allem der Aspekt, daß der EuGH im Rahmen von Art. 95 Abs. 1 EG mit einem vergleichbaren Kausalitätskriterium operiert: Das Eingreifen der EG-Gesetzgebungskompetenz macht er im Falle zukünftiger Beeinträchtigungen davon abhängig, daß das Entstehen von Hindernissen für den Binnenmarkt wahrscheinlich ist; abstrakte Gefahren reichen demnach für sich genommen nicht aus. Grundlage für diese Tatbestandsrestriktion der Harmonisierungskompetenz aus Art. 95 Abs. 1 EG sind die judizielle Kontrollfunktion gemäß Art. 220 EG und das Binnenmarktprinzip i.S.d. Art. 14 Abs. 2 EG i.V.m. Art. 3 Abs. 1 lit. c EG (vgl. *EuGH*, Urt. v. 05.10.2000 – Rs. C-376/98 – EuZW 2000, 694, 699 Tz. 82 ff. – „Tabakwerbeverbot“; zum richtigen Verständnis der EuGH-Entscheidung siehe *Arndt*, Europarecht, 6. Aufl., 2003, S. 202 m.w.N.; unsauber dagegen *Wägenbaur*, EuZW 2000, 701, 702). Dieser Maßstab ist aufgrund der insoweit identischen Schutzrichtungen auf den Bereich der Grundfreiheiten zu übertragen. Für das Abstellen auf eine solche wertende Kausalität sprechen sich aus: *Schimming*, Konvergenz der Grundfreiheiten des EGV unter besonderer Berücksichtigung mitgliedstaatlicher Einfuhr- und Einreisebeschränkungen, 2002, S. 162; *Deckert/Schroeder*, JZ 2001, 88, 90; *Jarass*, EuR 2000, 705, 713; a.A. Groeben/Thiesing/Ehlermann-*Müller-Graff*, EUV/EGV, Bd. I, 5. Aufl., 1997, Art. 30 Rn. 60; Grabitz/Hilf-*Leible*, EUV/EGV, Bd. I, Art. 28 Rn. 15; *Streinz*, JuS 2000, 809, 811 (Erfordernis der „Substantiierbarkeit“).

spielers. Ganz im Gegenteil herrscht hier eine Sachverhaltslage, in der alle Transferbeteiligten über den Vereinswechsel einig sind. Der Solidaritätsbeitrag knüpft ausschließlich an die in diesem Moment fließende Vertragsauskaufsumme an und kann daher kein Hindernis für die Arbeitnehmerfreizügigkeit sein. Und dennoch: Trotz dieser intuitiv einleuchtenden Begründung dürfte letzten Endes jedoch der entgegengesetzte Standpunkt der richtige sein. Denn ökonomisch gesehen wird der aufnahmewillige EG-ausländische Fußballverein den Spieler nur unter Vertrag nehmen, wenn die Gesamtinvestitionssumme für die Verpflichtung des Spielers gleich mit dem oder geringer als das prognostizierte(n) Wertgrenzprodukt des Spielers beim neuen Club ist. In diese Berechnung fließt bei zukünftigen Transfers logischerweise der Ausgabeposten „Solidaritätsbeitrag" mit ein. Und stellt sich dabei heraus, daß die Investitionssumme aus dem zu zahlenden Spielergehalt, der Vertragsauskaufssumme und dem fünfprozentigen Solidarbeitrag das erwartete Wertgrenzprodukt übersteigt – z.B. weil die verlangte Transfersumme bereits so hoch ist, daß der Solidarzuschlag sich in absoluten Zahlen auf einen Geldbetrag beläuft, der zum Überschreiten der „Rentabilitätsgrenze" führt –, wird die Verpflichtungsentscheidung negativ ausfallen. Mit anderen Worten: Der grenzüberschreitende Vereinswechsel scheitert an dem Nichtzustandekommen des Spielervertrages; wobei der Solidarbeitrag i.S.v. Art. 25 FIFA-Transferreglement für das Fehlschlagen des Spielertransfers den Ausschlag gegeben hat[1843]. Die Bestimmung des **Art. 25 FIFA-Transferreglement** ist somit **für sich genommen schon geeignet**, den **Zugang** eines Nicht-Amateurs **zu den Arbeitsmärkten im EG-Ausland gegenwärtig zu vereiteln**. Unterfüttern läßt sich dieser Befund noch mit dem Hinweis, daß der Spieler einer Mitwirkungspflicht bei der Berechnung der Summe und der Bestimmung der berechtigten Clubs unterliegt. Erfüllt er seine Mitwirkungspflicht nicht, können gegen ihn Disziplinarmaßnahmen ausgesprochen werden (vgl. Art. 11 Nr. 3 Ausführungsbestimmungen zum FIFA-Transferreglement). Eine Zusammenschau dieser Gesichtspunkte läßt daher nur den Rückschluß zu, daß es sich bei Art. 25 FIFA-Transferreglement um eine Verbandsnorm handelt, die geeignet ist, die grenzüberschreitende Mobilität der Berufsfußballspieler leerlaufen zu lassen. Deshalb ist der Solidaritätsmechanismus auch bei reibungslos verlaufenden Spielertransfers einer Verhältnismäßigkeitskontrolle zu unterziehen.

Wesentlich einfacher läßt sich der beschränkende Charakter von Art. 25 FIFA-Transferreglement begründen, sofern es um die Anwendung des Tatbestands auf **Sanktionszahlungen i.S.v. Art. 21 ff. FIFA-Transferreglement** geht. Denn der finanzielle Sanktionsmechanismus wurde bereits als rechtfertigungsbedürfti-

---

[1843] Vgl. in anderem Zusammenhang auch *Hanau*, in: *Hanau/Steinmeyer/Wank*, Handbuch des europäischen Arbeits- und Sozialrechts, 2002, § 15 Rn. 237.

ge privatautonome Maßnahme qualifiziert. Nichts anderes kann daher für den Solidaritätsmechanismus gelten, der einen bestimmten Teilbetrag der zu zahlenden Geldsumme zweckgebunden der Nachwuchsförderung zuführt. Hierfür spricht insbesondere der allgemeine Auslegungsgrundsatz der praktischen Wirksamkeit des Gemeinschaftsrechts.

III. Vorliegen von Rechtfertigungsgründen

1. Ausgleich zwischen der Arbeitnehmerfreizügigkeit und dem europäischen Grundrecht der Vereinsfreiheit im Wege praktischer Konkordanz?

Bereits mehrfach wurde im Laufe dieser Arbeit der Ansatz einer im Schrifttum weit verbreiteten Lehrmeinung, die sich auf der Rechtfertigungsebene für eine **umfassende Abwägung** zwischen der Arbeitnehmerfreizügigkeit und dem europäischen Grundrecht der Vereinsfreiheit einsetzt, angesprochen. Im einzelnen geht das Anliegen dieser Ansicht dahin, der Verbandsautonomie auch auf Gemeinschaftsebene zur Geltung zu verhelfen. Dazu wird argumentiert, man müsse eine Freistellung privater Eingriffe in die Freizügigkeit über kollidierende Grundrechte – hier: die Vereinsfreiheit – bewerkstelligen. Begreife man die europäischen Grundrechte deshalb als immanente Schranken der Grundfreiheiten, bestehe ein „Bedürfnis nach gegenseitiger Abwägung im Sinne einer im deutschen Verfassungsrecht geläufigen praktischen Konkordanz. Danach sind kollidierende Grundrechte und grundrechtsbezogene Rechtsgüter durch Abwägung aller Umstände des Einzelfalls in einen verhältnismäßigen Ausgleich zu bringen“[1844].

[1844] So ausdrücklich: *Trommer*, Die Transferregelungen im Profisport im Lichte des „Bosman-Urteils“ im Vergleich zu den Mechanismen im bezahlten amerikanischen Sport, 1999, S. 70. Zu den Befürwortern der Konkordanzlehre zählen weiterhin: *Schroeder*, Sport und europäische Integration, 1989, S. 185 ff.; *Krogmann*, Grundrechte im Sport, 1998, S. 216 f.; *Zinger*, Diskriminierungsverbote und Sportautonomie, 2003, S. 135 f. mit Fn. 53; *Dinkelmeier*, Das „Bosman“-Urteil des EuGH und seine Auswirkungen auf den Profifußball in Europa, 1999, S. 103 ff.; *Kirschenhofer*, Sport als Beruf, 2002, S. 207 ff., 212 f.; *Schäfer*, in: *Scherrer/Del Fabro*, Freizügigkeit im europäischen Sport, 2002, 81, 85; *Schaefer*, Die unmittelbare Wirkung des Verbots der nichttarifären Handelshemmnisse (Art. 30 EWGV) in den Rechtsbeziehungen zwischen Privaten, 1987, S. 210 f., 214 ff.; *Ganten*, Die Drittwirkung der Grundfreiheiten, 2000, S. 174 ff.; *Hobe/Tietje*, JuS 1996, 486, 490; *Scholz/Aulehner*, SpuRt 1996, 44, 45; *Streinz*, SpuRt 2000, 221, 225 f.; *Imping*, EWS 1996, 193, 197; *Gramlich*, DÖV 1996, 801, 810 f.; *Schroeder*, JZ 1996, 254, 256; in diese Richtung wohl auch *Herdegen*, Europarecht, 5. Aufl., 2003, Rn. 284; *Steiner*, in: Festschrift für *Maurer*, 2001, 1005, 1012 f.

In diese Richtung scheint auch der EuGH in seinem Urteil zum Fall „Schmidberger" zu tendieren[1845]: Im Jahr 1998 hatten Umweltschützer eine Demonstration organisiert, die zu einer 30-stündigen Blockade der Brenner-Autobahn führte. Die österreichischen Behörden untersagten die Versammlung nicht. Ein Spediteur klagte auf Schadensersatz dafür, daß seine Lkw während der Demonstration nicht genutzt werden konnten. Der Gerichtshof verneinte eine unzulässige Behinderung der Warenverkehrsfreiheit und damit zugleich auch das Vorliegen eines Schadensersatzanspruches. Zwar wertete er die Nichtuntersagung der Versammlung seitens der österreichischen Behörden als Verstoß gegen die mitgliedstaatliche Schutzpflicht aus Art. 28 EG i.V.m. Art. 10 EG. Jedoch führe eine Abwägung zwischen der Warenverkehrsfreiheit einerseits und dem europäischen Grundrecht der Versammlungsfreiheit andererseits zu dem Resultat, daß die Beschränkung gerechtfertigt sei. Wenn man nunmehr einen Schritt weitergeht und, bezogen auf die Rechtfertigungsebene, den gemeinsamen Grundgedanken der vom EuGH im Fall „Schmidberger" zum Ansatz gebrachten Schutzpflichtendogmatik und der Rechtsfigur der unmittelbaren Drittwirkung in dem Ausgleich von kollidierenden Grundfreiheiten und europäischen Grundrechten erblickt[1846], liegt es nahe, die entsprechenden Aussagen der „Schmidberger"-Entscheidung auf die Fallgruppe der unmittelbaren Drittwirkung zu übertragen.

Dieser Ansatz, auch wenn er im Kern ein berechtigtes Anliegen – nämlich den Schutz der Privat- und der Verbandsautonomie – verfolgt, **evoziert** jedoch **durchgreifende dogmatische Bedenken**. Dies wurde im Lauf dieser Arbeit schon öfters angedeutet[1847]. An dieser Stelle ist nunmehr der richtige Punkt, sich im einzelnen mit dieser Lehrmeinung auseinanderzusetzen. Dabei erscheint hier auch einmal eine **deutliche Kritik** angebracht:

Übereinstimmung ist dabei zunächst aber noch im Ausgangspunkt zu konstatieren, denn unbestritten sind die EG-Grundfreiheiten im Lichte der europäischen Grundrechte auszulegen, geht es bei der Prüfung beispielsweise der Arbeitnehmerfreizügigkeit doch um die Anwendung von Unionsrecht[1848]; insofern stehen Grundfreiheiten und europäische Grundrechte prinzipiell gleichrangig nebeneinander[1849]. So harmlos die Konkordanzlehre aber zunächst auch daherkommen

---

1845 *EuGH*, Urt. v. 12.06.2003 – Rs. C-112/00 – EuZW 2003, 592 – „Schmidberger".

1846 *Schindler*, Die Kollision von Grundfreiheiten und Gemeinschaftsgrundrechten, 2001, S. 159 ff.

1847 Vgl. hierzu bereits im 2. Teil, 1. Kapitel, B.I.2.a)cc)(2) und im 3. Teil, 1. Kapitel, B.III.4.b).

1848 *Ehlers*, in: *Ehlers*, Europäische Grundrechte und Grundfreiheiten, 2003, § 7 Rn. 83, § 13 Rn. 12; *Arndt*, Europarecht, 6. Aufl., 2003, S. 153.

1849 Zutreffend: *Schindler*, Die Kollision von Grundfreiheiten und Gemeinschaftsgrundrechten, 2001, S. 145 ff.

mag, außerordentlich problematisch wird es schon, wenn die umfassende Interessenabwägung hauptsächlich unter Verweis auf das im deutschen Verfassungsrecht regelmäßig eingesetzte Instrument der „praktischen Konkordanz" eingefordert wird; wobei dieses Abwägungsprinzip von der Ebene des nationalen auf die des europäischen Rechts zu übertragen sei. Ein solches Vorgehen setzt sich in Widerspruch zu der grundlegenden europarechtlichen Interpretationsmaxime, die besagt, daß alles **Gemeinschaftsrecht einheitlich anzuwenden** ist; ansonsten wird nämlich dessen Funktionsfähigkeit in Frage gestellt[1850]. Von daher geht es nicht an, daß aus den nationalen Rechtsordnungen unbesehen Rechtsinstitute auf die Ebene des EG-Rechts transferiert werden, um spezifisch europarechtliche Problemstellungen aufzulösen. Europarechtliche Problemlagen sind vielmehr vorrangig unter Rückgriff auf die Wertungen des EG-Vertrags zu beheben[1851]. Auf einen kurzen Nenner gebracht: Es gilt der schlichte Rechtssatz „Europarecht ist autonom auszulegen" und nicht die Maßgabe „Am deutschen Verfassungswesen soll die Welt genesen"!

Man könnte diesen grundsätzlichen Einwand vielleicht noch zurückstellen, wenn die deutsche Konkordanzlehre zu plausiblen Ergebnissen führte, so daß eine Übertragung überwiegend mit Vorteilen verbunden wäre. Läßt man sich daher auf das Ansinnen der Befürworter für einen kurzen Moment ein, sprechen auf den ersten Blick sogar gute Gründe für die grundgesetzliche Konkordanzlehre: Sie zeichnet sich in der Theorie vor allem durch ihre relativ einfache Strukturierung aus, die die Prüfung kollidierender Rechtspositionen erleichtert; besonders anschaulich läßt sich dies am Beispiel der Kollision von vorbehaltslosen Grundrechten mit anderen ebenso mit Verfassungsrang ausgestatteten Rechtsgütern illustrieren[1852]. Allerdings hat schon Hesse – bezogen auf das nationale Verfassungsrecht – davor gewarnt, das Prinzip der praktischen Konkordanz als „unsubstantiierte Güterabwägung" mißzuverstehen[1853]. Der Nutzen dieser zu Be-

---

[1850] Vgl. *Arndt*, Europarecht, 6. Aufl., 2003, S. 58; *Streinz*, Europarecht, 5. Aufl., 2001, Rn. 500; eindringlich auch *Becker*, in: *Ehlers*, Europäische Grundrechte und Grundfreiheiten, 2003, § 9 Rn. 5.

[1851] Eine drohende Aushebelung der Wertungen des EG-Vertrags durch eine umfassende Interessenabwägung monieren zu Recht: *Jaensch*, Die unmittelbare Drittwirkung der Grundfreiheiten, 1997, S. 138 f.; *Weber*, RdA 2001, 183, 185.

[1852] Ein Eingriff in ein vorbehaltlos gewährleistetes Grundrecht ist danach über verfassungsimmanente Schranken gerechtfertigt, wenn eine taugliche Ermächtigungsgrundlage existiert, sich weiterhin ein kollidierendes Rechtsgut findet, das seinerseits Verfassungsrang genießt, und diese kollidierenden Güter anschließend im Rahmen einer dreistufigen Verhältnismäßigkeitsprüfung so austariert werden, daß sie beide noch eine möglichst optimale Wirkung entfalten. Vgl. *Hesse*, Grundzüge des Verfassungsrechts der Bundesrepublik Deutschland, 20. Aufl., 1995, Rn. 72, 317 ff.

[1853] *Hesse*, Grundzüge des Verfassungsrechts der Bundesrepublik Deutschland, 20. Aufl., 1995, Rn. 319, 72.

dacht im Umgang mit der Konkordanzlehre mahnenden Worte hat sich mittlerweile freilich als äußerst begrenzt herausgestellt. Denn in der täglichen Rechtspraxis wird das von Verfassungs wegen vorgegebene Strukturierungsmodell für die Prüfung verfassungsimmanenter Schranken nur allzu oft nicht eingehalten; an dessen Stelle tritt eine irrationale Abwägung aller Umstände des zu entscheidenden Falles, so daß gerichtliche Entscheidungen nicht mehr vorhersehbar sind[1854]. Das Rechtsgut der Rechtssicherheit wird nahezu völlig derogiert. Die Konsequenzen haben Mahrenholz und Böckenförde in einem Sondervotum prägnant auf den Punkt gebracht[1855]:

> „Die Verfassung verliert [...] die inhaltliche Bestimmtheit, die es möglich macht, sie auf die ihr unterliegenden Sachverhalte anzuwenden; sie spiegelt nur die Spannungslage wider, ohne selbst eine Entscheidungsnorm zu deren Lösung zu enthalten. Die Folge ist, daß eine Abwägung zwischen den von der Verfassung normativ nicht mehr übergriffenen Spannungselementen stattfinden muß. Diese Abwägung kann mangels eines generellen Maßstabes nur auf den konkreten Fall bezogen sein; sie wird als solche letztlich vom Richter [...] getroffen. Das anwendbare Recht hat dann seinen Sitz nicht mehr in der Verfassung, sondern im Abwägungsspruch des Richters [...]. Die Grundrechte werden zu Abwägungs*gesichtspunkten*, erscheinen als ein Interesse [...] des Grundrechtsträgers, dem andere Interessen oder Gesichtspunkte gegenüberstehen."

Dieser Kritik ist sachlich nichts hinzuzufügen. Wenn demnach das Institut der immanenten Schranken einschließlich der praktischen Konkordanz bereits auf verfassungsrechtlicher Ebene mit solch gravierenden Mängeln behaftet ist, erschiene es höchst widersinnig, diese Idee der Güterabwägung samt der aufgezeigten Schwächen in einem nächsten Schritt nach Europa zu exportieren. Die negativen Folgen auf der Ebene des europäischen Rechts wären im Falle der Übertragung der Konkordanzlehre jedenfalls die selben, wie sie von Mahrenholz/Böckenförde bereits für das nationale Verfassungsrecht beschrieben wurden; am Ende wäre für den Bereich der Grundfreiheiten gleichfalls ein **unwiederbringlicher Verlust an Rechtssicherheit** zu beklagen[1856]. Als ernüchterndes

1854 Vgl. *Pieroth/Schlink*, Grundrechte – Staatsrecht II, 18. Aufl., 2002, Rn. 328 ff.

1855 *Mahrenholz/Böckenförde*, Sondervotum v. 24.04.1985 – 2 BvF 2, 3, 4/83 und 2/84 – BVerfGE 69, 57, 63.

1856 Die Gefahr der Rechtsunsicherheit sehen auch: *Schroeder*, Sport und europäische Integration, 1989, S. 198; *Röthel*, EuR 2001, 908, 916. Belegt werden diese Befürchtungen schon durch die atemberaubend weite, oben zitierte Abwägungsformel, wie sie *Trommer*, Die Transferregelungen im Profisport im Lichte des „Bosman-Urteils" im Vergleich zu den Mechanismen im bezahlten amerikanischen Sport, 1999, S. 70, gebraucht. Vgl. daneben *Ganten*, Die Drittwirkung der Grundfreiheiten, 2000, S. 180.

Fazit bleibt daher: Läßt man sich also versuchsweise auf den Ansatz des Schrifttums, das eine Übertragung der praktischen Konkordanz auf die EG-rechtliche Ebene befürwortet, ein, werden die ohnehin bestehenden Bedenken somit nicht ausgeräumt, sondern im Gegenteil noch erheblich verstärkt.

Diesen grundsätzlichen Bedenken lassen sich weitere Einwände an die Seite stellen. So ist ferner zu berücksichtigen, daß das allgemeine Diskriminierungsverbot aufgrund der Staatsangehörigkeit in Art. 12 Abs. 1 EG neben den Mitgliedstaaten nach ganz herrschender Ansicht auch intermediäre Gewalten verpflichtet[1857]. Ungleichbehandlungen können in diesem Zusammenhang gerechtfertigt werden, wenn es hierfür objektive Gründe gibt und der Verhältnismäßigkeitsgrundsatz gewahrt ist[1858]. Innerhalb des speziellen Diskriminierungsverbots aus Art. 39 Abs. 2 EG gehen zahlreiche Befürworter, die das europäische Grundrecht der Vereinsfreiheit heranziehen, davon aus, daß Private auf der Rechtfertigungsebene faktische Ungleichbehandlungen aus Gründen der Staatsangehörigkeit mit sachlichen Erwägungen wirtschaftlicher Natur rechtfertigen könnten[1859]. Dies hat zur Konsequenz, daß sich der Bedeutungsgehalt des spezi-

---

[1857] *Arndt*, Europarecht, 6. Aufl., 2003, S. 130; *Ganten*, Die Drittwirkung der Grundfreiheiten, 2000, S. 98 ff.; *Jaensch*, Die unmittelbare Drittwirkung der Grundfreiheiten, 1997, S. 254 ff.; Calliess/Ruffert-*Epiney*, EUV/EGV, 2. Aufl., 2002, Art. 12 Rn. 23; *Geiger*, EUV/EGV, 3. Aufl., 2000, Art. 12 Rn. 4; Grabitz/Hilf-*von Bogdandy*, EUV/EGV (a.F.), Bd. I, Art. 6 Rn. 31; Lenz-*Lenz*, EGV, 2. Aufl., 1999, Art. 12 Rn. 11; Groeben/Thiesing/Ehlermann-*Zuleeg*, EUV/EGV, Bd. I, 5. Aufl., 1997, Art. 6 Rn. 18; *Roth*, in: Festschrift für *Everling*, Bd. II, 1995, 1231, 1240 f., 1245 f.; *Steindorff*, EG-Vertrag und Privatrecht, 1996, S. 286; *Forsthoff*, EWS 2000, 389, 393; a.A. *Meier*, ZHR 133 (1970), 61, 89 ff.; *Kingreen*, in: *Ehlers*, Europäische Grundrechte und Grundfreiheiten, 2003, § 17 Rn. 27.

[1858] Nach zutreffender Ansicht begründet Art. 12 Abs. 1 EG kein absolutes Diskriminierungsverbot. Vgl. *Arndt*, Europarecht, 6. Aufl., 2003, S. 129 f.; *Kingreen*, in: *Ehlers*, Europäische Grundrechte und Grundfreiheiten, 2003, § 17 Rn. 31 f.

[1859] Grabitz/Hilf-*Randelzhofer/Forsthoff*, EUV/EGV, Bd. I, vor Art. 39 bis 55 Rn. 81 f.; *Forsthoff*, EWS 2000, 393, 394 f.; zurückhaltender dagegen *Ganten*, Die Drittwirkung der Grundfreiheiten, 2000, S. 179, der im Falle diskriminierender Maßnahmen eine Rechtfertigung über europäische Grundrechte nur zulassen will, sofern deren Wesensgehalt betroffen ist. So lobenswert dieses Ansinnen auch ist, darf dabei doch nicht übersehen werden, daß der Wesensgehaltsbegriff nur sehr schwer zu konkretisieren ist und sich daher als kaum praktikabel erweist. Der Hinweis auf die Schwierigkeiten bei der Auslegung von Art. 19 Abs. 2 GG mag an dieser Stelle genügen, um die Interpretationsprobleme zu veranschaulichen (vgl. zu Art. 19 Abs. 2 GG z.B. *Pieroth/Schlink*, Grundrechte – Staatsrecht II, 18. Aufl., 2002, Rn. 298 ff.). Mit dem Rekurs auf den Wesensgehalt der europäischen Grundrechte wird somit überhaupt nichts gewonnen; dafür kommen jedoch neue, der Rechtsklarheit abträgliche Auslegungszweifel hinzu (vgl. zum Wesensgehalt bei den europäischen Grundrechten *Ehlers*, in: *Ehlers*, Europäische Grundrechte und Grundfreiheiten, 2003, § 13 Rn. 44).

ellen Inländergleichbehandlungsgebots bei der bedeutendsten Fallgruppe des Verbotstatbestands, den faktischen Diskriminierungen, in einem **rein deklaratorischen Charakter** erschöpft; anders gewendet: Art. 39 Abs. 2 EG läuft insoweit ins Leere.

Schließlich läßt die Lehre von der praktischen Konkordanz unbeachtet, daß **die europäischen Grundrechte und die Grundfreiheiten** schon im Ansatz **strukturverschieden** sind: Während die europäischen Grundrechte primär dem individuellen Schutz dienen, haben die Grundfreiheiten vor allem das institutionelle Ziel, den Binnenmarkt zu verwirklichen. Soweit zugunsten der Unionsbürger aus den Marktfreiheiten zugleich subjektive Rechte abgeleitet werden, hat dies in der Hauptsache den Sinn, das vorrangige Binnenmarktziel zu effektuieren[1860].

Sofern die Strukturverschiedenheit von europäischen Grundrechten und Grundfreiheiten als Argument in die vorliegende Diskussion eingeführt wurde, schloß man aus diesem dogmatischen Faktum im Zusammenhang mit der Bestimmung des Verhältnisses beider Rechtspositionen bislang freilich nicht auf die Unzulässigkeit der Übertragbarkeit der Lehre von der praktischen Konkordanz auf die Ebene des Europarechts. Statt dessen soll – so namentlich der Ansatz von Schindler – im Rahmen des Abwägungsvorgangs der primär institutionelle Charakter der Marktfreiheiten dadurch berücksichtigt werden, daß die Eingriffsschwelle erst überschritten wird, wenn der Binnenmarkt gefährdet ist. Dies soll im Falle privater Beeinträchtigungen dann der Fall sein, sofern ein – analog zum EG-Wettbewerbsrecht – Spürbarkeitskriterium erfüllt ist. Auf diesem Wege lasse sich der Widerspruch, daß die Grundfreiheiten im Falle einer unmittelbaren Drittwirkung den einzelnen stärker binden würden als die eigentlich auf private Handlungen zugeschnittenen Art. 81 f. EG, ausräumen[1861].

Eine solche Argumentation geht natürlich fehl. Denn an anderer Stelle wurde bereits aufgezeigt, daß der rechtfertigende Grund für eine privilegierende Behandlung privatautonomer Beeinträchtigungen in Art. 81 f. EG bei normschöpferischer Tätigkeit intermediärer Gewalten entfällt[1862]. Deshalb führt die Übertragung einer „de minimis"-Formel vom EG-Wettbewerbsrecht auf den Bereich der Marktfreiheiten zum Gegenteil von dem, was mit dieser dogmatischen Konstruktion bezweckt wird: zu systematischen Friktionen. Diese resultieren daraus,

---

1860 Vgl. *Schindler*, Die Kollision von Grundfreiheiten und Gemeinschaftsgrundrechten, 2001, S. 176 ff.; *Arndt*, Europarecht, 6. Aufl., 2003, S. 120, 139 f.; *Vieweg/Röthel*, ZHR 166 (2002), 6, 26 ff.

1861 So *Schindler*, Die Kollision von Grundfreiheiten und Gemeinschaftsgrundrechten, 2001, S. 178 ff.

1862 Siehe dazu eingehend im 3. Teil, 1. Kapitel, B.III.3. der Arbeit.

daß ein ausschlaggebender Gedanke für die Bejahung der unmittelbaren Drittwirkung die Sicherung einer einheitlichen Anwendung des Gemeinschaftsrechts ist. Vor diesem Hintergrund gilt daher, daß, wenn man bereits für staatliche Maßnahmen eine Spürbarkeitsschwelle ablehnt[1863], gleiches erst recht für die normschöpferische Tätigkeit intermediärer Gewalten anzunehmen ist. Ferner ist eine Spürbarkeits-Formel auch hier kaum praktikabel. Aus den genannten Gründen ist der Denkansatz von Schindler zurückzuweisen.

Darüber hinausgehend soll jedoch aufgezeigt werden, daß gerade das institutionelle Binnenmarktziel aus Art. 14 Abs. 2 EG impliziert, daß Grundfreiheiten und europäische Grundrechte zwar prinzipiell gleichrangig, aber keineswegs durchgehend gleichwertig nebeneinander stehen; vielmehr ist diejenige individuell oder kollektiv ausgeübte Privatautonomie, die gegen den Grundsatz der Wettbewerbsgleichheit (Art. 3 Abs. 1 lit. g EG i.V.m. Art. 81 Abs. 1 EG) verstößt, nicht schutzwürdig. Daraus folgt im Umkehrschluß, daß beim Vorliegen einer derartigen nicht schutzwürdigen privatautonomen Maßnahme das objektive Binnenmarktprinzip dieser gegenüber einen Wertungsvorrang genießt. Diese These beruht dabei im einzelnen auf folgenden Erwägungen:

Anzusetzen ist zunächst bei dem Befund, daß der vierte Absatz der Präambel des EG-Vertrags zum Ausdruck bringt, daß nicht jede Form des Wettbewerbs, sondern nur der redliche geschützt ist; unredlicher Wettbewerb genießt dagegen **keinen Schutz** durch Art. 81 f. EG[1864]. Weiter ist zu beachten, daß die andere Zielnorm, Art. 3 Abs. 1 lit. g EG, die Bestandteil der Institution des Binnenmarkts gemäß Art. 14 Abs. 2 EG ist[1865], ausschließlich den unverfälschten Wettbewerb schützt. Diese allgemeine Zielbestimmung konkretisierend legen Art. 81 f. EG fest, daß Eingriffe in den Marktmechanismus als Folge individuell oder kollektiv ausgeübter Privatautonomie dem Verbotsprinzip unterliegen, sofern sie den Handel zwischen den Mitgliedstaaten beeinträchtigen oder dem Interesse der Gemeinschaft zuwiderlaufen[1866]. Die EG-Wettbewerbsregeln markieren insoweit eine kodifizierte Grenze der Privatautonomie; privatautonome Verhaltensweisen, die sich außerhalb dieser Grenze bewegen, sind – in Anlehnung

---

[1863] Vgl. zur Kritik an der Spürbarkeitsdoktrin schon im 3. Teil, 2. Kapitel, A.II.2.g).

[1864] Vgl. Groeben/Thiesing/Ehlermann-*Zuleeg*, EUV/EGV, Bd. I, 5. Aufl., 1997, Präambel Rn. 12. Die Konsequenz der fehlenden Schutzwürdigkeit des unlauteren Wettbewerbs ist, daß er aus dem Schutzbereich der Wettbewerbsregeln ausgeklammert wird. Hailbronner/Klein/Magiera/Müller-Graff-*Müller-Graff*, EUV/EGV, Bd. I, Art. 85 Rn. 70 ff.; *Oberthür*, Das Transfersystem im Lizenzfußball, 2002, S. 170 ff.

[1865] Vgl. *Streinz*, Europarecht, 5. Aufl., 2001, Rn. 800; *Roth*, in: Festschrift für *Großfeld*, 1999, 929, 944.

[1866] Groeben/Thiesing/Ehlermann-*Schröter*, EUV/EGV, Bd. II/1, 5. Aufl., 1999, Vorbemerkung zu den Art. 85 bis 94 Rn. 8.

an die Wertung aus Abs. 4 der Präambel zum EG-Vertrag – prinzipiell nicht mehr schutzwürdig. Weil die Grundfreiheiten ebenso auf dem Binnenmarktziel einschließlich dem Gedanken der Wettbewerbsgleichheit beruhen[1867], ist die dem EG-Wettbewerbsrecht entnommene Wertung aus Art. 3 Abs. 1 lit. g EG i.V.m. Art. 81 Abs. 1 EG zur Bestimmung der Relation zwischen der Institution Binnenmarkt und den europäischen Grundrechten **auf den Bereich der Grundfreiheiten zu übertragen** und beansprucht dort gleichermaßen Geltung. Im einzelnen bedeutet dies, daß dem EG-wettbewerbsrechtlichen Verbotsprinzip unterfallende private Maßnahmen ihre Schutzwürdigkeit und folglich ihre im Verhältnis zu den Marktfreiheiten grundsätzlich gegebene Gleichwertigkeit einbüßen.

Bezogen auf die Transferregelwerke der Sportverbände für internationale Vereinswechsel folgt aus dem Gesagten, daß derartige privatautonome normschöpferische Handlungen einerseits zwar dem europäischen Grundrecht der Vereinigungsfreiheit zwanglos zugeordnet werden können; andererseits stellen solche Transferbestimmungen (z.B. Transferfristen, Transferentschädigungen) Maßnahmen dar, die von dem Verbotsprinzip gemäß Art. 3 Abs. 1 lit. g EG i.V.m. Art. 81 Abs. 1 EG erfaßt sind[1868]. **Verbandsrechtliche Transfermechanismen** zählen daher zu der Kategorie grundrechtlich geschützter privater Verhaltensweisen, die mangels gesteigerter Schutzwürdigkeit **nicht** mehr **gleichwertig** neben den Grundfreiheiten stehen. Dieser in concreto bestehende Wertungsvorrang der Grundfreiheiten vor den europäischen Grundrechten droht jedoch durch die diffuse Abwägungsdogmatik, die die Konkordanzlehre mit sich bringt, über kurz oder lang ausgehöhlt zu werden bzw. unterzugehen. Als Beleg für die Richtigkeit dieser Befürchtung mag eine Aussage des EuGH im „Schmidberger"-Urteil dienen, die für die Freunde von Billigkeitsentscheidungen fernab jeder dogmatischen Stimmigkeit keine Wünsche offenläßt[1869]: „Demgemäß sind die bestehenden Interessen abzuwägen, und es ist anhand sämtlicher Umstände des Einzelfalls festzustellen, ob das rechte Gleichgewicht zwischen diesen Interessen gewahrt worden ist. In dieser Hinsicht verfügen die zuständigen Stellen über ein weites Ermessen". Ein solcher Befund läßt sich mit dem europarechtlichen **Auslegungsgrundsatz der praktischen Wirksamkeit**, der eine möglichst optimale Entfaltung der EG-rechtlichen Wertungen - hier: der Vorrang des Binnenmarktprinzips i.S.d. Art. 14 Abs. 2 EG - fordert, kaum in Einklang bringen.

[1867] Vgl. *Arndt*, Europarecht, 6. Aufl., 2003, S. 139; *Roth*, in: Festschrift für *Großfeld*, 1999, 929, 944.

[1868] Vgl. *Hannamann*, Kartellverbot und Verhaltenskoordination im Sport, 2001, S. 340 ff. m.w.N.; *Kirschenhofer*, Sport als Beruf, 2002, S. 217 ff.

[1869] Vgl. *EuGH*, Urt. v. 12.06.2003 – Rs. C-112/00 – EuZW 2003, 592, 597 Tz. 81 f. – „Schmidberger".

Zusammenfassend ist daher festzuhalten, daß das europäische Grundrecht der Vereinsfreiheit bei der Bestimmung der Reichweite der Arbeitnehmerfreizügigkeit zwar durchaus zu berücksichtigen ist[1870]. Daraus aber die Schlußfolgerung zu ziehen, **die kollidierenden Freizügigkeitsrechte der Profifußballer und die Vereinsfreiheit der Sportverbände seien im Wege einer praktischen Konkordanz gegeneinander abzuwägen, ist** ebenso **voreilig** wie **falsch**[1871]. Insbesondere ist davor zu warnen, die Aussagen des Gerichtshofs in der „Schmidberger"-Entscheidung zu verallgemeinern und auf den Bereich der Rechtfertigung privatautonomer Eingriffe in die Grundfreiheiten zu übertragen. Alternativ erscheint es vielmehr vorzugswürdig, die immanenten Schranken – wie bereits an anderer Stelle dargelegt – unter Einhaltung der Wertungen des EG-Vertrages (vgl. Art. 81 Abs. 3 EG) dogmatisch fortzuentwickeln und diesen modifizierten Freistellungstatbestand auf rechtfertigungsbedürftige private Verhaltensweisen anzuwenden[1872].

2. Rechtfertigung privatautonomer Maßnahmen über die modifizierten immanenten Schranken

a) Internationaler Freigabeschein

aa) Bringt man die immanenten Schranken deshalb bei dem internationalen Freigabeschein zur Anwendung, müßte grundsätzlich **zuerst** ein zwingendes Erfordernis, das einen überwiegend nichtwirtschaftlichen Charakter hat[1873], oder ein wirtschaftlicher Belang, der den Anforderungen von Art. 81 Abs. 3 1. Hs. EG genügt, verfolgt werden. Darüber hinaus muß **zweitens** das Ziel von der Verbandsautonomie als Ausfluß des europäischen Grundrechts der Vereinsfreiheit gedeckt sein[1874]. Der internationale Freigabeschein gemäß Art. 6 FIFA-Transferreglement ist rechtstechnisch grundsätzlich als „Verbot mit Erlaubnis-

---

1870 Zur Beachtung der Vereinsfreiheit in diesem Kontext *Vieweg*, in: *Caiger/Gardiner*, Professional Sport in the European Union: Regulation and Re-regulation, 2000, 83, 88 ff.; *Röthel*, EuR 2001, 908, 914 ff.

1871 Generalanwalt *Lenz*, Schlußantr. v. 20.09.1995 – Rs. C-415/93 – Slg. 1995 I, 4921, 5013 Tz. 216 – „Bosman"; *Oberthür*, Das Transfersystem im Lizenzfußball, 2002, S. 156 f.; *Jaensch*, Die unmittelbare Drittwirkung der Grundfreiheiten, 1997, S. 138 f.; *Wassmer*, Die Auswirkungen der Grundfreiheiten des Vertrages zur Gründung der Europäischen Gemeinschaften auf den Berufssport, 2002, S. 96 f.; *Vieweg/Röthel*, ZHR 166 (2002), 6, 24 ff.; *Weber*, RdA 2001, 183, 185; *Reichold*, ZEuP 1998, 434, 449 f.

1872 Zu den im Lichte von Art. 81 Abs. 3 EG modifizierten immanenten Schranken siehe im 3. Teil, 1. Kapitel, B.III.4.b).

1873 Vgl. *Kahlenberg*, EWS 1994, 423, 427; *Hilf*, NJW 1984, 517, 518; *Steindorff*, RIW/AWD 1975, 253, 255.

1874 Vgl. hierzu *Schäfer*, in: *Scherrer/Del Fabro*, Freizügigkeit im europäischen Sport, 2002, 81, 89 ff.; *Gramlich*, DÖV 1996, 801, 806 ff.

vorbehalt"[1875] ausgestaltet, um eine präventive Kontrolle der Zulässigkeit von internationalen Spielertransfers zu ermöglichen. Die Bestimmung zielt damit hauptsächlich auf die Gewährleistung von zwei der Strukturprinzipien des FIFA-Transferreglements: die Einhaltung geschlossener Spielerverträge durch beide Vertragsparteien und den Schutz minderjähriger Spieler[1876]. Bei der Verfolgung beider Zielsetzungen ist **drittens** der Verhältnismäßigkeitsgrundsatz einzuhalten (vgl. Art. 81 Abs. 3 2. Hs. EG analog).

bb) Das **Prinzip der Wahrung stabiler Vertragsverhältnisse** bedeutet im Kern die Sicherstellung der Regelmäßigkeit und des ordentlichen Funktionierens des sportlichen Wettbewerbs[1877]. Das ordentliche Funktionieren des sportlichen Wettbewerbs – hier: vor allem der nationalen Ligawettbewerbe – scheint für sich betrachtet ein **vorwiegend ideelles Ziel** darzustellen. Denn es wird verhindert, daß sich einzelne Fußballvereine während des Meisterschaftsrennens durch die kurzfristige Verpflichtung von Spitzenspielern einen Wettbewerbsvorsprung verschaffen und dadurch eine Verzerrung der bei Beginn des Meisterschaftsrennens vorhandenen Wettbewerbsverhältnisse herbeiführen. Ansonsten büßte die Meisterschaftstabelle, die eigentlich die relative Spielstärke der am Wettbewerb partizipierenden Mannschaften widerspiegeln soll, ihre Aussagekraft teilweise ein. Insofern drohte ein nicht unerheblicher Verlust an Integrität des sportlichen Wettbewerbs[1878]. Neben dem (nicht-)wirtschaftlichen Charakter dieses Ziels verdeutlichen diese Überlegungen zugleich, daß es hier (mit der Wahrung der Integrität des sportlichen Wettbewerbs) um einen Belang geht, der in den Schutzbereich der Verbandsautonomie der FIFA fällt[1879].

Ungeachtet der Tatsache aber, daß die Wahrung der Integrität des sportlichen Wettbewerbs sicherlich einen schützenswerten Sachverhalt beschreibt, dessen Verfolgung durch die FIFA unter das europäische Grundrecht der Vereinsfrei-

---

[1875] Mit dieser Anlehnung an die verwaltungsrechtliche Terminologie läßt sich Art. 6 FIFA-Transferreglement anschaulich erklären. Daneben gibt es weiterhin ein „Verbot mit Anzeigevorbehalt" und eine „Erlaubnis mit Verbotsvorbehalt". Näher zu dem Ganzen: *Maurer*, Allgemeines Verwaltungsrecht, 14. Aufl., 2002, § 9 Rn. 51 ff.

[1876] Der internationale Freigabeschein dient nicht der Durchsetzung der Ausbildungsentschädigung gemäß Art. 13 ff. FIFA-Transferreglement, weil sich Art. 6 Abs. 3 bis 6 FIFA-Transferreglement nach dem Wortlaut des Regelwerks ausschließlich auf „Vertragsstreitigkeiten" beziehen. Vgl. *Schellhaaß/May*, ZfB-Ergänzungsheft 4/2002, 127, 129 f.

[1877] Vgl. näher dazu im 2. Teil, 2. Kapitel, B.I.2.

[1878] Vgl. *EuGH*, Urt. v. 13.04.2000 – Rs. C-176/97 – EuZW 2000, 375, 378 Tz. 53 ff. – „Lehtonen" (zu Transferfristen).

[1879] Ebenso Generalanwalt *Alber*, Schlußantr. v. 22.06.1999 – Rs. C-176/99 – Slg. I 2000, 2681, 2700 ff. Tz. 67 ff. – „Lehtonen"; vgl. zudem *Schäfer*, in: *Scherrer/Del Fabro*, Freizügigkeit im europäischen Sport, 2002, 81, 89 ff.; allgemein zum Umfang der Sportautonomie im 1. Teil, 1. Kapitel, A.II.1.b) der Arbeit.

heit zu subsumieren ist, darf dies nicht den Blick dafür verstellen, daß **an dem rein sportlichen Charakter der Zwecksetzung durchaus Zweifel bestehen**: Denn es kann nicht außer acht gelassen werden, daß jede Einbuße an sportlicher Integrität bei den Zuschauern in aller Regel zu einem Nachlassen des Konsuminteresses führen wird. Die Folge davon sind Erlöseinbußen bei den einzelnen Fußballvereinen[1880]. Neben dem Schutz der finanziellen Individualinteressen trägt ein solches Instrumentarium sicherlich auch dazu bei, während des Meisterschaftsrennens die drohende Hyperaktivität der Clubs nicht völlig ausufern zu lassen. Diese Aspekte implizieren, daß neben rein sportlichen Zielen gleichfalls beachtliche ökonomische Belange im Raum stehen. Daher vermag die Behauptung, der internationale Freigabeschein diene der Verfolgung rein sportlicher Gründe, nicht zu überzeugen[1881]. Angezeigt erscheint daher – sofern man in der herkömmlichen Kategorie „zwingendes Erfordernis" weiterprüft – eine Interessenabwägung, um zu ermitteln, ob die sportliche oder die wirtschaftliche Komponente dieses Interesses überwiegt. Freilich kann man sich eine solche argumentativ aufwendige Ermittlung des Schwerpunktes der Maßnahme ersparen und alternativ die Voraussetzungen von Art. 81 Abs. 3 1. Hs. EG anprüfen[1882]. Lägen die Voraussetzungen der Norm insofern vor, wäre die Wahrung stabiler Vertragsverhältnisse somit ein Ziel, das auch bei Überwiegen des wirtschaftlichen Charakters der Maßnahme als grundsätzlich freistellungsfähig angesehen werden müßte.

Diese Fragen bedürfen im vorliegenden Fall indes keiner abschließenden Entscheidung. Denn letzten Endes ist ausschlaggebend, daß – selbst wenn man ein überwiegend zwingendes Erfordernis im herkömmlichen Sinne bejaht oder aber die Voraussetzungen von Art. 81 Abs. 3 1. Hs. EG für einschlägig erachtet – das Erfordernis des internationalen Freigabescheins das **Verhältnismäßigkeitsprinzip** zu wahren hat. Danach dürfen die Sportverbände nur solche Maßnahmen ergreifen, die zur Sicherung eines geordneten Wettkampfablaufs geeignet sind und nicht über das hinausgehen, was zur Erreichung dieses Zwecks erforderlich ist[1883]. Zentrale Bedeutung bei der Prüfung der Verhältnismäßigkeit einer Maßnahme erlangt in der Rechtsprechung des EuGH dabei das Erforderlichkeits-

---

1880 Auf diesen Aspekt weist völlig zu Recht *Parlasca*, Kartelle im Profisport, 1993, S. 174 f., hin.

1881 Gewisse Zweifel klingen auch bei *Wassmer*, Die Auswirkungen der Grundfreiheiten des Vertrages zur Gründung der Europäischen Gemeinschaften auf den Berufssport, 2002, S. 133, an.

1882 Vgl. zu Art. 81 Abs. 3 1. Hs. EG: Groeben/Thiesing/Ehlermann-*Schröter*, EUV/EGV, Bd. II/1, 5. Aufl., 1999, Art. 85 Rn. 297 ff.

1883 *EuGH*, Urt. v. 15.12.1995 – Rs. C-415/93 – EuZW 1996, 82, 88 Tz. 104 – „Bosman".

prinzip[1884]. In der Terminologie von Art. 81 Abs. 3 2. Hs. lit. a EG analog bedeutet dies, daß keine Beschränkungen auferlegt werden dürfen, die für die Verwirklichung des angestrebten Ziels **nicht unerläßlich** sind. Daran fehlt es, wenn ein milderes Mittel bereitsteht, mit dem der intendierte Zweck ebenso effektiv verwirklicht werden kann[1885].

Das Notwendigkeitsprinzip ist eine Ausprägung des allgemeinen Rechtsgedankens, daß Eingriffe in die Marktfreiheiten des EG-Vertrags nicht weitergehen sollen, als dies zur Verwirklichung bestimmter Belange unbedingt nötig ist[1886]. In der Konsequenz dieser Überlegung liegt es jedoch, bei der Ausgestaltung eines in sich geschlossenen mitgliedstaatlichen Regelungssystems solche Kontrollmechanismen zu wählen, die die individuelle Freiheit am wenigsten mindern. Von daher ist zu fordern, daß Instrumente zur Gewährleistung der Vorgaben des jeweiligen Regelwerks grundsätzlich als nachträgliche bzw. repressive und nicht als anfängliche bzw. präventive Kontrolle ausgestaltet sind; rechtstechnisch geschieht dies durch die Implementierung von Normen, die eine **Erlaubnis mit Verbotsvorbehalt** statuieren[1887]. Danach ist eine grenzüberschreitende Tätigkeit im Prinzip erlaubt, außer wenn eine nachträgliche Kontrolle ergibt, daß bestimmte legitime Gründe eine Untersagung gebieten[1888]. Weiter gilt: Mit Blick darauf, daß der internationale Freigabeschein trotz seines privatautonomen Charakters in seiner mobilitätshindernden Wirkung einer staatlichen Zwangsmaßnahme nicht nachsteht, sind wegen der wirtschaftlichen Bezüge des Interesses der Wahrung stabiler Vertragsverhältnisse und zur Gewährleistung einer einheitlichen Anwendung des Gemeinschaftsrechts diese zunächst auf mitgliedstaatliche Maßnahmen zugeschnittenen strengen Grundsätze der Verhältnismäßigkeitskontrolle auf den Bereich intermediärer Gewalten übertragbar[1889].

1884 Vgl. *EuGH*, Urt. v. 13.04.2000 – Rs. C-176/97 – EuZW 2000, 375, 379 Tz. 56 – „Lehtonen".

1885 Vgl. Groeben/Thiesing/Ehlermann-*Schröter*, EUV/EGV, Bd. II/1, 5. Aufl., 1999, Art. 85 Rn. 306 f.; Calliess/Ruffert-*Weiß*, EUV/EGV, 2. Aufl., 2002, Art. 81 Rn. 161; *Pache*, NVwZ 1999, 1033, 1036.

1886 Vgl. *Epiney*, in: *Ehlers*, Europäische Grundrechte und Grundfreiheiten, 2003, § 8 Rn. 78 (zu Art. 28 EG).

1887 Vgl. *Arndt*, Steuerliche Gleichstellung in der Wasser- und Abwasserwirtschaft, 2002, S. 33 f. mit 28; *ders*., Europarecht, 6. Aufl., 2003, S. 197 f. m.N. aus der EuGH-Rechtsprechung.

1888 Vgl. *Maurer*, Allgemeines Verwaltungsrecht, 14. Aufl., 2002, § 9 Rn. 54.

1889 Allgemein für eine Übertragung der Kontrollmaßstäbe für mitgliedstaatliches Handeln auf private Maßnahmen intermediärer Gewalten im Rahmen der Verhältnismäßigkeitsprüfung auch: *EuGH*, Urt. v. 15.12.1995 – Rs. C-415/93 – EuZW 1996, 82, 88 Tz. 104 – „Bosman"; *EuGH*, Urt. v. 13.04.2000 – Rs. C-176/97 – EuZW 2000, 375, 379 Tz. 56 – „Lehtonen".

Vergleicht man daher in einem nächsten Schritt das als **Verbot mit Erlaubnisvorbehalt** ausgestaltete Regelungssystem mit dem eben aus dem Erforderlichkeitsprinzip abgeleiteten Maßstab, zeigt sich, daß daneben noch ein milderes Mittel existiert, die Einhaltung des Prinzips „pacta sunt servanda" sicherzustellen, – nämlich eine Erlaubnis mit Verbotsvorbehalt. Eine Erlaubnis mit Verbotsvorbehalt ist weiterhin genauso effektiv, denn man könnte bei grundsätzlichem Absehen von dem internationalen Freigabeschein das System so ausgestalten, daß der abgebende Nationalverband auf Antrag des abgebenden Fußballvereins im Falle einer Vertragsstreitigkeit bei der FIFA Einspruch gegen einen internationalen Transfer einlegt; daraufhin verhängte die FIFA eine vorläufige Spielsperre des Spielers beim neuen Club, bis die Vertragsstreitigkeit entschieden ist. Der abgebende Verein wird schon aus eigenem wirtschaftlichen Interesse gegen einen vertragsbrüchigen Spieler rechtzeitig vorgehen, so daß lediglich innerhalb des Bereichs der Sportverbände sichergestellt sein muß, daß der Spieler nicht erst nach einigen Einsätzen für den neuen arbeitgebenden Verein gesperrt wird. Dieses Ziel läßt sich indessen dadurch erreichen, daß eine bei der FIFA angesiedelte Instanz unverzüglich – d.h. ohne schuldhaftes Zögern – eine vorläufige Spielersperre aussprechen muß, wenn aufgrund des ihr übermittelten Sachverhalts eine Vertragsstreitigkeit zwischen dem abgebenden Verein und dem Spieler glaubhaft gemacht wird. Absichern läßt sich dieses System mit Haftungspflichten zu Lasten der FIFA, sofern sie nicht rechtzeitig tätig wird. Aus den genannten Gründen ist das System des internationalen Freigabescheins in der jetzigen Form insoweit nicht erforderlich; womit ein Verstoß gegen den Verhältnismäßigkeitsgrundsatz vorliegt[1890]. Sofern es also um internationale Transfers nicht-minderjähriger Spieler geht, ist das Freigabeerfordernis wegen Verstoßes gegen Art. 39 Abs. 1 EG im zwischenstaatlichen Austausch der Arbeitskräfte unanwendbar.

cc) Der internationale Freigabeschein könnte indes vielleicht noch aus **Gründen des Minderjährigenschutzes** gerechtfertigt sein. Dieser Belang zielt auf die Schaffung eines stabilen Umfelds für das Training und die schulische Ausbildung von Spielern. Damit soll zukünftig eine Ausbeutung Minderjähriger verhindert werden; ein Transfer eines unter 18Jährigen soll nur stattfinden, wenn er beim aufnehmenden Verein ein Umfeld im eben beschriebenen Sinne vorfindet. Diese Überlegung wurzelt letztlich in dem Verbandsziel der FIFA, die Integrität des sportlichen Wettbewerbs zu bewahren. Damit handelt es sich um einen Belang, der zum einen der Verbandsautonomie der FIFA zuzuordnen ist und bei dem zum zweiten das nichtwirtschaftliche Element klar dominiert. Eventuelle Ertragseinbußen bei Vereinen treten im Rahmen einer Interessenabwägung klar

[1890] So auch *Wassmer*, Die Auswirkungen der Grundfreiheiten des Vertrages zur Gründung der Europäischen Gemeinschaften auf den Berufssport, 2002, S. 133.

in den Hintergrund, zumal auch Art. 12 FIFA-Transferreglement von seinem Regelungsgehalt her ausschließlich auf den Minderjährigenschutz Bezug nimmt. Folglich liegt insoweit ein **zwingendes Erfordernis** i.S.d. immanenten Schranken vor; eines Rückgriffs auf Art. 81 Abs. 3 1. Hs. EG analog bedarf es nicht.

Ferner müßte der internationale Freigabeschein im oben genannten Sinne **geeignet** und **erforderlich** sein. Das Ziel des Minderjährigenschutzes wird, so läßt sich argumentieren, durch eine präventive Kontrolle sicherlich gefördert, indem der abgebende Nationalverband vor Ausstellung eines internationalen Freigabescheins das Vorliegen der Ausnahmevoraussetzungen von Art. 12 Abs. 1 lit. b FIFA-Transferreglement untersucht und nur bejahendenfalls eine entsprechende Bescheinigung ausstellt. Von der **Geeignetheit** der Maßnahme ist daher auszugehen. **Höchst problematisch erscheint** daneben aber das weitere Kriterium der **Erforderlichkeit**. Denn in den Ausführungsbestimmungen zum FIFA-Transferreglement ist gleichzeitig normiert, daß der aufnehmende Nationalverband einen Spieler nicht registrieren darf, wenn der aufnehmende Verein nicht die Anforderungen des von der FIFA und der UEFA festgelegten Ehrenkodexes zum Schutz minderjähriger Spieler erfüllt (vgl. Art. 3 Nr. 4 S. 1 Ausführungsbestimmungen zum FIFA-Transferreglement). Im übrigen zeigt Art. 3 der Ausführungsbestimmungen, daß die Anwendung und Durchsetzung des Ehrenkodexes bei den einzelnen Nationalverbänden liegt; dafür sind ihnen sogar empfindliche Disziplinarbefugnisse gegenüber den Vereinen an die Hand gegeben (z.B. Annullierung falscher Registrierungen, zeitlich begrenztes Verbot der Registrierung von unter 18 Jahren alten Spielern, Geldstrafen, Punktabzüge, Wettbewerbsausschlüsse). Die effiziente Schaffung eines stabilen Umfeldes für die fußballerische und schulische Ausbildung eines Nachwuchsfußballspielers hängt mithin prima facie nicht essentiell von der vorherigen Ausstellung eines internationalen Freigabescheins durch den abgebenden Nationalverband ab.

Gegen diese Überlegung kann man freilich vorbringen, daß von vornherein verhindert werden soll, daß sich ein Nachwuchsspieler überhaupt erst von seinem Herkunftsland auf das Territorium des Nationalverbandes begibt, dem der aufnehmende Verein angehört, ihm dann aber die Ausstellung der Spielberechtigung durch den neuen Nationalverband versagt wird. Auf diesem Wege würde das erstrebte Ziel des Minderjährigenschutzes konterkariert werden. Denn der Nachwuchsspieler hätte sein bisheriges soziales Umfeld allein aufgrund einer vagen Hoffnung verlassen, im Ausland eine Ausbildung zum Fußballspieler zu erhalten, die sich im nachhinein dann aber als falsch herausstellt. Diese Gefahr bestünde im Gegenteil nicht, wenn der abgebende Nationalverband erst einen internationalen Freigabeschein ausstellen muß. Denn mit der Bescheinigung erlangt der wechselwillige Nachwuchsspieler Klarheit darüber, daß seinem Wechsel zu einem EG-ausländischen Verein in der Regel keine Hindernisse mehr entgegenstehen, so daß er sein Herkunftsland verlassen kann. Gleichzeitig ist denkbar, daß der Nachwuchsspieler bereits bei einem Club unter Vertrag steht, so daß der internationale Transfer zu einem Rechtsstreit mit ungewissem Ausgang führt. Bekommt der angehende Fußballspieler dennoch vom aufnehmenden Nationalverband zunächst eine Spielberechtigung ausgestellt, ergibt sich aber ex post, daß der vorzeitige Ausstieg des Nachwuchsspielers bei seinem alten Club vertragswidrig war, müßte er seine Tätigkeit im EG-Ausland aufgeben und würde mit Sanktionen belegt. Dieser Gefahr ließe sich auch nicht mit einem als Erlaubnis mit Verbotsvorbehalt ausgestatteten Transfersystem begegnen. Hier wird das Ziel des Minderjährigenschutzes ebenso verfehlt. Die in diesem Absatz dargelegten Nachteile werden bei einem Verbot mit Erlaubnisvorbehalt in der Regel vermieden.

Durchgehend zwingend sind diese Erwägungen indessen keineswegs, weil man darin teilweise eine **Überdehnung des Minderjährigenschutzgedankens** erblicken kann. Dies wird deutlich, wenn man zwischen internationalen Transfers von Nachwuchsspielern bis zum 12. Lebensjahr und solchen zwischen dem 12. und dem 18. Lebensjahr unterscheidet: Aus Art. 34 FIFA-Transferreglement ist zu entnehmen, daß **bis zum 12. Lebensjahr** keine internationalen Transfers stattfinden sollen. Dahinter steht die Wertung eines **umfassenden Minderjährigenschutzes**. Deshalb ist das Freigabeerfordernis insoweit unerläßlich. Entgegengesetzt läßt sich bezüglich solcher internationalen Transfers argumentieren, die **zwischen dem 12. und 18. Lebensjahr** stattfinden. Denn nach Normtext (vgl. Art. 12 Abs. 1 lit. b FIFA-Transferreglement: „müssen beim neuen Verein [...] Vorkehrungen für die Fortführung der sportlichen und schulischen Ausbildung getroffen werden"; Art. 3 Nr. 1 Ausführungsbestimmungen zum FIFA-Transferreglement: „dass das sportliche Training und die schulische Bildung von Minderjährigen bei einem Transfer [...] gewährleistet sind") und Entstehungsgeschichte[1891] des neuen Transferrechts für internationale Vereinswechsel hat das Reglement insoweit lediglich den Zweck, im Falle eines internationalen Transfers zu gewährleisten, daß der **Nachwuchsspieler bei dem neuen Verein im EG-Ausland ein intaktes soziales Umfeld in dem Sinne antrifft, daß er seine fußballerische und schulische Ausbildung gleichermaßen effizient und ohne Abstriche fortsetzen kann**. Nur insofern soll eine Ausbeutung minderjähriger Spieler unterbunden werden. Dieser Zweck wird aber bereits erreicht, wenn der Nachwuchsspieler vom aufnehmenden Nationalverband die Spielberechtigung erst ausgestellt bekommt, wenn der aufnehmende Fußballverein den

[1891] In den Grundsätzen für die Änderung des FIFA-Reglements betreffend internationale Transfers, 2001, S. 1 (sub 1.), heißt es: „Schaffung eines stabilen Umfelds für das Training und die Ausbildung von Spielern".

entsprechenden Nachweis erbringt. Eine Argumentation, die auf den Nachteilen beruht, die für den minderjährigen Spieler bei einer Versagung der Spielerlaubnis durch den aufnehmenden Nationalverband entstehen, **liegt außerhalb des eigentlichen Schutzzweckes** des FIFA-Transferreglements.

Somit sprechen außerordentlich gute Gründe sowohl für als auch gegen die Erforderlichkeit eines internationalen Freigabescheins im Falle des Wechsels eines minderjährigen Fußballspielers. Wägt man die gegenläufigen Argumente ab, impliziert der aus dem europäischen Grundrecht der Vereinsfreiheit folgende Beurteilungsspielraum der FIFA zunächst eine Beibehaltung des Erfordernisses eines internationalen Freigabescheins. Andererseits kann und darf nicht unberücksichtigt bleiben, daß die FIFA ihren objektiven Willen zum Umfang des Minderjährigenschutzes in den einschlägigen Bestimmungen des FIFA-Transferreglements klar zum Ausdruck gebracht und ihren Beurteilungsspielraum insofern auch ausgeübt hat (s.o.). Danach ist für Fußballer zwischen 12 und 18 Jahren eben nur ein begrenzter Minderjährigenschutz intendiert. Folglich liegt kein Grund vor, trotz der aufgezeigten Wertungswidersprüche die Erforderlichkeit zu bejahen. Vielmehr ist der internationale Freigabeschein nicht das relativ mildeste Mittel zur Gewährleistung eines effizienten Minderjährigenschutzes. Deshalb läßt sich das Zustimmungserfordernis auch nicht unter diesem Blickwinkel rechtfertigen, sofern es um Transfers von Spielern im Alter zwischen 12 und 18 Jahren geht. Lediglich für internationale Transfers von Minderjährigen unter 12 Jahren erscheint der internationale Freigabeschein das relativ mildeste Mittel. Im übrigen ist Art. 6 FIFA-Transferreglement im grenzüberschreitenden Verkehr unanwendbar.

b) Altersgrenzen

Als zweites ist zu untersuchen, ob die in Art. 34 und Art. 12 FIFA-Transferreglement vorgesehenen Altersgrenzen über die ungeschriebene Schranke der zwingenden Erfordernisse gerechtfertigt werden können. Wie bereits ausgeführt, verkörpert der mit diesen Verbandsnormen erstrebte Minderjährigenschutz ein legitimes Ziel, dessen Verfolgung durch die FIFA von dem europäischen Grundrecht der Vereinsfreiheit abgedeckt ist. Ein Transferverbot für minderjährige Spieler unter zwölf Jahren sowie eine grundsätzliche Vereinswechselsperre für Nachwuchsspieler im Alter zwischen zwölf und achtzehn Jahren – wobei hinsichtlich der Letzteren Ausnahmen vorgesehen sind, sofern für die Spieler beim aufnehmenden Club die tatsächlichen Voraussetzungen für eine effiziente fußballerische wie schulische Bildung vorliegen – fördert zweifelsohne das Ziel des Minderjährigenschutzes. Die **Geeignetheit** der verbandsrechtlichen Altersgrenzen steht daher außer Frage.

Bei der Beurteilung der Erforderlichkeit der Altersgrenzen ist der FIFA – als Ausfluß der ihr zustehenden Verbandsautonomie – ein Ermessensspielraum einzuräumen. Nimmt man daher das Ziel des Minderjährigenschutzes als Ausgangspunkt, muß zwischen dem legitimen Ziel und den festgelegten Altersgrenzen lediglich ein innerer Zusammenhang bestehen[1892]. Ein rechtsvergleichender Blick auf die US-amerikanische Rechtsprechung fördert in diesem Zusammenhang zutage, daß etwa eine Altersgrenze von 20 Jahren oder eine Auflage, daß die Unterzeichnung des ersten Arbeitsvertrages als Profisportler erst vier Jahre nach Abschluß der High School erlaubt ist, rechtlich unzulässige Marktzutrittsschranken verkörpern[1893]. Gemessen daran begegnen die von der FIFA aufgerichteten Mindestaltersgrenzen für internationale Spielertransfers keinen Bedenken. Denn hierbei handelt es sich nicht einmal um starre, sondern vielmehr um gestaffelte Altersgrenzen. Der gewählte Zeitraum zwischen dem zwölften und dem achtzehnten Lebensjahr bildet dabei die regelmäßige Ausbildungsphase sachgerecht ab[1894]. Vor diesem Hintergrund erscheint die altersmäßige Untergrenze absolut vertretbar, da erst ab dem vierzehnten Lebensjahr die eigentlich entscheidende Ausbildungsphase für einen angehenden Fußballspieler beginnen wird. Hervorzuheben ist außerdem, daß für den Alterszeitraum zwischen zwölf und achtzehn Jahren keine absolute Wechselsperre existiert, sondern ein internationaler Transfer stets zulässig ist, sofern für den minderjährigen Nachwuchsspieler beim aufnehmenden Fußballclub die Bedingungen für ein stabiles Umfeld bezüglich des Trainings und der schulischen Ausbildung gegeben sind. Deshalb ist die gestaffelte Altersgrenze das relativ **mildeste Mittel**, das anvisierte Ziel zu erreichen. Andere, weniger einschneidende Maßnahmen sind insoweit nicht ersichtlich. Auch werden durch die Altersgrenzen keine Möglichkeiten eröffnet, für einen wesentlichen Teil des Spielermarktes den Wettbewerb auszuschalten (Art. 81 Abs. 3 2. Hs. lit. b EG analog). Art. 12, 34 FIFA-Transferreglement sind folglich mit Art. 39 Abs. 1 EG vereinbar[1895].

c) Transferfristen

aa) Als nächstes stehen die in Art. 5 Abs. 2 FIFA-Transferreglement statuierten Transferfristen auf dem Prüfstand. Die Transferfristen dienen dem Ziel der Sicherstellung der Regelmäßigkeit und des ordentlichen Funktionierens des sportlichen Wettbewerbs; dabei handelt es sich zwar um einen legitimen Belang,

---

[1892] *Hannamann*, Kartellverbot und Verhaltenskoordination im Sport, 2001, S. 420.

[1893] *Hannamann*, Kartellverbot und Verhaltenskoordination im Sport, 2001, S. 420, 428 m.w.N.; *Fleischer*, WuW 1996, 473, 481.

[1894] Vgl. *Gebhardt*, Modelle für die Reform des Transfersystems für Berufsfußballspieler aus rechtlicher und tatsächlicher Sicht, 2000, S. 98 f.; *Parensen*, in: *Tokarski*, EU-Recht und Sport, 1998, 70, 90 f.

[1895] Vgl. *Hannamann*, in: *Vieweg*, Spektrum des Sportrechts, 2003, 159, 176 (zu Art. 81 EG).

dessen vorwiegend ideelle Zielsetzung allerdings zweifelhaft erscheint[1896]. Dieser Umstand bereitet indessen keine größeren Hindernisse, sofern die **Kriterien von Art. 81 Abs. 3 1. Hs. EG analog** tatbestandlich erfüllt sind. Dazu müßte durch die Transferfristen als erstes beispielsweise **der wirtschaftliche Fortschritt gefördert** werden. Ausreichend ist hierbei, daß die konkrete Maßnahme objektiv geeignet ist, technische oder kaufmännische Vorteile zu bewirken. Die zu erwartenden Vorteile sind mit den negativen Auswirkungen der Maßnahme abzuwägen, d.h., es ist eine wirtschaftliche Bilanz zu erstellen[1897]. Durch die Transferfristen wird verhindert, daß zum Beispiel in der Endphase eines Meisterschaftsrennens ein finanzstarker Fußballverein sich durch die kurzfristige Verpflichtung von Spitzenfußballspielern einen sportlichen Wettbewerbsvorsprung verschafft und dadurch einen Meisterschaftswettbewerb zu seinen Gunsten entscheidet. Durch derartige Wettbewerbsverzerrungen zu Lasten der konkurrierenden Vereine entsteht ein Schaden für die Integrität des sportlichen Wettbewerbs. Dadurch kann naheliegenderweise ein Rückgang des Zuschauerinteresses eintreten, womit bei den Fußballvereinen, aber auch bei den TV-Anstalten – bei letzteren vor allem infolge sinkender Werbeeinnahmen – erhebliche Einkommensverluste drohen. Es könnten sich indes aber nicht nur Erlöseinbußen ergeben, sondern darüber hinaus bestünde die Gefahr, daß ohne Transferfristen während der laufenden Spielzeit die Hyperaktivität der einzelnen Clubs über das bereits bestehende Ausmaß hinaus ausufert. Durch die Transferfristen wird die Hyperaktivität zeitlich und damit auch in ihrem Ausmaß beschränkt. Die Transferfristen tragen folglich zur Verminderung erheblicher Wettbewerbsverzerrungen und von objektivem Marktversagen bei. Dies bedeutet eine Stabilisierung der Produktion des Meisterschaftsrennens. Darin liegt sicherlich eine Förderung des Wettbewerbs. Ferner fordert Art. 81 Abs. 3 1. Hs. EG analog eine **angemessene Beteiligung der Verbraucher an dem entstehenden Gewinn**. Als Verbraucher gelten in diesem Kontext alle unmittelbaren und mittelbaren Abnehmer der in Betracht kommenden Erzeugnisse; unter Gewinn i.S.d. Freistellungstatbestands fallen alle Vorteile, die den Verbrauchern aufgrund der Maßnahme zufließen[1898]. Durch die Einführung der Transferfristen wird die Integrität des sportlichen Wettbewerbs gewahrt. Infolgedessen steht ein qualitativ hochwertiges Produkt zur Verfügung, dessen weitere Vermarktung die Medienunternehmen übernehmen können, um ihrerseits über eine hohe Zuschauernachfrage Werbeeinnahmen zu generieren. Fließen den Fußballclubs zudem aus der TV-Vermarktung höhere Einnahmen zu, können sie auf eine Erhö-

---

1896 Näher zu dieser Zielsetzung schon im 3. Teil, 2. Kapitel, A.III.2.a).

1897 *Commichau/Schwartz*, Grundzüge des Kartellrechts, 2. Aufl., 2002, Rn. 634; Calliess/Ruffert-*Weiß*, EUV/EGV, 2. Aufl., 2002. Art. 81 Rn. 154 ff.

1898 Groeben/Thiesing/Ehlermann-*Schröter*, EUV/EGV, Bd. II/1, 5. Aufl., 1999, Art. 85 Rn. 304.

hung der Eintrittspreise für den Stadionbesuch verzichten, wovon die Vor-Ort-Nachfrager profitieren. Mithin ist gleichfalls von einer angemessenen Beteiligung der Verbraucher am entstehenden Gewinn auszugehen. Die Voraussetzungen von Art. 81 Abs. 3 1. Hs. EG analog sind somit gegeben.

bb) Darüber hinaus unterliegen die Transferfristen einer **Verhältnismäßigkeitskontrolle**. Hinsichtlich der Beurteilung der prinzipiellen **Geeignetheit** und **Erforderlichkeit** von Transferfristen ist zu unterscheiden: Handelt es sich um verzögerte Transferfristen – d.h. solche, die zeitlich zwischen den verschiedenen Spielzeiten und in der Hälfte der jeweiligen Saison angesiedelt sind –, die dem Ablauf des Wettbewerbs angepaßt sind, geht die – soweit ersichtlich – nahezu einhellige Lehrmeinung von deren Geeignetheit und Erforderlichkeit aus. Anders sind dagegen sog. gestaffelte Transferfristen zu beurteilen, die für den nationalen, europäischen und globalen Wechsel unterschiedliche Wechselzeiträume normieren; bei diesen dürfte es an der Geeignetheit fehlen, weil sie gegen das Gebot der Folgerichtigkeit verstoßen[1899]. Überprüft man die im FIFA-Reglement enthaltenen Transferfristen (vgl. Art. 5 Abs. 2 FIFA-Transferreglement, Art. 2 Ausführungsbestimmungen zum FIFA-Transferreglement) an diesem Maßstab, wird offenbar, daß es hierbei um verzögerte Transferfristen geht, die **keinen grundsätzlichen Bedenken begegnen**.

cc) Die Stellungnahmen zur uneingeschränkten Notwendigkeit solcher Transferfristen rühren freilich durchgehend noch aus der Zeit vor der Finanzkrise im europäischen Profifußball her. Inzwischen hat sich die **tatsächliche Sachlage** jedoch **grundlegend geändert**. Denn als Folge der Konjunkturflaute im bezahlten Fußball ist ein völlig neues Phänomen zu beobachten: Zahlreiche Fußballspieler ohne Anstellung fanden wegen der relativ kurz bemessenen Transferperioden nicht rechtzeitig einen neuen arbeitgebenden Fußballverein und blieben deshalb arbeitslos. Deshalb hat die FIFA mittlerweile eine flexible Handhabung durch die Nationalverbände erlaubt, um Spielertransfers unter Umständen auch außerhalb der Registrierungsperioden zu ermöglichen[1900]. Die für den Regelfall durchaus erforderlichen Transferwechselzeiten erweisen sich damit **in bestimmten Ausnahmesituationen** für Fußballspieler, die trotz ernsthafter Bemühungen während der Transferperiode keinen neuen Arbeitgeber finden, als **unbillige**

[1899] Vgl. im einzelnen zur Beurteilung der unterschiedlichen Formen von Transferfristen: Generalanwalt *Alber*, Schlußantr. v. 22.06.1999 – Rs. C-176/99 – Slg. I 2000, 2681, 2702 ff. Tz. 73 ff. – „Lehtonen"; *Krogmann*, Sport und Europarecht, 2001, S. 32; *Hannamann*, Kartellverbot und Verhaltenskoordination im Sport, 2001, S. 421 f.; *Wassmer*, Die Auswirkungen der Grundfreiheiten des Vertrages zur Gründung der Europäischen Gemeinschaften auf den Berufssport, 2002, S. 134 f.; *Kirschenhofer*, Sport als Beruf, 2002, S. 205 ff., 214 f.

[1900] Vgl. *FIFA*, Zirkular Nr. 818, 2002.

Härte. Denn eine solche Auswirkung des Regelwerks läßt sich mit dem Ziel von Art. 39 Abs. 1 EG, ein hohes Beschäftigungsniveau und eine Hebung der Lebenshaltung zu fördern (vgl. Art. 2 EG)[1901], aufgrund der Kontraproduktivität nicht mehr in Einklang bringen. Daher müßte das FIFA-Regelwerk Ausnahmebestimmungen beinhalten, die es einem arbeitslosen Fußballspieler ausnahmsweise erlauben, auch außerhalb der Transferperioden bei einem Verein angestellt zu werden. Das Eingreifen einer solchen **Härtefallklausel** könnte etwa davon abhängig gemacht werden, daß der unbeschäftigte Fußballspieler die Arbeitslosigkeit nicht vorsätzlich oder grob fahrlässig selbst herbeigeführt und sich während der Transferzeiten ernsthaft um einen neuen Arbeitsplatz bemüht hat; wobei das ernsthafte Bemühen die erfolglose Bewerbung bei einer bestimmten Mindestanzahl von Fußballvereinen (z.B. zwischen drei und fünf Clubs) einschließlich der Aufnahme konkreter Vertragsverhandlungen (z.B. Bewerbungsgespräch) voraussetzt. Damit wäre ein angemessener Ausgleich zwischen dem Gedanken der Erhaltung der sportlichen Integrität des Meisterschaftswettbewerbs und der Arbeitnehmerfreizügigkeit hergestellt. An einer solchen Härtefallklausel fehlt es im FIFA-Transferreglement jedoch. Auch erweist sich das Zirkular der FIFA an die Nationalverbände, das eine Flexibilisierung erlaubt, als unzureichend, denn darin wird keine normative Handlungspflicht für die Nationalverbände vorgesehen, außerhalb der Transferperioden die Freigabe von Spielern zu genehmigen. Diese Maßnahme stellt sich vor dem Hintergrund des Auslegungsgrundsatzes der praktischen Wirksamkeit als unzulänglich heraus. Es fehlt mithin an einer Anspruchsnorm, auf die sich der einzelne Fußballspieler unmittelbar berufen kann. Nur eine solche Vorgabe wird dem effet utile von Art. 39 EG gerecht. Aus diesem Grund sind die im FIFA-Regelwerk vorgesehenen Transferfristen – trotz aller Europarechtskonformität im Regelfall – **in bestimmten Ausnahmesituationen nicht mit dem Erforderlichkeitsprinzip vereinbar**, so daß sie in Fällen arbeitsloser Fußballspieler im grenzüberschreitenden Verkehr der Unselbständigen außer Anwendung bleiben müssen[1902].

d) Ausbildungs- und Förderungsentschädigung

aa) Die in Art. 13 ff. FIFA-Transferreglement vorgesehene Ausbildungs- und Förderungsentschädigung wird insbesondere mit dem Ziel der Schaffung von Anreizstrukturen für die Nachwuchsförderung begründet. Neben dieser Funktion wird das Instrument der Transferentschädigung des weiteren mit dem Gedanken

---

[1901] Zur Heranziehung von Art. 2 EG als Auslegungsregel im Rahmen von Art. 39 EG siehe *Arndt*, Europarecht, 6. Aufl., 2003, S. 171 f. m.N. aus der EuGH-Judikatur.

[1902] Für die Einführung von Ausnahmeregelungen zur Verhinderung von faktischen Berufsverboten für Fußballspieler auch *Del Fabro/Scherrer*, in: *Scherrer/Del Fabro*, Freizügigkeit im europäischen Sport, 2002, 141, 150.

des Aufwendungsersatzes für die dem abgebenden Verein entstandenen Aus- und Fortbildungskosten, der Sicherung der wirtschaftlichen Existenz finanziell notleidender Vereine und ergänzend mit der Gewährleistung des wirtschaftlichen Gleichgewichts zwischen den Bundesligavereinen in Verbindung gebracht[1903]. Sämtliche Ziele, auch wenn sie vom EuGH in seiner „Bosman"-Entscheidung – wohl vor dem (unausgesprochenen) Hintergrund der europarechtlichen Verbandsfreiheit – als grundsätzlich legitim akzeptiert worden sein dürften[1904], weisen dabei einen überwiegend wirtschaftlichen Charakter auf[1905]. Aus diesem Grund scheidet auch eine Rechtfertigung über zwingende Erfordernisse i.S.v. Interessen mit einem nicht-wirtschaftlichen Charakter aus. Daher können die Funktionen der Ablöseentschädigung nur akzeptiert werden, wenn das Institut der Transferentschädigung den Anforderungen von **Art. 81 Abs. 3 1. Hs. EG** analog genügt. Diese Vorgabe dürfte erfüllt sein. Denn die Ausbildungsentschädigung zielt primär auf die Schaffung von finanziellen Anreizstrukturen, damit die Fußballvereine aktive Nachwuchsförderung betreiben. Durch die Ausbildung spielstarker Nachwuchsfußballer wird die Qualität des Produkts Fußballspiel gesichert. Dies kann – bei extensiver Deutung von Art. 81 Abs. 3 1. Hs. EG – als Verbesserung der Warenerzeugung aufgefaßt werden. Indem den ausbildenden Fußballclubs über die Transferentschädigung ein finanzieller Ausgleich zufließt, besteht keine Notwendigkeit, die vereinsinterne Talentförderung über eine Erhöhung der Eintrittspreise für den Stadionbesuch zu refinanzieren. Mit diesem Gesichtspunkt läßt sich eine angemessene Beteiligung der zu den Verbrauchern i.S.d Art. 81 Abs. 3 1. Hs. EG analog zählenden Fußballsportkonsumenten an den entstehenden Gewinnen begründen[1906]. Die Voraussetzungen von Art. 81 Abs. 3 1. Hs. EG analog sind somit bezüglich des Instruments der Transferentschädigung erfüllt[1907].

bb) Ist Art. 81 Abs. 3 1. Hs. EG analog einschlägig, müssen zusätzlich die Erfordernisse aus dem Verhältnismäßigkeitsprinzip einhalten werden (Art. 81 Abs. 3 2. Hs. EG analog). Im Rahmen der **Geeignetheit** kommt dem rechtsetzenden Verband hierbei grundsätzlich ein weiter Beurteilungsspielraum zu. Begrenzt wird dieser indessen durch das **Gebot der Folgerichtigkeit**, wonach eine

---

1903 Eingehend zu den der Transferentschädigung angedachten Funktionen im 2. Teil, 1. Kapitel, A.I.3.

1904 Vgl. hierzu schon die Überlegungen im 2. Teil, 1. Kapitel, B.I.2.a)cc)(1).

1905 Dazu im 2. Teil, 1. Kapitel, A.I.3.f).

1906 Vgl. Groeben/Thiesing/Ehlermann-*Schröter*, EUV/EGV, Bd. II/1, 5. Aufl., 1999, Art. 85 Rn. 304: „Beibehaltung der bisherigen Preise trotz gestiegener Kosten".

1907 Ebenso *Kirschenhofer*, Sport als Beruf, 2002, S. 226; *Hannamann*, Kartellverbot und Verhaltenskoordination im Sport, 2001, S. 445; *Weiß*, SpuRt 1998, 97, 100; a.A. *Oberthür*, Das Transfersystem im Lizenzfußball, 2002, S. 174 (allerdings ohne jegliche Begründung).

einmal getroffene Wertentscheidung konsequent umzusetzen ist[1908]. Dieser zunächst auf die Kontrolle mitgliedstaatlichen Handelns zugeschnittene Grundsatz beansprucht wegen der gebotenen einheitlichen Anwendung des Gemeinschaftsrechts ebenso bei intermediären Gewalten als Kontrollmaßstab Geltung[1909].

Überprüft man die Ausbildungsentschädigung i.S.d. Art. 13 ff. FIFA-Transferreglement an diesem Maßstab, werden gewisse Zweifel an der Einhaltung des Prinzips der Folgerichtigkeit bereits durch die an dem Instrument der Transferentschädigung ganz überwiegend geübte **ökonomische Kritik** geweckt: So bringen manche vor, die neuen Transferregeln würden trotz einer grundsätzlichen Verbesserung der ökonomischen Anreize zur Talentförderung wohl kaum einen längeren Zeitraum überdauern, weil „sie [...] das bisherige System kaum inhaltlich ändern, aber wesentlich komplexer machen"[1910]; andere wiederum sprechen dem nunmehr geltenden Regelwerk sogar den positiven Effekt für die Nachwuchsförderung ab, indem sie argumentieren, daß infolge des Transferreglements die Nachverhandlungsmacht des aufnehmenden Fußballvereins zunehme, so daß er in größerem Ausmaß als bisher von den Ausbildungsinvestitionen des abgebenden Vereins profitiere; dadurch sänken die Investitionsanreize für ausbildende Clubs[1911]; schließlich wird bemängelt, das FIFA-Transferreglement reduziere im Gegensatz zu früher die Möglichkeiten der Vereine, sich gegen die aus Leistungsschwankungen der Spieler resultierenden Einkommensrisiken zu versichern[1912]. Trotz der sachlichen Berechtigung dieser ökonomisch fundierten Einwände – und auch trotz aller Sympathie hierfür – läßt sich daraus zunächst kein durchgreifendes Argument gegen die folgerichtige Umsetzung des Schutzziels der Schaffung von Anreizstrukturen für die Talentförderung herleiten. Denn im Rahmen seines Beurteilungsspielraums kann der Normgeber nur eine Prognose über die Auswirkungen des ergriffenen Mittels anstellen. Und

---

1908 Vgl. *Arndt*, Zur Zulässigkeit einer gesetzlichen Quotierung für Strom aus Kraft-Wärme-Kopplung, 2000, S. 47 m.w.N.

1909 Vgl. *EuGH*, Urt. v. 13.04.2000 – Rs. C-176/97 – EuZW 2000, 375, 379 f. Tz. 58 – „Lehtonen"; *Schäfer*, in: *Scherrer/Del Fabro*, Freizügigkeit im europäischen Sport, 2002, 81, 87 f.; *Fritzweiler*, in: *Eimer*, 2. Internationaler Sport-Recht Kongress, 2002, 40, 42; *Kirschenhofer*, Sport als Beruf, 2002, S. 206 f.; *Streinz*, JuS 2000, 1015, 1017; *ders.*, SpuRt 2000, 221, 227 f.

1910 So ausdrücklich: *Hübl/Swieter*, in: *Hübl/Peters/Swieter*, Ligasport aus ökonomischer Sicht, 2002, 13, 55.

1911 *Feess/Mühlheußer*, ZfB-Ergänzungsheft 4/2002, 143, 147 ff.; *diess.*, The impact of transfer fees on professional football: an analysis of the European Commission's New Suggestion, 2001, S. 5 ff.; ein ökonomischer Vergleich zwischen dem bis zum „Bosman"-Urteil geltenden Transfersystem, dem Post-Bosman-Modell und dem Monti-System findet sich bei: *diess.*, Transfer fee regulations in European football, 2002 = EJLE 13 (2002), 221.

1912 *Dietl/Franck*, Zur Effizienz von Transferrestriktionen im europäischen Profifußball, 2002, S. 3 ff.

solange sich die rechtsetzende Instanz aus ihrer Sicht auf der Basis einer schlüssigen Begründung objektiv nachvollziehbar für ein bestimmtes Instrument entscheidet, das den Schutzzweck zumindest teilweise fördert, kann die Geeignetheit nicht verneint werden[1913]. Daß aber das Institut der Transferentschädigung an sich prima facie durchaus einen wesentlichen Beitrag zur Schaffung von wirtschaftlichen Anreizstrukturen zur Nachwuchsförderung zu leisten in der Lage ist, läßt sich nicht von der Hand weisen[1914].

Von **rechtlicher Relevanz** ist in diesem Zusammenhang jedoch ein weiterer Aspekt, der letzten Endes einen Verstoß gegen das Gebot der Folgerichtigkeit nach sich zieht: Wie bereits an anderer Stelle erwähnt, wird die Höhe der Ausbildungsentschädigung i.S.d. Art. 13 ff. FIFA-Transferreglement maßgeblich von den in der Vergangenheit für die Ausbildung von Nachwuchsspielern tatsächlich aufgewendeten Kosten begrenzt[1915]. Damit orientiert sich das FIFA-Transferreglement an den Vorgaben des EuGH, der im Fall „Bosman" judizierte, daß ausschließlich „die tatsächlichen Kosten, die den Vereinen bei der Ausbildung sowohl der künftigen Berufsspieler als auch derjenigen, die nie Berufsspieler werden, entstehen", ersatzfähig seien[1916]. Wenn man jedoch die Schaffung wirtschaftlicher Anreizstrukturen für die Nachwuchsförderung intendiert, muß man sich bei der Ausgestaltung des Mittels selbstverständlich an grundlegende ökonomische Gesetzmäßigkeiten halten. Für den Ökonomen indes „zählt nur die Zukunft"[1917]. Folglich wirkt die Implementierung einer vergangenheitsorientierten Entschädigungshöchstgrenze in dieser Beziehung dysfunktional, das ökonomische Ziel der Schaffung von finanziellen Anreizstrukturen zur Talentförderung wird durch die in concreto gewählte Ausgestaltung bereits im Ansatz verfehlt[1918]. Darin liegt eine massive Verletzung des Gebots der Folgerichtigkeit. Aufgrund ihrer Ausgestaltung sind die Art. 13 ff. FIFA-Transferreglement mithin **ungeeignet** zur Zielverwirklichung. Das im neuen FIFA-Transferrecht vor-

---

1913 Ähnlich *Ehlers*, in: *Ehlers*, Europäische Grundrechte und Grundfreiheiten, 2003, § 7 Rn. 85; *Everling*, in: Gedächtnisschrift für *Knobbe-Keuk*, 1997, 607, 621 f.; *Pache*, NVwZ 1999, 1033, 1036.

1914 Vgl. hierzu bereits im 2. Teil, 1. Kapitel, A.I.3.b). Siehe zudem *Swieter*, Eine ökonomische Analyse der Fußball-Bundesliga, 2002, S. 95; *Schellhaaß/May*, ZfB-Ergänzungsheft 4/2002, 127, 136.

1915 Vgl. dazu im 2. Teil, 2. Kapitel, B.I.5. der Arbeit.

1916 *EuGH*, Urt. v. 15.12.1995 – Rs. C-415/93 – EuZW 1996, 82, 89 Tz. 109 – „Bosman".

1917 So *Schellhaaß*, in: *Grundmann*, Systembildung und Systemlücken in Kerngebieten des Europäischen Privatrechts, 2000, 401, 416.

1918 Eingehend zur Verfehltheit einer solchen vergangenheitsbezogenen Entschädigungshöchstgrenze schon im 2. Teil, 1. Kapitel, A.I.3.b) der Arbeit. Siehe zudem *Schellhaaß/May*, in: *Dietl*, Globalisierung des wirtschaftlichen Wettbewerbs im Sport, 2003, 235, 250; *Feess/Mühlheußer*, EJLE 13 (2002), 221, 225; *Streinz*, in: *Tokarski*, EU-Recht und Sport, 1998, 14, 50 f.

gesehene Institut der Ausbildungsentschädigung läßt sich dabei auch nicht mehr unter Hinweis darauf retten, daß insoweit nur den Anforderungen des EuGH Folge geleistet worden sei. Denn der diesbezüglichen Aussage des Gerichtshofs fehlt es, wie gerade aufgezeigt, an der Schlüssigkeit, womit sie sich – gemessen an dem Prüfungsraster der Verhältnismäßigkeit – schlicht als rechtlich unhaltbar herausstellt. Auch der Gerichtshof als Rechtsprechungsinstanz ist vor Rechtsirrtümern und damit vor Fehlentscheidungen nicht gefeit. Eine solche Erkenntnis ist freilich – dies mag den Vertretern der Gegenauffassung gleichsam als gewisser Trost dienen – keineswegs neu; so stellte schon der altehrwürdige baden-württembergische Verwaltungsgerichtshof fest[1919]: „Kein Mensch ist unfehlbar!"

cc) Wer indes weiterhin an die Unfehlbarkeit des Gerichtshofs glaubt, muß sich mit einem weiteren Einwand gegen die europarechtliche Zulässigkeit der Ausbildungsentschädigung auseinandersetzen. Das Ziel der Schaffung ökonomischer Anreizstrukturen zur Nachwuchsförderung ließe sich nämlich mit einem anderen Mittel, das die grenzüberschreitende Mobilität von (angehenden) Berufsfußballspielern in keinster Weise behindert, mindestens ebenso effektiv erreichen: mit einem beitragsfinanzierten Solidaritätsfonds, wie er in dieser Arbeit elaboriert wurde, und der sich sowohl unter wirtschaftlichen wie auch unter rechtlichen Gesichtspunkten vollauf als umsetzbar erweist. Art. 13 ff. FIFA-Transferreglement **harmonieren** daher **ebensowenig mit dem Erforderlichkeitsprinzip.**

dd) Insgesamt gilt damit, daß die Nachwuchsförderentschädigung weder geeignet noch erforderlich ist, das Ziel der Schaffung von Anreizstrukturen für die Talentförderung zu realisieren. Gleiches wird man auch im Hinblick auf die übrigen der Transferentschädigung angedachten Schutzziele konstatieren müssen: Die Aufwendungsersatzfunktion verlangt – im Gegensatz zu dem Ziel der Schaffung ökonomischer Anreizstrukturen – eine Begrenzung der Anspruchshöhe auf die für einen einzelnen Fußballspieler tatsächlich angefallenen Vermögensopfer[1920]. Gleichzeitig ist es objektiv unmöglich, dem einzelnen Spieler die für die Ausbildung entstandenen vereinsseitigen Kosten individuell zuzurechnen[1921]. Deshalb ist die Transferentschädigung schon völlig ungeeignet, das Ziel des Aufwendungsersatzes überhaupt zu fördern. Die Ziele der Wahrung des finanziellen Gleichgewichts unter den Lizenzvereinen sowie der wirtschaftliche

---

[1919] Vgl. *VGH BW*, Urt. v. 17.01.1978 – X 2123/77 – n.v. (zitiert nach: *Priebe*, in: Gedächtnisschrift für *Nagelmann*, 1984, 147, 159).

[1920] Vgl. zur Aufwendungsersatzfunktion und den daraus zu ziehenden Folgen für die Anspruchshöhe im 2. Teil, 1. Kapitel, A.I.3.a).

[1921] Zur Zurechenbarkeit von Ausbildungskosten siehe schon im 2. Teil, 1. Kapitel, B.IV.1.c)bb).

Erhalt finanziell angeschlagener Clubs tragen das Institut der Ablöseentschädigung auch nicht, denn insofern verkörpert das Modell des beitragsfinanzierten Solidarfonds jedenfalls das relativ mildeste Mittel, mit dem sich die genannten Zwecke ebenso effektiv umsetzen lassen. Von daher bleibt als einzig mögliches Fazit: Die in Art. 13 ff. FIFA-Transferreglement niedergelegte Ausbildungsentschädigungspflicht beeinträchtigt die grenzüberschreitende Mobilität der Fußballspieler in unverhältnismäßiger Weise und ist daher wegen Verstoßes gegen Art. 39 Abs. 1 EG bei internationalen Transfers unanwendbar[1922]. Erwähnung verdient in diesem Kontext noch, daß der BGH eine pauschale Ausbildungsentschädigungspflicht im Falle inländischer Transfers vom Amateur- in den Profibereich ebenfalls für unzulässig befunden hat[1923].

e) Abschluß und Laufzeit von Spielerverträgen

aa) Nachdem die Befristungsregelung der Art. 4 Abs. 2, 21 ff. FIFA-Transferreglement als Beschränkung qualifiziert wurde, müßte die Bestimmung einer Rechtfertigung zugänglich sein. Die verbandsrechtliche Norm verfolgt einen doppelten Zweck: Zum einen dient sie dem Interesse der Vereine, hinsichtlich der Mannschaftszusammensetzung Planungssicherheit zu haben, um eine sportlich schlagkräftige Einheit aufbauen zu können. Zum andern muß gewährleistet sein, daß es nicht zu ständigen Spielerfluktuationen kommt, so daß der Meisterschaftswettbewerb nicht ausschließlich nach dem wirtschaftlichen Erfolg entschieden wird. Beide Ziele wurzeln letztlich in der Überlegung der Wahrung der Integrität des sportlichen Wettbewerbs und sind daher als Ausfluß der Vereinsfreiheit der FIFA **grundsätzlich schützenswerte Interessen**[1924]. Zugleich drängt sich indes der Eindruck auf, daß beiden Zielen neben einer ideellen eine wirtschaftliche Komponente immanent ist. Deshalb erscheint es angezeigt, vor der Durchführung der Verhältnismäßigkeitskontrolle die Voraussetzungen von Art. 81 Abs. 3 1. Hs. EG analog zu prüfen.

bb) Die Förderung des wirtschaftlichen Fortschritts läßt sich insoweit damit begründen, daß bei einer vollständigen Freizügigkeit der Fußballspieler – d.h.

[1922] In diese Richtung auch *Misson*, in: *Eimer*, 2. Internationaler Sport-Recht Kongress, 2002, 31, 36 f.; *Weatherill*, CMLRev. 2003, 51, 70 f. Anders *Streinz*, in: *Scherrer/Del Fabro*, Freizügigkeit im europäischen Sport, 2002, 99, 112 f., der von der prinzipiellen Zulässigkeit von Ausbildungsentschädigungen ausgeht; so wohl auch *Hannamann*, in: *Vieweg*, Spektrum des Sportrechts, 2003, 159, 179 f. (zu Art. 81 EG).

[1923] Vgl. zu der BGH-Entscheidung schon im 2. Teil, 1. Kapitel, B.II.2.b)aa).

[1924] Zu den hinter der Überlegung des Prinzips der Wahrung stabiler Vertragsverhältnisse stehenden Interessen siehe *Kelber*, NZA 2001, 11, 15; *Streinz*, in: *Scherrer/Del Fabro*, Freizügigkeit im europäischen Sport, 2002, 99, 118 f.; *Schamberger*, SpuRt 2002, 228, 232.

bei einem jederzeitigen Vertragsbeendigungsrecht von deren Seite – die Vereine keine Planungssicherheit bezüglich der Aufstellung ihrer Lizenzspielermannschaften hätten. Die Formierung einer homogenen und spielstarken Mannschaft würde sich außerordentlich schwierig gestalten. Von daher würden die sportlichen Leistungen auf Dauer erheblich zurückgehen, so daß die Qualität des Produkts Fußballspiel insgesamt gemindert würde. Ferner würde die Möglichkeit finanzstarker Vereine, jederzeit die besten Spieler unter Vertrag zu nehmen, zu einer Beschleunigung der Auseinanderentwicklung des sportlichen Gleichgewichts unter den Vereinen führen. Eine solche Entwicklung bedingte gleichfalls eine Reduzierung der Produktqualität. Durch die Befristungsregeln wird folglich die hohe Qualität des professionellen Fußballs sichergestellt. Dies kann im weitesten Sinne als Förderung des wirtschaftlichen Fortschritts gedeutet werden. Weiterhin gilt, daß infolge der qualitätssichernden Funktion der Vertragsfristenregelung die Medienunternehmen durch die Vermarktung des hochwertigen Produkts Fußballspiel über Werbeeinnahmen Erlöse generieren können; ferner können Wirtschaftsunternehmen mit dem Vereinsnamen („Brand name") Werbung machen, so daß sie unter den Fußballkonsumenten neue Kunden gewinnen können. Darin liegt eine angemessene Beteiligung der Verbraucher an den entstehenden Gewinnen. Die Tatbestandsvoraussetzungen von **Art. 81 Abs. 3 1. Hs. EG analog** sind mithin **einschlägig**, so daß diese wirtschaftlichen Belange von der FIFA verfolgt werden dürfen.

cc) Die Einführung von Befristungsregeln, wie sie in Art. 4 Abs. 2 FIFA-Transferreglement vorgesehen sind, fördern objektiv die mit ihnen intendierten Ziele, so daß von der **Geeignetheit** der Maßnahme auszugehen ist. Fraglich könnte indessen sein, ob die Befristungsregeln das relativ mildeste Mittel darstellen. Ausgangspunkt zur Auflösung der Problematik ist der unbestrittene Grundsatz, daß der FIFA als Normgeber ein Beurteilungsspielraum zusteht bei der Auswahl der Mittel. Wählt sie unter mehreren Maßnahmen eine aus, ist mit Blick auf die dahinterstehende Interessenlage zu hinterfragen, ob ein innerer Zusammenhang zwischen Zweck und konkreter Maßnahme besteht und ob es nicht ein **milderes Mittel mit gleicher Wirkung** gibt. Wendet man dieses Prüfungsraster auf den vorliegenden Fall an, ist zu berücksichtigen, daß den oben schon erwähnten vereinsseitigen Interessen folgende Belange der Berufsfußballspieler gegenüberstehen: Die Lebensarbeitszeit des Fußballspielers ist regelmäßig auf das Alter zwischen 18 und 35 Jahren begrenzt und somit im Vergleich zu der von sonstigen Arbeitnehmern äußerst kurz bemessen[1925]. Dabei sind die Berufsfußballer einem hohen Verletzungsrisiko ausgesetzt; zudem bleibt oftmals keine Zeit, eine zweite Berufsausbildung für die Zeit nach dem Karriereende zu absol-

---

[1925] Vgl. *Schamberger*, SpuRt 2002, 228, 232; *Kelber*, NZA 2001, 11, 13 mit Fn. 35; *Parensen*, in: *Tokarski*, EU-Recht und Sport, 1998, 70, 91.

vieren, so daß ein nahtloser Übergang von dem Beruf Profifußballer zu einer anderen wirtschaftlichen Tätigkeit nicht ohne weiteres möglich ist[1926].

Dieser Interessenlage Rechnung tragend sehen Art. 4 Abs. 2, 21 ff. FIFA-Transferreglement ein differenziertes System vor, das einen Ausgleich zwischen den kollidierenden Belangen vornimmt. Grundsätzlich gilt dabei, daß alle Spielerverträge, die bis zum 28. Lebensjahr abgeschlossen werden, einen erhöhten „Bestandsschutz" genießen, indem in den ersten drei Jahren bei einem Vertragsbruch ohne rechtfertigenden Grund finanzielle und sportliche Sanktionen eingreifen; bei Verträgen nach dem 28. Lebensjahr währt dieser „Bestandsschutz" nur noch zwei Jahre. Gleichzeitig ist es dem Spieler beim Vorliegen von triftigen oder triftigen sportlichen Gründen erlaubt, den Spielervertrag auch vor seinem Auslaufen durch Kündigung zu beenden. In diesem Kombinationsmodell werden die Belange beider Vertragsparteien beachtet: Die Vereine können in den ersten Jahren einen erhöhten Bestandsschutz der Spielerverträge für sich in Anspruch nehmen, wogegen das Freizügigkeitsinteresse des Spielers in den erweiterten ordentlichen Kündigungsmöglichkeiten aus triftigen sportlichen Gründen realisiert wird[1927]. Prinzipiell stehen auch – soweit ersichtlich – keine anderweitigen relativ milderen Mittel zur Verfügung:

Denn der Gedanke der Wahrung der Vertragsstabilität wird nicht durchgehend einheitlich geregelt, sondern Art. 21 ff. FIFA-Transferreglement sehen insoweit ein gestuftes Modell vor, als der Bestandsschutz für Arbeitsverträge, die ein Profifußballspieler nach dem 28. Lebensjahr schließt, gelockert wird. Diese Grenzlinie erscheint mit Blick auf den Beurteilungsspielraum der FIFA auch vertretbar gewählt, denn das durchschnittliche Lebenszeiteinkommen des Spielers geht regelmäßig ab dem 29. Lebensjahr zurück[1928]; entscheidend hierfür dürfte der Umstand sein, daß ab diesem Zeitpunkt die Leistungsfähigkeit von Fußballspielern typischerweise abnimmt. Gegen eine solche zeitliche Staffelung könnte man höchstens noch einwenden, daß eine weitere Unterscheidung nach den einzelnen Positionen, auf denen Spieler in einer Mannschaft eingesetzt werden, geboten erscheint; so dürfte die „Lebensarbeitszeit" eines Torwarts länger als die eines Stürmers sein. Dem entsprechend müßte die Altersgrenze für den Bestandsschutz von Spielerverträgen jeweils noch anhand der einzelnen Spielerpositionen innerhalb der Mannschaft ausgerichtet werden. Andererseits ist zu beachten, daß ein solches System das ohnehin schon äußerst komplizierte FIFA-

---

1926 So in anderem Zusammenhang auch *Schamberger*, SpuRt 2002, 228, 232.

1927 Vgl. *Oberthür*, Das Transfersystem im Lizenzfußball, 2002, S. 125.

1928 Siehe zur Struktur des Lebenszeiteinkommens von Fußballspielern *Parensen*, in: *Tokarski*, EU-Recht und Sport, 1998, 70, 91.

Transferreglement, das deswegen bereits Kritik auf sich gezogen hat[1929], indessen noch sehr viel komplexer machen würde. Dadurch würde das neue FIFA-Transferrecht weiter an inhaltlicher Bestimmtheit einbüßen. Ein solcher Befund ist mit dem Prinzip der Rechtssicherheit, das im Interesse der Vorhersehbarkeit des Handelns der am Transfergeschehen Beteiligten einen klaren Ordnungsrahmen verlangt, kaum in Einklang zu bringen. Daher ist der denkbare Einwand, man müsse bezüglich der Ausgestaltung der Dauer des vertraglichen Bestandsschutzes zusätzlich die Spielerposition berücksichtigen, zurückzuweisen.

dd) **Zusammenfassend** ist daher zu sagen, daß das in Art. 4 Abs. 2, 21 ff. FIFA-Transferreglement vorgesehene Befristungsmodell die Arbeitnehmerfreizügigkeit in verhältnismäßiger Weise einschränkt und deswegen gerechtfertigt ist; es liegt kein Verstoß gegen Art. 39 Abs. 1 EG vor[1930].

f) Finanzielle und sportliche Sanktionen

Art. 21 ff. FIFA-Transferreglement statuieren für den Fall, daß ein Profifußballspieler ohne triftigen Grund oder sportlich triftigen Grund einen Vertragsbruch begeht, finanzielle und sportliche Sanktionen. Aber auch für den Fall, daß eine rechtmäßige vorzeitige Vertragsbeendigung aus einem triftigen sportlichen Grund vorliegt, kann der Berufsfußballspieler mit einer Entschädigungspflicht belegt werden (Art. 24 Abs. 3 FIFA-Transferreglement). Unter bestimmten Voraussetzungen trifft den aufnehmenden Verein hierfür eine Mithaftung (Art. 14 Abs. 3 Ausführungsbestimmungen zum FIFA-Transferreglement). Hinsichtlich der Verhältnismäßigkeitskontrolle beider Fallkonstellationen erweist sich eine getrennte Prüfung dabei als sinnvoll:

aa) Sofern es um finanzielle wie sportliche Sanktionen für **Vertragsbrüche ohne rechtfertigenden Grund** geht, dient das in Art. 21 ff. FIFA-Transferreglement vorgesehene Instrumentarium dazu, die ordnungsgemäße Erfüllung des Spielervertrages sicherzustellen; womit es sich in dieser Beziehung um Sanktionsmechanismen handelt, die typische Aufgaben der im nationalen Zivilrecht bekannten Vertragsstrafe erfüllen[1931]. Bezwecken Art. 21 ff. FIFA-Transferreglement insoweit die Einhaltung des Rechtsprinzips „pacta sunt ser-

---

[1929] Vgl. dazu im 2. Teil, 2. Kapitel, B.I.2. und im 3. Teil, 2. Kapitel, A.III.2.d); vgl. daneben auch *Schäfer*, in: *Scherrer/Del Fabro*, Freizügigkeit im europäischen Sport, 2002, 81, 96, der dem erzielten Kompromiß zwischen der EG-Kommission und der FIFA „Unklarheit und Blässe" attestiert.

[1930] Ebenso: *Streinz*, in: *Scherrer/Del Fabro*, Freizügigkeit im europäischen Sport, 2002, 99, 119.

[1931] Vgl. zum „Vertragsstrafe"-Charakter der Art. 21 ff. FIFA-Transferreglement im 3. Teil, 2. Kapitel, A.II.2.e) und f).

vanda“, basieren die Regelungen auf einem legitimen (wirtschaftlichen) Grund, der auch unter Art. 81 Abs. 3 1. Hs. EG analog fällt[1932]. Die Maßnahmen sind zur Erreichung dieser Zielsetzung auch geeignet und erforderlich. Dieser Befund ergibt sich aus der Überlegung, daß, wenn die Sanktionsmaßnahmen die Einhaltung der im Rahmen von Art. 4 Abs. 2 FIFA-Transferreglement geschlossenen Spielerverträge sichern, jene einen unselbständigen Charakter bzw. eine dienende Funktion haben. Oben wurde aber näher dargelegt, daß die Befristungsregeln die Arbeitnehmerfreizügigkeit in verhältnismäßiger Weise beschränken. Aufgrund ihrer dienenden Funktion ist das Gleiche grundsätzlich auch für die Sanktionsmaßnahmen anzunehmen. Die Ausgestaltung im einzelnen begegnet ebenfalls keinen durchgreifenden Bedenken: Mit Blick auf den Beurteilungsspielraum der rechtsetzenden Institution erscheint es nicht willkürlich, bezüglich der Bestimmung der Vertragsstrafehöhe das Gehalt, die verbleibende Vertragslaufzeit, die vom alten Verein gezahlten Gebühren und Auslagen sowie den Zeitpunkt des Vertragsbruchs als maßgebliche Kriterien zu beachten (vgl. Art. 22 FIFA-Transferreglement). Auch die einzelnen sportlichen Sanktionsmaßnahmen (Spielsperre bis maximal sechs Monate für den Berufsfußballer nach Art. 23 Nr. 1 FIFA-Transferreglement) erscheinen mangels anderer ersichtlicher Alternativen als das relativ mildeste Mittel. Die hier praktizierte Zurückhaltung bei der Kontrolldichte läßt sich auch nicht als widersprüchlich im Vergleich zur sonst praktizierten strengen Verhältnismäßigkeitskontrolle kritisieren[1933]. Denn für die Anlegung eines solchen milden Kontrollmaßstabs spricht folgende Überlegung: Die Marktfreiheiten zielen auf die Gewährleistung eines ungehinderten Marktzugangs. Daraus ist zu schließen, daß Bestimmungen, die inhaltlich gesehen nicht an den Marktzugang anknüpfen und daher eher Bestandteil eines offenen wirtschaftlichen Ordnungsrahmens sind, grundsätzlich einer herabgesetzten Kontrolldichte unterliegen. So verhält es sich auch bei Art. 21 ff. FIFA-Transferreglement, die inhaltlich eigentlich das Marktverhalten betreffen, aber lediglich wegen ihrer formellen Verknüpfung mit dem internationalen Freigabeschein dennoch als Beschränkung einzustufen sind[1934]. Gegen solche inhaltlich dem bloßen Marktverhalten zuzuordnende Bestimmungen richtet sich der Schutzzweck der Arbeitnehmerfreizügigkeit indes gerade nicht. Dieser Aspekt drängt folglich zu einem großzügigen Verständnis[1935], so daß die Verhältnismäßigkeit von Art. 21 ff. FIFA-Transferreglement bejaht werden kann. Der durch

---

[1932] Siehe dazu im 3. Teil, 2. Kapitel, A.III.2.e).

[1933] Vgl. *Ehlers*, in: *Ehlers*, Europäische Grundrechte und Grundfreiheiten, 2003, § 7 Rn. 85; siehe zudem *Streinz*, Europarecht, 5. Aufl., 2001, Rn. 702.

[1934] Siehe hierzu im 3. Teil, 2. Kapitel, A.II.2.f) der Arbeit.

[1935] Ähnlich *Oberthür*, Das Transfersystem im Lizenzfußball, 2002, S. 160 ff.; *Oberthür*, NZA 2003, 462, 467; vgl. daneben Grabitz/Hilf-*Randelzhofer/Forsthoff*, EUV/EGV, Bd. I, vor Art. 39 bis 55 Rn. 118 ff.

die Sanktionsbestimmungen vermittelte Eingriff führt zu keiner Verletzung von Art. 39 Abs. 1 EG[1936].

bb) Anders dürfte zu entscheiden sein, wenn der vereinswechselnde Fußballspieler trotz **Bestehens eines sportlich triftigen Grundes** für eine vorzeitige Vertragsbeendigung verpflichtet wird, eine finanzielle Entschädigung an den abgebenden Verein zu zahlen; wobei den aufnehmenden Fußballclub oftmals eine Mithaftung treffen dürfte. In dieser Beziehung lassen sich die Sanktionen nicht mehr mit dem Gedanken der Wahrung des Prinzips „pacta sunt servanda" erklären. Die Pflicht zur Zahlung einer Entschädigung erfüllt hier einzig und allein die Funktion, den Berufsfußballspieler durch die Setzung eines wirtschaftlichen Anreizes dazu anzuhalten, auch beim Vorliegen eines Vertragsauflösungsgrundes beim bisherigen Verein zu verbleiben. Dieses „selbständige Vertragsstrafeversprechen" ist funktional mit der vom EuGH im Fall „Bosman" für europarechtswidrig befundenen Transferentschädigungspflicht nach Ablauf des Spielervertrages vergleichbar[1937]. Bereits dieser Umstand spricht dafür, die Verhältnismäßigkeit von Art. 24 Abs. 3 FIFA-Transferreglement zu verneinen[1938]. Untermauert wird diese Sichtweise ferner durch die Erwägung, daß Art. 39 Abs. 1 EG die grenzüberschreitende Mobilität der Unselbständigen verbürgt. Gegen diese Stoßrichtung wendet sich Art. 24 Abs. 3 FIFA-Transferreglement seinem Sinn und Zweck nach gerade (s.o.). Wegen der Beeinträchtigung der Arbeitnehmerfreizügigkeit in ihrem innersten Kern bzw. Wesensgehalt ist eine derartige Transferbestimmung per se rechtlich unhaltbar[1939].

g) Solidaritätsmechanismus

Art. 25 S. 1 FIFA-Transferreglement beinhaltet einen Solidaritätsmechanismus, der die Abführung von fünf Prozent entweder der Vertragsauskaufsumme oder der zu zahlenden Entschädigung im Falle eines Vertragsbruchs anordnet: Soweit es um die Beurteilung des Solidarbeitrags als Aufschlag auf die **Vertragsauskaufsumme** geht, dient die Maßnahme der Nachwuchsförderung, also einem

---

[1936] Vgl. schon *Plath*, Individualrechtsbeschränkungen im Fußball, 1999, S. 234; a.A. *Misson*, in: *Eimer*, 2. Internationaler Sport-Recht Kongress, 2002, 31, 37; *Weatherill*, CMLRev. 2003, 51, 70.

[1937] Zum Fall „Bosman" und die dort zu beurteilende Ablöseentschädigungspflicht siehe im 2. Teil, 1. Kapitel, B.I.2.

[1938] Ebenso: *Oberthür*, NZA 2003, 462, 467; im Ergebnis auch *Misson*, in: *Eimer*, 2. Internationaler Sport-Recht Kongress, 2002, 31, 37.

[1939] Vgl. *EuGH*, Urt. v. 05.11.2002 – Rs. C-208/00 – EuZW 2002, 754, 758 Tz. 93 – „Überseering"; siehe zu der EuGH-Entscheidung *Arndt*, Europarecht, 6. Aufl., 2003, S. 182 ff. Von einem Verstoß gegen Art. 39 Abs. 1 EG geht in diesem Punkt auch *Oberthür*, NZA 2003, 462, 467, aus.

legitimen wirtschaftlichen Zweck; dennoch ist der Eingriff nicht erforderlich, weil als relativ milderes Mittel der beitragsfinanzierte Solidarfonds zur Verfügung steht. Insofern ist Art. 25 S. 1 FIFA-Transferreglement europarechtswidrig. Entgegengesetzt ist lediglich die Fallkonstellation zu beurteilen, daß es um die **Entschädigungszahlung** für einen ungerechtfertigten Vertragsbruch geht. Eine solche Vertragsstrafe ist nicht über Art. 39 Abs. 1 EG angreifbar. Folglich kann nichts anderes für den Teilbetrag in Höhe von fünf Prozent der Entschädigungszahlung gelten, der zur Talentförderung zweckbestimmt abgezweigt wird; anders verhält es sich nur, sofern die Entschädigungspflicht einen selbständigen Vertragsstrafencharakter aufweist.

IV. Zwischenergebnis

Die vorstehenden Ausführungen haben gezeigt, daß die einzelnen Inhalte des FIFA-Transferreglements, die einer Verhältnismäßigkeitsprüfung unterzogen wurden, in weiten Bereichen nicht mit der Arbeitnehmerfreizügigkeit gemäß Art. 39 Abs. 1 EG vereinbar sind. Dies trifft vor allem auf das Erfordernis des internationalen Freigabescheins[1940] sowie die Ausbildungs- und Förderungsentschädigung zu. Partielle Einschnitte in das Regelungsgefüge des neuen FIFA-Transferrechts sind bei den Transferfristen – hier fehlt es an Ausnahmebestimmungen für arbeitslose Berufsfußballspieler –, den finanziellen und sportlichen Sanktionen – in dieser Beziehung sind Entschädigungszahlungen bei rechtmäßiger Beendigung eines noch nicht ausgelaufenen Spielervertrags unzulässig – und dem Solidaritätsmechanismus beim Herauskaufen aus noch laufenden Verträgen als Folge mangelnder Europarechtskonformität zu konstatieren. Ausschließlich die Altersgrenzen und der Abschluß sowie die Laufzeit von Spielerverträgen stehen uneingeschränkt mit Art. 39 Abs. 1 EG in Einklang.

B. Niederlassungsfreiheit und Dienstleistungsfreiheit

In dieser Arbeit wurde der Standpunkt eingenommen, daß Berufsfußballspieler durchgängig als Arbeitnehmer einzustufen sind. Daraus folgt zugleich, daß weder Art. 43 EG noch Art. 49 EG als Prüfungsmaßstab herangezogen werden können, um daran die Bestimmungen des FIFA-Transferreglements zu überprüfen. Zu einem anderen Ergebnis gelangt man nur, wenn man etwa Spitzenfußballer als Selbständige qualifiziert. Ausschließlich unter Zugrundelegung dieser Ansicht ist der Kontrollmaßstab der Niederlassungs- und der Dienstleistungsfreiheit eröffnet. Dadurch ändert sich indes nichts mehr am sachlichen Ergebnis,

---

[1940] Ein internationaler Freigabeschein erscheint lediglich zur Verhinderung von internationalen Spielertransfers von unter zwölfjährigen Nachwuchsfußballern notwendig.

denn auch wenn man die Marktfreiheiten der Selbständigen anprüft, mündet man zwangsläufig in eine Verhältnismäßigkeitsprüfung ein, die wegen der gebotenen Konvergenz der Grundfreiheiten im Ergebnis nicht anders ausfällt als im Rahmen der Arbeitnehmerfreizügigkeit[1941].

3. Kapitel: Vereinbarkeit der Ausbildungsentschädigung beim Wechsel von Nachwuchsspielern zu einem Lizenzverein innerhalb des Inlands mit europäischem Gemeinschaftsrecht

A. Arbeitnehmerfreizügigkeit

I. Ausbildungsentschädigung bei Inlandstransfers als Anwendungsfall der Arbeitnehmerfreizügigkeit?

Nachdem sich erwiesen hat, daß namentlich die im neuen FIFA-Transferreglement vorgesehene Ausbildungsentschädigung für Nachwuchsspieler nicht mit Art. 39 Abs. 1 EG übereinstimmt, ist in diesem Kapitel noch zu untersuchen, ob unter Umständen **§ 27 DFB-Spielordnung i.V.m. § 16 LOS**, die für **nationale Transfers** von Nachwuchsfußballspielern die **Zahlung einer pauschalierten Transferentschädigung** vorschreiben, mit der Arbeitnehmerfreizügigkeit in Einklang stehen. Unproblematisch gegeben sind in dieser Beziehung die Arbeitnehmereigenschaft des angehenden Profifußballers, die Verbandskompetenz sowie der sachliche Geltungsbereich der Personenverkehrsfreiheit. Insoweit kann auf die obigen Ausführungen verwiesen werden[1942]. Gleiches ist auch für die im Rahmen der Verhältnismäßigkeitskontrolle der Transferentschädigung angestellten Erwägungen anzunehmen: Namentlich die Ausführungen zur Erforderlichkeit der verbandsrechtlichen Ablösesumme beanspruchen an dieser Stelle ebenso Geltung, so daß § 27 DFB-Spielordnung i.V.m. § 16 LOS spätestens an dieser Hürde scheitern würden, weil mit dem beitragsfinanzierten Finanzpool ein gleichermaßen effizientes Mittel zur Talentförderung bereitsteht, das die Freizügigkeit von Profisportlern unberührt läßt[1943].

Allerdings fehlt es – unter Zugrundelegung der herrschenden Grundfreiheitsdogmatik – sowohl an einem grenzüberschreitenden Bezug als auch an einer relevanten Beschränkung: Ein **transnationaler Sachverhalt** wird vom Gerichts-

---

1941 Siehe zum Gleichlauf von Art. 39 EG, 43 EG und 49 EG schon im 2. Teil, 1. Kapitel, B.IV.1.a).

1942 Vgl. zu den genannten Gesichtspunkten schon im 3. Teil, 2. Kapitel, A.I.

1943 Siehe hierzu im 3. Teil, 2. Kapitel, A.III.2.d).

hof in ständiger Rechtsprechung nur angenommen, sofern der konkrete Sachverhalt mit einem seiner wesentlichen Sachverhaltselemente über die Grenzen eines EG-Mitgliedstaats hinausweist[1944]. Daran fehlt es im Falle eines nationalen Transfers augenscheinlich. Ferner setzt das **Bestehen eines Eingriffs** in das Freizügigkeitsrecht eine Behinderung des Zugangs zum einheimischen Arbeitsmarkt voraus. Ein inländischer Nachwuchsfußballer, der sich um einen Arbeitsplatz bei einem Bundesligaverein bewirbt, befindet sich indes schon auf dem nationalen Arbeitsmarkt. Folglich muß man eine Beschränkung verneinen. Beide Tatbestandsmerkmale, deren Vorliegen an dieser Stelle verneint werden mußte, beruhen dabei auf einem gemeinsamen Grundgedanken: Sie sind jeweils eine Ausprägung des von der herrschenden Auffassung vertretenen Ansatzes, demzufolge die Marktfreiheiten ausschließlich auf den Abbau von **zwischenstaatlichen Hindernissen** für den Austausch der Wirtschaftsgüter zielen. Danach bezwecken die Grundfreiheiten gerade keinen unbedingten Freihandel[1945].

Diese These ist in der neueren europarechtlichen Literatur indessen nicht mehr gänzlich unbestritten. Nach einer progressiven Auffassung im Schrifttum soll das Fehlen eines zwischenstaatlichen Bezugs unerheblich sein. Denn nach richtiger Lesart verböten die Grundfreiheiten sämtliche grenzüberschreitenden wie rein inländischen Beschränkungen des Austauschs der geschützten Wirtschaftsgüter; die Untersagungstatbestände verkörperten nach zutreffender Ansicht **allgemeine Wirtschaftsfreiheiten**[1946]. Schließt man sich diesem Standpunkt an, kommt es auf das Vorliegen eines grenzüberschreitenden Bezugs nicht an; und auch die den ungehinderten Vereinswechsel des Nachwuchsfußballspielers beschränkende Wirkung der Transferentschädigungspflicht liegt auf der Hand. Dem entsprechend hat diese extensive Deutung der Grundfreiheiten einschließlich der Arbeitnehmerfreizügigkeit die Europarechtswidrigkeit von § 27 DFB-Spielordnung i.V.m. § 16 LOS zur Folge.

[1944] Vgl. *Arndt*, Europarecht, 6. Aufl., 2003, S. 143 f. m.N. aus der EuGH-Judikatur.

[1945] Vgl. *Arndt*, Europarecht, 6. Aufl., 2003, S. 139, 143; *Mojzesowicz*, Möglichkeiten und Grenzen einer einheitlichen Dogmatik der Grundfreiheiten, 2000, S. 201 ff., 212; *Oppermann*, Europarecht, 2. Aufl., 1999, Rn. 1293; *Streinz*, Europarecht, 5. Aufl., 2001, Rn. 682 ff.; *Schweitzer*, in: Festschrift für *Rudolf*, 2001, 189, 193 (zu Art. 12 EG); *Kingreen*, Die Struktur der Grundfreiheiten des Europäischen Gemeinschaftsrechts, 1999, S. 84 f.; *Ehlers*, Jura 2001, 266, 269; *Petschke*, EuZW 1994, 107, 108; *Eilmansberger*, JBl. 1999, 434, 446; *Schilling*, JZ 1994, 8, 9; *Kleier*, RIW 1988, 623, 627; *König*, AöR 118 (1993), 591, 594 ff.; *Hirsch*, ZEuS 1999, 503, 508; *Classen*, EWS 1995, 97, 105.

[1946] *Bleckmann*, RIW 1985, 917, 919 ff.; *Lackhoff/Raczinski*, EWS 1997, 110, 112; *Eberhartinger*, EWS 1997, 43, 50 f.; *Reich*, EuZW 1991, 203, 204 f.; *Nicolaysen*, EuR 1991, 95, 104; *Kewenig*, JZ 1990, 20, 23; Groeben/Thiesing/Ehlermann-*Müller-Graff*, EUV/EGV, Bd. I, 5. Aufl., 1997, Art. 30 Rn. 319 ff.; Calliess/Ruffert-*Epiney*, EUV/EGV, 2. Aufl., 2002, Art. 12 Rn. 33 ff.

II. Die Grundfreiheiten als Instrumente zur Sicherung eines unbedingten Freihandels?

Eine Gegenüberstellung beider Auslegungsalternativen von Art. 39 EG legt somit offen, daß sich die rechtliche Unzulässigkeit der für reine Inlandstransfers geltenden Ausbildungsentschädigungspflicht durchaus europarechtlich begründen läßt. Diese These steht und fällt freilich mit der Prämisse, daß die Arbeitnehmerfreizügigkeit eine allgemeine Wirtschaftsfreiheit darstellt. Indessen ist die Richtigkeit dieser Sichtweise äußerst zweifelhaft. Dies wird durch die im folgenden anzustellenden systematischen (1.) wie teleologischen (2.) Überlegungen nachdrücklich bestätigt.

1. Systematische Interpretation

a) Wirft man als erstes einen Blick auf das **nähere systematische Umfeld**, in dem Art. 39 Abs. 1 EG steht, fällt auf, daß die Verbotstatbestände der Warenverkehrsfreiheit (Art. 25, 28 f. EG: „zwischen den Mitgliedstaaten"), der Niederlassungsfreiheit (Art. 43 Abs. 1 EG: „im Hoheitsgebiet eines anderen Mitgliedstaates"), der Dienstleistungsfreiheit (Art. 49 Abs. 1 EG: „für Angehörige der Mitgliedstaaten, die in einem anderen Staat der Gemeinschaft als demjenigen es Leistungsempfängers ansässig sind") sowie der Kapital- und Zahlungsverkehrsfreiheit (Art. 56 Abs. 1 und 2 EG: „zwischen den Mitgliedstaaten") allesamt mit einer Zwischenstaatlichkeitsklausel versehen sind. Der textliche Befund drängt somit zu der Erkenntnis, daß die Arbeitnehmerfreizügigkeit trotz ihres insoweit offenen Wortlauts („Innerhalb der Gemeinschaft") nur eingreift, sofern ein grenzüberschreitender Bezug gegeben ist[1947].

b) Unterfüttert wird diese Annahme durch einen **Vergleich des Wortlauts der Grundfreiheiten mit dem des EG-Wettbewerbsrechts**. Beide Normen-

---

[1947] Siehe *Streinz*, Europarecht, 5. Aufl., 2001, Rn. 666, 683. Daß der Normtext der Grundfreiheiten für eine Begrenzung von deren Geltungsbereich spricht, räumt auch *Lackhoff* (Die Niederlassungsfreiheit des EGV – nur ein Gleichheits- oder auch ein Freiheitsrecht, 2000, S. 73 ff.) ein. Keine Zustimmung verdient freilich sein Hinweis darauf, daß man aus dem Fehlen einer einschränkenden Formulierung (z.B. „nur") in den Tatbeständen der Grundfreiheiten auf das Bestehen einer planwidrigen Lücke im Schutzumfang der Marktfreiheiten schließen könne (*Lackhoff*, Die Niederlassungsfreiheit des EGV – nur ein Gleichheits- oder auch ein Freiheitsrecht, 2000, S. 80 f.). Dem ist entgegenzuhalten, daß die Verfasser des EG-Vertrags, wenn sie den Marktfreiheiten den Charakter allgemeiner Wirtschaftsfreiheiten hätten beilegen wollen, anstatt der Formulierung „*zwischen* den Mitgliedstaaten" eine weitergehendere Fassung wie etwa „*in* den Mitgliedstaaten" gewählt hätten. Aus diesem Grund legt bereits der Normtext in seiner jetzigen Fassung auch ohne das einschränkende Wort „nur" den Gegenschluß nahe, daß die Grundfreiheiten ausschließlich Sachverhalte mit einem grenzüberschreitenden Bezug erfassen.

komplexe stehen insofern in systematischem Zusammenhang, als die Handelsschranken zwischen den Mitgliedstaaten, die über die Grundfreiheiten abgebaut werden, nicht wieder im Wege wettbewerbsbeschränkender Verhaltensweisen privater Einheiten gleichsam erneut errichtet werden dürfen[1948]. Stellt man in einem nächsten Schritt die Textfassungen von Art. 23 ff. EG und Art. 81 f. EG einander gegenüber, fällt auf, daß bei den Wettbewerbsregeln – im Gegensatz zur den Grundfreiheiten – neben der Voraussetzung des zwischenstaatlichen Bezugs durchgehend auf Begriffe wie „*innerhalb* des Gemeinsamen Marktes", „*auf* dem Gemeinsamen Markt" oder „*mit* dem Gemeinsamen Markt" rekurriert wird. Diese Formulierungen implizieren, daß das EG-Wettbewerbsrecht hauptsächlich darauf zielt, Handelshemmnisse innerhalb des Gemeinsamen Marktes bzw. des Binnenmarkts abzubauen, ohne daß es schwerpunktmäßig auf das Vorliegen eines grenzüberschreitenden Aspekts ankommt. In diesem Umstand liegt auch der tiefere Grund für die extensive Auslegung der Zwischenstaatlichkeitsklausel im EG-Wettbewerbsrecht begründet, die inzwischen ihre begrenzende Funktion eingebüßt hat[1949]. Eine auf dem Gesagten aufbauende Zusammenschau des Wortsinns von Art. 23 ff. und Art. 81 f. EG legt daher den Umkehrschluß nahe, daß es bei den Grundfreiheiten im Gegensatz zum EG-Wettbewerbsrecht vorwiegend auf den grenzüberschreitenden Aspekt ankommt.

c) Eine dritte kontextuale Erwägung, die für ein Festhalten am zwischenstaatlichen Bezug spricht, läßt sich schließlich aus den **Rechtsangleichungskompetenzen der Gemeinschaft** herleiten: So sind den Grundtatbeständen der Marktfreiheiten (Art. 39 EG, Art. 43 EG und Art. 49 EG) jeweils unmittelbar Kompetenzbestimmungen (Art. 40, 42 EG; Art. 44, 47 EG und Art. 52 EG) an die Seite gestellt, die zugunsten der Gemeinschaft Harmonisierungszuständigkeiten begründen. Abgerundet werden diese Bestimmungen durch die allgemeine Rechtsangleichungskompetenz der EG in Art. 95 EG. Daraus erschließt sich, daß die Marktfreiheiten primär die Zirkulationsfähigkeit der Wirtschaftsgüter durch die Beseitigung der zwischenstaatlichen Hindernisse intendieren, wogegen die Rechtsangleichungskompetenzen die Herstellung der Wettbewerbsgleichheit bezwecken[1950]. Zu dieser systematischen Anordnung paßt indessen nur ein Verständnis, das im Grundsatz an dem Erfordernis des zwischenstaatlichen Bezugs festhält. Denn bei einer Erstreckung der Grundfreiheiten auf rein

---

[1948] Siehe zu diesem übereinstimmenden Grundanliegen der Marktfreiheiten und der EG-Wettbewerbsregeln schon im 3. Teil, 1. Kapitel, B.III.3.

[1949] Vgl. zur Reichweite der EG-wettbewerbsrechtlichen Zwischenstaatlichkeitsklausel *Oppermann*, Europarecht, 2. Aufl., 1999, Rn. 1035; Lenz-*Grill*, EGV, 2. Aufl., 1999, Vorbem. Art. 81-86 Rn. 13 ff.; siehe auch *Emmerich*, JuS 1990, 695, 697.

[1950] So auch *Epiney*, Umgekehrte Diskriminierungen, 1995, S. 221 f.

innerstaatliche Sachverhalte würde der Geltungsbereich der EG-Rechtsangleichungskompetenzen zu sehr zurückgedrängt werden[1951].

2. Teleologische Interpretation

Die systematische Auslegung hat damit zutage gefördert, daß gewichtige Gründe eine Beibehaltung der Zwischenstaatlichkeitsklausel stützen. Daher müßte die Gegenauffassung schon sehr überzeugende funktionale Argumente anführen, die es rechtfertigen, entgegen dem Gesamtkontext des EG-Vertrags einen Verzicht auf die Zwischenstaatlichkeitsklausel zu befürworten. Dem EG-Vertrag lassen sich in dieser Beziehung **drei Ansatzpunkte** entnehmen: das Binnenmarktziel, das Wettbewerbsprinzip und der Grundsatz der offenen Marktwirtschaft. Sämtliche Erwägungen erweisen sich indes als kaum tragfähig (a bis c); darüber hinaus existieren teleologische Gründe, die den Befund der systemorientierten Exegese untermauern (d).

a) Die Promotoren, die die Marktfreiheiten als allgemeine Wirtschaftsfreiheit deuten, berufen sich zur Rechtfertigung zunächst auf das **Binnenmarktziel** im Sinne des Art. 14 Abs. 2 EG: Der Binnenmarkt umfaßt danach einen „Raum ohne Binnengrenzen". Schon der Normtext der Zielbestimmung zeige, daß dem grenzüberschreitenden Bezug keine Bedeutung mehr zukomme. Daher müsse man rein innerstaatliche Sachverhalte ebenfalls unter die Grundfreiheiten subsumieren[1952].

Eine solche Argumentation erscheint indessen ziemlich einseitig. Denn Art. 14 Abs. 2 EG besagt zugleich, daß der Binnenmarkt nur „gemäß den Bestimmungen dieses Vertrags gewährleistet ist". Damit wird klargestellt, daß Art. 14 Abs. 2 EG im Zusammenhang mit den übrigen Bestimmungen des EG-Vertrags zu deuten ist. Einen besonderen Stellenwert erlangen in dieser Beziehung die Zielbestimmungen in Art. 3 Abs. 1 lit. a und c EG[1953]. Beide Zielbestimmungen knüpfen jedoch übereinstimmend an die Beseitigung von Handelshindernissen „zwischen den Mitgliedstaaten" an[1954]. In Abweichung von dieser Wortwahl ist

---

[1951] A.A. *Lackhoff*, Die Niederlassungsfreiheit des EGV – nur ein Gleichheits- oder auch ein Freiheitsrecht, 2000, S. 89 f.

[1952] *Kewenig*, JZ 1990, 20, 23; *Heydt*, EuZW 1993, 105; *Eberhartinger*, EWS 1997, 43, 50; *Lackhoff/Raczinski*, EWS 1997, 109, 112.

[1953] Vgl. *EuGH*, Urt. v. 05.10.2000 – Rs. C-376/98 – EuZW 2000, 694, 699 Tz. 82 – „Tabakwerbeverbot"; *Arndt*, Europarecht, 6. Aufl., 2003, S. 139; *Streinz*, in: Festschrift für *Rudolf*, 2001, 198, 204.

[1954] Vgl. *Hödl*, Die Beurteilung von verkaufsbehindernden Maßnahmen im Europäischen Binnenmarkt: Neue Interpretationsansätze zu Art. 30 EGV auf der Grundlage der Keck-Entscheidung, 1997, S. 67; siehe des weiteren *Arndt*, Europarecht, 6. Aufl., 2003, S. 143;

Art. 3 Abs. 1 lit. g EG formuliert, der ganz allgemein den Schutz des Wettbewerbs „innerhalb" des Binnenmarkts vor Verfälschungen intendiert und insofern nicht spezifisch auf grenzüberschreitende Sachverhalte beschränkt ist[1955]. Ein sprachlicher Abgleich beider Textfassungen deckt somit auf, daß die Grundfreiheiten lediglich die Funktion haben können, Hindernisse zu beseitigen, die einem Wirtschaftsgut gerade deshalb auferlegt werden, weil es die Grenze überschreitet. Art. 14 Abs. 2 EG ist deshalb entgegen seinem Wortlaut restriktiv aufzufassen[1956].

b) Andere Autoren des extensiven Verständnisses beziehen sich dagegen auf das **Wettbewerbsprinzip** in Art. 3 Abs. 1 lit. g EG, um die Einbeziehung rein innerstaatlicher Sachverhalte zu rechtfertigen. Dabei verweisen sie im Rahmen der Warenverkehrsfreiheit darauf, daß Art. 28 EG auch dazu diene, den Wettbewerb innerhalb des Binnenmarkts vor Verfälschungen zu schützen. Eine restriktive Deutung bewirke aber Inländerdiskriminierungen[1957], mit denen unweigerlich Wettbewerbsverzerrungen verbunden sind. Dadurch werde das Ziel des

---

Eilmansberger, JBl. 1999, 345, 357 und *Oliver*, CMLRev. 36 (1999), 783, 784, die sich auf den Wortsinn von Art. 3 Abs. 1 lit. a und c EG („zwischen den Mitgliedstaaten") berufen, um zu begründen, daß die Marktfreiheiten ausschließlich zwischenstaatliche Sachverhalte erfassen. Auch *Epiney*, Umgekehrte Diskriminierungen, 1995, S. 206 ff., räumt ein, daß der Wortlaut der Zielbestimmungen in Art. 3 Abs. 1 lit. a und c EG einer extensiven Auslegung entgegensteht. A.A. *Bleckmann*, RIW 1985, 917, 919 f., und *Lackhoff*, Die Niederlassungsfreiheit des EGV – nur ein Gleichheits- oder auch ein Freiheitsrecht, 2000, S. 98 f., wobei deren Argumente aber ins Leere laufen: Zum einen verkennt der Verweis auf den Umstand, daß sich auch Inländer gegenüber ihrem Herkunftsstaat auf das Diskriminierungsverbot aufgrund der Staatsangehörigkeit berufen könnten, daß dies nur für die Fälle gilt, in denen ein Inländer eine grenzüberschreitende Tätigkeit ausübt und aus diesem Grund von seinem Herkunftsstaat diskriminiert wird (*Arndt*, Europarecht, 6. Aufl., 2003, S. 129). Ferner ist mit Nachdruck darauf hinzuweisen, daß Export- oder Ausreisebeschränkungen solche belastenden staatlichen Maßnahmen darstellen, die einem Produkt oder einer Person gerade deshalb auferlegt werden, weil sie die Grenze zwischen zwei Mitgliedstaaten überschreiten (vgl. *Arndt*, Europarecht, 6. Aufl., 2003, S. 145). In beiden Situationen knüpft die Benachteiligung folglich spezifisch an den Grenzübertritt an. In dieser Hinsicht unterscheiden sich beide Fallkonstellationen von der Situation der Inländerdiskriminierung, die zu einer Auswanderung führt. Zwar besteht hier auch in rein tatsächlicher Hinsicht ein grenzüberschreitender Bezug; indes knüpft die Benachteiligung nicht spezifisch an den Grenzübertritt an. Deshalb kann der dritte Sachverhalt nicht mit den beiden ersten gleichgestellt und unter das Merkmal „zwischen den Mitgliedstaaten" i.S.v. Art. 3 Abs. 1 lit. a und c EG subsumiert werden.

[1955] *Epiney*, Umgekehrte Diskriminierungen, 1995, S. 209 f. m.w.N. aus der Rechtsprechung; *Nicolaysen*, EuR 1991, 95, 102 ff.

[1956] Diese Überlegungen enthalten auch keinen Zirkelschluß (so aber: *Reich*, EuZW 1991, 203, 205), sondern es handelt sich hierbei um eine explizite Vorgabe der Zielbestimmungen in Art. 3 Abs. 1 lit. a und c EG.

[1957] Zum Problem der Inländerdiskriminierung siehe im 2. Teil, 1. Kapitel, B.II.1.

Art. 3 Abs. 1 lit. g EG in sein Gegenteil verkehrt. Daher sei ein weites Verständnis des Art. 28 EG und damit eine Abkehr von der Voraussetzung des zwischenstaatlichen Bezugs geboten[1958]. Folgt man diesem Ansatz, erscheint es mit Blick auf das Postulat der Konvergenz der Grundfreiheiten zwingend geboten, die extensive Auslegung auf den Bereich der Arbeitnehmerfreizügigkeit zu übertragen.

Dieser gesamte Gedankengang beruht dabei auf der Prämisse, daß die Warenverkehrsfreiheit einschließlich der übrigen Marktfreiheiten über ihren eigentlichen Zweck hinaus – wie er sich aus Art. 3 Abs. 1 lit. a und c EG ergibt – ausgelegt werden können. Mit anderen Worten: Dem Wettbewerbsprinzip wird an dieser Stelle Vorrang vor dem Schutzzweck der Sicherstellung des freien Marktzutritts eingeräumt. Begründet wird dies unter Hinweis darauf, daß der EuGH auch Art. 90 EG – eine Spezialvorschrift zu Art. 23 ff. EG – im Lichte des Art. 3 Abs. 1 lit. g EG interpretiert habe, obwohl das steuerrechtliche Diskriminierungsverbot prima facie den Schutz inländischer Produkte verhindert. Daher müsse man auch die Warenverkehrsfreiheit primär vor dem Hintergrund des Wettbewerbsprinzips ausrichten[1959]. Gleiches müßte dann auch für die Arbeitnehmerfreizügigkeit angenommen werden.

Eine solche Argumentation erweist sich indessen bei näherer Betrachtung als genauso wenig überzeugend. Denn aus der systematischen Stellung von Art. 90 ff. EG im Gesamtgefüge des EG-Vertrags ist zu schließen, daß die EG-steuerrechtlichen Vorschriften eine Zwitterfunktion[1960] haben, indem sie zum einen das Beihilfeverbot ergänzen, damit die Mitgliedstaaten Art. 87 EG im Bereich der Warenproduktion nicht durch eine steuerliche Förderung umgehen können; daneben stehen die steuerlichen Vorschriften zugleich in engem Zusammenhang mit dem Ziel der Rechtsangleichung, wie insbesondere Art. 93 EG aufzeigt[1961]. Aus diesem Befund leitet sich wiederum her, daß für die vorrangige

---

[1958] Vgl. *Nicolaysen*, EuR 1991, 95, 102 ff.; *Lackhoff/Raczinski*, EWS 1997, 109, 112; siehe auch Groeben/Thiesing/Ehlermann-*Müller-Graff*, EUV/EGV, Bd. I, 5. Aufl., 1997, Art. 30 Rn. 321.

[1959] Dies dürfte *Nicolaysen* (EuR 1991, 95, 104) gemeint haben, wenn er davon spricht, daß es „in der Linie des *Gaston Schul*-Urteils konsequent ist, [...] [die] Folgen der Anwendung des Art. 30 EWGV für den Wettbewerb [zu berücksichtigen]: Diese Anwendung darf das Rechtsprinzip des Wettbewerbs nicht verletzen [...]."

[1960] Vgl. *Geiger*, EUV/EGV, 3. Aufl., 2000, Art. 90 Rn. 1; Lenz-*Wolffgang*, EGV, 2. Aufl., 1999, Art. 90 Rn. 10 f.

[1961] Man hat zu berücksichtigen, daß Art. 90 EG im Kapitel über die „Steuerlichen Vorschriften" untergebracht ist. Der Normenkomplex ist nun seinerseits im Titel VI des EG-Vertrages zwischen dem Kapitel über den Wettbewerb und dem über die Rechtsangleichung angesiedelt. Auch die Überschrift des Titels VI weist den Bestimmungen zu den

Interpretation des steuerrechtlichen Diskriminierungsverbots im Lichte des Wettbewerbsprinzips die systematische Verbindung der Steuerregeln mit dem EG-Wettbewerbsrecht ausschlaggebend ist[1962]. Eine vergleichbare, schon im äußeren Aufbau des EG-Vertrags zum Ausdruck kommende enge Verzahnung läßt sich für die Grundfreiheiten und die EG-rechtlichen Wettbewerbsbestimmungen nicht nachweisen. Dies wird schon durch die Verortung der Marktfreiheiten in Titel I und Titel III einerseits und der EG-Wettbewerbsregeln im Titel VI andererseits belegt. Zu dieser kontextualen Wertung würde man sich indes in Widerspruch setzen, wenn man die Arbeitnehmerfreizügigkeit primär mit Blick auf den Gedanken der Wettbewerbsgleichheit auslegte. Daher gilt: Der Gedanke der Freiheit des Marktzugangs hat Vorrang vor dem Wettbewerbsprinzip, das seinerseits nur die Funktion erfüllt, auf dem inländischen Markt gleiche Wettbewerbsbedingungen für EG-ausländische und inländische Wirtschaftsgüter zu gewährleisten[1963].

Im übrigen verliert das Problem der Inländerdiskriminierung zunehmend dadurch an Bedeutung, daß der Gerichtshof die Zwischenstaatlichkeitsklauseln der Grundfreiheiten zwar grundsätzlich beibehält, diese aber so extensiv auslegt, daß er selbst in der Konstellation, daß der Sachverhalt des Ausgangsverfahrens rein inlandsbezogen ist, im Wege eines Vorabentscheidungsverfahrens nach Art. 234 EG anhand eines hypothetischen grenzüberschreitenden Sachverhalts überprüft, ob eine Grundfreiheit dahin auszulegen ist, daß sie einer innerstaatlichen Rechtsvorschrift entgegensteht[1964]. Trifft dies zu, wird das vorlegende in-

---

Steuerfragen eine Mittelstellung zu, wenn von „Gemeinsame[n] Regeln betreffend Wettbewerb, Steuerfragen und Angleichung der Rechtsvorschriften" die Rede ist.

1962 Zum Verhältnis der Wettbewerbsregeln zu den Steuervorschriften siehe Groeben/Thiesing/Ehlermann-*Schröter*, EUV/EGV, Bd. II/1, 5. Aufl., 1997, Vorbem. zu Art. 85 bis 94 Rn. 20 ff.; *Geiger*, EUV/EGV, 3. Aufl., 2000, Art. 81 Rn. 1.

1963 So auch: *Arndt*, Europarecht, 6. Aufl., 2003, S. 139; *Roth*, in: Festschrift für *Großfeld*, 1999, 929, 944 f.

1964 Diese neuere Rechtsprechungslinie zur Auslegung der Zwischenstaatlichkeitsklausel wendet der Gerichtshof bisher zwar nur bei den Produktverkehrsfreiheiten an (vgl. hierzu *Arndt*, Europarecht, 6. Aufl., 2003, S. 144; *Arndt/Fischer/Fetzer*, Zur Anwendbarkeit des Art. 28 EG auf „rein innerstaatliche" Sachverhalte, auf: CD-ROM Europarecht, 2. Aufl., 2003, B.II.2. bis 4.). Mit Blick auf die Konvergenz der Marktfreiheiten bedeutete es jedoch einen schwerwiegenden Wertungswiderspruch, bei den Personenverkehrsfreiheiten einen engeren Interpretationsansatz zu wählen. Daher ist die neuere EuGH-Judikatur auf die Freiheiten des Personenverkehrs zu übertragen. Diesem Ansatz entspricht es auch, wenn der Gerichtshof im Fall „Angonese" (*EuGH*, Urt. v. 06.06.2000 – Rs. C-281/98 – EuZW 2000, 468) die Arbeitnehmerfreizügigkeit als Prüfungsmaßstab heranzog, obwohl der konkrete Sachverhalt im Ausgangsverfahren auf das Inland beschränkt geblieben ist (vgl. zum Vorliegen eines grenzüberschreitenden Bezugs im Fall „Angonese" eingehend *Arndt/Fischer/Fetzer*, Zur unmittelbaren Drittwirkung der Grundfreiheiten am Beispiel der Arbeitnehmerfreizügigkeit, auf: CD-ROM Europarecht, 2. Aufl., 2003, B.II.4.b)aa));

nerstaatliche Gericht – seine Normverwerfungskompetenz ist dabei als gegeben anzusehen[1965] – in die Lage versetzt, die streitentscheidende nationale Rechtsnorm, die wegen Verstoßes gegen eine Marktfreiheit im grenzüberschreitenden Verkehr unanwendbar ist, über den verfassungsrechtlichen Gleichheitssatz (Art. 3 Abs. 1 GG) aufgrund der sachlich nicht gerechtfertigten Inländerdiskriminierung für nichtig zu erklären[1966].

c) Schließlich führen die Befürworter zugunsten einer Einbeziehung von rein innerstaatlichen Sachverhalten in den Schutzbereich der Arbeitnehmerfreizügigkeit das **Ziel der offenen Marktwirtschaft mit freiem Wettbewerb** in Art. 4 Abs. 1 EG an. Ein solches Konzept verlange zwingend, daß die Mitgliedstaaten für jeden Eingriff in den Binnenmarkt begründungspflichtig seien. Mit der Herausnahme rein innerstaatlicher Sachverhalte aus dem Geltungsumfang der Grundfreiheiten würde dieser Legitimations- bzw. Rechtfertigungsdruck entfallen. Dieser Befund sei nicht mit der Wertung von Art. 4 Abs. 1 EG vereinbar[1967].

So zutreffend der Ausgangspunkt dieser Überlegungen auch sein mag, so angreifbar sind die daraus gezogenen Schlußfolgerungen im Hinblick auf die hier zu beurteilende rechtliche Problematik. Die Kritik entzündet sich dabei an der Nichtbeachtung der Normstruktur von Art. 4 Abs. 1 EG: So besagt die Vertragsvorschrift, daß eine Wirtschaftspolitik eingeführt werden soll, die bestimmten Prinzipien verpflichtet ist, die in dem Tatbestand der Zielbestimmung gleichrangig nebeneinander aufgelistet sind. So wird in Art. 4 Abs. 1 EG noch vor den Prinzipien der offenen Marktwirtschaft und des freien Wettbewerbs die „Einführung einer Wirtschaftspolitik, die auf einer engen Koordinierung der Wirtschaftspolitik der Mitgliedstaaten" beruht, angesprochen. Art. 4 Abs. 1 EG stellt insofern eine enge Beziehung zu Art. 98 ff. EG her, in denen die mitgliedstaatliche Wirtschaftspolitik normiert ist[1968]. In Art. 99 Abs. 1 EG ist davon die Rede, daß die Wirtschaftspolitik auch weiterhin grundsätzlich Sache der EG-Mitgliedstaaten bleibt („ihre Wirtschaftspolitik")[1969]. Zu diesem Regel-Ausnahme-

a.A. dagegen *Lackhoff*, Die Niederlassungsfreiheit des EGV – nur ein Gleichheits- oder auch ein Freiheitsrecht, 2000, S. 66, der auf den konkreten Sachverhalt abstellt.

1965 Oder es besteht eine Vorlagemöglichkeit des Instanzgerichts nach Art. 100 Abs. 1 GG.

1966 Eingehend zu dieser dogmatischen Konstruktion des EuGH: *Arndt/Fischer/Fetzer*, Zur Anwendbarkeit des Art. 28 EG auf „rein innerstaatliche" Sachverhalte, auf: CD-ROM Europarecht, 2. Aufl., 2003, B. und C.II; *Arndt/Fischer*, Europarecht – 20 Fälle mit Lösungen, 3. Aufl., 2003, S. 102 ff.

1967 So *Tietje*, in: *Ehlers*, Europäische Grundrechte und Grundfreiheiten, 2003, § 10 Rn. 54 f.

1968 Vgl. zu diesem Zusammenhang Calliess/Ruffert-*Häde*, EUV/EGV, 2. Aufl., 2002, Art. 4 Rn. 6 m.w.N.

1969 Vgl. Groeben/Thiesing/Ehlermann-*von Estorff/Molitor*, EUV/EGV, Bd. I, 5. Aufl., 1997, Art. 3a Rn. 10; Grabitz/Hilf-*Bandilla*, EUV/EGV, Bd. I, Art. 4 Rn. 5.

Verhältnis der Zuständigkeitsverteilung zwischen EG-Mitgliedstaaten und Gemeinschaft paßt indessen nur ein Verständnis der übrigen Prinzipien – einschließlich dem Grundsatz der offenen Marktwirtschaft mit freiem Wettbewerb –, das die Kompetenzausübung seitens der EG-Mitgliedstaaten möglichst schont. Mit dieser Wertung harmoniert wiederum nur ein Verständnis, daß Maßnahmen der Mitgliedstaaten, die rein innerstaatliche Sachverhalte betreffen, grundsätzlich keiner Verhältnismäßigkeitskontrolle unterliegen. Bestätigt wird diese Sichtweise zudem durch das Abstellen auf den „Binnenmarkt" in Art. 4 Abs. 1 EG. Der Normtext nimmt damit Bezug auf Art. 3 Abs. 1 lit. c EG[1970], der sich ausdrücklich („zwischen den Mitgliedstaaten") nur gegen grenzüberschreitende Handelshemmnisse wendet (s.o.). Aus dem Gesagten folgt daher, daß Art. 4 Abs. 1 EG nicht gegen, sondern eher für ein Festhalten an den Zwischenstaatlichkeitsklauseln spricht.

d) Die von der progressiven Ansicht vorgebrachten Erwägungen für eine analoge Anwendung der Grundfreiheiten auf rein innerstaatliche Sachverhalte vermögen – wie dargelegt – nicht zu überzeugen. Weitergehend zeigt eine teleologische Interpretation sogar, daß gute Gründe für ein enges Verständnis im Sinne der traditionellen Meinung streiten. So heißt es im dreizehnten Absatz der Präambel des EU-Vertrags, daß in der Europäischen Union die Entscheidungen „entsprechend dem Subsidiaritätsprinzip möglichst bürgernah getroffen werden". Das **Prinzip der bürgernahen Entscheidungsfindung** wird zudem in Art. 1 Abs. 2 EU angesprochen[1971]. Das Unionsrecht enthält somit einen – über Art. 5 Abs. 2 EG hinausgehenden – Rechtsgrundsatz, daß die Gemeinschaft nicht alle möglichen Politikbereiche in zentralistischer Weise an sich zieht, sondern nur tätig wird, wenn dies zur Lösung eines bestimmten Problems unerläßlich ist. Die Zielbestimmung begründet eine normativ verpflichtende (widerleg-

---

[1970] Vgl. Calliess/Ruffert-*Häde*, EUV/EGV, 2. Aufl., 2002, Art. 4 Rn. 5.

[1971] Die Anwendung dieses Auslegungsgrundsatzes läßt sich auch nicht unter Hinweis darauf in Frage stellen, daß es an einer „Entscheidung" der Gemeinschaft fehle (so freilich *Lackhoff*, Die Niederlassungsfreiheit des EGV – nur ein Gleichheits- oder auch ein Freiheitsrecht, 2000, S. 89). Denn ausgehend davon, daß der Begriff der „Entscheidung" in diesem Kontext in einem möglichst umfassenden Sinne zu verstehen ist (so Grabitz/Hilf-*Hilf*, EUV/EGV, Bd. I (a.F.), Art. A EU Rn. 14), läßt sich wie folgt argumentieren: Bei der Ausdehnung der Marktfreiheiten auf rein interne Sachverhalte handelt es sich um eine Rechtsfortbildung. Für diese ist nach Art. 220 EG der EuGH zuständig (vgl. *Lackhoff*, Die Niederlassungsfreiheit des EGV – nur ein Gleichheits- oder auch ein Freiheitsrecht, 2000, S. 76 ff.). Der Gerichtshof könnte eine solche Rechtsfortbildung lediglich im Rahmen der abschließenden richterlichen Beurteilung eines konkreten Sachverhalts vornehmen. Ein Urteil des EuGH ist jedoch ohne weiteres als „Entscheidung" der Gemeinschaft zu qualifizieren.

bare) Vermutung für den Vorrang der dezentralen Entscheidungsfindung[1972]. Den Gedanken der Primärzuständigkeit der jeweils kleinsten Einheit fortführend läßt sich folgern, daß die Grundfreiheiten einen grenzüberschreitenden Bezug voraussetzen[1973]. Bestätigt wird dies durch Art. 310 EG i.V.m. dem „Protokoll über die Anwendung der Grundsätze der Subsidiarität und der Verhältnismäßigkeit", das Art. 5 Abs. 2 und 3 EG konkretisiert. In dem Protokoll heißt es unter Nr. 5 Abs. 2, 1. Spiegelstrich, daß bei der Prüfung der Voraussetzungen von Art. 5 Abs. 2 EG als Leitlinie verlangt werden soll, daß der zu regelnde Bereich „transnationale Aspekte" aufweist. Hier wird deutlich der grenzüberschreitende Bezug angesprochen. Aus dem Gedanken der bürgernahen Entscheidungsfindung folgt deshalb, daß die Grundfreiheiten nur bei Vorliegen eines grenzüberschreitenden Bezugs eingreifen.

III. Zwischenergebnis

Eine **systematisch-teleologische Interpretation** der Arbeitnehmerfreizügigkeit lehrt folglich, daß das Freizügigkeitsrecht ausschließlich in den Fällen zur Anwendung kommt, in denen sich ein grenzüberschreitender Bezug nachweisen läßt. Aus dieser Erkenntnis ist daher zu schlußfolgern, daß **reine Inlandssachverhalte wie die Pflicht zur Zahlung einer Transferentschädigung im Falle eines nationalen Transfers nicht am Maßstab von Art. 39 Abs. 1 EG überprüft werden können.**

B. Exkurs: Vereinbarkeit der Ausbildungsentschädigung mit der grundgesetzlichen Berufsfreiheit

Auch wenn man aus überzeugenden dogmatischen Erwägungen heraus Art. 39 Abs. 1 EG bei reinen Inlandstransfers nicht zur Anwendung bringt, bedeutet dies noch lange keinen Freibrief für die Zulässigkeit von Ausbildungsentschädigungen auf der Grundlage von § 27 DFB-Spielordnung i.V.m. § 16 LOS. Vielmehr greift an dieser Stelle die **Berufsfreiheit** aus Art. 12 Abs. 1 GG über den Transformationsriemen des § 242 BGB als Kontrollmaßstab ein[1974]. Vom Schutzbereich des Freiheitsrechts wird dabei auch die Fallkonstellation des Wechsels ei-

---

1972 Calliess/Ruffert-*Häde*, EUV/EGV, 2. Aufl., 2002, Art. 1 EU Rn. 27 ff. m.w.N.; vgl. auch Grabitz/Hilf-*Hilf*, EUV/EGV, Bd. I (a.F.), Art. A EU Rn. 14 f.; *Lenz*, NJW 1993, 1962, 1963.

1973 Grundlegend *Kingreen*, Die Struktur der Grundfreiheiten des Europäischen Gemeinschaftsrechts, 1999, S. 110 f.

1974 Zur mittelbaren Drittwirkung der Grundrechte siehe im 2. Teil, 1.Kapitel, A.4.a).

nes Nachwuchsspielers vom Amateur- ins Profilager erfaßt[1975]. Die Pflicht des aufnehmenden Fußballclubs zur Zahlung einer Entschädigung verkörpert einen Eingriff in die Berufsfreiheit des angehenden Profifußballspielers; wobei die belastende Maßnahme als objektive Zulassungsschranke zu qualifizieren ist. Eine Rechtfertigung der Schutzbereichsverkürzung scheidet aus, weil als relativ milderes Mittel der beitragsfinanzierte Solidaritätsfonds installiert werden kann. Folglich **verstoßen § 27 DFB-Spielordnung, § 16 LOS gegen § 242 BGB i.V.m. Art. 12 Abs. 1 GG und sind daher unwirksam.**

[1975] Vgl. hierzu die Rechtsprechung des BGH, auf die schon im 2. Teil, 1. Kapitel, B.II.2.b), näher eingegangen wurde.

4. Teil: Zusammenfassung der Ergebnisse der Arbeit

Der **Konflikt zwischen (Fußball-)Sport und (Europa-)Recht** hat inzwischen Tradition. Lange Zeit eher von Eingeweihten ausgetragen, bekam er spätestens mit dem „Bosman"-Urteil des Europäischen Gerichtshofs aus dem Jahr 1995 auch für die breitere Öffentlichkeit ein Gesicht. Den Fußballsportverbänden wurde in der schneidig formulierten Entscheidung attestiert, daß Kernelemente des von ihnen beherrschten Subsystems – Ausländerklauseln und Transferentschädigungen – rechtswidrig waren und fortan nicht mehr praktiziert werden durften. Wie dieser Richterspruch aus Luxemburg von der Sportverbandsfunktionären aufgenommen wurde, läßt sich am besten veranschaulichen, wenn man sich folgende Frage stellt: Wie hätte wohl Louis XIV. reagiert, wenn ihm ein Richter gesagt hätte, sein Befehl „Brûlez le Palatinat!" sei nicht rechtens? Die Antworten liegen auf der Hand. Nur so lassen sich auch die Reaktionen der führenden Verbandsangehörigen auf die EuGH-Entscheidung erklären. Die verbandsrechtliche Umsetzung des Urteils erfolgte danach denn auch mehr oder weniger äußerst widerwillig. Man fügte sich nur zögernd in das Unabänderliche, verharrte aber weiterhin in den alten Denkstrukturen. Zeugnis hierfür sind die langfristigen Spielerverträge und exorbitanten Vertragsauskaufsummen, mit denen die juristisch eingeräumte Freizügigkeit de facto ausgehebelt wurde; sowie die aufgebrachten Reaktionen der Sportfunktionäre, als die EG-Kommission sich entschloß, gegen die „orientalischen" Praktiken zu Felde zu ziehen. Wie dem auch sei, beide Seiten handelten schließlich einen Kompromiß zur künftigen Gestalt der Transferregeln aus. Der Inhalt der getroffenen Übereinkunft läßt sich dabei wohl am besten mit dem Satz resümieren, daß man nicht alles verändern, aber vieles besser machen wollte.

Ob dieser, mittlerweile durch den Erlaß des FIFA-Transferreglements im Jahr 2001 in „Gesetzesform" gegossene Kompromiß zumindest im Grundsatz – über Details wird man immer unterschiedlicher Auffassung sein können – den Konflikt zwischen (Fußball-)Sport und (Europa-)Recht löst, das zu hinterfragen, war im Kern das **Anliegen der vorliegenden Arbeit**. Ein solches Anliegen ernst zu nehmen bedeutet, daß man bei den organisatorischen, wirtschaftlichen und rechtlichen Grundlagen des professionellen Fußballsports und insbesondere der Transferregeln ansetzen muß. Von diesem Konzept ausgehend wurden zunächst die rechtlichen Grundstrukturen des Sportverbandsrechts herausgearbeitet sowie ein Überblick über die Organisatoren des lizenzierten Fußballsports auf nationaler wie internationaler Ebene gegeben. Darauf aufbauend wurden im Anschluß, eingebettet in einen chronologischen Aufbau, die wichtigsten Aspekte der Transferentschädigungsproblematik (die wirtschaftliche Funktionsweise sowie

Sinn und Zweck der Ablösesumme, das „Bosman"-Urteil des EuGH, die Umsetzung der Entscheidung des Gerichtshofs durch die (inter)nationalen Fußballsportverbände und die innerstaatliche Rechtspraxis, die Diskussion zu tauglichen Umgehungsstrategien und Reformvorschlägen und schließlich die ökonomischen Auswirkungen der EuGH-Urteils namentlich auf den Arbeitsmarkt für Profifußballspieler) dargestellt. Die aus den vorstehenden Ausführungen für den weiteren Gang der Arbeit gewonnenen wichtigsten Erkenntnisse sind dabei die folgenden:

Das **Instrument der Ablöseentschädigung** dient vorwiegend wirtschaftlichen Zielsetzungen, die vom Gerichtshof zugleich allesamt als grundsätzlich legitim akzeptiert worden sein dürften. So hat die Entschädigungspflicht erstens eine Aufwendungsersatzfunktion; wobei diese ratio ausschließlich in der Konstellation paßt, daß ein Lizenzspieler vom abgebenden Verein ausgebildet wurde; allerdings muß zwischen der Transferentschädigung und der Höhe der Ausbildungskosten ein Äquivalenzverhältnis bestehen. Zweitens ist der Gedanke der Schaffung von Anreizstrukturen für die Nachwuchsförderung von Bedeutung; freilich kann diese Erwägung nur für die Situation des Wechsels eines Nachwuchsspielers von einem ausbildenden Verein zu einem Lizenzverein Geltung beanspruchen; indes muß unter Zugrundelegung eines solchen Ziels kein Äquivalenzverhältnis zwischen Transfersumme und tatsächlichen Ausbildungskosten vorliegen. Drittens ist der Aspekt der Aufrechterhaltung des finanziellen Gleichgewichts zwischen den Lizenzvereinen zu beachten; jedoch kann diesem Gedanken nur eine ergänzende Funktion beigemessen werden; im übrigen ist es abwegig, die Ablöseentschädigung mit dem Ziel der Wahrung des sportlichen Gleichgewichts unter den Fußballclubs erklären zu wollen. Viertens schließlich besteht eine wichtige Funktion der Ablöseentschädigung darin, einen Beitrag zur Existenzsicherung der finanziell angeschlagenen Vereine zu leisten, um ein insolvenzbedingtes Unterlaufen der Ziele des Lizenzierungsverfahrens zu verhindern.

Nach vom Gerichtshof im „Bosman"-Verfahren vertretener Ansicht reichten diese Zwecke indessen nicht hin, Transferentschädigungen bei internationalen Transfers nach Ablauf von Spielerverträgen als europarechtskonform zu legitimieren. Entfiel damit das Institut der Ablösesumme insoweit, bedurfte es der **Entwicklung von Ersatzmodellen**. Dazu wurden zahlreiche Vorschläge produziert, darunter auf den ersten Blick sinnvolle und weniger sinnvolle: **Sinnvoll** erscheint zunächst der Ausbildungsvertrag mit Rückzahlungsklausel; nur verstößt dieses Modell gegen § 5 Abs. 2 Nr. 1 BBiG. Des weiteren ist der Erstarbeitsvertrag mit Rückzahlungsklausel zu nennen; dieser Vorschlag hält indes einer arbeitsvertraglichen Inhaltskontrolle gemäß § 307 Abs. 1 S. 1 BGB i.V.m.

der Rechtsprechung des BAG zur Zulässigkeit von Rückzahlungsklauseln, die die Erstattung von dem Arbeitgeber entstandenen Aus- und Fortbildungskosten zum Gegenstand haben, nicht stand. Das in der Post-Bosman-Ära schließlich in der Vereinspraxis praktizierte Modell des langfristigen Spielervertrages ist nicht geeignet, annähernde sportliche Wettbewerbsgleichheit unter den Lizenzvereinen zu gewährleisten. Zu den **weniger sinnvollen** Ersatzmodellen zählen dagegen die Umwidmung der Spielerverträge in Kooperationsverträge, die tarifvertragliche Verabredung von Transferentschädigungen sowie die Vereinbarung von Gehaltsobergrenzen (Salary Caps).

In der vorstehenden Aufzählung nicht genannt wurde bislang das **Ersatzmodell eines beitragsfinanzierten Solidaritätsfonds** unter den Lizenzvereinen der beiden Fußballbundesligen. Dies aber nicht aus dem Grund, weil der Vorschlag evident untauglich ist; im Gegenteil: Für ein solches Modell hatte schon Generalanwalt Lenz in seinem Schlußantrag im Fall „Bosman“ plädiert. Bereits deshalb verdient diese Alternative zur Transferentschädigung eingehende Beachtung. Eine detaillierte Untersuchung der ökonomischen Praktikabilität sowie der rechtlichen Rahmenvorgaben – dazu gehören die Anforderungen an die Mehrheitsverhältnisse innerhalb des Ligaverbands bei der Einführung dieses Systems sowie die verbandsrechtliche Inhaltskontrolle (§ 242 BGB i.V.m. Art. 9 Abs. 1 GG, Art. 12 Abs. 1 GG, Art. 14 Abs. 1 GG, Art. 2 Abs. 1 GG) – erhellt dabei, daß ein solcher abgabenfinanzierter Solidarfonds sehr wohl dazu geeignet ist, einerseits annähernd gleiche wirtschaftliche und sportliche Kräfteverhältnisse unter den Bundesligavereinen zu sichern und andererseits finanzielle Anreizstrukturen zur Nachwuchsförderung zu schaffen.

Betrachtet man schließlich noch die **Einflüsse der „Bosman“-Rechtsprechung auf den Arbeitsmarkt für Berufsfußballer**, so lassen sich diese in **drei Kategorien** einteilen: Zu der **ersten** zählen die Verlängerung der Laufzeiten der Spielerverträge, das Fortdauern der Mobilitätseinschränkungen bei der Mehrzahl der Lizenzspieler sowie der Abbau der Nachwuchsförderinfrastruktur durch die Vereine; für diese Entwicklung sind allein die EuGH-Judikatur und die nachfolgenden Entscheidungen der innerstaatlichen Gerichte verantwortlich. In einer **zweiten** ist die exorbitante Steigerung der Spielergehälter unterzubringen; dafür trifft den Gerichtshof zumindest eine Mitverantwortung, gleichermaßen ausschlaggebend war freilich auch die Zunahme der Vereinsumsatzerlöse infolge der gestiegenen Preise für die Media-Verwertungsrechte. Zu einer **dritten** gehören schließlich die überproportionalen Steigerungen der Transferentschädigungen und die Verwässerung der wirtschaftlichen wie sportlichen Wettbewerbsgleichheit unter den Lizenzvereinen. Für diese negativen Entwicklungen zeichnet die „Bosman“-Judikatur nicht verantwortlich.

Würdigt man vor diesem rechtstatsächlichen Hintergrund das **neue FIFA-Transferreglement** am Maßstab der Arbeitnehmerfreizügigkeit gemäß Art. 39 Abs. 1 EG, zeigt sich, daß nicht alle Elemente des Regelwerks mit Gemeinschaftsrecht kompatibel sind:

- Das **Erfordernis des internationalen Freigabescheins** ist deshalb EG-rechtswidrig, weil als milderes Mittel der abgebende Nationalverband auf Antrag des abgebenden Fußballvereins im Falle einer Vertragsstreitigkeit bei der FIFA Einspruch gegen einen internationalen Transfer einlegen kann; daraufhin verhängt die FIFA eine vorläufige Spielsperre des Spielers beim neuen Club, bis die Vertragsstreitigkeit entschieden ist; nur bei internationalen Transfers von minderjährigen Spielern, die das 12. Lebensjahr noch nicht vollendet haben, ist der internationale Freigabeschein letztlich unbedenklich;

- die **Ausbildungs- und Förderungsentschädigung**, die bei einem internationalen Transfer eines Nachwuchsspielers fällig wird, ist in Gänze europarechtswidrig. Keine der dem Institut der Ablöseentschädigung angedachten Funktionen taugt im Ergebnis als Rechtfertigungsgrund. Alle Ziele lassen sich nämlich über den beitragsfinanzierten Solidaritätsfonds ebenso effektiv verwirklichen;

- die **Transferfristen** sind zwar im Grundsatz mit der Arbeitnehmerfreizügigkeit vereinbar; indes führt dieses Instrument bei arbeitslosen Berufsfußballspielern zu unbilligen Härten, die nur über die Installierung von Härtefallklauseln aufgefangen werden könnten; weil es daran im FIFA-Transferreglement fehlt, ist das Verbandsregelwerk insofern europarechtswidrig; arbeitslose Profifußballspieler haben unter bestimmten Voraussetzungen auch nach Ablauf der Transferfristen das Recht, mit einem Verein im EG-Ausland einen Arbeitsvertrag zu schließen;

- die **finanziellen wie sportlichen Sanktionen** sind insofern europarechtlich unbedenklich, als sie die Einhaltung noch laufender Spielerverträge absichern, die ohne rechtfertigenden Grund nicht erfüllt werden; als Verstoß gegen Art. 39 Abs. 1 EG sind dagegen die finanziellen Sanktionen zu beurteilen, die selbst im Falle des Vorliegens eines Kündigungsrechts auf Seiten des Berufsfußballspielers verhängt werden können;

- der **Solidaritätsmechanismus** gemäß Art. 25 FIFA-Transferreglement ist auf die Fallkonstellation des Herauskaufens von Spielern aus laufenden Arbeitsverträgen wegen einer Verletzung von Art. 39 Abs. 1 EG im grenzüberschreitenden Austausch der Arbeitskräfte unanwendbar; lediglich im Falle der Entschädigungspflicht eines Spielers, der ohne rechtfertigenden Grund vor Ende der Vertragslaufzeit den arbeitgebenden Verein wechselt, ist Art. 25 FIFA-Transferreglement europarechtlich unbedenklich;

- ohne Beanstandungen passieren ausschließlich die Bestimmungen des FIFA-Transferreglements zu den **Altersgrenzen** sowie der **Laufzeit der Spielerverträge** die von der Arbeitnehmerfreizügigkeit gemäß Art. 39 Abs. 1 EG errichtete juristische Hürde.

Eine Kontrolle der maßgeblichen Inhalte des FIFA-Transferreglements am Maßstab der Arbeitnehmerfreizügigkeit hat somit offengelegt, daß die Urheber des Verbandsregelwerks den Rahmen des normativ Zulässigen teilweise überschritten haben; eine **befriedigende Bewältigung der rechtlichen Grundprobleme des internationalen Transferrechts steht** daher nach der zwischen EG-Kommission und FIFA erzielten Übereinkunft **weiterhin aus**. Die Transferregeln werden auch fortan für kontroverse Diskussionen sorgen; in dieser „unendlichen Geschichte“ werden deshalb sicherlich noch weitere Kapitel folgen. Nur für den Bereich der inländischen Transfers von Nachwuchsspielern dürfte geklärt sein, daß Ablöseentschädigungen rechtlich gesehen der Vergangenheit angehören; weil die entsprechenden Regelungen in der DFB-Spielordnung und der LOS gegen § 242 BGB i.V.m. Art. 12 Abs. 1 GG verstoßen und deshalb nichtig sind.

Literaturverzeichnis

Ahlers, Erich [HANDELSBLATT v. 09./10.08.2002, S. 44]: Hoffen auf frisches Geld, in: HANDELSBLATT v. 09./10.08.2002, S. 44;

Ahlers, Erich/Buchenau, Martin [HANDELSBLATT v. 17.04.2003, S. 48]: Erinnerungen an Reinhold, in: [HANDELSBLATT v. 17.04.2003, S. 48;

Aichinger, Wilfried [RdW 1998, 147]: Bosman & Skisport, ist wirklich alles klar?, in: RdW 1998, S. 147-152;

Alber, Siegbert [Schlußantr. v. 22.06.1999 – Rs. C-176/99 – Slg. I 2000, 2681 - „Lehtonen"]: Schlußanträge des Generalanwalts Siegbert Alber vom 22. Juni 1999, in: EuGH, Slg. I, S. 2681, S. 2685-2713;

Andres, Winfrid [in: Grunsky, Der Sportverein in der wirtschaftlichen Krise, 1990, 35]: Die rechtlichen Auswirkungen der Insolvenz des Vereins auf den Spielbetrieb und den Spieler, in: Grunsky, Wolfgang (Hrsg.): Der Sportverein in der wirtschaftlichen Krise, Heidelberg, 1990, S. 35-52;

Anschütz, Gerhard [Die Verfassung des Deutschen Reichs, 14. Aufl., 1933 (Nachdruck 1968)]: Die Verfassung des Deutschen Reichs. Ein Kommentar für Wissenschaft und Praxis, 14. Aufl. (1933), Bad Homburg-Berlin-Zürich, Nachdruck 1968;

Antonioni, Peter/Cubbin, John [EJLE 9/II (2000), 157]: The Bosman Ruling and the Emergence of a Single Market in Soccer Talent, in: EJLE 9/II (2000), S. 157-173;

Archner, Gernot [Die kartellrechtliche Zulässigkeit der zentralen Vermarktung von Fernsehübertragungsrechten an Bundesligaspielen durch den DFB, 2000]: Die kartellrechtliche Zulässigkeit der zentralen Vermarktung von Fernsehübertragungsrechten an Bundesligaspielen durch den DFB, Hamburg, 2000;

Arens, Wolfgang [SpuRt 1996, 39]: Der Fall Bosman – Bewertung und Folgerungen aus der Sicht des nationalen Rechts, in: SpuRt 1996, S. 39-40;

Arens, Wolfgang [SpuRt 1997, 126]: „Der deutsche Bosman“, in: SpuRt 1997, S. 126-128;

Arens, Wolfgang/Jaques, Chris [SpuRt 1997, 41]: Rechtliche Überlegungen zu § 11 der Spielerverträge im Berufsfußball, in: SpuRt 1997, S. 41-45;

Arens, Wolfgang/Scheffer, Andreas [AR-Blattei SD, Sport II Fußballsport 1480.2, 1999]: Der Fußballsport, in: AR-Blattei SD, Sport II Fußballsport 1480.2, 61. Lieferung, Heidelberg, 1999;

Arndt, Hans-Wolfgang [Rechtsfragen einer deutschen CO_2-/Energiesteuer entwickelt am Beispiel des DIW-Vorschlages, 1995]: Rechtsfragen einer deutschen CO_2-/Energiesteuer entwickelt am Beispiel des DIW-Vorschlages, Frankfurt/Main-Berlin-Bern-Brüssel-New York-Oxford-Wien, 1995;

Arndt, Hans-Wolfgang [HANDELSBLATT v. 08.11.2000, S. 68]: Der Fußball und die europäischen Wettbewerbshüter haben nicht viel miteinander zu tun, in: HANDELSBLATT v. 08.11.2000, S. 68-69;

Arndt, Hans-Wolfgang [in: Festschrift für Rudolf, 2001, 393]: Datenschutz im Internet, in: Arndt, Hans-Wolfgang/Knemeyer, Franz-Ludwig/Kugelmann, Dieter/Meng, Werner/Schweitzer, Michael (Hrsg.): Völkerrecht und deutsches Recht: Festschrift für Walter Rudolf zum 70. Geburtstag, München, 2001, S. 393-404;

Arndt, Hans-Wolfgang [Zur Zulässigkeit einer gesetzlichen Quotierung für Strom aus Kraft-Wärme-Kopplung, 2000]: Zur Zulässigkeit einer gesetzlichen Quotierung für Strom aus Kraft-Wärme-Kopplung: Gutachten im Auftrag der Deutschen Verbundwirtschaft (VdV), Mannheim, 2000;

Arndt, Hans-Wolfgang [Steuerliche Gleichstellung in der Wasser- und Abwasserwirtschaft, 2002]: Steuerliche Gleichstellung in der Wasser- und Abwasserwirtschaft: Gutachten im Auftrag des Bundesverbandes der Deutschen Entsorgungswirtschaft e.V. Köln, Mannheim, 2002;

Arndt, Hans-Wolfgang [Europarecht, 6. Aufl., 2003]: Europarecht, 6. Aufl., Heidelberg, 2003;

Arndt, Hans-Wolfgang/Fischer, Kristian [Europarecht - 20 Fälle mit Lösungen, 3. Aufl., 2003]: Europarecht - 20 Fälle mit Lösungen, 3. Aufl., Heidelberg, 2003;

Arndt, Hans-Wolfgang/Fischer, Kristian/Fetzer, Thomas [Zur Anwendbarkeit des Art. 28 EG auf „rein innerstaatliche“ Sachverhalte, auf: CD-ROM Europarecht, 2. Aufl., 2003]: Zur Anwendbarkeit des Art. 28 EG auf „rein innerstaatliche“ Sachverhalte, auf: CD-ROM Europarecht, 2. Aufl., Heidelberg, 2003;

Arndt, Hans-Wolfgang/Fischer, Kristian/Fetzer, Thomas [Zur unmittelbaren Drittwirkung der Grundfreiheiten am Beispiel der Arbeitnehmerfreizügigkeit, auf: CD-Rom Europarecht, 2. Aufl., 2003]: Zur unmittelbaren Drittwirkung der Grundfreiheiten am Beispiel der Arbeitnehmerfreizügigkeit, auf: CD-Rom Europarecht, 2. Aufl., Heidelberg, 2003;

Arndt, Hans-Wolfgang/Rudolf, Walter [Öffentliches Recht, 14. Aufl., 2003]: Öffentliches Recht, 14. Aufl., München, 2003;

Arndt, Hans-Wolfgang/Schumacher, Andreas [AöR 113 (1993), 513]: Einkommensbesteuerung und Grundrechte, in: AöR 113 (1993), S. 513-590;

Arndt, Hans-Wolfgang/Schumacher, Andreas [NJW 1995, 2603]: Die verfassungsrechtlich zulässige Höhe der Steuerlast – Fingerzeig des BVerfG an den Gesetzgeber?, in: NJW 1995, S. 2603-2605;

Arnold, Arnd [in: Festschrift für Fenn, 2000, 9]: Die KGaA – die ideale Rechtsform für die Bundesliga, in: Bepler, Klaus (Hrsg.): Sportler, Arbeit und Statuten: Herbert Fenn zum 65. Geburtstag, Berlin, 2000, S. 9-26;

Ashelm, Michael [FAZ v. 10.07.2002, S. 33]: Der Klassenunterschied in der Fußball-Bundesliga wächst, in: FAZ v. 10.07.2002, S. 33;

Ashelm, Michael [FAZ v. 14.07.2002, S. 10]: Spieler auf der Straße, in: FAZ v. 14.07.2002, S. 10;

Ashelm, Michael [FAZ v. 16.07.2002, S. 31]: Ladenhüter im Schlußverkauf, in: FAZ v. 16.07.2002, S. 31;

Aulehner, Josef [CR 1993, 446]: 10 Jahre „Volkszählungs“-Urteil, in: CR 1993, S. 446-455;

Badura, Peter [DÖV 1990, 353]: Die Unternehmensfreiheit der Handelsgesellschaften, in: DÖV 1990, S. 353-361;

Badura, Peter [Staatsrecht, 2. Aufl., 1996]: Staatsrecht. Systematische Erläuterung des Grundgesetzes für die Bundesrepublik Deutschland, 2. Aufl., München, 1996;

Baecker, Wolfgang [Grenzen der Vereinsautonomie im deutschen Sportverbandswesen, 1985]: Grenzen der Vereinsautonomie im deutschen Sportverbandswesen, Berlin, 1985;

Balzer, Peter [ZIP 2001, 175]: Die Umwandlung von Vereinen der Fußball-Bundesligen in Kapitalgesellschaften zwischen Gesellschafts-, Vereins- und Verbandsrecht, in: ZIP 2001, S. 175-184;

Bartz, Alexander [AuA 2002, 62]: „AGB"-Kontrolle nun auch im Arbeitsrecht, in: AuA 2002, S. 62-65;

Basedow, Jürgen [in: Festschrift für Everling, Bd. II, 1995, 49]: Zielkonflikte und Zielhierarchien im Vertrag über die Europäische Gemeinschaft, in: Due, Ole (Hrsg.): Festschrift für Ulrich Everling, Bd. II, Baden-Baden, 1995, S. 49-68;

Battis, Ulrich [JuS 1973, 25]: Schutz der Gewerberäume durch Art. 13 GG und Wirtschafts-, Arbeits- und Steueraufsicht – BVerfGE 32, 54, in: JuS 1973, S. 25-30;

Bauch, Günter/Oestreicher, Andreas [Handels- und Steuerbilanzen, 5. Aufl., 1993]: Handels- und Steuerbilanzen. Einschließlich der Systematik betrieblicher Ertrag- und Substanzsteuern und der Vermögensaufstellung, 5. Aufl., Heidelberg, 1993;

Baumann, Wolfgang [Die Vereinsstrafgewalt des Deutschen Fußball-Bundes über die Bundesligavereine, Lizenzspieler und Fußball-Lehrer, 1971]: Die Vereinsstrafgewalt des Deutschen Fußball-Bundes über die Bundesligavereine, Lizenzspieler und Fußball-Lehrer, Bonn, 1971;

Baumbach, Adolf/Hueck, Alfred [Baumbach/Hueck-Bearbeiter, GmbHG, 17. Aufl., 2000]: GmbH-Gesetz, 17. Aufl., München, 2000;

Becker, Michael Nikolaus [Verfassungsrechtliche Schranken für die Regelung des Lizenzfußballsports in der Bundesrepublik Deutschland, 1982]: Verfassungsrechtliche Schranken für die Regelung des Lizenzfußballsports in der Bundesrepublik Deutschland, Mainz, 1982;

Becker, Ulrich [in: Ehlers, Europäische Grundrechte und Grundfreiheiten, 2003, § 9]: Arbeitnehmerfreizügigkeit, in: Ehlers, Dirk (Hrsg.): Europäische Grundrechte und Grundfreiheiten, Berlin, 2003, S. 214-239;

Becker-Schaffner, R. [DB 1991, 1016]: Die Rechtsprechung zur Rückerstattung von Ausbildungskosten, in: DB 1991, S. 1016-1020;

Behrens, Peter [EuR 1992, 145]: Die Konvergenz der wirtschaftlichen Freiheiten im europäischen Gemeinschaftsrecht, in: EuR 1992, S. 145-162;

Beil, Johannes [Der Belastungsgrund des steuerrechtlichen Synallagmas, 2001]: Der Belastungsgrund des steuerrechtlichen Synallagmas, Frankfurt/Main-Berlin-Bern-Brüssel-New York-Oxford-Wien, 2001;

Belac, Daniel [Prüfung der wirtschaftlichen Leistungsfähigkeit im Rahmen des Lizenzierungsverfahrens der DFL, 2003]: Prüfung der wirtschaftlichen Leistungsfähigkeit im Rahmen des Lizenzierungsverfahrens der DFL, Seminar zur Allgemeinen Betriebswirtschaftslehre SS 2003 (bei: Prof. Dr. J. Sigloch), Bayreuth, 2003;

Benda, Ernst [DStR 1984, 351]: Steuergeheimnis: Kann der Bürger noch darauf vertrauen?, in: DStR 1984, S. 351-356;

Bengelsdorf, Peter [in: Leinemann, Kasseler Handbuch des Arbeitsrechts, Bd. II, 2. Aufl., 2000, 5.2]: Berufliche Bildung. Berufliche Weiterbildung, in: Leinemann, Wolfgang (Hrsg.): Kasseler Handbuch des Arbeitsrechts, Bd. II, Neuwied-Kriftel-Berlin, 2. Aufl., 2000, S. 818-942;

Bepler, Klaus [in: Festschrift für Fenn, 2000, 43]: Lizenzfußballer: Arbeitnehmer mit Beschäftigungsanspruch, in: Bepler, Klaus (Hrsg.): Sportler, Arbeit und Statuten: Herbert Fenn zum 65. Geburtstag, Berlin, 2000, S. 43-84;

Berg, Wilfried [WiVerw 1996, 171]: Daten- und Geheimnisschutz als Schranke von Betrugsbekämpfung und Kontrollen, insbesondere im Agrar- und Lebensmittelbereich, in: WiVerw 1996, S. 171-189;

Berg, Wilfried [GewArch 1996, 177]: Der Schutz von Betriebs- und Geschäftsgeheimnissen im öffentlichen Recht unter besonderer Berücksichtigung des Umweltinformationsgesetzes, in: GewArch 1996, S. 177-183;

Berni, Marcello [HANDELSBLATT v. 31.07.2002, S. 44]: Ende der Dolce Vita in Italien, in: HANDELSBLATT v. 31.07.2002, S. 44;

Berni, Marcello [HANDELSBLATT v. 16.01.2003, S. 36]: Ausverkauf eines Meisterklubs, in: HANDELSBLATT v. 16.01.2003, S. 36;

Bethge, Herbert [VVDStRL 57 (1998), 7]: Der Grundrechtseingriff. 1. Beratungsgegenstand, in: VVDStRL 57 (1998), S. 7-56;

Beuthien, Volker [BB 1987, 6]: Mehrheitsprinzip und Minderheitenschutz im Vereinsrecht, in: BB 1987, S. 6-12;

Beuthien, Volker/Schöpflin, Martin [BB 1997, 361]: Besonderer Minderheitenschutz in genossenschaftlichen Prüfungs- und Interessenverbänden, in: BB 1997, S. 361-368;

Biermann, Christoph [SZ v. 06.08.2002, S. 31]: „Vereine werden Probleme bekommen", in: SZ v. 06.08.2002, S. 31;

Biermann, Christoph [SZ v. 22.08.2002, S. 31]: Tabelle aus Zement, in: SZ v. 22.08.2002, S. 31;

Birk, Dieter [Steuerrecht, 5. Aufl., 2002]: Steuerrecht, 5. Aufl., Heidelberg, 2002;

Blanpain, Roger [ArbuR 1996, 161]: Geschichte und Hintergründe des Bosman-Urteils, in: ArbuR 1996, S. 161-167;

Bleckmann, Albert [RIW 1985, 917]: Die umgekehrte Diskriminierung (discrimination à rebours) im EWG-Vertrag, in: RIW 1985, S. 917-921;

Bleckmann, Albert [Staatsrecht II – Die Grundrechte, Bd. II, 4. Aufl., 1997]: Staatsrecht II – Die Grundrechte, Bd. II, 4. Aufl., Köln-Berlin-Bonn-München, 1997;

Böckenförde, Wolfgang [Sondervotum v. 22.06.1995 – 2 BvL 37/91 – BVerfGE 93, 149]: Abweichende Meinung des Richters Böckenförde zum Beschluß des Zweiten Senats vom 22. Juni 1995 – 2 BvL 37/91 -, in: BVerfGE 93, S. 149-165;

Bötticher, Eduard [ZfA 1970, 1]: Wesen und Arten der Vertragsstrafe sowie deren Kontrolle, in: ZfA 1970, S. 1-61;

Bonner Kommentar [BK-Bearbeiter, GG, Bd.]: Kommentar zum Bonner Grundgesetz, Stand: 104. Lieferung, Heidelberg, 2003;

Borchard, Michael [Die Wirksamkeit der im deutschen Lizenzfußball verwendeten Musterverträge, 1999]: Die Wirksamkeit der im deutschen Lizenzfußball verwendeten Musterverträge, Bielefeld, 1999;

Borchardt, Klaus-Dieter [EuZW 1996, 33]: Europa: Ein Pressemärchen, in: EuZW 1996, S. 33;

Borchardt, Klaus-Dieter [Die rechtlichen Grundlagen der Europäischen Union, 2002]: Die rechtlichen Grundlagen der Europäischen Union. Eine systematische Darstellung für Studium und Praxis, 2. Aufl., Heidelberg, 2002;

Borussia Dortmund GmbH & Co. KGaA [Geschäftsbericht Juli 2001 – Juni 2002]: Borussia Dortmund. Tradition – Leidenschaft – Erfolg. Geschäftsbericht Juli 2001 – Juni 2002, Dortmund, 2002;

Brammen, Klaus [Die Ausdehnung der verfassungsrechtlichen Eigentumsgarantie auf Rechte des öffentlichen Rechts, 1968]: Die Ausdehnung der verfassungsrechtlichen Eigentumsgarantie auf Rechte des öffentlichen Rechts, Münster, 1968;

Brast, Christoph/Stübinger, Tim [in: Schewe/Littkemann, Sportmanagement, 2002, 23]: Verbandsrechtliche Grundlagen des Sportmanagements in der Fußball-Bundesliga, in: Schewe, Gerhard/Littkemann, Jörn (Hrsg.): Sportmanagement, Schorndorf, 2002, S. 23-52;

Breuer, Rüdiger [NVwZ 1986, 171]: Schutz von Betriebs- und Geschäftsgeheimnissen im Umweltrecht, in: NVwZ 1986, S. 171-178;

Breuer, Rüdiger [in: Isensee/Kirchhof, Handbuch des Staatsrechts, Bd. VI, 2. Aufl., 2001, § 148]: Die staatliche Berufsregelung und Wirtschaftslenkung, in: Isensee, Josef/Kirchhof, Paul (Hrsg.): Handbuch des Staatsrechts, Bd. VI, 2. Aufl., 2001, S. 957-1021;

Brömmekamp, Utz [Die Spielerleihe – tatsächliche und alternative Formen der vorübergehenden Spielerüberlassung im Fußballsport, 1988]: Die Spielerleihe – tatsächliche und alternative Formen der vorübergehenden Spielerüberlassung im Fußballsport, Duisburg, 1988;

Brosette, Josef [Der Wert der Wahrheit im Schatten des Rechts auf informationelle Selbstbestimmung, 1991]: Der Wert der Wahrheit im Schatten des Rechts auf informationelle Selbstbestimmung: ein Beitrag zum zivilrechtlichen Ehren-, Persönlichkeits- und Datenschutz, Berlin, 1991;

Brown, L. Neville [in: Institutional Dynamics of European Integration: Essays in Honour of Henry G. Schermers, 1994, Bd. II, 511]: Is there a General Principle of Abuse of Rights in European Community Law?, in: Curtin, Deirdre/Heukels, Ton (Hrsg.): Institutional Dynamics of European Integration: Essays in Honour of Henry G. Schermers, Dordrecht-Boston-London, 1994, Bd. II, S. 511-525;

Bruder, Rudolf [MDR 1973, 897]: Keine Vereinsstrafgewalt des Deutschen Fußballbundes über Lizenzspieler (Bundesligaspieler)?, in: MDR 1973, S. 897-899;

Buchenau, Martin/Hintermeier, Dieter/Rettberg, Udo/Thylmann, Marc [HANDELSBLATT v. 28.02./01.03.2003, S. 48]: Wenig Licht im Dunkeln, in: HANDELSBLATT v. 28.02./01.03.2003, S. 48;

Buchner, Herbert [NJW 1976, 2242]: Die Rechtsstellung der Lizenzspieler, in: NJW 1976, S. 2242-2246;

Buchner, Herbert [RdA 1982, 1]: Die Rechtsverhältnisse im deutschen Lizenzfußball, in: RdA 1982, S. 1-13;

Buchner, Herbert [EzA § 611 BGB Berufssport Nr. 2, 24]: Anmerkung (zu LAG Berlin, Urt. v. 21.06.1979 – 4 Sa 127/78 – NJW 1979, 2582), in: EzA § 611 BGB Berufssport Nr. 2, S. 24-31;

Büch, Martin-Peter [Zeitschrift für Wirtschafts- und Sozialwissenschaften, 1979, 447]: Modell und Realität der Fußball-Bundesliga – eine ökonomische Betrachtung, in: Zeitschrift für Wirtschafts- und Sozialwissenschaften, 1979, S. 447-466;

Büch, Martin-Peter [Sportwissenschaft 28 (1998), 283]: Das „Bosman-Urteil“ – Transferentschädigungen, Ablösesummen, Eigentumsrechte, Freizügigkeit,

Sportökonomische Anmerkungen zu einem sportpolitischen Thema, in: Sportwissenschaft 28 (1998), S. 283-296;

Büch, Martin-Peter/Frick, Bernd [BFuP 1999, 109]: Sportökonomie: Erkenntnisinteresse, Fragestellungen und praktische Relevanz, in: BFuP 1999, S. 109-123;

Büch, Martin-Peter/Schellhaaß, Horst M. [Jahrbuch für Sozialwissenschaft, 1978, 255]: Ökonomische Aspekte der Transferentschädigung im bezahlten Mannschaftssport, Jahrbuch für Sozialwissenschaft, 1978, S. 255-274;

Buehler, Peter [TAGES-ANZEIGER v. 06.02.2003, S. 43]: Dem Fussball geht das Geld aus, in: TAGES-ANZEIGER v. 06.02.2003, S. 43;

Bull, Hans Peter [NJW 1996, 281]: Vom Eigentums- zum Vermögensschutz – ein Irrweg, in: NJW 1996, S. 281-284;

Bullinger, Martin [NJW 1978, 2173]: Wettbewerbsgerechtigkeit bei präventiver Wirtschaftsaufsicht, in: NJW 1978, S. 2173-2181;

Bundeskartellamt [BKartA, WuW 1994, 160]: Untersagung der zentralen Vergabe der Fernsehübertragungsrechte an Europapokalheimspielen durch den DFB (Beschl. v. 02.09.1994 – B6-747000-A-105/92), in: WuW 1994, S. 160-174;

Burgi, Martin [EWS 1999, 327]: Mitgliedstaatliche Garantenpflicht statt unmittelbare Drittwirkung der Grundfreiheiten, in: EWS 1999, S. 327-332;

Burkart, Tobias [Bilanzielle Behandlung von Spielern – ein Vergleich von HGB und IAS, 2003]: Bilanzielle Behandlung von Spielern – ein Vergleich von HGB und IAS, Seminararbeit zur Allgemeinen Betriebswirtschaftslehre SS 2003 (bei Prof. Dr. J. Sigloch), Bayreuth, 2003;

Burmeister, Joachim [DÖV 1978, 1]: Sportverbandswesen und Verfassungsrecht, in: DÖV 1978, S. 1-11;

Busch, Dirk [ZEuS 2001, 349]: Probleme im Anwendungsbereich des Verbots nicht-tarifärer Handelshemmnisse aus Art. 28 EGV unter Berücksichtigung neuerer Entwicklungen in der Rechtsprechung des EuGH, in: ZEuS 2001, S. 349-364;

Caiger, Andrew/O'Leary, John [in: Caiger/Gardiner, Professional Sport in the European Union: Regulation and Re-regulation, Den Haag, 2000, 197]: The End of the Affair: The „*Anelka Doctrine*" – The Problem of Contract Stability in English Professional Football, in: Caiger, Andrew/Gardiner, Simon (Hrsg.): Professional Sport in the European Union: Regulation and Re-regulation, Den Haag, 2000, S. 197-216;

Calliess, Christian/Ruffert, Matthias [Calliess/Ruffert-Bearbeiter, EUV/EGV, 2. Aufl., 2002]: Kommentar zu EU-Vertrag und EG-Vertrag, 2. Aufl., Neuwied-Kriftel, 2002;

Canaris, Claus-Wilhelm [in: Bauer, Umwelt, Wirtschaft und Recht, 2002, 29]: Drittwirkung der gemeinschaftsrechtlichen Grundfreiheiten, in: Bauer, Hartmut/Czybulka, Detlef/Kahl, Wolfgang/Voßkuhle, Andreas (Hrsg.): Umwelt, Recht und Wirtschaft, Tübingen, 2002, S. 29-68;

Capotorti, Francesco [Schlußantr. v. 13.12.1977 – Rs. 82/77 – Slg. 1978, 25 – „van Tiggele"]: Schlußanträge des Generalanwaltes Francesco Capotorti vom 13.12.1977, in: EuGH, Slg. 1977, S. 25, S. 42-54;

Classen, Claus Dieter [EWS 1995, 97]: Auf dem Weg zu einer einheitlichen Dogmatik der EG-Grundfreiheiten, in: EWS 1995, S. 97-106;

Classen, Claus Dieter [VerwArch 88 (1997), 645]: Der einzelne als Instrument zur Durchsetzung des Gemeinschaftsrechts?, in: VerwArch 88 (1997), S. 645-678;

Coelln, Christian von [SpuRt 2001, 221]: Ausgleich zwischen Sportvermarktung und freier Sportinformation – Das Recht auf Kurzberichtserstattung, in: SpuRt 2001, S. 221-225;

Commichau, Gerhard/Schwartz, Harald [Grundzüge des Kartellrechts, 2. Aufl., 2002]: Grundzüge des Kartellrechts, 2. Aufl., München, 2002;

Cosack, Tilman/Tomerius, Stephan [NVwZ 1993, 841]: Betrieblicher Geheimnisschutz und Interesse des Bürgers an Umweltinformationen bei der Aktenvorlage, in: NVwZ 1993, S. 841-846;

Däubler, Wolfgang [AP § 611 Berufssport Nr. 6]: Anmerkung (zu BAG, Urt. v. 15.11.1989 – 5 AZR 590/88 – BAGE 63, 232), in: AP § 611 Berufssport Nr. 6;

Dahlhaus, Thomas [FAZ v. 16.08.2002, S. 30]: Finanziell ist die Fußball-Elite von der Insel der kontinentalen Konkrrenz weit voraus, in: FAZ v. 16.08.2002, S. 30;

Deckert, Martina R./Schroeder, Werner [JZ 2001, 88]: Anmerkung (zu EuGH, Urt. v. 27.01.2000 – Rs. C-190/98 – JZ 2001, 87 – „Graf"), in: JZ 2001, S. 88-91;

De Kepper, Christophe [in: Vieweg, Das Sportereignis – Ökonomische und rechtliche Fragen der Sportübertragungsrechte, 2000, 9]: Die Wettbewerbspolitik der EU und der Sport, in: Vieweg, Klaus (Hrsg.): Das Sportereignis – Ökonomische und rechtliche Fragen der Sportübertragungsrechte, Stuttgart-München-Hannover-Berlin-Weimar-Dresden, 2000, S. 9-22;

De Kepper, Christophe [SpuRt 2001, 11]: EU-Sportrecht aktuell, in: SpuRt 2001, S. 11-12;

De Kepper, Christophe [SpuRt 2001, 98]: EU-Sportrecht aktuell, in: SpuRt 2001, S. 98-99;

De Kepper, Christophe [SpuRt 2001, 191]: EU-Sportrecht aktuell, in: SpuRt 2001, S. 191-192;

De Kepper, Christophe [in: Scherrer/Del Fabro, Freizügigkeit im europäischen Sport, 2002, 43]: Freizügigkeit und Sport nach EU-Recht, in: Scherrer, Urs/Del Fabro, Marco (Hrsg.): Freizügigkeit im europäischen Sport, 2002, Zürich, S. 43-58;

Del Fabro, Marco/Scherrer, Urs [in: Scherrer/Del Fabro, Freizügigkeit im europäischen Sport, 2002, 141]: Die neue FIFA-Transferregelung, in: Scherrer, Urs/Del Fabro, Marco (Hrsg.): Freizügigkeit im europäischen Sport, 2002, Zürich, S. 141-160;

Delle Donne, Vincenzo [HANDELSBLATT v. 07.08.2003, S. 32]: Das Zittern der Fälscher, in: HANDELSBLATT v. 07.08.2003, S. 32;

Denninger, Erhard [GRUR 1984, 627]: Die Zweitanmelderproblematik im Arzeimittelrecht, in: GRUR 1984, S. 627-637;

Depenheuer, Otto [AöR 120 (1995), 417]: Wie sicher ist verfassungsrechtlich die Rente? – Vom liberalen zum solidarischen Eigentumsbegriff, in: AöR 120 (1995), S. 417-446;

Deselaers, Wolfgang [WuW 1998, 946]: Sportverbände und Europäisches Kartellrecht, in: WuW 1998, S. 946-954;

Dieckmann, Albrecht [in: Württembergischer Fußballverband, Das Recht des Fußballspielers, 1980, 24]: Zur Zuständigkeit der ordentlichen Gerichte bei Streitigkeiten zwischen Amateur-Fußballspieler und Verein, in: Württembergischer Fußballverband (Hrsg.): Das Recht des Fußballspielers, 1980, S. 24-39;

Dietl, Helmut M. [in: Dietl, Globalisierung des wirtschaftlichen Wettbewerbs im Sport, 2003, 259]: Die ökonomischen Institutionen des Spielermarktes im Fußballsport – Eine Analyse des neuen FIFA-Transferreglements. Korreferat zum Beitrag von Schellhaaß/May, in: Dietl, Helmut M. (Hrsg.): Globalisierung des wirtschaftlichen Wettbewerbs im Sport, 2003, S. 259-265;

Dietl, Helmut M./Franck, Egon [ZfB 2000, 1157]: Effizienzprobleme in Sportligen mit gewinnmaximierenden Kapitalgesellschaften – Eine modelltheoretische Untersuchung, in: ZfB 2000, S. 1157-1175;

Dietl, Helmut M./Franck, Egon [Zur Effizienz von Transferrestriktionen im europäischen Profifußball, 2002]: Zur Effizienz von Transferrestriktionen im europäischen Profifußball, Working Paper Series, Chair of Strategic Management and Business Policy, No. 11, Zürich, 2002;

Dinkelmeier, Bernd [Das „Bosman"-Urteil des EuGH und seine Auswirkungen auf den Profifußball in Europa, 1999]: Das „Bosman"-Urteil des EuGH und seine Auswirkungen auf den Profifußball in Europa, Würzburg, 1999;

Doberenz, Michael [Betriebswirtschaftliche Grundlagen zur Rechtsformgestaltung professioneller Fußballklubs in der Bundesrepublik Deutschland, 1980]: Betriebswirtschaftliche Grundlagen zur Rechtsformgestaltung professioneller Fußballklubs in der Bundesrepublik Deutschland, Frankfurt/Main, 1980;

Dobson, Stephen/Goddard, John [The Economics of Football, 2001]: The Economics of Football, Cambridge, 2001;

Döllerer, Georg [ZGR 1988, 587]: Die Rechtsprechung des Bundesfinanzhofs zum Steuerrecht der Unternehmen, in: ZGR 1988, S. 587-613;

Doemming, Klaus-Berto/Füsslein, Rudolf Werner/Matz, Werner [JöR 1 (1951), 1]: Entstehungsgeschichte der Artikel des Grundgesetzes, in: JöR n.F. 1 (1951);

Dörnemann, Jörg [Controlling für Profi-Sport-Organisationen, 2002]: Controlling für Profi-Sport-Organisationen: dargestellt am Beispiel der Deutschen Fußballbundesliga, München, 2002;

Dörner, Heinrich [JuS 1977, 225]: „Mängelhaftung" bei Sperre des transferierten Fußballspielers? – BGH, NJW 1976, 565, in: JuS 1977, S. 225-228;

Dohms, Rüdiger [in: Wiedemann, Handbuch des Kartellrechts, 1999, § 35]: Unternehmen nach Art. 90 EG-Vertrag (Art. 86 n.F.), in: Wiedemann, Gerhard (Hrsg.): Handbuch des Kartellrechts, München, 1999, S. 1034-1210;

Dreher, Meinrad [ZIP 1992, 1597]: Sicherungseinrichtungen im Kreditsektor zwischen Instituts-, Einlagen- und Herrschaftssicherung, in: ZIP 1992, S. 1597-1612;

Dreier, Horst [Dreier-Bearbeiter, GG, Bd. I, 1996]: Grundgesetz: Kommentar, Bd. I, Tübingen, 1996;

Drewes, Michael [Wettbewerb und finanzieller Ausgleich in professionellen Sportligen, 2001]: Wettbewerb und finanzieller Ausgleich in professionellen Sportligen, Frankfurt/Main-Berlin-Bern-Brüssel-New York-Oxford-Wien, 2001;

Drewes, Michael [FAZ v. 16.06.2003, S. 41]: Gefahren der zentralen Vermarktung, in: FAZ v. 16.06.2003, S. 41;

Dürig, Günter [in: Festschrift für Apelt, 1958, 13]: Der Staat und die vermögenswerten öffentlich-rechtlichen Berechtigungen seiner Bürger, in: Maunz, Theodor/Nawiasky, Hans/Heckel, Johannes (Hrsg.): Staat und Bürger. Festschrift für Wilibalt Apelt zum 80. Geburtstag, München-Berlin, 1958, S. 13-56;

Dürig, Günter [AöR 81 (1971), 117]: Der Grundrechtssatz von der Menschenwürde, in: AöR 81 (1971), S. 117-157;

Duhnbrack, S. [Grenzüberschreitender Datenschutz: Reichweite und Grenzen der internationalen Auskunftserteilung durch deutsche Finanzbehörden, 1989]: Grenzüberschreitender Datenschutz: Reichweite und Grenzen der internationalen Auskunftserteilung durch deutsche Finanzbehörden, Frankfurt/Main-Bern-New York-Paris; 1989;

Ebel, Marco/Klimmer, Christian [in: Sigloch/Klimmer, Unternehmen Profifußball, 2001, 177]: Zur geplanten Einführung nationaler Lizenzierungsverfahren auf Grundlage harmonisierter Datenbasis als Teilnahmevoraussetzung an den UEFA-Klubwettbewerben, in: Sigloch, Jochen/Klimmer, Christian (Hrsg.): Unternehmen Profifußball: vom Sportverein zum Kapitalmarktunternehmen, Wiesbaden, 2001, S. 177-206;

Eberhartinger, Michael [EWS 1997, 43]: Konvergenz und Neustrukturierung der Grundfreiheiten, in: EWS 1997, S. 43-52;

Eberle, Carl-Eugen [DÖV 1977, 306]: Datenschutz durch Meinungsfreiheit, in: DÖV 1977, S. 306-312;

Ebke, Werner F. [JZ 1999, 656]: Das Centros-Urteil des EuGH und seine Relevanz für das deutsche Internationale Gesellschaftsrecht, in: JZ 1999, S. 656-661;

Eckhoff, Rolf [Der Grundrechtseingriff, 1992]: Der Grundrechtseingriff, Köln, 1992;

EG-Kommission [Helsinki Bericht zum Sport, 1999]: Bericht der Kommission an den Europäischen Rat im Hinblick auf die Erhaltung der derzeitigen Sportstrukturen und die Wahrung der sozialen Funktion im Gemeinschaftsrahmen – *Helsinki Bericht zum Sport* -, KOM (1999) 644 endg., Brüssel, 1999;

EG-Kommission [Pressemitteilung v. 05.03.2001 – IP/01/314]: Ergebnis der Verhandlungen zwischen Kommission und FIFA/UEFA über die Transferregeln der FIFA, Pressemitteilung v. 05.03.2001 – IP/01/314;

EG-Kommission [Pressemitteilung v. 03.06.2002 – IP/02/806]: Champions League: EU-Kommission begrüßt neue Rechtevermarktungspolitik der UEFA, Pressemitteilung v. 03.06.2002 – IP/02/806;

EG-Kommission [Pressemitteilung v. 05.06.2002 – IP/02/824]: EU-Kommission stellt Verfahren wegen FIFA-Transferbestimmungen ein, Pressemitteilung v. 05.06.2002 – IP/02/824;

EG-Kommission [Pressemitteilung v. 19.12.2002 – IP/02/1951]: EU-Kommission: Gemeinsame Vermarktung der Medienrechte für die Premier League möglicherweise wettbewerbswidrig, Pressemitteilung v. 19.12.2002 – IP/02/1951;

EG-Kommission [Pressemitteilung v. 24.07.2003 – IP/03/1105]: Champions League: EU-Kommission genehmigt neue Rechtevermarktungspolitik der UEFA, Pressemitteilung v. 24.07.2003 – IP/03/1105;

EG-Kommission [Pressemitteilung v. 24.07.2003 – IP/03/1106]: Neues Vermarktungsmodell für Fußball-Bundesliga Übertragungsrechte, Pressemitteilung v. 24.07.2003 – IP/03/1106;

Ehlers, Dirk [Jura 2001, 266]: Die Grundfreiheiten des europäischen Gemeinschaftsrechts (Teil I), in: Jura 2001, S. 266-275;

Ehlers, Dirk [Jura 2001, 482]: Die Grundfreiheiten des europäischen Gemeinschaftsrechts (Teil II), in: Jura 2001, S. 482-489;

Ehlers, Dirk [in: Ehlers, Europäische Grundrechte und Grundfreiheiten, 2003, § 7]: Allgemeine Lehren, in: Ehlers, Dirk (Hrsg.): Europäische Grundrechte und Grundfreiheiten, Berlin, 2003, S. 147-186;

Ehlers, Dirk [in: Ehlers, Europäische Grundrechte und Grundfreiheiten, 2003, § 13]: Allgemeine Lehren, in: Ehlers, Dirk (Hrsg.): Europäische Grundrechte und Grundfreiheiten, Berlin, 2003, S. 319-338;

Eilers, Götz [in: Reschke, Sport als Arbeit, 1985, 17]: Amateur und Profi im Fußball – Rechtslage und Rechtswirklichkeit, in: Reschke, Eike (Hrsg.): Sport als Arbeit, Heidelberg, 1985, S. 17-34;

Eilers, Götz [in: Württembergischer Fußballverband, Wirtschaftliche und rechtliche Aspekte zu Problemen des Berufsfußballs, 1991, 48]: Das sogenannte „Ommer-Modell" – Darstellung und Stellungnahme des DFB, in: Württembergischer Fußballverband (Hrsg.): Wirtschaftliche und rechtliche Aspekte zu Problemen des Berufsfußballs, Stuttgart, 1991, S. 48-80;

Eilers, Götz [in: Eilers, Transferbestimmungen im Fußballsport, 1996, 1]: Transferbestimmungen im Fußballsport. Verbandsrechtliche Regelungen des DFB, der UEFA und der FIFA, in: Eilers, Transferbestimmungen im Fußballsport, Heidelberg, 1996, S. 1-41;

Eilers, Götz [in: Württembergischer Fußballverband, Sportrecht damals und heute, 2001, 49]: Das Bosman-Urteil und seine Auswirkungen – rechtliche und wirtschaftliche Folgen für den Berufsfußball und den nicht-lizenzierten Fußball (Vertragsamateure, Amateure), Ausbildungs- und Förderungsentschädigungen, in: Württembergischer Fußballverband (Hrsg.): Sportrecht damals und heute, Stuttgart, 2001, S. 49-68;

Eilers, Stephan [Das Steuergeheimnis als Grenze des internationalen Auskunftsverkehrs, 1987]: Das Steuergeheimnis als Grenze des internationalen Auskunftsverkehrs, Köln, 1987;

Eilers, Stephan/Schröer, Thomas [BB 1993, 1025]: Der Schutz der betrieblichen Informationssphäre im Umweltinformationsgesetz, in: BB 1993, S. 1025-1030;

Eilmansberger, Thomas [JBl. 1999, 345]: Zur Reichweite der Grundfreiheiten des Binnenmarktes, in: JBl. 1999, S. 345-367;

Eilmansberger, Thomas [JBl. 1999, 434]: Zur Reichweite der Grundfreiheiten des Binnenmarktes, in: JBl. 1999, S. 434-453;

Ellrott, Helmut/Galli, Albert [WPg 2000, 269]: Neuregelung der Rechnungslegung und -prüfung im deutschen Berufsfußball, in: WPg 2000, 269-278;

Elter, Vera-Carina [in: Galli/Gömmel/Holzhäuser/Straub, Sportmanagement, 2002, 253]: Mediale Rechte im Sport, in: Galli, Albert/Gömmel, Rainer/ Holzhäuser, Wolfgang/Straub, Wilfried (Hrsg.): Sportmanagement. Grundlagen der unternehmerischen Führung im Sport aus Betriebswirtschaftslehre, Steuern und Recht für den Sportmanager, München, 2002, S. 253-302;

Elter, Vera-Carina [SPONSORS, Heft 10/2002, S. 44]: Wertschöpfungskette, in: SPONSORS, Heft 10/2002, S. 44-45;

Elter, Vera-Carina [HORIZONT, Heft 2/2003, 42]: Das Ende der Quersubventionen, in: HORIZONT, Heft 2/2003, S. 42-44;

Emmerich, Volker [JuS 1990, 695]: Europa 1992 – Europäisches Kartellrecht, in: JuS 1990, S. 695-702;

Enderle, Gregor [Vermarktung von Fernsehübertragungsrechten im professionellen Ligasport, 2000]: Vermarktung von Fernsehübertragungsrechten im professionellen Ligasport, Berlin, 2000;

Englisch, Jörg [in: Württembergischer Fußballverband, Wirtschaftliche Kontrollmaßnahmen und verbandsrechtliche Sanktionen zur Sicherung des sportlichen Wettbewerbs im Fußball, 2003, 25]: Die Insolvenzklausel des DFB und die bisherigen Insolvenzfälle im Fußball, in: Württembergischer Fußballverband (Hrsg.): Wirtschaftliche Kontrollmaßnahmen und verbandsrechtliche Sanktionen zur Sicherung des sportlichen Wettbewerbs im Fußball, 2003, S. 25-44;

Ensthaler, Jürgen [Ensthaler-Bearbeiter, GK-HGB, 6. Aufl., 1999]: Gemeinschaftskommentar zum Handelsgesetzbuch, 6. Aufl., Neuwied-Kriftel, 1999;

Epiney, Astrid [Umgekehrte Diskriminierungen, 1995]: Umgekehrte Diskriminierungen: Zulässigkeit und Grenzen der discrimination à rebours nach europäischem Gemeinschaftsrecht und nationalem Verfassungsrecht, Köln, 1995;

Epiney, Astrid [in: Ehlers, Europäische Grundrechte und Grundfreiheiten, 2003, § 8]: Freiheit des Warenverkehrs, in: Ehlers, Dirk (Hrsg.): Europäische Grundrechte und Grundfreiheiten, Berlin, 2003, S. 187-213;

Erfurter Kommentar zum Arbeitsrecht [ErfKo-Bearbeiter, 3. Aufl., 2003]: Erfurter Kommentar zum Arbeitsrecht, 3. Aufl., München, 2003;

Erichsen, Hans-Uwe [NVwZ 1992, 409]: Das Recht auf freien Zugang zu Informationen über die Umwelt, in: NVwZ 1992, S. 409-419;

Erman, Walter [Erman-Bearbeiter, BGB, Bd. I, 10. Aufl., 2000]: Bürgerliches Gesetzbuch: Handkommentar mit AGBG, EGBGB, ErbbauVO, HausratVO, HausTWG, ProdHaftG, SachenRBerG, SchuldRAnpG, VerbrKrG, 10. Aufl., Münster-Köln, 2000;

Erning, Johannes [Professioneller Fußball in Deutschland, 2000]: Professioneller Fußball in Deutschland – eine wettbewerbspolitische und unternehmensstrategische Analyse, Berlin, 2000;

Everling, Ulrich [NVwZ 1993, 209]: Durchführung und Umsetzung des Europäischen Gemeinschaftsrechts im Bereich des Umweltschutzes unter besonderer Berücksichtigung der Rechtsprechung des EuGH, in: NVwZ 1993, S. 209-216;

Everling, Ulrich [in: Gedächtnisschrift für Knobbe-Keuk, 1997, 607]: Das Niederlassungsrecht in der EG als Beschränkungsverbot, in: Schön, Wolfgang (Hrsg.): Gedächtnisschrift für Brigitte Knobbe-Keuk, Köln, 1997, S. 607-625;

Feess, Eberhard/Mühlheußer, Gerd [The impact of transfer fees on professional football: an analysis of the European Commission's New Suggestion, 2001]: The impact of transfer fees on professional football: an analysis of the European Commission's New Suggestion, 2001, mimeo;

Feess, Eberhard/Mühlheußer, Gerd [Transfer fee regulations in European football, 2002]: Transfer fee regulations in European football, 2002, mimeo;

Feess, Eberhard/Mühlheußer, Gerd [ZfB-Ergänzungsheft 4/2002, 143]: Auswirkungen des neuen Transfersystems auf den Europäischen Fußball: Eine mikroökonomische Analyse, in: ZfB-Ergänzungsheft 4/2002, S. 143-162;

Feess, Eberhard/Mühlheußer, Gerd [EJLE 13 (2002), 221]: Economic Consequences of Tranfer Fee Regulations in European Football, in: EJLE 13 (2002), S. 221-237;

Fenn, Herbert [SpuRt 1997, 77]: Erfassung der Sportler durch die Disziplinargewalt der Sportverbände, in: SpuRt 1997, S. 77-82;

Fetzer, Thomas [Die Besteuerung des Electronic Commerce im Internet, 2000]: Die Besteuerung des Electronic Commerce im Internet, Frankfurt/Main-Berlin-Bern-Brüssel-New York-Oxford-Wien, 2000;

Fezer, Karl-Heinz [JZ 1994, 317]: Europäisierung des Wettbewerbsrechts, in: JZ 1994, S. 317-326;

FIFA [Zirkular Nr. 769, 2001]: Überarbeitetes FIFA-Reglement bezüglich Status und Transfer von Spielern, Zirkular Nr. 769, Zürich, 2001;

FIFA [Zirkular Nr. 799, 2002]: Revised FIFA Regulations for the Status and Transfer of Players – Training Compensation, Zirkular Nr. 799, Zürich, 2002;

FIFA [Zirkular Nr. 818, 2002]: Players unemployed after the expiry of the registration, Zirkular Nr. 818, Zürich, 2002;

FIFA [Zirkular Nr. 826, 2002]: Revised FIFA Regulations for the Status and Transfer of Players – Training Compensation, Zirkular Nr. 826, Zürich, 2002;

Fikentscher, Adrian [Mitbestimmung im Sport, 2002]: Mitbestimmung im Sport, Berlin, 2002;

Fikentscher, Adrian [in: Festschrift für Fikentscher, 1998, 635]: Nationalmannschaften als Teil des Wirtschaftslebens – Rechtstatsächliche Anmerkungen zur europarechtlichen Privilegierung von Nationalmannschaften, in: Großfeld, Berhard (Hrsg.): Festschrift für Wolfgang Fikentscher zum 70. Geburtstag, Tübingen, 1998, S. 635-653;

Fikentscher, Adrian [SpuRt 1995, 149]: Kartellrecht im Sport – Ökonomische und rechtsvergleichende Betrachtungen, in: SpuRt 1995, S. 149-152;

Fikentscher, Wolfgang [Wirtschaftsrecht, Bd. I, 1983]: Wirtschaftsrecht. Weltwirtschaftsrecht und Europäisches Wirtschaftsrecht, Bd. I, München, 1983;

FinMin. NRW [Erl. v. 28.07.1974 – S 2170 – 50 – V B 1 – DB 1974, 2085]: Ertragssteuerliche Fragen bei der Besteuerung von Fußball-Bundesliga-Vereinen (Erl. v. 28.07.1974 – S 2170 – 50 – V B 1), in: DB 1974, S. 2085;

FinMin. Sachsen [Erl. v. 17.12.1998, 35 – S 7062 – 4/3 – 71573 – DStR 1999, 853]: Ort der Leistung beim Transfer von Fußballspielern (Erl. v. 17.12.1998, 35 – S 7062 – 4/3 – 71573), in: DStR 1999, S. 853;

-fj- [FR 1984, 475]: Diskussionsbeitrag: Aktivierung der Transferentschädigung, in: FR 1984, S. 475;

Fischer, Hans-Georg [Europarecht, 3. Aufl., 2001]: Europarecht: Grundlagen des Europäischen Gemeinschaftsrechts in Verbindung mit deutschem Staats- und Verwaltungsrecht, 3. Aufl., München, 2001;

Fischer, Kristian [Die Kollision von nationalem Berufsrecht mit der Niederlassungsfreiheit der Europäischen Gemeinschaft, 1993]: Die Kollision von nationalem Berufsrecht mit der Niederlassungsfreiheit der Europäischen Gemeinschaft, Frankfurt/Main-Berlin-Bern-Brüssel-New York-Oxford-Wien, 1993;

Fischer, Kristian [Strategien im Kreislaufwirtschafts- und Abfallrecht, 2001]: Strategien im Kreislaufwirtschafts- und Abfallrecht: Produktverantwortung der Wirtschaft. Dargestellt an den Rechtsordnungen der Bundesrepublik Deutschland, der Europäischen Gemeinschaft und des Auslandes, Heidelberg, 2001;

Fischer, Kristian [Die Zweit- und Parallelanmeldung im Chemikalienrecht, 2003]: Die Zweit- und Parallelanmeldung im Chemikalienrecht, Köln-Berlin-Bonn-München, 2003;

Fischer, Ulrich [SpuRt 1997, 181]: Die Spitzensportler des Mannschaftssports – Arbeitnehmer?, in: SpuRt 1997, S. 181-185;

Fischer, Ulrich [EuZW 2002, 97]: Die Angst des Fußballs vor dem EG-Wettbewerbskommissar oder Tarifautonomie vs. Kartellrecht, in: EuZW 2002, S. 97;

Fleischer, Holger [WuW 1996, 473]: Absprachen im Profisport, in: WuW 1996, S. 473-485;

Flory, Marcus [Der Fall Bosman – Revolution im Fußball?, 1997]: Der Fall Bosman – Revolution im Fußball?, Kassel, 1997;

Fluck, Jürgen/Theuer, Andreas [Fluck/Theuer-Bearbeiter, IF-R/UIG, Bd. I]: Informationsfreiheitsrecht mit Umweltinformations- und Verbraucherinformationsrecht IF-R/UIG. Kommentar, Stand: 9. Ergänzungslieferung, Heidelberg, 2003;

Flume, Werner [in: Festschrift für Bötticher, 1969, 101]: Die Vereinsstrafe, in: Bettermann, Karl August/Zeuner, Albrecht (Hrsg.): Festschrift für Eduard

Bötticher zum 70. Geburtstag am 29. Dezember 1969, Berlin, 1969, S. 101-141;

Forsthoff, Ulrich [EWS 2000, 389]: Drittwirkung der Grundfreiheiten: Das EuGH-Urteil Angonese, in: EWS 2000, S. 389-397;

Franck, Egon [Die ökonomischen Institutionen der Teamsportindustrie, 1995]: Die ökonomischen Institutionen der Teamsportindustrie, Wiesbaden, 1995;

Franck, Egon [BFuP 1999, 183]: Meinungen zum Thema: Sportökonomie, in: BFuP 1999, S. 183-199;

Franck, Egon/Müller, Jens Christian [ZfB-Ergänzungsheft 2/1998, 121]: Kapitalgesellschaften im bezahlten Fußball, in: ZfB-Ergänzungsheft 2/1998, S. 121-141;

Franck, Egon/Müller, Jens Christian [in: Hermanns/Riedmüller, Handbuch Sport-Marketing, 2001, 231]: Zur Vermarktung von Sportligen: Ökonomische Überlegungen am Beispiel der Fernsehvermarktung der Fußball-Bundesliga, in: Hermanns, Arnold/Riedmüller, Florian (Hrsg.): Handbuch Sport-Marketing, München, 2001, S. 231-251;

Franzen, Martin [Privatrechtsangleichung durch die Europäische Gemeinschaft, 1999]: Privatrechtsangleichung durch die Europäische Gemeinschaft, Berlin-New York, 1999;

Franzke, Rainer [DM EURO, Heft 8/2003]: Rasen grün, Zahlen rot, in: DM EURO 8/2003, S. 92-95;

Friauf, Karl Heinrich [StBJB 1984/85, 317]: Grenzen der Mitwirkungspflicht im Informations- und Auskunftsverkehr zwischen den Finanzbehörden verschiedener Länder, in: StBJB 1984/85, S. 317-347;

Frick, Bernd [in: Horch/Heydel/Sierau, Professionalisierung im Sportmanagement, 1999, 144]: Kollektivgutproblematik und externe Effekte im professionellen Team-Sport: „Spannungsgrad" und Zuschauerentwicklung im bezahlten Fußball, in: Horch, Dieter/Heydel, Jörg/Sierau, Axel (Hrsg.): Professionalisierung im Sportmanagement, Aachen, 1999, S. 144-160;

Frick, Bernd [in: Hübl/Peters/Swieter, Ligasport aus ökonomischer Sicht, 2002, 211]: Funktionsweise und Dynamik des Arbeitsmarktes im professionellen

Team-Sport: Empirische Evidenz aus der National Basketball Association, in: Hübl, Lothar/Peters, Hans Heinrich/Swieter, Detlef (Hrsg.): Ligasport aus ökonomischer Sicht, Aachen-Graz, 2002, S. 211-241;

Frick, Bernd/Lehmann, Erik/Weigand, Jürgen [in: Engelhard/Sinz, Kooperation im Wettbewerb, 1999, 495]: Kooperationserfordernisse und Wettbewerbsintensität im professionellen Team-Sport: Sind exogene Regelungen überflüssig oder unverzichtbar?, in: Engelhard, Johann/Sinz, Elmar J. (Hrsg.): Kooperation im Wettbewerb, Wiesbaden, 1999, S. 495-523;

Frick, Bernd/Prinz, Joachim [Revenue Sharing Arrangements and the Survival of Promoted Teams, Heft Nr. 106, 2002]: Revenue Sharing Arrangements and the Survival of Promoted Teams: Empirical Evidence from the Major European Soccer Leagues, Heft Nr. 106, Witten/Herdecke, 2002;

Frick, Bernd/Wagner, Gert [WiSt 1996, 611]: Bosman und die Folgen, in: WiSt 1996, S. 611-615;

Frick, Bernd/Wagner, Gert [Sportwissenschaft 28 (1998), 328]: Sport als Forschungsgegenstand der Institutionen-Ökonomik, in: Sportwissenschaft 28 (1998), S. 328-343;

Friedrich, Hajo [FAZ v. 25.07.2003, S. 36]: Gut für die Fans; Wettbewerbsbehörde der EU lockert Kartellvorschriften, in: FAZ v. 25.07.2003, S. 36;

Fritz, Jürgen/Düll, Katharina [SpuRt 2002, 144]: Zu den neuen FIFA-Transferregelungen, in: SpuRt 2002, S. 144-147;

Fritzweiler, Jochen [in: Tokarski, EU-Recht und Sport, 1998, 172]: Europarecht und Auswirkungen auf die Verbände: Rechtliche Orientierungshilfen an konkreten Fallbeispielen, in: Tokarski, Walter (Hrsg.): EU-Recht und Sport, Aachen, 1998, S. 172-180;

Fritzweiler, Jochen [NJW 2000, 997]: Neueste Rechtsprechung zum Sportrecht, in: NJW 2000, S. 997-1000;

Fritzweiler, Jochen [NJW 2002, 1014]: Rechtsprechung zum Sportrecht in den Jahren 1999-2001, in: NJW 2002, S. 1014-1017;

Fritzweiler, Jochen [in: Eimer, 2. Internationaler Sport-Recht Kongress, 2002, 40]: Der Sportler in Deutschland und Europa – ohne Grenzen und Schranken – (Überblick über nationales Recht), in: Eimer, Richard B. (Hrsg.): 2. Internationaler Sport-Recht Kongress, 2002, S. 40-47;

Füllgraf, Lutz [Der Lizenzfußball - Eine vertragliche Dreiecksbeziehung im Arbeitsrecht, 1981]: Der Lizenzfußball - Eine vertragliche Dreiecksbeziehung im Arbeitsrecht, Berlin, 1981;

Fuhrmann, Claas [Ausgliederung der Berufsfußballabteilungen auf eine AG, GmbH oder eG?, 1999]: Ausgliederung der Berufsfußballabteilungen auf eine AG, GmbH oder eG?, Frankfurt/Main-Berlin-Bern-Brüssel-New York-Oxford-Wien, 1999;

Funk, Stefan [Datenschutz in Mitgliedschaftsverhältnissen privatrechtlicher Verbände, 2000]: Datenschutz in Mitgliedschaftsverhältnissen privatrechtlicher Verbände, Tübingen, 2000;

Galli, Albert [SpuRt 1998, 18]: Rechtsformgestaltung und Lizenzierungspraxis im Berufsfußball: Die Situation in England, Italien und Spanien vor dem Hintergrund der Regelungen in Deutschland, in: SpuRt 1998, S. 18-24;

Galli, Albert [WPg 1998, 56]: Zur Ausgestaltung der Rechnungslegung von Vereinen – Die Vorgehensweise des Deutschen Fußball-Bundes –, in: WPg 1998, S. 56-63;

Galli, Albert [in: Galli/Gömmel/Holzhäuser/Straub, Sportmanagement, 2002, 97]: Das Lizenzierungsverfahren der Union des Associations Européennes de Football (UEFA): Anforderungen an die Rechnungslegung und Prüfung, in: Galli, Albert/Gömmel, Rainer/Holzhäuser, Wolfgang/Straub, Wilfried (Hrsg.): Sportmanagement. Grundlagen der unternehmerischen Führung im Sport aus Betriebswirtschaftslehre, Steuern und Recht für den Sportmanager, München, 2002, S. 97-128;

Ganten, Ted Oliver [Die Drittwirkung der Grundfreiheiten, 2000]: Die Drittwirkung der Grundfreiheiten, Berlin, 2000;

Gardiner, Simon/Welch, Roger [in: Caiger/Gardiner, Professional Sport in the European Union: Regulation and Re-regulation, Den Haag, 2000, 107]: „Show Me the Money“: Regulation of the Migration of Professional Sportsmen in Post-*Bosman* Europe, in: Caiger, Andrew/Gardiner, Simon (Hrsg.): Professional Sport in the European Union: Regulation and Re-regulation, Den Haag, 2000, S. 107-126;

Gaul, Björn [Aktuelles Arbeitsrecht, Bd. II, 2001]: Aktuelles Arbeitsrecht, Bd. II, Köln, 2001;

Gebhardt, Denis [Modelle für die Reform des Transfersystems für Berufsfußballspieler aus rechtlicher und tatsächlicher Sicht, 2000]: Modelle für die Reform des Transfersystems für Berufsfußballspieler aus rechtlicher und tatsächlicher Sicht, Frankfurt/Main-Berlin-Bern-Brüssel-New York-Oxford-Wien, 2000;

Geiger, Rudolf [EUV/EGV, 3. Aufl., 2000]: Vertrag über die Europäische Union und Vertrag zur Gründung der Europäischen Gemeinschaft. Kommentar, 3. Aufl., München, 2000;

Geller, Gregor/Schlabrendorff, Fabian von/Rupp, Hans [Sondervotum v. 15.12.1970 - 2 BvF 1/69, 2 BvR 629/68 und 308/69 – BVerfGE 30, 33]: Abweichende Meinung der Richter Geller, v. Schlabrendorff und Rupp zu dem Urteil des Zweiten Senats des Bundesverfassungsgerichts vom 15. Dezember 1970 – 2 BvF 1/69, 2 BvR 629/68 und 308/69 -, in: BVerfGE 30, S. 33-47;

Gellermann, Martin [DVBl. 2000, 509]: Das Stromeinspeisungsgesetz auf dem Prüfstand des Europäischen Gemeinschaftsrechts, in: DVBl. 2000, S. 509-519;

Giegerich, Thomas [JuS 1997, 522]: Europarecht und deutsches Recht – Wechselwirkungen in der Fallbearbeitung, in: JuS 1997, S. 522-528;

Gierke, Otto [Der Entwurf eines bürgerlichen Gesetzbuchs und das deutsche Recht, 1889]: Der Entwurf eines bürgerlichen Gesetzbuchs und das deutsche Recht, Leipzig, 1889;

Gitter, Wolfgang [in: Richardi/Wlotzke, Münchener Handbuch zum Arbeitsrecht, Bd. II, 2. Aufl., 2000, § 202]: Arbeitsverhältnisse der Sportler, in: Richardi, Reinhard/Wlotzke, Otfried (Hrsg.): Münchener Handbuch zum Arbeitsrecht, Bd. II, 2. Aufl., München, 2000, S. 1756-1800;

Goette, Wulf [DStR 1999, 1784]: Anmerkung (zu BGH, Urt. v. 27.09.1999 – II ZR 305/98 – NJW 1999, 3552), in: DStR 1999, S. 1784;

Grabitz, Eberhard/Hilf, Meinhard [Grabitz/Hilf-Bearbeiter, EUV/EGV (a.F.), Bd.]: Das Recht der Europäischen Union (Maastrichter Fassung), Bd. I und II, Stand: 14. Ergänzungslieferung, München, 1999;

Grabitz, Eberhard/Hilf, Meinhard [Grabitz/Hilf-Bearbeiter, EUV/EGV, Bd. I]: Das Recht der Europäischen Union, Bd. I, 20. Ergänzungslieferung, München, 2002;

Gramlich, Ludwig [DÖV 1996, 801]: Grundfreiheiten contra Grundrechte im Gemeinschaftsrecht?, in: DÖV 1996, S. 801-811;

Gramlich, Ludwig [SpuRt 2000, 89]: Vertragsfreiheit für Sportler in EG-Mitgliedstaaten am Beispiel Deutschlands, in: SpuRt 2000, S. 89-95;

Grill, Gerhard [ZEuS 1999, 519]: Immer am Ball – der Fall Bosman und seine Folgen, in: ZEuS 1999, S. 519-531;

Groeben, Hans von der/Thiesing, Jochen/Ehlermann, Claus-Dieter [Groeben/Thiesing/Ehlermann-Bearbeiter, EUV/EGV, Bd. I, 5. Aufl., 1997]: Kommentar zum EU-/EG-Vertrag, Bd. I, 5. Aufl., Baden-Baden, 1997;

Groeben, Hans von der/Thiesing, Jochen/Ehlermann, Claus-Dieter [Groeben/Thiesing/Ehlermann-Bearbeiter, EUV/EGV, Bd. II/1, 5. Aufl., 1999]: Kommentar zum EU-/EG-Vertrag, Bd. II/1, 5. Aufl., Baden-Baden, 1999;

Groeben, Hans von der/Thiesing, Jochen/Ehlermann, Claus-Dieter [Groeben/Thiesing/Ehlermann-Bearbeiter, EUV/EGV, Bd. III, 5. Aufl., 1999]: Kommentar zum EU-/EG-Vertrag, Bd. III, 5. Aufl., Baden-Baden, 1999;

Großkathhöfer, Maik [SPIEGEL, Heft 30/2002]: Gier und Größenwahn, in: SPIEGEL, Heft 30/2002, S. 124-126;

Grunsky, Wolfgang [in: Württembergischer Fußballverband, Sportrecht damals und heute, 2001, 7]: Die Entwicklung des Sportrechts bis zum Bosman-Urteil, in: Württembergischer Fußballverband (Hrsg.): Sportrecht damals und heute, Stuttgart, 2001, S. 7-14;

Gundel, Jörg [Jura 2001, 79]: Die Rechtfertigung von faktisch diskriminierenden Eingriffen in die Grundfreiheiten des EGV, in: Jura 2001, S. 79-85;

Gusy, Christoph [KritV 2000, 52]: Informationelle Selbstbestimmung und Datenschutz: Fortführung oder Neuanfang, in: KritV 2000, S. 52-64;

Gutmann, Rolf [SpuRt 1997, 38]: Schach, Sport und Europäischer Gerichtshof, in: SpuRt 1997, S. 38-40;

Gutzeit, Martin/Reimann, Markus [WiSt 1996, 366]: Zur Freizügigkeit von Berufsfußballspielern in der EU, in: WiSt 1996, S. 366-367;

Haaga, Werner [in: Württembergischer Fußballverband, Wirtschaftliche und rechtliche Aspekte zu Problemen des Berufsfußballs, 1991, 19]: Die Finanzierung und Bilanzierung der Lizenzspielerabteilung eines Fußballvereins, in: Württembergischer Fußballverband (Hrsg.): Wirtschaftliche und rechtliche Aspekte zu Problemen des Berufsfußballs, Stuttgart, 1991, S. 19-47;

Haas, Oliver [Controlling der Fußballunternehmen, 2002]: Controlling der Fußballunternehmen: Management und Wirtschaft in Sportvereinen, Berlin, 2002;

Haas, Ulrich/Adolphsen, Jens [NJW 1995, 2146]:Verbandsmaßnahmen gegenüber Sportlern, in: NJW 1995, S. 2146-2148;

Haas, Ulrich/Prokop, Christoph [SpuRt 1999, 182]: Das „Fernsehrecht" an Sportveranstaltungen als Abwehrrecht, in: SpuRt 1999, S. 182-187;

Habersack, Mathias [in: Scherrer, Sportkapitalgesellschaften, 1998, 45]: Gesellschaftsrechtliche Fragen der Umwandlung von Sportvereinen in Kapitalgesellschaften, in: Scherrer, Urs (Hrsg.): Sportkapitalgesellschaften, Stuttgart-München-Hannover-Berlin-Weimar-Dresden, 1998, S. 45-64;

Habersack, Mathias [Europäisches Gesellschaftsrecht, 2. Aufl., 2003]: Europäisches Gesellschaftsrecht. Eine Einführung für Studium und Praxis, 2. Aufl., München, 2003;

Hadding, Walther [in: Festschrift zum 100jährigen Gründungstag des Reichsjustizamtes am 1. Januar 1877, 1977, 263]: Die Initiativen des Reichsjustizamts und des Reichsjustizministeriums zur Gestaltung des Gesellschaftsrechts, in: Bundesministerium der Justiz (Hrsg.): Vom Reichsjustizamt zum Bundesministerium der Justiz. Festschrift zum 100jährigen Gründungstag des Reichsjustizamtes am 1. Januar 1877, Köln, 1977, S. 263-324;

Hadding, Walther [in: Festschrift für Fischer, 1979, 165]: Korporationsrechtliche oder rechtsgeschäftliche Grundlagen des Vereinsrechts?, in: Lutter, Marcus/Stimpel, Walter/Wiedemann, Herbert (Hrsg.): Festschrift für Robert Fischer, Berlin-New York, 1979, S. 165-196;

Häde, Ulrich [Finanzausgleich, 1996]: Finanzausgleich: die Verteilung der Aufgaben, Ausgaben und Einnahmen im Recht der Bundesrepublik Deutschland und der Europäischen Union, Tübingen, 1996;

Haegele, Martin [NZZ v. 09.08.2002, S. 51]: Vor der 40. Bundesligasaison, in: NZZ v. 09.08.2002, S. 51;

Häntzschel, Kurt [in: Anschütz/Thoma, Handbuch des Deutschen Staatsrechts, Bd. II, 1932 (Nachdruck 1998)]: Das Recht der freien Meinungsäußerung, in: Anschütz, Gerhard/Thoma, Richard (Hrsg.): Handbuch des Deutschen Staatsrechts, Bd. II, 1. Aufl. (1932), Tübingen, Nachdruck 1998, S. 651-675;

Häuser, Franz/Look, Frank van [ZIP 1986, 749]: Zur Änderung des Zwecks beim eingetragenen Verein, in: ZIP 1986, S. 749-756;

Hagelüken, Alexander/Ott, Klaus [SZ v. 25.07.2003, S. 31]: RTL im Abseits; EU akzeptiert zentrale Fernseh-Vermarktung der Bundesliga, in: SZ v. 25.07.2003, S. 31;

Hager, Johannes [JZ 1994, 373]: Grundrechte im Privatrecht, in: JZ 1994, S. 373-383;

Hailbronner, Kay [in: Dauses, Handbuch des EU-Wirtschaftsrechts, 2. Aufl., D.I.]: Freizügigkeit. Grundregeln, in: Dauses, Manfred A. (Hrsg.): Handbuch des EU-Wirtschaftsrechts, 2. Aufl., Stand: 11. Ergänzungslieferung, München, 2002;

Hailbronner, Kay/Nachbaur, Andreas [EuZW 1992, 105]: Die Dienstleistungsfreiheit in der Rechtsprechung des EuGH, in: EuZW 1992, 105-113;

Hailbronner, Kay/Klein, Eckart/Magiera, Siegfried/Müller-Graff, Peter Christian [Hailbronner/Klein/Magiera/Müller-Graff-Bearbeiter, EUV/EGV, Bd. I]: Handkommentar zum Vertrag über die Europäische Union (EUV/EGV), Stand: 7. Lieferung, Köln-Berlin-Bonn-München, 1998;

Hakenberg Waltraud [Grundzüge des Europäischen Gemeinschaftsrechts, 3. Aufl., 2003]: Grundzüge des Europäischen Gemeinschaftsrechts, 3. Aufl., München, 2003;

Hamm, Lars [AuA 1999, 450]: Was tun nach „Bosman“?, in: AuA 1999, S. 450-452;

Hammerstein, Fritz von [Der verfassungsrechtliche Schutz der Privatsphäre im Steuerrecht, 1993]: Der verfassungsrechtliche Schutz der Privatsphäre im Steuerrecht, Frankfurt/Main-Berlin-Bern-New York-Paris-Wien, 1993;

Hanau, Peter [in: Hanau/Steinmeyer/Wank, Handbuch des europäischen Arbeits- und Sozialrechts, 2002, § 15]: Freizügigkeit der Arbeitnehmer, in: Hanau, Peter/Steinmeyer, Heinz-Dietrich/Wank, Rolf (Hrsg.): Handbuch des europäischen Arbeits- und Sozialrechts, München, 2002, S. 391-540;

Hanau, Peter/Stoffels, Markus [Beteiligung von Arbeitnehmern an den Kosten der beruflichen Fortbildung, 1992]: Beteiligung von Arbeitnehmern an den Kosten der beruflichen Fortbildung – Zulässigkeit und Grenzen -, Stuttgart, 1992;

Hanfeld, Michael [FAZ v. 28.06.2003, S. 44]: Elfmeter; Fernsehfußball: DSF 1, ZDF 0, und die ARD kann nicht rechnen, in: FAZ v. 28.06.2003, S. 44;

Hannamann, Isolde [in: Vieweg, Spektrum des Sportrechts, 2003, 159]: Kartellverbot und Abstimmungen auf den Spielermärkten – Transfer-, Ausländer- und Salary Cap-Vereinbarungen, in: Vieweg, Klaus (Hrsg.): Spektrum des Sportrechts, Berlin, 2003, S. 159-186;

Hannamann, Isolde [Kartellverbot und Verhaltenskoordination im Sport, 2001]: Kartellverbot und Verhaltenskoordination im Sport, Berlin, 2001;

Hartmann, Peter [NZZ v. 03.09.2002, S. 51]: Auf ausländischen Fußballplätzen, in: NZZ v. 03.09.2002, S. 51;

Hartmann, Peter [NZZ v. 08.11.2002, S. 51]: Lazio-Boss Cragnotti droht Pleite – AS Roma verbucht unbekannte Spieler in Millionenhöhe, in: NZZ v. 08.11.2002, S. 51;

Hassemer, Winfried [FR v. 19.04.1999, S. 11]: Private sind schneller, schlauer und billiger als der Staat/Der Datenschutz braucht deshalb ein neues Konzept, in: FR v. 19.04.1999, S. 11;

Hausch, Tobias [Langfristige Arbeitsverträge bei Lizenzfußballspielern, 2002]: Langfristige Arbeitsverträge bei Lizenzfußballspielern, Bonn, 2002;

Hausmann, Friedrich Ludwig [BB 1994, 1089]: Der Deutsche Fußball-Bund (DFB) – Ein Kartell für „Fernsehrechte"?, in: BB 1994, S. 1089-1095;

Heckelmann, Dieter [AcP 179 (1979), 1]: Der Idealverein als Unternehmer?, in: AcP 179 (1979), S. 1-56;

Heermann, Peter W. [ZIP 1998, 1249]: Die Ausgliederung von Vereinen auf Kapitalgesellschaften, in: ZIP 1998, S. 1249-1260;

Heermann, Peter W. [SpuRt 1999, 11]: Kann der Ligasport die Fesseln des Kartellrechts sprengen?, in: SpuRt 1999, S. 11-15;

Heermann, Peter W. [NZG 1999, 325]: Die Geltung von Verbandssatzungen gegenüber mittelbaren Mitgliedern und Nichtmitgliedern, in: NZG 1999, S. 325-333;

Heermann, Peter W. [SpuRt 2001, 188]: Fußball-Kurzberichterstattung im Abseits?, in: SpuRt 2001, S. 188-190;

Heermann, Peter W. [WRP 2001, 1140]: Können Sportligen über das Konzentrationsprivileg vom Kartellverbot freigestellt werden?, in: WRP 2001, S. 1140-1145;

Heermann, Peter W. [RabelsZ 67 (2003), 106]: Professionelle Sportligen auf der Flucht vor dem Kartellrecht, in: RabelsZ 67 (2003), S. 106-139;

Hefermehl, Wolfgang/Fezer, Karl Heinz [in: Hefermehl/Ipsen/ Schluep/Sieben, Nationaler Markenschutz und freier Warenverkehr in der Europäischen Gemeinschaft, 1979]: Hefermehl, Wolfgang/Ipsen, Jörn/ Schluep Walter René/Sieben, Günter (Hrsg.): Nationaler Markenschutz und freier Warenverkehr in der Europäischen Gemeinschaft, München, 1979;

Heiersdorf, Christian [Ausländerklauseln im Profisport, 1998]: Ausländerklauseln im Profisport, Frankfurt/Main-Berlin-Bern-Brüssel-New York-Oxford-Wien, 1998;

Heinemann, Klaus [Einführung in die Ökonomie des Sports, 1995]: Einführung in die Ökonomie des Sports, Schorndorf, 1995;

Heinrich, Arthur [Der Deutsche Fußballbund: eine politische Geschichte, 2000]: Der Deutsche Fußballbund: eine politische Geschichte, Köln, 2000;

Hellenthal, Christian [Zulässigkeit einer supranationalen Fußball-Europaliga nach den Bestimmungen des europäischen Wettbewerbsrechts, 2000]: Zulässigkeit einer supranationalen Fußball-Europaliga nach den Bestimmungen des europäischen Wettbewerbsrechts, Frankfurt/Main-Berlin-Bern-Brüssel-New York-Oxford-Wien, 2000;

Hellmann, Hans [in: Schellhaaß, Sport und Medien, 1999, 95]: Zentrale Vermarktung oder Einzelvermarktung von Mannschaftssport im Fernsehen? Die Sicht des Deutschen Fußball-Bundes, in: Schellhaaß, Horst M. (Hrsg.): Sport und Medien. Rundfunktfreiheit, Wettbewerb und wirtschaftliche Verwertungsinteressen, Berlin, 1999, S. 95-102;

Hennige, Susanne [NZA-RR 2000, 617]: Rückzahlung von Aus- und Fortbildungskosten, in: NZA-RR 2000, S. 617-625;

Henseler, Paul [VerwArch 77 (1986), 249]: Staatliche Verhaltenslenkung durch Subventionen im Spannungsfeld zur Unternehmerfreiheit des Begünstigten, in: VerwArch 77 (1986), S. 249-284;

Herdegen, Matthias [Europarecht, 5. Aufl., 2003]: Europarecht, 5. Aufl., München, 2003;

Hermann, Stefan/Pontzen, Daniel [HANDELSBLATT v. 15.01.2003, S. 36]: „Die Entwicklung ist gut für den Fußball“, in: HANDELSBLATT v. 15.01.2003, S. 36;

Herrmann [LSW Gruppe 3, 3982 (3/1993)]: Anmerkung (zu BFH, Urt. v. 26.08.1992 – I R 24/91 – NJW 1993, 222), in: LSW Gruppe 3, S. 3982-3983 (3/1993);

Hertel, Melanie [Aktivierung der Athletenrechte im Verhältnis zur Verbandsautonomie unter besonderer Berücksichtigung der Berufsfreiheit, 2001]: Aktivierung der Athletenrechte im Verhältnis zur Verbandsautonomie unter besonderer Berücksichtigung der Berufsfreiheit, Frankfurt/Main-Berlin-Bern-Brüssel-New York-Oxford-Wien, 2001;

Heß, Burkhard [in: Aktuelle Rechtsfragen des Sports, 1999, 1]: Voraussetzungen und Grenzen eines autonomen Sportrechts unter besonderer Berücksichtigung des internationalen Spitzensports, in: Juristische Studiengesellschaft Karlsruhe: Aktuelle Rechtsfragen des Sports, Heft 237, Heidelberg, 1999, S. 1-47;

Hesse, Konrad [Grundzüge des Verfassungsrechts der Bundesrepublik Deutschland, 20. Aufl., 1995]: Grundzüge des Verfassungsrechts der Bundesrepublik Deutschland, 20. Aufl., Heidelberg, 1995;

Heydt, Volker [EuZW 1993, 105]: Der Funktionswandel der EG-Grundfreiheiten infolge der Verwirklichung des Binnenmarkts, in: EuZW 1993, S. 105;

Heyer, Jörg [Diskriminierungs- und Beschränkungsverbot im Rahmen der gemeinschaftsrechtlichen Arbeitnehmerfreizügigkeit, 1997]: Diskriminierungs- und Beschränkungsverbot im Rahmen der gemeinschaftsrechtlichen Arbeitnehmerfreizügigkeit, Köln, 1997;

Hilf, Meinhard [NJW 1984, 517]: Die Freizügigkeit des Berufsfußballspielers innerhalb der Europäischen Gemeinschaft, in: NJW 1984, S. 517-523;

Hilf, Meinhard/Pache, Eckhard [NJW 1996, 1169]: Das Bosman-Urteil des EuGH, in: NJW 1996, S. 1169-1177;

Hilpert, Horst [RdA 1997, 92]: Sport und Arbeitsrecht, in: RdA 1997, S. 92-100;

Hintersteininger, Margit [Binnenmarkt und Diskriminierungsverbot, 1999]: Binnenmarkt und Diskriminierungsverbot: unter besonderer Berücksichtigung der Situation nicht-staatlicher Handlungseinheiten, Berlin, 1999;

Hirsch, Günter [ZEuS 1999, 503]: Die aktuelle Rechtsprechung des EuGH zur Warenverkehrsfreiheit, in: ZEuS 1999, S. 503-512;

Hirte, Heribert [NJW 1988, 1698]: Zum Spannungsverhältnis von Persönlichkeitsschutz und Interessen der Öffentlichkeit, in: NJW 1988, S. 1698-1705;

Hobe, Stephan [Europarecht, 2002]: Europarecht, Köln-Berlin-Bonn-München, 2002;

Hobe, Stephan/Tietje, Christian [JuS 1996, 486]: Europäische Grundrechte auch für Profisportler – EuGH, NJW 1996, 505, in: JuS 1996, S. 486-493;

Hödl, Sascha Oliver [Die Beurteilung von verkaufsbehindernden Maßnahmen im Europäischen Binnenmarkt: Neue Interpretationsansätze zu Art. 30 EGV auf der Grundlage der Keck-Entscheidung, 1997]: Die Beurteilung von verkaufsbehindernden Maßnahmen im Europäischen Binnenmarkt: Neue Interpretationsansätze zu Art. 30 EGV auf der Grundlage der Keck-Entscheidung, Baden-Baden, 1997;

Hölder, E. [AcP 73 (1888), 1]: Zum allgemeinen Theile des Entwurfes eines bürgerlichen Gesetzbuches für das Deutsche Reich, in: AcP 73 (1888), S. 1-160;

Höppner, Horst-Dieter [DVBl. 1969, 723]: Zur verfassungsrechtlichen Gewährleistung des Steuergeheimnisses, in: DVBl. 1969, S. 723-727;

Hoeren, Thomas [JR 1998, 332]: Anmerkung (zu BGH, Beschl. v. 11.12.1997 – KVR 7/96 – JR 1998, 327), in: JR 1998, S. 332-335;

Hoerster, Norbert [JuS 1983, 93]: Zur Bedeutung des Prinzips der Menschenwürde, in: JuS 1983, S. 93-96;

Hoffmann-Riem, Wolfgang [in: Benda/Maihofer/Vogel, Handbuch des Verfassungsrechts, 2. Aufl., 1994, § 7]: Kommunikations- und Medienfreiheit, in: Benda, Ernst/Maihofer, Werner/Vogel, Hans-Jochen (Hrsg.): Handbuch des Verfassungsrechts, 2. Aufl., Berlin-New York, 1994;

Hofmann, Hasso [AöR 118 (1993), 353]: Die versprochene Menschenwürde, in: AöR 118 (1993), S. 353-377;

Hohmann, Harald [DÖV 2000, 406]: Berufsfreiheit (Art. 12 GG) und Besteuerung, in: DÖV 2000, S. 406-416;

Holznagel, Bernd [MMR 1998, 211]: Anmerkung (zu BVerfG, Urt. v. 17.02.1998 – 1 BvF 1/91 – NJW 1998, 1627), in: MMR 1998, S. 211-212;

Hopt, Klaus [BB 1991, 778]: Aktiengesellschaft im Berufsfußball, in: BB 1991, S. 778-785;

Horch, Heinz Dieter [in: Schellhaaß, Sport und Medien, 1999, 103]: Diskussion der Referate von Dieter Wolf und Hans Hellmann, in: Schellhaaß, Horst M. (Hrsg.): Sport und Medien. Rundfunktfreiheit, Wettbewerb und wirtschaftliche Verwertungsinteressen, Berlin, 1999, S. 103-112;

Horeni, Michael [FAZ v. 10.08.2002, S. 1]: Traumtheater in der Krise, in: FAZ v. 10.08.2002, S. 1;

Horn, Robert [Jura 1989, 17]: Zur Problematik der Übertragungsrechte für Fußballspiele im Fernsehen, in: Jura 1989, S. 17-20;

Hoß, Axel [MDR 2000, 1115]: Finanzierung von Fortbildungskosten durch den Arbeitgeber – Zulässigkeit von Rückzahlungsklauseln, in: MDR 2000, S. 1115-1120;

Hromadka, Wolfgang/Maschmann, Frank [Arbeitsrecht, Bd. I, 2. Aufl., 2002]: Arbeitsrecht. Individualarbeitsrecht, Bd. I, 2. Aufl., Berlin-Heidelberg-New York, 2002;

Huber, Peter M. [Recht der Europäischen Integration, 2. Aufl., 2002]: Recht der Europäischen Integration, 2. Aufl., München, 2002;

Huber, Rainer/Blömeke, Hans. J. [BB 1998, 2157]: Rückzahlung von Fortbildungskosten im Arbeitsverhältnis, in: BB 1998, S. 2157-2160;

Hübl, Lothar/Swieter, Detlef [WISU 2000, 305]: Neue Institutionenökonomik und Fußball-Bundesliga, in: WISU 2000, S. 305-308;

Hübl, Lothar/Swieter, Detlef [in: Hübl/Peters/Swieter, Ligasport aus ökonomischer Sicht, 2002, 13]: Fußball-Bundesliga: Märkte und Produktbesonderheiten, in: Hübl, Lothar/Peters, Hans Heinrich/Swieter, Detlef (Hrsg.): Ligasport aus ökonomischer Sicht, Aachen-Graz, 2002, S. 13-72;

Hüffer, Uwe [AktG, 4. Aufl., 1999]: Aktiengesetz, 4. Aufl., München, 1999;

Hüttemann, Rainer [DStR 1994, 490]: Transferentschädigungen im Lizenzfußball als Anschaffungskosten eines immateriellen Wirtschaftsguts, in: DStR 1994, S. 490-495;

Hufen, Friedhelm [NJW 1994, 2913]: Berufsfreiheit – Erinnerung an ein Grundrecht, in: NJW 1994, S. 2913-2922;

Hund, Horst [ZRP 1995, 334]: Der Einsatz technischer Mittel in Wohnungen, in: ZRP 1995, S. 334-338;

Hunecke, Heinrich [EWiR 1993, 343]: Garantiefonds des Bankgewerbes, Inhaltskontrolle, Ausschluß von Rechtsansprüchen, Bemessungsgrundlage, Regionalprinzip, in: EWiR 1993, S. 343-344;

Immenga, Ulrich/Mestmäcker, Ernst-Joachim [Immenga/Mestmäcker-Bearbeiter, GWB, 3. Aufl., 2001]: Gesetz gegen Wettbewerbsbeschränkungen. Kommentar, 3. Aufl., München, 2001;

Imping, Andreas [Die arbeitsrechtliche Stellung des Fußballspielers zwischen Verein und Verbänden, 1996]: Die arbeitsrechtliche Stellung des Fußballspielers zwischen Verein und Verbänden, Köln, 1996;

Imping, Andreas [EWS 1996, 193]: Ausländer-Quote und Ablösesummen im Profi-Fußball, in: EWS 1996, S. 193-199;

Ipsen, Jörn [Staatsrecht II (Grundrechte), 6. Aufl., 2003]: Staatsrecht II (Grundrechte), 6. Aufl., München-Neuwied, 2003;

Isensee, Josef [JZ 1996, 1085]: Bundesverfassungsgericht – quo vadis?, in: JZ 1996, S. 1085-1093;

Jachmann, Monika [StuW 1996, 97]: Sozialstaatliche Steuergesetzgebung im Spannungsverhältnis zwischen Gleichheit und Freiheit: Belastungsgrenzen im Steuersystem, in: StuW 1996, S. 97-106;

Jacob, Gary [THE TIMES v. 25.07.2003, S. 43]: Premier League told to change its media goals, in: THE TIMES v. 25.07.2003, S. 43;

Jänich, Volker M. [GRUR 1998, 438]: Fußballübertragungsrechte und Kartellrecht, in: GRUR 1998, S. 438-444;

Jaensch, Michael [Die unmittelbare Drittwirkung der Grundfreiheiten, 1997]: Die unmittelbare Drittwirkung der Grundfreiheiten, Baden-Baden, 1997;

Jansen, Rudolf [DStR 1992, 1785]: Zur Aktivierung von Transferentschädigungen nach den Vorschriften des Lizenzspielerstatuts des Deutschen Fußball-Bundes, in: DStR 1992, S. 1785-1789;

Jansen, Rudolf [FR 1995, 461]: Steuerfragen bei Sportlervergütungen und Ablösezahlungen, in: FR 1995, S. 461-465;

Jarass, Hans D. [NJW 1989, 857]: Das allgemeine Persönlichkeitsrecht im Grundgesetz, in: NJW 1989, S. 857-862;

Jarass, Hans D. [AfP 1993, 455]: Verfassungsmäßigkeit des Rechts der Kurzberichterstattung, in: AfP 1993, S. 455-463;

Jarass, Hans D. [EuR 2000, 705]: Elemente der Dogmatik der Grundfreiheiten II, in: EuR 2000, S. 705-723;

Jarass, Hans D. [DÖV 2000, 753]: Grundrechtliche Vorgaben für die Zulassung von Lotterien gemeinnütziger Einrichtungen, in: DÖV 2000, S. 753-761;

Jarass, Hans D./Pieroth, Bodo [Jarass-Pieroth-Bearbeiter, GG, 6. Aufl., 2002]: Grundgesetz für die Bundesrepublik Deutschland – Kommentar, 6. Aufl., München, 2002;

Jauernig, Othmar [Jauernig-Bearbeiter, BGB, 10. Aufl., 2003]: Bürgerliches Gesetzbuch. Kommentar, 10. Aufl., München, 2003;

Jenzen, Holger [Energiesteuern im nationalen und internationalen Recht, 1998]: Energiesteuern im nationalen und internationalen Recht, Frankfurt/Main-Berlin-Bern-Brüssel-New York-Oxford-Wien, 1998;

Johnson, Keith [TAGESSPIEGEL v. 18.04.2002, S. 18]: Europas Fußball im finanziellen Abseits, in: TAGESSPIEGEL v. 18.04.2002, S. 18;

Kadelbach, Stefan/Petersen, Niels [EuGRZ 2002, 213]: Die gemeinschaftsrechtliche Haftung für Verletzungen von Grundfreiheiten aus Anlass privaten Handelns, in: EuGRZ 2002, S. 213-220;

Kahlenberg, Harald [EWS 1994, 423]: Zur EG-rechtlichen Zulässigkeit von Ausländerklauseln im Sport, in: EWS 1994, S. 423-431;

Kaltenhäuser, Kirsten [Möglichkeiten und Perspektiven einer Reform der Organisation der Wirtschaftsverwaltung, 1998]: Möglichkeiten und Perspektiven einer Reform der Organisation der Wirtschaftsverwaltung, Frankfurt/Main-Berlin-Bern-Brüssel-New York-Oxford-Wien, 1998;

Karakaya, Ilkin/Kartal, Jusuf [AuR 2002, 58]: Zur rechtlichen Zulässigkeit von Transfersummenvereinbarungen im „bezahlten Amateursport", insbesondere im Amateurfußball, in: AuR 2002, S. 58-62;

Karpenstein, Peter [in: Will, Sportrecht in Europa, 1993, 171]: Der Zugang von Ausländern zum Berufsfußball innerhalb der Europäischen Gemeinschaft, in: Will, Michael R. (Hrsg.): Sportrecht in Europa, Heidelberg, 1993, S. 171-190;

Kebekus, Frank [EWiR 1993, 29]: Spielervermittler als Makler, in: EWiR 1993, S. 29-30;

Kelber, Markus [NZA 2001, 11]: Die Transferpraxis beim Vereinswechsel im Profifußball auf dem Prüfstand, NZA 2001, S. 11-16;

Kern, Markus [Die Bank 2002, 694]: Fußball-Bundesliga im Spannungsfeld zwischen Umsatzrekorden und Insolvenzgefahr, in: Die Bank 2002, S. 694-699;

Kern, Markus/Haas, Oliver/Dworak, Alexander [in: Galli/Gömmel/Holzhäuser/Straub, Sportmanagement, 2002, 395]: Finanzierungsmöglichkeiten für die Fußball-Bundesliga und andere Profisportligen, in: Galli, Albert/Gömmel, Rainer/Holzhäuser, Wolfgang/Straub, Wilfried (Hrsg.): Sportmanagement. Grundlagen der unternehmerischen Führung im Sport aus Betriebswirtschaftslehre, Steuern und Recht für den Sportmanager, München, 2002, S. 395-448;

Kerr, Tim [in: Scherrer/Del Fabro, Freizügigkeit im europäischen Sport, 2002, 31]: Freizügigkeit im Sport innerhalb und ausserhalb der Europäischen Gemeinschaft, in: Scherrer, Urs/Del Fabro, Marco (Hrsg.): Freizügigkeit im europäischen Sport, 2002, Zürich, S. 31-42;

Kerssenbrock, Otto Ferdinand Graf/Strunk, Günther [DB 2002, Beilage 9, 1]: Zur Verfassungsmäßigkeit des Datenzugriffs der Finanzverwaltung im Rahmen von Betriebsprüfungen nach § 147 Abs. 6 AO, in: DB 2002, Beilage 9, S. 1-24;

Késenne, Stéfan [in: Késenne/Jeanrenaud, Competition Policy in Professional Sports, 1999, 117]: Player Market Regulation and Competitive Balance in a Win Maximizing Scenario, in: Késenne, Stefan/Jeanrenaud, Claude (Hrsg.): Competition Policy in Professional Sports. Europe after the Bosman Case, Antwerpen, 1999, S. 117-132;

Keßler, Jutta [Das System der Warenverkehrsfreiheit im Gemeinschaftsrecht: zwischen Produktbezug und Verkaufsmodalitäten, 1997]: Das System der Warenverkehrsfreiheit im Gemeinschaftsrecht: zwischen Produktbezug und Verkaufsmodalitäten, Berlin-Baden-Baden, 1997;

Kessler, Harald [BB 1996, 947]: Teilwertabschreibung auf Spielgenehmigungen für Lizenzspieler?, in: BB 1996, S. 947-950;

Kewenig, Wilhelm [JZ 1990, 20]: Niederlassungsfreiheit, Freiheit des Dienstleistungsverkehrs und Inländerdiskriminierung, in: JZ 1990, S. 20-24;

Kindler, Peter [NZA 2000, 744]: Einseitige Vertragsverlängerungsoptionen im Arbeitsvertrag des Berufsfußballs, in: NZA 2000, S. 744-749;

Kingreen, Thorsten [Die Struktur der Grundfreiheiten des Europäischen Gemeinschaftsrechts, 1999]: Die Struktur der Grundfreiheiten des Europäischen Gemeinschaftsrechts, Berlin, 1999;

Kingreen, Thorsten [in: Ehlers, Europäische Grundrechte und Grundfreiheiten, 2003, § 17]: Gleichheitsrechte, in: Ehlers, Dirk (Hrsg.): Europäische Grundrechte und Grundfreiheiten, Berlin, 2003, S. 398-420;

Kingreen, Thorsten/Störmer, Rainer [EuR 1998, 263]: Die subjektiv-öffentlichen Rechte des primären Gemeinschaftsrechts, in: EuR 1998, S. 263-290;

Kipker, Ingo O./Parensen, Andreas [BFuP 1999, 136]: Strukturierungsprobleme europäischer Fußballwettbewerbe am Beispiel der Champions League und der European Soccer League, in: BFuP 1999, S. 136-150;

Kirchhof, Paul [in: Festschrift für Tipke, 1995, 27]: Steueranspruch und Informationseingriff, in: Lang, Joachim (Hrsg.): Die Steuerrechtsordnung in der Diskussion: Festschrift für Klaus Tipke zum 70. Geburtstag, Köln, 1995, S. 27-45;

Kirchhof, Paul [StuW 2000, 316]: Die Widerspruchsfreiheit im Steuerrecht als Verfassungspflicht, in: StuW 2000, S. 316-327;

Kirchhof, Paul [Stbg 2000, 552]: Verfassungsrechtliche Maßstäbe der Unternehmenssteuerreform, in: Stbg 2000, S. 552-558;

Kirchhof, Paul [AöR 128 (2003), 1]: Der Grundrechtsschutz des Steuerpflichtigen, in: AöR 128 (2003), S. 1-51;

Kirschenhofer, Matthias [Sport als Beruf, 2002]: Sport als Beruf, Frankfurt/Main-Berlin-Bern-Brüssel-New York-Oxford-Wien, 2002;

Klatt, Helmut [Die arbeitsrechtliche Stellung der Lizenzfußballspieler, 1976]: Die arbeitsrechtliche Stellung der Lizenzfußballspieler, Bielefeld, 1976;

Kleier, Ulrich [RIW 1988, 623]: Freier Warenverkehr (Art. 30 EWG-Vertrag) und die Diskriminierung inländischer Erzeugnisse, in: RIW 1988, S. 623-632;

Klewenhagen, Marco [SPONSORS, Heft 7/2003, S. 40]: Der Kick mit den Kosten, in: SPONSORS, Heft 7/2003, S. 40;

Klewenhagen, Marco/Weilguny, Michael [SPONSORS, Heft 7/2003]: Strategisches Minus einkalkuliert, in: SPONSORS, Heft 7/2003, S. 38-39;

Klimmer, Iris [Profifußballunternehmen an die Börse, 2003]: Profifußballunternehmen an die Börse – Analyse des Wirkungszusammenhangs zwischen sportlichem und wirtschaftlichem Erfolg im Berufsfußball, Bayreuth, 2003;

Klingmüller, Angela/Wichert, Joachim [SpuRt 2001, 1]: Die Zulässigkeit von Ablösesummen für vertraglich gebundene Profifußballspieler, in: SpuRt 2001, S. 1-4;

Klodt, Henning [Die Weltwirtschaft 1998, 108]: Bundesliga ohne Wettbewerb?, in: Die Weltwirtschaft 1998, S. 108-114;

Kloepfer, Michael [Informationsrecht, 2002]: Informationsrecht, München, 2002;

Klose, Martin [Die Rolle des Sports bei der Europäischen Einigung, 1989]: Die Rolle des Sports bei der Europäischen Einigung, Berlin, 1989;

Kluth, Winfried [AöR 122 (1997), 557]: Die Bindung privater Wirtschaftsteilnehmer an die Grundfreiheiten des EG-Vertrages, in: AöR 122 (1997), S. 557-582;

Knemeyer, Franz-Ludwig [DB 1993, 721]: Die Wahrung von Betriebs- und Geschäftsgeheimnissen bei behördlichen Umweltinformationen, in: DB 1993, S. 721-726;

Knobbe-Keuk, Brigitte [DB 1990, 2573]: Niederlassungsfreiheit: Diskriminierungs- oder Beschränkungsverbot?, in: DB 1990, S. 2573-2584;

Knobbe-Keuk, Brigitte [Bilanz- und Unternehmenssteuerrecht, 9. Aufl., 1993]: Bilanz- und Unternehmenssteuerrecht, 9. Aufl., Köln, 1993;

Kögler, Peter [Arbeiterbewegung und Vereinsrecht, 1974]: Arbeiterbewegung und Vereinsrecht. Ein Beitrag zur Entstehungsgeschichte des BGB, Berlin, 1974;

Koenig, Christian/Haratsch, Andreas [Europarecht, 4. Aufl., 2003]: Europarecht, 4. Aufl., Tübingen, 2003;

König, Doris [AöR 118 (1993), 591]: Das Problem der Inländerdiskriminierung – Abschied von Reinheitsgebot, Nachtbackverbot und Meisterprüfung, in: AöR 118 (1993), S. 591-616;

Köhler, Helmut [ZHR 144 (1980), 589]: Vertragsrecht und „Property Rights"-Theorie, in: ZHR 144 (1980), S. 589-609;

Körber, Torsten [EuR 2000, 932]: Innerstaatliche Anwendung und Drittwirkung der Grundfreiheiten?, in: EuR 2000, S. 932-952;

Kohl, Thorsten [Ökonomie des Profifußballs, 2001]: Ökonomie des Profifußballs, Aachen, 2001;

Kohler, Stefan [Mitgliedschaftliche Regelungen in Vereinsordnungen, 1992]: Mitgliedschaftliche Regelungen in Vereinsordnungen, Heidelberg, 1992;

Kowalewsky, Reinhard/Schneider, Mark [CAPITAL, Heft 16/2003]: Gelbe Karte, in: CAPITAL, Heft 16/2003, S. 38-39;

Kramer, Jörg [SPIEGEL, Heft 32/2002]: „Der Irrsinn ist vorbei“, in: SPIEGEL, Heft 32/2002, S. 116-118;

Krapf, Heike [Verkehrslenkung durch Abgaben: Möglichkeiten und Grenzen einer Umsetzung des Road Pricing-Konzepts nach deutschem und europäischem Recht, 2001]: Verkehrslenkung durch Abgaben: Möglichkeiten und Grenzen einer Umsetzung des Road Pricing-Konzepts nach deutschem und europäischem Recht, Münster-Hamburg-Berlin-London, 2001;

Krause, Peter [JuS 1984, 268]: Das Recht auf informationelle Selbstbestimmung – BVerfGE 65, 1, in: JuS 1984, S. 268-275;

Krogmann, Mario [Grundrechte im Sport, 1998]: Grundrechte im Sport, Berlin, 1998;

Krogmann, Mario [Sport und Europarecht, 2001]: Sport und Europarecht, Baden-Baden, 2001;

Krogmann, Mario [in: Vieweg, Spektrum des Sportrechts, 2003, 35]: Umfang und Grenzen der Vereinigungsfreiheit von Sportorganisationen in europäischen Rechtsordnungen, in: Vieweg, Klaus (Hrsg.): Spektrum des Sportrechts, Berlin, 2003, S. 35-56;

Kronner, Markus [DStR 1996, 1185]: Entgeltlicher Erwerb und Erwerb im Tauschwege bei immateriellen Wirtschaftsgütern des Anlagevermögens, in: DStR 1996, S. 1185-1191;

Kruse, Jörn [FAZ v. 07.04.1998, S. 39]: Fußball-Vermarktung keine Ausnahme: Auch ohne ein Monopol des DFB können kleine Klubs überleben, in: FAZ v. 07.04.1998, S. 39;

Kruse, Jörn [in: Schellhaaß, Sport und Medien, 1999, 11]: Informationsfreiheit versus wirtschaftliche Verwertungsinteressen, in: Schellhaaß, Horst M. (Hrsg.): Sport und Medien. Rundfunktfreiheit, Wettbewerb und wirtschaftliche Verwertungsinteressen, Berlin, 1999, S. 11-28;

Kruse, Jörn/Quitzau, Jörn [ZfB-Ergänzungsheft 4/2002, 63]: Zentralvermarktung der Fernsehrechte an der Fußball-Bundesliga, in: ZfB-Ergänzungsheft 4/2002, S. 63-82;

Kübler, Friedrich [Gesellschaftsrecht, 5. Aufl., 1999]: Gesellschaftsrecht. Die privatrechtlichen Ordnungsstrukturen und Regelungsprobleme von Verbänden und Unternehmen, 5. Aufl., Heidelberg, 1999;

Kugelmann, Dieter [Die informatorische Rechtsstellung des Bürgers, 2001]: Die informatorische Rechtsstellung des Bürgers: Grundlagen und verwaltungsrechtliche Grundstrukturen individueller Rechte auf Zugang zu Informationen der Verwaltung, Tübingen, 2001;

Lackhoff, Klaus [Die Niederlassungsfreiheit des EGV – nur ein Gleichheits- oder auch ein Freiheitsrecht, 2000]: Die Niederlassungsfreiheit des EGV – nur ein Gleichheits- oder auch ein Freiheitsrecht, Berlin, 2000;

Lackhoff, Klaus/Raczinski, Bernd [EWS 1997, 110]: Umgekehrte Diskriminierung, in: EWS 1997, S. 110-117;

Langen, Eugen/Bunte, Hermann-Josef [Langen/Bunte-Bearbeiter, GWB, 9. Aufl., 2001]: Kommentar zum deutschen und europäischen Kartellrecht, 9. Aufl., Neuwied-Kriftel-Berlin, 2001;

Langer, Margit [Informationsfreiheit als Grenze informationeller Selbstbestimmung, 1992]: Informationsfreiheit als Grenze informationeller Selbstbestimmung: verfassungsrechtliche Vorgaben der privatrechtlichen Informationsordnung, Berlin, 1992;

La Pergola, Antonio [Schlußantr. v. 16.07.1998 - Rs. C-212/97 - Slg. 1999 I, 1459 - „Centros"]: Schlußanträge des Generalanwalts Antonio La Pergola vom 16. Juli 1998, in: EuGH, Slg. 1999 I, S. 1459, S. 1461-1483;

Larenz, Karl [in: Gedächtnisschrift für Dietz, 1973, 45]: Zur Rechtmäßigkeit einer „Vereinsstrafe", in: Hueck, Götz/Richardi, Reinhard (Hrsg.): Gedächtnisschrift für Rolf Dietz, München, 1973, S. 45-59;

Larenz, Karl/Wolf, Manfred [Allgemeiner Teil des Bürgerlichen Rechts, 8. Aufl., 1997]: Allgemeiner Teil des Bürgerlichen Rechts, 8. Aufl., München, 1997;

Lecheler, Helmut [Europarecht, 2000]: Einführung in das Europarecht, München, 2000;

Lehmann, Erik/Weigand, Jürgen [ifo-Studien - Zeitschrift für empirische Wirtschaftsforschung, 1997, 381]: Money makes the ball go round, in: ifo-Studien - Zeitschrift für empirische Wirtschaftsforschung, 1997, S. 381-407;

Lehmann, Erik/Weigand, Jürgen [ZfB-Ergänzungsheft 2/1998, 101]: Wieviel Phantasie braucht die Fußballaktie?, in: ZfB-Ergänzungsheft 2/1998, S. 101-120;

Lehmann, Erik/Weigand, Jürgen [BFuP 1999, 124]: Determinanten der Entlohnung von Profifußballspielern – Eine empirische Analyse für die deutsche Bundesliga, in: BFuP 1999, S. 124-135;

Leinemann, Walter/Weinzierl, Alfred [SPIEGEL, Heft 21/2003]: Die Stunde der Kunstturner, in: SPIEGEL, Heft 21/2003, S. 138-146;

Leinemann, Wolfgang/Taubert, Thomas [BBiG, 2002]: Berufsbildungsgesetz. Kommentar, München, 2002;

Leisner, Walter [NJW 1995, 2591]: Steuer- und Eigentumswende – die Einheitswert-Beschlüsse des Bundesverfassungsgerichts, in: NJW 1995, S. 2591-2596;

Leisner, Walter [in: Isensee/Kirchhof, Handbuch des Staatsrechts, Bd. VI, 2. Aufl., 2001, § 149]: Eigentum, in: Isensee, Josef/Kirchhof, Paul (Hrsg.): Handbuch des Staatsrechts, Bd. VI, 2. Aufl., 2001, S. 1023-1098;

Leist, Matthias [Verfassungsrechtliche Schranken des steuerlichen Auskunfts- und Informationsverkehrs, 2000]: Verfassungsrechtliche Schranken des steuerlichen Auskunfts- und Informationsverkehrs, Frankfurt/Main-Berlin-Bern-Brüssel-New York-Oxford-Wien, 2000;

Lengauer, Alina [ZfRV 2001, 57]: Drittwirkung von Grundfreiheiten – Eine Besprechung der Rs C-281/98, Angonese, in: ZfRV 2001, S. 57-65;

Lenz, Carl Otto [NJW 1993, 1962]: Vertrag von Maastricht – Ende demokratischer Staatlichkeit?, in: NJW 1993, S. 1962-1964;

Lenz, Carl Otto [Schlußantr. v. 20.09.1995 – Rs. C-415/93 – Slg. 1995 I, 4921 – „Bosman"]: Schlußanträge des Generalanwaltes Carl Otto Lenz vom 20. September 1995, in: EuGH, Slg. 1995 I, S. 4921, S. 4930-5039;

Lenz, Carl Otto [FAZ v. 13.01.1996, S. 26]: EU-Anwalt Lenz kontra Bundesliga. Glatter Rechtsbruch, in: FAZ v. 13.01.1996, S. 26;

Lenz, Carl Otto [FAZ v. 14.02.1996, S. 10]: Freizügigkeit bei Fußballspielern, in: FAZ v. 14.02.1996, S. 10;

Lenz, Carl Otto [Lenz-Bearbeiter, EGV, 2. Aufl., 1999]: EG-Vertrag Kommentar, 2. Aufl., Köln, 1999;

Lenz, Christofer [NJW 1999, 757]: Das Recht der Kurzberichtserstattung – Bestätigung und Korrektur aus Karlsruhe, in: NJW 1999, S. 757-760;

Lindner, Josef Franz [DÖV 2003, 185]: Zur grundrechtsdogmatischen Struktur der Wettbewerbsfreiheit, in: DÖV 2003, S. 185-192;

Lingemann, Stefan [NZA 2002, 181]: Allgemeine Geschäftsbedingungen und Arbeitsvertrag, in: NZA 2002, S. 181-192;

Linnenkohl, Karl R. H./Rauschenberg, Hans-Jürgen [BB 1988, 57]: Das Recht auf „informationelle Selbstbestimmung" und die Drittwirkungsproblematik im Arbeitsrecht, in: BB 1988, S. 57-63;

Lipke, Gert-Albert [Gratifikationen, Tantiemen, Sonderzulagen, 1982]: Gratifikationen, Tantiemen, Sonderzulagen, Neuwied-Darmstadt, 1982;

Littkemann, Jörn [in: Dietl, Globalisierung des wirtschaftlichen Wettbewerbs im Sport, 2003, 141]: Ökonomische Probleme der bilanziellen Behandlung von Transferentschädigungen in der Fußball-Bundesliga, in: Dietl, Helmut M. (Hrsg.): Globalisierung des wirtschaftlichen Wettbewerbs im Sport, 2003, S. 141-166;

Littkemann, Jörn/Engelsing, Lutz [StuB 2001, 169]: Aktuelle Probleme der Besteuerung, Rechnungslegung und Publizität von Vereinen zur Gemeinnützigkeit, in: StuB 2001, S. 169-174;

Littkemann, Jörn/Schaarschmidt, Peter [StuB 2002, 372]: Probleme der bilanziellen Behandlung von Transferentschädigungen nach Handels- und Steuerrecht, in: StuB 2002, S. 372-380;

Littkemann, Jörn/Sunderdiek, Bernd [BBK Fach 19, 1215 (24/1998)]: Analyse der wirtschaftlichen Lage von Vereinen der Fußball-Bundesliga, in: BBK Fach 19, S. 1215-1228 (24/1998);

Lohbeck, Eckhart [MDR 1972, 381]: Die Vereinsordnungen, in: MDR 1972, S. 381-384;

Look, Frank van [WM 1994, Sonderausgabe, 46]: Individualschutz im Vereinsrecht, in: WM 1994, Sonderausgabe, 46-56;

Lübbersmann, Patrick [Zulässigkeit arbeitsvertraglicher und tarifvertraglicher Rückzahlungsklauseln hinsichtlich der Kosten für die berufliche Fortbildung des Arbeitnehmers, 2001]: Zulässigkeit arbeitsvertraglicher und tarifvertraglicher Rückzahlungsklauseln hinsichtlich der Kosten für die berufliche Fortbildung des Arbeitnehmers, Hagen, 2001;

Luhmann, Niklas [Grundrechte als Institution, 3. Aufl., 1986]: Grundrechte als Institution. Ein Beitrag zur politischen Soziologie, 3. Aufl., Berlin, 1986;

Lukes, Rudolf [NJW 1972, 121]: Der Satzungsinhalt beim eingetragenen Verein und die Abgrenzung zu sonstigen Vereinsregelungen, in: NJW 1972, S. 121-128;

Lukes, Rudolf [in: Festschrift für Westermann, 1974, 325]: Erstreckung der Vereinsgewalt auf Nichtmitglieder durch Rechtsgeschäft, in: Hefermehl, Wolfgang/Gmür, Rudolf/Brox, Hans (Hrsg.): Festschrift für Harry Westermann zum 65. Geburtstag, Karlsruhe, 1974, S. 325-345;

Lutter, Marcus/Hommelhoff, Peter [Lutter/Hommelhoff, GmbHG, 15. Aufl., 2000]: GmbH-Gesetz: Kommentar, 15. Aufl., Köln, 2000;

Madl, Roland [BB 1997, 1126]: Die Sonderstellung der Sportvereine im Steuerrecht, in: BB 1997, S. 1126-1131;

Mahler, Till [SpuRt 2001, 8]: Ist ein neuer Veranstalterbegriff für den professionellen Ligasport notwendig?, in: SpuRt 2001, S. 8-11;

Mahrenholz, Ernst Gottfried/Böckenförde, Ernst-Wolfgang [Sondervotum v. 24.04.1985 – 2 BvF 2, 3, 4/83 und 2/84 – BVerfGE 69, 57]: Abweichende Meinung der Richter Mahrenholz und Böckenförde zum Urteil vom 24. April 1985 – 2 BvF 2, 3, 4/83 und 2/84 -, in: BVerfGE 69, S. 57-87;

Malatos, Andreas [Berufsfußball im europäischen Rechtsvergleich, 1988]: Berufsfußball im europäischen Rechtsvergleich, Kehl-Straßburg-Arlington, 1988;

Mangoldt, Hermann von/Klein, Friedrich [GG, 2. Aufl., 1966]: Das Bonner Grundgesetz, Bd. I, 2. Aufl., Berlin-Frankfurt, 1966;

Mangoldt, Hermann von/Klein, Friedrich/Starck, Christian [v. Mangoldt/Klein/Starck-Bearbeiter, GG, Bd. I, 4. Aufl., 1999]: Das Bonner Grundgesetz. Kommentar, Bd. I, 4. Aufl., München, 1999;

Marx, Franz Jürgen [BB 1994, 2379]: Objektivierungserfordernisse bei der Bilanzierung immaterieller Anlagewerte, in: BB 1994, S. 2379-2388;

Maunz, Theodor/Dürig, Günter/Herzog, Roman/Scholz, Rupert [Maunz/Dürig/Herzog/Scholz-Bearbeiter, GG]: Grundgesetz. Kommentar, Stand: 42. Lieferung, München, 2003;

Maunz, Theodor/Zippelius, Reinhold [Deutsches Staatsrecht, 30. Aufl., 1998]: Deutsches Staatsrecht, 30. Aufl., München, 1998;

Maurer, Hartmut [Allgemeines Verwaltungsrecht, 14. Aufl., 2002]: Allgemeines Verwaltungsrecht, 14. Aufl., München, 2002;

Mayer-Vorfelder, Gerhard [HANDELSBLATT v. 27./28.07.2001, S. 44]: Börsengang ist kein Nonplusultra, in: HANDELSBLATT v. 27./28.07.2001, S. 44;

Medicus, Dieter [Allgemeiner Teil des BGB, 8. Aufl., 2002]: Allgemeiner Teil des BGB, 8. Aufl., Heidelberg, 2002;

Medicus, Dieter [Schuldrecht II – Besonderer Teil, 10. Aufl., 2000]: Schuldrecht II – Besonderer Teil, 10. Aufl., München, 2000;

Meier, Gert [ZHR 133 (1970), 61]: Der Schutz des Marktbürgers durch das Diskriminierungsverbot des Artikels 7 Abs. 1 EWGV, in: ZHR 133 (1970), S. 61-99;

Meier, Hans-Georg/Schulz, Rolf [NZA 1996, 742]: Die Rückzahlung von Ausbildungskosten bei vorzeitiger oder erfolgloser Beendigung der Ausbildung, in: NZA 1996, S. 742-749;

Merten, Detlef [in: Isensee/Kirchhof, Handbuch des Staatsrechts, Bd. VI, 2. Aufl., 2001, § 144]: Vereinsfreiheit, in: Isensee, Josef/Kirchhof, Paul (Hrsg.): Handbuch des Staatsrechts, Bd. VI, 2. Aufl., 2001, S. 775-807;

Mestmäcker, Ernst-Joachim [Europäisches Wettbewerbsrecht, 1974]: Europäisches Wettbewerbsrecht, München, 1974;

Mestmäcker, Ernst-Joachim [in: Vieweg, Vermarktungsrechte im Sport, 2000, 53]: Die Vergabe von Fernsehrechten an internationalen Wettbewerbsspielen deutscher Lizenzligavereine, in: Vieweg, Klaus (Hrsg.): Vermarktungsrechte im Sport, Berlin, 2000, S. 53-94;

Mestmäcker, Ernst-Joachim [in: Festschrift für Sandrock, 2000, 689]: Veranstalterrechte als Fernsehrechte, in: Berger, Klaus Peter (Hrsg.): Festschrift für Otto Sandrock zum 70. Geburtstag, Heidelberg, 2000, S. 689-700;

Meyer-Abich, Jann [Der Schutzzweck der Eigentumsgarantie, 1980]: Der Schutzzweck der Eigentumsgarantie, Berlin, 1980;

Meyer-Cording, Ulrich [Die Vereinsstrafe, 1957]: Die Vereinsstrafe, Tübingen, 1957;

Meyer-Cording, Ulrich [RdA 1982, 13]: Die Arbeitsverträge der Berufsfußballspieler, in: RdA 1982, S. 13-16;

Michaelis, Lars Oliver [NJW 2001, 1841]: Unmittelbare Drittwirkung der Grundfreiheiten – Zum Fall Angonese, in: NJW 2001, S. 1841-1842;

Michalik, Claudia [in: Schewe/Littkemann, Sportmanagement, 2002, 99]: Ehrenamtliches Engagement im Profifußball – ein Auslaufmodell?, in: Schewe, Gerhard/Littkemann, Jörn (Hrsg.): Sportmanagement, Schorndorf, 2002, S. 99-114;

Misson, Luc [in: Eimer, 2. Internationaler Sport-Recht Kongress, 2002, 31]: Droit de l'EU et règles de transfert actuelles, in: Eimer, Richard B. (Hrsg.): 2. Internationaler Sport-Recht Kongress, 2002, S. 31-39;

Möllers, Thomas M. J. [EuR 1998, 20]: Doppelte Rechtsfortbildung contra legem?, in: EuR 1998, S. 20-46;

Mojzesowicz, Karolina [Möglichkeiten und Grenzen einer einheitlichen Dogmatik der Grundfreiheiten, 2000]: Möglichkeiten und Grenzen einer einheitlichen Dogmatik der Grundfreiheiten, Baden-Baden, 2000;

Monti, Mario [Sport and Competition, 2000]: Sport and Competition, Excerpts of a speech given at a Commission-organized conference on sports, SPEECH/00/152, Brüssel, 2000;

Monti, Mario [Competition and Sport – the Rules of the game, 2001]: Competition and Sport – the Rules of the game, Conference on „Governance in Sport" – European Olympic Committee – FIFA – Féderation Internationale de l'Automobile – Herbert Smith, SPEECH/01/84, Brüssel, 2001;

Moorhouse, Herbert F. [in: Késenne/Jeanrenaud, Competition Policy in Professional Sports, 1999, 161]: Football Post-Bosman: the Real Issues, in: Késenne, Stefan/Jeanrenaud, Claude (Hrsg.): Competition Policy in Professional Sports. Europe after the Bosman Case, Antwerpen, 1999, S. 161-180;

Motive [zu dem Entwurfe eines Bürgerlichen Gesetzbuches für das Deutsche Reich, Bd. I, 1888]: Motive zu dem Entwurfe eines Bürgerlichen Gesetzbuches für das Deutsche Reich, Bd. I, Berlin-Leipzig, 1888;

Motive [zu dem Entwurfe eines Bürgerlichen Gesetzbuches für das Deutsche Reich, Bd. II, 1888]: Motive zu dem Entwurfe eines Bürgerlichen Gesetzbuches für das Deutsche Reich, Bd. II, Berlin-Leipzig, 1888;

Moxter, Adolf [BB 1979, 1102]: Immaterielle Anlagewerte im neuen Bilanzrecht, in: BB 1979, S. 1102-1109;

Moxter, Adolf [Bilanzrechtsprechung, 5. Aufl., 1999]: Bilanzrechtsprechung, 5. Aufl., Tübingen, 1999;

Müller, Hans-Friedrich [Der Verband in der Insolvenz, 2002]: Der Verband in der Insolvenz, 2002;

Müller, Jens Christian [in: Horch/Heydel/Sierau, Professionalisierung im Sportmanagement, 1999, 122]: Fußball-Klubs als Kapitalgesellschaften – institutionen-ökonomisch betrachtet, in: Horch, Dieter/Heydel, Jörg/Sierau, Axel (Hrsg.): Professionalisierung im Sportmanagement, Aachen, 1999, S. 122-143;

Müller, Jens Christian [in: Horch, Finanzierung des Sports, 2002, 147]: Befreiung der Profi-Fußballer von den Fesseln institutionalisierter Kompensationssysteme? Ein Plädoyer für die Zulässigkeit von Spielerbindungen im Teamsport, in: Horch, Heinz-Dieter (Hrsg.): Finanzierung des Sports, Aachen, 2002, 147-168;

Müller, Jens Christian [in: Dietl, Globalisierung des wirtschaftlichen Wettbewerbs im Sport, 2003, 191]: Die Praxis der bilanziellen Behandlung von Transferentschädigungen in der Bundesliga, in: Dietl, Helmut M. (Hrsg.): Globalisierung des wirtschaftlichen Wettbewerbs im Sport, 2003, S. 191-204;

Müller, Stefanie [HANDELSBLATT v. 08.04.2003, S. 36]: „Der Letzte möge das Licht ausmachen“, in: HANDELSBLATT v. 08.04.2003, S. 36;

Mümmler, Hans-Friedrich [Der Spielertransfer im Bundesligafußball, 1982]: Der Spielertransfer im Bundesligafußball, Bayreuth, 1982;

Mümmler, Werner [UR 1984, 132]: Zur Umsatzsteuerpflicht von Ablöseentschädigungen beim Spielertransfer im Bundesligafußball, in: UR 1984, S. 132-134;

Münch, Ingo von [Staatsrecht II, 5. Aufl., 2002]: Staatsrecht II, 5. Aufl., Stuttgart-Berlin-Köln, 2002;

Münch, Ingo von/Kunig, Philip [v. Münch/Kunig-Bearbeiter, GG, Bd. I, 5. Aufl., 2000]: Grundgesetz-Kommentar, Bd. I, 5. Aufl., München. 2000;

Münchener Kommentar (BGB) [MüKo-Bearbeiter, BGB, Bd. I, 4. Aufl., 2001]: Münchener Kommentar zum Bürgerlichen Gesetzbuch, Bd. I, 4. Aufl., München, 2001;

Münchener Kommentar (BGB) [MüKo-Bearbeiter, BGB, Bd. III, 3. Aufl., 1995]: Münchener Kommentar zum Bürgerlichen Gesetzbuch, Bd. III, 3. Aufl., München, 1995;

Münchener Kommentar (BGB) [MüKo-Bearbeiter, BGB, Bd. IV, 3. Aufl., 1997]: Münchener Kommentar zum Bürgerlichen Gesetzbuch, Bd. IV, 3. Aufl., München, 1997;

Münchener Kommentar (HGB) [MüKo-Bearbeiter, HGB, Bd. IV, 2001]: Münchener Kommentar zum Handelsgesetzbuch, Bd. IV, München, 2001;

Nasse, Norbert K. H. [SpuRt 1997, 45]: Wirksamkeit des § 11 der Fußballprofiverträge hinsichtlich Art. 48 EGV, Art. 12 GG und AGBG analog, in: SpuRt 1997, S. 45-49;

Nasse, Norbert K. H. [SpuRt 1999, 140]: Die freie Arbeitsplatzwahl des Fußballprofis, in: SpuRt 1999, S. 140-143;

Nesshöver, Christoph [HANDELSBLATT v. 23.07.2002, S. 32]: Leben wie Gott in Frankreich, in: HANDELSBLATT v. 23.07.2002, S. 32;

Nesshöver, Christoph [HANDELSBLATT v. 10./11.01.2003, S. 40]: Wenn zwei Sender sich streiten, in: HANDELSBLATT v. 10./11.01.2003, S. 40;

Nettesheim, Martin [NVwZ 1996, 342]: Die europarechtlichen Grundrechte auf wirtschaftliche Mobilität (Art. 48, 52 EGV), in: NVwZ 1996, S. 342-345;

Neuß, Jörg [NZA 2003, 161]: Neuregelung des Transferwesens im professionell betriebenen Fußballsport, in: NZA 2003, S. 161-171;

Nicklisch, Fritz [JZ 1976, 105]: Der verbandsrechtliche Aufnahmezwang und die Inhaltskontrolle satzungsmäßiger Aufnahmevoraussetzungen, in: JZ 1976, S. 105-113;

Nicklisch, Fritz [BB 1979, 1153]: Grenzen der Pflichtmitgliedschaft bei Genossenschaftsverbänden, in: BB 1979, S. 1153-1161;

Nicklisch, Fritz [Inhaltskontrolle von Verbandsnormen, 1982]: Inhaltskontrolle von Verbandsnormen, Heidelberg, 1982;

Nicolaysen, Gert [EuR 1991, 95]: Inländerdiskriminierung im Warenverkehr, in: EuR 1991, S. 95-120;

Noll, Roger G. [in: Késenne/Jeanrenaud, Competition Policy in Professional Sports, 1999, 17]: Competition Policy in European Sports after the Bosman Case, in: Késenne, Stefan/Jeanrenaud, Claude (Hrsg.): Competition Policy in Professional Sports. Europe after the Bosman Case, Antwerpen, 1999, S. 17-44;

Nolte, Martin/Polzin, Carsten [NZG 2001, 838]: Grundrechtskollisionen im Sport, in: NZG 2001, S. 838-841;

Nolte, Norbert/Planker, Markus [Jura 1993, 635]: Vereinigungsfreiheit und Vereinsbetätigung, in: Jura 1993, S. 635-639;

Novak, Meinhard [DB 1997, 2589]: Ungleiche Behandlung von ausländischen Produkten oder Dienstleistungen – Einheitliche Rechtfertigungstatbestände im EG-Vertrag, in: DB 1997, S. 2589-2593;

Nowak, Carsten/Schnitzler, Jörg [EuZW 2000, 627]: Erweiterte Rechtfertigungsmöglichkeiten für mitgliedstaatliche Beschränkungen der EG-Grundfreiheiten, in: EuZW 2000, S. 627-631;

Oberthür, Nathalie [Das Transfersystem im Lizenzfußball, 2002]: Das Transfersystem im Lizenzfußball, Frankfurt/Main-Berlin-Bern-Brüssel-New York-Oxford-Wien, 2002;

Oberthür, Nathalie [NZA 2003, 462]: Die Entschädigungsregelung im internationalen Spielertransfer, in: NZA 2003, S. 462-468;

Obwexer, Walter [EWS, Heft 8/2000, Die erste Seite]: EuGH. Neue Pflichten für Unionsbürger, in: EWS, Heft 8/2000, Die erste Seite;

Oliver, Peter [CMLRev. 36 (1999), 783]: Some further reflections on the scope of Articles 28-30 (ex 30-36) EC, in: CMLRev. 36 (1999), S. 783-806;

Oppermann, Thomas [Europarecht, 2. Aufl., 1999]: Europarecht, 2. Aufl., München, 1999;

Ossenbühl, Fritz [AöR 115 (1990), 1]: Die Freiheiten des Unternehmers nach dem Grundgesetz, in: AöR 115 (1990), S. 1-32;

Ossenbühl, Fritz [in: Festschrift für Kriele, 1997, 147]: Grundrechtsgefährdungen, in: Ziemske, Burkhardt (Hrsg.): Staatsphilosophie und Rechtspolitik: Festschrift für Martin Kriele zum 65. Geburtstag, München, 1997, S. 147-163;

Osthoff, Karl-Heinz [Rechts- und sittenwidrige Entscheidungsbeschränkungen für Berufssportler, insbesondere für Lizenzfußballer, 1983]: Rechts- und sittenwidrige Entscheidungsbeschränkungen für Berufssportler, insbesondere für Lizenzfussballspieler, Bochum, 1983;

Ott, Klaus [SZ v. 08.04.2003, S. 39]: FC Bayern zum Schleuderpreis. Ein Jahr nach der großen Kirch-Pleite kommt es für den Profi-Fußball noch schlimmer, in: SZ v. 08.04.2003, S. 39;

Pache, Eckhard [NVwZ 1999, 1033]: Der Grundsatz der Verhältnismäßigkeit in der Rechtsprechung der Gerichte der Europäischen Gemeinschaften, in: NVwZ 1999, S. 1033-1040;

Paefgen, Thomas Christian [EWiR 1995, 987]: Fußballprofi, Freizügigkeit, Ausländersperrklausel, Transferentschädigung/„Bosman“, in: EWiR 1995, S. 987-988;

Pagels, Carsten [Schutz- und förderrechtliche Aspekte der Religionsfreiheit, 1999]: Schutz- und förderrechtliche Aspekte der Religionsfreiheit: zugleich ein Beitrag zur Auslegung eines speziellen Freiheitsrechts, Frankfurt/Main-Berlin-Bern-Wien, 1999;

Palandt, Otto [Palandt-Bearbeiter, BGB, 62. Aufl., 2003]: Bürgerliches Gesetzbuch, 62. Aufl., München, 2003;

Palme, Christoph [JZ 1996, 238]: Das Bosman-Urteil des EuGH: Ein Schlag gegen die Sportautonomie, in: JZ 1996, S. 238-241;

Palme, Christoph/Hepp-Schwab, Hermann/Wilske, Stephan [JZ 1994, 343]: Freizügigkeit im Profisport – EG-rechtliche Gewährleistungen und prozessuale Durchsetzbarkeit, in: JZ 1994, S. 343-349;

Papier, Hans-Jürgen [NJW 1985, 12]: Verfassungs- und verwaltungsrechtliche Probleme der Zweitanmeldung, in: NJW 1985, S. 12-17;

Papier, Hans-Jürgen [in: Festschrift für Lerche, 1993, 675]: Verfassungsrechtliche Fragen des Rechts der Kurzberichterstattung, in: Badura, Peter/Scholz, Rupert (Hrsg.): Wege und Verfahren des Verfassungslebens, München, 1993;

Parensen, Andreas [in: Tokarski, EU-Recht und Sport, 1998, 70]: Die Fußball-Bundesliga und das Bosman-Urteil, in: Tokarski, Walter (Hrsg.): EU-Recht und Sport, Aachen, 1998, S. 70-150;

Parensen, Andreas [in: Dietl, Globalisierung des wirtschaftlichen Wettbewerbs im Sport, 2003, 167]: Transferentschädigungen im Kontext von HGB und IAS – Korreferat zum Beitrag von Jörn Littkemann, in: Dietl, Helmut M. (Hrsg.): Globalisierung des wirtschaftlichen Wettbewerbs im Sport, 2003, S. 167-190;

Parlasca, Susanne [Kartelle im Profisport, 1993]: Kartelle im Profisport: Die wettbewerbspolitische Problematik der Mannschaftssportligen Major League Baseball, National Football League und Fußball-Bundesliga, Ludwigsburg-Berlin, 1993;

Parlasca, Susanne [in: Trosien/Dinkel, Verkaufen Medien die Sportwirklichkeit?, 1999, 83]: Wirkungen von Sportkartellen: Das Beispiel zentraler Vermarktung von TV-Rechten, in: Trosien, Gerhard/Dinkel, Michael (Hrsg.): Verkaufen Medien die Sportwirklichkeit?, Aachen, 1999, S. 83-118;

Parlasca, Susanne/Szymanski, Stefan [ZfB-Ergänzungsheft 4/2002, 83]: When the whole is less than the sum of the parts: The negative effects of central marketing of football television rights on fans, media concentration and small clubs, in: ZfB-Ergänzungsheft 4/2002, S. 83-104;

Peitsmeier, Henning [FAZ v. 07.08.2002, S. 18]: „Die Goldgräber-Jahre sind vorbei“, in: FAZ v. 07.08.2002, S. 18;

Pelka, Jürgen [StuW 2000, 389]: Rechtsformneutralität im Steuerrecht, in: StuW 2000, S. 389-398;

Penski, Ulrich/Elsner, Bernd Roland [DÖV 2001, 265]: Eigentumsgewährleistung und Berufsfreiheit als Gemeinschaftsgrundrechte in der Rechtsprechung des Europäischen Gerichtshofs, in: DÖV 2001, S. 265-275;

Pernice, Ingolf [NVwZ 1990, 414]: Gestaltung und Vollzug des Umweltrechts im europäischen Binnenmarkt – Europäische Impulse und Zwänge für das deutsche Umweltrecht, in: NVwZ 1990, S. 414-426;

Petschke, Matthias [EuZW 1994, 107]: Die Warenverkehrsfreiheit in der neuesten Rechtsprechung des EuGH, in: EuZW 1994, S. 107-111;

Petzold, Hans Arno/Safaris, Athanase [EUR 1982, 76]: Europäische Freizügigkeit von Berufsfußballspielern aus deutscher und griechischer Sicht, in: EUR 1982, S. 76-81;

Pfister, Bernhard [Das technische Geheimnis „Know How" als Vermögensrecht, 1974]: Das technische Geheimnis „Know How" als Vermögensrecht, München, 1974;

Pfister, Bernhard [in: Festschrift für Lorenz, 1991, 171]: Autonomie des Sports, sport-typisches Verhalten und staatliches Recht, in: Pfister, Bernhard/Will, Michael R. (Hrsg.): Festschrift für Werner Lorenz zum siebzigsten Geburtstag, Tübingen, 1991, S. 171-192;

Pfister, Bernhard [JZ 1995, 464]: Anmerkung (zu BGH, Urt. v. 28.11.1994 – II ZR 11/94 – JZ 1995, 461), in: JZ 1995, 464-467;

Pfister, Bernhard [in: Tokarski, EU-Recht und Sport, 1998, 151]: Das Bosman-Urteil des EuGH und das Kienass-Urteil des BAG, in: Tokarski, Walter (Hrsg.): EU-Recht und Sport, Aachen, 1998, S. 151-171;

Pfister, Bernhard/Steiner, Udo [Sportrecht von A bis Z, 1995]: Sportrecht von A bis Z, München, 1995;

Pichler, Rufus [MMR 1998, 309]: Anmerkung (zu BGH, Beschl. v. 11.12.1997 – KVR 7/96 – JR 1998, 327), in: MMR 1998, S. 309-313;

Pieroth, Bodo [AöR 115 (1990), 33]: Der Wert der Auffangfunktion des Art. 2 Abs. 1 GG, in: AöR 115 (1990), S. 33-44;

Pieroth, Bodo/Schlink, Bernhard [Grundrechte - Staatsrecht II, 18. Aufl., 2002]: Grundrechte - Staatsrecht II, 18. Aufl., Heidelberg, 2002;

Planck, G. [Bürgerliches Gesetzbuch, Bd. I, 2. Aufl., 1898]: Bürgerliches Gesetzbuch mit Einführungsgesetz, Bd. I, 2. Aufl., Berlin, 1898;

Plath, Kai-Uwe [Individualrechtsbeschränkungen im Fußball, 1999]: Individualrechtsbeschränkungen im Fußball, Berlin, 1999;

Podlech, Adalbert [DVR 1972, 149]: Verfassungsrechtliche Probleme öffentlicher Informationssysteme, in: DVR 1972, S. 149-169;

Pons, Jean-Francois [Sport and European Competition Policy, 1999]: Sport and European Competition Policy, Fordham Corporate Law Institute, Twenty-sixth Annual Conference on International Antitrust Law & Policy, New York, 1999;

Pons, Jean-Francois [Sport et politique européenne de la concurrence: "Regles du jeu" et exemples recents d'application, 2001]: Sport et politique europeenne de la concurrence: "Regles du jeu" et exemples recents d'application, Brüssel, 2001;

Pontzen, Daniel [HANDELSBLATT v. 15.01.2003, S. 36]: Im Klub der Millionäre, in: HANDELSBLATT v. 15.01.2003, S. 36;

Poschenrieder, Franz-Joachim [Sport als Arbeit – Konsequenzen aus arbeitsrechtlicher Sicht unter Einbeziehung der Grundrechte, 1977]: Sport als Arbeit – Konsequenzen aus arbeitsrechtlicher Sicht unter Einbeziehung der Grundrechte, München, 1977;

Preis, Bernd [Der Lizenzspieler im Bundesligafußball, 1973]: Der Lizenzspieler im Bundesligafußball, Frankfurt/Main, 1973;

Preis, Ulrich [Arbeitsrecht, 2. Aufl., 2003]: Arbeitsrecht: Praxis-Lehrbuch zum Individualarbeitsrecht, 2. Aufl., Köln, 2003;

Priebe, Reinhard [in: Gedächtnisschrift für Nagelmann, 1984, 147]: Der Alkohol in der Rechtsprechung des Gerichtshofs der Europäischen Gemeinschaften – oder: Ein Beitrag zum Verständnis supranationaler Rechtsprechung, in: Umbach, Dieter C./Urban, Richard/Fritz, Roland/Böttcher, Horst-Eberhard/Bargen, Joachim von (Hrsg.): Das wahre Verfassungsrecht: zwi-schen Lust und Leistung. Gedächtnisschrift für F.G. Nagelmann, Baden-Baden, 1984, S. 147-159;

Puhl, Thomas [in: Wolter/Riedel/Taupitz, Einwirkungen der Grundrechte auf das Zivilrecht, Öffentliche Recht und Strafrecht, 1999, 197]: Der Unterhaltsanspruch des Kindes – unter dem Grundgesetz ein ersatzfähiger

„Schaden“?, in: Wolter, Jürgen/Riedel, Eibe/Taupitz, Jochen (Hrsg.): Einwirkungen der Grundrechte auf das Zivilrecht, Öffentliche Recht und Strafrecht. Mannheimer Fakultätstagung über 50 Jahre Grundgesetz, Heidelberg, 1999, S. 197-228;

Pullen, Mike [ECLR 1996, 51]: Summary of the Advocate General's Opinion in the Bosman Case, in: ECLR 1996, S. 51-58;

Quinn, Mary/MacGowan, Nicolas [ELRev. 12 (1987), 163]: Could Article 30 Impose Obligations on Individuals?, in: ELRev. 12 (1987), S. 163-178;

Quitzau, Jörn [Die Vergabe der Fernsehrechte an der Fußball-Bundesliga, 2003]: Die Vergabe der Fernsehrechte an der Fußball-Bundesliga. Wohlfahrtsökonomische, wettbewerbspolitische und sportökonomische Aspekte der Zentralvermarktung, Frankfurt/Main-Berlin-Bern-Brüssel-New York-Oxford-Wien, 2003;

Raiser, Thomas [Kapitalgesellschaftsrecht, 3. Aufl., 2001]: Recht der Kapitalgesellschaften, 3. Aufl., München, 2001;

Ramsauer, Ulrich [AöR 111 (1986), 501]: Die Rolle der Grundrechte im System der subjektiven öffentliche Rechte, in: AöR 111 (1986), S. 501-536;

Ranacher, Christian [ZfRV 2001, 95]: Grundfreiheiten und Spürbarkeitstheorie, in: ZfRV 2001, S. 95-107;

Reemann, Jörg Ludwig [Die Verfassung des Vereins, 1988]: Die Verfassung des Vereins, 1988. Notwendiger Inhalt und Individualschutz, Münster, 1988;

Reich, Norbert [EuZW 1991, 203]: Binnenmarkt als Rechtsbegriff, in: EuZW 1991, S. 203-210;

Reichert, Bernhard [in: Grunsky, Der Sportverein in der wirtschaftlichen Krise, 1990, 1]: Rechtsfragen beim Konkurs von Sportvereinen mit Profi- und Amateurabteilungen, in: Grunsky, Wolfgang (Hrsg.): Der Sportverein in der wirtschaftlichen Krise, Heidelberg, 1990, S. 1-24;

Reichert, Bernhard [Handbuch des Vereins- und Verbandsrechts, 9. Aufl., 2003]: Handbuch des Vereins- und Verbandsrechts, 9. Aufl., Neuwied-Kriftel-Berlin, 2003;

Reichert, Bernhard [SpuRt 2003, 3]: Sportverbandslizenzen im Bereich des Profimannschaftssports – Teil 1, in: SpuRt 2003, S. 3-7;

Reichold, Hermann [EWiR 1997, 439]: Berufsfreiheit, Transferentschädigung im Eishockey, Auflösungsschaden/„Kienass", in: EWiR 1997, S. 439-440;

Reichold, Hermann [ZEuP 1998, 434]: Arbeitsrechtsstandards als „Aufenthaltsmodalitäten", in: ZEuP 1998, S. 434-459;

Reichsgerichtsräte-Kommentar [RGRK-Bearbeiter, BGB, Bd. I, 12. Aufl., 1982]: Das Bürgerliche Gesetzbuch: mit besonderer Berücksichtigung der Rechtsprechung des Reichsgerichts und des Bundesgerichtshofes, Bd. I, 12. Aufl., Berlin-New York, 1982;

Reichsjustizamt [Protokolle der Kommission für die zweite Lesung des Entwurfs des Bürgerlichen Gesetzbuchs, Bd. I, 1897]: Protokolle der Kommission für die zweite Lesung des Entwurfs des Bürgerlichen Gesetzbuchs, Bd. I, Berlin, 1897;

Reichsjustizamt [Zusammenstellung der gutachterlichen Äußerungen zu dem Entwurf eines bürgerlichen Gesetzbuchs, Bd. I, 1890 (Nachdruck 1967)]: Zusammenstellung der gutachterlichen Äußerungen zu dem Entwurf eines bürgerlichen Gesetzbuchs gefertigt im Reichsjustizamt, Bd. I, 1. Aufl. (1890), Osnabrück, 1967;

Reinecke, Gerhard [BB 2002, 583]: Kontrolle Allgemeiner Arbeitsbedingungen nach dem Schuldrechtsmodernisierungsgesetz, in: BB 2002, S. 583-588;

Reissner, G.-P. [SpuRt 1999, 64]: Anmerkung (zu Österreich. OGH, Urt. v. 25.06.1998 – 8 Ob A 268/97p – SpuRt 1999, 62), in: SpuRt 1999, S. 64;

Remmert, Barbara [Jura 2003, 13]: Grundfreiheiten und Privatrechtsordnung, in: Jura 2003, S. 13-19;

Renz, Gerhard [in: Will, Sportrecht in Europa, 1993, 191]: Freizügigkeit von Berufsfußballspielern innerhalb der Europäischen Gemeinschaft, in: Will, Michael R. (Hrsg.): Sportrecht in Europa, Heidelberg, 1993, S. 191-206;

Reuter, Dieter [in: Württembergischer Fußballverband, Rechtsprobleme beim Vereinswechsel eines Fußballspielers, 1983, 50]: Rechtliche, wirtschaftliche und sportliche Aspekte der Ablösesummen, in: Württembergischer

Fußballverband (Hrsg.): Rechtsprobleme beim Vereinswechsel eines Fußballspielers, Stuttgart, 1983, S. 50-69;

Reuter, Dieter [NJW 1983, 649]: Probleme der Transferentschädigung im Fußballsport, in: NJW 1983, S. 649-656;

Reuter, Dieter [in: Reuter, Einbindung des nationalen Sportrechts in internationale Bezüge, 1987, 53]: Voraussetzungen und Grenzen der Verbindlichkeit internationalen Sportrechts für Sportvereine und Sportler, in: Reuter, Dieter (Hrsg.): Einbindung des nationalen Sportrechts in seine internationalen Bezüge, Heidelberg, 1987, S. 53-70;

Reuter, Dieter [ZGR 1987, 475]: Die Änderung des Vereinszwecks, in: ZGR 1987, S. 475-488;

Reuter, Dieter [DZWiR 1996, 1]: Das selbstgeschaffene Recht des internationalen Sports im Konflikt mit dem Geltungsanspruch des nationalen Rechts, in: DZWiR 1996, S. 1-9;

Reuter, Dieter [LM § 138 (Aa) BGB Nr. 58]: Anmerkung (zu BGH, Urt. v. 27.09.1999 – II ZR 377/98 – NJW 2000, 1028; siehe auch BGH, Urt. v. 27.09.1999 – II ZR 305/98 – NJW 1999, 3552), in: LM § 138 (Aa) BGB Nr. 58;

Rieble, Volker [NZA 2000, Sonderbeilage 3, 34]: Flexible Gestaltung von Entgelt und Arbeitszeit im Arbeitsvertrag, in: NZA 2000, Sonderbeilage 3, S. 34-44;

Rieble, Volker/Gutzeit, Martin [in: Dietrich, Jahrbuch des Arbeitsrechts, 37 (2000), 41]: Individualarbeitsrechtliche Kontrolle erfolgsabhängiger Vergütungsformen, in: Dietrich, Thomas (Hrsg.): Jahrbuch des Arbeitsrechts, Bd. 37, Berlin, 2000, S. 41-57;

Rieble, Volker/Lessner, Jan [ZfA 2002, 29]: Arbeitnehmer-Entsendegesetz, Nettolohnhaftung und EG-Vertrag, in: ZfA 2002, S. 29-89;

Riedl, Lars/Cachay, Klaus [Bosman-Urteil und Nachwuchsförderung, 2002]: Bosman-Urteil und Nachwuchsförderung. Auswirkungen der Veränderung von Ausländerklauseln und Transferregelungen auf die Sportspiele, Schorndorf, 2002;

Röthel, Anne [EuZW 2000, 379]: Anmerkung (zu EuGH, Urt. v. 11.04.2000 – Rs. C-51/96 u. C-191/97 – EuZW 2000, 371 – „Deliège"; EuGH, Urt. v. 13.04.2000 – Rs. C-176/97 – EuZW 2000, 375 – „Lehtonen"), in: EuZW 2000, S. 379-380;

Röthel, Anne [EuR 2001, 908]: Grundfreiheiten und private Normgebung, in: EuR 2001, 908-921;

Röthel, Anne [ZEuP 2002, 58]: Verbände und Gemeinschaftsrecht, in: ZEuP 2002, S. 58-77;

Rohlf, Dietwalt [Der grundrechtliche Schutz der Privatsphäre, 1980]: Der grundrechtliche Schutz der Privatsphäre, Berlin, 1980;

Rolshoven, Michael [„Beschränkungen" des freien Dienstleistungsverkehrs, 2002]: „Beschränkungen" des freien Dienstleistungsverkehrs, Berlin, 2002;

Rosenbaum, Christian [Jura 1988, 178]: Der grundrechtliche Schutz vor Informationseingriffen, in: Jura 1988, S. 178-184;

Ross, Stephen [FAZ v. 03.01.1998, S. 19]: Das Beispiel Amerika und College-Football: Verbot der zentralen Vermarktung bringt nur Vorteile, in: FAZ v. 03.01.1998, S. 19;

Ross, Stephen [in: Késenne/Jeanrenaud, Competition Policy in Professional Sports, 1999, 91]: Restraints on Player Competition that Facilitate Competitive Balance and Player Development and their legality in the United States and in Europe, in: Késenne, Stefan/Jeanrenaud, Claude (Hrsg.): Competition Policy in Professional Sports. Europe after the Bosman Case, Antwerpen, 1999, S. 91-116;

Rossi, Matthias [EuR 2000, 197]: Das Diskriminierungsverbot nach Art. 12 EGV, in: EuR 2000, S. 197-217;

Roßnagel, Alexander/Bizer, Johann [GewArch 1992, 121]: Geheimnis- und Datenschutz der Gewerbeaufsichtsakten und die Aufgabe der Altlastenerhebung, in: GewArch 1992, S. 121-129;

Roth, Philipp [AuA 2001, 217]: Ablösesummen im Vertrags- und Amateursport, in: AuA 2001, S. 217-220;

Roth, Wolfgang [Faktische Eingriffe in Freiheit und Eigentum, 1994]: Faktische Eingriffe in Freiheit und Eigentum: Struktur und Dogmatik des Grundrechtstatbestandes und der Eingriffsrechtfertigung, Berlin, 1994;

Roth, Wulf-Henning [ZfgG 42 (1992), 367]: Anmerkung (zu OLG Frankfurt, Beschl. v. 28.09.1989 – 6 U (Kart) 37/89 – GRUR 1990, 146), in: ZfgG 42 (1992), S. 367-369;

Roth, Wulf-Henning [in: Festschrift für Everling, Bd. II, 1995, 1231]: Drittwirkung der Grundfreiheiten?, in: Due, Ole (Hrsg.): Festschrift für Ulrich Everling, Bd. II, Baden-Baden, 1995, S. 1231-1247;

Roth, Wulf-Henning [in: Gedächtnisschrift für Knobbe-Keuk, 1997, 729]: Die Niederlassungsfreiheit zwischen Beschränkungs- und Diskriminierungsverbot, in: Schön, Wolfgang (Hrsg.): Gedächtnisschrift für Brigitte Knobbe-Keuk, Köln, 1997, S. 729-742;

Roth, Wulf-Heninng [in: Festschrift für Großfeld, 1999, 929]: Freier Warenverkehr nach „Keck", in: Hübner, Ulrich/Ebke, Werner F. (Hrsg.): Festschrift für Bernhard Großfeld zum 65. Geburtstag, Heidelberg, 1999, S. 929-957;

Roth, Wulf-Henning [WRP 2000, 979]: Diskriminierende Regelungen des Warenverkehrs und Rechtfertigung durch die „zwingenden Erfordernisse" des Allgemeininteresses, in: WRP 2000, S. 979-984;

Rottenberg, Simon [The Journal of Political Economy 64 (1956), 242]: The Baseball Players' Labor Market, in: The Journal of Political Economy 64 (1956), S. 242-258;

Rübenach, Johannes [„Wirtschaftliche Vereinigungsfreiheit" und Vereinigungsfreiheit, 1984]: „Wirtschaftliche Vereinigungsfreiheit" und Vereinigungsfreiheit: Kritik einer Überlastung des Art. 9 Abs. 1 GG, Frankfurt/Main, 1984;

Rüsing, Jörg/Schmülling, Markus [SpuRt 2001, 52]: Ersatzansprüche eines Profifußballvereins nach fristloser Kündigung eines vertragsbrüchigen Lizenzspielers, in: SpuRt 2001, S. 52-55;

Rybak, Frank [Das Rechtsverhältnis zwischen dem Lizenzfußballspieler und seinem Verein, 1999]: Das Rechtsverhältnis zwischen dem Lizenzfußballspieler und seinem Verein, Frankfurt/Main-Berlin-Bern-Brüssel-New York-Oxford-Wien, 1999;

Sachs, Michael [JuS 1996, 354]: Zwangsmitgliedschaft im genossenschaftlichen Prüfungsverband und negative Koalitionsfreiheit, in: JuS 1996, S. 354-355;

Sachs, Michael [Sachs-Bearbeiter, GG, 3. Aufl., 2002]: Grundgesetz. Kommentar, 3. Aufl., München, 2002;

Sack, Rolf [WRP 1998, 103]: Staatliche Werbebeschränkungen und die Art. 30 und 59 EG-Vertrag, in: WRP 1998, S. 103-119;

Samstag, Peter [Grenzen der Vertragsgewalt des DFB beim Spielerwechsel im bezahlten Fußball, 1995]: Grenzen der Vertragsgewalt des DFB beim Spielerwechsel im bezahlten Fußball, Aachen, 1995;

Schaefer, Detlef [Die unmittelbare Wirkung des Verbots der nichttarifären Handelshemmnisse (Art. 30 EWGV) in den Rechtsbeziehungen zwischen Privaten, 1987]: Die unmittelbare Wirkung des Verbots der nichttarifären Handelshemmnisse (Art. 30 EWGV) in den Rechtsbeziehungen zwischen Privaten: Probleme der horizontalen unmittelbaren Wirkung des Gemeinschaftsrechts, gezeigt am Beispiel des Art. 30 EWGV, Frankfurt/Main, 1987;

Schäfer, Bernd [in: Scherrer/Del Fabro, Freizügigkeit im europäischen Sport, 2002, 81]: Freizügigkeit aus vereins- und verbandsrechtlicher Sicht, in: Scherrer, Urs/Del Fabro, Marco (Hrsg.): Freizügigkeit im europäischen Sport, 2002, Zürich, S. 81-98;

Schamberger, Michael [SpuRt 2001, 134]: Langfristige Vertragsbindung und Ablöseesummen im Licht nationaler Rechtsordnungen, in: SpuRt 2001, S. 134-137;

Schamberger, Michael [SpuRt 2002, 228]: Die arbeitsrechtliche Zulässigkeit langfristiger Vertragsbindung bei Berufsfußballspielern, SpuRt 2002, S. 228-233;

Schaub, Günter [Arbeitsrechtshandbuch, 10. Aufl., 2002]: Arbeitsrechtshandbuch: systematische Darstellung und Nachschlagewerk für die Praxis, 10. Aufl., München, 2002;

Schellhaaß, Horst M. [RdA 1984, 218]: Die Funktion der Transferentschädigung im Fußballsport, in: RdA 1984, S. 218-223;

Schellhaaß, Horst M. [Die zentrale Vermarktung von Europapokalspielen – Ausbeutung von Marktmacht oder Sicherung des sportlichen Wettbewerbs, 1999]: Die zentrale Vermarktung von Europapokalspielen – Ausbeutung von Marktmacht oder Sicherung des sportlichen Wettbewerbs, 1999, in: Institut für Rundfunkökonomie, Arbeitspapiere des Institut für Rundfunkökonomie, Heft 109, Köln, 1999;

Schellhaaß, Horst M. [in: Grundmann, Systembildung und Systemlücken in Kerngebieten des Europäischen Privatrechts, 2000, 401]: Das Europäische Arbeitsrecht aus ökonomischer Perspektive, in: Grundmann, Stefan (Hrsg.): Systembildung und Systemlücken in Kerngebieten des Europäischen Privatrechts, Tübingen, 2000, S. 401-419;

Schellhaaß, Horst M./Enderle, Gregor [Wirtschaftsdienst 1998, 294]: Die zentrale Vermarktung von Europapokalspielen aus ökonomischer Sicht, in: Wirtschaftsdienst 1998, S. 294-300;

Schellhaaß, Horst M./Enderle, Gregor [Sportwissenschaft 28 (1998), 297]: Sportlicher versus ökonomischer Wettbewerb, in: Sportwissenschaft 28 (1998), S. 297-310;

Schellhaaß, Horst M./May, Frank C. [ZfB-Ergänzungsheft 4/2002, 127]: Die neuen FIFA-Regeln zur Transferentschädigung, in: ZfB-Ergänzungsheft 4/2002, S. 127-142;

Schellhaaß, Horst M./May, Frank C. [in: Dietl, Globalisierung des wirtschaftlichen Wettbewerbs im Sport, 2003, 235]: Die ökonomischen Institutionen des Spielermarktes im Fußballsport – Eine Analyse des FIFA-Transferreglements, in: Dietl, Helmut M. (Hrsg.): Globalisierung des wirtschaftlichen Wettbewerbs im Sport, 2003, S. 235-258;

Schellhammer, Kurt [Zivilrecht nach Anspruchsgrundlagen, 1994]: Zivilrecht nach Anspruchsgrundlagen. BGB Allgemeiner Teil und gesamtes Schuldrecht mit Nebengesetzen, Heidelberg, 1994;

Schennen, Detlef [Die Verfassungsmäßigkeit von Ablösesummen im Berufsfußball, 1984]: Die Verfassungsmäßigkeit von Ablösesummen im Berufsfußball, Münster, 1984;

Scherrer, Urs [SJZ 1998, 289]: Sportrecht im Spannungsfeld von Spiel und Wirtschaft, in: SJZ 1998, S. 289-296;

Scherrer, Urs [Sportrecht, 2001]: Sportrecht, Zürich, 2001;

Scherzberg, Arno [Die Öffentlichkeit der Verwaltung, 2000]: Die Öffentlichkeit der Verwaltung, Baden-Baden, 2000;

Schewe, Gerhard [in: Schewe/Littkemann, Sportmanagement, 2002, 163]: Der Fußball-Verein als Kapitalgesellschaft: Eine kritische Analyse der Corporate Governance, in: Schewe, Gerhard/Littkemann, Jörn (Hrsg.): Sportmanagement, Schorndorf, 2002, S. 163-176;

Schewe, Gerhard/Gaede, Nicolas [in: Schewe/Littkemann, Sportmanagement, 2002, 135]: Vermarktung von Fernsehübertragungsrechten: eine ökonomische Analyse, in: Schewe, Gerhard/Littkemann, Jörn (Hrsg.): Sportmanagement, Schorndorf, 2002, S. 135-162;

Schewe, Gerhard/Gaede, Nicolas/Haarmann, Julia [in: Schewe/Littkemann, Sportmanagement, 2002, 115]: Leistungsanreize im Profifußball, in: Schewe, Gerhard/Littkemann, Jörn (Hrsg.): Sportmanagement, Schorndorf, 2002, S. 115-134;

Schewe, Gerhard/Gaede, Nicolas/Küchlin, Christian [in: Schewe/Littkemann, Sportmanagement, 2002, 9]: Professionalisierung und Strukturwandel, in: Schewe, Gerhard/Littkemann, Jörn (Hrsg.): Sportmanagement, Schorndorf, 2002, S. 9-22;

Schewe, Gerhard/Littkemann, Jörn [BFuP 1999, 183]: Meinungen zum Thema: Sportökonomie, in: BFuP 1999, S. 183-199;

Schilling, Theodor [JZ 1994, 8]: Gleichheitssatz und Inländerdiskriminierung, in: JZ 1994, S. 8-17;

Schimke, Martin [Sportrecht, 1996]: Sportrecht, Köln-Franfurt, 1996;

Schimming, Götz [Konvergenz der Grundfreiheiten des EGV unter besonderer Berücksichtigung mitgliedstaatlicher Einfuhr- und Einreisebeschränkungen, 2002]: Konvergenz der Grundfreiheiten des EGV unter besonderer Berücksichtigung mitgliedstaatlicher Einfuhr- und Einreisebeschränkungen, Regensburg, 2002;

Schindler, Dierk [Die Kollision von Grundfreiheiten und Gemeinschaftsgrundrechten, 2001]: Die Kollision von Grundfreiheiten und Gemeinschaftsgrundrechten, Berlin, 2001;

Schirra, Andreas [Die Indienstnahme Privater im Lichte des Steuerstaatsprinzips, 2002]: Die Indienstnahme Privater im Lichte des Steuerstaatsprinzips, Frankfurt/Main-Berlin-Bern-Brüssel-New York-Oxford-Wien, 2002;

Schlachter, Monika [RdA 2002, 186]: Anmerkung (zu BAG, Urt. v. 25.04.2001 – 5 AZR 509/99 – RdA 2002, 184), in: RdA 2002, S. 186-187;

Schlink, Bernhard [in: Festschrift 50 Jahre Bundesverfassungsgericht, Bd. II, 2001, 445]: Der Grundsatz der Verhältnismäßigkeit, in: Badura, Peter/Dreier, Horst (Hrsg.): Festschrift 50 Jahre Bundesverfassungsgericht. Klärung und Fortbildung des Verfassungsrechts, Bd. II, Tübingen, 2001, S. 445-465;

Schlosser, Peter [MDR 1967, 884]: Prozessuale Fragen um den privatrechtlichen Vereinsverwaltungsakt (I), in: MDR 1967, S. 884-889;

Schmidt, Karl Heinrich [RdA 1972, 84]: Der vertraglich geregelte Fußballsport, in: RdA 1972, S. 84-93;

Schmidt, Karsten [BB 1987, 556]: Der Vereinszweck nach dem Bürgerlichen Gesetzbuch, in: BB 1987, S. 556-560;

Schmidt, Karsten [Gesellschaftsrecht, 4. Aufl., 2002]: Gesellschaftsrecht, 4. Aufl., Köln-Berlin-Bonn-München, 2002;

Schmidt-Bleibtreu, Bruno/Klein, Franz [Schmidt-Bleibtreu/Klein-Bearbeiter, GG, 9. Aufl., 1999]: Kommentar zum Grundgesetz, 9. Aufl., Neuwied-Kriftel, 1999;

Schmitt Glaeser, Walter [in: Isensee/Kirchhof, Handbuch des Staatsrechts, Bd. VI, 2. Aufl., 2001, § 129]: Schutz der Privatsphäre, in: Isensee, Josef/ Kirchhof, Paul (Hrsg.): Handbuch des Staatsrechts der Bundesrepublik Deutschland, Bd. VI, 2. Aufl., Heidelberg, 2001, S. 41-107;

Schmittmann, Michael/Lehmann, Maik [AfP 1996, 255]: Blick nach Brüssel, in: AfP 1996, S. 255-260;

Schneider, Hartmut [NJ 1996, 512]: Zum Funktionswandel der Grundfreiheiten des EGV und seinen Auswirkungen auf das nationale Recht, in: NJ 1996, S. 512-515;

Schneider, Karl-Heinz [in: Eimer, 2. Internationaler Sport-Recht Kongress, 2002, 48]: Die Verankerung des Sports im Gemeinschaftsrecht, in: Eimer, Richard B. (Hrsg.): 2. Internationaler Sport-Recht Kongress, 2002, S. 48-64;

Schnichels, Dominik [Reichweite der Niederlassungsfreiheit, 1995]: Reichweite der Niederlassungsfreiheit: Dargestellt am Beispiel des deutschen Internationalen Gesellschaftsrechts, Baden-Baden, 1995;

Schoch, Friedrich [VVDStRL 57 (1998), 158]: Öffentlich-rechtliche Rahmenbedingungen einer Informationsordnung. 2. Beratungsgegenstand, in: VVDStRL 57 (1998), S. 158-212;

Schödermeier, Martin [GRUR Int. 1987, 85]: Die Ernte der „Maissaat“: Einige Anmerkungen zum Verhältnis von Art. 30 und 85 EWG-Vertrag, in: GRUR Int. 1987, S. 85-89;

Scholz, Rupert [GewArch 1982, 345]: Verfassungsprobleme zur Herstellerkonkurrenz im Verfahren behördlicher Produktkontrollen, in: GewArch 1982, S. 345-354;

Scholz, Rupert/Aulehner, Josef [SpuRt 1996, 44]: Die „3 plus 2“-Regel und die Transferbestimmungen des Fußballsports im Lichte des europäischen Gemeinschaftsrechts, in: SpuRt 1996, S. 44-47;

Schrammel, Walter [ecolex 1996, 467]: Freizügigkeit der Arbeitnehmer in der EU, in: ecolex 1996, S. 467-470;

Schröder, Meinhard [UPR 1985, 394]: Der Schutz von Betriebs- und Geschäftsgeheimnissen im Umweltschutzrecht, in: UPR 1985, S. 394-403;

Schroeder, Werner [Sport und europäische Integration, 1989]: Sport und europäische Integration: die Diskriminierung von Sportlern in der Europäischen Gemeinschaft, München, 1989;

Schroeder, Werner [JZ 1996, 254]: Anmerkung (zu EuGH, Urt. v. 15.12.1995 - Rs. C-415/93 - EuZW 1996, 82 – „Bosman“), in: JZ 1996, S. 254-257;

Schubert, Werner [Die Vorlagen der Redaktoren für die erste Kommission zur Ausarbeitung des Entwurfs eines Bürgerlichen Gesetzbuches, 1981]: Die Vorlagen der Redaktoren für die erste Kommission zur Ausarbeitung des Entwurfs eines Bürgerlichen Gesetzbuches. Allgemeiner Teil. Teil 1, Berlin-New York, 1981;

Schultz, Dietrich [ZfgG 30 (1980), 191]: Anmerkung (zu BGH, Urt. v. 18.12.1978 – II ZR 189/77 – NJW 1979, 2248), in: ZfgG 30 (1980), S. 191-193;

Schwabe, Jürgen [Die sogenannte Drittwirkung der Grundrechte, 1971]: Die sogenannte Drittwirkung der Grundrechte: zur Einwirkung der Grundrechte auf den Privatrechtsverkehr, München, 1971;

Schwarze, Jürgen [Schwarze-Bearbeiter, EUV, 2000]: EU-Kommentar, Baden-Baden, 2000;

Schweitzer, Michael [in: Reuter, Einbindung des nationalen Sportrechts in seine internationalen Bezüge, 1987, 71]: Die Freizügigkeit des Berufssportlers in der Europäischen Gemeinschaft, in: Reuter, Dieter (Hrsg.): Einbindung des nationalen Sportrechts in seine internationalen Bezüge, Heidelberg, 1987, S. 71-88;

Schweitzer, Michael [in: Festschrift für Rudolf, 2001, 189]: Art. 12 EGV – Auf dem Weg zum „allgemeinen" Gleichheitssatz?, in: Arndt, Hans-Wolfgang/ Knemeyer, Franz-Ludwig/Kugelmann, Dieter/Meng, Werner/Schweitzer, Michael (Hrsg.): Völkerrecht und Deutsches Recht. Festschrift für Walter Rudolf zum 70. Geburtstag, München, 2001, 189-198;

Schweitzer, Michael/Streinz, Rudolf [JA 1984, 244]: Berufsfußball und Freizügigkeit, in: JA 1986, S. 244-248;

Schwendowius, Daniel [Finanzierungs- und Organisationskonzepte für den deutschen Profifußball, 2002]: Finanzierungs- und Organisationskonzepte für den deutschen Profifußball. Eine Analyse der finanzierungsrelevanten Vertragsbeziehungen von Fußballklubs unter besonderer Berücksichtigung der Spielerfinanzierung, Berlin, 2002;

Seer, Roman [DStJG 23 (2000), 87]: Verfassungsrechtliche Grenzen der Gesamtbelastung von Unternehmen, in: DStJG 23 (2000), 87-126;

Segna, Ulrich [ZIP 1997, 1901]: Bundesligavereine und Börse, in: ZIP 1997, S. 1901-1912;

Selmer, Peter [in: Schellhaaß, Sport und Medien, 1999, 49]: Kurzberichterstattung und Schutzlisten für Sportübertragungen aus juristischer Sicht, in: Schellhaaß, Horst M. (Hrsg.): Sport und Medien. Rundfunktfreiheit, Wettbewerb und wirtschaftliche Verwertungsinteressen, Berlin, 1999, S. 49-66;

Sengle, Alfred [in: Württembergischer Fußballverband, Sportrecht damals und heute, 2001, 91]: Verrechtlichung des Sports, in: Württembergischer Fußballverband (Hrsg.): Sportrecht damals und heute, Stuttgart, 2001, S. 91-109;

Siebold, Michael/Wichert, Joachim [SPONSORS, Heft 5/2001]: Neue Struktur der Fußball-Bundesligen, in: SPONSORS, Heft 5/2001, S. 52-53;

Siegmann, Gerhard [in: Württembergischer Fußballverband, Rechtsprobleme beim Vereinswechsel eines Fußballspielers, 1983, 40]: Gewährleistungsansprüche beim Spielertransfer?, in: Württembergischer Fußballverband (Hrsg.): Rechtsprobleme beim Vereinswechsel eines Fußballspielers, Stuttgart, 1983, S. 40-49;

Simitis, Spiros [NJW 1986, 2795]: Von der Amtshilfe zur Informationshilfe, in: NJW 1986, S. 2795-2805;

Singer, Reinhard [AP § 611 BGB Berufssport Nr. 12]: Anmerkung (zu BAG, Urt. v. 20.11996 – 5 AZR 518/95 – BAGE 84, 344), in: AP § 611 BGB Berufssport Nr. 12;

Söffing, Andreas [BB 1996, 523]: Bilanzierung und Abschreibung von Transferzahlungen im Lizenzfußball, in: BB 1996, S. 523-526;

Soergel, Th. [Soergel-Bearbeiter, BGB, Bd. I, 13. Aufl., 2000]: Bürgerliches Gesetzbuch: mit Einführungsgesetz und Nebengesetzen, Bd. I, 13. Aufl., Stuttgart-Berlin-Köln-Mainz, 2000;

Sohns, Michael/Weilguny, Michael [SPONSORS, Heft 6/2003]: „Den Bogen überspannt", in: SPONSORS, Heft 6/2003, S. 16-18;

Spink, Paul/Morris, Philip [in: Caiger/Gardiner, Professional Sport in the European Union: Regulation and Re-regulation, Den Haag, 2000, 165]: The

Battle for TV-Rights in Professional Football, in: Caiger, Andrew/ Gardiner, Simon (Hrsg.): Professional Sport in the European Union: Regulation and Re-regulation, Den Haag, 2000, S. 165-196;

Staudinger, J. von [Staudinger-Bearbeiter, BGB, 13. Aufl., 1995]: Kommentar zum Bürgerlichen Gesetzbuch mit Einführungsgesetz und Nebengesetzen. Erstes Buch. Allgemeiner Teil (§§ 21-103), 13. Aufl., Berlin, 1995;

Staudinger, J. von [Staudinger-Bearbeiter, BGB, 13. Aufl., 1995]: Kommentar zum Bürgerlichen Gesetzbuch mit Einführungsgesetz und Nebengesetzen. Zweites Buch. Recht der Schuldverhältnisse (§§ 433-534), 13. Aufl., Berlin, 1995;

Stein, Ekkehart/Frank, Götz [Staatsrecht, 18. Aufl., 2002]: Staatsrecht, 18. Aufl., Tübingen, 2002;

Steinbeck, Anja [Vereinsautonomie und Dritteinfluß, 1999]: Vereinsautonomie und Dritteinfluß: dargestellt an den Verbänden des Sports, Berlin-New York, 1999;

Steinbeck, Anja Verena/Menke, Thomas [NJW 1998, 2169]: Bundesliga an die Börse, in: NJW 1998, S. 2169-2171;

Steindorff, Ernst [RIW/AWD 1975, 253]: Berufssport im Gemeinsamen Markt, in: RIW/AWD 1975, S. 253-255;

Steindorff, Ernst [in: Festschrift für Lerche, 1993, 575]: Drittwirkung der Grundfreiheiten im europäischen Gemeinschaftsrecht, in: Badura, Peter/Scholz, Rupert (Hrsg.): Wege und Verfahren des Verfassungslebens. Festschrift für Peter Lerche zum 65. Geburtstag, München, 1993, S. 575-590;

Steindorff, Ernst [EG-Vertrag und Privatrecht, 1996]: EG-Vertrag und Privatrecht, Baden-Baden, 1996;

Steiner, Udo [in: Württembergischer Fußballverband, Das Recht des Fußballspielers, 1980, 7]: Amateurfußball und Grundrechte, in: Württembergischer Fußballverband (Hrsg.): Das Recht des Fußballspielers, Stuttgart, 1980, S. 7-23;

Steiner, Udo [DÖV 1983, 173]: Staat, Sport und Verfassung, in: DÖV 1983, S. 173-180;

Steiner, Udo [NJW 1991, 2729]: Verfassungsfragen des Sports, in: NJW 1991, S. 2729-2736;

Steiner, Udo [in: Festschrift für Stern, 1997, 509]: Von den Grundrechten im Sport zur Staatszielbestimmung „Sportförderung", in: Burmeister, Joachim (Hrsg.): Verfassungsstaatlichkeit. Festschrift für Klaus Stern zum 65. Geburtstag, München, 1997, S. 509-525;

Steiner, Udo [in: Festschrift für Maurer, 2001, 1005]: Richterliche Grundrechtsverantwortung in Europa, in: Geis, Max Emanuel/Lorenz, Dieter (Hrsg.): Staat, Kirche, Verwaltung: Festschrift für Hartmut Maurer zum 70. Geburtstag, München, 2001, 1005-1017;

Steiner, Udo [Die Autonomie des Sports, 2003]: Die Autonomie des Sports, München, 2003;

Stern, Klaus [AöR 109 (1984), 199]: Die Kompetenz der Untersuchungsausschüsse nach Artikel 44 des Grundgesetzes im Verhältnis zur Exekutive unter besonderer Berücksichtigung des Steuergeheimnisses, in: AöR 109 (1984), S. 199-303;

Stettner, Rupert [JZ 1993, 1125]: Das Recht der Fernsehkurzberichterstattung nach § 4 Rundfunkstaatsvertrag – Perspektiven, Chancen, Probleme, in: JZ 1993, S. 1125-1134;

Stettner, Rupert [in: Festschrift für Knöpfle, 1996, 351]: Information als Verfassungsgut, in: Merten, Detlef/Schmidt, Reiner/Stettner, Rupert (Hrsg.): Der Verwaltungsstaat im Wandel. Festschrift für Franz Knöpfle zum 70. Geburtstag, München, 1996, S. 351-368;

Stober, Rolf [Allgemeines Wirtschaftsverwaltungsrecht, 12. Aufl., 2000]: Allgemeines Wirtschaftsverwaltungsrecht. Grundlagen und Prinzipien. Wirtschaftsverfassungsrecht, 12. Aufl., Stuttgart-Berlin-Köln, 2000;

Stockenhuber, Peter [WBl. 1996, 145]: Die neue Freiheit im Profisport, in: WBl. 1996, S. 145-150;

Stockmann, Kurt [ZIP 1996, 411]: Sportübertragungsrechte und Kartellrecht am Beispiel der Europacup-Spiele, in: ZIP 1996, S. 411-418;

Stoffels, Markus [in: Preis, Der Arbeitsvertrag, 2002, II A 120]: Kommentar zu Vertragstypen und –klauseln. Ausbildungskosten, in: Preis, Ulrich (Hrsg.): Der Arbeitsvertrag: Handbuch der Vertragspraxis und –gestaltung, Köln, 2002, S. 452-487;

Stopper, Martin [Ligasport und Kartellrecht, 1997]: Ligasport und Kartellrecht, Berlin, 1997;

Stopper, Martin [FAZ v. 28.02.1998, S. 8]: Beim Football ist zentrale Fernseh-Vermarktung erlaubt, in: FAZ v. 28.02.1998, S. 8;

Stopper, Martin [SpuRt 2000, 1]: Deutsche Rechtsprechung zu Transfer-Zahlungen seit „Bosman" – Übersicht und Kritik, in: SpuRt 2000, S. 1-5;

Straub, Wilfried/Holzhäuser, Wolfgang/Gömmel, Rainer/Galli, Albert [in: Galli/Gömmel/Holzhäuser/Straub, Sportmanagement, 2002, 75]: Das Lizenzierungsverfahren des Ligaverbandes „Die Liga Fußball-Verband e.V.: Anforderungen an die Rechnungslegung und Prüfung, in: Galli, Albert/Gömmel, Rainer/Holzhäuser, Wolfgang/Straub, Wilfried (Hrsg.): Sportmanagement. Grundlagen der unternehmerischen Führung im Sport aus Betriebswirtschaftslehre, Steuern und Recht für den Sportmanager, München, 2002, S. 75-96;

Streinz, Rudolf [in: Tokarski, EU-Recht und Sport, 1998, 14]: Die Auswirkungen der europäischen Gesetzgebung auf den Sport, in: Tokarski, Walter (Hrsg.): EU-Recht und Sport, Aachen, 1998, S. 14-69;

Streinz, Rudolf [SpuRt 1998, 1]: Die Auswirkungen des EG-Rechts auf den Sport, in: SpuRt 1998, S. 1-7;

Streinz, Rudolf [SpuRt 1998, 45]: Die Auswirkungen des EG-Rechts auf den Sport, in: SpuRt 1998, S. 45-50;

Streinz, Rudolf [SpuRt 1998, 89]: Die Auswirkungen des EG-Rechts auf den Sport, in: SpuRt 1998, S. 89-97;

Streinz, Rudolf [SpuRt 2000, 221]: EG-Grundfreiheiten und Verbandsautonomie, in: SpuRt 2000, S. 221-228;

Streinz, Rudolf [JuS 2000, 809]: Freier Warenverkehr – Diskriminierende Verkaufsmodalitäten, in: JuS 2000, S. 809-811;

Streinz, Rudolf [JuS 2000, 1015]: Grundfreiheiten des EG-Vertrags für Sportler und Autonomie von Sportverbändern, in: JuS 2000, S. 1015-1017;

Streinz, Rudolf [in: Festschrift für Rudolf, 2001, 199]: Konvergenz der Grundfreiheiten – Aufgabe und Differenzierungen des EG-Vertrags und der Unterscheidung zwischen unterschiedlichen und unterschiedslosen Maßnahmen? Zu Tendenzen der Rechtsprechung des EuGH, in: Arndt, Hans-Wolfgang/Knemeyer, Franz-Ludwig/Kugelmann, Dieter/Meng, Werner/ Schweitzer, Michael (Hrsg.): Völkerrecht und deutsches Recht: Festschrift für Walter Rudolf zum 70. Geburtstag, München, 2001, S. 199-222;

Streinz, Rudolf [in: Tettinger, Sport im Schnittfeld von europäischem Gemeinschaftsrecht und nationalem Recht, 2002, 27]: Die Rechtsprechung des EuGH nach dem Bosman-Urteil, in: Tettinger, Peter J. (Hrsg.): Sport im Schnittfeld von europäischem Gemeinschaftsrecht und nationalem Recht, Stuttgart-München-Hannover-Berlin-Weimar-Dresden, 2002, S. 27-52;

Streinz, Rudolf [in: Scherrer/Del Fabro, Freizügigkeit im europäischen Sport, 2002, 99]: Die Freizügigkeit des Athleten, in: Scherrer, Urs/Del Fabro, Marco (Hrsg.): Freizügigkeit im europäischen Sport, 2002, Zürich, S. 99-128;

Streinz, Rudolf [Europarecht, 5. Aufl., 2001]: Europarecht, 5. Aufl., Heidelberg, 2001;

Streinz, Rudolf/Leible, Stefan [EuZW 2000, 459]: Die unmittelbare Drittwirkung der Grundfreiheiten, in: EuZW 2000, S. 459-467;

Ströfer, Joachim [BB 1982, 1087]: „Berufsfußballspieler" als „Aktivposten" in den Steuerbilanzen der Bundesligavereine?, in: BB 1982, S. 1087-1098;

Stüber, Stephan [Jura 2001, 798]: Subjektive Rechte aus Gemeinschaftsrecht, in: Jura 2001, S. 798-803;

Summerer, Thomas [SpuRt 2001, 263]: Die neue Struktur des Profi-Fußballs. in: SpuRt 2001, S. 263-264;

Summerer, Thomas [in: Eimer, 2. Internationaler Sport-Recht Kongress, 2002, 96]: Der Fußballspieler in Europa – aus Sicht der Liga, in: Eimer, Richard B. (Hrsg.): 2. Internationaler Sport-Recht Kongress, 2002, S. 96-103;

Swieter, Detlef [Eine ökonomische Analyse der Fußball-Bundesliga, 2002]: Eine ökonomische Analyse der Fußball-Bundesliga, Berlin, 2002;

Szczekalla, Peter [DVBl. 1998, 219]: Grundfreiheitliche Schutzpflichten – eine „neue" Funktion der Grundfreiheiten des Gemeinschaftsrechts, in: DVBl. 1998, S. 219-224;

Taeger, Jürgen [CR 1991, 681]: Umweltschutz und Datenschutz, in: CR 1991, S. 681-688;

Tait, Richard [FINANCIAL TIMES v. 15.07.2003, S. 4]: Political football; There's more than price at stake as channels bid fot the Premier League, in: FINANCIAL TIMES v. 15.07.2003, S. 4;

Teß, Wolfgang [StWa 1976, 149]: Die Bewertung immaterieller Wirtschaftsgüter bei der Vermögensteuer, in: StWa 1976, S. 149-154;

Tettinger, Peter J. [ZUM 1986, 497]: Das Recht des Rundfunks auf freie Berichterstattung bei Sportveranstaltungen, in: ZUM 1986, S. 497-507;

Tettinger, Peter J. [JZ 2000, 1069]: Sport als Verfassungsthema, in: JZ 2000, S. 1069-1076;

Thöny, Walter [SpuRt 1999, 177]: Keine Zukunft für Nationalmannschaften?, in: SpuRt 1999, S. 177-181;

Thylmann, Marc [HANDELSBLATT v. 25.02.2003, S. 40]: „Nicht viele Unternehmen geben der Marke Real einen Wertzuwachs", in: HANDELSBLATT v. 25.02.2003, S. 40;

Thylmann, Marc [HANDELSBLATT v. 26.02.2003, S. 36]: „Die Champions League ist eine Lotterie", in: HANDELSBLATT v. 26.02.2003, S. 36;

Thylmann, Marc [HANDELSBLATT v. 01./02.08.2003, S. 40]: T, wohin das Auge schaut, in: HANDELSBLATT v. 01./02.08.2003, S. 40;

Thylmann, Marc/Specht, F. [HANDELSBLATT v. 08.04.2002, S. 36]: Darf's ein bißchen weniger sein?, in: HANDELSBLATT v. 08.04.2002, S. 36;

Tietje, Christian [JuS 1999, 644]: Kurzberichterstattung im Fernsehen als Verfassungsproblem – BVerfGE 97, 228, in: JuS 1999, S. 644-651;

Tietje, Christian [in: Ehlers, Europäische Grundrechte und Grundfreiheiten, 2003, § 10]: Niederlassungsfreiheit, in: Ehlers, Dirk (Hrsg.): Europäische Grundrechte und Grundfreiheiten, Berlin, 2003, S. 240-267;

Tipke, Klaus/Lang, Joachim [Steuerrecht, 17. Aufl., 2002]: Steuerrecht, 17. Aufl., Köln, 2002;

Trautwein, Thomas [JA 1996, 457]: Art. 48 EGV: Arbeitnehmerfreizügigkeit von Fußballprofis, in: JA 1996, S. 457-460;

Trommer, Hans-Ralph [Die Transferregelungen im Profisport im Lichte des „Bosman-Urteils" im Vergleich zu den Mechanismen im bezahlten amerikanischen Sport, 1999]: Die Transferregelungen im Profisport im Lichte des „Bosman-Urteils" im Vergleich zu den Mechanismen im bezahlten amerikanischen Sport, Berlin, 1999;

Tschentscher, Axel [NVwZ 2001, 1243]: Versammlungsfreiheit und Eventkultur, in: NVwZ 2001, S. 1243-1246;

Umbach, Dieter C./Clemens, Thomas [Umbach/Clemens-Bearbeiter, GG, Bd. I, 2002]: Grundgesetz. Mitarbeiterkommentar und Handbuch, Bd. I, Heidelberg, 2002;

Uhlenbruck, Wilhelm [in: Festschrift für Merz, 1992, 581]: Konkursrechtliche Probleme des Sportvereins, in: Gerhardt, Walter/Henckel, Wolfram/Kilger, Joachim/Kreft, Gerhart (Hrsg.): Festschrift für Franz Merz zum 65. Geburtstag am 3. Februar 1992, Köln, 1992, S. 581-593;

Unruh, Peter [Zur Dogmatik der grundrechtlichen Schutzpflichten, 1996]: Zur Dogmatik der grundrechtlichen Schutzpflichten, Berlin, 1996;

Vedder, Christoph/Tröger, Walther [in: Reuter, Einbindung des nationalen Sportrechts in seine internationalen Bezüge, 1987, 1]: Rechtsqualität der IOC-Zulassungsregel – Anspruch und Wirklichkeit, in: Reuter, Dieter

(Hrsg.): Einbindung des nationalen Sportrechts in seine internationalen Bezüge, Heidelberg, 1987, S. 1-28;

VerLoren van Themaat, Pieter [in: Festschrift für Günther, 1976, 373]: Zum Verhältnis zwischen Artikel 30 und Artikel 85 EWG-Vertrag, in: Gutzler, Helmut (Hrsg.): Wettbewerb im Wandel: Eberhard Günther zum 65. Geburtstag, Baden-Baden, 1976, S. 373-388;

Vieweg, Klaus [JuS 1983, 825]: Zur Einführung – Sport und Recht, in: JuS 1983, S. 825-830;

Vieweg, Klaus [Normsetzung und -anwendung deutscher und internationaler Verbände, 1990]: Normsetzung und -anwendung deutscher und internationaler Verbände: eine rechtstatsächliche und rechtliche Untersuchung unter besonderer Berücksichtigung der Sportverbände, Berlin, 1990;

Vieweg, Klaus [in: Festschrift für Lukes, 1989, 809]: Zur Inhaltskontrolle von Verbandsnormen, in: Leßmann, Herbert/Großfeld, Bernhard/Vollmer, Lothar (Hrsg.): Festschrift für Rudolf Lukes zum 65. Geburtstag, Köln-Berlin-Bonn-München, 1989, S. 809-823;

Vieweg, Klaus [in: Caiger/Gardiner, Professional Sport in the European Union: Regulation and Re-regulation, Den Haag, 2000, 83]: The Legal Autonomy of Sport Organisations and the Restrictions of European Law, in: Caiger, Andrew/Gardiner, Simon (Hrsg.): Professional Sport in the European Union: Regulation and Re-regulation, Den Haag, 2000, S. 83-106;

Vieweg, Klaus/Röthel, Anne [ZHR 166 (2002), 6]: Verbandsautonomie und Grundfreiheiten, in: ZHR 166 (2002), S. 6-34;

Vitzthum, Wolfgang [JZ 1985, 201]: Die Menschenwürde als Verfassungsbegriff, in: JZ 1985, S. 201-209;

Voelker, Markus [TAZ v. 10.08.2002, S. 4]: Virtuelle Millionen; Die Klubs waren dem Trugschluss erlegen, dem Fußball stünden unbegrenzt TV-Gelder zur Verfügung, in: TAZ v. 10.08.2002, S. 4;

Vogel, Klaus [NJW 1996, 1257]: Vom Eigentums- zum Vermögensschutz – eine Erwiderung, in: NJW 1996, S. 1257-1259;

Vogt, Jürgen [Neutralität und Leistungsfähigkeit, 2003]: Neutralität und Leistungsfähigkeit, Frankfurt/Main-Berlin-Bern-Brüssel-New York-Oxford-Wien, 2003;

Voßkuhle, Andreas [DVBl. 1994, 611]: Behördliche Betretungs- und Nachschaurechte, in: DVBl. 1994, S. 611-620;

Wägenbaur, Bertrand [EuZW 2000, 701]: Anmerkung (zu EuGH, Urt. v. 05.10.2000 – Rs. C-376/98 – EuZW 2000, 694 – „Tabakwerbeverbot"), in: EuZW 2000, S. 701-702;

Wakounig, Marian/Nemeth, Robert [ÖStZ 2002, 368]: Der Fußballsport und die steuerrechtliche Kontrolle, in: ÖStZ 2002, S. 368-372;

Waldhauser, Hermann [ZUM 1998, 129]: Anmerkung zum Beschluß des BGH vom 11. Dezember 1997 (KVR 7/96) zur Zentralvermarktung der Europacupspiele durch den DFB, in: ZUM 1998, S. 129-132;

Walker, Wolf-Dietrich [in: Württembergischer Fußballverband, Wirtschaftliche Kontrollmaßnahmen und verbandsrechtliche Sanktionen zur Sicherung des sportlichen Wettbewerbs im Fußball, 2003, 45]: Die Anwendung der Insolvenzordnung im Fall der Insolvenz von Sportvereinen, in: Württembergischer Fußballverband (Hrsg.): Wirtschaftliche Kontrollmaßnahmen und verbandsrechtliche Sanktionen zur Sicherung des sportlichen Wettbewerbs im Fußball, 2003, S. 45-64;

Wassmer, Sven [Die Auswirkungen der Grundfreiheiten des Vertrages zur Gründung der Europäischen Gemeinschaften auf den Berufssport, 2002]: Die Auswirkungen der Grundfreiheiten des Vertrages zur Gründung der Europäischen Gemeinschaften auf den Berufssport, Tübingen, 2002;

Weatherill, Stephen [CMLRev. 2003, 51]: „Fair play please!": Recent developments in the application of EC Law to sport, in: CMLRev. 2003, S. 51-93;

Weatherill, Stephen [CMLRev. 1996, 1012]: Comment (zu EuGH, Urt. v. 15.12.1995 - Rs. C-415/93 - EuZW 1996, 82 – „Bosman"), in: CMLRev. 1996, S. 1012-1033;

Weber, Claus [RdA 1996, 107]: Die Freizügigkeit für Arbeitnehmer in der EG nach der Entscheidung „Bosman", in: RdA 1996, S. 107-110;

Weber, Claus [RdA 2001, 183]: Anmerkung (zu EuGH, Urt. v. 06.06.2000 – Rs. C-281/98 – EuZW 2000, 468 – „Angonese“), in: RdA 2001, S. 183-185;

Weber, Harald/Crezelius, Georg [in: Gedächtnisschrift für Klein, 1977, 542]: Die Rechtsprechung des Bundesverfassungsgerichts zum Verhältnis von Art. 12 GG und Besteuerung, in: Wilke, Dieter/Weber, Harald (Hrsg.): Gedächtnisschrift für Friedrich Klein, München, 1997, S. 542-560;

Weiland, Bernd H. [NJW 1978, 737]: Keine Lizenzen für bilanzschwache Fußballvereine?, in: NJW 1978, S. 737-741;

Weiland, Bernd H. [Die Rechtsstellung des Lizenzspielers in der Fußball-Bundesliga, 1980]: Die Rechtsstellung des Lizenzspielers in der Fußball-Bundesliga: zugleich ein Beitrag zur allgemeinen Verbände-Diskussion, Frankfurt/Main, 1980;

Weilguny, Michael [SPONSORS, Heft 6/2003]: Sorge um Zweiklassengesellschaft, in: SPONSORS, Heft 6/2003, S. 22-23;

Weisemann, Ulrich [DB 1979, 259]: Sport und Arbeitsrecht, in: DB 1979, S. 259-261;

Weisemann, Ulrich/Spieker, Ulrich [Spiel, Sport und Recht, 2. Aufl., 1997]: Spiel, Sport und Recht, 2. Aufl., München, 1997;

Weiß, Wolfgang [EuR 1995, 377]: Die Einschränkungen der zeitlichen Wirkungen von Vorabentscheidungen nach Art. 177 EGV, in: EuR 1995, S. 377-397;

Weiß, Wolfgang [SpuRt 1998, 97]: Transfersysteme und Ausländerklauseln unter dem Licht des EG-Kartellrechts, in: SpuRt 1998, S. 97-103;

Weiß, Wolfgang [EuZW 1999, 493]: Nationales Steuerrecht und Niederlassungsfreiheit, in: EuZW 1999, S. 493-498;

Weitbrecht, Andreas [EuZW 2003, 69]: Das neue EG-Kartellverfahrensrecht, in: EuZW 2003, S. 69-73;

Weizsäcker, Christian von [FAZ v. 18.02.1998, S. 17]: Keine Medienmacht für den Fußballbund, in: FAZ v. 18.02.1998, S. 17;

Wellensiek, Jobst [Württembergischer Fußballverband, Wirtschaftliche Kontrollmaßnahmen und verbandsrechtliche Sanktionen zur Sicherung des sportlichen Wettbewerbs im Fußball, 2003, 18]: Der Sportverein in der Insolvenz – praktische Erfahrungen eines Insolvenzverwalters, in: Württembergischer Fußballverband, Wirtschaftliche Kontrollmaßnahmen und verbandsrechtliche Sanktionen zur Sicherung des sportlichen Wettbewerbs im Fußball, 2003, S. 18-24;

Wendt, Rudolf [Eigentum und Gesetzgebung, 1985]: Eigentum und Gesetzgebung, Hamburg, 1985;

Weng, Björn [Die zentrale Vermarktung von Fernsehübertragungsrechten durch nationale und internationale Fußballverbände im Lichte neuester Rechtsprechung und Gesetzgebung, 2000]: Die zentrale Vermarktung von Fernsehübertragungsrechten durch nationale und internationale Fußballverbände im Lichte neuester Rechtsprechung und Gesetzgebung, Tübingen, 2000;

Wengel, Torsten [StuB 2001, 642]: Der Sportverein im Steuerrecht, in: StuB 2001, S. 642-649;

Wertenbruch, Johannes [NJW 1993, 179]: Die „Gewährleistungsansprüche" des übernehmenden Bundesligavereins bei Transfer eines nicht einsetzbaren DFB-Lizenzspielers, in: NJW 1993, S. 179-184;

Wertenbruch, Johannes [ZIP 1993, 1292]: Der Lizenzspieler als Gläubigersicherheit im Konkurs der Fußball-Bundesligen, in: ZIP 1993, S. 1292-1298;

Wertenbruch, Johannes [EuZW 1996, 91]: Anmerkung (zu EuGH, Urt. v. 15.12.1995 - Rs. C-415/93 - EuZW 1996, 82 – „Bosman") , in: EuZW 1996, S. 91-92;

Wertenbruch, Johannes [ZIP 1996, 1417]: Die zentrale Vermarktung von Fußball-Fernsehrechten als Kartell nach § 1 GWB und Art. 85 EGV, in: ZIP 1996, S. 1417-1425;

Wertenbruch, Johannes [FAZ v. 19.11.1996, S. 38]: Parargraph 11: Der deutsche Solidarpakt erweist sich als Eigentor, in: FAZ v. 19.11.1996, S. 38;

Wertenbruch, Johannes [FAZ v. 12.02.1998, S. 32]: Als Kläger müßte der Torwart viel Geduld bis zum Urteil aufbringen. Paragraph 11 hält viel länger als Klos, in: FAZ v. 12.02.1998, S. 32;

Wertenbruch, Johannes [FAZ v. 10.10.2000, S. 46]: Montis Vorstoß gegen das Fußballmonopol – ein Fehlpaß, in: FAZ v. 10.10.2000, S. 46;

Westerkamp, Georg [Ablöseentschädigungen im bezahlten Sport, 1980]: Ablöseentschädigungen im bezahlten Sport, Münster, 1980;

Westermann, Harm Peter [Die Verbandsstrafgewalt und das allgemeine Recht, 1972]: Die Verbandsstrafgewalt und das allgemeine Recht. Zugleich ein Beitrag zur juristischen Bewältigung des „Bundesliga-Skandals", Bielefeld, 1972;

Westermann, Harm Peter [JA 1984, 394]: Zum Vertragsrecht im bezahlten Fußballsport, in: JA 1984, S. 394-403;

Westermann, Harm Peter [in: Reschke, Sport als Arbeit, 1985, 35]: Der Sportler als „Arbeitnehmer besonderer Art" – Zur Durchdringung von arbeitsrechtlichen Regelungen durch vereins- und verbandsautonome Bestimmungen, in: Reschke, Eike (Hrsg.): Sport als Arbeit, Heidelberg, 1985, S. 35-55;

Westermann, Harm Peter [in: Festschrift für Stimpel, 1985, 69]: Die geltungserhaltende Reduktion im System der Inhaltskontrolle im Gesellschaftsrecht, in: Lutter, Marcus/Mertens, Hans-Joachim/Ulmer, Peter (Hrsg.): Festschrift für Walter Stimpel zum 68. Geburtstag am 29. November 1985, Berlin-New York, 1985, S. 69-92;

Westermann, Harm Peter [ZIP 1991, 705]: Zur rechtlichen Beurteilung der Fußballspieler-Beteiligungsfonds, in: ZIP 1991, S. 705-714;

Westermann, Harm Peter [in: Festschrift für Rittner, 1991, 771]: Das Recht des Leistungssports – ein Sonderprivatrecht?, in: Löwisch, Manfred/Schmidt-Leithoff, Christian/Schmiedel, Burkhard (Hrsg.): Beiträge zum Handels- und Wirtschaftsrecht. Festschrift für Fritz Rittner zum 70. Geburtstag, München, 1991, S. 771-791;

Westermann, Harm Peter [DZWiR 1996, 82]: Erste praktische Folgen des „Bosman"-Urteils für die Organisation des Berufsfußballs, in: DZWiR 1996, S. 82-86;

Westermann, Harm Peter [DZWiR 1997, 485]: Die Entwicklung im bezahlten Fußballsport nach dem „Bosman"-Urteil, in: DZWiR 1997, S. 485-494;

Westermann, Harm Peter [in: Württembergischer Fußballverband, Sport, Kommerz und Wettbewerb, 1998, 27]: Die Entwicklung im bezahlten Fußballsport nach dem Bosman-Urteil, in: Württembergischer Fußballverband (Hrsg.): Sport, Kommerz und Wettbewerb, Stuttgart, 1998, S. 27-48;

Westermann, Harm Peter [EWiR 2000, 27]: Transferentschädigungen, Sittenwidrigkeit beim Wechsel von Amateur-Fußballspielern, in: EWiR 2000, S. 27-28;

WGZ-Bank/Deloitte & Touche [FC Euro AG, 2. Aufl., 2001]: FC Euro AG. Börsengänge europäischer Fußballunternehmen – Chancen für den deutschen Bundesligafußball, 2. Aufl., Düsseldorf, 2001;

WGZ-Bank [FC Euro AG, 3. Aufl., 2002]: FC Euro AG. Analyse der börsennotierten europäischen Fußballunternehmen – Entwicklung und Chancen des deutschen Fußballmarktes, 3. Aufl., Düsseldorf, 2002;

Wiedemann, Herbert [Gesellschaftsrecht, Bd. I, 1980]: Gesellschaftsrecht. Ein Lehrbuch des Unternehmens- und Verbandsrechts, Bd. I, München, 1980;

Wieland, Joachim [JZ 1995, 96]: Anmerkung (zu BVerwG, Urt. v. 22.12.1993 – 11 C 46.92 – BVerwGE 95, 15), in: JZ 1995, S. 96-97;

Wilmowsky, Peter von [EuR 1996, 362]: Ausnahmebereiche gegenüber EG-Grundfreiheiten?, in: EuR 1996, 362-375;

Wolf, Dieter [in: Schellhaaß, Sport und Medien, 1999, 87]: Zentrale Vermarktung oder Einzelvermarktung von Mannschaftssport im Fernsehen? Die Sicht des deutschen und europäischen Kartellrechts, in: Schellhaaß, Horst M. (Hrsg.): Sport und Medien. Rundfunktfreiheit, Wettbewerb und wirtschaftliche Verwertungsinteressen, Berlin, 1999, S. 87-94;

Wolff, Heinrich Amadeus [NJW 1997, 98]: Der verfassungsrechtliche Schutz der Betriebs- und Geschäftsgeheimnisse, in: NJW 1997, S. 98-101;

Wulzinger, Michael [SPIEGEL 1/2003, S. 96]: Das Ende des Zaubers, in: SPIEGEL 1/2003, S. 96-98;

Zacher, Hans. F. [VVDStRL 25 (1967), 308]: Verwaltung durch Subventionen, in: VVDStRL 25 (1967), S. 308-400;

Ziebs, Alexander [Ist Erfolg käuflich? - Analysen und Überlegungen zur sozioökonomischen Realität des Berufsfußballs, 2002]: Ist Erfolg käuflich? - Analysen und Überlegungen zur sozioökonomischen Realität des Berufsfußballs, München, 2002;

Ziegler, Franz [StBp 1974, 81]: Aktuelle Fragen aus der Praxis der Betriebsprüfung, in: StBp 1974, S. 81-86;

Ziegler, Franz [StBp 1980, 30]: Die Bilanzierung von Ablösebeträgen im Hochleistungssport (unter besonderer Berücksichtigung des Lizenzfußballs), in: StBp 1980, S. 30-36;

Ziegler, Franz [StBp 1991, 280]: Aktuelle Fragen aus der Praxis der Außenprüfung, in: StBp 1991, S. 280- 283;

Zinger, Susanne [Diskriminierungsverbote und Sportautonomie, 2002]: Diskriminierungsverbote und Sportautonomie. Eine rechtsvergleichende Untersuchung im deutschen, europäischen und US-amerikanischen Recht, Berlin, 2002;

Zippelius, Reinhold [VVDStRL 47 (1989), 7]: Der Gleichheitssatz. 1. Beratungsgegenstand, in: VVDStRL 47 (1989), S. 7-36;

Zorn, Roland [FAZ v. 31.10.1998, S. 1]: Abschied vom Volkssport, in: FAZ v. 31.10.1998, S. 1;

Zorn, Roland [FAZ v. 13.06.2003, S. 38]: Faröer for ever; Ausverkauf: Champions League für SAT 1, Bundesliga für ARD?, in: FAZ v. 13.06.2003, S. 38;

Zuleeg, Manfred [in: Will, Sportrecht in Europa, 1993, 1]: Der Sport im europäischen Gemeinschaftsrecht, in: Will, Michael R. (Hrsg.): Sportrecht in Europa, Heidelberg, 1993, S. 1-10.

Sonstige Quellen

Das von den Sportverbänden gesetzte Recht ist unter folgenden Internetadressen abrufbar (Stand: 01.08.2003):

DFB-Statuten:	http://www.dfb.de/dfb-info/interna/index.html
FIFA-Statuten:	http://www.fifa.com/en/organisation/index.html
FIFA-Transferreglement:	http://images.fifa.com/fifa/handbook/regulations/player_transfer/2003/Status_Transfer_DE.pdf
Ligaverbands-Statuten:	http://www.bundesliga.de/intern/
UEFA-Statuten:	http://de.uefa.com/uefa/MediaServices/Regulations/index.html

Mannheimer Beiträge zum Öffentlichen Recht und Steuerrecht

Herausgegeben von Hans-Wolfgang Arndt

Band 1 Hans-Wolfgang Arndt/Klaus Fischer/Klaus Richrath/Hanns-Stephan Wüst: Umwelterhaltung und Umweltgestaltung im kommunalen Bereich. Das Umweltstatut Alsenz-Obermoschel. 1994.

Band 2 Helmuth Beck: Die Differenzierung von Rechtspflichten in den Beziehungen zwischen Industrie- und Entwicklungsländern. Eine völkerrechtliche Untersuchung für die Bereiche des internationalen Wirtschafts-, Arbeits- und Umweltrechts. 1994.

Band 3 Michael Riotte: Die ertragsteuerliche Behandlung der Spaltung von Unternehmen. Eine steuersystematische Analyse der zugrundeliegenden Gewinnrealisierungstatbestände. 1994.

Band 4 Andreas Birk: Die Besteuerung der Grundstücksnutzung in Deutschland. Eine steuersystematische Analyse unter besonderer Berücksichtigung der Verhältnisse in Frankreich. 1994.

Band 5 Bettina Kempka: Gewinnrealisierung bei der Überführung von Wirtschaftsgütern zwischen Stammhaus und Betriebsstätte. Eine Analyse der systemkonformen steuerlichen Behandlung stiller Reserven. 1995.

Band 6 Hans-Wolfgang Arndt: Rechtsfragen einer deutschen CO_2-/Energiesteuer entwickelt am Beispiel des DIW-Vorschlages. 1995.

Band 7 Roland Mörsdorf: Das belgische Bundesstaatsmodell im Vergleich zum deutschen Bundesstaat des Grundgesetzes. 1996.

Band 8 Christian Göbes: Die Unternehmensbesteuerung in Deutschland und Großbritannien vor dem Hintergrund des europäischen Integrationsprozesses. Eine qualitative und quantitative Analyse unter besonderer Berücksichtigung der steuerlichen Gewinnermittlung. 1996.

Band 9 Andreas Schumacher: Erträge aus privaten Kapitalforderungen im Einkommensteuerrecht. 1996.

Band 10 Gerhard Schmidt: Die Rechnungslegung nach der Equity-Methode im konsolidierten Abschluß. Ein Beitrag zur Entstehung, Anwendung und Ausgestaltung des Verfahrens vor dem Hintergrund der Bestimmungen in der Europäischen Union und der Verlautbarungen internationaler Organisationen. 1996.

Band 11 Jürgen Haun: Hybride Finanzierungsinstrumente im deutschen und US-amerikanischen Steuerrecht. Eine Analyse ihres grenzüberschreitenden Einsatzes aus steuersystematischer und ökonomischer Sicht. 1996.

Band 12 Horst Schaefer: Der verfassungsrechtliche Steuerbegriff. 1997.

Band 13 Arno Probst: Die Behandlung der Anteile von Minderheitsgesellschaftern innerhalb der Besteuerung der Konzernunternehmung. Eine steuersystematische Analyse konzerninduzierter betriebswirtschaftlicher Interessenvielfalt. 1997.

Band 14 Marion Winkelmann: Steuerumgehung durch die Einschaltung ausländischer Kapitalgesellschaften. Eine Untersuchung des Normenkonkurrenzverhältnisses zwischen § 42 AO und den §§ 7 ff. AStG sowie § 50 d Abs. 1 a EStG. 1997.

Band 15 Karin Brodhag: Vergleich der Besteuerung deutscher und französischer Kapitalgesellschaften unter besonderer Berücksichtigung der ertragsunabhängigen Besteuerung. 1997.

Band 16 Stefan Jeß: Die Übertragung privaten Grundbesitzes im Wege vorweggenommener Erbfolge. Eine Analyse der steuerlichen Folgen verschiedener Gestaltungsformen vor und nach der Reform des Erbschaftsteuer- und Schenkungsteuergesetzes 1996. 1997.

Band 17 Kirsten Kaltenhäuser: Möglichkeiten und Perspektiven einer Reform der Organisation der Wirtschaftsverwaltung – eine rechtshistorische, rechtsvergleichende und rechtspolitische Betrachtung des Industrie- und Handelskammerwesens. 1998.

Band 18 Hans-Christian Bärtels: Die erbschaft- und schenkungsteuerliche Behandlung der deutsch-französischen Unternehmensnachfolge. 1998.

Band 19 Michaela Boll: Die Gebührenpflicht des Nichtstörers für polizeiliche Maßnahmen. Zur Zulässigkeit der Erhebung staatlicher Schutzgebühren. 1998.

Band 20 Holger Jenzen: Energiesteuern im nationalen und internationalen Recht. Eine verfassungs-, europa- und welthandelsrechtliche Untersuchung. 1998.

Band 21 Michael R. Wiesbrock: Die Verlustrückstellung im Steuer- und Verfassungsrecht. 1999.

Band 22 Matthias Leist: Verfassungsrechtliche Schranken des steuerlichen Auskunfts- und Informationsverkehrs. 2000.

Band 23 Timo Kieser: Sonderabgaben als Steuern. 2000.

Band 24 Thomas Fetzer: Die Besteuerung des Electronic Commerce im Internet. 2000.

Band 25 Johannes Beil: Der Belastungsgrund des steuerstaatlichen Synallagmas. Zur Zulässigkeit des Welteinkommensprinzips im deutschen internationalen Einkommensteuerrecht. 2001.

Band 26 Monika Reimer: Die steuerliche Erfassung privater Veräußerungsgewinne. Reformüberlegungen für die deutsche Besteuerung unter Berücksichtigung der Rechtslage in Österreich, Großbritannien und den USA. 2001.

Band 27 Andreas Schirra: Die Indienstnahme Privater im Lichte des Steuerstaatsprinzips. 2002.

Band 28 Jürgen Vogt: Neutralität und Leistungsfähigkeit. Eine verfassungs- und europarechtliche Untersuchung der Unternehmensbesteuerung nach dem StSenkG. 2003.

Band 29 Thomas Groß: Eine unendliche Geschichte: Transferregelungen im lizenzierten Fußballsport. Zugleich ein Plädoyer für einen beitragsfinanzierten Solidarfonds. 2004.